新版

日本架空伝承人名事典

【編集委員】
大隅和雄
尾崎秀樹
西郷信綱
阪下圭八
高橋千劔破
縄田一男
服部幸雄
廣末保
山本吉左右

平凡社

刊行にあたって

この事典でとりあげる「架空」「伝承」の人名とは、日本武尊、かぐや姫、物くさ太郎、猿飛佐助のような、文字どおり架空で、この世に存在しなかった人物の名だけに限られません。それは、聖徳太子、空海、源義経、赤穂浪士など、史上に実在したことが認められる人物の名をも含むものであります。

すなわち本書は、その人物が実在したかどうかにかかわらず、民衆やもろもろの作者の想像力の中で生み出されたり、あるいは変形加工されるなどしてその名が伝わってきている人物に関する事典であります。

「架空」とか「伝承」とかの語は、これまでどちらかといえば、虚偽や仮託に属するというように、否定的な意味合いで用いられることが多かったかに思われます。しかしそれでは、歴史や文化史の風景がいかにも貧しいものになってしまいます。

私たちはむしろ逆に、「架空」や「伝承」をあるがままに受け取り、その中に新たな意味を見いだすことのほうが肝心ではないかという見地に立って、この事典を企画し編集してきました。「架空」や「伝承」には、それをただ事実でないという次元に差し戻すだけでは片づかぬ、独自の豊かさ、独自の真実性が蔵されているからです。むろん、事実の世界は排除さるべきではありません。私たちが知りたいのは、事実の世界と「架空」や「伝承」の世界とがどのように呼応し、交響しあっているかという点であります。それを知ることができたら、過去への私たちのまなざしは、いっそう生き生きとしたものになるに違いありません。

この前例のない試みは多くの困難を伴っており、私たちの意図したことがすべて実現していると言いがたいのはもとよりです。しかし、この事典が、従来よりも懐深く、奥行きのある、日本の文化や歴史の像を照らし出すのに、なにがしか寄与し役だつなら幸いであります。

一九八六年九月

日本架空伝承人名事典編集委員

大隅和雄　西郷信綱　阪下圭八

服部幸雄　廣末　保　山本吉左右

日本架空伝承人名事典編集部

増補版の刊行に際しては、前記の六氏のほか、尾崎秀樹氏に編集委員に加わっていただき、項目選定をお願いしました。

二〇〇〇年八月

日本架空伝承人名事典編集部

このたびの新版の刊行に際しては、前記の七氏のほか、新たに高橋千劔破氏・縄田一男氏に編集委員に加わっていただき、項目選定などをお願いしました。

二〇一二年三月

日本架空伝承人名事典編集部

凡例

●項目名の見出しは本見出し（漢字見出し）、かな見出し（読み見出し）の順に示し、かな見出しの五十音順に配列した。

●項目に取り上げた人名は、記紀神話にみられる神名から、その主要な活躍の時期が近現代までにあるとされる人物とした。さらに小説・映画・テレビなどの登場人物をも項目の対象とした。

●項目名は架空・伝承人名として適当と思われるものを基準とし、異称、幼名、本名などで重要なものは、適宜直送項目を立項した。参照すべき関連項目は文末に➡の記号を付して示した。

●各項目は本文と原典の引用部分から成る。本文では、実在が認められる人物については伝記的事実も架空・伝承のことがらとともに記した。引用部分は天地をリーダー罫で囲み、本文と区別した。引用部分および図版とその解説は、著名な場面、広く世に知られたことがらやイメージなどが、それぞれの時代に実際にどのように表現されていたか、具体的な例を提示するもので、編集部の責任において付した。なお、一部は書下しにするなど、原文を改めたものがある。さらに項目の末尾に、その項目にかかわる古川柳・雑俳およびその解説を加えたものもある。

●かなづかいは「現代かなづかい」によるが、原典の引用部分の中では旧かなづかいを用いた。漢字は原則として常用漢字・人名漢字の字体を用い、それ以外は慣用のあるものを除いて、正字ないし通用の字体を用いた。ただし一部に例外を認めたものもある。

●年代は原則として西暦で示し、和暦を付した。和暦は改元の月日に関係なく、新元号で示した。南北朝期の和暦の年号は南朝、北朝の順に示した。

●本事典は、文化、とくに日本の文化を総合的に理解するという方針のもとに編集された小社刊『大百科事典』（一九八四―八五）と並行して構想されたもので、本文の一部は『大百科事典』と共通する。

●増補版の刊行に際しては、中世・近世で三二項目、明治期から第二次世界大戦まで五〇項目を加えた。さらに新版にあたっては、神代から近現代まで五〇項目、小説・映画・テレビなどの登場人物で二八項目を新たに加えた。

引用の古川柳・雑俳について

◉『万句合勝句刷《まんくあわせかちくずり》』と『柳多留《やなぎだる》』の双方に重出する句は、原則としてその原典である『万句合勝句刷』のほうを採った。

◉引用句には濁点・半濁点を付し、原句の明白な誤刻は正した。

◉引用句下部にかっこで記した出典記号は慣用に従った。かっこ内が漢数字のみのものは『柳多留』(初編—一六七編、一七六五—一八四〇年(明和二—天保一一))の各編数、その下の算用数字はその丁数を示す(以下同じ)。(宝十梅2)などとあるものは、『川柳評万句合勝句刷』宝暦一〇年相印《あいじるし》梅の2枚目であることを示し、宝暦(一七五一—六四)=宝、明和(一七六四—七二)=明、安永(一七七二—八一)=安、天明(一七八一—八九)=天、寛政(一七八九—一八〇一)=寛と略した。また(天二・三・二七)などとあるものは、天明二年三月二七日開きを表す。他評『万句合』の場合は(泰月)などと冒頭に記した。

◉『武玉川《むたまがわ》』(初編—一八編、一七五〇—七四年(寛政三—安永三))は「武」、『川傍柳《かわぞいやなぎ》』(初編—五編、一七八〇—八三年(安永九—天明三))は「傍」、『やない筥《ばこ》』(初編—四編、一七八三—八六年(天明三—六))は「筥」、『藐姑柳《はこやなぎ》』(一七八五年(天明五))は「藐」、『柳籠裏《やなぎごり》』(三編のみ、一七八六年(天明六))は「籠」、『玉柳』(一七八七年(天明七))は「玉」、『柳多留拾遺』(一〇冊、一七九六—九七年(寛政八—九))は「拾」、『末摘花』(初編—四編、一七七六—一八〇一(安永五—享和一))は「末」、『新編柳樽』(初編—四〇編、一八四一—五〇年(天保一二—嘉永三))は「新」、『佃島住吉社奉額狂句会』(一八五三年(嘉永六))は「嘉六・佃」、『風嘯居士追福会』(一八五〇年(嘉永三))は「嘉三・風」、『飛騨高山桜山八幡宮奉額狂句合』(一八五一年(嘉永四))は「嘉四・桜」、『狂句むめ柳』(一八三一年(天保二)—)は「柳」、『俳風柳のいとくち』(一八三九年(天保一〇))は「いと」、『当世堂版新編柳多留』(一八五一年(嘉永四))は「当新」と略した。

◉引用句については、以下の書目を参考とした。

時代川柳大観 (春陽堂) 森田鷗東著
初代川柳選句集 岩波文庫 (岩波書店) 千葉治校訂
川柳大辞典 (高橋書店) 大曲駒村編著
川柳評万句合勝句刷 (川柳雑俳研究会) 中西賢治編
定本誹風末摘花 (有光書房) 岡田甫編
日本史伝川柳狂句 (古典文庫) 岡田三面子編著・中西賢治校訂
誹諧武玉川 岩波文庫 (岩波書店) 山澤英雄校訂
誹風柳多留拾遺 岩波文庫 (岩波書店) 山澤英雄校訂
誹風柳多留全集 (三省堂) 岡田甫校訂

装丁——中垣信夫＋大串幸子

あ

愛護若 あいごのわか

説経節『愛護若』の主人公。愛護は父二条蔵人清平の後妻、雲井の前の邪恋を拒んだため、二条の館を追放される。叔父の阿闍梨《あじやり》のいる叡山を訪ねるが、そこでも天狗と誤られて乱暴され、失意と絶望から山中を放浪した果てに霧降滝《きりうがたき》で投身自殺してしまう。これが、この作の粗筋である。

愛護は、数奇な出来事を通して、人の心の温かさと生きることの厳しさを体験する。追放された愛護を、マレビト(客人神)を饗応するように迎え入れてくれた四条河原の細工夫婦、志賀峠(近江国)で粟の飯を柏の葉に包んで飢えを救ってくれた田畑之介兄弟の情愛は、愛護にとって忘れがたいものであった。愛護とこれら賤民といわれた人々との交流や、そこに生まれたきずなは、通常の社会関係のなかでは得られない貴重な体験といえよう。

しかし、現実社会の権力の象徴である叡山がつくりあげた差別の介入によって、このきずなが崩壊したとき、愛護の怒りと無力感は、急速に形をとって現れる。山の聖性を守るために叡山は、女人と三病者(癩)と細工人の登山を禁止する立札を立てたのであるが、聖性に名を借りたこうした差別意識を愛護は鋭く告発している。叡山の叔父の阿闍梨に天狗と間違えられた愛護は、やがて穴生里《あのうのさと》へ迷いこみ、ここでも不浄の者と扱われ、ついに滝に入って自殺する。一〇八人もの追従者をまき込んだ入水劇は、この作が、愛護を後に日吉《えひ》山王権現として祭る縁起譚として描きながら、実は、中世的な説経の世界の崩壊と終焉を暗示したものであったともいえよう。

印象深いのは、二条蔵人清平によって、後に処刑された継母の雲井の前が、霧降滝に一六丈の大蛇となって現れ、愛護への思いを遂げたことを告白するところで、その愛欲のすさまじさは、他の説経の作品にはない。近世の浄瑠璃『摂州合邦辻』の、俊徳丸と玉手御前の関係にその影響が認められるが、愛護の創造とその死は、近世的なものへの懸橋として、歴史的な意味を担っている。

岩崎 武夫

【愛護若と山王】 説経『愛護若』は近江の民間伝承の流れとともに、山の霊童を主役とする叡山における児信仰と児物語の系譜をひいていよう。とりわけクライマックスの霧降滝での愛護入水というモティーフは、日吉社の神体山、八王子山に近接する叡山巡礼業のメッカ、神蔵寺付近の渓谷に生起した、修行者を担い手とする竜神伝承に由来している。

また愛護を庇護する細工人の造形は、唐崎や粟津の職能民を原像としており、山王信仰の多彩な担い手層の一端を示すとともに、この物語が同地の河原巻物の原型となった信仰、伝承と類縁性があることを示してもいる。

山本 ひろ子

奥手桜の今を盛りと見えけるが、若君は御覧じて、二条の御所の桜花、今を盛りであるらんと、ながめ入っておわします。時ならぬ嵐吹き来たり、蕾みし花が一房、若君の御袂に散りかかりける。「おう悟りたるこの花や。散りたる花は母上様、咲きたる花は父御様、蕾みし花は愛護なり。恨みのことが書きたやな」。料紙硯があらばこそ、左手の指を食い切り、岩の狭間に血を溜めて、柳を筆となさ

●―**愛護若** 悲嘆のあまり霧降滝に身を投げる愛護若。『あいこの若』挿絵。赤木文庫蔵。

れつつ、小袖を脱ぎ、恨みさまざま書きとめ、一首はこうぞ聞こえける。

神蔵や霧降が滝へ身を投ぐる語り伝えよ
　杉の叢立ち

と、かように詠じ給いつつ、西に向かい手を合わせ、「南無や西方弥陀如来、同じ蓮の蓮台に、助け給え」と伏し拝み、御年積もり十五歳と申せしに、霧降が滝に身を投げ、ついにむなしくなり給う。(中略)不思議や池の水揺り上げ揺り上げ、黒雲北へ下がり、十六丈の大蛇、愛護の死骸を被き、壇の上にぞ置きにける。「ああ恥ずかしや。かりそめに思いをかけ、ついには、一念とげてあり。阿闍梨の行力強くして、ただ今死骸を返すなり。わが跡問いてたび給え」と、言うかと思えば、水の底にぞ失せにけるは、身の毛もよだつばかりなり。いたわしや□□の御坊、清平殿、愛護の死骸に抱きつき、これはこれはとばかりにて、消え入るように泣き給う。御涙のひまよりも、「わが子返させ給えや」。「甥を返さい清平」と、消え入り給うぞあわれなり。御涙のひまよりも、「いつまでありてかいあらじ。われもともに行かん」とて、死骸を抱き清平殿、かの池に飛び入り給う。阿闍梨もともに飛び入り給う。御弟子たちも、われもわれもと身を投げける。桃惜しみの穴生の姥も身を投ぐる。田畑之介兄弟も霧降が滝に参り身を投ぐる。手白の猿も谷に入り、細工夫婦は「唐崎の松は若君の御形見なれば、いざやここにて身を投げん」。「もっとも」とて夫婦むなしくなりにける。阿闍梨をはじめ、上下百八人と聞こえける。南たいの大僧正は聞こしめし、前代未聞に例少なき次第なり、山王大権現と斎われける。

説経節愛護若

愛護若は、今の日吉の大宮、細工の小次郎は今の唐崎の宮、田畑は今は膳所田畑の社なりと云。あまつさへ伝に作り、書に筆して愚俗をまどはす。尤笑べし。あとかたもなき虚言、歯牙を労すべき事にはあらねども、其土俗の云ところに付て是を論ずるに、愛護若、もし日吉大宮の化現にもあらば、なんぞ桃を実なといひ、麻を苧になるなといはんや。己れに与へざるを恨、己が為に憤りあればとて、天地の造化にて実のれる木を実のらさず、麻を苧にせざるなど、一己の私にして、天下の公道にあらず。愛護若、もし神ならば、決して云べからざるの言、なすべからざるの行なり。愛護若の事は、『秋の夜長物語』といへる仮名草紙に、是に似たる事あり。それに作りかへていひ出せる成べし。嗚呼虚妄の人を迷はすこと、歎息あまりあり。

上坂本近江輿地志略

児《チゴ》ノ岩　飯室登ル道端
俗説多シ。此ノ外神倉寺ノ滝、絹掛ケ岩等俗ニ愛護若ノ事ヲ伝フ。

山門名所旧跡記

会津小鉄　あいづこてつ　一八三三―八五
(天保四―明治一八)

侠客。本名は上坂仙吉。水戸藩浪士の子として、大坂に生まれるが、小鉄の死後二年後に出版された『長脇差小鉄之利刀』という本では、会津藩の足軽目付上田源之助が小鉄の前名ということになっている。安政年間、一五、六歳のころから博徒の世界に身を投じていたが、折しも、尊攘派取締まりのために会津藩主松平容保《かたもり》が入京、小鉄は会津藩の仲間部屋の総元締である大垣屋清八配下の国右衛門、幸吉、半蔵の三親分の世話で、会津の鳶部屋に入る。『大日本人名辞書』(一八八六)では、「小鉄は人と争ってこれを殺し、会津侯に投ず。侯その義気を愛してこれを蓄う」と記されている。以後、「会津の小鉄」と呼ばれ、会津藩を後ろ盾にした侠客として京都に勢力を張り、他の侠客や旗本との喧嘩に明け暮れ、七〇余りの傷を負い、左手は親指と人差し指しかなかったともいう。その一方で、鳥羽・伏見の戦での敗者の遺体を懇ろに葬るなど、彼の義侠心を物語るエピソードも伝わっている。

維新後は、一八八三年(明治一六)の博徒狩で捕らえられたが、洛南の小鉄の自宅は、「間口半丁、奥行一町余りの耕地を潰し、高塀を築き、建物の壮大にして云々」と当時の新聞に書かれている。翌年の出獄祝いには七五〇〇人の子分が集まったという。

菊池 道人

会津の小鉄

○同人は昨年罪を犯して京都の監獄に繋がれしが、近々満期にて出獄するゆゑ頃日同人の子分中にて殊に顔の売れたる輩六十余名が首唱者となり、親方が出獄の節は盛大なる祝宴を開き、且つ其無事なりし御礼として各神社へ石灯籠一対宛を奉納すべしと評議して、其徒千三四百人へ出金を促したるに一人として躊躇するものなく、京坂はいふに及ばず近傍の各地方より我れ後れじと持来る有様にて、既に三千余円を集め得たりと、然れど此金を持来る輩を見るに、大体《たいてい》は半纏股引ぐらゐにて綿入一枚着てゐぬ人物なれば、衣類も諸道具も売尽して募集の金に換へしも尠なからざるべしと云ふ。

郵便報知新聞 明治一七年一月一二日

葵新吾 あおいしんご

川口松太郎の小説『新吾十番勝負』の主人公。一七〇四年(宝永一)一二月生まれ。父は松平頼方《よりまさ》(のちの徳川吉宗)、母は側室お長(お鯉の方)。父を頼方に斬られたお長は仇討ちを行うも失敗、殺生を悔いていた頼方の側室となり美女丸を生む。自現流の梅井多門に剣を学んだお長の婚約者・庄三郎に城から連れ出された美女丸は、そのまま山奥で多門と庄三郎に養育され、明朗快活な自然児にして、「天与の神童」と呼ばれる一流の剣士に成長する。一八歳の時に将軍になっていた吉宗のご落胤であることを知るが、徳川家に入るより、自由に剣の修行を続ける道を選ぶ。父・吉宗の特別なはからいによって、「葵新吾」の名と捨扶持一万石、諸国通行勝手の許可を与えられた美女丸は、諸国放浪の旅に出る。身分を隠した貴人が世直しの旅を行う典型的な「漫遊記もの」だが、俠盗日本駄右衛門に社会の矛盾を指摘されたり、農民一揆に巻き込まれたりと、将軍ご落胤の身分がマイナスに働くことも珍しくない。新吾が社会悪や弱者の存在を知り、悩み傷つきながら思索を深めていくので、青春教養小説の骨格も持ち合わせている。タイトル通り、新吾は一〇の事件を解決し、恩師の仇・武田一真とも決着を付けるが、好評もあって続編『新吾二十番勝負』『新吾番外勝負』が執筆された。新吾の人気は、大川橋蔵主演の映画、江見俊太郎・田村正和・松方弘樹らが主演したテレビドラマによって広まった側面もあり、原作よりも、映像作品が作り上げたイメージが定着していることも否定できない。

末國 善己

青砥藤綱 あおとふじつな

鎌倉中期の武士。生没年不詳。青砥氏は伊豆国住人大場十郎近郷が承久の乱の功による恩賞として賜った上総国青砥荘を本貫とする。藤綱は二八歳のとき北条時頼に仕え、以後評定衆、評定頭人として活躍し、数十ヵ所の所領を知行した。その質素廉直な評定衆としての政治姿勢について数々の逸話を残すが(『弘

◉—**青砥藤綱** 滑川に落とした銭一〇文を捜させる。『東海道名所図会』

長記』『太平記』)、『吾妻鏡』等の幕府関係の記録にまったくあらわれず、その実在についてはなお疑問が存する。　　小田　雄三

【伝承と作品化】　藤綱は名裁判官として文学や演劇に登場し、さまざまな逸話が伝えられている。荘園にまつわる裁判に、一人理を主張して執権の威をはばからず、執権の敗訴を裁定したこと、鎌倉の滑川《なめりかわ》に銭一〇文を落とし、五〇文のたいまつを求めてこれを捜し、天下の利とした逸話など、『太平記』巻三十五によって名高く、名裁判官としての伝承は、江戸期にも語りつがれ、『鎌倉比事』(月尋堂著の浮世草子、一七〇八刊)など、北条執権の裁判に仮託した物語に書きつがれた。曲亭馬琴作の読本『青砥藤綱模稜案《もりょうあん》』(一八一一―一二刊)は、藤綱の名を借り、和漢の公事訴訟譚を基礎に推理小説風の展開で作品化。これには大岡裁きに共通する説話をも含む。歌舞伎では一八五二年(嘉永五)七月江戸市村座初演『名誉仁政録』(三世桜田治助作)や、前記『模稜案』の脚色作である一八四六年(弘化三)七月市村座初演『青砥稿《ぞうし》』(三世桜田治助作)、また六二年(文久二)三月市村座初演『青砥稿花紅彩画《あおとぞうしはなのにしきえ》』(河竹黙阿弥作)などに登場、ある場合には大岡越前守の名をはばかって藤綱とすることもあったが、いずれにせよ事件の善悪理非を判断する「さばき役」として大団円に登場、また浄瑠璃『摂州合邦辻《せっしゅうがっぽうがつじ》』(一七七三初演)の合邦が藤綱の子として描かれるなど、藤綱は庶民の守護神的性格を具備した為政者として理想化された。　　小池　章太郎

○なまくらな武士に青砥はあわぬ也(一三32)
　鈍刀に砥石が合わぬ(鋭利にならぬ)に言いかけ、時頼ほどの名将軍だからこそ、剛直な藤綱を起用したとの賛美。

○なめり川一もん一家やとわれる(三五5)
　近辺の一門一家が雇われ、滑川に落ちた一〇文を大騒ぎで捜したであろうとのうがち。

赤犬子…阿嘉犬子　あかいんこ

沖縄県読谷《よみたん》村を中心に伝承される文化英雄。赤犬子の名は、その母が赤犬を寵愛していたゆえとされるが、一説には阿嘉《あか》(小字名)の出身であるので阿嘉いん子と称されたとする。赤犬子伝説には、読谷村楚辺《そべ》の貴重な井泉であった暗井《くらがー》の発見を赤犬子の母が寵愛する赤犬の功績として語る部分がある。そこには、井泉の発見という重大事を赤犬子につなげようとする心意があるが、沖縄・東南アジア一帯に伝承される人犬通婚譚、動物の井泉発見譚が語られており興味深い。赤犬子の業績とされるのは、ノビルや五穀の種子を沖縄島に初めてもたらしたことと、沖縄三味線音楽を創始したことである。　　波照間　永吉

一　阿嘉のお祝付きや
　　饒波《ねは》のお祝付きや
　　首里《しょり》しゆ(首里こそ)
　　百浦《もゝうら》　引く　ぐすく(城)
又　首里親樋川《おやひがわ》
　　水からど　世掛ける(世を統べる)
又　ぐすく親樋川
　　きみがなし節
一　阿嘉のお祝付きや
　　饒波のお祝付きや
　　十百度《とももと》　ちよわれ(十百年千代にいませよ)
又　あし川の　有らぎやめ(有らんきわみ)
又　汲《く》も清水《さうず》　有らぎやめ
又　石ぎや命《のち》てば(石が命といえば)
　　石は　割れる物
又　金が命てば
　　金は　僻《ひちや》む物
　　ふねたてばが節
一　阿嘉犬子が
　　上下《かみしも》　鳴響《とよ》む
　　親思《もい》いみ御殿《おどの》　げらへ(嫌い)
又　饒波犬子が
　　上下

おもろさうし第八「おもろねやがりあかいんこがおもろ御さうし」

あかのこ　反詞、ねはのこ、おもろの名人に

ておもひねやかり世を同しふせし人也、あかのこねはのこかもゝちやぶれ悉皆しての心也　おもろてた美称の言葉

混効験集

赤垣源蔵　あかがきげんぞう

赤穂四十七士の一人で、実在の人物の名は赤埴《あかはに》源蔵《げんぞう》である。講談の義士銘々伝に「赤垣源蔵徳利の別れ」として有名である。これによれば、赤垣源蔵は酒好きだったが、討入りの当日兄の塩山伊左衛門の邸へ、酒に酔い貧乏徳利を持ってひそかに別れを告げに行く兄弟愛の物語に仕立てられている。あいにく弟思いの兄伊左衛門は不在だったが、かねて義士の中に入っていてくれと願っていた兄の心情のとおり、翌朝義士たちの中に、傷ついた姿で泉岳寺へと引き揚げていく源蔵の姿があった。そのことを聞いた兄は、源蔵が徳利の別れをしに来たことを知る。実在の赤埴源蔵(一六六九―一七〇三)は浅野長矩の臣で馬廻となり二〇〇石を与えられた。浪人ののち討入りの計画に加わり、芝通町浜松町の檜物屋惣兵衛店の借り主になっていた。討入りには裏門組に配属され、仇討本懐ののちは細川邸に預けられた。兄のところへ徳利の別れに行ったことは虚構である。酒は少量をたしなむ程度だったらしく、一二月一二日にいとまごいに行った先は、本当は源三の妹婿にあたる田村縫右衛門の邸であった。

服部　幸雄

明石志賀之助　あかししがのすけ

江戸前期の力士。生没年不詳。初代横綱。伝説、講談によれば、宇都宮藩士山内典膳(主膳)の一子鹿之助、一説には蒲生家の浪人でのち江戸に出て人夫になったともいわれる。身長二五一センチ、体重一八四キロという希代の超巨人。江戸で俠客夢の市郎兵衛と義兄弟になり、京都の天覧相撲で大関仁王仁太夫を打ち倒し、日下開山《ひのしたかいさん》の勅許を与えられたという。『古今相撲大全』(一七六三)には、一六二四年(寛永一)四月、江戸四谷塩町の笹寺で、明石の勧進元による晴天六日間興行が、江戸勧進相撲の始まりとあるが証跡はまったくない。しかし『古今相撲大全』以後は、職業相撲(勧進相撲)の開祖は明石の興行からとされ、これが長く定説になっていたが、近年は否定されている。一八九五年(明治二八)に横綱代数を陣幕久五郎が考案し、伝説の明石を初代にすえ、綾川五郎次、丸山権太左衛門と架空の横綱三人をつくったが、昭和になって相撲協会もようやく公認するようになった。

池田　雅雄

○角力にも昔荒にし志賀之助(九一34)

昔あったと伝えるの意に、薩摩守忠度の歌、「さゞ波やしがの都はあれにしを昔ながらのやま桜かな」(『千載和歌集』巻一、読人しらず)の文句取りで、すでに作句当時伝説化していた一証。

明石御方　あかしのおんかた

「明石の君」とも。「明石の上」の称は不適当。『源氏物語』の登場人物の一人。父は某大臣の血を引く前播磨守《さきのはりまのかみ》で、出家してこの地に住む明石入道。彼は住吉明神の夢告をうけて、娘を貴人に縁づかせようと志し、光源氏が須磨に来ると、明石に丁重に迎え、娘を源氏と結婚させる。二人の間に女児が生まれる。源氏の帰京後、明石御方も上京するが、やがて可愛ざかりの姫君を紫上に渡さねばならなくなり、以後も卑しい身分の女として忍従の生涯を送る。しかし、姫君は成人後中宮に出世し、御方も幸福者とうらやましがられる。女が玉の輿《こし》に乗る物語の典型であるが、栄華の反面にある心の傷や家庭の不幸も見定めていることが注目をひく。

今井　源衛

○胸をあかしの入道のしんせつさ(九一6)

「……思いあかしの浦淋しさを」と詠んで、かねて源氏のような人を婿にしたい宿願を打ち明け、明石上と源氏は結ばれる。好色男にとって、これ以上親切な親仁はいない。

赤染衛門　あかぞめえもん

平安中期の女流歌人。生没年不詳。一〇四一

●**赤染衛門**　息子の病気平癒祈願のため住吉に詣でる赤染衛門。『本朝美人鑑』挿絵。

年(長久二)以後八十数歳で没した。赤染時用《ときもち》の女。母が初め平兼盛の妻だったので、兼盛女ともいわれる。藤原道長の妻倫子の女房となり、父が右衛門志《うえもんのさかん》や尉《じょう》であったので赤染衛門と呼ばれる。大江匡衡と結婚し、挙周《たかちか》、江侍従をもうける。和泉式部、清少納言、紫式部、伊勢大輔らと交流し、『賀陽院水閣歌合』『弘徽殿女御十番歌合』などに出詠し、晴《はれ》の歌人として和泉式部よりも高く評価されることもあった。『拾遺集』以下の勅撰集に九四首入集。家集『赤染衛門集』を残し、『栄華(花)物語』前編の作者にも擬されている。良妻賢母型の女で、匡衡が中納言を辞そうとしていた藤原公任に上表文の執筆を頼まれた際、公任の誇り高い性格に注目して、先祖の高貴さと現在の沈淪の様を記すよう助言し、その上表文が公任を喜ばせた話(『袋草紙』)や、息子の挙周が重病にかかったおりに、住吉に詣で「代らむと思ふ命は惜しからでさても別れむほどぞ悲しき」と詠んで神の感応を得て平癒させたという話(『今昔物語集』)が伝わっている。

上野　理

今昔、大江匡衡ガ妻ハ、赤染ノ時望ト云ケル人ノ娘也。其ノ腹ニ挙周ヲバ産マセタル也。其ノ挙周、勢長《セイチャウ》ジテ、文章ノ道ニ止事无カリケレバ、公ニ仕リテ、遂ニ和泉守ニ成ニケリ。

其国ニ下ケルニ、母ノ赤染ヲモ具シテ行タリケルニ、挙周思懸ズ、身ニ病ヲ受テ、日来煩ケルニ、重ク成ニケレバ、母ノ赤染歎キ悲テ、思ヒ遣ル方无カリケレバ、住吉明神ニ御弊《ヌサ》ヲ令奉テ、挙周が病ヲ祈ケルニ、其ノ御幣ノ串ニ書付テ奉タリケル、

カハラムトヲモフ命ハオシカラデ　サテモワカレムホドゾカナシキ

ト。其ノ夜遂ニ愈《イエ》ニケリ。

亦、此ノ挙周ガ官望ケル時ニ、母ノ赤染、鷹司殿ニ此ナム読テ奉タリケル、

オモヘキミ、カシラノ雪ヲウチハラヒキエヌサキニトイソグ心ヲ

ト。御堂、此歌ヲ御覧ジテ、極ク哀ガラセ給テ、此ク和泉守ニハ成サセ給ヘル也ケリ。

亦、此ノ赤染、夫ノ匡衡ガ稲荷ノ禰宜《ネギ》ガ娘ヲ語ヒテ愛シ思ヒケル間、赤染ガ許ニ久ク不来《コザ》リケレバ、赤染、此ナム読テ、稲荷ノ禰宜ガ家ニ匡衡ガ有ケル時ニ遣ケル、

ワガヤドノ松ハシルシモナカリケリ、スギムラナラバタヅネキナマシ

ト。匡衡、此レヲ見テ耻カシトヤ思ヒケム、赤染ガ許ニ返テナム棲テ、稲荷ノ禰宜ガ許ニハ通ハズハ成《ナリ》ニケリトナム語リ伝ヘタルトヤ。

今昔物語集巻二十四「大江匡衡妻赤染、和歌ヲ読メルコト」

○女でも赤染ゑもんじくねた名(明元松2)

「じくねる」はひねくれる意の江戸語。女性らしからぬ妙な名まえだという感想。

○寝なましものを小夜更ケてまだうせず(六五10)

女郎に振られた客が、寝もやらず待ちぼうけとなっている風景に、赤染衛門の「やすらはでねなまし物をさ夜更てかたぶくまでの月を見しかな」(『後拾遺和歌集』巻十二)の文句取りで趣向。

赤胴鈴之助　あかどうすずのすけ

福井英一の同名の連作時代劇漫画に登場する少年剣士。しかし福井は、一九五四年(昭和二九)の第一回目発表直後に急死してしまい、以降は当時新人だった武内つなよしによって書

き継がれた。武内は、本編終了後も青年向け漫画『青年赤胴鈴之助』や小説版など、七八年まで様々な形で赤胴鈴之助を描き続けた。こうした経緯から巷間伝わる「赤胴鈴之助」の物語とは、主に武内つなよし作品のことを意味している。父・金野鉄之助を亡くした鈴之助は、形見の「赤胴」を手に江戸の千葉周作道場へ剣の修行に向かう。千葉道場でのちに親友となる竜巻雷之進と出会った鈴之助は、彼とともに時に幕府転覆を企む鬼面党と戦い、また様々な人々と触れ合い、生きることの素晴らしさを学んでいく。その青春の成果の一つが鈴之助の会得する「真空斬り」であり、雷之進の「いなずま斬り」であろう。このような人間味溢れる物語性の有無については、明朗派時代小説の第一人者、山手樹一郎の小説を作者の了解のもとに参考にしたこともあげられるだろう。当時、漫画は「悪書」とされる風潮にあったが、鈴之助の母や師を敬う姿勢が、本作をその潮流から一線を画す位置に置いたという。また「少年剣士」の登場は、小中学生を中心に圧倒的な人気を博し、全国的に剣道を習う子供たちが急増したと伝えられている。のちに作品は、ラジオドラマ化、映画化、アニメ化もされたが、なかでも五七年のラジオドラマ(ラジオ東京)は、鈴之助役に横田毅一郎、千葉周作の娘さゆり役に吉永小百合が出演して大ヒットした。これらの広範囲な「赤胴鈴之助」現象に対して、手塚治虫は「出版と、ほかのマス・メディアとが提携して、〝つくられたブーム〟を現出させ、それが子供をめぐるマス・コミの動向に、恐ろしい影響をもたらした」と、独自の見解を述べている。　木村 行伸

赤松満祐　あかまつみつすけ　一三七三—一四四一(文中二…応安六—嘉吉一)

室町前期の武将。一説に一三八一年(弘和一…永徳一)生れともいう。義則の嫡男。一四二七年(応永三四)播磨・備前・美作の守護であった父義則が死去すると、将軍足利義持は播磨国を幕府領国にしようとするが、結局満祐がこれらを相承する。二八年(正長一)足利義教が将軍に決するや、正長の土一揆が京都を襲撃するが、侍所所司であった満祐は奮戦これを退けた。このほか満祐は山城守護ともなり、幕府の中心人物となった。しかし義教は一族の赤松貞村を寵愛して満祐を疎んじ、ちまたでは満祐の領国のうち播磨・美作が召し上げられるとうわさされた。元来義教は将軍専制を目ざし有力守護を圧迫していたが、四〇年(永享一二)一色義貫・土岐持頼を誅殺し満祐に大きな動揺を与えた。四一年(嘉吉一)六月二四日満祐は関東平定の祝宴と偽り義教を招いて殺害し播磨に下ったが、山名・細川に攻められ九月一〇日自刃した。ここに赤松惣領家は断絶し領国は山名一族に与えられた。　鳥居 和之

【伝承と作品化】　赤松満祐の将軍足利義教弑逆事件は、その後もながく語り伝えられ、これを素材とする文芸作品も二、三にとどまらないが、なかでもとくに名高いのは一七〇五年(宝永二)初演とみられる近松門左衛門作の浄瑠璃『雪女五枚羽子板《ゆきおんなごまいはごいた》』で、いちはやく近松の時代物の三傑作の一つに数えられている。作中、満祐は「赤沼入道」、満祐の子教康は「赤沼判官」と名づけられており、ひたすらに極悪非道の父子として描かれている。近代に入って、河竹黙阿弥もこれを主題とする『赤松満祐梅白旗《あかまつまんゆううめのしらはた》』という「活歴劇」の作品をなし、一八七九年二月に新富座で初演された。　横井 清

大将猶々御盃の数も睡《ねぶり》も傾きて。伺候の女に誘なはれ寝殿へ深く入り給ふ入道親子。見送り熊橋してやつた。いかに厄を払ふとて。天下を治むる此の印判。人手に渡すうつそり滅すに思案は入らず。むつかしいは斯波細川。此の判を以て義教の下知と偽り。鎌倉勢を催し一戦に討取るべし。此の年越からまんが直つたこれ熊橋。来年は。めつきりとよい年取らせう精出せと。うなづき悦ぶ折節御侍女《おんこしもと》の中川。つか〳〵と走り出でこれ赤沼殿。只今の御判はお厄落しの呪ひに。ちつとの間御預りかと思ひしに戻さず其処に留置いて。な

んとやらひそ〳〵と妾《しゅわ》はどうとものみこまれず。女子なれども御台《みだい》様よりお附けなされた此の中川。其の御判を戻さうか戻さぬか。戻しやらねば思案があると男勝りの気色なり。入道動ぜぬ顔つきにて。ヲヽ好い処へ来召された是こそ仔細あれ。斯波左衛門義将諫言申すが御気に入らず。密かに諸国の軍兵を集め左衛門滅す御催。それを聞いて笑止さに。御判をさへ取つたれば。軍兵一騎寄せる事もかなはぬゆゑ。やう〳〵嗛《すか》し取つたる御判。聞けばそなたは斯波が家来。藤内太郎家治と夫婦の契約して居るげな。是に就いて大事がある。藤内太郎は御預りの笛を折る。それを越度《をちど》の仰せにて。今宵是へ召寄せてお手討になさるゝ筈。今宵さへ過しなば明日は某御訴訟申し。藤内は助くべし。どうぞお側の刃物ども盗む事はなるまいが。如何にしても笑止なと誠しやかに云ひければ。さすが女の一筋にアヽ忝き御知らせ。夫の命助くると申し斯波殿とでも夫の主人。よしなき疑ひ恥かしや上にはことない九献《くこん》にて。御鼾《いびき》の最中そつと御太刀を取りませう。ヲヽそれそれ目の覚めぬ先片時《へんし》もはやう太刀刀《たちかたな》。奪取り高遣戸《たかやりど》の小庭から。椿畑の妻戸を明け鞠場《まりば》の口に待たれよ。土戸《つちど》の錠を明けさせんそれを合図にそつと抜け。左衛門方へ落ちられよ飲込んだか仕損ずまいぞ。アヽ身に係つた事ぢやもの。其処に気遣ひなさるゝな と奥を。さしてぞ入りにける。そりや又彼奴《きゃつ》も喰はせたわ屋敷の内をうろつかせ。暁方に引捕へ斯波左衛門逆心にて。家来藤内が密通の女に御太刀を盗ませしと。証拠を出す上からは好い仕合で切腹道具。今宵は如何《どう》した夢がな見るこちは誠の宝舟。舳先《へさき》が向いた飲めきほへと勇み頭をふる。

(赤沼入道幸満が義教の印判を盗んで悪事をたくらむ)

雪女五枚羽子板上之巻

秋山小兵衛 あきやまこへえ

池波正太郎が、一九八一年(昭和五六)から八九年まで書き継いだ『剣客商売』の主人公。その名の通り、小柄で細身の体形。『女武芸者』で初登場した時は五九歳。甲斐国南巨摩《みなみこま》郡秋山の郷士・秋山忠左衛門の三男として生まれ、辻平右衛門に剣を学んだ無外流の達人。江戸四谷仲町に道場を開いて門人を厳しく指導する一方で、諸大名や大身の旗本と親しく交流し、特に田沼意次とは昵懇の仲。五七歳頃で道場を閉じて大川(隅田川)沿いの鐘ヶ淵に隠棲するも、老年に入って「豁然《かつぜん》と女体を好むように」なり、四〇歳も年下の下女おはるに手をつけ女房にした。「剣術も世わたりの道具」と割り切っていて自分の腕を売ることも厭わないが、「小判の奴どもをあごで使っていなさる」と評されるほど金の使い方が巧い。隠居と共に剣も世も捨てるつもりだったが、一人息子の大治郎から相談を持ちかけられたり、町中で珍しい出来事に遭遇したりすると、好奇心がうずいて首を突っ込んでしまう。のちに大治郎は、意次の妾腹の娘・三冬と結婚。二人の間に生まれた孫の小太郎を溺愛している。愛猫家で、酒にも美味い食べ物にも目がない。物語が進むと共に年齢を重ねているため、六六歳の『二十番斬り』では、寄る年波には勝てず、「得体の知れぬ目眩」に襲われるようになるが、一人で二十数人の敵と立ち回りを演じ、周囲を驚かせた。池波の死で最終話となった『浮沈』では七五歳だが、おはるよりも長生きし「九十三歳の長寿をたもった」と記されている。テレビドラマでは、山形勲・中村又五郎・藤田まことが演じている。

末國 善己

悪源太義平 あくげんたよしひら➡源義平

悪七兵衛景清 あくしちびょうえかげきよ➡景清

明智小五郎 あけちこごろう

江戸川乱歩の小説に登場する名探偵。日本のシャーロック・ホームズといわれる。一九二五年(大正一四)『D坂の殺人事件』で初登場したころは煙草屋の二階に間借りし、天然パーマのもじゃもじゃ頭に古びた木綿の着物で奇怪な難事件を心理分析で見事に解決していた。しかし三七年(昭和一二)の怪人二十面相と対決する長編『怪人二十面相』、翌年の『少年探偵団』になると、黒い背広を見事に着こなし、美しい妻と高級住宅地に住むようになり、好敵手怪人二十面相に劣らぬ変装ぶりを見せる活劇型の探偵となって、黒蜥蜴《とかげ》、蜘蛛男、人間豹などと対決する。

最初、明智のたった一人の助手だった小林少年が、少年探偵団の団長となり明智を皆で助け怪人二十面相を追跡する。怪人二十面相は神出鬼没の大泥棒で武芸百般に通じるが人を傷つけない和製ルパンである。このシリーズは戦後にも引き継がれ、明智小五郎、小林少年、怪人二十面相の各キャラクターは国民的に愛されて、二十面相は、ついには四十面相となった。戦後の復興が進むとともに東京の街が変貌し、作品の舞台となった杉並区、世田谷区の住宅地から空地が消滅するにつれ、明智たちは姿を潜めてしまった。　安宅　夏夫

明智光秀　あけちみつひで　一五二八?―八二

(享禄一?―天正一〇)

安土桃山時代の武将。明智氏は美濃土岐の一族だが、光秀は初め越前の朝倉義景に仕え、そして足利義昭が朝倉氏のもとに流寓したとき出仕し、ついで織田信長の家臣となり義昭の上洛に尽力、義昭と信長に両属して申次《もうしつぎ》を務め、京都の施政にも関与した。室町幕府滅亡後は信長に登用され征服戦に参加、一五七一年(元亀二)近江坂本城主となり、七五年(天正三)惟任《これとう》日向守と称し、丹波の攻略に着手、七九年八上城の波多野秀治らを下して平定し、八〇年亀山城主となり、ついで細川藤孝、筒井順慶、中川・高山諸氏を与力として付属され、京都の東西の要衝を掌握、美濃・近江・丹波の諸侍や幕府旧臣を中核とする家臣団を形成した。彼は故実・典礼に通じ、民政にすぐれ、茶湯・連歌を好む理性的で教養豊かな武将だったところに特色があり、一五七九年誠仁親王の二条御所移徙《い》、八一年京都馬揃の奉行を務め、また一五七三年越前の支配を行い、八〇年大和の寺社本所領指出《さしだし》を、八一年丹後の検地を実施する一方、精緻《せいち》な軍法を制定した。そして八二年春甲州征討に従軍、五月徳川家康・穴山梅雪の接待を命ぜられ、つづいて中国征討を支援するため出陣を命ぜられたので亀山において軍容を整え、六月一日夜出発したが、翌二日黎明信長を京都本能寺に襲い、織田信忠を二条城に囲んで敗死させた(本能寺の変)。この行動は信長の虚を突いた絶妙の作戦であったが、予想外に早く反撃してきた羽柴(豊臣)秀吉に山城山崎の戦で敗れ、逃走の途中小栗栖《おぐるす》で土民に殺

◉――**明智光秀**　『時桔梗出世請状』初演時の「饗応仮御殿の場」。尾田春永(右)が森蘭丸(左)に、鉄扇で武智光秀(中)の眉間を割らせる。初世歌川豊国画。

された。彼が信長を弑逆《しいぎゃく》した原因には、怨恨、前途に対する不安、政権欲、武士の面目維持などの諸点が指摘されているが、長い間機会をうかがったうえで決行したわけではなかった。法名は明窓玄智。妻は妻木範熈《のりひろ》の女。系図類では数子を数えるが、確認されるのは二男三女である。イエズス会士の記録によれば長子はヨーロッパの王侯に比するほど優美な貴公子だったという。女子では細川忠興の妻となったキリシタン女性ガラシャ(実名玉)が有名である。

岩沢 愿彦

【伝承と作品化】 光秀のイメージは、江戸時代の文学や芸能における一連の「太閤記物」を通じて形成される。その場合、実名を使用するのをはばかって、光秀は武智光秀の名で登場する。ちなみに織田信長を尾田春永、羽柴秀吉は真柴久吉といいかえられるのが約束であった。それら「太閤記物」のなかで光秀像を決定づけたのは、一七九九年(寛政一一)初演の浄瑠璃『絵本太功記』であろう。この作品は歌舞伎では翌一八〇〇年に上演されている。ここでは、光秀の春永への諫言、それに対する報復として森蘭丸に鉄扇で光秀の額を傷つけさせる場面、四王天但馬守が謀反を勧めるくだり、光秀親子の別れなど、光秀を悲劇性の濃い主人公とする挿話がふんだんにもりこまれていた。春永を悪役とし、さらにそれに謀反を企てるもう一人の悪役を配することで、光秀のイメージは複雑な陰影を帯びることになった。このような光秀像は、のちの鶴屋南北の歌舞伎台本『時桔梗出世請状《ときもききょうしゅっせのうけじょう》』(一八〇八初演)において、いっそう鮮明になる。

守屋 毅

光秀天正七年六月修験者を遣して、丹波の守護波多野右衛門大夫秀治が許に、光秀が母を質に出し謀りければ、秀治其弟遠江守秀尚共に本目の城に来りけるを、酒宴して遇《もて》なし、兵を伏せ置て兄弟を始従者十一人を生虜安土に遣しけり。秀治は伏兵と散々に戦ひし時、傷を蒙《かうぶ》り途中にて死す。信長秀尚以下を安土にて磔《はりつけ》にせられたり。丹波に残り居たる者共明智が母を磔にしたり。明智遂に赤井等を攻め従へ、丹波を信長より賜はりけり。又信長或時酒宴して、七盃入りの盃をもて光秀に強ひらるゝ。光秀思ひも寄らずと辞し申せば、信長脇指を抽き、此白刃を呑むべきか、酒を飲むべきか、と怒られしかば、酒飲みてけり。其後稲葉伊予守家人を明智多くの禄を与へ呼び出せしを、稲葉求むれ共戻さず。信長戻せと下知せられしをも肯はず。信長怒つて明智が髪を捽《つか》み引き伏せて責めらるゝ。光秀、国を賜り候へ共、身の為に致す事無く、士を養ふを第一とする由答へければ、信長怒り乍ら偖《さ》て止みけり。東照宮御上京の時、光秀に馳走の事を命ぜらる。種々饗礼の設しけるに、信長鷹野の時立寄り見て、肉の臭かりけるを、草鞋《わらぢ》にて踏み散らされけり。光秀又新に用意しける処に、備中へ出陣せよ、と下知せられしかば、光秀忍び兼ねて叛《そむ》きしと言へり。然れば信長の暴なる固より論を待たず。光秀土地を略せん為に老母を質にして殺しぬる不孝を信長の賞せられたる。君臣共に悪逆の相合へる、終を令せざること理なり。

常山紀談巻之五「光秀反状の事」

天正十年五月二十八日、光秀愛宕山の西坊にて百韻の連歌しける。

ときは今あめが下しる五月かな　光秀
水上まさる庭のなつ山　西坊
花おつる流れの末をせきとめて　紹巴

明智本姓土岐氏なれば、時と土岐と韻を通はして、天下を取るの意を含めり。秀吉既に光秀を討ちて後、連歌を聞き大に怒りて紹巴を呼び、天が下知るといふ時は天下を奪ふの心現はれたり。汝知らざるや、と責めらるゝ。紹巴、其発句は天が下なるにて候、と申す。然らば懐紙を見せよ、とて、愛宕山より取り来て見るに、天が下しると出たり。紹巴涙を流して、是を見給へ。懐紙を削りて天が下しると書換へたる迹分明なり、と申す。殊勝にも書き換ぬ、とて秀吉罪を許されけり。江村鶴松筆把りにて天が下しると書きたれども、光秀討たれて後紹巴密に西坊に心を合せ、削りて又始の如く天が下しると書きたりけり。

常山紀談巻之六「光秀愛宕山にて連歌の事」

春永　いかにも盃くれふ。その方へくれる盃は、ア、何をがな○。ヲ、幸ひ〳〵、蘭丸、あれなる馬盥《ばだらひ》の花活《はないけ》、これへ。

蘭丸　ハツ。

　　ト合方かわつて蘭丸、馬だらひに錦木の活たるを春永の前へ持行。春永、錦木をぬき捨、

春永　蘭丸、このうつわを光秀へ。

蘭丸　ハツ。

　　ト合点のゆかぬおも入れにて、光秀が前へ持行、直す。

春永　イザ光秀、盃くれるぞ。

　　ト光秀、思入有つて、

光秀　アノ、このうつわを拙者めへ、お盃とな。

　　トあつらへの合方。

春永　いかにも、その方にくれるには、相応のその馬だらひ。イザ、つげ。

光秀　ヤ。

春永　その方がのぞみの通り、馬にあたへるその盃、鼻づらさし込舌打して、その盃をづつとほせ。

　　ト光秀、無念のおも入。

時桔梗出世請状三幕目「本能寺の場」

○酒買た尻に賢女は髪を切(嘉三・差柳19)

光秀が越前に浪居していたとき、来客があったが貧乏のためもてなすことができず、光秀の妻が髪を切ってこれを売り酒肴を調えたという俗説による句。「尻」は後始末の意。

○光秀は不断うぬみろよ〳〵よ(明二礼3)

○光秀は扇子の形《なり》に箔を付(明元松1)

第一句、「うぬ」はおのれの意で、主君信長をさす。信長は安土城で家康を饗応したおり、光秀を饗応司に任じたが、そのやりかたが華美に過ぎたとして光秀をしかり、小姓森蘭丸に命じて鉄扇で光秀を打擲させた。次句「扇子の形り」の眉間の傷に「箔」をつけたのは金箔が切傷に効能ありとされたゆえの句構。

揚巻…総角　あげまき

江戸時代の遊女の名。①京島原丹波屋の遊女。宝永年間(一七〇四―一一)以前、万屋助六という男となじみ心中したとも、助六の仇を討ってのち薙髪し尼となったとも伝えるがさだかでない。一七〇六年(宝永三)一一月、京の早雲座『助六心中紙子姿』、大坂の片岡仁左衛門座『京助六心中』で同時に舞台化され、〇九年ころに一中節『万屋助六道行』、また義太夫節『千日寺心中』が上演された。②江戸吉原三浦屋の遊女。この揚巻には三代ほどあるといわれ(『世事百談』)、上方の総角助六に付会して、一三年(正徳三)以来江戸に移入され(『花館愛護桜《はなやかたあいごのさくら》』)、江戸遊女の張りと意気地を代表することになる歌舞伎十八番『助六』劇のヒロインとなった。 ➡助六

小池　章太郎

揚巻　こりや意休さんでもない、くどい事言はんす。お前の目を忍んでな、助六さんに逢ふからは、客さん方の真中で、悪態口はまだな事、叩かれうが踏まれうが、手に掛けて殺されうが、それが怖うて間夫狂ひがなるものかいなア。慮外ながら揚巻でござんす。男を立てる助六が深間、鬼の女房にや鬼神がなると、今からがこの揚巻が悪態の初音。意休さんと助六さんをかう並べて見た所が、こちらは立派な男振、こちらは意地の悪さうな顔つき。たとへて言はうなら雪と墨、硯の海も鳴戸の海も、海といふ字に二つはなけれど、深いと浅いは間夫と客、間夫が無ければ女郎はやみ、暗がりで見ても助六さんと意休さんを取違へて、マよいものかいなア。

(意休に助六を悪く言われて、揚巻は助六をかばい、傾城としての意気地をたてる、いわゆる揚巻の悪態のくだり)

助六由縁江戸桜

○あげ巻はすそをふくらしじやうをはり(明元礼4)

芝居で助六を裲襠《うちかけ》の中へかくまうシーン。「じやうを張る」は意地を張る意。

赤穂浪士　あこうろうし

一七〇一年(元禄一四)三月一四日に、江戸城本丸松之廊下で播磨赤穂城主(五万三五〇〇石)浅野

◉——赤穂浪士 表赤穂浪士一覧

[氏名]	[年齢*1]	[役職]	『仮名手本忠臣蔵』登場人物名*2
大石内蔵助良雄	45	家老	大星由良助
大石主税良金(良雄嫡子)	16		大星力弥
片岡源五右衛門高房	37	側用人・児小姓頭	
原惣右衛門元辰	56	足軽頭	原郷右衛門
堀部弥兵衛金丸	77	(元江戸留守居)	織部弥次兵衛
堀部安兵衛武庸(金丸養子)	34	馬廻・使番	
近松勘六行重	34	馬廻	
吉田忠左衛門兼亮	64	足軽頭・郡代	
吉田沢右衛門兼貞(兼亮嫡子)	29	蔵奉行	
間瀬久太夫正明	63	大目付	
間瀬孫九郎正辰(正明嫡子)	23		
潮田又之丞高教	35	馬廻・絵図奉行	
富森助右衛門正因	34	馬廻・使番	富森助右衛門
赤埴源蔵重賢	35	馬廻	
不破数右衛門正種	34	馬廻(事件後帰参)	不破数右衛門
岡野金右衛門包秀	24	物頭並	
小野寺十内秀和	61	京都留守居	
小野寺幸右衛門秀富(秀和養子)	28		
奥田孫太夫重盛	57	馬廻・武具奉行	
奥田貞右衛門行高(重盛養子)	26		
大石瀬左衛門信清	27	馬廻	
木村岡右衛門貞行	46	馬廻・絵図奉行	
矢田五郎右衛門助武	29	馬廻	
早水藤左衛門満尭	40	馬廻	
磯貝十郎左衛門正久	25	物頭・側用人	
間喜兵衛光延	69	勝手方・吟味役	
間十次郎光興(光延嫡子)	26		矢間重太郎
間新六郎光風(光延次子)	24		
中村勘助正辰	45	物書役	
菅谷半之丞政利	45	馬廻・郡代	
千馬三郎兵衛光忠	51	馬廻	
村松喜兵衛秀直	62	中小姓・扶持奉行	
村松三太夫高直(秀直嫡子)	27		
岡島八十右衛門常樹	38	中小姓・札座勘定方	
大高源吾忠雄	32	中小姓・膳番元方・御金・腰物方	大鷲文吾
倉橋伝助武幸	34	中小姓・扶持奉行	
矢頭右衛門七教兼	18	(亡父長助，中小姓・勘定方)	
勝田新左衛門武尭	24	中小姓・札座横目	
前原伊助宗房	40	中小姓・金奉行	前原伊助
貝賀弥左衛門友信	54	中小姓・小赤松番所	
武林唯七隆重	33	中小姓	竹森喜多八
杉野十平次房富	24	中小姓・札座横目	
神崎与五郎則休	38	横目	千崎弥五郎
茅野和助常成	37	横目	
横川勘平宗利	37	勘定方	
三村次郎左衛門包常	37	酒奉行	
(寺坂吉右衛門信行)	39	(吉田兼亮組下足軽)	寺岡平右衛門

注一*1年齢は元禄16年(1703)当時の数え年．*2『仮名手本忠臣蔵』の登場人物名は，人形浄瑠璃と歌舞伎狂言とでは異なる場合がある．

◉——**赤穂浪士**　描かれた「忠臣蔵」。黒地に白の山形模様のそろいの火事羽織で高師直邸に討入りする塩冶浪人たち。史実では服装はそろいではなく、この火事装束は『忠臣蔵』の先行作品『鬼鹿毛無佐志鐙』の扮装からといわれる。右手中ほどで大星由良助が指揮をとる。歌川国芳『誠忠義士聞書之内　討入本望之図』。

内匠頭長矩《ながのり》が高家肝煎《きもいり》（旗本）であった吉良上野介義央《よしなか》に突然斬りかかって傷を負わせた事件があった。この日は幕府の年賀に対する答礼のため京都から遣わされた勅使・院使に対して、将軍徳川綱吉の挨拶が白書院で行われるはずであったが、事件は勅使らの到着直前に起こった。浅野長矩は勅使の御馳走役であったが職務を放擲《ほうてき》して事を起こしたのである。これらの条件が浅野の罪を重くし、彼は即日切腹の処分をうけ、浅野家は取りつぶされた。吉良義央は儀礼担当の職にありながら浅野に十分な指示を与えず、浅野が恥をかくなどのことがあり、それを遺恨として吉良を殺そうとしたといわれ、浅野家中をはじめ巷間ではそのうわさを信じていたが、その実否は不明であり、幕府は浅野側の正当性はいっさい認めず一方的な犯罪として処理した。それにしてもこの処分は過酷であると世に受け取られた。浅野側ではこの事件をけんかとみ、幕府の処分を片手落ちとする一方、吉良はみずから手は下さなかったが結果的には浅野を破滅に追い込んだ仇敵とみなし、亡君の遺志を継いで吉良を殺し、両成敗を完成させることで、切腹・改易の処分によって失われた浅野家の名誉を回復しようとする者があった。いわゆる急進派である。それに対して家老であった大石良雄は長矩の弟大学によって浅野家の再興を図るとともに、吉良へもなんらかの処分がなされることで浅野家の名誉回復を期待し、幕府に嘆願したが、〇二年七月に大学が広島浅野家に御預けとなってその望みを断たれた後は急進派に合流した。そのときまで浅野家の再興を望んで盟約を結んできた家臣の多くはここで離散した。そして一二月一四日に大石以下の浅野家遺臣が本所の吉良邸に乱入し、吉良義央を殺害してその首を泉岳寺の長矩の墓前に献じたのである。この事件は有名になったために、後になって作られた史料が多く、事件の経過や浪士の動静、その処分をめぐっての幕府内部の議論までが伝えられているが、正確な情報は『堀部武庸筆記』や『江赤見聞記』（五巻まで）などわずかな史料から得られるにすぎず、ほとんどは十分な根拠のない虚構に近いものである。幕府では大石以下の行為は「公儀を恐れざるの段、重々不届」であるとして切腹を命じ、〇三年二月四日全員が死についた。吉良邸に討ち入ったのは四七人といわれるが、このとき切腹したのは四六人である。彼らは世に赤穂浪士、赤穂四十七士または四十六士などと呼ばれており、この事件は全体として赤穂事件とよびならわされている。

赤穂浪士は死後、「義人」「義士」としてたたえられた。なかでもその年の秋に室鳩巣《きゆうそう》が著した『赤穂義人録』が有名である。彼らが亡君の仇讐《きゆうしゆう》を報じた、または亡君の遺志を継いで吉良を殺したことが家臣・武士としての「義」に当たると考えられたからであり、全員が刑に服したことも世の同情を集めた。大名の家という閉鎖的な社会で主君たる大名のために生命をささげて仕え、主家の名誉のために死を賭けることは「義」といえるであろう。だが、江戸の武士社会は大名—家臣という主従関係に重なって、将軍—大名という関係がある。もし大名が将軍＝幕府と対立した関係にあるとすれば、家臣の主君への「義」は幕府からみたときには「不義」となる。浅野長矩は吉良の加害者にすぎず、時と所をわきまえない犯罪によって幕府から死刑に処せられたのであるから、吉良は浅野の仇敵ではなく、幕府もそれを認めていない。赤穂浪士の行為は大名の家の観点からは「義」であろうが、幕府の側からみれば犯罪であり、したがって彼らは死刑に処せられた。幕府の立場を是とすれば浪士の行為は不義・不法でなければならない。

このように二つの立場がある以上、赤穂浪士に対する見方が分かれるのは自然である。この一方の立場から徹底的な批判を加えたのが佐藤直方であり、赤穂浪士は幕府を相手とすべきであるのに、誤って吉良を討ったとの観点から批判したのが太宰春台であった。そしてこの両者の批判をめぐって賛否の議論が、宝永から天保まで一三〇年にもわたって続けられた。赤穂事件には、二重の主従関係に限定される武士の生き方にかかわる深刻な問題が包蔵されていたからである。世論の大勢は浪士を支持し賞賛する側に傾いた。武士にとって大名の家こそが最終的に身を託すべき存在であり、家臣として生きることがもっとも切実であったからであろう。幕府が浪士の処分と同時に吉良家を取りつぶして両成敗と同じ結果にもちこんだことは、幕藩制の構造に基づく武士社会の動向を予見しての結果とみることができる。『仮名手本忠臣蔵』をはじめ、後世この事件に題材をとった文芸作品は多いが、幕藩制の二重の主従関係における武士の「義」とは何かという、赤穂事件の核心的な問題はほとんど見のがされている。なお赤穂浪士は長矩と同じ芝高輪の泉岳寺に葬られた。

田原 嗣郎

太平の世に四七人もの武士が一団となって、主君のための仇討を極秘裏に計画し、みごとに成功させたという赤穂浪士の事件は、江戸の庶民の注目を大いに集め、これに取材した数多くの作品群、いわゆる「忠臣蔵物」を現代に及ぶまで生み続けてきた。義のために身命をなげうった赤穂浪士たちの行動に、庶民は大いに共感しかっさいをおくり、続々と脚本が書き下ろされ上演され続けたのである。近松門左衛門は『太平記』の世界の話ということでこの討入事件を脚色し、一七一〇年（宝永七）には『碁盤太平記』を上演した。吉良上野介義央を高師直に、浅野内匠頭長矩を塩冶《えんや》判官に、大石内蔵助《くらのすけ》を大星由良助《ゆらのすけ》として登場させている。また、討入りから四七年目の一七四八年（寛延一）に義士たちを描いた代表的な人形浄瑠璃が書かれた。竹田出雲、並木千柳、三好松洛の合作による『仮名手本忠臣蔵』である。この作品は、芝居の独参湯《どくじんとう》と呼ばれ、不入りのときでも『忠臣蔵』を出せば、必ずもちなおすといわれるほど民衆に愛される演劇となっていった。この作品が初演されて以来、江戸時代では、毎年のように上演され、大ヒットを続けたのである。『仮名手本忠臣蔵』は、それまでに書かれた義士劇の集大成であり、その成立までの過程は江戸時代の庶民の生活感情を反映し、演劇としての「忠臣蔵」の庶民化、普遍化への過程であった。この作品の出現により、赤穂浪士の事件そのものをも「忠臣蔵の事件」と呼ばせ、「忠臣蔵物」というジャンルの名称で一括させるほどの普及力があった。江戸後期から明治にかけては、講釈種をとり入れた多くの「義士銘々伝」や「外伝」がつくられた。四十七士に関するいろいろなエピソードを述べた「銘々伝」は、四七人すべてに用意されたわけではないが、勘平(萱野三平)をはじめとして、堀部安兵衛、神崎与五郎、赤垣源蔵、大高源吾、寺岡平右衛門(寺坂吉右衛門)などがとりあげられ、個性豊かなイメージを庶民に与えていった。またそれは、庶民の赤穂浪士たちへの知識を前提として、ふくらんでいったものでもあり、庶民の義士への夢を満たすものでもあった。「忠臣蔵」にその世界をとった作品は、歌舞伎や浄瑠璃、小説をはじめ、浪曲、講談から、映画、ラジオ、テレビ、軽演劇、さらには漫画にいたるまで、膨大な数にのぼる。それは、日本の庶民が「忠臣蔵」の世界をいかに愛し続けてきたかを物語るものであろう。　中山　幹雄

阿古屋　あこや

近松門左衛門作『出世景清』、文耕堂・長谷川千四合作『壇浦兜軍記』などに登場する清水坂の遊女で、景清の愛人。幸若・古浄瑠璃『景清』では「あこ王」とある。あこ王は景清との間に二人の子まであるが、平家の残党となった夫の行末を不安に思い、子どものためにあえて訴人に出る。景清は子どもを殺害して遁走するが、あこ王は、その不義ゆえに頼朝によって川に柴漬《ふし》けにされる。『出世景清』では、阿古屋は、景清の正妻熱田大宮司娘への嫉妬から、兄十蔵の勧めをいれて密告する。大宮司と娘が捕らえられ、それを知った景清が自首すると、阿古屋は六波羅の獄舎を訪ねて謝罪するが、夫の怒りがとけず、その場でわが子を手にかけて自害する。しかし『壇浦兜軍記』では、阿古屋と十蔵の兄妹は、景清にたいしてひたすら献身的である。十蔵は景清の身代りになろうとし、また阿古屋は捕らえられて景清の居所をきかれるが白状せず、畠山重忠は阿古屋に琴・三味線・胡弓をひかせ、その音色から景清の所在を知らぬとして釈放する(「阿古屋琴責」の段)。柳田国男は、アコを「我子」つまり神子《みこ》の意味とし、巫女の通り名が物語のヒロインになる数多い例の一つと考えている。　➘景清　兵藤　裕己

かかりける所に、清水坂のかたはらに阿古王と申す女、北野詣でをしけるが、京白河の辻々に立ちたる札を読うで見るに、九年つれたる我が夫の悪七兵衛景清を討たんと書いて立ててあり。阿古王余りの悲しさに、此の札を盗み取り、鴨川、桂川へも流さばやとは思ひしかども、中《ちう》にて心を引っ返し、「待てしばし、我が心。それ、日本六十六か国に、平

◉——**阿古屋**　右＝景清のことを訴え出たため雑車に乗せられひかれていくあこ王(阿古屋)。舞の本『景清』。内閣文庫蔵。左＝阿古屋琴責の段。絵金『壇浦兜軍記』。

家の知行とて、国の一か国もなし。平家一味の者とては、夫の景清ばかりなり。包むとすると、此の事つひにはもれて討たれうず。景清討たれて其の後に、不慮に思ひをせんよりも、九年つれたる情には、二人の若のあるなれば、此の事敵に知らせつつ、景清を討ち取らせ、二人の若を世に立てて、跡の栄華にほこらん」と、思ひすました阿古王が、心の内こそ恐ろしき。　幸若舞景清

これは扨置き。阿古屋の前、弥石《いやいし》、弥若《いやわか》もろともに。山崎山の谷陰に深く隠れておはせしが。景清牢舎と聞くよりも、我が身もあるにあられればこそ。六波羅に走りつき、この体を一目見て。(阿古屋)「なうあさましの御風情や。やれ、あれこそ父よ我が夫」と。牢の格子に縋《すが》りつき泣くより。ほかのことぞなき。

景清、大の眼に角を立て、(景)「やれ、物知らずめ。人間らしく言葉をかくるも無益ながら。かほどの恩愛を振り捨て夫の訴人をしながら。なんの生面さげて今この所へ来りしぞ。おのれ指一つ叶ひなば。つかみひしいで捨てんものを」と歯がみを。してゐられける。

(阿)「げに御恨みはことわりなれども。妾がことをも聞き給へ。兄にて候ふ十蔵『訴人せん』と申せしを。再三止めて候ふところに。大宮司の娘小野の姫とやらんより。親しき御文参りしゆゑ、女心のあさましさ。嫉妬の恨みに取り乱れ後先の踏まへもなく。当座の腹立ちやるかたなく。『ともかくも』と申しつる後悔先に立たばこそ。さはさりながら嫉妬は殿御のいとしさゆゑ。女の習ひ、誰が身の上にも候ふぞや。申し訳致す程皆言ひ落ちにて候へども。今までのよしみには、道理一つを聞き分けて。ただ何事も御免あり、今生にて今一度。言葉をかけてたび給はば、それを力に自害して。我が身の言ひ訳立て申さん」と地にひれ伏してぞ泣きゐたり。　出世景清

〈阿古屋の松〉日本は昔三十三ケ国にてありけるを、中比六十六ケ国に分られたんなり。さ云備前・備中・備後ももとは一国にてありける也。(中略)出羽・陸奥両国も昔は六十六郡が一国にてありけるを其時十二郡をさきわかツて、出羽国とはたてられたり。されば実方中将、奥州へながされたりける時、此国の名所にあこやの松と云所を見ばやとて、国のうちを尋ありきけるが、尋かねて帰りける道に、老翁の一人逢たりければ、「やゝ、御辺はふるい人とこそ見奉れ。当国の名所にあこやの松と云所やしりたる」ととふに、「まツたく当国のうちには候はず。出羽国にや候らん」。「さては御辺しらざりけり。世はすゑになツて、名所をもはやよびうしなひたるにこそ」とて、むなしく過んとしければ、老翁、中将の袖をひかへて、「あはれ君は

みちのくのあこ屋の松に木がくれて
いづべき月のいでもやらぬか

といふ歌の心をもツて、当国の名所あこ屋の松とは仰られ候か、それは両国が一国なりし時読侍る歌也。十二郡をさきわかツて後は、出羽国にや候らん」と申ければ、さらばとて、実方中将も出羽国にこえてこそ、あこ屋の松をば見たりけれ。　平家物語巻二

○はやくまいってきなんしとあこやいゝ(安八信3)

清水観音へ日参する景清への言葉。江戸の廓言葉が句のヤマ。

○うごくので琴へ阿古屋は砂利をかひ(嘉六カメ14)

琴責の阿古屋。「砂利」は白洲で弾かされたためのうがち。

浅野内匠頭　あさのたくみのかみ　一六六七—一七〇一(寛文七—元禄一四)

浅野長矩《ながのり》。播磨赤穂城主。五万三五〇〇石。広島浅野家の分家。一六四五年祖父長直が常陸笠間から転じ、七五年(延宝三)に父長友の跡を継いだ。一七〇一年三月一四日、勅使の御馳走役であった長矩は、勅使らが到着する直前、江戸城本丸の松之廊下で高家肝煎の吉良義央《きらよしなか》に斬りつけ負傷させたために捕らえられ、即日、切腹・改易の処分をうけた。その遺臣たちが翌年一二月義央を殺害した事件

は有名である。
赤穂浪士の討入りはその後戯曲等に仕組まれ、浅野長矩は『仮名手本忠臣蔵』では伯州の城主、塩冶《えんや》(谷)判官高貞(定)として登場する。

田原　嗣郎

◉──**浅野内匠頭**　『仮名手本忠臣蔵』(刃傷・判官切腹)。(安政一年市村座)。塩冶判官は三世嵐吉三郎。塩冶判官の妻顔世御前に横恋慕してはねつけられた恨みから、高師直は判官を「鮒侍」とののしり、さんざんに辱める。判官はついに耐えかねて師直に斬りつける。三世歌川豊国画。国立劇場。

芝居ではおっとりした役柄で、そこが高師直(吉良義央)にいじめられるときや、切腹の場面などで観客の涙をさそうことになる。歌舞伎をはじめとする舞台では脚本も演出も、いい殿様としての塩冶判官像を培ってきたのである。

➡赤穂浪士

中山　幹雄

コレ〳〵御検使。御見届下さるべしと。三方《さんぼう》引寄九寸五分押戴《いただき》。力弥。〳〵。ハア。由良助は。いまだ参上仕りませぬ。フウ。エヽ存生《ぞんじやう》に対面せで残念。ハテ残り多やな。是非に及ばぬ是迠と。刀逆手に取直し。弓手に突立引廻す。御台《みだい》二目と見もやらず口に称名《せうめう》目に涙。廊下の襖踏開き。駈け込大星由良助。主君の有様見るよりも。はっと計《ばかり》にどうと伏す。跡に続て千崎矢間《せんざきやざま》。其外の一家中ばら〳〵と駈入たり。ヤレ由良助待兼たはやい。ハア御存生の御尊顔を拝し。身に取て何程か。ヲヽ我も満足〳〵。定めて子細聞たであろ。エヽ無念。口惜いはやい。委細承知仕る。此期に及び。申上る詞もなし。只御最期の尋常を。願はしう存まする。ヲヽ言ふにや及ぶと諸手《もろて》をかけ。ぐっ〳〵と引廻し。苦しき息をほっとつき。由良助。此九寸五分は汝へ形見。我鬱憤を晴らさせよと。切先にてふゑ刎《はね》切。血刀投出しうつ伏せに。どうど転《まろ》び息絶れば。

仮名手本忠臣蔵四段目

○判官で見るのはいたひ芝居也(六六6)
「判官」は『忠臣蔵』の塩冶判官。自腹を切る(自費)ことを「判官」という。

朝日長者　あさひちょうじゃ

城跡や長者の屋敷跡に財宝が埋まっているという伝説。「朝日さし夕日かがやく木の元に」といったたぐいの財宝のありかを暗示する歌を伴って伝承されている。栃木県佐野市赤見では、鯉になった娘の苦しみを救うために、朝日長者がその財宝を山に埋めたと伝える。そしてその場所を示す「朝日さす夕日かがやくこの山にうるし千ばい朱千ばい」の歌が残されている。長者の没落と、財宝が身近な場所に埋まっているのを物語るのは、人々の強い関心を引き、この伝説を根強く支える生命力になっている。兵庫県加西市では、権勢を誇る長者が、扇をもって夕日を呼び戻し、強く輝けと叫んだために長者は目がくらんで死んだという、湖山《こやま》長者と似た話になっている。ここでも「朝日さす」の歌が伝わっている。入日を招き返す話やその跡と伝える日招壇《ひまねきだん》などは、稲作儀礼に伴う太陽祭祀の痕跡ではないかと説かれている。

常光　徹

朝比奈義秀　あさひなよしひで　一一七六?

(安元二?)―?
「あさいなよしひで」ともよむ。鎌倉前期の武将。和田義盛の三男。母は木曾義仲の妾巴御前という。安房国朝夷《あさい》郡で育ち、朝比奈三郎と称す。膂力《りょりょく》無双で水泳にも長じ、将軍源頼家の前でサメ三尾を手捕りにしてみせたという。一二一三年（建保一）の和田合戦では、和田軍の将として将軍御所へ突入し勇戦奮闘したが、敗れて海路安房へ逃げ行方をくらました。このとき『吾妻鏡』によれば三八歳。

青山　幹哉

朝比奈義秀は、大力の猛者の一人としてあまねく知られ、桃源は『史記』の注釈に、和泉小次郎や弁慶とともに日本の勇士の代表としてその名を掲げている（『史記抄』一四七七成立）。しかし、『平家物語』などの軍記物に華々しく朝比奈の活躍が描かれているわけではない。『源平盛衰記』などに一騎当千の女武者巴御前の子であったとするほか、『曾我物語』に曾我兄弟のよき理解者として登場し、五郎との力比べのことが見え近松門左衛門の曾我物に受け継がれ、『太平記』などに大力として和泉小次郎と名前を併記されている程度である。朝比奈の武勇譚の淵源は『吾妻鏡』、とくに和田合戦の記述にあったとみられる。『桂川地蔵記』（一四一七以降の成立）に、稚子《ちし》・嬰児《えいじ》が「朝稲ガ門ヲ破リシ威ヲ奮フ」さまを風流にしたことが見え、能『朝比奈』や『糺《ただす》河原勧進猿楽日記』（一四六四成立）に曲名の見える能狂言『朝比奈』も同材を扱っている。能狂言『朝比奈』は朝比奈が閻魔を屈伏させ極楽に案内させるという終曲をもち、御伽草子『朝比奈物語』は、夢の中で地獄破りをし悟りをひらいたという唱導的な内容を有し、古浄瑠璃『義経地獄破り』では地獄の門を破る役割を担って朝比奈が登場する。また、朝比奈は日本から高麗へ脱出したともいわれ（『本朝神社考』）、源為朝や義経同様の島渡り説話が古浄瑠璃などにしくまれている。

西脇　哲夫

和田義盛、故木曾義仲の妾巴といふ女を娶りて義秀を生む。朝夷名と号す。建保元年和田氏誅に伏す。義秀亡りて房州に走る。時に年二十八。或はいふ義秀房州より高麗国に赴くと。対馬の島人余に謂ひて曰く、高麗釜山海に朝夷名《あさいな》の祠あり。浦人時々之を祭ると。

本朝神社考

（朝比奈）ヤイヤイ。（閻魔）何事じゃ。（朝比奈）某が目の前を、ちらりちらりとちらめく。おのれは何者じゃ。（閻魔）みどもを　え知らぬか。（朝比奈）イイヤ　何とも知らぬ。（閻魔）これは地獄の主　閻魔大王様じゃいやい。（朝比奈）何、地獄の主　閻魔大王じゃ。（閻魔）なかなか。（朝比奈）アラ　いとおしの体やな。娑婆にて聞いてありしは、地獄の主閻魔大王こそ、玉の冠を着、石の帯をし、金銀をちりばめ、あたりもかがやく体と聞いてありしが、いっこう　そうもおりないよ。

（閻魔）オオ、その古は　この閻魔王も、玉の冠を着、石の帯をし、金銀をちりばめ、あたりもかがやく体であったれども、当代は人間が利根になり、八宗九宗に宗体を分け、極楽へばかり、ぞろりぞろりとぞろめくによって、地獄の餓死　以ての外な。さるによって、きょうは閻魔王自身　六道の辻に出で、よかろう罪人も通らば地獄へ責め落そう　と思うところへ、おのれが来た。いま一責め責めて、地獄へ責め落すぞ。（朝比奈）オオ、いかほどなりとも　お責めそい。（閻魔）責めいでは。（閻魔）〽それ　地獄遠きにあらず、極楽はるかなれ。いかに罪人、急げとこそ。

（中略）

（朝比奈）閻魔王、もそっとお責めそい。（閻魔）ハテ　責めとうないというに。（朝比奈）そうもおりゃるまい。（閻魔）イヤ、きゃつにちと問うことがある。ヤイヤイ。（朝比奈）何事じゃ。（閻魔）総じて、この土へ来るほどの者に和田軍の起りを尋ぬれども、贔屓偏頗《ひいきへんぱ》ので定説が知れぬ。汝　まことの朝比奈ならば、和田軍の起りを語って聞かせい。（朝比奈）やすいこと、語って聞かそう　床机《しょうぎ》をくれい。（閻魔）心得た。サアサア、語れ　語れ。（朝比奈）退《の》きおれ。（閻魔）何とする。（朝比奈）下に居よ。（閻魔）さてさて　閻魔王当りの荒い罪人じゃ。

（中略）

（朝比奈）そもそも　和田軍の起りを尋ぬるに、

◉——**朝比奈義秀**　朝比奈の地獄破り。地獄の獄門を押し破って閻魔や鬼を屈伏させる。『朝比奈物語』。チェスター・ビーティ図書館蔵。

（中略）

（閻魔）ホー。

（朝比奈）されば古郡《ふるこおり》がつつぬき　さげ切り、数を知らず、こう申す朝比奈が人礫《ひとつぶて》、目を驚かすところに、親にて候義盛　使者を立て、何とて朝比奈には門破らぬぞ、急ぎ破れとありしかば畏って候とて、やがて馬より飛んでおり、ゆらりゆらりと立ち越ゆる。内よりも、スワ　朝比奈こそ門破れ、破られては叶わじと、八本の虹梁《こうりょう》をかけ、大釘大鎹《かすがい》を、打ち貫き打ち貫きしたりしは、ただ さながら剣の山のごとくなり。されども朝比奈　何ほどのことのあるべきと思い、門の扉に手をかけ、さらりざらりと撫ずれば、鉄《かね》はたちまち湯となって流れぬる。

（中略）

（閻魔）面白い。語れ　語れ。

（朝比奈）かかっしところに御所中の兵に、五十嵐の小文治といっし者、朝比奈が鐙《あぶみ》返さんと目がけてかかる。朝比奈　心に思うよう、何ほどのことのあるべきと思い、彼の小文治を取って引き寄せ、鞍の前輪に押し付け、左へはキリリ、右へはキリリ、キリリ　キリリキリリッと、押し廻いてありしよな。

（閻魔）アア、もう和田軍の起り　聞きとうない。語るな　語るな。（朝比奈）もそっと　お聞きそい。（閻魔）ハテ、聞きとうないというに。（朝比奈）それならば　浄土への道しるべをせい。（閻魔）この閻魔王さえ　自由自在にする朝比奈じゃものを。おのれが行きたかろう方へ　行こうまでよ。（朝比奈）そう言うは道しるべをすまいと言うことか。（閻魔）おんでもないこと。（朝比奈）それはまことか。（閻魔）まことじゃ。（朝比奈）真実か。（閻魔）一定《いちじょう》じゃ。

（朝比奈）ヘ朝比奈　腹にすえかねて、ヘ朝比奈　腹にすえかねて、熊手《くまで》・薙鎌《ないがま》・金撮棒《かなさいぼう》を、持たする中間のなきままに、七つ道具を結び付けた大竹を持ち、閻魔の肩にかつがせる閻魔王に、閻魔王に、ずっしと持たせて朝比奈は、浄土へとてこそ、急ぎけれ。

狂言朝比奈

かくておにどもさゝへかねて、閻魔の内裏にひきこもる。同しくよしつね、いきをもつかせずをしよせて、時のこゑをあげ、せめかくるといへとも、百重千重の鉄壁なれば、せめあぐみてそみえにける。判官御覧して、相州のあさゐなはなきか。此門やぶれと有ければ、うけ給はるとて、えいや〱とをしけれとも、くろがねの門なれば、たやすくたをるへきとはみえす。おにどもはあさ猪名《なゐ》は大ちからにて、門をやふるが上手なり。みな〱立よりてかゝへよ、めん〱とて、手に手をかさねてをさへけり。よせてのつはものこれをみて、をりあふものはたれ〱そ。むさし坊弁慶、あねはの平次みつより、御所がたのふるや五郎、其ほか、みをのやの四郎、かはつの三郎なとをさきとして、聞えたる大ぢから、ここをせんどゝをす程に、さしもつよき門なれ共、屛風をたをすことくに、天地をひゝきてたふれければ、をさへたるおにとも、をしにうたれてしにゝけり。

（中略）

こゝにそのたけは一ぢやうはかりのおに、あくごうしんゐのよろひをき、けうまんがうじやうのほこをふつて、軍中にかけ出、大をんあげて名のりけるは、抑これは丹波の国大江山に住なれし酒典童子とは、それかしが事なり。その義経といふものは、わか身にあてゝは大敵の末孫也。よのものゝ手にはかけましき。我手にかけてうちころし、年月つもりししんゐのほむらを、とゝめんとおもふなり。そこをひくなといふまゝに、まつさきかけてきつてかゝる。つゝくおにともには、天智天皇の御時、ちかたといひし逆臣につかへしおに、その名を石熊童子といふ。其外又、かなおに、風おに、かなくまおにと、こえ〳〵に名のりかけて、せめたゝかふ。こゝに平家の人々は、よしつねの謀叛の事をつたへ聞て、ひとつところにあつまり、評定せられけるは、娑婆にてこそ、源平両家とて、くらゐをあらそひしかとも、今此所にては、たかひにくるしみをまぬかれんこそめてたかるへけれ。いざや加勢をまいらせんとて、大将軍には、小松の内府《だいふ》重盛、能登守のりつね、薩摩守忠度、無官の大夫敦盛、さふらひ大しやうには、悪七兵衛景清、これらをはじめとして十万よき、ゑんまの内裡のからめてにむかひ、せめたゝかふ。

朝比奈物語

五郎　放せ。
朝比奈　留めた。
五郎　放せ。
朝比荒　留めた〳〵。留めたわやい。
〽さればにや、曾我の五郎時致は、敵工藤を討たんとて、逆沢瀉の鎧を持ち、ただ一さんに駈出すを、朝比奈得たりとおつ留めて、互に白眼《にら》んで立つたるは、身の毛もよだつばかりなり。

（中略）

五郎　愚かや朝比奈。明日の命も知れぬ科人の祐経を、今ぶつた切らずに猶予がなるべいか。日頃の洒落とは違ふ。邪魔をひろぐと頬の酒林をかつ摑んで、箱根の山から新吉原の大文字屋の台所迄はふり投げるぞ。
朝比奈　おやつかな。にしやア、俺を南瓜《かぼちゃ》だと思ふか。わがものに狂ふをうつちやつて置いちやア、兄《せな》アへたゝない。応《お》つと云つて留まればよし、だゞをおこすと、とつつらまへて、もゝんぢいに喰はつせるぞ。
五郎　推参な。うぬ、邪魔をひろぐと、持つたる鎧でぶつて〳〵ぶつ殺すが、なくならないかやい。
朝比奈　面白い。然らば正月遊びの宝引きの代り、一番草摺引きと、つんでべいわやい。
〽其時時致、まづから〳〵と打笑ひ、愚かや朝比奈金剛力を出すとも、やわか五郎が動かんやと、ふんじかつて立つたりける。朝比奈も幸ひに、五郎が力をためさんと草摺をかつ摑んで。
ありや〳〵〳〵。
〽こりや〳〵〳〵。

（朝比奈は勇猛で滑稽な人物として歌舞伎の『草摺引《くさずりびき》』などに登場し、坂東訛り（もさ詞）を使う）

男伊達初買曾我

○小林の朝比奈苗字計りなり（四〇28）
歌舞伎では「小林朝比奈」として登場。小林は鎌倉にあった旧郷名（『吾妻鏡』）。
○朝比奈は御神酒《おみき》の口で髪を結ひ（拾九9）
○あさいなはひたひへ親の紋を引（宝十三仁2）
○朝比奈はどふか鰹に酔たよふ（四六14）
右三句、いずれも『曾我の対面』に登場する朝比奈役の扮装をいう。第一句は鬘《かつら》の力紙の見たて。第二句、和田義盛の三男であることを踏まえ、「猿隈」と称される額に三本の筋を描くメーキャップなので、これを和田氏の家紋「三引両《みつひきりょう》」に見たてた。第三句、鮮度の落ちた鰹《かつお》にあたって、ジンマシンをおこした顔のようにも見える。
○その頃の二ばんばへなりつるの丸（明元義3）
○若とのゝやうには見へぬつるの丸（明元鶴3）
○朝比奈は大名めかでおもしろい（宝十智2）
○ごふせいなたいこ持なり鶴の丸（明元義2）
俗説では初世中村伝九郎が朝比奈初演のお

り、自家の替紋鶴の丸を用いて、大当りをとり、いらい朝比奈役は鶴の丸紋を付けることになったといわれる。第一句、「二番生―次男以下を云」(『俚言集覧』)、第二句以下も対面の朝比奈で、「取持ち役の朝比奈が……」と自称するとおり、「かたじけなすびの初夢だモサ」などと、坂東訛りのもさ詞で道化て、とうてい和田の若殿のようには見えぬ。

足利尊氏 あしかがたかうじ　一三〇五―五八

(嘉元三―正平一三…延文三)

室町幕府の初代将軍。在職一三三八(延元三…暦応一)―五八年。足利貞氏の次子、母は上杉頼重の女上杉清子。初名高氏、妻は鎌倉幕府執権北条(赤橋)守時の妹登子。足利氏は源氏将軍断絶後は清和源氏の嫡流として御家人の間で重んじられ、北条氏と肩を並べる存在であった。北条氏とは代々婚姻を重ね、その関係もはじめは良好であった。ところが、鎌倉後期になって、幕府政治が北条氏専制の傾向を強めていくと、しだいに圧迫を受けるようになり、高氏の祖父家時のころから源氏再興の志を抱くようになっていた。

一三三一年(元弘一)元弘の乱が起こると、前執権北条高時は、父貞氏の死去にあったばかりで、まだ仏事も済ませていない高氏に畿内出陣を命じた。高氏は幕府軍の一方の大将として参戦したものの、高時のこの処置に深い憤りを覚え、心中北条氏打倒の決意を固めたという。三三年隠岐を脱出した後醍醐天皇を攻撃するため、高氏は幕命により再び西上したが、途中後醍醐天皇のもとに密使を遣わして綸旨を受け、丹波の篠村《しのむら》八幡宮で倒幕の旗を挙げた。そして密書を諸国の豪族に送って決起を呼びかけ、京都に攻め入って六波羅探題を滅ぼした。一方、関東では上野の新田義貞が挙兵南下して鎌倉を襲い、幕府は滅亡したが、このとき高氏の嫡子千寿王(義詮)が攻略軍に加わった。六波羅を攻略した高氏は京都に奉行所を設けて混乱の収拾にあたるとともに、諸国から上京してくる武士を傘下に収め、社寺や武士の所領に対する濫妨や東海道における狼藉を禁じるなど、いち早く全国の軍事警察権を掌握する構えを示す一方、一族を東下させて鎌倉をおさえた。後醍醐天皇が帰京して建武の新政が始まると、高氏は勲功第一として天皇尊治の一字を賜って尊氏と改名し、高い官位を与えられたが、政治の中枢には加えられなかった。「尊氏ナシ」の言葉がささやかれる中で、尊氏は中央機関の職員に家臣の高師直《こうのもろなお》らを送りこんで新政への発言権を確保しつつ、諸国の武士の糾合に努め、弟足利直義を成良親王に付けて鎌倉に下して関東一〇ヵ国を掌握させるなど、幕府再興への足がかりを固めていき、三四年(建武一)には尊氏の動きを阻もうとする護良親王を失脚させた。

翌年北条高時の遺子時行が関東で乱を起こすと、尊氏は乱鎮圧を名目に東下して鎌倉に入り(中先代の乱)、新政府への反逆の態度を明らかにした。三六年(延元一…建武三)には新田義貞軍を破って入京したが、まもなく京都を追われ九州に走った。途中持明院統の光厳上皇の院宣を受けて大義名分を得、態勢をたて直して再挙東上し、湊川で楠木正成軍を破って入京、光厳上皇の弟光明天皇を立て、建武式目を発布して室町幕府の開設を宣言した。後醍醐天皇は吉野に逃れ、朝廷を開いて尊氏に対抗したので、これより南北朝対立の時代となる。南朝側は各地に拠点を設けて勢力の扶植を図ったが、新田義貞、北畠顕家らの有力武将が戦死し、ついで後醍醐天皇が没すると、しだいに振るわなくなった。尊氏はこの間三八年に北朝より征夷大将軍に任命され、内乱は終息の方向にむかうかにみえたが、やがて幕府内部の抗争が表面化し、五〇年(正平五…観応一)直義の挙兵によって新たな争乱(観応の擾乱《じょうらん》)が起き、これが南北朝の対立と結びついて、より深刻な様相を呈するに至った。幕府は創業以来尊氏と直義の二頭政治で、権力が二分されていたところから、尊氏の執事高師直と直義との間に対立が生じ、それがさらに尊氏と直義の抗争に発展していったのである。足利一族や諸将も二派に分かれ、両派は互いに他を圧倒するために、その時々の情勢で南朝と結ぶという事態が現出した。尊氏は五一年直義を下し、翌年これを毒殺したが、その後も直義の養子直冬(尊氏の庶子)ら直義派の抵抗は止まず、京都を占領されることも一再ではなかった。尊氏はその対策に苦慮する中で、五八年病のために死去した。五四歳。法名等持院殿仁山妙義、関東では長寿寺殿と呼ばれた。

尊氏の一生は戦陣往来の一生であった。戦陣にあって怖畏の心なく、人を憎むこと少なく、度量広大で物惜しみすることがなかったといわれ、将器たるにふさわしい人物であったが、一面弱気なところもあり、この尊氏がよく時代の趨勢を察し決然立って幕府再興の大業を成し遂げることができたのは、沈着冷静な弟直義の補佐があったからであった。尊氏は信仰心が厚く、夢窓疎石に帰依し、天竜寺を創建して後醍醐天皇の菩提をとむらったり、直義と相談して戦没者の霊を慰めるために国ごとに安国寺と利生塔を建てたりした。また、地蔵菩薩を信仰し、みずから画筆をとって尊像を描くなどした。和歌にもすぐれ、『等持院殿御百首』『等持院贈左府御集』の家集がある。

小谷 俊彦

【尊氏の人物像】 同じ南北朝時代に活躍した他の武将たちとちがって、尊氏には心理・行動両面での複雑さがみとめられ、それが一つの魅力でもある。一三三六年二月の筑前多々良浜の戦にさいしては、菊池方の大軍を前にしてたじろぎ、いっそ切腹しようなどと口走って弟の直義につよくいさめられ、また投降してきた敵将の本意を疑ったので部下の高《こう》駿河守から、大功をなすにはあまりに人心を疑ってはならぬと進言されて気をとり直したという(『太平記』巻十六)。小心と狭量をうかがわせる挿話である。反対に『梅松論』が伝える夢窓疎石の尊氏評は、一に心が強く、二に慈悲心があり、三に「御心広大にして物惜《ものお》しみの気なく……」であった。しばしばとりあげられる建武三年八月一七日付の尊氏自筆願文(京都清水寺に奉納)は、早く遁世《とんせい》(脱俗)して、すべてを直義にゆずりたいと祈願したものであるが、これについても直義への誠実で優しい本意の表現とみる通説に対して、光厳上皇と後醍醐天皇との板挟みで世事すべてめんどうくさくなったからとみる説、八方美人なくせに投げやりな面のある彼が、後醍醐天皇との政治折衝をいとい、すべてを直義に預けようとしたとみる説、要するに弟への思いやりを表立てながら、実は弟を巧みに操縦する策に出たとみる説等々があって、尊氏の人柄の複雑さをしのばせている。楠木正成や新田義貞を「忠臣」とし、尊氏を「逆賊」とする見方は近世に発するが、一九一一年の「南北朝正閏問題」で「南朝」を正統と定められて以降、尊氏の「逆賊」観は国定教科書や諸文芸をつうじて国民に浸透させられたが、四五年の敗戦後はその歴史的評価も一変し、一四世紀の日本社会の進歩をになった人物として正当な位置づけを得た。

横井 清

○なべぶたと釜のふたとでいぢり合(拾六4)
「いぢる」は攻めたてる意。鍋蓋は新田氏の一引両《いちひきりょう》紋⊖、釜の蓋は足利氏の二引両紋⊜をそれぞれ見立てたおかしみ。

○尊氏はとほうづもなくにげて行(一二4)
一三三六年(延元一)、京に攻め入るが、新田、楠木、名和等の諸軍に敗れ、いったんは九州筑紫へ逃げのびる。

○尊氏を杉のこずへでわるく言い(宝一〇桜3)
『太平記』巻二十五に、宮方の怨霊が六本杉に集まり、尊氏方をのろったとの記事による。前句は「気味の能《よ》い事〳〵」、近世庶民文芸で尊氏を肩入れすることはあまりみられない。

足利直義 あしかがただよし 一三〇六―五二
(徳治一―正平七＝文和一)
初期室町幕府の執政者、武将。足利尊氏の弟。父貞氏、母は尊氏と同じ上杉頼重の女清子。

兵部大輔、左馬頭を経て相模守、左兵衛督となり、住宅のあった京都の地名から三条殿、錦小路禅門などと呼ばれた。元弘の乱当時にはすでに壮年に達していたが、鎌倉幕府の中枢に登用された形跡はない。一三三三年(元弘三)尊氏とともに北条氏に反旗を掲げ六波羅を攻撃した。建武政府成立後まもない同年一二月、成良親王を奉じて鎌倉に入り関東一〇ヵ国を管領したが、これは新政府内で冷遇されていた足利氏にとって有力な地域的拠点となった。中先代の乱で政敵護良親王を殺害し、後世直義逆臣論の原因をつくる。その後三六年(延元一…建武三)の幕府成立まで、関東、畿内、九州とあわただしく転戦するが、つねに軍馬を並べていた尊氏・直義兄弟にとって、あるいはもっとも幸せな時期であったかもしれない。幕府発足にあたって制定された建武式目は、政権所在地としての鎌倉への強い執着や北条義時・泰時を範とする政治理念など、直義政道の色が濃いが、後醍醐天皇を「謀反の人」と決めつけている点は、一貫して対後醍醐強硬論者であった直義の姿勢を示すものであり、これが天皇の京都脱出を早めたといわれている。

発足後の幕府は、軍事指揮権、恩賞権を掌握する尊氏と、民事裁判権、所領安堵権など日常政務を管轄する直義の二頭政治体制をとり、官制上も侍所、恩賞方、政所などが前者に、引付(内談)方、安堵方などが後者の系列に属した。中世武家政権に通有の現象である主従制的支配と統治権的支配の分裂がもっとも露骨に表面化した政治形態であるが、親密な同母兄弟であり、しかも豪放磊落武将タイプの尊氏と理知的で頑迷なほど信念に忠実な直義という対照的な二人の個性がそれぞれの役割に適合したため、幕政はしばらく順調であった。直義は当時の華美で破格を好む「ばさら」風俗に強い嫌悪感をもち、所領政策上も法や証文を重視し、鎌倉以来の伝統的な権利体系を尊重したため、貴族や寺社、さらに豪族的な武士団からは歓迎されたが、反面実力によって新しい秩序をつくり出そうとする、主として畿内周辺の新興武士団などからの反発をうけた。そのような反直義派の頂点にあった高師直《こうのもろなお》との対立はしだいに表面化し、四九年(正平四…貞和五)八月、師直のクーデタによって直義は政務から追われ、出家して恵源と名のった。しかし養子直冬の九州における活動をはじめ各地の直義党は健在で、早くも翌五〇年(正平五…観応一)直義は大和に挙兵し、南朝との講和、尊氏・師直の分離策などを成功させ、師直を殺して政務に復帰した。しかしそれも長つづきせず、翌年七月には北陸に走り再び両派の戦闘が始まり、直義は敗れて鎌倉で死んだ。尊氏による毒殺説が当時から流布していた。　笠松 宏至

【直義の人物像】　直義の人間像の片鱗は『太平記』の記述にうかがえる。たとえば、一三三六年二月の筑前多々良浜の戦のとき、開戦を前にして衆寡敵せずと断念しかけた兄尊氏にむかって、漢の高祖が項羽の大軍を破った故事や源頼朝が一敗地にまみれても再起して平氏を滅ぼした先例をあげて尊氏を激励し先陣に立った挿話は、その剛直さを印象づける(巻十六)。また、兄と不和になり、虜囚の身となって死に臨むくだりでは「今は憂世《うきよ》の中にながらへても、よしや命も何かはせんと思ふべき、我身さへ無用《ようなき》物に歎《なげき》給ひけるが……」と、その失望落胆ぶりを物語る(巻三十)。『太平記』では、直義は政道を心にかけて仁義もよくわきまえた人だったはずなのに、尊氏の悪事、本人の悪事ゆえにけっきょくは自滅に追い込まれたものか、と評しており、その後における直義の人物評価に深い影響をおよぼした。　横井 清

小弐《セウニ》ガ城已ニ責落サレテ、一族若党百六十五人、一所ニテ討レケレバ、菊池弥《イヨイヨ》大勢ニ成テ、頓《ヤガ》テ多々良浜ヘゾ寄懸ケル。将軍ハ香椎宮《カシヒノミヤ》ニ取挙テ、遙ニ菊池ガ勢ヲ見給フニ、四五万騎モ有ラント覚敷ク、御方ハ纔《ワヅカ》ニ三百騎ニハ過ズ。而モ半ハ馬ニモ乗ズ鎧ヲ

モ著ズ、「此兵ヲ以テ彼大敵ニ合ン事、蚍蜉《フヒ》ナル軍動ニ大樹一、蟷螂《タウラウ》遮ニ流車ニ不レ異。慭《ナマシヒ》ナル軍シテ、云甲斐ナキ敵ニ合ンヨリハ腹ヲ切ン。」ト、将軍ハ被レ仰ケルヲ、左馬頭直義堅ク諫申レケルハ、「合戦ノ勝負ハ、必モ大勢小勢ニ依ベカラズ。異国ニ漢高祖滎陽《ケイヤウ》ノ囲ヲ出時ハ、才《ワツカ》ニ二十八騎ニ成シカドモ、遂ニ項羽ガ百万騎ニ討勝テ天下ヲ保リ。吾朝ノ近比《コノゴロ》ハ、右大将頼朝卿土肥《トヒ》ノ杉山ノ合戦ニ討負テ臥木《フシキ》ノ中ニ隠シ時ハ、僅ニ七騎ニ成テ候シカ共、終ニ平氏ノ一類ヲ亡シテ累葉久武将ノ位ヲ続《ツギ》候ハズヤ。二十八騎ヲ以テ百万騎ノ囲ヲ出、七騎ヲ以テ伏木ノ下ニ隠レシ機分、全ク臆病ニテ命ヲ捨兼《ステカネ》シニハ非ズ、只天運ノ保ベキ処ヲ恃《タノミ》シ者也。今敵ノ勢誠ニ雲霞《ウンカ》ノ如シトイヘドモ、御方ノ三百余騎ハ今迄著纏《ツキマトヒ》テ、我等ガ前途ヲ見ハテント思ヘル一人当千ノ勇士ナレバ、一人モ敵ニ後ヲ見セ候ハジ。此三百騎志ヲ同スル程ナラバ、ナドカ敵ヲ追払ハデ候ベキ。御自害ノ事曾テ有ベカラズ。先直義馳向《ハセムカツ》テ一軍仕テ見候ハン。」ト申捨テ

太平記巻十六「多々良浜合戦事付高駿河守引例事」

足利光氏 あしかがみつうじ

柳亭種彦作の合巻『偐紫田舎源氏』(一八二九—四二刊)の主人公。本作は『源氏物語』の草双紙化で、光氏は光君の幕末期における形象化であった。種彦は、歌舞伎でいわゆる「東山の世界」(室町期の細川勝元、山名宗全の争い)に背景を移したが、受容の側には、これを当代の将軍家斉の享楽的大奥生活を描写したものとして読みとる素地があり、天保の改革による絶版処分と作者の死去は、前述の事柄に起因したともうわさされた。光氏は将軍義正(桐壺帝)の遺児であり、美貌にして聡明な性格に設定され、プロットの意外性と推理小説風の展開、加えて歌舞伎劇の雰囲気の醸成により、この古典の当代化に成功した。歌川国貞の挿図の力が、その視覚化に果たした功績は大きい。今日も舞踊で行われる清元節『田舎源氏』は、一八五一年(嘉永四)九月、市村座初演(光氏は八世団十郎)の際の、古寺の場のみを独立させたもの。また、鬘《かつら》で「源氏」と通称しているものは、国貞の絵から採られ、髷《まげ》の刷毛先《はけさき》が二つに割れた点に特徴があり、『神霊矢口渡』の義峰や『積恋雪関扉《つもるこいゆきのせきのと》』の宗貞などに流用されるように、この鬘に象徴化される気品と色気のある役柄に用いられる。また浮世絵に「源氏絵」という一ジャンルを生むに至ったほど、光氏の人気は絶大なものがあった。

小池 章太郎

年月経るに従ひ、次郎の君の顔容《かんばせ》いよ〳〵清く、光り輝くばかりなりければ、人々次郎の名をば呼ばずして、光る君とぞ称《とな》へける。七つの年学問始ありけるが、一を聞いて万を知るの器量顕れければ、義正の喜悦《よろこび》大方ならず、ある時富徽《とよし》の前の方へ渡り給ひ、「今改めて言ふべき事にあらねど、次郎は既に五つの年、花桐に別れたれば、御身の外に誰をか頼まん。然るにその中親しからず。必竟これ常に離れて居る故なれば、今より御身

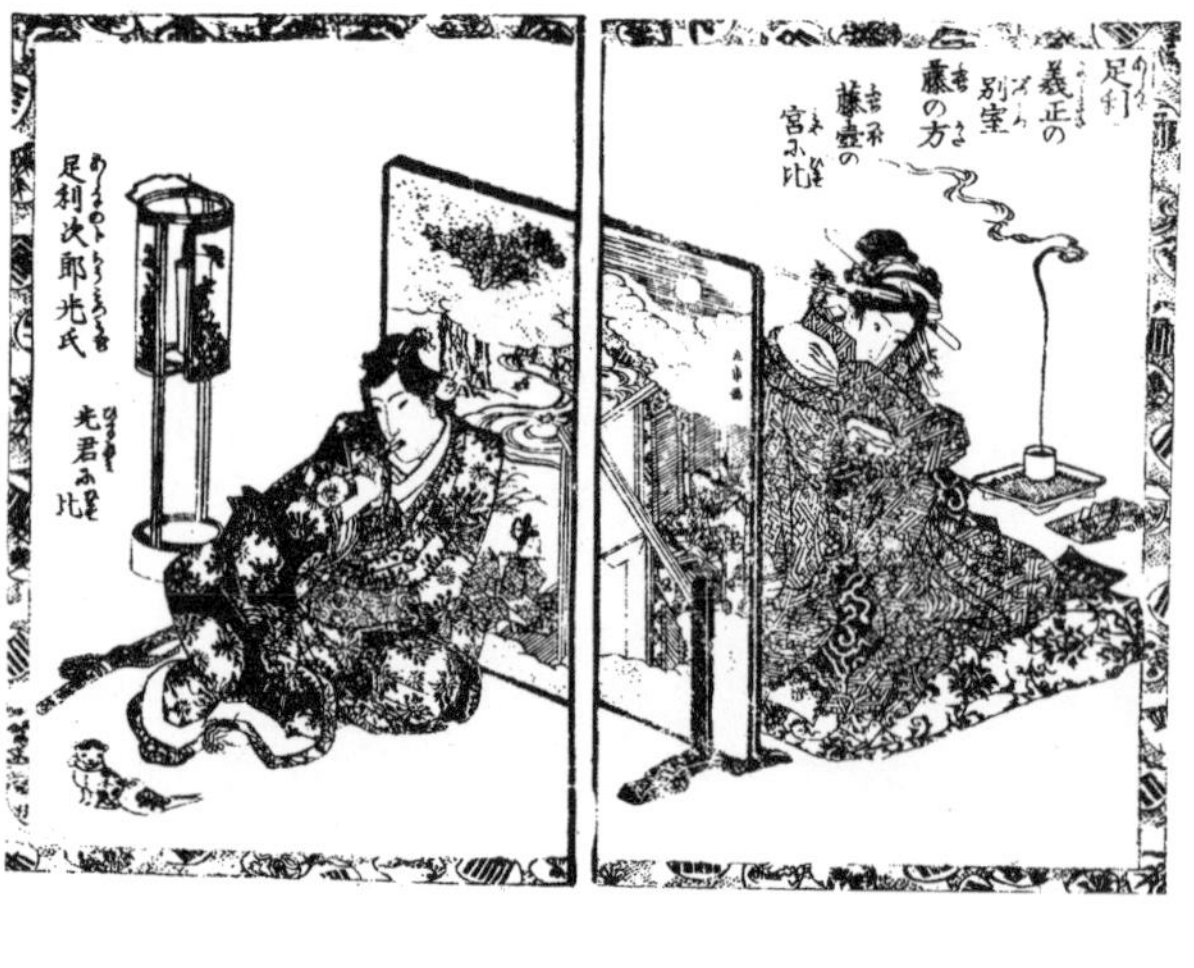

●——足利光氏 将軍足利義正の若君光氏(光源氏)は、義母にあたる父の愛妾藤の方(藤壺中宮)と不義の体に見せ、藤の方に横恋慕する奸臣山名宗全を抑える。『偐紫田舎源氏』挿絵。

の傍に据置き、兄義尚と諸共に、物学あそびをもせさせくれよ」ト仰せければ、富徽の前うちほゝゑみ、「君の寵を蒙りし、花桐の産みたるなれば、兄義尚を差越して、家をや譲り給はんかと、疑ひ思ふ心より、今まで次郎を疎《とう》みしが、その御心だに無きならば、なぜかは隔て候べき」ト心の底を包みもやらず、打出して宣ふにぞ、義正額の汗を拭ひ、「いぬる年花桐が、四十九日に当れる夜、彼が家に止めし修行者、次郎を相して言ひけるは、此児徳は備へたれど、家を継がさば世を乱さん、謹むべし〳〵と、懇《ねんごろ》に諭《さと》せし由を、花桐の母より聞き、其後名ある陰陽師に、たび〳〵次郎を占はするに、かの修業者の言ひしに違はず。一旦彼を家督にと、思ひし己が過失を、とく改めて足利の、世嗣《よとり》は兄の義尚と、心の中に定めたり。疑晴して是よりは、次郎をいたはり給はれよ」ト世に睦しく宣まへば、富徽の前打喜び、「御心安く思召せ、次郎が顔の愛らしさ、よし仇敵の子なりとも、誰か憎しみ思ふべき」ト、夫よりは次郎の君を、片時も側を放ち給はず、それ〳〵の師を招き、弓馬手習書の道、琴笛舞の類まで、漏るゝ事なく学ばせ給ふに、兄義尚にも立優り、こと〴〵く習ひうかめ、末頼もしくぞ見えにける。次郎の君、はや十三に成り給ひければ、光といふ字を冠らせ、光氏と名乗るべしと、父義正より言下し、近きに元服あるべしと、その用意専らなり。

修紫田舎源氏 二編上

光氏はおづ〳〵と、屏風搔やり声細め、「母上様、今朝程上げし私の、文を御覧遊ばしてか」「ヲ、読んだ時のその驚き、是程までに深切なと、心で泣いてその文は、肌身に添へて持つて居る」「さやうなら私の、恋を叶へて下さりますか」「叶へる心で女子どもは、遠くへ寝させて私一人、閨《ねや》しつらはせて待つて居た。道に背くも其方の為、命捨つるは兼ての覚悟。さアこち寄つて寝しや」ト手を取り給へば光氏は、声打曇り目を瞬き、「水より清い御身をば、私故に濁らせます。此世ばかりか前世から、結置いたる悪縁と、思へばいとゞ悲しきを、富徽の前の別殿には、面白さうに鼓の音。夫に引かへあなたにも」「其方もともに憂苦労」抱寄せつゝ泣き給ふ。「不義者見つけた動くな」ト、長持の蓋刎退《はねの》けて、ずつと出でたる山名宗全。二人ははつと迯《に》げんと為る、衿髪《えりがみ》左右の手に摑み、ぐつと引据ゑどうと坐し、「音川の妹御猪名野谷《ゐなのや》、久しうて逢ひ申す」

修紫田舎源氏 二編下

蘆屋道満 あしやどうまん

平安中期の法師陰陽師。道摩ともいう。安倍晴明と術くらべする人物として登場することが多い。『古事談』『宇治拾遺物語』『十訓抄』に、道摩法師が藤原顕光の命で藤原道長に妖術をしかけるが、道長の犬と晴明に見破られ、本国播磨国に追放されたと伝える。『峯相記』

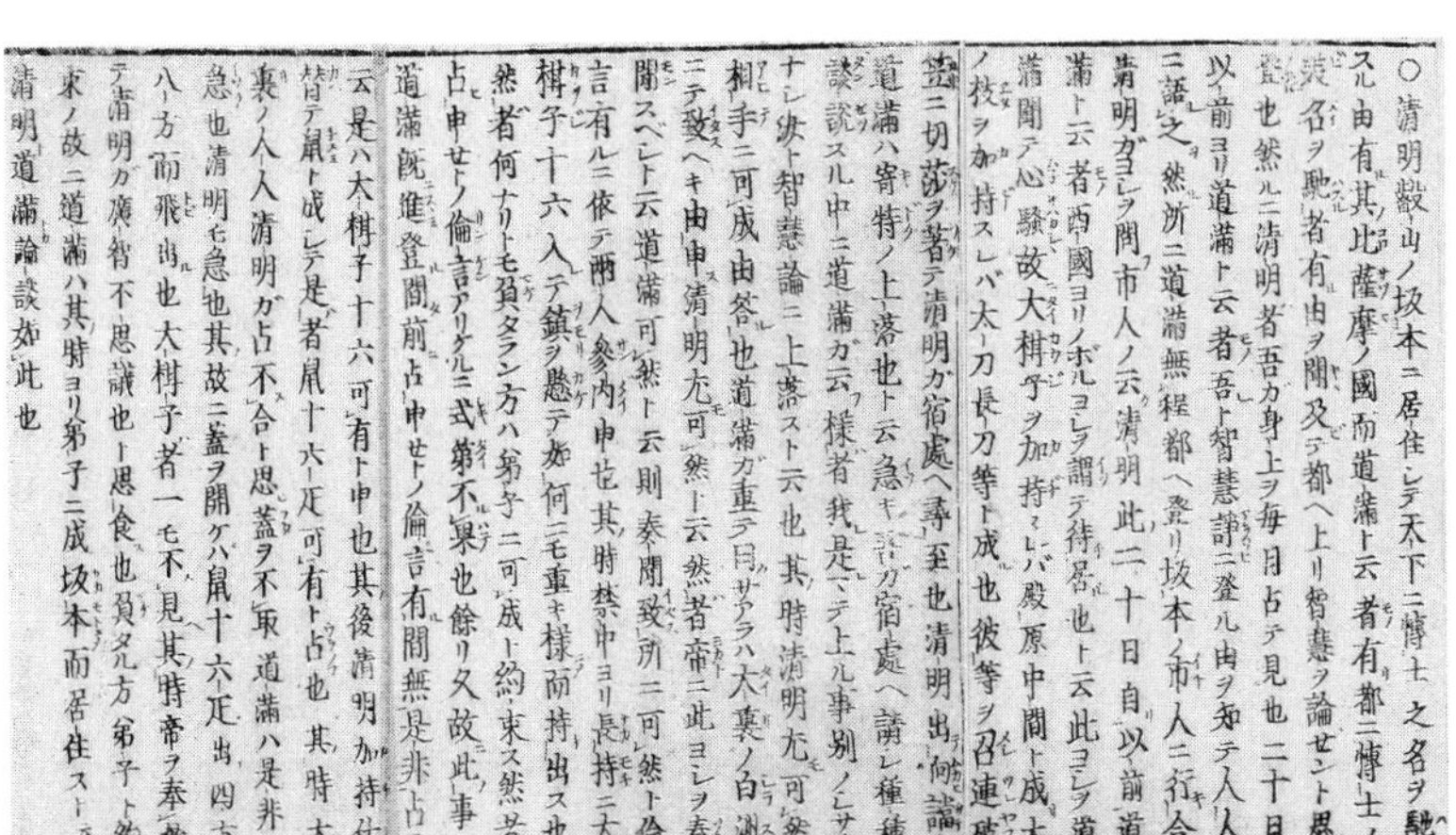
○清明叡山ノ坂本ニ居住シテ天下ニ博士之名ヲ馳スル由有其比薩摩ノ國ニ道満ト云者有都ニ博士ノ威名ヲ馳者有由ヲ聞及テ都ヘ上リ智慧ヲ論セント思登也然ルニ清明者吾カ身上ヲ毎月占テ見也二十日以前ヨリ道満ト云者吾ト智慧諍ニ登ル由ヲ知テ人々ニ語之然所ニ道満無程都ヘ登リ坂本ノ市人ニ行合清明ガヨレヲ問市人ノ云清明此二十日自以前道満ト云者西國ヨリノボルヨレヲ謂テ待居也ト云此ヨレヲ道満聞テ心験故大柑子ヲ加持ミレバ殿原中間ト成木ノ枝ヲ加持スレバ太刀長刀等ト成也彼等ヲ召連破笠ニ切莚ヲ著テ清明カ宿處ヘ尋至也清明出テ向論モ道満ハ寄特ノ上落也ト云急キ清明カ宿處ヘ請シ種種談説スル中ニ道満カ云様者我是マテ上ル事別ノシサイナシ汝ト智慧論ニ上落スト云也其時清明尤可然相手ニ可成由答也道満カ重テ曰サアラハ大裏ノ白洲ニテ致ヘキ由申清明尤可然ト云然者帝ニ此ヨレヲ奏聞スヘシト云道満可然ト云則奏聞致所ニ可然ト倫言有ルニ依テ両人参内申也其時禁中ヨリ長持ニ大柑子十六入テ鎮ヲ懸テ如何ニモ重キ様ニ而持出ス也然者何ナリトモ負タラン方ハ弟子ニ可成ト約束ス然者占申セトノ倫言アリケルニ式第不果也餘リ久故ニ此事ハ道満既進登聞前ニ占申セトノ倫言有間無是非占テ云是ハ太柑子十六可有ト申也其後清明加持仕替テ鼠ト成シテ是者鼠十六疋可有ト占也其時大裏ノ人々清明カ占不合ト思蓋ヲ不取道満ハ是非ト急也清明モ急也其故ニ蓋ヲ開ケハ鼠十六疋出四方八方ニ而飛出也太柑子者一モ不見其時帝ヲ奉始テ清明カ廣智不思議也ト思食也負タル方弟子ト約束ノ故ニ道満ハ其時ヨリ弟子ニ成坂本而居住ス一云清明道満論談如此也

◉——蘆屋道満　道満と安倍晴明との術くらべを語る『簠簋抄』。ミカンを入れて蓋をした長持の中身を言い当てた道満に対し、晴明は術を使ってミカンを鼠に変えた。蓋を開けると鼠が四方に飛び出して、以後、道満は晴明の弟子になった。

『東斎随筆』に同じ説話が見え、道摩を道満に作る。『簠簋袖裡《ほきしゆうり》伝』(室町末ごろ写、竜門文庫蔵)、『簠簋抄』(一六二九)に、道満は晴明と術くらべをして敗れ、晴明の弟子となる。のち晴明の入唐中、その妻利花と通じて秘蔵の卜占の書『金烏玉兎《きんうぎよくと》集』を写し取り、帰朝した晴明の首を斬る。術を用いてこれを知った晴明の師、大唐荊山の伯道上人は、来朝して晴明の遺骨を集め生活《しようかつ》続命の法を修して蘇生させ、道満の首を斬り、利花をも殺す。古浄瑠璃『信田《しのだ》妻』は、晴明・道満伝説を脚色したものであるが、道満を蘆屋宿禰の後裔とし、宿禰以来、法道仙人の法術を伝えたとする。道満の生国は、『簠簋抄』に薩摩国とする以外は、すべて播磨国とし、『峯相記』は同国佐用郡の奥に住し、後裔は英賀《あが》・三宅にあってその芸を継ぐとする。今日でも三宅(姫路市飾磨区)には蘆屋塚があって、道満の末孫を称する者がいて、もと佐用郡仁方村に住したが、のちこの地に移住したと伝える。古記録によれば、この地には赤松満祐に薬を与えた蘆屋道薫をはじめ、室町期に活躍した蘆屋道仙・道善・道軒・道海などが住したことが確認できる。中古以来の説話集にも智徳をはじめとして、播磨陰陽師、播磨相人などの活躍がみられるところから賀茂、安倍二氏とは別系の陰陽師の拠点であったと考えられている。京の道満の居所は『古事談』などに六条坊門万里小路とあるが、江戸期の地誌類では大宮通三条の南にあったとする(『京羽二重織留』『雍州府志』『和漢三才図会』など)。また日本の各地に蘆屋塚・道満塚・道満井戸など、その伝説を伝えるところが多く、大和生駒郡安堵村飽波、近江国犬上郡北青柳村長曾根などは道満を非人の祖と伝え、若狭国では八百比丘尼の父を道満とする伝説があり、武蔵・会津などでもさまざまな伝説がある。

→安倍晴明

山本 吉左右

道満は人形浄瑠璃や歌舞伎でも活躍する。『信田森女占《しのだのもりおんなうらかた》』(一七一三初演)においては、一条戻橋で待ち伏せ保名・晴明の親子を討ち取ろうとするが、逆にとらえられて首をはねられることになっている。さらに、「信田妻」系統の歌舞伎狂言の代表作で「『葛の葉』の名で知られる『蘆屋道満大内鑑《おおうちかがみ》』(竹田出雲作、一七三四初演)における道満は、はじめ道満《みちたる》の名で、安倍保名のライバルとして登場するが、三段目で発心剃髪して、道満《どうまん》と称し、陰陽道に専心することになる。四段目では、狐葛の葉と保名との間に生まれた童子と問答をし、その聡明さに感心して、童子を晴明と名づける人物として描かれている。

中山 幹雄

御堂入道殿法成寺を作らせ給ふ時。毎日渡らせ給ふ。其ころ白犬を愛して飼せ給ひける。御供に参りけり。或日門を入らせおはしますに。御前にすゝみて走めぐりてほえければ。立とまらせ給ひて御覧ずるに。させる事なかりければ。猶歩み入らせ給ふに。犬御直衣のらんをくひ引とめ奉れば。いかにもやう有べしとて。榻をめして御尻をかけて居給て。忽に晴明を召て子細を仰らるゝに。しばらく眠て思惟したる気色にて申やう。君を呪咀し奉るもの厭術の物を道に埋て越させ奉らんと構へ侍る也。御運やむごとなくして。此犬ほえあらはす所也。犬もとより小神通の物なりとて。其所を指てほらするに。土器を打合て黄なる紙ひねりにて。十文字にからげたるをほりおこしてけり。解て見るに入たる物はなくして朱砂にて一文字を土器に書り。晴明申て云。此術はきはめたる秘事也。晴明が外知者なし。但若道摩法師所為歟。其一人ぞ知べしとて。懐帋取出て鳥の形をゑりて呪を唱へてなげあぐるに。白鷺と成て南をさして行。此鳥の落とまらん所を厭術のものゝ住所と知べしと申ければ。下部彼白鳥の行かたを守りて付て行間。六条坊門万里小路河原院の古き諸折戸の内に落ぬ。仍捜り求る所に老僧一人有。すなはち搦捕て行衛を問はる。道摩堀川の左府の語にて術をほどこす由申けれども。罪をば行れず。本国播磨へ追つかはす。但ながくかくのごとく術いたさゞるよし誓状をめさる。是運のつよく慮の賢くおはしますによりて。此難をのがれさせ給ひにけり。

十訓抄第七

安曇磯良 あずみのいそら

中世以降の伝承に現れる古代の精霊。阿度部《あとべの》磯良ともいう。『太平記』巻三十九によれば、神功皇后が三韓に征するさい天神地祇を常陸の鹿島に招き軍評定を行ったが、ひとり海底に住む阿度部磯良のみが不参であった。諸神が神遊《かみあそび》の庭をもうけ「風俗・催馬楽《さいばら》」を歌わせたところ、磯良は感にたえかねて現れ出たが、容姿は貝や虫のとりつく醜い様を示しており、それを恥じて召請に応じなかったのだという。その後、磯良は竜宮に使いし皇后に干珠《かんじゅ》満珠《まんじゅ》の神宝をもたらす。皇后はそれによって潮の干満を左右し、征韓の業を遂げたという。これの類話は『八幡愚童訓《はちまんぐどうくん》』や一六世紀の『塵添壒嚢抄《じんてんあいのうしょう》』にも見えるが、いずれも「安曇磯良」となっている。おそらく安曇氏は海人《あま》を宰領した古代豪族で、安曇磯良は海人の間に伝承された半神半人のシャーマンであったかと思われる。面貌の醜怪さはシャーマンの風貌を説話化したものであろう。

→神功皇后

阪下 圭八

軍評定ノ為ニ、皇后諸《モロモロ》ノ天神地祇ヲ請ジ給フニ、日本一万ノ大小ノ神祇冥道、皆勅請ニ随テ常陸ノ鹿嶋ニ来給フ。雖レ然、海底ニ迹ヲ垂給フ阿度部ノ磯良一人召シニ応ゼズ。是如何様故アラントテ、諸ノ神達燎火《ニハビ》ヲ焼キ、榊ノ枝ニ白和幣《シラニギテ》・青和幣ヲ取リ懸ケテ、風俗・催馬楽、梅枝・桜人・石河・葦垣・此殿・夏引・貫河・飛鳥井・真金吹・差櫛・浅水《アサウヅ》ノ橋、呂律《リョリツ》ヲ調べ、本末ヲ返シテ数反哥ハセ給ヒタリシカバ、磯良感ニ堪兼テ、神遊ノ庭ニゾ参タル。其貌ヲ御覧ズルニ、細螺《シタタミ》・石花貝《カキ》・藻ニ棲虫、手足五体ニ取付テ、更ニ人ノ形ニテハ無カリケリ。神達怪ミ御覧ジテ、「何故懸ル貌ニハ成リケルゾ。」ト御尋ネ有リケレバ、磯良答ヘテ曰ク、「我滄海ノ鱗ニ交テ、是ヲ利セン為ニ、久シク海底ニ住ミ侍リヌル間、此貌ニ成リテ候也。浩《カカ》ル形ニテ止事無キ御神前ニ参ランズル辱シサニ、今マデハ参リ兼テ候ツルヲ、曳々融々《エイエイユウユウ》タル律雅ノ御声ニ、恥ヲモ忘レ身ヲモ顧ミズシテ参リタリ。」トゾ答ヘ申ケル。軈《ヤガ》テ是ヲ御使ニテ、竜宮城ニ宝トスル干珠・満珠ヲ借リ召サル。竜神即神勅ニ応ジテ二ツノ玉ヲ奉ル。神功皇后一巻ノ書ヲ智謀トシ、両顆ノ明珠ヲ武備トシテ新羅ヘ向ハントシ給フニ、胎内ニ宿リ給フ八幡大菩薩已ニ五月ニ成ラセ給ヒシカバ、母后ノ御腹大ニ成テ、御鎧ヲ召サル、ニ御膚アキタリ。此為ニ高良《カウラ》明神ノ計トシテ、鎧ノ脇立《ワイダテ》ヲバシ出シケル也。諏防・住吉大明神ヲ則副将軍・裨将軍トシテ、自余ノ大小ノ神祇、楼船三千余艘ヲ漕双ベ、高麗国ヘ寄給フ。

太平記巻三十九「神功皇后新羅ヲ攻メ給フ事」

かすひの浦と、申ところに、つき給、皇后、

◉――安曇磯良 右＝干満の珠を持って出現した磯良の像。身に海藻や貝が付着している。福岡県風浪神社蔵。左＝楽の音にさそわれて出現する磯良。顔を白布で覆っている。楽を奏するのは住吉の神。『神功皇后縁起絵巻』。誉田八幡宮蔵。

老人におほせられけるは、新羅、百済へ、わたりつきても、彼敵ともをは、なにとして、打したかふへしとも、おほえすと、おほせられけるに

老人、申様、これより西に、しかの嶋と申所あり、彼嶋に、あむとんの礒童と申ものあり、此童をめして、竜宮城につかはして、干珠、満珠と申す、二のたまをからしめたまへ、此二の珠たにも候はゝ、此国をうちしたかへましまさむ事、いとやすき事也と申を

皇后、件の童をは、いかにしてか、めすへきと、仰らるゝ時、老人、申さく、此童、せいなうといふ舞を、殊ニ愛し侍る也と申さて、その舞を、たれか、まふへきと、仰せられけれは、海中ニ舞台をかまへて此老人、舞けり、其舞台、石となりて、今まて、海中に侍り

其時、礒童、此舞にめてゝ、船にのりて、舞台ちかく、出来れり、皇后、老人に件の珠の事、申へきよし、おほせられけれは

老人、童に申て、いはく、汝しらすや、日本国の王、新羅、百済等を、したかへむために、渡海しましますか、干珠、満珠なくては、かなひかたし、汝、いかにも尋て、たてまつるへし、国土に、はらまれなから、いかてか、勅命をは、そむきたてまつるへきと、申ふくめけれは　此童、領状して、竜宮城に行て、竜王に、此由を申て、此玉を借いたして、次日の早旦に、持てまいりけり

衣奈八幡宮縁起

爰に天満に銀《かね》で自由自在に天神をまはす男有けり。生れ付不束《ふつつか》なる上に、近い比楊梅瘡《やうばいさう》の出た跡一めんにくえて、面《おもて》は一皮むいたやうになつて雲紙《くもがみ》を見るにひとしく、浜芝居の見世物に出しさうな男と、人皆磯螺《いそら》大臣と申あへり。

傾城色三味線大坂之巻

正太郎かなたに向ひて、「はかなくて病にさへそませ給ふよし。おのれもいとほしき妻を亡なひて侍れば、おなじ悲しみをも問ひかはしまゐらせんとて推て詣で侍りぬ」といふ。あるじの女屏風すこし引きあけて、「めづらしくもあひ見奉るものかな。つらき報ひの程しらせまゐらせん」といふに、驚きて見れば、古郷《ふるさと》に残せし磯良なり。顔の色いと青ざめて、たゆき眼すざましく、我を指たる手の青くほそりたる恐しさに、「あなや」と叫んでたふれ死す。

雨月物語巻之三「吉備津の釜」

安達盛長　あだちもりなが　一一三五―一二〇〇

（保延一―正治二）

鎌倉前期の武将。武蔵国の豪族足立氏の一族か。『尊卑分脈』によれば藤原姓小野田三郎兼広の子。藤九郎と称す。源頼朝の乳母比企尼の女婿で頼朝の流人時代より彼の側近となる。一一八〇年（治承四）の頼朝挙兵の際には源家譜代家人の招致に力があった。頼朝の信任をうけ、元暦ごろから上野国奉行人として国衙在庁に代わって国内公領の収税事務を管轄し、平氏追討には従軍せずもっぱら東国において幕府の基盤整備を行ったようである。八九年（文治五）の奥州征討や頼朝の二度の上洛には頼朝に供奉した。正治ごろ三河の守護となる。九九年（正治一）頼朝の死により出家。法名蓮西。その後も幕府の宿老として新主頼家の訴論親裁停止後、重臣の合議制が成立したときにはその一人となった。梶原景時の失脚事件では弾劾派であった。無官のままであったが、幕府草創の功臣として重んじられ安達氏興隆の基をなした。

青山　幹哉

【盛長の夢見】　『曾我物語』巻二「盛長が夢見の事」「景信が夢合はせ事」「酒の事」には、頼朝の未来を予告する盛長の夢見と、その夢解きをした平権守景信の話がのっている。夢見の要点は「頼朝が矢倉嶽（足柄峠の北にあたる）に腰をかけて酒を三度飲む。箱根参詣の折には、左の足で外の浜を踏み、右の足で鬼界島を踏む。また左右のたもとに月日を宿し、小松三本を頭にいただいて南面して歩む」というもので、景信はこれを頼朝が過去の憂さを忘れて主上上皇の後ろだてや、八幡三所の擁護によって日本全国を従え、天子の位にまで進む吉夢と占う。夢告や夢見を信じ、その啓示のもとにしばしば行動した古代・中世の人々の常識からすると、盛長の夢見は頼朝を反平家

の謀反に踏みきらせた有力な原因にあげられる。なお幸若舞曲にも『夢あわせ』があり、「ここに物のめでたきは」に始まり「末繁昌と聞えけり」で終わる、頼朝に対する祝言的要素が一段と濃い語り物となっている。

岩崎 武夫

こゝに、懐島《ふところじまの》平権守景信といふ者あり。この程、兵衛佐殿《ひやうゑのすけどの》、伊豆の御山にしのびてましますよしつたへきゝ、「かやうの時こそ、奉公をばいたさめ」とて、一夜宿直《とのゐ》にまいりけり。藤九郎盛長も、おなじく宿直つかまつる。夜半ばかりに、うちおどろきて、申けるは、「今夜、盛長こそ、君の御ために、めでたき御示現をかうぶりて候へ。御耳をそばたて、御心をしづめ、たしかにきこしめせ。君は、矢倉嶽《やぐらがだけ》に御腰をかけられしに、一品房《ほんぼう》は、金の大瓶《たいへい》をいだき、実近は、御畳をしき、也《なり》つなは、銀《しろかね》の折敷《おしき》に、金の御盃をすゑ、盛長は、銀の銚子《てうし》に、御盃まいらせつるに、君、三度きこしめされて後は、箱根御参詣ありしに、左の御足にては、外浜《そとのはま》をふみ、右の御足にては、鬼界島《きかいがしま》をふみたまふ。左右の御袂《たもと》には、月日をやどしたてまつり、小松三本頭《かしら》にいたゞき、南むきにあゆませたまふと見たてまつりぬ」と申ければ、佐殿、きこしめして、大きによろこび給ひて、「頼朝、この暁、不思議の霊夢をかうむりつるぞや。虚空《こくう》より山鳩三きたりて、頼朝が髻《たぶさ》に巣をくい、子をうむと見つるなり。これ、しかしながら、八幡大菩薩のまぼらせたまふと、たのもしくおぼゆる」とおほせられければ、景信申けるは、「盛長が示現にをゐては、景信あはせ候はん。まづ、君、矢倉嶽にましくゝける は、御先祖八満殿の御子孫、東八《とうはち》か国を御屋敷所にさせたまふべきなり。御酒きこしめしけるとみつるは、理《ことはり》なり。当時、君の御有様は、無明《むみやう》の酒によわせ給ふなり。しかれば、ゑひはついにさむるものにて、「三木《みき》」の三文字をかたどり、ちかくは三月、とおくは三年に、御ゑひさむべし。

曾我物語巻二

○きっとしたあるき藤九郎もり長(天四智3)

「屹度《きっと》した」はしっかりした、「歩き」は町役人の下の走使いをいう。頼朝挙兵に際し、使者として源氏家人を招聘して回ったことを江戸に引き直したおかしみ。

阿弖流為 あてるい ?―八〇二(延暦二一)

坂上田村麻呂の征夷軍と戦い続けた蝦夷《えみし》の首長。平安時代初期、朝廷は何度となく大軍勢を遠征させて、大規模な陸奥国の蝦夷征討戦を行った。しかし、蝦夷たちの抵抗は激しく、制圧に十余年の歳月を要した。その間、蝦夷軍を組織して征討軍を散々に悩ませたのが、蝦夷の首長である大墓公《たいものきみ》阿弖流為であった。この阿弖流為が後世倭語《やまとことば》として理解しやすい「悪路王」という名に置きかえられ、悪路王伝説となったのではないかといわれる。

『吾妻鏡』に一一八九年(文治五)九月、奥州藤原氏を滅ぼした源頼朝が、平泉に近い達谷窟《たっこくのいわや》に立ち寄った話が載る。ここで頼朝は、平泉で捕えた捕虜から、この窟に悪路と赤頭《あかがしら》という賊が要塞を構えて坂上田村麻呂と戦ったが、ついに討伐されたという話を聞く。さらに田村麻呂は、達谷窟の前に西光寺を建て多聞天(毘沙門天)を安置したという。毘沙門天は田村麻呂の化身である。やがてこの話には尾ひれがつく。田村麻呂は悪路王の首級を持って帰途につくが、現在の茨城県東茨城郡城里町高久の鹿島神社に首を納めたといい、神社には木乃伊《みいら》があったという。その後、失われて模型に代ったが、紅毛碧眼のすさまじい木像で、江戸時代に水戸光圀がこの像を修復した旨が、木像の首に記されている。一方、茨城県鹿嶋市の鹿島神宮にも、悪路王の首級といわれているものが現存している。なお、悪路王伝説と鹿島信仰のつながりについては不明である。

悪路王伝説はさておき、『続日本紀』や『類聚国史』『日本紀略』などは、八〇二年(延暦二一)八月に坂上田村麻呂が京都に連れ帰った蝦夷の首長大墓公阿弖流為を、河内国杜山《もりやま》(現、大阪府枚方市)で斬った話を載せる。七八九年から続いた東北戦争は、中央政府軍にとってはかなりやっかいな戦いであった。兵士の数(七九一年の遠征軍は十万に及んだという)も兵器も圧倒的に優位なはずの中央軍が、延々と戦い続けて勝てなかったのにはわけがある。中央軍は侵略軍であり、兵士の多くは徴兵された者たちであった。故郷に妻子や父母を残しており、遠征が終われば国へ戻る者たちである。対して蝦夷の側は、自らの土地を守るための必死の戦いであった。まともに大軍と戦わず、徹底したゲリラ戦で対抗したと思われる。それを指揮したのが阿弖流為であり、その下の将軍というべき将が盤具公母礼《ばぐのきみもれ》であった。彼らは、遠征軍の兵士に疲労の色が見え始め、厭戦気分が広がるころを見越して服属・帰順の和平工作に出る。そして侵略軍が引き揚げたのち、自らの土地を奪い返す。こうしたことが十余年にわたって続いたのである。

しかし八〇二年、ついに阿弖流為と母礼は坂上田村麻呂の軍門に降った。これは、蝦夷軍にとっての拠点である胆沢《いさわ》(現、岩手県水沢市)の地が田村麻呂によって奪われたからであった。ともあれ、この時も蝦夷とすれば服属した形をとって停戦協定を結んだらしい。田村麻呂は阿弖流為と母礼の二人の蝦夷の将を京へ伴った。捕虜として連行したのではなく、二人に位を与え、鎮守府の組織下に置いて蝦夷支配の長とするためであったといわれる。しかし、田村麻呂の意見は朝廷の公卿たちによって無視され、結局阿弖流為は母礼とともに斬られたのである。阿弖流為は、中央政府から見ればまさに「悪路王」であろうが、東北の蝦夷の側から見れば英雄に他ならない。なお、「蝦夷」という呼称も、中央から見た蔑称である。

高橋 千劔破

六月甲戌(三日) 征東将軍〔紀古佐美〕は〔つぎのように天皇に〕奏上した。

副将軍・外従五位下の入間《いるま》宿禰広成と左中軍別将・従五位下の池田朝臣真枚は、前軍別将・外従五位下の安倍猨嶋《あべのさしま》臣墨縄らと、〔前・中・後〕三軍が共謀し力を合わせ河を渡って賊を討とうと相談し、その期限も既に決めおわりました。そこで中軍と後軍からそれぞれ〔兵士〕二千人を選び出し、まとまって共に〔河を〕渡りました。賊の首領阿弖流為《あてるい》の居所に近づいたとき、〔その付近に〕賊徒が三百人ばかりいて〔官軍を〕迎え討って合戦しました。〔しかし〕官軍の勢いが強く、賊衆は退却しました。〔そこで〕官軍は、〔逃げる賊衆と〕戦いながら、〔彼らの居所を〕焼き払いつつ、巣伏《すぶせ》村に至り、〔別の道から進撃していた〕前軍の軍勢と合流しようとしました。ところが、前軍は賊のため〔進路を〕はばまれ〔河を〕進み渡ることができ〔ず、巣伏村には至ってい〕ませんでした。そこへ、賊軍が八百人ばかり次々とやって来て、〔官軍を〕さえぎって戦いました。その力は大変強く、官軍が少し後退したときに、賊徒は直ちに〔官軍に向かって〕攻めよせて来ました。〔官軍はさらに後退せざるをえませんでしたが、〕さらに賊が四百人ばかり〔北上川の〕東の山からあらわれ、官軍の背後〔の道〕を絶ってしまいました。〔その結果、官軍は〕前後を敵に挟まれ、賊軍の方は〔ますます〕奮い立って攻撃をかけ、官軍はおしもどされて、別将の丈部《はせつかべ》善理、進士(宝亀十一年五月十六日条参照)の高田道成・会津《あいず》壮麻呂・安宿戸《あすかべ》吉足・大伴五百継《いおつぐ》らがいずれも戦死しました。

続日本紀延暦八年六月三日条

阿部定 あべさだ 一九〇五(明治三八)—?

恋人を殺し男根を切り取ったことで一躍有名になった女性。東京生まれ。一七歳で望んで芸者となり、以後、娼婦、妾、コールガールなどをして、横浜・富山・大阪・名古屋などを転々とする。一九三六年(昭和一一)、東京中野の小料理屋に住込み女中となるが、主人の石田吉蔵と関係を持ち、二〇日を超す愛欲生活のはて、五月一八日未明、荒川区尾久の待合で石田を絞殺、局部を切り取りハトロン紙に包んで身につけて逃げ去った。残された男の腿には血で「定吉二人キリ」、腕には「定」と記してあった。二日後の二〇日、品川駅前の旅館で逮捕される。一二月、一審で懲役六年の判決、そのまま服役する。四一年に出所、戦後になって女中、仲居などをしたのち、小料理屋を営む。

「石田と別れるのが淋しいので石田のシャ

東京朝日新聞　昭和十一年五月十九日　(火曜日)
血字を切刻んで
尾久紅燈街に怪奇殺人
舊主人の惨死體に
美人女中姿を消す
待合に流連の果て

●——阿部定　事件はセンセーショナルに報じられた。昭和一一年五月一九日東京朝日新聞。

ツを着たりオチンチンを切ったり気違い染みたことをしてしまったので、……変態のやうに云はれるのが口惜し」いとの言葉や、逮捕時の微笑を浮かべたような写真に、人々は強烈な印象を受けた。とともに、二・二六事件の直後、軍国主義が進む息苦しさの中で、この事件は一瞬ではあるがそれを和らげる役割をも果たしたといえよう。大島渚監督の映画『愛のコリーダ』(一九七六)は定をモデルとしたことと、主役たちが実際に交わっているかどうかなど、映画それ自体とは異なったところで人々の関心を呼んだ。

久米　勲

安倍貞任　あべのさだとう　一〇二九?—六二(長元二?—康平五)

平安時代の陸奥国の豪族。安倍頼時の嫡子。通称厨川二郎。一〇五六年(天喜四)結婚を拒否されたことを恨んで、陸奥権守藤原説貞《あきさだ》の子光貞・元貞を襲撃し、前九年の役を起こし、陸奥守源頼義らと戦うに至った。五七年に父頼時が戦死してからは、安倍一族の総帥となり、同年冬には黄海《きのみ》(岩手県一関市)において頼義軍を破った。しかし六二年に出羽国の清原氏が頼義軍に加わってからは、小松柵・衣川《ころもがわ》柵・鳥海柵と敗戦がつづき、同年九月一七日、本拠の厨川柵(岩手県盛岡市)において敗死した。源義家が「衣のたてはほころびにけり」とうたいかけ、貞任が「年をへし糸のみだれのくるしさに」とこたえたという故事は、衣川柵脱出のときのことという。享年は四四歳ともいう。

大石直正

【安倍貞任・宗任の伝承】　貞任・宗任兄弟は、逆賊として追討されるが、一〇余年にわたって頼義軍を悩ましたその武勇は、人々に強い印象をあたえ、しだいにこれを巨人視する風潮が生じた。前九年の役のてんまつを記した『陸奥話記』には、貞任は身のたけ六尺余、腰

●——安倍貞任　前九年の役の貞任。『前九年合戦絵巻』。東京国立博物館蔵。

の周り七尺四寸という色白の巨漢であったとあるが、巨人貞任のイメージは時代が下るとともにますます誇張され、たとえば『義経記』では、「これら兄弟、たけの高さ唐人にも越えたり。貞任が丈は九尺五寸、宗任が丈は八尺五寸、何れも八尺に劣るはなし」と、貞任をはじめとする安倍一族の人々をすべてずぬけた大男として描き出している。貞任は厨川で死ぬが、宗任は泥中に身を隠して逃れ、のち降人として義家に仕えることになる。『古今著聞集』によると、あるとき義家は宗任を供につれて狩に出、一匹の狐を射た。わざとねらいを外して射たが、その弓勢に驚いて狐は気絶する。宗任が地面に刺さった矢を抜きとって差し出すと、義家はむぞうさに背を向けて箙《えびら》にこれを差させた。郎等たちは、宗任の害心を懸念したが、義家の度量に心服した宗任は、命じられるままに箙に矢を納めたという。のち宗任は大宰府に流され、この地に永住、松浦《まつら》党の祖になったと伝えられる。

梶原 正昭

伊与守源頼義朝臣、貞任・宗任等をせむる間、陸奥に十二年の春秋をおくりけり。鎮守府をたちて、秋田城にうつりけるに、雪はだれにふりて、軍のおのこどもの鎧みな白妙に成にけり。衣河の館、岸高く川ありければ、楯をいたゞきて甲にかさね、筏《いかだ》をくみて責戦に、貞任等たへずして、つゐに城の後よりのがれおちけるを、一男八幡太郎義家、衣河においたてせめふせて、「きたなくも、うしろをばみする物哉。しばし引かへせ。物いはん」といはれたりければ、貞任見帰たりけるに、

衣のたてはほころびにけり

といへりけり。貞任くつばみをやすらへ、しころをふりむけて、

年をへし糸のみだれのくるしさに

と付たりけり。其時義家、はげたる箭《や》をさしはづして帰にけり。さばかりのたゝかひの中に、やさしかりける事哉。

古今著聞集巻九「源義家衣川にて安倍貞任と連歌の事」

○ほころびをみやこの人に見つけられ(安八天1)
○衣川敵と味方で一首出来(三九29)
○名将と勇士繕ひ縫ひあわせ(七五21)
○下の句は京だん上ミはどさぁなり(安七宮2)
いずれも衣川での「衣のたては……」の義家(名将)と貞任(勇士)の応酬を詠む。第四句、「京談」は京都弁、「どさぁ」は奥州弁。

安倍晴明 あべのせいめい 九二一―一〇〇五

(延喜二一―寛弘二)

平安中期の陰陽家。系図類によれば、八世紀はじめの右大臣阿倍御主人《あべのみうし》の系譜を引き、益材の子とされる。九六〇年(天徳四)に天文得業生として歴史に姿をあらわし、以後、天文博士・主計権助などを歴任して、大膳大夫・左京権大夫となる。極位は従四位下。賀茂忠行・賀茂保憲父子を師として天文道・陰陽道を学び、名声きわめて高く、天文密奏(天文の変化をいちはやく察してその吉凶を占いこれを天皇に奏すること)をはじめ、天皇・貴族の陰陽道諸祭や占いに従事した。その占験の能力についての神秘的な伝説は、古くから数多く伝えられている。『今昔物語集』には、識神(式神《しきがみ》)(陰陽師が術を用いて駆使する神)を自在に駆使して老僧との術くらべに勝った話や、草の葉を投げて蛙を殺した話が載せられており、後世、日本第一の陰陽家としてあがめられた。一〇〇五年九月二六日没。系図類は年八五とする。著書に『占事略決』一巻があり、尊経閣文庫、京都大学に鎌倉時代書写の古写本が蔵せられている。別に、晴明撰と伝える『簠簋内伝《ほきないでん》』五巻(『続群書類従』所収)があるが、晴明の撰であるかどうかに疑わしいところがある。

早川 庄八

【伝承と作品化】 安倍晴明は、神秘的な超能力の持主としてその死後における各種の伝承や文芸作品に登場、活躍した。『続古事談』(一二一九)には、彼が大舎人《おおどねり》であったころ、慈光という人相見が「一道の達者」となるべき人物だと占った話がみえ、若くして卜占の技に長じていたことを暗示する。その技の優秀

◉――**安倍晴明**　祭壇を設け祈禱する安倍晴明(中央)。祭壇の向こう側には器物の妖怪、付喪神(つくもがみ)、晴明の後ろに式神の姿が見える。『泣不動縁起』。清浄華院蔵。

さを物語る挿話にはこと欠かないが、ことに著名なのは花山天皇の譲位を天体の異常な現象からみごとに予告したという『大鏡』の記述である。ほかでは、『古事談』(一二一二―一五)、『宇治拾遺物語』『今昔物語集』『源平盛衰記』『発心集《ほっしんしゅう》』(鴨長明作という)、『峯相記《みねあいき》』などに彼の事跡が伝えられている。その中では、かの藤原道長が法成寺《ほうじょうじ》建立の工事現場におもむいたとき、愛犬の白犬が道長の歩行を阻んだので、晴明に占わせたところ、道長を呪詛する者ありと断じ、犯人の「道摩法師《どうまほうし》」の居所を当てたという話が興味ぶかく、道長の政敵の一たる左大臣藤原顕光の依頼で道長を呪詛した「道摩」とは、同じ話を伝える『峯相記』では「道満《どうまん》」であり、陰陽師として晴明と張り合っていた法体《ほったい》の人物であった。この二人の、卜占をめぐる熾烈なる抗争は古浄瑠璃『信田妻《しのだづま》』(作者不明)や義太夫『蘆屋道満大内鑑《あしやどうまんおおうちかがみ》』(竹田出雲作、一七三四初演)などの名作として、既往の所伝や芸能をふまえつつ江戸時代前期に結実したが、そこでは晴明は摂津国の安倍野の武士である安倍保名《あべのやすな》が和泉国の信田(信太)森《しのだのもり》の狐(白狐)の化身である女と契って生まれた子だとしている。晴明にかかわる伝説の地は、陰陽師の拡散と定着につれて各地にひろがったが、ことに賤民層を多数含んだ下級陰陽師集団が生業たる卜占の技の権威づけのために晴明伝説を最大限に活用した面がつよかった。晴明神社をひかえた京都の一条戻橋《もどりばし》のあたりは、その中心地域で、晴明伝説の豊かな母体である。一説では彼の墓は京都東福寺門前の遣迎《けんこう》院の竹やぶの中にあるという。

➡蘆屋道満　　横井 清

晴明若カリケル時、師ノ忠行ガ下渡ニ夜行ニ行ケル共ニ歩ニシテ車ノ後ニ行ケル、忠行、車ノ内ニシテ吉ク寝入ニケルニ、晴明見ケルニ、艶ズ怖キ鬼共車ノ前ニ向テ来ケリ。晴明、此ヲ見テ驚テ、車ノ後ニ走リ寄テ、忠行ヲ起シテ告ケレバ、其時ニゾ忠行驚テ覚テ、鬼ノ来ルヲ見テ、術法ヲ以テ忽ニ、我ガ身ヲモ恐レ无ク共ノ者ヲモ隠シ、平カニ過ニケル。其後、忠行、晴明ヲ難去ク思テ、此道ヲ教フル事瓶ノ水ヲ写スガ如シ。然レバ、終ニ晴明、此道ニ付テ、公・私ニ被仕テ糸止事无カリケリ。

今昔物語集巻二十四「安倍晴明随忠行習道語」

浄蔵は三善清行が子なり。清行死す。蔵、之を一条橋に祈りて清行蘇生す。故に世人号して反橋《もどりばし》と曰ふ。

安倍晴明天文を究め、十二神将を役使す。妻職神の形に畏る。因りて咒して以て十二神を一条橋下に置く。事ある時は喚びて之を使ふ。是より世人吉凶を橋辺に占ふ時は、則ち神必ず人に託して以て告ぐと云ふ。

本朝神社考反橋

○泣キながら阿部のどうじは毛を拾イ(宝十一礼1)
○晴明が尻リを安名はさぐつて見(宝十三梅1)
　第一句、母親(白狐)が信田の森へ帰ったあと。第二句、息子にも尾があるかと。

安倍泰親 あべのやすちか

平安末期の陰陽家。生没年不詳。藤原頼長や九条兼実に重用され、一一八二年(寿永二)四月陰陽頭に任じたが、翌年正月をもって記録類から消えており、このころ没したとみられる。系図類では年齢を七四歳とする。『安倍泰親朝臣記』(一名『天文変異記』。『改定史籍集覧』所収)がある。

　祖先の安倍晴明に匹敵する卜占の天才とうたわれた泰親の伝承としては、一一七九年(治承三)一一月の京都地震を大変事の予兆と判じた直後に平清盛のクーデタが生じたこと、またその翌年五月、後白河法皇が幽閉されていた城南宮(鳥羽殿)で鼬《いたち》が走り騒いだのを「今三日がうちの御悦《おんよろこび》並に御歎《おんなげき》」と判じた直後に法皇は身柄を美福門院御所に移され、喜んだのもつかのま、皇子の以仁《もちひと》王と源頼政が挙兵し、宇治で敗死するという憂目に会ったことなど『平家物語』が伝えているのがとくに名高く、その作者によると泰親は推理の的確さで「指神(御)子《さすのみこ》」の異名をとっていたという。他の伝承は『古今著聞集』にもみえている。

小田雄三

　仁安元年六月、仁和寺辺なりける女の夢に、天下の政不法なるによりて、賀茂大明神、日本国を捨て他所へわたらせ給べきよし、みてけり。同七月上旬、祝久継が夢にも同体にみてけり。これによりて泰親・時晴をめして、うらなはせられければ、実夢のよし各申けり。さるほどに、法皇は、「とをき国へもながされ、はるかの嶋へもうつされんずるにや」と仰せけれども、城南の離宮にして、ことしは二年にならせ給ふ。

古今著聞集巻一「賀茂大明神仁和寺辺なる女の夢に託宣の事」

　同五月十二日午剋計、御所中にはゐたちおびたゝしうはしりさはぐ。法皇大に驚きおぼしめし、御占形をあそばいて、近江守仲兼、其比はいまだ鶴蔵人とめされけるをめして、「この占形もツて、泰親がもとへゆけ。きツと勘がへさせて、勘状をとツてまいれ」とぞ仰ける。仲兼これを給はツて、陰陽頭安倍泰親がもとへ行。おりふし宿所にはなかりけり。「白河なるところへ」といひければ、それへたづねゆき、泰親にあふて勅定のおもむき仰すれば、やがて勘状をまいらせけり。仲兼鳥羽殿にかへりまいツて、門よりまいらうどすれば、守護の武士共ゆるさず。案内はしツたり、築地をこへ、大床のしたをはうて、きり板より泰親が勘状をこそまいらせたれ。法皇これをあけて御らんずれば、「いま三日がうち御悦、ならびに御なげき」とぞ申たる。法皇「御よろこびはしかるべし。これほどの御身になツて、又いかなる御歎のあらんずるやらん」とぞ仰ける。

平家物語巻四「鼬之沙汰」

横井清

安倍保名 あべのやすな

陰陽師安倍晴明の父。史実とは別に、命を助けた信田森の狐と夫婦となり、その間にもうけた子が晴明であるとの説話が生じた。俊敏な人物、凡人に勝る技量を備えた者は、出生時において異常であったとする伝説を生じやすいが、ことに狐の動作のはしこさが、人智の及ばぬ神秘性を有する晴明の出生を異類婚によったとする伝説が生まれた理由であろう。現存する作品では一六七四年(延宝二)版の古浄瑠璃『しのたつまつりぎつね付あべノ晴明出生』があり、歌舞伎にも元禄—正徳期(一六八八—一七一六)に『しのだ妻』『しのだ妻後日』『しのだ妻嫁くらべ』などが上演された。これらの集大成作品が『蘆屋道満大内鑑《あしやどうまんおおうちかがみ》』であり、保名はその二段目切の場(信太森の段)で、恋人榊《さかき》の前を失い、悲しみのあまり狂気となって恋人の形見の小袖を肩に掛け、さまよい歩く。榊の前の妹の葛の葉が瓜二つなので、保名は正気にもどり、葛の葉と契りを交わし、二人の間に童子(のちの晴明)までもうけるが、葛の葉は以前助けた信太《しのだ》の森の白狐の化身であったことが知れる。別離に臨んで書き残した「恋しくば尋ね来て見よ和泉なる信田の森の恨み葛の葉」の一首は、作中の女主人公が信太の森周辺に居住し、占いを専職とする

◉——安倍保名　芝居絵にみる保名(左)。初世歌川豊国画『信田妻菊の着綿(しのだづまきくのきせわた)』。国立劇場。

「占見《うらみ》」の一族の者で、風に吹かれてその葉の裏を見せる葛の葉の名を引き出したものであろう。なお舞踊『保名』は一八一八年(文政一)所演の『曾我梅菊念力弦《そがきょうだいおもいのはりゆみ》』の大切『深山桜及兼樹振《みやまのはなとどかぬえだぶり》』で、三世尾上菊五郎が初演し、清元節の「恋よ恋、我中空《なかぞら》になすな恋」の艶麗な詞章で著名。

→安倍晴明…葛の葉

小池 章太郎

竹〽恋よ恋われ中空になすな恋、〽恋風が来ては袂にかいもつれ、

(トこれにて、知らせにつき、下手の段幕を切って落とし、清元連中居並び、これより掛合《かけあい》になる)

清〽思う中をば吹きわくる、花に嵐の狂いてし、心そぞろにいずくとも、道行く人に言問えど、岩せく水と我が胸と、砕けて落つる涙には、

竹〽かたしく袖の片思い、

清〽姿もいつか乱れ髪、誰が取り上げて言うことも、〽菜種の畑に狂う蝶、翼交わして羨まし、

竹〽野辺のかげろう春草を、素袍袴《すおうばかま》に踏みしだき、

清〽狂い〳〵て来りける。

保名

○化されて徳をしたのは安名也(安五申仁4)

○安名には九百余歳の大としま(一一24)

第一句、「得を……」、葛の葉狐に化かされ楽しい夫婦生活を送った。第二句、葛の葉は……千年の劫《こう》を経た狐。……

天河屋義平　あまかわやぎへい

『仮名手本忠臣蔵』十段目に、主人公として活躍する義侠心に富む町人。『忠臣蔵』全段を通じて、ただ一人登場、活躍する町人であり、江戸時代の町人たちの共同幻想が生み出した理想の英雄像であった。したがって、人形浄瑠璃や歌舞伎だけでなく、講談、浪曲などにも脚色され、非常に人気があった人物である。堺の大商人天河屋義平は、武士も及ばぬ男気を由良之助に見込まれ、ひそかに浪士たちが討入りに必要とする武具を調達していた。浪士たちは町人である義平の心を疑い、捕手の姿で来て、由良之助に頼まれて武具を調えただろうと尋問する。長持の上にどっかと座った義平は、一子由松の咽喉に刀を突きつけられてもいっかな動ぜず、大笑して「天河屋の義平は男でござるぞ」と豪快に言い放つ。このありさまを見て、長持の中から由良之助が出て、義平の心を疑ったことをわびる。義平は斧九太夫と縁のつながる妻おそのを実家に帰し、自分の家庭を犠牲にしてまでも義に殉ずる侠気の男であった。古来この義平のモデルは堺の大商人で町年寄をつとめた天野屋利(理)兵衛という人物であるといわれている。たしかにその名の人物は実在したのだが、赤

◉——**天河屋義平**　浪士たちに刀を突きつけられても動ぜず、「天河屋の義平は男でござる」と見得を切る五世市川海老蔵の天河屋義平。
歌川国芳画『仮名手本忠臣蔵』十段目。

穂藩とは何の関係もなく、この話はまったくの虚構である。

なお、十段目には一九歳になって剃上げ額にしている阿呆の丁稚伊吾が出て、道化ぶりを発揮する。伊吾という名も、江戸時代にはなかなか人気があった。

服部 幸雄

サア義平。長持の内はとも有。塩冶浪人一党にかたまり。師直を討密事の段々。儕能知っつらん。有やうに言へばよし。言はぬと忽世悴が身の上。コリヤ是を見よと抜刀。幼き咽に指付られ。はっとは思へど色も変ぜず。ハヽヽヽ、女童を責る様に。人質取ての御詮義。天河屋の義平は男でござるぞ。子にほだされ存ぜぬ事を。存たとは得申さぬ。かつて何にも存ぜぬ。知らぬ。知ぬといふたら金輪奈落。憎しと思はゞ其躮。我見る所で殺したく〳〵。テモ胴性骨の太い奴。管鑓鉄炮鎖帷子。四十六本の印迠調へやったる儕が。知らぬといふて言はしておかふか。白状せぬと一寸試し。一分刻に刻むがなんと。ヲヽ面白い刻れう。武具は勿論。公家武家の冠烏帽子。下女小者が藁沓迠。買調へて売が商人。それ不思議迠御詮義あらば。日本に人種は有まい。一寸試しも三寸縄も。商売故に取るゝ命。惜いと思はぬサア殺せ。躮も目の前突く〳〵。一寸様は腕から切か胸から裂か。肩骨背骨も望次第と。指付突付我子をもぎ取。子にほだされぬ性根を見よと。絞め殺すべき其矻相。

仮名手本忠臣蔵十段目

○忠臣の蔵元もする天川屋(九五1)
○いろはの仮名は俠の字が尻を持(九五1)
○大星の上にまたがる天の川(九五16)

第一句、「蔵元」は藩の蔵屋敷で商品の出納をつかさどる者。第二句、「俠」で「京」に通わせる。「尻を持ち」は後押しする意。第三句、「天の川」は天川屋と銀河。「男でござる」と長持の上にまたがって動かぬ。

天草四郎　あまくさしろう　一六二三?—三八

(元和九?—寛永一五)

益田時貞。江戸初期、島原の乱の首領とされる少年。居住地から江辺四郎、大矢野四郎、一揆の首領として天草四郎太夫時貞、天の四郎秀綱などと呼ばれ、洗礼名はジェロニモといわれるが、正確な素性はほとんど不明である。父益田甚兵衛はかつて小西行長に仕えた帰農武士といわれ、捕らわれた母親の陳述では、時貞は九歳で手習いを始め、学問のために長崎へも行ったという。一揆の首謀者である一部の庄屋や牢人たちは、彼を農民結集の核として天より下った救世主に仕立て、さまざまな奇跡を演じさせた。島原藩側では蜂起当初より一五～一六歳の彼を一揆の中心人物とみているが、彼の原城入城は一六三七年(寛永一四)一二月三日といわれ、翌年二月二七、二八日の総攻撃によって全員虐殺されるまで、固い団結の象徴であった。しかしついに素顔をみせることなく、彼の首と目されるものが母親らのそれとともに長崎に送られて晒《さら》された。

中村 質

◉——**天草四郎**　黄表紙『音聞七種噺(おとにきくななくさばなし)』(一七九三刊、蘭徳斎画)は、浄瑠璃『傾城嶋原蛙合戦』(一七一九初演、近松門左衛門作)の筋をそのまま取りいれたもの。藤原秀衡の四男七草(天草)四郎は討手を逃れて京都に潜み、蝦蟇(がま)の妖術をもって衆を惑わし、天下を傾けようと企む。彼は、浪人手塚幡楽の娘が島原で遊女となっているのを身請し、その恩義で幡楽を一味に引き入れようとするが、幡楽は死んでこれにあらがう。四郎は一味と七草城にこもるが、四郎を敵とねらう幡楽の娘とその許婚の妹が、畠山重忠の助けで城中に忍び入る。四郎が二人を殺そうとするとき、江の島弁才天祈禱の注連縄が金色の蛇となって現れ、蛙をのみ込んで天空に消える。すると四郎の邪法は消え、七草城にこもる一味はついに滅ぼされる。図は弁才天の注連縄が蛇となって、四郎の邪法と戦うところ。

寛永十四年丑十月中旬、肥前国高来郡嶋原松倉長門守領内有馬と肥後国天草との海上わづか三里余有之間に、八嶋と云嶋有て、家数二十軒計有之、然るに天草之内寺沢兵庫頭殿領内之吉利支丹此嶋へ通ひ相談す、其比天草甚兵衛が子大矢野四郎僅十六歳にて、若年なりといへども、諸人に勝たる器量有て、種々術をつくし候事仙術の如し、然る故に諸人尊敬す、天草の吉利支丹等有馬の者を密に呼寄、彼次第を三吉角内両人へ進め、四郎己が家の秘密を伝ふに依て、此弐人又其旨を諸人にすすむる故に、三吉角内を皆人尊敬する事四郎に同じ

嶋原一揆松倉記

天照大神　あまてらすおおかみ

記紀神話に登場する太陽神的性格の女神。天照大御神《あまてらすおおみかみ》、天照《あまてらす》、大日孁貴《おおひるめのむち》、天照大日孁尊《あまてらすおおひるめのみこと》などともよばれる。皇室祖神として伊勢神宮にまつられている。記紀では、その誕生譚、素戔嗚尊《すさのおのみこと》との誓約《うけい》生み、天の岩屋戸《あまのいわやど》、国譲り神話などの諸神話に登場する。

【「皇祖神」アマテラス】　『古事記』によればこの神は、伊邪那岐命《いざなきのみこと》(伊弉諾尊)がみそぎで左目を洗った際に成りいでたという。同時に右目からは月読命《つくよみのみこと》が生まれた。『日本書紀』には、「光華《ひかり》明彩にして六合《にく》の内に照り徹れる」とあり、日神《ひのかみ》ともよばれている。誕生譚では、日月がいわば天の目にたとえられているわけである。アマテラスは、天界高天原《たかまがはら》の統治を命じられ天に昇るが、弟神スサノオの乱暴を怒って天の岩屋戸《あまのいわやど》にこもると世は暗闇となり、出てくると光があふれた。この話には宮廷儀礼鎮魂祭の投射がある。この祭りは冬至のころの太陽と天子の魂の賦活を重ねて行おうとしたものである。これらからすれば、アマテラスはあきらかに太陽神的であるが、たんなる自然神ではない。これを皇祖神に仕立て上げることが記紀神話にとって、もっとも肝心な点であった。

天の岩屋戸ごもりに先立って、アマテラスとスサノオは互いの玉と剣を交換し呪的なやり方で誓約生みを行う。このときアマテラスの御統《みすまる》の玉から生まれた天忍穂耳尊《あめのおしほみみのみこと》の子瓊瓊杵尊《ににぎのみこと》が地上界葦原中国《あしはらのなかつくに》の統治者になったとされる。天孫降臨神話とその前段階にあたる国譲り神話が記紀神話のやまと言ってよい。国譲りの話は、わが子が葦原中国を統治すべしとの神言をアマテラスが下すところから始まる。次いで地上界の頭目大国主神《おおくにぬしのかみ》に国譲りを約束させ天孫を天降《あまくだ》すまで、あれこれと采配をふるうのもアマテラスである。こうした由縁をもって葦原中国はニニギさらにその子孫によって統治されることになったとしている。天武・持統朝までの天皇や皇子が、記紀歌謡や『万葉集』でしばしば「高照らす日の御子」とうたわれるのはそのゆえである。このように展開する記紀神話は、古代国家成立の時点でまとめられた皇室の縁起譚である。天空高く輝く超絶的な太陽を明確に神格化し、祖神として独占すること、それと結びつけて天皇家の始祖の地上界統治の由縁を語ることによって、支配者的地位の神聖性・絶対性の証としようとしたのである。一般に、太陽崇拝は農耕社会に古くからある普遍的な信仰だと考えられがちだが、それはあたらない。たとえば現代なお農耕儀礼が重要な意味をもつ沖縄で、崇拝の対象となるのはもっぱら水の神、山の神である。太陽神は支配者の聖性を誇示するために王と重ね合わされ、独占的に崇拝されていた。太陽の明確な神格化は強力な政治権力の成立と不可分であったらしい。

アマテラスの伊勢遷座の由来は『日本書紀』に語られている。神と人との同殿共床をはばかって宮廷内にまつられていたアマテラスをいったんは倭笠縫邑《やまとのかさぬいのむら》にうつしたが、よりよき宮処《みやどころ》を求め、皇女倭姫命《やまとひめのみこと》が御魂《みたま》代《しろ》(神霊の代りをするもの)となって遍歴した末、大和の東方伊勢度会《わたらい》の地に鎮座させたという。伊勢神宮の成立は、諸豪族中の一氏にすぎなかった天皇家の祖神が国家的最高祖神に転化することを意味した。天皇家と諸氏族の支配服従関係は擬制血縁関係をもって表現されていたからである。伊勢神宮には三種の神器の一つである八咫鏡《やたのかがみ》がまつられている。この鏡は、ニニギ降臨の際、アマテラスが太陽神にふさわしくみずからの御魂代として授けたものである。ヤマトヒメによる伊勢遷座にはふれていない『古事記』では、鏡にかんする話がかたがた神宮起源譚にもなっているらしい。

【アマテラスの前史――ヒルメ】 ところで、この神には前史がある。広大無辺な、政治性をおびたアマテラスという名の神格がいきなり成立したわけではない。この神は『日本書紀』『万葉集』などで「ヒルメ」ともよばれている。日の妻《め》、すなわち日神に仕える巫女の意である。巫女は仕える男神に依《よ》り憑《つ》かれ、その子を生む母神として神話化される。そこでヒルメは日の神に感精して神の子の母となり、その子が支配者の地位を確立するにつれ、母自身が日の神に昇格してアマテラスとなったと説かれてきた。さらにヒルメが仕えたのは高皇産霊尊《たかみむすひのみこと》だという説もある。この神は国譲り神話や天孫降臨神話でアマテラスと並んで釆配をふるう男神だが、『日本書紀』ではこのほうが主役になっているおもむきもあり、皇祖とすら書かれている。しかしあきらかに父系観念が強化されつつあった記紀編纂当時、タカミムスヒであれなんであれ、父神を退けて母神が国家的祖神の座につくためには、よほど強力な契機が必要であったろう。その点の説明がないので、上の説は説得力十分とはいえない。このような点からみて『日本書紀』におけるタカミムスヒは、それを貫く律令制的精神にもとづいて新たに前面に押し出されたものではないかと思われる。

アマテラスはしだいに中性化していくとはいえ女神の面影も残している。ヒルメからアマテラスへの転化の過程あるいは古代日本の王権神話で女神が国家的至上神になりえた理由は、問題点として残っている。

倉塚曄子

当社ハ本朝ノ諸神ノ父母ニテマシマス也。素戔鳥尊天津罪ヲ犯シ給フ事ヲ、ニクマセ給テ、天岩戸ヲ閉テ、隠サセタマヒシカバ、天下常闇ニ成ニケリ。八百万ノ神達悲ミ給テ、太神宮ヲスカシ出シ奉ン為ニ、庭火ヲ焼テ神楽シタマヒケレバ、御子ノ神達ノ御遊ヲユカシク思召テ、岩戸ヲ少シ開キテ御覧ジケル時、世間明カニシテ、人ノ面見ヘケレバ、アラ面白トイフ事、其時イヒ始メタリ。サテ手力雄《たぢからのをの》尊ト申ス神、抱キ奉テ、岩戸ニ木綿《しめ》ヲ引テ、此中ヘハ入セ給フベカラズトテ、麤《やが》テ抱キ出シ奉テ、遂ニ日月ト成テ、天下ヲ照シ給フ。サレバ日月ノ光ニ当ルモ、当社ノ恩徳也。都《スベ》テハ大海ノ底ノ大日ノ印文ヨリ事起リテ、内宮外宮ハ両部ノ大日トコソ習伝ヘテ侍ベレ。

沙石集巻一「太神宮御事」

○神代さへ海山陸と家督分け（四〇22）

天照大神（高天の原）、月読尊（夜の食《お》す国）、素戔嗚尊（海原）と所領が分けられた。

○立《た》ておやますねて世界の幕づかへ（一四二12）

○神代から髱《たぼ》でなければ夜が明ず（一一六16）

○信州へ地響がして日が当り（三二3）

右三句、天の岩戸。「立おやま」は天照大神、「幕づかへ」は芝居の休座を意味する語で、戯場句に仕立てた。「髱」は女性のことで、天鈿女命《あめのうずめのみこと》をさす。信州戸隠明神は手力雄命を主神とし、開けた岩戸はこの地に降ったと伝えられる。

天邪鬼　あまのじゃく

アマノザクメ、アマンジャクメ、アマノサグメなどとも称され、漢字は天邪鬼を当てている。昔話の瓜子姫を代表として、民間説話に多く登場する想像上の妖怪。現在も、性質が素直ではなく、人に逆らう者を称して通常用いられる。天邪鬼は神や人に反抗して意地が悪く、さらに人の心中を探り、その姿や口真似を得意とするところに特徴があり、最後には滅ぼされるという悪者の典型を示す。主人公である神の正しさと勝利をよりきわだたせる脇役として設定され、結果的には善と悪二つを対照させる効果をあげている。また天邪鬼は山中にある妖怪の一つとも考えられている。たとえば栃木県や富山県、岐阜県などでは山姥《やまうば》をいい、秋田県、茨城県、群馬県、静岡県などでは口真似をするというところからこだまをアマノシャグ、アマンジャクと呼んでいる。さらに神話に登場する天探女《あめのさぐめ》も天邪鬼と共通性があると認められる。

戸塚　ひろみ

天野屋利兵衛　あまのやりへえ→天河屋義平

阿麻和利　あまわり　?—一四五八

沖縄島の中部、勝連半島の勝連城に割拠した豪族。一四五八年の護佐丸・阿麻和利の乱で、護佐丸を退けるが王府軍に滅ぼされた。この乱を記す王府の史書『球陽』『中山世譜』、組踊「二童敵討」は一様に阿麻和利を逆臣としている。そのため長く、琉球歴史上の大逆臣と伝承されてきた。

しかし、「あまわり」の名は早く、『おもろさうし』巻十六（一六二三年）に『かつれんのあまわり』「きもたかのあまわり」という形でみえ、「一　勝連《かつれん》の阿麻和利／聞《きこ》ゑ阿麻和利や／大国《ちやくに》の鳴響《とよ》み／又肝高《きむたか》の阿麻和利」（勝連の阿麻和利。名高い阿麻和利は大国の鳴りとどろき（高名なお方）。気高い勝連の阿麻和利。オモロ巻十六の一一四一番）と鑽仰されている。『おもろさうし』巻十六には、阿麻和利が勝連の長として衆望を担う存在であったことをうたうオモロが多数みられる。

阿麻和利の前身について口碑伝承は、クモの巣からヒントを得て漁網を考案し、漁民に与えたと、カルチャー・ヒーローとしての側面を語っている。また、伊平屋島のティルクロ《ぐち》では、「かつれんのあまりが、勝連のあまぢやらが」日本でできた石斧・金斧を買い集め、それを使って立派な城をつくったとうたう。

なお伊波普猷によると、アマワリは「天から降る」の義である。つまり、天より下ってきたお方の意である。

波照間　永吉

按司ある夜心の内に思ひけるは、吾れ新に立て按司となる。若背くものやあらんとて、独り密に城を出て村中を周流するに、一家に人多く集り、酒を飲んで様々の事を物語りし、古今の興廃を評論す。按司窃に其の内を窺ふに、一人声をひそめて低語して曰く、阿麻和利加那微賤の身を以て訛して按司となる。是不測の僥倖に非ずや、と云ひければ、皆打諾き手を打て大に笑ふ。按司之れを聞き甚だ怒り、大音挙げ逆言して誰をか謗ると云ひければ、一坐の人大に驚き、地に拝伏して答ふべき言も無く、色を失ひ汗を流して居ける処に、其内一人の老翁言を飾て曰く、君の威名世に重し、路行く人も皆君の聖徳を称嘆す、吾等も深く仰ぎ慕ふこと誠に小児の父母を望むが如し、故に屋良の阿麻和利今幸に吾が主上となり玉ふこと、恰も魚の水を得るが如しとぞいふ。逆言して君を誘るに非ず、と云ひければ、按司其巧言に欺かれ、大に喜んで城中に帰る。是れより諸人聞伝へて阿麻和利と云ふ。

夏氏先祖由来記

阿弥陀《あみだ》

極楽浄土にいて衆生を救済するとされる仏。弥陀とも略称される。『無量寿経』によれば、過去世に法蔵比丘が世自在王如来のもとで四十八の誓願をたて、長期間の修行を果たし、現在では阿弥陀仏となり、極楽浄土の主となって、その浄土へ往生を願う衆生を摂取するという。四十八の誓願のうち第十八願は阿弥陀仏を念ずれば極楽往生できるというもので、後世の中国、日本では称名念仏の根拠とされた。この仏はサンスクリット文献ではＡｍｉｔāｂｈａ(無量光)、Ａｍｉｔāｙｕｓ(無量寿)として現れるが、阿弥陀はおそらくこの前半部ａｍｉｔａ(無限)の方言であろう(他にも説がある)。阿弥陀仏は大乗仏教の仏としてクシャーナ時代の初期(一～二世紀)に登場したらしいが、その起源に関してイラン思想の影響がいわれている。一九七七年七月にインドのマトゥラー博物館が入手した、足だけを残す仏の台座に、この像が阿弥陀であることを示す文字があった。台座が奉献された時代はフビシュカ王の二八年(二世紀後半)と記されている。『無量寿経』が中国で翻訳されたのは二五二年であるが、それより前に安世高や支婁迦讖《しるかせん》(いずれも二世紀)が同系の経を翻訳したという伝承がある。クシャーナ時代には北西インドにクシャーナの王たちが信奉するゾロアスター教系の信仰が広まったとみられ、クシャーナの貨幣には太陽神ミイロが表現され、また神や王の姿には光線や焔がそえられており、「無量の光」を属性とする仏の信仰を生みだす背景は十分にあった。またオリエント(イランを含む)のメシア思想も無視しえない。阿弥陀仏は衆生を救済する仏として、従来の自力仏教の伝統のなかに他力仏教という新しい要素をもたらした。自力仏教においては阿弥陀仏は観想の対象としての意味をもち、修行者の成仏の意志を励ますものとなった。密教では絶対者の顕現の一つとしてそのパンテオンに組みいれられた。三身説では報身される。観音、勢至を脇侍とする。

定方 晟

【日本における阿弥陀信仰】 阿弥陀信仰は中央アジアを経て、中国に伝わった。中国でこの信仰が高まるのは四世紀後半から五世紀以後である。日本へは七世紀のはじめに伝わった。人びとをひきつけたのは『無量寿経』『観無量寿経』『阿弥陀経』であり、これらは阿弥陀仏とその浄土を語り、阿弥陀仏の救済が衆生の極楽浄土への往生で実現されることをのべている。奈良時代以前の阿弥陀信仰は弥勒信仰と混在した形であり、追善的性格が濃厚であった。奈良時代の後期に浄土変相図がつくられ、阿弥陀仏と浄土への観相に関心が寄せられたが、往生を願う中心に死者だけでなく、自己を据えるようになってきた。阿弥陀仏とともに、その西方の浄土が日本人の心にしみついたのは平安時代からである。

阿弥陀信仰の本格的展開のきっかけをなしたのは比叡山の不断念仏であり、源信の『往生要集』であった。阿弥陀信仰が成熟したのは平安時代中・末期である。阿弥陀堂、迎接堂が建てられ、聖衆来迎図が描かれ、迎講、往生講、阿弥陀講などが営まれた。信仰者は当初僧侶・貴族層であったが、官人、武士、農民、沙弥など各層に及び、奴婢、屠児など卑賤のものも阿弥陀信仰を精神的支柱としていた。「往生伝」はこれら信仰者の往生の証の書であるが、一〇世紀末から約二世紀の間に、慶滋保胤の『日本往生極楽記』以下七種類も著された。鎌倉時代になると、阿弥陀信仰は質的に飛躍した。本願、往生、名号などに関する教学が深まり、いわば念仏宗ともいうべき新宗派、すなわち法然の浄土宗、親鸞の浄土真宗、一遍の時宗が成立した。日本での阿弥陀信仰の特色は、阿弥陀仏の「来迎引接」と、行者の「極楽往生」に特別の関心が寄せられていたこと、阿弥陀仏の「本願」への絶対的な帰信がみられたこと、念仏が自身の「滅罪」と死者への「追善」に最適と考えられたことである。阿弥陀仏への帰依を本旨とした宗派(浄土宗、西山系の浄土宗、浄土真宗、融通念仏宗など)の信者は、今日、全仏教徒の約五分の二を占め、阿弥陀仏を本尊とする寺院は全寺院の半数近くに達している。

伊藤　唯真

【図像】 阿弥陀如来は浄土教信仰の主尊であり、したがって浄土教美術の中心的尊像である。薬師如来像とは異なり手に持物はないが、さまざまな印相《いんそう》(手の形)で表現されており、印相の違いによって与願・施無畏印、転法輪印(説法印)、定印、来迎印の像の四種に大別できる。

◉——**阿弥陀**　死者を浄土に迎える阿弥陀。絵入り『往生要集』(一七九〇刻)。

　与願・施無畏印の像は、左手は下げて右手は掌を外に向けて上げる。転法輪印の像は、両手を胸前にあげ、左手は大指(親指)と中指をつけて掌を内に向け、右手は大指と頭指(人指し指)をつけて掌を外に向ける。これは阿弥陀如来が説法する姿を写すもので、阿弥陀浄土図、観経変相図などの画像に表される。与願・施無畏印と転法輪印は釈迦如来像にも表されており、阿弥陀特有の印相ではないが、阿弥陀には比較的古い時代から用いられたと推測される。定印の像は、腹の前で両手掌を上に向けて両手指を交差し、左右の頭指を立てて背中合せにし、その上に左右の大指を置く。『両界曼荼羅』のうち胎蔵界の無量寿如来と金剛界の阿弥陀如来に表されており、平安時代の阿弥陀堂本尊(彫像)はこの印相の像である。来迎印は、両手とも大指と頭指とを合わせたまま右手は上げ左手は下げ、掌はいずれも外に向ける。往生者を迎える姿として表現されている。

　日本には七世紀中ごろに阿弥陀如来像が登場した。現存する作例は七世紀末ころのものばかりだが、東京国立博物館蔵法隆寺献納宝物中の小金銅仏のうち「山田殿像」と言われる金銅阿弥陀三尊像や法隆寺蔵『橘夫人厨子』の本尊は与願・施無畏印で、同寺金堂壁画(六号壁)の『阿弥陀浄土図』や同寺蔵の厨子入銅板押出阿弥陀三尊及僧形像の中の阿弥陀像は転法輪印の像であり、その当時の中国と朝鮮における阿弥陀像と同形式の古様を伝えている。さらに奈良の当麻《たいま》寺には観経変相図があり『当麻曼荼羅』と呼ばれている。平安時代前期に入ると阿弥陀は、密教の両界曼荼羅図の中に定印の座像として表現されることはあるが、単独で造像されることはなかった。平安中・後期に浄土教が盛んになって各地に阿弥陀堂が建立されると、その本尊に定印の阿弥陀如来座像が造られた。定印の阿弥陀像には常行三昧など観法修行の本尊としての性格が認められることが指摘されている。浄土教信仰は、やがて阿弥陀如来が往生者を極楽から迎えに来る姿、すなわち来迎印の阿弥陀像を表現する。『阿弥陀聖衆来迎図』がその代表例で、さまざまな形式に表現された。特殊な例としては、説法印の阿弥陀如来が山の背後から巨大な上半身を現す『山越阿弥陀図』、後方を振り返る姿の『見返り阿弥陀像』(京都禅林寺)などが造られた。鎌倉時代以降は、当麻寺の『当麻曼荼羅』や長野善光寺の本尊阿弥陀三尊像(秘仏)が盛んに模作された。後者は「善光寺式阿弥陀三尊」と呼ばれている。なお、九品阿弥陀の印相について、上品・中品・下品の各上生の印を定印とし、同じく中生印を説法印に、下生印を来迎印に当てて九種の印を組み合わせたものが、『仏像図彙』(江戸時代)などに見られ、現在も一般の概説書等に取り上げられているが、これらを説く儀軌はなく、しかも近世以前にはそれに基づいて造像されたものは存在しないことから、この九品印は近世に考案されたものと推定され、阿弥陀の印相としては説明すべきではないとの提言がなされている。

関口 正之

天鈿女命 あめのうずめのみこと

日本神話にみえる神の名。記紀神話に登場する女神の名。神事の際、頭に挿す枝葉や花を「うず」といい、ウズメとはこれを挿した女、巫女の意であろう。この神は、天《あま》の岩屋戸の神話で、伏せた槽《おけ》の上でそれを踏み鳴らしつつ性器もあらわに神憑《かみがか》りして舞い狂い、天照大神《あまてらすおおかみ》を岩屋戸から引き出すことに成功した。この狂態はシャーマンのものであった。シャーマンは騒擾楽器の音とともに恍惚状態に入り、魂を霊界におもむかせ、そこで得てきた霊力をもって病める肉体や魂の治癒をはかる。天の岩屋戸の神話には、宮廷儀礼鎮魂祭が投射しているが、これは冬至のころの太陽の活力と君主の魂を合わせて賦活する祭りであった。神話におけるアメノウズメの役目は、弱った日の神の力を回復させることにあったのである。この神は、天孫降臨の際に一行を待ち伏せた異形の神を屈服させ、猨田彦大神《さるたひこのおおかみ》という名やその参上の由来を明らかにした。この功によりウズメの裔は猿女君《さるめのきみ》と称することになったという。猿女、猿楽の「猿」は「戯《さ》る」の意で、猿女という名も宮廷神事に滑稽なわざを演ずる俳優《わざおぎ》を意味した。平安朝の鎮魂祭には、猿女を含む宮廷巫女が、ウズメに似たわざを演じた。ウズメは、この猿女の古態の神話的形象化であった。天孫に従って天下ったウズメは、のちにサルタヒコを伊勢に送り、志摩の海で魚どもに天孫への奉仕を誓わせた。これらの話から、ウズメとサルタヒコは兄妹であったこと、つまりウズメは原始的呪力をもち、兄弟と一族を共治していた(ヒメ・ヒコ制)伊勢土着のシャーマンであり、それが召し上げられ、宮廷神事に奉仕するに至ったらしいことがうかがえる。なお『弘仁私記』序に、『古事記』編纂に関与した稗田阿礼《ひえだのあれ》はアメノウズメの裔とある。阿礼の素姓を考えるのに参考になる。

➡猨田彦大神

倉塚 曄子

天宇受売命、天の香山の天の日影を手次《たすき》に繫けて、天の真折《まさき》を縵《かづら》と為て、天の香山の小竹葉《ささば》を手草に結ひて、天の石屋戸に汙気《うけ》伏せて蹈み登杼呂許志《とどろこし》、神懸り為て、胸乳を掛き出で裳緒を番登《ほと》に忍《お》し垂れき。爾に高天の原動《とよ》みて、八百万の神共に咲《わら》ひき。

古事記上巻

天ノ戸開けの儀《ヨソホヒ》、八百万の神等清浄の妙音を顕はし、欻《タチマチ》に大神の怒を解く。人長神は猿女の祖君天鈿女命也。高貴尊の勅命を依《ヨサシ》まつり、沖天の気宇《イキオヒ》を負《オヒカケ》る。その時八百万神等集会坐《ツドヒマシマ》す。故に執持物を沖《トヒカケル》と名づくる也。沖とは道法也。故に沖は中也。名を匿し誉《ホマレ》を蔵《ヲサ》めて、其の用は中に在り。御笛神は天鈿女命の大祖善竜王、天ノ香山の金竹を採り、其の空《ウツ》を節の間《ヨ》に風孔《アナ》を離《キザ》めり。和気を融通《カヨハシ》て、安楽の声を抗《アグ》ぐ。

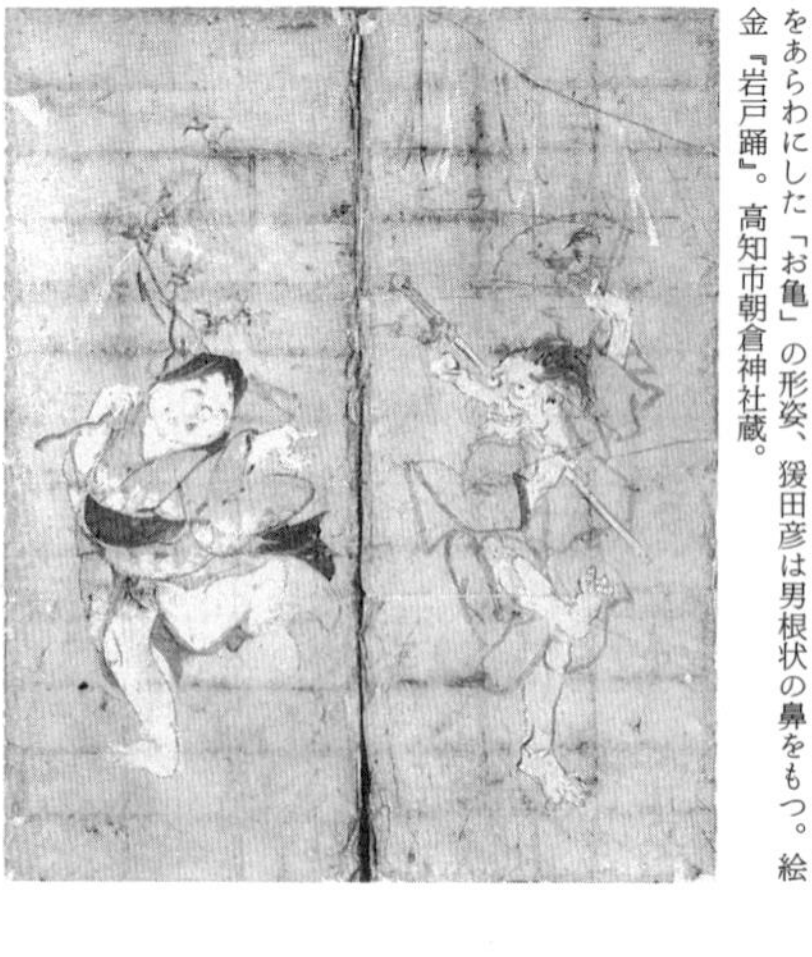

●――**天鈿女命** 天鈿女(左)と猨田彦(右)の踊り。天鈿女は女陰をあらわにした「お亀」の形姿、猨田彦は男根状の鼻をもつ。絵金『岩戸踊』。高知市朝倉神社蔵。

今世笛と名づくるは是也。　御鎮座本紀

うずめの命。さるだびこのつま也。是もたけ八丈有。

さゝの葉にゆふとりしでゝ立舞やおけのうゑさへおもしろきかな。

此神は。天の岩戸の前にして。さゝの葉をかざしておどりはねてまい給しかた計也。其時の歌に曰。このさゝは。いづこのさゝぞ。とねりらが。こしにさかれるともをかのささ。おけ〳〵。此古事を思ひてよめる也。いふとりしでゝと云事。御神楽のくわんぢやうの時沙汰する事也。(中略)今の世に巫子の湯たてなど沙汰する神楽のおこり也。　兼邦百首哥抄

天御中主神　あめのみなかぬしのかみ

王権を基礎づける神話として『古事記』神話が編成された時、その冒頭に置かれて神々の世界を統括した宇宙最高神。中国では東方世界の主宰神として天皇大帝があった。この神は天の中心にあって不動の北極星を神格化した神である。アメノミナカヌシノカミはこの天皇大帝の観念の借用であり翻訳であった。この神は『古事記』神話のなかで、民間の太陽信仰を統括かつ祖神化した皇室の天照大神《あまてらすおおかみ》によって、尊厳を具体化され、神話の根幹は、天御中主神→天照大神→天神御子→初代天皇という展開をたどって、王権神話を完成する。日本の支配者が、七世紀より天皇号を使用してその権威を超絶したものとし、ついで、道教で宇宙最高神の権威の象徴であった、鏡、剣を皇位の璽《しるし》とし、『日本書紀』にいたって、国号を、道教でいう天上の清明な世界である「大和」と書くにいたる、一連の中国の観念を借りての国家および王権の尊厳化の試みも、この神の成立と関連する。　吉井　巌

天地《あめつち》初めて発《ひら》けし時、高天の原に成れる神の名は、天之御中主神。次に高御産巣日《たかみむすひの》神。次に神産巣日《かみむすひの》神。此の三柱の神は、並独神《みなひとりがみ》と成り坐して、身を隠したまひき。　古事記上巻

天御中主神　天地闢の始、精気を含みて応化《あらはれ》ませる元神なり。故に初め禅梵宮に居ます。天下を視《み》そなはしたまひ、時候を式《しっつ》んで諸天子に授け、天地の間に照臨したまひて、一水の徳を以て万品の命を利したまふ。故に亦名づけて御気津《みけつ》神と曰ふなり。古語には、天津御気国津御気、亦天狭霧国狭霧、是れ水気形を易へ、因つて以て天気下降すれば、地気上騰す。天地和同すれば、草木萌え動く、惟れ水道の徳なり。　神皇実録

荒木又右衛門　あらきまたえもん　一五九九—一六三八(慶長四—寛永一五)

新陰流の剣豪。伊賀国(三重県)藤堂家の服部平左衛門の次男として生まれる。幼名丑之助。一時養子に出るが、のち荒木姓を名のる。剣術の師は確証はないが、俗説では柳生十兵衛三厳から新陰流を学んだとも伝えられる。二九歳で大和郡山、松平忠明家中の剣術師範となる。又右衛門の妻が備前岡山藩主池田忠雄の家臣渡辺源太夫の姉であった関係で、源太夫が同藩の河合又五郎に殺害され、その兄渡辺数馬の依頼で仇討の助太刀をすることになる。一六三四年(寛永一一)一一月、伊賀上野鍵屋の辻で本懐を遂げた。これがいわゆる「伊賀越の敵討」で、「日本三大敵討」の一つに数えられる。戦闘は午前八時から午後二時まで六時間に及んだが、死者は渡辺方一名、河合方四名の五名で、荒木又右衛門の三六人切りは史実ではない。又右衛門らは一躍英雄となり、鳥取池田藩に引き取られるが、鳥取到着後わずか一七日目に急死した。その死因は多くの疑問と憶測を生み、なぞとされている。　中林　信二

又右衛門等は鍵屋の辻でチャンと人数を調べると、直に裏手から抜けて錦田寺へ先廻りして境内に待ち構へて居ります、此の錦田寺へ入り込んだら、四方がチャンと固めてあるから、三十七人は袋の鼠同様、一人として逃げ出す事は出来ません、(中略)荒木の前に荒木な

し、荒木の後に荒木なし、古今の達人と呼ばれた荒木又右衛門吉村が、一生懸命になって居るのでございますから、大剛の勇士星合団四郎も敵《かな》いません、団四郎が討たれると、三十余人の附人はアッと驚いて青くなりました、(中略)(又)「ヤア数馬、未《ま》だ貴様遣って居るか、乃公は最う十五六人討取ったぞ、又五郎風情に後れを取るとは何んといふ事だ、教へて置いた柳生真流の極意で、何故《なぜ》討ち取らぬ、ソーレ其処だ〳〵」河井の横手から大きい声で怒鳴る、之れが為め河井又五郎はアッと驚くが、数馬の方は勇気が出て来る、(中略)(又)「ヤアヤア、河井又五郎の附人共、一人二人は面倒だ、束になってかゝれ〳〵……最う何人居る……ウム、一人二人三人……」命がけの勝負の場処で、生き残って居る奴の数を数へて居るといふ不敵さ、(中略)荒木又右衛門吉村は此の体を見ると、河井又五郎の側により雷の如き声張り上げて(又)「ヤア数馬、三十六名は一人も残らず荒木又右衛門討取ったぞ早く又五郎を斬り倒せッ」ワザと怒鳴ったから、又五郎耳がガーンとしてアッと驚いた途端、此処ぞとばかり踏み込んだ、渡辺数馬は、流石に荒木又右衛門の仕込みだけあって、エイと叫ぶと等しく、又五郎の持った槍の央よりパラリズンと斬り落した、流石の又五郎失策ったりと一足飛び下って、手に残った柄を数馬望んで投げつける、サシッたりとヒラリ躰を躱す、又五郎柄に手をかけ引抜かんとする一刹那、躍り込んだ渡辺数馬は、孝子の一念思い知れとばかり、河井又五郎の右の小手をパラリ斬った、ウームと後ろへ下る処を又もや踏み込み、右の肩口より肋へかけて、エイとばかり斬り込んだ、ウーム、最う又五郎も敵いません、頭顛倒《づでんどう》と倒れる処を、数馬は飛び込んで止めの一刀を刺してホッと苦しき息をつく　講談荒木又右衛門(王竜亭一山演)

○身構へに漉切レは無し巻奉書(嘉六カメ10)

寛永七年、柳生十兵衛に見参し、巻奉書で受け流したと伝える。紙の縁で「漉き切れ」(紙をすくとき損じてスキの生じた部分)に身体のスキの無いことを言いかける。

○大イそうな助太刀四十七騎也(三七40)

実録本『殺法転輪《さつぽうてんりん》』(延宝ごろ成立か)によれば、荒木は河合方の一五人を殺し二十数人に傷を負わせたという。

有王　ありおう

『平家物語』巻三「有王」「僧都死去」の登場人物。法勝寺執行俊寛僧都に仕えた侍童。鹿ヶ谷《ししがたに》事件で俊寛が流されてのち、鬼界ヶ島《きかいがしま》を訪ねてその最期をみとり、遺骨を高野山奥の院に納めて法師になった。諸国七道を修行して主の亡魂を弔ったとあるが、柳田国男は、有王の名が、特定の一人物の固有名詞というより、一群の高野聖《こうやひじり》たちの通り名だったと考えている。「有」はミアレ(神の誕生)のアレに同じで、有王とは神子を意味し、亡魂の消息をかたる語り手の通り名としてふさわしい。そこに多様な有王伝説が形成される根拠もあったのであろう。『平家物語』の諸本で、有王の後日談がさまざまにみられるのも、当時複数の有王伝承が行われていたことの証左となる。近松門左衛門作『平家女護嶋《にょごのしま》』では、有王丸は俊寛の妻あずまやを自害にいたらせた清盛を憤って邸内に斬り込み、また俊寛を訪ねて鬼界ヶ島へ下る途中、清盛と後白河法皇の厳島参詣に行き会い、海につき落とされた法皇を助けて清盛の家来たちと奮戦する。九州地方を中心とする各地に有王・俊寛の遺跡や、それに付随する伝説などが分布する。これらは有王を称する伝承者の足跡と無関係ではないであろう。

→俊寛

兵藤　裕己

去程に、鬼界が嶋へ三人ながされたりし流人、二人はめしかへされて都へのぼりぬ。俊寛僧都一人、うかりし嶋の嶋守に成にけるこそうたてけれ。僧都のおさなうより不便にして、めしつかはれける童あり。名をば有王とぞ申ける。鬼界が嶋の流人、今日すでに都へ入と聞えしかば、鳥羽まで行むかふて見けれ共、わがしうはみえ給はず。いかにと問ば、「それはなをつみふかしとて、嶋にのこされ給ぬ」ときいて、心うしなンどもおろかなり。常は六波羅辺にたゝずみありいて聞けれ共、赦免あるべし共聞いださず。僧都の御むすめのしのびておはしける所へまいッて、「このせにももれさせ給て、御のぼりも候はず。いかにもして彼嶋へわたッて、御行えを尋まいらせむとこそ思ひなッて候へ。御ふみ給はらん」と申ければ、泣々かいてたうだりけり。いとまをこふ共、よもゆるさじとて、父にも母にもしらせず、もろこし船のともづなは、卯月さ月にとくなれば、夏衣たつを遅くや思けむ、やよひの末に都を出て、多くの浪路を凌ぎ過ぎ、薩摩潟へぞ下りける。薩摩より彼嶋へわたる船津にて、人あやしみ、きたる物をはぎとりなンどしけれ共、すこしも後悔せず。姫御前の御文ばかりぞ人に見せじとて、もとゆひの中に隠したりける。さて商人船にのッて、件の嶋へわたッてみるに、都にてかすかにつたへ聞しは事のかずにもあらず。田もなし、畠もなし。村もなし、里もなし。をのづから人はあれ共、いふ詞も聞しらず。(中略)庵をきりかけ、松のかれ枝、蘆のかれはを取おほひ、藻しほのけぶりとなし奉り、茶毗《だび》事《こと》をへにければ、白骨をひろひ、頸にかけ、又商人船のたよりに九国の地へぞ着にける。

僧都の御むすめのおはしける所にまいッて、有し様、始よりこま〴〵と申。「中々御文を御覧じてこそ、いとゞ御思ひはまさらせ給て候しか。硯も紙も候はねば、御返事にも及ばず。おぼしめされ候し御心の内、さながらむなしうてやみ候にき。今は生々世々を送り、他生曠劫《くわうごう》をへだつ共、いかでか御声をもきゝ、御姿をも見まいらせ給ふべき」と申ければ、ふしまろび、こゑも惜ずなかれけり。やがて十二の年尼になり、奈良の法華寺に勤すまして、父母の後世を訪ひ給ふぞ哀なる。有王は俊寛僧都の遺骨を頸にかけ、高野へのぼり、奥院に納めつゝ、蓮花谷にて法師になり、諸国七道修行して、しうの後世をぞとぶらひける。

平家物語巻三「有王」

御門はた〳〵しむる音遠侍さわぎ立ち。俊寛が召仕有王丸と名乗り。十八九のあばれ者。御座清盛公へ直見参と御所中を切りちらし。いよ〳〵動顛能登殿甥御頼み入る。伯父は老耄廃忘《らうまうはいまう》といあやふく候と追々の言上に。荒れに荒れたる有王丸ひ捨て奥に入り給ふ。放免の役武者所牛に蝱《ぶあ》の付く当番の詰侍。寄れば蹴散らしすがれば払ひ。大床ごとく。に立って大音上げ。清盛相国は主人俊寛が妻の首と。婚礼有る由たった今聞いた。嫁入御寮は首ばかり。聟殿に胴が有っては片ちぐて似合はぬ女夫《めうと》。入道の胴を切って入滅の仲人。よい所に有王丸聟殿に見参と。八方に眼をくばり振りちらす前髪は。時雨の雲に風ぁれて暮山をめぐる勢なり。下司の次郎友方丁稚めやらぬとすがり付くを。首筋抓んでぐっと引きよせ。文覚法師がはりやはらげたる頭。手間はいらずと刀の柄にてはったと打てば。ざくろを割ったるごとくにてかゝへてほう〳〵迯《に》げてけり。近寄っては叶はじと難波瀬尾が無分別。巻ろくろの大綱を両方四五間引っぱって。巻いてとらんとひしめいたり。ハア、子共遊びの綱引か悪あがきする餓鬼めら。是見よと片足上げやあうんと気をこんで。苧物《まもの》をふっつと踏みきれば。瀬尾は武士の木津難波。西瓜まろばすごとくにてころ〳〵ころびうったりけり。此の上は能登鯖を一口くふまで。能登殿々々とかけ入る所を。菊王丸とんで出でどっこい慮外な能登よばり。旦那には手にたらぬ。わっぱの菊王サア来いと四つ手にむんずと取り組んだる。両方年は十八さゝぎ。力は藤こぶ藤つるの。捻ぢ合ひしめ合ひからみあふ。有王が大たぶさ菊王が大唐輪。乱しかけふりかけ。下手上手に押し合って勝負は牛角と見えたる所に。ヤア〳〵あやまちすな菊王。汝等が手に叶はじととって引きのけ。教経が一ひしぎと組み付き給へば。望む所と有王が腕《かひな》がらみに指しこんで。一押しぐっとこりゃ〳〵〳〵。捻ぢ付くる大力にさしもの能登殿よろ〳〵〳〵。ャ前髪めに負けうかと踏みなほせばはたと突き。エ、口惜しと取り付けばふりほどき。組めば捻ぢまげ引き廻され。平家一番の大力と音に聞えし能登の守。大腰に地ひゞきうたせ尻居にどうと投げすゑたり。有王めには教経も叶はぬ。一人も出であふな手並は見えた。おのれも帰れとの給へば。イヤ生きて帰る命なし。入道と指しちがへんと。かけ入る所を立ちあがり。

上帯つかんでうろたへたる若者。おのれら五人や十人は。教経が片腕にもたらねども。情の負けと知らざるか。鬼界が嶋に流人の主を持ちながら。犬死するかたはけ者。誠の力是見よと片手につかんで。車寄せの築地ごし投げこす力風をもち。桐の一葉のふうはふはひら〳〵ひらりと。おり立って。恩を感ずる感涙落涙。

平家女護嶋

○有王は硫黄が嶋でむせかへり（新二四ハッ10）

流罪となった俊寛を訪れて、有王は涙にむせんだが、硫黄のにおいにもむせ返ったであろうという滑稽。鬼界ヶ島「硫黄が嶋とも名付たり」（『平家物語』巻二）。

有間皇子 ありまのみこ 六四〇―六五八

（舒明一二―斉明四）

孝徳天皇の皇子。六五八年、謀反の罪により一九歳で処刑され、その事件にさいしてよんだ歌二首が『万葉集』に残されている。母は左大臣阿倍倉《あべのくら》梯麻呂《はしまろ》の娘小足媛《おたらしひめ》で、有間の名は父の皇子時代、有間の湯（有馬温泉）にいたおりに生まれたことによるらしい。父帝孝徳は大化改新時に即位したが、政治的実権を握るのは皇太子の中大兄《なかのおおえ》皇子（のちの天智天皇）であり、天皇との間に軋《あつ》轢《れき》も生じていた。六五三年難波京から大和への遷都が天皇の意に反し中大兄によって行われたのはその一例であり、ために孝徳は翌年旧都難波において横死ともいえる死をとげた。中大兄の母斉明天皇の代となるに及び、有間は狂気を装う言動を示したが、これは先帝の遺児として政争から逃れようとしたためと見られる。六五七年秋紀伊の牟婁《むろ》の湯（現、和歌山県白浜町湯崎温泉）に療病し帰京して天皇にその地の景観を推賞するということがあり、翌年一〇月天皇と皇太子は牟婁の湯へ赴いた。その留守中におきたのがいわゆる有間皇子事件である。一一月三日留守官蘇我《そがの》赤兄《あかえ》が有間に斉明帝の失政三ヵ条を語ったのに対し、有間は「吾が年始めて兵を用ゐるべき時なり」と応じ、同五日両者で挙兵の談合があったが、その夜赤兄は有間を謀反人として逮捕し、身柄を牟婁の湯に護送した。中大兄の訊問を受けた有間は「天と赤兄と知る、吾もはら知らず」とのみ答え、同一一日、紀伊の藤白坂で絞首刑に処された。この時に皇子の側近二人が斬られ、なお二人が流刑となったが、謀反をそそのかした赤兄は処分を受けず、その後中大兄にとりたてられて近江朝では左大臣の地位に達している。事件は中大兄が蘇我赤兄を用いて皇子を挑発したものとすべきであろう。有間の歌「磐代《いわしろ》の浜松が枝を引き結び真幸《まさき》くあらばまたかへりみむ」は護送の途次、紀伊岩代でよまれたもの。これには山上憶良ら数人が後に追和の歌をよんでおり、事件が悲史として世に伝えられていたことを示している。

阪下 圭八

岩代の浜松がえをひきむすびまさしくあらば又かへり来む

是は孝徳天皇と申しけるみかど、位をさり給はむとしける時、有馬の皇子に位をゆづり給ふべきを、えたもつまじきけしきを御覧じて譲り給はざりければ、怨み申して山野にゆきまどひ給ひて、岩代といへる所にいたりて松のえだを結びてよみ給へる歌なり。

家にあればけにもる飯を草枕たびにしあればしひのはにもる

これもその程によみ給へるとぞかける。結び松の心はたむけといへる同じなり。松の葉をむすびてこれがとけざらむさきにかへりこむとちかひて結ぶなり。さてまさしくあらばとよむなり。

白浪の浜松がえのたむけ草いくよまでにか年の経ぬらむ

松を結びて時にしたがひて、花をも紅葉をもいのりてたむくるなり。たむけ草といふはこれらを申すなり。有馬の皇子かくの如くまどひありき給ふやうを聞きて世の人あはれがり申しけり。大宝元年に文武天皇と申すみかど、紀の国に幸し給ひて遊ばせ給ひける御ともに、人丸が侍りてかの皇子の結び給へる松をみてよめる歌

後みむと君がむすべる岩代の小松がうれ

…を又みけむかも　俊頼髄脳…

在原業平　ありわらのなりひら　八二五―八八〇

（天長二―元慶四）

平安初期の歌人。六歌仙、三十六歌仙の一人。平城天皇の皇子阿保親王の五男。母は桓武天皇の皇女伊登内親王。八二六年、阿保親王の上表によってその子仲平・行平・業平らに在原の姓が下された。業平は五男の在原であったので在五《ざいご》と呼ばれ、権中将となったため在五中将とも呼ばれた。八四一年（承和八）、一七歳で右近衛将監となり、蔵人、左兵衛佐、右馬頭を経て、八七七年（元慶元）、五三歳で従四位上右近衛権中将となった。翌年相模権守を兼ね、のち美濃権守を兼ねたが、八七九年に蔵人頭を兼任、その翌年五六歳で没した。紀名虎の子有常の女を妻とし、名虎の女が生んだ文徳天皇の皇子惟喬親王と親しかった。業平が生きた時代は藤原氏繁栄の基礎が築かれた時代で、良房の活動によって紀氏などの有力氏族が退けられていった。『三代実録』は業平の伝を「体貌閑麗、放縦不拘にして、略、才学無く、善く倭歌を作る」と記しているが、美男で放縦な業平が、官人として必要な漢詩文の学識を持たず、和歌にうつつを抜かしていたことを伝えている。業平の歌は、『古今集』の三〇首、『後撰集』の一一首、数種の『業平集』などに収められているものを合わせて約五〇首が残されているが、豊かな心情の表現と発想の奇抜さに特色がある。紀貫之は「業平はその心あまりてことばたらず。しぼめる花のいろなくて、にほひのこれるがごとし」（『古今集』序）と評したが、ことばの響き合いの中に余情をあらわすことにすぐれた業平は、いわゆる六歌仙時代の中心として、和歌復興の先駆となった。

『古今集』は、業平の歌についてはとくに長い詞書をつけているが、それはつぎのようなことを伝えている。①惟喬親王に従って桜狩りに行ったこと。皇位継承の望みを絶たれた惟喬親王が失意の中に出家して小野にこもると、深い雪の中を訪ねて「忘れては夢かとぞ思ふおもひきや雪ふみわけて君を見んとは」（巻十八）とよんで悲しみにくれたこと。②五条后の宮の西の対に住む女性に恋し、その思い出を「月やあらぬ春や昔の春ならぬ我が身一つはもとの身にして」（巻十五）とよんだこと。③東国に下って、三河国の八橋で「唐衣きつつなれにしつましあればはるばるきぬる旅をしぞ思ふ」、武蔵国の隅田川の辺で「名にし負はばいざ言問はむ都鳥我が思ふ人は有りやなしやと」（巻九）という歌をよんだこと。④伊勢に下り、ひそかに斎宮に通じたこと。そのほかに、布引滝に遊んだこと、紀有常の女のもとに通ったこと、母が長岡に住んでいたこと。阿波介として任国に下る紀利貞を送るため、また、藤原基経の四十の賀のために歌をよんだこと。業平の家にいた女に藤原敏行が通ってきたことなどである。『古今集』の編者が長文の詞書を何によって記したかについては諸説があるが、近年の研究では、東下りや高貴な女性との密通事件も事実ではないとされ、業平の事跡の物語化は、『古今集』にも顕著に見られると考えられるようになった。他方、『古今集』と同じころ、九〇〇年前後に成立したとみられる『伊勢物語』には業平の歌を核にした数々の物語が収められているが、『古今集』と『伊勢物語』によって、業平は漂泊の旅にも出た無用者的な「すき者」、失意の皇子と慰め合う名門出の貴公子として描き出されることになった。そして、そこに浮かび上がる業平は、平安時代中期以降の貴族文化の一面を体現する人物であり、和歌の復興、物語文学の成立を支える精神を具体化した人物であったと考えられる。

平安時代中期以降、『伊勢物語』は全編が業平の行状の物語であると考えられるようになったが、業平に関する説話の多くは、『古今集』の歌をもとにして作られた。先にあげた①に関する説話は、『今昔物語集』や『発心集』に見え、藤原氏の権勢に批判的な立場をとる

『大鏡』では、歴史のたいせつなひとこまとして語られている。②は清和天皇のもとに入内する前の二条后（高子）との密通の話として、他の恋愛譚を合わせて発展し、『古事談』『宝物集』『無名抄』などでは、業平が二条后を盗み出したが后の兄弟たちに奪い返されるという話になり、忍んで通うために剃髪したとか、事が発覚したため懲罰として髪を切られ、髪が伸びるまで東国に下ったというような話も生まれた。また②と③が結びつけられて、都にいられなくなった業平が東国に下る話が有名になり、単に東下りといえば、業平の東国への旅をさすほどになった。さらに、業平が奥州八十島で小野小町のどくろに会う話も種々の説話集に見え、一条兼良の『伊勢物語愚見抄』は、業平を馬頭観音、小町を如意輪観音の化身とする説をあげている。『伊勢物語』は、歌の心を涵養するために繰り返し読むべき古典とされ、『源氏物語』よりも重んぜられていたため、『雲林院』『井筒』『小塩』『杜若《かきつばた》』をはじめ、『伊勢物語』に取材する謡曲が数多く作られ、業平は能の舞台にも登場することになった。それらはいずれも王朝の美の極致を夢幻的な雰囲気の中にあらわそうとしたもので、気品の高い曲として重んぜられている。こうした業平に対して、狂言の『業平餅』は、色好みの業平を街道の餅屋に登場させ、醜い餅屋の娘とのかけひきの中に、室町時代の好色で貧乏な貴族をあざ笑う筋になっている。王朝のみやびを体現する業平は、歌舞伎では、恋愛譚の脚色も行われたが、もっぱら舞踊の主人公として登場し、数々の踊りが作られた。それらを総称して業平躍《おどり》という。また『伊勢物語』が広く読まれたため、業平の説話は、絵画や工芸の題材にとりあげられることが多く、浮世絵では見立絵の画題としてさかんに用いられた。業平は小町と好一対をなす美男であるが、小町のような落魄の物語はなく、誕生地や墓所についての伝説も少ない。王朝憧憬と結びついた業平は、小町や和泉式部、西行などのように、庶民の間に広く伝えられる伝説の主人公とはならなかったことが知られる。

大隅 和雄

◉——**在原業平**　黒本『惟高惟仁くらゐ諍ひ』（一七五〇）に描かれた業平。「ばんの者いつともなくみな〱いねむる」間に「やぶれたるへいのあなよりなりひらしのび給」い、二条后を背負って「あくた川のへんへをち給ふ」。東京都立中央図書館加賀文庫蔵。

そもそも業平の本意存念名字の事、本意存念とは、今この伊勢物語を作る事、男女交会の道をいふにあらず。業平十四歳より真雅僧正の弟子として十六より廿八にいたるまで真言の奥義を極めたり。しかるに真言の惣血脈に好賢といふは、この人の法名なり。俗において法名をつくなり。されば「思ふことをいはで」といふは、真言の深義を人に知らせでやみぬといふなり。僧正、かの業平を愛念深かりけるほどに真言の真義を残さず授けられけり。そも〱伊勢物語といふは、両部を伊勢の二字におさめたり。されば胎金を男女の道に作りなすなり。伊は胎女なり。勢は胎男なり。

一、次に業平、人丸の歌の末をよむといふ事は、一躰二名なるにより人丸の歌の末を業平

玉伝深秘巻

よむなり。人丸化して業平となる。その歌にいはく、

　　もゝとせに一とせたらぬつくも髪
と人まるいひて、
　　われをこふらし宇治の橋姫　　業平

玉伝深秘巻

○見た事もなく業平のやうと誉め（藐23）

　古今第一の美男として、六歌仙のうち小野小町の美女に対置され、今業平という語さえある。

○色事にかけてはまめな男なり（一六22）

　業平の異名を「昔男」また「豆男」というのは、『伊勢物語』に「昔男ありけり……」、それをかのまめ男ものがたらいて」などとあるによって生じた。

○風吹けば女房一向油断せず（三八30）

　業平は紀有常の娘と婚姻後も、河内の国高安の里に女ができ、竜田山を越えて通ったが、妻は賢妻型で嫉妬もせず、あるいは留守に間男でも引きこんではいぬかと、ひそかにようすをうかがうと、妻は「風吹けば沖津白浪たつた山夜半にや君がひとり越ゆらむ」と、夫の身を気づかう歌を詠んだのを聞き、河内通いがやんだという逸話をふまえ、右の句は亭主の女郎買いを主題とした。

○塀の破れから来なよと后いゝ（末三10）

○貸元のずるい后は二条なり（末二9）

　業平は二条后（藤原長良の娘）を盗み出した。第一句、「築地のくづれより通ひけり」（『伊勢物語』五段）。第二句、「貸元のずるい」は締りのないこと、情事にだらしがない淫奔女の意の江戸語。

○やわ〳〵とおもみのかゝる芥川（初34）

　業平は、二条后を連れて芥川を越えたが、追手に捕らえられる。そのときは女性の体重をやわやわと感じたであろうとのうがち。

○折句師の元祖は公卿のぼろつ買（八九1）

　東下りをした業平は三州八橋で杜若《かきつばた》を見、カキツバタの五文字を句上に置いて、「唐衣きつゝ馴れにし妻しあればはる〴〵来ぬる旅をしぞ思う」と詠んだという。この形式は江戸期の「折句」の元祖に当たる。「ぼろっ買い」は女と見るや誰彼の区別なく渡り歩く男をいう。

○女房はありやなしやと裏にきゝ（九三21）

　隅田川のほとりまで来た業平の歌「名にし負はばいざ事問はん都鳥我おもふ人ありやなしやと」の文句取りで、隅田川に近い吉原の女郎が、裏（二会目）に、女房が「ありやなしや」と聞いたとキョクった。

○業平はよからじもない婆々アと寝（拾五11）

　業平に白髪の老婆が惚れ、彼は「哀れがりて一夜寝にけり」（『伊勢物語』五九段）、のち「百年《もゝとせ》に一年《ひとゝせ》足らぬ九十九《つくも》髪われを恋ふらし面影にたつ」と詠んだ。「よからじもない」は良くもあるまいの意。

○歌とするとにおはれると在五言イ（末四10）

○羅切でもしやうと業平せつながり（天六満2）

　もて過ぎた色男の告白。第二句、肝心ののが無いほうがいっそ楽。

○荒打に塗込められて業平は（宝八9）

　本所業平橋の辺りでとれる蜆《しじみ》を「業平蜆」という。壁の荒塗りの泥に、蜆がまじっている情景。ここにいたってさすがの美男も往生。

在原行平　ありわらのゆきひら　八一八—八九三

（弘仁九—寛平五）

平安初期の歌人。平城天皇の皇子阿保親王の第二子。在原業平の同母兄。八二六年在原朝臣の姓を賜る。八八四年正三位。民部卿を兼ねる。『古今集』『後撰集』に各四首入集。貴族の子弟の学校奨学院の創設者。八八五年に彼の邸宅で催された『在民部卿家歌合』は現存最古の歌合である。

　『古今集』巻十八には「事にあたりて」須磨に蟄居した時の作「わくらばに問ふ人あらば須磨の浦に藻塩たれつつわぶと答へよ」があり、『源氏物語』の「須磨」の巻はこれに拠ったとも言われる。また、この歌にちなむ謡曲『松風』は須磨を舞台として、行平ゆかりの松を配し、生前の彼に愛されたという海女松風・村雨の霊が登場する作品である。『古今集』巻八に「立別れ因幡の山の峯に生ふる松とし聞かば今帰りこむ」があり、この歌は百人一首にも

採られている。 ➡松風・村雨

奥村 恒哉

惣じて、世にはとりちがへ多し。行平中納言、須磨の浦より御所持なされて、御覧なされし物とて秘蔵するは、何ぞといふに、松風の常に結ばれし帯也と、さも大幅なる黒じゆす、長サ九尺斗《ばかり》も有べし。いかにしても松風・むら雨の結びしむなたか帯、心もとなし。

◉──在原行平　須磨に流された行平は、ここで海女の松風・村雨姉妹とむつみ合う。月岡芳年『中納言行平朝臣左遷須磨浦逢村雨松風二蜑戯画』慶応大学図書館蔵。

ことに結ばれしにもせよ、殊の外あたらしく見ゆるうへ、中に折目の見えぬは不審と、念を入穿鑿し見れば、松風は松風なれど、江戸の関相撲松風瀬平がふんどし成よし。

ひとりね下

安寿・厨子王　あんじゅずしおう

説経節『山荘太夫《さんしょうたゆう》』に出てくる姉弟名。奥州五四郡の主、岩城判官正氏は帝の勘気をこうむり、筑紫国安楽寺に流される。その子安寿、厨子王は父を慕いまた失われた領地を回復するため、母や乳母とともに京へ向かう。途中越後国直江津で人買いの山岡太夫にだまされ、母は蝦夷へ、姉弟は丹後由良の山荘太夫のところへ売られる。奴隷として姉は潮くみ、弟はしば刈りに従い酷使される。姉は弟を逃がすためにひとりとどまり、火責め水責めの刑にあって死ぬ。国分寺にのがれた弟は聖《ひじり》の助力や金焼《かなやぎ》地蔵の霊験によって危機をのがれ、後に摂津国天王寺に入って茶の給仕役となる。稚児選びの席で都の梅津院の目にとまり養子となり、帝より所領を安堵される。父や母との再会を喜ぶ一方で、姉の死を悼む弟は、山荘太夫を鋸引きの極刑に処し、丹後国に金焼地蔵を安置してその霊を弔う。現在も京都府の丹後由良や新潟県の直江津には安寿と厨子王の伝説と遺跡を数多く残しており、津軽には岩木山の神体を安寿姫とする『お岩木様一代記』という語り物があって盲目のイタコが語っていた。弘前の津軽藩の菩提寺長勝寺には境内の一隅に蒼竜寺という座禅堂があり、その中に花御堂という厨子堂(桃山時代作)があって岩木山三所権現の本地仏(阿弥陀、薬師、観音)をまつるが、その左右に安寿と厨子王の古像が美しく彩色されて安置されている。津軽と安寿・厨子王伝説との深いつながりをしのばせるものがある。 ➡山荘太夫

岩崎 武夫

膚の守りの、地蔵菩薩を取り出だして、岩鼻に掛け申し、「母上様の御諚には、自然姉弟が身の上に、もしや大事のあるときは、身替りにも御立ちある、地蔵菩薩と御申しあるが、かくなり行けば、神や仏の勇力も尽き果てて、□守りなきかよ悲しやな」。厨子王殿は聞こしめし、姉御の顔を御覧じて、「のうのういかに姉御様、さて□御身の顔には、焼金の跡も御ざない」と御申しある。姉御このよし聞こしめし、「げにまこと御身が顔にも、焼金は御ざないよ」。地蔵菩薩の白毫所を見奉れば、姉弟の焼金を受け取り給い、身替りに御立ちある。「そもやその焼金を、御取りなさるるものならば、あの邪慳なる太夫三郎が、また当ちようは一定なり。痛うも熱うもないように、御戻しあって給われの」。なにか一度再び身替りに御立ちあれば、後へは戻らず。「さても

よいみやうせなや。これをついでに落ちさいよ。落ちて世に出てめでたくば、姉が迎いに参らいよ」。

（中略）

それよりも、厨子王殿、蝦夷が島へ、御ざありて、母御の行くえを、御尋ねある。いたわしや、母上は、明くれば、厨子王、恋いしやな。暮るれば、安寿の姫が、恋いしやと、明け暮れ嘆かせ、給うにより、両眼を、泣きつぶして、おわします。千畳が畑へ、御ざありて、粟の鳥を、追うておわします。鳴子の手縄に、取りつきて、「厨子王、恋いしや、ほうやれ。安寿の姫、恋いしやな。うわたき、恋いしや、ほうやれ」と、言うてはどうと身を投ぐる。

説経節**山荘太夫**

安珍・清姫 あんちんきよひめ

紀州の道成寺伝説における男女の主人公の名。愛を誓った旅の僧に裏切られた女が、憤怒の果てに蛇身に変じ、男のあとを追って道成寺に至る。女人禁制の寺に逃げ込み、鐘の中に隠れた男を、鐘ごと瞋恚《しんい》の炎で焼きつくしたというのが、道成寺説話の骨子である。女の純粋な情熱の激しさというテーマの普遍性・永遠性をもって、この説話は古来多くの日本人に愛好され、おびただしい文芸作品を生み出した。

道成寺説話の文献に現れる最も早いものは、長久年間（一〇四〇—四四）に沙門鎮源の撰した『大日本法華経験記』に載せる「紀伊国牟婁《むろ》郡悪女」である。ほとんど同じ内容の説話が『今昔物語集』にも入っている。その内容は、女の愛欲心や怨恨の念が成仏の障りになることを説き、最後に『法華経』の功徳により成仏するを得たとする仏教説話である。この段階では、いまだ安珍・清姫という人名は登場せず、男は廻国修行の熊野詣の僧、女は紀伊国牟婁郡の空閨をかこつ寡婦とのみ記されている。男の身分は、この説話を持ち歩いて伝播した「語り手」を暗示している。それは、諸国をめぐって熊野の霊験を説いた山伏修験の徒であったと思われる。能の『道成寺』は、上記の道成寺説話の後日譚として構想されているが、ワキの語りとして、この説話を語る。ここでは、女は「まなごの庄司の息女」、男は「奥州より熊野詣の山伏」となっていて、固有の人名は現れない。黒川能に残った『鐘巻』は『道成寺』の先行作と思われるが、この点については同様である。鎌倉時代の末に虎関師錬の撰した『元亨釈書《げんこうしゃくしょ》』には、はじめて男の名が「鞍馬寺の安珍」と出る。しかし、女は依然として「紀州牟婁郡に住む寡婦」とあるばかりである。室町中期の制作と想定される『道成寺縁起』（絵巻、道成寺蔵）は、男を「奥州から熊野詣の若僧」、女を「牟婁郡真砂の清次庄司の娵《よめ》」と記す。同縁起の異本『賢学草子』（根津

◉——**安寿・厨子王**　安寿と厨子王は柏の葉で別れの杯を交わす（上段）が、安寿は厨子王を逃したことがわかり、太夫の息子三郎の拷問にあう（下段）。『さんせう太夫』天理図書館蔵。

美術館蔵)になると、男を「三井寺の僧賢学」、女を「遠江国橋本の長者の娘花姫」と固有の名がそろうが、安珍・清姫ではない。道成寺伝説そのものは古いが、安珍・清姫という一対の主人公の名は中世以前の文献には見いだせず、意外に新しいもののようである。

浄瑠璃『道成寺現在蛇鱗《うろこ》』には、「廻国山伏姿の安珍」と「紀州真子の庄司の娘清姫」の名で脚色が行われており、近世以後はもっぱら安珍・清姫の伝説として固定して普及した観がある。幕末の文化年間(一八〇四―一八)には、『安鎮清姫略物語』の板本も作られて、これが道成寺縁起とみなされるに至る。そして、『紀伊国名所図会』によれば、「清姫腰掛石」や「清姫草履塚」の存在が記されており、こんにちも道成寺の本堂には安珍・清姫の座像が安置してある。

◉――安珍・清姫　髪を乱し、履物を捨て、裾もあらわに若僧のあとを追う女の口からは炎がはき出され(上)、ついに蛇身と化した女は若僧の隠れた鐘を炎で焼きつくす(中)。鐘ごと焼かれて黒焦げになった若僧とそれを見る僧たち(下)。『道成寺縁起』。道成寺蔵。

帰命頂礼そのむかし
真名子《まなご》の庄司と呼ばれたる
紀州において名も高き
弓取る家の愛娘《まなむすめ》
姿容《すがたかたち》も清姫と
その名を呼べる女なり
恋の暗路に踏み入りて
熊野参りの安珍と
その名を申す若者の
妙なる姿に思込め
ふかく迷ひて慕ひつゝ
一夜の情に濡れなんと
胸に燃えたつ煩悩の
炎身をばこがしつゝ
口説《くど》けど泣けど安珍は
縋る袖をば無情《すげ》なくも
振り切り払ひ聞き容れず
かゝる処に長居せば
身の為ならずと夜に紛れ
安珍家を脱《ぬ》け出でゝ
道成寺へぞ至りつゝ
事の由をばうち語り
鐘の中へぞ隠れたる
清姫かくと知るよりも
心も身をも狂ひ出し
恨みを言はんと思へども
中を隔つる日高川
わたす渡しのあらざれば

服部 幸雄

しばし川辺に泣き倒れ
果てしもこゝにあらざれば
終にも心をきはめつゝ
たとへ藻屑《もくづ》と化するとも
今にぞ思ひを知らせんと
ざんぶと川に跳り入る
あゝおそろしや一念の
大蛇となりて道成寺
いつの間にかは飛行つて
安珍隠れし釣鐘を
七巻半ぞ巻きければ
瞋恚《しんに》の炎燃えそめて
さしもに堅き釣鐘も
熔くるばかりの苦しみに
あらあさましや安珍も
ともに蛇道に落ち玉ひ
浮ぶせも無き魔界へと
しづみけるをば御仏の
広大無辺の御功力
尊き御僧の読経に
ともに成仏遂げたるは
末世の今日に至るまで
残る話の因果なり
今に御寺も残りけり

道成寺清姫和讃

おちこちの。恨は山のかせ木にて招けどさらに。とまらじや。とまれとこそ。風に争ふ焼野の薄《すゝき》。いばらかやはら押シ分ケ踏分ケ。此世からなる剣《つるぎ》の山。上るつかへにせめられてうきめを。見する姫つゝじ。花のしもとをふり立〳〵てぅ〳〵。打ツは誰レ故あだな草あたし殿御をいくゑにも。隔られたるやゑ梅。やり梅。面色其儘《まゝ》薄紅梅。我身のかげかかげらふの。もゆる輪廻は大焦熱。こがれこがるゝぐれんの氷。恋の呵責《かしやく》にくだかるゝとうくはつ地獄。まのあたり。雪のふぶきに吹立テられて。こけつ転《まろ》びつはぎも血汐の。小石原石活。ぢごく是ぞ此。ちゞに吟《さまよ》ふ六道の巷に鳴や百千鳥明ケ方ちかき八声の鳥気も狂乱の。心をしづめ。嬉しや爰ぞ日高川。ヱ、折悪ルふ渡しもないか。渡し舟のふ。のせてたべのふと。かなたこなたをかけ廻り。呼どさけべど白浪の音より。外の答なし。ム、聞へた。扨はふたりが先キへきて渡し守リを頼ンだよな。思へば〳〵腹立やよし。渡さぬとて渡らでおこふかと。ひらりとぬいたる剣キの光り。折ふし。春雨降しきり。川の水音どう〳〵浪に。移りて上つ下つつうつりしかげは我姿。恥しや浅ましや。最早《もはや》添れぬ此身の果。無間ならくにしづまば沈め取殺さいで置クべきかと。岸の蛇籠につつ立上り。たとへ千尋《ちひろ》のもくずとなる共。死ても死ナじ。生キても生キじ我。魂のつゞかんたけと飛ぞと見へしが。忽《たちまち》立ツ浪水煙。髪も逆立浪頭。抜手を切ツて渡りしはすさまし。

（山伏の安珍と身をやつした桜木親王の跡を追って、清姫が渡し船のない日高川を泳ぎ渡る）

日高川入相花王道行思ひの雪吹

トントンお寺の道成寺
釣鐘下ろいて　身を隠し
安珍清姫　蛇に化けて
七重に巻かれて一廻り　一廻り

手毬唄道成寺

○ときんなどで〳〵娘くどいて居(明三仁7)
「兜巾」は山伏のかぶる頭巾だが、江戸の俗語で女陰をもいう。くどく娘は清姫。
○はまぐりがおつかけて行ほらの貝(明元仁5)
「蛤」も女陰、螺貝は山伏の持物。貝づくしで構成。
○それそこへ来たと釣りがねおつかぶせ(明三梅4)
○道成寺とんと死ぬまでかくれた気(明四桜5)
釣鐘をおろして山伏をかくしたが、女は蛇体となり七巻きに鐘を巻くと、鐘は湯となって溶ける。「とんと」はまったくの意。

安徳天皇 あんとくてんのう　一一七八—八五
(治承二—文治一)
第八一代に数えられる天皇。在位一一八〇—八五年。名は言仁。高倉天皇の第一皇子として六波羅邸で誕生。母は平清盛の娘建礼門院徳子。翌月立太子。八〇年(治承四)即位。同年六月摂津国福原に遷都したが、一一月京都に帰る。八三年(寿永二)七月木曾義仲入京のさい、平氏に擁されて西海に落ち、大宰府・讃岐国屋島などにのがれたが、八五年三月長門国壇ノ浦で平氏一門とともに入水・死亡。陵墓は下関市阿弥陀寺陵。

杉橋 隆夫

【安徳伝説】 安徳天皇が壇ノ浦の戦ののちも流離し、生存したという伝承の根を探るとすれば、『平家物語』巻十一「先帝身投」にまで戻らねばならない。二位尼に抱かれた幼帝安徳は壇ノ浦の海底深く沈んだことになっているが、覚一本系の諸本を見ると、はじめのところでは「御髪黒うゆらゆらとして御せなか過ぎさせ給へり」とあり、そのあとには「山鳩色の御衣にびんづらゆはせ給ひて」となっていて、明らかに安徳帝の描写に矛盾があり、同一人物とは思えないところから替玉説が浮上してくる。安徳帝は死んだと見せかけて、ひそかに壇ノ浦から脱出して生存したとする説がそれであって、四国を中心に中国、九州、対馬、硫黄島にまで足跡をとどめている。なお安徳伝説を伝えているところは例外なく辺境である。高貴な出自の中でも、とりわけ尊い天子をみずからの先祖と関係あるものと仰ぐことによって、辺境に生きる人々は、不遇と落魄の日日を支える精神的な支柱としたことが考えられる。

岩崎 武夫

……主上ことしは八歳にならせ給へども、御年の程よりはるかにねびさせ給ひて、御かたちうつくしく、あたりもてりかゝやくばかり也。御ぐしくろうゆら〳〵として、御せなかすぎさせ給へり。あきれたる御さまにて、「尼ぜ、われをばいづちへぐしてゆかんとするぞ」と仰ければ(中略)御涙におぼれ、ちいさくうつくしき御手をあはせ、まづ東をふしをがみ、伊勢大神宮に御いとま申させ給ひ、其後西にむかはせ給ひて、御念仏ありしかば、二位殿やがていだき奉り、「浪のしたにも都のさぶらうぞ」となぐさめたてまて、ちいろの底へぞいり給ふ。

平家物語巻十一「先帝身投」

素戔鳥尊古ヘ簸ノ河上ニテ切ラレシ八岐ノ蛇、元暦ノ比安徳天皇ト成テ、此宝剣ヲ執テ竜宮城ヘ帰リ給ヒヌ。

太平記巻二十五

○めゝつこが出ると二位どのおつかくし(末二5)

誕生の際、「きさき御産の時御殿の棟よりこしきをまろばかす事あり。皇子御誕生には南へおとし、皇女誕生には北へおとすを、これは北へおとしたりければ、こはいかにとさわがれ、おとしなおしたり」(『平家物語』巻三)との説から、安徳帝は女帝との俗説が生じた。「めめっこ」は幼女の性器。「二位殿」は清盛の

●——**安徳天皇** 壇ノ浦の海女老松と若松(左下)は、海底で安徳天皇(右上)ほか平家一族の亡霊に会う。一猛斎芳虎画『西海蟹女水底ニ入テ平家ノ一族ニ見』。大阪城天守閣蔵。

妻で安徳帝の祖母にあたる。

安楽庵策伝　あんらくあんさくでん　一五五四―一六四二（天文二三―寛永一九）

近世初頭の説教僧。日快と号す。美濃の人。飛驒高山城主金森長近の弟。幼少時代に美濃山県の浄音寺で出家して浄土宗西山派の僧となり、京都東山禅林寺（永観堂）で修行。長じて山陽・近畿地区で布教活動に従事して七カ寺を創建・再興。いったん美濃の浄音寺に帰ったが、一六一三年（慶長一八）に京都の大本山誓願寺五五世住職となる。同寺在住中に『醒睡笑《せいすいしょう》』八巻を著し、同書が完成した二三年（元和九）に誓願寺塔頭《たっちゅう》竹林院を創立してここに隠居。茶室の安楽庵に風流の人士を招いて茶事をなし、狂歌を楽しむ。三〇年（寛永七）『百椿集《ひゃくちんしゅう》』を著作。安楽庵における交友録として『策伝和尚送答控』が残されている。安楽庵策伝は文人、茶人としても知られているが、本業はあくまでも説教僧（弁舌家）であり、滑稽な落し噺を説教の高座で多数実演し、その話材を『醒睡笑』に集録して後世に残したため、落語の元祖という名声が最も高い。

関山　和夫

安楽菴策伝は、おとしばなしの上手なり。元和九年、七十の年〔醒睡笑〕といふ笑話本八冊をつくる。〔割註〕万治元年上木せり。」此人、茶道において名高しといへども、おとしばなしの上手なる事を知る人まれなり。世に称する所の、安楽菴の烈《れき》は、此人より出ぬ。

近世奇跡考

ころはいつ、元和九癸亥の年、天下泰平人民豊楽の折から、某小僧の時より、耳にふれておもしろくおかしかりつる事を、反故の端にとめをきたり。是年七十にて、柴の扉の明暮、心をやすむるひま〳〵、こしかたしるせし筆の跡をみれば、おのづから睡をさましてわらふ。さるまゝにや、是を醒睡笑と名付、かたはらいたき草紙を、八巻となして残すのみ。

醒睡笑序

い

飯岡助五郎　いいおかのすけごろう　一七九二―一八五九（寛政四―安政六）

江戸後期の博徒であり網元。相模国三浦郡公郷村の出身。本名は石渡助五郎。一八歳のころ、江戸相撲の友綱部屋の弟子となったが、友綱の死で一年余で廃業し、下総国海上郡飯岡に流れて漁師となる。二五歳の一八一七年（文化一四）、飯岡一帯に縄張りをもつ博徒の親分でしかも網元である銚子の五郎蔵の子分となり、二二年飯岡浜一帯の縄張りを譲り受ける。助五郎も網元を正業とし、一方、博徒でありながら関東取締出役の〝道案内〟役として十手を預る〝二足わらじ〟であった。四四年（弘化一）笹川繁蔵と縄張りを争い、いわゆる「大利根河原の血闘」という大げんかをした。その後、四七年に繁蔵を殺し、四九年には繁蔵の子分勢力《せいりき》富五郎を自殺させて、利根川べりに勢力を張った。五〇年（嘉永三）には江戸の講釈師宝井琴凌《きんりょう》によってこれら博徒の闘争を描いた『天保水滸伝』が講談となり、以後浪曲などにもうたわれ、繁蔵とともに助五郎の名が有名となった。

森　安彦

井伊直弼 いいなおすけ　一八一五―六〇

（文化一二―万延一）

江戸末期の大老、彦根藩主。掃部頭《かもんのかみ》と称した。一八五〇年（嘉永三）、長兄直亮の死により一三代彦根藩主となった。この時期の幕政の重要問題は、開国の可否と将軍継嗣問題とであった。直弼は鎖国の維持を望んでいたが、外国と戦って鎖国を守りぬくことが不可能である以上、当面は開国せざるをえないという立場に立った。五三年（嘉永六）にペリーが来航した直後に、幕府の諮問にこたえて、積極的に商船を海外に派遣し国威を示すことが皇国の安泰の道であるという意見書を出し、五八年（安政五）一月、老中堀田正睦《まさよし》に日米修好通商条約の調印はやむをえないという意向を伝えたのも、そのためであった。この点で攘夷論を主張し続けた徳川斉昭《なりあき》とは、意見を異にしていた。将軍継嗣問題は、一八五三年一〇月、徳川家定が一三代将軍となったときから表面化した。直弼を中心とする譜代大名は、家定の継嗣として紀州藩主徳川慶福《よしとみ》（のち家茂《いえもち》）を推し、斉昭は雄藩の諸大名とともに一橋慶喜を推した。両派は激しく争ったが、五八年初め、斉昭らは朝廷に働きかけて継嗣を慶喜に定めるとの勅命を得ようとし、幕府の条約勅許奏請の運動を妨害した。このような情勢下に、五八年四月二三日、直弼は大老に就任し、六月一九日には勅許を得られないままに日米修好通商条約に調印し、二五日には慶福を将軍継嗣と定めた。また、これに反対した斉昭、徳川慶恕、松平慶永に謹慎を命じ、徳川慶篤と一橋慶喜を登城禁止とした。八月八日、幕府の条約調印は遺憾であるという内容の勅諚が水戸藩へ下った（戊午《ぼご》の密勅）。これが前例になると幕府の存在は有名無実になると考えた直弼は、この降勅を画策した反対派の勢力に、徹底した弾圧を加えることを決意した。この弾圧が五八年九月から五九年一〇月にわたった「安政の大獄」である。公卿とその家臣、大名とその家臣、幕臣、尊攘派の志士など処罰者は一〇〇人をこえ、吉田松陰など七人の刑死者を出した。とくに厳しい弾圧をうけた水戸藩では、直弼への反感が強まり、六〇年三月三日、直弼は江戸城桜田門外で水戸浪士らに登城途中を襲撃され殺害された（桜田門外の変）。直弼は、国学、古学、兵学、居合、茶道、和歌などにも、すぐれた才能を発揮した。とくに茶道は、石州流を学んでみずから一派を立て、著書に『茶湯一会集』『閑夜茶話』があり、茶道の号を宗観という。また歌集『柳廼四附《やなぎのしずく》』がある。

小野　正雄

桜田門外の変を舞台化することは江戸期には法的に禁じられていたが、河竹黙阿弥の手で曾我の世界に脚色、雪中に曾我兄弟が祐経の乗物に近づく趣向を構えて『蝶千鳥須磨組討《ちょうちどりすまのくみうち》』（一八六三年二月、江戸市村座）として上演したが中止を命じられた。明治初年に解禁となり歌舞伎化も試みられたが、史実を劇化するには一九二〇年七月東京歌舞伎座の『井伊大老の死』（中村吉蔵作）をまたねばならなかった。この作では社会劇的な歴史劇として、幕府崩壊期に苦悩しつつ自己の政策を断行する宰相直弼が形象化された。以下、『井伊大老』（一九五三年一〇月、東京明治座、北条秀司作）や『花の生涯』（一九五八年一〇月、東京新橋演舞場、舟橋聖一原作・北条誠脚色）などがあり、側室静の方や長野主膳の愛人たか女らとともに人間的な側面をも描出したが、五一年のサンフランシスコ講和条約・日米安保条約調印の時代が作品の背後にあったことも見落とせない。

小池　章太郎

○判じもの、井伊掃部頭、下からよめば、くびをぶつぱらつてもいゐとなる。
○井伊しかけ毛せんなしの雛まつり真赤に見へし桜田の雪
○首ばかりとんだ噂の取沙汰もうそか誠か白雪のなか
○水戸石にけつまづいたる今日の怪我人参剤も少しおそまき

第四首、「水戸石」は茨城郡木葉下《あぼっけ》村（現、茨城県水戸市木葉下町）の特産であった紫石（『日本産物誌』）に水戸藩浪士をかける。三月三日（雛の節供)の凶変で、井伊大老は表向き負傷との届を出したため、幕府は小納戸塩谷豊後守を上使として朝鮮人参五斤を贈ったことをからかっている(『落書類聚』より。桜田門外の変当時行われた落書)。

伊賀の影丸 いがのかげまる

横山光輝の同名の時代劇漫画に登場する伊賀の忍者。影丸シリーズは、一九六一年(昭和三六)の長編「若葉城の巻」から七七年の短編作品まで続いた。徳川家康が豊臣家を滅ぼし、幕府政治を確立した承応年間(一六五二―五五)に物語は始まる。表向きは平和でも、隠れて幕府に反旗を翻す藩は後を絶たなかった。伊賀組の頭領である五代目服部半蔵は、配下の忍びに命じ、人知れずこうした暗躍を阻んでいた。その伊賀忍者のなかに、木の葉を使う忍法「木の葉隠れ」「木の葉火輪」を得意とする伝説的な少年忍者・影丸がいた。作品が発表された昭和三〇年代(一九五五―六四)は、貸本漫画では白土三平の忍者もの、小説では山田風太郎の「忍法帖」シリーズや村山知義の『忍びの者』、テレビでは『隠密剣士』や『忍者部隊月光』などが放送され、まさに空前の忍者ブームであった。そのさなかにあって「伊賀の影丸」が色褪せなかったのは、忍者という陰惨な世界を、作者独特の明るい絵柄と、主人公影丸のヒーロー性によって少年漫画的に変容させたからであろう。さらに、不死身の阿魔野邪鬼や、毒に耐性をもつ村雨兄弟など、敵味方に個性豊かなキャラクターを配したことで、漫画の世界に集団抗争劇の面白さを知らしめた点も重要。「由比正雪の巻」では、史実上の人物である由比正雪を登場させ、より確かな物語の構築に成功している。こうした数々の試みが、のちの横山光輝版の漫画『水滸伝』、『三国志』などの英雄群像劇へと結実したとも考えられる。本作は六三年に東映で映画化され、主役の影丸は松方弘樹が演じた。

木村 行伸

井上内親王 いかみないしんのう 七一七―七七五

(養老一―宝亀六)

光仁天皇の皇后。井上は「いのうえ」「いのえ」と称する説もある。父は聖武天皇、母は夫人県犬養広刀自。不破内親王、安積親王の同母姉。七二一年(養老五)五歳で斎内親王に卜定され、一一歳から二〇年近く伊勢大神宮に侍した。のち白壁王(光仁天皇)の妃となり酒人内親王を生み、即位と同時に皇后となる。しかし七七二年(宝亀三)長年にわたり天皇を呪詛したとして、巫蠱《こふ》・厭魅《えんみ》大逆の罪で廃后され、これが息子の他戸《おさべ》親王(実子でないという説もある)の廃太子・皇籍剝奪事件に発展し、翌年天皇の同母姉難波内親王の死が彼女の厭魅によるとして、母子ともに大和国宇智郡に幽閉され、一年半後に日を同じくして没した。この死は他殺もしくは自殺の可能性が強く、没後早くから祟りを恐れ、墓を改葬し山陵とし、后位を追復し吉野皇太后と追称したり、神社や山陵に幣帛や読経の奉納が行われている。この事件は藤原百川が中心となり天智天皇系の光仁―桓武の皇位継承を確立するため、天武天皇系の井上―他戸を廃する陰謀とみる説が有力である。事件の異常さは皇后が現身に竜となって祟ったとして早くから伝えられ、『水鏡』は天皇と皇后が美男美女を賭けた双六に端を発し背後に百川の暗躍する怪奇な事件とし、百川は怨霊となった皇后に悩まされて死んだとする。『愚管抄』も百川に殺された皇后が竜となり百川を蹴殺したとの説を載せるなど、『平家物語』『太平記』をはじめ怨霊の顕著な例として知られた。

勝浦 令子

百川《ももかは》ノ宰相イミジク光仁ヲタテ申シト、又ソノアトノ王子立太子論ゼシニ、桓武ヲバタテヲホセマイラセタレド、アマリニサタシスゴシテ、井上ノ内親王ヲ穴ヲヱリテ獄ヲツクリテコメマイラセナンドセシカバ、現身ニ竜ニ成テ、ツイニ蹴コロサセ給フト云メリ。

愚管抄巻七

池禅尼 いけのぜんに

平安時代末期の女性。生没年不詳。中流貴族

である藤原宗兼の娘。平忠盛の後妻で家盛、頼盛の母。京都六波羅の池殿に住んでいたのでこのようによばれた。崇徳上皇の皇子重仁親王の乳母をつとめたが、保元の乱では上皇側の敗北を予見して頼盛に天皇方につくように助言し、また平治の乱では源頼朝の助命を清盛に申し入れて流罪にとどめるなど、忠盛亡きあとの平家一族に大きな影響力をもった。

佐藤 圭

コノ頼盛ガ母ト云ハ修理権大夫宗兼ガ女ナリ。イヒシラヌ程ノ女房ニテアリケルガ、夫ノ忠盛ヲモモタヘタル(支える)者ナリケルガ、保元ノ乱ニモ、頼盛ガ母ガ新院(崇徳)ノ一宮ヲヤシナヒマイラセケレバ、新院ノ御方ヘマイルベキ者ニテ有ケルヲ、「コノ事ハ一定新院ノ御方ハマケナンズ。勝ベキヤウモナキ次第ナリ」トテ、「ヒシト兄ノ清盛ニツキテアレ」トオシヘテ有ケル。カヤウノ者ニテ、コノ頼朝ハアサマシクオサナクテ、イトオシキ気シタル者ニテアリケルヲ、「アレガ頸ヲバイカヾハ切ンズル。我ニユルサセ給ヘ」トナク〳〵コヒウケテ、伊豆ニハ流刑ニ行ヒテケルナリ。物ノ始終ハ有ㇾ興不思議ナリ。

愚管抄

○一門の仇は禅尼の慈悲から出(拾五15)

○頼朝は海より深い池の恩(六六7)

第二句、産みと海。「父母の恩は山より高く海より深し」と諺に言うが。

伊弉諾尊・伊弉冉尊　いざなきのみこといざなみのみこと

日本神話にあらわれる神の名。『古事記』では伊邪那岐命・伊邪那美命などと記す。この男女二神は記紀神話において、天津神《あまつかみ》の命により創造活動のほとんどすべてを行い、『古事記』、および『日本書紀』の一書によれば、最後には黄泉国《よみのくに》との境において対立し、男神は人間の生をつかさどる神として、女神は人間の死をつかさどる冥界の神として互いに絶縁する。二神は、葦の芽吹き(国土の始源)→生気に満つ原野→浜と水田の出現→神の依代《よりしろ》→男女の防塞神→充足の観念、と系譜的に展開する「神世七代《かみよななよ》」の最後に出現する。イザナキは天の浮橋に立って海中を矛でかくはんして磤馭慮島《おのごろじま》を出現させ、二神はこの島で成婚して大八島国その他を生み、ついで山川草木水火などの神々を生み、最後に三貴子と呼ばれる天照大神《あまてらすおおかみ》、月読尊《つくよみのみこと》、素戔嗚尊《すさのおのみこと》を生む。ただし記と紀の一書では、イザナミは火神を生んだために女陰を焼かれてこの世を去ったとなっている。この病臥中にイザナミの嘔吐や糞、尿から木、火、土、金、水(五行)の神が生じたとあるが、これらの神々は同時に焼畑農耕の発生を暗示しているともいえる。自然のすべてが整い、火神誕生とともに文化の始まることを語っているからである。女神を失ったイザナキは怒って火神を斬るが、この制圧された火神の血(炎)から剣の鍛造や土器製作などについての神々が出現する。やがてイザナキは黄泉国にイザナミを訪ねるが、イザナミから与えられた「見るな」の禁止を破ったために、イザナミの怒りを買い、「黄泉軍《よもついくさ》」の追跡を呪物を投げつつ切り抜けて、先述した黄泉国の境での対立となる。その後イザナキは筑紫の日向の橘の阿波岐原《あはぎはら》で禊《みそぎ》をするが、その際の投棄物からさまざまな防塞神、また禊のなかで汚れやこれを改める神、海神などが出現し、最後に三貴子が誕生する。イザナキ・イザナミは本来淡路島を中心とする海人《あま》族の信奉した神で、海人族の宮廷奉仕とともにその伝承が宮廷に取り入れられ、その後多くの伝承がこの二神に集約されたことが予想できる。だが、以上に述べたように記紀神話における二神の地位はきわめて重要であると言わねばならない。

吉井 巌

是に其の妹伊邪那美命を相見むと欲ひて、黄泉国に追ひ往きき。爾《ここ》に殿の縢戸《とざしど》より出で向かへし時、伊邪那岐命、語らひ詔《の》りたまひしく、「愛しき我が那邇妹《なにも》の命、吾と汝と作れる国、未だ作り竟へず。故、還るべし。」とのりたまひき。爾に伊邪那美命答へ白ししく、「悔しきかも、速く来ずて。吾は黄泉戸喫《よもつへぐひ》為つ。然れども愛しき我が那勢の命、入り来坐せる事恐し。故、還らむと欲ふを、且く黄泉神と相論はむ。我をな視たまひそ。」とまをしき。如此白して其の殿の内に還り入りし間、甚久しくて待ち難たまひき。故、

◉——**伊弉諾尊・伊弉冉尊** 足もとにセキレイが見える。
歌川国芳画『風流人形の内 伊弉諾尊・伊弉冉尊』。東洋文庫蔵。

左の御美豆良《みみづら》に刺せる湯津津間櫛の男柱一箇取り闕きて、一つ火燭して入り見たまひし時、宇士多加礼許呂呂岐弖、頭には大雷居り、胸には火雷居り、腹には黒雷居り、陰《ほと》には折《さき》雷居り、左の手には若雷居り、右の手には土雷居り、左の足には鳴雷居り、右の足には伏雷居り、并せて八はしらの雷神成り居りき。

是に伊邪那岐命、見畏みて逃げ還る時、其の妹伊邪那美命、「吾に辱見せつ。」と言ひて、即ち予母都志許売を遣はして追はしめき。(中略)最後に其の妹伊邪那美命、身自ら追ひ来りき。爾に千引の石を其の黄泉比良坂に引き塞へて、其の石を中に置きて、各対ひ立ちて、事戸を度す時、伊邪那美命言ひしく、「愛しき我が那勢の命、如此為ば、汝の国の人草、一日に千頭絞り殺さむ。」といひき。爾に伊邪那岐命詔りたまひしく、「愛しき我が那邇妹の命、汝然為ば、吾一日に千五百の産屋立てむ。」とのりたまひき。是を以ちて一日に必ず千人死に、一日に必ず千五百人生まるるなり。故、其の伊邪那美命を号けて黄泉津大神と謂ふ。

古事記上巻

伊弉諾・伊弉冊二の神、礙馭盧島におりゐて、ともに夫婦と成給。時陰神先、「よきかな」ととなへ給。一書云。鶺鴒飛来て、その首尾をうごかすをみて、二神まなびてまじはる事をえたり。それよりこのかた、婚嫁の因縁あさからずなりにけり。

古今著聞集巻八好色十一「伊弉諾伊弉冊の二神婚嫁の事」

一、天照太神について義あり。五十鈴川の宮をば内宮と申す。これは陽神なり。本地の身はいざなぎ・いざなみのみことなり。豊受は山田の原、外宮なり。伊弉冉尊となり、伊弉諾は住吉同躰、昔の夫婦なりし事をよみ給ふ歌の心なり。

玉伝深秘巻

○せきれいは一度おしへてあきれはて(六八25)
○日本が集まると伊弉冉言ひ初め(五二9)
第二句、「日本が集まる」は江戸期にオルガスムを表現する際の語。

十六夜・清心 いざよいせいしん

歌舞伎『小袖曾我薊色縫《あざみのいろぬい》』(河竹黙阿弥作、一八五九年(安政六)、江戸市村座初演)に登場する主人公の男女。女犯の罪で寺を追放された鎌倉極楽寺の所化清心と、廓を抜けてきた大磯の遊女十六夜は、相抱いて稲瀬川に身を投げるが、清心は習い覚えた水練のため死に遅れ、十六夜は俳諧師白蓮の網舟に助け上げられる。岸にはい上がった清心は、あやまって若衆求女を殺してしまい、自害しようとするが、おりから聞こえる遊山船の遊興のようすを聞いて「栄耀栄華をするのが徳」と気が変わり、ついには鬼薊の清吉という盗賊になった。そして

はからずも箱根で今は「おさよ」と名のる十六夜に邂逅、二人は夫婦になってともに悪事に走るが、ゆすりに行った先の白蓮は実は一枚上の大盗賊、大寺正兵衛で、清心の実の兄にあたることがわかり、また、かつて清心が殺した若衆は十六夜の弟と知れる。いろいろと因果はめぐり、二人はついに我と我が身を殺して果てることになる。

清心のちに鬼薊の清吉は、当時講釈にもなって人口に膾炙《かいしゃ》していた、一八〇五年(文化二)小塚原で処刑されたという盗賊鬼坊主の清吉をもとにしているが、十六夜にはとくにモデルはないようである。刹那的に、感情のおもむくままに生きる二人は、江戸末期の市井の若者の一つの典型でもあろう。　北潟　喜久

これ若衆どの〳〵、や、こりゃ事はきれたか、や〳〵〳〵。非業に死んだ十六夜が親にこの金恵みなば、問い弔いも心のまゝと思いついたがそなたをば、殺して取ったこの金が、何の供養になろうぞい。そうじゃ、水で死なれぬわしが身体、この脇差で死ねという草葉の蔭から十六夜がやっぱりわしを導くのか。これ若衆どの、そなたを殺した言いわけは、そなたの刀で自殺なし、水死なしたる十六夜やそなたと共に死出三途、これぞ因果の罪ほろぼし、そうじゃ〳〵。

しかし、待てよ、今日十六夜が身を投げたも、またこの若衆の金を取り殺したことを知ったのは、お月様とおればかり、人間わずか五十年、首尾よくいって十年か二十年がせきの山、襤褸《つゞれ》を纏う身の上でも金さえあれば出来る楽しみ、同じことならあのように騒いで暮らすが人の徳、一人殺すも千人殺すも、取られる首はたった一つ、とても悪事を仕出したからは、これから夜盗家尻切り、人の物はわが物と栄耀栄華をするのが徳、こいつァめったに死なれぬわえ。

〽たちまち替わる清心がこれぞ悪事の双葉《ふたば》にて、後にはびこる鬼薊、話草とぞ

小袖曾我薊色縫

石川五右衛門　いしかわごえもん　?―一五九四(文禄三)

安土桃山時代の盗賊の頭目。豊臣政権に反発する義賊というのは江戸時代の浄瑠璃や歌舞伎において粉飾された説で、『言経卿記』『豊臣秀吉譜』、アビラ・ヒロン『日本王国記』などによれば凶悪な窃盗である。一五九四年八月二三日親子党類ともに京都三条河原で極刑に処された。出身地には諸説があるが、河内・丹後・伊賀などの説が有力である。　岩沢　愿彦

石川五右衛門の実在は疑えないところであるが、「義賊五右衛門」の名と人間像が広く定着するにいたったについては、江戸時代の大衆芸能の影響が大きいとされる。浄瑠璃では元禄以前に早くも五段構成の『石川五右衛門』ができており、その後、歌舞伎や浄瑠璃には『釜淵双級巴《かまがふちふたつどもえ》』『金門五山桐』など「五右衛門物」と通称される、おびただしい作品群が形成されていった。これをもってしても、歌舞伎や浄瑠璃の舞台で五右衛門の人間像が育成された事実が了解されよう。歌舞伎・浄瑠璃における「五右衛門物」は、当初、史実として確認される釜煎りの刑を最終場面に据えて、お家騒動に巻き込まれ義賊に身をやつした五右衛門の苦心を描く構成を基本としたが、やがて歌舞伎の役柄でいう国崩し、つまり天下国家の転覆を狙うスケールの大きな悪人のキャラクターが与えられ、義賊という性格を超えて、より怪奇で魅力的な大盗賊へと変貌した。この場合、豊臣秀吉が五右衛門に対抗する役回りを演じることになるが、いわゆるひきたて役の域をでない。舞台では五右衛門の奇怪さを強調するため、「からくり」や「ケレン」を駆使した奔放な演出が施された。江戸時代の舞台芸能は、多彩な悪役を活躍させたのを特色とするとされるが、五右衛門という人物は、江戸時代の舞台芸能がそだてるにかっこうの悪役だったのであり、それゆえに精彩を放つ独特の人間像を確立しえたものといえる。　守屋　毅

かの五右衛門は都にて、昼中《はくちゆう》に、鑓を三人ならびの手振《てぶり》を先に立て、その身は乗

馬、跡より、挟箱持《はさみばこもち》・沓籠《くつかご》、歴々の侍と見せて、見分《けんぶん》にまはり、大盗みの手便《てだて》をして、仲間に子細あれば、大仏の鐘を撞きならし、これ相図《あひづ》に集まり、おのれは、六波羅の高藪《たかやぶ》のうちにかくれゐて、ここ、夜

◉——**石川五右衛門**　釜煎りの刑に処せられた五右衛門は、その身の熱さに耐えかね、わが子を下に敷いて逃れようとする。井原西鶴『本朝二十不孝』巻二。

盗の学校とさだめ、命冥加《みやうが》のある盗人に、この一通り指南をさせ、前髪立《まへがみだち》の野等《のら》には、巾着切《きんちやくきり》を教へ、大胆者には、追剥《おひはぎ》の働きをならはせ、人体《じんたい》らしき者には、詐《かた》りの大事をつたへ、里そだちの者には、木綿《きわた》を盗ませ、色々四十八手の伝受を印可《ゆるし》まで、この道執行するこそ、うたてけれ。

後は、三百余人の組下、石川が掟を背き、昼夜わかちもなく、京都をさわがせ、程なく搦捕《からめとら》られ、世の見せしめに、七条河原に引き出され、大釜に油を焼立《たきたて》て、これに親子を入れて、煎られにける。

その身の熱さを、七歳になる子に払ひ、とても遁《のが》れぬ今の間なるに、一子を、我が下に敷きけるを、見し人笑へば、「不便さに、最後を急ぐ」といへり。「己《おのれ》その弁《わきま》へあらば、かくはなるまじ。親に縄かけし酬《むく》い、目前の火宅、なほ又の世は火の車、鬼の引肴《ひきざかな》になるべし」と、これを悪《にく》まざるはなし。

本朝二十不孝巻二ノ一「我と身を焦がす釜が淵」

五右　春の詠めを価千金とは小さい譬へ。五右衛門が為にはこの価万両。最早日も西に傾き、誠に春の夕暮の桜も、一入一入。ハテ、麗らかな、詠めぢやなア。我れを恐れず、この鷹の羽を休めるは。

この鳥は正しく画ける名画の筆勢。しかも白斑。殊に、羽表に記せし文字は

こりや、コレ、慥《したた》か此村大炊之助が手跡。ナニ〳〵、「其方、某、かねて申し合はせし通り、久次を囮に四海を掌に握らんと計りしところ、却つて久次、高景が計略に依つて、年来の大望空しく露顕なすものなり。」ムウ、すりや、此村が反逆は顕はれしとな。ナニ「頼み置き候ふ一儀、某、元は大明十二代神宗皇帝が臣下、宋蘇卿と云ひしもの、本国に一子を残し、日本を覆さんとこの土に渡り、謀叛の企て。今日只今、露顕なし、例へ空しく相果てるとも、彼の地に残せし忰、我れを慕うて日本へ渡りしと、ほゞ聞けど、未だ対面は遂げず。この忰強猛不敵の生れつき、形見に添へし蘭奢木といふ名香を証拠に、何卒尋ね出だし我が無念を語り、力を合はせ、久吉を討取るべきものなり。」ヤア、すりや、此村大炊之助と云ひしは、我が父宋蘇卿にてありしか。知らぬ事とはいひながら、生死の程も気遣はしく、我れ幼なき時、風波を凌ぎ、この土へ渡りしも、別れし父に対面遂げん為。方々さまよふ其うちに、竹地光秀どのに養育に預り、成長して、名も惟任左馬五郎と呼ばる。竹地氏、仇信長父子を討取り、武将となつて都の地券を許す。これに町人、百姓、諸大名も帰伏をなすも、僅かの日数たゝざるうち、大領久吉の為に滅ぼされ、無念の最期。その恩を受けし我れなれば、光秀どのの弔ひ軍、久吉を討取らんと、討死を止まり、いま、

石川五右衛門と名乗り、徘徊なすも、人を語らひ、久吉を討取る手段。所々国々へ別れし、父宋蘇卿も、久次高景が計らひにて、大望顕はれ生死の程も覚束なし。無念なは、これまで心を合はせし此村、父とも又、我れを悴とも、互ひに知らぬ親子の心外。鷹の知らせも、無念の密書。何卒存命あるならば、心一致に亡ぼす計略。おのれ久吉、父の無念に、光秀の恨み。例へ事顕はれ、この身を油で煮られ、肉がとろけ、骨は砕かるゝとも、この無念、晴らさで置かうか。

久吉　石川や、浜の真砂は尽くるとも

五右　ヤ、なんと。

久吉　世に盗人の種は尽きまじ。

五右　さては。うぬ。

久吉　順礼に御報謝。

金門五山桐二幕目

○しらなみが打と千鳥は音をはつし(三二26)
　伏見城中に忍び入り、太閤を狙ったが、その枕元にあった千鳥の香炉が啼いたため失敗したとの俗伝による。「白波」は緑林白波で盗賊の意。

○五右衛門はなまにへの頃一首よみ(宝十三仁2)
　釜煎り刑に臨んで「石川や浜の真砂子は尽くるとも世に盗人の種は尽くまじ」との辞世を詠んだとされる。

石童丸　いしどうまる

説経節『苅萱《かるかや》』に出てくる幼い主人公の名。

●——**石童丸**　上段＝自分を訪ねてきたのがわが子と知って涙を流す苅萱と、父とは知らずにいる石童丸。下段＝苅萱は、父は死んだと偽って石童丸を墓に案内する。『せつきやうかるかや』。天理図書館蔵。

『苅萱』のもとになる話は、中世の高野山の蓮華谷や往生院谷あたりの「萱堂《かやんどう》」に住む聖《ひじり》の間に生まれたもので、それが後に謡曲の『苅萱』と説経に分かれて展開したものである。説経『苅萱』の世界は、筑紫六ヵ国の所領と家族を捨てて、東山黒谷から高野山へのがれた苅萱を追って、御台所《みだいどころ》と石童丸が還俗を迫る話である。御台所と姉の千代鶴姫は死に、石童丸は父と対面しながらも、真実の父とは知らずに別れ、高野と善光寺で別々に往生するところで終わっている。石童丸については、石童の名が、石堂、石御堂、石塔といって全国に地名の多いところから考えると、石堂(辻堂)を拠点とする聖に関係する名で、塚と死者の埋葬を営む聖との深い交渉の中から生じたものであろう。なお説経『苅萱』の伝承を今日まで残し、苅萱道心と石童丸の親子地蔵をまつる寺が善光寺周辺に二つある。苅萱山寂照院西光寺と苅萱堂往生寺という。西光寺の所在が妻科村石堂(現、長野市北石堂町)西光寺となっているのは、石堂に拠る聖と幼い主人公の因縁がしのばれる一つの証しである。高野山の萱堂聖や、善光寺周辺の石堂の聖の間で語られた話を統合したものに時宗化した高野聖の存在が考えられるが、彼らは高野山と善光寺を往還しながら説経『苅萱』の成立に深く関与したことはまちがいない。父が苅萱であることを生涯知らずに終わり、母や姉の死を見とどけて荼毘《だび》にするなど、『苅萱』の主題である家族の解体と死に最後まで立ち会ったのが石童丸であった。

→苅萱

岩崎 武夫

> 石童丸を苅萱は、憐み給ひ手を取りて、おのが住家に連れ帰り、国は何処名は何と、問はせ給へば涙ぐみ、国は筑前松浦の、加藤左衛門重氏が、わすれがたみの石童と、聞ひて苅萱胸迫り、せき来る涙とめあへず、石童それと覚りしか、若し父上にてましまさば、あかしてたべと前に寄り、後に廻り苅萱の顔覗き込み懇ろに、請はるゝさまの石童を、あらなつかしの我子よと、言はんとせしが名乗りかね、其苅萱は去年の秋、空しくなりぬとのたまへば、石童又も泣きしづみ、せめて墓場を教へてと、請はれて苅萱是非もなく、墓場に連れ行き指さして、これこそ父の墓なりと、教へ給へば石童は、力なく〳〵ひざまづき、涙にぬれし袖たもと、絞りもあへず香をたき、雪より白き掌を合せ、南無阿弥陀仏と伏拝む、姿を見つる苅萱は、胸も張り裂くばかりなり
>
> 薩摩琵琶歌**石童丸**

和泉式部 いずみしきぶ

平安中期の女流歌人。生没年不詳。越前守大江雅致の女。母は越中守平保衡の女。和泉式部は女房名で、江式部、式部などとも呼ばれた。すぐれた抒情歌人として知られ、『和泉式部集』正・続一五〇〇余首の歌を残し、『和泉式部日記』の作者として名高い。『後拾遺集』をはじめ勅撰集にも多くの歌を収める。式部の父は、朱雀天皇の皇女で冷泉天皇の皇后となった三条太皇太后昌子内親王に、太皇太后宮大進として仕え、母も同内親王に仕えていたから、式部は幼いころ昌子の宮邸で過ごしたと思われる。二〇歳のころ、父の推挙で和泉守となった太皇太后宮権大進橘道貞の妻となった。和泉式部の名は、夫が和泉守であったことによっており、父が式部丞ででもあったものかと思われる。二人の間にはまもなく小式部内侍が生まれ、式部は夫の任国和泉に下ったこともあったが、一〇歳ばかり年長の夫にはあきたりないものがあったらしく、冷泉天皇の皇子弾正宮為尊親王との恋愛に陥った。しかし、親王は一〇〇二年(長保四)、二六歳で亡くなった。一周忌も近い翌年春、為尊親王の弟帥宮《そちのみや》敦道《あつみち》親王から求愛された。この兄弟は、母の女御藤原超子の死後、昌子内親王のもとで成長したから、式部に近づく機会は多かったと想像される。歌の贈答が続くうちに、敦道親王は〇四年(寛弘元)、周囲の反対に抗して式部を自邸に引きとり、そのため宮妃は邸を出るというまでになった。この間の恋愛の経緯を一四〇余首の歌を中心に、自伝的に記したのが『和泉式部日記』である。しかし、この親王も〇七年に二七歳の若さで亡くなった。式部の悲嘆は深く、『和泉式部集』の親王への哀傷の歌一二〇余首がそれを伝えている。〇九年、式部は藤原道長の召しによって、娘の小式部内侍とともに道長の女中宮彰子に仕えた。彰子のまわりには、紫式部、赤染衛門らがいた。女房として仕えるうちに、道長の家司藤原(平井)保昌の妻となり、丹後守に任ぜられた夫に伴われて同国へ下った。二五年(万寿二)、若くして歌人として名を

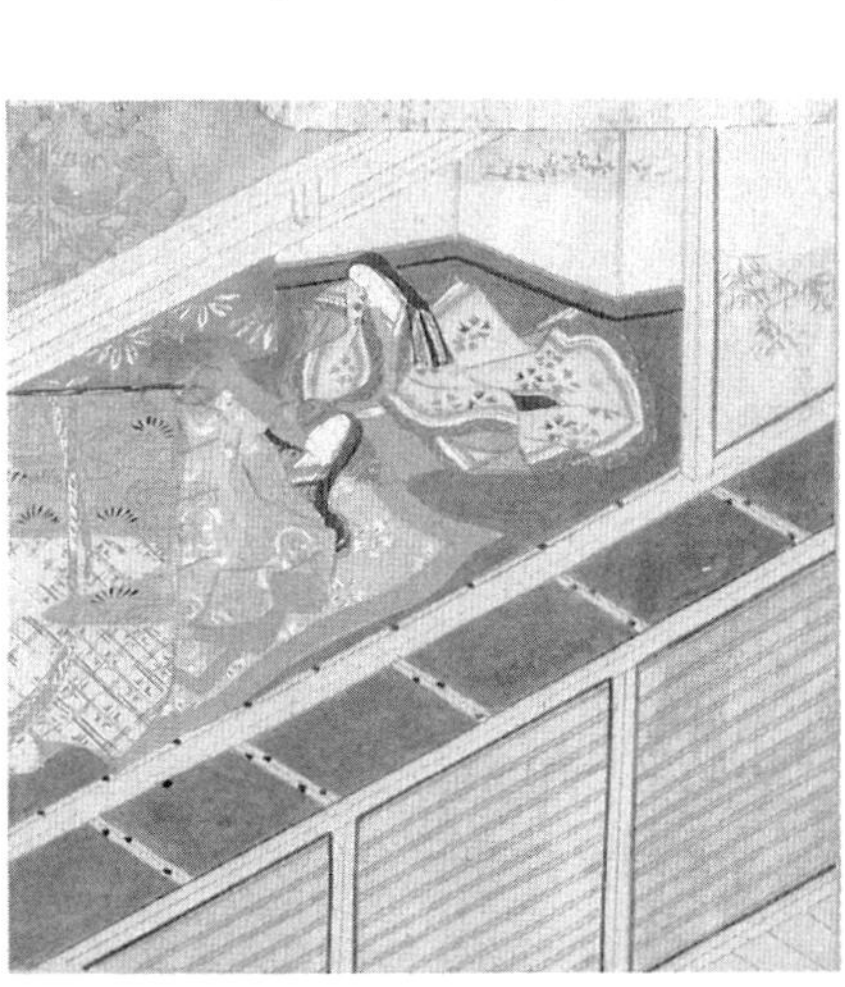

◉──**和泉式部** 娘の小式部内侍の看病をする和泉式部。小式部は病床で「いかにせん行べきかたも思ほえず親に先立つ道を知らねば」と詠む。奈良絵本『小式部』。東洋大学図書館蔵。

知られた小式部内侍に先立たれ、悲しみに沈んだが、三三年(長元六)以後の諸記録に式部の名を見いだすことはできない。二〇歳ほど年上の夫保昌は、三六年摂津守在任中に七九歳で死んだが、二人がいつまで親密な関係にあったかはわからない。式部の没年には諸説があるが、不明とせざるをえない。式部と恋愛の関係にあった人物は、上記のほかにも数人あり、小式部内侍のほかにも子があったと考えられる。「黒髪の乱れも知らずうち伏せばまず掻きやりし人ぞ恋しき」(『和泉式部集』正)。

つぎつぎに恋の遍歴を重ね、敦道親王との関係では世間の非難を浴びた式部は、道長から「うかれ女」といわれたように、奔放な生涯を送った。そのため式部は早くから、紫式部の貞淑、清少納言の機知、赤染衛門の謙譲に対して、愛情一筋に生きた女の典型と考えられ、艶麗な美女として語られるようになり、平安時代末以降、数々の説話に登場することとなった。道貞と別れたころ、山城の貴布禰社に参籠した式部が、夫が戻るように祈る歌を詠んだところ、貴布禰明神の慰めの歌が聞こえたという説話が『無名抄』『古本説話集』その他にあるが、神をも動かすような歌の作者としての説話は少なくない。また、藤原道綱の子で好色の僧道命阿闍梨が、式部のもとへ通ったという『宇治拾遺物語』の説話をはじめ、式部は種々の恋愛譚に登場する。さらに、小式部内侍に先立たれて悲しみにくれる話は『宝物集』以下多くの説話集に見え、病む小式部が母のために命ながらえたいと祈ったところ、一度は病が治ったという『十訓抄』などの話とともに、母と娘の愛情の話として語られた。無常を感じた式部が書写山の性空聖人を訪ねて道心をおこす『古本説話集』の話も、のちに種々の変容をみせている。室町時代以降、式部の名は広く知られ、各地に伝説を残すようになった。御伽草子の『和泉式部』では、道命阿闍梨を式部と橘保昌(二人の夫を合わせた名になっている)の間の子とし、通ってくる僧が幼いときに捨てたわが子であることを知った式部が発心するという話になっている。謡曲には、『貴布禰』『東北』『鳴門』『法華経』をはじめ数々の曲に登場するが、かつて名歌を詠んだ式部が、罪障を懺悔して諸国を行脚するといった趣向のものが多い。また歌舞伎には『和泉式部千人男』、人形浄瑠璃には『和泉式部軒端梅』などがある。このように式部の名が広く知られるようになる背後には、式部の生涯を語る唱導の女性たちがあったらしく、式部の誕生地と伝える所は岩手県から佐賀県まで数十ヵ所に及び、墓の数もそれに劣らない。墓所の一つ京都市中京区の誠心《じょうしん》院は、唱導の徒の拠点であった。各地に伝えられる式部の伝説には、瘡《かさ》を病んだ式部が、日向国の法華岳寺の薬師如来に平癒を祈ったが、いっこうに効験がないので「南無薬師諸病悉除の願立てて身より仏の名こそ惜しけれ」と詠むと、夢の中に「村雨はただひと時のものぞかし己が身のかさそこに脱ぎおけ」という返歌があって、難病もたちまちに平癒したという話や、アユ(鮎)の腸を意味する「うるか」ということばを、たくみに詠みこんださまざまな秀歌を作ったという話など、歌にまつわるものが多く、中には小野小町や西行の伝説と同じ内容のものもある。また、佐賀県には、式部が鹿の子であったために足の指が二つに割れており、親がそれをかくすために足袋というものを作ったという伝説もある。

大隅 和雄

然る間、齢《よわい》五旬に及んで、先非を心《さとる》に、書写山の性空上人に詣て、罪障を懺悔せんとす。上人、先立ってこれを知りて、同宿の僧侶に語りて云く。「今日の午時、八人の鬼神、来るべし。各《おの》おの、我をば他行したり、と云うべし。(女人の罪障、鬼人なる由を云うべし云云。)さる程に、その日の午時、女人八人来れり。これすなわち和泉式部なり。住侶に向いて云く。「我、上人に逢いたてまつり、出離の方法を承わらんがために来たるなり」と云う。僧等、「上人は大和の多武の峯に御《おわしま》すなり」と申す。和泉式部、本意無く覚えながら、とどまるべきならねば、〽くらきよりくらき道にぞ入りぬべしはるかに照らせ山の端の月と、読みて帰りけるを、上人、これを聞て、「この女人は、法花の心を得たる者なり。仏道近き人なり」とて、呼び返して云く。「我は、仏法の理も知らず。嵯峨の尺迦は生身の如来なり。参りて祈請すべし」と。（中略）さて、誓願寺に庵室を結びて、専ら弥陀に帰し、偏に往生を欣《ねが》う。最後の夕、臨終の剋《きと》に、音楽、室に聞こえ、異香、室に薫ず。観音の迎接に預りて、安養の往生を遂げたり、と申して候。

金沢文庫本説草**和泉式部往生事**

物語云。南都ノ西大寺ニハ、過去帳・現在帳トテ、二アリ。過去帳ニハ、死タル人ノ名ヲ書付テ、廻向スル也。サテ、現在帳ニハ、生タル人ノ名ヲ付也。而ニ、泉式部、存生ノ時、現在帳ニハ不レ付、過去帳ニ付也。皆人、聞レ之、生タル人ノ過去帳ニ付事、不審也、云時、泉式部、歌読也。

梓サ弓ハツルヘシトモ思ハネハ兼テ无キ身ノ数ニ入ル哉

法華直談鈔

和泉式部が保昌に忘られて、貴船に参りてよめる歌。

物おもへばさはの蛍もわが身よりあくがれにけるたまかとぞ見ゆ

明神の御返し。

おく山にたぎりておつるたぎつ瀬にたまちるばかり物な思ひそ

是は、御社の内にこえのありて、耳にきこえける、とぞ式部申しける。

俊頼髄脳

○たんと出シそうな名いづみ式部なり（安七礼5）

式部を多淫と見て、泉のごとくあふれるであろうと勘ぐる。

○いづ式キが来たよとそゝるせいぐわん寺（安六義6）

平井保昌の没後、尼となり誓願寺に住んだと伝える。「そそる」は浮かれ騒ぐ意で、近辺の男どもの注目の的となったであろうとの想像。

出雲のお国 いずものおくに

歌舞伎の始祖とされる安土桃山時代の女性芸能者。生没年不詳。於国、阿国、国、郡、久仁、おくに、くになど、さまざまに記されている。お国の出自や経歴については、確実な資料がまったくない。巷説では出雲大社の巫女《みこ》とされているが、地方から京に上った歩き巫女の一人であったとする説や、洛北出雲路河原の時宗鉦打聖の娘との説もある。江戸時代を通してさまざまに伝えられてきたお国伝説の集大成ともいうべき『出雲阿国伝』によれば、お国は出雲国杵築の鍛冶職中村三右衛門の娘で、永禄（一五五八―七〇）のころ出雲大社修覆勧進のために諸国を巡回したところ、容貌美麗で神楽舞に妙を得ていたので評判となり、京に上って歌舞伎踊を考案し、織田信長や豊臣秀吉、越前中納言秀康などに召し出されて寵愛されたということになっている。確実な資料にとにかく「国」の名が出るのは、一六〇〇年（慶長五）京都近衛殿において「クニ」と「菊」という二人が雲州（出雲国）のややこ踊を演じたとあるのが最初である（『時慶卿記』）。次に、一六〇三年四月には「出雲国神子女」国が、当時流行の男伊達風の男装をして茶屋遊びの様子をまねて「カフキ躍《おど》り」をし、京中の人気を集めたという記録がある（『当代記』）。この二つを結

●出雲のお国　鉦をたたいて踊るお国。『国女歌舞妓絵詞』。

びつければ、お国がやや こ踊から歌舞伎踊を考案してその始祖となったということになる。この後お国は歌舞伎踊の一座を率いて、北野社頭や四条河原で勧進興行を行い、女院の御所や公家の邸にもしばしば招かれている。

また、歌舞伎成立当時の舞台の様子を伝えるといわれる『かぶきのさうし』(『歌舞伎草子』)では、当代のかぶき者(伊達男)名古屋山三郎が生前お国の歌舞伎踊を好んでいたが、お国を慕って亡霊となってあらわれ、お国とともに歌舞伎踊を踊るという話が作られている。〇三年に若くして刃傷沙汰のために非業の死を遂げた名古屋山三郎は、史実としてお国とはまったく関係のない人物であったが、異風な男装で歌舞伎踊をしたお国と密着することになり、さまざまに潤色され、多くのお国山三説話を生むことになった。名古屋山三郎はお国に情を通じた夫ということになり、山三郎が歌舞伎踊を考案してお国に教えたとか、二人で歌舞伎踊を創始して全国に広めたなどと説かれている(『懐橘談』『雍州府志』など)。慶長末年にはお国が桑名や江戸城中で勧進興行を行ったと伝える資料があり、北野社家の記録にも再び「国」の名があらわれるようになり、御所や公家の邸にしばしばかぶきが招かれるようになるが、これらが出雲のお国と同一人物であるかどうかは確かめえず、二代目お国を想定する説もある。晩年の動静についてもまったく不明で、〇七年小田原で没したとも、故郷出雲に帰って尼となって智月と号し、連歌を楽しみ、二二年(元和八)七月一三日七五歳で没したとも、長命を保って八七歳で没したとも伝えられている。→名古屋山三郎　鳥居 フミ子

古は神楽とも云(ひ)しを、聖徳太子、神楽の神の字の真中に墨打をして、秦河勝に鋸にて引割せ、是を名付(け)て申楽といふ。其後の人、申の字の首と尻尾とを打(ち)切(り)て、田楽と号して専行(は)れけり。其後は田の字の口をとりて、十楽などゝも名付(く)べきを、永禄の頃出雲のお国といへる品者、江州の名古屋三左衛門となんいへるまめ男と夫婦となり、哥舞妓と名をかへ、今様の新狂言を出す。

根南志具佐

都の春の花ざかり〳〵、かぶき躍にいでうよ、そもそもこれは出雲の国大社に仕へ申す社人にて候、それがしが娘に国と申す巫女の候を、かぶき躍と申す事を習はし、天下太平の御世なれば、都にまかりのぼり候て、躍らせばやと存じ候。(中略)いかに申し候、今日は正月二十五日、貴賤群集の社参の折柄なれば、かぶき躍を始めばやと思ひ候、まづ〳〵念仏躍を始め申さう、光明遍照十方世界、念仏衆生摂取不捨、南無阿弥陀仏なむあみだ、南無阿弥陀仏なむあみだ、はかなしや鉤に懸けては何かせん、心にかけよ弥陀の名号、なむ阿弥陀仏なむあみだ。

かぶきのさうし

伊勢三郎 いせのさぶろう　?―一一八六(文治二)

源義経の股肱《ここう》の郎等。名は義盛。俗に義経四天王の一人。『玉葉』『愚管抄』『吾妻鏡』にその名が見える。『平家物語』などによれば、源平合戦に義経に従い、志度で敵将田内左衛門の率いる三〇〇〇余騎を無血で武装解除させ、壇ノ浦で平宗盛らを生け捕るなど活躍した。伊勢国が生国とも父の生国とも伝え、父は二見の住で太神宮神主のかんらひ義連とも、伊勢の河島二郎盛俊(魚名流)とも伝える。もと、鈴鹿山の山賊とも、上野国で山賊を生業としたとも伝え、その戦法や『義経記』に描く風貌に悪党的なところがうかがえる。鈴鹿山で伯母聟与権守、または伊勢守景綱を殺し、上野国に流されたなどとも、日光育ちの児《ちご》とも伝え、義経との邂逅《かいこう》は同国松井田(荒蒔郷、板鼻などとも)でのこととされる。のち、伊勢に帰り守護首藤四郎に敗れ、鈴鹿山において自害した(『源平盛衰記』)と伝え、『玉葉』文治二年七月二五日条に義盛が梟首《きょうしゅ》されたよしが見える。

山本 吉左右

それよりもよし盛は。都まぢかき国〳〵の大名小名に御判をおがませ申すくに京へぞ上りける　たそかれ時の事なるに。備中殿のかゝ

りの前を笠をかたふけ　よしもりはあふさらぬ躰にて通りけり。(中略)番の兵これを見て。なむの山ぶしの。行にてもあらはあれ。笠をぬがれ候へとて。よしもりがきたりける。しらうちでの笠を。ひきおとして見てあれば。あむの内のよしもりなり。(中略)一尺八寸の。うち刀するりと抜て。まつかうにかさし。大音あけて名乗やう。いかにかた〳〵か見とかめたるはたうりなり。判官殿の御内の侍。伊勢の三郎よしもり也。たゝし当家の番のもの。あはぬかたきと存れども。ゆみ取の。しに所をは定めえす。そこをひくなといふまゝに大勢の中へわつて入。わりたておむまはしてさむ〳〵に切たりけり手もとにすゝむよきつはものを十七八騎切ふせ。大勢に手をおふせ東西へばつとおつちらし。かふなるものゝしがいのやう。見ならへやつといふまゝに。刀のまむ中おつとつて腹十文字にかき切て。四十三にてうたれたる。よしもりが心中をば。貴賤上下をしなへ。かむぜぬ人はなかりけり

幸若舞清重

伊勢の三郎義盛は足音しづかに罷出。謹で頭をさけ。めかいの不具な女めが心計の饗応《もてなし》を御もちゐあつて有がたしと一礼すれは牛若君。持たるかはらけ酒ながら義盛になげ付給ひ。主が送る酒ならば千盃にてもと思ひしが。平家の族《やから》がすゝめをはなど一滴もほすべきと。御気色あらき御相好けふさめ。てこそみへにけれ。

義盛お側にさしよつてこは心へぬ御諚かな。さい前御耳にたつ通り伊せの蔵人義連がと。いはせもはてすヤアけがらはしいまはしゐ。しやうねがあらばよつくきけ。父のあたには天をだにともにいたゞく道理なし。源氏普代の者として平家の臣と縁を組。やしなはるゝは何事ぞ。汝が伯父の長範が猛悪無道の名を穢《けが》すも。兄義連か名跡を汝につがせんためならずや。かれらは不便に思へ共親をぢよりも立をくれ。何の用にも立まじき者と思へば牛若が。臣下の数にはいらぬぞよ。罷立よとねめ付て脇息とつて高枕。周公が夢松の風。声にいひきをそへ給へば。義盛いらへの詞さへ。取つく島もあら男覚へすしらず声を上わつとかしこへ。泣ころぶ。

女房も猶悲しさの涙はあれど目はみへぬ。妻のなきごゑそこや爰。漸々とさぐりより。ヲヲおだうりやさりながら。泣た計じやすみますまい。とくと心を落し付なぜいひはけはし給はぬ。おまへがぶけいが下手じや共馬に乗事ならぬ共。おとがめにてもあらはこそ。平家に縁を結しと其おにくしみ計ぞや。何までもないみづからにいとまを出していさぎよく。なぜ云はけはし給はぬ。あらふがいなのお心やと。いさめもしたは嘆きなり。

義盛涙ヲおしのぐひよくこそ心を付られしが。そうもしにくい子細有。もと目のみへぬ其方をは色でそふたる中でもなし。勿論欲に持もせぬそなたが母の度々に。我をはかげへ招きよせ下らう奉公は致せ共。いやしからざる者とみるかたは娘をてゝ親の。尼になすのが悲しひがおぬしが宿の妻にとは。いゝかねたれどゝ手を合せおがみ給ふがいとしさに。気遣あるな某が二世も三世もそひましよと。約束したる其母は去々年しんでしまはれた。只今かうした首尾ゆへに。さるとて戻す相手がない。武士の一言たがゑる事。ゐはいが物をいはぬとて。天の眼が恥かしく。夫故とうはく致すぞと女の。ひざにひれふしぬ。

(ここでは伊勢三郎は熊坂長範の甥として登場する)

末広十二段

三郎　え、すりや左馬頭義朝公の、御公達にしてましませしか。

〽はツとばかりに飛び退り、両手を突いてはら〳〵と涙を流しやゝ暫し、物も得言はず居たりしが、

まことに思ひ寄らぬ事、只今御名を問ひ奉らずば、いかでか君と知ることあらん、恐れながら我が為には、重代の御主君なり。

〽いふにこなたも驚きたまひ、

義経　我を重代の主君といふ、して其方は何者なるぞ。

〽問はせたまへば、座を進み、

三郎　唯斯く申すのみにては御不審は晴れ申すまじ、元某が父と申すは伊勢の国山田の産、二見信連と申したる太神宮の神職にて、

頭の殿とは主従の契約なせし者でござる。
義経　さては我が父左馬頭と主従の契約なせしとか、して又伊勢を立去りて此上野に潜み居るは、如何なる仔細ありての事ぞ。
三郎　これにも深き仔細あり、恐れながら一部始終只今是れにて申し上げん。
〽四辺を窺ひ吐息をつき、(中略)余りの事の悔しさに平家の禄は食むまじと心にもなき切取り強盗、道ならぬ所業をなし辛くも露命を繋ぎしゆゑ、今日測らずも御公達たる義経公に見えしは、三世の機縁尽きざる所、我が年来の望み叶ひ本懐を達せしは、偏に八幡大菩薩摩利支天の加護なるか、是れに上越す悦ひなし。

孝源氏陸奥日記中幕「伊勢三郎隠家の場」

市川団十郎　いちかわだんじゅうろう　一六六〇―一七〇四(万治三―宝永一)

江戸時代の元禄期(一六八八―一七〇四)から現代まで続く歌舞伎役者の名跡。現在までに一二代を数える。江戸時代の演劇史で特筆されるのは、初代、二代目、五代目、七代目、八代目、九代目の六人だが、ここで記すのは初代団十郎についてである。

初代団十郎は、一六七三年(延宝一)一四歳のとき、中村座の「四天王《してんのう》稚立《おさなだち》」に市川段十郎(一説には市川海老蔵)名で、坂田金時を演じたのが初舞台という。このとき段十郎は全身を紅で塗り、赤い顔に墨で隈をとり、童子格子の衣裳に丸絎《まるぐけ》の帯を締めて大太刀を差し、大斧を振り上げて登場、大立ち回りを演じて喝采を浴びたという。すでに初舞台で荒事を演じていたことになるが、団十郎による荒事の創始は、八五年(貞享二)に演じた「金平六条通《きんぴらろくじょうがよい》」の坂田金平役であるとされる。この歌舞伎は、金平浄瑠璃のいわば翻案ものである。坂田金時の子の金平をはじめとする、源頼光《らいこう》の四天王の子供たちが大活躍する語りもので、岩を叩き割ったり、人形の首を引き抜いたりの荒々しい演出で知られた。団十郎は、これをヒントに荒事歌舞伎を創始したという。もっともすでに一六七五年に「勝鬨誉曾我《かちどきほまれそが》」で曾我兄弟の兄五郎役を演じて、その荒々しい演技が評判を得ていた。九三年に京へ上るが、その前後に段十郎から団十郎に改めたとされる。

ところで、団十郎の出自と少年時代に関しては判然としない。『市川團十郎家家譜』(立川焉馬)によれば、先祖は甲州武士だったという。永正年間(一五〇四―二一)に小田原北条氏(後北条氏)に仕え、小田原北条氏が滅んだのち下総国埴生《はぶ》郡幡谷村(現、千葉県成田市)に帰農し、郷士となって堀越姓を称したという。初代団十郎の父堀越重蔵(十蔵ともいう)は、江戸に出て侠客や役者たちと付き合い、「菰《こも》の重蔵」、または「面《つら》疵《きず》の重蔵」と呼ばれたという。息子が生まれると侠客の唐犬権兵衛に名付け親になってもらい、海老蔵と命名したという。その子が初代団十郎になるわけだが、どのようにして役者となったのかは、はっきりしない。その団十郎が押しも押されもせぬ人気役者となり、一七〇三年成田山新勝寺の初の江戸深川永代寺(富岡八幡宮社地)での出開帳に合わせて、自作自演の「成田山分身不動」を演じ、明治期に永代寺跡地に深川不動堂(成田山別院)が建立されるきっかけとなった。代々の団十郎が「成田屋」と称されるのは、これ以後のこと。しかし一七〇四年二月、団十郎は市村座に出演中、役者の生島半六に刺殺された。原因は不明であるが、人気絶頂の四五歳のときであった。

高橋　千劔破

○だん十郎で出ましたと母くろう(天二・三・二七)
○妨が団十冠を引おろし(八八26)

荒事芸の成立は市川家のみに限ったことではなかったが、団十郎の代々に名優が輩出、ついに荒事といえば団十郎を連想させることになった。したがって、荒々しい行為、暴れることを「団十郎を起こす」などという(『三芝居新大改雑書』)。第一句、母親に金銭をねだって、思うにまかせぬ愚息、やつぁたりして家を飛び出した。第二句、『暫《しばらく》』のウケ(公卿悪)の金冠を引きちぎる勢いで、雛人形の冠を引っぺがす腕白小僧。

○極片鄙《びへん》人別帳に団十郎(九九92)
日本国津々浦々に知れわたった団十郎という名を子どもに命名するやつもなかろうが、ごく山国では、「おおい団十郎よお」と呼べば、「なんだな菊之丞よお」とむくつけき山賤《やまがつ》などが対話しているかもしれぬ、という滑稽。以下は代々の団十郎……。
○本家は一筋成田屋は三筋也(一一三32)
先祖はもと武田家の士、北条氏康の家臣となり、小田原落城ののち、下総国成田村の近村幡谷村に移住したと伝えられる。団十郎の荒事は、無頼の徒と槍一筋の家柄が混淆して醸成した芸ともいえる。団十郎家のデザインの一つに家紋の「三升」を崩した「三筋格子《みすじごうし》」がある(化政期に流行)。
○半六に切られたはなしばゝあする(天元智2)
○さあ半六と団十郎の次第(籠三4)
○市川と杉山紙代か四もん(三一4)
初代団十郎は一七〇四年二月一九日、市村座『移徙《わたまし》十二段』の出演中に、役者の生島半六(初名杉山半六)に刺殺された。原因は怨恨によるとされる。第一句、詠まれた天明期(一七八一―八九)からは二世代以前のできごと。第二・三句、瓦版の読売りで売り歩いたであろうとの穿《がう》ち。「……の次第、紙代板行代が四文」と。
○通りますきくとはくゑんかんがへる(安九梅3)
○かげ清に三ツ多ィがふだんの名(天八満2)
○はつ鰹落ル涙のひまよりも(明五仁4)
二代目は初代の子で、父の築いた荒事芸を継承し、さらに和事風の芸風を導入、江戸歌舞伎における市川家の名声を不動のものとした。また俳諧をよくし、其角・沾徳に学んで、三升・才牛・栢莚《はくえん》を俳号とした。第一句は真間山弘法《ぐほう》寺の紅葉見物の途次、市川の番所で「通りますとふらばまゝの紅葉かな」と詠んだ(『三升屋二三治戯場書留』)。市川の番所では、乗船の者一同がかぶり物をとり、船頭が「通ります」というと、「通れ」と答えが返ってくることになっていた。番所は利根川に面し、真間の紅葉見物には多くが水路を利用した。第二句、二代目の通称、成田屋十(重)兵衛。当り役の悪七兵衛景清に三をたした名前。謎句仕立てにしている。第三句は正徳事件で、生島新五郎は奥女中の絵島と通じたとされ、三宅島に流罪となった。その新五郎は二代目の先輩にあたり、島から望郷の念をこめて「初鰹からしもなくて涙かな」と書き送ったところ、その返しに二代目が「そのからしきいて涙のかつをかな」と詠んだエピソード(『古今雑談思出草紙』など)による。
○三舛があたりがはぜの喰ふ所(明六天2)
○親玉が内はあれさと釣て居る(拾九6)
四代目は深川木場に隠宅があり、通称「木場の親玉」といい、世話好きで人びとに慕われた名優。木場は当時、ハゼのほか手長エビ・フナなどが釣れた(花咲一男『江戸の魚つり』)。「親玉」はすでに二代目の時代から団十郎の称号としてあったが(大田南畝『俗耳鼓吹』)、ここでは木場の親玉の四代目。
○海老蔵も花見の座でハ七左衛門(一六二1)
○狂言をずつぱりあてゝ五湖へ迯ゲ(八八36)
五代目は一七九一年(寛政三)一一月、六代目に団十郎名を譲り、「市川鰕蔵」を名のった。海老蔵の名は初代の幼名いらいの名だが、自分は海老ではなくエビザコの意で「鰕」の字を用いた。明和―天明期(一七六四―八九)のスーパースターであり、風雅の道に興じ、文筆の才にも恵まれ、一七九六年に引退、向島の反古庵で質素な生活に入った。狂歌名を「花道のつらね」、俳号「白猿」、隠居後は成田屋七左衛門、反古庵と名のる。第一句、『柳多留』一六二編には株木の作とあるが、五代目の狂歌発句集『友なし猿』(九七年刊)に「ゑび蔵も花見の座では七左衛門」と、そっくりそのまま出ていて、芭蕉の「景清も花見の座には七兵衛」(『翁草』など)をもじった五代目の作。第二句、五湖へ隠退した范蠡《はんれい》に五代目の隠退をかけた。「昔越の臣范蠡は五湖に遁れ、此人は牛島の草庵に世を避く」(『俳優三世相』)。「ずっぱり」は、どっさり、たくさんの意。
○木場の成田も巍然(ママ)たる石燈籠(一二二20)
○硯子程好く江戸ッ子の木場びゐき(一四二24)
四・五代目と同じく木場に別邸を構えたのは七代目で、第一句の「木場」は七代目を指す。木場の庭内に「巍然《ぎぜん》」としてそびえたつ石燈籠一対は高さ一丈七尺あり、人眼をひいた。のち天保の改革時に、七代目は五代目海老蔵を名のっており、奢侈禁令により江戸一〇里四方追放の刑に処せられたが、その理由の一つとして「庭向へハ御影石燈籠其外大石数多差置」と申渡書に明記され、槍玉にあげられた。第二句の「硯子《けんす》」は蜆子和尚という中国の奇僧で、海老を捕って命をつないだという伝説による。

○定紋は二斗四升の新之助(八八37)
○親玉の息子座頭株に成り(一六五9)

八代目は七代目の長男、三二歳の若さで自殺をとげた美貌の人気役者。幼名新之助、六代目海老蔵の名を経て、一八三二年(天保三)にわずか一〇歳で八代目を襲名する。第一句はその誕生の二ヵ月後に詠まれた句で、祝福された赤児として育った。「二斗四升」は、八代×三升＝二斗四升の算数。第二句は三七年の作で、団十郎父子めかし、八代目が座頭になったように韜晦《とうかい》しているが、同年九月に将軍宣下した家慶を裏にひそめて詠んだ句。町入り能で将軍が出座すると、「親玉ッ」「日本一ッ」と町民が声をかけたといわれ、将軍にもまた「親玉」の称があった。

一角仙人 いっかくせんにん

女色により通力を失った仙人譚の主人公。『今昔物語集』巻五によれば、昔天竺に額に角一つ生えた仙人がおり、一角仙人とよばれた。彼は多年深山に修行し通力あらたかであったが、あるとき雨の山道ですべり倒れたことを立腹し、雨を降らす竜王を憎んで、多くの竜王を水瓶にとりこめてしまった。ために天下は干ばつがつづき万民の嘆きとなる。国王が仙人の通力を失わせる方途を問うたところ、ある人女色をもってすることを案じ、美女五〇〇人をよりすぐり、仙人の山中で妙なる歌をうたわせた。仙人これに心魂を迷わせ美女に接するや否や、通力解けて諸竜王は水瓶から空に昇り、雷鳴とともに大雨が至ったという。この原話は『大智度論《だいちどろん》』『法苑珠林《ほうおんじゅりん》』等の仏典に見えるものであって、日本では『宝物集《ほうぶつしゅう》』『太平記』に類話があり、謡曲『一角仙人』、歌舞伎『鳴神《なるかみ》』はこれらの劇化・翻案である。 →久米の仙人…鳴神上人　阪下 圭八

一休 いっきゅう　一三九四―一四八一(応永一―文明一三)

室町時代の臨済の禅僧。諱《いみな》は宗純、狂雲子とも号した。父は後小松天皇。この皇胤説には疑問をもつ人もあるが、当時の公家の日記にみえ、今日ではほぼ定説となっている。六歳のとき、臨済五山派の名寺である京都安国寺に入り像外集鑑《ぞうがいしゅうかん》についた。このとき周建《しゅうけん》と名付けられた。一休の初名である。周建は才気鋭く、その詩才は一五歳のときすでに都で評判をえた。だが、その翌年、周建は権勢におもねる五山派の禅にあきたらず、安国寺を去り、同じ臨済でも在野の立場に立つ林下《りんか》の禅を求めて謙翁宗為《けんのうそうい》、ついで近江堅田《かただ》の華叟宗曇《けそうそうどん》の門に走った。宗為も宗曇も、林下の禅の主流である大徳寺の開山大灯国師(宗峰妙超)の禅をついでいた。一休はこうして大灯の禅門に入った。五山の禅とちがって、権勢に近づかず、清貧と孤高のなかで厳しく座禅工夫し、厳峻枯淡の禅がそこにあった。宗為から宗純なる諱を、宗曇から一休という道号を与えられた。一休なる道号は、煩悩《ぼんのう》と悟りとのはざまに「ひとやすみ」するという意味とされ、自由奔放になにか居直ったような生き方をしたその後の彼の生涯を象徴するようである。

一休青年期の堅田での修行は、衣食にもことかき、香袋《においぶくろ》を作り雛人形の絵つけをして糧《かて》をえながら弁道に励んだという。そして、二七歳のある夜、湖上を渡るカラスの声を聞いたとき、忽然と大悟した。この大悟の内容はいまとなってはだれにもわからない。やがて一休は堅田をはなれ、丹波の山中の庵に、あるいは京都や堺の市中で、真の禅を求め、あるいはその禅を説いた。つねに清貧枯淡、権勢と栄達を嫌い、五山禅はもとより同じ大徳寺派の禅僧らに対しても、名利を求め

安逸に流れるその生き方を攻撃した。堺の町では、つねにぼろ衣をまとい、腰に大きな木刀を差し、尺八を吹いて歩いた。木刀も外観は真剣と変わらない。真の禅家は少なく、木刀のごとき偽坊主が世人をあざむいているという一休一流の警鐘である。一休は純粋で潔癖で、虚飾と偽善を嫌いとおした。かわって天衣無縫と反骨で終始した。きわめて人間的で、貴賤貧富や職業身分に差別なき四民平等の禅を説いた。これが彼の禅が庶民禅として、のちに国民的人気を得る理由となった。壮年以後の一休は、公然と酒をのみ、女犯《にょぼん》を行った。戒律きびしい当時の禅宗界では破天荒のことである。いく人かの女性を遍歴し、七〇歳をすぎた晩年でさえ、彼は森侍者《しんじしゃ》と呼ばれた盲目の美女を愛した。彼の詩集『狂雲集』のなかには、この森侍者への愛情詩が多く見いだされる。一四五六年(康正二)、一休は山城南部の薪村《たきぎむら》に妙勝寺(のちの酬恩庵《しゅうおんあん》)を復興し、以後この庵を拠点に活躍した。この間、七四年(文明六)勅命によって大徳寺住持となり、堺の豪商尾和宗臨《おわそうりん》らの援助で、応仁の乱で焼失した大徳寺の復興をなしとげた。酬恩庵の一休のもとへは、その人柄と独特の禅風に傾倒して連歌師の宗長や宗鑑、水墨画の曾我蛇足《そがじゃそく》、猿楽の金春禅竹《こんぱるぜんちく》や音阿弥《おんあみ》、わび茶の村田珠光《むらたじゅこう》らが参禅し、彼の禅は東山文化の形成に大きな影響を与えた。彼自身も詩歌や書画をよくし、とくに洒脱《しゃだつ》で人間味あふれた墨跡は当時から世人に愛好された。

「昨日は俗人、今日は僧」「朝《あした》には山中にあり、暮《ゆうべ》には市中にあり」と彼みずからがうそぶくように、一休の行動は自由奔放、外からみると奇行に富んでおり、「風狂《ふうきょう》」と評され、みずからも「狂雲」と号した。しかし、反骨で洒脱で陽気できわめて庶民的な彼の人間禅は、やがて江戸時代になると、虚像と実像をおりまぜて、とんちに富みつねに庶民の味方である一休像を国民のなかに生みだした。彼自身の著とされているものには『狂雲集』『自戒集』『一休法語』『仏鬼軍《ぶつきぐん》』などがある。

藤井 学

◉――一休　上＝一休(上)と彼が晩年溺愛した盲目の美女(下)。この絵は、一休七八歳のとき、初めて彼女と契りを交わしたことを記念して描かれたものと考えられている。正木美術館蔵。
下＝生きた鯉を持った一休が「生きて水中にあそばんよりは、しかじ愚僧が糞となれ、喝」と引導をわたして師をやりこめる。『一休禅師一代記』。

【一休像の形成】　一休の洒脱な性格とユーモラスな行状に関する伝承が近世に入ってから多くの逸話を作りあげた。その話は、実話もあろうが創作もあり、他の人の奇行やとんちに関する話を一休の行跡に仮託したものが多い。万人周知の多彩な一休像が世に伝えられる基本になったものは、一六六八年(寛文八)に刊行された編著者不明の『一休咄』四巻である。この本は刊行後たちまち評判となり、翌年に再版となった。一七〇〇年(元禄一三)には五冊本があらわれ、さらに版を重ねた。『一休咄』では、高僧としての一休禅師よりも頓智頓才の持主としての一休の「おどけばなし」が主体となっている。小僧時代の一休さんのとんち話は巻一の「一休和尚いとけなき時旦那と戯れ問答の事」に記され、有名な一休和尚の奇行譚は各巻に見える。軽口問答や狂歌咄もある。地蔵開眼のときに小便をかけたり、魚に引導をわたしたりする話などは、近世以降広く人々に知られた。かくして一休は問答を得意とする風狂的な禅僧としてのイメージを強くし、江戸時代における人気は絶大なものとなった。『一休咄』以後、『一休関東咄』『二休咄』『続一休咄』『一休諸国ばなし』などが生まれ、ついに六〇余点にものぼる一休の逸話に関する本が出版されるに至った。一休の人気は近代に入っても衰えず、子ども向けの絵本や童話にも採用され、現代のテレビでも一休さんのアニメーションが人気番組となっている。

関山 和夫

一休和尚はいとけなき時より、常の人にはかはり給ひて、利根発明なりけるとかや。師の坊をば養叟和尚と申しける。こびたる旦那ありて、常に来りて和尚に参学などし侍りては、一休の発明なるを心地よく思ひて、折々は戯《たはぶれ》をいひて問答などしけり。或時かのだんな革袴を著て来りけるを、一休門外にてちらと見、内へ走り入りてへぎに書付け立てられけるは

此寺の内へかはの類かたく禁制なり。もしかはの物入る時は、その身に必ずばちあたるべし

と、書きて置れける。かの檀那是を見て、革の類にばちあたるならば、此御寺の太鼓はなにとし給ふぞと申しける。一休聞き給ひ、さればとよ、夜昼三度づつばちあたる間、其方へも太鼓のばちをあて申さん、革の袴きられける程にとおどけられけり。その後かの檀那養叟和尚を斎《とき》によぶとて、一休も御供にと申す。かの返報せばやとたくみけるが、入口の門の前に橋ある家なりければ、橋のつめに高札を仮名にて書きて立てけり。

此はしを渡る事かたく禁制なり

とかき付けける。養叟斎の時分よしとて一休をめし連れ、かの人方へ御出あるに、橋の札を御覧じて、此はし渡らでは内へ入る道なし、一休いかにと有りければ、一休申さるるは、いや此はしわたることと仮名にて仕りたる間、真中を御渡りあれとて、真中をうちわたり内へ入り給へば、かの者出合ひ、禁制の札を見ながら、いかではし渡り給ふぞとどがめければ、いや我等ははしは渡らず、真中をわたりけると仰せらるれば、亭主も口をとぢ侍る

一休咄巻一ノ一

○大徳寺おどけた和尚も出来ず(明二礼6)

大徳寺歴代名僧中、卓絶の滑稽和尚として認識された。

○一休ははしはわたらず中通り(七三35)

一心太助 いっしんたすけ

大久保彦左衛門に愛されたと伝えられる魚商。生没年不詳。俠勇あって「一心」の名は首(または腕ともいう)に「一心白道」の四字を入墨したところから呼ばれたとされる。実録本『大久保武蔵鐙《あぶみ》』によって大久保政談にからんで登場、浅草茅町の穀商松前屋五郎兵衛の無実をはらす役割を果たした。一八五五年(安政二)七月江戸中村座初演の『名高手毬諷《なにたかしまりうた》実録』(三世桜田治助作)で四世市川小団次が太助ほか五役を演じ好評。ほかに八三年一月初演『芽出柳緑翠松前《めだしやなぎみどりのまつまえ》』(河竹黙阿弥作)、八八年一一月東京市村座初演『武蔵鐙誉大久保』(三世河竹新七作)、一九〇四年一一月東京明治座初演『偽鍍金蓮華組上《まがいめつきれんげのくみあげ》』(竹柴其水作)などの後続作があり、いずれも太助は義俠心にとむ江戸っ子気質の性格として形象化された。 ➡大久保彦左衛門

小池 章太郎

男は気で持つ膾は酢で持つ一心は鏡の如しと

左右の腕へ刺繍《ほりもの》をして江戸ッ子の生粋を立通したは江戸神田三河町の肴屋の太助、人異名して一心太助と申しました、此太助は商売こそ肴屋ではございましたが天下の為には余程成つた男で川勝丹波守の悪逆を発見して是れを大久保彦左衛門に告げ彼の家を断滅させましたも松前屋五郎兵衛の寃罪を雪《す》ゝぎましたも皆太助の功でありまして、去れば一時は大久保彦左衛門の隠し目附けである抔《など》といわれたさうで、太助は隠し目附抔をするやうな卑怯な男ではございませぬ眼中には一点の利慾なく只々曲つた奴は何所までも直くしやう弱い者は助けてやらう強い者なら飽までも向ふへ廻して敵対をうといふ江戸ッ子気象からいたした仕事でございまして是はモウ他の書物にも立派に出てをります。

講談 **一心太助**（桃川実演）

○米屋の主魚屋にたすけられ（弘化四、小松会七32）

「米屋」で浅草の穀商松前屋五郎兵衛を暗示する謎句。

一寸法師　いっすんぼうし

異常に小さな姿でこの世に出現した主人公の活躍を語った昔話群の総称。御伽草子に収められていた物語が「一寸法師」と名づけられていたため、この種の昔話を「一寸法師」と呼ぶことが広く定着しているが、民間伝承の段階では、主人公を一寸法師と呼ぶほか、豆助、豆一、五分次郎、親指太郎など主として小さいことを示すようなさまざまな名前で呼んでいる。また、民俗学では、神話や伝説、昔話などに登場する、背丈の低い神や人物を「小さ子」と総称している。この種の昔話の内容は、子のない夫婦が神仏に祈って男の子を授かるが、豆つぶのように小さな子でそれ以上に成長しない。長者や貴族の家に行って働き、計略を成功させて美しい嫁を迎え、さらに鬼退治をして宝物を得たり出世したりする。また、鬼の宝であった打出の小槌を振ると背が伸びて一人前の若者になる、というもので、こうした話型のほかに、聟入りの部分がないものや、鬼退治の部分がないもの、打出の小槌のような呪具でなく、風呂に入って一人前の男になるもの、背丈はそのままのものなどの話も多い。話の特徴として、①「申し子」としてあるいは脛《すね》や指などから生まれた異常誕生児である、②そのしるしとして異常に背丈が低い、しかし身分の高い者の娘を嫁にしたり、鬼を退治することのできる特別な能力を所有している、③呪具その他を通じて一人前の男に変身する、という点が挙げられる。こうした昔話には、古代の小さ子に対する信仰、男の成人儀礼、出世願望、英雄異常誕生観などが反映されていると解釈されている。昔話には、これと同じような展開を示す話であるが、小さな子ではなく、蛇やタニシ、カタツムリ、カエルなどの動物が主人公となっている昔話群があり、双方は深い関係にあると考えられている。また、桃太郎や力太郎などの異常誕生した英雄たちの昔話も相互に関係があるとされている。

小松　和彦

…一寸法師はこゝかしこと見めぐれば、いづく…

◉——**一寸法師**　一寸法師の活躍で、姫を襲った鬼が打出の小槌などを捨てて逃げ去る。御伽草子『一寸法師』の挿絵。

ともなく鬼二人来りて、一人は打出の小槌を持ち、いま一人が申すやうは、「呑みてあの女房取り候はん」と申す。口より呑み候へば、目の中より出でにけり。鬼申すやうは、「是はくせものかな。口をふさげば目より出づる」。一寸法師は鬼に呑まれては、目より出でゝとび歩きければ、鬼もおぢをのゝきて、「是はたゞ者ならず。たゞ地獄に乱こそいできたれ。ただ逃げよ」といふまゝに、打出の小槌、杖、しもつ、何にいたるまでうち捨て、極楽浄土のいぬゐの、いかにも暗き所へ、やうやう逃げにけり。さて一寸法師は是を見て、まづ打出の小槌を濫妨し、「われ〳〵がせいを大きになれ」とぞ、どうどう打ち候へば、程なくせい大きになり、さて此程疲れにのぞみたることなれば、まづ〳〵飯をうち出し、いかにもうまさうなる飯、いづくともなく出でにけり。不思議なるしあはせとなりにけり。　一寸法師

一遍　いっぺん　一二三九―八九(延応一―正応二)

鎌倉中期の僧。時宗の開祖。諱《いみな》は智真。伊予国の豪族河野道広の子。河野氏は瀬戸内海の水軍を率いる有力な武士であったが、承久の乱で京方について没落し、一遍が生まれたころにはかつての力を失っていた。幼いときに寺に入り、一二四八年(宝治二)に出家して随縁と名のった。五一年(建長三)大宰府に行き、法然の弟子として知られた浄土宗西山義の祖証空の門弟である聖達に師事して、仏教の学問につとめた。その間、智真と名を改めたが、六三年(弘長三)、父の死を聞いて伊予に帰り、還俗した。しかし、一族の所領争いなどが原因で再び出家し、九州の聖達を訪ねなどするうちに、七一年(文永八)、信濃国の善光寺に参詣したときに、独自の阿弥陀信仰を感得して「二河白道《にがびゃくどう》図」を写した。伊予に帰った一遍は、窪寺(愛媛県松山市)の草庵で念仏を修し、念仏に対する信仰を深めて「十一不二頌」を作った。七四年、妻と娘、かつての従者一人を同行として遊行《ゆぎょう》の旅に出て、布教の生活に入った。四天王寺、高野山など当時浄土教の拠点となっていた所を巡ろうとした一遍は、さらに人々の間で阿弥陀の浄土に最も近い所とされていた紀伊国の熊野に赴き、本宮の証誠殿に参籠した。百日参籠の間に、一遍は、衆生の浄土往生は、信・不信、浄・不浄にかかわりなく、阿弥陀如来の名号によって定まったことであるから、ただひたすら「南無阿弥陀仏　決定往生六十万人」と記した札を人々にくばるようにという夢告を得た。この「熊野権現の神勅」によって、いっさいのものを捨てて阿弥陀如来にまかせきるという立場が確立したとし、のちにこのときを時宗開宗のときとするようになった。智真の名を一遍と改めたのもこのときである。一遍は同行と別れ、名号の札をくばる賦算《ふさん》を続ける旅に出、四国・九州・山陽を巡り、京都で布教を行ったのち、七九年(弘安二)、信濃国の伴野(長野県佐久市)を訪れたとき、空也の先例にならって踊念仏を催したが、それが予想外の人気を集めたため、その後一遍の赴く所では必ず踊念仏が行われて、数多くの庶民がそれに加わるようになった。

遊行は奥州、関東と続き、八二年には鎌倉に入ろうとしたが、幕府に阻止されて果たせなかった。こうした中で、一遍の宗教者としての人気はしだいに高くなり、八四年に京都に入ったときには大歓迎を受け、結縁《けちえん》を願う人々は跡を絶たないありさまであった。京都を出た一遍は、山陰路から摂津国にまわり、播磨国の諸寺を訪ねるなどしながら賦算を続けたが、八七年、備後国に行き、翌年には故郷に帰った。その後四国の各地を遊行し、八九年八月二三日、摂津国の和田岬(神戸市)の観音堂(のちの真光寺)で没した。その直前、所持していた聖教の一部を書写山に奉納し、残りの書籍類のすべてを焼き捨てたことは広く知られる。臨終にみずから聖教や記録を焼却した一遍の、生涯と思想を伝える資料はきわめて少ないが、おりにふれて語ったことばは『播州法語集』や『一遍上人語録』にまとめられ、各地を遍歴した遊行の生涯は『一遍聖絵』や

『遊行上人縁起』（『一遍上人絵伝』）などによって伝えられている。

一遍の信仰の核心は阿弥陀信仰であるが、ひたすら念仏を唱えようとする衆生の努力によって、阿弥陀如来の救いにあずかれると説く法然、阿弥陀如来の救いを信ずる心がおこったとき救いがきまると説く親鸞に対し、一遍は、救いは衆生の努力や阿弥陀如来の力によるのではなく、名号そのものにあると説き、ひたすら名号を唱えれば、阿弥陀如来と衆生と名号とが渾然一体となり、そこに救いの世界があると教えた。そこには、他力念仏の一つの極致が見られる。一遍は、そうした信仰を、名号札をくばる賦算と踊念仏によって広めようとしたが、名号札は救いの証拠として人々の心をとらえ、念仏踊は民衆に解放感と宗教的な心の高揚をもたらした。そして躍動する宗教心を広めるため、一遍は一六年にわたる遊行の生活を送り、遊行の中ですべてを捨てる信仰を深めた。

鎌倉時代のはじめ、比叡山の教学を批判する中からおこった鎌倉新仏教は、祖師の周囲に集まった人々の活動によって徐々に社会の各層の間に浸透していったが、活動の幅を拡大して広く民衆を救おうとしたとき、民衆の生活と密接に結びついている土着の信仰への対応を迫られた。鎌倉仏教の展開の最終段階に登場した一遍は、神祇信仰をはじめ、伝統的なさまざまな信仰を宥和し、その宗教的な力を幅広く吸収する中で、鎌倉時代の仏教の中で大きな流れとなった浄土教を純化し、土着化させることに成功した僧であった。一遍は教団を組織する意図を持たなかったため、時宗教団の形成は鎌倉新仏教諸宗の中でおくれたが、室町時代には大教団に発展し、各地の宗教的な活動に大きな影響を及ぼした。

一八八六年に円照大師、一九四〇年には証誠大師の勅諡号《ちょくしごう》が下され、二〇世紀に入ってから、知識人の間に一遍を賛仰する人々が相次いであらわれた。 →遊行上人

今井 雅晴

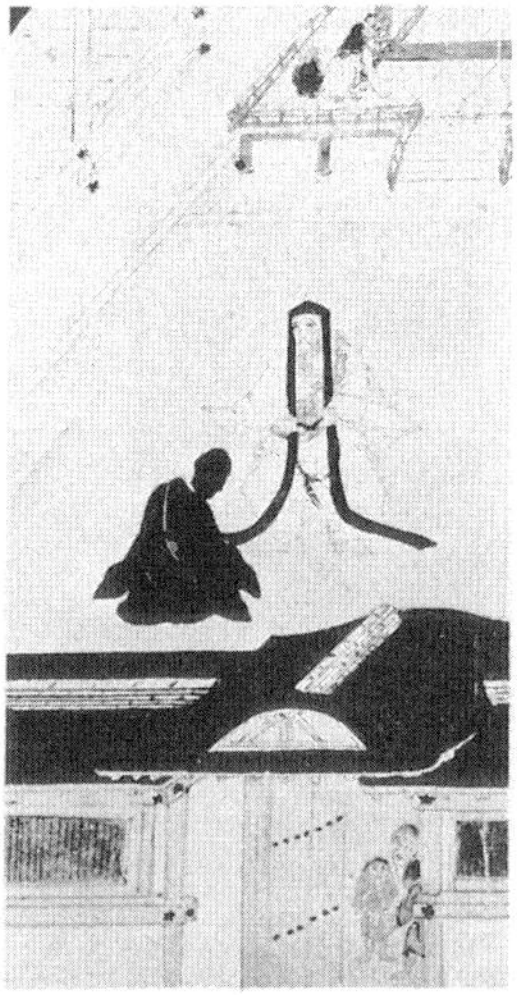

◉——一遍　左＝熊野権現から教えを受ける一遍。一遍にとって、熊野での体験は大きな転機となったとされる。『遊行上人縁起』。光明寺蔵。下＝一遍の呪力を期待して、その尿を乞う人々。「これは上人の御しと（尿）にて候。よろづの病の薬にて候」。『天狗草紙』。個人蔵。

開山一遍上人は伊予国の住人河野七郎通広が次男なり。家富栄えて、国郡恐従ひ武門の雄壮たりければ、四国九州の間他に恥る思なし。二人の妾《おもひもの》あり。何も容顔麗しく、心様優なりしかば、寵愛深く侍りき。或時二人の女房、碁盤を枕として頭差合せて寝たりければ、女房の髻忽に小き蛇となり。鱗を立て喰合ひけるを見て、刀を抜て中より断分け是より、執心愛念嫉妬の恐しき事を思知り、輪廻妄業

因果の理を弁へ発心して家を出でつゝ　北条九代記

伊藤一刀斎　いとういっとうさい　一五六〇?―一六五三?（永禄三?―承応二?）

一刀流剣術の祖。名は景久。幼名は前原弥五郎。剣豪で知られるが、経歴は不明確である。生国についても伊豆伊東、伊豆の大島、江州堅田、加賀金沢など定説がない。生没年についてもいくつかの説があるが確証はなく、それだけに伝説や逸話が多い。一刀斎は我流の剣法であったが、富田流の鐘捲《かねまき》自斎《じさい》に学び一刀流を創始したといわれ、全国を周遊して真剣勝負をなすこと三三回、敵をたおすこと五七人と伝えられる。鎌倉八幡宮で無意識のうちに人を切り夢想剣を開悟したとか、愛妾と酒を飲み、蚊帳の中で寝ている間に裏切った愛妾が刀を持ち出し、賊を招き入れ襲われるが、相手の刀を奪って危地を切り抜け仏捨《ふしゃ》刀《とう》を編み出したなどの俗説は有名である。弟子の神子上《みこがみ》典膳（小野忠明）と小野善鬼が決闘して、勝った典膳に一刀流の道統を伝え、その後一刀斎の行方はわからないとされる。一刀流とは、万物一より始まり、一刀より万化して一刀に治まり、また一刀より起こる理からであるといわれる。

中林　信二

稲葉小僧　いなばこぞう　一七六四?（明和一?）―?

天明期（一七八一―八九）の義賊。鼠小僧次郎吉とならび称されるのは、鼠小僧の出自である『鼠小僧実記』の記述に、稲葉小僧のものが多く転用されていることにもよる。因幡小僧とも書かれるが、新助という通称は田舎小僧新助が誤伝されたもので本名不詳。稲葉丹後守侍医の子に生まれ、幼少のころより手癖が悪く、勘当され、身を持ちくずして投じた夜盗の仲間から、稲葉小僧とあだ名された。もっぱら大名屋敷を荒らし、刀、脇差ばかり盗んだが、奥向へ入りこむことはなかったという。谷中で捕らえられ、町役人が奉行所に引き立てる途中、茶店の便所から縄抜けして勇名をはせた。上州へ逃げ、潜伏中に得た痢病で死んだと伝えられる。一七八九年、市村座で上演された『茬柄天神利生鑑』で、稲葉小僧の縄抜けが江湖の評判となった。実際に裁きを受けていないことが、その凶状を事実以上に伝えている気味もある。

矢野　誠一

きめうてうらいどらがによらい、天めい六年ひのへむまとし、おゑどの町々水と大くはでらんがさはぎ、そのとき見なされ、こめのさうばをきいたら、百に三合五勺、あふら一升七百五十文で、きもがつぶれる、上から下まで御かんりやくのおふれがまはつて、大みやうかたには七五三が八はいどうふ、にじう五さいがちやつけとなる、おうばのさしたる、ぎんのかんざしなつめりとなる、しゆぬりのくしがしら木となる。きんのちやがまがどひんとなる、あぶらももとゆひもたかひにおやぢもおかゝも、まんまるとぼうずになれと、御上ミの御ふれ、まんまるぼうずはきよねんのひやけの、なんきんかぼちやを見るよで、さりとはかゝさんおかしい物しや

其ときみなされ、いなば小ぞうは十二のおりから、人の物をはたゞ取リたがるくまでころで、かきこむしあんが、おやのてまへはかんどでござる、十四のおりにしゆざやの大小こもにつゝんで、めぐり〱てわが身にむくうて、ほうこうするにもうけ人ンなし、あきないするにはもとではなし、ぜひなくてぜいをあつめてどろぼうするとふけ〱てきりどりがうとう、金ができば上しうふかやか、ほんぜうしん町あたりでぢようらうかうては下ではどんちやん上ではひんしやんなけさかづきて、さゝがすぐれはなんとていしゆ、よいさかなはないか、おつと心へたりとこいのすい物たてみそしるにて、とりてのやくにん上しうたかさき右京の太夫のやく人くろしやうぞく、十手にたちつくぼうさすまた、いなば小ぞうはすこしもさはかず、ひごろてなれしまじゆつをおこなひまくらのかげへそろりとしのび、やくにんしゆ中これはきつねかたぬきのわざかと、きもをつぶしてじやうかへも

…どる　因幡小ぞうちょんがれぶし…

茨木童子　いばらきどうじ

近世の「前太平記物」の諸文芸に登場する鬼。大江山の酒呑童子の配下で、その命を受けて都を荒らしたが、羅生門(一条戻橋とも)で、武勇ならびなき頼光四天王の随一、渡辺綱に片腕を切り取られる。のち伯母に化けて綱の館へ行き、その片腕を奪い返した。類似の話は『平家物語』剣巻や、『太平記』巻三十三に見え、また謡曲『羅生門』(観世小次郎信光作)にも脚色されているが、茨木童子という名で出てくるのは『前太平記』が初めと思われる。戯曲としては一七四一年(寛保一)中村座上演の『潤《うるおい》清和源氏』(藤本斗文作)の中の大薩摩節の所作事『兵四阿屋造《つわものあずまやづくり》』があり、それを一八六九年(明治二)三世杵屋勘五郎が改訂・復活した長唄の『綱館』(本名題『渡辺綱館之段』)が今日に残っている。また、その影響をうけて八三年新富座で初演されたのが長唄の所作事『茨木』(河竹黙阿弥作詞、三世杵屋正次郎作曲)で、音羽屋の家の芸として、「新古演劇十種」の一つに数えられている。　→酒呑童子：渡辺綱

北潟 喜久

◉——茨木童子　羅生門で渡辺綱に片腕を取られる茨木童子。長谷川光信画『鳥羽絵筆びやうし』。

それがしが召し使ふ茨木童子といふ鬼を、都へ使に上せし時、七条の堀河にてかの綱に渡りあふ。茨木やがて心得て女の姿に様をかへ、綱があたりに立ち寄り、もとどりむずと取り、つかんで来んとせしところを、綱此よし見るよりも、三尺五寸するりと抜き、茨木が片腕を水もたまらず打ち落す。やう〳〵武略をめぐらして、腕《かいな》を取り返し今は子細も候はず。きやつばらがむつかしさに、われは都に行くことなし」。(中略)あまたの鬼のその中に茨木童子と名のりて、「主を討つやつばらに、手並の程を見せん」とて面も振らずかゝりける。綱は此よし見るよりも、「手並の程は知りつらん、目に物見せてくれん」とて、追ふつまくつつしばしが程戦ひけれ共、さらに勝負は見えざりけり。押し並べてむずと組み、上を下へともて返す、綱が力は三百人、茨木力や強かりけん綱を取つて押し伏する。頼光此よし御覧じて走りかゝつて茨木が細首ちうに打ち落せば、いしくま童子かね童子其外門を固めたる、十人余りの鬼共が此よしを見るよりも、今は童子もましまさず、いづくをすみかとなすべきぞ、鬼の岩屋もくづれよと、おめき叫んでかかりける。

酒呑童子

○大江山出見世の亭主不慮なけが(拾五30)

羅生門を大江山の出見世と見立てた趣向が句のヤマ。「亭主」はむろん茨木童子。

○いばらぎも見たやうだとは思へども(拾五17)

大江山へ登ってきた頼光四天王の一行を見て、綱の顔にどこか覚えがあるが、まさか山伏に変装して来ようとまで思わなかったのが油断。

伊予親王　いよしんのう　?—八〇七(大同二)

平安初期の官人。桓武天皇の皇子、母は藤原吉子。七九二年(延暦一一)に加冠し、三品式部卿、中務卿、大宰帥を歴任。政治的力量にもめぐまれ、管絃もよくし、桓武天皇の信頼もあつく、天皇は巡幸、遊猟の際よくその山荘

に行幸し、歓楽をともにした。しかし桓武天皇没後の八〇七年一〇月に政治的陰謀事件にまきこまれて失脚し、母とともに自殺した。はじめ反逆の首謀者とみなされた藤原宗成が尋問の過程で伊予親王こそ首謀者であると主張したため、平城天皇は左中将安倍兄雄らをして親王らを捕らえ、母子を大和国川原寺に幽閉した。無実を主張する親王と母は飲食を断ち、親王の地位を廃された翌日、一一月一二日にみずから毒薬を飲んで自殺するという悲劇的な結末をとげた。これは当時の政界の確執にもとづく陰謀事件で、人々はこれを哀れんだという。さきの安倍兄雄も伊予親王の無実を天皇に諫言したがうけいれられなかったという。のち無実が明らかとなり、八三九年(承和六)には一品が贈られた。このように悲劇的な最期をとげた人物の怨霊が民衆の心をとらえはじめたのは、ちょうど平安初期のことであった。天災地変から有力者の死までが、そのたたりであると理解された。伊予親王母子はかくして怨霊の典型とされ、八六三年(貞観五)の御霊会でまつられることになり、中世の説話、戦記物にも登場し、上御霊神社にまつられて京都市民の信仰の中に生きつづけた。

佐藤 宗諄

夫我朝に朝敵のはじめを尋れば、やまといはれみことの御宇四年、紀州なぐさの郡高雄村に一の蜘蛛《ちちう》あり。(中略)人民をおほく損害せしかば、官軍発向して、宣旨をよみかけ、葛の網をむすんで、つゐにこれをおほひころす。それよりこのかた、野心をさしはさんで朝威をほろぼさんとする輩、大石山丸、大山王子、守屋の大臣、山田石河、曾我いるか、大友のまとり、文屋宮田、橘逸成、ひかみの河次、伊与の親王、太宰少弐藤原広嗣、ゑみの押勝、佐あらの太子、井上の広公、藤原仲成、平将門、藤原純友、安部貞任・宗任、対馬守源義親、悪佐府・悪衛門督にいたるまで、すべて廿余人、されども一人として素懐をとぐる物なし。かばねを山野にさらし、かうべを獄門にかけらる。

平家物語巻五「朝敵揃」

岩佐又兵衛 いわさまたべえ 一五七八—一六五〇

(天正六—慶安三)

江戸初期の画家。字は勝以《かつもち》、又兵衛は通称。伊丹城主荒木村重の子と伝えられる。村重が織田信長に反逆し、その一族は処刑されたが、彼は難を逃れ、京都本願寺に隠れて母方の姓を名のり、京で成長したという。在京時代は織田信雄《のぶかつ》に仕えたともいい、また二条家に出入りした形跡がある。一六一五年(元和一)ころに越前北ノ庄(現、福井市)へ下り、松平忠直、忠昌の恩顧を受け、工房を擁して本格的な絵画制作を行ったと思われる。三七年(寛永一四)に江戸へ下り、そこで没した。江戸下向の道中記『廻国道之記』が知られ、この時期の代表作に川越東照宮の『三十六歌仙図額』(一六四〇)がある。落款をもつ作品には、やまと絵や漢画の手法を幅広くとりいれた和漢の物語・故事に取材した人物画が多いが、古典の人物を卑俗な現世的人物像に仕立てなおす解釈に又兵衛の強い個性と生い立ちを反映する屈折した心理が読みとれる。一方、無款ながら様式的に又兵衛と工房の制作と推定されている『山中常盤絵巻』をはじめとする古浄瑠璃や説経節の正本を用いた絵巻や風俗画が存在する。美人風俗画の確実な遺品はないが、在世中から浮世又兵衛のあだ名で呼ばれており、寛永期風俗画に大きな影響を与えたことが推測される。従来は否定的見解が強かった又兵衛浮世絵開祖説も別の角度から再検討されよう。又兵衛が活躍した寛永年間には、幕府権力と結びついた探幽ら狩野派の活動や、経済力を背景に新たな文化の担い手となった本阿弥光悦、角倉素庵、俵屋宗達らの上層町衆の創造的な活動と並んで、数多くの風俗画作品をのこした町絵師と呼ばれる無名の画家たちの広範な活動が注目される。こうした在野的な性格をもつ又兵衛の作品に一貫して流れるエキセントリックな表現の調子は、この時期に確立、強化される幕藩体制から脱落していく没落武士階級の退廃的なエネルギーの発散を象徴している。桃山から江戸への過渡期にあたる多彩な寛永文化の一側面を代表する重要な画家の一人である。

鈴木 廣之

【伝承】　「浮世又兵衛」の異名は在世時から与えられていた（黒川道祐『遠碧軒記』）にもかかわらず、その伝記部分や創作方法には、写楽以上の謎があり、明治期に川越の『三十六歌仙図扁額』の裏面に署名が発見されるまでは、その実在性すら疑われてきた。

荒木一族が郎党・侍女にいたるまで、信長の手で尼崎・六条河原で処刑され、当時二歳の又兵衛は乳母の手で城中から救出された前身については、江戸期には広く伝わることなく、大津絵との関連で浮世絵開祖説が行われていた。

近松門左衛門作『傾城反魂香《けいせいはんごんこう》』（一七〇八年（宝永五）、竹本座初演）は、この伝承をふまえて、ごく庶民的な人物に設定、しかも「吃《ども》の又平」として、不自由な身の哀しみを画業でのりこえようとする生き方でとらえなおし、「吃又《どもまた》」の通称で今日にも共感をもって上演されつづけている。本作では、吃の又平に対し、女房おとくは能弁というおかしみが加わり、師の土佐光信に土佐の名を賜るよう懇願するがかなえられず、死を覚悟して石の手水鉢に自画像を描くと、信念で絵が裏面へ抜け出、光信はその技量を認めて、ついに又平に土佐光起の名を与える。当時の又兵衛伝説に作者の創意を加え、又兵衛の子の勝重をも二重に投影して創作したものとみられる。

小池 章太郎

○又平が来てくやしがる白朮の夜（新二四ハッ7）

「白朮の夜」は京都八坂の祇園社で大晦日に行われた「削掛けの神事」をいう。白朮《おけら》と柳を八、九寸の長さに削掛けにしたものに神主が火をともし、元旦の供物を調え、参詣人はその火を持ち帰って元旦の煮炊きに用いた。また「暗中、参詣人、口を恣ニシテ他人の瑕疵ヲ斥リ言フ」（『日次紀事』十二月晦日）というように互いに悪口を言いあう「悪態祭」であった。又平は吃りで思うように口がきけず、悔しがることだろうという想像句。

伊和大神　いわのおおかみ

『播磨国風土記』に記された国作りの神。この神は播磨国宍禾《しさわ》郡伊和村を本拠とする伊和君《いわのきみ》に祭られて、揖保《いいぼ》、宍禾、讃容《よさ》などの諸郡に事績を残している。それによると、土地を開拓し、境界を定めて「クニ」の基礎を築き、天日槍《あめのひぼこ》と軍を起こして戦い、また集団の祭りに欠かせない酒宴の神でもあった。本来、各地方では「クニ」の始まりについてのいわれを語るために英雄神を創造した。その神は、「クニ」という集団の「主《ぬし》」として、領地を占有し鉄製の農具と武器を用いて自然や他の共同体に対して挑戦的にたたかった、粗野な族長層を神格化したもので、イワノオオカミはこの地方的な英雄神の典型である。これらの地方の「クニ」が、強大な中央の政治勢力に隷属するとき、国作りの英雄神も土着性を失って吸収されることになる。天下の国作りを行ったとされる大国主神はこれらの英雄神を統合化して成立したものである。

武藤 武美

讃容《よさ》といふ所以は、大神妹妋《いもせ》二柱、各、競ひて国占めましし時、妹玉津日女命《いもたまつひめのみこと》、生ける鹿を捕り臥せて、其の腹を割きて、其の血に稲種きき。仍りて、一夜の間に、苗生ひき。即ち取りて殖ゑしめたまひき。爾に、大神、勅りたまひしく、「汝妹《なにも》は、五月夜《さよ》に殖ゑつるかも」とのりたまひて、即て他処《あだしところ》に去りたまひき。故《かれ》、五月夜《さよ》の郡と号《なづ》け、神を賛用都比売命《さよつひめのみこと》と名づく。今も讃容の町田あり。

播磨国風土記讃容の郡

宍禾《しさは》と名づくる所以は、伊和の大神、国作り堅め了へまししし以後、山川谷尾を堺ひに、巡り行でましし時、大きなる鹿、己が舌を出して、矢田の村に遇へりき。爾に、勅りたまひしく、「矢は彼の舌にあり」とのりたまひき。故、宍禾の郡と号け、村の名を矢田の村と号く。

播磨国風土記宍禾の郡

磐之媛 いわのひめ

『古事記』『日本書紀』『万葉集』に伝えられる仁徳天皇の皇后。葛城襲津彦《かつらぎのそつびこ》の娘で武内宿禰《たけうちのすくね》の孫にあたり、皇族外の身分から皇后となった初例とされる。ひどく嫉妬ぶかい女性として語られ、天皇の召し使う女たちは皇后を恐れて宮廷への出入りもかなわず、目立った言動でもあると「足もあがかに(じだんだふんで)」嫉妬したという。仁徳天皇には妻妾が多くいて、そのひとりの吉備《きび》の黒媛は皇后をはばかり吉備へ船で逃げ帰ろうとするが、それに天皇が歌を贈ったのを聞き激怒した磐之媛は、黒媛を船より追いおろし徒歩で国へむかわせたとも語られている。記紀の磐之媛譚は皇后(嫡妻)の権威を嫉妬で示した伝承的女性像というべく、『万葉集』巻二の「磐姫皇后、天皇を思ひて作らす歌四首」は、そうした伝承をうけて仮託した作である。そこでは激しい性情に代わって纏綿とした恋の心が歌われており、なかでもつぎの作は秀歌といえる。「秋の田の穂の上へに霧らふ朝霞いつへの方に我が恋やまむ」。

阪下 圭八

此れより後時、大后豊楽《とよのあかり》したまはむと為て、御綱柏を採りに、木国に幸行でまし間に、天皇、八田若郎女と婚《まぐは》ひしたまひき。是に大后、御綱柏を御船に積み盈てて、還り幸でます時、水取司に駈使《かつ》はえし吉備国の児島の仕丁《よぼろ》、是れ己が国に退るに、難波の大渡に、後れたる倉人女の船に遇ひき。乃ち語りて云ひしく、「天皇は、比日八田若郎女と婚ひしたまひて、昼夜戯れ遊びますを、若し大后は此の事聞し看《め》さねかも、静かに遊び幸行でます。」といひき。爾に其の倉人女、此の語る言を聞きて、即ち御船に追ひ近づきて、状を具さに、仕丁の言の如く白しき。是に大后大く恨み怒りまして、其の御船に載せし御綱柏は、悉に海に投げ棄てたまひき

古事記下巻

岩藤 いわふじ

人形浄瑠璃・歌舞伎脚本の役名。江戸期の御家騒動を脚色した「加賀見(鏡)山物」に主家横領を企む姦悪な局《つぼね》として登場、邪魔になる中老尾上を陥れ、草履で打ちすえて辱しめ自害に至らせるが、尾上の召使お初に敵を打たれ殺される。一七二四年(享保九)四月、松平周防守邸で局沢野が、草履をはき違えた側女《そばめ》(お手つき中老)みちを侮辱し、これを恥じて自害したみちの下女さつが沢野を刺して主人の恨みを晴らしたという実説による。八二年(天明二)一月、江戸薩摩座で容楊黛作の浄瑠璃『加賀見山旧錦絵《こきょうのにしきえ》』に、加賀騒動と結びつけて脚色され、歌舞伎では翌年四月の江戸森田座以来、御殿女中の宿下がりを当てこんだ「鏡山物」にしばしば扱われるようになった。貫録のいる敵役で、意地悪な女を象徴する役名。江戸後期には、殺された岩藤の怨念のため、その骸骨が集まってもとの局の姿になり、お初に祟るという『後日《ごにち》の岩藤』『骨《こつ》寄せ岩藤』の脚本も作られた。

松井 俊諭

○岩藤が下女気にかゝる鳶鳴(安政元リ124)

尾上の召使お初は、主人が自害のおりに「鳥啼き」を気にしたが、岩藤がお初の手で仇を討たれたとき、岩藤の召使はさぞや「トンビ啼き」でも聴いたことであろうとのキョクリ。

○念力で岩もとをしたかゞみ山(五五10)

「念力岩を透す」の俚諺に、刺殺される岩藤をきかせた。

岩見重太郎 いわみじゅうたろう ?—一六一五(元和一)

安土桃山時代から江戸前期にかけて活躍した武芸者。剣の達人として名高く、豊臣秀吉につかえたが、一六一五年の大坂夏の陣において、伊達政宗の家臣片倉重綱の軍勢と戦い、河内の道明寺で討死した。諸国を巡歴していたころ、丹後の天橋立で仇討の助太刀をしたはなし、信州松本在吉田村で甲羅を経た狒々《ひひ》をひとりで退治してみせたはなし、河内国丹南郡葛城山の山中で山賊退治をしたはなしなどが、真偽とりまぜて多くの講釈、草双紙、

立川文庫、大衆演劇の紹介するところとなり、ヒーロー化されている。秀吉につかえてから薄田《すすきだ》隼人と称したとする説もあるが、確かではない。

矢野　誠一

その内に夜は次第〱に更けわたつて、草木も眠るといふ丑満ごろと思ふときしも、たちまち吹きくる一陣の怪風ザーツ〱ツと音するとともに、続いてザワ〱ザワ〱と社の四方の木の葉は鳴り騒ぐ、なんとなく物凄く身の毛も弥立《よだ》つばかりのありさま、しかるに不思議やこのとき狐格子の外に当つてドツとはげしき物音がいたしたかとおもふと、たちまちバリ〱ツバリ〱ツとその格子を引掻く物音、どうやらその妖怪が爪を研ぐ様子、そのうちに格子を左右におし開き、異形の怪物一疋ズイツと内裡《うちら》にはいつてきた、(重)「これだナツ」とおもつた重太郎は、此方の隅に身を忍ばせ、ジツと瞳を定めてみてあれば、両眼は宛然《さながら》百錬の鏡を並べたるごとく、クワツと口をひらいて紅の舌を現はし、身のたけは彼れこれ六尺ちかき銀髯白毛《きんせんはくもう》の大怪物、長い手足を伸ばしてノツソリ内裡へはいつてきた、大抵のものなれば斯様な怪物をみたゞけでもキヤツと気絶をするのでございまするが、流石《さすが》豪傑無双の岩見重太郎、(重)「ウム、さては此奴ツだナ併《しか》しどうするであろう」と思ひながらなほもジツと様子を窺がつてをりますると、かの怪物は真逆《まさか》重太郎には気がつかず、ソロ〱正面の輿の傍へ進んでまいり、輿に張つたる〆縄《しめなは》へ手がかかるや否や、たちまちブツリツと引きちぎり、輿の屋根へ手をかけてグイツと両手を左右へひくと輿はみる〱内にバリ〱〱ツと二つに引裂けてしまつた。(中略)怪物も今は一生懸命の場合、飛鳥のごとく身を飛びあがり飛びこみ、パツ〱ツと飛びついてくるその勢ほひは、凄ましくもまた物凄きありさま、その内に彼の怪物ワツといふなりたちまち重太郎が左りの腕に咬みついた、大抵の者なればキヤツと気絶をするところだが、重太郎はこの手傷に屈せずジツと向ふの咬みついた隙をうかゞつて、またもや一刀の鋩尖《きつさき》を怪物の脇腹にあてがひ(重)「ヤツ」拳もとほれと力任せに突きとほした、何幾《いくら》身体を松脂でかためた怪物でも、そう脇腹まで固まつてゐない、脇腹の皮は至つて柔らかいものですから、ついに五六寸といふものズブリツと突き通されたから堪らない、(怪)「キヤーツ」と怪しき叫び声をだして恐縮《ひる》む奴ツを重太郎、パツと咬み付かれた左りの腕をふり放ち、右手をのばして彼の怪物の首筋を引摑み、力に任せて社の中をズル〱ズル〱引擦りまわした、スルと不思議や忽《たちま》ちゴーツ〱ツと家鳴り震動いたして、グワラ〱〱ツとこの社も覆《くつが》へらんと思ふばかりの凄まじき物音、外面《そと》は一陣の怪風につれてバラ〱〱ツと木の葉の散る音、なにしろ其暴れ方といふのは一通りではない、そのうちに怪物の脇腹よりは鮮血ダラ〱と迸《ほとば》しりいで次第〱に弱りゆき遂にバツタリそれへ打つたほれると共に、家鳴り震動もピタリと止り、風もパツタリ歇ゃんでしまつた、ところが此方岩見重太郎は、怪物のため左りの腕を甚たかに喰いつかれ、血はドロ〱に流れるといえども少しも屈せず、いましも妖怪が打つ倒れたのをみてパツと其上に打ちまたがり、咽元のぞんでグイツと突きとほし、剜《ゑぐ》り廻したそのときには、怪物が鳴き叫ぶその声の凄ましさ、実に身の毛も弥立《よだ》つばかりのありさま、こゝにをいて始めてホツと吐息をついたる重太郎は、彼の怪物の様子をよく〱みると、これぞまつたく猿の劫経《かうへ》たる物で、所謂《いはゆる》狒々といふものでございます、身には銀線を植へたるがごとく真白で、背の高さは五尺八九寸もあらうといふ大狒々、余程年数を経たものと相見へます

岩見重太郎国常明神社にて狒々退治(立川文庫)

う

上杉謙信 うえすぎけんしん 一五三〇―七八

(享禄三―天正六)

戦国時代の武将。一五三〇年一月に越後国の春日山城で生れた。守護代長尾為景の次男。幼名を虎千代といい、元服して長尾景虎となる。六一年(永禄四)関東管領となり上杉政虎、さらに上杉輝虎と改名、七〇年(元亀一)上杉謙信となる。七歳の時に父が没し、春日山城内にある林泉寺の天室光育のもとに預けられた。足利将軍家は、越後・佐渡を治めるために上杉氏を守護職、長尾氏を守護代としていた。しかし、両氏の間は必ずしも円満ではなかった。父為景の死後、兄晴景が長尾家を相続する。しかし、病弱だった晴景に反して、謙信は幼少時より抜群の素質をみせていた。やがて春日山城の晴景と栃尾城の謙信との間に争いが起きるが、結局多くの者に擁立された謙信が晴景を退け、一五四八年(天文一七)に家督を継ぎ春日山城に入った。謙信が長尾家を継いだのが一七歳、その二年後に国主となった。

謙信と武田信玄が雌雄を決した川中島の合戦は五回行われた。五三年、五五年(弘治一)、五七年、六一年九月、六四年八月である。前後十二年にわたるこの戦いは、いずれも夏の季節に行われているが、これは北国特有の自然条件の故であろう。最大の合戦は、第四次となる六一年九月一〇日の戦いであった。謙信一万三千、信玄一万七千の軍勢が、犀川と千曲川が合流するデルタ地帯で白兵戦を展開した。互いに戦術を駆使した戦国時代でもまれな激戦で、午前は上杉方、午後は武田方が優勢であったといわれている。この戦いで、武田方は武田信繁・山本勘介(勘助)ら名立たる武将が討死している。なお、両者ともに関東進出の志向が強かったが、群雄割拠の状況がそれを許さなかった。

六九年、信玄の駿河侵入を機に相模の北条氏との相越同盟がなり、七二年(元亀三)信玄は上洛の駒を進めたが、翌年信州伊那の駒場で陣没し、七八年(天正六)三月一三日に謙信もまた関東出陣を前にして、脳溢血で急逝した。六尺近い偉丈夫だったが、和歌をよくし、信仰心の厚い人物だった。六七年に信玄が今川氏真と手切れになった時、氏真と北条氏康が仕返しに塩の輸送を止めたことがあった。これを聞いた謙信は「信義にもとる」として、信玄に塩を送ったといわれる。こうしたエピソードで知られるように、謙信は清廉で道義に厚いという当時としては珍しい戦国武将で、正室も側室ももたなかったため実子もいなかった。そのため、小姓らとの男色説、また幼い頃の事故による不能説などの噂があるが、いずれも定かではない。なお、謙信は出陣に際して僧侶を伴い、守り本尊に仏像を奉載したという。このあたりに身を律して戦いに臨んだ謙信の真意があったのではないだろうか。

田辺 貞夫

➡武田信玄

是謙信実記に拠りてしるす所なり。川中嶋の戦異説多く、分明ならず。一説に、天文廿三年八月十八日、川中島にて戦あり。謙信旗本半町計敗北する処に、宇佐美駿河守定行横あひにかゝり、信玄の兵大に乱れ、御幣川へ追入られ討るゝ者多し。信玄は川の中に馬を立たる処に、謙信緑の曇子にて包たる肩衣にてをさし、白き手ぬぐひをもて頭を包み、三尺計の刀を抽もち、虎のあれたる如くなる鹿毛の馬に打のり、「信玄はいづくに在や」と呼る。原大隅、「信玄何事に爰にあるべきや。うろたへ者よ」と罵り、鎗にて突けれ共つき外す。謙信川へ馬を乗こみ、信玄にかけよせ、三刀まで斬れしに、信玄持たる軍配団扇も切をられ、手負て既に危かりしに、原大隅・萩原弥右衛門鎗をとりのべ、たゝみかけて謙信をたゝきけるに、馬のさんづにあたり、馬川の深みに飛入ける。其間に信玄の馬副の者ども、信玄の馬を川岸に引あげて物わかれしたりとなり。

常山紀談巻之二「信濃国川中島合戦の事」

○川中嶋ハしんけんの勝負なり(七九1)

○大あづき団扇へあける川の中（五八16）

第一句、「真剣」と「信・謙」。第二句、「大あづき」は小豆《あずき》と名づける謙信の佩刀、信玄は太刀を抜く暇もなく、軍配団扇でこれを防いだ。

○甲州ハ塩もぼさつの数に入り（明四松2）

小田原の北条氏は甲斐へ塩を送ることを禁じたが、謙信はこれを聞き、信玄に書をもって「争う所は弓矢にあり、米塩に非ず」とし、「敵に塩を送」った。送られた甲州側は義心に感じ、米の異名を菩薩といって尊ぶが、塩も菩薩なみに扱われたであろう、と。前句「ほめられにけり〳〵」は謙信の士魂。

上杉鷹山　うえすぎようざん　一七五一—一八二二

（宝暦一—文政五）

上杉治憲《うえすぎ・はるのり》。第一〇代米沢藩主。江戸時代の名君の一人。幼名松三郎、元服して治憲、のちに鷹山と号した。日向高鍋藩主秋月種美の次男として江戸に生まれ、上杉重定の養嗣子となる。一七六七年（明和四）一七歳で米沢藩主となった。治憲襲封以前の米沢藩政は動揺が激しく、宝暦年間（一七五一—六四）、森平右衛門が郡代として藩政の実権をにぎったが、新政半ばにして菁莪社中のクーデタによって暗殺され、治憲の藩主就任とともに、奉行竹俣当綱《まさつな》を中心とする藩政改革が開始された。改革は長期にわたったが、第一期は明和・安永の改革で、治憲が直接藩主の座にあった時期である。改革政策はまず大倹約令にはじまり、農村統制では副代官、廻村横目、郷村出役を設け、国産奨励として桑、コウゾ、漆の各一〇〇万本植立策を実施し、越後から縮織業を導入した。縮織はのちの米沢織の始まりである。また江戸の折衷学派の泰斗細井平洲を招き興譲館を創設した。改革は天明年間（一七八一—八九）に入ると、大飢饉の影響もあって一時挫折し、執政竹俣当綱、小姓頭莅戸《のぞき》善政らは失脚し、治憲も八五年二月、家督を治広に譲って隠退した。ときに三五歳。訓戒書として治広に与えた「伝国の辞」は有名。治憲は隠殿餐霞館にあって、治広、斉定の後見役となりその後も政務を指導した。天明年間は改革が中断したが、やがて莅戸善政は中老職に登用され、第二期の寛政改革が始まる。改革は善政の構想によって進められ、とくに上書箱の設置、代官制度の改革、財政再建一六ヵ年計画、また広範な国産奨励策などの実施があげられる。中でも養蚕業、織物業の発展が著しく、財政および農村復興の基盤となった。人材の登用、古い慣行の刷新と現実的な政策の採用が、改革を成功させた大きな理由とみられる。治憲の言行、業績は、莅戸善政『翹楚編』、小田切市郎『南亭余韻』がくわしい。

横山　昭男

上杉の家督をついだとき、春日大明神に奉納した誓詞に、「受けつぎて国のつかさの身となれば忘るまじきは民の父母」という歌を書きつけた鷹山は、江戸時代中期の代表的な名君として、和歌山の徳川治貞、熊本の細川重賢らと並び称された。その名はすでに江戸時代後期から高く、明治時代に内村鑑三がすぐれた日本人五人を選んでその事跡を世界に紹介しようとして著した『代表的日本人』にも、卓越した封建領主として書かれている。鷹山が藩政改革に際して、率先して粗衣粗食に耐えたこと、師の細井平洲に対して終始門弟としての礼を守ったことなどの逸話は国定教科書に掲載され、鷹山は修身教育上の模範的な人物として広く知られた。

大隅　和雄

◉——**上杉鷹山**　国定修身教科書の「孝行」の項に描かれた鷹山像。『高等小学修身書』。

浮舟 うきふね

古くは「手習《てなら》いの君」また「蜻蛉《かげろう》の君」とも。『源氏物語』(宇治十帖)の登場人物の一人。父は宇治八宮、母はその女房だった中将の君。中将はその後、浮舟を連れて、常陸介《ひたちのすけ》と再婚、東国に長く過ごした後、帰京。浮舟の縁談などに苦心を重ねたあげくに、娘を薫(女三宮が柏木と密通して産んだ光源氏の子息)にゆだねる。薫は浮舟を宇治に住まわせて通うようになる。好色な今上帝の皇子匂宮は、一度自邸で見かけたことのある浮舟に執心し、そのありかをかぎつけると、さっそく宇治に赴き、寝取ってしまう。浮舟も、宮の情熱に強く心をひかれる。やがて薫はこのことを知る。板挟みに苦しみ、浮舟は宇治川に投身をはかるが、救われて、小野の僧庵に入り、尼となる。一年後、浮舟生存のうわさに、薫は浮舟の弟を使いに出すが、浮舟はもはや答えようとはしなかった。

受身に流されるほかない永劫の女人像であるが、出家の前後を境として、意志的な側面の成長も示している。また母性帰依がうたわれていることも見落とせない。

今井 源衛

浮舟ノ一段、浮舟仮寝シテ居ルトキ、侍女ドモ浮舟ノ姉ノコトヲ云。浮舟起カヘリテ云云。ソノ次侍女ドモ仕立物ヲシサシテ、寝ルニ至ルマデノ情状、画ニ写ガ如シ。身ヲナゲントスル水ノヲソロシキ川ニテ、近頃モ溺レ死タル人アルコトヲ、舟長ノ話ニ云アラハス、妙ト云ベシ。身ヲ投トスル川ノ音ヲキ、居タルト云ヲ以テ収結《トマリ》トナス。妙境トモ神境トモ云ベシ。

孔雀楼筆記巻之三

○花ちる里へ浮舟で息子行キ(九四32)

「花散る里」は吉原、あるいは鼻散る里へとノラ息子、猪牙舟でまっしぐら。

保食神 うけもちのかみ

ウケは食物、モチは「保」の文字によると「持ち」の意であるが、本来は「貴《むち》」の意か。『日本書紀』神代の条の神話では、天照大神《あまてらすおおかみ》の命により月読尊《つくよみのみこと》がウケモチノカミのもとに行くと、ウケモチが口から飯、魚、獣を出して供応したので、ツクヨミはその行為を汚いと怒り、剣を抜いてウケモチを殺し、アマテラスに報告した。すると、アマテラスは激怒してツクヨミとは二度と会うまいと言い、それで日と月とは一日一夜を隔てて住むのだと説明し、さらにウケモチの死体の各部分から、牛馬(頭)、粟(額)、蚕(眉)、稗《ひえ》(目)、稲(腹)、麦・大豆(陰部)ができたという五穀の起源説話を載せる。これらの産物名と場所名とは朝鮮語で解けると言われる。『古事記』神話では大気津比売神《おおげつひめのかみ》が食物神として登場し、殺害者はスサノオノミコトとなっている。食物神の死は、秋の刈入れ(収穫)を表象している。

西宮 一民

菟道稚郎子 うじのわきいらつこ

応神天皇の太子。母は和珥《わに》氏の宮主宅媛《やかひめ》(『古事記』では矢河枝比売《やかわえひめ》)。天皇の死後、儒教思想によって兄の仁徳天皇に位を譲り死ぬ。和珥氏は他の豪族と異なり采女《うねめ》貢上の伝承をもつ(雄略天皇妃の童女君など)。また和珥氏の伝承は王権交替期に多く現れる。『古事記』で矢河枝比売は和珥氏伝承の服属の寿歌を歌い、御酒を献じて天皇の妃となる。この話は和珥氏の貢女伝承をもとに作られ、太子は仁徳天皇を顕彰するために置かれた人物であろう。

吉井 巖

仁徳天皇ハ、応神ウセオハシマシテノチ、御在生ノ時太子ニ立給フ宇治皇太子也。ソレコソハ則即位セサセ給ベカリケンニ、仁徳ハアニ、テオハシマシケレバニヤ、仁徳ヲ「位ニツカセ給ヘ」ト申サセ給ケリ。仁徳ハ「太子ニ立給タリ。イカデサルコト候ハン」ト、互位ニツカントイフアラソヒコソアル事ヲ、コレハワレハツカジ〳〵トイフアラソヒニ、三年マデムナシク年ヲヘニケレバ、宇治ノ太子カクノミ論ジテ国王オハシマサデトシフル事、民ノタメナゲキナリ、我身ヅカラ死ナントノタマヒテウセ給ニケリ。コレヲ仁徳キコシメシテ、サハギマドヒテワタラセ給タリケレバ、三日ニナリケルガタチマチニイキカヘリテ御物ガタリアリテ、猶ツイニウセ給ニケリ。其後仁徳ハ位ニツキテ八十七年マデオハシマシケリ。コノ次第コソ心モコトバモヲヨバネ。人トイフモノハ、身ヅカラヲワスレテ他ヲシルヲ実道トハ申侍也。

愚管抄巻三

牛若丸 うしわかまる→源義経

薄雪姫 うすゆきひめ

江戸時代初期に成立した仮名草子『薄雪物語』（もっとも古い流布本は一六三二年（寛永九）刊）およびそれに材を得た浄瑠璃、歌舞伎等に登場するヒロイン。仮名草子では、園部左衛門という艶男が、清水参詣のおりに薄雪姫という美女を見そめて文を通じ、やがて忍び会う仲となったが、一年ほどのち姫が病で死んだので、無常を感じて剃髪、れんしょう法師となったというきわめて単純な筋であるが、これから多くの戯曲が生まれた。比較的に古いものとしては歌舞伎『薄雪物語』（一六八五年（貞享二）、森田座初演）、『薄雪今中将姫』（一七〇〇年（元禄一三）、山村座初演）などがあるが、文耕堂、竹田小出雲ほか合作の義太夫節『新薄雪物語』（一七四一年（寛保一）、竹本座初演）が傑作で、以後の作品に大きな影響を与えた。謀反の嫌疑のかけられた左衛門を薄雪姫の父幸崎《さいさき》伊賀守が、また左衛門と同罪とされた薄雪姫を左衛門の父園部兵衛が、それぞれ落としてやり、その申しわけに二人は蔭腹《かげばら》を切る。肌を脱いで互いにそれを明かし、二人と兵衛の妻梅の方が笑いあう「合腹の段」（三人笑い）は皮肉な名場面として知られる。ほかに『練供養妹背縁日《ねりくようのいもせのえんにち》』（桜田治助補作、一八〇五）、『園雪恋組題』（奈河晴助作、一八一〇ころ）、『花雪歌清水《はなふぶきうたのなどころ》』（金沢竜玉作、一八二〇ころ）などの歌舞伎作品がある。

北潟 喜久

〽夫子《つま》を思い身をかこち、心の限りくどき立て、取り附きすがり泣きければ、

兵衛涙を押しぬぐい、

兵衛　さて〳〵、二人を取りかえ預かったその日より、今日までの心苦しさ。笑いというものとんと忘れた。伊賀どの、其許もさこそあらん。

伊賀　心がかりの子供は落とす。かように覚悟極めたる、只今の心安さ。

兵衛　六波羅殿への出仕は、すぐに六道の門出。

伊賀　イザ、悦びに一笑い笑うまいか。

兵衛　それよかろう。奥も笑え。エヽ、なに吠える事がある。夫の詞を背くのか。

〽にらみつけられ叱られて、涙一緒に、

梅の　ホ、、、、。

兵衛　ハ、、ハ、、、、。

伊賀　ハ、、、、。

三人　ム、、ハ、、、、。

〽虎渓の三笑と名も高き、唐土の大笑い。

兵衛　それも三人、

◉——**薄雪姫**　小野高経の墓に詣でる途中、小野小町と深草少将の墓の前に迷い込んだ薄雪姫主従にあやしい風が吹きつけ、薄雪姫が小町の生れ変りであることを示唆する。滝沢馬琴作、葛飾北斎画『そののゆき』の挿絵。

伊賀　これも三人。

〽劣りはせじと打ち笑う。　新薄雪物語

○薄雪は三年が内とけぬなり（八四4）

左衛門との恋が三年を経て結ばれ、めでたい春を迎えることになった。「雪」と「とける」の縁語。

宇多天皇　うだてんのう　八六七—九三一
（貞観九—承平一）

第五九代に数えられる平安前期の天皇。在位八八七—八九七年。亭子院帝、寛平法皇ともいう。時康親王（のち光孝天皇）と班子女王を父母として生まれた。陽成天皇廃立によって父が帝位につくと兄弟姉妹とともに臣籍に降って源定省《さだみ》と称し、官人として勤めていたが、父の強い希望によって、八八七年（仁和三）親王となり、帝位を継いだ。即位の直後、これまでの政治的実権を失うことを恐れた太政大臣藤原基経との間に、阿衡《あこう》事件と呼ばれる権力争いが起こり、これに敗れたため、八九一年（寛平三）の関白基経の死に至るまで、政権をゆだねざるをえなかった。その死後天皇は東宮より内裏に入って親政をはじめ、菅原道真、藤原保則ら有能な官人を用いて地方政治の刷新に努めた。これを「寛平の治」という。しかし故基経女の中宮温子が皇子を生まぬ以前にと、女御藤原胤子の生んだ皇太子敦仁親王に八九七年譲位した。宇多上皇は新帝醍醐天皇のために『寛平御遺誡』を定め、また故基経の子時平と並んで菅原道真を昇進させることによって、藤原氏の台頭を抑え隠然たる支配力を保持したが、八九九年（昌泰二）出家して空理（のち金剛覚）と号し、上皇を辞し法皇と称して修行にはげむ間に、九〇一年（延喜一）道真が大宰府に左遷され、法皇の力も失われた。しかし九〇九年時平が死に、かねて法皇に寵愛されていた弟忠平が政治をとると、法皇、天皇、忠平の融和を軸として、のちに「延喜の治」とよばれる政治的安定がつづき、九三〇年（延長八）の天皇の死と翌年の法皇の死におよんだ。このように宇多天皇は政治上に大きな力を発揮したが、歴史的により大きな意義をもつのは、その文化的活動である。天皇は宮廷の年中行事を整備し、内裏の運営に当たる蔵人所を充実させた。また和歌の振興をはかり、大規模な歌合を催すなどして『古今和歌集』勅撰への気運を高めた。さらに密教においても、仁和寺内に御室《おむろ》を設けて住居とし、真言宗広沢流の祖となった。一一世紀に頂点に達する国風文化の出発は、宇多天皇の指導によるところが大きい。　目崎　徳衛

宇多天皇は、その時代が平安時代の大きな変り目であったことと、不如意のうちに政治から遠ざけられたことから、種々の逸話をのこすことになった。天皇については、菅原道真との関係や仁和寺の建立のことなど、語り伝えられることは多いが、とくに説話の中では、官民の倹約を奨励したり、民の疲弊を聞いて悲嘆にくれたというように賢帝として伝えられ、また伊勢との和歌の贈答をはじめとし、詩歌に関する多くの説話によって、国文学勃興期の中心的な人物として語られている。さらに、醍醐天皇の女御の京極御息所を寵愛した天皇が、御息所を伴って河原院に赴いたところ、源融の亡霊があらわれて天皇の行いを非難したという説話が、種々の説話集に見えており、平安時代中期以降の天皇観の変化を示すものとなっている。　大隅　和雄

歌麿　うたまろ→喜多川歌麿

烏亭焉馬　うていえんば　一七四三—一八二二
（寛保三—文政五）

江戸後期の戯作者、狂歌師。本名中村英祝。通称和泉屋和助。家業の大工に因み、鑿釿言墨金《のみちょうなごんすみかね》を狂号とする。大田南畝など狂歌師との広い交際を生かし、一七八六年（天明六）に咄の会を開催し、江戸落語中興の祖といわれる。竪川《たてかわ》沿いの本所相生町に住み、五世市川団十郎の贔屓団体三升連《みますれん》を組織し、

団十郎の紋三升に因み、三升尽しの高殿を作り談洲楼《だんじゅうろう》と名付け、立川談洲楼を戯号としても名のった。上り口は漆喰で六尺四方の三升の形、出入口には団十郎が荒獅子男之助

◉——**烏亭焉馬**　団十郎の軸など三升尽しの焉馬（右）。『江戸客気団十郎贔屓』挿絵。

を演じた折の裃を仕立て直した揚幕を絞り上げ、二階の畳は三升を織り出し、縁は「暫」の柿の素袍、二間のうち、一間の天井は竹を三升に組み、他の一間は三升に編んだ網代を張り、建具や身の回りの品々にも三升の紋をつけていたという。市川団十郎代々の業績を鑽仰する目的から編纂した『花江都歌舞妓年代記』、自家版で出版した『市川白猿七部集』などの著作がある。

延広　真治

立川焉馬、狂名をのみてうなごんすみかねといふ、本所二ツ目相生町二丁目に住して、近頃、三升紋、柿に白上りに付たる足袋の看板を出して、聟を取て足袋店を出す、焉馬年々の手すり配り物は、毎年同じ狂歌、

　千代万かはらで松を立川の相生長者千金の春

此の歌、人の知る所にして、年々歳々用ひしは大人と思ふべし、此人、一世の内残せしは、白石噺の七ツ目、歌舞妓年代記、敵討松山噺といふ本、歌川豊国の筆にして役者似顔絵の始り、その外の書もの数冊に名を残し、吉原年代記今に再板せり、古今の老人、落し噺しにその名を残すも、近代の誉者と知るべし、三十前余に終りぬる、又五代目鰕蔵白猿としたしみ深くして、友人とする、その縁によつて談洲楼の名を用ひ、江戸団十郎贔負三升連の元祖取立人と知るべし、

貴賤上下考

善知鳥安方　うとうやすかた

善知鳥文治安方は、近松半二ら合作の浄瑠璃『奥州安達原』（一七六二初演）や山東京伝の読本『善知鳥安方忠義伝』（一八〇六刊）などで、罪ある亡き主人の世に秘すべき遺児をかくまう役所を負って活躍している。命名の由来は、ウミスズメ科の海鳥ウトウの鳴声にまつわる和歌説話にある。母鳥が空中でウトウと鳴くと、地上に隠れている子がヤスカタと答える。その習性を利用して猟師が子鳥を捕らえると、母鳥は血の涙を流して嘆くので、血の涙を避けるため猟師は蓑笠をかぶらなければならなかったという。能『善知鳥』で知られているが、『新撰歌枕名寄』（南北朝ころの成立）など中世の歌学書や『鴉鷺《あろ》合戦物語』（一四七六以前の成立）などの御伽草子に散見する著名な説話であった。烏頭大納言藤原安方が流罪となり、外ヶ浜をさすらい、その亡魂が善知鳥となったという在地の伝説を、菅江真澄は『率土か浜（外ヶ浜）つたひ』に記している。また、『運歩色葉集』（一五四八成立）に「虚八姿《ヤスカタ》」の表記を示し「昔シ異国ヨリ、虚舟《ウツボブネ》ニ八人蔵シテ流サル、其迷魂化シテ、鳥ト成ルナリ」と注記している。善知鳥と流刑人のイメージの重なり合いは室町時代までさかのぼり、こうした説話をふまえて、近世の善知鳥安方像が創造されたので

あろう。

西脇 哲夫

平沙《へいさ》に子を生みて落雁の、はかなや親は隠すと、すれどうとうと呼ばれて、子はやすかたと答へけり、さてぞ取られやすかた（シテ）うとう。親は空にて、血の涙を、親は空にて、血の涙を、降らせば濡れじと、菅蓑や、笠を傾け、ここかしこの、便りを求めて、隠れ笠、隠れ蓑にも、あらざれば、なほ降り掛かる、血の涙に、目も紅に、染み渡るは、もみぢの橋の、鵲《かささぎ》か。

娑婆にては、うとうやすかたと見えしも、うとうやすかたと見えしも、冥途にしては化鳥となり、罪人を追つ立て鉄《くろがね》の、嘴《はし》を鳴らし羽を叩き、銅《あかがね》の爪を研ぎたてては、眼を摑んで肉《しし》むらを、叫ばんとすれども猛火《みょうか》の煙に、むせんで声を上げ得ぬは、鴛鴦を殺しし咎やらん、逃げんとすれど立ち得ぬは、羽抜け鳥の報ひか。（シテ）うとうはかへつて鷹となり、われは雉とぞなりたりける、逃れ交野の狩り場の吹雪に、空も恐ろし地を走る、犬鷹に責められて、あら心うとうやすかた、安き隙なき身の苦しみを、助けて賜べやおん僧、助けて賜べやおん僧と、いふかと思へば失せにけり。

謡曲善知鳥

○いゝ声でうたふ安方面白し（八四5）

「うとうやすかた」に言いかけただけの駄句で、謡曲『善知鳥』の流布ぶりが察せられる。

なお出典未詳の歌「みちのくのそとの浜なる呼子鳥鳴くなる声はうたふやすかた」が、この説話形成に大きく影響を与えた。

菟原処女 うないおとめ

六甲山南麓菟原《うはら》の地（現、兵庫県芦屋市周辺）に住んでいたという美少女。万葉歌人高橋虫麻呂、田辺福麻呂《さきまろ》、大伴家持に歌われ（巻九、十九）、後世『大和物語』一四七段、謡曲『求塚《もとめづか》』、森鷗外の戯曲『生田川』にもなった妻争い伝説の女主人公である。慕い寄る男たちの中でとりわけ執心なのが菟原壮士《うないおとこ》と和泉国の智弩壮士《ちぬおとこ》だった。「年齢、顔容貌、人の程ただ同じばかりなむありける。……志の程だにただ同じやうなり」（『大和物語』）。思い悩んだ処女は、自分のために立派な男子が命をかけて争うのを見ると、生きてこの世でいずれと結婚することもできない、黄泉《よみ》まで追って来てくれた方になびこうという心積りを母にだけ告げ、嘆きつつ生田川に入水した。その夜の夢に処女の死を知った智弩壮士が後を追う。後れをとった菟原壮士は「天仰ぎ叫びおらび、地《つち》を踏み、牙喫《き》みたけびて如己男《もころを》に負けてはあらじ」（虫麻呂歌）と太刀を取って二人の後を追った。親族相集い三つの墓を造って弔う。虫麻呂歌はここで歌いとどめているが口碑は引き続き死後の世界での争いを語っていた。『大和物語』によれば、処女塚のほとりに宿ったある旅人の夢枕に血まみれの男（太刀を持たなかった智弩壮士）が立ち、太刀を請うので貸し与えたところ、しばらく激しく争う物音がきこえ、再び男が現れて「御とくに年頃ねたき者を打ち殺し侍りぬ。今よりは長き御守りとなり侍るべき」と感謝して消えたという。かくて処女は死後の世界で智弩壮士と結ばれたのだった。「墓の上の木の枝なびけり聞きしごと智弩壮士にし依りにけらしも」（虫麻呂歌）。結局は、三つ並んだ古墳丘のたたずまいに、古人が織り成した妻争い伝説である。神戸市東灘区御影塚町に処女塚古墳があり、東方一キロメートル住吉宮町の呉田塚《ごでんづか》を智弩壮士の墓、西方一・五キロメートル灘区味泥《みどろ》町の大塚山古墳をいちばん哀れな菟原壮士の墓だと言い伝えている。

井村 哲夫

菟原処女の墓を見る歌一首

葦屋の　菟原処女の　八年児《やとせご》の　片生《かたおひ》の
時ゆ　小放髪《をはなり》に　髪たくまでに　並び居る
家にも見えず　虚木綿《うつゆふ》の　隠りてをれば
見てしかと　悒憤《いぶせ》む時の　垣ほなす　人の
誂《と》ふ時　血沼壮士　菟原壮士の　盧屋焼《ふせやた》き
すすし競ひ　相結婚《あひよば》ひ　しける時は　焼
太刀の　手柄《たかみ》押しねり　白檀弓　靫《ゆき》取り
負ひて　水に入り　火にも入らむと　立ち向
ひ　競ひし時に　吾妹子《わぎもこ》が　母に語らく
倭文手纏《しつたまき》　賤しきわがゆゑ　大夫《ますらを》の

争ふ見れば　生けりとも　逢ふべくあれや　ししくしろ　黄泉《よみ》に待たむと　隠沼《こもりぬ》の　下延《したば》へ置きて　うち嘆き　妹が去ぬれば　血沼壮士その夜夢に見　取り続き　追ひ行きければ　後れたる　菟原壮士い　天仰ぎ　叫びおらび足ずりし　牙喫《きか》み建《たけ》びて　如己男《もころを》に　負けてはあらじと　懸佩《かきはき》の　小劔《をたち》取り佩《は》き冬萩蕷葛《ところつら》　尋《と》め行きければ　親族《やから》どちい行き集ひ　永き代に　標にせむと　遠き代に　語り継がむと　処女墓《つか》　中に造り置き　壮士墓　此方彼方に　造り置ける　故縁《ゆゑよし》聞きて　知らねども　新喪の如も　哭《ね》泣きつるかも

万葉集巻九（高橋虫麻呂歌）

海幸・山幸　うみさちやまさち

記紀にみえる神話の一つ。天照大神《あまてらすおおかみ》の孫で葦原中国《あしはらのなかつくに》の支配者として降臨した瓊瓊杵尊《ににぎのみこと》には三子があったが、そのうち長兄火照命《ほでりのみこと》と末弟火遠理命《ほおりのみこと》（穂穂手見命《ほほでみのみこと》）は、それぞれ海の漁山の猟を得意としたので、海幸彦・山幸彦ともよばれた。この二人の物語は、兄弟の葛藤の話と、山幸の海神宮訪問そして海神の女との結婚の話とからなる。兄弟がある時道具をとりかえそれぞれ異なった獲物を追ったが、弟ヤマサチは兄の釣針を魚にとられてしまう。元の針を返せと兄に責せられたヤマサチは塩土老翁《しおつちのおじ》の教えにより、針を求めて綿津見神宮《わたつみのかみのみや》を訪れる。そこで大綿津見神《おおわたつみのかみ》の女豊玉姫《とよたまひめ》をめとり探していた針も手に入れる。さらにオオワタツミから水を自由に操る呪的な玉を授かって地上に帰り、その玉で横暴なウミサチをこらしめ服従させた。この時ウミサチは「汝命の昼夜の守護人となりて仕へ奉」る（『古事記』）ことを誓い、今に至るまで水に溺れる様を演じて仕えているという。これが海幸・山幸の話である。なおこの後トヨタマヒメがこの国を訪れ、海辺で子を生む。これが鸕鷀草葺不合尊《うがやふきあえずのみこと》で、神武天皇はその子である。一方ウミサチは隼人《はやと》族の祖となった。

記紀神話におけるこの話の意義はすこぶる大きい。第一にこれは、九州南部の一大蛮族隼人族の服属起源譚の意味をもつ。東西辺境の二大蛮族蝦夷《えみし》と隼人を服属させることは、古代国家確立のための必須条件であった。隼人は蝦夷より一時期早く宮廷に服従し、交替番上して大嘗祭《だいじょうさい》に隼人舞を奏したり、また同じく大嘗祭や天皇の遠行の際に犬声を発して奉仕したが（蛮族の発声に悪霊をはらう呪力があると信じられた）、これらはいずれも服属儀礼であった。ウミサチが溺れる様を演じたという上の話も、実は滑稽なしぐさを含む隼人舞の起源譚である。手を焼いた隼人の服属は、いわば全国統一の最終過程における記念すべき事業であった。だからこそ隼人は天皇との至

◉——海幸・山幸　竜王から土産にもらった潮満の玉を振る弟。たちまち潮が押し寄せて兄の体を包む。『彦火々出見尊絵巻』。明通寺蔵。

近距離におかれた。と同時に、もっとも新しい時点の歴史的事件にもかかわらず、こうした話が神代にくりこまれているのは、服属の由来の久しいことが強調されねばならなかったためであろう。天孫と隼人族の祖が兄弟という系譜関係で結ばれているのも、同じことの異なった表現にほかならない。

またこの話は、新王誕生の物語の意味ももつ。『古事記』には、即位儀礼大嘗祭の投射をうけた同じテーマの話がいくつかある。儀礼的枠組みはあまり明確ではないが、上の物語もその一例である。他界海神国を訪問し、そこで女と宝物をえてよみがえり、対立者を倒して王となる話は、あきらかに死と復活の儀礼をふまえた話といえる。また古代の王は、天なる父として母なる地との婚姻を象徴的に演じ、自然の豊饒を招来せねばならなかった。これが即位儀礼の一環としての聖婚である。神話上から言えば、海は大きくは大地に属するものとみなせるから、オオワタツミの女との結婚は聖婚の説話化であったことになる。『日本書紀』の一書に、ワタツミノカミノ宮でヤマサチが真床覆衾《まどこおおうのふすま》の上に座ったとあるが、これが、大嘗宮で天皇が新君主として誕生する前にくるまる衾であることを知れば、上述のこともうなずけよう。

倉塚　曄子

……故、火照命は海佐知毘古と為て、鰭の広物、鰭の狭物を取り、火遠理命は山佐知毘古と為て、毛の鱻《あら》物《もの》、毛の柔物を取りたまひき。爾に火遠理命、其の兄火照命に、「各佐知を相易へて用ゐむ。」と謂ひて、三度乞ひたまへども、許さざりき。然れども遂に纔《わづ》かに相易ふることを得たまひき。爾に火遠理命、海佐知を以ちて魚釣らすに、都て一つの魚も得たまはず、亦其の鉤を海に失ひたまひき。是に其の兄火照命、其の鉤を乞ひて曰ひしく、「山佐知も、己が佐知佐知、海佐知も、己が佐知佐知。今は各佐知返さむ。」と謂ひし時に、其の弟火遠理命、答へて曰りたまひしく、「汝の鉤は、魚釣りしに一つの魚も得ずて、遂に海に失ひつ。」とのりたまひき。然れども其の兄強ちに乞ひ徴《はた》りき。(中略)爾に其の大神に、備《つぶさ》に其の兄の失せにし鉤を罸《はた》りし状の如く語りたまひき。是を以ちて海神、悉に海の大小魚どもを召び集めて、問ひて曰ひしく、「若し此の鉤を取れる魚有りや。」といひき。故、諸の魚ども白ししく、「頃者、赤海鯽魚《たひ》、喉に鯁《のぎ》ありて、物得食はずと愁ひ言へり。故、必ず是れ取りつらむ。」とまをしき。是に赤海鯽魚の喉を探れば、鉤有りき。即ち取り出でて、洗ひ清まして、火遠理命に奉りし時に、其の綿津見大神誨へて曰ひしく、「此の鉤を、其の兄に給はむ時に、言りたまはむ状は、『此の鉤は、淤煩《おぼ》鉤《ち》、須須《すす》鉤《ち》、貧《まぢ》鉤《ち》、宇流《うる》鉤《ち》。』と云ひて、後手《しりへで》に賜へ。(中略)是を以ちて備に海神の教へし言の如くして、其の鉤を与へたまひき。故、爾れより以後は、稍愈《やや》に貧しくなりて、更に荒き心を起して迫め来ぬ。攻めむとする時は、塩盈珠《しほみつたま》を出して溺らし、其れ愁ひ請せば、塩乾珠《しほふるたま》を出して救ひ、如此《かく》惚《なや》まし苦しめたまひし時に、稽首《のみ》白ししく、「僕《あ》は今より以後は、汝命の昼夜の守護人と為りて仕へ奉らむ。」とまをしき。故、今に至るまで、其の溺れし時の種種の態、絶えず仕へ奉るなり。

古事記上巻

すなわち、おとゝのみこへ、御くらゐを、ゆつり給ふにより、ほゝてみのみこ、代をうけとらせ給ひ、日本のぬしと、ならせ給ふ、是、すなはち、りうくうのはからひとそ、きこえけり、ふしきなりし、こととも也かくて、御くらゐを、ほゝてみのみことへわたし、くうてん、ろうかく、日本を、わたしたまふそ、めてたくおほえける、しからは、けいしやう、そのほか日本国、みなまいりあつまり、めてたく、さかへ給ふ事、かきりなし

まことに、五かこく、三かこくの、ぬしとなるたに、ともしき事なきに、りうくう、かうらいこくまて、あひしたかひ、みつきもの、たからをそなへ、七ちんまんほう、みちみてり、まことに、うけ給およふものまても、いのちながく、さかへ申事、かきりなし

玉井の物語

海坊主 うみぼうず

海上や海浜に出没するとされる妖怪の一種。船幽霊とともに海の怪異の主役をなす。近世の随筆である『斎諧俗談』や『甲子夜話』などに多くの事例が記録されており、今日でも海民の間に伝承されている。その姿は、身はスッポンだが、人間の顔をしており、頭に毛がないとか、半身を海上に現して立って行くという。美しい女に化けて、泳ぎくらべをしようと挑んでくるともいい、概して裸形の大坊主姿のものが多い。「エナガ(柄杓)を貸せ」といって船に近づき、それで海水を船中にくみ込んで沈めるのだという。その防御法として、エナガの底を抜いて投げ与えるとか、船タデ(船の虫干し)に使ったもので船の周囲をなでるのがよいと伝えられる。年の夜や盆などに出現することが多いといわれる。海坊主はトドやイルカ、大波や入道雲などの誤認による錯覚や幻覚とも考えられるが、海難者を目撃したとか、その伝聞である場合もある。海坊主の名称や出現の時期が物語るように、海民の海上での無縁仏への信仰が素地にあると考えられる。

北見 俊夫

●――海坊主　鳥山石燕『画図百鬼夜行』に描かれた海座頭。

若狭の海には大亀のかしら僧に似たる有。漁人亀入道と号し、時々網に入るなれども、殺す時はたゝりありとて、酒をのましめて放しやるといへり。漢に海和尚といへるもの成べし。

譚海

梅が枝 うめがえ

愛する男にとって必要な金子を調達するため、たとえ来世は無間《むけん》地獄に落ちてもいいとわぬという、激情の美女。江戸町人の間で格別人気のあった女性で、「梅が枝の手水鉢《ちょうずばち》」と俚謡にうたわれたり、黄表紙などの庶民文芸にしばしば登場した。文耕堂ほか合作の浄瑠璃『ひらかな盛衰記』(一七三九年(元文四)、初演)の四段目に登場したのが原拠。梶原源太景季の愛人千鳥が神崎の廓に身を沈め、梅が枝と名のる。夫源太出陣のため三〇〇両の大金が必要になり、その金策に心を砕くが、苦悩の末に手水鉢を無間の鐘になぞらえて柄杓《ひしゃく》で打ち、未来永劫地獄に落ちてもいといはしないから、三〇〇両の金が欲しいと一心に祈念する。すると、思いがとどき、二階障子の中から小判が散ってくる。「ここに三両、かしこに五両」は、歓喜にうち震える梅が枝の心を象徴的に表現した文句。無言で金を与えたのは源太の母延寿の慈愛だったが、むろん、梅が枝はそれを知らない。無間の鐘は静岡県掛川の観音寺にあった鐘で、これをつくと来世で無間地獄に落ちるが、その代償として現世で富を得るという伝説があった。元禄(一六八八―一七〇四)以来歌舞伎で何度もこの題材を採

●――梅が枝　「三〇〇両の金」とか「無間の鐘をつくさうだ」などと黄表紙ではパロディ化される。山東京伝作・画『孔子縞于時藍染』。

り上げたが、一七三一年（享保一六）初世瀬川菊之丞が傾城葛城《かつらぎ》の役で、手水鉢を鐘に見立てて柄杓で打つ所作事を演じたのが評判で、梅が枝はこれを受けて創造された。来世の極楽往生を望むより現世の現実的な欲望の充足を希求した江戸庶民の好尚にあったのが、梅が枝を格別の人気者にした背景である。 ➡梶原景季

服部 幸雄

何かに付て女子程思ひ切のない物はない。男故なら勤するもいとはねど。まだどのやうな悲しいめを見よふもしれぬ。夫も金ゆへ。何をいふても三百両の金がほしい。わしゃ帯とかねぬ。廿なら四五の。四五の廿なら。一期に一度。わしゃ帯とかぬ。かへらぬ昔。恋忍ぶ。ほんに夫よ。あの客殺して身請の金盗ふ。イヤ〳〵。若《も》シ仕損じ殺されてはとゝさんの敵も討れず。ア、どふしゃうな。もはや日本国に梅が枝が。祈る神も仏もないかハア、。ヲ、夫よ。夫故には石と成たる女も有。我は賤しき流の身なれど一念は誰におとらん。岩ほとなれる手水鉢。水結び上口すゝぎ。伏拝〳〵人に。しらせじ聞せじと柄杓追取。伝へ聞無間の鐘をつけば。有徳自在心の儘。是より小夜の中山へ遙の道は隔れど。思ひ詰たる我念力。此手水鉢を鐘となぞらへ。石にもせよ。金にもせよ心ざす所は無間の鐘。此世は蛭にせめられ未来永々無間堕獄の業をうくとも。だんない〳〵大事ない。海川に捨れる金。一つ所へ寄給へ無間の鐘と観念す 面色忽紅梅の。花はちり〴〵心も髪も逆立上り。柄杓持手も身もふるはれ 既に打たんと振上る。二階の障子の内よりも。其金爰にと三百両。ばらり〳〵と投出す。深山おろしに山吹の花ふきちらすへごとくにて。爰に三両かしこに五両。是は夢か現《うつつ》かや。

ひらかな盛衰記四段目

○梅がえはおもとの実まで拾ひ込（拾九3）

『ひらかな盛衰記』の勘当場による句。手水鉢のそばに植えた万年青《おもと》の実もいっしょにさらいこんだことだろうとのうがち。

梅ヶ谷藤太郎 うめがたにとうたろう

力士。①初代（一八四五—一九二八…弘化二—昭和三）一五代横綱。現在の福岡県朝倉市杷木志波の梅ヶ谷出身。本名小江藤太郎。大阪の大関となった一八七〇年に上京、初め本中に付け出されたが、逆境に発奮し七四年入幕。以来五敗のみで八四年の天覧相撲に際し横綱免許。一七六センチ、一二四キロの強豪で、維新後不況の角界復興の端緒をつくった。その人情家ぶりは落語や芝居の『幸助餅』の報恩美談になって現在も上演されている。引退後は取締雷《いかずち》権太夫となり、国技館建設に功績があり、隠居後も協会は給金を贈った。②二代（一八七八—一九二七…明治一一—昭和二）二〇代横綱。現在の富山市水橋地区出身。本名押田音松。初代の養子になり入門。初め梅ノ谷と名のり、一八九八年入幕。一九〇〇年大関になり、好敵手常陸山谷右衛門と人気を二分した。〇二年師の梅ケ谷に改名。〇三年常陸山といっしょに横綱免許、二五歳の免許は当時の若年記録。一六八センチ、一五八キロの堂々たる太鼓腹と腰は臼のようであったが、技能相撲で左を差して寄る呼吸は天下一品、豪快な常陸山と好対照だった。引退後は義父から雷権太夫を譲られたが、二七年巡業中に死去。

池田 雅雄

梅川・忠兵衛 うめがわちゅうべえ

大坂で三度飛脚を営む万年（亀屋忠兵衛の遊里での替名か）が為替金を横領し、新町の遊女梅川と逃亡した事件を題材にした人形浄瑠璃『冥途の飛脚』（一七一一年（正徳一）七月以前、大坂竹本座初演）、歌舞伎『恋飛脚大和往来《こいのたよりやまとおうらい》』（一七九六年（寛政八）、二月大坂角の芝居初演）などの登場人物。実説については不明だが、浮世草子『御入部伽羅女《ごにゅうぶきやらおんな》』（一七一〇刊）や当時の歌舞伎によって、事件のあらまし、逃亡した二人の入牢、忠兵衛の刑死が想像できる。『冥途の飛脚』によれば、忠兵衛は大和新口《にのくち》村の百姓孫右衛門の子で、大坂淡路町の飛脚宿亀屋の養子。梅川は新町槌屋の下級の遊女。恋仲

の梅川のもとに通いつめる忠兵衛は、男の意地から為替金三〇〇両の包みの封を切る大罪を犯して梅川を身請する。故郷の新口村に逃げた二人は、父親の孫右衛門によそながら別れを告げる。そして逃亡のかいもなく捕らえられる。梅川は最下級の見世女郎だが、封印切の大罪を犯す忠兵衛の相手役にふさわしい恋に生きるヒロインとしての性格が付加されている。奈良桜井の安楽寺、大阪千日前の竹林寺などに墓がある。また大阪上本町の伝光寺跡に碑がある。

法月 敏彦

孫右　フム、こゝら辺りに見なれぬお女中、こなさんはどなたなればこのように、懇《ねんご》ろにして下さります。

〽顔つく〴〵と眺むれば、梅川いとゞ胸ずわらしく、

梅川　ハイ私は旅の者、私の連れ合いの親父様によう似た年配《としばい》、恰好も生写し、ほかの人にする奉公とは、さらさら以て存じませぬ。

〽臥しなやみの抱きかゝえ、孝行は嫁の役、御用に立って嬉しいもの、さぞ連れ合いが聞いてなら、飛び立つように思われましょう。その紙と、この紙と、

〽替えて私が申し受け、連れ合いの肌につけさせて、父御《てゝご》によう似た親仁様の、形見にさせとうござんす。

〽とちり紙袖におし包む、涙にそれとは知られけり。詞のはしに孫右衛門、さてはそうかと恩愛のつきぬ涙をおしかくし、

孫右　フウ、こなたの舅にこの親仁が、似たというての親孝行か、エゝ嬉しゅうござる、が、わしゃ腹が立ちますわいの〳〵。

（中略）

孫右　サ、それでつく〴〵思うには、実の親を便りにして、もしも忍んで来はせまいか、来たらなんぼう不憫でも、養子親への義理あれば、かくまうことはさておいて、親が縄かけ出さねばならぬ。アゝどうぞ来て呉れねばよいが、四年この方逢いもせぬ、懐かしい子の顔も見ぬようにと、願うも伜が不憫さから、とは言うものの、所詮のがれぬ命なら、一日なりと妙閑殿を早う牢から出すのが孝行、覚悟きわめて名乗って出い。エゝ今じゃない〳〵、今のことではないわいのう。それもどうぞ親の目にかゝらぬ所で縄にかゝってくれ。現在血をわけたわが子に、早う死ねと教えるも、浮世の義理か、

〽是非もなや。

なぜ前方《まえかた》に内証で、こう〳〵した傾城に、こうした訳の金がいると、便宜《びんぎ》でもしおったら、久離切っても親子じゃもの、隠居の田地を売ってなりと、首に縄はかけまいもの、エゝ憎い奴じゃと思えども、わしゃやっぱりかわゆうござるわいのう。

恋飛脚大和往来

○忠兵衛は弐両ならしに遣ふなり（明四義8）

「廿日あまりに四十両、使果して二歩残るかねも霞むや初瀬山」（『冥途の飛脚』下の巻）の詞章からの割算。

梅の由兵衛　うめのよしべえ

一七四九年（寛延二）刊『新著聞集』が伝える実説では、大坂の聚楽町に住む悪漢、梅渋吉兵衛。丁銀をすばやくすり替える技をもち「板替の吉兵衛」の異名をとる。また胡椒入りの頭巾を人にかぶせて懐中物を盗んだ。天王寺屋長吉を殺し一〇〇両の金を奪った罪で一六八九年（元禄二）に処刑されたという。これを脚色した歌舞伎が翌年からあり、俠客の「梅の由兵衛」が登場する。さらに一七二八年（享保一三）一二月大坂角の芝居『梅の由兵衛命代金《かわせきん》』あたりから人物像に「忠義の者」という解釈が加わる。江戸では一七三六年（元文二）正月、中村座『遊君鎧曾我』二番目に男達《おとこだて》の梅の由兵衛が登場。この人物像には延宝（一六七三―八一）ころ大門通りに「梅の与四兵衛」という男達がいたとする巷説も関与しているらしい。三八年一〇月大坂豊竹座の人形浄瑠璃『茜染野中の隠井』では、もと備前児島藩、唐琴浦右衛門の家来。紛失した主の名刀を買い戻すために、女房小梅の弟長吉を殺して金を奪う忠義の「梅の由兵衛」。現代まで伝わる梅の由兵

衛物は、この『茜染』と九六年（寛政八）正月江戸桐座上演の歌舞伎『曾我大福帳』二番目の『隅田春妓女容性《すだのはるげいしやかたぎ》』の系統。もと三島隼人の家来で侠客となり、主家の息女を苦界から救うため、女房小梅の弟長吉を殺し金を奪うという設定になっている。

法月 敏彦

○由兵衛を口の酢くなるほど誉る（二六25）

「口の酢くなるほど」は何度もくり返し強調する意で、梅の縁語。右句の『柳多留』二六篇は、一七九六年刊であるから、『隅田春妓女容性』初演に関する句。

梅若丸 うめわかまる

中世以降人口に膾炙《かいしゃ》した「梅若伝説」に取材した文芸の登場人物。その事跡は諸説多くつまびらかでないが、梅若丸の菩提をとむらうために、その墓の傍らに建立されたという梅柳山木母《もくぼ》寺（東京都墨田区）の縁起によれば、吉田少将惟房卿の一子梅若丸という者が、人買い信夫藤太にかどわかされて、はるばる東《あずま》に下ってきたが、病にかかって、九七六年（貞元一）三月一五日、一二歳を一期として、ついにこの地でむなしくなった。一年後の命日に里人が集まってとむらっていると、折も折、わが子の行方をたずねて、梅若丸の母がやってきて悲しみにくれるという話になっている。この伝説との先後はわからないが、これを扱った文芸の嚆矢《こうし》は謡曲『隅田川』（観世元雅作）で、ここでは、梅若丸はすでに死んだあとで、もっぱら母の狂乱、嘆きを描くことが中心になっている。その後、特に物語の舞台でもある江戸では、この題材にもとづく文芸「隅田川物」は大流行し、元禄・宝永（一六八八―一七一一）のころには、『出世隅田川』（一七〇一年（元禄一四）、中村座上演）、『けいせい角田川』（一七〇四年、山村座上演）、『早咲隅田川』（一七〇五年（宝永二）、市村座上演）など、数多くの歌舞伎作品の上演を見ている。そうした中で一七二〇年（享保五）大坂竹本座で上演された義太夫節『双生《ふたご》隅田川』（近松門左衛門作）は、のちの『隅田川続俤《ごにちのおもかげ》』（奈河七五三助作、一七八四年（天明四）、大坂角の芝居初演）、『都鳥廓白浪《ながれのしらなみ》』（河竹黙阿弥作、一八五四年（嘉永七）、河原崎座初演）など、法界坊、忍ぶの惣太の活躍する歌舞伎に影響を与えた特筆すべき作品であり、また一方では、この題材は『隅田川花御所染』（四世鶴屋南北作、一八一四年（文化一一）、市村座初演）、『桜姫東文章』（四世鶴屋南北作、一八一七年、河原崎座初演）など、清玄・桜姫の活躍する作品群にも発展していった。舞踊にも「隅田川物」は多いが、今日上演されるものは、常磐津の「角田川」（本名題『梅花王戯場番組《うめさくらかぶきのばんぐみ》』、一八四一年（明治四）、市村座初演）、清元の『隅田川』（一八八三年開曲、一九〇六年振付）などで、歌舞伎のほうが、多くはお家物狂言に転化していったのに対して、舞踊では謡曲と同じように、梅若丸の母、班女の物狂いが中心になっているのが特徴である。

北潟 喜久

●――梅若丸　夜もすがら梅稚（若）の墓に向かって念仏を唱える母班女の前は、仮寝の夢に梅稚の幽魂と会う。「紅涙柳にそゝきて冤魂因果をしめす」。滝沢馬琴作、葛飾北斎画『墨田川梅柳新書』。

帰命頂礼隅田川　梅若丸のいにしへは　吉田少将惟房《これふさ》の　御台の花子は胎内に　梅若丸

を宿しつゝ　ほどなく安産なし玉ひ　夫の少将惟房は　終に空しくならせける　御台は歎きのその中に　惟房卿の形見とて　老の杖とも柱とも　頼みに思ふ梅若は　荒き風にも言葉にも　当てず養育なされける　梅若七つの春のころ　御父上のそのために　比叡山へぞ登りつゝ　御年十二の季の春　人買藤太に惑はされ　武蔵下総境なる　隅田川原へ迷ひ行き　長の旅路の疲れにも　慈悲も情も弁へず邪見の杖をふりあげて　歩め歩めと責められて　如何なる前世の宿業ぞ　涙に暮れて居たまへば　思はず急所を打擲し　いまをさかりの梅若も　殺され玉ふ是非も無し　母上これを聞くよりも　狂ひ出でさせたまひつゝ　山城大和伊賀河内　国々のこらず尋ね行く　梅若恋しと泣々も　隅田川原へ着きたまひ　墓の標《しるし》の柳こそ　さては我子の形見かと　その儘そこへ伏し玉ひ　歎かせ玉ふぞ哀れなる　源忠阿闍梨の勧めにて　緑の黒髪切捨てゝ墨の衣に身をやつし　追善菩提のそのために一宇の御寺を建立し　念仏修行なしたまひ昼夜に間なく仏前に　泣く〳〵月日を送らる る　隅田川原の木母寺と　今に其名も残りけり

梅若丸和讃

○公家の子をころしかもめの名が替り（天二智3）

梅若は人買いに隅田川まで連れられて来て、いまわのきわに「尋ね来て問はゞ答へよ都鳥隅田川原の露と消えぬと」と詠んで死んだと伝える。以来カモメが都鳥と改名されたとの説。

○梅若の地代は宵に定マらず（初2）

向島木母寺の梅若忌は旧暦三月一五日。露店商人の地割り場代は前日夕刻までに定まるのが普通だが、ここではそうはゆかず、「梅若の涙雨」といって当日しばしば降雨となる。

浦里・時次郎　うらざとときじろう

鶴賀若狭掾作の新内節『明烏夢泡雪《あけがらすゆめのあわゆき》』の主人公。一七七二年（安永二）作。浦里は親のために吉原の山名屋に身を沈めた女性。時次郎の父は田舎におり、江戸表の地頭に年貢金二〇〇両を払うような裕福な家で、家宝に小烏の名刀を持っている。息子の時次郎は浦里になじみ、年貢金を使いこみ、方々に借金をして、浦里に会えぬようになる。それを無理して山名屋へ上がり、浦里の部屋に忍んでいたが、遣手のかやに見つかり、時次郎は表へたたき出される。浦里は禿《かむろ》のみどりとともに庭の古木に縛られ、山名屋の主人に責められる。時次郎は二人を助け、塀を越えて逃げ出す。モデルは一七六九年（明和六）七月の伊之助・三芳（吉）野の心中事件である。その後、富士松魯中が一八五七年（安政四）にその続編として『明烏後真夢《のちのまさゆめ》』を発表した（原作は為永春水・滝亭鯉丈《りゅうていりじょう》合作の人情本『明烏後正夢』）。続編では二人は時次郎の叔父が住職をしている深川の慈眼寺まで逃げ、その墓地で柳の枝にしごきをかけて心中する。しかし小烏の名刀のおかげで息をふき返し、二人は夫婦となる。禿のみ

◉——浦里・時次郎　禿（かむろ）とともに庭の古木に縛られた浦里と、二人を助け出す時次郎。一八五一年（嘉永四）江戸市村座上演の『明烏花濡衣』。歌川国芳画。

どりを二人の間の子とする話もある。

竹内 道敬

〽男はかねて用意の一腰、口に咬《はく》へて身を堅め、忍び忍んで屋根伝ひ、其れと見るより悲しさの、伝へて撓む松が枝も、今宵一夜の掛橋と、足もそぞろに定めなき。見るに浦里嬉しやと、悲しさ恐さ危なさに、飛び立つ許りに思へども、身は縛《いましめ》の蔦蔓、降積む雪に閉ぢられて、詮方なくも鶯の、塒《ねぐら》漂ふ許りなり。〽難なく下へ降り立ちて、二人が縄を切解き、〽コレ〱浦里、此処で死ぬるは易けれど、逃るゝだけは落ちて見ん。ツイ此塀を越す許り、幸ひこれなる松の枝、伝うて行かん諸共。〽と、互に手早く身拵らへ、みどりも共にと取縋《とりすが》る。可愛や此子は何とせん。オ、心得たりとみどりを小脇に引き抱へ、甲斐々々しくも時次郎、松の小枝を浦里に、シツカと持たせて四辺を見廻し、忍び返しを引外し、梯子となしてさし下し、やう〱三人塀の上、降りんと思へど女の身、浦里は胸を据え、死ぬると覚悟極めし身の上、何か厭はんサア一緒と、手を取組んで一足飛び、実に尤もと頷きて、互に目を閉ぢ一思ひ、ヒラリと飛ぶかと見し夢は、覚めて後なく明烏、後の噂や残るらん。

明烏夢泡雪下の巻

浦島太郎 うらしまたろう

浦島太郎の話は、一般には次のようなものとして知られている。浦島は助けた亀に案内されて竜宮を訪問。歓待を受けた浦島は三日後に帰郷するが、地上では三〇〇年の歳月が過ぎている。開けるなといわれた玉匣(玉手箱)を開けると白煙が立ち上り、浦島は一瞬にして白髪の爺となり死ぬという内容で、動物報恩、竜宮訪問、時間の超自然的経過、禁止もしくは約束違反のモティーフを骨子とする。奈良時代の『日本書紀』雄略二二年の条、『万葉集』巻九の高橋虫麻呂作といわれる「詠水江浦島子一首并短歌」、『丹後国風土記』、平安時代の漢文資料「浦島子伝」「続浦島子伝記」などにも記述がみえる。これら古記録には亀の恩返しという動物報恩のモティーフはなく、『万葉集』を別として、丹後水江浦日下部氏の始祖伝説の形をとっているところに特徴がある。時代が下って室町時代の御伽草子『浦島太郎』になると、動物報恩の発端が登場し、浦島が鶴となって丹後国浦島明神にまつられるという形をとるようになる。また、浦島に〝太郎〟の名が付与され、竜宮城の名称が現れるのもこのころである。江戸時代の赤本類ではさらに童話化が進み、太郎は亀の背に乗って地上と竜宮城を往復する話に変容していく。浦島伝説を素材にした文学作品には近松門左衛門『浦島年代記』、明治時代に入ってからは、島崎藤村『浦島』(詩)、森鷗外『玉篋両浦嶼《たまくしげふたりうらしま》』(戯曲)、坪内逍遥『新曲うら島』(楽劇)などが知られている。

現在、浦島伝説を伝える地は、京都府与謝郡の宇良神社(浦島神社)、神奈川県横浜市の浦島の足洗い井戸・腰掛石、長野県木曾郡の寝覚ノ床などがあり、それぞれ独自の話を伝えている。一方、昔話の「浦島太郎」は全国に分布し、内容的には、動物報恩のモティーフを発端とする一般型が多い。東北地方では、竜宮訪問、時間の超自然的経過のモティーフが独立した話として語られ、香川・鳥取では太郎が鶴と化す御伽草子系の伝承がみられる。奄美の沖永良部島では海彦・山彦説話と複合している。竜宮は海上彼方に楽土があるという常世《とこよ》思想の反映であろう。女から課せられた約束を男が一方的に破るのは「蛇女房」「鶴女房」などの異類女房譚の特色であり、常に人間によって禁止事項が犯され、不幸な結果を招来することになる。これは『古事記』の豊玉姫説話にも現れている古い説話モティーフといえよう。浦島説話と同型の話は、朝鮮、台湾、中国、チベットなど東アジアや東南アジアの諸国にも分布している。なかでも中国の洞庭湖周辺の伝承は、「竜女説話」と「仙郷淹留《えんりゅう》譚」の複合により成立したものとみられ、日本の浦島説話とも非常に似ているところから、浦島説話の原郷土を探るうえで重要な位置を占めている。

大島 広志

秋七月に、丹波国の余社郡《よざのこほり》の管川《つつかは》の人瑞江浦嶋子、舟に乗りて釣す。遂に大亀を得たり。便に女に化為る。是に、浦嶋子、感《たけ》りて婦《め》にす。相逐《あひしたが》ひて海に入る。蓬萊山《とこよのくに》に到りて、仙衆《ひじり》を歴《めぐ》り観《み》る。

日本書紀雄略天皇二二年七月条

さて浦嶋太郎は、一本《ともと》の松の木蔭に立ち寄り、呆《あき》れはてゝぞ居たりける。太郎思ふやう、亀が与へしかたみの箱、あひかまへてあけさせ給ふなといひけれ共、今は何かせん、あけて見ばやと思ひ、見るこそくやしかりけれ。此箱をあけて見れば、中より紫の雲三すぢ上りけり。是を見れば二十四五の齢《よはひ》も、忽ちにかはりはてにける。

扨《さて》浦嶋は鶴になりて、虚空に飛び上りける。そもく此浦嶋が年を、亀がはからひとして、箱の中にたゝみ入れにけり。さてこそ七百年の齢を保ちける。あけて見るなと有りしを、あけにけるこそ由なけれ。

浦島太郎

あけてだに何にかはせむみづの江の浦島の子を思ひやりつゝ

是は雄略天皇二十二年の時、丹後国余佐の郡水江の浦島の子といふもの亀をつれりけるが女になりにけり。それをめにして蓬萊にいたれりけるが、故郷をこひてかへりなむといひければ、封たるはこを是をかたみにせよ、ゆめく あくなといひてとらせたりけるを、ゆかしさにあけてみれば紫雲たちて空にのぼりにけり。この齢をこめたりければ男老かゞまりにけり。くやしと思へどかひなし。是よりあけてくやしき事によむ也。淳和天皇二年にかへりきたれり。その間三百四十八年をへたりといへり。

和歌色葉

○けつこふな所さと亀はたぶらかし(明三松5)

◉——浦島太郎　上＝蓬萊王宮で姫君と並んで接待を受ける。下＝玉の箱を開けると白煙が上がって老人になる。『浦島明神縁起』。京都府宇良神社蔵。

○乙ひめをおしがつよひとしめるとこ(天五信5)
○かたりであろうと七せの孫はいゝ(安四仁5)
○浦島ははぐきをかんでくやしがり(三七10)

第一句、亀を野幇間扱いにしたおかしみ。第二句、「押しが強い」はずうずうしいの意、「しめる(占める)」は交接する意。第三句は帰郷後の浦島を末孫が信じない。第四句、「あけて口惜しき玉手箱」で、歯噛みをしたいところだが、歯も脱けたゆえ土堤を噛みあわせた。

瓜子姫 うりこひめ

ウリから生まれた女の子を主人公とする昔話で、「瓜姫」「瓜子織姫」「瓜姫子」「瓜姫御寮」などとも呼ばれ、全国に広く分布している。機織を好む美しい姫に成長した瓜子姫が、山からやってきたアマノジャクにだまされて殺されそうになるが、間一髪のところで救われ、殿様の嫁になって幸福に暮らす話と、これとは対照的に無惨に殺されてしまう話とがあり、前者は西南日本に多く、後者は東北・北陸地方に多くみられる。しかし、アマノジャクが姫をだまして縛りあげたり殺したりしたあと、姫に化けて嫁入りしようとするが、発覚して退治されるという点でほぼ共通している。姫の敵はアマノジャクのほか、山姥《やまうば》や鬼婆、猿などとなっていることもある。この昔話は、ソバやキビ、アワ、カヤなどの茎や根が赤いのは、殺された瓜子姫、もしくは退治されたアマノジャクの血がこれらの植物についたためである、という説明を伴っていることが多いが、これらが栽培されていた畑作(焼畑)地域で主として語られた昔話であったことを示しているとも考えられる。ウリからの異常誕生という点では「桃太郎」と通じるが、ウリと機織という点からみると、やはり焼畑地域で伝承されていたとみられる七夕起源譚を伴う「天人女房」との間の関連も考えられる。また、この昔話を考える場合、ウリが古くから霊の依代《よりしろ》とされていたことも無視できない。文献では、近世初期のものと思われる御伽草子絵巻『瓜子姫物語』が残されている。内容は幸福な結末で終わる型の昔話とほぼ一致する。

小松 和彦

➡天邪鬼(あまのじゃく)

折節、天照る御神天降りける昔より、万のことに障《さは》り、煩ひなす、あまのさぐめといふくせものあり、このところに、嬉しきことかな、この姫君を、何ともしてすかし出し、われら入り代りて迎へられ、いつきかしせらればやと思ひて、急ぎ帰りけり。(中略)その後、昼ほどに、「姫君は御わたり候ふか、ここあけさせ給へ。うばこそ帰りて候へ」とて、遣戸をたたきけれども、うばの声には似ざりけり。ものごしに見給へば、うつくしき花の枝を取りて、「これ参らせ候はむ」と言ひければ、花にこころざしや深かりけん、ちと細めにあけ給へば、また、「わが手の入るほど」なんど申しけるほどに、また、少しあけたまへば、その後、やがてひきあけて、内へ入り、やや姫君を抱き取りて、はるかに遠き木の上に結ひつけて、わが身は、姫君のおはします所に入り代りて、うつくしきものども取り着て、寄り臥してゐたりけり。

瓜姫物語

ウルトラマン

円谷《つぶらや》プロが製作した特撮番組の巨大ヒーロー。身長四〇メートル、体重三万五千トン。『ゴジラ』シリーズや戦記映画などの東宝特撮映画で名を馳せた円谷英二は、一九六三年(昭和三八)に円谷プロを設立すると、六四年にTBSで特撮テレビシリーズ『アンバランス』の製作を開始した。これが六六年の放送時に、東京オリンピックで流行語となった「ウルトラC」からもじった『ウルトラQ』に改題されている。怪獣や宇宙人による災害や超常現象を描いた本作は、成田亨や高山良策といった美術作家によるシュールな怪獣造形もあいまって、子供たちの間に「怪獣ブーム」を巻き起こした。

その続編として「宇宙人が人間を助けて事件を解決する」企画が練られ、六七年に放送されたのが『ウルトラマン』だった。M78星雲からやってきたウルトラマンは科学特捜隊のハヤタ隊員(黒部進)と一心同体になり、普段はハヤタの姿で生活。ピンチとなるとベーターカプセルで変身して怪獣や宇宙人と戦う。これが前作を上回る大ヒットとなった。続く六八年の『ウルトラセブン』の後、シリーズは休止するが、七一年の『帰ってきたウルトラマン』で復活、玩具メーカーとのタイアップによる販売戦略も成功し、以降は『ウルトラマンA』のように、『ウルトラマン○○』の名称で作品ごとに設定を一新させながら、断続的に現在まで続く人気シリーズになっていった。

春日 太一

運慶 うんけい ?—一二二三(貞応二)

平安末~鎌倉初期に活躍した仏師。運慶は父康慶に見られた写実傾向を推し進め、平安後期の定朝様式の形式化した貴族趣味的な像を否定し、天平以来の古典的表現を基礎とした力強い作風を完成したが、その様式は鎌倉時代彫刻の規範とされ、長く日本彫刻に影響を与えた。それだけに彼の声望は当時から大きく喧伝され、多くの伝承を生んでいる。『吾妻鏡』に藤原基衡が毛越寺を造営した時、本尊丈六薬師像と十二神将を仏師雲(運)慶に依頼し、多額の金品や山海の珍物を贈ったという話が載っていることなど、その最たるものである。京都三十三間堂の像を慶長ころ(一七世紀初め)修理した仏師康正の言が『大仏師系図』にあり、千躰仏は湛慶の作ではなく運慶作の像が多いといい、事実運慶銘像(五〇一号)があるが、造立銘ではなく、後世の鑑定銘である。運慶が三十三間堂像を造立する機会はありえず、彼の作であってほしいという願望のゆえだろう。運慶作と称する像は全国に多く、行基作、空海作と並ぶほどであるが、彼の確実な作はごく少なく、伝承像は彼の作といいがたいものがほとんどだが、昔の人の目は意外に確かで、いかにも運慶作らしい、多少とも厳しい顔立ちの、量感を持った像とか、激しい表現をした忿怒相の、とくに仁王像などを彼の作としているのも面白い。夏目漱石の『夢十夜』にある浅草の仁王像を運慶が造っていたという話など、それを示す好例といってよいだろう。

佐藤 昭夫

運慶は今太い眉を一寸の高さに横へ彫り抜いて、鑿の歯を竪に返すや否や斜すに、上から槌を打ち下した。堅い木を一と刻みに削つて、厚い木屑が槌の声に応じて飛んだと思つたら、小鼻のおつ開いた怒り鼻の側面が忽ち浮き上がつて来た。其の刀の入れ方が如何にも無遠慮であつた。さうして少しも疑念を挟んで居らん様に見えた。

「能くあゝ無造作に鑿を使つて、思ふ様な眉《まみへ》や鼻が出来るものだな」と自分はあんまり感心したから独言の様に言つた。するとさつきの若い男が、

「なに、あれは眉や鼻を鑿で作るんぢやない。あの通りの眉や鼻が木の中に埋つてゐるのを、鑿と槌の力で掘り出す迄だ。丸で土の中から石を掘り出す様なものだから決して間違ふ筈はない」と云つた。

夢十夜

○うんけいの作のそばから乗て行(七24)

浅草蔵前の長延寺の本尊の閻魔像(長一丈六尺)は運慶作と伝えられていた。蔵宿《くらやど》で金策した武士が駕籠に乗って行く先は、言わずと知れた吉原。

え

栄西 えいさい　一一四一―一二一五（永治一―建保三）「ようさい」とも読む。鎌倉初期に臨済宗を伝えた禅密兼修の僧侶。備中国出身。比叡山と伯耆国大山で顕密仏教を学んだ。一一六八年（仁安三）博多より日宋貿易の商船に乗って渡海し、天台山、阿育王山で奇瑞を体験。天台の新章疏をもたらした。八七年（文治三）再度入宋。インド仏蹟参拝の計画は挫折したが、天台山万年寺を訪れ、虚庵懐敞《こあんえじょう》に参じて、臨済宗黄竜《おうりよう》派の印可を受け、九一年（建久二）帰朝した。北九州で活躍してのち、京都に至ったが、九四年達磨宗停止の宣旨で活動を制せられた。九八年『興禅護国論』を著し、禅宗の勅許を求めた。ついで鎌倉に下って、寿福寺の開山となり、一二〇二年（建仁二）幕府の力によって、京都に建仁寺を開創、朝廷はここに真言、止観、禅の三宗をおく宣旨を下した。重源のあとの東大寺大勧進職となり、また法勝寺九重塔の再建を司り、一三年（建保一）完成、その功により権僧正となっている。

栄西を禅の始祖とする評価は、虎関師錬の『元亨釈書』（一三二二成立）以来定着した。『元亨釈書』は、栄西が未来記を書いて五〇年後の禅宗興隆を予言したことを重視、円爾や蘭渓道隆の活躍は、その的中であるとする。

茶祖とされるのは、『喫茶養生記』を著し、源実朝に献呈した史実とともに、栄西が南宋から持ち帰った茶の実が、その後の茶の栽培と喫茶の流行の始まりである、という伝承による。明恵が栄西から茶を贈られて賞玩するに至ったという説話と、茶の種も栄西から入手したとの一説は、鎌倉末期の写本が残る『栂尾《とがのお》明恵上人伝』に見え、夢窓疎石『夢中問答』でも茶の話題に明恵、栄西が並ぶ。いずれも坐禅に結びつけられ、眠気覚ましが狙いであったとする。栄西がまず茶の栽培を試みたのが、筑前・肥前国境の背振山であったという伝承は、月海元昭（売茶翁）らによって文章化された。

菅原 昭英

無下ニ長《タケ》ヒキクヲハシケレバ、出世ニハヾカリアリトテ、ハルカニ年タケテ後、行ジテ、長四寸タカクナリテヲハシケリ。

沙石集巻第十末

帰朝ノ後、寺ヲ建立ノ志御坐ケルニ、天下ニ大風吹テ、損亡ノ事有ケリ。世間ノ人ノ申ケルハ、此風ハ、異国ノ様トテ、大袈裟大衣キタル僧共世間ニ見エ候。彼衣ノ袖ノヒロク、袈裟ノオホキナルガ、風ハフカスルナリ。如レ此ノ異体ノ仁、都ノ中ヲ、ハラハルベキ也ト、申ケルニツキテ、ハテハ公卿僉議ニヲヨビテ、京中ヲ罷出ベキヨシ、宣旨有ケレバ、弟子ノ僧共、アサマシク思ケル処ニ、今日ハ吉日也。吾願成就スベシトテ、堀川ニテ、材木カフベキ事ナンド下知シテ、宣旨ノ御請申サレタル詞ノ中ニ云ク、風ハ是天之気也。人ノナス所ニアラズ。栄西風神ニアラズ。何ゾ風ヲフカシメン。若風神ニアラズシテ、風ヲ吹シムル徳アラバ、明王何ゾステ給ハント云云。コレニヨリテ、此僧ハ子細有者也ケリ。申旨アラバ聞食入ラルベキ由、重テ宣下有ケレバ、寺建立ノ志ヲ申サレケルニヨリテ、建仁寺ヲ立ラレケリ。

沙石集古本

○栄西の徳を車へのせてしり（新三〇ハッ14）

檀尻《だんじり》（上方《かみがた》の祭り屋台）を担ぐ「ようさやちようさ」「えいさい」の掛け声を、栄西が建仁寺を建てるとき、巨材を運ぶ人夫にわが名を唱えさせたことによる、という俗説（斉東俗談）。

英祖 えいそ　沖縄史のうえで実在の確認される最初の人物。史書『中山世鑑《ちゆうざんせかん》』によれば一二二九―九九年の在世で、沖縄本島中部、のちの浦添間切恵祖村の豪族であった。『おもろさうし』には「伊祖《ゑぞ》の戦思《いくさも》ひ」とうたわれ、優れた按司《あじ》、気力の溢れた按司、若テダ（太陽）として賛美されている。「戦思ひ」とは戦に優れた人の意で、群雄割拠して相争った戦乱の世をしのばせる

名前である。

英祖は一二六〇年、三二歳で王位についたといわれ、七一歳で没し、浦添に築かれた壮大な墳墓ようどれに葬られている。英祖時代に日本僧禅鑑が仏教と文字を伝えたことは沖縄文化史上、特記される史実であり、英祖はこの僧に帰依して極楽寺を建立した。「戦思ひ」と尊称される勇者であった英祖が、仏教と文字にかかわりをもったことは、文化的にも英明な人物であったことを物語る。沖縄史の黎明に活躍した人物に共通する鉄の伝説もまつわっている、武力と知力をあわせもった英雄である。また英祖が、母が日輪が懐に入ったのを夢見て生まれたという伝説と、神号が「日子(テダコ)」であることを考え合わせると、王権と太陽神信仰の結びつきの、重要な契機をこの人物の周辺にうかがうことができよう。

外間 守善

一　伊祖《ゑぞ》の戦思《いくさも》ひ
　　月の数《かず》　遊《あす》び立《た》ち
　　十百年《ともゝと》　若《わか》てだ　栄《はや》せ
又　意地気《いちき》戦思《いくさめ》い
又　夏《なつ》は　神酒《しけち》　盛《も》る
又　冬《ふゆ》は　御酒《さけ》　盛《も》る

(伊祖の戦思いは／月ごとに遊び立ち／千年も若テダを栄せ／すぐれた戦思いは／夏は神酒を盛る／冬は御酒を盛る)

(伊祖の戦思い様は立派なお方である。月ごとに神遊びのために舞い立って、いつまでもすぐれた按司様を栄しなさい。意地気戦思い様は立派なお方である。夏は神酒を盛り、冬は御酒を盛って盛宴を張ってくださる立派なお方である)

おもろさうし十二巻六七一

絵金 えきん　一八一二―七六(文化九―明治九)

幕末から明治初年に活躍した土佐(高知県)の町絵師。通称金蔵、絵金は絵師金蔵の略称。本名は弘瀬洞意。友竹斎雀翁と号した。高知城下新市町の髪結の家に生まれたが、画道に志し、藩のお抱絵師池添美雅に師事して画才を認められた。一八二九年(文政一二)江戸に出て狩野洞白に学び、狩野派の画法を習得して洞意の画名を拝領、三二年(天保三)帰国して藩のお抱絵師に取り立てられる。数年後不始末をおかしてその地位を失い、以後没年までが官を離れた在野の画工としての絵金時代となる。代表作は、夏祭の宵宮に飾るための台提灯絵《だいちようちんえ》で、奔放な筆致と鮮烈な色彩によるその歌舞伎芝居絵は、南国土着の民衆の激情をおおらかに発散させた独特の絵画世界となっている。

小林 忠

江島・生島 えじまいくしま

江戸期の情話の主人公。一七一四年(正徳四)、江戸城の大年寄(奥女中の取締役)絵(江)島が山村座の歌舞伎役者生島新五郎となじみを重ねたことが発覚、絵島は信州高遠に、生島は三宅島に流罪、山村座は廃絶になったという事件による。この絵島事件は、徳川家に関する不祥事として江戸期には脚色を許されなかったが、維新後は異色の組合せの情話として、一八七〇年(明治三)の河竹黙阿弥作『宝来曾我島物語《ほうらいそがしまものがたり》』をはじめ、三世河竹新七作『浪乗船江島新語』(一八八三)、右田寅彦作『江島生島』(一九一六年(大正五))、正宗白鳥の『夢の高遠』(一九五三年(昭和二八))など、劇化も多くなった。なかでも長谷川時雨作『江島生島』(一九一三)は新舞踊劇の代表作で、三宅島に流された新五郎の夢における江島との歓楽と、さめてからの狂乱を描き、今日も流行。また、舟橋聖一は一九五三年から二年にわたり、小説『絵島生島』を『東京新聞』に連載、みずから劇化も行った。

松井 俊諭

〇三ンがいのさじきからいよ新五郎(安五宮1)

右のいわゆる正徳事件によって劇界には連坐者続出、江戸四座の一つ山村座は取潰しとなって、以来江戸三座と定められた。また劇場内客席も、それまでは三階桟敷が存在したが、「二階の外はかたくつくるべからず」(『徳川実紀』)と禁止された。右句は、正徳の昔には、さだめて三階桟敷から「イヨ新五郎」などと声援もあったろうとのうがち。

○まんぢうにばけて来なよと文が来る（安八桜3）
○まんぢうに成ルは作者も知らぬ智恵（初4）
○箱入りの男といふは新五郎（安四信4）
○まんぢふに化ていくつもむしかへし（三二29）

生島が饅頭の蒸籠《せいろう》に入り、大奥に潜入し、絵島と逢瀬を重ねたとの俗説による句。第一句、「文」は手紙と違い男女間の書翰をさす語。第二句、嘘をつくことを「狂言を書く」ともいうが、その奇想は作者も及ばず。第三句、「箱入り娘」にあらず。「箱」は饅頭箱（蒸籠）。第四句、「いくつも」は性的飢渇状態にあった奥女中が何べんも、の意。「蒸し返し」で饅頭にきかす。実際に蒸籠に入って大奥へ潜入することは不可能で、実は新五郎の実弟生島大吉が、一七〇六年（宝永三）に呉服屋の長持に入って尾州家の奥へ忍びこみ、奥女中と情事のあったことが発覚、投獄された事件が混同されたまま流布したもの。

○新五郎初手は女ごの嶋へ行キ（明五松5）
○美しひ流人大めしくいに成り（四5）

第一句、「初手」（初めのうち）は女護島、やがては三宅島へ流罪（四月）、在島二九年、一七四二年（寛保二）赦免、四三年江戸小網町で没した（年七三）。第二句、「美しい流人」は絵島、「信濃者の大飯食い」の俗諺によったごとく、信州高遠へ流罪（四月）。一七四一年にその地で死去（年六一）。

榎本健一　えのもとけんいち　一九〇四―七〇
（明治三七―昭和四五）

昭和を代表する喜劇人。「エノケン」の通称で親しまれた。東京都生まれ。浅草オペラの俳優・柳沢貞一に弟子入りし、浅草の金竜館で初めて舞台に立つ。歌も踊りも一流だったのに加え、小柄な体型を活かした俊敏な動きと速射砲のようなセリフ回しの賑やかさで人気を博す。その後、一座を結成し浅草のオペラ小屋を転々とする。一九三三年（昭和八）には東宝の前進・PCLの『エノケンの青春酔虎伝』で映画初主演すると、この大ヒットもあって、東宝の看板スターとなった。同じく浅草出身の喜劇俳優・古川ロッパと「エノケン・ロッパ」として一時代を築く。特に映画『エノケンの千万長者』『エノケンのびっくり人生』『エノケンの法界坊』などの斎藤寅次郎監督とのコンビで湧かせた。

戦後は、まだ放送が開始されて間もないテレビの世界でも活躍。一九五四年の日本テレビで放送された『エノケンの水戸黄門』は時代劇をミュージカルコメディとして描き、その後のテレビお笑い番組の原型となった。また、黒澤明監督『虎の尾を踏む男たち』や今井正監督『人生とんぼ返り』といった気鋭の監督たちの映画にも出演している。六二年、壊疽《えそ》により足を切断。失意のあまり自殺未遂を繰り返すが、喜劇王のハロルド・ロイドの励ましもあり舞台に復帰。車椅子や義足を利用したパフォーマンスに挑戦している。

春日 太一

夷…恵比須　えびす

七福神の一神として、福徳を授ける神とされ、家の台所や茶の間にまつられることが多い。春と秋の夷講には、財布にお金を入れて供えるなど商業神としての性格が強いが、農村では、竈《かまど》神や荒神《こうじん》信仰と習合して、稲の豊作をもたらす田の神の性格をも兼ねる。田植後のサナブリ、刈上祭に稲苗や稲の穂を供える地方もある。漁村では豊漁をもたらす神とされ、海岸や岬などに祠《ほこら》を設けてまつることが多い。特定の年齢の若者が、海底から小石を拾い上げてきて神体としたり、漁網に入った石などを神体とするなど、海から漂着した物を神体とする地方もある。魚群を追って岸近くにやってきたクジラ・サメ・イルカなどを「えびす神」として尊敬する風習もあり、クジラの胎児を海岸に埋葬してえびす神としてまつったという伝承がある。海から川に遡上するサケを捕るときに、「エビス」と声をかけながら殺すという伝承も秋田県などにある。また、漂流する水死体を拾うと、豊漁に恵まれるといった伝承があって、流れ仏をえびす様と呼ぶこともあった。

えびすの神像は、釣竿を持ち、脇に釣り上げた魚を抱えた姿であるが、このえびすの本社は、兵庫県西宮市の西宮神社(夷社)とされている。西宮の夷社は「夷三郎」とも呼ばれ、天照大神をまつる広田社の摂社であった。広田社には、複数の摂社が置かれていたが、夷社は大国主命もしくは蛭《ひる》児《こ》をまつり、三郎社は事代主命をまつるとされた。三郎殿とされた事代主命は、出雲神話の大国主命の子であり、出雲の美保崎で魚を釣っていたという古伝承から、魚と釣竿を持った姿で描かれたのであろう。室町時代には、この二神は混同されて、夷三郎という一体の神と考えられるようになり、各地に広まったものである。えびすの語は「えみし」とともに異民族を意味し、夷、戎、辺などの字が当てられていて、古くは東北地方の蝦夷《えぞ》だけでなく、海辺や島などの辺境に住む者たちをも「えびす」と称していた。大国主命が夷社にまつられたのは、天孫系と対立した出雲系の神であったためとも考えられるが、辺境者(海に基盤を有する)の神としての性格にかかわるものであろう。『源平盛衰記』剣巻には、生後三年たっても足の立たない蛭児が海に流し捨てられ、摂津国に漂着して海を領する神となり、夷三郎殿としてまつられたとされている。海を生活の基盤としてきた海人《あま》などの信仰によって成立した縁起であると考えられる。また、海の彼方に死者の国や常世の国を想定してきた、海上他界への信仰にも関連を有するのであり、漂流物をえびすと称する漁民の信仰によっていると考えられ、厄を福に転化することのできる力を海上他界に認めたものであろう。

えびす信仰の伝播には、中世以降の商業の発展との関連が考えられる。狂言には、えびすをまつって富を得た主題がとりあげられている。また一方では、百太夫を信仰する傀儡《くぐつ》師によっても広められたと考えられ、えびすの人形を舞わせて歩く夷まわしは、明治時代まで見られた。

紙谷　威廣

◉——夷…恵比須　大津絵の恵比寿図。「ゑびす殿機嫌よきこそ道理なれおのが家職のたいをはなさず」と、波打つ岩に乗り鯛を抱える。個人蔵。

円空　えんくう　一六三二—九五(寛永九—元禄八)

江戸初期の遊行造像僧。破れ法衣に鉈一丁、鑿一丁を背負い山野を走り、地生えの生木から鉈《なたば》削《つり》という簡潔な粗彫りの木彫仏を多数(現存仏ほぼ五〇〇〇体)残した。美濃の美並村で初めて彫像らしい神像をつくり、三三歳で遊行造像の旅に出た。北辺の蝦夷地に渡って円空彫刻のスタイルを確立し、美濃、飛驒を中心に東日本を遊行し、幅広い旅の中で自ら願った一二万体造像を実現させた。その直截な彫りもダイナミックな強弱のリズム感も、流浪が生んだもので、古代から中世にかけての仏師のような工房の仏像作者ではなく、江戸時代が生んだ最も江戸的な特異な仏像作者

◉——円空　鉈一丁をつねに持ち、これのみで仏像を彫りあげたという。『近世畸人伝』挿絵。

である。
没年については岐阜県関市の弥勒寺にある墓碑銘から明らかだが、生年については上野国(群馬県)一宮の貫前《ぬきさき》神社旧蔵の写経の断簡に「壬申生美濃国円空」とあることから、寛永九年の生まれであることは判明したが、生地の美濃国が現在の羽島市上中町とも郡上市美並町地区ともいわれ定かでない。丸木の原材をいくつかに割り、割った面を巧みに生かして、そこに岩肌のような力強い面の構成を生み、正面性を強調した鉈削のバイタルな表出は、現代の感覚を刺激して大いに注目されている。

丸山 尚一

斧作りの仏、堂のうちに、いと多くたたせ給ふは淡海《あふみ》の国の円空といふほうしのこもりて、をこなひのいとまに、あらゆる仏を造りをさめ、はた、ことすぎやう者も、近きころ此いはやにこもり居て、はる〴〵と高き太谷へだてたる岩のつらに注連引はへ、木のたかぐつをふみて、山めぐりをぞしける。

蝦夷喧辞辯

うき事を思ひつゝねのけさのかり鳴こそ渡れ秋のよな〳〵
雲はれぬけさのお山のあさましや人の心のかかるわひしき
けさの野になまめきたてる女郎花かゝらぬ袖に花の香そする
蝉の羽のけさの衣ハうすけれとうつり香こくも匂ひかゝれる
我恋ハけさの御山ニあらなくにかゝる心ハわひしかりけり

円空上人詠袈裟山百首歌

○立木の仁王円空の名はくちず(新五百上13)
○仏きざむ円空の手に鉈のまめ(新五百上30)

艶二郎 えんじろう

山東京伝作の黄表紙『江戸生艶気樺焼《えどうまれうわきのかばやき》』の主人公。一七八五年(天明五)刊。百万両分限(大金持)といわれた「仇気屋」の一人息子で一九歳か二〇歳。色男気どりで、金にあかせて艶名を広めようとする。友人に北里喜之介《きたりきのすけ》とたいこ医者わる井思庵の二人があり、彼らのいうままに「めりやす」を習い、刺青をし、娘のかけ込みを頼み、それを「読売」にしてばらまいたりする。しかしそれらのすべてに失敗し、最後に浮名屋の浮名という女郎とにせ心中を企てたが、強盗にあい、身ぐるみはがれて命も危うくなり、後悔する。強盗は実は父の弥二右衛門と番頭の候兵衛で、二人の意見にしたがい、浮名と夫婦になって納まる。モデルは十八大通の一人三十間堀の和泉屋甚助(太申《たいしん》)とも、国学者岸本由豆流《ゆづる》の父浅田栄二郎ともいわれる。こっけいな風貌、とくに鼻の形に特色があり、艶二郎はうぬぼれの代名詞となった。京伝は八七年に洒落本『通

●——艶二郎 にせ心中を企てたが、強盗に身ぐるみはがれた艶二郎と浮名。『江戸生艶気樺焼』挿絵。

言総籬《そうまがき》』でふたたび登場させた。　竹内　道敬

〽朝に色をして夕に死とも可なりとは、さてもうはきな言の葉ぞ。それは論語のかたい文字、これは豊後のやわらかな、肌とはだかのふたりして、むすびし紐をひとりして、解くにとかれぬうたがひは、ふしんの土手の高みから、とんとおちなば名やたゝん。どこの女郎しゆかしらみ紐、むすぶの神もあちらむかさんしよ醤油の焼きずるめ、ぴんとひぞるも今ははや、むかしとなりし中の丁、外八文字もこふなれば、内七文字にたどりゆく。涙にまじる水ばなに、ぬらさん袖はもたぬゆへ、下たのおびをぞしぼりける。身にしみわたる東風《こちかぜ》に、鳥肌だちし此素肌、殿御のかほはうすずみに、かく玉章とみる雁に、たよりをきかんとかく文の、仮名でかなてこ裾模様、ゆかりのいろも七ツやの、名にながれたるすみだ川、たがいに無理を五百崎の、鐘は四ツ目や長命寺、君には胸をあくる日の、まだ四ツ過の緋縮緬《ひぢりめん》、ふんどしながき春の日の、日高の寺にあらずして、はだかの手合いそぎ行引三重。

「牛は願から鼻をとふす」と。艶二郎がわる案じの心中、此とき世上へぱつとうき名たち、渋うちはの絵にまでかいていだしけり。

(艶二郎)「おれはほんの粋狂でした事だからぜひがないが、そちはさぞ寒かろう。世間の道行は、きものをきて最期の場《ば》へ行が、こつちのははだかでうちへ道行とは、大きなうらはらだ。緋縮緬のふんどしが、こゝで映へたもおかしい〳〵。」

江戸生艶気樺焼道行興鮫肌

円仁　えんにん　七九四―八六四(延暦一三―貞観六)

平安前期の高僧。比叡山天台宗第三代座主。慈覚大師の諡号で知られる。下野国都賀《がつ》郡に生まれた。壬生氏の出身。幼少のときに父を失い、兄の秋主《あきぬし》より経史を学んだという。九歳のとき、下野国大慈寺に入り、八〇八年(大同三)比叡山に登って最澄に師事した。八一四年(弘仁五)に得度、八一六年に東大寺で具足戒を受けた。翌年、最澄の東国巡錫に従い、上野国の緑野《みどの》寺、下野大慈寺を巡っている。八三五年(承和二)遣唐使僧に選ばれ、翌年遣唐使船に乗って日本を発ったが、船が難破して二度渡海に失敗。唐の揚州に上陸したのは、八三八年のことであった。中国に上陸してからも苦難の連続で、目的の天台山には登れず、やっと天台山の代わりの五台山巡行が許された。八四二年、帰国を前に今度は唐の武帝による廃仏毀釈に遭遇。還俗して各地を放浪し、苦難の果てに帰国できたのは八四七年五四歳のときであった。その間の経緯は、円仁の『入唐求法巡礼記』に詳しい。しかし、帰国後には栄光が待っていた。最澄が十分に果たせなかった密教(台密)の奥義を極めたということで、八五四年(斉衡二)第三代天台座主となり、天台宗山門派の祖となった。天台宗のその後の興隆は、円仁によるところが大きい。

円仁は多くの伝説に包まれている。誕生のときには、広智菩薩という聖が、壬生の地に紫雲が立ち上るのを見て、聖人が生まれるので大切に育てよ、といったという。また少年の円仁が大慈寺で学んでいるとき、夢に高僧が現われ、比叡山の大師であると告げた。のちに比叡山に登って最澄に会うと、夢で会ったその人であった等等。また全国には円仁が建てたという寺院がきわめて多い。特に東日本には多数の円仁伝説を留める寺がある。中世から近世にかけて、台密が東国への広がりを見せるなかで生じたものであろう。たとえば下北半島の恐山は中国で円仁が修行中に霊夢を見て、帰国後に東国への旅を続け、下北半島に至って開いたという経緯が、恐山の「縁起」などによって語られる。

高橋　千劔破

八月一日、早朝、大使は州衙〔州役所〕に到って揚〔州大都督〕府の都督李〔徳裕〕相公を見る。事畢《おわ》って帰り来たる。斎《とき》後〔昼食後〕請益〔僧円仁〕・留学〔僧円載〕両僧は、牒《ちょう》〔公文書〕を使衙《がし》〔遣唐本部〕に出して、台州国清寺に向かわんことを請《こ》う。兼ねて、水手〔水夫〕丁勝小麻呂《よぼろのまさおまろ》〔丁雄満〕を給わり、仕うて求法の馳侍《ちし》〔はしり使い〕に宛《あ》てんことを謂う。暮際《くれぎわ》、大使の宣に依り、海中誓願の事

を果たすが為に、開元寺に向かって定閑院を看《み》る。三綱、老僧卅有余は共に来たって慰問す。巡礼し畢《おわ》って店館〔官設旅館〕に帰る。

入唐求法巡礼行記

○慈覚の袖に引声の弥陀うつり(新五百下66)

渡唐のおり纐纈《こうけつ》城で遭難あり、霊犬が袖をくわえて引き出し、危難を逃れしめたという(『宇治拾遺物語』巻一三)。円仁は唐の五台山から「引声《いんぜい》阿弥陀経」を伝え、「洛東真如堂、毎歳九月に執行あり、是十夜の起源なり」という(『譬喩尽』)。

役行者　えんのぎょうじゃ

七世紀末に大和国の葛城(木)山を中心に活動した呪術者。生没年不詳。役小角《えんのおづぬ》、役君《えのきみ》などとも呼ばれ、後に修験道の開祖として尊崇される。『続日本紀』によると、六九九年(文武三)朝廷は役君小角を伊豆国に流した。葛城山に住む小角は、鬼神を使役して水をくませ、薪を集めさせるなどし、その命令に従わなければ呪術によって縛るという神通力の持主として知られていたが、弟子の韓国連広足《からくにのむらじひろたり》が師の能力をねたみ、小角が妖術を使って世人を惑わしていると朝廷に讒訴《ざんそ》したために、流罪が行われたという。葛城山一帯には、古くから一言主神をまつる勢力が蟠踞《ばんきょ》し、大和朝廷に対して微妙な関係にあったと考えられるが、役小角はその葛城山に住む呪術師であり、韓国連広足はその名から考えて、外来の呪術を伝える者であったと想像される。『続日本紀』編纂当時、役小角の名は世間に知られていたようであるが、少しおくれて平安時代前期に書かれた『日本霊異記』には、まとまりのある役小角の説話が収められている。それによれば、役優婆塞《えのうばそく》(『日本霊異記』の編者は、呪術的な力を持つ半僧半俗の行者を優婆塞と呼んでいる)は、賀茂役公《えのきみ》、のちの高賀茂朝臣の出で、大和国葛木上郡茅原村の人という。生まれながらに博学で、虚空を飛んで仙人と交わり、仙宮に行きたいと願った役優婆塞は、岩窟にこもって修行を積んだ結果、孔雀明王の呪術を修得し、鬼神を駆使できるようになった。そこで、鬼神たちに命じて、吉野の金峰山と葛城山との間に橋をかけさせようとしたところ、鬼神たちは困惑し、一言主神が役優婆塞を朝廷に訴えた。朝廷は役優婆塞を捕らえようとしたが容易に捕らえられないのでその母を縛ると、母の苦痛を思った役優婆塞はみずから縛についた。伊豆に流されると、昼間は伊豆にあったが、夜は駿河国の富士山に登って修行を重ね、遂に天を飛ぶことができるようになった。後に道照が入唐の途中、新羅の山中で法華経を講じたところ、聴衆の中から日本語で質問する者がいるので、その名をただすと役優婆塞と答えた。一言主神は役優婆塞に呪縛され、今に至るまで解かれないままでいるという。『日本霊異記』のこの説話は、役小角を当時貴族社会に広まりつつあった密教の行者として説明しようとしているが、同時に古くからの山岳信仰や道教など、いわば当時の反体制的な諸信仰をあわせた行者として描き出しており、後世の役行者の説話や伝説のもとになった。

平安時代中期以降、役小角の説話は『三宝絵詞』『本朝神仙伝』『今昔物語集』などに収められ、鎌倉時代に入っては『古今著聞集』『私聚百因縁集』『元亨釈書』などに、くわしく記されるようになった。それらの説話の中で役小角は、役行者と呼ばれて修験道と深く結びつけられるようになり、その修行地は生駒山、信貴山、熊野などにひろがり、やがて全国各地の修験道の山が、役行者の聖跡とされるよ

◉役行者　役行者と前鬼・後鬼。金峰山の札。

うになった。また、役行者は孝養の心厚く、父母の供養につとめたり、母を鉢に乗せてともに唐に飛んで行ったという説話も生まれ、当麻《たいま》寺の四天王像は役行者の祈禱によって百済から飛んで来たという話をはじめ、当麻寺との密接な関係を説く説話も多い。鎌倉時代中期の『沙石集』には、役行者が金峰山の山上で、蔵王権現を感得したことが記されているが、修験道の本尊としてまつられるようになった蔵王権現を祈り出した役行者は、修験道の開祖とされるようになり、金峰山の山上ヶ岳山頂の蔵王堂の開創者と信じられることになった。山伏が語って歩いたため、役行者の伝説は各地にあるが、鎌倉時代中期の舞楽書『教訓抄』には、役行者は笛に巧みで、その音色をめでた山の神が舞を伝えたという話も見える。南北朝時代を経て山伏の活動は一段とさかんになり、室町時代には修験道の組織化が進んだが、各地の山々に割拠し、仏教各宗の寺院に属していた山伏たちは、役行者を開祖としてつながりを持つようになった。『役行者顚末秘蔵記』『役君形生記《えんくんぎょうしょうき》』『役行者講私記』『役行者本記』をはじめ、役行者に関する数々の書が、修験道の教典として作られ、一七九九年(寛政一一)には、朝廷から役行者に対して神変大菩薩という諡号《しごう》が贈られた。役行者の画像や彫刻は数多く作られたが、その姿は、僧衣に袈裟をまとい、長いひげをたくわえ、手には錫杖を持ち、高下駄をはいて岩に腰かけ、斧を持つ前鬼《ぜんき》と棒を持つ後鬼《ごき》を従えているのが一般である。役行者が従える鬼については五鬼とする説もあり、一六〇三年(慶長八)に刊行された『日葡辞書』には、「五鬼。役の行者という名前のある山伏が打ち負かし服従させた五匹の悪鬼」とある。悪鬼を従え、天を飛ぶという役行者は、日本で最も強力な呪術者として広く知られ、さまざまな伝説を生み、歌舞伎の『役行者大峯桜』をはじめ、舞台や物語に登場し、坪内逍遥の『役の行者』も近代の戯曲として名高い。

大隅 和雄

役《え》の優婆塞《うばそこ》は、鬼神を駈使ひ、得ること自在なり。諸の鬼神を唱《いざな》ひ催シテ曰はく「大倭の国の金の峯と葛木の峯とに椅《はし》を度して通はせ」といふ。是に神等、皆愁へて、藤原の宮に宇《あめのした》御《をさ》めたまひし天皇のみ世に、葛木の峯の一語主の大神、託《くる》ひ讒《しこ》ぢて曰はく「役の優婆塞、謀りて天皇を傾け将とす」といふ。天皇勅して使を遣して捉ふるに、猶験力に因りて輙《タヤス》ク捕へられ不るが故に其の母を捉ふ。優婆塞母を免れ令めむが故に、出で来て捕へられぬ。即ち伊図の嶋に流しき。時に身、海上に浮かびて走ること、陸を履むが如し。体万丈に踞《うずくま》り、飛ぶこと翥《はふ》る鳳の如く、昼は皇命に随ひて嶋に居て行ひ、夜は駿河の富岻《じょ》の嶺ニ往きて修す。然して斧鉞《マサカリ》ノ誅《みつ》を宥《カク》レテ朝《みかど》の辺に近づかむと庶《ねが》ふが故に、殺剣の刃に伏して、富岻に上る。斯の嶼に放たれて、憂へ吟《によ》ぶ間三年に至れり。是に慈の音に乗り、大宝元年歳の辛丑に次《やど》る正月を以て天朝の辺に近づき、遂に仙と作りて天に飛びき。

日本霊異記上巻第二十八

小角の出胎は仁王三十五代　舒明天皇聖徳六年甲午正月元日なり。大和の国葛城上郡茅原郷矢箱村加茂氏の家に生れり。其の生るる時一枝の華を握り、生れ乍らにして能く言ふ。その母惶怖して曰ふ。「この児我に育てらるるを容れず」、と。而して之を郊野に棄つ。乳あらずと雖も飢衰の徴《しるし》無し。禽獣随馴し、犬狼も敢えて損せず。自然に空に紫気を蓋《オホヒ》て雨露も霑《ヒタサ》ず。故に亦取りて養育す。児の面白肉色にして常に慶喜の咲《ヱミ》を含む。面相大魁して四威儀の行迹《フルマイ》世人に異なれり。恒時の遊戯に雨露衣を霑ず。足蠢虫を踏まず。自然に救蛇苦明王の咒を憶知して咒験を施すに奇特の事多し。常児に供せず。石を拾い泥を丸めて仏塔槙像を作れり。礼拝恭敬して常の遊戯と為す。凡児に非ざること必なり。

役行者本記出生分第一

○夜ざくらは役行者のしらぬ道(拾五10)
吉野の桜なら役行者の領域だが、まさか吉原の夜桜はご存知あるまい、の意。

○母慕ふ小角胸に鬼は無し(嘉三・日一一オ)
○ちとお草鞋にあそばせと前鬼後鬼(新三一・ユ七オ)

閻魔 えんま

閻魔は冥府の王として仏教とともに日本に入り、恐ろしいものの代名詞とされたが、地蔵菩薩と習合して信仰対象にもなった。奈良時代には閻羅王と書かれ、まれに閻魔国とも書かれている(『日本霊異記』)。閻羅は閻魔羅闍《えんまらじゃ》の略で、閻魔王の意味である。これは『仏説閻羅王五天使経』または『閻羅王授記四衆逆修生七往生浄土経』に拠ったものであろう。後者は『預修十王経』ともよばれるように、閻魔王のほかに九王を加えて一〇王とし、閻魔王を裁判長として陪審の形をとっている。しかし奈良時代までは閻羅王使の鬼が死者を迎えに来て閻羅王宮に引き立て、その裁判によって地獄の責苦を受けることになる。このような閻魔はインドの冥界の主が仏教の中に入って、勧善懲悪、または因果応報の唱導に利用されたものである。したがって中国でもすでに本地は地蔵菩薩であるという信仰が生まれ、死者救済を願うために信仰されるようになった。すなわち日本では閻魔十王と三仏を十三仏にあてて、初七日忌から三十三回忌までの供養本尊とする。この場合は閻魔は五七日忌の供養本尊となり、地蔵菩薩としてまつられる。しかし一方、唱導説話や地獄変相図の中では、依然として恐ろしい形相で罪ある死者を呵責する冥府の王であった。閻魔十王の造像は鎌倉時代からおこなわれ、閻魔堂に安置された。鎌倉円応寺や奈良白毫寺の閻魔十王はその古い作例である。これが近世になると村々に閻魔堂ができ、閻魔十王と葬頭河婆《そうずかば》鬼、浄玻璃《じょうはり》鏡、業秤《ごうのはかり》などの像が一具としておかれるようになる。そして葬送にあってはここに死者の衣類を供えて、滅罪を願う習俗が一般化した。この信仰が失われたところでは、閻魔十王像はほこりにまみれて放置されているものが多い。しかし信仰の生きているところでは、正月とお盆月の一六日は閻魔の縁日で、地獄の死者の宥恕される日としており、これを藪入りと言っている。この日地獄変相図が閻魔堂にかけられる。

五来 重

●閻魔 閻魔詣の図。『風俗画報』。

是も今は昔、藤原広貴という者ありけり。死て閻魔の庁にめされて、王の御前とおぼしき所に参りたるに、王のたまふやう、「汝が子をはらみて、産をしそこなひたる女死にたり。地獄におちて苦をうくるに、うれへ申ことのあるによりて、汝をば召たるなり。」(中略)広貴、かゝれども、これはいつく、たれがのたまふぞ、ともしらず。ゆるされて、座をたちてかへる道にて思ふやう、此玉の簾のうちにゐさせ給て、かやうに物の沙汰して、我をかへさるゝ人は、たれにかおはしますらんと、いみじくおぼつかなくおぼえければ、又参りて、庭にゐたれば、簾のうちより「あの広貴は、かへしつかはしたるにはあらずや。いかにして又参りたるぞ」と問はるれば、広貴が申やう、「はからざるに、御恩をかうぶりて、帰がたき本国へかへり候ことを、いかにおはします人の仰とも、え知り候はで、まかりかへり候はむことの、きはめていぶせく、くちをしく候へば、恐ながらこれを承に、また参りて候なり」と申せば、「汝不覚也。閻浮提《えんぶだい》にしては、我を地蔵菩薩と称す」とのたまふをきゝて、さは炎魔王と申は、地蔵にこそおはしましけれ。此菩薩につかうまつり候が、地獄の苦をばまぬかるべきにこそあめれと思ふ程に、三日といふに生きかへりて、其後、妻のために仏経を書き供養してけりとぞ。日本の法華験記に見えたるとなん。

宇治拾遺物語「広貴炎魔王宮へ召るる事」

○大王は笏をのまんず御口つき(拾三27)

○ゑんまさまぬり樽といふあたまつき(拾三32)

両句とも閻魔大王の木像の形容。

○友だちにゑんまのてうで御用あひ(安八礼11)

江戸では赤坂心法寺、深川賢法寺、牛込平川寺、蔵前長延寺、新宿太宗寺などの閻魔堂が著名で、正月、七月の一六日は参詣群集してにぎわった。この春秋の賽日に参詣する者は、商家の丁稚や小僧が多かった。右の句の「御用」は御用聞きの略で小僧のこと。したがって「正月のゑんま芝居におされたり」(三十15)の句のように、正月の藪入りには、閻魔信仰よりも観劇のほうが魅力的であった。

延命院日道 えんめいいんにちどう 一七六四?—一八〇三(明和一?—享和三)

江戸、日暮里の延命院の住職。寛政年間(一七八九—一八〇一)に住職となり、寺中の七面明神(安産・現世利益などに効験ありと信仰される)に参詣の婦女と密会、堕胎まで行ったとして、一八〇三年寺社奉行脇坂安董の手で死罪となった。享年四〇歳。事件直後に元幕府奥右筆に侍奉公していた品川郡太が、この件のてんまつを『観延政命談』一六冊の書本につづり、貸本屋に売却、回覧したことが〇五年(文化二)に発覚、作者ほか関係者が罰せられた。大奥女中の醜聞暴露が当局の忌諱に触れたものと見られる。上記実録本では日道(日当《にっとう》)を初世尾上菊五郎の実子とするが、日道が美貌であったため、うわさにおひれがついての虚構。一八七八年、河竹黙阿弥の手で『日月星《じつげつせい》享和政談』として舞台化、五世菊五郎が日当に扮し好評を博した。

小池 章太郎

是を密会の始としてだん〳〵とつのり、さまざまの事を工夫して、多くの女ぐるいに及びしは、まことに古今稀なる珍敷事ども也と、皆々恐れ慎むべき也、(中略)

日蓮宗谷中

延妙院日当亥四十歳

其方儀、一寺住職たる身分ながら、婬慾をほしいままにいたし、源太郎妹ぎん、又は部屋方の下女ころと密会におよび、その外屋形向相勤候女両三人へ艶書を送り、右の女ども参会の節密会をとげ、あるいは通夜などゝ申立、寺内へ止宿いたさせ、殊にころ儀懐胎のよしうけたまはり、堕胎の薬を遣はし、総じて破戒無慙の所行、其上寺内作事等の儀、奉行所へ申立候趣を引違へ、勝手のまゝに建直し候事ども、重々不届の至りに候、依レ之死罪申付るもの也、(中略)扨此外大家の召仕へ、永のおし込三人、また永暇に成し女十人計りもあり、ころは武家がたの奉公がまいのうへ、百日のおしこめ、幷に源太郎妹ぎん、金三郎母とよ、伝右衛門母つて、此三人は三十日のおし込、扨また谷中ふれ頭宗林寺、新堀村名主権四郎、組頭長右衛門の三人は、急度御しかりにて事相済ける、時に延妙院日当は、助命ならんとおもひ居し所、存じの外打首言付られ、はなはだ悔みけれどもせんかたなく、歎きかなしみ、泣々土壇場へ引出されしかば、心のうちに思ふ処、高祖日蓮上人は、由比が浜へひき出され給ひしに、此法華経の功力によつて、天より光明かゞやきて、太刀はおれてさんらんせしと聞、我も此経の功徳にて助からんものよとて、ほんのかなしい時の神だのみとやらんにて、只一に法華経をとなへしが、ひらりと見へしは光明ならぬ剣の稲妻、首は前にぞ落にける、おしむべし行年四十歳を夢の世として、秋の露ときへ行きしは、是誠に仏罪の眼前成べしとて、見聞せしものは、みなおそれけるこそ道理なり

観延政命談巻四～五

お

お岩 おいわ

日本の幽霊のなかで最も人に知られ、人気のある人物。四世鶴屋南北の代表作『東海道四谷怪談』(一八二五〈文政八〉初演)の主人公。夫、民谷伊右衛門(塩冶《えんや》浪人)を父の敵とも知らず貞淑に仕えるが、その愛を裏切られ、かつ毒薬を飲まされて醜悪な顔に変わったお岩は、恨みを抱いたまま狂死にをする。浪宅の場で、髪を梳き鉄漿《かね》をつけると、髪はおびただしく抜け落ちて血をしたたらせ、顔は醜くはれ上がって、凄絶な形相に変わる。「髪梳き」といえば直ちにお岩のこの場面を連想するほど有名な場面である。以後、亡霊となることで加害者に転じたお岩は、伊右衛門をさんざんに苦しめたあげく、蛇山庵室《へびやまあんじつ》において伊右衛門を取り殺し、自身の恨みをはらすと同時に父の敵を討った。初演の台帳では、お岩の亡霊は赤子を抱いた産女《うぶめ》の姿で、流れ灌頂《かんちょう》の中から出現することになっており(再演以後は提灯抜けに変わった)、古い民俗伝承をふまえた趣向になっていた。また顔が醜悪に変わるのは、早く「累《かさね》」伝説にみられたとおり、嫉妬深い女、心の奸《かだ》ましい女、すなわち「悪女」の相好《そうごう》として醜女《しこめ》の顔が類型化していたのを受けたもの。お岩は子歳《ねどし》生れだったことから、一念の化身たるネズミと、女性の嫉妬心の記号である蛇の怪異が現れるのが特色である。実説と称するものが伝わるが、その真偽は明らかでない。お岩の名は、『古事記』の石長比売《いわながひめ》以来の伝統で、心の奸ましい悪女の名とされ、歌舞伎では岩藤・岩根御前などの例がみられる。東京都新宿区四谷に於岩稲荷があり、お岩の霊をまつる。歌舞伎で『四谷怪談』を上演するときはこれに参詣し、かつ楽屋に勧請して、そのたたりを恐れる。役の名を必ず「お岩様」と敬って呼ぶのも習慣となっている。

服部 幸雄

●—**お岩** 春好斎北洲画。早稲田大学演劇博物館蔵。

お岩　髪もおどろなこの姿。せめて女の身嗜み、鉄漿なとつけて、髪も梳き上げ、喜兵衛親子にことばの礼を。コレ、鉄漿の道具を、揃えてこゝへ。
宅悦　ヤヽ、産婦のお前が鉄漿をつけては、
お岩　大事ない、サヽ早う。
宅悦　すりゃ、どうあっても、
お岩　エヽ、持たぬかいのう。
宅悦　ハアイ。
お岩　母の形見のこの櫛も、わしが死んだら、どうぞ妹へ。アヽ、さはさりながらお形見の、せめて櫛の歯を通し、もつれし髪を、オヽ、そうじゃ。今をも知れぬこの岩が、死なばまさしくその娘、祝言するはこれ眼前。たゞ恨めしい

は伊右衛門どの、喜兵衛一家の者どもも、なに安穏に、おくべきか。思えば〱、エエ、恨めしい。
宅悦　ヤヽ、落毛から滴る生血は、
お岩　一念通さで置くべきか。

東海道四谷怪談髪梳き

逢州　おうしゅう

歌舞伎の浅間物、傾城物に登場する遊女の名。奥州とも書く。元禄・享保期(一六八八—一七三六)の狂言本では「あ(お)ふ(う)しう」とひらがな表記が多く、一八〇五年(文化二)五月、八文字屋刊の複製本『けいせい浅間嶽』巻末の年代記では「奥州」ならびに「おうしう」と表記。一六九八年(元禄一一)正月京都早雲座の歌舞伎『傾城浅間嶽』に、遊女奥州から小笹巴之丞への起請文を火鉢へ投げ入れると煙の中から奥州が現れ、巴之丞に「逢いたい」と口説を述べる場面があり、この形が浅間物の一つの特徴となって後世に伝えられた。柳亭種彦の読本『浅間嶽面影草紙』(一八〇九)、その後、帙「逢州執着譚」(一名「本朝長恨歌」、一八一二)を経て一八六四年(元治一)二月江戸市村座の歌舞伎『曾我綉侠御所染《そがもようたてしのごしょぞめ》』となる。傾城逢州は茶人団一斎の娘忘貝で、御所五郎蔵に殺される。妹の時鳥も惨殺され、姉妹ともに亡霊となって現れる。一六九九年正月京都都万太夫座の『傾城仏の原』の奥州は、他の人物が乗り移って恨みを述べる。一七五三年(宝暦三)正月江戸中村座『男伊達初買曾我《おとこだてはつがいそが》』の傾城奥州は後に梅の由兵衛の女房となる。傾城虎の台詞に「奥州とは火鉢から出る名ぢや」とあり、浅間物のパロディ。

法月　敏彦

「扨は起請に執心宿つて燃えたるよな。あゝ恐ろしや〱、俺も奥州がくれた起請を持つて居る、其方と夫婦になれば、是も入らぬもの、此起請共と一所に皆焼いて退けう」と懐より取出し、側なる火鉢へ投げ入れ焼き棄つる煙の中より奥州が形現れ、恨めしさうにすつくりと立てば、姫君局腰元禿は是を見「なう恐ろしや」と倒れ伏す。巴之丞は「何をいふぞ」と後向き、はつと驚き太刀に手をかけ「やあ何者ぢや〱」「問うてたもつて嬉しやな、問はれて今の恥かしや。浮名にも換へ身に換へて、いとしき殿のいとしぼく、たんと心を尽したわいの」「むゝ扨は奥州か、何とて迷うて是へは出た」「其方いとしさに、逢ひたうて、見たうて、語りたうて来たわいの」巴は夢とも弁へず「あさましの姿や」と抱き付けばつと消え、褄や袂を打ち振ひ見れども人の形もなく、こはそも如何に不思議やと立つたり、居たり身を悶え、惘れ果たるばかりなり。又形現れ出で「恨みも恋も残りねと、若しや心の変りやせんと、思ふ疑ひ晴らさん為の誓紙をば、な

◉——逢州　煙の中から巴之丞にせまる逢州。『けいせい浅間嶽』挿絵。

ぜに煙となし給ふ、恨めしや　胸の焔は夜に三度、此方の思ひは日に三度、煙くらべん浅間山、あれ御覧ぜよあさましや　邪淫の悪鬼は身を責めて、なう剣の山の上に恋しき人は見えたり、嬉しやとて攀ぢ登れば、思ひは胸を砕く、こはそも如何におそろしや、花の姿も弱々と、彼所に立ち行かんとすれば、此所に消え、あるかなきかの春の夜の、朧月夜にはかなくも、消えて形はなかりけり。」

けいせい浅間嶽

○暁の反吐に其角の名のたかさ(七二21)

吉原江戸町茗荷屋抱えの傾城奥州は客に誠を尽くし、持つ提灯にも「てれんいつはりなし」と仮名書きさせた。あるとき、初会の客が酒を過ごし、暁に吐逆したが、奥州は人手を借りず自分で介抱した。其角はその行為をほめ、時鳥の珍しさに勝るものだとして「暁の反吐は隣か郭公」と詠んだ。以上、馬場文耕『江戸著聞集』による。

応神天皇　おうじんてんのう

第一五代に数えられる天皇。仲哀天皇の皇子、母は息長足姫《おきながたらしひめ》(神功皇后)。諱《いみな》は誉田別《ほんだわけ》という。ただ『古事記』には、大鞆和気《おおともわけ》ともあり、胎中《たいちゅう》天皇とも称された。『日本書紀』によると、仲哀天皇は西征のさなかに没し、皇后が三韓に遠征したさいにはすでに胎内にあり、遠征から帰ったのち、筑紫で生まれたという。中央にかえり、皇后の摂政のもとで、皇太子となり、皇后の没後、はじめて即位し、大和国高市郡軽島(豊)明宮に居した。応神朝では、武内宿禰《たけうちのすくね》が前代からの勢力を保っているが、天皇にかかわる国内記事として、妃の兄媛(吉備氏の祖御友別の妹)とともに吉備に幸し、御友別の兄弟子孫の功に報い、吉備国を五県に分かち、それぞれを封じたという。対外記事としては、百済から弓月君(秦氏の祖)、阿直岐《あちき》(漢《あや》氏の祖)、王仁《わに》(河内書《ふみ》氏の祖)らが来朝したとあるなど、帰化人のはじめての渡来を記録している。そののち、天皇の皇子菟道稚郎子《うじのわきいらつこ》を日嗣(太子)とし、大山守命に山川林野をつかさどらせ、大鷦鷯《おおささぎ》尊を太子の輔として、国事を分担させたという。治世四一年にわたり、豊明宮(一説に摂津の大隅宮)に没した。『古事記』や『延喜式』には、その陵は河内国志紀郡恵我藻伏崗にあると記し、現在の大阪府羽曳野市誉田の陵(応神陵)に比定される。記紀の記述をみると、仲哀天皇までと違って、応神天皇からは諱が記されているなど、原帝紀に記載されていた可能性がつよく、現実性あるものとみなされ、『宋書』の倭の五王のはじめの讃《さん》を応神か仁徳にあてる説もあり、また応神紀の外交記事をみると、干支二運(一二〇年)を下げれば、実際の年紀に一致するなど、絶対年代を四世紀末から五世紀はじめにあてる説が有力である。なお陵はもとより、宮も河内に多いので、これを河内に成立した王朝とみる説もある。

平野 邦雄

【胎中天皇伝説】　母、神功皇后は天照大神と住吉大神の神託によって朝鮮半島を平定したと語られる巫女的性格の女性。天皇は、受胎後、母の半島平定中ずっと胎中にあり、帰国した北九州で誕生、後に空船《むなぶね》に乗って難波に漂着する。その後重臣の武内宿禰に伴われて敦賀に禊《みそぎ》し、気比《けひ》大神に名を賜って大和に帰り、母の献酒を受け、軽島の明宮《あきらのみや》に即位する。この物語にみられる、漂流、海上来臨、禊、成人、即位という展開は、神来臨を原型とした始祖神話譚の性格を濃厚に持っている。『住吉大社神代記』が「大神と密事《むつびごと》あり」と述べ、天皇を神の子とするのも、天皇の神秘的性格を示すものである。また祖父を東西平定の英雄、日本武尊とし、母を、新羅皇子の血統をひき、半島を平定した神功皇后としたのは、この天皇が日本および半島の生まれながらの君主であるという主張を示す。後に天皇と母は八幡信仰の中心に据えられていく。➡神功皇后

吉井 巖

其後、応神天皇、穂浪の郡、宮浦と申所に、暫、渡らせ給て、豊前国宇佐郡の内、本山と

申山の上、御かさりをおろして、其山のふもとにて、此分段の身を不捨して、正覚を成り給ふ所をは、正覚寺と名付たり
其時、御言に云、我石躰権現と、いわるへしと被仰て、正覚成給て後、彼山の頂に、三の石と成給へる、其石の上より、金色の光、都にさしたりしを、仁徳天皇、是を怪て、勅使を立て、尋させ給ふ
彼山に尋行て、拝奉れは、金鷹にて、あらはれ給へり、勅使、其山のふもとにて、宝殿を造りて、奉レ崇、其時より宇佐八幡大菩薩と、あらはれ給ふ

八幡大菩薩御縁起

○雑兵に宿禰はやめを買に遣り(三九26)
「はやめ」は早め薬の略で分娩促進剤をいう。陣中のことゆえ……。胎内にいたのが応神天皇。

○其時に宿禰烏帽子をおかわにし(八五25)
武内宿禰が応神天皇の守りをした、そのとき。「おかわ」は便器。

近江のお金　おうみのおかね

「お兼」とも書く。鎌倉時代の初め、近江国海津にいたという遊女で、大力無双であったと伝える。『古今著聞集』に、物に驚き狂い走る馬の差縄を高下駄で踏み、これを留めたところ、その足駄は足首まで砂に埋まった。また手をさし出し五本の指一本ずつで弓を張り、一度に五張を張ってみせたほどで、大の男が五、六人かかってもその怪力にはかなわなかった、との記述がみえる。一八一三年(文化一〇)六月江戸森田座初演の『閏茲《またここに》姿八景』(通称『晒女《さらしめ》』『お兼』)は近江八景になぞらえた八変化舞踊で、近江のお兼はその中の一役、独立して演じられる。「色気しらはの団十郎娘……」云々の歌詞どおり、大力女の色気で踊るのがヤマとなっている。作詞は二世桜田治助、初演の演者は七世市川団十郎であった。

◉――近江のお金　狂い走る馬の手綱を足駄で踏み止めるお金。歌川国芳画『近江の国の勇婦於兼』。

小池　章太郎

近比、近江国かいづに、金といふ遊女ありけり。その所の沙汰の物なりける法師の妻にて、年比すみけるに、件法師、又あらぬ君に心うつしてかよひけるを、金もれきゝて、やすからずおもひけり。或夜合宿したりけるに、法師なに心なくて、れいのやうにかの事くわだてんとて、またにはさまりたりけるを、其よは腰をつよくはさみてけり。しばしはたはぶれかとおもひて、「はづせ〳〵」といひければ、なをはさみつめて、「わ法師めが人あなづりして、人こそあらめ、おもてをならべたる物に心うつして、ねたきめ見するに、物ならはかさん」と云て、たゞしめにしめまさりければ、すでにあはをふきて、死なんとしけり。其時はづしぬ。法師はくた〳〵と絶入て、わづかに息計ぞかよひける。水ふきなどして、一時ばかりありて、いきあがりにけり。

古今著聞集「近江国遊女金が大力の事」

〽留めて見よなら　菜種に胡蝶、梅に鶯松の雪、さては姉女《せなちよ》が袖袂しよんがいな　色気白歯の団十郎娘、強い〳〵と名に振れし、お兼が噂高足駄　〽まだ男には近江路や、晒し盥《たらひ》の誰が嬲らうと恋ぢやいや〳〵相撲でならば、相手選ばず渡合ひ、ありやりや〳〵

〵よいやさ 〽四つに抱れて手事とやらで、二人しつぽり汗掻いて、なげの情の取組が〽面白かろでは 〽ないかいな 〽力試しの曲持ちは 〽石でもごんせ 〽俵でも御座れ〳〵に差切つて 〽五十五貫は何のその、中の字極めし若い衆も、女子にや出さぬ力瘤

閨茲姿八景

大石内蔵助 おおいしくらのすけ　一六五九―一七〇三

(万治二―元禄一六)

大石良雄。赤穂浅野家の家老。代々家老で、家禄は一五〇〇石。主君浅野長矩《ながのり》の一件に対する大石の方針は浅野家の名誉の回復であったが、名誉あるかたちでの浅野家再興を幕府に嘆願したがいれられず、長矩のけんかの相手とみなす吉良義央《きらよしなか》を殺して両成敗の処分を事実上完成させる方針に転じた。一七〇二年(元禄一五)一二月一四日、長矩の遺臣を率いて吉良邸に討ち入り目的をとげたが、幕府から切腹を命じられ翌年二月四日に死んだ。

田原　嗣郎

【伝承】 どんな場合にも沈着、冷静、大きな器量の持主で、持続する志をもち、多くの人たちの意見に耳を傾け、彼らの意志を統合して、強力なリーダーシップを発揮する。知的、論理的で、しかも行動力をもっている。「昼行灯《ひるあんどん》」と呼ばれるように、表面なにごともないかのように遊びほうけ、巧みに世間の目を欺きながら、本心を内に秘して、じっと時節の到来する時を待ち、綿密な計画のもとに実行し、主君の仇を報じたのち、従容《しょうよう》として死につく。これが、『忠臣蔵』の主人公に対して日本人が描くイメージである。これは江戸時代以来現代まで、日本人が抱いてきた一つの男の理想像であった。少なくともきわめて日本人好みの、日本人の精神構造に合致した人間の典型(タイプ)になりえていることは間違いない。『忠臣蔵』がかつては「芝居の独参湯《どくじんとう》」と呼ばれて起死回生の妙薬にたとえられ、今日もなお映画やテレビ映画の娯楽作品としてもてはやされる大衆的人気の源泉に、主人公の備えている人間的魅力があるのは疑いない。

しかし、日本人が思い描いている『忠臣蔵』の主人公のイメージは、史実に知られる大石良雄その人よりも、むしろ近世の演劇(歌舞伎、人形浄瑠璃)や話芸(講談など)、絵画(浮世絵、絵本の類)などに幾度となく繰返し演じられ、出版されてきたなかで、民衆知によって育て上げられてきた大星由良助《おおぼしゆらのすけ》(由良之助とも表記)像によるところが大きい。史実の大石良雄の風貌や性格について、詳しいことはわかっていない。わずかに書き残された信頼できそう

●―**大石内蔵助**　祇園一力茶屋で遊興にふける大星由良助のもとに、塩冶判官の妻顔世御前から密書が届く。縁に出て読む手紙を、遊女となったお軽と、縁の下に潜む高師直に内通する斧九太夫が盗み読む。鳥居清長画『忠臣蔵七段目』。太田記念美術館蔵。

な資料によれば、彼は小柄で、声が低く、物静かな男だったらしい。それは、われわれが思い描いている彼のイメージとの間に大きな隔りを感じさせるものである。歌舞伎の舞台で現代も人気狂言の筆頭として演じつづけられている『仮名手本忠臣蔵』は、一七四八年(寛延一)八月、人形浄瑠璃で初演された。いわゆる赤穂事件を脚色した作品はすでにこれ以前の段階で、歌舞伎にも浄瑠璃にもたくさん作られており、『仮名手本忠臣蔵』はそれらの集大成であった。先行した原「忠臣蔵」の中で、もっとも重要な作品は『大矢数四十七本』(一七四七年(延喜四)上演)で、その主人公大岸宮内《おおぎしくない》(大星由良助の原型)を演じた初世沢村宗十郎の容姿・人柄・芸風が『仮名手本忠臣蔵』における由良助像の造型に大きな影響を与え、以後のこの人物のイメージをほとんど決定づけることになったと思われる。われわれの由良助像は決して剛毅木訥《ごうきぼくとつ》、武骨一辺倒の地方藩の家老というイメージではない。彼には、紫の粋な着物を着て祇園一力茶屋で遊興にふけるといった、やわらかではなやかな一面もある。史実の大石良雄が祇園に遊んだのは事実らしいが、そのようすを視覚化して印象を強調したのは芸能の力であり、そこに人間としての大きさやふくらみを加えたのは間違いない。講談、映画、テレビドラマ、小説などで、名を大石良雄として創作しているものも、実はそのイメージを虚構部分の多い大星由良助像に負うているのを見逃すことはできない。

服部 幸雄

ウヲ、言ふにや及ぶと諸手をかけ。ぐっ〳〵と引回し。苦しき息をほっとつき。由良助。此九寸五分は汝へ形見。我鬱憤を晴らさせよと。切先にてふゑ刎切。血刀投出しうつ伏せに。どうど転び息絶れば。御台を始め並居る家中。眼を閉息を詰歯を喰しばり扣ゆれば。由良助にじり寄刀取上押戴。血に染る切先を打守り〳〵。拳を握り。無念の涙はらはらはらはら。判官の末期の一句五臓六腑にしみ渡り。扨こそ末世に大星が。忠臣義心の名を上し根ざしは。斯と知られけり。

仮名手本忠臣蔵

「塩谷判官たかさだは、白木の三方腹切刀、由良之介はまだ来ぬか、ササ追付参上よしよし。「十二梯子の二階より、お軽は見卸すのん〳〵のべ鏡、下で由良之介が文をよむ、サヽ縁の下で九太夫がよしよし。

殿々奴節根元集

○人のしらぬは大石は養子ツ子(藐13)

良雄の母は備前の家老池田玄蕃の娘であったところから、良雄を備前国生れとする訛伝が生じ、この説もかなり流布された。

○煤掃の日迄は顔を汚してる(二七31)

江戸期には年中行事として「煤掃(煤払い)の大掃除は一二月一三日を慣例とした。討入りした日が翌一四日であったための見立て。良雄は遊蕩三昧に日を送り、ために「張抜き石」とか「昼行灯」と呼ばれたという。

○一力の仲居オヤ〳〵あの人か(九五30)

討入りのあとであきれる。「野良之助さまと一力の下女おぼへ」(別中32)の句もある。

○由良鬼はいくら酔てもしやうき也(九五12)

めんない千鳥で目隠ししての鬼ごっこに興じている由良助だったが、正気(鍾馗にかける)。

○洞庭の月を大星見ておやし(五〇39)

お軽が梯子を下りるくだりで、由良助、「道理で船玉様が見える……、洞庭の秋の月様を拝み奉るぢや」と軽口をたたく。「おやし」は生やしで、エレクトすること。「月」に対する「星」という句構。

○かな手本いの字は京にわび住居(四二32)

九段目の由良助。いろは四十七文字の第一字「い」(大星)と対する最後の文字「京」。

○生酔も九段めからはやぼになり(宝九梅2)

「生酔」はへべれけに酔った由良助。

大岡越前守 おおおかえちぜんのかみ

一六七七―一七五一(延宝五―宝暦一)

大岡忠相《ただすけ》。江戸中期の幕臣、政治家。幼名は求馬、のち市十郎、忠右衛門。先祖は徳川氏三河以来の譜代。忠高の第四子。一六八六年(貞享三)同姓の忠真の養子となる。九三年(元禄六)実兄が八丈島に流罪、九六年一族の忠英(書院番)が番頭を殺害してみずからも死ぬという事件が起き、彼の一族とともに連座するという不幸にあうが、以降は順調であった。すなわち一七〇〇年に養父の遺跡一九二〇石を継ぎ、〇二年書院番、〇四年(宝永一)徒頭、〇七年使番、〇八年目付を経て一二年(正徳二)山田奉行となり、従五位下能登守となる。一六年(享保一)普請奉行に転じ、一七年二月三日町奉行に昇進、越前守と改める。二二年関東地方御用掛を命じられ、四五年(延享二)までこの職を兼務する。一七三六年(元文一)八月一二日寺社奉行に栄進、四八年(寛延一)閏一〇月一日奏者番を兼ねる。このとき一七二五年の二〇〇〇石、三六年の二〇〇〇石との二度の加増に、さらに四〇八〇石を加えて都合一万石の大名となり、三河国額田郡西大平(現、愛知県岡崎市)に陣屋をおく。五一年(宝暦一)一一月二日病のため寺社奉行、奏者番両職の辞任を申し出たが、寺社奉行のみ許された。同年一二月一九日没。法名は松運院興誉仁山崇義大居士。同家本貫の地である相模国高座郡堤村(現、神奈川県茅ヶ崎市堤)の浄見寺に葬られた。

彼は一七一七年四一歳で町奉行となり、以降三六年六〇歳までの約二〇年間この職にあり、その後七五歳で死亡するまでの約一六年間は寺社奉行という、いわば幕府にあって実質上もっとも重要なポストを占め、それら両ポストに付属する役務としての評定所一座の座を都合三五年占めている。つまり徳川吉宗政権の全期間のみならず、つぎの家重政権下にあっても死ぬまでその地位を保っている。このことは彼が並々ならぬ有能かつ誠実な実務官僚であったことを示しており、その業績も多大である。そのなかでももっとも充実した四〇歳から六〇歳という年齢を過ごした町奉行時代の業績は抜群である。

それを要約すると江戸市民生活安定のための努力ということになろう。彼は職につくや両替商ら当時の日本の金融界を握っていた巨大商業資本の猛烈な抵抗をうけながら、安価で豊富な商品の江戸流入をめざして努力した。元文の貨幣改鋳(元文金銀)も彼の発議により、彼みずからの指揮のもとで、この目的のために実施したものである。また彼は物価問題はまずなによりも流通問題であるとして、流通界を問屋—仲買—小売という各段階ごとに組織し(日本的流通組織の確立)、江戸市民を火災から守るために、町火消「いろは四十七組」をつくり、火災時の避難用地としての空地造りとその管理に力をいれた。また板ぶきの屋根を瓦ぶきにするなど、その不燃化に力をいれた。そのほか江戸下層社会の貧窮者を救うために小石川養生所をつくった。彼は日本歴史でもまれにみる有能な実務官僚であったが、有名な「大岡政談」の話は実際の彼とはほとんど関係がなく、政治家とはかくあれかしという庶民の願望が託された架空譚である。

大石 慎三郎

【伝承】 大岡越前守忠相の名裁判ぶりを伝える物語は非常に多く、実録本(『大岡仁政録』ほか)、講談、歌舞伎狂言、映画、テレビ、大衆文学などの好題材になっている。「天一坊」「村井長庵」「嘉川主税之助」「直助権兵衛」「松葉屋瀬川」「小間物屋惣兵衛」「煙草屋喜八」「畦倉重四郎」「鈴川源十郎」「越後伝吉」「白子屋お熊」「雲霧仁左衛門」「津の国屋お菊」「小西屋嫁入裁判」「三方一両損」など、数多くの物語が、前述のさまざまな分野に脚色されて口演あるいは上演をみている。これらの事件と裁判の話の中には、他の奉行が担当したものや、中国の小説(『棠陰比事《とういんひじ》』など)や『イソップ物語』から趣向を翻案して創作したもの、まったくの創案などが混じっており、そのほとんどが史実とは異なる虚構であった。それらを生むほど大岡は名裁判官としての誉れが高く、大衆から神のように信頼され、伝説化された人物だったといえる。

服部 幸雄

大国主神 おおくにぬしのかみ

大国主命《みこと》ともいう。日本神話にあらわれる神の名。記紀の神話に、葦原中国《あしはらのなかつくに》の国作りを行い、国土を高天原《たかまがはら》の神に国譲りした神として語られている。素戔嗚尊《すさのおのみこと》の五世の孫(『古事記』)または子(『日本書紀』)とされる。名義は大いなる国主の意で、天津神《あまつかみ》(高天原の神々)の主神たる天照大神《あまてらすおおかみ》に対して国津神《くにつかみ》(土着の神々)の頭領たる位置をあらわす。大国主にはなお大己貴命《おおなむちのみこと》、葦原醜男《あしはらのしこお》、八千矛神《やちほこのかみ》、顕国玉神《うつしくにたまのかみ》などの別名がある。これはこの神が多くの神格の集成・統合として成った事情にもとづいており、そこからオオクニヌシ神話はかなり多様な要素を含むものとなっている。ただ多くの別名のうちオオクニヌシの原型をなすのはオオナムチである。

【オオクニヌシ物語の大要】　『古事記』のオオクニヌシを主人公とする物語は、①オオナムチが種々の苦難、試練を克服して大いなる国主となる物語、②ヤチホコの神の妻問い物語、③少名毘古那神《すくなびこなのかみ》(少彦名命)との協力による国作り物語、④葦原中国の主として天津神に国譲りする話の四部分からなる。①オオナムチには多くの兄(八十神《やそがみ》)がいたが、一日かれらは因幡《いなば》の八上比売《やかみひめ》のもとへ求婚に出かける。途中赤裸《あかはだ》の兎と出会い、八十神が兎をいっそう苦しめたのに対しオオナムチは懇切に療法を教えて救い、よって袋を背負い従者の身なりをした末弟のオオナムチがヤカミヒメを得ることとなった。それを怒った八十神はオオナムチを欺いて二度にわたり殺すが、そのつど母神に助けられて蘇生し、祖神スサノオのいる根《ね》の国へ逃れる。根の国ではスサノオから課された蛇の室《むろ》、むかで・蜂の室、野焼きなどの難題を解決したことにより、スサノオの娘須勢理毘売命《すせりびめのみこと》を妻となし、また宝器「生大刀《いくたち》生弓矢《いくゆみや》」を授かり、それをもって八十神を追い払い初めて国の主となったという。以上の話には動物報恩譚、末子成功譚、難題婿といった説話の型がふまれており、民話的な興趣があるが、根幹は若者に試練を課した古代成年式に基づく王の即位式の説話化と見ることができる。兎を救った話は、民衆のために医療、禁厭《まじない》の方法を定めた(『日本書紀』)とあることの本縁譚で、もって王者の徳〝慈愛〟を語ったのであろう。②はヤチホコの神として越《こし》の国へ妻問いに赴く話だが、前半は越の沼河比売《ぬなかわひめ》との、後半は嫡后《おおきさき》スセリビメとの長歌の唱和の体をとる。歌はそれぞれ二〇行前後の長さをもち、その身体行動に即した演劇的表現、性的表現の直截性、全編にわたる滑稽性において古代歌謡の特色をもっともよく伝えている。これらの歌謡はおそらく宮廷の饗宴で俳優により演ぜられたもので、ヤチホコという神名は陽根の象徴と見られる。王者の活力の一端を示す挿話としてオオクニヌシの物語にとりこまれたのであろう。③においてオオナムチは海の彼方より漂着した小人神スクナビコナと国作りを行う。この大と小との対照的組合せを示す二神は、『風土記』『万葉集』などに地方の山川を創造・命名し、また農業の本を開いた神として伝承されている。記紀の国作り物語はそうした在地神話の宮廷的・中央的集約とみなされる。ただしスクナビコナは国作りなかばにして常世《とこよ》の国へ去り、かわってあらわれた大物主神《おおものぬしのかみ》がオオクニヌシとともに国作りを完成させる。これはオオナムチがオオクニヌシに統合・吸収される過程で生じた政治的付加といえる。④かくして葦原中国の主となったオオクニヌシに対し、高天原より国土を天津神の子に譲れとの交渉がはじまる。交渉は両三度に及ぶが、ここでのオオクニヌシは生彩のない受動的な神にすぎず、使神の建甕槌神《たけみかづちのかみ》に対して事代主神《ことしろぬしのかみ》、建御名方神《たけみなかたのかみ》(ともにオオクニヌシの子)ともども屈服し、国譲りのことが定まる。その際の条件にオオクニヌシは壮大な社殿に自分をまつることを請いそこに退隠することになったが、これは出雲大社の起源を語ったものである。

【オオクニヌシ像の変遷】　オオクニヌシの祖型としてのオオナムチはスクナビコナと組み

をなして記紀以外の文献、伝承にもっとも多く語られた神である。そこでは『出雲国風土記』に見える「五百《いお》つ鉏《すき》の鉏猶《なお》取り取らして天の下造らしし大穴持《おおなもち》の命」との呼び方や、『播磨国風土記』に伝える二神の我慢くらべ譚、オオナムチが『屎《くそ》まらずして』スクナビコナが赤土の重荷を背負ってどこまで歩き続けられるかを競った話のような土着臭の強い神としてあらわれ、記紀の時代以後も諸書に伝承の痕跡を残している。オオナムチあるいはオオナモチの名義は、「大穴持」の文字よりすれば洞窟にいる神を意味し、その在地性に即した名といえよう。なお平安末期には大黒天《だいこくてん》を食厨の神として寺院の庫裏にまつる風が生じており、近世期には七福神のひとつとして流布されるが、その過程でオオクニヌシは大黒天と習合されるにいたった。「大国」あるいは「大己貴」の音をもって通わせたといわれるが、大黒天像の袋を背負い米俵をふまえた姿はなお古代の農神の面影を伝えており、西日本において大黒天が「田の神」として信仰されたのも同様の理由によると思われる。またオオクニヌシは現在も〝縁結び〟の神とされるが、これは記紀のオオクニヌシが子福者であり、「其の子凡て百八十一神ます」(『日本書紀』)とされたことの世俗化であろう。

阪下　圭八

故、此の大国主神の兄弟、八十神坐しき。然れども皆国は大国主神に避りき。避りし所以は、其の八十神、各稲羽の八上比売を婚はむの心有りて、共に稲羽に行きし時、大穴牟遅神に帒を負せ、従者と為て率て往きき。是に気多の前に到りし時、裸の菟伏せりき。爾に八十神、其の菟に謂ひしく、「汝為むは、此の海塩を浴み、風の吹くに当りて、高山の尾の上に伏せれ。」といひき。故、其の菟、八十神の教に従ひて伏しき。爾に其の塩乾く随に、其の身の皮悉に風に吹き拆かえき。故、痛み苦しみて泣き伏せれば、最後に来りし大穴牟遅神、其の菟を見て、「何由も汝は泣き伏せる。」と言ひしに、菟答へ言ししく、「僕淤岐の島に在りて、此の地に度らむとすれども、度らむ因無かりき。故、海の和邇を欺きて言ひしく、『吾と汝と競べて、族の多き少きを計へてむ。故、汝は其の族の在りの随に、悉に率て来て、此の島より気多の前まで、皆列み伏し度れ。爾に吾其の上を踏みて、走りつつ読み度らむ。是に吾が族と孰れか多きを知らむ。』といひき。如此言ひしかば、欺かえて列み伏せりし時、吾其の上を踏みて、読み度り来て、今地に下りむとせし時、吾云ひしく、『汝は我に欺かえつ。』と言ひ竟はる即ち、最端に伏せりし和邇、我を捕へて悉に我が衣服を剝ぎき。此れに因りて泣き患ひしかば、先に行きし八十神の命以ちて、『海塩を浴み、風に当りて伏せれ。』と誨へ告りき。故、教の如く為しかば、我が身悉に傷はえつ。」とまをしき。是に大穴牟遅神、其の菟に教へ告りたまひしく、「今急かに此の水門に往き、水を以ちて汝が身を洗ひて、即ち其の水門の蒲黄を取りて、敷き散らして、其の上に輾転べば、汝が身本の膚の如、必ず差えむ。」とのりたまひき。故、教の如為しに、其の身本の如くになりき。此れ稲羽の素菟なり。今者に菟神と謂ふ。故、其の菟、大穴牟遅神に白ししく、「此の八十神は、必ず八上比売を得じ。帒を負へども、汝命獲たまはむ。」とまをしき。

古事記上巻

○耳長く波濤を経たる御聟入(九六40)

「耳長く」は白兎をさす。白兎は大国主神が八上比売の聟となることを予言した説話にもとづく。

○大やしろ美男にあばたおつつける(九28)

出雲大社は縁結びの神だが、縁は異なものとはいいながら、いかなるいたずら心からか……。

大久保彦左衛門　おおくぼひこざえもん　一五六〇―一六三九(永禄三―寛永一六)

江戸初期の旗本。通称平助、のち彦左衛門。初名忠雄のち忠教《ただたか》。一六歳のとき徳川家康に仕え、諸合戦では長兄忠世に属し奮戦した。彦左衛門は終始、忠世・忠隣《ただちか》父子に従属し、

一個の軍団を率いる部将ではなかった。関東入部後、忠隣の所領武蔵国埼玉郡二〇〇〇石を知行。彦左衛門の人物については次の二例を示す。兄忠佐が無嗣のため沼津城二万石を彦左衛門に継がせようとしたところ、自身の軍功で得た領知でないからと辞退したという。また、大坂の陣に鎗奉行として従軍したが、役後、夏の陣で家康の旗が崩れたとする説がひろまったとき、彦左衛門は同じ場所にいたということで強く否定した。これは主家の恥が永久に伝えられることを恐れたためだという。以上、彦左衛門の気骨ある言動がのちに講談化されたのである。一六三二年(寛永九)旗奉行に転じた。彦左衛門は徳川氏創業を知る史書で有名な『三河物語』の著者としても知られる。

煎本 増夫

のちに大久保彦左衛門については、『三河物語』を種本として各種の実録本が編まれた。その一つが『大久保武蔵鐙《むさしあぶみ》』(成立年未詳)で、弱者を救い、将軍・大名らに苦言を呈する「天下の御意見番」としての人物像が作られた。阿部豊後守の隅田川乗切りや、矢代騒動処理の逸話等々、史実としては荒唐無稽だが、質朴剛健さを失った三代将軍の世に硬骨ぶりをおし通した痛快な老武士への享受者の共感を核として、後世の講談や立川文庫に与えた影響は少なくない。歌舞伎でも、実録本・講釈をもとに、大岡政談と併称される数多くの「大久保政談物」が生まれ、古郡新左衛門、三輪五郎左衛門、遠雲四郎左衛門などの仮名で、伊賀越の仇討、黒田騒動、宇都宮騒動物などとも結びついて登場した。一七九四年(寛政六)一月大坂角の芝居『けいせい青陽鶏《はるのとり》』(辰岡万作作)では宇都宮騒動を扱い、三輪五郎左衛門として、また一八五五年(安政二)七月江戸中村座『名高手毬諷実録《なにたかしまりうたじつろく》』(三世桜田治助作)では矢代騒動、鏡態院騒動などを混交させ、一心太助とともに大森彦七左衛門として活躍する。後者を訂正加筆したものが五六年三月大坂中の芝居上演の『昔鐙文武功《むかしあぶみぶんぶのいさおし》』(清水賞七作)で、明治末まで上方で演じられた。ほかに八三年一月東京新富座初演『芽出柳翠緑松前《めだしやなぎみどりのまつまえ》』(河竹黙阿弥作)、八七年四月大阪中座初演『二蓋笠柳生実記《にかいがさやぎゅうじつき》』(三世勝諺蔵作)、また九一年六月寿座初演『吉田御殿招振袖《まねくふりそで》』(竹柴賢治作)など、松前屋事件、盥《たらい》登城の逸話を織りこんで舞台化がなされ、忠義一徹、頑固な老武士の性格が広く知られた。→一心太助

小池 章太郎

●——大久保彦左衛門 盥(たらい)に乗って登城する彦左衛門。講談本(桃川燕林演)『大久保彦左衛門』の表紙。

○麩のごとく大久保にぎりたてまつり(五五29)

一五八二年(天正一〇)六月二日、家康は本能

寺の変に際会し、枚方で彦左衛門らとともに干鰯《ほしか》船《ぶね》に身をひそめたが、彦左衛門は家康の度胸を知るため、その睾丸をつかんでみたところ、縮みあがらず垂下していたので胆力を嘆賞した、という巷説による句。
○其頃の下乗の中に大盥(一三八18)
秀忠の時代に旗本が登城のおり駕籠に乗る者が多く禁止されたが、彦左衛門は大盥に縄をかけ、これを担がせて登城し、旗本は年とっても駕籠に乗ることができず、大名たちは年若でも腰抜けゆえに駕籠を許されるのかと逆ねじをくわせ、秀忠の許可により、五〇歳以上の旗本は駕籠を許されたという俗説あり。

大塩平八郎 おおしおへいはちろう　一七九三—一八三七(寛政五—天保八)

元大坂東町奉行所与力で、陽明学者。在職中は、豊田貢らのキリシタン検挙、不正を働いた官吏や破戒僧の処罰等の功績をあげ、廉直との評判を得ていた。引退後は家塾で陽明学を講じていた。天保の飢饉では蔵書などを売却し、窮民の救済に努めたが、一八三七年(天保八)二月、無策な町奉行や豪商への抗議から同志を集め、大坂で乱を起こしたが失敗、自殺した。元与力の暴動ということで幕府および天下の人心に与えた影響は非常に大きく、幕府は乱に与《くみ》した者への厳罰に加え、罹災者への救護に努めた。

同年直ちに塚田太琉《つかだたいりゅう》(初代東玉)が由井正雪事件を加えた『慶安太平後日の講釈』を講じたが、三日で差し止められた。翌年には下関で、歌舞伎『其暁汐満干』で大当りをとったが未詳。実録『天満水滸伝《てんますいこでん》』には、高潔な役人である平八郎が、キリシタンの老婆豊田貢を検挙したためのたたりで暴挙を起こしたとする一方で、飢饉に無策な町奉行らへの義憤から乱を起こすともされ、平八郎の人物造型にやや一貫性を欠く面がある。良吏であり儒学者でもあった平八郎がなぜ「暴挙」を起こしたかについてさまざまな考察があり、なかでも幸田成友『大塩平八郎』(一九一〇)が有名で、森鷗外の小説『大塩平八郎』(一九一四)などに影響を及ぼした。また一九二五年上演の史劇『大塩平八郎』(中村吉蔵作)は平八郎の人間と事件の意味とをとらえなおそうとしたもので、思想的な面が強く、翌年発表された真山青果作の『大塩平八郎』では、平八郎の人間性が深く掘り下げられている。

高橋　則子

銭でなりともほどこしをせんぞやと、平八さまは大坂の橋ばし、つずく\にはり紙をだして、そのはりがめにかいたりのは、今月今日よりはおうしう平八郎が屋しきよりほどこしをするほどに、もらいにこいとのかきつけしておんだしなされ、それおめるよりあまたのものは、よろこびいさんで、なんといつれも、

このたぶをうしう平八さまのをやしきよりごせきよやうがでるげなが、われもしともよ(ろ)こびいさんで、平八さまのをやしきさして、どんどく\といそぎゆく、さては其日のごせきやうはたいそなものじや、壱人まいには銭で四百文、金なら壱朱のほどこしなされ、あさは五ツ時からはじまり、九ツ半にもなりぬれば、もはや千七百八十両の金すはきれまとなるければ、御門をしめてこいたかく、やあやああまたのものどもや、こせきやうわ今日はこれ切じやとをうせられゝば、もろたものはよろこびいさんでいそく\もどり、むらわん先にわもらわぬものはこゑをあげ、なんとおうしやう平八様、とてもこせぎやうあるならば、しやうく\ずつてもきんべんに、をわたいなされてくださりませよ、をれらむこせきやうもらはにば、門前はどこいもいかぬと、なく者もあり、しぬるものもある、めもあてられんのばかりなり、平八それおめるよりも、やれなさけなや、ごせきやうやつたりむのもある、やらのもの(も)あるならば、ほとけつくりてめをいれぬがどうり、かわゑものと平八が、ぜんにかゝれば、ぜんにむつよき、あくにかゝれば、あくにむつよし侍なれば、さてはこれより今橋三丁目のこうの池善右衛門にごむしんをゆて、しやうく\ずつのほどこしおいたしくれんとをもいつきにて、しらかめをとりだして、壱寸ほどにきりて、平八のいんばんをして、むんぜんのあまたの

むのにうちむかいて、なんとあまたぬものどもや、このかめをむちて、きやうわどうぞむどりてくれよ、二三日内にはせきやうやるほどに、其時このかみをむてくるならば、弐人まいづゝたらせるほどに、きやうはかんにんしてむどりてくれよと、平八がたのめば、ぁまたのものは、やれありがたやうれしやな、せきやうもるたるもあるがたやと、よろこふ江さんで、いちどにめなわれやさきにとかいりけり　越中チョンガレ節おうしやう平八郎初段

○大塩が持たる本をうりはらひこれぞむほんのはじめなりけり（浮世の有様・巻六）

挙兵の数日以前、蔵書を売却し、貧民一万軒に金一朱ずつ与えた。「無本」に「謀反」をきかせた落首。

○塩焼のあとで奉行が味噌をつけ（落書類聚・巻十八）

「塩」は大塩、「あとで」は大坂東町奉行跡部山城守。焼打ちの鉄砲の音に馬が驚き、跡部は落馬、民衆の悪評をこうむった。「塩焼」に対する「味噌をつける（面目を失う）」。

大高源吾　おおたかげんご　一六七二－一七〇三

（寛文一二－元禄一六）

大石良雄を首領として一七〇二年（元禄一五）一二月一四日に吉良邸に討ち入った赤穂浪士の一人。大高は禄高二〇石五人扶持で、父忠晴の代に新たに浅野家に召し抱えられた。浅野家が断絶した後はおもに京都にいたが、翌年九月吉良を討つため江戸に下るにあたり決別の意をこめて母にあてた手紙には、浅野の家臣たちが吉良を討つ目的と意義を余すところなく述べており、赤穂事件の重要な史料である。　田原　嗣郎

大高源吾は死後、浄瑠璃・歌舞伎・講談等に取り上げられた。浄瑠璃『仮名手本忠臣蔵』（一七四八年八月初演）には大鷲源吾（異版では「大わしぶん五」とも）の仮名で登場し、討入りのシーンで「……大鷲源吾かけやと大槌引さげ引さげ」と描写される。江戸歌舞伎で一七四九年（寛延二）六月中村座上演のおり、二世市川団十郎は水間沾徳《せんとく》遺品の大高源吾筆「山を劈《さ》く（〝抜く〟とも）力も折れて松の雪」の句を記した掛物を所蔵する縁で大館熊之助の役名で源吾役をつとめた。このとき以来菱皮鬘《ひしかわかつら》に一本隈という扮装で荒事の演出が行われ、代々市川家の家の芸とされ、源吾は勇猛の士としての性格に強調点がおかれたが、この演出はいつか絶えた。宝井其角が両国橋で煤払《すすはらい》竹売りに身をやつし吉良邸の様子を探る源吾に出会い、「年の瀬や水の流れと人の身は」の発句に対し、源吾が「あした待たるるその宝舟」と付けたという巷説があり、一八五六年（安政三）五月森田座初演『新台《しんぶたい》いろは書初』（三世瀬川如皐作）で舞台化され、さらに九〇年五月歌舞伎座初演『実録忠臣蔵』（福地桜痴作、三世河竹新七補）に引きつがれ、その一部が独立して一九〇七年一〇月初演『土屋主税』また『松浦の太鼓』となった。源吾の俳人子葉《しょう》としての側面は講談『義士銘々伝』中にも強調され、真山青果作『元禄忠臣蔵』（「吉良屋敷裏門」「泉岳寺」の場）でも俳人であり勇者である両面が描かれている。　小池　章太郎

●大高源吾　『花菖いろは連歌』。東海道沖津船渡し場の大鷲文吾。五渡亭国貞画。国立劇場。

太田道灌　おおたどうかん　一四三二－八六

（永享四－文明一八）

室町中期の武将。名は資長。道灌は法名。資清の長男。太田氏は、丹波国桑田郡太田郷の出身といい、資清のときに扇谷上杉氏の家宰を務めた。道灌は家宰職を継ぎ、一四五七年

(長禄二)に江戸城を築いて居城とした。七六年(文明八)関東管領山内上杉顕定の家宰長尾景信の子景春が、古河公方足利成氏と結んで顕定にそむくと、主君上杉定正とともに、顕定を助けて景春と戦った。七七年武蔵江古田・沼袋原に景春の与党豊島泰経らを破り、七八年に武蔵小机・鉢形両城を攻略、八〇年景春の乱を鎮定。この間、関東の在地武士を糾合して道灌の名声は高まったが、かえって顕定・定正の警戒するところとなり、八六年定正により暗殺された。道灌は兵学に通じるとともに学芸に秀で、万里集九《ばんりしゅうく》ほか五山の学僧や文人との親交が深かった。　下村 信博

道灌が鷹狩りに出て雨に遭い、蓑を借りようとしたとき、若い女にヤマブキをさし出され、それが「七重八重花は咲けども山吹のみの一つだになきぞ悲しき」という古歌(『後拾遺集』雑)の意だと知り、無学を恥じたという逸話は『常山紀談』(湯浅常山著、元文~明和ころ成立)や『雨中問答』(西村遠里著、一七七八)等に記されて著名。この話をもじって一八三三年(天保四)刊『落噺笑富林《おとしばなしわらうはやし》』(初世林屋正蔵著)中に現在伝えられる落語『道灌』の原形ができあがった。歌舞伎では一八八七年三月東京新富座初演『歌徳恵山吹《うたのとくめぐみのやまぶき》』(河竹黙阿弥作)がこの口碑を劇化、賤女おむらは道灌に滅ぼされた豊島家の息女撫子で、父の仇と道灌に切りかかる趣向になっている。現在の新宿区山吹町より西方の早大球場、甘泉園のあたりを「山吹の里」と通称し、戸塚町面影橋西畔に「山吹の里」の碑が立てられ、その旧跡とされている。　小池 章太郎

太田左衛門大夫持資は上杉宣政の長臣なり。鷹狩に出でて雨に逢ひ、或小屋に入りて蓑を借らんと言ふに、若き女の何とも物をば言はずして、山吹の花一枝折りて出しければ、花を求むるに非ず、とて怒りて帰りしに、是を聞きし人は、其れは、

　七重八重花は咲けども山吹のみの一つだ
　に無きぞ悲しき

といふ古歌の意なるべし、といふ。持資驚きて其より歌に志を寄けり。

常山紀談巻之一「太田持資歌道に志す事」

○気のきかぬ人と山吹おいてにげ(二五3)

「みの一つだになきぞ悲しき」のしゃれが通じぬ野暮天武士太田道灌に対し、里の女を江戸のおちゃっぴいに見立てた趣向。

○山吹の後チは濡ましものとよみ(三八2)

「いそがずは濡れざらましを旅人のあとより晴るゝ野路の村雨」が道灌の詠んだ歌として伝えられ著名。同じ雨の歌として対置した。

大津皇子　おおつのみこ　六六三―六八六
(天智二―朱鳥一)

天武朝の政治家、漢詩人、万葉歌人。天武天皇の第三皇子、母は天智天皇の皇女大田皇女。万葉歌人大伯皇女《おおくのひめみこ》の同母弟にあたる。名は百済の役にさいし筑紫の娜大津《なのおおつ》で生まれたことにもとづく。六八六年九月天武の死の直後、謀反の嫌疑がかけられ、一〇月二日一党三〇余人の首謀として逮捕され、翌三日大和国訳語田《おさだ》の家で死を賜った。妃の山辺《やまべ》皇女も殉死し、見る人みな嘆いたという。これがいわゆる大津皇子事件である。大津は四歳のとき母大田皇女を失うが、近江京における幼少時を天智天皇に愛されて過ごし、壬申の乱(六七二)では近江を脱して父天武の軍に加わった。乱後の天武朝に成人し皇子としての序列は常に皇太子草壁皇子につぐ地位にあり、六八三年はじめて国政に参画、六八五年浄大弐位を授けられている。『懐風藻』の伝によれば、たくましい風貌、体軀をそなえたうえに気宇大きく、幼年にして学を好み、博覧よく文をつづり、壮年に及んで武を愛し撃剣に長じていたという。また性すこぶる豪放で法度に拘泥せず、しかも謙虚に士を遇したので衆望をあつめたとも伝える。その謀反事件は新羅の僧行心《こうじん》の教唆から企てられ、川島皇子の密告で発覚したという(『懐風藻』)が、逮捕から処刑までの迅速さや大津以外の関係者がほとんど罪をえていない点などにより、事件が皇太子草壁とその母后鸕野《うの》皇女(持統天皇)

側の策謀かともみられている。ただ気骨、力量人にすぐれたこの皇子に王位への野心がまったくなかったとするのも当を失する。事件は一個の英雄的人格が国家の権力機構に敗れたものというべく、大津の死は壬申の内乱を頂点とするひとつの時代が過ぎ去り、法と制度の支配する律令体制聳立《しょうりつ》への動向を象徴しているかにみえる。大津の文才は『懐風藻』の「臨終」を含む四編の詩および『万葉集』の死を前にした歌一首を含む四首にうかがうことができる。また大津を思って詠んだ姉大伯皇女の万葉歌六首は、いずれも清楚、至純の秀歌として評価されており、特記にあたいする。

「金烏《きんう》西舎に臨《て》らひ　鼓声短命を催《うなが》す　泉路賓主無し　此の夕家を離《さか》りて向かふ」(『懐風藻』「臨終」)、「百伝ふ磐余《いわれ》の池に鳴く鴨を今日のみ見てや雲隠りなむ」(『万葉集』巻三)。

阪下　圭八

大友黒主　おおとものくろぬし

寛平(八八九―八九八)ころ活躍した歌人。生没年不詳。六歌仙の一人。伝記は明白でない。猿丸大夫の子であるとか、陰陽師であったなどという話が没後まもなく発生している。大津市に黒主を祭神とする社があり、『無名抄』(鴨長明)に記されている(謡曲『志賀』にはこの神が和歌の神として姿をあらわす)。近江国滋賀郡大友郷出身で園城《おんじょう》寺(三井寺)の神祠別当であったらしい。『古今集』に四首、『後撰集』に三首が入集。『古今集』巻二十には「近江のや鏡の山を立てたればかねてぞ見ゆる君が千年《ちとせ》は」―これは今上(醍醐天皇)の御嘗《おほんべ》(大嘗祭)の近江の歌」がある。『古今集』仮名序には「大伴黒主はそのさまいやし。いはば薪をおへる山人の、花のかげに休めるが如し」と評されている。謡曲『草子洗小町』には小野小町を貶《おとし》めんとして失敗する滑稽な悪人として描かれており、歌舞伎『六歌仙容彩《すがたのいろどり》』にも悪役として登場する。なお、『古今集』には大伴と記すが誤りと思われる。

奥村　恒哉

此人、志賀にすみし時は、しがの黒主と云。先祖不明ず。景行天皇安房の国へ行幸なりし時、御舟逆風にあひて、三浦のはしり水と云所に付給。海人のかすかなるいほりに入奉り、大はまぐりのなますを供御に奉りけるが、ありがたきあぢはひ也と叡感にたえさせ給て、玉体近くめされ、その時、姓を大友と下され給。そのまゝ御ともして都へのぼり、大伴黒主と云なり。

古今和歌集頓阿序注

関兵　最前よりこの片袖に、心をかくる怪しき女。様子を明かせ。なんと〳〵。
墨染　オヽ、この片袖は夫の血汐、それのみならず、最前我が業通にて手に入りし、勘合の印を所持するからは、様子があらう。本名明かせ。なんとぢや。
関兵　斯くなる上は何をか包まん。我れこそは中納言家持が嫡孫、天下を望む大伴の黒主とは、おれが事だわやい。
墨染　さてこそな。
関兵　我れに恨みをなさんとする、そも先づ汝は、何者ぢや。
〽なう去りし恨みのあればこそ、そも人間の業受けて、女子とは見すれども、小町桜の精魂なり。

積恋雪関扉

○黒ぬしは武玉川からぬすみ出し(拾八26)
「草紙洗小町」で、盗作がばれた。この句の黒主は、川柳点でしばしば先行句集『武玉川』からの盗句が多いことを諷した。

大人弥五郎　おおひとやごろう

山を作ったり、沼を作ったりした伝説の巨人。主に南九州で伝承されている。弥五郎のつけた足跡とか、土を盛った塚、あるいは彼の行為から起こったとする地名などが伝えられている。また他に、祭りの人形としても登場する。鹿児島県曽於市大隅町の岩川八幡神社では、祭日の一一月五日に大人弥五郎と呼ぶ大人形を作り、町中を練り歩く。『三国名勝図会』によると、この弥五郎人形は日本武尊に征伐された隼人《はやと》の首長であるとも伝えている。これと同様の祭りが、隣の宮崎県の八幡神社にもある。もともと天地の生成を説く巨人弥五郎伝説が、八幡信仰に組み込まれたものと考えられる。弥五郎人形は、八幡社の祭り以外に、各地の小正月の左義長《さぎちょう》や虫送りの行事にも使われ、疫病神である牛頭天王《ごずてんのう》の代理として弥五郎人形が燃やされたりするのだと説明される。牛頭天王をまつる津島神社が広めた信仰の影響によるものであろう。

↥だいだらぼっち

花部　英雄

海西郡津島牛頭天王の社に弥五郎殿といふ祠あり今の神家の説に此祠は弥種継《イヤタネツグ》ノ命とて藤浪里往古の地主の神にてましますよしをいふ

私按に堀田氏系譜曰津島住人堀田弥五郎紀正泰其姓祖武内大臣を祭り大橋太郎平貞経の霊を相殿とせし其祠を建し年号月日迄委敷記せり貞経は鎌倉将軍家の時より津島の地頭なりしかは地主のよせも侍る故地主の神といひけるならん弥種継の名古書に見えはへらす或は弥五郎イヤイツヒコならんと書して和訓するも紀正泰の字ある事をしらすして妄に附会せしと覚えはへる今所々の天王の祠に弥五郎の祠を末社とするものは甚義なし

塩尻巻之二十七

◉──**大人弥五郎**　鹿児島県曽於市大隅町の弥五郎どん。須藤功撮影。

大前田英五郎　おおまえだえいごろう　一七九三―一八七四(寛政五―明治七)

幕末・維新期の博徒。本姓は田島。上野国勢多郡宮城村大字大前田の出身。名主の家柄だが、父久五郎、兄要吉ともばくち打であり、英五郎は博徒仲間としばしばけんかをし、相手を殺し逃走した。東海道諸国を転々としていたが、関東取締出役に捕らえられ、佐渡銀山の人足に送られるも島破りをし帰国した。諸国の博徒を支配下におき、十手を預かり目明しもしたが、大前田村自宅で没した。

森　安彦

大物主神　おおものぬしのかみ

日本神話にみえる神の名。大神《おおみわ》神社の祭神。モノは魔物をいい、ヌシは頭領の意。記紀の伝える三輪山伝説によると、この神は蛇体であり岩窟に住んでいた。また崇神天皇の代にこの神のたたりで疫病がはやり人民が飢え苦しんだので、その子孫の大田田根子に祭らせたところ、天下は安定したともいう。魔物の頭目として大和地方でもっとも土着性の強い国津神《くにつかみ》の一つだが、このオオモノヌシが記紀神話の伝承の中でとくに目立つのは、大国主神《おおくにぬしのかみ》の分身として国作りに協力し、国譲りの後はもろもろの国津神を率いて宮廷を守護したとされている点である。『出雲国造神賀詞《いずものくにのみやつこのかむよごと》』にも、オオクニヌシが己の和魂《にぎたま》としてこの神を三輪山に居させ「皇孫命《すめみまのみこと》の近き守り神」にしたとある。これらの伝承は、宮廷が各地の豪族を次々と服属させ、国津神たちを逆に己の守護神へと仕立て上げていったいきさつを、オオモノヌシに典型化して語ったものである。

↥大国主神

武藤　武美

此間に媛女《をとめ》有り。是を神の御子と謂ふ。其の神の御子と謂ふ所以は、三島溝咋《みしまのみぞくひ》の女、名は勢夜陀多良比売《せやだたらひめ》、其の容姿麗美《かたちうるは》しかりき。故、美和の大物主神、見感《みめ》でて、其の美人の大便為《くそま》れる時、丹塗矢に化《な》りて、其の大便為れる溝より流れ下りて、其の美人の富登《ほと》を突きき。爾に其の美人驚きて、立ち走り伊須須岐伎《いすすきき》。乃ち其の矢を将《も》ち来て、床の辺に置けば、忽ちに麗しき壮夫《をとこ》に成りて、即ち其の美人を娶して生める子、名は富登多多良伊須須岐比売《ほとたたらいすすきひめの》命と謂ひ、亦の名は比売多多良伊須気余理比売《ひめたたらいすけよりひめ》と謂ふ。故、是を以ちて神の御子と謂ふなり。

古事記中巻

大森彦七　おおもりひこしち

南北朝時代の伊予国の武士。生没年不詳。大森彦七盛長は足利尊氏に属して軍功をあげた。『太平記』巻二十三にある「大森彦七事」が唯一の記述で、「其《その》心飽《あく》まで不敵にして、力尋常《よのつね》の人に勝《すぐ》れたり。誠に血気の勇者と謂《い》つべし」とたたえられている。ことに、有名な湊川の合戦で足利方の細川定禅に従って活躍し、楠木正成を死地に追い込んだのは生涯の面目であった。この彦七が伝説的人物として後世に名を伝えるきっかけとなったのは、湊川合戦の直後に彦七が、その刀を奪い取ろうとする正成の亡霊たる鬼女に遭遇し、錯乱状態に陥ったが『大般若経』の功徳で救われたという『太平記』の所伝による。正成ならびにその一党が彦七に絡みつく話は、近松半二・竹田平七・竹本三郎兵衛合作による時代物の浄瑠璃『蘭奢待新田系図《らんじゃたいにったけいず》』(一七六五年(明和二)二月初演)や、福地桜痴作の新歌舞伎十八番の一つである舞踊劇『大森彦七』(一八九七年、東京明治座初演)などにとり上げられた。　横井 清

猿楽已ニ半バ也ケル時、遙ナル海上ニ、装束ノ唐笠程ナル光物、二三百出来タリ。海人ノ縄焼居去火カ、鵜舟ニ燃ス篝火歟ト見レバ、其ニハアラデ、一村立タル黒雲ノ中ニ、玉ノ輿ヲ舁《カキ》連ネ、懼《オソロ》シ気ナル鬼形ノ者共前後左右ニ連ナリタリ。其迹ニ色々ニ冑タル兵百騎許、細馬ニ轡ヲ嚙セテ供奉シタリ。近ク成ショリ其貌は不レ見。黒雲ノ中ニ電光時々シテ、只今猿楽スル舞台ノ上ニ差覆ヒタル森ノ梢ニゾ止リケル。見物衆ミナ肝ヲ冷ス処ニ、雲ノ中ヨリ高声ニ、「大森彦七殿ニ可レ申事有テ、楠正成参ジテ候也。」トゾ呼リケル。

太平記巻二十三「大森彦七事」

姫　父上の敵、まった大切の宝剣を奪い取りたる大森彦七、そこ動くな勝負せよ。

〽女ながらも稀代の早業、かなたへはなれこなたへ飛び、かげろう稲妻蝶千鳥、下弦の月影水の面《おも》、岩に砕けてちらちらちら。

〽コハ恐ろしき手並やとさすがの盛長驚きしが、もとより聞こゆる無双の勇士、右へかわし左にはずし隙間を見込んで躍り入り、ようよう姫を取って押え、

彦七　ヤア何者なればこの盛長を父の敵、宝剣の盗人と悪名つけて欺し討たんとは謀るよな。イザ尋常に名乗りを上げ仔細を語れよ、聞くであろうぞ。

姫　イ、ヤかく不覚を取る上は名も名乗らねば仔細も言わぬ。たゞ首討てよ大森彦七。

彦七　言わぬとならば強いても聞くまい。

〽照る月影に篤《とく》とながめ、今名乗らずとも御身の素姓、盛長おおかた推量いたした、この上は仔細つぶさにお語りなくば縄打って都へ召し連れ、楠判官正成の息女云々《しかじか》なりと訴えて京洛中を引き

◉――大森彦七　彦七が道に行き悩む美女を背負うと、女は鬼に変わって彦七を襲う。長谷川光信画『鳥羽絵筆びやうし』。

廻し、御身の面恥さらさせようか。
姫　ナニ妾をば楠殿の息女とな？
彦七　お隠しあるな、御身の目元鼻筋まで正成殿に生写し、殊にはまた某を父の敵宝剣の盗人なりと言わるゝからは、疑いのない楠家の御息女。
姫　そう知られし上からは卑怯未練に包み隠しは致すまい、いかにも妾は楠河内守正成が娘の千早。何ゆえあって去年五月、湊川の合戦に父上には詰腹切らせ菊水の宝剣その場にて奪い取っては立ち退きしぞ、その恨みを霽《はら》さんと待ち設けたる今宵の出会、叶わざるその時には返り討ちは兼ねての覚悟、いざ尋常に一命とられよ。
〽けなげな覚悟に盛長ハッと感じ入り、
彦七　あっぱれの御覚悟、男子も恥ずる御心底さりながら戦場の儀は格別なりと思されよ、御身の恨みを解かんため、その日の軍のあらましを盛長語り申すでござろう。
（中略）
彦七　その御辞退無用〳〵、楠家の息女千早姫にこの菊水の宝剣を譲らばこそ悪しからめ、幸いなるかな鬼女の面、楠判官正成殿死霊現じて悪鬼となり神変不思議の通力に、この盛長を悩まして宝剣奪い去ったりと世間に披露いたさんに何の障りがござろうや、サアその面を再びかけ悪鬼となってこの宝剣、奪い取られよ正成殿の御息女。
姫　ありがたやかたじけなや大森殿、生々世世の御厚恩、お礼は詞に尽くされませぬ。
〽再び掛くれば忽ち変わる鬼女の形、宝剣取ってすっくと立ち、
姫　楠判官正成が朝敵伏せんため奪い返すぞ大森盛長。
彦七　出かされたり千早姫、併しその打着にては人目を包むに便りなし、コレ着かえて早う〳〵。
〽櫃《ひつ》の中より取り出す衣は黒雲稲妻や、変化を粧う唐織を、
〽かたじけなしと身に纏い暁近き明星のきらめく光りにちら〳〵と、
〽見えつ隠れつ悪鬼の姿、
〽見失いてぞ失せにける。
大森彦七

○彦七も初手は業平気取也（四九40）
「初手」は最初のうちの意。業平が芥川で二条后を背負った故事を踏まえ、美男気どりだったが……。

大山祇神　おおやまつみのかみ

記紀神話に登場する山の神。『古事記』によれば、伊邪那岐《いざなき》・伊邪那美《いざなみ》が産んだ男女神によって産まれた神という。『日本書紀』は伊弉諾《いざなき》・伊弉冉《いざなみ》の子とする。また同書は、伊弉諾が火の神を斬ったとき、その屍体から生じた神という別伝を載せる。『古事記』によれば、野の神と分担して土や霧や谷の神を産んだという。山霊の神格化であり、古くから水の神、田の神としても信仰された。その山の神である大山祇が、なぜ瀬戸内海中央の大三島に鎮座する大山祇《おおやまづみ》神社（大三島神社）に祀られ、航海神として崇拝されているのかは、よく分からない。『伊予国風土記』（逸文）によると、大山祇は和多志大神《わたしのおおかみ》とも称され、百済《くだら》から渡来した神との説を載せている。「わた」とは海のことである。なお「大山祇」は『日本書紀』による表記で、『古事記』では「大山津見」である。山つ見の神と海《わた》つ見の神が同一神となったのは不自然で、大三島の神と記紀の大山祇は、元は違う神であったのかもしれない。

記紀によれば、大山祇には二人の娘がいた。木花開耶姫《このはなのさくやびめ》と姉の磐長姫《いわながひめ》である。二人の女神が瓊瓊杵尊《ににぎのみこと》に嫁ぎ、磐長姫だけが離縁された話、また木花開耶姫が一夜で孕んだので瓊瓊杵尊が疑った話は、「木花開耶姫」の項に譲るが、この二人をめぐる山の伝説は少なくない。たとえば富士山の神である木花開耶姫と八ヶ岳の神である磐長姫が高さ比べをした話。頂上を結ぶ樋を架け、中央から水を流し、水が流れた方が負けである。結果は富士山の負けで、怒った木花開耶姫が八ヶ岳を蹴飛ばしたので、同山は峰が八つに分かれてしまった。また駿河の富士山と伊豆の

下田富士の伝説もある。同じような高さだった二つの山が、長ずるに従って酷くなった下田富士の磐長姫が妹に見られまいと天城連山の屏風を立てて身をかがめ、姉を見ようとする木花開耶姫は背を伸ばす。結局、二つの山は高峰と低い山になったという。

高橋 千劔破

緒方惟義 おがたこれよし

平安後期の武将。生没年不詳。惟栄、惟能とも書く。豊後大野郡の郡領大神《おおが》氏の子孫で同郡緒方荘の荘司。平氏の大宰府掌握後、平重盛と主従関係を結んだが、源頼朝挙兵後は、付近の臼杵氏、長野氏らと平氏に反して豊後国目代を追放。以後、中北九州における反平氏勢力の中核となる。一一八三年(寿永二)、豊後国守藤原頼輔から平氏追討の院宣と国宣を受け、平氏を大宰府から追放したが、宇佐宮焼打事件で遠流。

山口 隼正

『平家物語』巻八「緒環(小手巻)《おだまき》」によると、惟義の先祖は、豊後と日向の国境、優婆(姥)岳の蛇神が里の女に通って生ませた子で大太《だいた》といわれ、夏も冬も手足に胝《あかがり》(ひび、あかぎれ)が絶えなかったので胝大太と呼ばれたとある。胝が蛇のうろこ状の肌を連想させるところからの命名であろう。惟義はその大太から五代の孫にあたり、『源平盛衰記』には「蛇の子の末を継ぐべき験にやありけん、後に身に蛇の尾の形と鱗の有りければ、尾形三郎と云」と記している。惟義の先祖にかかわる伝承は、『古事記』崇神天皇の条にある、大和三輪山の神、大物主大神が、活玉依毘売《いくたまよりびめ》に通って意富多多泥古《おおたたねこ》命をもうけた、いわゆる三輪山伝説(蛇神婚姻譚)と同型で、緒方氏の祖が大神《おおみわ》(大三輪)氏より出たところから、在地の豪族の伝承として再編されたものであろう。

岩崎 武夫

彼維義はおそろしきものの末なりけり。たとへば、豊後国の片山里に昔をんなありけり。或人のひとりむすめ、夫もなかりけるがもとへ、母にもしらせず、男よな〳〵かよふ程に、とし月もかさなる程に、身もたゞならずなりぬ。(中略)むすめ母のをしへにしたがツて、朝帰する男の、水色の狩衣をきたりけるに、狩衣の頸かみに針をさし、しづのをだまきといふものを付て、へてゆくかたをつなひでゆけば、豊後国にとツても日向ざかひ、うばだけといふ嵩のすそ、大なる岩屋のうちへぞつなぎいれたる。(中略)岩屋の内より、臥だけは五六尺、跡枕べは十四五丈もあるらむとおぼゆる大蛇にて、動揺してこそはひ出たれ。狩衣のくびかみにさすとおもひつる針は、すなはち大蛇ののウぶゑにこそさいたりけれ。女是を見て肝たましゐも身にそはず、ひき具したりける所従十余人たふれふためき、おめきさけむでにげさりぬ。女帰て程なく産をしたれば、男子にてぞありける。母方の祖父太大夫そだてて見むとてそだてたれば、いまだ十歳にもみたざるに、せいおほきにかほながく、たけたかかりけり。七歳にて元服せさせ、母方の祖父を太大夫といふ間、是をば大太とこそつけたりけれ。夏も冬も手足におほきなるあかゞりひまなくわれければ、あかゞり大太とぞいはれける。件の大蛇は日向国にあがめられ給へる高知尾の明神の神躰也。此緒方の三郎はあかゞり大太には五代の孫なり。かゝるおそろしきものの末なりければ、国司の仰を院宣と号して、九州二嶋にめぐらしぶみをしければ、しかるべき兵ども維義に随ひつく。

平家物語巻八「緒環」

拝一刀 おがみいっとう

小池一夫原作、小島剛夕画による劇画『子連れ狼』の主人公。公儀介錯人の地位を独占すべく、裏柳生の総帥・柳生烈堂によって謀叛人の烙印を押され、妻を殺された一刀は、辛くも一子・大五郎と脱出。大五郎を乗せた箱車(実は007ばりにガトリング砲などが装備されている)に、「子貸し腕かしつかまつる」の幟《のぼり》を立てて、街道を行く。刺客を引き受け、裏柳生との対決の軍資金をためるためである。久々の大チャンバラ劇画であり、昭和五〇年代(一九七五―八四)前後、歴史小説に傾斜していた時代物は、『子連れ狼』をはじめ、『忘八武士道』『首斬り朝』など、小池・小島コンビを代表とする劇画によって、その物語性の命脈を保ち、空前絶後の劇画ブームを巻き起こした。勝プロ・東宝提携作品としてつくられた若山富三郎主演の映画版は、日本ばかりでなくアメリカでも異例のヒットとなった。その内容は、首が飛び、胴は真っ二つ、血しぶき舞う場面が連続。それでも人気が集中したのは、一刀・大五郎親子の情愛が全編を貫いていたからであろう。なお、テレビでは萬屋錦之介《よろずやきんのすけ》が一刀を演じている。　縄田 一男

お亀　おかめ

円顔で鼻の低い、おでこでほお高の愛敬ある女の仮面。お多福ともいう。同系統の面としては狂言面に乙御前《おとごぜ》があり、男に逃げられる醜女や姫鬼、福女などに用いられる。お多福のオタが乙の転訛ともいわれるように、お多福、お亀も同様の役柄の近世芸能に使用される。とくにお亀の名称は江戸の里神楽で使われ、ひょっとこと対で道化やもどき役をつとめて人気が高く、熟練者の役どころとされる。民俗芸能では単に醜女としてではなく、田遊のはらみ女、愛知県三河地方の花祭では巫女《みこ》のお供としても現れ、獅子舞や祭礼行列の道化では愛敬が強調され、酉の市の大熊手などに飾られて、福を呼ぶ面相として喜ばれる。関西では同系の面相をお福と呼び、蔑称にも用いるが、商家などでは福相として人形を飾る場合もある。東北地方では下級巫女をオカミと称し、「おかめ」もその一種と考えられることもある。また伊勢・尾張地方では宿場女郎や飯盛女を「おかめ」と称した。→ひょっとこ　山路 興造

宮の宿のはたご屋なる飯盛女をおかめと呼事は、寛政十二申のとしの秋、熱田の築出しの町はづれに大なる茶屋有て、蜆汁をうりたり。元は府下にて鶏飯のうつしを仕出せしが、此地にうつりて、茶屋を始む。其故に鶏飯が店と呼しなり。此うちの下女をおかめといふ。此女かの茶屋の庭に、床台を出して茶菓子杯売しが、いつとなくおかめが店とて、流行出せり。何故とならば、此出店の座敷へ上れば、余程物が入事なれど、彼《かの》とこ台に休みても、庭の物好など風流なるさまをながむるたのしみは同じければ、おかめが店へ銭安にたのしむ人々が多かりし、是より呼初て、当所の飯盛の惣名とはなれりとぞ。　殿々奴節根元集

お軽・勘平　おかるかんぺい

『忠臣蔵』の物語を彩る美男美女のコンビとして、あまりにも有名である。浄瑠璃や歌舞伎の『仮名手本忠臣蔵』の物語に即していえば、早野勘平は塩冶《えんや》家の譜代の家来だったが、判官が殿中刃傷に及んだ日、判官の供をしていながら、たまたまかねて恋仲だった腰元のお軽と密会していたため、刃傷の場に居合わさず、不覚を取ってしまった。もはや武士はすたったと自害しようとしたが、お軽に止められ、本国から大星由良之助が帰るのを待って詫びをしようと、ひとまずお軽の実家へ落ちる。お軽の田舎で暮らすうち、過って父与市兵衛を殺したと錯覚して勘平は切腹し、お軽は京祇園の一力茶屋へ身売する。勘平が切腹するときに、「色にふけったばっかりに」と後悔の述懐をする。このことばは原作になく、歌舞伎の創作だが、いかにも大衆のアイドルに一言いわせたいという願望の反映であった。

●お軽・勘平　東海道戸塚山中の道行。歌舞伎では鷺坂伴内が花四天をひき連れて二人を追い、立回りとなる。清元正本『道行旅路の花聟』表紙。

勘平は身の潔白が立ち、一味の連判に加えられて、その遺志は主君の敵討に参加する。一方、お軽が祇園一力茶屋の場で、二階から延鏡で由良之助の持つ手紙を見てしまう場面は『忠臣蔵』の中でも最も人気のある有名な場面になっている。男性中心の無骨な復讐譚の中に挿入された可憐、純情な若い男女の恋物語だけに、お軽・勘平は観客の共感を集め、非常な人気者になった。逆の言い方をすれば、お軽・勘平の恋物語の存在が、『忠臣蔵』の絶大な人気のひとつの原因になっている。勘平のモデルは萱野三平という名の実在人物であるが、お軽は作者たちの純粋な創作であった。なお、お軽・勘平といえば、ただちに富士山を望む遠見《とおみ》の背景に、一面の菜の花と桜に囲まれた戸塚山中の、いかにも華やかで美しい道行《みちゆき》の所作事の場面が思い浮かぶ。実はこれは原作にはなく、幕末の一八三三年(天保四)に創作された清元の浄瑠璃『道行旅路の花聟』(『落人《おちうど》』と略称)によっている。

服部 幸雄

こりゃうろたへてか勘平殿。ヲヽうろたへた。是がうろたへずに居られうか。主人一生懸命の場にも有合さず剰。四人同前の網乗物御屋敷は閉門。其家来は色に耽り御供に外れしと人中へ。両腰差して出られふか爰を放せマヽヽ、待て下さんせ。尤じゃ道理じゃが。其うろたへ武士には誰がした。皆私が心から死る道ならお前より私が先へ死ねばならぬ。今お前が死だらば誰が侍じゃと誉まする。爰をとっくりと聞分て。私が親里へ一先来て下さんせ。父様も母様も在所でこそあれ頼もしい人。もふかう成た因果じゃと思ふて女房のいふ事も。聞て下され勘平殿とわっと計に。泣沈む。そふじゃ尤。そちは新参なれば委細の事は得知るまい。お家の執権大星由良助殿。いまだ本国より帰られず。帰国を待てお詫せん。

仮名手本忠臣蔵 三段目

○うろたへてか勘平どのそこは臍(一二〇5)
○勘平は其手で門の戸をたゝき(八六34)

両句ともにバレ句。第一句、殿中刃傷のおり、お供の勘平はお軽といちゃついて大事の役目を怠った、「裏門合点」のくだり。第一句、申しわけなさに自害しようと刀を抜きかけ、お軽に「こりゃうろたへてか勘平殿」と止められる、その文句取り。第二句、「其手で」はお軽の表門にさわった手で、の意。

○迎ひ駕籠女房泣く〳〵祇園町(五〇35)
○こちの人わしや行ぞへと女房泣(一四八34)

六段目でお軽が身売することになる。第二句、煮えきらぬ勘平に「これ勘平殿、もふ今あっちへ行ぞへ」とお軽は別れを惜しむが、右の句はバレ句。

○あばら家であばら骨を出して見せ(一四八29)
○死ぬはまだ早勘平と老母泣キ(九五4)

二人侍が訪れて来るのを出迎えたときの勘平のせりふに「これはこれは御両所には、見苦しきあばらやへ、ようこその御入来……」とあり、腹を切り肋骨を見せることにもなる。勘平の冤罪を知って、母は「目も当てられぬ」ほど泣き叫ぶ。第二句、早野勘平、三〇になるやならずで死ぬとは早かんべいと田舎言葉。

○けいせいに成てもおかる名をかへず(明四松5)

ふつう源氏名をつけそうなところだが、七段目のお軽はやはりお軽。

お菊 おきく

秘蔵の皿を一枚割ったため、主人に惨殺され、井戸へ投げこまれたのち、その怨霊が皿を数える、いわゆる皿屋敷怪異譚の女主人公。実伝は明らかでない。事件の発生地も大きくわけて江戸説と播州姫路説があり、ほかにも雲州松江、上州、加賀金沢、尼崎、岸和田、丹後宮津など、各地に伝承された。江戸でも番町説(『雲錦随筆』『積翠閑話』)、牛込御門内説(『江戸砂子』『諸国里人談』『武江年表』『久夢日記』)、麹町説(『雑俳もみぢ笠』)があり、その年代も一六一五年(元和一、『久夢日記』)、正保年中(一六四四―四八、『諸国里人談』)、一六五三年(承応二、『武江年表』)、延宝・天和ごろ(一六七三―八四、『新著聞集』)などまちまちで、お菊を殺した主人の名もまた、『武江年表』の青山某(青山虎之助、別称大膳をいう

◉——**お菊**　青山鉄山は陰謀を聞いたお菊に皿の紛失の罪を着せて惨殺する。お菊の亡霊が皿を数え鉄山を苦しませる。舟瀬はお菊の霊にひかれて鉄山を討ち取り、お家は安泰となる。絵金画『播州皿屋敷鉄山下屋敷』。高知県立仙神社蔵。

か)、『久夢日記』の大久保彦六(大久保久六郎をいうか)、『新著聞集』の小細孫市(小幡孫市をいうか)など、さまざまに伝えられる。一七〇二年(元禄一五)江戸刊の雑俳書『もみぢ笠』に、「成仏をしかねて下女が皿になく」(前句、かぞへたてたりく)、また冠付で「(すさまじや)井の底くらひ糀町」の二句があり、また一七一二年(正徳二)刊の浮世草子、都の錦作『当世智恵鑑』巻四—二「牛込の亡霊」の類話もあり、お菊の名はないが、ほぼ元禄期(一六八八—一七〇四)ごろからこの伝説はひろまったと考えられる。

芝居では一七二〇年(享保五)六月京都榊山座で『播州評判錦皿九枚館』が上演され、同年中に大坂でも市村玉柏がお菊役を演じ、好評であった記録が見られる。もっとも、この説話をひろめるに力あったのは為永太郎兵衛・浅田一鳥作の浄瑠璃『播州皿屋鋪《ばんしゅうさらやしき》』(一七四一年(寛保一)七月、豊竹座)で、姫路城主細川政元が伝家の重宝唐絵の皿を盗まれ、重臣舟瀬三平は辛苦してその品を入手、ところが国家老青山鉄山が山名宗全と共謀して政元の毒殺をはかる。舟瀬の妻お菊がこの陰謀を耳にしたため、鉄山は皿一枚を隠し、紛失の罪をお菊に着せて惨殺し、死骸を井戸へ投げこむ。そのためお菊は亡霊となって鉄山を苦しめる、というのが大筋で、世界を東山におきかえている。『西播《せいばん》怪談実記』(一七五四(宝暦四)刊)巻一の「姫路皿屋敷の事」との先後関係は不明。ほかに実録本『新撰皿屋敷弁疑録』(馬場文耕著、一七五八成立)がある。なお後続作は種々あるが、なかでも河竹黙阿弥作『新皿屋舗月雨暈《つきのあまがさ》』(一八八三年、市村座初演)が著名。これは魚屋宗五郎の妹お蔦をお菊の役割にはめて書かれた。ほかに岡本綺堂作『番町皿屋敷』(一九一六年、本郷座初演)があり、お菊は青山播磨の愛を試すため、皿を故意に割り手討ちになるという近代的解釈で作品化に成功した。柳田国男は「幽霊になって人を恨む女は、皿屋敷で無くてもオキク」と名づけた(『方言と昔』一九二七)といっているほどで、身分制度の厳しかった時代における不幸な女性の名として、普遍化するにいたった。

小池 章太郎

ヤア扨はお菊を手に掛られたか。ヲ、サ、大切な御皿を失ふた科、赦して置れず。イヤサ、テモ本人の菊を殺して、マ誰を詮議の手掛に、フ、、、、ハ、、、、、我年来の望を遂げ、主君の家を押領するとも、此皿がなくては叶はぬといふ事、汝如きに習はふか、失せぬ物を失ふたといひしは、毒害の一大事を、女めが聞いた故、落度を拵へ殺してしまう鉄山が謀略、隠して置いた一枚の皿は、爰にと、懐中より取出して見すれば、横手を拍ち。ハ、アさうとは知らいで、若殿諸共、御殿を一遍尋ねても、無かつたこそ道理、兄者人適々《あっぱれあっぱれ》、細川家の重宝此皿が手に入るからは、大望成就疑ひなしと、取散したる御皿を、しとやかに取り重ね、彼処の縁に押直《おなほ》せば。コリアく忠太、ソレ今にも三平めが来りなば、お菊を殺した身の云抜け、其皿は依然《やはり》九つ端で置け、此一枚は身が所持すると、縁先の手拭取つて押包み、懐中すれば、時に怪しや、梢に風荒れ勢動して、釣瓶《つるべ》の上に燃上る、氤氳《ゐんうん》たる心火の光り、井筒の中よりお菊が声。ノウ申し鉄山様、其皿を今一度、どうぞ読ませて下さんせと、聞くより忠太は叫《きゃ》つとばかり。ノウ〳〵怖はや、是《こり》や堪らぬ、赦るせ〳〵とわなゝき声、跡をも見ずして逃てけり。さしもの鉄山、竦然《かつ》と身の毛も立上り、奥の間指してゆかんとすれど後髪、引戻されて、たぢ〳〵たぢ、家鳴り震動空掻曇り、俄に降来る、雨の脚、何所へ逃んも真の闇、方角分らぬ死霊の業、鉄山は只茫然と、呆れ果てたる井筒の下、ありしに変らぬお菊が姿、影の如くに現れ出で、ノウ恨めしや鉄山様、其の皿を今一度、読み改めず殺されし、恨は誰に報ふぞや、一つ、二つ、三つ、耳を貫く猛霊の、声をしるべに斬払へば、掻消す如く井筒の上に、くはつと燃立つ猛火の烟、咽《むせ》んで鉄山かつぱと伏せば。四つ、五つ、六つ、七つ、重ねし皿は、瓦落《ぐゎら》〳〵〳〵、八つ、九つ、ハア悲しやと叫ぶ声、障子に響いてびり〳〵〳〵、庭の木草も動揺し、雨は頻りに降り頻る。

播州皿屋舗

○皿のかはりに丼りとむごいこと（五五11）
○いふもさら也ばん丁でむごひ下女（天七整1）

第一句、「皿」に対してドンブリと井戸へ。第二句、「いうもさらなり（言うまでもないこと）」と「皿」。

○十枚で承知割られた菊が宿（弘二イロハ39）

「宿」は請宿で、奉公先に対し親元として責任のある立場。「割る」は処女を奪う義。したがって右句、末期の句らしく、皿屋敷らしく見せかけて話はまるで違う方角へ行ってしまい、小判一〇枚でお菊さんの処女提供を事後承諾した請宿。

沖田総司 おきたそうじ　一八四四―六八

（弘化一―明治一）

新撰組隊士。白河藩士の子として生まれる。天然理心流近藤周助の試衛館で剣を学び、同門の近藤勇とともに、新撰組に加わった。剣の才能は抜群であったものの、結核を患い、池田屋事件では、近藤らとともにわずか五名で、一番先に斬り込んだが、喀血して昏倒した。鳥羽・伏見の戦に敗れてのち江戸へ帰り、一八六八年肺結核のために、わずか二五歳でその生涯を閉じた。

若くして病のために死んだ総司は、悲劇の天才剣士として語り継がれていたが、とくに司馬遼太郎原作の『新撰組血風録』『燃えよ剣』がテレビドラマ化され、総司の役を島田順司が演じて以来、眉目秀麗な美青年剣士（実在の総司はヒラメのような男であったといわれるが）として、女性たちの間で圧倒的な人気を博するようになる。東京元麻布の専称寺にある総司の墓には供花が絶えない。

菊池　道人

小栗判官 おぐりはんがん

説経節などの民間の語り物などに登場する主人公の名。照手姫との哀話で有名。細部には異伝も多いが、ほぼ次のような物語である。大蛇と契ったかどで常陸国に流された小栗判官は、相模、武蔵両国の豪族横山氏の一人姫照手が絶世の美人だと聞いて、横山一門の承認もえずにこれと契る。これを知った横山は

◉――小栗判官　蘇生する小栗（上）。土車に乗る小栗と、はやす照手姫（下）。『小栗物語』。

激怒して小栗を人食い馬鬼鹿毛《おにかげ》の餌食にして殺そうとするが失敗し、再び計略を用いて毒殺する。横手は照手をも淵に沈めようとするが、照手は家従鬼王・鬼次のはからいで牢輿のまま流され、人買の手に渡り諸国を転々とする。ついに青墓の宿の万屋の長に買い取られ、常陸小萩と呼ばれて下の水仕《みずし》(水仕事をする下級の下女)として激しい労働をさせられる。死んだ小栗は餓鬼身《がきしん》として蘇生し、藤沢の上人によって土車に乗せられ人々の慈悲によって熊野に運ばれて、湯の峰の湯を浴びもとの身に復活する。途中、それとは知らずに照手もこの車を引くが、これが機縁となって小栗と再会し、横手に復讐《ふくしゆう》する。この物語の片鱗は、古く『鎌倉大草紙』に見えるところから、享徳年間(一四五二―五五)、鎌倉公方家と管領家の闘諍に連座して滅んだ常陸の小栗氏の御霊を鎮めるために、常陸国真壁郡小栗の地の神明社と関係のあった神明巫女が語り出したものが、藤沢の時衆の道場に運ばれて、時衆文芸と成長したものと考えられている。小栗が鬼鹿毛を乗り鎮めるなどに、馬の家の伝承が流れこんでいると考えられるが、相模国を中心として御霊神祭祀をつかさどり、牧をも経営した大庭氏の職掌に関係しているのではないかとされている。しかし、一方では、小栗が鞍馬の毘沙門天の申し子、照手が日光山の申し子とされ、死後には小栗が墨俣《すのまた》の正八幡(異伝には常陸国鳥羽田)、照手は墨俣の結ぶ神社(異伝では都の北野の愛染堂)に祭られたとするなど、各地の伝承が流れこんでいるようである。説経節以外にも和讃や瞽女《ごぜ》歌などにも歌われ、浄瑠璃や歌舞伎にも脚色されている。伝説としては常陸、武蔵、相模、美濃、紀伊などに多く、尾張や和泉には小栗街道と称される道路もある。

山本 吉左右

今度小栗忍びて三州へ落行けり。其子小次郎はひそかに忍びて関東にありけるが。相州権現堂といふ所へ行けるを其辺の強盗ども集りける処に宿をかりければ。主の申は。此牢人は常州有徳仁の福者のよし聞。定て随身の宝あるべし。打殺して可レ取由談合す。乍レ去健なる家人どもあり。いかゞせんといふ。一人の盗賊申は。酒に毒を入呑せころせといふ。尤と同じ宿々の遊女どもを集め。今様などうたはせをどりたはぶれかの小栗を馳走の躰にもてなし酒をすゝめける。其夜酌にたちけるてる姫といふ遊女。此間小栗にあひなれ此有さまをすこししりけるにや。みづからもこの酒を不レ呑して有けるが。小栗をあはれみ此よしをささやきける間。小栗も呑やうにもてなし酒をさらにのまざりけり。家人共は是をしらず。何も酔伏てけり。小栗はかりそめに出るやうにて林の有間へ出てみければ。林の内に鹿毛なる馬をつなぎて置けり。此馬は盗人ども海道中へ出大名往来の馬を盗来けれども。第一のあら馬にて人をも馬くひふみければ。盗ども不レ叶して林の内につなぎ置けり。小栗是を見てひそかに立帰り。財宝少々取持て彼馬に乗。鞭を進め落行ける。小栗は無双の馬乗にて片時の間藤沢の道場へ馳行上人を頼ければ。上人あはれみ時衆二人付て三州へ被レ送。かの毒酒を呑ける家人并遊女少々酔伏けるを河水へながし沈め財宝を尋取。小栗をも尋けれどもなかりけり。盗人どもは其夜分散す。酌にたちける遊女は酔たる躰にもてなし伏けれどももとより酒をのまざりければ水にながれ行。川下よりはひ上りたすかりけり。其後永享の比小栗三州より来て彼遊女をたづね出し。種々のたからを与へ。盗どもを尋。みな誅伐しけり。其孫は代々三州に居住すといへり。

鎌倉大草紙

さあらば、小栗、一人を戻せと、閻魔大王様の自筆の御判を、お据えある。「この者を、藤沢の御上人の、明堂聖の、一の御弟子に渡し申す。熊野本宮、湯の峯に、お入れあって、たまわれや。熊野本宮、湯の峯に、お入れあって、たまわるものならば、浄土よりも、薬の湯を上げべき」と、大王様の、自筆の御判を、お据えある。にんは杖という杖で、虚空を、はったと、お打ちあれば、あらありがたの御ことや、築いて、三年になる、小栗塚が、四方へ、割れてのき、卒塔婆は前へ、かっぱと転び、群鳥、笑いける。藤沢の御上人は、なんとかたへ御ざあるが、上野が原に、無縁の者があるやらん、鳶鳥が笑うやと、立ち寄り御覧あれば、あらいたわしや、小栗殿、髪は、ははとして、足手は、糸より細うして、腹は、ただ鞠を、括たようなもの、あなたこなたを、這い回る。両の手を、おし上げて、もの書くまねぞしたりける。かせにやよひと書かれたは、六根かたわ、など読むべきか。さてはいにしえの小栗なり。このことを、横手一門に、知らせては、大事と思しめし、おさえて、髪を剃り、形が、餓鬼に似たぞとて、餓鬼阿弥陀仏とおつけある。(中略)御上人も、胸札に、書き添えこそはなされける。「この者を、一引き引いたは、千僧供養、二引き引いたは、万僧供養」と、書き添えをなされ、土車を作り、この餓鬼阿弥を乗せ申し、女綱男綱を打ってつけ、御上人も、車の手縄にすがりつき、えいさらえいと、お引きある。

説経節**小栗判官**

すはや小栗の最期を見んと。横山一家老若男女。我も〳〵と見物す。斯て兼氏主従は。厩の体を見給ふに。八角の楠四方にゑり込み。四寸四角の鉄《くろがね》にて蛛手格子を切組。鉄鎖《くさり》を以て八方へ繫ぎ。関木蝦錠しつとと下し。名にし負ふ鬼鹿毛や。鬼一口と悦びて。前腕《まへがき》して高嘶き。天にも響くばかりなり。(中略)稲妻よりも猶早く。其身軽げにのり〳〵。乗た姿の。やれさてしほらしや。少時歩ませ声をかけ。弓手に控へ馬手に押へてしつとゝ打つ。双の鐙の強弱や。馬と人との息遣ひ。しやんとしめたる諸手綱。肩から腰から手の内に。一つの秘伝有明の。空行く月に鞭を揚げ。じせんりせつなの駿馬の曲。是を号《なづけ》て桜狩父母の轡《たづな》といふとかや。りうかうさうかう瑪瑙の鞭。手綱掻繰り。くる〳〵。ゑりくりゑん所の馬場の堤。乗上げ乗下げ乗下す跳上れば慥《しっか》と留め。乗静めては駈出す。馬は名馬乗者は達者。轡の音。りん〳〵。松吹く風は颯々《さつさつ》。さつと棚引く馬烟り。土を蹴立し其猛勢。竜吟ずれば雲起り。虎嘯けば風騒ぐ。末野の草葉むねわけに踏乱し踏しだき。雲雀の床の芝繫ぎ。只ある処に乗静め。ひらりと飛で下り給ひ。斯く口弱き此馬を。など鬼鹿毛とはつけられしぞ。御免候へ横山殿と。袖かき合せ一礼ある。馬上の見事さ鞍の内。前代当代末代に。例し少なき達者かな。いや〳〵〳〵乗たり〳〵〳〵と。上下思はず声を揚げ。どつとどよめく其音は。暫く鳴りも沈まらず。馬は馬頭観音の。神通威力あるゆゑに。小栗の判官兼氏の。自然仏智に感諾し。四足を折て礼拝し。三度嘶《いなな》きしづ〳〵〳〵〳〵と。元の厩に立帰る。

当流小栗判官二段目「小栗鬼鹿毛曲乗の段」

○にげ尻でかいばくわせる寺おとこ(五37)

荒馬鬼鹿毛に乗って藤沢遊行寺へ逃げて救われたが、寺男は荒馬をもて余し気味であったろうとの趣向。

○山道は油がいると小栗いゝ(七六8)

「油」は土車にさす油。

億計天皇・弘計天皇 おけのすめらみことおけのすめらみこと

弟の弘計天皇は二三代顕宗《けんぞう》天皇、兄の億計天皇は二四代仁賢《にんけん》天皇。一七代履中天皇の孫。この兄弟は父の市辺押磐皇子《いちべのおしはのみこ》が二一代雄略天皇に殺された後、流離して播磨国の縮見屯倉首《しじみのみやけのおびと》忍海《おしぬみ》部細目の馬飼牛飼として仕えたが、二十数年後の新嘗の夜、国司の来目(山部連)部小楯に舞いつつ歌って身分をあかし、叔母の忍海郎女《いらつめ》に迎えられて血統の絶えた皇位を継ぎ、顕宗天皇、仁賢天皇となる。しかしこの流離の話には馬飼牛飼に関連した要素が多く、また二王の食物を奪った、目に入墨をした老人の山代の猪飼、前記の細目、父の墓を知らせている狭狭城山君置目《ささきやまのきみおきめ》など、目を名にもつ山部系の人物が多い。歴史的事実とは考えられない由縁である。弘計天皇は一名を来目稚子《くめのわくご》と言う。『万葉集』巻三には来目(久米)氏の伝えた流離譚らしい、来目稚子を歌った作がある。雄略の血統を伝える仁賢天皇の娘の手白髪郎女が、継体天皇の皇后であったとなっていることを参考にすると、この二王の話は、六世紀の継体の新皇統と、五世紀の履中系、雄略系の皇統とを結ぶために、来目稚子の伝承を基として作為された公算が強く、二王の実在もまた疑問である。 吉井巖

是に市辺王の王子《みこ》等、意祁《おけの》王、袁祁《をけの》王、此の乱れを聞きて逃げ去りたまひき。故、山代の苅羽井《かりばゐ》に到りて、御粮《みかれひ》食《を》す時、面黥ける老人《おきな》来て、其の粮を奪ひき。爾に其の二はしらの王言《みことの》りたまひしく、「粮は惜しまず。然れども汝は誰人《たれ》ぞ。」とのりたまへば、答へて曰ひしく、「我は山代の猪甘《ゐかひ》ぞ。」といひき。故、玖須婆《くすば》の河を逃げ渡りて、針間《はりまの》国に至り、其の国人、名は志自牟《しじむ》の家に入りて、身を隠したまひて、馬甘牛甘に役《つか》はえたまひき。 古事記下巻

爾に山部連小楯《をだて》を針間国の宰《みこともち》に任《ま》けし時、其の国の人民《たみ》、名は志自牟の新室《にひむろ》に到りて楽《うた》げしき。是に盛りに楽げて、酒酣《たけなは》にして次第《つぎて》に皆儛ひき。故、火焼きの少子二口《わらは、ふたり》竈の傍に居たる、其の少子等に儛はしめき。爾に其の一りの少子の曰ひけらく、「汝兄《なせ》先に儛へ。」といへば、其の兄も亦曰ひけらく、「汝弟《なおと》先に儛へ。」といひき。如此《かく》相譲りし時、其の会《つど》へる人等、其の相譲る状《さま》を咲ひき。爾に遂に兄儛ひ訖《を》へて、次に弟儛はむとする時に、詠為て曰ひしく、

物部《もののふ》の、我が夫子の、取り佩ける、大刀の手上《たがみ》に、丹書き著け、其の緒は、赤幡を載《かざ》り、立てし赤幡、見れば五十《い》隠る、山の三尾の、竹を訶岐《き》苅《か》り、末押し靡かす魚簀《なす》、八絃《やつを》の琴を調ふる如、天の下治め賜ひし、伊邪本和気《いざほわけ》の、天皇の御子、市辺の、押歯王《おしはのみこ》の、奴末《やつこすゑ》。

といひき。爾に即ち小楯連聞き驚きて、床より堕ち転《まろ》びて、其の室の人等を追ひ出して、其の二柱の王子を、左右の膝の上に坐せて、泣き悲しみて、人民を集へて仮宮を作り、其の仮宮に坐せまつり置きて、駅《はゆま》使を貢上《たてまつ》りき。是に其の姨飯豊王、聞き歓ばして、宮に上らしめたまひき。 古事記下巻

お里・沢市 おさとさわいち

人形浄瑠璃・歌舞伎脚本などの登場人物。大和国壺坂寺観世音の霊験譚にまつわる夫婦愛の物語として知られる。一八七五年ごろ、壺坂寺由来記によって書かれた作者未詳の浄瑠璃『観音霊場記』を、二世豊沢団平・加古千賀《かこちが》夫婦が補訂・作曲し、七九年一〇月大阪大江橋席で初演。その後、団平が改めて作曲、八七年二月の大阪稲荷彦六座で上演したのが三世竹本大隅太夫と団平の名演奏によって評判になり、『壺坂霊験記』の外題で定着した。座頭沢市と女房お里という庶民夫婦の愛情を描いたもので、お里の貞節と夫婦の信心により、観世音の利益《りやく》で沢市の眼があくという物語。夫に操を疑われたお里が心情を訴えるクドキが有名。明治期新作浄瑠璃の代表作で、歌舞伎にも移されて人気を呼び、浪曲にもなっている。 松井俊諭

沢市　オ、言わいでかいの。コレお里、よう聞けよ。わが身と夫婦になってより丸三年、毎晩七つから先寝所に居たためしがない。そりゃもうわしはこのような盲目なり、殊にはえらい疱瘡《ほうそう》で見る影もない顔形、どうでわが身の気に入らぬは無理ならねど、ほかに思う男があるならさっぱりと打ち明けてくれ。人の噂にお里は美しい美しいと聞くたびごとに、おりゃあきらめているほどに、決して悋気はせぬぞや。コレ、どうぞ明かして言うてたも。

〽立派に言えど目に洩るゝ、涙呑みこむ盲目の、心のうちぞせつなけれ。聞くにお里は身も世もあられず、

お里　そりゃ胴欲じゃ〳〵胴欲じゃわいな。いかに賤しい私じゃとて、現在お前を振り捨てゝ、ほかに男を持つような、そんな女子と思うてか。父様や母様に別れてから、伯父様のお世話になり、お前と一緒に育てられ、三つ違いの兄さんと、

〽いうて暮らして居るうちに、情なやこなさんは、生まれもつかぬ疱瘡で、

目かいの見えぬその上に、

〽貧苦に迫れど何のその、いったん殿御

の沢市さん、たとえ火の中水の底、未来までも夫婦じゃと、思うばかりかコレもうし、
お前のお目を治さんと、この、
〽壺坂の観音様へ、明けの七つの鐘を聞き、そっと抜け出で只一人、山路厭わず三年越し、せつなる願いに御利生《ごりしょう》の、無いはいかなる報いぞや、観音様も聞こえぬと、今も今とて恨んでいた、わたしの心も知らずして、
ほかに男があるように、今のお前の一言が、
〽私は腹が立つわいのと、口説き立てたる貞節の、涙の色ぞ誠なり。
壺坂霊験記

お俊・伝兵衛　おしゅんでんべえ

浄瑠璃『近頃河原達引《ちかごろかわらのたてひき》』(一七八二年〔天明二〕春、江戸外記座初演)に代表される、心中物戯曲の主人公。一七〇三年(元禄一六)に、京都で起きたおしゅん・庄兵衛(のちにおしゅん・伝兵衛とされた)の米屋心中(河原の心中)事件の巷説が、享保(一七一六―三六)以前に都一中の浄瑠璃や歌祭文、歌舞伎、浮世草子などに作品化されていたが、右の作では、その主人公男女の名をとり、一七三八年(元文三)、堀川辺に住む猿回し佐吉という者が孝子として表彰された件や、四条河原で起きた芝居帰りの喧嘩刃傷事件などをからませ、脚色している。その筋は、井筒屋伝兵衛が祇園の遊女お俊に馴染み、これに横恋慕する横淵官左衛門を殺し、お俊とともに聖護院の森へと心中に赴く。お俊の兄猿回し与次郎と盲目の母親とが、二人に祝言させて落ちのびさせる、中の巻「堀川猿回し」の段がすぐれ、上演頻度も高い。幕府は心中事件の劇化を禁止(一七二二年〔享保七〕触)していたため、本作でも心中寸前に救助され、めでたく夫婦となる結末になっている。後続作は数多く、江戸歌舞伎でも『江戸花三升曾我《えどのはなみますそが》』(一七八三年三月、中村座)、『其噂桜色時《さくらのいろどき》』(通称「身替りお俊」。一八二五年〔文政八〕三月、中村座)など、場所も人物も江戸化し、相撲取りの白藤源太がからむ。お俊は「そりゃ聞こえませぬ伝兵衛さん……」と、ともに死をせまる著名なクドキで、遊女であるにもかかわらずその貞節さが人口に膾炙《かいしゃ》した。また遊女の実家が貧民であることを、珍しく克明に描写している点でも注目される。

小池章太郎

○ソリヤ聞へません聾さん耳ツとう(一五九15)
ほかにも「そりゃ聞えませぬ才三さん」のクドキが『恋娘昔八丈』にもある。「耳ッ遠」は、ひとの耳に口を寄せ、何かささやくまねをして、突然大声で「耳ッ遠」と叫ぶいたずら遊び。

お染・久松　おそめひさまつ

江戸期の情話の主人公。豪商の娘お染と丁稚久松という、町人社会における身分違いの恋の悲劇として親しまれた。『実事譚』や『戯場年表』によると、一七〇八年(宝永五)、大坂東堀の質店油屋の丁稚久松が、主家の幼女お染を過って川へ落とし水死させ、申しわけに土蔵で首をつって死んだのが実説とされるが、『鸚鵡籠中記』では一〇年の一月六日、実際に大坂で質店油屋の娘そめと丁稚久松が油組工所で情死した事件があって、同月早くも大坂荻野八重桐座の『心中鬼門角《きもんのかど》』で歌舞伎化されたという。ついで歌祭文や紀海音の浄瑠璃『おそめ久松袂の白しぼり』(同年四月以前、大坂豊竹座)などで、質屋の娘と奉公人、しかも少年・少女の情話として一般に流布し、人形浄瑠璃や歌舞伎に多くの「お染久松物」を生んだ。浄瑠璃では、菅専助作『染模様妹背門松《そめもよういもせのかどまつ》』(一七六七年〔明和四〕一二月、大坂北堀江市の側芝居)、近松半二作『新版歌祭文《うたざいもん》』(一七八〇年〔安永九〕九月、大坂竹本座)などが有名であるが、とくに後者の「野崎村」の段は久松の許嫁お光を活躍させ、早熟な町娘お染と初心《うぶ》な田舎娘お光との対照的な描写や、段切れの華やかな三味線の演奏で人気があり、歌舞伎でもくり返し上演される。ほかに劇化では、巷説に登場する油屋、質店、土蔵などの場面がたいてい大きな要素になっていて、歌舞伎脚本にも多数扱われたが、江戸歌舞伎では場所

を江戸に移した作品が多く、なかでも、四世鶴屋南北の『お染久松色読販《うきなのよみうり》』(一八一三年(文化一〇)三月、森田座)は、主役の女方がお染と久松を含む計七役を早替りでつとめる構成の脚本、通称「お染の七役」で知られる。その他、同じく南北の『鬼若根元台《おにわかこんげんぶたい》』(一八二五年(文政八)一一月、中村座)の一幕が、独立した舞踊劇『道行浮塒鷗《うきねのともどり》』(お染の道行)、『染模様妹背門松』を喜劇風に改作した『是評判浮名読売』(三世桜田治助作。一八六二年(文久二)五月、守田座)などが有名である。

松井 俊諭

○夜が明ケりや又久松に立かへり(宝八・八・二五)

甘美な一夜が明ければ、もとの奉公人に。「主ウよばりしてくりやるなとお染い〻」(明四義7)という句はお染の心もち。

○おそめをなめたのは次郎の犬でなし(安五亀3)

「嘗める」はちょっかいをかける意。油屋の屋号にひっかけて童唄の「油一升こぼした、次郎どんの犬が……」でなく、頭の黒い白鼠の久松だった、の意。

お竹　おたけ

江戸において大日如来の化身として崇められるようになった下女の名。「お竹大日」と呼ばれて羽黒三霊山の縁起に用いられ、出開帳の折に江戸市中に広まって江戸後期には浮世絵や川柳、歌舞伎にも登場するに至った。江戸初期の巷説を記した雑史書『玉滴隠見』には、大伝馬町の問屋佐久間に仕える下女竹が食物を無駄にしなかった功徳により、死後主夫婦を両脇に控える中尊として湯殿山に祀られたとある。『新著聞集』では竹が飯粒を貯めるために網をあてた流し板が、『兎園小説』では流しに据えた茶袋が取り上げられているが、増上寺心光院などの開帳の折には竹の前垂れとともに祀られ下女の奇跡を知らしめた。さらに江戸後期になると、出開帳(一八四九(嘉永二))にあててふるいやざるをお竹如来の光背に見立てた歌川国芳や国磨らの浮世絵が出回り、「遊女には菩薩下女には如来也」といった川柳も詠まれ下女＝お竹＝大日如来という等式が浸透しているのが分かる。十返舎一九作・歌川国芳画『於竹大日如来稚絵解』や、河竹黙阿弥の歌舞伎『身光於竹功』では竹女の話がさらに脚色されており、信仰の対象を超えて人気を得ていたことをうかがわせる。

森下 みさ子

○仏ともしらず壱両弐分で置き(二八17)
○仏の焚たおまんまを凡夫喰い(傍五7)
○知らぬが仏竹〱とこきつかひ(四七5)
○お竹殿どうだと凡夫つめる也(五八6)
○い〻下女と勘解由《かげゆ》仏をやたら誉め(八四24)

第一句、一両二分は下女としてこき使った年給額。第四句、女性の尻をつねるのは求愛のしぐさ。第五句、佐久間氏の名前は勘解由、または平八・善八とも伝える。

◉―お竹　慈悲の心深かった竹は朝夕の自分の飯を施した。ここでは竈の鍋の蓋がお竹如来の光背に見立てられている。『江戸名所図絵』。

織田信長　おだのぶなが　一五三四―八二

(天文三―天正一〇)

安土桃山時代の武将。尾張守護代織田大和守家の奉行の家に生まれた。織田氏は越前丹生郡織田荘が本貫で藤原氏を称したが、本姓は忌部氏といわれる。信長も初めは藤原氏を称した。のち平氏になったのは源平迭立《てつりつ》の思想によるという。曾祖父は信良、祖父は信貞といったらしいが、父の信秀は傑出した武将で尾張勝幡《しょばた》城に拠り、津島の経済力や天王社の信仰を背景に一族間に優越し、美濃・三河を攻略、信長を那古屋城に置き、斎藤利政(道三)の女をめとらせた。しかし一族との対立、今川氏との対決という課題を残して一五五一年(天文二〇)急逝したので信長は孤立し、家臣団は動揺した。だが親族衆と連携しつつ敵対する一族を各個に撃破した信長は、五五年(弘治一)清須城を奪い、五七年老臣に擁立された弟信行を殺し、五九年(永禄二)岩倉城の織田信賢を追って尾張を統一し、六〇年五月西上する今川義元を桶狭間の戦でたおし、六二年岡崎の徳川家康と同盟して態勢を安定させた。そして六五年墨俣《すのまた》に砦を築き美濃への攻撃を強め、六七年ついに斎藤義竜を追って美濃を征服し、井之口を岐阜と改称して拠点とし「天下布武」の印判使用を開始した。そして六八年足利義昭を擁して上洛、三好三人衆を追って幕府を再興、実質的な畿内支配を実現した。そして将軍のため二条城を造営する一方、殿中掟・事書五箇条を定めて将軍権力を牽制し、七〇年(元亀一)浅井・朝倉軍を近江姉川の戦に破り、ついで河内に進出したところ石山の本願寺顕如が決起して浅井・朝倉軍に呼応したため退却し、天皇の権威をかりて講和した。ついで将軍の失政を責め、七三年(天正一)ついに幕府を倒し、宿敵浅井・朝倉両氏を滅ぼし、翌年伊勢長島の一向一揆を鎮圧、七五年には三河長篠の戦に武田勝頼の精鋭を破って鉄砲隊の威力を示し、また丹波・丹後の征服を開始、八月越前の一向一揆を鎮定し、柴田勝家ら直属部将を分封、国掟を与えて専制支配の姿勢を明らかにした。そして濃尾両国を嫡子信忠に譲り、七六年近江に安土城を築き、七七年羽柴秀吉に西国征討を命じた。一方足利義昭の策謀により本願寺顕如・上杉謙信・毛利輝元らが信長を敵として連合し、松永久秀・荒木村重らの部将も背いた。しかし信長は七七年紀伊雑賀《さいか》を圧迫し、翌年鉄甲船によって毛利水軍を破り、また上杉謙信も七八年病没、荒木一族も翌年鎮圧されたので石山城の顕如は八〇年ついに屈服し、加賀の一向一揆も柴田勝家により平定された。そこで信長は宿老の佐久間信盛や林秀貞を追放して専制的体制を誇示し、翌年京都で盛大な馬揃を挙行、行幸を仰ぎ、整備された軍容を天下に示した。そして翌八二年木曾義昌の来属を機に甲斐・信濃に侵入、武田勝頼を田野に敗死させ、信濃・甲斐・上野に部将を分封して国掟を与えた。ついで神戸信孝らに四国征討を命じ、六月中国征伐の指示を与えるため上洛し本能寺に宿泊したところを明智光秀に急襲されて二日朝自殺、信忠も二条城で敗死した(本能寺の変)。

織田政権の軍事的特質は加地子《かじし》領主として農業経営から分離しうる濃尾地方の地侍・有力名主層を中核に軍団を編成し、鉄砲・長槍で武装、専業武士団として機動性を与えたところにあった。しかもこの軍団は長期遠征に耐え、城下集住が可能であったため征服戦が有利に展開し、中央支配を早期に実現できたのである。またこの政権は土地の一職支配に基礎を置く過渡的存在であるといわれるが、一向一揆の鎮圧以後は大和や和泉に指出《さしだし》を徴して複雑な土地所有関係を固定明確化し、播磨では事実上の太閤検地といわれる検地が、柴田氏領内では刀駈《かたながり》が、大和では城破り《しろわり》が実施され、そして楽市・楽座、関所撤廃などの政策がとられた。もっとも最近では楽市・楽座令を都市振興政策の一環として限定的に理解するむきもあるが、これらの政策は豊臣秀吉により近世的統一政権の基礎として実現してゆくものである。また信長は律令制的支配を象徴する朝廷を保護し、内裏の修造、廷臣門跡の窮乏を救済する徳政の実施、皇大神宮・石清水八幡宮の保護など国家的支配に関与し、朝廷でも太政大臣か将軍の地位を贈る意向があった。信長はまた宗教の世俗的権威を否定し、一五七一年浅井・朝倉軍に荷担した延暦寺を、八一年指出を拒否した槙尾寺を焼き、罪人を隠匿した金剛峯寺制裁のため多くの高野聖を斬り、八二年甲斐恵林寺の快川紹喜を焚殺した。そして惣村や渡りの商工業者集団を基盤とする一向一揆には鏖殺《おうさつ》(みな殺し)戦術をもって臨み、町衆を信仰受容層とする日蓮宗には七九年安土宗論を行わせてこれを弾圧した。しかしキリスト教宣教師は優遇し、六九年ルイス・フロイスの在京を許し、七九年オルガンティーノに安土教会堂の、八一年巡察使バリニャーノに学校の建設を許した。そして宣教師を通じてキリシタン大名を動かし、また仏僧を牽制した。なお宣教師は信長の資質を的確にとらえて報告している。信長は茶の湯の愛好者として知られるが、茶会を通じて堺や博多の豪商と接し、家臣には茶器を与え、茶の湯興行の特権を付与して褒賞するなど、茶道を商業資本家や家臣団の統制に利用している。

岩沢 愿彦

【信長の人間像】 織田信長の人間像は、同時代の武将たちとともに、いわゆる「太閤記の世界」のなかでは、必ず顔をだすが、徹底して善良な人間像を獲得し、それゆえに活躍の場の多い豊臣秀吉(真柴久吉)、あるいは屈折した悪役を割りふられ、独自の個性を作りあげた明智光秀(武智光秀)などに比べると、信長の場合は小(尾)田春永という名の単純な赤面《あかつら》の暴君以上のものではなく、おもしろみに欠ける印象を否めない。また多くが脇役にとどまり、信長を主人公に扱う作品はみられない。江戸時代にははなはだ人気のない人物であった。しかもその悪役としての性格も、むしろゆたかな光秀像の形成にともなって、光秀を侮辱する役として浮上したふしが濃厚である。現代の日本人が抱くニヒルで悽惨な信長のイメージは、どちらかといえば近代文学のものというべきであろう。

守屋 毅

永禄三年五月、今川義元大軍を率ゐ、織田信長を討つ。

(中略)

酒宴して猿楽に羅生門の曲舞《くせまひ》を舞はせられし時、敵既に攻来る、と告げ来る。信長少も騒がず、人間五十年、下天内を競れば夢幻の如し、といふ処を、押返し謡ひて忽螺を吹き立てさせ、物の具して主従僅に六騎、歩卒二百人許駈出でて熱田の宮に詣で、願文を神殿に納めらるゝ中に、軍兵追続き来りけり。

常山紀談「桶狭間合戦今川義元討死の事」

早や更け渡る。夏の夜の。そよ吹く風も物凄く。寝られぬ儘に御大将。手づから障子押開き。何心なく茂みの方。見やり給へばさわさわと驚き騒ぐ塒《ねぐら》の鳥。ハテ訝かしや。まだ明けやらぬ夏の夜に。庭木を離れ騒ぐ群鳥、合点行かじときつと目を付け。怪み給ふ時しもあれ。遠音に響く鐘太鼓、春長つゝ立ち耳そばだて。アレ〳〵次第に近付く人馬の物音。宿直の者はあらざるか。急ぎ物見を仕れと。仰せの下より阿野の局。長刀掻い込み走り出で。君の大事に候ぞや。蘭丸殿は何所にある。早く物見を致されよ。妾も倶にと表の方。呼はり〳〵駈け行く。聞くに蘭丸一間より。飛んで出づれば春長声かけヤアヤア蘭丸。反逆ありと覚えたり。急ぎ物見を仕れと。上意にはつと蘭丸は。振返り見る廊下の高欄。これ幸ひの物見ぞといふより早く駈上り。四方をきつと打見やり。物の黒白《あいろ》はわからねど。この本能寺を志し押寄するは。察する所武智光秀。スリヤ光秀が反逆とな。今こそ後悔汝が諫め。聞入れざるも傾く運命。只此上は防ぎの用意。ハア委細承知仕る。がたとへ。一致に防ぐとも院内僅か三百余人。思へば〳〵主君と倶に。蘭丸我が君様。チエ、口惜しやと主従が。怒りの歯がみ逆立つ髪。無念涙の折からに。

絵本太功記

○あまく見よかしと馬上で餅を喰(安政元・里童居士追福会95)

若いころの信長は「ばさら者」の風体で「町

を御通りの時、人眼をも御憚り無く、栗柿は申すに及ばず、瓜をかぶりくひになされ」(『信長公記』)、町中では餅の立食いなどをする所行があった。句は「甘く」「餅」と縁語で結び、わざと馬鹿なまねをしたと解釈。

お蔦・主税 おつたちから

泉鏡花の小説『婦《おんな》系図《けいず》』の登場人物。劇化された新派の主人公。お蔦は柳橋の芸者蔦吉。早瀬主税は元は不良少年で、のちにドイツ語学者。二人は世帯を持つが、早瀬の将来を案じる恩師によって別れさせられる。原作の意図は、複雑な縁戚や人間関係や義理に苦しむ多彩な女性像を描くことにあり、それが題名にもつながるのだが、新派の主人公となったお蔦と主税の件りがあまりに有名になり、『婦系図』といえばこの二人の名が連想されるほどになっている。特に原作にはなく、新派の舞台で設定された「湯島の境内の場」が名高く、出世と色恋の択一への苦悩という共感しやすいテーマに即して、清元『三千歳』を用いた巧みな劇作法で人気を保つ。さらに浪曲、歌謡曲などを通して、この場は広い世代にわたって共有される世界として、大衆に親しまれた。また、主税の師である酒井俊蔵の役を指す「真砂町の先生」という呼称も、ある世代まではなじみのものだった。新派の代表作として知られたため、現在では湯島天神に、「新派塚」と鏡花の「筆塚」が設置されている。「八丁堀めの惣の場」も長唄『勧進帳』を用いた演出で著名な場面。また、マキノ雅弘の映画も傑作として知られる。鏡花自身が恩師尾崎紅葉に隠れて、芸者だった女性と世帯を持ったことから、鏡花夫妻がお蔦と主税、紅葉が酒井先生のモデルという説もある。

神山 彰

早瀬　お蔦、もう俺や死んだ気に成つてお前に話したい事がある。
お蔦　(聞くと斉しく慌しく両手にて両方の耳を蔽ふ。)
早瀬　一寸、もう一度掛けてくれ。
お蔦　(ものも言はず、頭をふる。)
早瀬　よ。(と胸に手を当ておさうとして、火に触れたるが如く、ツト手を引く。)死ぬ気に成つて、と聞いたばかりで、動悸は何うだ、震へて居る。稲妻を浴びせたやうに……可哀相に……チヨツ一層二人で巡礼でも。……いや〳〵先生に誓つた上は。——え丶、俺は困つた。何うしやう。(倒る丶が如くベンチにうつむく。)
お蔦　(見て、優しく擦寄る。)聞かして下さい、聞かして下さい、私や心配で身体がすくむ。(と忙しく)早く聞かして下さいな。(と静に云ふ。)
早瀬　俺が死んだと思つて聞けよ。
お蔦　可厭。(烈しく再び耳を圧ゆ)何を聞くのか知らないけれど、貴方此二三日の様子ぢや雷様より私は可怖いよ。
早瀬　(肩に手を置く。)やあ、真個に、わな〳〵震へて。
お蔦　え丶、たとひ弱くツて震へても、貴方の身代りに死ねとでも云ふんなら、喜んで聞いてあげます。貴方が死んだつもりだなんて、私や死ぬまで聞きませんよ。
早瀬　お丶、お前も殺さん、俺も死な丶い、が聞いてくれ。
お蔦　そんなら、……でも、可恐いから目を瞑いで。
早瀬　お蔦。
お蔦　……
早瀬　俺と此ツ切別れるんだ。
お蔦　え丶。
早瀬　思切つて別れてくれ。
お蔦　早瀬さん。
早瀬　……

湯島の境内

お露 おつゆ

三遊亭円朝作『怪談牡丹灯籠』の登場人物。旗本飯島平左衛門の娘。柳島の寮で暮らしている際、亀戸の臥竜梅の梅見帰りに立ち寄った浪人萩原新三郎に恋慕するが、こがれ死んでしまう。盆の一三日、女中お米をともなって牡丹灯籠を提げて新三郎の所に立ち寄り、以後毎夜のように訪ねるが、新三郎方に出入りする伴蔵によって幽霊であることが見やぶられてしまう。中国の怪異小説に取材して、牡丹灯籠を提げた亡霊が男を訪ねる設定も共通だが、その亡霊に下駄の足音をさせることで、日本を代表する怪談のヒロインに仕立てあげられた。

矢野 誠一

（新）「アレサ志丈さんア、往て仕舞た、お嬢が死んだなら寺ぐらいは教へて呉れゝばいゝに聞かうと思て居る間に往て仕舞たいけないねー併し於嬢は全く我に惚れ込んで我を思ッて死んだのかと思ふとカッと逆上て来て根が人が柔和から猶々気が鬱々して病気が重くなり夫からは於嬢の俗名を書いて仏壇に備へ毎日毎日念仏三昧で暮しましたが今日しも盆の十三日なれば精霊棚の支度などを致して仕舞ひ縁側へ一寸敷物を敷き蚊遣を薫らして新三郎は白地の浴衣を着深草形の団扇を片手に蚊を払ひながら冴へ渡る十三日の月を眺めて居ますとカラコン〳〵と珍らしく駒下駄の音をさせて生垣の外を通るものがあるから不図と見れば先きへ立たのは年頃三十位の大丸髷の人柄のよい年増にて其頃流行た縮緬細工の牡丹芍薬などの花の附いた灯籠を提げ其後から十七八とも思はれる娘が髪は文金の高髷に結ひ着物は秋草色染の振袖に緋縮緬の長襦袢に繻子の帯をしどけなく結め上形風の塗柄の団扇を持てパタリ〳〵と通る姿を月影に透し見るにどうも飯嶋の娘お露の様だから新三郎は伸び上り首を差延べて向ふを看ると向ふの女も立止まり（女）「マー不思議じやア御座いませんか萩原さまと云はれて新三郎も夫れと気か付き（新）「オヤお米さんマアどうして（米）「誠に思ひがけない貴郎《あなた》様はお亡り遊ばしたといふ事でしたに（新）「ヘーナニ貴女の方でお亡り遊ばしたと承りましたが（米）「厭ですヨ縁喜の悪い事ばかり仰やッて誰が左様な事を申しましたへ（新）「マーおはいりなさい其処の折戸の所を明けてといふから両人裡へはいれば（新）「誠に御不沙汰を致しました先日山本志丈が来まして貴女方御両人ともお亡り成すッたと申しました（米）「オヤマー彼奴が妾の方へ来ても貴郎がお亡り遊ばしたと謂ひましたが妾の考へでは貴郎様は温和《おひとがよひ》ものだから旨くだましたのです御嬢様は御邸に入ッしやッても貴郎の事ばかり思て入ッしやるものだから遂《つい》口に出て迂濶《うッかり》と貴郎の事を仰やるのが散々と御親父様のお耳にもはいり又内には於国と云ふ悪ひ妾が居るものですから邪摩を入れて志丈に死んだと謂はせ互ひに諦らめさせ様と国の畜生がした事に違ひはありませんヨ

怪談牡丹灯籠

●お露　盂蘭盆会に新三郎を訪ねるお露の亡霊。『怪談牡丹灯籠』挿絵。

弟橘媛　おとたちばなひめ

記紀の神話で日本武尊《やまとたけるのみこと》の妃とされる女性。ヤマトタケル東征のおり、走水《はしりみず》の海（浦賀水道）の神が波浪をおこして行く手を妨げたところ、媛はみずから犠牲となって海中に入り船を進めることができた。そのさい妃は「さねさし相模《さがむ》の小野に燃ゆる火の火中《ほなか》に立ちて問ひし君はも」との歌を残し、七日後に妃の櫛が海辺に流れついたという。のち東国を平定したヤマトタケルが足柄峠を越えた時、「あづまはや」（わが妻よあぁ）と三たび嘆いたが、爾来、東国（足柄以東）を「あづ（ず）ま」と呼ぶに至った、とも語っている。『日本書紀』は穂積氏忍山宿禰《おしやまのすくね》の女とするが、実

在の人物とはみなしがたく、むしろ東国における早くからの宮廷直轄領(屯倉《みやけ》)が武蔵国橘郡にあったことにちなむ物語上の命名であろう。　阪下 圭八

其れより入り幸《い》でまして、走水の海を渡りたまひし時、其の渡の神浪を興して、船を廻らして得進み渡りたまはざりき。爾に其の后、名は弟橘比売命白したまひしく、「妾《あれ》、御子に易《かは》りて海の中に入らむ。御子は遣はさえし政《まつりごと》を遂げて覆奏したまふべし。」とまをして、海に入りたまはむとする時に、菅畳《すがだたみ》八重、皮畳八重、絁畳《きぬだたみ》八重を波の上に敷きて、其の上に下り坐しき。是に其の暴浪自ら伏《な》ぎて、御船得進みき。爾に其の后歌ひたまひしく、

さねさし　相武の小野に　燃ゆる火の
　火中に立ちて　問ひし君はも

とうたひたまひき。故、七日の後、其の后の御櫛海辺に依りき。乃ち其の櫛を取りて、御陵を作りて治め置きき。　古事記中巻

○船に置土産橘姫の反吐(梅柳一九5)

暴風をしずめるために入水してくれたはいいが、船酔いした弟橘姫のへどが置土産とはいやはや、という川柳子の冷徹ぶり。

乙姫　おとひめ

元来は姉の姫(兄姫(えひめ))に対する妹の姫(弟姫(おとひめ))を指す呼称。『古事記』に「三野国造の祖、大根王の女、名は兄比売、弟比売の二人の嬢女《おとめ》、其の容姿《かたち》麗美《うるはし》しと聞し定めて」とある。また末の姫とか、年若く美しい姫の意がある。竜宮に住むという「乙姫」や、説経『信徳丸』に出てくる「乙姫」のように固有の名となっているものもある。説経『信徳丸』の乙姫は和泉国近木荘の長者の娘だが、癩に冒されて姿を消した信徳丸をたずねて、一転して巡礼姿に身をやつし熊野街道を往還する。やがて天王寺の引声堂《いんぜいどう》の縁の下で盲目の信徳丸と劇的な対面をし、絶望する信徳丸を肩にかついで救出する。熊野と天王寺は観音めぐりの拠点で、この乙姫の姿には、あるき巫女の姿が重なり、さらに観音のイメージが強く投影している。乙姫は後に清水観音の夢告によって鳥帚という呪具を得、それで信徳丸の体をなでて病を治すが、乙姫のような女性像の前身には『元亨釈書《げんこうしゃくしょ》』にのる光明皇后の垢摺《あかすり》供養伝説が考えられる。湯施行《ゆせぎょう》を始めた皇后の前に一人の癩人が現れ、体のうみを吸いとってくれと願う。皇后がそのうみを吸いとったところ癩人は阿閦《あしゅく》如来となり、毛穴から光明を発して空へ上っていったというもの。これは湯施行の功徳と高貴な女性の慈愛の深さを示す宗教的な試練譚であるが、『信徳丸』の乙姫は社会の最底辺に生きる救いのない者に献身的な愛情を傾ける巫女的な存在であり、女性像の歴史を考えるうえで、貴重な手がかりといえよう。

→信徳丸　岩崎 武夫

阿倍野五十町はや過ぎて、天王寺にお着きあり、金堂、講堂、六時堂、亀井の水のあたりまで尋ねたまえど、その行きがたはさらになし。石の舞台に上がりあり、「この舞台にて、稚児の舞をなされたる、信徳丸が恋しやな。もはや和泉へ戻るまい。この蓮池に、身を投

●──乙姫　信徳丸の行方を尋ねるため父母に暇を請う乙姫。『せっきやうしんとく丸』。天理図書館蔵。

げばや」と思しめし、髪高く結い上げ、袂に小石拾い入れ、身を投げんとは思えども、「まてしばしわが心、尋ね残いた堂のあり。引声堂をたつねねん」と、引声堂にお詣りあって、鰐口ちょうどうち鳴らし、「願わくは夫の信徳丸に、尋ね合わせてたまわれ」と、ふかく祈請をなさるれば、後ろ堂より、弱りたる声音にて、「旅の道者か地下人か。花がら賜べ」とお乞い有る。乙姫この由聞こしめし、縁より下にとんで降り、後ろ堂に回り、蓑と笠を奪い取り、さしうつむいて見たまえば、信徳丸にておわします。(中略)おとひめこの由聞こしめし、「御供申さぬものならば、なにしにこれまで参るべし」と、信徳取って肩に掛け、町家に出でさせたまえば、町家の人は御覧じて、これをあわれと、みな感ぜぬ者はなし。

説経節信徳丸

お富・与三郎 おとみよさぶろう

歌舞伎脚本の登場人物。博徒の妾お富と、小間物商伊豆屋の若旦那から市井の無頼漢に落ちぶれる与三郎で、三世瀬川如皐作、一八五三年(嘉永六)三月江戸中村座初演の『与話情浮名横櫛《よわなさけうきなのよこぐし》』(切られ与三)によって有名になった。長唄の家元四世芳村伊三郎の逸話を脚色した乾坤坊良斎の講釈に取材したもので、実説では劇中の赤間源左衛門があかし金左衛門、お富はおまつで、伊三郎との仲に生まれた娘の名がお富だったという。脚本の中心は伊豆屋与三郎が木更津における赤間の妾お富との密会を知られ、なぶり斬りにあい、全身に刀傷を受け、お富も海に飛びこむ。三年後、向疵の(切られの)与三郎という無頼漢の姿で蝙安《こうもりやす》といっしょにゆすりに入り、死んだはずのお富と再会する。その「源氏店《げんじだな》」の場は実在の妾宅街玄冶店《げんやだな》を模したものだが、堕落しても若旦那らしさを失わない与三郎の描写がすぐれ、屈指の当り狂言になった。好評のため河竹默阿弥作の書替物『処女翫《むすめごのみ》浮名横櫛』(切られお富)、『月宴升毬栗《つきのえんますのいがぐり》』(散切お富)をはじめ、近代以降も岡鬼太郎の『深与三玉兎《ふけるよさつきの》横櫛』、小山内薫の『与三郎』、木村富子の『与三郎命の月魄《つきしろ》』などが作られている。

松井 俊諭

与三　エ、御新造さんえ、おかみさんえ、お富さんえ、イヤサ、コレお富、久しぶりだなア。
お富　そういうお前は。
与三　与三郎だ。
お富　エ、ッ。
与三　おぬしアおれを見忘れたか。
お富　エ、、。
与三　しがねえ恋の情が仇、命の綱の切れたのを、どう取り留めてか木更津から、めぐる月日も三年越《みとせごし》、江戸の親には勘当うけ、よんどころなく鎌倉の、谷七郷《やつしちごう》は喰詰めても、面《つら》っへ受けたる看板の疵《きず》がもっけの幸いに、切られ与三《よそう》と異名を取り、押借り強請《ゆすり》も習おうより、慣れた時代の源氏店、そのしらばけか黒塀に、格子造りの囲いもの、死んだと思ったお富とは、お釈迦さまでも気がつくめえ。よくもおぬしア達者で居たなア。安やい、これじゃア一分じゃ、けえれめえじゃねえか。
安　なるほど、こいつは一分じゃけえられねえわえ。
与三　まだ、木更津に居た時は、そっちも亭主のある体、それと知りつゝうっかりと、はまり込んだはこっちも不覚、その代わりにゃあこの通り、身に過ちがあればこそ、じっと蟄《ちっ》して居るを見て、源左衛門めが非道の手籠め、殺しもやらず斬りさいなみ、惣身《そうみ》へかけて三十四ケ所、この疵はたれのために受けた疵だ。イヤサ、どなたのために受けた疵だ。その時、手めえも海松杭《みるくい》に、追い詰められて木更津の、海へざんぶり飛び込んだと、聞いたる時のおれの心、今に忘れず思い出し、念仏の一遍も唱えていたのだ。それに今聞きゃア、立派な亭主がある、それじゃあ手前《てめえ》済むめえがな。
お富　エ、モ、静かにおしな。マア、わたしが言う事も、とっくりと聞いたその上で、どうなとしたがよいわいなア。
与三　言う事があるなら、早く言え。
お富　わたしもその時在《ながら》える、心ならねど

湊から、海の深みへ捨つる身も、漂う浪の夢うつゝ、漕ぎ行く船へ引き上げられ、薬よ医者よと手厚い介抱、そのお蔭にや甦《よみがえ》り、今はこうしているものの、囲われものとは表向き、枕かわすはさておいて、色めいた事はこれ程もなく、今日まで暮らすその中も、その家ゃの留守を預かって、女の役の針仕事、勤着替《つとめきがえ》の裾直し、楽すぎるだけ生中《なまなか》に、心苦しゅう今日明日と、過ぐる月日も三年越し、義理に迫って暮らすうち、お前はこの世にござんすか、たゞしはその時死なしゃんしたか、便り聞かねば逢い初めて枕かわしたその日をば、お前の命日忌日ぞと、忘れる暇はないものを、今のような怨み言、そりゃ聞こえぬ、胴欲じゃ、聞こえぬわいなア。

(ゆすりに行った源氏店で、はからずも三年ぶりにお富と再会する与三郎。囲われ者になったと見え、安楽そうな女の様子に思わず怒りがこみ上げ、恨みまじりに啖呵をきる有名な場面)

与話情浮名横櫛

◉——**お富・与三郎**　『与話情浮名横櫛』源氏店の場。与三郎がゆすりに入った妾宅で死んだはずのお富に会う。「イヤサお富、久しぶりだなア」のくだり。歌川豊国画。

鬼　おに

人間に危害を加える想像上の存在。妖怪の一種。「鬼」の語はすでに『日本書紀』や『風土記』などにも見えている。鬼はもとは人間には姿かたちが見えない存在を意味する語であったらしいが、平安時代中期ころから絵画や儀礼、芸能によって造形化されるようになり、以後、基本的性格や造形はほぼ現在と変わらないまま伝承されてきた。

　その性格や造形を簡単に述べると、鬼の住んでいるところは人間世界の外部、雲の上、山の中や洞窟、地下、あるいは死者の世界、そして人間の心の奥などである。また、夜になると人間世界に出没・徘徊して、人の金品を奪い、人をさらって虐待しそれを食料にし、宴会・遊興にふける。つまり、鬼は人間が社会的、心理的にコントロールしている領域の外に存在するものであって、これは反秩序や無秩序・無意識の象徴的表象ということができる。鬼の姿かたちは、筋骨たくましく、肌の色は赤や青、黒、黄などの原色で、虎の皮の褌《ふんどし》をつけ、手には金棒を持っていると描き語られるが、そうした特徴のなかでも決定的な指標になっているのは、頭の上に生えている「角」である。この角は獣性、攻撃性の象徴でもある。

　鬼と呼ばれる存在は、関係概念である。すなわち、鬼という語を用いる人々にとって、恐怖をもたらすもの、邪悪なものを意味するものが、鬼になる可能性を持っていることになる。実際、病気や死をもたらす怨霊、雷や大風などの恐ろしい自然現象、異なった習俗や言語を話す人々、異界に通じた山伏や陰陽師などの宗教者、自分たちの支配に従わない者、山賊や海賊などの凶悪な犯罪者、等々、に対して「鬼」というラベルが貼られてきた。その意味では、鬼という語で指示される存在

◉─**鬼** 函量地獄の獄卒。『地獄草紙』。奈良国立博物館。

の内容は多種多様であり、また時代によって指示するものも変化してきたといえる。

鬼の芸能は、こうした鬼を追放する宮中および国家の儀礼であった「追儺《ついな》」が民間行事化・娯楽化し、かつ地方にも伝播することで発展してきたものである。したがって、その基本的な枠組みは邪悪な鬼を追放することにおかれているが、鬼信仰の衰退や、本来は鬼とは無縁であった地域的な来訪神信仰との混同や習合によって、滑稽な鬼や祝福をもたらす鬼のような観念も生み出された。たとえば、節分の儀礼は邪悪な鬼を追放するものであるが、狂言の『節分』に登場する鬼は滑稽化されたものになっており、秋田県男鹿半島の「ナマハゲ」は昔は「鬼」とは呼ばれていなかったが、その形態の類似から近代になって「ナマハゲの鬼」になった。また、政治的・経済的・社会的関係などのなかで、とりわけ中世では、自らを「鬼」ないしは「鬼の子孫」と称して宗教活動をしたり、鬼の芸能を演じたりする芸能人もいた。

小松 和彦

「此ヤ鬼ナラム」ト思フモ静心无《な》クテ見レバ、薄色ノ衣ノ□ヨカナルニ、濃キ単・紅ノ袴長ヤカニテ、口覆シテ破无ク心苦気ナル眼見ニテ女居タリ、打長メタル気色モ哀気也。我レニモ非ズ人ノ落シ置タル気色ニテ、橋ノ高欄ニ押懸テ居タルガ、人ヲ見テ、耻カシ気ナル物カラ、喜ト思ヘル様也。男、此レヲ見ルニ、更ニ来シ方・行末モ不思エズ「掻乗セテ行カバヤ」ト落懸ヌベク哀レニ思ヘドモ、「此ニ此ル者ノ可有キ様无ケレバ、此レハ鬼ナムメリ」トテ「過ナム」ト偏ニ思ヒ成シテ、目ヲ塞テ走リ打テ通ルヲ、此ノ女、「今ヤ物云ヒ懸」ト待ケルニ、无音ニ過レバ、「耶、彼ノ主、何ドカ糸情无クテハ過ギ給フ。奇異ク不思懸ヌ所ニ人ノ弃テ行タル也。人郷マデ将御セ」ト云フヲモ不聞畢ズ、頭・身ノ毛太ル様ニ思エケレバ、馬ヲ掻早メテ飛ブガ如クニ行クヲ、此ノ女、「穴情无」ト云フ音、地ヲ響カス許也。立走テ来レバ、「然レバヨ」ト思フニ、「観音、助ケ給ヘ」ト念ジテ、奇異ク駿キ馬ヲ鞭ヲ打テ馳レバ、鬼走リ懸テ、馬ノ尻ニ手ヲ打懸〻〻引フルニ、油ヲ塗タレバ、引□シ引□シテ、否不捕ズ。

男馳テ見返テ見レバ、面ハ朱ノ色ニテ、円座ノ如ク広クシテ目一ツ有リ。長ハ九尺許ニテ、手ノ指三ツ有リ。爪ハ五寸許ニテ刀ノ様也。色ハ禄青ノ色ニテ、目ハ琥珀ノ様也。頭ノ髪ハ蓬ノ如ク乱レテ、見ルニ、心・肝迷ヒ、怖シキ事无限シ。只観音ヲ念ジ奉テ馳スル気ニヤ、人郷ニ馳入ヌ。其ノ時ニ鬼、「吉ヤ、然リトモ遂ニ不会ザラムヤハ」ト云テ、掻消ツ様ニ失ヌ。

今昔物語集巻二十七「近江国安義橋鬼噉人語」

○大江山うつくしひのをくひのこし（拾五18）
○渡辺は酒ゑんなかばへさげて来る（明三梅1）
○渡辺へ伯母より先へ山師くる（一二七80）
○破風の外黒雲じつと待て居る（四一12）
○いばらきも足だとあアは逃られず（四六8）

第一句、酒呑童子、美人はとっておく。第二句、渡辺綱は雨夜の物語に羅生門に鬼住むと聞き、宴席を立って、鬼神の腕を切り取ってくる。第三句、茨木童子は腕をとりもどしに綱のもとへ伯母に化けて訪ね来るが、ひと足先に香具師《やし》が見世物の材料買いつけに来た、とのキョクリ。第四句、伯母は正体をあらわし、破風を飛び出し、天を翔けて去る。

……黒雲はハイヤーだから待たせてあった。……

鬼王・団三郎 おにおうどうざぶろう

鬼王・団三郎の兄弟は、曾我十郎・五郎の従者として知られている。ただし、鬼王・団三郎は能や歌舞伎の曾我物での呼称であり、『曾我物語』では鬼王丸・丹三郎(真名本)、鬼王・道三郎(仮名本)である。幼少のころより曾我兄弟に仕え、片時も離れず付き従っていたと『曾我物語』にあるが、実際に物語中に登場するのは後半になってからのことであり、二人の登場には不審な点がある。鬼王・団三郎は、富士の狩場へ仇討に向かう曾我兄弟に同行し、兄弟の形見を曾我の里へ届けると同時に、兄弟の最期のありさまを知らせる役目をも担っていた。真名本では、後日譚として兄弟の母と虎御前が箱根権現へ向かうおり、馬の口を取り二人に兄弟の思い出を語って聞かせたこと、また箱根の別当より戒を授けられ山々寺々を修行し、曾我の里へ帰って大往生を遂げたことが記されている。一方、仮名本では、形見を届けると高野山に上り曾我兄弟の後生を弔ったという。曾我兄弟の物語の語り手として、盲女が『七十一番職人歌合』や能『望月』の例から知られているが、この鬼王・団三郎は曾我兄弟の物語の男語りの担い手に擬せられている。旧臣を自称し、異常な長命を保ち、亡き主人の事跡を語り、その菩提を弔いつつ回国する語り手たちの例は数多くある。有王や斎藤五・斎藤六の類である。鬼王・団三郎の語り手としての面影を『曾我物語』の記述の中に認めうるばかりでなく、曾我兄弟の遺骨などを携えて回国していた複数の鬼王・団三郎の足跡が、寺社の縁起などに付随して日本全国に点在しているのである。 西脇 哲夫

歌舞伎では享保期(一七一六―三六)から江戸三座で初春(正月)狂言として曾我物を上演する慣習が定着し、その二幕目(または三幕目)には、いわゆる世話場(侘住居)として、次幕の華麗な対面の場に対照的な愁嘆場が加えられた。これは「一疋持ちたる馬をだに毛なだらかに飼はず一人具したる下人にだに、四季をりをりに扶持をもせず、明暮見苦しげにて目も当てられず」(『曾我物語』巻四)という、〈曾我の貧〉を類型化した舞台面で、この場の主人公に、多くは鬼王新左衛門、その妻月小夜《つきさよ》、弟の団三郎が活躍することになった。したがって悲劇的な内容が強調され、あだ討ちにいたるまでの病苦、貧苦、金の調達(質入れなど)が描かれ、俳優としては実事師《じつごとし》が扮した。 →曾我兄弟 小池 章太郎

こゝに、この人々の二人の郎等、鬼王・道三郎は、富士の裾野井出の屋形より、次第の形見を取、曾我の里へぞいそぎける。されども、おしみし名残なれば、心は後にぞとゞまりける。げにや、幼少よりとりそだて奉り、世にも出給はば、我〳〵ならでは、誰か有べきと、人もおもひ、われも又たのもしかりつるに、かやうになりゆきたまひしかば、したいあくがれしもかなはで、なく〳〵曾我へぞかへりける。思ひのあまりに、道のほとりにしばしやすらひ、富士野の空をかへりみしかば、松明《たひまつ》おほくはしり、たゞ万灯会のごとし。今こそ事いできぬると見えければ、我君の御命、いかゞわたらせたまふ覧と、心もとなさかぎりなし。たゞ二人ましませば、大勢にとりこめられ、いかに隙なくましますらん、今は御身もつかれたまふ覧と思へば、はしりかへりて、御最後見たてまつらまほしきも、へだたりぬれば、かなはず、たゞなくよりほかの事ぞなき。しばらくありて、たひ松の数も、次第にすくなくなり、火の光も、うすくなりゆけば、君の御命もかくやと、火の光も、名残おしくおもひければ、道の辺にたふれふし、声もおしまずなきいたり。(中略)わが家にもかへらず、高野山にたづねのぼり、ともに髻《もとどり》きり、墨染の衣の色に心をなし、一筋にこの人々の後生菩提をとぶらひけるぞ有がたき。

曾我物語巻十「鬼王・道三郎が曾我へ帰りし事」

月小夜　こちの人、なんぼお主のお為ぢやと云うて、さぞお前は口惜しうござんせうな。さうでござんせう〳〵。現在女子《をなご》のわた

しでさへ、食ひついてまで思うたもの、よう辛抱して下さんしたなア。とは云へ、これが曾我の家老の形《なり》かいなア。
　ト取りつき思ひ入れ。新左衛門、月小夜を引き廻し、ヂッと思ひ入れあつて、
新左衛門　四百四病の病ひより、貧ほど辛いものはないわいやい。
（逆沢瀉《さかおもだか》の鎧が質入れされ、それにからんで鬼王新左衛門は騙《かた》りの疑いをかけられて、百足屋六兵衛に煙草盆で打擲《ちょうちゃく》される）　**恋便仮名書曾我**

○鬼の目になみだをながす曾我の貧（一〇32）
「鬼の眼に涙」の俚諺に鬼王の名をにおわせる。

尾上松之助　おのえまつのすけ　一八七五―一九二六

（明治八―昭和一）
無声時代の映画俳優。本名中村鶴三。岡山県生まれ。五歳の時岡山の尾上多見蔵一座の『寺子屋』の菅秀才役で初舞台を踏む。芸名は尾上多見雀。九歳ころから子供芝居に出演、一七歳の時に尾上鶴三郎と改名し、朝鮮、台湾にまで巡業している。二九歳で二代目松之助を襲名。巡業先の九条繁栄座の芝居を見た牧野省三の目にとまり、牧野の持小屋京都千本座に出演。一九〇九年（明治四二）活動写真興行師横田永之助（横田商会）から依頼を受けた牧野の映画『碁盤忠信』に出演する。三作目の『石山軍記』で見せた櫓上での目玉を剝《む》いた大見得が人気を博し、「目玉の松ちゃん」と愛称されて押しも押されもせぬ人気スターとなる。その演ずる役は、英雄、豪傑、義人、俠客とあらゆる種類に及び、立川《たつかわ》文庫を原作とした忍術映画も大人気となる。多い時は三日に一本の映画を撮り続けたという。のちに牧野と対立して別れたが、妹婿の監督池田富保と組んで次々とヒットを飛ばした。女形を女優（浦辺粂子ら）に変え、大衆小説の映画化にも乗り出した。『鞍馬天狗』も嵐寛寿郎の二年前、二五年（大正一四）に撮っている。同年、一〇〇〇本記念の『荒木又右衛門』が大ヒット。翌年、大石内蔵助に扮した『忠臣蔵』もヒットするが、本人はそろそろ限界と自覚していた。そして次代のスターは阪東妻三郎だと語ったという。その年『俠骨三日月』撮影中に倒れて死亡。日活の社葬には、五万の会葬者で葬列が二五町にもなった。

久米　勲

小野川喜三郎　おのがわきさぶろう　一七五八―一八〇六（宝暦八―文化三）

江戸時代の力士。五代横綱。近江国大津の生れ。本名、川村喜三郎。大坂相撲から一七七九年（安永八）江戸へ出て二段目筆頭（いまの十両）に付け出される。久留米有馬侯に召し抱えられ、当時八場所土つかずの谷風梶之助を破り、「谷風は負けた負けたと小野川や　かつをよりねの言いとり沙汰」と蜀山人の狂歌で大評判となった。この時期、勧進相撲は黄金時代を迎え、徳川将軍上覧相撲にそなえ、八九年（寛政一）谷風とともに前例のない横綱土俵入り免許を受けて観客の目を見張らせた。一七六センチ、一一六キロの技能派力士で、幕内成績一四四勝一三敗の好記録。現役時代から芝金杉の有馬侯下屋敷に身を寄せて弟子を養成、講談有馬の怪猫退治はこのころに創作された。九七年引退。帰坂して大坂頭取就任、水茶屋経営という通説は誤りで、一代年寄として江戸で没し、芝の有馬侯菩提寺に葬られ、明治まで墓があった。　➡谷風梶之助

池田　雅雄

○谷風と小の川箱根荒井なり（嘉二・瓢金福寿草14）
小野川は西の大関、谷風梶之助は東の大関。東海道の西と東の大きな関、という駄じゃれ。

斧定九郎　おのさだくろう

塩冶《えんや》家の浪人。斧九太夫の子で盗賊をしている悪人だが、白塗りの色男で、粋な姿をしていて、残酷非情に人を殺す。アウトローの美学を体現したような、歌舞伎の中の人物。『仮名手本忠臣蔵』五段目、山崎街道の場、百姓与市兵衛を殺害して、娘のお軽身売り代の五〇両を奪うが、猪と誤った勘平の鉄砲に当たって死ぬ。定九郎は『忠臣蔵』全段を通じ、

この場に登場するだけの軽い役に描かれている。夜具縞の広袖を着て山岡頭巾をかぶり、脚袢《きゃはん》に草鞋《わらじ》ばきという見苦しい山賊の姿で出るのが普通だった。ところが、一七六六年(明和三)に初代中村仲蔵がこの役を務めたとき、五分月代《さかやき》、黒羽二重の小袖、茶小倉の帯、朱鞘の大小、顔も手足も真っ白に塗り、破れた蛇の目傘を持って出るという、当時の浪人の写生に基づいた扮装に改め、大評判を取った。これが型になり、以後は一座の若手花形役者が務めるいい役になって伝わり、色悪《いろあく》(美男で冷酷非情な悪人の役柄)定九郎のイメージが定着した。仲蔵の新演出のくふうについては、いろいろな伝説が語り伝えられた。落語『中村仲蔵』はこの伝説の一つを扱っている。

服部　幸雄

◉――**斧定九郎**　茶屋で雨宿りする浪人の姿からこのスタイルを生み出したという伝説をもつ、初代中村仲蔵の定九郎。勝川春章画『東扇・初代中村仲蔵』。東京国立博物館蔵。

だァれも見ちゃァいない定九郎、おまけにどうもその時分の定九郎ッてえものァ、気のきかねえ身装《なり》で、山賊のいでたち、化粧《かお》は砥粉《とのこ》で彩《いろ》どりまして鬚《しげ》ッつらでな、で、頭巾をかぶってねェ、夜具縞の着物を着て、腰ィ山刀ァぶち込んで、ちょっとこう、褄《つま》ァはしょって、下から、紐《しも》付きの股引《ももしき》を見せて、素足に五枚草鞋……。

「おゥい、とッつァん、連れになろ…ォゥ」

〽連れになろうと向うへまわり……というちょぼで、上手ィ行きまして、

「あとの宿《しく》からつけて来た、金の高なら四、五十両、二三ン日こっちへ、さ、貸ァ…してェくれェ……」

いい役じゃァない、ねェ。これがたったひと役。

「今度《こんだ》の狂言でおまいさんの役は?」

「おい、お岸、ばかばかしくッて他人《しと》さまにお話ができねえ……見てくれ。名題になったんだよ、仲蔵はね。へッ、馬鹿でもちょんでも名題になった者に、見てくれィ、五段目の定九郎たったひと役だ……おれァいま思案をしてんだよ。いっそのこと、あの小屋ァやめちまって、宮地ィでも落ちようかねェ。緞帳芝居《どんちょう》なら役がつくだろう。さもなけりゃァ、上方ィ行って、修行の仕直しだァ……おれもつくづくいやンなっちゃったよ。気がふさいでかなわねえ」

(中略)

「おまいさん、短気なことを言わないで、なんとか工夫をして、いい定九郎を編み出してさァ、ご見物にも幕内にも、わたしどもにも見せてちょうだいな、ねェ」

(中略)

これがために仲蔵が発奮をして、日ごろ信仰をする柳島の妙見さまへ、七日のあいだ願掛けをした。

満願の日ンなって、工夫がつかないんで、

「あァ…あ、こりゃァ神さまにも仏さまにも見はなされたか……」

ぼんやりと自分のうちィ帰ろうと、柳島をあとにいたしまして、住まっていたのが、ただいまの人形町、そのころの住吉町……割下水の角まで来るッてえと、くもった空から、ざァ…ッと来た。これァたいへんだと、かたわらのそば屋ィ駆け込んで、

「おそばァくださいまし」

(中略)

おもての腰障子が、

「許せよ」

がらッとあいた。

「あァ、ひどい降りだァ」

土間ィ、蛇の目の傘ァたたきつけるようにほうり出して、

「うゥ…う、降りゃァがったなァ……」

と髱《たぼ》を押さいる、これィこう、雨の雫《しずく》が……。

「なんてえ降りだい」

と、月代を一つ逆にこうしごいたやつが、ぱらぱらぱらァッと飛んで、仲蔵の横顔ィ……ひょいと見ると、色の白い、中高のいィい男で。年齢ァ三十をちょっと出越しておりますか、いかにもいい扮装《こしらい》だ。黒羽二重の衣類、茶献上の帯、尻を高ン高に引《しっ》ぱしょって、蠟色艶消しの大小を摑み差し、腰ンところィ、雪駄ァふたッつに合わして、こう、はさんでる。

(中略)

「あァ、ありがたい、妙見さまのお引き合わせ、ご利益だ。あの姿で演《や》ろう」

と、とって返して、お礼詣り。みくじを引いてみると、その時分は、天地人のおみくじで、「人人《じんじん》の人《じん》」という、まことによいみくじが手にはいった。これが後年仲蔵の定紋になりましたんですが、人《ひと》という字を三つ重ねた源氏模様。

(中略)

揚幕ィ来ますッてえと、四斗樽ンなかィ、破れた蛇の目の傘が、逆さまンなって突ッこんである。三村信次郎という旗本は渋蛇の目を持ってましたが、渋蛇の目は色ッぽいからと、これを黒の破れた蛇の目に取り替いて、いよいよ五段目の幕があいた。

与市兵衛が先へ出て、本舞台へかかったなと思う時分に、この水だらけの傘を取り出して、半開きにすると、たたたたたたたたたたッ……と、一文字にとんでって、与市兵衛を下手にいなして、傘をいっぱいに開《ひら》いて、あみだにふりかぶって、そくで、ャァからりッ、と見得をきった。

申し上げた「弁当幕」。舞台を見てえるお客さまはただの一人《ひとり》もいない。飲んだり食ったり忙がしい最中に、なんか黒いものがすゥッと視野をかすったッてえのァ判りますから、これを追って本舞台を見ると、今、仲蔵が、錦絵から抜け出たようないい定九郎で、ャァからりッと見得をきってる。

あまりの良さに褒めるのを忘れて、みんながみんな、手に持っている食物《もの》を下ィ置いて、じッ……ッと舞台を見つめた。

落語**中村仲蔵**(林家正蔵)

○黒仕立嶋の財布へ声をかけ(五〇37)

掛稲の中から白い腕を出し、無言で縞の財布を与市兵衛から奪いとるのが現在の演出となっているが、花道から「おおい、おおい」と追いかけて出るのが本来の姿。

○物したを又物される定九郎(五〇41)

「五十両……」とにんまりしたのも束の間、勘平の誤射によって、定九郎は血を吐いて死ぬ。

小野次郎右衛門 おのじろうえもん ?—一六二八(寛永五)

小野忠明。一刀流剣術の大成者で将軍徳川秀忠の剣術師範。旧名神子上《みこがみ》典膳。上総国(千葉県)出身。二四、二五歳のころ伊藤一刀斎の弟子となり一刀流の道統を継いだ。一五九三年(文禄二)、見込まれて徳川家康の家人となり、柳生宗矩《むねのり》とともに秀忠の師範となって小野姓に改めた。直情径行、妥協や要領のよさをきらった忠明は、いわば処世術に欠け、対人関係で衝突を起こすことが少なくなかった。大坂夏の陣では旗本たちとの間で争いを起こし閉門させられたり、将軍相手の剣術稽古でも手かげんを加えずきびしく立ち合ったので、しだいに疎んぜられるようになったという。また後世の作り話であろうが、真剣の宗矩に対して、忠明は燃残りの薪をもって立ち合い、宗矩を翻弄《ほんろう》し衣服を炭だらけにしたといった武勇伝は数多くある。小野家は忠明の子小野次郎右衛門忠常が相続し、小野派一刀流として代々徳川家に仕え、柳生家とともに将軍家剣術師範として続いた。 中林信二

小野お通 おののおつう

浄瑠璃の起源となった『浄瑠璃物語(十二段草子)』の作者といわれる女性。阿通、於通とも記される。近世になって浄瑠璃が盛んになるにつれて、浄瑠璃の起源についてのいろいろな説が生まれ、その作者についても当時の権力者に近い実在の才女にあてようとする説が作り上げられた。お通は織田信長、あるいは豊臣

秀吉の御台政所(淀君とも)の侍女で、才女のほまれ高く、主君の命により、紫式部にならって『浄瑠璃物語』を作ったという。また、秀次の家人塩川志摩守の妻となって一女をもうけ、離別の後、新上東門院に仕え、一六一六年(元和二)五八歳で没したともいわれる。しかし、浄瑠璃は『宗長日記』によれば一五三一年(享禄四)にはすでに行われていたことが確かなので、これらをすべて信じることはできない。お通は、女性の語り手によって育成されていった語り物の編集者・改作者であったとする説や、鳳来寺山麓に幾人もの小野お通を想定する説などもある。

鳥居 フミ子

夫人生ながらにして知者なし師の教導を得て而して後に知る是をもつて古人も弟子七尺去て師の影を踏ずの誡あり是若き輩に師の伝来元祖達の苦心をも知らせ万一の恩を報ずる便りとせんと先師達の精鎮を祭り一社の神号を申受んと老僕共多年此宿志あり然るに豈はからんや方今時来り大幸を得て摂州官幣大社生国魂神社の精鎮社之分社を新規建築成就して年々四月十月二度の祭式怠りなく相勤むる則共神号には

紫能名太可比売神《ムラサキノナタカヒメノカミ》　小野於通女、美霽嘉寿畝尾厳櫺神《ミハルカスウネヲイツカシノカミ》　西宮百太夫、玉鉾農郷保芸神《タマホコノサトホキノカミ》　沢住検校、華細佐玖羅井神《ハナクワシサクライノカミ》　竹本筑後掾、珠垂乃遠春嘉比神《タマタルノヲスカヒノカミ》　豊竹越前少掾、瑞垣能久為蘇神《ミツカキノヒサイソノカミ》　近松門左衛門、巌護誌多熯喜神《イハマモルシタヒキノカミ》　竹沢権右衛門

奉祭右七功神と崇る則拝殿南向本殿檜皮葺にて三之扉中央七功神左右の扉には三府開発より太夫三味線人形遺残る方なく精鎮を祭る也

浄瑠璃大系図

其比、洛陽に小野のお通とて、さる人なりしが、身おとろへ、まどしかりけるゆへ、若かりし時、琴、三味線を習ひおぼへ、今やう姿又類なく、声あやをなして、世上に小野のふしとてはやりける、此お通、義経の御事を十二段に作り、うたひ侍るを、本ぶしとて浄るりの始とする、じやうるりと名付し事も、矢矧《やはぎ》のしゆくの浄るり姫のことを十二段に作りしゆへに、じやうるりとは名付し也

舞曲扇林

○らん丸はおつうが尻をつめる也(一一2)
○上るりをはじめてつくるとをりもの(一八32)

第一句、「蘭丸」は森蘭丸で織田信長の小姓。「尻を抓る」は、江戸期において求愛を示す動作。第二句、「通り者」は通人・粋人。「通り」でお通を利かせる。

小野小町　おののこまち

平安時代前期の女流歌人。生没年不詳。六歌仙、三十六歌仙の一人。出羽国の郡司良真の女。篁《たかむら》の孫、美材《よしき》、好古《よしふる》らの従妹とされる。系図については諸説があるが、確かなことは不明。小町の名についても、宮中の局町に住んだことによるという説をはじめ諸説がある。王朝女流歌人の先駆者で、文屋康秀、凡河内躬恒、在原業平、安倍清行、小野貞樹、僧正遍昭らと歌の贈答をし、和歌の宮廷文学としての復興に参加した。その歌は恋の歌が多く、情熱的で奔放な中にも、現実を回避した夢幻的な性格をもち、哀調を帯びている。紀貫之が「あはれなるやうにて強からず、いはばよき女の悩めるところあるに似たり」(『古今集』序)と評したのは、よくその特徴をとらえている。作品は、『古今集』一八首、『後撰集』四首以下、勅撰集に六十数首が収められており、ほかに『小町集』の一一〇余首があるが、その中には他人の歌や後人の偽作もあり、勅撰集の歌を基本とすべきであろう。「うたたねにこひしき人を見てしより夢てふものはたのみそめてき」(『古今集』巻十二)。

小町の経歴は不明なことが多いが、美貌の歌人として広く知られ、業平と好一対をなす女性として、多くの説話が語られ、さまざまな伝説が生まれた。東国の荒野を旅する業平が、風の中に歌をよむ声を聞き、声の主を探して草むらにどくろを見いだす。実はそこは小町の終焉の地であったという説話が、『古事談』などに見えている。小町のどくろの話

はそれより早く『江家次第《ごうけしだい》』に見えるが、同じ平安時代後期の作と考えられる『玉造小町壮衰書』は、美女の栄枯盛衰の生涯を小町に託した長編の漢詩で、後世の小町伝説に大きな影響を与えた。小町の名は、『古今著聞集』『平家物語』『徒然草』をはじめ数々の古典にあらわれる。『八雲御抄《やくもみしょう》』には、順徳院が夢にあらわれた小町を、歌の神のように賛仰したことが記されているが、美女歌人の説話は、種々の歌徳説話、恋愛説話へ発展し、老後に乞食になり発狂したといった落魄の物語を生んだ。こうした伝説を集大成し、明確な文学的形象を与えたのは謡曲である。『草子洗小町』は、歌人としての名を傷つけられた小町が、大伴(友)黒主が書き入れをした草子を洗ってその奸計を暴露し、自分の名誉を守るとともに黒主に対しても寛仁の態度をとったという筋で、小町をたたえたもの。『通《かよい》小町』は、小町に恋した深草少将が、一〇〇夜通えば望みをかなえてやるという小町のことばを信じて、通いつめた九九夜目にはかなくなったという話で、美女の薄情・驕慢な性格を描いている。『卒塔婆小町』は、朽ちた卒塔婆に腰かけた乞食の老女が仏道に入る話であるが、その老女は深草少将の霊にとりつかれた小町のなれの果てであったという筋。また『関寺小町』は、関寺の僧が寺の近くに住む老残の小町から歌の道を聞くという物語であり、『鸚鵡小町』も、新大納言行家が関寺近くに老いた小町を訪ねるという筋になっている。この五曲に『雨乞小町』『清水小町』を加えて七小町といい、江戸時代には七小町が歌舞伎の題材、浮世絵の画題などにしばしばとりあげられた。そのほかでは御伽草子の『小町草子』が、業平と小町を観音の化身とし、歌道と仏道を結びつけて中世の小町伝説を集成している。小町の誕生と墓は全国にあり、「瘡の歌」などの伝説は和泉式部伝説と重なるところも少なくないところから、小町の生涯を語り歩く唱導の女たちがいたことが考えられる。また小町伝説の流布には、全国にひろがる神官の小野氏の存在も無視できない。ともあれ、小町は美女の代名詞となり、才色兼備の女性としてたたえられる反面、冷酷高慢な性格をもたされ、その哀れな末路によって人間の無常をあらわし、美女に対する日本人の考え方を示す典型にもなっている。後には、最も美しい女性であった小町が、実は性的な不具者であったという伝説も生まれた。

大隅 和雄

亡 者 歌

小野小町

秋風の打ふくごとにあなめ〳〵をのとはいはじ薄生ひけり

人夢ニ野途に目より薄生ひたる人有。称二小野一。此歌詠。夢覚て尋見、有二一髑髏一。目より薄生出たり。取二其髑髏一閑所置レ之云々。知二小野屍一云々。

袋草紙上巻

さま〳〵に品かはりたる恋をして　兆
浮世の果は皆小町なり　蕉

猿蓑

小町　八百万の御神を誓ひにかけ、真偽を糺すは、幸ひ、さうぢや。
〽小町は流石、名も惜しく、和歌の浦葉の藻汐草、水に向うて心に念じ、既に草紙を取りければ。
黒主　イヤ、その草紙洗ふに及ばぬ。人は知らじと思ふは浅墓、正しく古歌に相違ない。
小町　それぢやに依つて。
黒主　ホヽ、その疑ひも兼ねてより、心を通はす麿が恋。叶はすならば、汝が歌と、奏聞なさん。
小町　ヤア、穢らはしい。人もあらうに叛逆人棟梁に、なんと枕が交されう。
黒主　ヤア、奇怪なり。叛逆人とは、何を証拠に。
小町　鏡山、いざ立奇っての詠み歌は、調伏の歌なりと、訴人あつて疾に奏聞。なんとこれでもあらがふか。
黒主　サア、それは。
小町　なんと相違は、あるまいがな。
黒主　ムウ。

皆々　叛逆人、そこ動くな。

黒主　何を小癪な。

〽手爾波詞も、嵐と共に、ちんりちりちり花吹雪。

〽晴れて雲井に詠めさへ。

〽姿を六つの歌合せ。

〽感せぬ者こそなかりけり〳〵。

六歌仙容彩

関兵　そんならあなたが、小町さまでござりましたか。これは〳〵、少将さまにも、さ？

お喜びでござりませう。これからは打寛《うちくつ》ろいで、その馴染めの恋話し、お聞かせなされて下さりませぬか。
小町　イヤモウ、この身になつて、今さら語るも面伏せ。
宗貞　さはいへ迷ひの雲霧を、懺悔に晴らすも悟り道。
小町　そんなら恋の世語りを
関兵　早う聞きたい。所望だ〳〵。
〽その初恋は去年の秋、大内山の月の宴、その折柄に垣間見て、思ひに堪えかね一

筆と、書き初めしより明暮れに、文玉章《たまづさ》の数々は、なんと覚えがあらうがの。

〽その水茎にこま〴〵と、偽はりならぬ真実を、聞く嬉しさも押包み、恋ひ焦れても母さんは、一旦誓ひを立てし身の、色に心は引かれじと、思ひ返していなせをも、云はぬは云ふに増す穂の薄。

〽小野とは云はじ恋草に、百夜通うて誠を見せて、忍び車の榻《しぢ》に行く、やつし姿の夜の道、いつか思ひは山城の木幡の里に馬はあれども。

◉——小野小町
七小町。❶草子洗小町。❷清水小町。❸鸚鵡小町。❹雨乞小町。❺通小町。❻卒塔婆小町。❼関寺小町。葛飾北斎画『七小町枕屏風』。北斎館蔵。

❶

❷

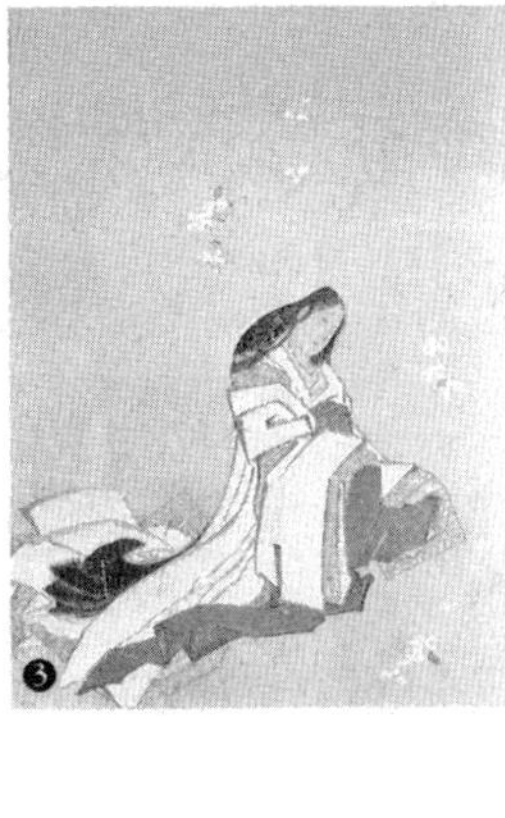
❸

❹

❺

❻

❼

〽さつても実ぢや真実ぢや、一里あまりをわくせきと、そんなら駕籠にも乗らずにか。

〽君を思へば歩行はだし。

〽月にも行き〽闇にも行き。

〽さて雨の夜に行く思ひ、きり〴〵すは我が恋を、思ひ切れとの辻占も、祝ひ直して行く夜の数も九十九夜、今は一夜ぞ嬉しやと、待つ日になれば先帝の、崩御と聞くに身の上の、恋も無常と立かはる、君の菩提を弔らはんと、位を辞していそのかみ、布留《ふる》の御寺に夜もすがら、御経読誦の折も折。

〽わたしもその時母上の、後の世祈る志し、一夜籠りに思はずも、お顔を見るよりぞつとして身にこたへ、後生菩提もどこへやら、捨てゝ二人が一つ夜着、枕並べて寐たれども、ア、いや〳〵、立てし誓ひは破られずと、つい其まゝの憂き別れ、思へば果敢ない縁ぞと、喞つ涙の流れては、関の清水やまさるらん。

積恋雪関扉

○おしい事よしざねげくわにかける所(末二10)
「よしざね」は小町の父、出羽の郡司小野良真。小町は穴無し(鎖陰)だったとの俗説による。

○百夜目は何をかくさう穴がなし(三八16)
深草の少将が百《もも》夜《よ》通うよう要求され、九十九夜目で凍死した物語『通小町《かよいこまち》』のキヨクリ。

○洗ったで万葉集へ穴が明き(六六17)
『草子洗小町』で、黒主の書き入れた『万葉集』の入れ筆の墨も落ちたであろうが、草紙にも穴があいてしまったことだろう、穴無し小町のくせに、といううがち。

○さりとては又といふ時かきくもり(拾二12)
神泉苑での小町の雨乞いの歌は「ことわりや日の本ならば照りもせめさりとては又あめが下とは」であったと訛伝するが、この歌は慶長(一五九六—一六一五)ころに成立した狂歌。古川柳ではこの狂歌を前提として作句。下の句のあたりで黒雲が出現、歌の威徳でたちまちに大雨車軸。

○せき寺の美女おがまれたつらでなし(明八仁5)
小町が年老いて関寺辺に住んでいたところを、七夕に関寺の僧が訪れて物語を聞いたという『関寺小町』。

○手いらずのばゝあそとわにこしを懸(一七37)
乞食となった老婆の小町が、卒都婆に腰かけて休んでいたところへ高野山の僧が通りかかり、問答ののち教化される『卒都婆小町』。「手入らず」は処女。

○関寺で勅使を見ると犬がほへ(初11)
新大納言行家が勅命によって関寺の辺りに住む小町を訪れ、「雲の上はありし昔に変らねど見し玉だれの内やゆかしき」と陽成院の憐れみの歌を賜わったところ「……内ぞゆかしき」と一字違えて返歌した。『鸚鵡小町』により、乞食然とした小町は美々しい勅使一行を怪しむことはなかったが、犬は見なれぬ勅使に吠えかかったというおかしみ。

○野晒しで見れば小町も穴だらけ(七七22)
謡曲『通小町』に、八瀬の里の庵室へ供養に通う女があり、何者かと問うと市原野に住む姥とのみ答えて消え、市原野のスス キ(薄)の陰から「秋風の吹くにつけてもあなめ〳〵小野とはいはじ薄生ひけり」という小町作の歌が聞こえると聞き、菩提をとむらうため、僧がおもむく。『百人一首一夕話』では、業平が尋ねてゆき、小町の髑髏が作った上の句に対し、業平が下の句を付けたという説話になっており、髑髏の目の穴からはススキが生えていた、その野を玉造の小野と称したという。これを『玉造小町』と称する。

小野篁 おののたかむら 八〇二—八五二
(延暦二一—仁寿二)
平安時代の漢詩人、歌人。野宰相、野相公などと称される。岑守《みねもり》の子。岑守は『内裏式』『凌雲集』などの撰者として高名だが、その子篁は若年のころ弓馬に熱中して学問を顧みなかったため嵯峨天皇を嘆かせた。これによって一念発起した篁は学業に精励し、八二二年(弘仁一三)文章生の試験に及第し、以後巡察使弾正、弾正少忠、大内記、蔵人、式部少丞、大宰少弐等を歴任、八三三年(天長一〇)右大臣清原夏野らとともに撰述した『令義解《りょうのぎげ》』の序文を書いた。同年東宮学士、弾正少弼となり、八三四年(承和一)遣唐副使に任命されたが、翌翌年進発した遣唐船は難破して渡航に失敗、さらに翌年の渡航も失敗した。八三八年の三度目の渡唐に際し、篁は大使藤原常嗣の専横に抗議し、病と称して出航を拒み『西道謡《さいどうよう》』という詩を作って風刺したため、嵯峨上皇の怒りに触れ、隠岐国に配流された。この道中に制作した『謫行吟《たっこうぎん》』七言十韻は時人を感動させたが、『西道謡』とともに今は伝存しない。『小倉百人一首』の「わたの原八十島かけて漕ぎ出でぬと人にはつげよ海人の釣舟」の歌はこの時の詠である。八四〇年京に召還され、翌年本位に復し、刑部大輔、陸奥守、東宮学士、蔵人頭、左中弁等を経て八四七年参議に昇進し弾正大弼を兼ねた。八五二年に左大弁となり同年病没した。『文徳実録』の篁卒伝に「当時文章天下無双」と述べられ、『三代実録』に「詩家ノ宗匠」と称された篁には『野相公集』五巻が存在したというが現存せず、その作は『経国集』に二首、『扶桑集』に四首、『本朝文粋』に四編、『和漢朗詠集』に一二首、『新撰朗詠集』に三首、『今鏡』『河海抄《かかいしょう》』にそれぞれ一首を伝えるにすぎない。和歌は『古今集』に六首入集。なお『新古今集』以下の六首は後人の作たる『篁日記』よりの撰入ゆえ篁の実作とは考えがたい。篁は多情多感な博識の英才で自恃《じじ》するところ高く、直情径行、世俗に妥協せぬ反骨の士であり、野狂の異名がある。その奇才に因由する数々の話柄が『江談抄』『俊頼口伝』『今昔物語集』『宇治拾遺物語』等に伝えられている。唐の白楽天と詩境を同じくする才幹であることを称揚する説話は篁を九世紀の漢風謳歌時代を代表する詩人として理想化する伝承だが、その他隠岐配流事件をめぐる和歌説話、篁を冥官とする蘇生説話などがある。なお異母妹との恋愛談や大臣の娘への求婚談から成る『篁物語』は虚構であり、その成立時期については、諸説があるが、平安中期から鎌倉初期までの間と推定される。

秋山 虔

◉——**小野篁**　篁がここから地獄に通ったという伝説のある六道珍皇寺の境内。篁は閻魔庁の第二の冥官になったともいい(『江談抄』)、京の六道の辻にある同寺には現在も閻魔像と篁の像が並んでいる。『花洛名勝図会』。

大和国金剛山寺(俗に矢田寺と号す)に、沙門満慶といふ者在り。一には満米と名づく。小野諫議篁、米が戒行有ることを敬ふ。篁は蓋し不測の人なり。身、朝廷に在りて琰王宮に神遊す。琰王菩薩戒を受けむと欲するも、陰府に戒師無し。篁、琰王に謂ひて曰く、臣が師友、戒律精純なる者日本国に在りと。王の曰く、卿を早く呼び来れと。篁、寺に詣でゝ事を告ぐ。米、乃ち篁と倶に地府に入る。王悦びて米を請して大戒を受く。已にして、米、帰らむとす。王、冥使をして一漆篋を米に受け授けしむ。米、帰りて開きて之れを見るに、白粳米なり。取るに随ひて随ひて盈つ。身を終るまで尽きず。故に時の人満慶を改めて満米と号す。

余、童形たりし時東山に遊ぶ。山人の曰く、此の近き所八坂の郷に六道と称する者《ところ》有り。

相ひ伝ふ、昔小野篁此の所に於て復た見へず、篁は蓋し其れ地下の修文郎となれるかと。或は云ふ、雲林院は淳和の離宮なり。雲林院の白毫院の側に、南に小野篁の墓、西に紫式部の墓有り。世に云ふ、篁は破軍星の精なりと。

本朝神社考

○たかむらはことめいさいによみおかれ(宝十三信2)

近世に入って『小野篁歌字尽』なる往来物が板行され、児童教育に大きな役割をはたした。一例を示すと、上段に「椿・榎・楸・柊・桐」の字が記され、下段に「はるつばき、なつはゑのきに、あきひさぎ、ふゆはひいらぎ、おなじくはきり」の歌がある、といった具合に、漢字を覚える和歌の記載された教科書であるが、もとより篁に付会したものにすぎぬ。「事明細に」は、まことに行き届いた詠であるという皮肉。

○又行て来るとたかむらちよつと死ニ(安九智5)

篁が一日に二刻ずつ冥府へ行き冥官となっては蘇生したという説話(『広益俗説弁』巻八)。「ちょっと死に」で、ごく気軽く死ぬ滑稽。

小野道風 おののとうふう 八九四—九六六

(寛平六—康保三)

平安時代の名筆家。藤原佐理、藤原行成とともに「三蹟」の一人で、その筆跡を野蹟《きやせ》と呼ぶ。小野葛絃《おくず》の子で篁《たかむら》の孫。古来、第一等の書聖の一人とされ、とくに和様書道の創始者としての功績はきわめて大きい。道風は官職はあまり高くなく、内蔵頭《くらのかみ》で終わっている。しかし名家から揮毫の依頼が多く、紫宸殿の賢聖障子や大嘗会の屛風に筆をふるうなど、宮廷の重要な依頼にも応じている。朝廷では、その書を唐へ送って国のほまれとしたほどであった。永く非常な名声を保ったため、道風の筆跡と称せられる遺品は数多いが、疑いを入れぬものは必ずしも多くない。藤原定信が奥書をした『屛風土代《びょうぶどだい》』(宮内庁)、それと書風の全く一致する『白楽天　常楽里閑居詩』(前田育徳会)、道風に書かせたことが史書にしるされている『円珍贈法印大和尚位並智証大師諡号《しごう》勅書』(東京国立博物館保管)、『三体白氏詩巻』(正木美術館)、自ら「例の体に非らず」といった、道風としては珍しく気骨のある『玉泉帖《ぎょくせんじょう》』(宮内庁)などが主要なものである。ほかに、一〇通をこす書状があって、その中には確実に道風の書風を知るべき仮名も存したのであるが、今日原本の所在は不明で、江戸時代末期に刊行された『集古浪華帖』に模刻をみるのみである。御物に道風の肖像と称する伝頼寿法橋筆の一幅があるが、近年これは、藤原佐理の像とする新説が出た。また、彼をまつったという小野道風神社が滋賀県大津市にある。

平安時代後期に、延喜・天暦(醍醐・村上天皇)時代を理想的な時代とする歴史観が成立すると、道風はその時代の文化を代表する人物の一人とされるようになった。『江談抄』や『今昔物語集』には、村上天皇に重んぜられた道風の活躍が語られている。鎌倉時代に入ると、道風は弘法大師と並び称せられるようになり、その書は特別な霊力を持つと信じられたり(『撰集抄』)、自信満々の道風が弘法大師の書を難じたところ中風になったと伝えられたり(『古今著聞集』)した。また、浄瑠璃『小野道風青柳硯』の、道風が柳の枝に飛びつこうとする蛙を見て発奮し、書道に精進したという話は、江戸時代以降教訓話として広く知られた。

田村 悦子

長楽の鐘の音は花の外に尽き、竜池の柳の色は雨の中に深し。雨の足音高下駄の、木工の頭小野の道風、菱紋の狩衣立烏帽子、片手に傘指貫の、裾も露けき岸伝ひ、雨も小止めば立休らひ、扨絶景かなく、民間に有時は、蓑笠に雨を悲しみ、ケ様の気色も見捨てしまま、境界につるゝ人心、一刻価千金と、暫し彳む柳かげ、沢の蛙の草を分け、妻呼ぶ顔に這出づる、柳の糸の枝垂葉に、したゞる雨のばらく〳〵、井出の玉水溜水、葉に浮く露を虫か迚、二寸飛んではたと落ち、三寸四寸いつの間に、がばと飛付く蛙の挙動、目放

大隅 和雄

しもせず見入りし道風、一心不乱思はずも、傘はたと取り落し、横手を打つて、ハ、ア奇妙〳〵、水面を放るゝ事三尺計、程を隔てし柳の枝に上らんとする、我身を知らぬ虫螻蛄の愚さと見る中に、初めは一寸又二寸、五寸飛び七寸飛び、ついに枝に取付たる魂のすさまじさ、虫と見て侮るべからず、是を以て試るに、天に梯猿猴が月、及ばぬ芸も度重る、

◉——**小野道風**　柳に飛びつく蛙を見る道風。一七八九年(寛政一)の『小野道風青柳硯』の役割番付より。

念力だにかたまる時は、ついに成らずといふ事なし、只今の挙動にて心の悟忽ひらく、橘の逸勢が此程の結構、反逆とは知つたれ共、普天の下卒土の中、何条彼等が力にて、天が下を覆さん事、思ひも寄らずと心の油断、誤つたり〳〵、早成が及ばぬ望今の蛙に等しくて、始めは勢幽かなり共、謀反の徒党五人附き十人附き、ついに日本を切従へ、此青柳の天が下、万葉の位に上る大毒虫、ハヽア恐ろしし〳〵と、初めて驚く蛙の悟、絵に書写す青柳硯、末世の鏡となりにけり。

小野道風青柳硯二段目

○貝殻が鳴くと道風にらみつけ(四六1)

「貝殻が鳴く」は蛙の声、芝居では赤貝の背をこすり合わせて蛙の鳴声の擬音とする。

○ふるへたも投たも筆に名を残し(六九23)

世に道風の筆跡を「震ひ筆」と称し、「御筆のすさび、道風がふるひ筆もかくやらん」(御伽草子『鉢かづき』)などと著名。一方の「投筆」は弘法大師が応天門の額を書いたとき、点が一つ不足していることを指摘され、筆を投げて書き加えた故事(『本朝神仙伝』)をさす。

お半・長右衛門　おはんちょうえもん

江戸期の情話の主人公。一四歳の娘信濃屋お半と四十男の帯屋長右衛門のコンビである。実説は定かでないが、ふつう伝えられるのは一七六一年(宝暦一一)四月一二日、三八歳の帯屋長右衛門が、大坂へ奉公にいく隣家信濃屋の娘お半を伴う途中、強盗に殺され、京都桂川で死骸がみつかったのが、心中事件として広まったという。同年五月一八日の刊記をもつ正本『曾根崎模様』に最初に扱われ、七二年(明和九)五月大坂市山座の『桂川』、同年七月大坂豊竹和歌三座の人形浄瑠璃『かつら川』などを経て、七六年(安永五)一〇月大坂北堀江市の側芝居における菅専助作の浄瑠璃『桂川連理柵《かつらがわれんりのしがらみ》』によって定着した。分別ざかりの長右衛門が親子ほど年の違うお半と、ふとしたはずみから石部の宿で契り、妻お絹の貞節もむなしく、せっぱつまって桂川で心中するまでを、きめこまかく描いた名作。歌舞伎にも移され、とくに心中行の場面は、富本『道

◉——**お半・長右衛門**　長右衛門は、まだ肩揚げもとれない麻の葉絞りの振袖を着たあどけないお半を背負い、桂川に身を投げる。初世歌川豊国画『嵐雛助の帯屋長右衛門と瀬川菊之丞のしなのやお半』。

行瀬川の仇浪』、常磐津『帯文桂川水《おびのあやかつらのかわみず》』、清元『道行思案余《しあんのほか》』など、すぐれた道行舞踊に多く作られた。

松井 俊諭

お半　モシおじさん〱、目を覚まして下さんせ。今朝下さんした文の返事、ちょっと逢いに来たわいなア。

〽ゆり起こせばとぼけ顔。

長右　誰じゃ〱、オ、お半か。返事に来たとは合点がいたか。

お半　成程お前のおっしゃる通り、得心してこれぎりに、とんと思い切りました。

長右　オ、出かしゃった〱。それで互いの身の納まり、世間の噂もひとりやむ。サアその心なら、こうしていると又浮名、ちゃっと内へ去んだがよい。

お半　アイ、わたしゃこれぎりさっぱりと、内へ帰りますけれど、

〽お前も随分お達者で、見納めに今一度、よう顔見せて下さんせ。

〽抱き起こして顔つく〲、見る目も明かれぬ雨やさめ、長右衛門もこの世の別れと、口へは出さねど心の内、暇乞いぞと背なでさすり、

長右　何もきなく〱思わずと、コレ、煩わぬようにして、母御へ孝行したがよいぞや。

お半　アイ〱、今まではよう可愛がって下さんした。礼もいわずに気をもまし、

長右　エヽ、やくたいもない子じゃ。死別れ、サア死別れではなし、縁は切っても朝夕顔は見らるゝ。サ、誰も見ぬうち早う去にゃ去にゃ、エヽ、去にゃというに。

〽と突きやられ、名残りも鴛鴦《おし》の離れ得ぬ、ふすまをわけて出でて行く、果ては桂の川水に、浮名を流すぞはかなけれ。

桂川連理柵

○石部金吉にしては居ぬ長右衛門(八〇21)
○長右衛門お半がつぼにくらひ込ミ(六二11)

第一句、「石部金吉かな仏」(堅物)の俚諺に、伊勢詣での帰途、石部の宿屋で契りをかわしたことを言いかける。第二句、「壺」は「長半ばくち」に連想を求める。

○背負ずともおろせばいゝに長右衛門(六六14)

「おろせばいい」は子堕《こおろし》、「背負う」は〽おはんを背に長右衛門(宮薗節『桂川恋の柵』)で、桂川を渡る姿。

おまん

江戸は享保(一七一六―三六)のころ「奇特の事ありて参詣群集したる刻の童謡」(『用捨箱』)に「京橋中橋おまんが紅《べに》」があり、それに因んで中橋のお満稲荷は紅を供えて満願成就を願う社であったという。『嬉遊笑覧』は俗謡のもととなった「おまんが紅」の起源は「天が紅」であるとしている。が、実際にこの名を用いた紅売りもいたらしく、奥村利信の浮世絵『佐野川市松べにうりおまん』には評判の若衆が紅を売り歩いている姿が描き出されている。また、宝暦(一七五一―六四)のころには京橋と中橋の間に女房の名を取って「おまん」という鮨屋があった。飴売りにも「おまん」が登場し、男が女に扮して「おまんが飴じゃに一丁が四文」と常磐津もじりの歌としぐさで飴を売り歩いた。一八三九年(天保一〇)には四世中村歌右衛門が赤い前垂れに菅笠の飴売りの姿を『花翫暦色所八景《はなごよみいろのしよわけ》』の所作事の一つに取り上げてもいる。「おまんかわいや布さらす」という俗謡も伝えられているが、これは勝浦正木城落城の折、布をさらして逃げ延びたという「お万様」(のちに家康の側室)の数え歌をはじめ、近松の『源五兵衛おまん薩摩歌』や『傾城酒呑童

●―おまん　おまんが飴。『近世商売尽狂歌合』。

子』にもざれ歌として引用され、西鶴の『好色五人女』でもおまんがさらし布の狂言をするという形で使われるなど定着していたことがうかがえる。他に江戸や京坂にも伝わる俗謡「おつきさまいくつ」にも油を買いに行ってこぼす「おまん」が登場しており、固有名と一般名のあわいで広まっていった伝播力の高い名前であるといえよう。

森下みさ子

つなが郎等八十の吉平次。跡につゞいて見へがくれ姫君の御供し。女の足のいそげ共十町あまりを行なやむ。道ばかゆかず一条のもどり橋に行かゝる。先にのさばる懐手かたで切風ばかくさく。身の程しらぬ高声も。たつみあがりにしはがれて。高い山からたにそこ見れば。おまんかはひやな布さらす。な布さらす。

傾城酒呑童子

○賀の祝おまんが紅をつける也(六八21)
○藤娘おまんが飴と又従弟(ことだま柳)
○餅屋かと聞けばおまんは鮓屋也(七四12)

第一句、賀の祝い(四二歳・六一歳・七〇歳・七七歳・八八歳)に、当人が紅で「寿」の字などを書いて配った賀の餅。第二句、女装の男が「口に紅をつけ、いやらしき目遣ひをし」(『わすれのこり』)踊って売る。笠をかぶった扮装に類似が、藤娘と共通する。第三句はおまんずし(京橋上槇町・堺町通元大坂町)、鳥飼(本町の餅屋)の名物饅頭を連想させるような屋号だが……。

おまん・源五兵衛　おまんげんごべえ

生没年未詳。心中した薩摩源五兵衛とお万を題材にした歌謡「高い山から谷底見れば、お万可愛や布晒す」「源五兵衛どこへ行く、薩摩の山へ……」が、一六七〇—八〇年ころ(寛文末〜延宝)流行したが、事件の詳細は不明。八六年(貞享三)、井原西鶴が『好色五人女』で小説化した。一七〇四年(元禄一七)には『源五兵衛おまん・薩摩歌』(近松門左衛門作)として浄瑠璃化される。薩摩侍菱川源五兵衛が琉球屋の娘おまんと契ったが、おまんの継母に仲を割かれ、怒りで刀を抜いたところ、誤っておまんを斬り切腹するというものに、笹野三五兵衛・妻小万をからませたもの。一方、三七年(元文二)七月、薩摩の勤番侍早田八右衛門が、大坂北の新地曾根崎桜風呂の抱え女菊野になじみ、官金を使い込む事件があった。菊野には情人がいたために八右衛門は菊野ら五人を殺し、獄門に処せられた。これを浄瑠璃化したのが五七年(宝暦七)『薩摩歌妓鑑《げいこかがみ》』(吉田冠子・竹田小出雲ら合作)で、近松の『薩摩歌』の人名を借りた。以後これが踏襲される。この題材で決定的なものが、九四年(寛政六)京都西の芝居上演の歌舞伎『五大力恋緘《ごだいりきこいのふうじめ》』(初世並木五瓶作)で、これは翌年江戸でも上演され、曾根崎を深川に、菊野を小万に改め、大当りをとった。九州千島家の勝間源五兵衛は、江戸で紛失した家宝の詮議をしている。深川の色里で、同僚笹野三五兵衛が執心している芸者小万から、源五兵衛は仮の情人となるよう頼まれる。それを承知した源五兵衛は、三五郎に辱められ若殿より勘当される。小万は源五兵衛に心底

◉——おまん・源五兵衛　一八五六年(安政三)江戸中村座上演の『御誂織薩摩新形』。心底惚れた源五兵衛への心変わらぬ誓いに、小万は三味線の裏皮に五大力と書いて示す。三世歌川豊国画。

惚れ、二人は契りを結ぶ。家宝の詮議のために愛想づかしを言う小万の言葉を真に受け、源五兵衛は小万を殺す。自分も切腹しようとするとき、小万の真意も知れ、忠僕八右衛門が身代りになって縄にかかり、家宝は手に入り帰参がかなう。一八二五年（文政八）上演の『盟三五大切《かみかけてさんだいせつ》』（四世鶴屋南北作）は、数多い書替狂言のなかで最も有名。

高橋　則子

麻績王　おみのおおきみ

七世紀の王族のひとりで歌や説話に伝説化された人物。『日本書紀』天武天皇四年（六七五）四月条に、「三位麻績王、罪あり。因幡《いなば》に流す。一子を伊豆の島に一子を血鹿《ちか》の島に流す」との記事があるが、『万葉集』巻一は、麻績王が伊勢の国の伊良虞《いらご》の島に流されたおり、人が悲しんでよんだ歌および王がそれに答えた歌を伝えている。また『常陸国風土記』の行方郡板来《いたく》条には、天武天皇の世に麻績王がここに追放されていた旨の記事がある。麻績王の配流地についてほぼ同時代の史料がまったく異なる場所を伝えるわけだが、因幡には伊良子《いらこ》崎があり、『日本書紀』のいう場所がそこだとすれば、三ヵ所はイラコ、イラゴ、イタクという相似した地名を持つことになる。さらにいずれも海に面した海人《あま》の生業の地という共通点を示す。『万葉集』の歌は流離の王の身の上を海人に見立てて同情している趣のもので、それよりすれば当時漁業・航海に従事し、ともすれば流浪の生活を余儀なくされた海人たちが、王の境遇に共感しつつ、説話的人物として各地に伝えたものと考えられる。

阪下　圭八

> 麻績王の伊勢国の伊良虞の島に流さるる時、人、哀しび傷みて作る歌
> 打ち麻《そ》を麻績王海人なれや伊良虞の島の玉藻刈ります
> 麻績王、これを聞きて感傷して和《こた》ふる歌
> うつせみの命を惜しみ浪にぬれ伊良虞の島の玉藻刈りをす
>
> 万葉集巻一

お三輪　おみわ

藤原鎌足が蘇我入鹿を討伐した物語を骨子として大和地方の伝説を配した人形浄瑠璃『妹背山婦女庭訓《いもせやまおんなていきん》』（一七七一年（明和八）正月大坂竹本座初演）四段目に登場する、いちずな恋に身を焦がす、純情かれんな田舎娘。この浄瑠璃は、同年八月大坂中の芝居で歌舞伎化されて以来、とくに三・四段目は今日まで人気が高い。お三輪の名は、謡曲『三輪』に摂取されたような、奈良三輪の神婚説話に由来するものであろう。それは苧環《おだまき》の糸の先を衣の裾に縫いつけて、恋しい人の跡を追うという趣

●――お三輪　鱶七（金輪五郎今国）の手にかかるお三輪。歌川豊国画。早稲田大学演劇博物館蔵。

向の襲用に伴う命名とも思われる。大和三輪の里、杉酒屋の娘お三輪と入鹿の妹、橘姫はともに烏帽子折の其原求女《もとめ》（実は鎌足の嫡男、淡海）を慕っている。求女は橘姫の素性を確かめようと姫の衣の裾に赤い苧環の糸をつけ、お三輪も求女の衣の裾に白い苧環の糸をつけ

て跡を追う（『道行恋の苧環』）。お三輪は到着した入鹿の御殿で糸の先を見失い、官女たちにさんざんなぶられ、ついに疑着《ぎちやく》（嫉妬《しっと》）の相を現す。漁師鱶七と身をやつして御殿に潜入した鎌足の臣、金輪五郎今国はお三輪を刺し、黒爪の牝鹿の生血と、疑着の相のあるお三輪の血を注ぎかけた笛を吹けば、鹿の性質をもつ入鹿の正体がなくなり討つことができると語る。自分の死が求女こと淡海の役に立つと知ったお三輪は、未来の縁を願って死んでいく。

法月 敏彦

○楽屋では官女お三輪にいぢめられ（弘二イロハ1）

芝居のお三輪、舞台ではさんざん官女にからかわれ、泣き泣き馬子唄などを唄ったりもするが、楽屋では大立者の女方で、ダメを出しては官女を逆にいじめる。

オヤケアカハチ

生没年未詳。一五世紀後半より一六世紀にかけて沖縄八重山を舞台に活躍したと伝えられる土豪。「オヤケ」は富貴なという意の美称で、オヤケアカハチの名は、富貴なるアカハチの意に解される。

アカハチは、波照間島で成育したとされる。しかし、その誕生については、島の南端の高那岬の岩穴の中で潮の飛沫を浴び、泣声をあげているのを発見された、と尋常ではない。幼少のころより強力、非凡。成長するに及んで野望を抱いて石垣島の大浜村に移り、そこで人心を得て勢力を拡大していった。一説では、その拠点が現在のフルスト原遺跡だという。

一五世紀後半の八重山は、平久保加那按司《ひらくぶかなあじ》、仲間満慶山英極《なかまみつけーまえいぎょく》、長田大主《なーたふーじ》、オヤケアカハチ、慶来慶田城用緒《きらいきだぐすくようちょ》、サカイイソバ、明宇底獅子嘉殿《みうすくしかどうん》らの土豪が割拠し、連合、対立する時代を迎えていた。彼らの中から残ったのがオヤケアカハチと長田大主、慶来慶田城用緒であった。結果的には琉球国王尚真の王府・宮古連合軍にアカハチは討たれ（オヤケアカハチの乱、一五〇〇年）、長田、慶田城が王府支配下に命脈を保つことになる。

アカハチは、『球陽』（一七四三）、『八重山嶋由来記』等の王府側史料では「心志驕傲にして、老を欺き幼を侮る」人物とされ、長く逆賊の汚名を着せられてきた。しかし一方、民衆の間では、苛酷を極めた王府の八重山支配を経験する中から、アカハチを王府への反逆者＝民衆の英雄として伝承している。

波照間 永吉

八重山は、洪武年間より以来、毎歳入貢して敢へて絶たず。奈んせん大浜邑の遠弥計赤蜂保武川、心志驕傲にして、老を欺き幼を侮り、遂に心変を致して謀叛し、両三年間、貢を絶ちて朝せず。此の時、石垣邑の名田大翁主、二弟二妹有り。一は那礼塘と名づけ、一は那礼嘉佐成と名づく。一妹は真乙姥と曰ひ、一妹は古乙姥と曰ふ。那礼塘・嘉佐成等、恒に忠義を存し、赤蜂に従ふを肯んぜず。遂に他の為に殺害せらる。名田大翁主、古見山に逃げ去り、洞窟の中に隠居す。此の時、宮古の酋長仲宗根豊見親なる者有り。赤蜂と和睦せず。赤蜂、将に宮古を攻めんとして二島騒動す。事、中山に聞す。是れに由りて王、大里等九員を遣はして将と為し、大小戦船四十六隻を撥し、其の仲宗根を以て導と為し、本年二月初二日、那覇開船し、八重山に赴き、赤蜂等を征伐す。大翁主大いに喜び、即ち小船に乗り、海に出でて迎接す。十三日、引きて八重山石垣の境に至る。大里等上岸す。只見る、赤蜂、衆兵を領し、嶮岨を背にし大海に面して陣勢を布擺するを。又婦女数十人をして各枝葉を持ち天に号し地に呼びて万般呪罵せしむること、法術を行ふに似たり。大里等、軍を駆り大いに進むも、賊兵及び婦女、略畏懼する無し。賊陣開く処赤蜂首めて出でて戦を搦む。大里大いに疑ひて曰く、賊奴の鋭気、軽がるしくは敵すべからずと。遂に四十六艘を将て分ちて両隊と為し、一隊は登野城を攻め、一隊は新河を攻めしむ。赤蜂、首尾相応ずる能はず。官軍勢に乗じ、攻撃すること甚だ急なり。賊兵大敗し、則ち官軍大いに凱功…を獲。赤蜂は擄にせられ誅に伏す。　球陽…

恩納なべ　おんななべ

生没年未詳。琉歌人。琉球方言ではウンナナビー。沖縄本島北部恩納村の人という。なべは女子の名。王や領主に農民の心情を高らかに力強く歌い上げたことで知られる。「波の声も止まれ風の声も止まれ首里天加那志美御機拝ま」の歌は、国王が本島北部国頭《くにがみ》地方を巡視したおり、恩納村の景勝地万座毛《まんざもう》に立ち寄ったさい、なべが即興で詠んだものといわれる。それゆえ国頭巡視をした二人の王の時代の人と考えられている。一人は尚敬王で、一七二六年に、もう一人は尚穆《しょうぼく》王で一七七八年に国頭巡視をしている。しかし「波の声も止まれ」の歌は上句が玉城朝薫《たまぐすくちょうくん》の組踊「孝行の巻」に出ており、この歌がなべのものと明記されるのは『古今琉歌集』(一八九五)以降のことである。この歌集に恩納なべ作とあるのは六首(そのうち一首は一本恩納なべの注記による)である。ところが『琉歌大観』(一九六四)になると、『古今琉歌集』の「読人しらず」歌のうち七首が恩納なべと出ているほか、古い歌集や出所不明歌三首が新たに恩納なべの歌となっている。類歌を除いて一六首が現在なべの歌となっている。このようになべの歌は時代が下るにつれて増加する傾向が見られる。なべの歌とされる琉歌は、おおらかで奔放な恋の歌と、楽天的な支配者賛美に分けられる。男性的で直截な歌いぶりは、しばしば『万葉集』にたとえられ、また繊細で技巧的なよしやの歌に対比される。恩納村には、なべの屋敷跡が現存している。

池宮　正治

か

怪傑ハリマオ　かいけつはりまお

一九六〇年(昭和三五)に日本テレビで放送された子供向けヒーロー番組の主人公。俳優の勝木敏之が演じている。モデルとなったのは一九三〇年代後半にマレー半島で英国人相手の盗賊団のリーダーをしていた谷豊。谷は「反英のヒーロー」として戦時下に英雄視され、その活躍は一九四三年(昭和一八年)『マライの虎』として映画化、「ハリマオ」と名づけられる。ただ原作となった山田克郎の新聞小説『魔の城』はあくまでも少年の冒険譚として描かれ、ハリマオは戦後にインドネシアの独立運動に協力する元軍人という設定だった。番組はこれに則り、反英や日本軍への協力といった要素は完全に除かれ、南洋を舞台にしたエキゾチックなアクションという方向性が採られる。これをドラマ化したのは、国内初のフィルム撮影によるテレビドラマ『月光仮面』を製作した広告代理店・宣弘社。本作では過酷な制作条件ながらも日本テレビ界初となる海外(タイ、カンボジア、香港)でのロケーション撮影に挑んでいる。

春日　太一

貝原益軒 かいばらえきけん 一六三〇―一七一四
(寛永七―正徳四)

江戸前期の儒者、博物学者、庶民教育家。名は篤信、字は子誠、通称は久兵衛。号は損軒、晩年に益軒と改めた。先祖は岡山県吉備津神社の神官で祖父の代より黒田氏に仕え、父は祐筆役らしく、その四男として福岡城内東邸に生まれた。幼少年期に父の転職で地方に移住したことや青年期の永い浪人生活が、後年「民生日用の学」を志す結果となった。壮年期に黒田藩に再就職し、京都に数年間藩費留学して松永尺五、木下順庵らの包容力に富んだ学風の朱子学者や、中村惕斎、向井元升らの博物学者と交際し、また元禄直前の商業貨幣経済の進展を背景として上方(京坂地方)を中心に起こりつつある経験・実証主義思潮を体認し、後年それをあらゆる方面に最大限に発揮させ、膨大な編著を残した。まず儒学では青年期には朱子・陽明兼学であったが、京都遊学を経て朱子学いちずに進む方針を定め、しかもなおその観念性に疑問をいだき続け、晩年に『大疑録』を著し古学派的傾向を示した。また藩命で『黒田家譜』『筑前国続風土記』などを編述した。自然科学面では当時京都を中心に本草学(薬用博物学)から純粋博物学への発展が見られ、益軒はかねての素養に加えて京都の学友から刺激をうけ、名著『大和本草』を生んだ。なお長崎、京都、江戸への公私のたび重なる旅行の結果、一〇種に近い紀行が生まれた。内容は各地の自然美、産業地理、考古遺跡にまで及び、新紀行文学の手本となった。晩年には『養生訓』『大和俗訓』など多くの教訓書を書いたが、前者はみずからの体験に基づくもので今日の老年者に教示するところが大きい。また『慎思録』や晩年の教訓物には人間性の尊重、愛の強調が見られる。人間は身分階級を問わず天地の所産であり、天地の万物生成の行為を天地の愛の発現と見た彼は、人間どうしも互いに愛し合うべきだと考えたからである。

井上 忠

◉――**貝原益軒** 乗合船の益軒。修身の教科書には、弟子が大事な盆栽を折ったが許したという話も載っている。国定教科書小学修身。

貝原益軒は、筑前の人にて、名高き学者なりき。ある年、京都より 筑前に帰るとき、船にのりて行きけるに、のりあひの人々 互に、名を知らざれども、いろ〳〵の話をしたり。其の中に、一人の少年ありて、人々を見下し、物知がほに、書物の講釈をなせり。益軒、其のかたはらに在りて、少しも物いはず、謹みきくこと、字を知らぬ人の如くなりき。やがて、船、岸につきければ、人々、互に、其の姓名、住処を告げゝるに、少年、はじめて、益軒先生なることを知り、みづから、前の大言をはぢて、遂に、其の名をも告げず、ひそかに、たち去りたり。

国定教科書小学修身(明治二五)

○貝原と知らず乗合螺を吹(嘉三風14)
○島原通ひ貝原も不養生(嘉六佃18)
○貝原はとくしんの行やうに書き(小月)

第一句、益軒、海路郷里に向った折、船中に少年が経義を説くのを黙って聴いていたが、陸に上がってのち益軒と知って少年は赤面して逃げ去ったという。「貝」と「ホラ」との取りあわせ。第二句、『養生訓』の著者も、実は島原の廓を知っていた。第三句、その著作物の平易さをいう。「得心」を「篤信」にかけただけのもの。

薫 かおる

『源氏物語』の登場人物の一人。頭中将の長男柏木《かしわぎ》が、光源氏の正妻となった女三宮と密通して生まれた男子。世間体は源氏の子で、正篇の主人公源氏に対して、後篇一三帖の主人公とされる。生い立ちもあって、仏道に心を寄せ、俗聖《ぞくひじり》の宇治八宮《はちのみや》のもとに出入りするうちに、宮の娘の大君に恋するようになる。しかし、大君は結婚を拒んだまま死去、その妹の中君も今上帝の第三皇子匂宮と結婚する。薫は大君とよく似た異腹の妹浮舟を愛人として宇治に置くが、これも好色な匂宮に寝取られる。光源氏に比し、理想性は格段に低いが、純情で女に恋々として不如意を嘆きつづけるパターンが、当時の嗜好に投じて、以後の物語、たとえば平安時代の『狭衣物語』『浜松中納言物語』をはじめ、鎌倉から室町時代にかけて現れた王朝風の物語の主人公は、多くこの薫の性格を与えられている。

今井　源衛

柿本人麻呂　かきのもとのひとまろ

『万葉集』の歌人。生没年、経歴とも不詳ながら、その主な作品は六八九―七〇〇年(持統三―文武四)の間に作られており、皇子、皇女の死に際しての挽歌や天皇の行幸に供奉しての作が多いところから、歌をもって宮廷に仕えた宮廷詩人であったと考えられる。人麻呂作と明記された歌は『万葉集』中に長歌一六首、短歌六一首を数え、ほかに『柿本人麻呂歌集』の歌とされるものが長短含めて約三七〇首におよぶ。質量ともに『万葉集』最大の歌人で、さらにその雄渾にして修辞を尽くした作風は日本詩歌史に独歩する存在とみなされる。

【家系と閲歴】　柿本氏は『古事記』によれば第五代孝昭天皇の皇子の天押帯日子《あめおしたらしひこ》命を祖として、春日、大宅《おおやけ》、粟田、小野などの氏と同族関係にあり、『新撰姓氏録』には敏達天皇代に家門に柿の木のあったことから柿本の名がおこったと記されている。姓《かばね》はもと「臣《おみ》」で、六八四年(天武一三)の改姓において「朝臣《あそん》」となった。『万葉集』人麻呂作のすべてが「柿本朝臣人麻呂」と記されている。しかし人麻呂の名は正史にまったくあらわれない。ただ七〇八年(和銅一)に従四位下で卒した柿本朝臣佐留《さる》の名がとどめられているが、人麻呂との関係は不明である。人麻呂について手がかりを提供するのは『万葉集』だけであって、それによれば前記のほかに、近江、瀬戸内海、山陰の石見《いわみ》での詠から、かれが比較的下級の官人として四国、九州、中国などへ遣わされていたこと、またその臨終の作「鴨山の岩根しまける我をかも知らにと妹が待ちつつあらむ」(巻二)の題詞から、人麻呂は石見で世を去り、歌の配列された位置により死期は七〇九―七一〇年(和銅二―三)とみられること、などが推定されている。なお同じ題詞に「死」の字が用いられているが、これは人麻呂の官位が六位以下であったことを示すものである。

【作品と作風】　人麻呂の作品は短歌一首のみの場合もあるが、多くは長歌と短歌が組みあわされ、数首の短歌が連作として工夫されるなど長大な構成を持つ。また表現技術についても対句や枕詞が修辞的に多用され、一句一語に推敲、彫琢の跡がとどめられている。これらは人麻呂以前にはなかったことで、かれが意識的な歌の技術者、その意味で日本最初の職業的詩人であったことを示すものである。『万葉集』の歌の部立《ぶだて》(分類)にしたがってその内容をみると、人麻呂の歌は大部分が雑歌《ぞうか》、挽歌に属し相聞《そうもん》はやや少ない。雑歌は天皇、皇子の行幸、出遊にさいしひとつの賛歌として詠まれた場合が多く、「大君は神にしませば」とのこの時代特有の慣用句により王権の偉大さをうたい上げた作が目立っている(持統女帝の吉野行幸時の歌ほか)。しかしこの種の作が華麗な修辞を伴いつつも形式的空疎に陥りがちなのに対し、同じ雑歌でも近江の旧都を詠んだ作、軽皇子《かるのみこ》(のちの文武天皇)の安騎《あき》野《の》の狩りに際しての作は、つぎに引くように過ぎ去りゆくひとつの時代への思いが沈痛に語られ、人麻呂の一方の代表作をなしている。「楽浪《さざなみ》の志賀の大わだ淀むとも昔の

◉――**柿本人麻呂**　黒本『歌徳　明石潟朗天（ほのぼの）草紙』（一七六〇年（宝暦一〇）の明石屋火事（神田火事）直後に刊行された人麻呂の一代記もの。富川房信画。江戸時代、「ひとま（火止）る」といって火伏せの信仰があった。「人丸上人のるすに上東門院より御きふ有し　ゑぼしひたゝれをちやくし上人のけうそくにもたれはりま渡海の舟を哥によミ給ふ　ほの〱とあかしの浦のあさきりにしまかくれゆく舟をしそおもふ」「いつミ式部みかどのせんじをうけ人丸にあひゆめ物がたりせんとたづね来り給ふ」。東洋文庫（岩崎文庫）蔵。

人にまたも逢はめやも」「東《ひむがし》の野にかぎろひの立つ見えてかへり見すれば月かたぶきぬ」（ともに巻一）。さらに雑歌のうちの「羇旅《きりょ》」においても、「玉藻刈る敏馬《みぬめ》を過ぎて夏草の野島が崎に舟近づきぬ」（巻三）のごとく独特な旅情の世界がひらかれた。挽歌作品は九編を数え、そのうちでもっとも問題性に富むのは、高市皇子《たけちのみこ》の死に際しての殯宮《ひんきゅう》挽歌であろう。その長歌は一四九句におよんで集中屈指の長編をなすが、特に亡き皇子の活躍する壬申の乱の戦闘場面は、日本古代文学に稀有の迫力と気宇を備えている。「ささげたる幡《はた》のなびきは冬ごもり春さりくれば野ごとにつきてある火の風の共《むた》なびくがごとく」といった高潮した叙事には、過去の激動に対する共感と哀惜がこめられており、そこに人麻呂の詩心の核が存したとしてよかろう。相聞においては、石見国で妻と別れるときの歌が、「笹の葉はみ山もさやにさやげども我は妹《いも》思ふ別れ来ぬれば」（巻二）の秀歌を含み著名だが、これらは普通の意味の恋歌ではなく、亡妻のために「泣血哀慟」して詠んだという挽歌と同様に、ひとつの物語歌としておそらく宮廷人士に披露されたものであるらしい。そこには古代宮廷詩人の隷属性の一側面がみえている。

【人麻呂の位置、人麻呂伝説】　総じて人麻呂の歌には、荒々しい混沌の気象が周到なことばの技術のもとにもたらされているとしてよい。近代歌人の斎藤茂吉はその歌風を「沈痛、重厚、ディオニュソス的」などと評したが、おそらくそうした特性は、人麻呂が口誦から記載へという言語の転換期を生き、両言語の特質を詩的に媒介、統一しようとした営みから生まれたと考えられる。潮のうねりにも比せられるかれの声調には原始以来の「言霊《ことだま》」の力が感ぜられるが、同時にその多彩な修辞には外来の中国詩文に触発された記載言語の技法が駆使されているからである。こうした一回的な言語史、文化史の状況はまた大化改新、壬申の乱を経ての律令国家体制の確立過程と重なっていた。前者が人麻呂文学の形式的背景をなすとすれば、後者はその内容を詩的に充電する契機として働いたであろう。

人麻呂の声名は万葉時代すでに、大伴家持により「山柿《さんし》の門」（歌を山部赤人、人麻呂に代表させたいい方）と称揚されたが、『古今和歌集』仮名序、真名序では「歌仙《うたのひじり》」としてまつり上げられるにいたる。以後、勅撰和歌集を中心とする宮廷和歌の世界でこの傾向が増幅され、平安末期には「人丸影供《ひとまるえいぐ》」という、人麻呂の肖像をかかげ香華、供物をそなえての歌会も行われた。鎌倉期以降の有心連歌《うしんれんが》が無心連歌に対して「柿の本」と称したのは、優雅を本旨とする和歌の本宗として人麻呂を見ていたからだが、こうした堂上歌人の人麻呂受容はその詩的本質からはるかに遠ざかるもので、勅撰集、私撰集にとられた「人丸」作の多くは『万葉集』に典拠を持たない非人麻呂的な歌であった。おそらく「和歌」を宮廷の晴れの文学として聖化してゆく風潮が、最初の宮廷詩人たる人麻呂の像を肥大、転轍させていったものとみえる。「和歌」のこうした伝統のもとに、人麻呂の神格化や伝説化はその後の歴史を通してくり返されており、近年の人麻呂刑死説などもまたその埒内の産物と判断できる。

阪下 圭八

五種人麿事(中略)
第三、人麿赤人一人也。その故は、人丸、文武天皇の后勝の左大臣の女を犯し奉りしに依て解官せられ、上総国山辺郡に流され年月を経しに、聖武天皇御時、左大臣諸兄、中納言家持等、万葉を撰じゝに、人丸を召返して歌の判者にせらるべき由を申されしかば、(中略)召返し姓を山辺と改て今度は赤人と号す。依之、人丸、赤人は上下わきまへぬ程の哥仙なれども、古今集に人丸の哥斗入て、赤人の哥一首もなきは一人なる故也と云々。

古今和歌集灌頂口伝上「五種人麿事」

天武天皇御宇三年八月三日、石見の国戸田の郡大山の里といふ所に民あり。かの家の園の大なる柿の木の下に化現せり。その歳二十ばかりなり。形只《ぎやうはう》質躰《しつたい》はありがたきほどの男なり。家主あやしみ聞きていはく、なん人ぞや、たゞ人ともおぼえずと言ひければ、こたへて云ふ、我は来たる方もなく、また去るべき所もなし。朝夕風月にうそむき、歌を詠ずるばかりなりといへり。家主不思議のあまり隣国丹後の国司に秦の冬通といふ人に、この事を語りければ、冬通京都に注進す。しかれば、浄御原の天皇に奏聞申しければ、不思議なり、いそぎ召すべしとて勅使を下され、召しあげられぬ。げにもたゞ人にあらず。やがて歌をよむべしと仰せられければ、水を流すごとくとゞこほりなくよみはんべりけり。すなはち生国なればとて石見守に任ず。柿の木の下に化現せしかば、姓をば柿下とたまはる。実名をば天より化現せしかば、天くだるをのこと号す。

玉伝深秘巻人丸出所縁起

○人丸を枕時計に奥でする(二九27)
「奥」は諸大名、旗本などの「奥向き」の略で、ここでは御殿女中の居室。芝居見物や花見などで外出の際、目覚し時計がわりに「ほのぼのと明石の浦の朝霧に」と上の句を三度唱えておき、目覚めたとき「島隠れ行く船をしぞ思ふ」と下の句を三べん唱える呪いが行われた。この歌は小野篁が隠岐国へ流刑されたときに詠んだ歌だが(『今昔物語集』)、通説では人麻呂作として人口に膾炙《かいしや》していた。

覚明 かくみょう 一一五六?―一二四一?
(保元一?―仁治二?)
「かくめい」とも読む。平安末・鎌倉初期の怪僧で、木曾義仲の右筆として有名。大夫房を称し、西乗坊信救《しんぎゆう》ともいう。『平家物語』の所伝や自著『仏法伝来次第』跋の略歴によれば、もとは儒者で、勧学院の学生、蔵人通広といい、叡山黒谷で出家して信救と号す。北国に修行し南都に移る。以仁王挙兵の際に興福寺の返牒を代作し、「清盛入道は平氏の糟糠、武家の塵芥」と批判したため、清盛の怒りを買い、南都から亡命したという。『延慶本』等では、漆を身に浴び、癩病人に変装して東国に落ちのび、源行家に付いたと伝えるが、義仲に従ってからは、大夫房覚明と号して文書を起草したり参謀を務めたとされる。義仲敗亡後は箱根山神宮寺に居たが、頼朝の知るところとなり、一一九五年(建久六)山内に禁足されたと『吾妻鏡』に伝える。『和漢三才図会』『本願寺通紀』等によれば、やがて叡山に戻り、浄寛と号して慈円の下に寄寓し、のち、法然の弟子となり、親鸞に従って西仏と改名し、信濃国埴科郡海野庄に康楽寺を開いたと伝える。その著『筥根山縁起』『和漢朗詠集私註』『三教指帰註』等がある。『沙石集』『実語教』(『延慶本』所引)によれば風刺精神に富む落書も作ったという。

山本 吉左右

彼の覚明は元は禅門也、勧学院衆進士蔵人道康とてありけるか、出家して西乗房信救とそ申ける、信救奈良に有ける時、三井寺より牒状を南都へ遣したりける返牒をは彼の信救そ書たりける、太政入道浄海平氏糟糠武家塵菩薩と書たりける事を入道安からぬ事に思ていかにもして信救を尋取て誅せむとはからるゝよし聞へけれは、南都も都程近けれは始終叶はしと思て南都を逃出へきよし思けれとも、入道路々にはうへむを置れたるよし聞へけれは、いかさまにも本の形にては叶ましと思て柒を湯に涌してあひたりけれは、膖脹したる白癩のことくにそなりにける、かくて南都をま日中に退出しけれとも、手かくる者もなかりけり

延慶本平家物語巻三「木曾都へ責上事付覚明か由来事」

十三日　乙丑　故木曾左馬頭義仲朝臣の右筆に大夫房覚明といふ者あり。もとこれ南都の学侶なり。義仲朝臣誅罰の後本名に帰し、信救得業《とくごふ》と号す。当時筥根山に住するの由、聞こしめし及ぶに就きて、山中の外、鎌倉中ならびに近国に出づべからざるの旨、今日御書を別当の許に遣はさると云々。

吾妻鏡第十五、建久六年十月

○状箱が来レばよばれる太夫坊(宝十一仁3)

義仲は田舎者だから、おそらく無筆、と川柳子は想定。先方からの状も覚明が呼ばれて読ませられたことだろう、むろんその返書も右筆である以上せねばならぬ。

かぐや姫 かぐやひめ

『竹取物語』の主人公。「光り輝く姫」の意。物語本文には「(名を)なよ竹のかぐや姫とつけつ」とある。「竹取の翁」と呼ばれる老人が、山中で竹の中に身長三寸ほどの少女がいるのを見つけて連れ帰り、籠に入れて育てた。三月ほどで少女は成人し、その美しさに多くの男が寄ってきた中に、熱心な五人の貴公子(石作《いしつくり》の皇子《みこ》、くらもちの皇子、右大臣阿倍御主人《みうし》、大納言大伴御行《みゆき》、中納言石上麿足(いそのかみのまろたり))がいた。姫は、結婚の条件に、それぞれ、仏の御石の鉢、蓬莱《ほうらい》山の宝の枝、唐土《もろこし》の火鼠《ひねずみ》の皮衣《かわごろも》、竜の頸《くび》の五色の玉、燕《つばめ》の子安貝を持ってくるよう求める。五人はさまざま苦心するが結局みな失敗し、最後に帝が求婚者となって、翁の邸《やしき》に行幸するが、姫の姿は忽然として消えることなどあって帝も神仙の人と悟ってあきらめる。八月十五夜が近づくと、姫は沈みがちとなり、ついに、自分はもともと月の世界の者であるが、いささかの「犯し」によって、一時地上に放逐されていた。今や許されて、来る十五夜には天上より使者が迎えにくるはずで、翁媼《おうな》との別れが悲しくて、と告げる。帝は、十五夜に天人に姫を連れ去らせぬよう、六衛府の士二〇〇〇人を以て翁の家を警固させる。しかし、その夜がきて天人が降りてくると、士たちは五体がしびれ萎《な》えて、姫は予言どおりに、満月の中を静かに昇

◉——**かぐや姫**　かぐや姫、竹取翁と求婚者。かぐや姫の家が竹藪の中の竹の材でできているように描かれている。『東海道名所図会』。

天していった。別れに際して姫から帝に贈った不死の薬は、姫のいないこの世では無駄だと、帝はそれを駿河国の高山で焼かせたので、その山には「不死(富士)山」の名がついた、とある。

古代伝承の一つである「貴種流離譚」と呼ばれるものの典型的人物である。羽衣伝説や天人女房の民間伝承と同根で、その発生は古い。かぐや姫の五つの難題は、『今昔物語集』巻三十一では、「空に鳴る雷《いかずち》」「優曇華《うどんげ》の花」「打たぬに鳴る鼓」の三つとなり、これは『竹取物語』のそれよりも古い形とされ、『海道記』『古今集為家抄』ほか中世の古今集注釈類では、かぐや姫は鶯の卵から生まれたとされる。また、この五つの難題が、中国の辺境に伝えられる『斑竹姑娘』説話に何らかの関係があることも指摘されている。

今井 源衛

まづ、物語の出で来はじめの親なる竹取の翁に宇津保の俊蔭を合はせてあらそふ。(左方)「なよ竹の世々に古りにける事をかしきふしもなけれど、かぐや姫のこの世の濁りにも穢れず、はるかに思ひのぼれる契りたかく、神世のことなめれば、浅はかなる女、目及ばぬならむかし」と言ふ。右は、「かぐや姫の上りけむ雲ゐはげに及ばぬことなれば、誰も知りがたし。この世の契りは竹の中に結びければ、下れる人のこととこそ見ゆめれ。ひとつ家の内は照らしけめども、ももしきのかしこき御光には並ばずなりにけり。阿部のおほしが千々《ちち》の金《こがね》を棄てて火鼠の思ひ片時に消えたるもいとあへなし。車持の親王の、まことの蓬萊の深き心も知りながら、いつはりて玉の枝に瑕《きず》をつけたるを、あやまちとなす」絵は巨勢相覧《こせのあふみ》、手は紀貫之書けり。

源氏物語絵合巻、藤壺中宮御前での絵合

○竹藪で拾った娘ふしを言イ(八三73)

「ふし」は言いがかり、難くせのこと。五人の男に五つの難題を持ち出した。竹の中から生まれただけあって「節」というしゃれ。

覚猷 かくゆう→鳥羽僧正

景清 かげきよ ?—一一九六(建久七)

平景清。平安末・鎌倉初期の武将。上総介藤原忠清の子。悪七兵衛景清と称された平家の侍大将。一一八〇年(治承四)の源頼政との戦いをはじめ、源平争乱のなかで源義仲・行家との合戦、一ノ谷、備前児島の合戦など各地を転戦。壇ノ浦の戦で生きのび、九五年(建久六)源頼朝に下り、翌年断食して死んだという。『平家物語』、謡曲、能などで悲劇的な英雄としてとりあげられる。

田中 文英

【人物像の形成と展開】 景清について『平家物語』に語られる話としては、巻十一「弓流」の錣《しころ》引きがほとんど唯一のものである。屋島の戦のさい、義経の奇襲で海上に逃れた平家方から、三人の武士が陸に上がる。その一人の景清は、源氏方の美尾屋十郎が逃げるところを錣をつかんで兜の鉢付から引き切り、「是こそ京わらんべのよぶなる上総悪七兵衛景清よ」と名のりを上げる。「壇之浦合戦」では越中次郎兵衛盛次、上総五郎兵衛忠光とともに壇ノ浦を落ちのびるが、延慶本、長門本など、いわゆる読本の『平家物語』では、降人となった景清が常陸国で法師になり、東大寺大仏供養の日を期して干死《ひじに》したという後日談をのせる。しかし景清の後日談が成長するのは、謡曲、幸若舞、浄瑠璃などの後代の語り物においてである。謡曲『景清』では日向国の流人となり、「日向勾当」と名のる盲目の景清が鎌倉から訪ねてきた娘の人丸を前に錣引きのことを語っている。『大仏供養』では東大寺大仏供養の群集に紛れて頼朝の命をねらうが、見あらわされて隠形の術を使って遁走する。また幸若舞の『景清』は、中世の景清伝説の完成態といえるものである。景清は三七度まで頼朝の命をねらうが、そのたびに畠山重忠に見あらわされて果たさず、舅の熱田大宮司のもとに潜伏する。頼朝が梶原景時に命じて景清を求めさせると、清水坂の遊女で景清の愛人のあこ王が訴人に出る。景清はあこ王との間に生まれた二人の子を殺害して遁走、大宮司が六波羅に捕らえられると名のり出る。いったん牢を破って清水寺に参詣するが、舅の難を恐れて帰獄し、六条河原で首を斬られることになる。しかし清水観音が身代りになって景清は助かる。それを知った頼朝は景清を許して所領を与えたため、景清は復讐の念を断つべくみずから両眼をえぐり、日向国宮崎荘に下る当日、清水に参詣すると両眼が元にもどったという話になっている。なお古浄瑠璃の『景清』は、幸若舞の台本をそのまま流用したものである。また近世の浄瑠璃、歌舞伎の世界では、「判官物」や「會我物」と並んで「景清物」はとくに重要な位置を占めている。近松門左衛門作『出世景清』、文耕堂・長谷川千四合作『壇浦兜軍記』をはじめ、景清物の多くは幸若舞『景清』をもとに、翻案・改作したものだが、作者未詳の『鎌倉袖日記』のように景清の娘の人丸をヒロインとした謡曲『景清』の翻案もある。

景清と盲目・盲人との結びつきは、景清が流された(または所領を与えられた)日向の宮崎に、景清をまつる生目《めいき》八幡社があり、近世を通じて日向地方の盲僧の拠点になっていたことからもわかる。出羽の羽黒山には、かつて景清を開祖とする盲僧派があったといわれ、また「隣の寝太郎」型の昔話の一つに、寝太郎の先祖じつは悪七兵衛景清とするのも、「景清を元祖とする盲人の一群」があって、彼らが昔話の伝播にあずかったためといわれる。中世に行われた『平家物語』の作者伝承に、「悪七兵衛カゲキヨ」を原作者の一人とする説があるのも(『臥雲日軒録』文明二年正月四日、座頭熏一の談)、当然そのような「盲人の一群」との関連で考えられる。ほとんど全国的に分布する景清伝説にしても、景清を開祖または祖神とする琵琶法師の足跡と無関係ではないだろう。なぜ、とくに景清が盲人・琵琶法師と結びつくかといえば、壇ノ浦を落ちのびた景清が、平家滅亡の報道者の資格をもつとともに、おそらく景清のカゲが姿かたち、光明を意味すること、すなわちその名がそのまま盲人の切実な欲求を表現することに起因するからだろう。景清が日向や常陸に住んだとされるのも、それが日の立つ国、日に向かう国の光明をイメージさせるからで、そのことは当道《とうどう》座(平家語りの琵琶法師の芸能座)の祖神、常陸宮人康《さねやす》親王が日向に家領を持ったとする伝承(『当道要集』ほか)にも通じている。いずれにせよ、景清の名が盲人と結びついた時点で、すでに幸若舞以後の生目伝説も用意されたといえる。また景清が頼朝への執拗な反抗を企て、平家一門の怨恨を一身に負わされた形で造型されることも、盲人・琵琶法師の死霊の憑坐《よりまし》としての職能に関係するだろう。 ➡阿古屋

兵藤 裕己

◉——景清　新造のがんじょうな牢に入れられた景清が、京童のあざけりの声を聞いて、清水の観音の助力で牢破りをする。『舞の本』。内閣文庫蔵。

秩父殿の御内なる本田の次郎が是を見て、あらけなうこそとがめけれ。「あれは、いかなる人候ぞ。是は秩父殿の堅めてまします転害の門とは知らざるか。それより戻れ」と言ふ。(中略)景清は見るよりも、あらはれぬると存ずれば、履いたりし屐子を、とある所に投げ捨て、三百余騎が真中にて、長刀の切手には、込む手、薙ぐ手、開く手、石突きをかいつかんで、はらりはらりと薙いだりけり。究竟の兵を三十騎ばかり、まっしぐらに切り伏せ、残りの兵どもに、痛手薄手負ほせて、四方へばっと追っ散らし、霧の法を結んで、我が身にざっと打ちかけて、春日山につっと入り、世間の体を聞き居たり。

幸若舞景清

頼朝の御諚には、「かほど千手の不便と思し召さるる景清に、対面有るべし」との御諚にて、急ぎ御前に召され、「ひとへにおことを清水の観音と拝み申すなり。(おことを助け置き、某切らるるものならば、千手の御手にかかりたるにて有るべし)。また、おことを誅するものならば、千手の御頭《みぐし》二度切るに似たるべし。此の上は助くる」との御諚なり。(中略)景清承りて、「あら、有難や候。命を助け給ふのみならず、あまつさえ、御恩を添へて賜ぶ君は、世にもありつべしとも存ぜず候。さりながら、君を見申さん度毎に、あれこそ主君の敵ぞと、あっぱれ一刀恨み申さでと、思ふ所存は露塵ほども失せ候まじ。夫、恩の見て恩を知らざるは、植木の鳥のおのが住む枝を枯らすに異ならず」と、秩父殿の御差添を乞ひ取って、両眼のくり出し、薄折敷に並べ、頼朝の御目に懸け奉る。

幸若舞景清

〽探りさし足あたふたと、庵へ隠れ入らんとす、影を見つけて、

左次　ア、コレ〳〵乞食どの、こなたにチト尋ねたい事がござる。

景清　何がな、尋ねたいとはわしが事か。

左次　そうじゃ。ほかの事でもない。この島に平家の侍、悪七兵衛景清様の、盲目になってましますの由、東国方より遥々と、行衛を尋ね参りし者。有家を知らば教えて下さらぬか。

人丸　コレ乞食どの、頼みますわいのう。

〽とありければ、思いがけなくこは如何にと、ぎょっとせしが色にも出さず、

景清　この島にさる人ありと聞き及べど、我とても盲目なれば、ついに見もせず。今少し先で問い給え。

〽と詞すくなに入らんとす。のうその詞の五音ていたらく、聞き及びしに少しも違わず。疑いもなく御身は父御よ。

人丸　二つの時に生き別れし、娘の人丸、これまで尋ね参りました。名乗って下され父御前。

(中略)

里甲　オヽ、よい合点、

里乙　早う船に、

二人　乗らしゃませ。

景清　まだ船に乗らぬか。吠えるか女郎め。いや只一打ちにぶち殺さん。

〽杖ふり上げるを拍子にて、

左次　ア、コレ、左次が乗せますわいの。

〽娘の手を取り引き立て〳〵、涙を呑んで立ち出ずる。打ち殺さるゝと父の顔、この世の見納めしばらくのうと、焦がれ嘆くも痛々しく、弱る心の父は猶、杖とぼ〳〵とよろめく姿、それ打ち殺しにやれ来るわと、おどしつ賺しつ袖を引き立て手を引き立て、抱き乗すれば船人は、纜解いてはせ出す。船よりは扇をあげ、陸には声の立つ限り、

景清　コレ娘、今叱りしは皆偽り。人に憎まれ笑われず、夫婦仲よう長生きせよ。与えし太刀を父と思い、肌身離さず回向せよ。重ねて逢うは、冥土で冥土で。さらば。

二人　おさらば。

〽さらば〳〵と言う声も、涙に曇る汐ぐもり、追い手の風の心なく、親を残して沖津浪、船は遥かに行き過ぎぬ。

嬢景清八嶋日記

○景清はしり餅四郎つんのめり(四二17)

「錣引」の滑稽化。謡曲『八島』では美尾屋十郎を「三保の谷四郎」とし、右句はこれによっている。また「野雪隠身をのがれんと前へ出る」(拾初14)は、同曲の「うしろへ引けば三保の谷も、身を遁れんと前へ引く」の文句取り。

○景清はお尋ものに能イ男(初29)

平家没落ののち、頼朝をつけねらい、お尋ねものとして詮議され、いったんは六条の牢に投ぜられたが、牢破りして鎌倉に潜伏したと伝える。江戸期の俗伝では、景清の顔にあざがあったとされ、本句の「能い男」は、美男子の意ではなく、あざがあるのでお尋ねものにはあつらえむきの男だとしている。

○かげ清に三ツ多イがふだんの名(天八満2)

団十郎が景清役を当り芸としたため、景清といえば団十郎が連想された。句は二世団十郎の通称名、成田屋重兵衛が、悪七兵衛に三をたしたというだけの意。

累・与右衛門　かさねよえもん

祐天上人の霊験譚の一つ、累説話の主人公の

男女の名。累の実説としては、一六八四年(貞享二)の『古今犬著聞集』が文献的初出とされるが、それまで世間に広まっていた累像を再構成し、イメージづけたのは九〇年(元禄三)刊『死霊解脱《しりょうげだつ》物語聞書』である。これによると、下総国岡田郡羽生《はにゅう》村の百姓与右衛門は後妻を迎えたが、姿形がみにくい連れ子の助を嫌い、妻に殺させる。翌年生まれた娘累は助と同様だった。両親の死後田畑を目当てに入婿した次の代の与右衛門は、容貌がみにくく性格も悪い累をうとみ、絹川で殺害し、次次と後妻を迎えるが、累の怨念のたたりによって五人は早死にし、六人目の妻に菊が生まれた。この菊に累の霊がとりつき苦しめるが、祐天上人の法力で解脱し、さらに助の霊も成仏した。

●――累・与右衛門　夫与右衛門と主君の息女歌方姫との仲に嫉妬し、夫の胸倉をつかみ姫の袂をくわえて呪い狂う累。絵金画。『伊達競阿国戯場』土橋の場。高知県須留田八幡宮蔵。

累説話は祐天上人の一代記の挿話として、浄土宗布教の説教として語られていたが、「容貌がみにくく性格の悪い女」という設定を捨て、かれんな美女が、自分の知らない何らかの因縁によってみにくくなり、嫉妬《しっと》する女に変身するという脚色を施されて、さまざまなジャンルの作品に展開した。特に狂言では、嚆矢《こうし》とされる『大角力《おおずもう》藤戸源氏』以降、景清、東山、小栗判官などの世界と結びついた多くの作品があるが、『伊達競阿国戯場《だてくらべおくにかぶき》』は「身売りの累」として名高く、浄瑠璃にも仕組まれた。四代目鶴屋南北は、「湯上がりの累」として知られる『阿国御前化粧鏡《すがたみ》』以下五つの累狂言を書いたが、最後の『法懸松《けさかけまつ》成田利剣』は累説話を細かく写しており、累狂言の集大成といえる。この狂言の二番目序幕にある清元の舞踊劇が『色彩間苅豆《いろもようちょっとかりまめ》』(松井幸三作詞)で、今日において『累』の略称でしばしば上演される人気曲になっている。

読本では滝沢馬琴の『新累解脱物語』があり、河竹黙阿弥により狂言化された。合巻では福亭三笑の『累辞絹川堤』など。近代に入っては、三遊亭円朝の『真景累ヶ淵』が重要な成果である。いずれも累説話に登場する人名、地名が駆使され、本人の知らない因果を負った累がその因果ゆえに夫与右衛門に鎌で惨殺され、その怨念が他人に重なってたたり、恨みを晴らすという骨子は継承されている。

➡祐天上人

郡司 由紀子

かさ　コリヤわたしをだまして。
与右　ヲヽ、殺す子細は。
〽これを見よと、かさねがたしなむのべかゞみ、見すればはつととびのいて、もしもや外に人もやと、見れどうつせどわが顔の、かわりはてにしありさまに、いかゞはせんともだへなき、与右衛門かさねをひきすへて
与右　コリヤ、かさね、因果の道理を今こゝで、語つて聞かせん。よつくきけ。
〽足蹴にてうと蹴返して
この与右衛門が金五郎といゝし時、なんじがためには実の親、きくが夫の助を殺せしその報ひ、巡り〳〵てその顔の、変り果てたは前世の約束、そちが為にはこの与右衛門、すなわち親の敵なれば、だましてこの場で返り討ち。これも因果とあきらめて。

〽成仏せよと無二無三、打つて懸れば身をかわし

〽のふ情けなや恨めしや、身は煩悩のきづなにて、恋路に迷ひ親々の、仇なる人と知らずして、因果は巡る面影の、変り果てにし恥づかしさ、悋気嫉妬のくどき事、我を我が身にほれ過ぎし、心の内の面テなや、さはさりながらむごらしい、うみの二タ親今の親、わが身にまでもこのよふに、つらき心は前の世の、いかなる恨かいまわしと、くどきつなひつ身をかきむしり、人の報ひのある物か無きものか、思ひ知れやとすつくと立ち、振り乱したる黒髪は、この世からなる鬼女のありさま、つかみかゝれば与右衛門も、鎌取り直し土橋の上、襟髪つかんで一ゑぐり、情け用しやも夏の霜、消ゆる姿の八重なでしこ、是やかさねの名なるべしと、後に伝へし物語〱　法懸松成田利剣

〇与右衛門は見せものに出す思案もし(拾四12)
〇与ゑんどんよふも〱ときくしやべり(安六宮3)

第一句、冷酷無残な与右衛門の心理。第二句、「きく」は六番目の妻との間にできた子。菊にとりついたのが累の死霊。

笠森お仙　かさもりおせん

江戸幕府の御家人倉地甚左衛門の妻。生没年不詳。江戸谷中(現、台東区)の笠森稲荷境内の水茶屋の娘で、美人として評判になった。『曳尾《えいび》庵《あん》随筆』によれば、一七七七年(安永六)に浅草観音堂の楊《よう》枝《じ》店、上野山下の水茶屋にも美人がいて、お仙とともに人気があったという。しかも、これらの女性たちは錦絵に刷られ、市中でもてはやされた。なかでもお仙は一番人気があったといわれる。

吉原 健一郎

美女として評判がたちはじめたのは一七六八年(明和五)お仙一八歳のときから。翌年刊の『新板風流娘百人一首見立三十六歌仙』の冒頭にその姿が描かれ「大極上上吉」にランク付けされ、大田南畝も同年『飴売土平伝』でお仙を称揚した。巷説ではお仙は茶見世鍵屋に買われてきた百姓娘で、佐竹侯の家老中川新十郎と馴染み、姿を消したとか、養父が惨殺したなどと虚構化された。二〇歳のとき倉地氏に嫁して姿を消し、老父が見世に出たため「とんだ茶釜が薬缶《やかん》に化けた」ということばが流行した。文政期には人情本『松竹梅三組盃―笠森お仙物語』(二世楚満人作)が刊行され、また歌舞伎では一八六五年(慶応一)八月江戸守田座初演『怪談月笠森《つきのかさもり》』(河竹黙阿弥作)が講談『三人姉妹因果譚』を原拠として劇化された。ここではお仙が姉の仇を討つ筋立てで、三世沢村田之助がお仙に扮して評判よく大当りで

あった。

〇とんだ茶釜の弁

是は谷中笠森に有し、おせんが美しきを見て、顔と顔と見合、能《よ》女とも誉られず、茶釜になぞらへて、とんだ茶釜ト云出したると也。

〇同薬鑵と変化る弁

おせん引のいて後、山下に水茶や出る。又此

小池 章太郎

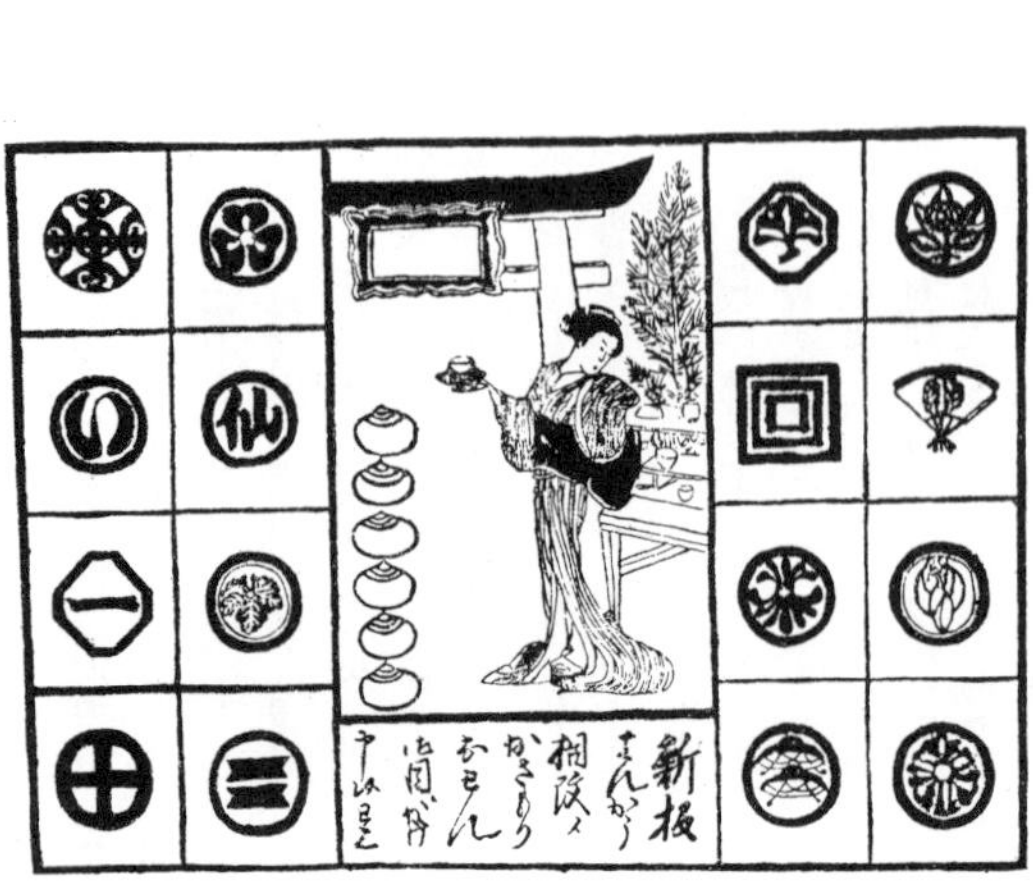

◉——笠森お仙　安永(一七七二―八一)ごろ流行した賭け事「紋付(もんづけ)」にもお仙は登場する。図は縦横に区切ったかこみの中に役者の紋を描き入れた紋紙(もんがみ)。宮武外骨『賭博史』。

美しき女に譬《たと》へ、とんだ茶釜がやくわんと変化たと云也。

辰巳之園

花山院 かざんいん 九六八―一〇〇八

(安和一―寛弘五)

花山天皇。第六五代に数えられる。在位九八四―九八六年(永観二―寛和二)。諱《いみな》は師貞《もろさだ》。僧名入覚。冷泉天皇の第一皇子。母は藤原伊尹《これただ》の娘懐子《かいし》。九六九年(安和二)立太子。以後叡山・熊野等を巡歴修行を積み、正暦年間(九九〇―九九五)に帰京、東院(花山院)に住んだ。一〇〇八年二月八日没。深夜に宮中を脱出、東山の花山寺(現、元慶《がんぎょう》寺)に入り剃髪するという劇的な退位の真相は、孫の懐仁親王(一条天皇)の即位を急いだ藤原兼家一門が、女御忯子の死に乗じて僧厳久などを使い、天皇に世間無常を吹きこむとともに、陰に陽に政治的圧力を加えたためと見られる。その後の生涯は数奇を極めて、奔放な女性関係のほか、修験者としても名高く、和歌・絵画・造園・建築・工芸など多方面に才能を発揮し、「風流者」と称された。和歌では『拾遺和歌集』『後十五番歌合』の撰者とされるほか、東宮時代から大小多くの歌合を主宰し、歌壇の一中心をなした。現存和歌は「世の中のうきもつらきもなぐさめて花のさかりはうれしかりけり」(『玉葉集』巻十四)をはじめ一二〇余首に達する。家集に『花山院御集』が、また紀行とおぼしい『花山法皇御修記』(『太子伝玉林抄』所引)もあった(ともに今は散逸)。粉河・熊野巡歴のことなどから、後世では西国巡礼の祖とされる。その墓所は、記録には紙屋川のほとり、法音寺の北に葬ったとあり、現在陵墓は「紙屋上陵《かみやのほとりのみささぎ》」と称され、京都市北区にある。そのほか兵庫県、石川県など各地にその墓所と称するものが残っている。

今井 源衛

花山法皇御庵室・同御墓所

御参籠の時、頭に風の御悩みあり。爰に霊夢の告げに云く。法皇の先生は、当山の行人なり。入滅の後、その頭は二の滝の上の峰にあり。頭の目より木出生す。これに依り頭の悩みあり。これを尋ね取りて孝養を致さば、頭の悩み平愈し、悉地成就す云云。

熊野山略記那智山

(那智山に)近は花山法皇御参詣、滝本に三年千日の行を始置せ給えり。今の世まで六十人の山籠とて、都鄙の修行者集りて、難行苦行するとかや。かの花山法皇の御行の其間に、様様の験徳を顕させ給いける其中に、竜神あまくだりて、如意宝珠一顆・水精の念珠一連・九穴の蚫貝一つを奉る。法皇、この供養をめされて、末代の行者の為にとて、宝珠をば岩屋の中に納られ、念珠をば千手堂の室に納られて、今の世までも先達これを預かり渡す。蚫をば一の滝壺に放置れたりと云う。……

……花山法皇の御籠の時、天狗、様々妨げ奉りければ、陰陽博士安部晴明を召して仰せ含められければ、晴明、狩籠の岩屋と云う所に、多くの魔類を祭り置く。那智の行者、不法懈怠のある時は、この天狗共、嗔をなして恐し、とぞ語り伝えたる。

源平盛衰記巻三

梶原景季 かじわらかげすえ 一一六二―一二〇〇

(応保二―正治二)

鎌倉初期の武将。景時の長男。通称源太。父とともに木曾義仲追討のおり佐々木高綱と宇治川で先陣を争い、また生田の森で奮戦、のちに親子ともに三浦義村と対立し鎌倉を追われ、駿河国狐崎で戦死した。

謡曲『箙《えびら》』によれば、生田の森の合戦で景季は箙に梅花を挿して戦い、そのみやびた若武者ぶりが平家方からも賞賛された。父景時や弟平次景高の憎まれるに比して、景季の美しく若い武将のイメージが、『ひらかな盛衰記』(一七三九年(元文四)四月、竹本座初演)以来強調され、歌舞伎では、曾我十郎、三浦助義村などと並ぶ武士の二枚目の役柄として定着。同作中四段目の無間《むけん》の鐘のくだりで、景季は千鳥(梅が枝として廓に勤めの身となっている)に金の苦労をさせ、女性に金をみつがせる典型的役どころとなった。したがって、近松の『冥途の飛脚』の改作物『恋飛脚《こいのたより》大和往来』の揚屋の場で、蕩児忠兵衛が、恋人梅川に金の心配をさせるについて「おそまつながら、梶原源太は俺かしらん」と、その後継者をもってみずから任ずるほどの、美男子の代表的人物とされた。→梅が枝　　小池章太郎

平等院の丑寅、橘の小嶋が崎より武者二騎ひッかけ〳〵いできたり。一騎は梶原源太景季、一騎は佐々木四郎高綱也。人目には何ともみえざりけれども、内々は先に心をかけたりければ、梶原は佐々木に一段ばかりぞすゝんだる。佐々木四郎「此河は西国一の大河ぞや。腹帯ののびてみえさうぞ。しめ給へ」といはれて、梶原さもあるらんと思ひけん、左右のあぶみをふみすかし、手綱を馬のゆがみにすて、腹帯をといてぞしめたりける。そのまに佐々木はつとはせぬいて、河へざッとぞうちいれたる。梶原たばかられぬとやおもひけん、やがてつゞゐてうちいれたり。「いかに佐々木殿、高名せうどて不覚し給ふな。水の底には大綱あるらん」といひければ、佐々木太刀をぬき、馬の足にかゝりける大綱どもをばふつ〳〵とうちきり〳〵、いけずきといふ世一の馬にはのッたりけり、宇治河はやしといへども、一文字にざッとわたいてむかへの岸にうちあがる。梶原がのッたりけるする墨は、河なかよりのためがたにおしなされて、はるかのしもよりうちあげたり。　　平家物語巻九「宇治川先陣」

（シテ）そも〳〵この生田の森は。平家十万余騎の大手なりしに。源氏の方に梶原平三景時。同じき源太景季。色殊なる梅花の有りしを。一枝折つて箙にさす。此花則ち笠印となりて。気色あらはに著く。功名人に勝れしかば。景季かへつて此花を礼し。則ち八幡の神木と敬せしよりこのかた。名将の古跡の花なればとて。箙の梅とは申すなり。　　謡曲箙

○我陣へ入れバ箙に枝斗り（七八6）
　乱戦のすえ帰陣したため、花は落ち散った。

梶原景時　かじわらかげとき　？―一二〇〇（正治二）　鎌倉初期の武将。相模国鎌倉郡梶原の住人。父は景清とも景長ともいう。一一八〇年（治承四）石橋山の戦で平家方ながら源頼朝を救う。翌年頼朝に近仕するようになり侍所所司となる。また八三年（寿永二）平広常を謀殺する功を立てた。八四年（元暦一）源義経らとともに上洛、木曾義仲を討ち、さらに西海へ平氏を追討して活躍。同年土肥実平とともに山陽道五ヵ国の軍政官に就き、以後播磨、美作の守護となる端緒をつかんだ。和田義盛より侍所別当の座を奪い、頼朝の意を体し御家人の非違を厳しく糾弾して将軍権力の重要な手足となった。頼朝への最大の忠誠者であり、また寵臣であったといえる。しかしそのため多くの御家人の恨みを集め、頼朝の死後九九年（正治一）御家人六六名の弾劾をうけて失脚した。翌年一月武田有義を将軍に擁立しようと上洛の途についたが、駿河国清見関で幕府方に襲われ狐崎で戦死した。　　青山幹哉

頼朝に讒言《ざんげん》をして義経を失脚させた景時については『平家物語』巻十一「腰越」にくわしい。その直接の原因となったのは、同巻の「逆櫓」や「壇浦合戦」における両者の激しい対立があげられる。景時には老獪な悪意のようなものが感じとれるが、政治家としてよりも武人として、あくまで正攻法で、独断専行する義経をたしなめ、一軍の将としては慎重な進退こそ必要であると説くことばに説得力がある。同じ『平家物語』巻九「二度懸」には、次男平次景高に向かって先駆けを戒めながらも、共に敵陣に駆け入り、嫡子景季の身を案じては、みずからの危険を省みず、二度も敵中深く入ってこれを救出するなど、子を思う父の情愛が強く表現されている。近世の浄瑠璃『三浦大助紅梅靮《みうらのおおすけこうばいたづな》』（長谷川千四、文耕堂合作）は頼朝再挙のとき、忠節を尽くした三浦大助義明、畠山重忠、梶原景時を描いているが、なかでも梶原が名刀の切れ味をためす三段目切の「石切梶原」はとくに名高い。　　岩崎武夫

また、江戸時代における梶原景時は、人から嫌われ、憎まれる人物のイメージをもち、

蚰蜒《げじげじ》とも呼ばれていた。

浄瑠璃『源義経将棊経』初段に「京童《わらんべ》が異名を付汝親子を蚿虫《げぢげぢ》といひ。又蚿虫を梶原と呼ぶはかの虫の如く。分《ぶん》もなき己れらが人の頭にのしあがり。讒奏かまへて人のかざりを言ひはがすによつて。扠こそ蚿虫梶原と。虫同前に言はるゝ」とある。

法月　敏彦

同(正治元年)十二月十八日梶原平三景時余ニ讒言申ケレドモ。頼朝ノ時ハ寵愛ノ間無二其成敗一心得テ下知セラレケリ。頼家若キ人ニテ無二思慮一間。損ズル者多カリケレバ。諸人連判ノ訴訟に依テ。景時鎌倉中ヲ追出サレテ相摸ノ國一ノ宮ニ住ケルガ。尚悪事聞エケル間。彼在所ヲモ追出サル。景時遁落行ケルヲ。同二年正月廿日駿河国高橋ノ辺マデ御敵落行ク由訇リケレバ。折節的ヲ射ケル場ヨリ出合テ射ケル程ニ。的矢ニテ景時頸ノ骨ヲ被レ射テ失ニケリ。義経ヲ讒言スル怨霊トゾ申ケル。故君情深カリケルガ。二代ノ君ノ時威ヲ失ス。

保暦間記

その後平家は滅びつゝ、汝が二十一と申すには、必ず天下を治むべし。然らば兵衛佐をば、関東に御所を建て、鎌倉殿と崇《あが》むべし。汝は都堀河の御所とて仰がれなん。その時は何の仔細もあるまじ。然《さ》りながら、梶原が汝が事を、兄の兵衛佐に讒言し、兄弟不和になるべし。その仔細を語りて聞かすべし。前《さき》の世に、頼朝《らいてう》・時政《じじやう》・景時坊《けいじばう》とて、三人の聖あり。頼朝といひしは、今の兵衛佐、時政とは、北条の四郎時政なり。景時坊とは、梶原が事なり。その時汝は、大和の社に籠りし鼠なるが、笈の中に飛び入りて、六十余州を回りし功徳により、今、牛若と生れをなす。然れば経の文字を喫《く》ひしにより、景時坊憎し〳〵と思ふ念によりて、讒言を以て、汝年三十二の四月二十九日には、奥州高館にて空しくなるべし。

天狗の内裏

○げぢ〳〵は弐疋ならんだやうな紋(宝十三礼4)

景時が近世期に「げじげじ(蚰蜒)」と通称されたのは、一説には頼朝の威をかりて「下知だ下知だ」をふり回したところからの命名ともいうが、おそらく付会説で、景時(けいじ)と音読みの名が、反感とともに虫の名に転訛したもの。右句、「二疋並んだような紋」は梶原氏の紋が「並び矢筈《やはず》」であるためのキョクリ。

春日局　かすがのつぼね　一五七九―一六四三

(天正七―寛永二〇)

徳川家光の乳母。お福ともいう。父は明智光秀の重臣斎藤利三、母は稲葉通明の女。従兄稲葉重通の養女となり、その養子正成に嫁し、正勝ら四男を生む。のち正成と離別して大奥に仕え、一六〇四年(慶長九)家光の誕生にともなってその乳母となる。後年、家光・忠長兄弟の嫡庶争いのとき、局はひそかに駿府の大御所家康に直訴し、家光の世嗣決定に大きな役割を果たした。大奥を統率し、もろもろの「掟」を制定したといい、また大名証人のうち、女子のことはすべて局一人の沙汰するところであったという。その影響力は将軍家光をはじめ幕府の内外におよんだ。二九年いわゆる紫衣《しえ》事件のさなか、局は秀忠の内意をうけて上洛し、参内して後水尾天皇に拝謁した。このとき春日の局号を賜って、公家三条西実条の猶妹となった。局との縁故で幕府に登用されたものは多く、夫正成は大名、子正勝は老中、兄斎藤宗利・三存、女婿堀田正吉は旗本、なかでも正吉の子正盛は老中をへて家光側近随一の重臣に取り立てられた。晩年、湯島に天沢寺を建立し、三四年、子正勝没後は麟祥院と称した。東京都文京区春日の地名は、局の屋敷のあったことに由来する。

北原　章男

○いせのはなしをきかれつぼねはこまり(二一14)

○おんみつを不二のふもとでつぼねいゝ(三十31)

駿河の家康のもとへ継承問題で直訴したとき、春日局は表むき伊勢参宮に名をかりてひそかに江戸を出た(『烈婦伝』)。第一句、戻ってから伊勢の土産話を乞われても、さぞ困ったろうとのうがち。第二句、「富士の麓」で駿河国を暗示。

○その時御つぼね鹿の惣もやう(天四礼3)

後水尾天皇に拝謁のおり、晴着には「鹿の総模様」(春日の縁で鹿)を着たのではないか、などと言ってみたまで。

○御つぼねのほまれ壱丁名をのこし(安四礼1)

「壱丁」は一町、すなわち春日町。右の句が、春日局をはっきり出さないのは、徳川家の周辺を句作することが布令により禁止されていたため、すべて謎句仕立てという結果になった。

風の又三郎 かぜのまたさぶろう

宮沢賢治の童話『風の又三郎』(生前未発表)の主人公、高田三郎。三郎は、鉱石会社の技師である父の転勤で東北のある谷間の小学校分教場にやってきた。都会育ちらしく洋服を着、赤毛で色白く標準語を話す。三郎が転校してきた日は九月一日、二百十日のこと。三郎が席につき、四囲を見回すと風がどうっと吹いてくる。村の子供たちは、三郎が風の神の子供「風の又三郎」ではないかと疑う嘉助と、そうではないと見る一郎とに分かれ、揺れ動く。だが、「風の又三郎」だとあだ名されると、そこに自分の立場を認め、自ら「風の又三郎」を演じ、村の子供たちに同調し一体化する。が、三郎は、村の広い野原や川などで遊ぶうちに次第に自然への畏怖感を募らせる。「どっどど、どどうど、どどうど、どどう/青いくるみも吹きとばせ……」。一郎は夢の中で三郎の歌を聞き、あわてて学校に行くと、三郎は父親と共に村を去っていた。この日も風が強く、子供たちは「やっぱりあいづは風の又三郎だったな」と不思議な感じになる。

「風の又三郎」は、新潟から東北一帯にかけて広まる風の神(妖精)「風の三郎」伝承から生み出されたと見られる。また定住生活者の現実の枠組みを、移動生活者がゆるがして去る主想(モティーフ)は、現代思想の達成の一つ「遊牧民的生活(ノマディスム)」に通底していよう。

安宅 夏夫

変なこどもはやはりきょろきょろこっちを見るだけきちんと腰掛けてゐます。

そのとき風がどうと吹いて来て教室のガラス戸はみんながたがた鳴り、学校のうしろの山の萱や栗の木はみんな変に青じろくなってゆれ、教室のなかのこどもは何だかにやっとわらってすこしうごいたやうでした。すると嘉助がすぐ叫びました。「あゝわかったあいつは風の又三郎だぞ。」

風の又三郎

交野少将 かたののしょうしょう

平安中期の物語の主人公。『源氏物語』『落窪物語』では好色漢とされ、源英明に交野中将の称があったともいう。一方、『風葉和歌集』所見の「交野物語」は、中納言なる人物が交野の鷹狩りが縁で大領の娘と契るが、以後訪れないため娘は投身自殺をはかるという筋で、『今昔物語集』に伝える高藤伝説と似る。この「交野物語」と先の「交野少将を主人公とした物語」とが同一物か否かが問題とされるが、起源を別にしながら二者をないまぜにした作品が存在したとの説が有力である。

今井 源衛

葛飾北斎 かつしかほくさい 一七六〇—一八四九

(宝暦一〇—嘉永二)

江戸後期の浮世絵師。葛飾派の祖。江戸本所割下水(現、東京都墨田区)で生まれた。幼少の頃より好んで絵を描き、版画の技術を学び、勝川春草の門に入って写実的な役者絵、黄表紙などの挿絵を描いた。狩野派を学んだために勝川派から追放され、以後は土佐派・琳派、中国画・洋風画などを摂取して独自の画風を確立。人物画・風景画・歴史画・漫画・春画・妖怪画、さらに民衆のさまざまな表情や動植物のスケッチを収めた『北斎漫画』など、「森羅万象を描く絵師」といわれた。北斎芸術の頂点は『富嶽三十六景』で、五〇代後半になって初めて旅に出て、各地から眺めた霊峰富士に感動し、一八三一年(天保二)に完成させた。続編の『富嶽百景』を三五年に、七六歳で発表。その跋文に「(自分の画業は)八十歳にして益々進み、九十歳にして猶ほ其奥意を極め、一百歳をして正に神妙ならんか、百有十歳にしては一点一格生くるが如くあらん、願くば長寿の君子、予が言の妄ならざるを見給ふべし」と書いた。自ら画狂人と称し、九〇年の生涯は刻苦精励の継続であり、広い画境と膨大な作品群は浮世絵師中で最大。その浮世絵は、フランス印象派の画家たちに多大な感銘と影響を与えたが、そのきっかけとなったのは、当時ヨーロッパに輸出された日本陶器の包装紙に『北斎漫画』が使用されており、そのデッサンの秀逸さに驚嘆したフランス人の版画家が画家仲間に教えたことだった。マネ、ゴッホなど印象派を代表する画家の血脈に、北斎の画業が流れ込んでいる。

北斎は個性が強く、奇行に富み、画号を変えること三十数度。「為一《いいつ》」「画狂老人卍《まんじ》」など数えきれないが、時には貧乏生活の足しとして弟子に画号を売っている。「北斎」の号は北斗七星にちなむ。引っ越しの回数は九三回といわれ、寝床は敷きっぱなしで、土鍋の飯は炊いたまま。茶碗・皿・小鉢の類も洗うことはなく、衣類も垢じみたぼろぼろのものを着ていた。最初の妻、二度目の妻、長女にも先立たれ、孫娘と二人の窮乏生活を送り、七九歳の時には火災に遭い、写生帳を失う。これを教訓として若い画家に伝えるため、死の前年に銅版画や油絵の技法を述べた絵手本『絵本彩色道』や手本集『初心画鑑』を残すなど、たくましい体力と気力をうかがわせた。浅草遍照院境内の狭い借家で生涯を閉じたが、死の直前に「あと一〇年生きれば、ひとかどの絵師になれたのだが」と画道に対する意欲を洩らしている。

安宅　夏夫

江戸本所の産にして、御用の鏡師の男なりといふ。幼名時太郎、後鉄次郎と改む。始め業を勝川春章の門に入て、名を勝川春朗と書す。故有て破門せられ、後古俵屋宗理の跡を続て二代目菱川宗理となり、画風をかへて一派をなせり。〔割註〕叢春朗の頃は役者の錦絵を出せし也。堤等琳孫二の画風を慕へり。宗理の頃狂歌摺物等多し。」亦門人宗二に宗理を譲り、〔割註〕三代目宗理とす。」名を家元に帰せり。于レ時寛政十年一派の画法を立て、北斎辰政雷斗と改む。〔割註〕一説北辰妙見を信ず、故に北斎と云。」北斎流と号し、明画の筆法を以て浮世絵をなす。古今唐画の筆意を以て、浮世絵を工夫せしは、此翁を以て祖とす。〔割註〕雷斗の名、聟重信に譲る。」爰において世上の画家、其家風を奇として、世俗に至る迄大にもてはやせり。

新増補浮世絵類考

○為一ヅハ大きな馬で名をひろめ(九六14)
○画の為に一ッ心くだく筆の道チ(九六14)
○嗅サひ句もたんと出るはづかさい会(九六14)

第一句、文化(一八〇四—一八)のころ、本所合羽干場(現、墨田区太平地区のうち)において、一二〇畳大の紙に一頭の馬を描いて評判となった。また北斎は可候《そうべく》・卍の俳号で狂句を詠み、その選者ともなった。『柳多留』八五編(一八二五年(文政八)刊)には序文を書いている。第二句、「為」「一」の二字を詠みこんだ選者への挨拶句で、いわば楽屋ぼめ。第三句の「嗅サひ句」は臭い句。北斎は好んで下がかった句を詠み、その主催する「葛西会」は江戸の糞尿を運ぶ葛西船に縁のある名の句会だけに、ひどく下品な句が頻出するのももっともだ、と。

河童　かっぱ

日本で最もよく知られている妖怪の一つで、川や池などの水界に住むという。カッパという呼称はもともと関東地方で用いられていたもので、エンコウ、ガワタロ、ヒョウスベ、メドチ、スイジン、スイコなどと呼んでいるところもある。その形状や属性も地方によりかなり異なっているが、広く各地に流布している一般的特徴は、童児の姿をし、頭の頂に皿があり、髪の形をいわゆる「おかっぱ頭」にしている、というものである。頭上の皿の水が生命の根源であって、そこに水がなくなると死んでしまうという。体の色彩は、赤とするところもあるが、青ないし青黒色、灰色が一般的である。手足には水搔きがあり、指は三本しかないと説くところが多い。腕に関しては、伸縮自在だとか、抜けやすいとか、左右通り抜けだとかいった奇妙な伝承が目立ち、また人の尻を抜くといわれる。キュウリが河童の好物と考えられており、水神祭や川祭の時にはキュウリを供えて水難などの被害がないことを祈る。

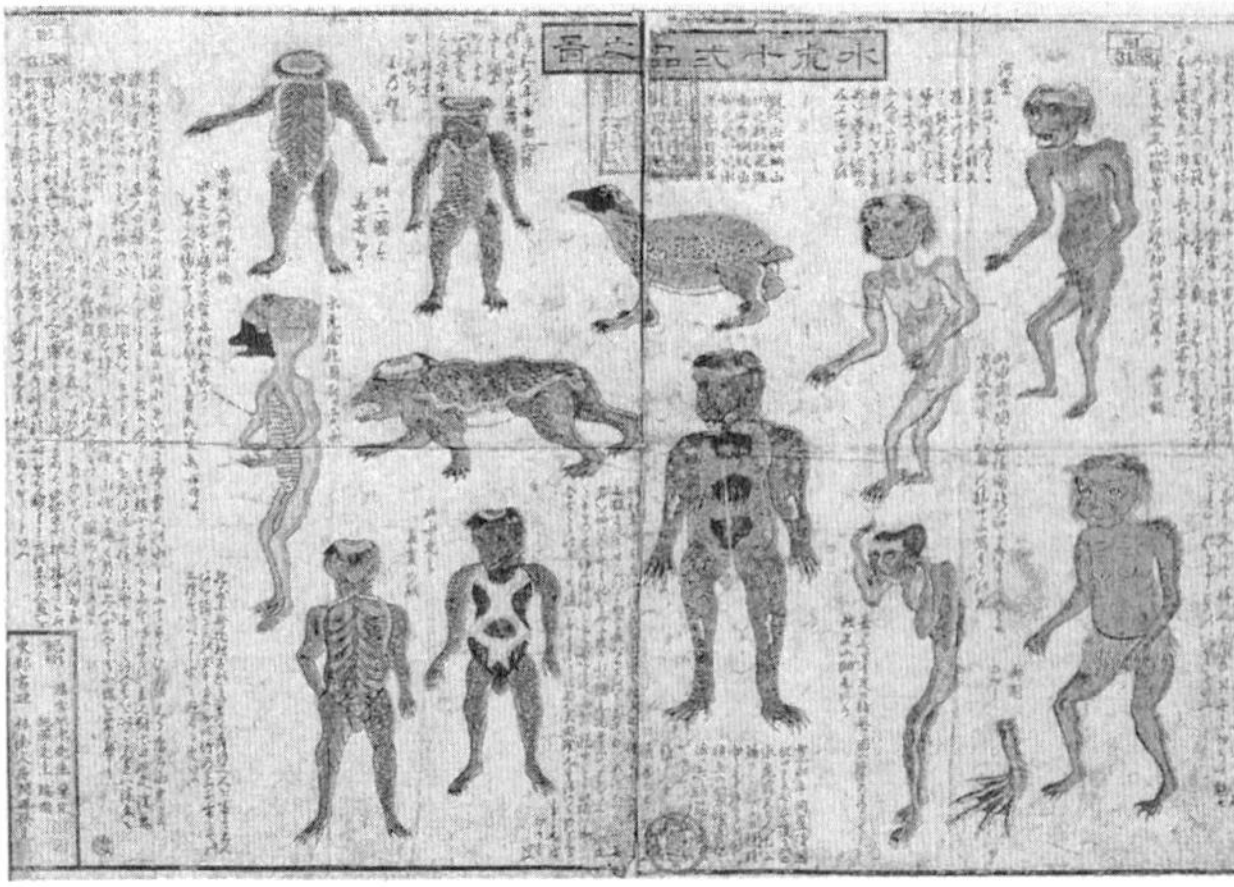

◉河童　さまざまな河童。
坂本浩雪画『水虎十弐品之図』。国立国会図書館蔵。

河童は、川で遊ぶ子どもを溺死させたり、馬を川へ引きずり込んだり、田畑を荒らしたり、人に憑いて苦しめたりするといった恐ろしい属性をもつ反面、間抜けないたずら者という側面もあり、相撲を好み、人間に負けて腕を取られたり、人間に捕らえられて詫証文を書かされたり、命を助けてもらったお礼として人間に薬の製法を教えたりもする。河童の椀貸伝承などは、こうした好ましい属性を強調したもので、特定の家の守護神となって、田植や草刈を手伝ったり、毎日魚を届けたりして、その家を富裕にしたという伝承は各地に伝えられている。

各地に伝わる河童起源譚のうちで、最も広く流布しているのが、人造人間説である。たとえば天草地方に伝わる話では、左甚五郎が城を造る際、期限内の完成が危ぶまれたので、多くの藁人形を作って生命を吹き込み、その加勢を得てめでたく完成したが、その藁人形の始末に困り、川に捨てようとしたところ、人形たちが、これからさき何を食べたらよいか、と問うたので、甚五郎は「人の尻を食え」と言った。それが河童となったという。これとは別に、祇園牛頭《ごず》天王の御子、眷属《けんぞく》と説く地方や、外国から渡来したと説く地方もある。

河童を意味する語が文献に現れるのは近世以降である。それ以前の文献として、しばしば、『日本書紀』仁徳六七年条の、吉備の川嶋の川が枝分れしているところにすむ大虬《みずち》が人を苦しめたので、三つのひさごを水に投げ入れて征伐した、という記事が引かれるが、この大虬は江戸時代以降の文献に見える河童ではなく、水神としての蛇もしくは竜のことであろう。現在信じられている河童のイメージは、水辺に出没する猿や亀、天狗、水神を童形とみる考え、宗教者に使役される護法神、虫送りの人形などが混淆して江戸時代に作られたと考えるべきである。江戸時代には、河童の像や図絵まで作られた。

小松　和彦

加藤景正　かとうかげまさ

瀬戸焼の陶祖と伝えられてきた伝説的な陶工。本名を加藤四郎左衛門景正、通称藤四郎とも。道元禅師に従って中国に渡ったとされる中国渡航の経緯や、修得事項、帰朝後の行動、没年などについては諸説ある。これらを総合すると、鎌倉初期の仁安年間（一一六六―六九）から建長年間（一二四九―五六）の人で、中国に渡り製陶技術を学び、これを瀬戸（愛知県瀬戸市）にもたらしたということになるが、その実在についてはなお不明な点が多い。また愛知県知多半島でも藤四郎伝説は残り、中世の山茶碗を「藤四郎焼」と呼んでいる。

現在では、『茶器弁玉集』(一六七二(寛文一二))や『森田久右衛門日記』(一六七五(延宝三))など江戸時代前期の文献が、彼の事績を記す最も古い資料である。これらによると、唐物《からもの》茶入に倣った瀬戸茶入の始祖としての藤四郎の側面が強調されている。

室町以降江戸前期に至るまで、唐物茶入は茶の湯の道具の首座を占めてきた。その唐物茶入に倣った瀬戸茶入の存在が大いに注目されるのは、江戸初期の小堀遠州の時代からである。つまり、この瀬戸茶入の格を唐物茶入の格によりいっそう近づけるために、中国に直接学んだとする瀬戸茶入の始祖である藤四郎の存在を、大きくクローズアップさせる必要が生じてきたのであろう。従って江戸初期以降に藤四郎伝説は確立し、茶の湯の数寄者の間で広められたと考えられる。

一八二四年(文政七)に瀬戸深川神社の境内に陶彦《すえひこ》の神として祀られ、近くの庚申山頂には一八六七年(慶応三)建立の顕彰碑がある。

荒川 正明

○持主もひねる糸目の藤四郎(保一〇いと)

「糸目藤四郎」は名物茶入れの一つ。糸の「撚る」にもて遊ぶ意の「捻る」。

加藤清正 かとうきよまさ 一五六二―一六一一

(永禄五―慶長一六)

安土桃山・江戸初期の肥後熊本の城主。尾張国愛智郡中村生れ。幼名夜叉丸。元服して虎之助清正。豊臣秀吉と同郷で秀吉の子飼いの家臣。一五八三年(天正一一)の賤ヶ岳《しずがたけ》七本槍の一人。功により河内国等三〇〇〇石をあてがわれる。八五年従五位下主計頭。八八年、朝鮮出兵の主要員として肥後半国一九万五〇〇〇石の領主に任命される。九二年文禄の役に一万人出兵し、オランカイ(豆満江近辺の女真族の地)まで攻め、朝鮮二王子を捕縛。朝鮮の鬼と恐れられ、また虎退治のエピソードをもつ。講和問題では領土割譲を強く主張し、小西行長、石田三成らと対立。関ヶ原の戦で徳川家康にくみし、その功で肥後一国領主五四万石、肥後守となる。その間、熊本城と城下町を形成。また領内の大河川の治水、新田造成に力をいれ、土木の神様とも称される。日蓮宗の熱烈な信者で、キリシタンを弾圧。幕府にも意をつくし、江戸城、名古屋城の普請をした。最晩年には豊臣秀頼の二条城会見を成功させ、その直後六月二四日死亡。浄池院殿永運日乗。

森山 恒雄

加藤清正は浄瑠璃、歌舞伎では「出世奴の世界」(足利時代に仮託した太閤記の世界)の人物として登場する。幕府成立事情に関する歴史に取材した出版物、劇化上演等は法的に禁じられていたため、時代も足利期に設定され、『本朝三国志』『日吉丸稚桜《わかきのさくら》』『三国無双奴請状《やっこのうけじょう》』『祇園祭礼信仰記』『絵本太功記』などの

●―加藤清正 虎を退治する清正。歌川国芳画『和藤内虎狩之図』。東京国立博物館蔵。

浄瑠璃に、正清、虎之助などの仮名で、脇役として現れた。清正を主役とした作品は一七九六年(寛政八)一一月大坂・豊竹座上演『鬼上官漢土日記《きじょうかんもろこしにつき》』(近松柳助ら作)で、朝鮮での清正を描き、大地震のとき城にかけつけ、秀吉の勘気がとけたという「地震加藤」の趣向もしくまれた。翌年一月大坂・中の芝居上演の歌舞伎『けいせい遊山桜《あそやまざくら》』(辰岡万作ら作)では清正が毒殺されたとの俗説によって「毒酒の正清」が劇化され、のち一八〇七年(文化四)九月大坂・大西芝居の浄瑠璃『八陣守護城《しゅごのほんじょう》』(中村漁岸ら作)にも毒酒の件がとり入れられた。これらの戯曲は『厭蝕太平楽記《えんしょくたいへいらくき》』などの実録本に典拠を置いている。ほかにも『桃山譚《ももやまものがたり》――地震加藤』(河竹黙阿弥作)、『実成穐清正伝記《みのりのあきせいしょうでんき》――毒饅頭の加藤』(三世河竹新七作)などの作が明治期にも舞台化され、吉田絃二郎作『二条城の清正』(一九三三、一〇、初演)もある。忠誠・剛腹な性格として、九世市川団十郎、初世中村吉右衛門が近代での清正役者として評価された。また講談にも『賤ヶ岳七本槍』などがある。江戸期から清正は「清正公《せいしょうこう》」として神格化され、開運の守護神となって庶民に尊崇された。東京都港区芝白金と中央区京橋三丁目(具足町)の清正公が著名である。

小池 章太郎

……朝鮮にて何れの所にてか有りけん、清正の陣……大山の麓なりけるに、虎夜来りて馬を中に引提げ、虎落の上を飛び出でけり。清正口惜き事なりと怒られけるに、小姓上月左膳をも虎来て咥殺せり。清正夜明くると山を取巻いて虎を狩りたるに、一疋の虎生茂りたる萱原を掻分け、清正を目がけて来る。清正大なる岩の上に在りて鉄炮を持ち狙はるゝに、其間三十間許、虎清正を睨みて立止る。人々鉄炮を揃へて搏たんとするを、清正下知して打たせられず。自打殺さんとの志なり。斯て虎間近く猛り来り、口を聞きて飛掛る処を搏たれしに、咽に打込みたれば、其処に倒れ起上らんとせしかども、痛手なれば終に死しぬ。

常山紀談巻之十「清正虎を狩られし事」

○唐人は傘《からかさ》を見て震てる(一一九30)

○おだやかさ清正鮓の見せを出し(五四24)

一五九二年(文禄一)の役で、清正は朝鮮王子を捕虜とするなど、武名赫々。紋所が「蛇の目」紋であるため、第一句目は蛇の目傘を見てもおびえるであろうとのうがち。第二句、「清正鮓」は江戸市中数ヵ所にあった「蛇の目鮨」をさす。このほうは泰平で、物騒さはみじんもないとの句意。

○清正はアンに違《たが》はず落命し(たねふくべ一〇9)

『難波戦記』などの俗伝では、徳川氏の謀計によって清正は毒薬入りの饅頭を供せられ殺されたとする。「アン」は餡と案にたがわずを言いかけた。

金売吉次 かねうりきちじ

鞍馬山にいた牛若丸(源義経)を奥州の藤原秀衡のもとに連れ出した金商人《こがねあきんど》。生没年不詳。橘次末春とも吉次信高とも名のる。弟に吉内・吉六がいた(幸若舞曲『烏帽子折』など)ともされる。『平治物語』(古活字本)、『平家物語』剣巻、『源平盛衰記』『義経記』などに登場し、各地に伝説としても伝わる。『玉葉』文治三年(一一八七)九月の記事に、当時、奥州を中心に砂金を売買する商人が活躍した由が見え、吉次も都と奥州とを往来する金商人のひとりと考えられる。『義経記』に、吉次は大福長者で、鞍馬の多聞天を信奉し、「(牛若丸を)かどはかし参らせて、御供して秀衡の見参にいれ、引出物とりて徳つかばや」と強欲で人買的なところを見せる。『十二段草子』、御伽草子『秀衡入』、幸若舞曲『烏帽子折』などでは、吉次は牛若丸を虐待酷使する。吉次伝説は全国に広く分布し、昔話としても語られ、その遺跡と称するものも多い。各地の伝説では、吉次を炭焼藤太の名とも、その子の名ともされ、あるいは黄金採掘で富を築いた富豪の名とも、その召使の名ともされ、一面では致富譚として伝えられ、他面では非業の死を遂げる没落譚として伝えられる。『平治物語』に義経の郎従堀弥太郎を金商人とし、『弁慶物語』に「金細工の吉内左衛門信定」「腹巻細工の四郎左衛門吉次」なる者が登場し、『平治物語』『烏帽子折』に義経元服の地とされる鏡宿が鋳物師《いもじ》村とも称されたことなどから、炭焼・鋳物師・金細工・金商人は相互に交流があって、これらの漂泊民が義経・吉次伝説の成長・伝播などに関与したのではないかと推測されている。吉・藤の字を名に持つ一群の人々や鋳物師たちは、話を好む芸能の徒でもあったらしいことは、さまざまな例があり、また『古今著聞集』興言利口の部などにうかがえ、『義経記』で牛若丸に奥州の歴史と状況を語る吉次の雄弁も、これらのことを暗示するものとも考えられなくはない。

山本 吉左右

かくて年も暮れぬれば、御年十六にぞなり給ふ。正月の末二月の初めの事なるに、多聞《たもん》の御前に参りて所作しておはしけるところに、その頃三条に大福長者あり。名をば吉次信高とぞ申しける。毎年奥州に下る金商人なりけるが、鞍馬を信じ奉りける間、それも多聞に参りて念誦してゐたりけるが、このおさなひ人を見奉りて、あらうつくしの御児や、如何なる人の君達やらん。然るべき人にてましまさば、大衆も数多付き参らすべきに、度度見申すに、たゞ一人おはしますこそ怪しけれ。此山に左馬頭殿の君達のおはする物を。「誠やらん、秀衡も「鞍馬と申す山寺に左馬頭殿の君達おはしますなれば、太宰大弐位清盛の、日本六十六ケ国を従へんと、つねは宣ふなるに、源氏の君達を一人下し参らせ、磐井郡に京を建て、二人の子ども両国の受領させて、源氏を君とかしづき奉り、上見ぬ鷲のごとくにてあらばや」との給ひ候ものを」と言ひ奉り、拐《かどはか》し参らせ、御供して秀衡の見参に入れ、引出物取りて徳付かばやと思ひ、御前に畏つて申しけるは、「君は都には如何なる人の御君達にておはしますやらん、これは京のものにて候が、金を商ひて毎年奥州へ下る者にて候が、奥方に知召したる人や御入り候」と申しければ、「片ほとりのものなり」と仰せられて、返事もし給はず。これごさんなれ、聞ゆる黄金商人吉次といふものなり。奥州の案内者やらん、彼に問はばやと思し召して「陸奥と云ふは、如何ほどのひろき国ぞ」と問ひ給へば、「大過の国にて候。常陸国と陸奥との堺、きんたの関と申して、出羽と奥州との堺をばなん関と申す。その中五十四郡」と申しければ、「その中に源平の乱来たらんに用に立つべきもの如何ほどあるべき」と問ひ給へば、国の案内は知りたり。吉次暗からずぞ申しける。

義経記巻一「吉次が奥州物語の事」

○御そうしはらつぷくれを供につれ（明二義1）
「腹っぷくれ」は金満家の意。
○吉次が荷おろせば馬がかいで見る（宝八宮2）
鞍馬名物に木の芽漬があり、吉次は手みやげにこれを荷駄に付けて奥州に旅立ったであろうとのうがち。

嘉納治五郎 かのうじごろう 一八六〇―一九三八（万延一―昭和一三）

明治・大正時代の教育家、講道館柔道の創始者、日本体育協会の創始者。兵庫県御影町の酒造家、嘉納治郎作の三男として生まれる。一八七五年（明治八）開成学校（東京大学の前身）に入学。勉学を続けながら福田八之助に師事し、天神真楊流を、飯久保恒年を師として起倒流をそれぞれ学んだ。開成を卒業後、下谷稲荷町の永昌寺の書院を借りて、講道館と名づけた塾を開き、柔道を教えた。八八年には九段富士見町に道場を開設。柔道の各流派のテクニックを統合、再編成した流儀を完成して、講道館柔道と命名。九一年、五高校長、九六年、東京高等師範学校校長にそれぞれ就任。校長を務めながら体育の向上に尽力し、体育教師の養成に力を注いだ。一九〇九年、アジアで最初のＩＯＣ（国際オリンピック委員会）の委員に就任。三八年、カイロで開催されたＩＯＣ総会に出席し、その帰途、氷川丸の船中で肺炎のため急逝した。四二年、講道館で四天王の一人と数えられた柔道家、富田常次郎を父にもつ作家富田常雄は、嘉納治五郎の創設した講道館柔道の歩みをバックとして、講道館の四天王の随一といわれた西郷四郎をモデルにした架空の人物を造型し、青春小説『姿三四郎』を刊行。翌年、黒澤明の第一回監督作品として東宝で映画化された。

磯貝 勝太郎

狩野探幽 かのうたんゆう 一六〇二―七四

(慶長七―延宝二)

江戸初期の画家で江戸狩野の確立者。狩野孝信の長男で、永徳の孫として京都に生まれる。幼名采女、名は守信。江戸幕府の成立とともに江戸へ下り一六一七年(元和三)幕府御用絵師となる。江戸幕府の安定にすばやく対応し、弟たちを相次いで江戸へ下らせ幕府の画事に携わり、幕藩体制の中で御用絵師としての地位を固め、自らを中心とした江戸狩野を確立した。画風においても、三四年(寛永一一)制作の名古屋城上洛殿障壁画において完成された、筆数を減じ余白の余韻を生かした瀟洒で淡泊な作風によって江戸狩野様式を確立し、一門にその様式を統一させた。二三年(元和九)、狩野宗家を弟安信に継がせ自らは別家して鍛冶橋狩野家を興したことについて、『三暁庵雑志』(大貳探元著)は面白いエピソードを伝えている。それによると、安信の絵は兄探幽に気に入られず、ある時老中に三兄弟が呼ばれて画事を命じられた際、探幽は尚信と二人だけ絵筆をとり、安信には名人どもが絵を描くところを見ておれと命じたという。三兄弟で最も画技が劣ったため、宗家へ養子にやり、食いっぱぐれのないようにしたという。一方、探幽の無欲を伝えるエピソードもある。探幽が弘法大師の書を学ぶため高野山に登り、本坊の障壁画などの画事を成したので、礼として金一〇〇〇両を差し出そうとしたところ探幽は金よりも大師の書を望み、二一字の書をもらってこれを秘蔵したという。書画一筋の探幽像を彷彿とさせる話である。

安村 敏信

狩野永真は、兄の探幽気に不レ入、絵を書候折永真見廻候得ば、取納め、絵を書候を見せざるよし、或時御老中様より兄弟三人御呼、絵被二仰付一、三通の硯絵道具等御小姓持出置候処、探幽より永真へ、妙人共が絵を書くを見をれと申候由、浅草観音堂の天人幷竜の画を安信書を見られ、日本の絵にて箇様の座敷などをかざる物にては無レ之由、探幽しかられ候由、三人の内にて永真はよほど劣候故、嫡家光信の養子に遣して、めしは喰とて養子に遣し候由、相撲にたとへ候て、一番共は勝しほど位にて有レ之候、一段計も違ひ候かの由。

三暁庵雑志

○座敷持にせたんゆふをかけておき(二一4)
○あの探幽はにせ筆ともてぬやつ(拾五4)
○探幽はあたまのうへにわだかまり(拾三28)
○六枚折へぶつ付た馬の沓(当新二4)

第一句、「座敷持ち」は専用の座敷(床の間つき)を持つ、上格の遊女。第二句はその客だが、きまりきったことを腹いせに言うから、ますますもてず。第三句、旧浅草寺本堂の天井の蟠龍は探幽の筆、また一説には永信とも。第四句、伊達政宗が金屛風に絵を命じたところ、探幽は馬のわらじに墨をひたして捺印し、筆を加えて蟹となしたという。

鎌倉権五郎 かまくらごんごろう

鎌倉景政《かげまさ》。景正とも書く。相模国鎌倉郷を本拠とした平安末期の武士。生没年不詳。平良文の子孫とも良正の子孫とも伝え、後三年の役で源義家に従って活躍。大庭御厨の開発領主となり、その子孫は、大庭氏、梶原氏、長尾氏等に分かれて相模国内に発展した。

細川 涼一

鎌倉景政は鎌倉権守景成の子と伝えられ、後三年の役に、八幡太郎義家の家人として弱冠一六歳で従軍、出羽国金沢の柵の攻略に活躍し、大いに武名をあげた。『奥州後三年記』によると、このとき景政は、鳥海弥三郎のために左目を射抜かれたが、ひるむことなく即座に答えの矢を射返してこれを倒したといい、また同僚の三浦為次がささった矢を抜くために景政の顔を足で踏もうとしたところ、武士の顔を土足にかける無礼をとがめ、これを謝らせたともいう。その出身地である鎌倉市坂の下に、彼をまつる御霊神社があり、「権五郎さん」の通称で親しまれているが、奥羽地方には、目を負傷した景政が戦場からの帰途に霊泉に浴してその矢傷を治したという、いわゆる「片目清水」の伝説を伝えるところが多く、また景政を神としてまつる風習が広くおこなわれている。柳田国男が説いた「目一つ五郎」の信仰で、「五郎」を「御霊」に付会したものだが、『吾妻鏡』によると、一一八五年(文治一)の夏から秋にかけて、鎌倉の御霊神社にしきりに神異があったことが記されており、その託宣が人々に崇められていたことが知られる。

梶原 正昭

◉――**鎌倉権五郎** 歌舞伎では市川家の歌舞伎十八番『暫(しばらく)』の主人公として知られる(「世界」によって名称は異なる)。鶴岡八幡宮などの社頭で、悪公卿が自分に従わない者たちを斬ろうとするそのとき、揚幕から「しばらく、しばらく」と声をかけて登場する。荒事の主人公にふさわしい独特の扮装で、悪人を寄せつけず善人たちを助ける。九代目市川団十郎の一八九五年上演時の権五郎をモデルにした銅像が、一九一九年浅草公園の中に建てられたが、一九戦時中供出。一九八六年に復元。

其時大庭の平太・同三郎懸出て名乗けるは、「御先祖八幡殿の後三年の合戦に鳥海の城落されし時、生年十六歳にて、右の眼を射させて、其矢をぬかずして、答の矢を射て敵をうち、名を後代にあげ、今は神と祝れたる鎌倉の権五郎景政が四代の末葉、大庭の庄司景房が子、相模国住人、大庭平太景能・同三郎景親とは我事にて候。御曹司の九国より召具せられて候なる侍共の中には、さすがに各に組べき者こそおぼえ候はね。」とてひかへたり。

保元物語中

君を始ておがむにハ　栄ふる松こそ目出たさよハイエ〳〵

景政は〳〵　かゝる小武者に手でおわせしいたわしやはやかわに　景政殿の手にかゝりあしたのつゆとさいごなり　アッとばかりに最後也　景政それを見るよりも　こだかき所にとび上り　我をバたれとおもふらん　八幡太郎よしいへが　十二ねんのたたかへに　くりや川をバ城にして　鳥のうみの弥三郎にゆん手のまなこをゐられ　その矢をぬかず三日もってめくりしか　とうの矢をゐ返し　名を世ニあけたりし　さがみの国のぢう人かまくらのごん五郎景政とハ　扨汝我事にて候　景政はそこを引なや受けて見よやと云まゝに　三尺三寸のおほだちをまっかうにさしかざし大ぜいにわっていり　たちのつばおとくつわのおと　山のくづるゝごとく也　東西南北指からんで　もみにもんてぞたゝかひし　大勢に手を負せし　村々ばっと追ヒちらしヤイエヤイエ

舞うた景政

○目に立疵はかまくらの権五郎(二四15)

「目に立つ」は目だつ(人目をひく)意と鳥海弥三郎の矢で片目を射ぬかれ、矢が立った疵とにかける。

上泉伊勢守 かみいずみいせのかみ

上泉秀綱。戦国時代の剣術家。生没年不詳。新陰流の祖であると同時に上泉流兵法学の祖。初め伊勢守、後に武蔵守信綱。永正年間(一五〇四―二一)上州桂萱《かいがや》郷上泉(現、群馬県前橋市上泉町)に生まれる。彼の生涯は戦国動乱の時代で、関東甲信越は群雄が各地に割拠し、互いに攻防を繰り返していた。上泉家は、最初上杉の配下にあり大胡城主であったが、北条、上杉、武田とその支配が変転した。武将としての秀綱は、武田から惜しまれながら新陰流の修行弘流のため武田家を辞し、一五六三年

(永禄六)より兵法修行者として出郷。秀綱は愛洲移香《あいすいこう》の陰流を学び、さらに鹿島、香取の神道流も修め新陰流兵法を確立した。諸国遍歴した秀綱は、京、大和に逗留《とうりゅう》し、将軍足利義輝に兵法学を講じたり、新陰流兵法を上覧に供したりして、七〇年(元亀二)に従四位下に叙せられた。また宝蔵院胤栄《いんえい》、柳生宗厳《やぎゅうむねよし》(石舟斎)らも上泉の門下となり、宗厳には一五六五年(永禄八)新陰流の皆伝印可を与えた。そのほか疋田豊五郎《ひきたぶんごろう》、丸目蔵人佐《まるめくらんどのすけ》など優秀な弟子が多く、上泉の道統は近世おおいに隆盛した。

中林 信二

神皇産霊尊　かむむすひのみこと

日本神話にみえる神の名。『古事記』では神産巣日神などと記す。ムスは生ずる、ヒは霊力。『古事記』冒頭や宮中御巫《みかんなぎ》の祭る神としてこの神は高御産巣日神《たかみむすひのかみ》(高皇産霊尊)と並称され、多くの氏族の祖神となっているが、記紀神話ではタカミムスヒのような重要な働きをしない。しかし『古事記』で食物神の屍《しかばね》から蚕、稲種、粟、小豆、大豆、麦を取って種とし、死んだオオナムチノカミ(大国主神)の下へキサカヒヒメ(赤貝)、ウムギヒメ(蛤)を派遣して再生させるなど、生成神のより具体的な姿を示す御祖神《みおやのかみ》・母神となっている。タカミムスヒが支配者側に属するのに対して、この神は地上の神々の中に息づいている。

『出雲国風土記』では島根郡(加賀、生馬、法吉の各郷)、楯縫郡、出雲郡(漆沼、宇賀)、神門郡朝山郷に御子神《みこがみ》がみえる。これらの地域が日本海、宍道湖に臨む地であることは、この神の海洋性を示していて重要である。この神が、記紀神話で出雲系の神として扱われたのは、その信仰の性格と基盤によったのであろう。

吉井 巌

是に八上比売、八十神に答へて言ひしく、「吾は汝等の言は聞かじ。大穴牟遅神に嫁はむ。」といひき。故爾に八十神怒りて、大穴牟遅神を殺さむと共に議りて、伯伎国の手間の山本に至りて云ひしく、「赤き猪此の山に在り。故、和礼共に追ひ下しなば、汝待ち取れ。若し待ち取らずば、必ず汝を殺さむ。」と云ひて、火を以ちて猪に似たる大石を焼きて、転ばし落しき。爾に追ひ下すを取る時、即ち其の石に焼き著かえて死にき。爾に其の御祖の命、哭き患ひて、天に参上りて、神産巣日之命に請しし時、乃ち螱貝比売と蛤貝比売とを遣はして、作り活かさしめたまひき。爾に螱貝比売、岐佐宜集めて、蛤貝比売、待ち承けて、母の乳汁を塗りしかば、麗しき壮夫に成りて、出で遊行びき。

古事記上巻

仮面ライダー　かめんらいだー

テレビ番組『仮面ライダー』(一九七一(昭和四六)―七三)および石森(現、石ノ森)章太郎による同名漫画の主人公。若き生化学者でオートレーサーの本郷猛は、世界征服を企む悪の秘密組織ショッカーに捕らわれ、その尖兵となるべく改造手術を施される。脳まで改造される前に辛うじて脱出した彼は、身体に埋め込まれた風車に風を受けることで、超人的なエネルギーを生み出し、バッタのような姿に変身。仮面ライダーと名乗って、オートレースの師である立花藤兵衛やFBI捜査官の滝和也らと共に、ショッカーが次々と作り出す怪人と戦っていく。普通の人間が、敵と同様な異形のものへと変化する、という斬新なコンセプトは「変身」ブームを巻き起こし、劇中のアクションを真似て子供が怪我をしたり、ライダーや怪人のカードを景品につけたスナック菓子が、カードだけ取って菓子自体は投棄されるなど、社会問題にもなった。

主演の藤岡弘が撮影中事故に遭い、降板を余儀なくされた際には急遽、佐々木剛演じるカメラマン・一文字隼人が仮面ライダー二号として登場。ショッカーの計画を追ってヨーロッパに渡った一号に代わり、日本を守るという設定で、一つの番組に同一名のヒーローが二人登場するという珍しい形となった。藤岡の復帰後は、一号と二号が南米に渡ったという形で退くが、一号と二号が揃うダブルライダー編が時折展開されて好評を博し、後のシリーズにおける歴代ライダー共演への道を開いた。
番組終了後も人気は衰えることなく、直接の続編である『仮面ライダーV3』を皮切りに、現在に至るまで、「仮面ライダー」の名を冠したシリーズが作り続けられている。　笹川　吉晴

雁金五人男　かりがねごにんおとこ

一七〇二年（元禄一五）、処刑された大坂の無頼者で、雁金文七、庵《あん》の平兵衛、布袋市右衛門、極印《ごくいん》千右衛門、神鳴《かみなり》庄九郎の五人をいう。当時大坂市内に暴威を振るったあぶれ者たちで、喧嘩に明け暮れていたが、一七〇一年六月、懐剣で人を刺したことから捕縛され、獄門にさらされた。翌〇二年、岡本文弥が語った浄瑠璃『雁金文七秋の霜』は、説経祭文のごときもの。雁金文七ら五人男は、酒を飲んでは廓を荒らし回っている。なじみの遊女清滝にいさめられた文七は、真人間になろうと決意するが、四人の者と会って誓いを忘れ、乱暴を働いたために捕らわれて千日寺で処刑される。清滝は文七の首を盗み弔ったことが世に知れ渡り、情ある者と全盛をきわめる。歌舞伎でも数度演じられているが、四二年（寛保二）竹本座所演の『男作五雁金《おとこだていつつかりがね》』（竹田出雲作）は、人形浄瑠璃の決定版で、五人男を侠客と改めたもの。花岡文七は腰元お高との不義が元で追放され、のち大坂で兄のために遊女岩崎となったお高と会う。岩崎の父の弟子雁金文七はこの二人を援助するが、文七の仲間が侍を殺したことから、五人組は捕らえられる。この作品が以後の諸作に影響を与え、上方歌舞伎では、七四年（安永三）上演の『藍桔梗雁金五紋』（並木五瓶作）が明治期まで残った。江戸歌舞伎では、一八二〇年（文政三）中村座上演『仕入曾我雁金染』（二世桜田治助作）、二五年中村座上演『紋尽五人男』（四世鶴屋南北作）の二つが有名である。幕末に『白浪五人男』が出るまでは、「五人男」といえばこの雁金文七らのことを指し、浄瑠璃、歌舞伎によって、単なる無頼者が侠客になり、ひいては浪花男を代表する男達《おとこだて》へと変化して伝承された。　高橋　則子

五ツつれだつ鴈金の。文七さきに立ならぶ。すがたもそろふ尺八の。れんぼながして曲輪中。ヱ、なりあるく。ヱ、雷の正九郎。にがい顔してなに故に。安の平兵衛。かほに極印の千右衛門。子どももずきとて布袋どの。名は市右衛門。いやな男がおもふほど。好たおとこがおもふなら。おんなの命はありやせまい。こちやそう思ているわいな。そうだんべ〳〵。

粋の懐

○あさつてうせおろうと文ン七はいゝ（安五鶴3）
雁金文七は大坂奈良屋町の紺屋の息子だから「紺屋のあさって」で「あさって来い」と啖呵をきった。

○橋詰メへ出る大坂の水滸伝（別上13）
『男作五雁金』四段目、安治川橋での喧嘩のシーン。橋のたもとといえば夜鷹や乞食が連想されるが、水のほとり（水滸）に男達が出るのは、むしろふさわしい。

苅萱　かるかや

説経節『苅萱』の主人公。この作は、善光寺の如来堂の脇に祭られる親子地蔵の由来を語る本地物の形式をとった語り物である。中世的な宗教性の濃いもので、俗生活に背を向けた苅萱が、家族の執拗な追跡を逃れて、東山のふもと黒谷から、紀州の高野山へと居を移し、かたくなに道心を貫いた一生が描かれている。愛する妻と、姉娘千代鶴を死に追いやり、嫡子石童丸を無情にも突き放して、ついに父としての名のりをあげなかった苅萱は、中世的な聖の典型とも思われるが、反面、家族の崩壊と離散を、その代償として背負わねばならなかった、生きながら業苦を体験した人でもある。苅萱に託されているのは、実は、聖の理想像などではなく、生涯を旅に生きねばならぬ漂泊民の内面の決意と、その表白であって、それが家や家族への愛の断念という姿を

とって現されたものである。苅萱とその子石童丸は、親子地蔵として、現在でも、善光寺の近くにある西光寺や来迎寺に祭られており、生前果たせなかった親子再会の願いがかなえられたかのように仲むつまじく並び立っている。▼石童丸

岩崎　武夫

石童丸は聞こしめし、「これは夢かや現かや。これはまことか悲しや」と、流涕焦がれ、ただ さめざめとお泣きある。こぼるる涙のひまよりも、「のういかに相弟子様、父に会うたる心地して、御墓参りを申すべし。御墓はいずくぞ、教えてたまわれ相弟子様」。父道心は聞こしめし、わが立てたる塚とてあらばこそ、去年のこのころ夏のころ、旅人の逆修のためにお立てある、卒塔婆のもとへ連れて行き、「これが御身の父道心の卒塔婆にて御ざあるぞ。拝ませたまえ」とて、ともに拝ませたまいけり。石童丸は聞こしめし、あらいたわしや、塚のほとりに倒れ伏し、さて今までは今までは、この世にだにもましまさば、見参せんと思いしに、今は卒塔婆に会うことと、流涕焦がれ、塚のほとりを枕とし、消え入るようにぞお泣きある。こぼるる涙のひまよりも、「さてこの塚の地の下に、父苅萱の御ざあるか。繁氏様は御ざあるや。七月半で捨てられし嬰児が、生まれ成人つかまつり、これまで尋ねてまいりたり。石童丸かとて、この塚の下よりも、言葉をかわいてたまわれ」と、流涕焦がれお泣きある。(中略)「のうのういかに相弟子様、見苦しゅうは候えど、この衣と申するは、三つにてお捨てなされてに、ことし十五になる姫の、手業のきぬの衣なり。父御に尋ね会うたらば、情けをとうて召されいと、言伝けあって御ざあるが、父はこの世に御ざらねば、相弟子様に参らする」。相弟子とは思えども、千代鶴姫の志、父の御手に渡るなり。

説経節苅萱

○かもじ屋を見ても重氏うなされる(一三三10)
妻と愛妾とが嫉妬から、夜中に双方の髪が蛇となって嚙みあうさまを見た重氏が、愛欲の恐ろしさを痛感して出家した。髢屋《かもじや》の前を通って髪がたくさんつるされているのを見た夜はうなされるのではあるまいか。

○加藤左衛門重氏けつをされ(一八42)
高野山だけあって、ところが重氏も男色の相手をさせられた、というげすの勘ぐり。

軽太子・軽大郎女　かるのみこかるのおおいらつめ

記紀の允恭《いんぎょう》天皇条に兄妹で相姦したと伝えられる皇子・皇女。『古事記』によれば、允恭天皇の死後即位予定者である軽太子が同母妹軽大郎女と通じたため、天下の人心は軽太子を離れて弟の穴穂《あなほ》皇子になびいた。両皇子とも兵をおこし一戦におよぶが、軽太子は捕らえられて伊予の湯(道後温泉)に流される。そのさい、「天飛ぶ鳥も使ぞ　鶴《たづ》が音《ね》の聞えむ時は　我が名問はさね」「夏草のあひねの浜の蠣《かき》貝に足踏ますな　あかして通れ」と、歌い交わした。のちに妹は恋しさにたえられず兄の後を追い、流刑地でともども自殺したという。兄妹相姦は人類史に普遍的な禁忌だが日本古代においても同様で、以上の物語はその禁忌の説話化とみなされる。王権にとってそれが重大事とされていたことは、物語中にみえる多くの歌謡が上記の由緒とともに宮廷で伝承された事実により裏書きされる。なお『日本書紀』には軽大郎女の方が流されるなど細部に若干の相違がある。

阪下　圭八

天皇崩りまし後、木梨之軽太子、日継知らしめすに定まれるを、未だ位に即きたまはざりし間に、其の伊呂妹軽大郎女に姧けて歌曰ひたまひしく、

あしひきの　山田を作り　山高み　下樋
を走せ　下娉ひに　我が娉ふ妹を　下泣
きに　我が泣く妻を　昨夜こそは　安く
肌触れ

とうたひたまひき。此は志良宜歌なり。又歌曰ひたまひしく、

笹葉に　打つや霰の　たしだしに　率寝
てむ後は　人は離ゆとも　愛しと　さ寝
しさ寝てば　刈薦の　乱れば乱れ　さ寝
しさ寝てば

とうたひたまひき。此は夷振の上歌なり。
是を以ちて百官及天の下の人等、軽太子に背

…きて、穴穂御子に帰りき。　　古事記下巻…

川上音二郎　かわかみおとじろう　一八六四—一九一一（元治一—明治四四）

明治期の俳優、興行師。博多に生まれ、大阪、東京で自由民権運動に関心を抱き、「自由童子」の名で政談演説を行う。やがて俄師や落語家に入門、「浮世亭〇〇《まるまる》」名での「オッペケペー節」で有名となり、一八九一年（明治二四）、東京で初めて「壮士芝居」を演じ評判となる。九三年渡仏後の『意外』『又意外』などが当たり、九六年神田三崎町に「川上座」を建築。九八年には衆議院選挙に落選、借財を背負い、九九年に妻の貞奴と姪、愛犬とともにボートで洋行を企てるが、当然失敗し、国内に数度漂着。改めて一座の俳優らと神戸より客船で渡米。米、英、仏で苦難と幸運により、大統領、王族、世界的な名優を前に上演し大成功を収める。一方、当人は重病になり、一座の俳優が二人客死する事件もあったが、帰国後その劇化が当たり、さらに渡欧して名声を高める。一九〇二年帰国し、「正劇」を唱えてシェークスピアの翻案などを上演し、新演劇に影響を与える。一〇年大阪に「帝国座」を落成するが、翌年没。波瀾万丈の生涯で、自説他説ともに伝説的言動には事欠かない。

妻の貞奴（一八七一—一九四六（明治四—昭和二一））も明治・大正期の俳優。東京に生まれ、日本橋葭町の芸者屋の養女となる。芸者時代に伊藤博文、五世中村歌右衛門ら政府高官や人気俳優に引き立てられたが、音二郎と結婚後は行動をともにし、一八九九年（明治三二）に米国で女優として登場。翌年のパリ万国博覧会で世界的名声を得る。一九一〇年には東京に「帝国女優養成所」を開設、翌年開設の「帝国劇場女優養成所」にその場をつなげた。音二郎没後も一座を率いて活躍するが、一七年（大正六）引退。名古屋で福沢桃介（諭吉の女婿）の後援を受け、二四年「川上児童楽劇団」を結成し三二年（昭和七）まで活動。三三年岐阜の鵜沼に不動明王を本尊に「貞照寺」を建立し、実社会とは交渉を絶ち、桃介没後は養女夫妻と住む。そのきわめて劇的な生涯は、多くの伝記、小説のテーマとなり、劇化もされている。

神山　彰

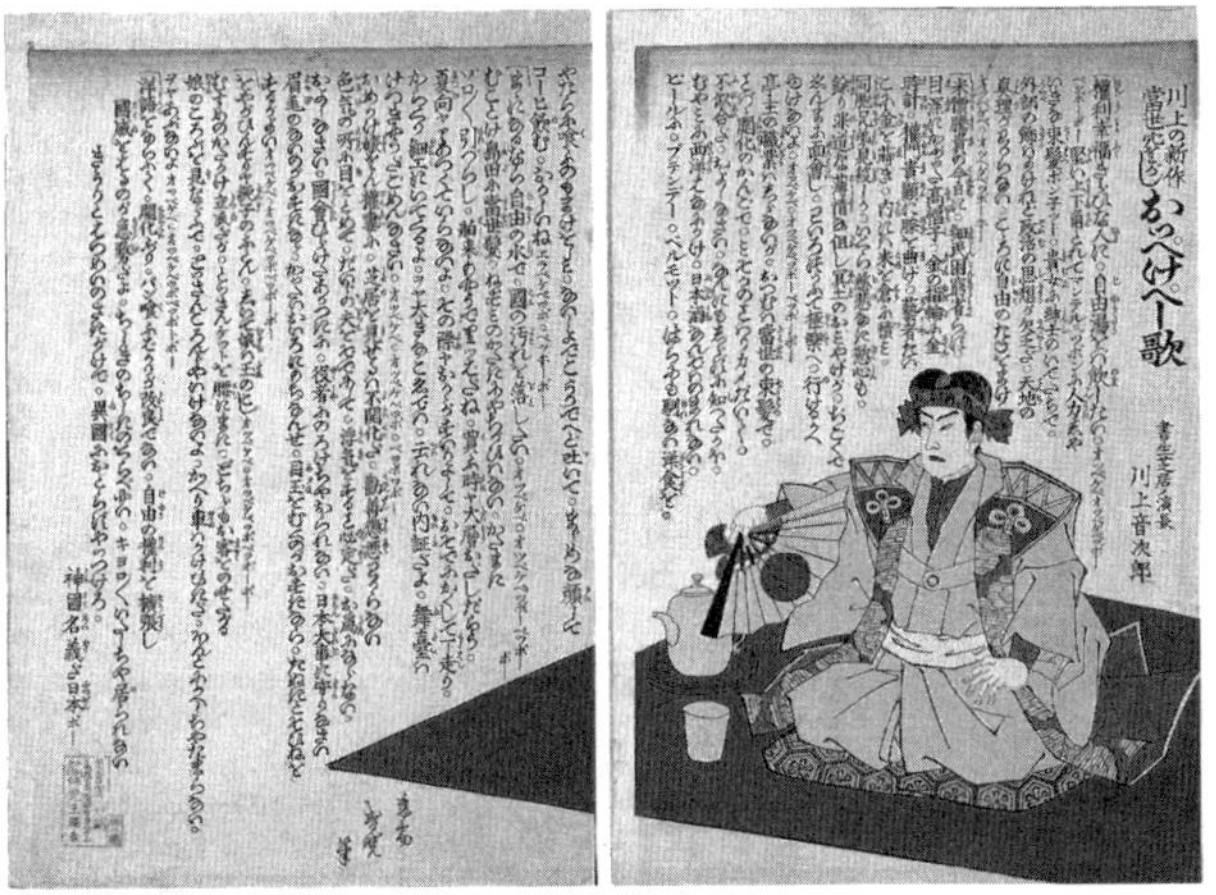

◉—川上音二郎　「川上の新作当世穴さがし　おっぺけぺー歌」。春暁画。国立劇場。

権利幸福きらいな人に　自由湯をば飲ましたい　オッペケペッポーペッポッポー　かたい上下《かみしも》かどとれて　マンテルズボンに人力車　いきな束髪ボンネット　貴女に紳士の扮装《いでたち》で　うわべの飾りはよけれども　政治の思想が欠乏だ　天地の真理がわからない　心に自由の種をまけ　オッペケペッポーペッポッポー

オッペケペー節（若宮万次郎作詞　川上音二郎演出）

近来市中に流行するオツペケペー節を印刷に付し、壮士体のもの三々五々隊を組み、吉原、洲崎其他各地遊廓にて我々は猥褻なる端歌も長歌も何んにも知りません、又是れ等の歌を好みません、否な排斥するものでありますが、此の川上丈が国家の為め作られたオツペケペー節は、ナンカと演説句調を以て売り歩くに付、素見連は興ある事に思ひ、中々の売行なりといふ。

東京日日新聞　明治二四年八月一五日

川島芳子　かわしまよしこ　一九〇七―四八

(明治四〇―昭和二三)

本名は愛新覚羅《あいしんかくら》顕玗。清朝太宗の直系粛《しゅく》親王の第一四王女。北京生まれ。幼時から「東洋の真珠」と呼ばれたほどの気品の持ち主。清朝が瓦解すると、粛親王は親交のあった日本人の川島浪速《なにわ》に顕玗を託した。その後、王は旅順で自殺。顕玗はやがて浪速の養女となり、川島芳子を名のる。東京の赤羽小学校から豊島師範付属小学校をへて跡見高等女学校へ進学。途中で、浪速の故郷の信州松本高等女学校へ移った。成長とともに、芳子の天性の美貌に磨きがかかった。浪速は外出する時にはいつも美少女芳子を伴い、それが誇らしげだった。彼は芳子の実兄に「粛親王は仁者であり、私は勇者だ。二人の血を結合させたら、さぞかし仁勇兼備の子が生まれるだろう」と打ち明ける。芳子が突然黒髪を切り、男装にふみ切ったのはそれから間もなくの一九二四年(大正一三)一〇月六日だった。芳子一七歳、浪速五九歳の時である。二二歳で蒙古独立運動家の遺児(日本の陸軍士官学校卒)と結婚するが、すぐに離婚。満州事変、上海事変には、男装の麗人、東洋のマタハリと呼ばれ密偵として日本軍のために暗躍。三三年(昭和八)の日本軍熱河侵攻作戦には、満州国軍総司令金壁輝として日本軍に協力。四五年、日本の敗戦で国民政府軍に逮捕される。四八年三月、四二歳の時漢奸の烙印を押され銃殺刑に処せられた。しかし、のちに生存説が何度も浮上した。

光武　敏郎

河鍋暁斎　かわなべきょうさい　一八三一―八九

(天保二―明治二二)

幕末から明治初期にかけて活躍した絵師。子供のころ、川を流れる生首を拾って描き、近くに火事があれば駆けつけて写生し、長屋の夫婦喧嘩を描いて追い払われたこともある。弱冠一九歳で狩野派の免状を得たが、安政大地震の時に仮名垣魯文と出会い、鯰絵を描いて浮世絵師デビュー。河鍋洞郁の名前で狩野派の唐人物や風神雷神などを描く一方で、狂斎を名のって戯画、狂画に腕を振るった。文久(一八六一―六四)のころ、詰将棋で徳川幕府が王手をかけられ窮地に陥る錦絵を描いて版木を没収され、一八七〇年(明治三)には政府の高官が外国人に卑屈に接する場面を描いて薩長

●――河鍋暁斎
左=『家保千家の戯(かぼちゃのたわむれ)』。
右=『暁斎楽画』より「地獄の文明開化」。及川茂コレクション。

政府を批判。これが祟って三カ月の入牢という目に遭い、反省して狂斎を暁斎と改めた。生来の反骨の精神は止まることを知らず、旧弊にしがみつく人間を赤裸々に描く一方で、開化に浮かれる人間の軽薄さをも風刺した。ジャーナリストのC・ワーグマンと親しく、建築家J・コンドルを弟子とし、医師E・ベルツに見守られて没した国際人でもあった。

及川 茂

観阿弥 かんあみ 一三三三―八四

(元弘三⋮正慶二―元中一⋮至徳一)

南北朝時代の能役者・能作者。観世座の創設者で、本名は結崎清次。初め奈良の興福寺・春日社などの神事能に奉仕する大和猿楽座の一員として各地で活躍していたが、一三七四年(文中三⋮応安七)に一座を率いて醍醐寺などの演能で京都に進出し、将軍足利義満の心をとらえ、息子の世阿弥の生涯に新たな道を開いた。観阿弥は、それまで猿楽と呼ばれた諸芸能を総合し、猿楽能(現在の能)という組織立った舞台芸能に仕立て上げた人物で、世阿弥とともに能を大成した。観阿弥の作品の特色は、大衆性と芸術性を兼ね備えていることで、『自然《じねん》居士《こじ》』、『通《かよい》小町』、『卒都《そと》婆《ば》小町』など、口承伝説に登場する大衆にも身近な人物を主人公としているものが多い。出自については諸説あり、一九六二年(昭和三七)に戸井田道三は現在の三重県伊賀市の上島家に伝わる系図によって、観阿弥を産んだ母は河内国玉櫛庄の橘入道正遠の女とし、『太平記』で活躍する楠木正成の妹にあたるとするが、研究者間では広く受け入れられているわけではない。 →世阿弥

安宅 夏夫

貫一・お宮 かんいちおみや

尾崎紅葉の長編小説『金色夜叉』(一八九七年(明治三〇)―一九〇二年)の登場人物。間《はざま》貫一(「裸一貫」のもじり)は、一五歳の時に父を失って、生前父がよく世話をしていた鴫沢《しぎさわ》隆三の家に寄宿する一高生。宮は鴫沢家の一人娘で貫一の許嫁《いいなずけ》である。ところが新年のかるた会で宮の美貌に惹かれた富山銀行の御曹子富山《とみやま》唯継《ただつぐ》(「富の山を唯継ぐ」のもじり)が宮に求婚すると、宮は富山が指にはめていた大きなダイヤモンドが象徴する彼の財力に魅惑される。鴫沢家では、貫一の大学進学とともに宮と結婚させることにしていたが、宮の気持と自分たちの老後の生活を考えて、二人の婚約を破談にする。

裏切られた貫一は、熱海の海岸で宮を責め、「来年の今月今夜になったらば、僕の涙で必ず月は曇らして見せる」というせりふとともに宮を蹴倒して行方をくらます。宮は結婚後、一子を失い、奢侈にも倦み、貫一に許しを乞う手紙を書くが、復讐を誓って冷酷無情な高利貸(黄金の夜叉)となっている貫一の心はかたくなで宮を許さない。しかし友人荒尾譲介の勧めもあり、貫一は宮からの手紙を開くようになる。作者の死で未完だが、「金と愛」を主題とした明治の代表的悲劇の主人公二人の名は爾来、流行歌、演劇、映画などにも広がり、熱海海岸には、貫一が宮を蹴倒したとされる場所に二人の像が建てられ、松も植えられて名所となっている。

安宅 夏夫

宮は我を棄てたるよ。我は我妻を人に奪はれたるよ。我命にも換へて最愛《いとをし》みし人は芥の如く我を悪めるよ。恨は彼の骨に徹し、憤《いかり》は彼の胸を劈きて、幾《ほとほと》と身も世も忘れたる貫一は、あはれ妊婦の肉を啖ひて、此熱腸を冷さんとも思へり。忽ち彼は頭脳の裂けんとするを覚えて、苦痛に得堪へずして尻居に僵れたり。

宮は見るより驚く遑もあらず、諸共に砂に塗れて掻抱けば、閉ぢたる眼より乱落《はふりお》つる涙に浸れる灰色の頬を、月の光は悲しげに彷徨ひて、迫れる息は凄く波打つ胸の響を伝ふ。宮は彼の背後より取縋り、抱緊め、撼動して、戦く声を励せば、励す声は更に戦きぬ。

「如何して、貫一さん、如何したのよう！」

貫一は力無げに宮の手を執れり。宮は涙に汚れたる男の顔をいと懇に拭ひたり。

「吁《あゝ》、宮さん恁《かう》して二人が一処に居るのも今夜限だ。お前が僕の介抱をしてくれるのも今夜限、僕がお前に物を言ふのも今夜限だよ。一月の十七日、宮さん、善く覚えてお置き。来年の今月今夜は、貫一は何処で此月を見るのだか！　再来年の今月今夜……十年後の今月今夜……一生を通して僕は今月今夜を忘れん、忘れるものか、死んでも僕は忘れんよ！　可いか、宮さん、一月の十七日だ。来年の今月今夜になつたならば、僕の涙で必ず月は曇らして見せるから、月が……月が……月が……曇つたらば、宮さん、貫一は何処かでお前を恨んで、今夜のやうに泣いて居ると思つてくれ。」

金色夜叉

菅丞相　かんしょうじょう→菅原道真

鑑真　がんじん　六八八―七六三

中国、唐代の高僧。唐の揚州江陽県の生まれで、揚州の大雲寺で出家し、二〇歳で長安や洛陽の高僧から戒律関係の教理や、律宗・天台宗の教義を学んだ。とりわけ僧尼が遵守すべき戒律を研究し、南山律宗の継承者として日夜活動、「江淮《こうわい》化主」と尊敬され、得度や受戒をした弟子は四万人といわれた。七三三年(天平五)遣唐使の多治比広成に随行して奈良興福寺の栄叡と普照が入唐。揚州大明寺に鑑真を訪ね、日本へ戒律を伝えるため東航を要請した。弟子らが渡海の危険を訴えると、鑑真は仏法のために「何ぞ身命を惜しまん」と言い、自ら渡航の意思を決然と語った。しかし、鑑真一行の渡海は、暴風による遭難や鑑真の離国を惜しむ者の密告などで五回も挫折。この間一二年、栄叡は死去し、鑑真は両眼を失明した。七五三年に藤原清河を大使とする第一〇回遣唐使が帰国する便に乗船することになった。大使と阿倍仲麻呂が乗った第一船は驩州《かんしゆう》(現、ベトナム北部のビン付近)まで吹き流されて漂着。地元民と言葉が通じず、乗船者約二〇〇人の大半が殺された。鑑真と副使大伴古麻呂が乗った第二船は、沖縄を経て薩摩国坊津《ぼうのつ》(現、鹿児島県南さつま市)に漂着。なお、普照と副使吉備真備《きびのまきび》の第三船は現在の和歌山県白浜町に漂着した。鑑真が第二船に乗ったのは、時の皇帝玄宗が鑑真の才能を惜しんで渡海を許さず、大使藤原清河は鑑真の乗船を拒否。そのため副使大伴古麻呂が密かに乗船させたためである。七五四年(天平勝宝六)一月、平城京に到着した鑑真は、聖武上皇・孝謙天皇以下の歓待を受けた。奈良東大寺大仏殿前に戒壇を設け、上皇から僧尼まで四〇〇人に菩薩戒を授け、以後戒律制度が急速に整備されていった。七五九年(天平宝字三)新田部親王の旧宅跡を朝廷から譲り受け、唐招提寺を創建。七六三年五月、同寺で七六歳の生涯を閉じた。

近年の研究では、鑑真の失明は完全失明ではなく、視力残存失明であったらしいということが、「鑑真書状」を研究する過程で明らかになってきた。鑑真は『一切経』の校正にあたっており、多くの誤字の訂正を行っている事実が、このことを物語っている。唐招提寺に残る国宝の鑑真像は、日本最古の肖像座像とされる。鑑真の死の前年の春、弟子の忍基は講堂の梁が折れるのを夢に見て、鑑真の死期が近いことを悟り、その肖像(乾漆像)を造り始めたという。なお、芭蕉の「若葉して御目の雫ぬぐはばや」の句は、鑑真の座像を拝してのものである。鑑真が住職を務めた中国の大明寺は、一九六六年に文化大革命によって破壊されかかったが、周恩来首相の指示により閉鎖で事無きを得た。八〇年に唐招提寺の鑑真座像が「里帰り」するにあたり、法浄寺と変更されていた寺名が大明寺に戻され、拝観のため二一万人が訪れた。

安宅　夏夫

観音　かんのん

観世音の略称。慈悲を徳とし、最も広く信仰される菩薩。阿弥陀仏の脇侍としてのほかに、単独でも信仰の対象となる。標準的な姿の聖(正)観音のほかに異形の観音が多い。観音の起源にはヒンドゥー教のシバ神の影響が考え

◉──**観音**　観音霊場のお札。右＝青岸渡寺の如意輪観音。西国三十三所の第一番札所。中＝粉河寺の千手観音。手前は『粉河寺縁起』にみえる大伴孔子古と童男行者と考えられる。左＝東大寺二月堂の十一面観音。『二月堂縁起』に、実忠が摂津難波津で祈ると、南海の彼方、補陀落山の方から出現したと伝える。

られる。クシャーナ朝時代の貨幣にシバ神の像が打刻されているが、その像にオエショという神名が刻まれている。オエショはおそらくサンスクリット語イーシャのなまりで、イーシャは「主」を意味し、シバ神の異称となっている。インド一般ではイーシャの代りにこれと同じ意味をもつイーシュバラの呼称も用いられ、これを中国仏教では「自在」と訳す。オエショの像のある貨幣の重要さからみて、当時この神の信仰は非常に盛んであったことがわかり、この信仰が大乗仏教に観世音菩薩を生み出す契機をもたらしたと思われる。仏教ではイーシュバラにその属性を示す修飾語「見守るもの(アバロキー)」をつけてアバローキテーシュバラとしたものと思われる。正規の梵語を知る玄奘(七世紀)はこれを「観自在」と訳した。初期の漢訳者は「観世音」とか「光世音」とか訳したが、彼らはこの名の中に「音」や「光」の語が含まれていると信じたらしい。貨幣におけるオエショの図像的表現には多面多臂のものがある。これは「十一面観音」や「千手観音」の表現に通ずる。輪状の綱を持つ図は「不空羂索《けんさく》観音」に通ずる。危難に際して観音が救いの手を差し伸べてくれるという信仰はすでにインドに始まり、ボンベイ近くのカンヘーリの石窟に観音が猛獣や盗賊や難船から人を助ける場面が刻せられている。五世紀初頭に法顕は南海で嵐にあったとき観音に祈った。『法華経』中の観世音菩薩普門品に同類の思想がみられ、この品が日本人の観音信仰の支えになっている。観音のサンスクリット名は男性名詞であるが、観音に種々の変化身があるため、オリエント(イランを含む)の母神信仰的要素がこれを通じて仏教に入りこみ、「准胝観音」、「馬郎婦観音」、「多羅尊観音」などを生み出した。観音の浄土は補陀落《ふだらく》と呼ばれる。

定方 晟

【日本における観音信仰】　日本に現存する観音像で、銘文により製作年代が確定できる最古の像は、辛亥(六五一…白雉二)年銘の白鳳時代の金銅像である。しかし、無銘だが様式からみて、より古い飛鳥時代の作と推定しうる観音像がいくつか現存し、また中国北魏仏教で観音造像が盛んであったことから考えても、観音像はすでに飛鳥時代に伝来していたと思われる。八世紀の奈良時代になると観音造像は急増し千手・十一面・不空羂索・馬頭など変化《へんげ》観音像も盛んに現れてくる。七四〇年(天平一二)の藤原広嗣の乱の際、国ごとに七尺観音像を造って反乱鎮圧を祈り、あるいは九世紀初めの『日本霊異記』が観音を念じて災いを免れ福徳を得た説話を多数収めているように、八～九世紀の観音信仰は、もっぱら現世利益中心であった。しかし一〇世紀ころを境として律令国家の衰退と藤原摂関体制成立にともなう社会変動が顕著となり、旧秩序解体の不安の下で、来世における個人の救済を志向する浄土教が発達するにつれ、観音信仰も六道抜苦の来世信仰としての性格を帯びるようになる。こうした来世的観音信仰は、まず菅原道真、源兼明など藤原氏に疎外された一〇世紀の没落貴族を中心に形成され、やがて六観音信仰に発展した。六観音とは天台宗の『摩訶止観』に説くところで、六道の煩悩を破砕するという大悲・大慈・師子無畏・大光普照・天人丈夫・大梵深遠の六体の観音のことである。この教えに従い、また中国の六観音信仰発達にも刺激されて、六体の観音像によって輪廻無常の六道の苦を逃れ浄土に往生しようと願う信仰が一〇世紀中ごろから貴族社会で流行しはじめる。一一世紀になると、『摩訶止観』の六観音は密教の観音の変化であるとする説が、真言宗の僧仁海らによって説かれ、以後、六観音といえば密教の観音六体をさすのが普通になった。東密の六観音は聖・千手・馬頭・十一面・准胝・如意輪であり、台密では准胝の代りに不空羂索を数える。こうして観音は現当二世の利益絶大な菩薩として社会各層に広く信奉され、霊験ある観音像を本尊とする寺院への参詣も盛んになった。すでに一〇世紀末、石山・清水・鞍馬・長谷・壺坂・粉河などの観音寺院が広くその名を知られたが、一一〜一二世紀になると、仏教の世俗化に反発して教団を離脱した念仏聖の別所などを中心に、新しい観音霊場も各地に多数形成された。これら霊場には、念仏聖の講会に結縁し本尊観音の現当二世の利益にあずかろうとする信者が集い、さらに各霊場を結ぶ修験的な聖の巡礼も始まって、いわゆる三十三所巡礼へと発展するのである。西国三十三所巡礼の創始者を一〇世紀の花山法皇に擬する伝承があるが、これはまったく信ずるに足りない。あるいは園城寺(三井寺)の僧行尊に始まったとする説もあるが、史料的にもっとも確実なのは、一一六一年(応保二)、園城寺の僧覚忠が熊野那智から御室戸まで観音霊場三十三所を巡礼したという『寺門高僧記』の記載である。当初の三十三所巡礼は修験的色彩が強く、札所の順序も現在と異なるが、一五世紀ごろから一般信者も参加する巡礼の大衆化が進み、那智青岸渡寺に始まり美濃谷汲寺に終わる札所の順序や巡礼歌をはじめ、現在の巡礼の諸形態がほぼ形成された。一方、鎌倉幕府の成立にともない、一三世紀には西国巡礼にならった坂東三十三所巡礼が発達したが、さらに一五世紀には秩父三十三所が成立した。一六世紀には、秩父札所が三十四所に改めることで西国・坂東との一体性を強調した結果、西国・坂東・秩父のいわゆる百所巡礼も始まった。巡礼の大衆化は江戸時代に絶頂に達し、全国各地に形成された三十三所は一〇〇余におよぶという。こうした各地の三十三所巡礼は、あるいは近世町人のレクリエーション、あるいは地域成員の通過儀礼など、さまざまの意味あいを兼ねながら観音信仰の民衆的底辺を拡大し、その伝統は今日に続いているのである。

速水 侑

【観音の図像】 観音が持つさまざまな威力のそれぞれを個別に神格化したために十一面観音、千手観音などの観音像が表現されたが、こうした変化観音とは異なり変化しない本然の観音を聖観音と呼んで区別している。聖観音像は、密教と顕教とを問わずほとんどの経典に説かれているが、その像容は、密教経典に説かれ両界曼荼羅の中に描かれるものと、顕教の経典に説かれるものとに分けられる。顕教的な観音像は『観無量寿経』『無量寿経』などに説かれ、極楽浄土にあって阿弥陀如来の脇侍として表されるものと、『法華経』『大仏頂首楞厳《りょうごん》経』などに説かれる、一切衆生を救うためさまざまな状況に応じてさまざまな姿に変じて出現するもの(応現身)とがある。『法華経』観世音菩薩普門品には三三の応現身を説く。密教の観音像は、両界曼荼羅の中の胎蔵界曼荼羅に四ヵ所描かれていて、両界図

（胎蔵界）の像容を述べた『諸説不同記』などに記されている。顕教の経典では像容について簡単に記述したのみであったので、比較的自由に解釈され表現されている。ただし、変化観音も含めて観音像に共通する特色は、化仏《けぶつ》をつけた冠をかぶることである。密教の聖観音では、胎蔵界曼荼羅観音院に描かれる、左手に蓮茎を持つ姿の像が多く造られた。変化観音には前述の六観音のほかに白衣観音と水月観音が、画技をよくする禅僧によって水墨画として鎌倉・室町時代に多数描かれた。これらは礼拝の対象となる本尊画とみなされるより筆者の精神の表出が注目されていた。平安初期に空海が真言密教を体系的に日本に伝えてからは、聖観音像は曼荼羅の中の像と同じ姿の作品が多く造られたが、それ以前の聖観音像は種々な姿に表現された傑作が多い。飛鳥・白鳳時代の作例には、法隆寺百済観音像、同寺夢違観音像、同寺夢殿の救世観音像があり、薬師寺東院堂には聖観音像がある。阿弥陀如来の脇侍としての観音は、浄土教美術における阿弥陀来迎図にあって往生者を納める蓮花座を捧げ持ち、来迎の聖衆の先頭に描かれる例が多い。

関口 正之

き

鬼一法眼 きいちほうげん

古くは鬼一は「おにいち」とも読まれた。義経伝説に登場する陰陽師《おんみょうじ》で、六韜《りくとう》兵法を伝受していたとされる。義経はその娘の手引きでこの兵法をひそかに写しとる。『義経記』では鬼一法眼は一条堀川に住み、妹婿に北白河の印地の大将湛海がいたとされる。鬼一法眼は御伽草子『判官都ばなし』や謡曲『湛海』にも登場し、浄瑠璃では『鬼一法眼三略巻』が有名で、後に歌舞伎にも移された。また、中世の陰陽道系の兵法書に四十二箇条、一巻書、虎の巻などと称されるものがあって、それらの伝来を記す中に吉備真備、鞍馬の僧祐海、義経などとともに鬼一法眼の名が見える。鞍馬は陰陽道の一拠点、一条戻橋には安倍晴明伝説がある点などから、鬼一法眼伝説は陰陽師などによって伝えられ、印地の者などとも関係があったものと想像される。なお、鬼一法眼は登場しないが、義経が娘の手引きで兵法を盗むとされるものに御伽草子『御曹子島渡り』『天狗内裏』、幸若舞『皆鶴』などがある。

山本 吉左右

……その比一条堀河に陰陽師法師に鬼一法眼とて文武二道の達者あり。天下の御祈禱して有りけるが、これを給はりて秘蔵してぞ持ちたりける。

御曹司これを聞き給ひて、やがて山科を出……

◉——**鬼一法眼** 歌舞伎『鬼一法眼三略巻』菊畑の場に登場する鬼一法眼。鬼一が秘蔵する兵法の虎の巻を手に入れるため、牛若丸と鬼三太主従は奴に身をやつして館に入りこむ。鬼一は小さな落度をとらえて牛若丸のせっかんを鬼三太に命じ、二人の心底を見きわめようとする。二世歌川豊国画。

でて、法眼がもとにたゝずみて見給へば、京中なれども居たる所もしたゝかに拵へ、四方に堀を掘りて水をたゝへ、八の櫓をあげて、夕には申の刻、酉の時になれば、橋を外し、朝には巳午の時まで門を開かず。人の言ふ事耳の外処になしてゐたる大華飾の者なり。

義経記巻二

是この面を被りし僧正坊。誠は鬼一法眼が仮に似せたる形なり。必ず〱かく言ふ咄は此座限り。君天下を知召しての記録にも。牛若が兵法は僧正坊といふ天狗に。習ひしと書認させ。末世末代鬼一といふ名を深う包み隠してたべ。くれ〲頼み存ずると初めて明す物語。驚く心に先立ちて若君涙止めかね。有難しとも忝しとも礼に対する詞はなし。鬼一殿と大地に額を摺付け給へば。鬼三太心は飛立てども兄の心を量りかねて出もやらず娘はさかしく。夫程のお心ならばとてもの事に虎の巻を。牛若様へ進ぜて下され父様と。背撫摩り機嫌取る。いや〱平家の糧を食ふ鬼一が。今とても源氏へ虎の巻は譲られずと。懐中より取出し。ヤイ娘是は汝に譲るぞ。若い奴の事なれば心を懸ける方もある筈。是を土産に思ふ方へ嫁入せよとて手に渡せば。嬉しさ親の前とも恥ぢず予て心を繫ぎ置く。牛若君に奉り合点かやいのと目で知す。若君押戴き懐中し。此年月僧正坊となつて剣術を教へ。今又息女に虎の巻を与へ給ふ。牛若娶り夫婦となり。奥義を授かる上は平家を亡し。世を源に復す事掌に握つたり。此身を百千に砕いても此大恩。何時の世に報ずべき鬼一殿と。涙と共にの給へば。ヤア紛らはしい鬼一は平家。源氏方の礼を受けて立つべきか。只今何時までも天狗々々と言うてたべ花聟殿。世に便なき天狗が娘。わけて御不便頼み入る。やい鬼三太。虎蔵を牛若君とは疾く知つたれども智恵内を鬼三太とは最前見付け猶も試し見んと思ひ。ぶて叩けと無理を募り呵りしは。真実を知らん為。都の内奉公構ひの暇をくれると云ひし心。今思ひ知つたるか。別れしはおこと三歳面相《おもざし》を見違へたり。母の御事も伝へ聞く。深山の奥に育てども心の花の色香は失せず。父の庭訓を守り日陰の主君に心を尽し。忠勤を励む健気さは兄に生れ勝つたな。二君に仕ふる者の身の果は此鬼一を手本。火にも入れ水にも入れ身は醢《ししびしほ》になるとても。卑怯な心持つなよと鬼次郎にもよく伝へよと。世に睦じく言ひければ。兄とは心に存じながらお心を疑ひ此月日。余処になしたる無礼の段。真平御免下さるべしお詫。申すと泣きければ。それも主君の御為なり何故無礼と思ふべき。君も汝も草履摑となつたる故。思ひ出せし事こそあれ。唐土の張良。黄石公が沓を取つて兵法の大事を伝へ。高祖に仕へ漢家四百年の基を開きし。夫は張良是は牛若草履取になり給ひしも。虎の巻を伝へん為共に出世の吉左右《きつさう》目出たし。言ふべき事も是限り娘鬼三太若君の御供し早落ちよと。言ふより早く差添ひん抜き太腹にがばと突立つる。

鬼一法眼三略巻

祇王・祇女　ぎおうぎじょ

『平家物語』巻一「祇王」に登場する白拍子の姉妹。姉の祇王が清盛に愛され、母娘三人で裕福にくらしていたが、加賀国の白拍子、仏御前が現れて清盛を魅了する。祇王は暇を出され、また仏御前を慰めるため清盛の邸に呼び出されることがあり、自害を思い立つが母に制止されて出家する。母娘三人で嵯峨の山奥に人目をしのんで暮らしていたが、ある夜、仏御前が庵を訪ねて出家の志を述べ、それにより祇王の宿意もとけて、以後四人いっしょに往生を願ったという。『平家物語』では、清盛の専横を語るエピソードになっているが、諸本の間で「祇王」の位置には揺れがあり、また本巻から除く伝本もあるなど、本来は、『平家物語』とは別個に、独立して成長した説話であろう。おそらく念仏系の比丘尼の語り物だったと思われるが、各地にある祇王や仏御前の伝説なども、そうした伝承者の足跡と無関係ではないだろう。なお、中世小説に、『平家物語』にそのまま依拠した『祇王物語』があり、謡曲に、『祇王』『仏原《ほとけのはら》』がある。

兵藤 裕己

たそかれ時も過ぬれば、竹のあみ戸をとぢふさぎ、灯かすかにかきたてて、親子三人念仏してゐたる処に、竹のあみ戸をほと〳〵とうちたゝくもの出来たり。其時尼どもきもをけし、「あはれ、是はいふかひなき我等が、念仏して居たるを妨んとて、まゑんの来たるにてぞあるらむ。昼だにも人もとひこぬ山里の、柴の庵の内なれば、夜ふけて誰かは尋ぬべき。わづかの竹のあみ戸なれば、あけずともおしやぶらん事やすかるべし。中々たゞあけていれんとおもふなり。それに情をかけずして、命をうしなふものならば、年比頼たてまつる弥陀の本願をつよく信じて、隙なく名号をとなへ奉るべし。声を尋てむかへ給ふなる聖主の来迎にてましませば、などかいんぜうなかるべき。相かまへて念仏おこたり給ふな」と、たがひに心をいましめて、竹のあみ戸をあけたれば、まゑんにてはなかりけり。仏御前ぞ出来る。(中略)四人一所にこもりゐて、あさゆふ仏前に花香をそなへ、よねんなくねがひければ、ちそくこそありけれ、四人のあまども皆往生のそくはいをとげけるとぞ聞えし。されば後白河の法皇のちやうがうだうのくはこちやうにも、祇王・祇女・ほとけ・とぢらが尊霊と、四人一所に入られけり。

平家物語巻一「祇王」

◉——**祇王・祇女**　妹の祇女、母の刀自とともに嵯峨に引きこもっていた祇王の庵に仏御前が訪れる。『平家物語絵巻』。林原美術館蔵。

○祇女が母やりてのやうな口をきゝ(拾四15)
○琴箱を先へよこして祇王来る(寛元宮1)
第一句、吉原の女郎に擬した。第二句、作句時代なら、白拍子ならぬ女芸者、三味線箱を箱持が持って先へ行くところだが、「琴箱」だろうと穿《がう》った。

其角　きかく　一六六一—一七〇七(寛文一—宝永四)

江戸前期の俳人。別号は晋子、宝晋斎など。姓は母方の榎本を称し、のち宝井と改めた。父は医師竹下東順。江戸に生まれた。草刈三越に医を、大顚和尚に詩、易を学んだという。一〇代の半ば芭蕉に入門、二〇歳のころ、おりからの「天和調《てんなちよう》」の中で、芭蕉の指導の下に、『田舎之句合《いなかのくあわせ》』『虚栗《みなしぐり》』などを編んだ。その後もよく芭蕉の変風を理解し、『続虚栗』『いつを昔』などに蕉風俳諧の実を示し、『猿蓑《さるみの》』序や『雑談集《ぞうたんしゅう》』に俳諧を「幻術」として説くなど、彼らしい俳諧、俳人に対する見解を見せている。芭蕉の信頼も晩年までかわらず、一六九四年(元禄七)上方旅行中奇しくも芭蕉の死に行きあい、『芭蕉翁終焉記』を書き『枯尾花《かれおばな》』を刊行した。資質的には芭蕉の閑寂に対して伊達を好み、作意をたくむはなやかな作風に特色があり、芭蕉から「かれは定家の卿也。さしてもなき事をことごとしくいひつらね侍る」(『去来抄』)と評された。元禄一〇年代、大名や富商の門に出入りし、作風も浮世的人事風俗や遊興的な作意に新しい展開を見せ、「洒落《しゃれ》風」と称された。自撰の発句集『五元《ごげん》集』は、門人旨原によってまとめられた『五元集拾遺』とともに一七四五年(延享二)刊行された。門下に祇空、貞佐、淡々秋色《しゅうしき》、巴人《はじん》らがおり、巴人の門から蕪村が出ている。編著書はほかに『華摘《はなつみ》』『萩の露』『句兄弟』『末若葉《うらわかば》』『焦尾琴《しょうびきん》』、遊女評判記『吉原源氏五十四君』などがある。「明星や桜さだめぬ山かつら」(『五元集』)の句はよく知られる。

石川 八朗

○男十七女は三十一（一五40）

「男」は「夕立や田をみめぐりの神ならば」の十七字、「女」（小町）は「ことわりや日の本ならば照りもせめ……」の三十一文字。男だけあって雨乞いも口数が少ない。

○蚊が無ィと其角千両迄はつけ（三一23）

「夏の月蚊を疵にして五百両」の句による。

○雨乞の外小便も名を残し（六一24）

宴席で書家と同席し、金屏風に書を請われた書家が酔余「この所小便無用」と書いたので、書を請うた者も不興となったが、すぐに其角がその下に「花の山」と三字付け加えた逸話（『甲子夜話』巻十九）。

木口小平 きぐちこへい 一八七二…七三―一八九四（明治五…六―二七）

日清戦争の緒戦で戦死した広島歩兵二一連隊三大隊一二中隊の陸軍二等兵。岡山県川上郡成羽村（現、高梁市成羽町成羽）出身といわれる。一八九四年七月、朝鮮の成歓、安城川の岸辺で敵弾を受けて戦死したが、その際、死んでもラッパを離さなかった「忠勇美談」の主人公として、一九〇四年（明治三七）に国定教科書に登場した。また、軍歌『喇叭の響』（安城の渡）が作られて全国に流行した。一説には、美談の主人公のラッパ手は一等兵の白神源次郎だともいわれている。

田辺 貞夫

十七
キグチ コヘイ ハ
ラッパ ヲ クチ
ニ アテタ ママ
シニマシタ。

十七
キグチコヘイ ハ テキ ノ
タマ ニ アタリマシタ ガ、
シンデモ ラッパ ヲ
クチ カラ ハナシマセン
デシタ。

◉——木口小平 修身の教科書では時代ごとに扱いが異なり、昭和一一年には「キグチコヘイハ、イサマシクイクサニデマシタ」が加わって二ページにわたっている。右＝明治四三年 左＝大正七年 国定教科書尋常小学修身書。

三、この時一人の喇叭《らっ》手は
とり佩《は》く太刀の束の間も
進め進めと吹きしきる
進軍喇叭のすさまじさ
六、弾丸のんどを貫けり
熱血気管にあふれれど
喇叭はなたず握りしめ
左手《ゆんで》に杖《つえ》つく村田銃
七、玉とその身は砕けても
霊魂天地をかけめぐり
なお敵軍をやぶるらん
あな勇ましの喇叭手よ

喇叭の響（菊間義清作詞 萩野理喜治作曲）

聞得大君 きこえおおぎみ

琉球王国時代に宗教組織の最高位に君臨した神女。名声が聞こえる最高級神女の意。「鳴響《とよ》む精高子《せだかこ》」の別称もあり、名声が鳴り響く、霊力の豊かなお方の意。ともにこの最高位の神女をたたえた名である。

琉球王国の宗教組織は尚真王代に確立され、初代聞得大君には王妹オトチトノモイガネが即位し、以後、王妃、王女らが継承した。

聞得大君の即位儀礼は神として新たに降臨する意の「御新下《おあらおり》り」と呼ばれ、そのもっとも重要な儀礼は沖縄本島南部知念村（現、南城市）にある「さやは御嶽」で挙行された。多数の神女が見守る中で司祭外間ノロによって執行される「御名付け」の儀礼がもっとも核心をなす。外間ノロが聞得大君に玉冠をかぶせながら「聞得大君み御せぢ」と唱えて即位は完成する。海上他界ニライ・カナイに由来する聞得大君としての霊力を身につけて、新たな神女が誕生するのである。

『おもろさうし』によると、聞得大君の任務は王権を宗教的側面から強化することにある。聞得大君は天上他界オボツ・カグラから霊力を得て地上に降臨し、国王にその霊力を授ける。国王が授かる霊力は世掛《よが》けセヂ、世持《よも》つセヂ、世添《よそう》セヂなど、天下を支配することを可能にする霊力で、それを得て王権は強化される。政治的権力と宗教的権力が分離し、宗教的権力が政治的権力を守護し強化する点に古代沖縄における王権の特徴がある。聞得大君はそのような宗教的権力の頂点に君臨して、王権を強化する役割を果たしたのである。

玉城 政美

あおりやへが節

一　聞得大君ぎや
降《お》れて　遊《あす》びよわれば
天《てに》が下《した》
平《たい》らげて　ちよわれ
又　鳴響《とよ》む精高子《せだかこ》が
又　首里《しより》杜ぐすく
又　真玉杜ぐすく

(聞得大君が／降りて神遊びをし給うたからには／国王様は天下を／安らかに治めてましませ／鳴響む精高子が／首里杜ぐすくに／真玉杜ぐすくに)

おもろさうし一巻一

てがねまる節

一　聞得大君が
おぼつせぢ　降るちへ
按司添《おそ》いよ　見守《みまぶ》て
君々や　おぼつより　帰ら
又　鳴響む精高子が
神座《かぐら》せぢ　降るちへ

(聞得大君が／オボツの霊力を降ろして／国王様を守護し／君々は、オボツから帰ろう／鳴響む精高子は／カグラの霊力を降ろして)

おもろさうし二十二巻一五二三

鬼子母神　きしもじん

鬼子母とは、鬼神槃闍迦《はんじやか》の妻が、一万の子(五〇〇人、一〇〇〇人の子とする説もある)の母であるところの呼称。サンスクリットのハーリティ(訶梨帝)の漢訳。訶梨帝母《かりていも》ともいう。鬼子母ははじめ邪悪で、他人の幼児を奪い食べていた。仏はこれを戒めるため鬼子母の一子を隠した。悲嘆限りない鬼子母が仏にその子を尋ねると、子を失う悲しみは、鬼子母が食べた子の母の悲しみであると、鬼子母を責め戒めた。ここにおいて、鬼子母は仏に帰依し善神となり、鬼子母神としてあがめられるようになったという。インドでは、とりわけ子授け・安産・子育ての神としてまつられ、日本でも密教の盛行にともない、小児の息災や福徳を求めて、鬼子母神を本尊とする訶梨帝母法が修せられたり、上層貴族の間では、出産のおり、安産を願って訶梨帝母像をまつり、訶梨帝母法を修している。その形像は、天女像で、左手で懐に一子を抱き、右手に吉祥果《きつしようか》(ザクロが多い)をもつ端麗豊満な姿態。いっぽう、『法華経』には、十羅刹女《じゆうらせつによ》とともに鬼子母が、法華信奉者の擁護と法華信仰弘通を妨げる者の処罰とを誓っている。日蓮はこれにもとづき文字で表現した曼荼羅本尊に鬼子母神の号を連ね、鬼子母と十羅刹女に母子の関係を設定している。このことが、曼荼羅諸尊の彫像化や絵像化がすすむなかで、法華信奉者の守護神としての鬼子母神の単独表現のもととなった。やがて、近世初頭から盛んになる日蓮宗修法の本尊として鬼子母神が定められ、しかも独特な怒恐形《ふんぬぎよう》の鬼形として造顕された。鬼形に総髪合掌形と有角抱児形があるが、中山法華経寺系の修法が中心になったため、総髪合掌形が広まった。さらに旧来の天女形も作られ、鬼形は破邪調伏、天女形は安産子育てとされた。日蓮宗では千葉中山法華経寺、東京雑司谷《ぞうしがや》の法明《ほうみよう》寺の鬼子母神が著名であり、ほかに法華宗本門流所属の東京入谷《いりや》の真源寺のそれも、「恐れ入谷の鬼子母神」と喧伝されてきた。

高木 豊

鬼子母は五道大臣の妻なり。天上に五百人、人間に五百人、千人の子をもち給へり。いきものゝ子をとりて是を養育す。仏これをこらさんが為に、一人の子をとりて、鉢のしたにかくしたまふ。鬼子母、千人までもちたる子の、壱人なきをかなしみて、我、今よりおさなき物をころすことなくして、かへりて守りとならん、とちかひて、子をかへしたまひつるとぞ申たる。訶梨帝母とて、おさなき子共の守りにかくる是なり。

宝物集

○鬼子母神四文く〳〵に御こまり(一三四33)

一七六八年(明和五)に四文銭(波銭という青波海の模様のある銭貨)が新鋳され、幕末期の庶民に便利がられたが、子どもの小遣いの相場も異変をきたし、「おっ母四文くんな」と気軽に要求されることとなった。子だくさんの鬼子母神は、さぞや「四文くんな」の声に囲まれてたいへんだろう、と。「御困り」と御の字をつけて奉りながら、江戸細民の感覚にひきおろしたところが句のヤマ。

鬼神のお松 きじんのおまつ

江戸中期の安永年間(一七七二―八一)頃、殺人や強盗を繰り返したという伝説の女盗賊。幕末から明治期にかけて読本や歌舞伎・講談・実録小説などの主人公となって名をはせた。生没年不詳で、実在した人物かどうかも不明。ともあれ、『笠松峠鬼人敵討』や『笠松峠仇討』、また歌舞伎の『百千鳥沖津白波』に描かれたお松について見てみよう。

お松は仙台藩士の立目丈五郎の妻であったという。しかし、丈五郎は藩主の怒りに触れ、浪々の身となった。丈五郎みずからが剣術指南に推挙した山本伝七郎が、早川文右衛門(文左衛門)にあっさり敗れたためである。丈五郎は文右衛門の子文蔵を痛めつけるが、二年後に修行を積んだ文蔵に討たれてしまう。そこでお松は一人娘とともに京へ向かい、稲毛甚哉と名を変えた山本伝七郎に殺しの剣を学ぶ。夫の敵を討つためである。剣の技を身につけたお松は、娘を連れて仙台へと向かう。しかし、旅の途中でお松は金に困り、旅人を襲って金を奪うようになった。その後、仙台に辿り着いたお松は、自分がお尋ね者になっていることを知り、笠松峠の山中に身を隠して山賊の首領となった。娘はそんな母に抗議して自害したという。しかし、お松は笠松峠を越える旅人を襲い続けた。そしてついに、敵の早川文蔵が笠松峠に向かっていることを知る。先回りしたお松は、急病で苦しむ旅の女を演じ、文蔵に介抱してもらい、何も知らない文蔵に背負われて川を渡る。しかし、川の半ばまで来たとき、お松はやにわに「夫立目丈五郎の敵」と叫んで、背後から文蔵の首を掻き切った。敵討ちを果たしたお松は江戸に出るが、自分が「鬼神のお松」として名を知られ、今度は文蔵の一子文次郎に敵と狙われていることを知る。因果はめぐるで、ついにお松は文次郎に討たれて生涯を閉じた、という。いかにも作られた話で、笠松峠がどこかも分からないが、鬼神のお松伝説が明治期まで生きていたのは事実である。

高橋 千劔破

喜撰法師 きせんほうし

平安時代の歌人。六歌仙の一人。生没年、伝ともに不詳。『古今集』巻十八雑下に「題しらず喜撰法師」として「わがいほは都の辰巳《たつみ》しかぞ住む世を宇治山と人はいふなり」があり、「百人一首」にも入って著名だが、たしかなのはこの作だけである。『古今集』仮名序に「宇治山の僧喜撰は言葉かすかにして初め終りたしかならず。いはば秋の月を見るに曉《あかつき》の雲にあへるが如し」「よめる歌多くきこえねば、かれこれかよはしてよく知らず」という。宇治山(現、喜撰山)は京都府宇治市にあり、標高四一六メートル。鴨長明の『無名抄』に「喜撰ガアトノ事」として「堂ノ石ズヱナドサダカニアリ」とする。今、「喜撰洞」と呼ぶ岩窟があり、喜撰が住んだ所という。これは近世の地誌類に記されている。喜撰の著書という歌論書に『喜撰式』がある。勅を奉じて撰したとい

うが定かでない。内容はかなり特色があり、後世に広く流布し、重んじられた。　奥村　恒哉

〽世辞でまろめて、浮気でこねて、小町桜の詠めに飽かぬ、余所に心は移らねど、人も見送る愛敬は、てんとおてんと天から落ちた天人か、わつちや否やの、なに馬鹿らしい、とても色にはこんな身で、成駒屋ならそれこそは。

〽わしは瓢簞浮く身ぢやけれど、主は鯰の取りどころ、ぬらりくらりと今日も又、浮かれ浮かれて来りける。

〽もしやと翠簾を余所ながら、喜撰の花香、茶の給仕、浪立つ胸を押しなでゝ、締りなけれど鉢巻を、幾度締めて水馴れ棹、濡れて見たさに手を取つて、小野の夕立縁の時雨。

〽化粧の窓の手を組んで、どう見直して胴震ひ。

〽今日の御げんの初昔、悪性と聞いてこの胸が、朧の月や、松の蔭
〽わたしやお前の政所、いつか果報も一森と、褒められたさの身の願ひ。

〽惚れ過ぎる程愚痴な気に、心の底の知れかねて
〽ぢれつたいでは、ないかいな、なぜ惚れさせたこれ姐え。

〽えゝ措きなされ人さんの、引く手数多に引きかへて。

〽わしが引くもの大根に牛蒡、ちやく〱茶うけのな、団子の粉よ、淀ぢや船曳く、浜辺ぢや綱を、鼠や餅引く、猫が三味弾く、せねば跡引く、ちつくり色上戸、面白や、

〽愚僧が住家は、京の巽の、世を宇治山と、人は云ふなり、ちやく〱くちや茶園の、はなす濃茶の、縁の橋姫、夕べの口舌の袖の移り香、花橘の小島が崎より、逸散走りに走つて戻れば、内の嚊アが悋気の角文字、牛もよだれを流るゝ川瀬の、内へ戻つて我れから焦るる、蛍を集めて手管の学問　六歌仙容彩

○御歌で見れば住ミにくひやうすなり（天六竜1）
○江戸ならば深川辺に喜撰住ミ（三六36）
　右両句ともに「わがいほは……」の歌を踏まえる。第二句、深川は江戸の「巽《みたつ》」（東南）に当たる。

木曾義仲　きそよしなか　一一五四―八四
（久寿一―元暦一）
源義仲。平安末期の武将。源為義の次男義賢《よしかた》の次男。母は遊女。通称「木曾冠者」。生誕の翌年父が甥の源義平と武蔵で戦って殺され、以後義仲の乳母の夫信濃の中原兼遠のもとで養育された。一一八〇年（治承四）九月、以仁王《もちひとおう》の令旨《りょうじ》を受けて木曾に挙兵、小笠原頼直を討ってさらに上野に進出、翌八一年（養和一）には信濃に攻め入った越後の城助職《じょうすけもと》を破って越後に進んだ。反平氏の動きの活発なのをみて北陸道から都へ上る計画であった。飢饉で戦局が停滞するなか、源頼朝に疎外された叔父源行家が義仲と合流。八三年（寿永二）三月、義仲は長子源義高（一一歳）を人質として鎌倉の頼朝のもとに送る。こうして東方との紛争を避けたうえ北陸道の経略に専念し、五月には越中・加賀国境砺波《となみ》山の倶利伽羅《くりから》峠の戦で平氏軍を大破して近江に入った。伊賀から大和に出て北上する行家軍と呼応しながら七月二八日に勢多《せた》から平氏西走後の京へ入った。直ちに後白河法皇より平氏追討の命を受け、無位無官から従五位下左馬頭《さまのかみ》越後守、ついで伊予守になった。しかし兵糧の不足と軍兵の無秩序から人心を失い、行家とも対立して、閏一〇月には備中水島で平氏に敗れて帰京。その間に法皇は「寿永二年一〇月宣旨」を頼朝に与え頼朝との接近を図っている。孤立した義仲は一一月クーデタを敢行、翌年一月みずから従四位下征夷大将軍となって「旭将軍」と称したが、頼朝代官として上洛した源義経・範頼の軍に敗れ、一月二〇日北陸に落ちる途中近江粟津《あわづ》で敗死した。鎌倉にいた長子義高も四月二六日に討たれている。　飯田　悠紀子

【人物像と伝承】　「木曾義仲」の名で広く知られる義仲の人物像は、都の公家と対比される武士像の一典型として、『平家物語』や『源平

盛衰記』などに、鮮やかに伝えられている。信濃から北陸道を経て京都に進撃する義仲は、めざましい武勲の人として描かれる。平家軍を追って砺浪《となみ》山の羽丹生《はにう》に布陣した際、近くに八幡の神祠があるのを知って、書記の大夫坊覚明に願文を作らせて戦勝を祈ったが、このとき白鳩が旗竿の上をかけたという。また倶利伽羅峠では、夜陰に乗じて四方から太鼓、法螺貝《ほらがい》を鳴らし、松明《たいまつ》を角につけた多数の牛を使って攻めたので、山谷は一時に鳴動し、混乱して墜落した平家の人馬が谷を埋めつくしたという。義仲が京都に入ると、兵は民家を略奪して治安を乱し、また都人と山中育ちの者との風俗や習慣の違いなどによって、京都の人心は義仲から離れたとされる。『平家物語』巻八の「猫間《ねこま》」や「鼓判官《つづみほうがん》」には、義仲のふるまいや物言いが武骨で野卑であったことが語られている。さらに、源義経らの軍に敗れて都を逃れた義仲の最期の場面は、『平家物語』の白眉である。義仲は乳母子《めのとご》の今井兼平と打出の浜で行き会い、奮戦ののち、最愛の巴御前を無理に去らせる。兼平と主従二人になった義仲が「日来《ひごろ》は何ともおぼえぬ鎧が、今日は重うなったるぞや」と告げると、兼平は自害を勧め、その間敵を防ごうという。これに対して義仲は、これまで逃れきたったのは兼平と同じ所で死のうと思ったからだ、いっしょに討死をしようという。この死に臨んでの二人のやりとりは、乳母子とのきずなの強さを示すとともに、この主従の関係が友情とも呼べるようなつながりの側面ももっていたことをうかがわせている。

山内 吉蔵

覚明…巴御前

今井四郎、木曾殿、只主従二騎になツての給ひけるは、「日来はなにともおぼえぬ鎧が、けふはおもうなツたるぞや」。今井四郎申けるは、「御身も未つかれさせ給はず、御馬もよはり候はず。なにによツてか一両の御きせながをおもうはおぼしめし候べき。それは御方に御せいが候はねば、おく病でこそさはおぼしめし候へ。兼平一人候とも、余の武者千騎とおぼしめせ。矢七八候へば、しばらくふせき矢仕らん。あれに見え候、粟津の松原と申。あの松の中で御自害候へ」とて、うツて行程に、又あら手の武者五十騎ばかり出きたり。「君はあの松原へいらせ給へ。兼平は此敵ふせき候はん」と申ければ、木曾殿の給ひけるは、「義仲宮こにていかにもなるべかりつるが、これまでのがれくるは、汝と一所で死なんとおもふため也。ところ〴〵でうたれんよりも、ひとところでこそ打死をもせめ」とて、馬の鼻をならべてかけんとし給へば、今井四郎馬よりとびおり、主の馬の口にとりつゐて申けるは、「弓矢とりは年来日来いかなる高名候へども、最後の時不覚しつればながき疵にて候也。御身はつかれさせ給て候。つゞくせいは候はず。敵にをしへだてられ、いふかひなき人の郎等にくみおとされさせ給て、うたれさせ給ひなば、「さばかり日本国にきこえさせ給ひつる木曾殿をば、それがしが郎等のうちたてまツたる」なンど申さん事こそ口惜う候へ。たゞあの松原へいらせ給へ」と申ければ、木曾さらばとて、粟津の松原へぞかけ給ふ。

平家物語巻九「木曾最期」

○北からも壱度朝日が登るなり(四三6)
○木曾どのゝ陣はごうぎにめしがいり(宝十三信4)

第一句、「北」は北国信濃、「朝日」で旭将軍をきかす。「登る」は上洛。第二句、江戸期に、出稼人の信濃者は大食漢とされた。

○くりからがだけの時分ンは日の出なり(安七智4)

倶利伽羅峠で平維盛の七万余騎を、火牛の奇襲をもって打ち破った。そのころは日の出の勢い(旭将軍にかける)だったが、のち「よし仲もついには西へかたむかれ」(十四23)となる。

○木曾どのは客をじやらして飯を喰ヒ(二29)

京都に入ってのち、猫間中納言が法皇の使者として訪れたが、義仲は相手を「猫殿」と呼び、食事を強いて興ざめさせた(『平家物語』巻八)。「じゃらして」で猫間にきかせる。

○よし仲はうすひ氷をしやうでふみ(安七叶2)
○田の中でとも〳〵と三声する(安四梅2)

右二句とも粟津ヶ原での義仲最期を詠む。

「木曾殿は只一騎、粟津の松原へかけ給ふが、正月廿一日入あひばかりの事なるに、うす氷ははつたりけり。ふか田ありともしらずして、馬をざと入れたれば、馬のかしらも見えざりけり」(『平家物語』巻九)。第一句、「薄氷を踏む」のことばどおり、「正で(ほんとうに)」踏みこんだ。第二句、「巴」は義仲の愛妾。義仲、ついに石田為久に射とめられた。

喜多川歌麿 きたがわうたまろ 一七五三―一八〇六

(宝暦三―文化三)

江戸中・後期の浮世絵師。本姓は北川。生国には諸説がある。幼名は市太郎、のち勇助(勇記とも)。江戸に出て、狩野派の絵師である鳥山石燕に師事し、のちに浮世絵の第一人者となった。初めは北尾重政・鳥居清長ら先輩の作風を学び、修業を重ねた。歌麿の号は、一七八一年(天明一)以後のものである。八四年、上野池端に居住していた頃、版元の蔦屋重三郎に見い出される。初めは風景画・役者絵、黄表紙・洒落本の挿絵、錦絵などを描いた。天明(一七八一―八九)後期には絵入狂歌本の作画も行っている。その後、美人画に専心し、美人画の天才と称された。女性の官能的姿態を描いて、歌麿をしのぐ画師は存在しなかった。大首絵と称される上半身や顔だけを描く手法を取り入れたのも歌麿である。江戸一の美女といわれた難波屋おきたや高島屋おひさら水茶屋の看板娘を描いた「寛永三美人」などが代表作。おきたのほか、吉原大文字屋の多賀袖花魁《おいらん》、松平周防守の侍女だったお蘭などが、歌麿の重要なモデルとなっている。

歌麿は時代にも敏感で、世相禁止令に対抗した「判じ絵」や、背景を色で塗った「無線彫り」という技術を考案したのも歌麿である。歌麿は正妻をもたず、自由気ままな生活の中で多くの女性たちと遊び、画業の対象となした。しかし、それだけの人気絵師だったため、幕府からはかなり目をつけられていた。実際、寛政の改革の際には入牢三日、手鎖五〇日の刑を受け、その芸術的生命を絶たれてしまった。画中に政治批判が見られたというのが口実だが、歌麿の影響力、そして版元蔦屋の急成長が警戒されたらしい。おもな作品には、『画本虫撰』『婦女人相十品』『歌撰恋之部』『北国五色墨』などがあり、肉筆画も多い。墓は世田谷区北烏山の専光寺にある。

邦枝完二『歌麿』は、一九三一年(昭和六)に『大阪朝日新聞』に連載された。多年の浮世絵研究の成果を盛り込み、濃厚な官能描写に富んだ作品は、邦枝の出世作となった。

田辺 貞夫

号紫屋、俗称勇助と云。江戸の産。居神田久右衛門馬喰町三丁目に住す。始狩野家の画を学び、後石燕の門に入て一家をなす。男女時世風俗を写す事上手にして、近世錦絵の花美を極めたり。生涯役者絵をかゝずして、自らいふ、戯場繁昌なる故老若男女贔負の役者あり。是を画いて名を弘るは拙き業なり。何ぞ俳優の余光を仮んや。浮世絵一派をもて世に名を興すべしと云し也。其意に違わず。其名海内に聞えたり。長崎渡来の清朝の商船より歌麿が名を尋ねて多く錦絵を求たり。殊に春画に妙を得たり。

新増補浮世絵類考

○歌麿の毛がき彫師の泣きどころ(出典未詳)
○歌麿の美人ふすまで年が寄り(一三〇34)

第一句、美人画の頭部、髪の生えぎわの彫を毛割《けわり》と称し、画師の版下絵に細部の毛髪は描かれておらず、彫師の腕にゆだねられる。彫の技術は後期にいよいよ発達する。第二句、襖などに貼りまぜられた美人画、経年劣化し、色もあせ見るかげなし。

吉四六 きっちょむ

笑話の主人公。知恵者でひょうきんな男、吉四六の活躍する一群の話を吉四六話と呼ぶ。主に大分県の中南部の地に伝承されている。吉四六は大分県大野郡野津町(現、臼杵市)に実在した人だといわれる。明暦から元禄のころこの地で酒造業を営んでいた初代広田吉右衛門ではないかとする説がある。一七一五年

(正徳五)の広田吉右衛門の墓もあるが確証はない。吉四六話の話種は、おどけ者、あわて者、狡猾《こうかつ》者、愚か村、愚か者など多彩で、吉四六独自の話以外に、土佐の泰作《たいさく》話や能登の三右衛門《さんによもん》話など各地のおどけ者話や愚か村話に共通する例が多い。また、近世の咄本に見える話と類似する話が数例指摘されている。もともと話じょうずで吉四六と呼ばれる頓智・頓才にたけた男が、体験談や耳にためた世間話・笑話をおもしろおかしく村内で語って聞かせた時代があったと想定される。のちに、吉四六話が広まって盛んになるにつれて、話種を拡大し、主人公の性格も多彩になっていったのであろう。 ➡彦市 常光 徹

紀伊国屋文左衛門 きのくにやぶんざえもん

元禄時代の豪商。生没年不詳。通称紀文。江戸の本八丁堀三丁目に住し幕府の材木御用達として活躍、巨富を積んだ。たとえば一六九八年(元禄一一)に江戸寛永寺根本中堂の資材調達を請け負ったと伝えられるほか、一七〇〇年には下総香取社の普請用材を調達している。これら用材は、おもに駿府(静岡市)の豪商松木新左衛門らとともに、大井川上流の駿州・遠州(静岡県)の山々から採材した。忍《おし》藩主阿部正武らに大名貸も行っていたらしい。とくに、柳沢吉保と並ぶ幕閣の実力者であった老中阿部とは密接な関係にあった。同藩の記録『公余録』によれば、一七〇三年九月一五日に江戸藩邸で正式に御目見し拝領物を頂戴、翌日忍領内の秩父銅山見分に出立したが、終始きわめて丁重な待遇をうけており、権力と結託する政商としての一面をうかがうことができる。このほか、幕府の鋳銭事業を請け負ったと伝えられるが、上記の秩父銅山見分は、その銅銭鋳造事業と無関係ではなかろう。

日常生活は贅をきわめ、吉原でも豪遊したため紀文大尽と呼ばれたが、宝永末年か正徳のころ材木商を閉業し、深川一の鳥居付近に隠棲、晩年は微禄した。山東京伝の『近世奇跡考』(一八〇四成立)によれば、俳諧を宝井其角に学び千山と号し、一七三四年(享保一九)四月二四日没、法名は帰性融相信士、深川霊巌寺塔頭の浄等院に葬られたという。没落の原因は、大金を湯水のごとく遊び費やしたということだけでなく、過伐濫伐により山林が荒廃し林業不況が生じたため、当時一般に材木商経営が悪化したことが挙げられる。さらに没落の背景として、元禄のインフレ政策から新井白石の正徳の治によるデフレ政策へと幕政が転換したため、政商紀文の活躍する場がなくなったことも指摘できよう。このように紀文は、その身一代で豪商に成りあがり、また没落したことで有名であるが、創業の基礎をひらき財をなしたのは紀州出身の父であり、豪遊して没落したのはその子であるという紀文二代説もあるなど、紀伊国屋文左衛門の履歴には、いまなお不明の点が多い。 竹内 誠

●――**紀伊国屋文左衛門** 節分に豆の代りに金をまく紀文大尽の豪遊ぶり。『近世奇跡考』。

【伝承と作品化】 文左衛門の俗伝は、ミカンの買出しと吉原豪遊によって有名であり、ま

た明暦大火のおり木曾材買占めで巨利を得た河村瑞賢の逸話が混同されるなど、早くから伝説化した。享保期の俳優二朱判吉兵衛作と伝えられる『大尽舞』に「抑《そもそも》お客の始りは高麗もろこしはぞんぜねど、今日本にかくれなき紀の国文左でとゞめたり、緞子《どんす》大尽はりあひに三浦の几帳《きちょう》を身受する……」とうたわれている。江戸期随筆考証文の類にも紀文の事跡は記されたが、真偽わかちがたい。読本『昔唄花街始《むかしうたくるわのはじまり》』(式亭三馬作、一八〇九)には、「つのくに汶三《ぶんざ》」の名で捌《さば》き役として登場、人情本『紀文実伝長者永代鑑』(二世楚満人(為永春水)作、文政年間)、合巻『黄金水大尽盃《おうごんすいだいじんさかずき》』(二世為永春水作、一八五四—六六)等では主人公となっている。歌舞伎では『青楼詞合鏡《さとことばあわせかがみ》』(並木五瓶作、一七九七年桐座初演)で三世沢村宗十郎が紀伊国屋文蔵に扮し好評を得、以来読本等の挿画は宗十郎の似顔で文左衛門を描くに至った。また『紀文大尽廓入船《くるわのいりふね》』(三世河竹新七作、一八七八年市村座初演)は、前期二世為永春水作の合巻をもとに放牛舎桃林が講釈化したものの脚色。長唄にも『紀文大尽』(中内蝶二作詞、一九一一発表)、また実録本には『名誉長者鑑』(成立年不詳)があり、俗伝ではおおむね初世の一代富豪化と二世の驕奢・零落とが分けて描出され、江戸町人の一典型となっている。

小池 章太郎

○ついぞねへあそびをしたはざいもくや(天二満2)

○然るに紀文内では糠味噌汁(三九12)

第一句、紀文大尽は吉原の大門を閉ざし、一〇〇〇両の金を費消したと伝えられる。「ついぞねえ」はこれまでにない、の意。第二句の「糠味噌汁」は「傾城買(女郎買とも)の糠味噌汁」(むだ金を使う者は、必要なものにさえ費用を惜しむ)の俚諺で、内実は吝嗇《りんしょく》であったろうとのうがち。

吉備真備 きびのまきび 六九五—七七五

(持統九—宝亀六)もと下道《しもつみち》真備。奈良時代の学者、政治家。備中国下道郡出身。父は右衛士少尉下道圀勝《くにかつ》。母は楊貴(八木)氏。圀勝の母の骨蔵器が岡山県矢掛町東三成で発見されている。七一六年(霊亀二)二二歳で唐への留学生となり翌年出発し、七三五年(天平七)に帰国。唐では儒学のほかに天文学や兵学、音楽も学んだことは、帰朝時に献上した『唐礼』一三〇巻(経書)、『大衍《えん》暦経』一巻、『大衍暦立成』一二巻(以上天文暦書)、測影鉄尺(日時計)、銅律管、鉄如方響、写律管声一二条(以上楽器)、『楽書要録』一〇巻(音楽書)、絃纏漆角弓、馬上飲水漆角弓、露面漆四節角弓各一張(いずれも騎馬民族の使う弭《ゆはず》が角製の弓)、射甲箭二〇隻、平射箭一〇隻等によ

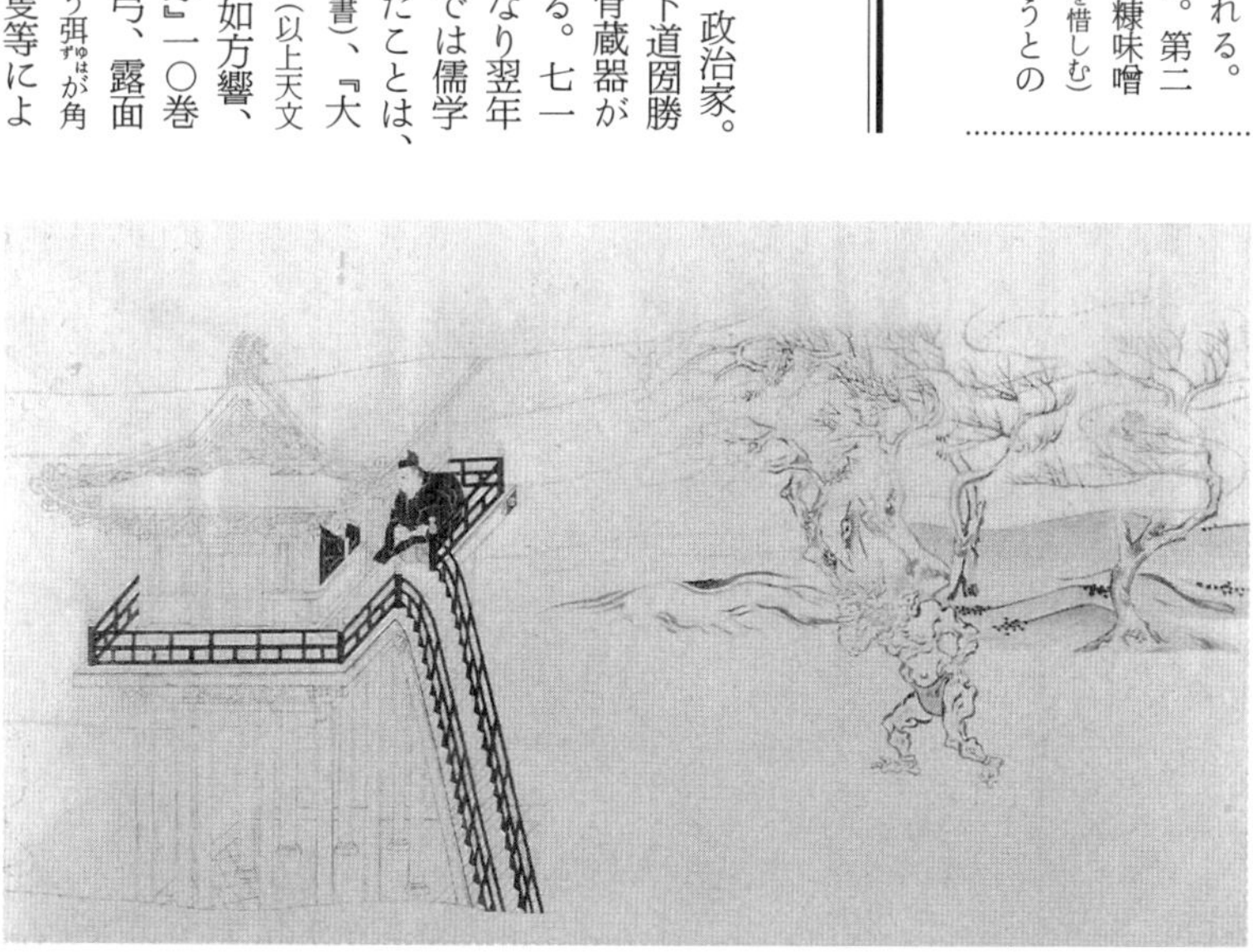

◉—吉備真備 楼門に幽閉された真備を訪ねる阿倍仲麻呂の亡霊である鬼(右)。姿を変えてくるよう命じられ仲麻呂は衣冠に身を正し、楼門上で真備に故郷のようすを聞く。建物内で笏を持つのが真備。『吉備大臣入唐絵詞』。ボストン美術館蔵。

ってわかる。また『東漢観記』も将来した(『日本国見在書目録』に記す)。帰朝後、大学助また七三七年中宮亮に任ぜられ、七三八年右衛士督を兼ねた。七三七年疱瘡が流行して多くの貴族が死に、生き残った貴族から橘諸兄が七三八年右大臣に任ぜられ、政権を握った。吉備真備と僧玄昉《げんぼう》(真備と同時に帰国)とは諸兄に重用された。これをねたんだ大宰少弐藤原広嗣は七四〇年に真備と玄昉を除くのを名目として九州で反乱を起こしたが、まもなく鎮定された。真備は皇太子阿倍内親王(のち孝謙・称徳天皇)に東宮学士として『漢書』『礼記』を教授した。彼が後年称徳天皇時代に右大臣に任ぜられたのは、このときの信任によるといえよう。七四三年従四位下、春宮《とうぐう》大夫兼皇太子学士になり、七四六年姓吉備朝臣を賜り、七四七年右京大夫に転じ、七四九年従四位上に昇った。

孝謙天皇が即位すると、藤原仲麻呂が専権をふるい真備は不遇であった。淳仁天皇時代も同様である。すなわち七五〇年(天平勝宝二)筑前守ついで肥前守に左遷され、一四年間九州にいた。七五四年大宰少弐、七五九年(天平宝字三)同大弐に昇任し、この間七五一年遣唐副使として渡唐、また筑前怡土《いと》城を七五六年に築いた。七六三年儀鳳暦に替え、大衍暦が採用されたのは、彼の暦学が認められたものである。七六四年造東大寺長官に任ぜられ、七〇歳で帰京できた。同年九月恵美押勝(藤原仲麻呂)が反乱を起こしたときには、その退路を遮断する方向へ派兵、押勝を斬りえたのは、彼の兵学の才を示す。その功で従三位勲二等を授けられ、中衛大将に任ぜられた。称徳天皇の重祚により、中納言、大納言をへて七六六年(天平神護二)右大臣に任ぜられた。地方豪族出身では破格の出世である。七七〇年(宝亀一)、称徳天皇没後、後継天皇候補に文室《ふんや》浄三を推して敗れ、辞職。七七五年一〇月二〇日、八一歳で没。著書に『私教類聚《しきょうるいじゅう》』『道璿和上纂《どうせんわじょうさん》』『刪定《さくてい》律令』がある。

横田 健一

『江談抄《ごうだんしょう》』や『吉備大臣入唐絵詞』などによると、真備は入唐のとき、諸道・諸芸に通じていたので、唐人は恥じてこれを殺そうとする。まず鬼のすむ楼に幽閉するが、鬼が唐土に没した阿倍仲麻呂の霊で真備は救われる。さらに『文選』、「野馬台の詩」の解読や囲碁の勝負などを課せられるが、鬼の援助で解決する。最後に食を断って殺そうとするが、真備は鬼に求めさせた双六《すごろく》の道具で日月を封じ、驚いた唐人は彼を釈放したという。『今昔物語集』は僧玄昉をとり殺した藤原広嗣の霊を真備が陰陽道の術をもって鎮圧したとし、『簠簋《ほき》抄』は、陰陽書『簠簋内伝』を請来したのを真備とし、彼を日本の陰陽道の祖とする。中世の兵法書などは、張良が所持した『六韜・三略』の兵法を請来したのを真備とし、日本の兵法の祖とする。野馬台の詩は蜘蛛《くも》のひく糸によって解読したと伝えるが、中世の寺社などではこの野馬台詩を重宝し、多くの写本が作られた。囲碁、『文選』、火鼠《かそ》の皮なども真備が日本に請来したとされる。

山本 吉左右

○おふちやくな丸のみにした碁の妙手(宝九閏七・一五)

玄宗皇帝の御前で碁の名人玄東と碁を打ち、真備は白石をとり、一目の勝ちとなるところ、玄東の妻が白石一個を盗んで呑み下したが、真備は知らぬ顔で許し、そのため一命を救われたという説話。

○碁には鬼四角な道は蜘が下り(宝十一義1)

「鬼」は阿倍仲麻呂の霊、その霊の援助で真備は勝つ。「四角な道」は一二〇字からなる謎の野馬台詩のこと。

木村重成 きむらしげなり ?—一六一五(元和一)

安土桃山時代の武将。木村常陸介の子とも、紀伊の地侍出身ともいわれる。幼少より豊臣秀頼に仕え、長門守と称した。大野治長らとともに、対徳川強硬派の一人であったといわれる。大坂冬の陣では、佐竹義宣、上杉景勝の兵を今福、鴫野に破って奮戦したが、夏の陣で井伊直孝と若江に戦って戦死した。首級が家康のもとに届けられたとき、頭髪に香がたきこめられていた。

高木 備太郎

○むづかしい判とりの来る茶臼山(一九5)
○木村が預り大坂の冬相撲ウ(九六9)
両句ともに、大坂冬の陣で木村重成が茶臼山に乗りこみ、講和の誓紙を求め、その際血判が薄く不鮮明であったため、重成が再度鮮血を強いたという、いわゆる「木村重成血判取」の話(見聞書)によっている。第二句は相撲句に仕立て、木村で行事庄之助に通わせる。史実では茶臼山へ赴いたのは、常高院、二位局、饗庭局《あいばのつぼね》の三名で、右の話は虚説。

行基 ぎょうき 六六八―七四九(天智七―天平勝宝一)奈良時代の僧。父は高志才智《こしのさいち》、母は蜂田古爾比売《はちたのこにひめ》。高志氏は百済系渡来人の書(文)《ふみ》氏の分派。行基は河内国(大阪府)大鳥郡の母方の家で生まれた(この地はのち和泉国に属した)。六八二年(天武一一)一五歳で出家し(飛鳥寺の道昭を師としたと考えられる)、瑜伽論《ゆがろん》、唯識論《ゆいしきろん》の教義をすぐ理解した。道昭は六五三年(白雉四)入唐し長安で玄奘《げんじょう》に師事し、同室に住むことを許され大きな影響を受け、経論をたずさえ帰国し、飛鳥寺の東南の禅院で弟子を養成するとともに、民間で井戸、船、橋などを造る社会事業にも努めた。行基は入唐していないが、師の道昭を介し唐やインドの仏教に目をそそぎ、また行基の活動における伝道と社会事業の結合も道昭から学んだ影響であろう。

七〇二年(大宝二)大宝律令施行によって天皇と貴族が庶民を支配する体制が確立し、庶民は課税軽減、生産向上、宗教的救済を切望した。行基は七〇四年(慶雲一)生家を寺に改め(家原寺《えばらのでら》。大阪府堺市)、その後都鄙に伝道と社会事業を展開した。彼を慕い集まる庶民はしばしば一〇〇〇をかぞえ、説法を聞き、また土木技術を修得した行基の指導にしたがい橋や堤を造り、すみやかに完成させた。行基が七四一年(天平一三)までに河内、和泉、摂津、山背(城)国などに造った池一五、溝七、堀四、樋三、道一、港二、布施屋《ふせや》(調庸運脚夫や役民《えきみん》を宿泊させ食糧を与える)九などの農業・交通関係施設の位置と規模が「天平十三年記」(『行基年譜』所引)に記される。

『行基年譜』(一一七五、泉高父宿禰著)には彼が七四五年ころまでに畿内に開いたいわゆる四十九院の寺の位置と建立年代が記され、これも庶民の信者の寄進や協力で造られた。四十九院は社会事業施設と結合しており、たとえば狭山池院(大阪府大阪狭山市)には狭山池、昆陽施院《こやせいん》(昆陽寺。兵庫県伊丹市)には昆陽池、昆陽布施屋および孤(親のない子)独(子のない親)収容所が対応する。寺では伝道のほか社会事業施設の管理も行われ、伝道と社会事業を結合した活動は隋の三階教(信行が創始者)の影響という。

七一七年(養老一)政府が行基の伝道を『僧尼令《そうにりょう》』違反として禁圧したのは、彼への社会的信望を忌避したためとも、政府が隋の文帝

●――**行基** 築港工事を指導する行基。『行基菩薩行状絵伝』。家原寺蔵。

や唐の高宗による三階教(教団は王権から独立すべきものだと主張)弾圧から刺激されたためともいう。しかし政府は行基の土木技術や、庶民を動員する力量を利用するため、三世一身法や墾田永年私財法発布の過程で七三一年伝道禁圧をゆるめ、七四三年紫香楽《しがらき》での大仏造営詔発布のさい勧進(募財)役に起用し、七四五年大僧正に任じた。平城還都後、大仏造営は金鐘《こんしゆ》寺(のち東大寺)で再開されたが、行基は七四九年菅原寺(奈良市)で没。彼が大野寺(大阪府堺市)に造った土塔はインドのストゥーパ(仏塔)に源流をもつ。彼の伝記史料に竹林寺(奈良県生駒市)出土の火葬墓誌や家原寺蔵『行基菩薩行状絵伝』(室町時代)などがある。　井上　薫

【行基信仰と伝承】　仏教の民間布教に尽くした行基は、早くから敬慕の対象になり、多くの伝説が伝えられている。『日本霊異記』には、行基が説法の場において、教えを受けに来た女の過去を見抜いたり(中、第三十)、髪に猪の油を塗っているのを遠くから指摘し退場させた(中、第二十九)というような話が収められているが、その説話には、行基の布教の姿をほうふつとさせるものがある。また、行基が大僧正になったのをねたんだ智光が地獄に落ちたという話(中、第七)も、平安時代初期の行基信仰の一面を伝えている。それらの説話は、後の説話集に受けつがれていったが、平安時代中期になると、行基は胞衣《えな》にくるまったままで生まれたという『本朝法華験記』『日本往生極楽記』の伝のように、常ならぬ人として強調されるようになった。幼いときから仏法に通じ、さまざまに方便を用いて人々を救うと伝えられる行基の姿には、民間の行基信仰があらわれている。中世に入って、行基への敬慕はさらにひろまり、行基の開創になるという寺、行基の手になる仏像、橋、港などの伝承は、畿内を中心に数多く見られる。そうした中で、行基は、中世の民間の仏教と、仏教が最もさかえた天平時代とをつなぐ人物として重視されるようになった。菩薩号を聖武天皇から授けられたという伝承や、行基が伊勢神宮に参詣して神の示現を得たという『通海参詣記』の記事は、そうした中で生まれたものといえよう。『新勅撰集』は「のりの月ひさしくもがなとおもへどもさ夜ふけにけりひかりかくしつ」を、行基の辞世の歌として収め、この歌についての説話は『古今著聞集』に見える。また『玉葉集』に行基菩薩の歌として収められている「山どりのほろほろとなくこゑきけばちちかとぞおもふ母かとぞおもふ」という歌は、日本人の自然観をよくあらわしているためか、広く知られている。『行基式目』(一六二二、良定著)をはじめ、行基に仮託される民間の教訓書の多さ、中世以前に用いられた日本全図の原形が行基によって作られたと伝えられ、行基図と呼ばれていることなど、行基に関する伝承のひろがりを示すものは多い。　大隅　和雄

故京《ふるさと》の元興寺の村に、法会を厳《かざ》り備《まうけ》、行基大徳を請け奉り、七日法を説く。是に道俗、皆集《つど》ひて法を聞く。聴衆の中に、一の女人有り。髪に猪の油を塗り、中に居て法を聞く。大徳見て、嘖めて言はく「我、甚だ臭きかな。彼の頭に血を蒙《かがふ》れる女を、遠く引き棄てよ」といふ。女大きに恥ぢ、出で罷《まかり》き。凡夫の肉眼には、是れ油の色なれども、聖人の明眼には、見《けに》に宍《しし》の血を視る。日本の国に於いては、是れ化身の聖なり。隠身の聖なり。

日本霊異記中巻第二十九「行基大徳、天眼を放ち、女人の頭に猪の油を塗れるを視て、呵嘖する縁」

天皇、東大寺ヲ作給テ供養シ給ハムスルニ、講師ニハ、行基菩薩ヲ定テ、宣旨ヲ給ニ、行基ハ。其事ニタヘス侍リ。外国ヨリ大師来給ヘシ。ソレナムツカウマツルヘキ。ト奏スレハ、供養セムトスルホトニ成テ、摂津国ノ難波ノ津ニ、大師ノムカヘトテユク。即、オホヤケニ申給テ、百僧ヲヒキヰタリ。(僧ノ)次ニ行基ハ第百ニアタリ給ヘリ。治部玄蕃雅楽司等ヲ船ニノリクハヘテ、音楽ヲ調《トヽノヘ》テユキ向ニ、難波ノ津ニイタリテミレハ、人モナシ。行基、閼伽一具ヲソナヘテ、ソノムカヘニイ

タシャル。花ヲモリ、香ヲタキテ、潮ノ上ニウカフ。ミタレチルコトナシ。シハラクアリテ、ハルカニ西ノ海ニウカヒ行ヌ。ミタレチルコトナシ。ハルカニ西ノ海ニウカヒ行ヌ。

タシャル。花ヲモリ、香ヲタキテ、潮ノ上ニウカフ。ミタレチルコトナシ。シハラクアリテ、ハルカニ西ノ海ニウカヒ行ヌ。シハラクアリテ、小船ニノリテ、波羅門僧正、名ハ菩提トイフ僧、来レリ。閼伽、又、コノ舟ノ前ニウカヒテ、ミタレスシテ帰来レリ。菩提ハ、南天竺ヨリ、東大寺供養ノ日ニアハムトテ、南海ヨリ来レリ。舟ヨリ浜ニヨセテ、ヲリテ、タカヒニ手ヲトリ、喜ヱメリ。行基菩薩、先、読哥曰。

霊山ノ尺迦ノミマヘニ契テシ　真如クチセスアヒミツルカナ

波羅門僧正、返哥曰。

伽毗羅衛ニトモニ契シカヒアリテ　文殊ノ御皃アヒミツルカナ

トイヒテ、トモニ宮コニノホリ給ヌ。爰ニ知ヌ。行基ハ是、文殊ナリケリト。　三宝絵巻中

昔、行基菩薩、向有馬温泉之間、武庫郡内、有一病者、臥山中。行基、問云。汝、依何患、方如斯哉。病者、答云。為療病痾、欲赴温泉、筋力尩羸、難達。飲食既絶、漸及数日。願、聖人、忝施恵慈、助我身命。於是、行基、与粮止病者。々々云。自、非鮮魚者、不能以食矣。因茲、行基、至長州浜、求得魚肉、令与病者。々々云。調其味、宛其膳、仍和塩梅、欲勧病者、聖人先試其気味、以食魚肉。行基、嘗之試之、美也。予赴食之、宜補病飢、乍臥地上、食干懐中。病者、又云。身煩瘡、求湯之効験。汝、実為聖人者、舐我膚、扶此病。其躰如焼爛、其香多臭穢。云然而、慈悲至深、相忍舐之者、其崩膚、則、紫磨金色也。望其形貌、亦薬師如来也。其時、仏告曰。我是、温泉之行者也。為試聖人之慈愛、仮現病者形躰。言訖而去、忽然無跡。行基、当其時、成誓願、之建立堂舎、安薬師、必示勝地、崇其跡。温泉山住僧薬能、伝聞往事、粗記大概矣

弘仁十年八月七日

旧記云。参詣之人、奉幣之後、念観音宝号、誦楽師真言、強不専持斎、不憚肉食云。是、慈悲広大療病基也。凡、此温泉詣人、現世得除病延齢之益、来生証阿耨菩提之果者、洗垢穢之身、新受金色之膚、且所示之相、是也。

天慶八年　月　日　　温泉山住僧薬能記

教信　きょうしん　？—八六六（貞観八）

平安初期の念仏行者。後世の伝では京都の人。光仁天皇の後裔とも伝え、興福寺で出家し、諸国を巡歴したというが、いっさい不明。播磨国賀古郡賀古駅の北に草庵を結び、在俗の沙弥《しゃみ》として妻子を養い、村人に雇われて生活した。西方浄土を念じて日夜念仏を怠らず、村人は「阿弥陀丸」と呼んだ。死の前夜、摂津国勝尾寺の座主勝如のもとへ教信が訪れ、本日極楽へ往生すること、勝如は明年の同月同日に往生すると予告したので、弟子を遣わして尋ねたところ、はたして教信は死んでおり、遺骸は犬が群がって食べていた。勝如は自分の修行より教信の念仏に勝るものはないと悟り、集落に出て念仏をすすめ、予告のとおり往生をとげた。教信の往生は、往生伝や説話に収録され、広く知られた。院政期南都の浄土教家永観は、教信を念仏者の理想像として、『往生拾因』に詳しく述べた。親鸞はつねに「われはこれ賀古の教信沙弥の定なり」と語り、非僧非俗の範としている。一遍も旧跡に詣でて踊念仏を興行し、臨終の地に定めようとした。教信の伝は種々の潤色が加えられ、謡曲『野口判官』や浄瑠璃『賀古教信七墓廻』の素材となり、人々に親しまれた。

西口　順子

同九年に印南野の教信寺に参り給ふ。本願上人の練行の古跡懐かしく思ひ給ひながら、やがて通り給ふべきにて侍りけるに、如何なる事か有りけむ、教信上人の止め給ふとて、一夜留り給ふ。人怪しみをなし侍りけり。

一遍聖絵第三十七段

吉良上野介　きらこうずけのすけ　一六四一—一七〇二（寛永一八—元禄一五）

吉良義央《よしなか》。江戸中期の幕臣。赤穂事件の中心人物。禄高は四二〇〇石。一六六八年（寛文八）に父の跡をついで高家《こうけ》となり肝煎《きもいり》をつとめたが、一七〇一年（元禄一四）三月一四日に江戸城中で、礼式指導で侮辱されたとして赤

穂藩主の浅野長矩《ながのり》に斬りつけられて負傷し、辞職して翌年隠居した。切腹となった長矩の家臣は、義央を浅野家を破滅に追いこんだ事実上の仇敵とみなし、義央は〇二年一二月一四日赤穂浪士に邸を襲われて殺害され、吉良家はその際の対処の仕方が「不埒」であるとして取りつぶされた。 田原 嗣郎

赤穂浪士の討入りに取材した「忠臣蔵物」の作品群で、義央は中心人物の一人として描かれる。『仮名手本忠臣蔵』では、高武蔵守師直として登場し、専横なふるまいのうえに好色でわいろ取りの敵役となっている。これは『太平記』に登場する高師直《こうのもろなお》のイメージによるところも大きい。また、生捕りにされ、「覚悟はできている、さあ、首をとれ」と言いながらも、油断をみすまして大星由良助《ゆらのすけ》(大石良雄)に斬りかかるという、卑怯未練な人物としても描かれている。「忠臣蔵」の詳細な演出史を示した『古今いろは評林』(一七八五)には、師直の演じ方に関し「すべて此役は高位の姿にて、底意に恋をもって意地をふくみ、言葉しつこう憎がらるるやうにするを本意とする也」と記されている。こうした師直像は、歌舞伎や人形浄瑠璃の舞台をはじめとし、浪曲、講談、映画をも通して、ますます悪人として誇張され脚色されて、広く浸透していった。実在の義央は、高家の筆頭として、将軍の名代をつとめ、朝廷への使いや伊勢・日光の代参もした。諸儀式の礼典をまかされた諸代名には、有職故実《ゆうそくこじつ》の指導もした。また、義央は上杉家当主の実父であっただけでなく、島津家の岳父であり、将軍家や紀州家とも縁つづきになっていた。こうした彼の地位や年齢からくる傲慢不遜な点はあったであろう。しかし、吉良(現、愛知県西尾市)の領主として黄金堤《こがねづつみ》の築堤や饗庭塩《あえばじお》の生産、新田の開発などを通し、領民から評価されている。 中山 幹雄

↧赤穂浪士

イヤ又其元の奥方は貞女といひ。御器量と申手跡《しゅせき》は見事。御自慢なされ。むっとなされな嘘はないはさ。今日御前にはお取込。手前迚《とて》も同然。其中へ鼻毛らしい。イヤ是は手前が奥が哥でござる。それ程内が大切なら御出御無用。惣躰《そうたい》貴様の様な。内に計《ばか》り居る者を。井戸の鮒じゃといふ譬《たとへ》が有。聞て置しゃれ。彼鮒めが僅《わづか》三尺か四尺の井の内を。天にも地にもない様に思ふて。不断外を見る事がない。所に彼井戸がへに釣瓶《つるべ》に付て上ります。それを川に放しやると。何が内に計居る奴じゃによって。悦んで途《と》を失ひ。橋杭《はしぐゐ》で鼻を打て。即座にぴり〱〱と死ます。貴様も丁度鮒と同じ事ハ、〱〱と。出放題。判官腹に据兼《すへかね》。こりゃこなた狂気めさったか。イヤ気が違ふたか師直。シャこいつ。武士を捕へて気違とは。出頭第一の高師直。ム、すりゃ今の悪言は本性よな。くどい〱。又本性なりゃどふする。ヲ、かうすると抜《ぬ》き討に。真向《まっかう》へ切付る眉間の大疵《きず》。

仮名手本忠臣蔵三段目

○しつこしも無クてみけんに疵を受ケ(明三信2)
○白むくを着てすみつこにかくれてる(二三23)
○炭のみか浅漬なども取てなげ(九五6)

第一句、「しつこしがない」は意気地がないの意。第二、三句は討入りのあったとき義央は炭部屋に隠れひそんでいたという。

吉良の仁吉 きらのにきち 一八三九—六五

(天保一〇—慶応一)

江戸後期の俠客。三州吉良横須賀の生れで、本名は太田仁吉。父は善兵衛といい、綿の実買入れを業としていた。所領においてはなにひとつ過失のない政治家だった吉良義央を慕う気風の影響をうけ、若くして頭角をあらわし、草相撲の大関で吉良錦を名乗る。御油の玉屋の玉吉、神戸《かんべ》の長吉とならんで「三吉」と称された。義兄弟の杯を交わした神戸の長吉が、荒神山の開帳の盆割りをめぐって安濃徳次郎から果し状をつきつけられたとき、安濃徳の妹である妻を離別して神戸の長吉に加勢する。一八六五年(慶応一)の世にいう高(荒)神山の争いで、安濃徳のやとった土地の猟人

の鉄砲で撃たれたところを、角井門之助に斬られて命を落とす。清水次郎長一家の加勢とともに二九人で四三〇人を相手に戦った男気と神戸の長吉との義理に殉じたことが、「太く短い」男の生涯の典型として、講談、芝居、映画、歌謡曲などにとりあげられている。

矢野 誠一

慶応三年の四月二日、吉良の仁吉、神戸の長吉、大政、小政、桝川の仙右衛門、小松村の七五郎、大瀬の半五郎、桶屋の鬼吉、法印大五郎を初め同勢二十九人、次郎長に見送られて三州吉良の浜辺を船出、勢い込んで伊勢へ乗り込んでまいりました。

四月八日、お釈迦さまの誕生日、この日はお賽銭勘定場という建て札が立って賭場が開かれる。今年は自分が盆割りをするのだから、安濃徳次郎大勢の乾児《こぶん》をつれて荒神山へ出張する。

すると神戸の長吉に助勢をして、吉良の仁吉が、荒神山へ掛け合いに来るということが早くも安濃徳の耳に入ったから「それっ」というので、残らず身内を集めて、今に乗り込んで来たら、ただ一蹴に蹴っ散らかしてやろうと、支度おさおさ怠りなく待ちかまえております。(中略)

「仁吉っ、いたな」と声を掛けた者がある。信州松本浪人の角井門之助、今は安濃徳の乾児になって用心棒をしているが、世に在るときは十万石の松平丹波守様から二百石をいただいて、剣道指南番をしていた男。

仁　やあわれぁ門之助、いいところへ来た、安濃徳の首がもらえなけりゃあ、せめててめえの首でも持って帰ろうと思っていたんだ、さあ来いっ

門　おのれ、ふざけたことをぬかしゃがる、十万石の指南番をつとめた角井門之助の腕前を見ろ

仁　指南番か葱《ねぎ》南蛮か知らねえが、こっちは持って生まれた度胸免許、斬れるものなら斬って見ろ

門　何をっ

チャリンチャリーン、しばらく斬り結んでいたが、さすがに腕前自慢の門之助ですが、決死の仁吉の切っ先鋭く、後へ後へと斬りまくられていく。

すると木の上にのぼっておりましたのが、狩屋谷の猟師玉五郎、安濃徳から、もし清水の同勢が斬り込んで来たら、狙い撃ちをしてくれと頼まれて、鉄砲へ弾丸《たま》ごめをして待っていた。

いま角井門之助を斬り立て斬り立ていく仁吉の胸元へ拳下がりにぴたりと狙いをつけて、ドーンと切って放った弾丸は、仁吉の左の股を打ち抜いた。

仁　あっ……

ドーンと仁吉は仰向けに倒れた。起きようとしたが、もう足の自由がきかない、この時だと斬り込んで来る角井門之助、二三合仁吉は受けながしたがかないません。

門　まだ死なねえか

斬り下ろして来た角井の一刀に、あわれや吉良の仁吉はここに最期を遂げました。

ところへバタバタバタッと駈けて来たのは、大政。

大　やあ、仁吉を殺りゃがったな、待てっ

門之助がふり返ったとたんに「えいっ」突き出した六尺の手槍、ずばっと腰の番いに十分に突っ込んだ。「あっ」といって仰向けに反るやつを一つ抉っておいてぐいと刎ねると、ひょろひょろドーンと横っ倒しに倒れた。起き上がろうとするところへ、横っ飛びに飛んで来た小政が、

小　よくも仁吉を斬りゃあがったな

えいっ、ずばっと首を斬り落としてしまった。この時大音あげた大政が、

大　やいっ、敵も味方も鳴りをしずめてよっく聞け。信州松本浪人角井門之助は、大政小政の二人が討ち取った、門之助を討ち取ったーあ

安濃徳の方では、門之助をたのみにしていたと見えまして、これを聞くと一度に勇気がくじけたものか、わーっというと、ちりぢりばらばら、荒神山の奥深く逃げていく。清水の同勢が追っていこうとするのを、

大　ああいけねえいけねえ、深入りをしちゃいけねえ、喧嘩は勝ちだ、引き上げろ引き上げろ

というと、仁吉の死骸を戸板へのせて、荒

……神山を下りました。
講談清水次郎長……

金田一耕助 きんだいちこうすけ

横溝正史の小説に登場する名探偵。一九四七年(昭和二二)発表の『本陣殺人事件』に初登場。一九一三年(大正二)東北地方に生まれ、大学入学のため上京。三二年に渡米すると麻薬に溺れるが、サンフランシスコで殺人事件を解決したことで知り合った富豪の久保銀造の援助で、帰国後に東京で探偵事務所を開く。三七年に旧本陣で起こった密室殺人を解決(『本陣殺人事件』)。戦時中は出征して、四六年に復員。戦友の手紙を届けるために訪れた島で連続殺人に巻き込まれる『獄門島』をはじめ、ロジカルな推理で長短あわせて七七の事件を解決した。もじゃもじゃの頭にお釜帽を乗せ、セルの袴に下駄履きというスタイルが有名で、興奮すると頭をかき回し、吃音になる癖がある。ヘビースモーカーだが、酒は進んでは飲まない。横溝のエッセイ『金田一耕助誕生記』には、風貌のモデルは劇作家の菊田一夫で、頭をかくのは横溝自身の癖を誇張したとある。事務所は、京橋裏の雑居ビルの最上階、大森の割烹旅館の離れ、世田谷の高級アパートと変わるが、報酬を気にかけない気ままな探偵活動を続けた。七五年から七七年まで連載された『病院坂の首縊りの家』が最後の事件となり、その後ロサンゼルスへ渡ったまま消息不明になっている。初登場の頃は決してメジャーではなかったが、六八年に影丸譲也が漫画化した『八つ墓村』が人気を博し、それに目を付けた角川書店が七〇年代半ばから映画化と文庫のメディアミックス戦略で広めたことで、国民的な名探偵になっていった。多くの俳優が演じているが、映画では石坂浩二、テレビドラマでは古谷一行が当たり役とされることが多い。

末國　善己

く

空海 くうかい　七七四―八三五(宝亀五―承和二)

弘法大師、俗に「お大師さん」と略称する。平安時代初期の僧で日本真言密教の大成者。真言宗の開祖。讃岐国(香川県)多度郡弘田郷に生まれた。生誕の月日は不明であるが、後に不空三蔵(七〇五―七七四)の生まれかわりとする信仰から、不空の忌日である六月一五日生誕説が生じた。父は佐伯氏、母は阿刀《あと》氏。弟に真雅、甥に智泉、真然、智証大師円珍、また一族に実恵、道雄ら、平安時代初期の宗教界を代表する人物が輩出した。自伝によれば、七八八年(延暦七)一五歳で上京、母方の叔父阿刀大足《あとのおおたり》について学び、一八歳で大学に入学、明経道の学生として経史を博覧した。在学中に一人の沙門に会って虚空蔵求聞持《こくうぞうぐもんじ》法を教えられて以来、大学に決別し、阿波の大滝嶽、土佐の室戸崎で求聞持法を修し、吉野金峰山、伊予の石鎚山などで修行した。この間の体験によって七九七年二四歳のとき、儒教、仏教、道教の三教の優劣を論じた出身宣言の書『三教指帰《さんごうしいき》』を著した。このころから草聖と称されるようになった。

八〇四年四月出家得度し、東大寺戒壇院に

◉——空海

❶神泉苑で雨乞いをする。『版本高野大師行状図画』。個人蔵。

❷白黒二匹の犬を連れた狩人(狩場明神、高野明神)と会い、高野山に案内される。『版本高野大師行状図画』。醍醐寺蔵。

❸稲荷明神と対面する。『弘法大師行状絵詞』。東寺蔵。

❹弘法大師の母。日輪に申し子して、空海を懐妊する母あこう御前。『説経苅萱』の挿絵。天理図書館蔵。

❺鯖大師の画像版木。サバ(鯖)を馬に負わせた商人が、旅の僧にサバを所望されて断ると、僧の呪いで馬が腹を病んだが、わびてサバを献じると治った、という伝説。この僧は、弘法大師あるいは行基のこととして語られ、腹病のときにサバを供える信仰がある。行基寺蔵。

❶

❷

❹

❸

❺

おいて具足戒を受け空海と号した。同年七月遣唐大使藤原葛野麻呂に従って入唐留学に出発、一二月長安に到着した。翌八〇五年西明寺に入り、諸寺を歴訪して師を求め、青竜寺の恵果に就いて学法し、同年六月同寺東塔院灌頂道場で胎蔵、七月金剛の両部灌頂を、八月には伝法阿闍梨位灌頂を受け遍照金剛の密号を授けられ、正統密教の第八祖となった。師恵果の滅後八〇六年(大同一)越州に着いて内外の経典を収集し、同年八月明州を出発して帰国した。一〇月遣唐判官高階遠成に付して請来目録をたてまつったが入京を許されず、翌八〇七年四月観世音寺に入り、次いで和泉国に移り八〇九年七月に入京した。

同年八月、経疏の借覧を契機に最澄との交流がはじまり、一〇月嵯峨天皇の命で世説の屏風を献上したが、このころから書や詩文を通じて嵯峨天皇や文人の認めるところとなった。八一〇年(弘仁一)一〇月、高雄山寺で仁王経等の儀軌による鎮護国家の修法を申請したが、これが空海の公的な修法の初例である。八一一年一〇月、乙訓《おとくに》寺別当に補され修造を命じられたが、八一二年一〇月高雄山寺に帰り、一一月最澄や和気真綱に金剛界結縁灌頂、一二月には最澄以下一九四名に胎蔵界結縁灌頂を授けた。八一三年最澄は弟子円澄、泰範、光定らを空海の下に派遣して学ばしめ、同年三月の高雄山寺の金剛界灌頂には泰範、円澄、光定らが入壇している。八一二年末の高雄山寺の灌頂や三綱《さんごう》の設置は教団の組織化を意味しており、八一三年五月には、いわゆる弘仁の遺誡を作って諸弟子を戒めている。八一四年には日光山の勝道上人のために碑銘を撰し、八一五年四月には弟子の康守、安行らを東国に派遣し、甲斐、常陸の国司、下野の僧広智、常陸の徳一らに密教経典の書写を勧め、東国地方への布教を企てた。このころ『弁顕密二教論』二巻を著し、八一六年五月、泰範の去就をめぐって、最澄との間に密教理解の根本的な相違を表明してついに決別した。

同年七月、勅許を得て高野山金剛峯寺を開創したが、八一九年ころから『広付法伝』二巻、『即身成仏義』『声字実相義』『吽字義《うんじぎ》』『文鏡秘府論』六巻、八二〇年『文筆眼心抄』などを著述して、その思想的立場と教理体系を明らかにした。八二〇年一〇月伝灯大法師位、八二一年五月には請われて讃岐国満濃池を修築し、土木工事の技術と指導力に才能を発揮した。八二二年二月、東大寺に灌頂道場を建立して鎮護国家の修法道場とした。八二三年正月、東寺を賜り真言密教の根本道場とし、同年一〇月には真言宗僧侶の学修に必要な三学論を作成して献上し、五〇人の僧をおいて祈願修法せしめた。八二四年(天長一)少僧都、八二七年大僧都。八二八年一二月、藤原三守の九条第を譲りうけて綜芸種智院《しゅげいしゅちいん》を開き儒仏道の三教を講じて庶民に門戸を開放した。このころ、漢字辞書として日本最初の『篆隷万象名義《てんれいばんしょうめいぎ》』三〇巻を撰述した。八三〇年天長六宗書の一つである『十住心論』一〇巻、『秘蔵宝鑰《ほうやく》』三巻を著し、真言密教の思想体系を完成した。『弁顕密二教論』では顕教と密教を比較して、顕教では救われない人も密教では救われること、即身成仏の思想を表明しており、これを横の教判といい、『十住心論』の縦の教判に対する。

空海は個人の宗教的人格の完成、即身成仏と国家社会の鎮護と救済を目標としたが、八三二年八月、高野山で行った万灯万華法会や、八三五年(承和二)正月以来恒例となった宮中真言院における後七日御修法《ごしちにちみしゅほう》はその象徴的表現である。同年正月には真言宗年分度者三名の設置が勅許され、翌二月、金剛峯寺は定額寺に列した。同年三月二一日奥院に入定した。世寿六二。八五七年(天安一)大僧正、八六四年(貞観六)法印大和尚位を追贈され、九二一年(延喜二一)弘法大師の号が諡《おくり》られた。宗教家としてのほかに文学、芸術、学問、社会事業など多方面に活躍し、文化史上の功績は大きく、それに比例して伝説も多い。

和多 秀乗

【弘法大師の説話】 弘法大師空海についてはさまざまな伝承が形成され、その人物像は多様に展開した。それらは平安〜室町時代を通して制作された各種の大師伝記に詳しい。最も早い時期に成立したのは、大師自身の遺言という体裁をもつ『遺告《ゆいごう》』の諸本であり、次いで一一世紀初頭から一二世紀にかけて、『金剛峯寺建立修行縁起』、経範の『弘法大師行状集記』(一〇八九)、大江匡房の『本朝神仙伝』、藤原敦光の『弘法大師行化記』などに大師の説話伝承が集められていく。これらは『今昔物語集』『打聞集』などの説話集の典拠となっている。鎌倉期には、これらの諸伝を基として各種の大師絵伝が制作される。その成立には確実な説はないが、梅津次郎によれば、一三世紀半ばに『高祖大師秘密縁起』『弘法大師行状図画』が成り、一三七四年(文中三・応安七)には東寺において『弘法大師行状記』が成立する。南北朝期以降は、上記大師伝の物語化、注釈化が行われる。注釈面では、『弘法大師行状要記』がその代表である。物語には、『高野物語』『宗論物語』がある。さらに、幸若『笛の巻』、説経『苅萱《かるかや》』、謡曲『渡唐空海』、室町物語『横笛草子』などにも大師伝が物語られている。

伝説化の萌芽は大師の著に仮託されている『遺告』諸本にすでにみられる。たとえば誕生の奇瑞が説かれ、子どものころ、夢中に諸仏と語ったとされ、苦行中に明星が口に入ったとされるなどである。さらに『遺告』諸本にみえる伝説的な部分を記すると次のようなものがある。行基の弟子の妻から鉢を供養され、伊豆桂谷山では『大般若経』魔事品を空中に書き、入唐中には恵果または呉殷纂から三地の菩薩とたたえられ、帰朝後は神泉苑で祈雨法を修して霊験をあらわし、その功によって真言宗をたて、高野山を開くにあたっては、丹生の女神が現れて大師に帰依し土地を譲ったとされる。また、密教を守り弥勒下生に再会するため大師は入滅に擬して入定していると説かれ、宀一山《べんいつさん》(室生寺)には伝法の象徴として如意宝珠を大師が納めたとも説かれる。

やがてこれらにさまざまな伝承が加えられるようになる。入唐求法については、夢告で久米寺東塔から大日経を感得したのがその動機とされ、恵果入滅のときに影現し生々世々師弟と生じて再会しようと契ったなどとされ(清寿僧正作『弘法大師伝』)、神泉苑に請雨法を行ったのは、無熱池の善如竜王を勧請し密教の奥旨を示すためであったとされる(同書、『二十五箇条遺告』)。大師が公家に召されて諸宗の学者を論破し信伏させた(『行状集記』)とする説話は、清涼殿で即身成仏の義を説き、みずから大日如来の相をあらわした(『孔雀経音義序』『修行縁起』)ことと結合して『行状図画』に宗論説話となり、他の大師の説話とあわせて『平家物語』に結びつき、『平家物語』高野巻などを形成する。『高野山秘記』には入唐中、童子の導きで流沙・葱嶺《そうれい》を越えて天竺の霊山の釈迦説法の座に連なり直接に教えを受けたとする渡天説話を伝える。唐土よりの帰朝に際して、三鈷を投げると雲に飛び入り、高野山に落ちたと伝え(『修行縁起』)、また鈴杵を投げると東寺、高野山、室戸に落ちたとも伝える(『本朝神仙伝』)。大師が巡遊中に猟師にあい、高野山を教えられたとする説話(『修行縁起』)があり、延喜帝の夢想により観賢が高野山に入定した大師を拝すと、容色不変であったとする説話(『行状集記』)もあり、同様の説話は『高野山秘記』『高野物語』にもあって、『行状図画』や、『平家物語』にもとり入れられる。書に秀でた大師の説話には、唐の宮殿の壁に、手足口を用いて五筆で詩を書くなどしたので五筆和尚の号を得たとするものがあり、また、唐土で童子が空海に流水に字を書かせ、大師が龍の字を書くが、これに点を付すと真の龍となったとするもの(『修行縁起』)がある。これらの説話は、先の渡天説話とも結合して謡曲『渡唐空海』、舞曲『笛の巻』、説経『かるかや』などに流れ込み、物語化される。書に関しては応天門の額の字を書き、書き落とした点を下から筆を飛ばして補ったとする(『修行縁起』)説話もあり、このような神異は『本朝神仙伝』に説かれている。験者としての大師については、神泉苑で対抗する行者守円(敏)が瓶中に竜神を閉じ込め、殿上でクリを加持してゆでたり、呪詛したりするのを大師は破って勝利する(『行状集記』『御伝』)という説話があり、やがて『太平記』の神泉苑事として物語化する。始祖としての大師は、『麗気記』などに両部神道の祖とされ、また「いろは歌」の作者ともされ、『玉造小町壮衰書』は大師の著に仮託されるが、これでは浄土教の唱導者の面をも与えられている。

大師の足跡を残す聖地は各所にあって、とりわけ四国に集中し、やがてこれを結んで参拝する四国八十八ヵ所の巡礼「四国遍路《へんろ》」が生まれた。人々は大師とともに修行することを示す「同行二人」と書いた帷《かたびら》を着て巡礼するが、このように大師は民衆の生活とも深くかかわっている。

阿部　泰郎

昔、神泉苑にして、請雨経の法を行いたまえり。修因は、諸の竜を咒《しお》えて、瓶の中に入れしかば、仍ち久しく験を得ずありき。大師は、その心を覚りて、阿耨達池なる善如竜王に請いしかば、金色の小さき竜、丈に余れる蛇に乗れり。また両つの蛇の朧《くちとり》あり。ここに大きに雨ふりたり。これより神泉苑をもちて、この竜の住む所となし、兼ねて秘法を行う地となしき。

本朝神仙伝

大師、兼ねて草書の法を善くしたまえり。昔、左右の手足と口と、筆を乗り書を成したまえり。故に唐の朝にては五筆和尚と謂えり。帝都の南面の三つの門、並びに応天門の額は、大師の書きたまいしところなり。

本朝神仙伝

弘法大師、入唐の次でに、寿量品の「常在霊鷲山」の文を憶念して、霊山に登らんと欲す。いかにしてこの願を遂げんと心中に思惟したまう。ここに於て、神童、忽ちに現わる。その躰、異気最霊にして人の知る所に越たり。和尚、心に念じ進みて云わく。「霊山は路遠きこと五万余里なり。流沙葱嶺の難路は思えば易し」。かくの如く談ずる間、白馬、忽ちに来たる。光輝の鞍を置けり。見るに神の作す所なり。神童、我をこの馬に乗せるに、この馬、飛ぶが如くに忽ちに流沙を超えぬ。次に青羊あり。長七尺ばかり、高さ六七尺ばかり。置く所の鞍は前の如し。白馬の神童も先の如く、乗て葱嶺を前みて、一時ばかりに超えぬ。その次に飛車あり。夜叉神あり。我を乗せて霊山の麓に至らしむ。是則、三宝利生の方便なり。七日間に食す所は甘露なり。これを甜て更に飢の気なし。霊山の基にして、老翁、忽然として出来して、「何人ぞ」と云う。和尚、答えて云わく。「尺迦如来を見奉らん」と。老翁、実に眼根最霊なり。仏の相を見ることを得たり云云。老翁の云わく。「仏、涅槃に入りて多くの歳を経たり。何《いかで》か能く見奉らん」。……生仏不二の観を作す時に、山、響くこと雷声の如し。微風、山木を動かし、地振に似たり。香雲、谷に満ち、身心適悦す。この時、忽に空鉢を現じ、光を放ち、山路を示す。光に随いて漸く登りて山頂に至る。時に、尺迦如来、咲を含み、顔を開くこと鵝王の如くして出給う。

……大師、この山にかよい住み給う間、異相、甚だ多かりけり。山の路の辺り、十町ばかりの沢あり。山王丹生大明神の社なり。今、天野と云う所なり。大師、登山し給いし初めに、この社の辺りに宿し給いけるに、大明神、託宣しての給わく。妾は神道にありて威福を望むこと久し。今、この所に到り給う、妾が幸いなり。弟子、昔、現人たりし時、食国皇命《をすくにすべらみこと》、是を奉らん。永き世に仰信の心を顕わさん」との給えり。

家地万町許りを給えり。……願くは初に遇いたりし獦者は、高野大明神にておわします。丹生・高野とて、山上山下共に是をいわい奉りて、今の世に法施絶えざれば、威福を増し給うらん事、おし量るべし。

かくて、官符を給わらせ給いて、伽藍を建立せんが為に、樹木をきりはらわるる間、松の木の梢に、かの唐にて投げ給えりける三鈷、厳然として懸れり。弥歓喜の心を催して、密教相応の地と云う事を知りぬ。地主山王の告げ給いし夜々の霊光は、この樹にぞありける。

……三鈷の留りたりける松樹の本にぞ、御庵室は作られて侍りける。今の御影堂、この所なり。三鈷の松とて今に侍るは、かの樹なり。

高野物語巻五

〈弘法大師の母〉さてさて大師の母御、御年八十三におなりあるが、大師に会わんとて、高野を指いてお上りあるが、にわかにかき曇り、山が震動雷電するなり。大師そのとき、いかなる女人この山におもむきてあるか、麓に下り見んと思しめせば、矢立の杉と申すに、八十ばかりな尼公が、大地の底ににえいるなり。大師御覧じて、「いかなる女人」とお問いある。(中略)大師御手を打ち、「われこそ昔の新発意、弘法なり。これまでお上りは、めでたくは候えども、この山と申すは、天を翔るつばさ、地を走る獣までも、男子というものは入るれども、女子というもの入れざる山にて候」とあれば、母御はそのとき、「わが子のいる山へ、上らぬことの腹立ちや」とて、そばなる石をお捩じあったるによって、捩石と申すなり。火の雨が降り来たれば、母御をお隠しあったによって、隠し岩と申すなり。「いかに大師なればとて、父が種を下ろし、母が胎内を借りてこそ、末世の能化とはなるべけれ。うき世に一人ある母を、いそぎ寺へ上れとはのうて、里に下れとは情けない」とて、涙をお流しある。大師そのとき、「不孝にて申すではなし」。七丈の袈裟を脱ぎ下ろし、岩の上に敷きたまいて、「これをお越しあれ」となり。母御はわが子の袈裟なれば、なんの子細のあるべきとて、むんずとお越しあれば、四十一にて止まりし月の障りが、八十三と申すに、けしつぶと落つれば、袈裟は火炎となって天へ上がる。それよりも大師、しゃうさい浄土にて、三世の諸仏を集め、両界くそんの曼陀羅を作り、七々四十九日の御弔いあれば、大師の母御、煩悩の人界を離れ、弥勒菩薩とおなりある。

説経節苅萱

○けつはさつせいと弘法大師いゝ(安七信6)
○古ル郷を弘法大師けちをつけ(宝十一満2)
○陰間愚痴弘法様が初めずば(一五三14)
　江戸期には、空海がわが国で男色を創始したとの俗伝がひろく行きわたった。第二句、「故郷」は女陰。第三句「陰間」は江戸期のゲイボーイ。
○弘法も一チ度は筆ではぢをかき(天六宮2)
　応天門の額の字を、空海が点の一つ足りぬまま掲げ、人に指摘されて、筆を投げて補ったとの説話による。空海の「投げ筆」として著名。能筆家空海に付随して生まれた伝説。

空也 くうや 九〇三—九七二(延喜三—天禄三)

平安中期、民間の浄土教の祖ともいうべき僧。弘也《こうや》ともいい、市聖《いちのひじり》、阿弥陀聖、市上人《いちのしょうにん》などと呼ばれた。民間布教僧として活動した空也は、みずからの経歴や思想について記述を残さなかったので、その生涯は不明の部分が多い。しかし、空也の活動は、同時代の文人貴族の注目する所となり、源為憲は『空也誄《るい》』を作ってその序に生涯の事跡を記し、慶滋保胤《よししげのやすたね》は『日本往生極楽記』の中に空也の伝を入れた。両書によると、空也は、すでに生存中から皇室の出であるという説があったが、みずからは父母のことをいわず、郷土を語らなかったという。少壮のころ、在俗の仏教行者として五畿七道を遍歴し、名山霊窟で修行するかたわら、道路の険しい所は岩石を削って平坦にし、水を必要とする所には井戸を掘り、荒野を行って死骸を見れば油を灌《そそ》いで火葬し、阿弥陀仏の名を唱えた。二〇余歳で、尾張の国分寺で出家し、空也と名のり、さらに修行を続けたが、播磨の岑合《みねあい》寺(峰相寺)で一切経を学んだときには、難解な所に出会えば夢に金人が現れて教えてくれ、四国の湯島で修行したときには、七日間腕の上で焼香すると、観音の尊像が光を放ったという。こうした修行の後、布教活動に転じた空也は、奥羽地方に赴いたが、天慶年間(九三八—九四七)、京都の庶民に阿弥陀信仰を説いたので、人々は空也を市聖と呼び、空也が掘った井戸は阿弥陀井と名付けられた。九四八年(天暦二)、比叡山に登って天台座主延昌について受戒し、光勝の名を与えられたが、その後も民間の布教僧として活動し、京都に疫病が流行すると、世人に呼びかけて、一丈の十一面観音像、六尺の梵天・帝釈天、および四天王の像を造り、大般若経六〇〇巻の書写をする願を発した。この大願は九六三年（応和三）に成就し、賀茂の河原で盛大な供養が行われ、その地に西光寺が建てられた。空也はこの寺で七〇歳の生涯を終えた。

橋をかけ道を造り、水利を整える僧は早くからあり、名山霊窟を巡る修行者も少なくなかったが、律令社会の貴族たちはそうした僧や修行者に積極的な関心を示さなかった。空也の行実がくわしく記されたのは、貴族の中に、民間の宗教者に対する強い関心が芽生えてきたことを示している。保胤は、空也の出現によって、それまでは人々の関心を引かなかった阿弥陀信仰が、広く庶民の心をとらえるようになったと記しているが、空也の時代は貴族社会の変質の中で来世への関心がたかまり、それが阿弥陀信仰へと収斂しはじめた時代であった。したがって空也は、浄土教を民間に布教した理想的な聖として貴族を引きつけ、民間で賛仰されることになった。その出生については、醍醐天皇の皇子（『帝王編年記』）、仁明天皇の皇子常康親王の子（『本朝皇胤紹運録』）というように貴種として伝えられ、さらには水の流れから生まれた化現の人（『閑居友』『撰集抄』）とも説かれた。空也は鉦をたたきながら念仏を高唱して人々を教化したが、京都の町の家の門にはったという「一たびも南無阿弥陀仏といふ人のはちすの上にのぼらぬはなし」という歌は『拾遺集』にも収められた。また、四人のために卒塔婆を建てて供養し（『打聞集』）、父母を失った幼児を慰め（『古今著聞集』）、病気を治し（『打聞集』『宇治拾遺物語』）、松尾明神に着古した小袖を脱いで与える（『発心集』）など、民間の宗教者のさまざまな姿が説話集に記されている。空也は鹿の鳴声を愛していたが、その鹿を平定盛が射殺したために深く悲しみ、その毛皮で衣を作り、角を杖の頭につけて念仏を唱えた。そのことを聞いた定盛は悪業を悔いて空也に従い、念仏踊をはじめたという鉢叩の伝承は、中世の踊念仏の徒の姿を思わせる。空也とその伝承は、日本の民間信仰の諸要素をあわせそなえており、一遍をはじめとする民間布教僧に大きな影響を与えた。西光寺が発展したものと伝えられる六波羅蜜寺は、空也念仏の中心として、現代まで多くの人々の信仰を集めている。

大隅和雄

沙門空也は、父母を言はず、亡命して世にあり。或は云はく、潢流より出でたりといふ。口に常に弥陀仏を唱ふ。故に世に阿弥陀聖と号づく。或は市中に住して仏事を作し、また市聖と号づく。嶮しき路に遇ひては即ちこれを鏟り、橋なきに当りてはまたこれを造り、井なきを見るときはこれを掘る。号づけて阿弥陀の井と曰ふ。

播磨国揖穂郡峰合寺に一切経ありて、数の年披閲せり。もし難義あれば、夢に金人ありて常に教へたり。阿波・土左両州の間に島ありて、湯島と曰ふ。人伝ふらく、観音の像ありて霊験掲焉なりといふ。上人腕の上に香を焼き、一七日夜、動かず眠らず。尊像新に光明を放ち、目を閉づれば見えたり。一の鍛冶の工、上人を過り、金を懐にして帰る。陳べて曰く、日暮れ路遠くして、怖畏なきにあらずといふ。上人教へて曰く、弥陀仏を念ずべしといへり。工人中途にして果して盗人に遇ふ。心に窃に仏を念ずること上人の言のごとくせり。盗人来り見て市聖と称ひて去りぬ。

日本往生極楽記

○鹿とした寺説空也の裘《かわごろも》（嘉三風7）

平定盛の射殺した鹿の皮衣の逸話。「寺説」は空也堂光勝寺の伝説。「鹿とした」で確としたに言いかけただけの末期狂句。

楠木正成　くすのきまさしげ　?—一三三六

（延元一…建武三）

鎌倉時代末～南北朝時代の武将。橘正遠の子というが出自は不明。金剛山のふもと赤坂を本拠とし、和泉、北紀伊にもかかわりを持つ。

鎌倉幕府打倒を企てる後醍醐天皇は、蔵人日野俊基、醍醐寺報恩院の文観、道祐を通じて正成を反乱計画に引き入れ、一三三一年(元弘一)兵衛尉正成は、後醍醐が道祐に与えた和泉国若松荘の所領に姿を現す。後醍醐挙兵後は悪党として追及され、本拠赤坂城で幕府軍と戦ったが敗北、吉野の護良親王と連繋しつつ潜行する。三二年末、後醍醐、護良に与えられたとみられる左衛門尉の官途を名のって紀伊北部に出現、湯浅氏を破って味方とし、翌年摂河泉に進出、天王寺、赤坂城、千早城などに幕府の大軍を引きつけ、野伏を駆使、飛礫《つぶて》を打つなど、悪党的戦法によってこれを悩ました。この大功により、後醍醐の新政府成立後、検非違使、河内守、河内・和泉の守護として、記録所、雑訴決断所など、新政の多くの機関に名を連ね、河内国新開荘、土佐国安芸荘、出羽国屋代荘、常陸国瓜連等、多くの所領を与えられ、名和長年、結城親光、千種忠顕とともに三木一草の一人としてもてはやされた。しかし、三四年(建武一)の護良失脚後、新政府内での動きは精彩を欠き、紀伊飯盛山の北条氏余党の反乱鎮圧に出動したが、まもなく斯波高経と交替している。三六年、新政府に反した足利尊氏、直義が入京するや、いったんこれを九州に追ったが、その大胆な献策を朝廷にいれられぬまま、再挙東上した尊氏らの軍を兵庫の湊川で迎えうち、敗死した(湊川の戦)。

◉──楠木正成　皇居外苑の高村光雲作の銅像。

『太平記』はその出生を信貴山の毘沙門天に結びつけ、智謀無双の悪党的武将の典型として正成を縦横に活躍させ、怨念に満ちた凄絶な最期を描き、直ちに怨霊として登場させている。こうした『太平記』の描く正成像はその普及とともに、強い影響を与えた。室町期から江戸初期にかけて、楠木流の兵法、政道に関する多くの書物や、「非理法権天」の法諺を正成の軍旗に結びつける説なども現れ、由比正雪は楠木流兵法を唱え、正成・正行にかかわる偽文書も盛んに作られた。一方、儒学者により正成は忠孝の臣とされ、とくに水戸学は南朝正統論と結びつけて、正成を称揚、崇拝の対象とした。明治以後、敗戦までの正成像は、その流れを汲んだ虚像であり、戦後、ようやく正確な実像が追究されるようになった。

網野 善彦

主上是ハ天ノ朕ニ告ル所ノ夢也ト思食テ、文字ニ付テ御料簡アルニ、木ニ南ト書タルハ楠ト云字也。其陰ニ南ニ向フテ坐セヨト、二人ノ童子ノ教ヘツルハ、朕再ビ南面ノ徳ヲ治テ、天下ノ士ヲ朝セシメンズル処ヲ、日光月光ノ被レ示ケルヨト、自ラ御夢ヲ被レ合テ、憑敷コソ被二思食一ケレ。夜明ケレバ当寺ノ衆徒、成就房律師ヲ被レ召、「若此辺ニ楠ト被レ云武士ヤ有。」ト、御尋有ケレバ、「近キ傍リニ、左様ノ名字付タル者アリトモ、未二承及一候。河内国金剛山ノ西ニコソ、楠多門兵衛正成トテ、弓矢取テ名ヲ得タル者ハ候ナレ。是ハ敏達天王四代ノ孫、井手左大臣橘諸兄公ノ後胤タリト云ヘドモ、民間ニ下テ年久シ。其母若カリシ時、志貴ノ毘沙門ニ百日詣テ、夢想ヲ感ジテ設タル子ニテ候トテ、稚名ヲ多門トハ申候也。」トゾ答へ申ケル。主上、サテハ今夜ノ夢ノ告是也ト思食テ、「頓テ是ヲ召セ。」ト被二仰下一ケレバ、藤房卿勅ヲ奉テ、急ギ楠正成ヲゾ被レ召ケル。　太平記巻三「主上御夢事付楠事」

元弘二年八月三日、楠兵衛正成住吉ニ参詣シ、神馬三疋献レ之。翌日天王寺ニ詣テ白鞍置タル馬、白輻輪ノ太刀、鎧一両副テ引進ス。是ハ大般若経転読ノ御布施ナリ。啓白事終テ、宿老ノ寺僧巻数ヲ捧テ来レリ。楠則対面シテ申ケルハ、(中略)「誠ヤラン伝承レバ、上宮太子ノ当初、百王治天ノ安危ヲ勘テ、日本一州ノ未来記ヲ書置セ給テ候ナル。拝見若不レ苦候ハヾ、今ノ時ニ当リ候ハン巻許、一見仕候バヤ。」ト云ケレバ、宿老ノ寺僧答テ云、(中略)「其外ニ又一巻ノ秘書ヲ被レ留テ候。是ハ持統天皇以来末世代々ノ王業、天下ノ治乱ヲ被レ記テ候。是ヲバ輙ク人ノ披見スル事ハ候ハネ共、以二別儀一密ニ見参ニ入候ベシ。」トテ、即秘府ノ銀鑰ヲ開テ、金軸ノ書一巻ヲ取出セリ。正成悦テ則是ヲ披覧スルニ、不思議ノ記文一段アリ。(中略)

正成不思議ニ覚ヘテ、能々思案シテ此文ヲ考ルニ、先帝既ニ人王ノ始ヨリ九十五代ニ当リ給ヘリ。「天下一度乱テ主不レ安」トアルハ是此時ナルベシ。「東魚来テ呑二四海一」トハ逆臣相模入道ノ一類ナルベシ。「西鳥食二東魚一ヲ」トアルハ関東ヲ滅ス人可レ有。「日没二西天一ニ」トハ、先帝隠岐国ヘ被レ遷サセ給フ事ナルベシ。「三百七十余箇日」トハ、明年ノ春ノ比此君隠岐国ヨリ還幸成テ、再ビ帝位ニ即カセ可レ給事ナルベシト、文ノ心ヲ明ニ勘ニ、天下ノ反覆久シカラジト憑敷覚ケレバ、金作ノ太刀一振此老僧ニ与ヘテ、此書ヲバ本ノ秘府ニ納サセケリ。

太平記巻六「正成天王寺未来記披見事」

○楠は鼻をつまんで下知をなし(四四36)
○くその煮へたまで楠は知てゐる(八五6)

赤坂もしくは千早城で、正成軍は熱糞を浴びせたという俗説あり。第二句、「芋の煮えたもご存じない」の俚諺のもじりで、聡明な正成は何でも知っていると言いたいための措辞。

○楠はへんなげいしやをかゝへ置キ(安三仁4)

「芸者」はタレントほどの意。正成の部下に杉本佐兵衛という泣き上手の男があり、僧数名とともに戦場へ遣わし、油断した尊氏軍に奇襲をかけたという。俗に「楠の泣男」として著名。

楠木正行 くすのきまさつら ?—一三四八

(正平三…貞和四)

南北朝時代の武将。正成の子。一三三六年(延元一…建武三)正成が摂津国湊川に出陣するに際し、桜井駅(摂津国三島郡)で正行と別れたと『太平記』は記すが、史実は未詳。正成戦死後、正行は楠木氏の本拠南河内で成長したとみられるが、四七年南朝軍の中心として、河内国藤井寺、摂津国住吉・天王寺などで、幕府方山名時氏、細川顕氏らの軍を破った。しかし翌年一月五日、南下する高師直軍と河内国四条畷で戦って敗れ、弟正時と刺し違えて死んだ。享年は『太平記』諸本により、二二〜二五歳とひらきがある。

熱田 公

【人物像の形成】 父の正成がそうであったように、すぐれた戦略家であり人望もありながら、死闘の末に刀折れ、矢尽きて悲運の最期を遂げた英雄、という正行像の根源は、すべて『太平記』の所伝に発している。正行が敗軍の将兵にも思慕と報恩の情を抱かせるほどに人情家であったことは、一三四七年(正平二…貞和三)一一月の摂津安部野(阿倍野)の合戦で敗れ、河流に落ちて死に瀕した五〇〇余の敵兵を救出し、衣服や薬品を与えて療治させたうえ、馬や武具までも調えて送還した話に示される(『太平記』巻二十六)。その翌月に、河内の四条畷での最後の合戦に先だち、大和の吉野に後村上天皇をたずねた正行が、同地の塔尾の如意輪堂に参詣し、堂の壁板を過去帳に見立てて一党とともに記名し、あわせて「返《かえ》らじと兼《かね》て思へば梓弓《あずさゆみ》なき数にいる名をぞとどむる」の和歌一首を記しのこしたという話(同)も人口に膾炙《かいしゃ》したものである。しかし、いわば正行伝説とも称すべき一連の話題のなかで最も著名になったのは、「桜井駅の別れ」の場面であった。すなわち、兵庫湊川の合戦場に死を覚悟でおもむく正成が、随行していた長男正行(当時一一歳か)に教訓を垂れて、あえて摂津の桜井の宿駅から急きょ本拠地の河内へと帰らせ、再起の時を期待させたという話(『太平記』巻十六)である。これが「忠孝」の模範として皇国史観によって喧伝され、国定教科書『修身』に載せられて国民のあいだに普及し、唱歌『青葉茂れる桜井の』(落合直文作詞、奥山朝恭作曲)とあいまって、正行像を決定的なものとした。なお、廃曲となった能楽に、この場面を構成した『桜井』がある。

横井 清

主上則南殿ノ御簾ヲ高ク巻セテ、玉顔殊ニ麗ク、諸卒ヲ照臨有テ正行ヲ近ク召テ、「以前両度ノ戦ニ勝ツ事ヲ得テ敵軍ニ気ヲ屈セシム。叡慮先憤ヲ慰スル条、累代ノ武功返返モ神妙也。大敵今勢ヲ尽シテ向フナレバ、今度ノ合戦天下ノ安否タルベシ。進退当レ度反化応レ機事ハ、勇士ノ心トスル処ナレバ、今度ノ合戦手ヲ下スベキニ非ズトイヘ共、可レ進知テ進ムハ、時ヲ為レ不レ失也。可レ退見テ退ハ、為レ全レ後也。朕以レ汝股肱トス。慎デ命ヲ可レ全。」ト被二仰出一ケレバ、正行首ヲ地ニ著テ、兎角ノ勅答ニ不レ及。只是ヲ最後ノ参内也ト、思定テ退出ス。正行・正時・和田新発意・舎弟新兵衛・同紀六左衛門子息二人・野田四郎子息二人・楠将監・西河子息・関地良円以下今度ノ軍ニ一足モ不レ引、一処ニテ討死セント約束シタリケル兵百四十三人、先皇ノ御廟ニ参テ、今度ノ軍難義ナラバ、討死仕ベキ暇ヲ申テ、如意輪堂ノ壁板ニ各名字ヲ過去帳ニ書連テ、其奥ニ、

返ラジト兼テ思ヘバ梓弓ナキ数ニイル名
ヲゾトヾムル

ト一首ノ哥ヲ書留メ、逆修ノ為ト覚敷テ、各鬢髪ヲ切テ仏殿ニ投入、其日吉野ヲ打出テ、敵陣ヘトゾ向ケル。

太平記巻二十六

◉——楠木正行　修身の教科書に描かれた桜井駅の別れ。『小学修身訓』(一八八七)。

在兵衛は物をもいはず立寄ツて旗巻キ物。勇助が前に直し置遥さがつて頭をさげ。「御父楠判官正成公。書キ残されし自筆の一チ巻。家に伝はる山吹流しの御旗。拝見有レ正行公」と。思ヒがけなき一チ言を。聞クより夫婦は又恟《びっく》り。「ム、連レ合を正成様の御子とは。合点が行ぬとゝ様ン」。「ホ、今は何をか包ムべき。誠楠判官正成公の御胤正行君といふは。其勇助の事じやはやい」。「ヱイ。そりや又どふして其訳は」と。尋る女房押シ退突退舅が前にどつかと居すはり。「某には父もなく母もなく。生れ素性は何国成ルと問へ共包む此年月。合点行ずと思ひし故こなたの所存ンをさぐらん為。覚なき科を拵へ女房にしめし合せ。につこら敷も夢咄しも我氏素性をしらん為。包誠正成の胤ならばとくよりもいひ聞せず。包隠せし所存ンはいかに」。「ヲ、獅子は我カ子を谷へ投ケ。其器量を計るといふ。まして天下の一チ大事おろそかには成リがたし。元ト某は此宇治の里に。紺屋を営む者なりしが。ふしぎにも正成公の見出しに預カり。名をも佐々目の憲法と成上つたる身の冥加。其時君は東西わかぬ幼気盛。我にも又一ツ子有リ。年シも相生似寄の緑子。父君の御目にとまり某を蜜《ひそか》に召され。『汝が一ツ子と此正行。取かへて育ん』と。思ひも寄ぬ御仰」と。聞より勇助膝立テ直し。「『討チ死は武士の常一ツ子を残すは君への忠義。正成運つき討チ死せば。其時残せし躮レをもり立テ。時節を計つて旗上せよ』と後チの後チ迄見ぬいたる。父正成の詞で有ふが舅殿」(中略。元の正行は敵をあざむくために自害し、勇助こと真の正行は髪をおろす)

憲法見るより気をいらち「ヤア馬鹿〳〵しい。出ツ家に成ルとは何ンのたは言。敏達天皇の後胤。楠判官正成の一ツ子帯刀正行。敵がこはいか。命が惜いか。見さげ果たる大腰ぬけ」と。歯がみをなして諌る詞。「ヤアおろか〳〵。楠帯刀正行は四条縄手の合戦に。討

チ死せしに気が付カぬか。我は氏なき紺屋の息子。形を替るも一トつの方便。今より所を名に呼て宇治の常悦と変名し。徒党を集る印シを見せん」と。以前ンの菊。旗に持チ添つつ立上る。「最前ン女が争ひの。時に散たる菊の花。水に入しは即時の吉左右。菊は則チ天子の御紋ン。水又。花木を助ケる徳有リ。天子の御紋を助クる水は。楠が家に伝はる山吹流し。今ン日より菊水に改め替る旗の紋ン。軍の手始めさいさきよし。姿はいやしき町人なれ共一ツ心父の脾肉をかり。頓て天下を覆し。亡正成の最後の存ン念晴さんは。此常悦が方寸ンに有リ。ヲ、。ちつ共気遣ふ事なかれ」と。弁舌さつぱり山吹流し始終をはたも菊水に染かはつたる紺屋の息子。因縁かくとしられたり。

（この浄瑠璃に登場する正行は、紺屋で夢判じが得意な在兵衛に育てられ、在兵衛の女婿となった勇助である。ある日、正行と名乗る人物の訪問をうけ、正成と在兵衛が互いの息子を取り替えた事実を知る。真の正行となった勇助は、南朝の再興を企て、宇治の常悦（実説では由比正雪）と変名して旗揚げをする）　**太平記菊水之巻**七行正本二段目

上使は徐々長廊下、長袴の裾踏みしだき、三方に白骨取載せ、打通る優美の顔色、ヤアわりや最前の雛の宮、上使とはこりや何うぢや。ホ、ウ雛の宮と言ひしは偽り、忝くも吉野の帝後醍醐天皇より上使に立つたる、南朝二代の忠臣楠帯刀正行とは知らざるかと、聞いて悔り、ヤア、其正行が上使の仔細は。ヲ、勅諚の趣は此白骨、大塔宮を害せんとせし、此刃の鋒先を以て、汝等に腹切らせに来たはい、其機を悟つて伊賀守が、素速い切腹、生残つた山名監物、盗賊の張本、足利尊氏追討の手始め、首を並ぶる覚悟せよと、むんずと座した其骨柄、ヤア素丁稚め、主人尊氏を盗賊とは。ヲ、盗賊の証拠語つて聞けんと、懐中より一巻を取出し、此こそ父正成が湊川にて最期の時、我に与へし秘密の巻、抑尊氏底に逆心を抱きながら、表面は忠臣と見せかけ、大塔宮の綸旨を望むは、朝敵でないと言ふ表の言訳、其もとは楠新田を亡物にせんとの巧、正成討死せしならば、尊氏も心をゆるし、朝敵の色を顕し、悪逆無道を行ふは必定、其時帝を護り奉り、足利一家を亡す可しと、父の遺言少しも違はず、人知らず大塔宮の命を取り、雛の宮をも殺さんとする朝敵国賊、其巧を顕さん為、宮と偽り入込みしも、是皆父正成が此一巻に記し置きたる謀、是でも盗賊であるまいか、何と〳〵と釘打つ如き、明智は正に楠が、其身は討死しながらも、我子に遺す一巻の、忠義の程ぞ類なき。　**蘭奢待新田系図**

葛の葉　くずのは

生命を救われた恩返しに、白狐が人の姿になって安倍保名の妻となる。これが葛の葉で、やがて童子をもうける。ある日、本物の葛の葉姫が訪れたため、狐は正体を現して去らねばならない。いわゆる「子別れ」の悲劇のヒロインである。この童子が成人して陰陽師安倍晴明になるという設定。竹田出雲作の浄瑠璃『蘆屋道満大内鑑』（一七三四初演）の二段目、四段目にこの物語が仕組まれている。古浄瑠璃の『信田妻』をもとに創作されているが、広く大和地方に伝わっていた異類婚姻譚の民話を背景としているのはもちろんである。『百合若大臣野守鏡』の鷹の精（立花）、『卅三間堂棟由来』の柳の精（お柳）などと同類。人形浄瑠璃や歌舞伎では「恋しくば尋ね来て見よ和泉なる信田の森の恨み葛の葉」の歌を障子に口書きや裏文字で曲書きするほか、変幻自在な出没を見せるケレンの演出によって名高い。

服部　幸雄

安倍晴明：安倍保名

皈命頂礼葛の葉は
こゝに信田の大社にて
住家をいたす白狐
人に勝れて名をのこす
深い謀叛《たくみ》のある故に
その時信田の狐猟
悪右衛門にと狩出され
保名を見るより手を合せ
何とぞ命を御救けと
死する命を匿まはれ
夜昼忘れぬ保名様
いつぞや信田で救けられ

それにどこか病気とは
いま葛の葉と化けて来て
一夜の看病《みとり》が縁となり
今日も翌日《あす》もと日を送り
胸に手をあて葛の葉が
申し訳ない何とせうぞ
最早この子が宿り来て
無難で産れた其の子をば
童子丸とて名をつけて
蝶よ花よではや五歳
大和の国から葛の葉が
見える噂を聞くよりも
我子を抱へて泣き出す
稚けれども能く聞けよ
母は信田へゆくほどに
あとで悪戯《いたづら》致すなよ
ともかく夫に一筆と
恋しくば尋ね来て見よ和泉なる
信田の森のうらみ葛の葉
障子に名残を書き残し
泣く〳〵信田へ立帰る

葛の葉和讃

葛葉　ア、恥ずかしや、あさましや。年月包みし甲斐も無う、おのれと本性顕わして、妻子の縁もこれぎりに、別れねばならぬ品となる。父御にかくと言いたいが、互いに顔を合わせては、身の上語るも面伏せ。御身寝耳に聴き覚え、

〽父御にかくと伝えてたべ。

我は真は人間ならず。六年以前信田にて、悪右衛門に狩り出され、死ぬる命を保名殿に助けられ、再び花咲く蘭菊の、千年近き、

〽狐ぞや。

剰え我ゆえに、数ケ所の手疵を受け給い、生害せんとし給いし、命の恩を報ぜんと、葛の葉姫の姿と変じ、疵を介抱、自害を止め、

〽いたわり附き添うそのうちに、結ぶ妹背の愛着心、夫婦のかたらいなせしより、夫の大事さ大切さ、

〽愚痴なる畜生三界は、人間よりは百倍ぞや。

殊におことを儲けしより、

〽右と左に夫と子と、抱いて寝る夜の睦言も、昨夜の床を限りぞと、しらず野干の通力も、いとし可愛に失せけるか、今別るゝとも、父御前の業でもなく、もとより名をかり姿をかりし、葛の葉殿に、恩はあれども恨みはなし。真の母と親しまば、

〽さのみ憎うもおぼすまじ、悪あがきをふっつとやめ、

手習い学問精出して、さすがは父の子ほどある、器用ものと褒められてたも。何をさせても埒あかぬ、道理よ、狐の子じゃものと、人に笑われそしられて、母が名までも呼び出すな。

常々父御のお詞にも、虫けらの命を取る、碌な者にはなるまいと、たゞ仮初のお叱りも、母が狐の本性を受け継いだるか浅ましやと、胸に釘針刺すごとく、何ぼう悲しかりつるに、成人の後かならず、無益の殺生しやんな。せめてそなたの乳離れするまで、側に居て育てたいとは思えども、我が身の素性しれたれば、とてもこの家に長居はならず、夢みたような別れなれば、さだめて

●──**葛の葉**　眠っている童子を抱き、口にくわえた筆で障子に「恋しくば……」の歌を書く「葛の葉子別れ」。初世歌川豊国画『瀬川路考のくずの葉』。

後では、乳をさがして泣くであろう。それが、

〽恋しいいじらしいと、声を忍びのかこち泣き。

しょせん泣いても返らぬこと、せめて名残りにたゞ一筆、そうじゃ〳〵。

〽うきふしは、繁き信田の森の露、こがれて結ぶ夢だにも、葎《むぐら》の床の草枕、筆に言わせて置く露の、泪は袖に白菊の、これが別れか、ハア、、。

〽思わずわっと泣き沈めば、臥したる童子が目をさまし、
童子　母《かゝ》さんイのう。

〽母は驚き抱き上げ、声もしどろに子守唄。

葛葉　ねん〳〵ねんころ、ねん〳〵こ。

〽ねんねが守はどこへ往ぃた、山を越えて里へ往た。

〽乱れて野辺に泣く虫や、尋ね来て見よ、恨み葛の葉。

蘆屋道満大内鑑

百済河成　くだらのかわなり　七八二―八五三（延暦一―仁寿三）

平安初期の宮廷画家。その画技が正史にも特筆されるほど評価され、単なる工人でなく個人画家として日本で最初に認められた人物。百済人の子孫ではじめ余《あぐり》氏を名のった。もともと武官の出で、左近衛、美作権少目などを歴任し、八三三年（天長一〇）には従五位下を授けられ、八四〇年（承和七）百済朝臣の姓を賜った。晩年まで安芸介などを務めた廷臣であった。『今昔物語集』には彼の画才を伝える話として、逃亡した従者の小童の似顔絵を描いて探させ、たちどころに捕らえさせたり、飛驒工《ひだのたくみ》との腕くらべで障子に死人の姿を迫真の筆で描いたという記述がある。また『文徳実録』では「古人ノ真（故人の肖像）及ビ山水草木等ヲ画イテ生ケルガ如シ」と賞賛されている。前代以来の唐朝絵画の形似の伝統を受け継ぎ、唐風の人物や山水を写実的妙技で描いたものと思われる。

田口栄一

今昔、百済ノ川成ト云フ絵師有ケリ、世ニ並无キ者ニテ有ケル。滝殿ノ石モ此川成ガ立タル也ケリ、同キ御堂ノ壁ノ絵モ此ノ川成ガ書タル也。

而ル間、川成、従《トモノ》者ノ童ヲ迯《ニガ》シケリ。東西ヲ求ケルニ不求得リケレバ、或高家《カウケ》ノ下部《シモベ》ヲ雇テ語ヒテ云ク、「己ガ年来仕ツル従者ノ童、既ニ迯タリ。此、尋テ捕ヘテ得サセヨ」ト。下部ノ云ク、「安事ニハ有レドモ、童ノ顔ヲ知タラバコソ搦《カラ》メム」ト、「顔ヲ不知シテハ何《イカ》デカ搦メム」ト。川成、「現《ゲ》ニ然ル事也」ト云テ、畳紙《タタウガミ》ヲ取出テ、童ノ顔ノ限ヲ書テ下部ニ渡シテ、「此ニ似タラム童ヲ可捕キ也。東西ノ市ハ人集ル所也。其辺ニ行テ可伺キ也」ト云ヘバ、下部、其顔ノ形ヲ取テ、即チ市ニ行ヌ。人極テ多カリト云ヘドモ、此ニ似タル童无シ。暫ク居テ若《モシ》ヤト思フ程ニ、此ニ似タル童出来ヌ。其形ヲ取出テ競ブルニ、露違タル所无シ。「此也ケリ」ト搦テ、川成ガ許ニ将《ヰテ》行ヌ。川成、此ヲ得テ見ルニ、其童極ク喜ビケリ。其比《ソノコロホヒ》、此ヲ聞ク人極キ事ニナム云ケル。

今昔物語集巻二十四

沓掛時次郎　くつかけときじろう

長谷川伸の戯曲によって創造された旅の博徒。いわゆる一宿一飯の掟で同業の三蔵を斬った旅の博徒、沓掛時次郎が、いまわのきわの三蔵から女房と子供を頼むといわれ、おきぬと太郎吉を連れて旅に出て、献身的に二人に尽くす顚末を、情感豊かに描いた『沓掛時次郎』（一九二八）は、作者の劇作家としての地位を不動にした。その後、『股旅草鞋』、『瞼の母』（一九三〇）など、股旅人を主人公とする、世評の高い戯曲を相次いで書き、昭和初年代の演劇、映画、浪曲、流行歌を通して、「股旅もののブーム」を招くきっかけをつくった。時次郎は架空の人物だが、モデルは土工をしていた徳という人物である。長谷川は若いころ、妊娠している女性を連れた徳の話を聞いている。その女性はきぬというが、徳の女房ではなく、お腹の子も徳の子ではなかった。友だちが死ぬ間際に、子をはらんだ女房の面倒を

みることを頼んだので、義理堅い徳は生涯、二人を世話したが、徳ときぬの間に男女の関係はなかった。

一九二八年(昭和三)一二月、帝国劇場で新国劇の沢田正二郎によって初演され、好評を博したが、翌年の二月、新橋演舞場で上演中、沢田が急逝して話題となった。時次郎が堅気になることを夢見ながら、哀調をこめた節回しで、「小諸追分」を流してゆく場面は観客の涙腺を刺激する。長谷川伸が時次郎の唄った文句を刻んだ碑は、浅間山の麓にある沓掛に建っている。　磯貝勝太郎

工藤祐経　くどうすけつね　?―一一九三(建久四)

鎌倉時代初期の武将。左衛門尉。平安末期から伊豆国で繁栄した藤姓狩野氏の一族。源頼朝の昵懇を得、幕府の重臣となる。一一八四年(寿永三)に平家追討のため九州へ赴き、また八九年(文治五)、藤原氏征討のため奥州に従軍した。伊豆国伊東荘をめぐる紛争により、祐経は同族の河津祐泰を殺害した。曾我十郎・五郎兄弟は祐泰の子で、伊東祐親の孫にあたり、祐経は父の仇として曾我兄弟の手により、九三年五月二八日、富士野狩場において殺された。『曾我物語』によれば、当時箱王を名のっていた五郎時致が一三歳の時、箱根権現別当に預けられていたが、頼朝社参の折供人の一人であった祐経が箱王を引見し、「あつぱれ父に似給ふものかな」と親しく言葉をかけ、懐中より赤木柄の刀を取り出して与えたという。このシーンがのちに歌舞伎で兄弟そろっての「対面」の場として劇化され、赤木柄の刀はやがて「時節を待て」の言葉とともに狩場の通行切手を与えることに変化する。曾我の仇討は謡曲、浄瑠璃でも盛行したが、歌舞伎では元禄期から「対面」の場が登場するものの、祐経は実悪の役者が演じ、享保期(一七一六―三六)に至って立役の役柄に変化、宝暦期(一七五一―六四)には立役の、しかも座頭格の役者の役となり、兄弟に討たれてやる義心の武将となった。一七一三年(正徳三)以降、江戸では毎年正月には必ずというほど曾我狂言を上演する慣例ができ、その一番目大詰が「対面」の場ときまっていた。　→曾我兄弟：鬼王・団三郎：虎御前：満功　小池章太郎

◉――**工藤祐経**　曾我兄弟の仇討ちは歌舞伎でもおおいに人気があった。四世中村歌右衛門の工藤祐経(右)。三世歌川豊国画『飾駒曾我通双六(のりかけそがどうちゅうすごろく)』。国立劇場。

曾我五郎　今日はいかなる吉日にて、日頃逢うては見たいと神仏をせがんだ甲斐あって、今逢うは優曇花《うどんげ》の花待ちえたる今日の対面。三がの庄の福は内、鬼も十八年来の、今吹き返す天津風。盃頂戴つかまつるでござる。

工藤祐経　ハテ、勇ましきその振る舞い。父を討たれて無念なか。
曾我五郎　さん候。
（トきっと思入れあって、三宝のふちをこわす事よろしく）
工藤祐経　さもそうず。さもありなん。しかし無念に思うても鎌倉殿のお覚えめでたく、一﨟職を賜われば、三がの荘の大々名、連らなる時には千騎二千騎、連れざるとても百騎二百騎、やせ浪人の身をもってこの祐経へ刃向かい立ては及ばぬ事だ。叶わぬ事だわ〳〵。
曾我五郎　チエ、。
（ト無念の思入れにて、三宝をめり〳〵とこわす。工藤、これ見て）
工藤祐経　それのみならず先達て紛失なせし友切丸、行方知れざるその内は鎌倉殿の囚人《めしうど》同然。
曾我五郎　すりゃ友切丸の。
曾我五郎・曾我十郎　いでざるうちは。
工藤祐経　叶わぬ事だわ。
（トこれにて両人口惜しき思入れ。）
寿曾我対面

○祐つねは一ツかいのがれするおとこ（六4）
○此のふりじやあすもやすみと工藤ねる（安四亀1）
○ざつとした家ですけつねうたれたり（七31）
○祐つねは作者のひいきならぬ役（明元満1）

○宮芝居百石程の工藤が出（二37）
　第一句、対面のシーン、「一回逃れ」は一寸逃れで、工藤はその場しのぎをしたのではないか、という。第二句、時は建久四年五月二十八日、折しも五月雨の夜。第三句、「ざつとした」は「粗末な」巻狩用の仮屋《かりや》。第四句、宝暦初年に二代目市川海老蔵が工藤役を勤めたあたりから、工藤の役柄に変化が起き、本句のような、それに対するある種の非難も出た。第五句、「宮芝居」は寺社地での小芝居、工藤役は頼朝幕下の大々名のはずなのに、百石ほどの貫目しかない役者が演じている。

国定忠次　くにさだちゅうじ　一八一〇―五〇

（文化七―嘉永三）

江戸後期の博徒。忠次（治）郎ともいう。上野国佐位郡国定村の出身。中農以上に属する長岡与五左衛門の長男。二一歳のとき博徒の縄張を譲られて以来博徒の親分となり、一八三四年（天保五）縄張争いから同じ博徒の島村の伊三郎を殺害し、有名となる。四二年賭場の最中に関東取締出役の急襲をうけ、かろうじて脱出したが、子分浅次郎（俗に板割の浅太郎）が密告したのではないかと疑い、浅次郎に彼の伯父で出役の手先である道案内役の勘助とその子太郎吉を殺させた。以来取締出役のきびしい追及をうけ、赤城山から信州路などへ潜伏した。四九年（嘉永二）縄張を子分の境川安五郎に譲り、翌年故郷に戻ったが、脳溢血で倒れまもなく逮捕された。早速江戸送りとなり、五〇年一二月二一日上野国吾妻郡大戸村で関所破りなどの罪で磔《はりつけ》に処せられた。なお、天保飢饉で農民を救済した義侠として芝居などにとりあげられるが虚説が多い。　森　安彦

【伝承と作品化】　忠次が才智、胆力、人情と

◉――**国定忠次**　神田伯竜口演、丸山竹園速記の講談『国定忠治』口絵。

もにすぐれた義賊、侠客として英雄化された主因は、幕末為政者の腐敗と無能にあったといえよう。不逞の遊民、長脇差者が代官らの無力をあばき活躍したとする痛快味と真実感が、後世にいたる享受層に支持され、凶悪な実像とは別の忠次像がしだいに形成された。演劇、講釈、浪曲、映画など、幕末期から現代にいたる忠次美化志向の淵源は、実録本『嘉永水滸伝』（成立年未詳）にすでに見られ、その後、大西庄之助作『国定忠治実伝』（一八七九刊）、柳水亭種清作『正本国定忠次侠勇伝』（一八八〇刊）、また講釈（初世西尾麟慶作）、浪曲等で拡大された。演劇では一八八四年東京市村座初演の『上州織《じょうしゅうおり》侠客大縞《たてしのおおしま》』（三世河竹新七作）の歌舞伎をはじめ、一九一九年新国劇での『国定忠治』（行友李風作、沢田正二郎主演で、この一座の代表的演目となる）、また一九三二年初演『国定忠次』『続国定忠次』（真山青果作）では貧農を救恤《きゅうじゅつ》する内省的な忠次像が描かれ反響をよんだ。そのほか山崎紫紅、川村花菱、木村錦花、長谷川伸らの作もあり、忠次を否定的に描いた村山知義の作品もある。映画では伊藤大輔監督『忠次旅日記』などが著名。

小池 章太郎

惣次　うむ、よーく判りやした。あゝ流石は国定身内の知恵袋と云われた円蔵どん、お扱いが気に入りました。じゃ今夜限りにこの山からきっと散っておくんなさるだろうね。

円蔵　御念には及びません。赤城の抜道は八十八口、捕方のお目に留まらねえよう夜の明けるまでには総勢残らず引揚げてごらんに入れます。

惣次　ありがてえ、それで惣次も安心してこの山が下れます。忠治どんこの先どうせ長旅だ、随分身体を大事にしておくんなせえ。これが生涯のお別れになるんだ。

忠治　皆さんもご無事でご長命なさるよう陰ながら祈ります。今夜のお礼はきっと冥土で申します。

惣次　さアそうと決まったら銘々に旅の支度もあるだろう、是でお暇申しましょう。

忠治　あゝ手前達、一の立場までお見送りしろ。

惣次　じゃご免を蒙ります。忠治どん長之草鞋を履きなさる以前、暇があったら一目なりとも娘のお方に逢ってやっておくんなせえ。

（中略）

忠治　そのお情は骨に成っても忘れません。

忠治　鉄

巌鉄　へい

忠治　定八！

定八　何です、親分。

忠治　赤城の山も今夜を限り、生れ故郷の国定村や縄張りを捨て国を捨て、可愛い子分の手前達とも別れ〱になる首途だ。

巌鉄　そう言やア何だか嫌に寂しい気がしやすぜ。

月をかすめ雁の声

定八　雁が鳴いて行かあ。

忠治　月は西へ傾いたようだ。

巌鉄　俺ア明日から執方へ行こう。

忠治　心の向くまま当ても果てしもねえ旅へ立つんだ。

定八　親分！

笛の音聞こゆ

定八　やあ円蔵兄哥か。

忠治　彼奴も矢張り故郷の空が恋しいんだろう。

忠治刀を抜いて刃を月光にかざし

忠治　加賀国小松の住人五郎義兼が鍛えた業物、万年溜まりの雪水に浄めて、俺にゃあ生涯手前という強え味方があったのだ。

新国劇国定忠治台本、第一幕「赤城天神山不動の森」

熊谷直実　くまがいなおざね　一一四一―一二〇八

（永治一―承元二）

鎌倉幕府成立期の在地武士。直貞の次男。武蔵国熊谷郷を本拠地とした。一一八〇年（治承四）の石橋山の戦では平家方であったが、のち源頼朝に従い、佐竹追討に際しての戦功で、一族の久下直光に押領されていた熊谷郷を安

◉──**熊谷直実**　一ノ谷の戦で、平敦盛がわが子ほどの年齢なのに気づいて討つのをためらう。後ろから味方の軍勢が迫る。『武者絵本』。

堵された。その後、平家追討の戦いでは源義経に従って活躍。八七年(文治三)の鶴岡の流鏑馬《やぶさめ》に際して的立て役を命じられたが、同じ御家人で騎馬の射手がいるのに対し、徒歩《かち》の役につくのは恥辱だと拒否。九二年(建久三)かねてよりの久下直光との境相論に敗れたことから激怒して出家、法然の弟子となって蓮生《れんしょう》と号した。一所懸命の地を守り、侍の身分であることを誇りとした東国武士の典型である。なお『平家物語』では、直実が出家したのは、一ノ谷合戦で平敦盛を討ち取ったことによるとしているが、これは史実ではない。

細川 涼一

【伝承と作品化】　熊谷直実は実在した武将であるが、伝承の世界でも話題に事欠かぬ人物である。『平家物語』巻九「敦盛最期」には敦盛と直実の対決が理想化されて描かれている。薄化粧に、鉄漿黒《かねぐろ》をつけた敦盛が、従容と、名のりもしないで討たれるけなげな若者として登場する一方で、直実は生死の際に直面して、なお剛直さと人間味を失わぬ東国武士の典型としてとらえられている。直実の出家については『吾妻鏡』に見える記述が実伝であると考えられており、誤りはないが、「敦盛最期」に述べられているように、敦盛の死が直実の出家の動機としてまずあげられ、次に笛の名手であった敦盛の楽の音が、直実をして讃仏乗の因(仏道を賛仰する原因)となったという結句は、語り物の章段の終り方としては効果的である。謡曲『敦盛』になると、音楽にたんのうな敦盛の伝承を生かしながら、亡霊となった敦盛が、念仏者である直実を現在の仇として討たんとしながらも念仏回向を頼み、同じ蓮《はちす》に生まれることを願うという趣向に変わっている。近世に入ると、浄瑠璃の『一谷嫩軍記《いちのたにふたばぐんき》』(一七五一初演)が名高いが、三段目(切、生田熊谷陣屋)はよく知られており、義経の内意を悟った直実が、表面は敦盛を討ち取ったと見せ、一子小太郎を身替りに立てるという改変を行っている。そのほか同じ浄瑠璃に、延宝期(一六七三―八一)に宇治加賀掾の語った『念仏往生記』や享保期(一七一六―三六)の説経節、天満八太夫の正本『熊谷先陣問答』があるが、共通したモティーフとして、出家した熊谷の庵を、父と知らず訪ねた姉弟に、名のりをせずして帰してしまう道心堅固な直実の像が語られている。高野山に隠遁した直実が、重源《ちょうげん》を中心とする新別所の社友と深い関係にあったことなどが、二つの作に働きかけ、高野聖としての熊谷の面影を浮上させたものといえる。

➘平敦盛

岩崎 武夫

(ワキ)「いかに船人」(シテ)「御前に候」(ワキ)「敦盛が最期のしぎ委く語り候へ」(シテ)「畏て候。抑も一の谷の合戦破れしかば。平家の御船は海上にうかひ。源氏の軍兵は渚にみち〳〵たり。其時平家の公達とおぼしくて。ねりぬきに鶴をぬふたる御直垂。萌黄縅の御鎧。連銭葦毛なる馬に召れたる武士一騎。沖なる船を窺ひ打出給ふ。其時源氏の方よりも。

黒糸縅の鎧に。栗毛なる馬にのつたる武者一騎。あますまじとて追懸つゝ。是は武蔵国の住人に。熊谷次郎直実也。まさなくもあげまきを見せ給ふ物かなとのゝしる。其時敦盛御馬をひつ返してにつこと笑ひ。しづ〳〵と待かけ給ふ。熊谷馬をかけよせて。互に打物抜合せ。二打三打うち給ひしが。馬の上にて引組で。二疋があひにどうと落給ふ。熊谷は力増りなれば。取て押付甲を投捨乱髪をつかんで見奉れば。十六七の殿上人。うすげしやうに眉ふかくかねぐろ也。其時熊谷おもふやう。荒痛はしや。我も嫡子小次郎が痛手負。何とかなりつらんと存扶け申さばやと思ひ。御きせながの塵うち払ひ後をみれば。源氏の大勢追懸たり。扨は助け申たり共。余の者遁し申まじ。御痛はしながら御首を給はらん。名乗給へと申しかば。扨汝はたそと宣ふ。物其数にはあらねども。武蔵国の住人熊谷の次郎直実と申。我は名乗まじきぞ。汝が為にはよき敵ぞ。首をとつて人に見せよと宣ふ。天晴大将やと感涙のうちに目をふさぎ。終に御首を給つて候」

謡曲経盛

ヤア熊谷暫し〳〵。敦盛の首持参に及ばず。義経是にて見ようずるはと。一間をさつと押開き立出で給ふ御太将。ハ、、、はつと次郎直実。思ひ寄らぬば女房も。藤の局も諸共に呆れながらに平伏す。義経席に着き給ひ。ヤア直実。首実検延引といひ。軍中にて暇を願ふ。汝が心底訝しく密に来りて最前より。始終の様子は奥にて聞く。急ぎ敦盛の首実検せんと。仰を聞くより熊谷ははつと答へ走り出で。若木の桜に立置きし制札引抜き。恐れげなく義経の御前に差置き。先《さい》つ頃堀川の御所にて六弥太には忠度の陣所へ向へと花に短冊。此熊谷には敦盛の首取れよとて。弁慶執筆の此制札。則ち札の面《おもて》の如く御諚に任せ。敦盛の首討取つたり。御実検下さるべしと蓋を取れば。ヤア其首はとかけ寄る女房。引寄せて息の根とめ。御台は我が子と心も空。立寄り給へば首を覆ひ。コレ申し。実検に供へし後は。お目にかける此首。お騒ぎあるなと熊谷が。諌めに流石はしたなう。寄るも寄られず悲しさのちゞに砕くる物思ひ。次郎直実謹んで。敦盛卿は院の御胤。此花江南の所無は。則ち南面の嫩。一枝をきらば一指を切るべし。花に準へし制札の面。察し申して討つたる此首。御賢慮に叶ひしか。但し直実過りしか御批判いかにと言上す。義経欣然と実検ましまし。ホヽ花を惜む義経が心を察し。アよくも討つたりな。敦盛に紛れなき其首。ソレ由縁の人もあるべし。見せて名残を惜ませよと。仰を聞くよりコリヤ女房。敦盛の御首。藤の方へお目にかけよ。アイあいとばかり女房は。あへなき首を手に取上げ。見るも涙ふさがりて。変る我が子の死顔に。胸はせき上げ身も顫はれ。持つたる首の揺ぐのを。点頭くやうに思はれて。門出の時に振返りにつと笑うた面ざしが。有ると思へば可愛さ不便さ。声さへ喉につまらせて。申し藤の方様御嘆きあつた敦盛様の此首。ヒヤア是は。サイナア申し。是よう御覧遊してお恨み晴らしよい首ぢやと誉めておやりなされて下さりませ。

一谷嫩軍記三段目

○熊谷はまだ実の入らぬ首を取(明元仁2)
○熊谷は扇をさして太刀を抜(明三礼6)
○招た扇熊谷は毛請にし(九七25)

一ノ谷の戦で、熊谷は平敦盛を討ち取る。第一句、「まだ実の入らぬ」は花のつぼみのような若武者敦盛をさす。第二句、沖へ向かう武者(敦盛)を見かけ、軍扇を開いて「返させ給え」と呼ばわり招いたが、いまの扇を腰にさしてその手で太刀を抜いたというがち。第三句、発心した熊谷は僧となるが、敦盛を呼び返した扇を毛受けにしたであろう、の意。「毛請」は頭や眉を剃るとき、剃られる者が手にして毛を受ける板で、多くは扇形であったところに作句者の着眼点がある。

熊坂長範 くまさかちょうはん

義経伝説に登場する盗賊。牛若丸が金売吉次に伴われて奥州の藤原秀衡のもとへ下る途中、吉次の荷物をねらう長範一行に襲われたが、牛若丸の活躍によって長範は討ちとられたという。長範が牛若丸を襲う場所は美濃国青墓

◉──**熊坂長範**　金売吉次の一行の宿を襲って、牛若丸に撃退される長範。『武者鏡』。東京都立中央図書館加賀文庫蔵。

(幸若舞『烏帽子折』、謡曲『現在熊坂』)とも同国赤坂(謡曲『烏帽子折』『熊坂』)とも伝える。『義経記』では盗賊の名を長範とせず、藤沢入道と由利太郎とし、場所は近江国鏡宿とされる。生国は越後と信濃の境にある熊坂(現、長野県上水内郡信濃町熊坂)とも加賀の熊坂(現、石川県加賀市熊坂町)とも伝える。伝説は各地にあるが、なかでも美濃の青野ヶ原(現、岐阜県大垣市)の熊坂長範物見の松が有名で、近くには長範の腰掛岩、長範のかくし馬屋などもあった(『新撰美濃誌』など)という。現在は岐阜県不破郡垂井町綾戸にこの物見の松がある。歌舞伎には『熊坂長範物見松』などがある。

山本　吉左右

....　長範、暫くうち聞いて、「やげ下殿の物語こそ、さらさら気も散ぜぬ事にて候へ。さりながら、その童が何ともはやれかし、例の長範が八尺五寸の棒をもって、揺り開いて、ただ一打ちの勝負ざうよ。夜は何時ぞ」。「はや八の比になって候」。「時こそよけれ。人々はやうっ立て」と言ふままに、てんでに松明とぼし連れ、青墓の君の長の門外へ、ののめき立って寄する。(中略)源は御覧じて、「きゃつは曲者、斬らばや」と思し召し、走りかかって、雷切と名付けて、いやちゃうど切って御覧ずれば、無慚やな太郎、あへなく首を打ち落され、首は内へころびければ、胴は外へぞ倒れたる。熊坂の次郎が急ぎ走り帰って、「いかになう、長範、太郎こそ手を負うてましませ」。長範聞いて、「やあ、痛手か薄手か」。次郎承って、「痛手やらん、薄手やらん、首が失せてさらばこそ」。

幸若舞烏帽子折

熊　坂

異本義経記云熊坂張欒と云盗人加賀国熊坂の者とぞ美濃国赤坂の宿にて夜討して牛若丸に討れしといへり伝曰張欒事十三の歳伯父の馬を盗み市に出て売しより鍛練したるとにや二十一の歳法師になり張良の張の字と欒噲の欒の字を取て張欒と名のる国々の溢者を集め其将たるの由云伝へり由利太郎藤沢入道柳下小六浅生松若三国九郎壬生小猿など云者其頃の盗人といへり云々　雑々拾遺云熊坂太郎は賀州の者也浪々して盗賊の魁首となり髪を薙て張範と名のる承安年中牛若にうたる此張範七歳の時父と共にある福僧の土用ぼしする処に行蔵のかぎをぬすむ住持見つけて追かけ取かへす時張範鍵を持ながらころびて鍵をしめりたる土におしいれ形を付置のちに其形にあはせて相鍵をこしらへ庫に入て財追を盗みそれより面白き事に思ひひたもの追はぎ強盗せしと云々或云美濃国青野原に小松原あり東へ下れば道より右の方也其中に高さ十間計の松一本あり是を張欒が物見の松といへり此松に登りて東西四五里が程を見すまし人馬の足のはこびを見て荷物それ〳〵の様体をさとりて手下の者にいひつけて其物をうばひとらしむと云々

謡曲拾葉抄巻二十

○熊坂も人がらで居りやかゞみとぎ(明八仁4)
○人をよくすれば熊坂笠をうり(一三30)
　第一句、「人柄」は良い人柄の略。江戸期に鏡とぎの職人は加賀国生れが多かった。次句の「笠」も加賀国の名産。したがって川柳子は熊坂の生れを加賀と考えていた。
○熊坂の物見は尻りへやにが付キ(宝十一義2)
　物見の松の松脂。

熊さん・八っつぁん　くまさんはっつぁん

落語の登場人物。正しくは、熊五郎に八五郎だが、単に、熊・八とか、熊公・八公、あるいは脳天熊にがらっ八などとも呼ばれる。二名連称でわかるように、一対の人物として登場するケースが多いが、単独の場合もあって一様ではない。両者の間に、性格的な差異はほとんど発見できない。軽率で思慮に欠け、そそっかしく、けんかっ早いことに代表される、典型的な江戸っ子像を有している。大工など職人という設定がほとんどだが、手に職のあることを誇りとし、「宵越しの金を持たない」式の見えと粋に殉じた生き方で、江戸期の市井の生活感を描いた落語に、欠くことのできない存在となっている。熊五郎が主役をつとめる落語の代表的なものに『大山詣り』、八五郎のそれに『妾馬』、コンビで登場するものとして『そこつ長屋』などがある。上方落語には、それに代わる人物として、清やん・喜ィ公が登場するが、性格、設定の面で、熊さん・八っつぁんとは多少の違いがある。

矢野 誠一

熊襲魁帥 くまそたける

記紀の景行天皇条に出てくる王化にしたがわぬ西方の土豪。『古事記』では熊曾建と記す。『日本書紀』には「熊襲の八十梟帥《やそたける》」およびそれとは別の「川上梟帥《かわかみたける》」が見られるが、『古事記』は「熊曾建兄弟二人」とする。後者は前者を説話的に典型化したものである。『古事記』によれば父の景行天皇より熊曾建の討伐を命じられた小碓《おうす》命は童女に変装して宴の席の建兄弟に近づき、つぎつぎに二人を殺したが、弟を刺した時その勇猛さを讃えられて「倭建《やまとたける》」の名を献じられ、爾後小碓はその名(日本武《やまとたける》尊)を名乗るようになったという。なお、「熊襲」は片隅を意味する「くま(隈)」と不毛を意味する「そ(背)」を合した名で、東方の蝦夷《えみし》に対する西方の蛮夷への大和朝廷側の蔑称とみなされる。

阪下 圭八

爾に小碓命、其の姨倭比売命の御衣御裳《みそみも》を給はり、剣を御懐に納れて幸行でましき。故、熊曾建の家に到りて見たまへば、其の家の辺に軍三重に囲み、室を作りて居りき。(中略)爾に熊曾建兄弟二人、其の嬢子《をとめ》を見感《みめ》でて、己が中に坐せて盛りに楽《うた》げしつ。故、其の酣《たけなは》なる時に臨《な》りて、懐より剣を出し、熊曾の衣の衿《くび》を取りて、剣以ちて其の胸より刺し通したまひし時、其の弟建、見畏みて逃げ出でき。乃ち追ひて其の室の椅《はし》の本に至りて、其の背皮《そびら》を取りて、剣を尻より刺し通したまひき。爾に其の熊曾建白言《まを》しつらく、「其の刀をな動かしたまひそ。僕白言《まを》すこと有り。」とまをしき。(中略)爾に其の熊曾建白しつらく、「信に然ならむ。西の方に吾二人を除きて、建く強き人無し。然るに大倭国に、吾二人に益りて建き男は坐しけり。是を以ちて吾御名を献らむ。今より後は、倭建御子と称ふべし。」とまをしき。

古事記中巻

阿新丸 くまわかまる　一三一九(元応一)―?

鎌倉時代末の公家日野資朝の子。資朝は後醍醐天皇の討幕計画に参加したが、事が漏れて捕らえられ、佐渡に流された。一三歳の阿新は従者一人をつれて佐渡に渡り、守護本間入道に父子の対面を願ったが許されず、父は殺されてしまった。復讐の機をねらう阿新は、ある夜本間の寝所に忍び込んだが、入道は不在で果たせず、父を斬った本間三郎を殺して巧みに逃げ、山伏に助けられて都に帰った話が『太平記』にくわしく記されている。その後阿新は邦光と名のって南朝の忠臣となり、中納言に任ぜられたが、明治時代になってよく忠孝を実践した人物として顕彰されるにいたり、一九一五年(大正四)には正三位を追贈された。

大隅 和雄

此程常ニ法談ナンドシ給ヒケル僧来テ、葬礼如レ形取営ミ、空キ骨ヲ拾テ阿新ニ奉リケレバ、阿新是ヲ一目見テ、取手モ撓《タユク》倒伏、「今生《コンジヤウ》ノ対面遂ニ叶ズシテ、替レル白骨ヲ見ル事ヨ。」ト泣悲モ理也。阿新未幼稚ナレ共、ケナゲナル所存有ケレバ、父ノ遺骨ヲバ只一人召仕ケル中間ニ持セテ、「先我ヨリサキニ高野山ニ参テ奥ノ院トカヤニ収ヨ。」トテ都ヘ帰シ上セ、我身ハ労ル事有ル由ニテ尚本間ガ館ニゾ留リケル。是ハ本間ガ情ナク、父ヲ今生ニテ我ニ見セザリツル鬱憤ヲ散ゼント思フ故也。角《カク》テ四五日経ケル程ニ、阿新昼ハ病由ニテ終日《ヒネモス》ニ臥シ、夜ハ忍ヤカニヌケ出テ、本間ガ寝処ナンド細々ニ伺テ、隙アラバ彼入道父子ガ間二一人サシ殺シテ、腹切ランズル物ヲト思定テゾネライケル。

太平記巻二「長崎新左衛門尉意見事付阿新殿事」

○阿若は竹で遁れた虎の口(新二六井一二)

謡曲『壇風』にも脚色される。のがれる際、敵の館の裏にある藪の竹によじのぼり海辺へ向かう。句はクマからの連想で「竹・虎」の縁語に結ぶ。

久米の仙人 くめのせんにん

古代に伝承された仙人。『今昔物語集』巻十一によれば、昔、大和の国吉野に竜門寺という寺があり、安曇《あずみ》と久米の二人が仙術を修行していた。久米が飛行の術をえて空を飛び渡るとき、吉野川の岸で若い女が洗濯をしており、その白い「はぎ」を目にしたため彼は通力を失って落ちてしまう。久米はこの女を妻にし俗人として暮らしていたが、新都造営の人夫となり働くうち元仙人ということが伝わり、仙力で材木を空から運ぶよう命じられる。久米は七日七夜道場にこもり食を断って祈ったところ、八日目の朝にわかに雷鳴降雨したのち、大小の材木が南の山から空を飛び都の地に運ばれてきた。これにより人々は久米をうやまい、天皇は田三〇町を与えた。久米はそこに寺を建てたがこれが久米寺(奈良県橿原市)である。以上のように久米寺の縁起を語った説話だが、後世には話の前半がもてはやされ、久米の仙人といえば好色者の代表のように伝えられるに至った。 ▼鳴神上人

阪下 圭八

● 久米の仙人　女の太ももを見て、雲から落ちる久米仙人。勝川春潮画。

久米仙人経行事古老伝云云

天平年中、和州吉野郡竜門仙崛、有二三人神仙一。所謂、大伴仙・安曇仙・毛竪仙也。此毛竪仙、常自二竜門嶽一、飛二通葛木峯一。於二其途中一、久米河有二洗レ布之下女一。仙、見二其股色一、愛心忽発、通力立滅、落二于大地一畢。終則、以二其嫗一為レ妻、居二寺外院一。但、昼雖レ為二夫婦之儀一、夜共二修座禅之行一云云。

久米寺流記

○仙人も還俗をして糊を売り(明元仁3)

○おやかして洗濯をする側へ落ち(安六義7)

○洗濯を止めヤレ気附く(四二20)

○仙人様アと濡れ手で介抱し(三八31)

○女湯の番をしたなら久米即死(一〇一46)

第一句、「糊」は洗濯用。第二句、「おやかす」はエレクトする。第三句、「気附」は気附薬の略。

雲霧（切）五人男 くもきりごにんおとこ

江戸時代の架空と思われる盗賊団。雲霧仁左衛門を首領とする、因果小僧六之助、おさらば伝次、素走り熊五郎、木鼠吉五郎の五人。講釈に仕組まれ、「大岡政談」の一つとして享保期(一七一六―三六)のことと記されるが、実際には天保期(一八三〇―四四)の創作である。甲州韮崎出生の雲霧仁左衛門は、手下とともに偽役人に化け、百姓文蔵夫婦が関所破りをしたのに目をつけて金をゆすり取る。また大岡越前守の手先と偽称して召捕に向かい、財産すべてへ封印をし、千両余の金を奪い取る。やがて仁左衛門は本郷へ米屋を出し、手下の一人は本所で呉服屋をしていたが、他の手下に昔の罪状を種に金をゆすられる。再び盗みをした金に極印があったことから発覚して捕らわれる。この講釈の一部へ、遊び人の生活を描き出したものが歌舞伎『竜三升《りゅうとみます》高根雲霧』(一八六一(文久一)、三世桜田治助・河竹黙阿弥作)で

あり、人殺しや盗みが露見しそうなのをおさらば伝次に教えられた因果小僧六之助は、高飛びをする前に父親の因果物師野晒小兵衛に別れを告げに、相方のお園とともに会いに来るが、捕手に囲まれ、小兵衛は二人を逃して捕らわれるというもの。これを女に書き替えた『処女評判善悪鏡《むすめひょうばんぜんあくかがみ》』(一八六五、河竹黙阿弥作)がある。　高橋　則子

鞍馬天狗　くらまてんぐ

大仏次郎の連作時代小説の主人公。『鬼面の老女』(一九二四)から『西海道中記』(一九五九)まで三六編の作品があり、いずれも鞍馬天狗を主人公としている。『御用盗異聞』『角兵衛獅子』『天狗廻状』『宗十郎頭巾』『江戸日記』『雁のたより』などがとくに名高い。作者はこの主人公を謡曲『鞍馬天狗』から思いついて、不死身の超人的な武士にふさわしい命名をした。倉田典膳、館岡弥吉郎、海野雄吉などの仮名もあるが、本名は不明である。初登場時には一八六二年(文久二)に四〇歳近かったのが、後年の作品では六九年(明治二)に三〇そこそこと逆に若返った。鞍馬天狗は薩長と協力して倒幕運動に挺身する勤王の志士だが、初期作品中でもすでに、無益な殺生を好まず、また目的と手段とのかかわりについて悩む人間的な性格を示している。大仏次郎の戦後の現代小説に登場する同タイプの人物(『旅路』の瀬木義高、『帰郷』の守屋恭吾など)との比較などから、鞍馬天狗は作者の市民精神の形象化といわれる。　村上　光彦

【映画】　鞍馬天狗の映画化は、大仏次郎の原作の発表の翌年から行われたが、その後、数多くの映画が作られて、鞍馬天狗は丹下左膳などとともに、時代劇の大ヒーローとなった。鞍馬天狗を最も多く演じたのは嵐寛寿郎であって、一九二七年(当時は嵐長三郎)のデビュー作『鞍馬天狗余聞・角兵衛獅子』以来、戦前・戦後あわせて四〇本に出演している。嵐寛寿郎演ずる鞍馬天狗は黒紋付の着流しに宗十郎頭巾=黒覆面姿で、鞍馬天狗の視覚的イメージの形成・定着に決定的な役割を果たし、鞍馬天狗といえばすぐにアラカンが連想されるようになった。主人公鞍馬天狗は、彼を「天狗のおじさん」と慕う角兵衛獅子の少年、杉作をお供にし、時代劇のヒーローにありがちな陰湿なニヒリズムではなく、明朗闊達で、正しく、強く、やさしい人物として描かれている。　山内　吉蔵

【鞍馬の天狗】　天狗は、日本の深山に棲むという想像上の魔物である。その姿形は、顔は赤く高い鼻をもち、山伏に似ているが、背に翼をもって空を飛ぶことができる。金剛杖や羽根の扇子を持ち、神通力を有している。こうしたイメージは、中世の中頃にはできあがっていたらしい。鞍馬山にはその天狗が棲み、牛若丸すなわちのちの源義経に兵法を授けたという。義経がいつ鞍馬寺に預けられたのかは史実として不明だが、七歳か八歳の頃、鞍馬寺の塔頭東光坊の阿闍梨に預けられ、遮那王と呼ばれたという。遮那王は鞍馬寺で学問のみならず武芸や兵法も学んだとされるが、具体的なことは分かっていない。物語や伝説によれば、鞍馬山の山中深くの僧正ヶ谷で、天狗に武芸や兵法を授けられたことになっている。こうした義経伝説をもとに創られたのが、能(謡曲)の『鞍馬天狗』である。あるとき、

●――**鞍馬天狗**　映画『鞍馬天狗』の一場面。嵐寛寿郎(鞍馬天狗)と美空ひばり(杉作)。

鞍馬寺に僧らが稚児たちを連れて花見に出かける。すると山伏が現われたので、僧たちは稚児を一人残して引き揚げてしまう。皆にのけ者にされていたその稚児が、牛若(遮那王＝義経)であった。山伏は実は鞍馬山の大天狗で、牛若に同情し、山々の桜を見せたのち、再会を約して僧正ヶ谷へと立ち去った。後日、牛若は多くの天狗を従えた大天狗と会い、僧正ヶ谷に通って兵法を授けられた。この能は、やがて義経が鬼一法眼の娘と通じて兵法の秘伝書『六韜三略』を盗み、兵法を学んだという人形浄瑠璃『鬼一法眼三略巻』などへと広がりを見せる。

高橋　千劔破

○僧正の中て鞍馬ハうでをこき(拾五19)

○田舎医者使ハ来たり馬に鞍(拾四12)

第一句、「扱《こ》き」は力や技をふるう意、腕扱きは武芸などに優れた者をいう。この僧正は大天狗僧正《そうじょう》坊。第二句、山里の医師は患家から迎えが来れば馬に乗って駈けつける。謡曲『鞍馬天狗』中の文句とり、「花咲かば告げんといひし山里の、使は来たり馬に鞍」。

○僧正坊はねがぬけるとうちハにし(宝十二礼4)

○牛若ハおれが弟子だと鼻に懸ヶ(一四五35)

第一句、自分の翼の羽を羽団扇に？　第二句、天狗だけあって、自慢(鼻にかける)。

クルカニジャーシ

尚敬王の時代、沖縄、那覇若狭の護道院にいた坊主。日本語では黒金座主と書き表す。伝説によれば、黒金座主は拝みに来る女を妖術を使ってはたぶらかしていた。その噂を聞いた大村御殿《うふむらうどぅん》の御前《うめー》(北谷《ちゃたん》王子)は、王の意をうけて黒金座主を討つことにした。御前が囲碁にかこつけてすきをうかがううちに、黒金座主は妖術を使って座主自身とシブイ(冬瓜)の二つに分身してしまった。御前はとっさにシブイめがけて刀を振りおろしたところ、座主の片耳がとんだ。さらに二の太刀でもう一方の耳がとび、首筋まで刀を浴びて座主は息絶えた。死に際に黒金座主は、これから大村御殿に生まれてくる男の子は皆殺してやる、と呪いをかけたという。その後、大村御殿の前に、座主の死霊が出るようになった。

黒金座主の話は、那覇の街で生まれ育ち、「耳切坊主」の子守唄にうたわれて、寝つきの悪い幼な心を、わけもなくおののかせたものである。

黒金座主は名僧であったともいわれるが、それを実証する史料は何もない。舞台が金武《きん》の寺や「久茂地《くむじ》の寺小《てぃらぐわ》」になったり、王子と座主が碁盤をはさんで髷(かたかしら)と耳を賭けた、といったバリエーションもある。すべて陰気な古寺といった恐ろしさをかもす雰囲気がありさえすれば、すぐに座主に結びつけられ、ひたすらに恐ろしい人物としてのイメージが民衆の心に焼きつけられ、広がっていったといえよう。座主が王府批判をして北谷王子に粛清されたのだという、うがった見方が真実に近いといえるかもしれない。

外間　守善

ハイヨー　ハイヨー　ハイ
ゆさんでぃゆさんで　アンマーうーてぃ
まちかい　いーちーねー
うふむらうどぅんの　かどぅなかい
みみちりぼーじぬ　たっちょんどー
いくたい　いくたい　たっちょみせが
みっちゃい　ゆったい　たっちょんどー
いらなん　かたなん　むっちょんどー
なーちゅるわらべー　みみグスグス
ハイヨー　ハイヨー　なかんどー
ハイヨー　ハイヨー　なかんどー

(夕方　母親を追って／市場へ行くと／大村御殿の角に／耳切坊主が立ってるぞ／幾人　幾人　立ってますか／三人　四人　立ってるぞ／鎌も刀も持ってるぞ／泣きおる童は耳グスグス〈斬られるよ〉／泣くなよ　泣くなよ)

耳切坊主の子守唄

車寅次郎　くるまとらじろう

喜劇役者・渥美清がテレビおよび映画シリーズ『男はつらいよ』で演じたキャラクター。通称は「寅さん」。

一九六八年(昭和四三)、フジテレビの小林俊一ディレクターは渥美を活かした企画として

『愚兄賢妹』の仮題で松竹の山田洋次に脚本を依頼、山田は渥美が少年時代に憧れていたテキ屋の話をヒントに車寅次郎という男を創作した。番組タイトルは主題歌を担当した星野哲郎の歌の一節から『男はつらいよ』とつけられ、同年一〇月から二クール二六話で放送がスタートした。シリーズは高視聴率をマークするものの、最終回で寅次郎は奄美大島でハブに噛まれて死亡してしまう。これには視聴者から抗議が殺到。そこで山田は渥美以外のキャストを一新して、六九年に松竹で映画化する。これが大反響を呼び、以降シリーズ化して松竹だけでなく、低迷していた邦画界の看板作品になっていった。第三作を森崎東が、第四作を小林俊一が監督したのを除くと、全て山田自らがメガフォンをとっている。

　シリーズの物語はおおむね変わらない。日本全国を物売りしながら旅する寅次郎は、行く先々で美女に惚れては振られ、最後は故郷の葛飾・柴又に戻るというもの。だが、シリーズを経るに従いキャラクター像は変わり、甥の満男(吉岡秀隆)をはじめ若者たちの頼りない恋の指南役になっていく。渥美の死去に伴い、九五年(平成七)公開の第四八作『寅次郎紅の花』をもってシリーズは終了した。　春日 太一

黒駒の勝蔵　くろこまのかつぞう　一八三二―七一
(天保二―明治四)
幕末期の博徒の親分。甲州八代郡上黒駒村若宮の名主小池吉右衛門の次男。地元竹居村に一家を張っていた竹居安五郎(通称吃安)に見いだされて頭角を現す。甲斐ばかりでなく、信濃、駿府などにも顔をきかせたが、縄ばり争いから、一方の雄清水次郎長と対立するところとなり、荒神山事件の後は急速にその勢力を失った。慶応(一八六五―六八)の末年には、相楽総三らの赤報隊に参加して、池田数馬を名のる。戊辰戦争では、第一遊軍隊に所属、東海道を攻めのぼる官軍の先導役をつとめた。戦乱後はふたたび甲州へ戻り、残した子分たちのため黒川金山の発掘事業を企てるが失敗に終わる。一八七一年(明治四)、官軍の兵として功あった者のなかに博徒ら無宿人の多かったことを嫌った新政府によって逮捕された。第一遊軍隊脱隊が表向きの理由であったが、博徒時代の殺傷事件が訴追され、「博徒勝馬」として斬罪に処せられた。　矢野 誠一

黒田如水　くろだじょすい　一五四六―一六〇四
(天文一五―慶長九)
黒田孝高《よしたか》。安土桃山時代から江戸前期の武将。近江国佐々木氏の一族。播磨姫路城の城代小寺職隆《もとたか》の子で、母は小寺政識《まさもと》の養女。洗礼名はドン・シメオン。七三年(天正一)織田信長に謁し、七七年に嫡子嘉寿丸(長政)を人質として信長のもとにおき、西国管領として播磨に進攻する羽柴秀吉に従い、中国経略の先鋒となった。七八年の荒木村重の反乱に際し、村重に和を勧めるために出向くが幽閉され、翌年村重の滅亡により救出された。八二年には、備中高松城の水攻めを献策し、毛利氏との講和にもあたっている。八五年の四国攻めにも参戦し、翌年からの九州出兵には軍奉行として豊前に赴いた。八七年の豊臣秀吉による九州平定後、豊前国で一二万石を与えられ、中津城を居城とした。八九年に家督を嫡子長政に譲ったが、以後も小田原攻めや文禄・慶長の役に参加するなど、秀吉に仕えた。しかし、秀吉亡き後は長政ともども徳川家康につき、一六〇〇年(慶長五)の関ヶ原の戦では家康の東軍に属し、九州の石田三成派と戦った。〇四年三月二〇日、山城国伏見で死去。墓は福岡市博多区の崇福《そうふく》寺にある。　田辺 貞夫

関ヶ原の時黒田如水は豊前中津に有しが、九千余の兵を率ゐ、九月九日打出て諸所の城ども攻落し、筑前・筑後の浪人共相集り大軍に成し時、嫡子長政の使来り、関ヶ原にて石田をはじめ敗北し、金吾中納言秀詮は、長政の謀によりて裏切せられし由告られしかば、如水

大に怒り、「うつけ果たる甲斐守(長政、引用者注)かな。天下分目の軍は、わざと月日を過して、浪人のすぎはひをあたふるものなり。何事の忠義だてぞ。日本一のうつけは甲斐守なり」とぞつぶやかれける。其後長政に筑前を賜はりければ、如水も京に上られけるに、諸国の大名如水の門に来りて市をなしけり。

常山紀談巻之十五「黒田如水豪気の事」

黒百合姫 くろゆりひめ

中世末期以来の語り物で祭文の一種である「黒百合姫祭文」に登場する女性。「黒百合姫祭文」は、修験山伏やそれとつながりのある巫女的な唱導者が語り伝えたもので、安倍貞任を先祖と仰ぐ矢島五郎満安と、その娘小百合姫を軸とする物語である。父満安の恨みを晴らすために、鳥海山にこもり、大権現に祈念した姫は、山中鶴間ヶ池のユリがみな黒色に変じたことから、家再興の本願が成就したことを知る。姫は後に一子緑丸に跡を譲り、矢島の山里に庵を構え『法華経』を読誦して身を終わる。「黒百合尼ぜ」とはこの人のことであって、鶴間ヶ池には今もクロユリが咲き乱れているという。

岩崎 武夫

悲しやな恥かしやな、お館に勤めの頃、あげ羽の蝶の君と、おぼろにかすむ春の夜の、かり寝の夢の実を結びて、懐妊の身とはなつたケニ、泣けど悔めど詮すべなく、鳥海大権現の御宝前に身を投げかけ、あはれ身二つになつたる後、この本望遂げべくんば、鶴間ケ池の岸に咲く山百合の花を墨染の色に染めてたび給へ、又望み叶はぬものならば、昔ながらの色に咲かせてたび給へ、さらばこの身生きながら竜神の贄になり申さうと、二つに一つの誓ひを立てらるゝ。さるほどに小百合姫は、翌るとしの夏、玉のやうなる男の御子を安々と産み落したるに、不思議や鶴間ケ池の岸の百合は、みな墨色に咲き出づる。さては本望成就するよと勇みに勇んで兵術を修行するほどに、六十六人の行者も巫女も、一騎当千の手並となつたるケニ、さらば下山して出陣せうと、姫は甲冑の上に白の生絹の大かつぎをかつぎ、当年歳の乳児緑丸を懐き、うやむやの関屋に陣立して主従六十七騎

羽黒祭文**黒百合姫**

桑名屋徳蔵 くわなやとくぞう

実在の人物として『雨窓閑話《うそうかんわ》』(著者、成立年未詳)や『伝奇作書』(西沢一鳳著、一八五一成立)に伝えられる。これらによれば、徳蔵は大坂廻船問屋桑名屋某の船頭で、渡海術のベテランであったという。大晦日の夜には船出せぬ習慣だったが、急ぎの荷のため船出し、そのためあやかしがついて大入道が出現し、「今宵をいつと思う、恐ろしくはないか」と問うたのに対し、「恐ろしいのは世渡りばかりだ」と答えると化物は消失したという話が伝えられ、かなり人口に膾炙《かいしゃ》した逸話であったらしい。

並木正三はこれを素材とし、一七七〇年(明和七)一二月、大坂角の芝居へ『桑名屋徳蔵入船物語』を書き、讃州丸亀のお家騒動にからめて構成、徳蔵は謀反人相模五郎と双生児(二役、初世歌右衛門)として描かれ、海上で傾城

●――**桑名屋徳蔵** 遠州灘上の船中で菱垣の亡霊と問答する桑名屋徳蔵。「此世にはかくてもやみぬ別路のふち瀬をたれにとひて渡らん」。『桑名屋徳蔵入舟噺』巻之二の挿絵。

檜垣(菱垣《ひがき》)の亡霊と問答するくだりがある。徳蔵は自己の職務に忠実な、幽霊も権力も恐れぬ剛胆な人物であり、天竺徳兵衛と並んでブルジョアジーの一つの分身であったとみられる。また後続作に、河竹黙阿弥作『宝来曾我島物語』(一八七〇年(明治三)二月、市村座初演)がある。実録本、講談では秋田騒動にからめ、徳蔵が海坊主を斬り、そのたたりが「妲妃《だっ》のお百」によって、その子徳兵衛にむくいる筋となっている。

小池 章太郎

(菱)口おしや、殺されし身は舟玉の穢に遠ざけられ、舟へのる事もならぬか、ヱ、かなしいわいのふ、かなしいわいのふ、(徳)ヱ、じやまな、なんぼ舟幽霊にもあふたが、貴様の様などびつこい幽霊見た事がない、(菱)イヤどふおもひ廻しても、此舟やる事はならんならん、(徳)ならぬといやつても徳蔵が船、やらいでおくものか、とめるわごりよぐるめに引ずつて走のじや、附てきたか勝手にしや、(菱)徳蔵、そなたは世界にこわいといふ物があるかや、いつち何がこわいぞ、(徳)この徳蔵が世界にこわいといふ物は、主親方よりこはいものはござらん、(菱)其内主がおもひか親が重ひか、(徳)ハテねちみやくなゆうれいじや、親といふものは大事の者じやが、其親をやしなふて貰ふが主じや、依て喰にやたてらんといふ譬では、マア主が重ひじやごんせんか、(菱)其詞かならずわすれさんすなへ、(徳)ヱ、さま〲の念つがふ人じやわいの、(菱)そんなら助けて遣は、舟に乗る事はかなわず、先へいて待ているといふてたも、さらば〲

桑名屋徳蔵入舟噺

け

袈裟御前 けさごぜん

文覚の発心譚に登場する婦人。文覚は在俗時には遠藤盛遠《もりとお》といったが、同族の源左衛門尉(渡辺)渡《わたる》の妻袈裟(名は阿都磨)に横恋慕をし、袈裟の母を強迫して思いを遂げようとした。母の窮地を知った袈裟は一計を案じ、文覚に夫を殺すように説く。文覚が渡を殺してみると、実は夫の身代りとなった袈裟であった。こうして袈裟は母を救い、夫への節をも守った。その貞節に感じた三人は発心し、盛遠は盛《じょう》阿弥陀仏、渡は渡阿《とあ》阿弥陀仏となって修行に出、ともに袈裟の菩提を弔った。この説話は『源平盛衰記』巻十八に載せられ、また京都の上鳥羽の浄前寺門前の恋塚、下鳥羽の恋塚《れんちょ》寺などの伝説として伝えられる。文覚の善にも恋にも激しい性格であるのに対して、袈裟は貞節さが喧伝され、江戸期には歌舞伎や合巻などの題材ともなった。また、この説話は『平家物語』の異本、四部本・南部本・延慶本、御伽草子『恋塚物語』『滝口物語』にもあるが、これらはみな渡が鳥羽の秋山刑部左衛門(出家して俊乗坊重源)となるなど、登場人物名に違いをみせる。袈裟にあたる人物は、南都本に「阿津磨(間)」とある以外には、名が出ていない。恋塚伝説としては、江戸期の京都の地誌の多くは、『源平盛衰記』とほぼ同様に伝えるが、『都名所車』『山城名所寺社物語』などは、渡と重源とが同一人物であるとする。重源は阿弥号を南無阿弥陀仏(『愚管抄』『尊卑分脈』など)といったが、『高野春秋』建永元年(一二〇六)六月条に「頭阿弥陀仏」と称したとも伝えている。早くから頭阿と渡阿とが混同されたためか、この説話が重源の発心譚としても伝えられていたのであろう。他に重源の発心譚は伝えられていない。

この説話は、どちらの発心譚として先に成立したかは、『平家物語』諸本の成立の先後をどう見るかによって異なり、一概には決しかねるが、文覚と重源との関係などからみても、渥美かをるのいうような『平家物語』諸本の成立関係からみても、もと重源の発心譚であった可能性が高い。最近の民俗学的な研究成果を踏まえた近藤喜博の論考によると、史実はともかくとして、俊乗坊重源がかつて渡辺党の出身であると考えられていた節があり、重源の発心譚の伝承と渡辺とが密接な関係をもっていたとする。渡辺党は難波の渡辺を根拠地とするが、同時に淀川を中心とした水上交通に従事し、鳥羽の地にこの伝説が伝えられるのも、この地が水上交通の要衝であったためであり、文覚が袈裟を見初めるのが、渡辺の橋供養であったとするのも、渡辺党が管理していた水辺の呪術と交渉があり、袈裟という名前も比礼の呪術からきたものとする。↓

山本 吉左右

●——**袈裟御前**　思いを遂げるために、袈裟の母を脅す盛遠と、それをとどめる袈裟。『本朝美人鑑』。

文覚

日くれぬれは管絃連哥の後此人急き返りぬ、さても此女房今夜をかきりの事なれは三条の尼公の我に後れて歎き給はむ事又死はともにと契深き刑部か事も悲くて、只眼に遮る物とては尽せぬ涙計也、されはとてかくてやむへきにもあらす、異国にも悲き男にかわりて後生を助けられし女も有しそかしと思切て、酔たる男を懐て奥のつほにふせて本鳥をみたり、我かたけなるかみを切をろして女の姿にそつくりける、其後我かみを取上て本鳥になす、さて刑部か烏帽子大刀を妻戸の口に取渡して東枕にふしにけり、今をかきりと思ふにも忍の涙せきあへす漢の李夫人にあらされは躰を移しても誰かみむ、唐の陽貴妃に異なれは尋問へき人もあらし、只うき目をみむものは三条の母の老尼計と思ほとに向の屋の中門にはさみたる大童一人広梴へつとのほり我うへを飛越て奥のつほへそ通りける、穴心憂やいかになりぬる事やらむ己にあやまたれぬるやらむ、をきても取つかはやとは思へとも暫く有様を見るに、女とやみなしてけむ立返うつふくかと思ほとに女の頸は前の梴へそ落にける、盛遠打おほせぬと悦て暇申て返り参むとて急き頸取三条へかへる、此頸をは或田の中に踏入て三条の屋に帰て高念仏して梴行道す、しはらく有て門戸を叩く、誰そと問へは鳥羽より女房を只今夜打入て殺し奉りたと申す、盛遠思様下臈の不覚さ何条さる事は有へきそと思て、何に物狂き申様そ殿の御あやまちかと云、使者云さわ候わす一定女房の御あやまちとこそ仰有つれと詳ならす、(中略)盛遠浅猿く思て急き家を走出て、捨つる頸を尋ぬるに八月廿日余の月なれと折節おほろにかすみていつくともおほえす、されとも田の中を余に求めけれは有深田にて求め得たり、水にてふりすゝきてみれは此女房の頸なりけり、急き鳥羽に持て行き走入て、御敵人くして参て候御覧候へとて懐より女房の首を取出て其身に指合て、此は盛遠か所行也、一日此女房契給しにはかされてわ殿の頸をかくと思て候へはかゝる不覚をしつる事なれは我頸を千きた百きたにもきさみ給へ、穴心うの有様やいかなりける事そや是にて切給へ、とて腰刀を抜出て左衛門尉に与て頸をのへて指出たり

延慶本平家物語巻五「文学か道念之由緒事」

○けさがけにゑんどう武者は切ルところ(安七叶3)
○けさを見てから盛遠はしゆつけする(三二39)

第一句、実際には袈裟がけに斬ったかどうか。第二句、出家の着る袈裟に縁ある名であるため。

月光仮面 げっこうかめん

KRテレビ(現、TBS)で放映された川内康範原作の同名テレビドラマの主人公。悪人たちに苦しめられている善良な人々を救うために、三日月の飾りのついた白いターバンと覆面、黒いサングラスと白のマフラー、全身タイツと黒ベルトでホンダのドリームC70を白く塗ったオートバイに乗って駆けつけ、悪人たちを懲らしめる。武器はピストルであるが、これは威嚇と牽制、悪人の武器を打ち落とすためであり、決して敵を殺傷することはない。「憎むな、殺すな、赦しましょう」がモットーである。薬師如来の脇に座している月光菩薩をモデルにし、慈悲の心を貴重にして生まれたヒーローである。ちなみに原作者・川内康範の実家は日蓮宗の寺であり、そのことも仏教思想が作品のモチーフに反映される背景であったとも思われる。

月光仮面の正体は、青年探偵・祝《いわ》十郎が変装(後年のウルトラマンや仮面ライダーのような変身ではない)したことを匂わせてはいるが、変装する場面は描かれず、「何処の誰かは知らないけれど……」「月光仮面は誰でしょう?」との原作者作詞の主題歌の台詞にもこめられたように、ミステリアスな部分も残されている。なお、主題歌のレコードの売り上げも一〇万枚を超えた。このドラマの放映が開始されたのは、一九五八年(昭和三三)。テレビが一般家庭に急速に普及した時代である。強くて心優しく、かっこいい正義のヒーロー月光仮面はたちまち子供たちの人気者になり、視聴率は東京地区で最高六七・八%を超えた。放送時間に銭湯から子供たちの姿が消えた、ともいわれている。この「月光仮面」大ヒットがその後、ヒーロードラマを多数生む起爆剤となった。

菊池　道人

毛谷村六助 けやむらろくすけ

安土桃山時代の剣術の達人。生没年不詳。豊前国(福岡県)の彦山のふもとに住む百姓であったが、武芸にすぐれ、老母に対する孝行でも知られる。実伝はくわしくはわからないが、毛谷村六助を主人公とする時代物浄瑠璃『彦山権現誓助剣《ちかいのすけだち》』が、一七八六年(天明六)大坂で初演されて大当りとなり、その後繰り返し上演され、黄表紙・合巻・読本などにもとりあげられたため、広く知られる人物となった。作中の六助は、吉岡一味斎から八重垣流の剣法を伝授されたが、師一味斎がその娘お菊に横恋慕した京極内匠《たくみ》に暗殺されたため、一味斎の妻お幸、娘お園、お菊の子弥三松を助けて敵討を果たす。『敵討巌流島』に構想が似ており、京極内匠が実は明智光秀の子であったというのも、それに先立つ宝暦期(一七五一―六四)の時代物の定型であるが、お園という女丈夫の活躍が目ざましく、お園を助ける六助に人気が集まった。全一一段の中で九段目「六助住家(毛谷村)」は歌舞伎でも名高い。

大隅　和雄

「常々とと様のおつしやるには、豊前の国毛谷村の六助といふ者こそ、剣術勝れし器量の若者、行末はそちと妻合せ、吉岡の家を相続させんと、音信《おとづれ》通じ置きたるぞと、仰を守る此年月、廿の上を越しながら眉を其儘いかな事、鉄漿《かね》も含まぬ恥かしさ、推量なされて下さんせ」「スリヤそこもとは吉岡一味斎殿

の」「ハイ、娘の園でござります」「コレハしたり」と手を取って、無理に上座へ押直し、「先何か差置き、お尋ね申したいは御親父一味斎殿、御健勝で今にお勤なさるるか、御老体の事なれば、自然のお労《つか》れにて、若し御病気など発《おこ》りはせぬかと、寝ても覚ても心ならぬは是れ一つ」と、問はれて園は涙ぐみ、「申すもあへない事ながら、おいとしやとと様は、隣国周防の山口といふ所でな」「ヤ、何が何と、どうなされた」「口惜しややみ〳〵と、欺し討たれてはかない御最期」(中略)悲歎の涙六助も、かかる憂には猶更に、思ひ忘れぬ一昔、「彦山の麓にて、目馴れぬ老翁に見えしが、高良の神の使なりと、兵法印可の一巻を下されし、其老翁こそ吉岡殿と、察せし事は彼巻の、奥にあり〳〵御姓名、書添へられしはこなたの事。夫婦となつて吉岡の、家名相続致せよと、六助ごときのつたなき芸、伝へ聞かれて有りがたや、神の使と偽つて、印可を与へ其上に、汝に勝つべき者あらば、それに随ひ身を修め、末長久に栄えよと、教訓ありしは後々まで、我慢を押ゆる御情、喩へん方もなき大恩、肉にしみ骨に通つて忘られず、母だに見送る上からは、尋ね登つて恩を謝し、師の御顔をにしにしと、拝せんものと思ひしも、皆むだ事となつたるか。エ、残念や悔しやな。せめての形見師の片われ、あら懐かしや」とお園を拝し、飛走《たばし》る涙はら〳〵〳〵、腸をたつ思ひにて、慕ひ歎くぞ不便なる。

彦山権現誓助剣九段目

○けいはくを武士へ加えぬ一味斎(一四五30)
○六助は孝助六は不孝もの(一五三17)

第一句、「武士(附子)」「一味(薬種の一品)」と薬の縁語で結んだ趣向。第二句の「助六」は喧嘩を売り歩き、母親に心配をかける。六助、助六と語順を転倒させた。両句ともに狂句。

玄慧 げんえ ?―一三五〇(正平五…観応一)

鎌倉末期から南北朝時代にかけて活躍した天台宗の僧侶で儒者。玄恵とも書き、「げんね」とも読む。号は独清軒《どくせいけん》、健叟《けんそう》。『元亨釈書《げんこうしやくしよ》』を著した禅僧の虎関師錬《こかんしれん》の弟とする説もあるが不詳。比叡山延暦寺で修学し、法印権大僧都にまで昇った。禅にも深い関心をよせ、また程朱学にもくわしく、後醍醐天皇の侍読となって天皇や側近の公卿たちに古典を講じた。その講義の席が、後醍醐天皇を中心とする鎌倉幕府転覆計画の場であったという話は『太平記』によって世上に流布したものである。倒幕のあと、その学識を買われて足利尊氏・直義兄弟に重んじられ、『建武式目』の作成にも関与した。いわゆる「往来物」の代表作にあげられる『庭訓《ていきん》往来』『喫茶往来』が彼の著作と伝えられたり、『太平記』の補作に当たったとされたりし、また『狂言百六十番』も彼の作品といわれたりしたが、いずれについても確証はなく、玄慧が「才学無双」の定評を得ていたために付会されたものとみられる。最晩年の挿話として『太平記』巻二十七が語るところでは、親交のあった足利直義が一三四九年(正平四…貞和五)に剃髪隠遁して京都の錦小路堀河に閑居していたのをときおり見舞い、「異国本朝ノ物語ドモシテ、慰メ奉」っていたが、やがて病に侵され、翌年三月二日に京都で死んだ。

横井 清

四日、入夜聴平家、薫一日、悪七兵衛カケキヨ、平家一代、武家合戦様尽記之、平大納言トキタヽ、文官歌詠等事、皆記之、其後曰為長三位者、捃拾諸記集之、玄会法印、剪裁以為一書、名曰平家、凡相共評論者三十四人、但除平大納言・悪七兵衛也、寂初曰性仏者、於禁中読之、既而曰城一者話之、城一有両弟子、一人以一字為名、一人以城字為名、此両人弟子、相承于今如此云々

臥雲日件録文明二年正月条

源三位頼政 げんざんみよりまさ ➡源頼政

源信 げんしん 九四二―一〇一七(天慶五―寛仁一)

平安中期の天台宗の学僧。浄土教家として著名で、恵心僧都《えしんそうず》、横川《よかわ》僧都とも称された。大和国(奈良県)当麻郷に生まれ、父の名は

ト部正親、母は清原氏。七歳で父の死にあい、九歳で比叡山に登る。九五四年(天暦八)得度受戒し、良源の門下となって経論の研鑽に努め、九七三年(天延二)三二歳で広学竪義となり、内供奉十禅師に補せられた。九七八年(天元二)に著した『因明論疏四相違略註釈』三巻は撰述年時のわかる最初の著書で、のち宋の慈恩寺弘道の門人に贈られたが、青年時代の著述とみられるものに『六即義私記』がある。九八五年(寛和二)代表著作である『往生要集』三巻を撰述した。本書は極楽往生に関する経論の要文を選集し、念仏を勧めたもので、のちの浄土信仰に決定的な方向を与えた。翌年源信は同書を宋の周文徳に贈り、文徳は天台山国清寺の経蔵に納めたが、宋においても高く評価された。またこの年より首楞厳院《しゅりょうごんいん》において念仏結社たる二十五三昧会をはじめ、二年後の九八八年(永延二)には「十二箇条起請」を作って、同志の平生および臨終の作法を定めた。この二十五三昧会につながるものとして、横川の花台院では迎講がはじめられ、在俗の念仏者が多く集まり、横川には念仏集団が形成された。一〇〇〇年(長保二)法橋に叙せられ、一〇〇四年(寛弘一)権少僧都に進んだが、翌年辞退した。当時の比叡山の世俗化と堕落の風潮を嫌い、名利を避けて横川に隠栖し、行法と著作に励んだ。『源氏物語』の横川僧都は源信がモデルといわれる。七〇歳前後から病で起居が不自由であったが、なお念仏を怠らず、一七年六月、七六歳で没した。

門下に覚超、良暹、明豪など多くの高僧が出て、一門の教学を恵心流という。著作は、前記のほか『要法文』三巻(九八六)、『菩提心義要文』一巻(九九七)、『大乗対倶舎鈔』一四巻(一〇〇五)、『一乗要決』三巻(一〇〇六)、『霊山院釈迦堂毎日作法』一巻(一〇〇七)、『白骨観』一巻(一〇一二)、『阿弥陀経略記』一巻(一〇一四)など七〇余部一五〇巻ある。なお『後拾遺往生伝』平維茂条に記されているように、早くから来迎図の創始者とみられ、世に源信作と伝える来迎図は多いが確証はない。しかし源信教学の影響を受けて作られたことは明らかである。

伊藤 唯真

此ノ人々皆去ヌル後ニ、慶《キャウ》祐《イウ》阿闍梨ト云フ人独リ許ヲ留メ置テ、蜜ニ語テ云ク、「年来ノ間、我レ造ル所ノ善根ヲ以テ、偏ニ極楽ニ廻向《ヱカウ》シテ、『上品下生ニ生レム』ト願フニ、此ニ忽ニ二人ノ天童来テ告テ云ク、『我等ハ此レ、都率天ノ弥勒ノ御使也。聖人、偏ニ法花ヲ持シテ、深ク一乗ノ理ヲ悟レリ。此ノ功徳ヲ以テ兜率《トソッ》天《テン》ニ可生シ。然レバ、我等、聖人ヲ迎ヘムガ為ニ来レル也』ト。我レ、天童ニ答テ云ク、『我レ兜率天ニ生レテ慈尊ヲ礼奉ラム、无限キ善根也ト云ヘドモ、我レ年来願フ所ハ、極楽世界ニ生レテ阿弥陀仏ヲ礼シ奉ラムト思フ。然レバ、慈氏尊、願クハ力ヲ加ヘ給テ、我レヲ極楽世界ニ送リ給ヘ。我レ、極楽世界ニシテ弥勒ヲ可礼奉シ。天童速ニ返リ給テ此ノ由ヲ以テ慈氏尊ニ申シ給ヘ』ト答ヘツレバ、天童返《カヘ》リヌ」ト語ル。慶祐阿闍梨、此レヲ聞テ、貴ビ悲ブ事无限シ。

今昔物語集巻十二「横川源信僧都語」

○仏師やをしても恵心はくへる也(三〇26)

○其頃の仏師恵心ンを悪く言い(一六七20)

阿弥陀像を多く彫刻したといわれ、諸国に恵心(源信)作と伝えられるものが伝来する。第二句は第一句の結果、仏師が食いあげになったため。

建礼門院 けんれいもんいん 一一五五―一二一三?

(久寿二―建保一?)

平安末期の女院。本名は平徳子。高倉天皇の中宮で、安徳天皇の国母。父は平清盛、母は平時子。異母兄に平重盛、同母兄弟に平宗盛・知盛・重衡がいる。建礼門院は院号。父清盛の政治権力の拡大、後宮政策の一環として、一一七一年(承安一)後白河法皇の猶子として高倉天皇の女御となり、翌年中宮となった。七八年(治承二)に皇子(安徳天皇)を産み、八〇年皇子の即位により国母となる。八一年(養和一)の高倉上皇崩御の時、清盛は後白河法皇への徳子入内を計るが、徳子の抗議にあって断念。

なお、この年に建礼門院の院号を受けている。八三年(寿永二)七月、木曾義仲が京に攻め込むと、徳子は平氏西走に安徳天皇とともに従った。八五年(文治一)三月、壇ノ浦で平氏は滅亡、その時入水するが、源義経に助けられた。同時に捕えられた宗盛や平時忠らは京に護送され、宗盛は斬首、時忠は配流となったが、徳子は罪を問われることなく、洛東の吉田の地に隠棲して尼となった。のち大原寂光院に移り、仏道三昧の生活を送った。八六年春、後白河法皇が寂光院の徳子を訪れている。同じ年の秋には、侍女であった右京大夫が訪れ、「今や夢昔や夢と迷はれていかに思へどうつつとぞなき」と詠んで、その落魄したした姿に涙したという。なお、『平家物語』灌頂巻に辞世の句とされる「いざさらばなみだくらべむ郭公《ほとゝぎす》　われもうき世にねをのみぞなく」の歌が載る。

建礼門院をめぐる男性関係の噂は多い。特に壇ノ浦で捕えられて京に送還される途次、義経と関係をもったとされる噂が知られる(『源平盛衰記』)。国母の女院と英雄義経との密通は、近世に入って川柳や艶本で増幅された。また、後白河法皇が建礼門院を憎からず思っていた様子は、『玉葉』や読み本系の『平家物語』から知られ、建礼門院は法皇に対し、自分は変転激しい人生を生きながら六道(地獄)を経廻したと語っている。延慶本『平家物語』や『源平盛衰記』には、建礼門院と同母兄弟の平宗盛・知盛との近親相姦を語る部分があり、安徳天皇は宗盛の子であると匂わせている。事実は不明だが、言説の世界では高貴の女性の栄光と転落は付き物で、女院を聖なる存在とするために、穢れを描く必要があったと考えられる。建礼門院の末路は定かではなく、享年についても諸説がある。

安宅　夏夫

かゝりし程に、文治二年の春の比、法皇、建礼門院大原の閑居の御すまゐ、御覧ぜまほしうおぼしめされけれども、きさらぎやよひの程は風はげしく、余寒もいまだつきせず。峯の白雪消えやらで、谷のつらゝもうちとけず。春すぎ夏きた(ッ)て北まつりも過しかば、法皇夜をこめて大原の奥へぞ御幸なる。しのびの御幸なりけれども、供奉の人々、徳大寺・花山院・土御門以下、公卿六人、殿上人八人、北面少々候けり。鞍馬どおりの御幸なれば、清原深養父が補陀落寺、小野の皇太后宮の舊跡叡覧あ(ッ)て、それより御輿にめされけり。遠山にかゝる白雲は、散にし花のかたみなり。青葉に見ゆる梢には、春の名残ぞおしまるゝ。比は卯月廿日あまりの事なれば、夏草のしげみが末を分いらせ給ふに、はじめたる御幸なれば、御覧じなれたるかたもなし。人跡たえたる程もおぼしめししられて哀なり。

平家物語灌頂巻「大原御幸」

○夢の中頃門院の入内なり(八五34)
○舟虫に門院はじめそうに立チ(明三梅2)
○門院の御不慮入水の外に濡(一二四別中18)
○門院をあつためたのがおちどなり(安四宮1)

第一句、清盛の娘徳子の入内は一一七一年(承安二)、「夢の中頃」とは平家の絶頂期でもあるが、女御宣旨は年わずか一五歳、まさに夢みる年ごろ。第二句、わが子安徳帝や母の時子(二位の尼)ともども壇ノ浦の戦場で生活することになるが、はじめて見る舟虫にはおじけ立った。「そうに」は皆々、残らずの意。第三句、門院は海中に身を投じたが、渡辺番《つごう》という源氏方の武士に熊手で髪をとらえられ、生け捕りとなった。その後、『平家物語』では潮水で濡れた衣服を新しい小袖に召し替えさせた、とあるのみだが、後世の凡夫どもの邪推は、義経と何かあったのではないか、いやあったに違いないと発展。第三句、救命作業で暖めたのが落度となり、梶原景時が頼朝に讒言、義経失脚の因となった、という。

甲賀三郎　こうがさぶろう

伝説上の人物。諏訪明神の本地を説く語り物の主人公である。南北朝時代に成立した『神道集』所収の「諏訪縁起の事」は甲賀三郎譚としてはもっとも古い。それによると、近江国(滋賀県)甲賀郡の地頭、甲賀三郎諏方《よりかた》は、最愛の妻春日姫を伊吹山の天狗に奪われ、六六国の山々を探し歩き、信濃国蓼科《たてしな》山の人穴で発見し救出する。しかし三郎は兄の二郎のために穴へ落とされ、七三の人穴と地底の国々を遍歴する。最後にたどりついたのは維縵《ゆいまん》国というところで、その国では毎日の日課に鹿狩りをする習俗があり、三郎はそこで好美翁と維摩姫のあたたかいもてなしを受けて日を過ごす。だが、春日姫恋しさに日本へ戻りたいと願っていた三郎は、翁から渡された鹿の生肝で作った餅一〇〇〇枚を、毎日一枚ずつ食べることの戒を守り、また途中で遭遇した数々の試練にうちかって無事日本の浅間嶽へ出る。やがて三郎は浅間嶽から本国近江国甲賀郡笹岡にある釈迦堂(岩屋堂)に戻ってくる。ところが自分の姿が蛇になっているのを知り、驚きと恥ずかしさから釈迦堂の縁の下に隠れる。その夜、堂に集まった白山、富士浅間、熊野権現などの化身である一〇人の僧の口から、蛇身をのがれる法として、石菖《せきしよう》の植えてある池に入り、脱蛇身の呪文を唱えれば人間によみがえることを知って、もとの甲賀三郎となる。その後春日姫と再会した三郎は、信濃国に諏訪明神として上社に鎮座し、春日姫は下社にまつられるというのがその内容である。

　地底の国を遍歴した甲賀三郎は異界への訪問者であろう。この種の人物に似たものとしては、『富士の人穴』の草子の新田四郎忠綱(仁田忠常)がいる。『吾妻鏡』建仁三年(一二〇三)六月三日の条所載の秘窟探検の話は有名で、『富士の人穴』の草子はこの伝承を踏まえ、人穴の内部を六道地獄とし、新田四郎が浅間大菩薩を案内役にして地獄の苦患に沈む衆生を見て回るという趣向に変わっている。一方、甲賀三郎が遍歴した地の底は地獄ではない。七三の国々があたかも農耕に従事する村落を思わせ、その国々を春夏秋冬の季節に沿って循環式にさまよい歩くという構造になっている。三郎には外から村落を訪れる神の姿が重なっており、村落民に畏怖されつつも歓待され、永くとどまることをすすめられながら、その好意をふり切って次の国を求めてさすらうという形をくり返す。狩猟国である維縵国で最後の歓待をうけ、地上へよみがえるという甲賀三郎の地底遍歴の意味するものは、狩猟神であると同時に農耕神でもある諏訪明神の二面性を甲賀三郎に託して表現化したものとみて誤りはない。地底の国々の遍歴は、中世における今来《いまき》の神、諏訪明神の誕生にとって、経なければならぬ試練であり、通過儀礼と同じものであって、それは八十神たちの

●──**甲賀三郎**　蛇の姿で日本に戻った甲賀三郎。蛇身を恥じて堂の縁の下にこもり、僧たちの問答を聞いて蛇身を脱する法を知る。『すはの本地』。赤木文庫蔵。

迫害を受けた大穴牟遅《おおなむち》命が、地上から地下の根の国へと難を避け、須佐之男《すさのお》命の課すさまざまな試練に耐えて地上によみがえるまでの神話の構造と重なる。なお末弟である三郎が、兄の謀《はかりごと》にあって地底に落ち、困難を克服して最後に成功するという筋立ては、末弟成功譚の一つの形でもある。昔話では兄弟話として語り伝えられている。『神道集』の「那波八郎大明神の事」には末弟の八郎が、兄たちの夜襲を受けて殺され、後に大蛇となってたたりをなし、兄七人の命と一族、妻子眷属までとり殺す末子復讐譚となっている。

「諏訪縁起の事」は諏訪信仰を宣布して歩いた山伏修験(諏訪神人)に担われて広まったものであろう。滋賀県甲賀市に現在でも多く見られる諏方の後胤といわれる人々の出自が、信州望月氏であるというのは、諏訪と甲賀の因縁の深さを物語っている。甲賀郡甲南町(現、甲賀市)の人々は、甲賀三郎を実在の英雄と信じ、岡町塩野の諏訪社を氏神と仰いでいる。諏方系といわれる「諏訪縁起の事」に対して、兼家系といわれる甲賀三郎譚が、甲賀郡水口町(現、甲賀市)岡山のふもとにある大岡寺《だいこうじ》の観音霊験譚に組み込まれながら伝承されている。

岩崎 武夫

斯て三郎殿、翁のおしへ、少もたかはず、難所〳〵をこたせ給ふ、おきなの、あたい給ふ、一千一百のもち、一日に一つ宛、つかへ給へは、日本の其内に、信濃の国、浅間の竹より、大ぬまの池え、出させ

時刻をうつさす、だて信濃の竹え行、見たまへは、ありし昔にかはりけり、搒井万国を出て、九年七月と思とも、かれこれ合て、三百四年也(中略)

おさなき物とも、あまた、来りて、三郎殿を見て、こゝに大成蛇びかいた、あらをそろしやとて、くちぐちに、いふほどに、おとなどもも、来り見て、扨も大成蛇やとて、皆にけ失けり

其時、よりかた、扨わか姿は、蛇にてあるやらんと、浅ましく思へ、仏檀の円の下えぞ、かくれ給ふ、伐のかはりにも、なりしかは、ぼうずたち、あまたきたり、御堂の内にて、法花経を、よみたまふ(中略)

又、前のらう僧、仰けるは、甲賀殿、何として、蛇と見よるらんと、ぬ給へは

是よりむこをは、しやたへの、すみかなり、甲賀殿、久々下かへに、すみ給へは、其かたちにも、成のべし、それはなにとして、ぬき給へべしと、のたまへは

上座のらう僧、仰けるは、せきしやうの生たる、池の水にひたり、朝日を向て、をかみ申けれは、搒井万国の、しやうそくは、みなのける也□、かたり給ふは

三郎殿は、ゑんの下にて聞召、大きに悦、夜もあけれは、大門へくたり、見たまへは、ぁんのごとく、せきしやうのをいたる、池有、物語のごとく、其水にひたり、あさ日をおがみ給へは、本のすかたに成り給ふ　諏訪草紙

時に山賤進出、いや其目当こそ此鏡にて、松の小枝の幾つ目の其所よと見定て、一矢遊ばし候へと鏡を前にさし出せば、いやそれ迄もなし望ならば、射て見せんと、大の雁股打番ひ、先当代の帝の名は後鳥羽院、摂家に於いては鷹司鳥丸、鷲の尾なんど云て鳥の名を付、羽交を広ぐる長袖を片端射殺しくれんずと、きり〳〵と引絞り放さんとせし時に、山賤中に押隔鏡の裏にはたと受け、ホヽ、近頃の弓勢哉、矢の根は微塵に砕けても、鏡の裏には兎の毛程も跡はなし、役にも立たぬひよろ〳〵矢いらざる事を巧まんより、悪心を翻し降参せよ、すべて世に有人ごと面々眼有ながら、己が面を見ることなし故に、鏡を作り善悪邪正の姿を映す、サア其証拠には此鏡に、向つて弓矢を番ひ立る姿、映る鏡の面影は汝に矢をはげ差し向かふ、因果の道理をよつく知れと教訓すれど聞入ず、何の譫語己武士の作法に任せ、尋常に進み出受けて見よと、弦打して立向かふ山賤臆せずつゝと出、エヽ、何程の事かぁらん両の眼か胸板か、望次第に射られよと大手を開き差し向かへば、やぁ口の過たる土民めとゑいやつと切てはなせば、右の手にしつかと取、すかさず射るを左の手に引つ摑み、向かふ矢先をひらりとはづし口にくは

へ、飛上りては踏み落す其有様は鶯の、梅にこづたふはかぜより猶軽やかに見えにけり、帝逆鱗まし〳〵て山賤射さすな誰か有、季方を召取て刑罰せよと綸言有、時に山賤飛かゝり季方を引立御前に立返へる、帝叡感斜ならずあつぱれゆゝしき働き、そも汝は如何成者ぞ、山賤はつと頭を下げ今は何をか包み申さん、恥かしながら某は、甲賀の三郎兼家がなれる果にて候と、鏡の因縁委はしく申上らる、然る所へ姫君竹若源八諸共かけ来り、互につきぬ涙のてい主上いよ〳〵御感有、本領に伊賀の国を相添へ、悪人季方を給はればコハかたじけなしと取つて引立、いかに源八かりそめならぬ朝敵なれども、上より下し給はりしを又汝に取らするぞ、親兄の孝養恨みを晴せと引つ摑み、彼所へどうど投げ給へば源八得たりと取つて伏せ、己め如何様に成敗しても飽き足らず、コレ竹若君母御の敵こいつめを鬼灯《ほうづき》をもぐやうに根引に致し申さんと、素首に手をかけくるり〳〵と捻ぢ回し、ゑいやつと引抜いて、さきおふ声々諸共に都にかへる御車のすぐ成、御代こそめでたけれ

甲賀三郎五段目

(古浄瑠璃『諏訪本地兼家』を経てこの浄瑠璃に至った甲賀三郎兼家系の話は、地底遍歴のかわりに色里めぐりを挿入するなど趣向をこらすようになる)

孝謙天皇 こうけんてんのう 七一八—七七〇

(養老二—宝亀一)

第四六代に数えられる奈良後期の女帝。聖武天皇と光明皇后の間の娘で、即位前の名は阿倍内親王。弟の基王が早世したため、二一歳の時に史上初の女性皇太子となり、七四九(天平勝宝一)三二歳で即位した。政権を助けたのは光明皇太后の甥、当時四四歳の藤原仲麻呂だった。孝謙天皇は奔放なところがあり、妻子のある仲麻呂と恋に落ちた。七五二年四月には奈良東大寺の大仏開眼供養式のあとに仲麻呂の邸宅に赴いて滞在するなど、仲麻呂への信任は厚く、恵美押勝《えみのおしかつ》という名を特別に与え、皇族以外で初めて太政大臣に就任させた。藤原氏と対立する橘奈良麻呂らが、七五七年(天平宝字一)に仲麻呂を殺害しようとし、孝謙天皇を廃そうとする謀反を企てた際は、逆に奈良麻呂らを殺害して事無きを得た。翌年八月、「母に孝養を尽くす」という理由で大炊《おおい》王(淳仁天皇)に譲位して上皇となったが、二年後に光明皇太后が死去。孝謙上皇は悲しみのあまり病がちとなり、七六一年から近江保良《ほら》宮で療養生活を送るが、この時に祈禱を行ったのがサンスクリットも読める密教僧の弓削道鏡であった。孝謙上皇は誠心誠意を尽くす道鏡に好意以上の感情を抱き、ただならぬ関係になったという。仲麻呂が淳仁天皇に働き掛けて諫言させると、孝謙上皇は激怒。七六四年に仲麻呂は反乱(恵美押勝の乱)を起こしたが、鎮圧されて処刑、淳仁天皇は廃されて、淡路島に配流された。この結果、孝謙上皇は四七歳で重祚《ちょうそ》して称徳天皇となった。

称徳天皇の道鏡に対する信任は格別に厚く、七六四年に道鏡を太政大臣に任命した。道鏡は淳仁廃帝の霊を鎮め、世の安全を祈願することを天皇に勧め、大伽藍を建立させた。これを四王院と名づけ、金銅造りの四天王の鋳造に取りかかったが、三体はできあがったものの、もう一体が七回も失敗を繰り返して成らなかった。この時、称徳天皇は「何とぞ御仏の御功徳で女の身の私が仏になることができるように」と仏に祈願し、銅が沸き立つ釜の中に手を入れ、「どうか仏像が鋳上がりますように。叶わないのであれば、この手を焼けただらせよ」と念じた。釜から手を引き出すと、白い手は少しのただれもなかった。こうして無事に完成した四天王を収め、七六五年(天平神護一)に創建されたのが大和西大寺である。

天皇の仏心と道鏡に対する信頼はさらに深まり、道鏡に法王の位が授けられた。しかし、七七〇年八月に天皇が病没すると、道鏡は下野国(栃木県)に左遷となった。この道鏡騒動で誰もが女帝に懲り、これ以降は江戸初期に即位した第一〇九代明正《めいしょう》天皇(在位一六二九(寛永六)—四三)に至るまで、女帝が立てられるこ

とはなかった。→道鏡

○道ならぬ鏡女帝の気をうつし（九一5）
○弓削よりも広い世界の御あるじ（天五礼3）
○御香箱時分女帝ハ御重箱（天五高2）
○塩鮭の腹に女帝の物がたり（一六三18）

第一句、「道」「鏡」の二字を詠みこむ。第二句、女帝の寵愛を蒙るには相応の理由があろう、それは道鏡が巨根であったからというところから（「道鏡」の項を参照）、さらに俗人は揣摩臆測し、巨根に対する広陰説まででっちあげる。第三句、「御香箱」は香を入れる小箱だが、江戸期には女性器の異称。女帝の場合は小箱どころではなかろう、とした。第四句、「腹」は腹子《はらこ》、鮞《はらこ》、怪しからぬ痴愚の庶民は何か連想するところあって女帝の話になる。

安宅 夏夫

河内山宗春　こうちやまそうしゅん　？—一八二三（文政六）

幕府奥坊主頭の家に生まれ、水戸家でゆすりを働き捕らえられ獄死した。実録本『河内山実伝』と二世松林伯円作の講談『天保六花撰』（明治初年成立）によれば、上野の使僧の名を詐称し、井伊侯（講談では雲州侯）邸でかたりを働いたことになっているが、この話は『男作五雁金《おとこだていつつかりがね》』（竹田出雲作、一七四二初演）のうち、案《あん》の平兵衛が呉服屋山川屋を助けるくだりを換骨奪胎したものとみられる。宗春は実録本では宗心、歌舞伎では宗俊とされ、舞台化は河竹黙阿弥によって講釈から脚色、一八七四年『雲上野三衣策前《くものうえのさんえのさくまえ》』として初演、一八八一年三月新富座で『天衣紛上野初花《くもにまごううえののはつはな》』として改作上演された。その無頼ぶりは極度に美化され、四八万石の大名をやりこめる快男児として、玄関先の「悪に強きは善にもと……」のセリフに象徴されている。→天保六花撰

小池 章太郎

宗俊　えゝ、仰々しい、静かにしろ。かういふひやうきん者に出られちやあ仕方がねえ、何もかも言つて聞せらあ、まあ聞いてくれ、悪に強きは善にもと、世の譬《たとへ》にもいふ通り、親の嘆きが不便《ふびん》さに、娘の命を助けようと、腹に企みの魂胆を練塀小路にかくれのねえ、お数寄屋坊主の宗俊が頭の丸いを幸ひに、衣《ころも》でしがを忍ぶが岡、神の御末《みすゑ》の一品《いっぽん》親王、宮の使ひと偽はつて、神風よりか御威光の風を吹かして大胆にも、出雲守の上屋敷へ仕かけた仕事の曰窓《いはくまど》、家中一統白壁と思ひの外に帰りがけ、邪魔なところへ北村大膳、腐れ薬をつけたら知らず、抜きさしならねえ高頬のほくろ、星をさゝれて見出されちやあ、そつちで帰れと言はうとも、こつちでこのまゝ帰られねえ。

（松江出雲守邸でかたりを働き、帰ろうとする河内山を、家臣北村大膳が正体を見破り、頬の「ほくろ」が逃がれぬ証拠だと指摘すると、河内山が居直ってたんかをきるくだり）

天衣紛上野初花

勾当内侍　こうとうのないし

南北朝時代の女性。生没年不詳。後醍醐天皇に仕え、勾当内侍の職にあったので、その名をもってよばれる。一条経尹の三女、行房の妹。新田義貞に見そめられ、天皇の許しを得て義貞の妻となった。一三三八年（延元三＝暦応二）義貞が越前で戦死すると、尼になって洛西嵯峨に住み、夫の菩提をとむらった。これは『太平記』の伝えるところで、一説には琵琶湖に身を投げて義貞のあとを追ったともいう。

小田 雄三

新田左中将此人をみそめてよにたぐひなうもてなしいさゝかのらうぜきしづめに発向《はっかう》の

●——勾当内侍　新田義貞は勾当内侍をつねに側におき、内侍におぼれて身を滅ぼしたという。『本朝美人鑑』。

時も内々はこの人をともなひたまふといへり後新田義貞此内侍におぼれ給ひて軍慮におこたり終に身をうしない給ふことふるき物がたりにみえたり義貞討死の後さがの小倉山のふもとに庵室をむすび人とふらいきたれどもさらにたいめんもなし六時にかねのこゑのみしてひとしほしゆしやうにきこえける。

本朝美人鑑

○勾とうのないしよろいを引ツかくし(十一28)
○いくさに出たがいゝのさと内侍ふて(安六礼8)
○官軍の惣大将はあさねなり(拾五30)

新田義貞に見染められた勾当内侍の悪妻ぶり。義貞は内侍に迷ったがため、ついに敵に国を奪われるにいたったという(『太平記』巻二十)。第一句、出陣の邪魔をして甘えた。第二句、「ふて」はすねた。第三句、「惣大将」は義貞で「朝寝」をしたのは上述の結果。

高師直 こうのもろなお　?—一三五一

(正平六:観応二)

南北朝時代の武将。室町幕府の初代執事。一時期上総、武蔵守護。師重の子。法名道常。官途は三河権守、一三三五年(建武二)武蔵権守、三八年(延元三:暦応一)から武蔵守。元弘の乱で主足利尊氏とともに挙兵。建武政府下では雑訴決断所、窪所《くぼどころ》に属して足利尊氏の代官的役割を果たした。南北朝時代に入ると将軍の執事、また直轄軍団長としての師直の活動はめざましく、三八年に北畠顕家、四八年(正平三:貞和四)には楠木正行を敗死させて南朝側に痛手を与えた。開創期の室町幕府は尊氏と弟直義との二頭政治の形態を呈したが、尊氏の子義詮の成長に伴い、畿内・西国の地侍武士層を基盤とする尊氏・師直派と伝統的な有力御家人・奉行人層に支持された直義派との階層的な対立が顕著となった(観応の擾乱《じょうらん》)。この幕府の内訌は南朝側を利し動乱を長びかせる要因となったが、師直はつねに尊氏側に立ち義詮擁立に献身した。四九年内訌はピークに達した。この年師直は直義を襲って政務を辞退させ出家に追いこんだ。しかし翌年挙兵した直義軍に屈し、五一年師泰とともに出家させられたが、尊氏に率いられて京都へ帰る途中摂津武庫川辺にて上杉能憲に襲われ、師泰・師兼ら高一族ともども討たれた。師直の発給文書は一三三三—五〇年の約二〇年間に総数約二〇〇通が確認されている。師直は尊氏の政治的立場に伴い、三五年末には将軍家の執事としての実質を備えたとみてよい。将軍の意志・命令は執事を通じてなされたため、師直の発給文書の中には、所領の宛行いや寄進などを内容とする尊氏の命令をうけて下へ伝達する奉書が断然多い。また将軍への伝達事項は執事を経由した。師直は恩賞方頭人を兼帯して諸国武士の恩賞申請を受理し行賞の審査にも関与したし、一時期引付頭人ないし内談頭人として所領関係の裁判にも携わった。『太平記』は師直を伝統的な権威を軽視する新しい型の武士の典型として描くが、師直の政治的役割は幕府政治の安定化に寄与した点にあるといえる。

森　茂曉

【人物像と作品化】　師直の人となりについては『太平記』がよく伝えており、ことに彼が塩冶判官高貞《えんやはんがんたかさだ》の美貌の妻に横恋慕し、吉田兼好に代筆させた艶書(恋文)を届けたが思いのままにならず、高貞が陰謀を企てていると将軍足利尊氏に讒言《ざんげん》、これがきっかけで高貞が窮地に陥り、ついには師直のために討たれてしまうという話(巻二十一)は名高い。この師直が、赤穂浪士の仇討事件を題材とした江戸時代中期の浄瑠璃に吉良上野介義央《きらこうずけのすけよしなか》の代りに敵役として登場した。代表的作品の『仮名手本忠臣蔵』(一七四八初演)によると、吉良上野介(作中では師直)と浅野内匠頭長矩《あさのたくみのかみながのり》(作中では高貞)との確執・抗争の因は吉良の横恋慕にあったとする。『太平記』の挿話をうまく転用したわけである。憎まれ役の吉良を師直としたのは『太平記』が伝える師直の人となりが傲慢不遜で陰険な印象を与えたことによるが、舞台での面貌もそれらしくいやみたっ

●――高師直　歌舞伎『仮名手本忠臣蔵』「大序」(一八一六年、江戸中村座上演)の師直(吉良上野介)。左は高貞の妻顔世御前。三世歌川豊国画。

ぷりに仕立てられている。式亭三馬の滑稽本『忠臣蔵偏癡気《へんちき》論』(一八一二)は浄瑠璃作品によって定型化した「忠臣蔵」の登場人物群をおもしろおかしくちゃかしたもので、悪役の師直は舞台のような顔ではなく、聡明な人物であり、一方の高貞はけちんぼうな性格であったなどと、人物評価をひっくりかえして笑わせる。→吉良上野介　横井　清

師直此返事ヲ聞シヨリ、イツトナク侍従ヲ呼テ、「君ノ御大事ニ逢テコソ捨ント思ツル命ヲ、詮ナキ人ノ妻故ニ、空ク成ンズル事ノ悲シサヨ。今ハノキハニモナルナラバ、必侍従殿ヲツレ進テ、死出ノ山三途ノ河ヲバ越ンズルゾ。」ト、或時ハ目ヲ瞋《イカラ》カシテ云ヒヲドシ、或時ハ又顔ヲ低テ云恨ケル程ニ、侍従局モハヤ持アツカイテ、サラバ師直ニ此女房ノ湯ヨリ上テ、只顔ナランヲ見セテウトマセバヤト思テ、「暫ク御待候ヘ。見ヌモ非ズ、見モセヌ御心アテハ、申ヲモ人ノ憑ヌ事ニテ候ヘバ、ヨソナガラ先其様ヲ見セ進セ候ハン。」トゾ慰メケル。師直聞レ之ヨリ独ヱミシテ、今日カ明日カト待居タル処ニ、北台ノ方ニ中居スル女童ニ、兼テ約束シタリケレバ、侍従局ノ方ヘ来テ、「今夜コソアレノ御留主ニテ、御台ハ御湯ヒカセ給ヒ候ヘ。」トゾ告タリケル。侍従右ト師直ニ申セバ、頓テ侍従ヲシルベニテ、塩冶ガ館ヘ忍ビ入ヌ。二間ナル所ニ、身ヲ側メテ、垣ノ隙ヨリ闚《ウカ》ガヘバ、只今此女房湯ヨリ上リケリト覚テ、紅梅ノ色コトナルニ、氷ノ如ナル練貫ノ小袖ノ、シホ〳〵トアルヲカイ取テ、ヌレ髪ノ行ヱナガクカヽリタルヲ、袖ノ下ニタキスサメル虚ダキノ煙匂計ニ残テ、其人ハ何クニカ有ルラント、心タド〳〵シク成ヌレバ、巫女廟ノ花ハ夢ノ中ニ残リ、昭君村ノ柳ハ雨ノ外ニ疎ナル心チシテ、師直物ノ怪ノ付タル様ニ、ワナ〳〵ト振ヒ居タリ。サノミ程ヘバ、主ノ帰ル事モコソトアヤナクテ、侍従師直ガ袖ヲ引テ、半蔀ノ外迄出タレバ、師直縁ノ上ニ平伏テ、何ニ引立レ共起上ラズ。アヤシヤ此儘ニテ絶ヤ入ンズラント覚テ、兎角シテ帰シタレバ、今ハ混ヲ恋ノ病ニ臥沈ミ、物狂シキ事ヲノミ、寝テモ寤テモ云ナンド聞ヘケレバ、侍従イカナル目ニカ合ンズラント恐シク覚テ、其行ヱ知ベキ人モナキ片田舎ヘ逃下ニケリ。　太平記巻二十一「塩冶判官讒死事」

○さううまく行ばいゝがと吉田書キ(五二1)
○兼好はあつかましひと跡で云ひ(明三松4)
両句とも、吉田兼好が師直の恋文を代筆したとの故事による。
○ではござるまいと薬師寺にが笑ひ(五六9)
「薬師寺」は薬師寺次郎左衛門公義のこと。兼好法師代筆で失敗した師直は、薬師寺に相談し、また薬師寺が代筆。そのときの塩冶の

妻の返事は「重きが上の小夜衣」。師直は小袖を調えて送れという謎かと理解したが、薬師寺は、それは古歌の「さらぬだに重きが上の小夜衣わが妻ならぬつまな重ねそ」で、人目をはばかるという意であろうと説いた。が実はこの歌は、『新古今集』巻二十の「不邪淫戒」の歌。
○またぐらのよふ拝をするしつじしよく（安九義4）
○ゆかたにてふくを師直よつくみる（一〇26）
○はへぎわを見たで師直気が違ひ（五〇39）
第一句、「しつじしよく」は執事職。

弘法大師 こうぼうだいし→空海

光明皇后 こうみょうこうごう 七〇一—七六〇

（大宝一—天平宝字四）

奈良前期の聖武天皇の皇后。諱《いみな》は安宿《あすかべ》、出家して光明子という。藤原不比等の第三女、母は橘三千代。幼にして聡慧、早くから声誉高かったが、七一六年（霊亀二）一六歳で皇太子首《おびと》皇子の妃となり、翌々年阿倍皇女（孝謙天皇）を生む。首皇子の即位により夫人となり、七二七年（神亀四）皇子（『本朝皇胤紹運録』は基王）を生み、直ちに皇太子に立てたが翌年夭死した。同じ年聖武天皇のもう一人の夫人県犬養広刀自に安積《あさか》親王が誕生したため、藤原氏は天皇家との外戚関係が絶えることを恐れ、それを防ぐ手段として、それまでは皇后が夫帝の死後女帝として即位するのが慣例であったことに着目し、安宿媛の立后を画策した。そのため反対派の長屋王を誣告によって排除し（長屋王の変）、三千代の出身地河内国古市郡から瑞亀を献上させて天平と改元、七二九年（天平一）にはついに皇族以外から出て皇后となった。湯沐二〇〇〇戸のほかに一〇〇〇戸の封戸が給せられ、皇后宮職を設置、それに施薬院、悲田院を付置して飢病の徒を療養した。また仏教を厚く信仰し、興福寺に五重塔、ついで亡母三千代のために西金堂を造営、さらに皇后宮（藤原不比等の邸宅）の東北隅に隅寺《すみでら》（海竜王寺）を創立、両親の菩提を弔うため玄昉が将来した『開元釈教録』による一切経の書写を始めた。これはのち「五月一日経」（光明皇后願経）として完成する。七三八年（天平一〇）娘の阿倍皇女が皇太子となり、つづいて聖武天皇は国分寺の創建、盧舎那大仏像造顕の詔を発布するが、これらの事業はいずれも皇后の勧めによるといい、皇后宮は国分尼寺（法華寺）とされた。七四九年（天平勝宝一）七月聖武天皇が譲位すると、皇太后となって紫微中台《しびちゅうだい》を設置し、甥の藤原仲麻呂を長官に登用し、娘の孝謙天皇に代わって実質的に皇権を行使した。ついで七五六年に聖武太上天皇が没すると、その遺愛の品々を東大寺に献納したが（正倉院宝物）、なかには自筆の『楽毅論』や『杜家立成』も含まれていた。さらに藤原仲麻呂が大炊《おおい》王を立太子させ、橘奈良麻呂ら反対派との対立が激化すると、両派の衝突回避に努力したが、それも空しく橘奈良麻呂の変が起こった。変後大炊王が淳仁天皇として即位すると、天平応真仁正皇太后の尊号を受けたが、仲麻呂の専権がピークとなる七六〇年六月に没した。年六〇。大和国添上郡佐保山（「諸陵式」佐保山東陵）に葬られた。『万葉集』に歌数首がある。 岸 俊男

【伝承】 光明皇后は、女性でしかも皇后の身でありながら、仏の教えを実践した人として伝えられ、中世に入って仏教が庶民の間に浸透して行く中で、賛仰の対象となった。光り輝くほどに美しい女性であったという伝説は、光明子という名にも由来するが、法華寺の十一面観音がその姿を写したものと伝えられた（『七大寺巡礼記』）ためでもある。また皇后は浴室を建てて貴賤を問わず入浴させ、一〇〇〇人のあかを落とそうと決意したが、一〇〇〇人目に癩におかされた男があらわれたので、さすがにちゅうちょしたものの、勇を鼓してその体を洗い、さらに男の求めに応じて膿を吸ったところ、男は大光明を放って自分は阿閦《あしゅく》仏であると告げたという話（『宝物集』『元亨釈書』）は広く知られている。そのほか、諸芸にすぐ

◉——光明皇后
千人目の男のあかを落とす光明皇后。その男は阿閦仏であった。『大仏縁起絵巻』。東大寺蔵。

れ、仏法の興隆に尽くしたとする伝説は多いが、仏教の盛時とされる天平時代の皇后を賛仰の対象としたところに、日本人の仏教信仰の一面があらわれている。

大隅　和雄

東大寺の成るに及んで后以謂ひたまふらく、大像大殿皆已に備足せり、帝外に勗《つと》めたまひ、我れ内に営む、勝功鉅徳加ふべからざるなりと。且く詑《ほこ》る意《こころ》あり。一夕閤裏の空中に声あって曰く「后誇ることなかれ。妙触宣明、浴室澣濯、其の功言ふべからざるのみ」と。后怪み喜びたまひ、乃ち温室を建てて貴賤をして浴を取らしむ。后又誓って曰はく「我親ら千人の垢を去《のぞ》かん」と。君臣之を憚る。后の壮志沮むべからず、既にして九百九十九人を竟へたまふ。最後に一人あり、偏体疥癩にして臭気室に充つ。后、垢を去くに難《はば》かる。又自ら思って言るるよう「今千数に満つ、豈に之を避けんや」と。忍《こら》へて背を揩《す》りたまふ。病人の言く「我れ悪病を受けて此の瘡を患ふること久し。適々良醫あり教へて曰く『人をして膿を吸はしめば必ず除愈を得ん』と。而れども世上深悲の者無し、故に我が沉痼此に至れり。今后、無遮の悲済を行じたまふ、又孔《はなは》だ貴し。願はくは后、意あれや」と。后已むことを得ずして瘡を吸ひ膿を吐きて頂より踵に至るまで皆遍し。后病人に語って曰はく「我れ汝が瘡を吮《す》ふこと慎んで人に語ること勿れ」と。時に病人大光明を放って告げて曰く「后、阿閦仏の垢を去くこと又慎んで人に語ること勿れ」と。后驚いて之を視たまふに、妙相端厳にして光耀馥郁たり。忽然として見えず。后驚喜無量、其の地に就いて伽藍を構へ、阿閦寺と号さしめたまふ。

元亨釈書巻十八

抑《ソモソモ》、比丘尼のはしまりは、(中略)我朝にては、(中略)其後、聖武天王の御后、光明皇后もあまにならせたまひ、とらんに(都藍尼)と申奉る。彼とらんの上﨟《ラウ》女ほうたち、しゆつりほたい(出離菩提)のために伊勢熊野へ詣《マウ》て給ふより、いせひくに熊野ひくにと世に申ならはし侍る。そのゝち、国々にも尼寺おほくはしまり、悪業《ガウ》の女人をみちひき、ねんふつをすゝめ、ぼだいの行おなし侍る。

比丘尼縁起

天皇甚驚かせ給ひ。「鹿は春日明神のつかはしめ。殊更御母光明皇后御願ンによってあはれみ深く。鹿を殺せし者あらば。大垣の刑《つみ》におこなふといましめ給へば。鹿にあやまち有し事いまだ聞ず。取り分ケ東大寺は母皇后の御建立。其門前にて怪き事いか成凶事か出来らん」と。叡慮をなやましおはします。

猿丸太夫鹿巻毫初段

○垢摺をかせとりきんでみことのり(一一18)
○千人目鼻をつまんで湯をあびせ(三六36)
　第一句、「りきんで」は力んで。

木枯し紋次郎　こがらしもんじろう

笹沢左保の股旅小説『木枯し紋次郎』の主人公。上州新《にっ》田《た》郡三日月村の貧農の六男として生まれ、間引きされるところを姉お光に助けられた。一〇歳で故郷を捨て、無宿渡世の世界に入る。一八三五年(天保六)を舞台にした「赦免花は散った」に初登場した時に三〇歳。長身で左頬に傷があり、破れた三度笠に薄汚れた道中合羽を羽織り、楊枝をくわえている。時折、楊枝から音を鳴らし、それが木枯しのように聞こえることから「木枯し紋次郎」の俗称で呼ばれている。親に殺されかけた原体験に加え、母親が死ねば真犯人と名乗り出ると の言葉を信じ、島送りの身代りになった兄弟分に裏切られたことで(「赦免花は散った」)、何かを頼まれても引き受けることをしなくなった。決め台詞の「あっしにはかかわりのないことでござんす」は、孤独と人間不信の象徴なのである。紋次郎がブームになったのは、世間のしがらみとは無縁でいたいと思いながら、否応なくトラブルに巻き込まれてしまう不自由さに、読者が共感したからともいわれている。市川崑が監修(一部監督も)したテレビドラマは、ストップモーションを多用したアクションや、紋次郎役の中村敦夫の名演もあって高視聴率を記録した。紋次郎のスタイルは原作に忠実だが、楊枝を長くしたのはドラマ独自の演出である。シリーズは一九七一年(昭和四六)から八八年まで断続的に連載され一度は完結したが、九五年(平成七)に『帰って来た紋次郎』が始まり、九九年まで連載された。復活した紋次郎は、肉体的にも精神的にも無宿人を続けるのが難しい三八歳となり、一度は拒絶した共同体との関係を再検討するようになっている。

末國　善己

国姓爺　こくせんや

中国、明の遺臣鄭成功(一六二四―六二)のこと。父は明の鄭芝竜、母は日本人で、平戸に生まれたが、七歳で中国に渡って学び成功と改名、国姓爺と呼ばれた。抗清復明の理想にもえて活躍し、のち台湾で病没。彼の事績をもとに、『国仙野手柄日記』(錦文流作)や『国性爺合戦』(近松門左衛門作、一七一七年(享保二)大坂竹本座初演)などの浄瑠璃が作り出された。

近松のものでは、国姓爺は、明を追放され日本に渡来した忠臣老一官と平戸の浦人との間に生まれた和藤(唐)内《わとうない》となっている。韃靼《だったん》国の侵略によって日本に落ちのびた明皇帝の妹栴檀皇女と出会った老一官は、明国の危機を救うため渡明。和藤内も母を伴って明に渡る。千里ヶ竹で猛虎を退治したあと、三人は老一官の娘錦祥女の夫、獅子ヶ城主の甘輝将軍を味方にひきいれようとするが、掟によって獅子ヶ城に入ることができない。母が虜囚となって入城するが交渉は成立せず、城

◉――国姓爺　和藤内は平戸の浜で鴫(しぎ)と蛤のたたかいを見、「蛤は貝のかたきを頼んで鴫の来たるをしらず、鴫はくちばしの鋭きにほこって蛤の口を閉づるを知らず。……是ぞ両勇たゝかはしめて其の虚をうつと云う軍法の秘密」と悟り、父の生国明と韃靼の合戦に乗じて攻めたたかえば両国をひとのみにできる、と唐土に渡る決意をする。長谷川光信画『鳥羽絵筆びやうし』。

内から印の紅が流される。母を気づかう和藤内が入城すると、印の紅は、夫婦の縁にこだわり和藤内の申出を受け入れない甘輝のこだわりを解くために自害した錦祥女の血であった。甘輝は味方となり、延平王国姓爺鄭成功の名を和藤内に贈る。その後国姓爺は連勝を続け、韃靼王のこもる南京城を落とす。この作品で英雄国姓爺の人物像が定着し広まった。

法月 敏彦

〽こくせんや、きんせう〳〵はおきなかに、ふねはおらんだ唐ばなし、口〳〵にはたすてつぽうちんふんかんふんの、ぢやがたらおやぢは唐人でおふくろはにつほん生れなん

だかわからない、めつほうかいにつよいは和藤内、からへゆき、なんのくもなく夜軍〽アレまだけがれます、わたしのろふにんは紅ながし 俗謡**仮宅恋の名寄**「江戸町げい者づくし」

○和藤内毛ぬきを出せば人だかり(宝十一智1)

唐土の人はみな髭《ひげ》を生やしているのに、和藤内は一人無髯《むぜん》の風習ゆえ、珍しがられる。

○和藤内冠りを着ルとよはく見へ(宝十三梅2)

歌舞伎では和藤内のかつらは、「すっぽりの菱皮」とか「カラ八方割れの五本車鬢」とか勇壮で荒事風のヘアスタイルだが、延平王となって日月冠を上にのせると、なんとなく勢いがなくなる。

○国姓爺などを嶋田の亭主貸し(筥二15)

川留めで長逗留となり、読む物がなくなると宿の亭主が浄瑠璃本などを出したりする。とくに「国姓爺」に意味はないが、読んでもさして面白くもなさそうな物の一例。だが浄瑠璃本が一般の人にも読まれたという例証にはなる。

護佐丸 ごさまる ?—一四五八

中城《なかぐすく》按司護佐丸盛春。唐名は毛国鼎。第一尚氏治下におこった護佐丸・阿麻和利《あまわり》の乱(一四五八)で討たれた豪族。沖縄島の中部中城に割拠し、時の国王尚泰久の舅であった。

護佐丸はもと、沖縄島の北部、恩納村山田の山田城に拠っていたが、後に読谷村の座喜味に城を移し、海上交易を中心に勢力を伸張していったらしい。座喜味城築造にあたっては、喜界島の人士が動員されたという言伝えもあり、その勢力圏が想像できる。その後、さらに転じて、東海岸の中城に移った。この、護佐丸の次第なる首里への接近が、勝連半島に割拠する阿麻和利勢力との間に軋轢《あつれき》を生じ、兵乱へ展開していったのだろう。

組踊『二童敵討《にどうてきうち》』(一名『護佐丸敵討』)は、この乱に想を得た作品である。内容は、阿麻和利の、「護佐丸に逆心あり」というわれなき讒言《ざんげん》によって、首里王府軍と交戦することなく討たれた護佐丸の二人の遺児鶴松と亀千代が、父の仇敵である阿麻和利を見事に討ち果たす、という仇討物である。この物語により、護佐丸は天下の忠臣として長く喧伝《けんでん》されてきた。

しかし歴史的にみれば、護佐丸・阿麻和利の乱は忠逆二臣の抗争ではない。海上交易をてこに富と権勢を形成してきた両雄が尚泰久王を間に挟んで争った戦乱といえるだろう。その観点からすると、護佐丸は琉球の英雄時代の幕を引いた最後の英雄といえるだろう。

➡阿麻和利

波照間 永吉

鶴松詞

護佐丸のおと子《ぐわ》
鶴松亀千代。
親の護佐丸や
罪科も無《ない》らぬ。
勝連《かつれん》の按司《あじ》の
かうずみしやうち、
親と一門
なし子まで、
さがし出《いぢや》され
殺されて、
残るふたりは、
国吉《くにし》のひやが
情ゆえ、
母の懐に

隠されて、
年月や積《もっ》て、
十二ツ
十三ツよ。
やぁ、亀千代。
けふやあまおへの
はる遊びてもの、
此やう母に
知らしやうち、
でよく〳〵
敵《てき》討《う》たうやあ。

組踊**護佐丸敵討**

小猿七之助 こざるしちのすけ

講談、芝居(河竹黙阿弥作『網模様灯籠菊桐』)の登場人物。深川大島町の網打ち七五郎の子で、俗称小猿という巾着《きんちゃく》切り。砂村の隠居屋敷へ奥方の代りに出向いた奥女中滝川のかんざしを抜き取ったことから、滝川の美しさに目がくらみ、以来、滝川のつとめる屋敷に中間奉公して機会をうかがう。大雷雨の州崎土手で、気を失った滝川を介抱したうえ犯してしまう。滝川は、七之助のため屋敷を捨て、吉原の三日月長屋へ身を売るが、三年後、悪事のため江戸を離れていた七之助と再会する。

乾坤坊良斎による講談は、多くの演者が手がけ、明治のころには古今亭志ん生など落語家によっても演じられているが、一八五七年(安政四)市村座で初演されてより、幕末の退廃的な空気をうつしとった生世話狂言の主要な人物として知られている。

矢野 誠一

●**小猿七之助** いまは御守殿お熊と名のる滝川が七之助と再会する。歌川豊国画『網模様灯籠菊桐』。

児島高徳 こじまたかのり

南北朝時代の前半期に南朝方として活躍した武将。生没年不詳。備前の邑久郡の人で、備後守範長の子という。一三三一年(元弘一)の元弘の乱に際して後醍醐天皇に呼応して兵をあげ、のちに足利尊氏と後醍醐天皇が抗争するにいたっても一貫して南朝方につき、備前、播磨、越前、伊予などの各地に転戦。四五年(興国六・貞和一)信濃に移り、剃髪して志純《しじゅん》と号したと伝えられる。彼の行動については『太平記』が伝えるのみであり、そのために実在の人物ではないとする学説もあったが、現

●**児島高徳** 修身の教科書の挿絵に描かれた高徳。後醍醐天皇の行在所の桜の木に詩を記して忠誠を誓う。末松謙澄『高等小学修身訓』(一八九二)。

在では実在説が有力とみられる。児島高徳の人間像の根拠は、すべて『太平記』の叙述中に求められ、楠木正成や新田義貞らと同じく「忠臣」として皇国史観によって喧伝された。ことに元弘の乱のとき、山城の笠置に拠った後醍醐天皇が北条方に敗れて隠岐に移される途中、その身を奪いかえそうとして行列を追い、美作の院ノ庄の行在所《あんざいしょ》に潜入し、庭の桜の木に忠節を誓う一編の詩、「天勾践《こうせん》を空《むな》しゅうする莫《なか》れ。時に范蠡《はんれい》無きにしも非《あら》ず」を記しおいて天皇の胸をうったという挿話は、国定教科書をつうじて国民のあいだに浸透し、またそのことを歌いこめた「尋常小学唱歌」の唱歌『児島高徳』も広く愛唱された。

一八八六年に『太平記』の作者が「小島法師」という人物であることを明記した史料(『洞院公定日次記《とういんきんさだひなみき》』)が学界に紹介されてのち、この「小島法師」こそは児島高徳その人であろうとする説もあらわれ、論議を呼んだ。高徳に縁の深い備前の児島は熊野派の修験道の根拠地として栄えた土地であり、『太平記』には修験道に関する造詣の深さをしのばせる記事が豊富であるし、また「宮方《みやがた》」(南朝)に近しい叙述ぶりになっていることなどが同一人物説を支える論拠となりやすいが、確証はなく、現在では両者をまったく別人とする考え方がきわめて有力である。

横井 清

其比備前国ニ、児島備後三郎高徳ト云者アリ。主上笠置ニ御座有シ時、御方ニ参ジテ義兵を揚ゲシガ、事未レ成先ニ笠置モ被レ落、楠モ自害シタリト聞ヘシカバ、力ヲ失テ黙止ケルガ、主上隠岐国ヘ被レ遷サセ給ト聞テ(中略)主上早ヤ院庄ヘ入セ給ヌト申ケル間、無レ力此ヨリ散々ニ成ニケルガ、セメテモ此所存ヲ上聞ニ達セバヤト思ケル間、微服潜行シテ時分ヲ伺ヒケレ共、可レ然隙モ無リケレバ、君ノ御坐アル御宿ノ庭ニ、大ナル桜木有ケルヲ押削テ、大文字ニ一句ノ詩ヲゾ書付タリケル。

天莫レ空二勾践《コウセン》一。時非レ無二范蠡一。

御警固ノ武士共、朝ニ是ヲ見付テ、「何事ヲ何ナル者ガ書タルヤラン。」トテ、読カネテ、則上聞ニ達シテケリ。主上ハ軈テ詩ノ心ヲ御覚リ有テ、竜顔殊ニ御快ク笑セ給ヘドモ、武士共ハ敢テ其来歴ヲ不レ知、思咎ル事モ無リケリ。

太平記巻四「備後三郎高徳事付呉越軍事」

○天ンもふせんむなしうする事なかれ(天元松1)

「天毛氈」は天勾践のもじり。江戸期に花見の仕度をしながら、天に明日の晴天を祈る気持ちを、ややオーバーに言ったおかしみ。

○三郎は毛虫を筆ではらひのけ(明二礼2)

○たかのりはふつても大事ないしたく(明八義5)

第一句、「三郎」は高徳の通称備後三郎。第二句、蓑笠《みのがさ》姿で忍び入ったと伝えるため。

小島法師 こじまほうし ?—一三七四

(文中三…応安七)

南北朝時代に活躍した法体の人物で、一八八六年に重野安繹が学界に紹介した『洞院公定日次記《とういんきんさだひなみき》』の応安七年(一三七四)五月三日条の記事により、『太平記』の作者として注目された人物。同記事は「伝聞」として、前月の二八～二九日ごろに彼が死亡したこと、彼が「太平記作者」であること、「卑賤の器《うつわ》」といへども名匠の聞え」のある人であったことを伝えている。しかしその実体については学説が分かれており、備前の児島を本拠とした山伏とみる説、比叡山延暦寺に関係した散所《さんじょ》法師で芸能者、物語僧《ものがたりそう》とみる説などがある。また、児島高徳と同一人物かとする説もでたが確証は得られていない。死去の地は京都であったらしい。

横井 清

コシャマイン ?—一四五八

一五世紀中期のアイヌの首長。一四五七年(長禄一)に起きたアイヌ蜂起を指導した。当時、アイヌ民族の間には、和人に対する不満が鬱積していたという。蝦夷の志濃里《しのり》(現、北海道函館市)の和人鍛冶屋にアイヌの少年が小刀(マキリ)を打たせたところ、出来の良し悪し、価格をめぐって口論となった。そして、鍛冶屋が少年を殺したことが引き金となってアイヌ民族が怒り、コシャマインを中心として団結して蜂起した。アイヌ軍は次々と和人の館《たて》を攻め落とし、道南十二館のうち一〇の館を落とした。しかし、翌年武田信広によってコシャマイン父子が弓で射殺され、アイヌ民族最初の大規模な抵抗は終わった。当時、製鉄技術をもたなかったアイヌは、鉄製品と交換するため、和人の言いなりにたくさんの獣皮や魚を交易していた。鶴田知也の小説『コシャマイン記』(一九三六年(昭和一一)に第三回芥川賞受賞)は、アイヌのユーカラなどの伝承に素材をとった「アイヌの酋長コシャマインの戦いと死」を描いた作品である。叙事詩的作風で、アイヌ民族とコシャマインの運命を印象深く刻み上げていて、史料の少ないコシャマインの名を今に伝えている。➡シャクシャイン　安宅　夏夫

抑も狄の嶋古へ安東家の領地たりし事は、津軽を知行し十三之湊に在城して、海上を隔つと雖も近国たるに依て、此島を領せしむるなり。政季朝臣秋田の小鹿嶋に越えし節、下之国は舎弟茂別八郎式部太輔家政に預け、河野加賀守右衛門尉越知政通を副へ置かる。松前は同名山城守定季に預け、相原周防守政胤を副へ置かる。上之国は蠣崎武田若狭守信広に預け、政季の婿蠣崎修理大夫季繁を副へ置き、夷賊の襲来を護らしめし処、長禄元年五月十四日夷狄蜂起し来って、志濃里の館主小林太郎左衛門尉良景、箱舘の河野加賀守政通を攻め撃つ。其後中野の佐藤三郎左衛門尉季則、脇本の南條治部少季継、(中略)比石の館主畠山の末孫厚谷右近将監重政所々の重鎮を攻め落す。然りと雖も下之国の守護茂別八郎式部太輔家政、上之国の花沢の館主蠣崎修理大夫季繁、堅固に城を守り居す。其時上之国の守護信広朝臣惣大将として、狄の酋長胡奢魔犬《コシャマイン》父子二人を射殺し、侑多利《ウタリ》数多《あまた》を斬殺す。之に依て凶賊悉く敗北す。

新羅之記録上巻

後白河天皇　ごしらかわてんのう　一一二七―九二

(大治二―建久三)

第七七代に数えられる天皇。天皇としての在位期間は、一一五五年(久寿二)から五八年(保元三)までのわずか三年に過ぎないが、その後に上皇・法皇として二条・六条・高倉・安徳・後鳥羽の五代の天皇三五年間にわたって院政を行った。鳥羽天皇の第四子で、名は雅仁。母は待賢門院璋子《しょうし》。同母の長兄に崇徳天皇がいる。後白河が生まれたとき父の鳥羽は上皇で、天皇は崇徳であったが、実権は上皇の祖父である白河法皇が握っていた。院政の創始者である白河は、実に五〇年間にわたって院＝治天の君、すなわち専制君主であり続けた。崇徳は鳥羽の息子として生まれたが、実の父は白河法皇であったといわれる。複雑な状況下で、後白河が皇位に就ける機会はほとんどなかった。白河院政下での天皇の即位年齢は、堀川(八歳)、鳥羽(五歳)、崇徳(五歳)、近衛(三歳)である。近衛天皇が一七歳で嗣子なくして没したことにより、いわばリリーフとして後白河が皇位に就いたのは二九歳のときであった。院政期では、異例の高齢であった。その上、藤原信西から愚昧の君と評せられた。確かに保元の乱・平治の乱から源平争乱期に際し、武家に実権を奪われるなど、権謀術数を弄しただけの暗主と見られることも多い。しかし、武家が台頭してくるその間、後白河はあらん限りの努力をして、王権の存続を図ったともいえる。権謀術数を用いたのは、直属の軍事力をもたなかった後白河とすれば、当然のことであった。

若い頃から後白河は今様を好み、自ら今様の名手であり、笛も上手であったという。いわゆる遊び好きで、遊女や芸能者たちと付き合ったという。後白河が編んだ『梁塵秘抄』と『梁塵秘抄口伝集』は、今様つまり当時の流行歌を集めたものであるが、平安末期の世相を知る第一級の文化的価値の高い史料である。『平家物語』には、平家滅亡の翌年の一一八六年(文治二)に建礼門院が京都郊外の大原の山中に隠棲し、その翌年に後白河が建礼門院を訪

ねた「大原御幸」の話が載る。『源平盛衰記』によれば、そのときの恩讐を越えた昔語りの中で、建礼門院は兄の平宗盛との不倫や、壇ノ浦で捕えられたときの源義経との過ちなどを語ったという。後白河にも数々の艶聞が伝えられ、実は建礼門院ともかつて一度関係があったという話がある。そうであるなら、「大原御幸」の二人の話には、極めて趣の深いものがある。

高橋 千劔破

牛頭天王 ごずてんのう

京都祇園社(八坂神社)の祭神で、本来は祇園精舎の守護神とされるが、日本では行疫神として流布しており、各種の教説がある。たとえば『備後国風土記』では、牛頭天王を武塔神とも呼び素戔嗚《すさのお》尊と同一視し、有名な蘇民将来《そみんしょうらい》の説話を伝え、『伊呂波字類抄』では、天竺の北方九相国の王で、沙渇羅竜王の娘と結婚して八王子を生み、八万四六五四の眷属神をもつとする。また陰陽道の教典の一つである『簠簋《ほき》内伝』では天刑《てんけい》星、吉祥天の王舎城大王、商貴帝、牛頭天王を同一としている。このほか薬師如来とする説もあり、安居院《あぐい》の『神道集』では各種の教説を述べ、その根拠を各種偽経に求めている。牛頭天王の形相は、『簠簋内伝』では頂頭に黄牛面を戴き両角を持つ忿怒相とされているが、京都妙法院蔵一三五〇年(正平五…観応一)の神像絵巻では、白牛にまたがり、火焔の光背、三矢、宝珠、宝棒などを持ち三面十二臂の忿怒相で描かれている。 →蘇民将来

宮本 袈裟雄

巨勢金岡 こせのかなおか

九世紀後半の宮廷画家。生没年不詳。百済河成《くだらのかわなり》に次いで名をうたわれたが、河成とは異なり文献によって具体的な画業が知られ、以後代々宮廷の絵所で活躍する巨勢派の始祖となった。菅原道真ら当代一流の文化人と親交があり、古来画名が高く、伝承作品は多いが、真跡と認められるものは現存しない。『菅家文草』によれば、造庭にも優れ、貞観年間(八五九—八七七)には神泉苑の監をつとめ、道真からその実景を描くことを求められている。また八八五年(仁和一)に太政大臣藤原基経の五〇歳の賀の、八九五年(寛平七)には大納言源能有の五〇歳の賀の屛風を制作した。そのほか八八〇年(元慶四)唐本によって孔子およびその門人たちの像を大学寮に写し(『江次第抄』)、八八八年(仁和四)には御所の南庇の障子に、弘仁(八一〇—八二四)以後の詩にすぐれた日本の儒者の姿を図した(『扶桑略記』)ことが知られている。また有名な伝説として、仁和寺御室において金岡が描いた壁画の馬が、夜々近所の田を荒らすので、その目をくり抜いて難をのがれたという話などが挙げられる。中国的主題や技法による唐絵を描くとともに神泉苑の実景や日本の儒者をも描き、その画風は「新様」と呼ばれていることから、唐風一辺倒の当時の絵画界に日本風を吹きこんだ最初の画家といえよう。

田口 栄一

白きを後と花の雪。白きを後と花の雪。野山や春をゑかくらん。聞きに北野の時鳥初音を鳴きし其の昔。清涼殿に立てられし跳ね馬の障子の絵。夜毎に出でて萩の戸の萩を喰ひしも金岡が。筆のすさみの跡絶えず伝はる家や画工の誉。

けいせい反魂香

○書たより捨たで松の名が高し(四九26)

武州金沢の伝説としての旧跡、筆捨て松。「ふですて松。文人之を擲筆松といふ。旧能見堂の前に存在せる老松なり。離奇矯愛すべし。相伝ふ、むかし巨勢金岡此地の勝景を画かむとて筆を把《と》りしが、風光の美妙なる為め、真況を写す能はず終《つい》に筆を此松下に投じて背後に驚倒せりといふ」(一八九八年刊『江島鵠沼逗子金沢名所図会』)。

後醍醐天皇 ごだいごてんのう 一二八八—一三三九

(正応一—延元四…暦応二)

第九六代に数えられる天皇。在位一三一八—三九年。後宇多天皇の第二皇子。母は談天門

院藤原忠子。一三〇二年(乾元一)親王宣下。諱《いみな》は尊治《たかはる》。〇四年(嘉元二)大宰帥となり、帥宮《そちのみや》といわれた。当時、皇統は大覚寺・持明院両統に分裂していたが、大覚寺統の後宇多は第一皇子である後二条天皇の子邦良に皇位を伝えようとし、尊治は邦良幼少時の中継ぎとして〇八年(延慶一)持明院統の花園天皇の皇太子に立った。尊治は儀式典礼に関心深く、学問・和歌など諸道に意欲的である一方、一生の間に二〇人前後の女性に四〇人近い子女を産ませたように、絶倫な精力の持主であった。一八年に即位して以後、宋学への傾倒は著しく、二一年(元亨一)親政開始後、強烈な個性をその政治に発揮する。それは著書『建武年中行事』『建武日中行事』等に結実する朝儀復興にとどまらず、綸旨《りんじ》に万能の力を与え、官位と家格の関係の固定化を打破して日野資朝、日野俊基らを登用したように、みずからの意志で貴族を位置づけ、寺社の神人・寄人に対する支配を排除しようとするきわめて専制的な意図を秘めており、親政機関の記録所の動きも活発であった。生前にみずからの諡号《しごう》を「後醍醐」と決めたように、延喜・天暦の治がそのよりどころだったが、後醍醐の政策は単なる復古ではなく、むしろ宋の君主独裁政治を目ざしたものとみられている。

皇位を左右する鎌倉幕府が否定さるべき存在となるのは当然で、二四年(正中一)腹心の貴族、僧侶、美濃源氏等を無礼講の場に集めて練った討幕計画(正中の変)の失敗後も、後醍醐は討幕を断念しなかった。二六年(嘉暦一)皇太子邦良の死後、幕府は後伏見天皇の皇子量仁(光厳天皇)を皇太子としたので、後醍醐の地位はさらに危うくなり、三〇年(元徳二)以降、後醍醐は再び討幕に向かって動き出す。しかし、南都北嶺に皇子を入れ、みずから行幸して衆徒を味方につけるとともに、関所停止令を発して商工民をひきつけ、悪党を組織して討幕に驀進《ばくしん》する後醍醐に、近臣吉田定房、北畠親房は危惧を抱き、三一年(元弘一)計画は幕府にもれ、後醍醐は笠置で挙兵したが捕らわれて隠岐に流された(元弘の乱)。この失敗にもめげず、出家を拒否し元弘の元号を使いつづける後醍醐は、護良親王、楠木正成の軍事行動に呼応して三三年隠岐を脱出、名和長年に擁せられ、船上山から諸国に挙兵を呼びかけ、足利高(尊)氏らの内応を得て、ついに幕府を滅ぼし、建武新政を開始した。「朕の新儀は未来の先例」という言葉のとおり、その政治は著しく専制的で、武将・貴族たちの強い反発を招き、新政は三六年(延元一…建武三)には瓦解する。しかし後醍醐はなおも吉野に南朝をひらき、北朝を奉ずる足利氏の幕府に対抗、京を回復する夢を抱きつづけたが、相次ぐ南軍の敗報のなかで三九年吉野で死んだ。後醍醐を最後として、天皇は全国的な政治の実権から離れることとなる。

網野 善彦

南朝ノ年号延元三年八月九日ヨリ、吉野ノ主上御不予ノ御事有ケルガ、次第ニ重ラセ給。(中略)主上苦ゲナル御息ヲ吐セ給テ、「妻子珍宝及王位、臨命終時不随者、是如来ノ金言ニシテ、平生朕ガ心ニ有シ事ナレバ、秦穆公ガ三良ヲ埋ミ、始皇帝ノ宝玉ヲ随ヘシ事、一モ朕ガ心ニ取ズ。只生々世々ノ忘念トモナルベキハ、朝敵ヲ悉亡シテ、四海ヲ令㆓泰平㆒ト思計也。朕則早世ノ後ハ、第七ノ宮ヲ天子ノ位ニ即奉テ、賢士忠臣事ヲ謀リ、義貞義助ガ忠功ヲ賞シテ、子孫不義ノ行ナクバ、股肱ノ臣トシテ天下ヲ鎮ベシ。思㆑之故ニ、玉骨ハ縦南山ノ苔ニ埋ルトモ、魂魄ハ常ニ北闕ノ天ヲ望ント思フ。若命ヲ背義ヲ軽ゼバ、君モ継体ノ君ニ非ズ、臣モ忠烈ノ臣ニ非ジ。」ト委細ニ綸言ヲ残サレテ、左ノ御手ニ法華経ノ五巻ヲ持セ給、右ノ御手ニハ御剣ヲ按テ八月十六日ノ丑剋ニ、遂ニ崩御成ニケリ。

太平記巻二十一「先帝崩御事」

〇にげあしに笠置の城を一首よみ(明二松3)

笠置落のおり、山城多賀郡有王山のふもとで、松の下露が袖にかかるさまを見て、後醍醐が「さして行笠置の山を出しよりあめが下には隠家もなし」と詠じた。

〇切ツかぶの上へよしののしゝん殿(一〇33)

「切ッ株」は吉野で名高い桜の木を切り倒したあと、南朝を建てたとのうがち。

後藤又兵衛 ごとうまたべえ 一五六〇―一六一五（永禄三―元和一）

織豊政権期の武将。氏房、政次、後藤基次《もとつぐ》ともいう。播磨三木城主別所氏に仕えた新左衛門の子。豊前黒田氏に養われ、孝高・長政父子に仕えた。長政に従って豊臣秀吉の九州征伐、文禄・慶長の役に従軍、関ヶ原の戦にも戦功をあげる。一六〇〇年（慶長五）長政筑前移封のとき、大隈城主となる。その後、長政に疎まれ、〇六年黒田家を出奔、細川忠興や池田輝政のもとに流寓。藤堂高虎より出仕の誘いを受けたが辞したという。また徳川家康家臣の成瀬正成らからなされた長政への帰参斡旋にも応ぜず、一四年豊臣秀頼挙兵に応じ大坂入城、木村重成らとともに鴨野に佐竹義宣の軍を破る。翌年大坂夏の陣でも籠城、家康が播磨一国を与えて誘引しようとしたが、拒絶したと言われる。平野に関東勢を撃つなど、真田幸村らとともに奮戦したが、五月六日、松平忠明、伊達政宗らの軍に敗れ、片山道明寺で戦死。

加藤 真理子

【伝承と作品化】 徳川治政下では、幕府成立事情に関する出版・上演などは禁じられていたが、『難波《なにわ》戦記』『大坂軍記』（大坂軍記物）などの実録本や講釈などで、非公然に享受されていた。後藤又兵衛の大坂城入りやその奮戦ぶりは、私利に動かぬ豪快な行為として江戸期庶民の目に映じ、さまざまに尾ひれがついて快男子又兵衛像にふくらんだ。朝鮮の役でトラ退治のおり、いわゆる「日本号の槍」を代償に母里《もり》太兵衛の命を救った話や、黒田家から奉公構えを受けた際の言動などは、多く講釈による虚構と見られる。浄瑠璃、歌舞伎では又兵衛を登場させるについて仮名を用い、『義経新高館《しんたかだち》』には片岡八郎、『南蛮鉄後藤目貫《めぬき》』とその改作『義経新含状《しんふくみじょう》』『義経腰越状』には後藤文次、また五斗兵衛の名が用いられ、さらに『近江源氏先陣館』『鎌倉三代記』『日本賢女鑑《けんじょのかがみ》』などでは和田兵衛秀盛、『八陣守護城《はちじんしゅごのほんじょう》』では児島政次の名で、知勇兼備の軍師として描かれている。明治以降、実名が解禁され、『茶臼山凱歌陣立《がいかのじんだて》』（河竹黙阿弥作、一八八〇年新富座初演）などに又兵衛が登場、また又兵衛を主人公とした小説には、大仏次郎『乞食大将』（一九四五）がある。なお立川文庫系の講談本が虚構化に果たした役割も大きい。

小池 章太郎

〇大坂の目貫は又とないおとこ（三八26）

◉――後藤又兵衛 『茶臼山凱歌陣立』。又兵衛は一世市川左団次、木村重成は五世尾上菊五助。歌川周重画 国立劇場。

「目貫」はいちじるしく抜きん出る意。刀剣の柄に据える飾金具も「目貫」で後藤祐乗作が名作として知られる。そこから「目貫」で後藤(基次)を匂わせ、「又と」で又兵衛を連想させ、大坂冬・夏の陣で大功を立て戦死した豪傑を、暗に賛美した句となっている。

事代主神 ことしろぬしのかみ

日本神話にみえる神の名。コトは「言」、シロは「知る」意で、天皇を守護する託宣の神。八重《や》事代主神とも呼ばれる。記紀神話においては大国主《おおくにぬし》神の子として国譲りの誓約を行い、その後は大和の宇奈提《うなで》に「皇孫命《すめみまのみこと》の近き守り神」として祭られた(『出雲国造神賀詞《いずものくにのみやつこのかむよごと》』)。また、この神が八尋《やひろ》ワニとなって三嶋溝橛《みぞくい》姫と結婚し神武天皇の后となる姫を生んだという三輪山《みわやま》型説話(三輪山伝説)も伝えられている(『日本書紀』)。コトシロヌシは本来は祈年祭の祝詞にいう大和六県の一つ、高市県《たけちのあがた》で祭られていた飛鳥地方の土着の国津神《くにつかみ》であった。高市県は朝廷の家政に蔬菜などを貢納していた供御領地であり、その県主《あがたぬし》は宮廷儀礼や皇祖神の祭礼を通じて天皇家とは特別な関係をもっていた。飛鳥土着の国津神が国譲り神話で重要な役割を果たしたのはこのためであり、後に壬申の乱に際して天武天皇を守護する託宣を行い、天皇の守護神として宮中の神祇官西院に祭られることになる(『延喜式』神名帳)。

武藤 武美

木花開耶姫 このはなのさくやびめ

日本神話にみえる、乙女の美しさを花にたとえた説話上の名。別名、神吾田津姫《かみあたつひめ》、鹿葦津姫《かあしつひめ》。『古事記』では木花之佐久夜毘売と記す。記紀の伝承によると、日向の高千穂の峰に天降った瓊瓊杵尊《ににぎのみこと》は大山祇神《おおやまつみのかみ》の二人の娘と婚することとなるが、姉の磐長姫《いわながひめ》は顔が醜いので送り返し、妹のサクヤビメとだけ床を共にする。天皇の生命が木の花のようにはかないのはこのためだという。かくしてサクヤビメははらむが、一夜にして懐妊したのでニニギノミコトはわが子であることを疑い、その子が正統であるかどうか産屋に火をつけて試した。そこで誕生したのが火照命《ほでりのみこと》(海幸彦)・火須勢理命《ほすせりのみこと》・火遠理命《ほおりのみこと》(山幸彦)の三子であった。ただし、伝によってこの三子の名には異同がある。一夜にしてはらんだとされるのは、この説話が国津神《くにつかみ》の娘が大地の象徴として天津神《あまつかみ》の子である王の即位の日に一夜だけ女王を演じて子を産むという聖婚儀礼を下地にしているからである。サクヤビメの別名をアタツヒメというのは薩摩国阿多郡にちなんだ名であり、子のホデリは隼人《はやと》阿多君の祖とされる。つまり降臨したニニギノミコトは実は隼人の娘と

◉——**木花開耶姫**　富士信仰の神札に描かれた木花開耶姫。下方右は角行藤仏、左は食行身禄で、いずれも富士信仰の名高い行者。

婚したことになるわけで、このサクヤビメの説話は隼人の服属とも関係する。また、後世、火の山富士の山神として各地の浅間神社にまつられたり、安産の神として信仰されたりしたのは上述の説話に由来している。

武藤 武美

是に天津日高日子番能邇邇芸能《あまつひこひこほのににぎの》命、笠沙《かさ》の御前《みさき》に、麗しき美人《をとめ》に遇ひたまひき。爾に「誰が女ぞ。」と問ひたまへば、答へ白しく、「大山津見《おおやまつみの》神の女、名は神阿多都比売《かむあたつひめ》、亦の名は木花之佐久夜毘売《このはなのさくやびめ》と謂ふ。」とまをしき。又「汝《いまし》の兄弟有りや。」と問ひたまへば、「我が姉、石長比売《いはながひめ》在り。」と答え白しき。爾に詔りたまひしく、「吾汝に目合《まぐはひ》せむと欲《おも》ふは奈何に。」とのりたまへば、「僕《あ》は得白《えまを》さじ。僕が父大山津見神ぞ白さむ。」と答へ白しき。故、其の父大山津見神に、乞ひに遣はしたまひし時、大《いた》く歓喜《よろこ》びて、其の姉石長比売を副へ、百取《ももとり》の机代《つくゑしろ》の物を持たしめて、奉り出しき。故爾に其の姉は甚凶醜《いとみにく》きに因りて、見畏《みかしこ》みて返し送りて、唯其の弟《おと》木花之佐久夜毘売を留めて、一宿婚為《ひとよまぐはひし》たまひき。爾に大山津見神、石長比売を返したまひしに因りて、大く恥ぢて、白し送りて言ひしく、「我が女二たり並べて立奉りし由は、石長比売を使はさば、天つ神の御子の命は、雪零《ふ》り風吹くとも、恒に石の如くに、常はに堅はに動かず坐《ま》さむ。亦木花之佐久夜毘売を使はさば、木の花の栄ゆるが如栄え坐さむと宇気比弖《うけひて》貢進《たてまつ》りき。此くて石長比売を返さしめて、独木花之佐久夜毘売を留めたまひき。故、天つ神の御子の御寿《みいのち》は、木の花の阿摩比能微《あまひのみ》坐さむ。」といひき。故、是を以ちて今に至るまで、天皇命等《すめらみことたち》の御命長くまさざるなり。

古事記上巻

小幡小平次 こはだこへいじ

生没年未詳。江戸後期、初世尾上松助門下の旅役者か。平生から幽霊と呼ばれるほど陰気であり、妻とその密夫に謀られ惨殺される。一八〇三年(享和三)刊の読本『復讐奇談安積沼《ふくしゅうきだんあさかのぬま》』(山東京伝作)によって、小平次物が流行した。これは、江戸役者小幡小平次の後妻お塚と密通した鼓打ち安達左九郎が、安積沼で小平次を殺し、後に小平次の怨霊によっておお塚はつかみ去られ、左九郎は狂死するという筋に敵討をからませたもの。この後日譚の合巻『安積沼後日仇討』(山東京伝作、一八〇七年(文化四)刊)は、二つの敵討が並行する複雑な作品で、小平次幽霊は一貫して重要な役目を果たす存在として登場する。一八〇八年(文化五)上演の歌舞伎『彩入御伽草《いろえいりおとぎぞうし》』(四世鶴屋南北作)は、『安積沼後日仇討』を種本としたもの。「稽古中に小平次の亡霊が出た」の宣伝をし、施餓鬼を行った。初世尾上松助が、沼での惨殺、在郷家蚊帳の中での怨霊出現を二役早替りで演じ、大当りを取った。その後も合巻等の題材となり、一八二五年(文政八)江戸中村座上演の歌舞伎『東海道四谷怪談』で小仏小平《こぼとけこへい》として流用された。小平次物は怪談狂言の世界の一つとなり、おもに歌舞伎、合巻、世話講談等で伝承され、鈴木泉三郎作の歌舞伎『生

◉──**小幡小平次** 物忌み明けの朝、三二日ぶりに窓を開けたお塚に、小幡小平次の亡霊が襲いかかる。山東京伝作『復讐奇談安積沼』の挿絵。国立国会図書館蔵。

きてゐる小平次』(一九二五)で形が一定する。

○小はだ小平治肴屋と下女思ひ(五〇17)
魚の名「コハダ(鰶)」だとてっきり思い違えたのは、下女が無知であるばかりでなく、作句当時(一八〇八)、この怪異譚がそれほどポピュラーでなかったことを示すか。

高橋　則子

小林一茶　こばやしいっさ　一七六三―一八二七(宝暦一三―文政一〇)

江戸後期の俳人。名は弥太郎。圯橋、菊明、雲外などの号がある。信濃国水内郡柏原村の農業弥五兵衛・妻くにの長男として生まれる。三歳で母を失い、八歳の時から継母に育てられたが折合いが悪く、内向的で孤独な性質が養われた。「我と来て遊べや親のない雀」は、そのころを追想した吟である。一四歳の折、江戸へ奉公に出る。俳諧は、初め葛飾派二六庵竹阿に学び、一七八七年(天明七)二五歳の時、秘書『白砂人《はくさじん》集』を書写。当時、今日庵元夢の執筆《しゅひつ》をつとめた。一茶作品の初出は、翌年刊の安袋(元夢)編『俳諧五十三駅』である。九一年(寛政三)に一五年ぶりに帰省し、『帰郷日記』を著述。翌春江戸をたって関西西国筋へ俳諧修業に出かけ、旅中最初の撰集『たびしうゐ』や『さらば笠』を編み、また闌更、重厚、大江丸、升六らと交わる。七年に及ぶ行脚を終えて江戸に戻った彼は、洒脱な作風で俳壇に知られるに至った。しかし都会の風はなお田舎者一茶に冷たく、夏目成美の庇護を受けてようやく生計を立て、房総筋の知人宅に寄宿を重ねる流浪の生活であった。一八〇一年(享和一)久しぶりに帰郷して父の死にあい、『父の終焉日記』を著述。その後義弟と遺産分配をめぐって争う。一〇年余を経た一三年(文化一〇)にようやく和解して故郷に落ち着き、その感慨を「是がまあつひの栖《すみか》か雪五尺」と詠んだ。五二歳で結婚したが妻子を相次いで失う。長女の死を記念して悲喜転変の思いを綴った『おらが春』は、彼の最高傑作として名高い。再婚に破れ、三度妻をめとった。死の直前には家を焼失、苦渋に満ちた過酷な生涯であった。一八二七年一一月一九日没。不遇な境涯に発想して特異性を発揮する一茶の作品は、芭蕉・蕪村の流れからはみ出したすねた者の俳諧である。彼は筆録を好み、日々の所感を認めたおびただしい数の句日記や撰集類を残し、現存する一茶の句は二万句に近い。「椋鳥と人に呼ばるる寒さ哉」(『八番日記』)。

石川　真弘

一茶の小父ちゃん　一茶の小父ちゃん
あなたの生まれはどこですの
はいはい私の生まれはのう
信州信濃の山奥の
その又奥の一軒家
雀とお話してたのぢゃ

一茶の小父ちゃん　一茶の小父ちゃん
あなたのお歌をきかせてね
それでは歌ってみましょかのう
私が小さい時ぢゃった
お背戸の畑でひとりきり
母さん想うてよんだ歌

われと来て遊べや親のない雀

一茶の小父ちゃん　一茶の小父ちゃん
信州信濃はどんなくに
はいはい信州信濃はのう
大雪小雪の山のくに
春が来たとてまだ寒い
雀もふるえておりますじゃ

一茶さん(中條雅二作詞　中野二郎作曲)

瘤取爺　こぶとりじい

昔話。頬にこぶのある爺が、山中の洞穴で雨宿りするうちに鬼・天狗の酒盛りに迷い込み、舞や踊りを披露して鬼などの歓心をかう。再び来る約束のためにこぶを取られるが、爺は大喜びで帰る。それを隣の爺が真似する。しかし舞や踊りがへたであったので鬼は喜ばない。質ぐさに取った前の爺のこぶまで付けられて、泣きながら帰る、と語られる。笑話化されて広く知られる。山中で落とした握飯を追いかけながら、酒盛りに出くわすと語る例もある。山中に異郷を想定し、異形のものが異常な力を示すという古い信仰が、この昔話を生み出す基盤になったとする見方が一般的である。『五常内義抄』『宇治拾遺物語』に収載されることから、鎌倉時代すでに行われた伝承であることがわかる。江戸時代『醒睡笑』には、天狗にこぶを取られる禅門の話が記される。中国の文献『笑林評』『産語』などに、この伝承がみえ、朝鮮にも伝えられる。　野村　敬子

奥の座の三番にゐたる鬼「この翁はかくは申候へども、参らぬ事も候はんずらんとおぼえ候に、質をやとらるべく候らん」といふ。横座の鬼「しかるべし〳〵」といひて、「なにをかとるべき」と、おの〳〵いひ沙汰するに、横座の鬼のいふやう、「かの翁がつらにある癭《こぶ》をやとるべき。癭は、福のものなれば、それをや惜み思ふらん」といふに、翁がいふやう、「只、目鼻をばめすとも、此癭はゆるし給候はん。年比もちて候物を故なくめされ候はば、ずちなきことに候なん」といへば、横座の鬼「かう惜み申物也。たゞそれを取べし」といへば、鬼、よりて、「さはとるぞ」とて、ねぢてひくに、大かたいたき事なし。さて、「かならずこのたびの御遊に参るべし」とて、暁に鳥などなきぬれば、鬼共かへりぬ。翁顔をさぐるに年比ありし癭、あとなく、かいのごひたるやうに、つや〳〵なかりければ、木こらんことも忘れて、家にかへりぬ。

宇治拾遺物語巻一ノ三「鬼に癭とらるゝ事」

護法　ごほう

広義では、仏法に帰依して三宝を守護する神霊・鬼神の類を意味するが、狭義では、密教の奥義をきわめた高僧や修験道の行者・山伏たちの使役する神霊・鬼神を意味する。童子形で語られることが多いため護法童子と呼ぶことが広く定着している。しかし、鬼や動物の姿で示されることもある。役行者《えんのぎょうじゃ》が使役したという前鬼《ぜんき》・後鬼《ごき》は鬼の類であり、羽黒山の護法は、烏飛びの神事に示されるようにカラスである。民俗社会で活動した山伏が使役したイズナやイナリ、犬神なども護法の一種と考えることができる。童子形の護法は、『日本霊異記』をはじめ『今昔物語集』など古代から中世にかけての説話集や絵巻などに数多く描かれており、『信貴山縁起』の主人公命蓮の使役する「剣の護法」はもっともよく知られている。護法の属性として、飛行能力、駿足・怪力、身の回りの世話、人に憑依《ひょうい》すること、などいろいろと挙げることができるが、病人に取り憑っいている悪霊を追い払うためにに用いられたということがとりわけ重要な属性であった。剣の護法も延喜の帝(醍醐天皇)の病をなおすために使役されている。山伏などに使役される護法は、彼らの呪力の形象化されたものといえる。　小松　和彦

駒形茂兵衛　こまがたもへえ

長谷川伸の戯曲によって創作された旅の博徒。『沓掛時次郎』の主人公や、『瞼の母』のヒーロー、番場の忠太郎とともに、『一本刀土俵入』(一九三一初演)の主人公、駒形茂兵衛は、実在の人物ではなく架空の人物だが、いわゆる「股旅もの」を数多く手がけ、その元祖とよばれた長谷川伸の巧みな作劇性で生み出されたのち、作者の手をはなれて、実在人物のごとく、ひとり歩きするようになった。

上州(群馬県)勢多郡《せたごおり》駒形村に生まれ育った茂兵衛は、父母と死別後、親戚の者たちから冷遇され、横綱に出世して彼らを見返すべく江戸へ出た。だが、角力《すもう》取にはなったが、見込みはない、と親方から追い出され、空腹をかかえて利根川べりを歩いていると、ならず者にからまれ、いじめを受けた。それを目撃した取手の宿、我孫子屋の娼婦のお蔦は彼に銭や櫛、笄《こうがい》を与える。一〇年後、いかさま師を亭主にもち零落したお蔦が、夫婦で土地の博徒からいためつけられていると、横綱にはなれなかったが立派な俠客となっている

茂兵衛がそこへ現れて二人を助け、恩返しの一〇〇両を与え、「しがねえ姿の横綱の土俵入りでござんす」と、礼を述べる。義理人情の美しさと報恩の温かさを描いたこの戯曲は、『沓掛時次郎』『瞼の母』とともに、昭和時代前期の日本人の最大公約数的な共感を得た。芝居の上演数は三作品中、最も多い。

磯貝 勝太郎

後水尾天皇 ごみずのおてんのう 一五九六―一六八〇

(慶長一―延宝八)

第一〇八代に数えられる天皇。在位一六一一―二九年。諱《いみな》は政仁《ことひと》。後陽成天皇の第三皇子。母は関白近衛前久の女前子(中和門院《ちゅうわもんいん》)。一六一一年(慶長一六)三月、父天皇の譲りを受け践祚《せんそ》、翌月即位した。一六歳。二〇年(元和六)将軍徳川秀忠の女和子《まさこ》を納れて女御とし、二四年(寛永一)中宮とした(のち東福門院)。在位一八年八カ月、慶長・元和・寛永の三年号が行われた。二九年一一月八日、にわかに第一皇女に譲位、以来明正・後光明・後西・霊元の四代、五一年の長きにわたり上皇として君臨した。ことに五一年(慶安四)五月の剃髪後は法皇と称された。法名は円浄。八〇年八月一九日、八五歳にて没。天皇の在位時は徳川幕府の創業期にあたり、幕府は新しい朝幕関係の制度化を図るため、一六一五年(元和一)に「禁中并公家中諸法度」を定めて朝廷をその統制下におき、四辻季継らの配流や紫衣事件などを通して朝廷に対する露骨な干渉や強行策を取った。ために天皇は憤懣抑えがたく、あえて幕府に諮ることなく、和子所生になる七歳の興子内親王(明正天皇)に譲位した。幕府に対する報復的手段が譲位であった。天皇が近世文化興隆に果たした役割は大きく、父天皇の資質を受け文芸の才能にすぐれ、古典・和歌などの研鑽に努めたのみならず、公家衆の学問奨励を図った。有職・和歌・儒学・楽・連歌などの課目につき稽古日を定め、天皇・公家衆が学習するという「禁中学問講」もその一つで、一六年から譲位の年まで行われた。譲位後も、三一年(寛永八)二月には若公家衆和歌会を発足させ、毎月二四日に当番の公家衆が禁中に参候し和歌稽古に励むようにし、三四年一一月には、この和歌会及び小番参勤懈怠者穿鑿のための横目制を設置して、公家衆としての勤めの徹底を図った。二一年(元和七)に勅して『皇宗事宝類苑《こうそうじほうるいえん》』を刊行させ、廷臣や学者に配布したのも、天皇の学問奨励の一環。俳名は玉露。二五年(寛永二)、古今伝授を智仁親王より受ける。これが御所伝授の始め。歌集を『鷗巣集《おうそうしゅう》』という。修学院離宮も天皇の造営になるところで、これは五五年(明暦一)ころから始まり、六三年(寛文三)ころまでに逐次造成されたものとされる。

橋本 政宣

惟喬親王 これたかしんのう 八四四―八九七

(承和一一―寛平九)

惟高とも書き、小野宮ともいう。文徳天皇の第一皇子。母は紀名虎《きのなとら》の娘、静子。八五七年(天安一)元服、四品となる。上野太守、弾正尹など歴任したが、八七二年(貞観一四)病のため比叡山麓の小野の地に隠棲した。法名素覚。若年で隠棲した原因として、異母弟の惟仁《これひと》親王(後の清和天皇、母は藤原良房の娘明子)との立太子争いに敗北したためとする説が古来からあり、『江談抄』『平家物語』などでは、紀氏は惟喬を立てて真済僧正を、藤原氏は惟仁を擁して真雅僧正をそれぞれ祈禱僧に起用、死力を尽くしたと伝える。しかし史実では、惟喬親王の出家以前、八五〇年(嘉祥三)に惟仁は皇太子に立っているので、立太子の争いの敗北を隠棲に直結させるのは無理であり、当時の藤原氏の圧倒的な勢力を考えれば、そのような抗争はありえない。しかしまた、『大鏡』裏書には文徳天皇が晩年惟喬を愛して皇太子にと希望していたが、周囲の反対をはばかって断念したと伝えており、この種の伝承の発生する根はあったかもしれない。惟喬は隠棲後は風流を楽しんだらしく、僧正遍照に贈った歌が『古今集』に見えるが、とくに在原業平とは、業平の妻が紀有常の娘で親王のいとこであったから、年齢は業平が一九歳年長だったが、親密な主従関係を結んでいた。『伊勢物語』八二段(渚の院)、同八三段(雪の小野詣)は有名である。親王の歌は『古今集』二首、『後撰集』一首、『新古今集』一首ほか計勅撰入集六首、すべて隠棲後の寂寥、哀愁をうたっている。「白雲のたえずたなびく峯にだに住めば住みぬる世にこそありけれ」(『古今集』巻十八)。また後世の伝説には、親王は近江小椋《おぐら》荘に所領を有し、その地に住んで人々にはじめて轆轤《ろくろ》の術を教えた。これによって小椋は木地屋発祥の地となり、親王はその祖としてまつられるに至ったともいう。

今井 源衛

◉——惟喬親王
惟喬親王の前で轆轤(ろくろ)をひく木地屋。木地屋の根元の地は近江の小椋谷とされ、ここで惟喬親王が轆轤の技術を教えたと伝える。この神軸は、小椋の君ヶ畑から、氏子狩のときに各地の木地屋に頒布したものという。個人蔵。中田昭撮影。

【演劇における惟喬親王】 惟喬親王は、王位をねらう悪人として、浄瑠璃、歌舞伎や草双紙に業平らとともに登場する。惟仁親王と位を争い競馬の勝負に負けたが望みを捨てきれず、謀反を企むという設定である。

浄瑠璃『惟喬惟仁位諍《これたかこれひとくらいあらそい》』(近松門左衛門作、延宝九年以前)では、競馬の勝負で惟喬方が負け、親王の祖父名虎は怒って禁中に攻め寄せ、惟仁親王と母后染殿を奪い幽閉する。が、侍女の計略でそこを脱した惟仁親王は、名虎を捕らえ帝位につく、という話。浄瑠璃『井筒業平河内通《いづつなりひらかわちがよい》』(近松門左衛門作、一七二〇)では、惟喬親王の専恣が強められ、伴大納言宗岡に謀反を勧められた惟喬親王は、紀名虎の白骨をよみがえらせ、天皇を害する計画を立てる。親王は二条の后高子を恋し、帝位を再び望む。それを知った業平が天皇と高子を河内国高安の伊駒姫の家にかくまう。御神託により、再び惟喬惟仁の位争いが童相撲の勝負によって決められることとなり、惟仁方の幸若丸が、惟喬方の前髪鬘をつけた大男を負かす。惟喬方は斬りかかるが捕らえられ、天皇は再び遷幸する。そのほか、歌舞伎『惟喬親王魔術冠《これたかしんのうまじゆつのかんむり》』(並木正三作、一七六六上演)、浄瑠璃『競伊勢物語《はでくらべいせものがたり》』(奈河亀輔作、一七七五上演)でも、惟喬親王の悪逆ぶりと、周囲の抗争が増幅されて脚色される。

高橋 則子

一宮惟喬親王の御祈は、柿下の紀僧正信済とて、東寺の一の長者、弘法大師の御弟子也。二宮惟仁の親王の御祈は、外祖忠仁公の御持僧比叡山の恵亮和尚ぞうけ給はられける。「互におとらぬ高僧達也。とみに事ゆきがたうやあらんずらん」と、人々さゝやきあへり。御門かくれさせ給ひしかば、公卿僉議あり。「抑臣等がおもむぱかりをもツてゑらびて位につけ奉らん事、用捨私あるににたり。万人脣をかへすべし。しらず、競馬相撲の節をとげて、其運をしり、雌雄によツて宝祚《ほうそ》をさづけたてまつるべし」と儀定畢ぬ。(中略)既に十番競馬はじまる。はじめ四番、一宮惟喬親王かたせ給ふ。後六番は二宮惟仁親王かたせ給ふ。やがて相撲の節あるべしとて、惟喬の御方よりは名虎の右兵衛督とて、六十人がちからあらはしたるゆゝしき人をぞいだされたる。惟仁親王家よりは能雄の少将とて、せいちいさうたえにして、片手にあふべしとも見えぬ人、御夢想の御告ありとて申うけてぞいでられたる。名虎・能雄よりあふて、ひし〳〵とつまどりしてのきにけり。しばしあツて名虎能雄の少将をとツてさゝげて、二丈ばかりぞなげたりける。たゞなをツてたをれず。能雄又つとより、ゑい声をあげて、名虎をとツてふせむとす。名虎もともに声いだして、能雄をとツてふせむとす。いづれおとれりとも見えず。されども名虎だいの男、かさにまはる。能雄はあぶなう見えければ、二宮惟仁家の御母儀染殿の后より、御使櫛のはのごとくはしりかさなツて、「御方すでにまけ色にみゆ。いかゞせむ」と仰ければ、恵亮和尚大威徳の法を修せられけるが、「こは心うき事にこそ」とて独鈷《とつこ》をもツてなづきをつきくだき、乳和して護摩にたき、黒煙をたててひともみもまれたりければ、能雄すまうにかちにけり。親王位につかせ給ふ。

平家物語巻八

抑　惟喬親王は　文徳天皇第一皇子たりといへとも仔細ありて二ノ宮惟仁親王に御位を譲らせ給ひ(中略)或時君の仰に此山大木多き所なれは器の木地を切らせ申すへきよし大臣畏り杣人を召し仰付られける杣人仰に随ひ近き天狗の谷の山に入り大きなる椋の木を切奉捧は御かんはなはたうるわしく木地をいとなむ道具をさせよとのたまひ則地句は法華の八軸のまふ所をもつて名つけてつなは経のひも解なかしたる所を以て手綱と名つけ地句柱は三ヶ月を十五夜に成るといふ心を以てか田男と名付かんなは筆の先自由なるを以てかんなと名付下されける杣人有難も頂戴いたし器の木地を引上け奉れは君御読し末代国々の宝物なりと御喜悦かきりなく則杣人にきいつをえさすへしと大政大臣に仰付けられ一人を信濃守藤原図書久長又一人は伯耆守藤原小椋藤内光吉と改められ向後地句役たるへきと御仰書下されたり杣人謹而頂戴しこれより器の木地の根本となれり

臣下大臣筆書記(木地屋の由緒書)

主税　ヤアぬかすまい。先達て惟喬・惟仁御位の争ひも、角力の勝負に詮方なく、惟仁親王御譲位と事極り、父帝より三種の神宝の譲られし其砌、神璽・御鏡二色の紛失。
丹下　又夫よりして惟仁には、人輪交りならぬ白癩の業病といゝ、夫ばかりでもなく、此程より打続き旱魃にて、雨一滴も降らず。是皆親王の不徳故。父天皇には此頃御不例。すりゃ誰あって四海の万機取行ふ物がねへ。
主税　夫故今日惟高親王、此神泉苑にておして御即位を行わるゝ其場所へ味な姿の女めら。

名歌徳三舛玉垣

コロボックル

アイヌの伝承に登場する小人。アイヌ語でコロポックルｋｏｒｐｏｋｋｕｒ、「蕗の葉の下の人」の意味で、穴の中に住んでいる小人であったという。アイヌの小人伝説は北海道、南千島、樺太(サハリン)に流布している。コロボックルは神様のような人で、笹の葉を縫い合わせた小船で海に出て、ニシンを釣り上げると五艘、一〇艘の船で陸に引き上げた。またクジラも獲った。アイヌに対して友好的で、アイヌの家の窓の下や入口に来て、魚や鹿などの獲物を届けたり、物品を交換したりしたが、姿を見られることを極端に嫌った。ある時、アイヌが蕗の葉の下に見えたコロボックルの手を取って家に引き入れると、裸の女のコロボックルで、口の回りや手の甲に入墨があった。女はアイヌの無礼を怒り、一族をあげて海の彼方に去った。アイヌの入墨習俗は、コロボックルに学んだと伝えられる。十勝地方に残る伝説では、コロボックルはアイヌに迫害され、土地を去るに際して残した呪いの言葉「トカップチ(水は涸れろ、魚は腐れの意)」が十勝の地名由来になったという。なお、コロボックルは北海道の先住民であったが、アイヌに追われて姿を消したという人類学者坪井正五郎の説は、一九一三年(大正二)に坪井が急逝したため明確な結論が得られなかったが、その後の日本人の起源についての研究を発展させた。

安宅　夏夫

近藤勇　こんどういさみ　一八三四－六八（天保五－明治一）

新撰組隊長。武蔵国多摩郡石原村（現、調布市）の宮川久次の第三子として生まれ、天然理心流近藤周助に剣を習って、その養子となり宗家を継ぐ。将軍家茂の上洛に際し、その警護にあたった浪士隊に加わり、のちに同門の土方歳三らと新撰組を結成。京都守護職の支配の下、尊攘派の弾圧を行った。一八六四年（元治一）、尊攘派によるクーデター計画を知った新撰組は、池田屋に宮部鼎蔵らを襲って討伐した。この時、勇は土方らの部隊を待たずに、わずか五名の人数で斬り込んだことが自らの書簡に記されているが、実際には、階下にも数名の隊士が待機していた。ともかくも、この池田屋事件は、新撰組の名を高くし、尊攘派志士たちに大いに恐れられた。勇はその剣の腕もさることながら、隊長としての統率力にも定評があった。六八年の鳥羽・伏見の戦で幕府軍が敗れた後、江戸に帰り、甲陽鎮撫隊を結成、官軍に抗するが甲斐国勝沼で敗れ、下総流山で降伏、四月に板橋で斬首される。

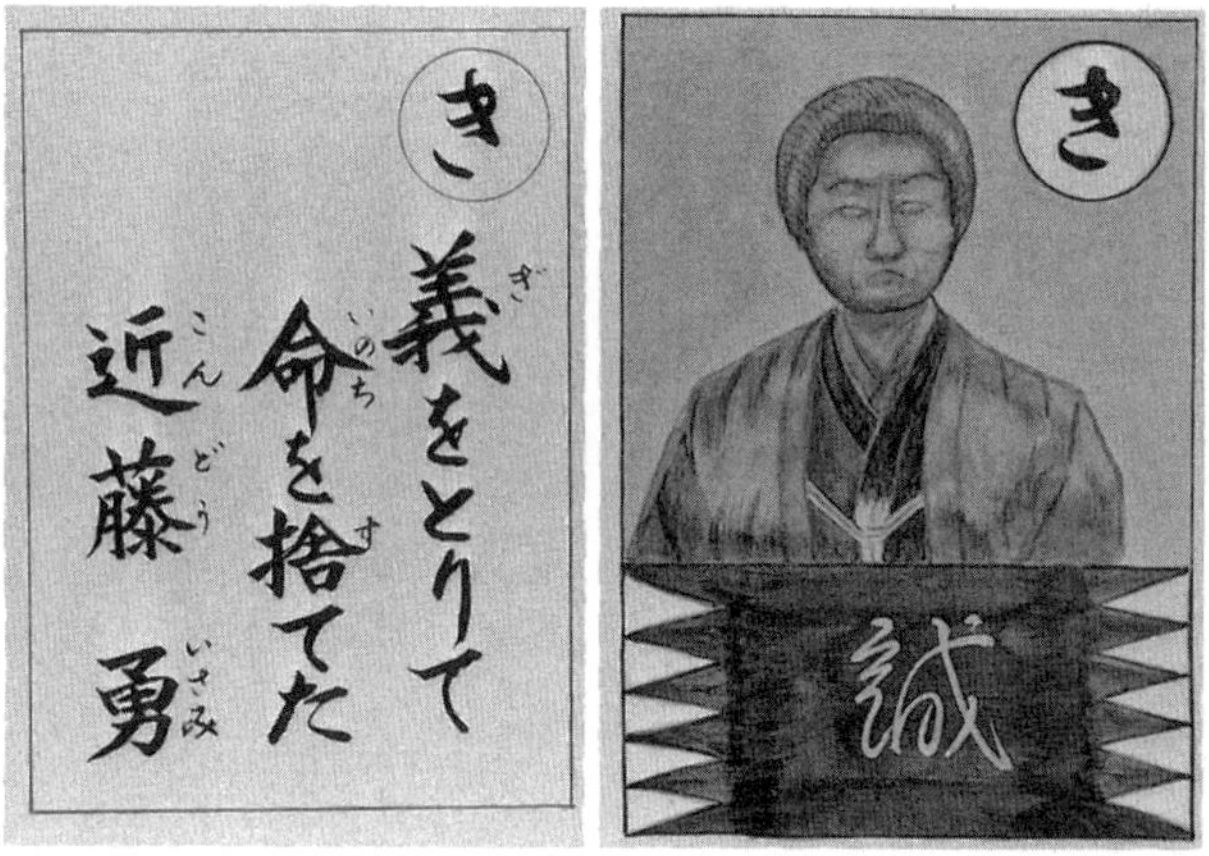

◉――近藤勇　「調布市いろはかるた」に取り上げられた近藤勇。生家も保存されている。

勤皇派を弾圧した勇ら新撰組は、明治政府側から見れば「悪役」ということになるが、幕府に殉じた「義」の人々という見方もあって、その人気は根強い。生誕地の調布市「いろはかるた」に、「義をとりて命を捨てた近藤勇」とある。なお勇の首塚は、岡崎の法蔵寺、会津若松の天寧寺、東京都内では板橋駅前、三鷹の龍源寺、荒川区の円通寺の五カ所にあり、そのいずれが本物であるのか定かではない。京都壬生寺の隊士の墓近くには胸像が建てられている。

菊池　道人

権八・小紫　ごんぱちこむらさき

江戸期の情話の主人公。前髪の浪人白井権八と、吉原の遊女三浦屋小紫をさす。鳥取藩士平井権八が同藩の本庄助太夫を殺し、江戸へ出て吉原の遊女小紫となじみ、金につまって辻斬りをはたらき、一六七九年（延宝七）一一月三日鈴ヶ森で処刑され、小紫もあとを追って墓前で自害したという、目黒比翼塚の由来による。歌舞伎化の最初は一七七九年（安永八）正月の初世河竹新七作『江戸名所緑曾我』、人形浄瑠璃では同年七月の『驪山《めぐろ》比翼塚』（源平藤橘ほか作）で、以後多くの戯曲、音曲に扱われ、「権八・小紫もの」の一系統を生んだ。権八はたいてい白井権八の名で、美貌の若衆、抜群の剣技の持主として登場し、史実では年代が異なる侠客幡随院長兵衛がからむ作が多いのが特色。その決定版ともいえるのが四世鶴屋南北作『浮世《うきよ》柄《づか》比翼稲妻』（一八二三年（文政六）三月、江戸市村座）で、権八が長兵衛と初めて出会う「鈴ヶ森」の場はとくに有名。また福森久助作『比翼蝶春曾我菊』（一八一六年（文化一三）一月、江戸中村座)の中の清元『其小唄夢廓《ゆめもよしわら》』は通称『権八』(上の巻は「権上《ごんじょう》」、下の巻は「権下《ごんげ》」)で知られる。長兵衛の家の食客としてかくまわれていたことにより、「権八」は居候の異名となった。

松井 俊諭

◉――権八・小紫 権八と小紫が死出の杯を交わし、夜更けに帯を下げて三浦屋から逃れる。曲亭馬琴作、葛飾北斎画『小説比翼文』。国立国会図書館蔵。

○小むらさき江戸の気性を立とをし(六〇27)
○ひよく塚みそかに月の出た所ロ(三三3)

第一句、「江戸紫」の名物に通わせた、江戸っ子の江戸自慢。第二句、「女郎の誠と玉子の四角あれば晦日に月も出る」の唄に反し、小紫は女郎の誠意を尽くした、という賛美句。

さ

西行 さいぎょう 一一一八―九〇(元永一―建久一)

平安時代末、鎌倉時代初頭の歌人。魚名流藤原氏、鎮守府将軍藤原秀郷(俵藤太)の九代目子孫で、曾祖父の代から佐藤氏と称した。父は左衛門尉康清、母は監物源清経の娘。俗名を義清《のりきよ》(憲清、則清、範清とも)といい、出家して円位、また西行、大本房、大宝房、大法房と称した。佐藤氏は代々衛府に仕える武門の家で、故実に明るく、紀伊国の田仲荘の預所として豊かであった。外祖父の清経は、今様や蹴鞠の達人で、遊里にも通じた数寄者として知られていた。西行は一六歳のころ徳大寺家に仕え、一八歳の年に巨額の任料を納めて左兵衛尉に任官した。また鳥羽院の北面の武士となり、和歌にすぐれ故実に通じた人物として知られていたが、一一四〇年(保延六)二三歳の若さで出家して人々を驚かせた。出家の理由は、種々推測されているが明らかではない。出家後は洛外に草庵を結んで修行につとめ、一品経を勧進して藤原頼長を訪ねたりしたが、四四年(天養一)ころ陸奥、出羽に旅して歌枕を訪ね、四九年(久安五)前後には高野山に隠遁してしばしば吉野山に入った。その間和歌に精進し、五一年(仁平一)には『詞花和歌集』に一首入集、多くの歌人と交わったが、崇徳院、徳大寺実能、同公能、藤原成通らの死によって、しだいに公家社会から遠ざかった。六八年(仁安三)には四国へ修行の旅に出、讃岐国の崇徳院の白峰陵にもうでて院の怨霊を鎮め、さらに弘法大師の旧跡を訪ねた。その後、高野山の蓮花乗院を造営するための勧進を行い、同院の長日談義をはじめるなど、高野山の興隆のために活動した。八〇年(治承四)には伊勢国に赴き、二見浦に草庵を結んで、和歌を通じて祀官の荒木田氏などと交わった。八六年(文治二)、伊勢を出て東大寺再建の勧進のために再び陸奥に赴いたが、その途中鎌倉で源頼朝に会い、弓馬のことを談じ和歌についても語った。陸奥の旅から帰った西行は、京都の嵯峨に住み、八八年に成立した『千載和歌集』には一八首が選ばれて、歌人として重んぜられるようになったが、八九年、河内国の弘川寺に居を定め、「願はくは花のしたにて春死なむそのきさらぎの望月のころ」の歌のように、翌九〇年(建久一)の二月一六日、弘川寺で七三歳の生涯を閉じた。その後、一二〇五年(元久二)に成立した『新古今和歌集』には、九四首もの歌が選ばれ、和歌史における位置は不動のものとなった。

同時代の歌人たちからも天成の歌人と評された西行の歌は、平淡ななかにも詩魂の息づかいを伝える律動をもち、きびしい精進を経て得られた自由放胆な語法、あこがれ躍動する心を静かに見つめる強靭な精神と余裕ある調べ、草庵の生活を背景とした清冽な枯淡の心境など、他の追随を許さない個性をもっている。そのため和歌史上、西行は歌聖と仰がれる柿本人麻呂に匹敵する歌人とされるが、後世の和歌、さらに文学全体に与えた影響から考えれば、人麻呂よりもはるかに大きな位置を占めているといってよい。また王朝の優雅艶麗な美から転じて、精神的なものを求めるようになった中世の隠者文学の確立を告げる歌人として、文学史上、古代と中世を画する人物とされている。西行の歌には、花と月を詠んだ歌が多く、旅と自然の詩人として、後世の文学に影響を与えた。「さびしさにたへたる人のまたもあれな庵ならべむ冬の山里」「ゆくへなく月に心のすみすみて果てはいかにかならんとすらん」「吉野山こずゑの花を見し日より心は身にもそはずなりにき」。西行の歌は、約一五〇〇首を収めた家集の『山家集』、他に『西行法師家集』『山家心中集』『別本山家集』などに収められ、晩年の自撰による『御裳濯河《みもすそがわ》歌合』『宮河歌合』などを合わせて、二〇〇〇余首が伝えられている。また『聞書集』『西公談抄』は、晩年の西行に近侍した人が和歌や歌論を記したものである。

西行は若いときに公家社会から出離して、山里に閑居し、聖《ひじり》として各地を旅したために、その動静を記したものは、貴族歌人たちにとって早くから伝説化の芽をもっていた。旅の歌僧、遁世聖、西行に関する説話は『古今著聞集』『古事談』『沙石集』『源平盛衰記』などに記されておびただしい数にのぼり、『吾妻鏡』などにも採録されたが、とくに『撰集抄』は、鎌倉時代の各地の説話を旅する西行の見聞としてまとめたもので、西行の伝説化に大きな役割を果たした。他方西行の伝記を書いた『西行物語』『西行物語絵巻』も、中世の人々の間で、無常である現世を捨てて、孤独な旅の生活のなか花や月にあこがれる数寄の心を和歌に託すという、人間の生き方の理想をあらわすものとして読まれ、さまざまな西行伝説の原形となった。西行の伝説は、発心出家の動機と決断をめぐるもの、山居のきびしい修行にたえる行者の姿を語るもの、文覚や西住などとの交遊、崇徳院の供養に関するもの、頼朝にもらった銀の猫を門外に遊ぶ子供に与えたというような無欲潔癖な性格を伝えるもの、院の女房や江口の遊女と歌を読みかわしたというような数寄の心の持主として伝えるもの、など多方面にわたっている。室町時代に入ると、西行は連歌師の理想像となり、謡曲では幽玄の極致をあらわす人物として『雨月』『江口』『西行桜』『松山天狗』の主人公となり、他の数々の曲にも登場している。また御伽草子の『西行』などによっても、その名は広く知られることになった。江戸時代になって、西行を鑽仰した人物として知られるのは芭蕉であり、「わび」「さび」の境地における先駆者と考えられた。西行の遊行伝説は各地に広まったが、蓑笠をつけた西行の後ろ姿に富士山を配した富士見西行の図は、文人画や浮世絵で好まれ、江口や三夕、小夜の中山などの浮世絵の画題も西行と関係のものである。西行はいわば日本人の間で、寺院や宗派を超えたものとして受けいれられ、理解された日本的な仏教の祖師であり、日本人の人生観や美意識を具現化した典型として伝説化された。

大隅 和雄

◉——**西行** 上＝富士見西行。「風になびくふじのけふりの空にきへて行ゑもしらぬわかおもひかな」の歌と、富士山を眺める西行。東京都立中央図書館加賀文庫蔵。『西行法師一代記集』(一七七一)。下＝西行と山伏。大原本『西行物語絵巻』。

江口と云所をすぎ侍りしに、家は南北の岸にさしはさみ、こころは旅人の往来の舟をおもう遊女のありさま、いと哀にはかなき物かなと、見たてりしほどに、冬を待えぬむら時雨のさてくらし侍りしかば、けしかる賤がふせ屋にたちより、晴間待つ間の宿をかり侍りしに、あるじの遊女、ゆるす気色《けしき》の侍らざりしかば、なにとなく、

世中をいとふまでこそかたからめ仮のやどりを惜む君かな

とよみて侍りしかば、あるじの遊女、うちわびて、

家をいづる人としきけば仮のやどに心とむなと思ふばかりぞ

とかえして、いそぎ内にいれ侍りき。ただ、しぐれのほどしばしの宿とせん、とこそ思い侍りしに、此歌のおもしろさに、一夜のふしどとし侍りき。

撰集抄巻九

高野の奥に住みて、……何となう、おなじ憂き世を厭いし花月の情をもわきまえらん友こいしく侍りければ、おもわざるほかに、鬼の、人の骨をとり集めて人につくりなす例、信ずべき人のおろ〳〵語り侍りしかば、そのままにして、ひろき野に出て、骨をあみ連ねてつくりて侍りしは、人の姿には似侍れども、色も悪《あし》く、すべて心も侍らざりき。声はあれども、弦管の声のごとし。……さて、是をばいかがせん、……しかじ破らざらんには、と思いて、高野の奥に人もかよわぬ所に置きぬ。……さても、此事不審に覚えて、花洛に出侍りし時、教えさせおわしし徳大寺(殿)へ参り侍りしかば、御参内の折節にて侍りしかば、空しくかえりて、伏見の前の中納言師仲の卿

のみもとに参りて、此事を問い奉……しかれども、よしなしと思いかえして、其後はつくらずなりぬ。

撰集抄巻五

(西行)双林寺、東山の辺に庵を結びて、……堂舎の砌《みぎり》の桜の花盛りを待えては、釈迦如来の入滅の朝、二月十五夜の夜半に往生を遂げんと念じて……彼の花の本にて、西方に向いて……遂に往生をとげつ。

……さて西行が北の方、……娘の尼を善知識として、終りの時日をかねて悟り、念仏千反《べん》唱えて、……心のままに往生を遂げけり。娘の尼も心強き人にて、往生の有様目出度、心も言葉も及ばず、正治二年二月十五日、高野の天野にて終りぬ。されば三人、同じ蓮に身を浮ぶべき事こそ、ありがたくおぼゆれ。

文明本西行物語

○愛子蹴る跡は鴫より猶淋し(当新一又11)

西行は出家するに際し、妨げとなるものはわが子だと、足をあげて子を蹴落とし、返り見もせず、そのまま嵯峨に入って僧となった。「鴫《しぎ》」は「鴫立つ沢の秋の夕暮れ」。

○折ふしは佐藤兵衛の時のゆめ(宝十一松1)

○西行も初手は鼻づらこすつて見(三四33)

第一句、諸国を旅したが……。第二句、一一八六年(文治二)、鎌倉で頼朝に会い兵を説き、退出にあたって頼朝より白銀の猫を与えられたが、門外に遊んでいた子どもにくれて去ったと伝える。「鼻づら」は猫の鼻面で、偽物かどうかを確かめたうえのことだろう、とのキョクリ。

○命也けりくわい気してはたち也(二二7)

小夜の中山での西行の詠、「年たけて又こゆべしとおもひきや命なりけりさ夜の中山」(『新古今集』巻十)の文句取り。女の厄年は一九歳で、労咳の娘が「快気して」二〇歳となった。

○付鬢でなみだこぼるゝ哥をよみ(五五5)

伊勢神宮に参詣して「何事のおはしますかは知らねども忝けなさに涙こぼるゝ」と詠んだ。右句は僧侶は付け鬢(略式の鬘)をして俗の姿になって参詣を許される風習があるため、西行もこの名歌を付け鬢で詠んだであろうとの想像。

○きさらぎのそのもち月に西へ行キ(二六24)

「ねがはくば花の下にて春死なむそのきさらぎの望月の頃」(『続古今集』巻十七雑上)のとおり、「西へ行き」(西方浄土へ赴くと西行の名をかける)。

西郷隆盛 さいごうたかもり 一八二七—七七

(文政一〇—明治一〇)

幕末・明治維新期の政治家、軍人。通称吉之助。号は南洲。薩摩藩の下級武士の出身。藩主島津斉彬に取り立てられて活躍、二度にわたって島流しにあったりしたが、一八六五年(慶応一)以降は討幕派の指導者の一人として維新の推進力となった。王政復古後、東征大総督府下参謀に就任し、実質的に戊辰戦争を指導。明治新政府の参議、さらに陸軍大将となり、征韓論を唱えたが大久保利通や岩倉具視らと対立し敗れて下野、鹿児島に隠退した。だが鹿児島の私学校を中心とした士族層に推され、七七年(明治一〇)西南戦争を起こした。九州各地を転戦したが、結局敗走して鹿児島に戻り、城山で自刃した。

西南戦争の最中、火星が地球に大接近した。赤く輝く火星は「西郷星」で、光の中に陸軍大将の軍服姿の西郷さんが見えると、大評判となった。また火星の近くに見える黄色い土星を、西郷の参謀桐野利秋だとして「桐野星」と呼んだ。民衆の西郷隆盛への人気は高く、やがて不死伝説を生む。すなわち、城山で死んだのは偽物で、本物はロシアに逃げて再起を期しているといったもの。九一年(明治二四)四月には、ロシア皇太子ニコライの来日を前に、西郷が皇太子とともに来日するという噂が広く流布した。

有名な東京上野公園の銅像は、高村光雲が依頼されて制作することになったものの、写真がなかったためキヨソネの描いた大山巌と西郷従道の肖像画をミックスしてつくった。除幕式で夫人が、似ていないと嘆いたという。

高橋 千劔破

此の通り還つて来る
城山に露と消えしは名ばかりよ、宗徒のやからを伴ひて、隆盛日本をおちこちに、隠れ〳〵てしばし身を、鷲の羽かげに潜めしが、

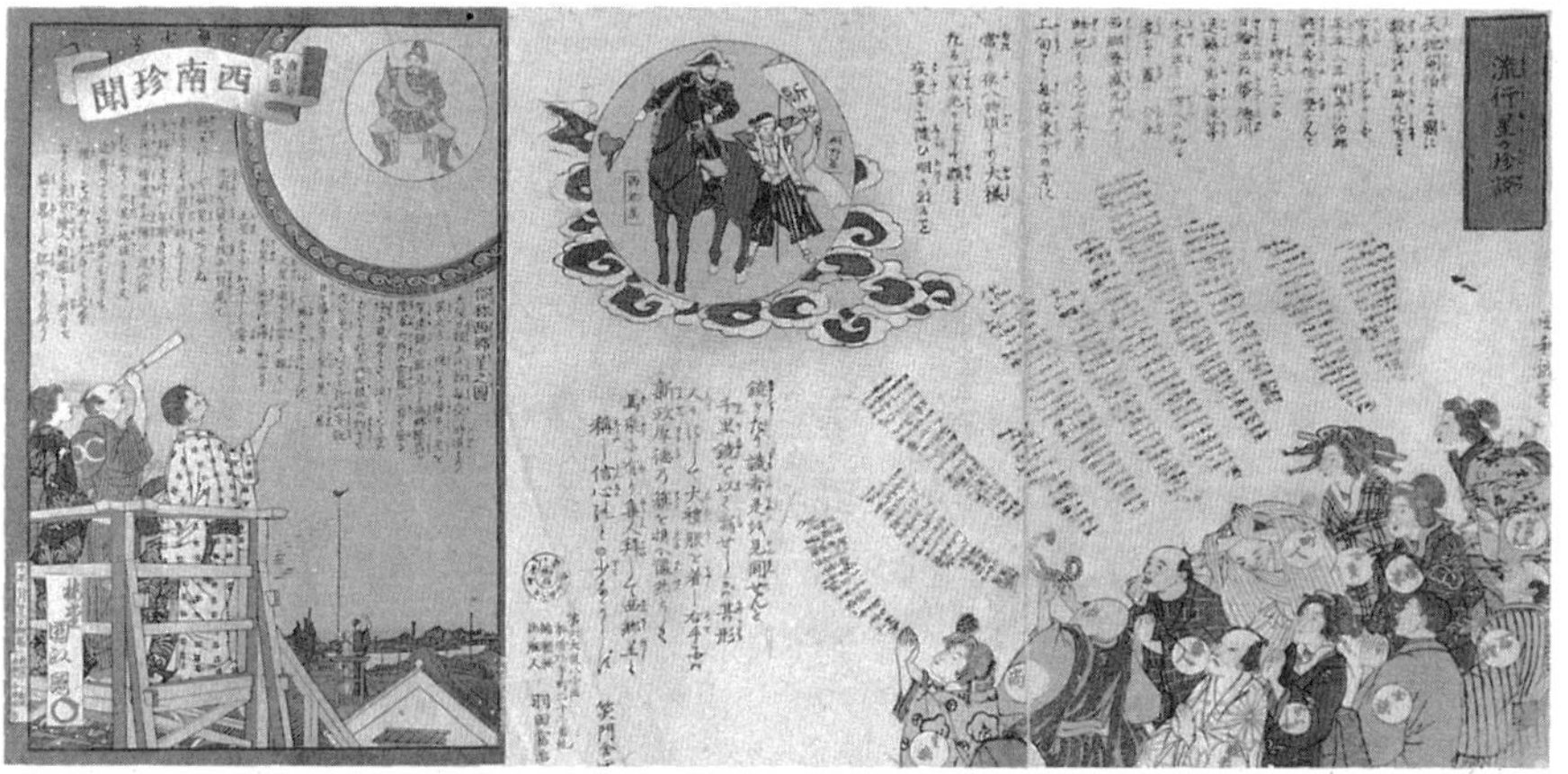

◉——**西郷隆盛**
左＝西郷生存説をめぐる記事中の挿絵。国民新聞　明治二四年四月三日。
下＝西郷星　梅堂国政画『鹿児島各県西南珍聞』。熊本市立熊本博物館。

年経て今ぞ故郷に、舟路遥けく帰るなり〳〵。
因に云「西郷隆盛十年の役に死せず逃れて露国に在り、此度露皇太子渡来に随従し、不日将さに日本に復帰せんとす」と、初め鹿児島の一通信者此事を伝へ、延いて府下各新聞に掲載せり、所説牽強附会、今や各地稚駭頑迷の徒嘖々唱へて止まざるに至れり

国民新聞　明治二四年四月三日

西郷星は火星
世の婦女子が西郷星々々と言囃せし行星マールス(火星)に、一小星の陪随せることを、米国の大博士が去八月十六日の夜発見されしが、至て小さき星ゆえ望遠鏡でなければ見られませんが、若しアリ〳〵と見へたなら多分桐野星とでも申して立騒ぎましたらう。

郵便報知新聞　明治一〇年一〇月一一日

最澄　さいちょう　七六七—八二二
(神護景雲一—弘仁一三)
伝教大師。平安初期の僧侶。天台宗の開祖。三津首百枝の子という。幼名は広野。俗姓は三津氏で、帰化人の子といわれる。近江国滋賀郡古市郷(現、滋賀県大津市)の生れ。七七八年(宝亀九)一二歳で近江国分寺の大国師行表の弟子となり、七八〇年に得度して最澄と名乗った。その後、奈良に出て各種の教義を修めたが、奈良仏教界に失望。七八五年(延暦四)故郷

に近い比叡山に隠遁して草堂を建立、これが延暦寺の開基となったという。そして、一七年にわたる修行生活に入った。七九七年に内供奉《ないぐぶ》に任じられ、八〇四年に遣唐留学生として大陸に渡った。同行者には橘逸勢や空海の名もあった。唐では天台山に赴き、円・密・禅・戒の四宗を学んで、翌年帰国した。八〇六年(大同一)天台宗を開くことが勅許された。その後、真言の教義を深めようと空海とも親交を結んだが、弟子泰範の去就問題などから疎遠となる。八一四年(弘仁五)から九州・関東へ赴いて布教活動に専念、比叡山にいっさいの衆生を救済しようと「大乗戒壇」を建立しようとしたがならず、八二二年六月四日に没した。死後七日目に「大乗戒壇」の設立が許され、八六六年(貞観八)に伝教大師の諡号を贈られた。

田辺 貞夫

→空海

斎藤実盛 さいとうさねもり ?—一一八三(寿永二)

平安末期の武士。越前の住人でのち武蔵国長井に移り、長井斎藤別当と称した。源氏の家人として為義に仕え、保元・平治の乱では義朝軍に加わった。のち平家に属し、富士川の戦(一一八〇)では東国の案内者として平氏軍に加わって東下したといわれる。一一八三年源義仲追討のため北陸に下ったが、加賀篠原で手塚光盛に討たれた。享年五〇余歳とも六〇余歳とも、また七〇余歳ともいう。

飯田 悠紀子

【伝承】 加賀国篠原の合戦に死を覚悟した実盛が、故郷に錦を飾るべく主君宗盛の許可をえて大将にふさわしい赤地の錦の直垂《ひたたれ》を着用し、老齢をかくすため白髪を黒く染めて奮戦した話は最も有名。『平家物語』等によれば義仲は幼児のとき実盛の情けで死を免れたので、首を一目見て実盛と知ったが、白髪のはずが黒髪なので不審に思い、首を洗わせてみると白髪になった。老武者とあなどられぬための武人のたしなみとわかり、源氏方の武将はみな深い感銘を受けたという。また『満済准后日記』応永二一年(一四一四)五月一一日条に実盛の霊が加賀篠原に出現し、時宗の遊行上人が十念を授けてとむらった記事があり、当時こうした伝説類が流布していたらしい。謡曲『実盛』は遊行上人が篠原で実盛の霊をとむらうという内容で、世間に流布していた伝説類にもとづいて脚色されている。また農村では実盛は稲の株につまずいて倒れたのが原因で敵に討たれたため、その恨みによりイナゴなどの害虫となって稲を食い荒らすと信じられ、実盛の霊を供養して害虫を退散させる虫送りの行事が長らく行われてきた。そのほか実盛に関する伝説や説話は、江戸時代の浄瑠璃『源平布引滝』や歌舞伎『源家八代恵剛者《げんけはちだいめぐみのつわもの》』などに多くの素材を与えている。

金井 清光

(シテ)昔長井の斎藤別当実盛は、この篠原の合戦に討たれぬ、聞こしめし及ばれてこそ候ふらめ。(ワキ)それは平家の侍、弓取つての名将、その戦物語りは無益、ただおことの名を名のり候へ。(シテ)いやさればその実盛は、このおん前の池水にて鬢鬚を洗はれしとなり、さればその執心残りけるか、今もこのあたりの人には幻のごとく見ゆると申し候。(ワキ)さては今も人に見え候ふか。(シテ)深山木の、その梢とは見えざりし、桜は花に現はれたる、老い木をそれとご覧ぜよ。(ワキ)不思議やさては実盛の、昔を聞きつる物語り、人の上ぞと思ひしに、身の上なりける不思議さよ、さてはおことは実盛の、その幽霊にてましますか。(シテ)われ実盛が幽霊なるが、魂は善所にありながら、魄はこの世に留まりて、(ワキ)なほ執心の閻浮の世に、(シテ)二百余歳の程は経れども、(ワキ)浮かみもやらで篠原の、(シテ)池の徒波夜となく、(ワキ)昼とも分かで心の闇の、(シテ)夢ともなく、(ワキ)現ともなき、(シテ)思ひをのみ。

(シテ)篠原の、草葉の霜の翁さび、草葉の霜の翁さび、人な咎めそ仮そめに、現はれ出でたる実盛が、名を洩らし給ふなよ、亡き世語りも恥づかしとて、おん前を立ち去りて、行くかと見れば篠原の、池のほとりにて姿は、幻となりて失せにけり、幻となりて失せにけり。

謡曲実盛

夫婦もなく〳〵其首を太郎に持せ御目見へ。葵御前は若君抱。初ての見参に。平家に名高き侍を討取たる高名。主従三世の機縁ぞと。仰を聞より太郎はつっ立。サア是からはおれは侍。侍なればかゝ様の敵。実盛やらぬと詰かけたり。ホヲヽ適々《あっぱれ》さりながら。四十近き某が。稚汝に討れては。情としれて手柄になるまい。若君と諸共に信濃国諏訪へ立越。成人して義兵を上よ。其時実盛討手を乞請。古郷へ帰る錦の袖ひるがへして討死せん。先夫まではさらば〳〵。何れもさらば。家来共。のりがへ引と呼はれば。はっと答て月額《つきびたひ》栗毛の。駒を引出す。手綱追取乗中に何国《いづく》に隠れ居たりけん。矢橋《やばせ》の二惣太踊出。ヤア先達て注進の褒美を無にした其かはり。実盛が二心で。駒王丸を北国へ下す段々直に注進。詞つがふた諍ふなと言捨てかけ出す。実盛透《すか》さず馬上より用意の鑰《かぎ》縄打かくれば。首にかゝってきり〳〵〳〵。引寄引上ひっ摑。適儕は日本一の。大欲無道の曲者めと。鞍の前輪に押付て。首かき切て捨てげり。其後手塚の太郎。母が筺の小相口。金刺取て腰にぼっ込。綿繰馬にひらりと乗ヤア〳〵実盛。かゝ様殺して迯るか去ぬか。もふおれが名は手塚の太郎コリャ。此。金刺の光盛なり。去なずと爰で勝負〳〵と叫はったり。ヲヽでかした〳〵。蛇は一寸にして其気を得る。自然と備はる軍の広言。成人して母の怨。顔見覚て恨をはらせ。イヤ〳〵申。孫めが大きう成中には。其元様は顔に皺。髪はしらがで其顔かはろ。ムヽウ成程其時こそ。鬢髭を墨に染。若やいで勝負をとげん。坂東声の首とらば池の溜りで洗ふて見よ。軍の場所は北国篠原。加賀の国にて見参〳〵。げに其時に此若が。恩を思ふて討すまい。いきながらへておったらば。此親父めが御籏持。兵粮焚はわたしが役。首切役は此手塚。ホウ。ヲヽ〳〵〳〵互に馬上でむんずと組。両馬が間に落るとも。老武者の悲しさは。軍にしつかれ。風にちゞめる古木の力もおれん。其時手塚。合点〳〵。ついに首をも掻落され。ヲヽ篠原の土となるとも。名は北国の街《ちまた》に上ん。さらば〳〵と引別れ。帰るや駒の。染手綱隠れ。なかりし弓とりの名は。末代にあり明の。月もる家をあとになし駒を。はやめて立かへる

源平布引滝

○さねもり生国はへのこふできなり(末二19)

謡曲『実盛』の「実盛生国は越前の者にて候ひしが……」の文句取り。包茎のことを江戸期には「越前」と通称した。越前侯の槍先は熊の皮がかぶせられていたところから、皮かぶり(包茎)が越前となった。実盛と包茎をからませたバレ句。

○洗ツたらとんだばく物手塚取り(二九25)

加賀の篠原で奮戦、ついに手塚太郎光盛に討たれたが、首実検に際し首を洗わせたところ、「墨は流れ落ちて、もとの白髪となりにけり」(謡曲『実盛』)。「ばく物」はいかさま物の意。

○へんなやつをしめましたと手づかいゝ(天六・十一・二五)

実盛は出陣に際し、故郷へ錦を飾る気持ちから、平宗盛に赤地錦の直垂をねだった。手塚太郎が義仲に「大将かと見ればつゞく勢もなし、又侍かと思へば錦の直垂を着たり」(謡曲『実盛』)、奇異な曲者を討ちとったと報告する。

蔵王権現　ざおうごんげん

金剛蔵王菩薩ともいう。修験道の開祖役行者《えんのぎようじや》が金峰山《きんぷせん》の頂上で衆生済度のため祈請して感得したと伝える魔障降伏の菩薩で、釈迦仏の教令輪身。胎蔵界曼荼羅虚空蔵院の金剛蔵王《こんごうぞうおう》菩薩とは別体。形像は一面三目二臂《ひ》、身色青黒の忿怒形《ふんぬぎよう》で、左手は剣印を結んで腰につけ、右手は三鈷杵《さんこしよ》を奉持して頭上高く掲げ、左足は磐石を踏み、右足は空中に躍らす。役行者の祈請により山上湧出岩から躍り出たそのときの姿を表したものとされる。経軌《きようき》には見えず、日本の山岳信仰の中で生まれた独自の権現で、磐境《いわさか》の巨石信仰に由来すると思われる。『本朝法華験記』に、八四九年(嘉祥二)に没した僧転乗が生

前金峰山の金剛蔵王宝前に参詣した話を載せているので、平安初期に奉斎されていたことは確実である。平安中期に弥勒《みろく》信仰が盛んになり、金峰山は弥勒浄土の兜率《とそつ》内院に擬せられ、金剛蔵王は弥勒の化身とされた。これによって御岳詣《みたけもうで》するものが多く、金峰山は天下第一の霊験所、蔵王は日域(日本)無二の化主とまでいわれた。修験道の隆盛、普及にともない、その本尊として諸国の霊山に勧請、奉斎された。最古の像は東京都総持寺(西新井大師)所蔵の毛彫鏡像(国宝)で、一〇〇一年(長保三)の作である。

鈴木 昭英

昔役ノ行者、吉野ノ山上ニ行ケルニ、釈迦ノ像《かたち》現ジ給ヘリケルヲ、「此御像ニテハ、此国ノ衆生ハ化《け》シガタカルベシ。隠サセ給へ」ト申サレケレバ、次ニ弥勒《みろく》ノ御形ヲ現ジ給フ。「猶是モ叶ジ」ト申サレケレバ、其時当時ノ蔵王権現トテ、オソロシゲナル御形ヲ現ジ給ケル時、「是コソ我国ノ能化《のうけ》」ト申給ケレバ、今ニ跡ヲ垂《たれ》給ヘリ。

沙石集巻一

早乙女主水之介 さおとめもんどのすけ

佐々木味津三が一九二九年(昭和四)から三一年まで書き継いだ全一〇話の『旗本退屈男』シリーズの主人公。無役ながらも一二〇〇石取りの直参旗本。年齢は数えの三三歳で、独身者。江戸本所割下水の旗本屋敷に一七歳の妹菊路や数名の使用人たちと住んでいる。諸羽流正眼崩しの達人で武芸百般の美丈夫。眉間の三日月形の刀傷がトレードマークで、天下御免の通行手形となっている。元禄の泰平期のアンニュイを反映して、「退屈」が口癖のところから、「旗本退屈男」の異名がある。退屈をおぼえると、この眉間の傷が夜泣きを始め、退屈払いに悪人退治に乗り出す。愛妹菊路の恋人で揚心流の小太刀の名手霧島京弥という美青年を従えて、各地を歴遊して正義の剣を振るう。ニヒルな剣士が多いなか、数少ない明朗型のヒーローとして、昭和初期の暗い時代色を忘れさせてくれる一服の清涼剤の役割を果たして、人気を得た。映画では、戦前、戦後を通じて市川右太衛門の十八番シリーズがあり、退屈男の大仰なせりふ回し、豪華な衣装、舞踊のような立ち回りなどは、映画のイメージによるところが大きい。

清原 康正

愚かな奴で場所柄も弁えず、矢庭と強刀を鞘走らしましたものでしたから、退屈男はにんめり冷たい笑いをのせていましたが、ピリリと腹の底迄も威嚇するような言葉が静かに送られました。

「馬鹿者めがッ、この三日月形の傷跡はどうした時出来たか存ぜぬかッ」

(中略)

言いつつすっぽりと面を包んで、京弥を後ろに随えると、不敵にも懐手をやったまま、刃の林目がけてすいすいと歩み近づきました。だのに伝九郎の一党が、一指をさえも染める事が出来ないから奇態です。これが人の五体から放たれる剣の奥義のすばらしい威力と言うものに違いないが、退屈男の物静かな歩みがすいと一歩近よると、たじたじと二歩、剣の林があとへ引き、また一歩すいと行くと、三歩またたじたじとあとへ退き、しかもとうとう一太刀すらも挑みかかり得ないうちに、両人の姿は悠揚と表の方へ行き去って了いました。

旗本退屈男

酒井田柿右衛門 さかいだかきえもん

伊万里焼の中で最も優雅な、「柿右衛門」と呼ばれる色絵磁器を完成したとされる陶工。代々にわたり酒井田家は有田皿山の中心部から離れた南川原山に窯を築き、上質の磁器生産に携わっている。当主は代々柿右衛門を名のり、現在の柿右衛門は一四代目。

酒井田家に伝来する古文書中の「覚」によれば、初代柿右衛門(生没年不詳)は正保年間(一六四四―四八)に、中国より伝えられた赤絵(色絵技法)を日本で初めて完成させたという。現在一般に流布している柿右衛門観は、大河内正敏主幹の彩壺会(一八七八―一九五二)が出版した『柿右衛門と色鍋島』(一九一六(大正五))に拠るところが大きい。ここで「柿右衛門」は当主一個人の製作ではなく、酒井田家の製品を呼ぶものとし、さらに乳白色の美しい素地《じき》を使った錦手の様式名を柿右衛門と規定した。

この大河内が打ち出した「柿右衛門観」を土台にして創作された物語が、一九三三〜四〇年に文部省が発行した『尋常科用小学国語読本　巻十』に載せられた「柿の色」である。これは初代柿右衛門が庭の柿木の実の色を表現するために、想像を絶する辛苦を重ねながら独特の朱色の表現に成功した、というストーリーを展開したものであった。この「柿の色」はあくまでもフィクションとして作られたが、これが昭和期以降の新たな柿右衛門伝説となり、一般に広く浸透した。

実際は、酒井田家が特に江戸中期以降、どのような作風を展開してきたか明確ではない。さらに元禄期ころに隆盛した柿右衛門様式の色絵磁器の完成に際して、酒井田家がどのように関わっていたのか、今のところ明らかではない。

荒川　正明

柿右衛門については劇化も行われ、榎本虎彦作の戯曲『名工柿右衛門』が、一九一二年(大正二)一一月、東京歌舞伎座で初演された。スマイルズの『セルフ・ヘルプ』を中村正直が訳した『西国立志伝』中の一話を、柿右衛門の逸話として翻案劇化した新歌舞伎である。主役の柿右衛門を演じた十一代目片岡仁左衛門の名演技で大好評を博し、仁左衛門一代の当り役になった。

服部　幸雄

窯場より出でし喜三右衛門は、しばし縁先に休らひぬ。

日はやゝ西に傾けり。仰げば庭前の柿の梢は、大空に墨書をゑがき、鈴なりの赤き実、夕日を浴びて、さながら珊瑚珠の輝くに似たり。此の美しさに、しばし見とれたる喜三右衛門は、ふと何思ひけん、

「おゝ、それよ。」

とつぶやきて、忽ち又窯場へ引きかへしぬ。

其の日より、喜三右衛門は、赤色の焼き附に熱中し始めたり。されど、目ざす色はたやすく現るべくもあらず、日毎に焼きては砕き、砕きては焼き、果はたゞばう然として歎息するばかりなり。

苦心はそれのみにあらざりき。研究に費す金は次第にかさみ、しかも工夫に心を奪はれては、自ら家業もおろそかならざるを得ず。やがて其の日の生計も立ちがたく、弟子たちも此の師を見限り去りて、手助けする者一人もなし。人は此の有様を見て、たはけとあざけり、気ちがひとのゝしる。されど、喜三右衛門は動かざること山の如く、一念たゞ夕日に映ゆる柿の色を求めて止まざりき。

かくて数年は過ぎたり。或日の夕、あわただしく窯場より走り出でたる彼は、

「薪、薪。」

と叫びつゝ、手当り次第に物を運びて、窯の火にことごとく投じたり。

其の夜、喜三右衛門は、窯のかたはらを離れざりき。鶏の声を聞きては、はや心も心にあらず、窯の周囲をぐる〳〵と廻り歩きぬ。

夜は明けはなれたり。胸ををどらせつゝ、やをら窯を開かんとすれば、今しも朝日はなやかにさし出でて、窯場を照らせり。

一つ又一つ、血走る眼に見つめつゝ、窯より皿を取出しゐたる彼は、やがて「おゝ。」と力ある声に叫びて立上れり。

あゝ、多年の苦心は遂に報いられたり。彼は一枚の皿を両手に捧げて、しばし窯場にこをどりしぬ。

喜三右衛門は、やがて名を柿右衛門と改めたり。

尋常科用小学国語読本

逆髪　さかがみ

虚構の人名。醍醐天皇の第三皇女で、蝉丸の姉宮。生まれながら髪が空に向かって逆立っている異形の女性。逆髪を名とする人物は、謡曲『蝉丸』以前には見当たらない。しかし、謡曲作者の創作ではなく、中世以前に逢坂《おうさか》山周辺に伝承されていた口承説話にもとづいたのではないかと考えられる。盲目の蝉丸が逢坂山の藁屋で琵琶を弾じているところへ、姉宮で、逆髪の業のゆえに遺棄されて放浪する逆髪が立ち寄り、薄幸の姉弟がつかのまの奇遇を喜び、なぐさめあい、なごりを惜しみ

つつ立ち去るというのが、謡曲『蟬丸』の物語である。中世の伝承に、逢坂山関明神には蟬丸の霊と逆髪の霊を併せまつったと説くものがある。逆髪は境界の地を守る「坂神」であり、「サカガミ」という音通と、畏怖すべき相貌のイメージから生まれ出た女性の名であったと思う。近世に入っては、近松門左衛門作の浄瑠璃『蟬丸』に登場し、さらに歌舞伎の「蟬丸物」に、多く男性に転じて「逆髪皇子」の名で登場するに至る。→蟬丸

服部 幸雄

(シテ)「これは延喜第三の御子。逆髪とは我が事なり。我皇子とは生るれども。いつの因果の故やらん。心より〳〵狂乱して。辺土遠郷の狂人となつて。翠の髪は空さまに生ひ上つて撫づれども下らず。いかにあれなる童どもは何を笑ふぞ。何我が髪の逆さまなるがをかしいとや。実に〳〵逆さまなる事はをかしいよな。さては我が髪よりも。汝等が身にて我を笑ふこそ逆さまなれ。」

(中略)

(シテ)「不思議やなこれなる藁屋の内よりも。撥音けだかき琵琶の音聞ゆ。そもこれ程の賤が屋にも。かゝる調のありけるよと。思ふにつけてなどやらん。世になつかしき心地して。藁屋の雨の足音もせで。ひそかに立ちより聞き居たり。」

(ツレ)「誰そや此藁屋の外面に音するは。此程をり〳〵訪はれつる。博雅の三位にてましますか。」(シテ)「近づき声をよくく聞けば弟の宮の声なりけり。なう逆髪こそ参りたれ。弟の宮の声なりけり。」(ツレ)「何逆髪とは姉宮かと。驚き藁屋の戸を明くれば。」(シテ)「蟬丸は内にましますか。」(ツレ)「互に手に手を取りかはし。」(シテ)「弟の宮か。」(ツレ)「姉宮かと。」共に御名をゆふ附の。鳥も音を鳴く逢坂の。せきあへぬ御涙。互に袖やしをるらん。

謡曲蟬丸

坂田三吉　さかたさんきち　一八七〇―一九四六

(明治三―昭和二一)

伝説の将棋棋士、名人・王将。大阪府堺市の生まれ。独学で師匠はいない。本姓は阪田だが、大衆芸能の分野で坂田が定説化した。一八九三年(明治二六)ころ大阪で関根金次郎(当時四段)に負けて以来、打倒関根と日本一の棋士をめざすことが夢となった。一九一〇年七段を自称し、一三年(大正二)には関根八段と平手で指して一勝二敗、一五年には小野一二世名人より八段の免許を得る。一七年、次期名人位をめぐって関根八段と対戦、勝ち越すが、関根の弟子である土居七段に敗れて名人位を逃す。二五年に関根が一三世名人を継承したあと、関西名人を自称し、中央棋界とは縁を絶った。三八年(昭和一三)、七〇歳の高齢ながら第二期名人戦に参加して七勝八敗の成績を残した。以後は対局をしなかった。

没後の五五年に日本将棋連盟は名人位と王将位を贈っている。北条秀司作の戯曲『王将』(一九四七初演)でその名が広く知られ、映画、演歌などでも人気を博した。著書に『将棋虎之巻』がある。

田辺 貞夫

一

吹けば飛ぶような　将棋の駒に
賭けた命を　笑わば笑え
うまれ浪花の　八百八橋
月も知ってる　俺《おい》らの意気地

二

あの手この手の　思案を胸に
やぶれ長屋で　今年も暮れた
愚痴も言わずに　女房の小春
つくる笑顔が　いじらしい

三

明日は東京に　出て行くからは
なにがなんでも　勝たねばならぬ
空に灯《ひ》がつく　通天閣に
おれの闘志が　また燃える

王将(西条八十作詞　船村徹作曲)

坂田金時　さかたのきんとき

古くは公時とも書く。源頼光の郎等で、四天王の一人。『今昔物語集』巻二十八第二話に頼光の郎等の平貞《さだ》道《みち》、平季武とともに賀茂の祭の帰るさの日に女車にしたてた牛車に乗っ

て紫野に行ったが、初めて乗った牛車にすっかり酔いつぶれた話がみえる。これは烏滸《おこ》ばなしだが、『古今著聞集』巻九に頼光が四天王たちと鬼同丸を退治する話のなかにその名がみえ、『古事談』巻六には藤原道長と競馬《くらべうま》をする話がみえる。屋代本『平家物語』剣巻に源家重代の名刀鬼切丸にまつわって渡辺綱が一条戻橋であった鬼の手を切る話があり、これは謡曲の『羅生門』と同工の話だが、そのなかに公時の名が見える。謡曲『大江山』や御伽草子『酒呑童子』では頼光の丹波国大江山の酒呑童子退治に参加している。これらでは坂田(酒田)という姓も明らかでない。近世に入って『前太平記』や『広益俗説弁』になって民譚的な金時あるいは金太郎の人物像に近づいてくる。この二書を総合すると、母の老嫗と足柄山中で生活していたのを、二一歳のときに頼光に見いだされ、坂田公時と名付けられ、頼光に仕えて三六歳のときに主馬佑として酒呑童子退治に参加し、一生妻女をもたず、頼光没後、行方をくらまし足柄山で足跡を絶ったという。その出生については『前太平記』に「妾《われ》かつて此の山中に住む事、幾年といふ事を知らず、一日此の嶺に出て寝たりしに、夢中に赤竜来たりて妾に通ず、其の時雷鳴おびただしくして驚き覚めぬ、果して此の子を孕めり」とあって、山姥説話と結びつけられている。山姥は山神に仕える女性と考えられるが、怪力を持つ英雄は神童でなければならず、金時が雷神と山姥の子とされたのであろう。ここから後の金太郎の像が形成される。全身が赤く、鉞《まさかり》をかつぎ、熊に乗るわけだが、鉞は雷神の武器であり、赤は神霊を有するものを、熊は山中誕生を象徴している。そしてその背後には遠く古代の信仰に流れをくむ雷神信仰や処女懐胎説話などがかくされている。『新編相模国風土記稿』の足柄郡の条ではその出生地を金時山としているが、おそらく足柄付近のこういった信仰を史上の金時に結びつけた

●——坂田金時
上＝熊手を持って鬼を退治する金時と卜部季武。歌川国芳画『頼光大江山入之図』。
下＝熊とたわむれ、まさかりを持つ金太郎。『怪童丸』。国立国会図書館蔵。

ものであろう。一方、近世初期には金平浄瑠璃《きんぴらじょうるり》の主人公に坂田公平という公時の子を創作し、大活躍させている。山本 吉左右

金平浄瑠璃の作品群においては、親四天王が次々と死んでいき、一六五九年(万治二)七月興行の『四天王むしや執行』で最後まで生き残った坂田金時と渡辺綱も死に、坂田金(公)平などの次の世代、すなわち子四天王が活躍するようになる。金平浄瑠璃(金平節)は、鉄棒で拍子をとる語り口、人形の首を引き抜いたり舞台の道具をこわすなどの荒々しい演出が人気を呼んだ。金平の荒々しい強さは、金平牛蒡(堅い、辛い)、金平糊(ねばりが強い)、金平骨(太い、堅い)、金平娘(おてんば)などという形容に至った。➡源頼光…渡辺綱 法月 敏彦

今かしこに雲気あるは一定人傑の隠居るなるべし急ぎ見て参れと宣へば綱承まはりぬとて馬引寄打乗件んの雲気を目に付て歩ませ行とある岩かどに至りて谷底を直下《みおろ》したれば屏風を立たる如くにていかなる駿足なりとも通る事得がたしと見えければ驄《やが》て馬を乗放ち鞭片手に持て木蔭の蜘をはらひ草押分木の枝に取付岩間を跪《つまづ》ひて七八町がほど歩み下りて見れば怪しの菅屋《かやをく》あり内には親子と覚しくて六十余りの嫗《うば》と傍らに面ざしは廿歳計りにもやあるらんがいまだ童形なると迎ひ居たり渡辺打咳《うちしは》ぶいて立寄ければ老嫗これを見て御事は誰と問ければこれは総州刺史頼光朝臣の倍臣渡辺源治綱といふものなり頼光公上洛したまふが今此上の山におはします御辺達を召具して参れとの御使に来れりいざ渡りたまへ老嫗聞て大守何として我此幽屈を知るや綱が曰雲気に従征してここに来れり老嫗さては太守有機を知れる人なり世に人多しといへども然も知る者少なし我将に行て見えんとて件の童形を誘引して歩みたり最前渡辺がさしも歩みかね泥《なづみ》たりし岩壁を平地の如く歩みなして太守の前にぞ出たりける太守見たまひ其相の奇なる事を甚だ驚嘆したまひて其姓名を問たまへば老嫗答へて天地の間だに孕まれて天の命を稟《うく》何を以てか姓とせん太守其童は汝が子か其父に誰老嫗が曰我子なりしかも父なし妾嘗て此山中に住事幾年といふことを知らず一日此巓に出て寝たりしに夢中に赤竜《しゃくりよう》来つて妾に通ず其時雷鳴夥多《おびたゞ》しくして驚ろき覚ぬ果して此子を孕めり生てより廿一年を経たり成長《ひととなる》に及んで山岳をも難しとせず磐石をも重しとせずしかも其意豁如《かつじよ》たり、(中略)我此童を以て人に詑せんと思ひつれども然るべき武将のおはさぬゆゑ其本意を空しくせり今よりしては大守にこれを献ずべし御命の料に召仕ひたまはれとぞ申ける大守斜めならず喜びたまひ旅の設けの破子なんど召寄て主従約盟の御盃とて賜りてけり渡辺綱拍子を取て美玉ここにあり匵に韞《をさ》めて蔵《かく》したり善賈《よきあた》ひを求めて沽諸《うらめや》今善賈ひを求めたり公に事まつるに時を得たりと祝しけり太守笑壺に入たまひ能仕りたり源治当座の会釈面白し誠に公に事まつるに時を得たれば其名を坂田公時と名乗べし漢の陣平張良紀信樊噲といふとも綱季武貞光公時此四傑の上に何をか加ふる事あらんとて喜びたまふ事限りなし偖《さて》こそ須弥《しゅみ》の四天に表し頼光の輔翼《ほよく》の臣四天王として称しける上仁徳を施して下又武威を振ひしかば万国の士卒招ざるに踵《きびす》を引て其家を望み糧を荷ふて其国に来り終に天下の名将と称せられたまひけり

前太平記頼光朝臣上洛の事幷坂田金時臣となる事

竹つなきいて、たがいに所存は同事、とかくまづ、きつさきを合、後ばんたん、申承はらんと、する〳〵と立よれば、大木戸の八郎、尤にて候と、もつてひらいて打を、てうどけ、ひつはつし打ければ、みつけん二つに打わられ、やけいのつゆときへにけり、二ばんにつゝく、よしみの三郎あきつらと、はけみをなして、きつてかゝるを、金平、そこのき給へと、竹つなとおしへだて、はつしと合、よこてきりになきければ、こしのつがいを切はなされ、二つになつてふしにけり、あとにつゞく悪五郎、ゆうぜんの九郎、こはむねんと、一どにかけよるを、こなたも二人かけ合、をしならべ、ひつくみ〳〵とつてふせ、あつはれ、てよはきくわじやばらや、己らがぶんとして、四天王となのりし事のやさしやと、くび一々に打をとし、もはやかたきは是迄と、

あざわらつて立にけり
大将は此由みて、今ははやかなわしと、こまのたつなをひつかへし、らくやうさしておち行を、あとをもとめておつかけ、すきもあらせす、馬の上より打おとし、首きつさきにつらぬき、其馬に君をのせ奉り、ほつこくさしていそぎける、此者共かゆふりき、父共か若さかりには、まさりぬと、みなかんせぬものこそなかりけれ
金平浄瑠璃北国落

〽蜈蚣《むかで》がほんの、金平ならば、俵藤太の矢先にかゝつて、射らるゝ筈は、なけれども、藤太が矢先きで、射らるゝからは、藤太がほんの、金平、金平。
〽父《とゝ》がほんの、金平ならば、嬶《かゝ》に叱られ、飯《まゝ》焚《た》く筈は、なけれども、嬶に叱られ、うろたい回つて、飯焚くからは、嬶がほんの、金平、金平。
金平したりや節

○金太郎とつべいに斧を出し(明元梅3)
「とつべい」は原本脱字、「とつかえべい」。古鉄類を飴と交換して歩く行商人が「とっかえべえ〳〵」と言うところからの通称。柳亭種彦の考証によれば、貞享・元禄(一六八四―一七〇四)のころからあった。
○まつかながきがおりますと綱はいゝ(安六松2)
「綱」は渡辺綱。頼光上洛の途次、足柄山の辺りに赤い雲気があるので、渡辺綱が使いにたち、山姥親子を発見。坂田金時の名を与えられ、頼光四天王の一人となる。

坂田金平 さかたのきんぴら
江戸期、明暦末～寛文(一六五八―七三)ころにかけて、浄瑠璃界を風靡した金平浄瑠璃のヒーロー。満中・頼光親子のもとに源家軍団を形成した坂田金時ら親四天王のジュニア世代である子四天王の一員として、渡辺竹(武)綱、卜部末春(末宗とする系統も)、碓氷貞景(貞兼とする系統も)及び一人武者平井保明(清春)とともに、頼義のもとで活躍した。金平浄瑠璃は、この二世代にわたる合戦譚のほか、その周辺作をも含めた名称であり、軍記浄瑠璃を基盤として成立している。また、江戸の和泉太夫、岡清兵衛コンビによって創始されたと考えられるが、江戸のみならず、上方の主な太夫たちにも語られて、ほぼ同時に流行を見た。近松の時代浄瑠璃につながる枠組みを備えつつ、儒教的君臣道徳よりも仁や情を重んじ、若者らしい対立や結束を描くのが魅力の一つである。なかでも金平は、大木を引き抜いて振り回す猪突猛進型の荒武者で、粗忽さやわがままを、知謀の竹綱に常に諫められるのであるが、稚気満々としたキャラクターである。通説によると初代市川団十郎は、一六七三年(延宝一)中村座の『四天王稚立』で金時を演じたのが「初て顔をぬり荒事狂言の初」(『江戸芝居年代記』)であるとされ、八五年(貞享二)の『金平六条通』以来、何度も金平に扮しており、金平浄瑠璃の荒事の演技様式への寄与がうかがえる。 ➡坂田金時
林 久美子

○金平も今は女中の名と成りて(宝十桜3)
荒っぽく振舞う女性を「金平女」「金平娘」と称した。「江戸にて元気娘をキンヒラといひ」(『松屋筆記』)。前句に「目立こそすれ〳〵」とあり、異彩を放った。

坂上田村麻呂 さかのうえのたむらまろ 七五八―八一一(天平宝字二―弘仁二)
平安初頭の武将。犬養の孫。苅田麻呂の子。坂上氏は応神朝に渡来したという阿知使主《あちのおみ》を祖先とし大和国高市郡に蟠踞《ばんきょ》した倭(東)漢《やまとのあや》氏の一族で、武術に秀でていた。田村麻呂も「赤面黄鬚、勇力人に過ぐ、将帥の量あり」といわれた。七八五年(延暦四)従五位下、七八七年近衛少将となり、以後越後守などを兼任していたが、七九一年に征東副使の一人として蝦夷との戦いに加わった。数年にわたる戦闘で功をあげ、七九五年従四位下、翌年陸奥出羽按察使《あぜち》兼陸奥守、さらに鎮守府将軍を経て、七九七年征夷大将軍に任じられた。八〇一年胆沢《いさわ》を平定し、功により従三位勲二等に叙され近衛中将となった。八〇二年胆

沢城を築城し、鎮守府を多賀城から移し、翌年志波城を築城するなど古代蝦夷経営の成果をあげ、八〇四年再度征夷大将軍に任じられた。しかしその経営は「往還の間、従者限りなし。人馬給し難く、累路費え多し」と田村麻呂の没時の伝にも見えるように、大規模な遠征は多くの問題を残し、八〇五年の徳政の論争によって、平安京造営とともに征夷が中止された。その後の田村麻呂は、中納言、中衛大将、右近衛大将、兵部卿、大納言などに任じられ、正三位まで昇ったが、八一一年粟田別業で没した。五四歳。女の春子は桓武天皇の後宮に入り、葛井親王を生んでいる。

高橋 富雄

【田村麻呂をめぐる伝承】 田村麻呂が東山で僧延鎮(もと賢心)と会い、力をあわせて観音像を作り、仏殿を建ててこれを安置し清水寺と号したことは『清水寺縁起』(伝藤原明衡作)、『今昔物語集』『扶桑略記』などに見え、中世に入っても多くの書物に散見する。『吾妻鏡』は田谷窟《たっこくのいわや》(現、達谷窟)について述べる中に「田村麿・利仁等の将軍」が蝦夷征伐のとき、敵主悪路王《あくろおう》・赤頭《あかがしら》たちがこの窟に柵を構えたとし、のち、田村麻呂が窟前に堂を建て西光寺と号して、鞍馬に模して多聞天(毘沙門天)像を安置した(文治五年(一一八九)九月二八日条)と伝える。『鞍馬寺縁起』に、藤原利仁が鞍馬の毘沙門天の加護で下野国の群盗を平定した由が見えるから、『吾妻鏡』の記事は田村麻呂伝承が利仁伝承や鞍馬の毘沙門天信仰とも交渉をもっていたことを示している。『元亨釈書』延鎮伝は田村麻呂が清水寺の勝軍地蔵・勝軍毘沙門の加護により奥州の逆賊高丸を討ったとし、『神道集』巻四や『諏方大明神画詞』などは諏訪明神の神徳によって蝦夷の長「悪事《あくじ》の高丸」または「安倍高丸」を平定したとする。『義経記』巻二に「坂上田村丸、これ(兵法一巻之書)を読み、悪事の高丸を取り、藤原利仁これを読みて、赤頭の四郎将軍を取る」と見え、謡曲『田村』は清水観音の加護で鈴鹿山の悪神を退治したとし、同『鈴鹿』は田村麻呂が鈴鹿姫の手引きで赤頭の四郎将軍高丸という鬼神を退治したとする。幸若舞『未来記』に「坂上の利仁九年三月に(兵法三略之巻を)習ひ敵を鎮め給ひけり。さてその後に田村丸十二年三月に習ひ、奈良坂山のかなつむて、鈴鹿の盗人、かかる逆徒を平げ」とあり、御伽草子『田村』や『鈴鹿』ではきわめて複雑な物語となる。すなわち、藤原俊重将軍の子俊助が大蛇と契って生まれた子が俊仁で、俊仁は近江国みなれ川の大蛇や陸奥国たか山の悪路王を退治する。俊仁が陸奥国はつせ郡田村郷で賤女と契って生まれた子が田村丸で、元服していなせ五郎阪上俊宗といい、大和国奈良坂のりやうせんという化生の者を討ち、鈴鹿御前と契り、その手引きで鈴鹿山の鬼神大武丸《おおだけまる》を退治するという物語である。御伽草子『立烏帽子《たてえぼし》』は、阪上田村五郎利成が鈴鹿山の化生の女盗立烏帽子の手引きで、その夫阿黒王《あぐろおう》を退治したとする。『田村』と同工の物語に奥浄瑠璃『三代田村』があり、地名などに地方色が濃く出ている。

東北地方には延暦・大同年間(七八二―八一〇)に田村麻呂が創建したと伝える寺社がきわめて多い。なかでも観音堂にそれが多く、神社・毘沙門堂がこれに次いでいるが、それらの縁起はたいてい切畑山の悪路王、大石丸、米木山の大滝丸などの鬼神退治譚を伴っている。これらからすると、この伝承は清水寺や鞍馬の毘沙門天の信仰が東北地方にひろまる過程で、地方の山岳信仰と結びついて形成されていたものと考えられる。日本には祇園武塔天神の悪王子のように悪霊鬼神を若宮・末社などとして神にまつり、本社の大神に祈願して、その力で悪霊鬼神のたたりを防ごうとする風習があり、悪路王伝説にもこのような考えがその背景に隠されていると考えられている。また悪路王のアクは、アコヤ・アコオウ(ともに景清伝説に登場する遊女の名)にも系統を引く語で、本来、神婚譚、神誕生のわざおぎに参与した巫女の名ではなかったかと推定され（柳田国男説）、立烏帽子という名にも巫女の介在を思わせる。いずれにせよ、田村麻呂伝説の発展と展開の背景には村落生活と関連させながら、神の恩寵を説く遊行の宗教者の活動があったものと思われる。また、『日本後紀』などに、田村麻呂は死後、勅命によって立ちながら甲冑兵仗を帯して葬られたと伝え、早くから国家に非常のあるときには鳴動すると考えられていた（『田邑麻呂伝記』など）。その塚は、平安開京にあたって皇城鎮護のために土偶を埋めた東山の将軍塚（『平家物語』など）と混交され、田村麻呂の塚とされる将軍塚は各地にある。この伝承は賽《さえ》の神的な色彩を有しているが、同音の勝軍地蔵の信仰ともあいまって、その伝承の流布には愛宕聖の活躍や陰陽の徒の力もあずかったものと考えられている。

山本　吉左右

◉——**坂上田村麻呂**　鈴鹿の鬼神との戦いを指揮する田村麻呂。『東海道名所図会』。

宝亀十一年夏の比。坂上田村麿左近将監。この山下の遊猟の事あり。これ産婦のために鹿をもとめて。屠るよしなり。冷水をのそみ林中をたつぬるに。奇怪の水に求あへり。再三飲しめて身心豪潔に成ぬれは。源を尋行に。読経の声あり。忽懺悔の心発して。おくふかくのほり。滝のもとにいたり。又彼孤庵のまへに来て。沙門に対して。種々奇絶の心緒を述。又賢心居士の遺誡不思議のことを語るに。将監いはく。汝形貌まことに凡類にあらす。定て神仙のましはり歟。居士の遺言は薩埵の勅語たらん。おそらくは愚夫微志を抽へしと。ふかく渇仰をなしたち帰り。沙門は庵にいりぬ。将監都に帰り。蘭室命婦高子に。今日の遊猟の二事。また霊水之体。沙門の所㆑語。彼是の妙儀をかたり給へり。命婦のいはく。聞所の事みな権化の所談なり。然に我除病のために殺生のこと甚恐怖あり。其報何をもてか謝せんや。願くは。以㆓我宅㆒彼聖跡によせ。女身か罪愆を懺悔せん。然則将監賢心とこゝろさしをひとつにして。仏閣造立の営をきそはれけるに。山ふかくして嶮岨。樹林の陰寸尺も平地なし。人力難㆑及愁歎せしむる処に。夜中にものゝ声山中に見けり。きしをこほち谷を埋めるかとおほゆ。明朝これをみれは。地平如㆑掌にして。仏場をさかへることし。其所にものあり。鹿胎中の子なりけり。知ぬ鹿鹿にあらす。これ薩埵の使たらん。然は彼鹿の頭をとゝめ。蔵庫におさめて。いまに霊物とす。

清水寺縁起

時しも頃ハ如月の〱　鈴鹿の山に参らん　抑吾ハ是坂上田村麿是則将軍と云る者なり　扨も勢州鈴鹿山に鬼人籠り上下往来の人に災を成す由君聞召急き退治せよとの宣旨承り候間是今思ひ立伊勢の国鈴鹿山へと急候

佐陀神能和田本**田村**

○大悲の矢五百本ほど懸直なり（三二20）

「懸直」は掛値。謡曲『田村』に「千手観音の……千の御手毎に、大悲の弓には智恵の矢をはめて、一度はなせば千の矢先」とあるが、弓を射るには二本の手が必要、「千の矢先」は掛値で、本当はその半分だろうとのキョクリ。

○鈴鹿山味方の旗はもちおもり(拾三17)
同じく『田村』に「不思議やな、味方の軍兵の旗の上に、千手観音の、光を放つて」とあるによる滑稽。

坂本竜馬　さかもとりょうま　一八三五―六七
(天保六―慶応三)

幕末の志士。土佐藩の郷士の出身。少年時代は泣き虫で、よく寝小便をもらしたという。一九歳で江戸に出、千葉周作門下となって剣を学んだが、ペリー来航により時局に目覚め、一八六一年(文久一)土佐勤王党に加盟、尊攘派の志士として活動した。だが翌年脱藩し、江戸に出て勝海舟の門に入り、幕府の神戸海軍操練所設立に尽力。操練所閉鎖後、海援隊を組織し海運に従事しつつ、六六年(慶応二)薩長同盟を仲介、倒幕勢力を結集させた。また新国家構想(船中八策)を説き、大政奉還を側面からリードしたが、その直後、京都の近江屋で中岡慎太郎とともに、幕府の京都見廻組に暗殺された。下手人に関しては多くの説があるが今もって謎である。

西郷隆盛らとともに最も人気の高い志士の一人で、多くの伝説・伝承に彩られる。あるとき土佐勤王党の剣の遣い手檜垣清治が、長刀を腰に闊歩していたところ、竜馬はそれを見て、短めの刀こそ敏捷に対応できるといって自らの佩刀を示した。檜垣はなるほどと思い短めの刀に替え、しばらくして竜馬に会うと、竜馬は懐からピストルを取り出し、もはや刀の時代は終わったという。さらに何カ月か経て、ピストルを入手した檜垣が竜馬に会うと、今度は懐から一冊の本『万国公法』を取り出し、「これからの世は剣や銃ではだめだ」といった。

また、中江兆民は一九歳のころ、長崎で竜馬に命じられよく煙草を買いに行ったという。

高橋　千劒破

龍馬も遂に鞆子(即ちお良の事)の望のまゝに任する事となりて、其母にも暫しの別をつげさせて都を跡に舟出したるは、自と彼の西洋人が新婚の時には、「ホネー、ムーン」と呼びなして、花婿花嫁互ひに手に手を取りて伊太利等の山水に逍遙するに叶ひたりとや謂はん。鞆子は幸に滊船に酔ひなやむことなくして、何も甲板の上に在りて世界第一との公評ある裏海の風景を眺めくらし、彼方は何島此方は何山など、夫の指し教ゆるまゝに其面白さ謂ん方なく、其身の八重の潮路を渡る旅人なるを打ち忘れ、最《い》と睦しく語ひて、只見る一双の釵尖帽角逢ふが如く離るが如くなるは、彼の范蠡が西施を載せて五湖に浮むの故事も、其風流の情趣を比ぶるに足らぬとまで思はるばかりなれば、余所に見る乗合の人々は、其癖として窃かに、アナ心悪き振舞なんどつぶやきあひ居たり。

汗血千里駒(坂崎紫瀾篇)

○当時長崎の地は、独り西欧文明の中心として、書生の留学する者多きのみならず、故坂本竜馬君等の組織する所の海援隊、亦運動の根拠を此地に置き、土佐藩士の来往極めて頻繁なりき。先生曾て坂本君の状を述べて曰く、豪傑は自ら人をして崇拝の念を生ぜしむ、予は当時少年なりしも、彼を見て何となくエラキ人なりと信ぜるが故に、平生人に屈せざるの予も、彼が純然たる土佐訛りの方言もて、『中江のニィさん煙艸を買ふて来てオーセ、』など丶命ぜらるれば、快然として使ひせしこと屢々なりき。彼の眼は細くして其額は梅毒の為め抜上がり居たりきと。

兆民先生(幸徳秋水篇)

佐倉惣五郎　さくらそうごろう

近世の義民の代表者とされる人物。佐倉宗吾とも呼ばれる。しかし確実な史実は乏しい。生没年不詳。下総佐倉城主堀田正信が一六六〇年(万治三)に改易になった事実があり、その当時領内の公津台方村に惣五郎という、かなり富裕な農民がいたことは明らかである。また正信の弟正盛の子孫正亮が一七四六年(延享三)に佐倉城主として入封して後、将門山に惣五郎をまつって口の明神と称し、一六五三年(承応二)八月四日に惣五郎とその男子四人が死んだとして、一七五二年(宝暦二)はその百回忌相当のため、口の明神を造営し、以後春秋に盛大な祭典を行った。堀田氏は百五十回忌、二百回忌の法会も営み、惣五郎の子孫に五石の田を与えたりしている。これより先、惣五という農民が冤罪で処刑されてときどき祟《たた》りをする、先の堀田氏が滅びたのもそのためだということで、その霊を慰めるために将門山に祠を建てたといわれていた。その無実の罪の内容は不明確であるが、後の堀田氏がある程度信じたことは事実である。それが『地蔵堂通夜物語』などの小説によって肉付けされ、さらに一八五一年(嘉永四)には『東山桜荘子《ひがしやまさくらそうし》』という戯曲になって江戸中村座で上演され、堀田氏の苛斂誅求と惣五郎の直訴、処刑、祟が筋として定着した。幕末には農民一揆の鼓吹のために利用され、明治になると自由民権運動の先駆者とされるなど、社会史的意義はきわめて大きい。惣五郎を葬ったという成田市の東勝寺(宗吾霊堂)には多数の参詣者がある。

児玉　幸多

◉――**佐倉惣五郎**　刑死した浅倉当吾(惣五郎)の亡霊が出現し、横暴な領主織越大領をさまざまに悩ます。一八五一年(嘉永四)江戸中村座上演の『東山桜荘子』大詰め織越家館の場。歌川国芳画。早稲田大学演劇博物館蔵。

【伝承と作品化】　惣五郎伝説は実録本『地蔵堂通夜物語』(宝暦以降に成立)もしくは講釈師石川一夢、初世一立斎文車らの『佐倉義民伝』によって、幕末期にかなり人口に膾炙《かいしゃ》した。くわえて歌舞伎劇に舞台化され、惣五郎像は当時の民衆のなかに定着。その背景には悲運に刑死したと伝えられる惣五郎一家鎮魂のための御霊《ごりょう》信仰(将門信仰)が結びつき、同時に百姓一揆の頻発する江戸後期の民衆心理が、惣五郎像の虚構化をさらにうながしたと見られる。歌舞伎の初演は一八五一年(嘉永四)八月中村座『東山桜荘子』(三世瀬川如皐作)で、役名は法令の規制により浅倉当吾とし、時代も足利氏の時期に設定、柳亭種彦の『偐紫《にせむらさき》田舎源氏』をないまぜにした二八場に及ぶ、やや冗漫な長編だが、足利(徳川)家のけんらんたる大奥生活と疲弊した農村の対照が効果をあげ、歌舞伎史上最初の農民劇としても評価される。また当吾の怨霊が領主を苦しめる怪異劇としての側面も見落とせない。主演者四世市川小団次の好演もあって評判となり、江戸近在の農民が観劇するなどの盛況で三ヵ月のロングランとなった。五三年には丸本に改作され『花雲《はなのくも》佐倉曙』として上演、さらに六一年(文久一)八月守田座での再演では、『田舎源氏』の筋を抜き、河竹黙阿弥の手で「仏光寺光然の祈り―入水」の場を加筆した。明治に入ってからの惣五郎役は三世市川九蔵(七世団蔵)が継承、自由民権運動や各地の農民運動などの動きとの関連で、講談や『佐倉宗吾一代くどき』などの歌謡が流行したことも見のがせない。今日通行の歌舞伎脚本は黙阿弥以後に後人の手で改修され、さまざまな場どりで上演される。全編を通じ「印旛沼の場」の当吾(惣五郎)のために鎖を切って禁制の船を出す渡し守甚兵衛の義侠、「子別れの場」の妻子別離の悲劇、「通天橋の場」の直訴などが、アクチュアルな山場をなしている。大正・昭和期には初世中村吉右衛門、三世中村翫右衛門らの得意芸として演じられた。

小池　章太郎

宗五　願ひのために江戸へ出て、思ひの外に日数を経、忍んで帰る故里も、去年の冬には引かへて、田畑もそのまゝ荒れ果てて、村里ともにしんしんと、人気もおのづと絶えたるは、多くの人も離散して、他国へ立退くものなるか。以前に替りし所の有様、ハテ情ない時世ぢやなあ。

（堀田家に門訴のため江戸へ出ていた宗五郎が、雪降りしきる故郷をめざして久かたぶりに印旛沼の渡し場へさしかかる。雪の合方に雪音がかぶせられ、花道よきところでの独白）

東山桜荘子印旛沼渡小屋の場

サザエさん

長谷川町子が一九四六年（昭和二一）から七四年まで書き継いだ新聞連載の四コマ漫画『サザエさん』の主人公。本名はフグ田サザエ、旧姓は磯野。一九二二年一一月二二日に福岡県で生まれ、シリーズを通して二七歳。ホームドラマのため、父の波平、母のフネ、弟のカツオ、妹のワカメ、夫のマスオ、息子のタラオらが、サザエと同等に描かれている。福岡の地方紙『夕刊フクニチ』に初登場した時は福岡県が舞台で、サザエは独身だったが、連載が一時中断する直前に波平の転勤で東京へ転居。連載再開時にはマスオと見合い結婚しており、タラオも生まれていた。結婚後もフグ田一家そろって磯野家で同居しており、専業主婦だが時折パートタイムで働いている。明るく快活な性格で、サイレンが鳴るとすぐに家を飛び出して行くほどやじ馬根性があり、ご近所の情報通。そそっかしくカツオと取っ組み合いの喧嘩をすることも珍しくないが、裁縫・料理など家事全般は得意である。新聞連載でありながら、時事ネタが折り込まれることは少なかったが、トレードマークになっている三方にパーマをかけたような髪形が連載当初の流行であったり、女性解放運動の講演会に出席したりと、作中には移り変わる昭和の世相が反映されている。テレビドラマでは、江利チエミ・星野知子・浅野温子の主演作が有名。一九六九年スタートのテレビアニメは国民的な人気を誇り、声優は第一回から加藤みどりが担当している。

末國　善己

笹川繁蔵　ささがわのしげぞう

江戸後期の博徒。生没年は一八一〇—四七（文化七—弘化四）というが、諸説ある。下総国香取郡須賀山村大木戸に生まれる。岩瀬嘉三郎の三男。幼名福松。岩瀬家はしょうゆ、酢の醸造を業とした。長じて一時江戸に出て相撲取りになるが、帰村して常陸芝宿の文吉の子分となり、跡目をついで利根川沿岸の大親分となる。縄張り争いから、侠客平手造酒《みき》を助っ人として飯岡助五郎と「大利根河原の血闘」を行い、のち助五郎に暗殺された。講談・浪曲の『天保水滸伝』では善玉として描かれている。

森　安彦

佐々木小次郎　ささきこじろう　?—一六一二（慶長一七）

安土桃山時代から江戸初期の剣豪。幼名は九三郎といわれ、巌流とも称した。出身は越前国とも、周防国ともいわれる。幼い頃から富田流剣法の中興の祖である富田勢源に剣法を学び、長じて諸国を武者修行の末、「物干し竿」といわれる長太刀で「燕返し」という秘剣を編み出した。女性の舞い姿にヒントを得たともいわれる剣で、刃先を反転させて、燕の尾のように振り抜き、一瞬に相手の首を切るというものであった。一六一二年四月一三日に巌流島（船島）で宮本武蔵と立ち合った時、小次郎は一八歳から二〇歳の青年だったといわれるが、諸説がある。武蔵との決闘の原因は、小次郎が以前に播磨国で新免無二斎と争い、無二斎を討って出奔、その子である新免（宮本）武蔵と闘ったと伝えられる。また、武蔵の挑戦には、当時仕えていた豊前小倉藩主の細川忠興の許しを得て闘ったともいわれる。講談の世界では、当時の小次郎は白髪頭の七〇歳の老人だったという講釈もあり、近年には武蔵が去った後に小次郎が蘇生したが、武蔵の弟子たちに殺されたという説も出されている。
　一九四九年(昭和二四)に『朝日新聞』夕刊で連載が始まった村上元三の『佐々木小次郎』は、戦後初めて新聞に連載された時代小説であった。そこで村上が造影した小次郎像は、ストイックな求道者吉川英治が描いた宮本武蔵像に対し、戦後派の活気を体現したエピキュリアン的な美貌の青年剣士であった。戦後の占領体制化において、時代小説は封建制礼讃の書とされたが、『佐々木小次郎』はその緩和期に生れ、時代小説の楽しさを再認識させたのである。北九州市小倉の手向山の山頂にある小次郎碑には、「小次郎の　眉涼しけれ　つばくらめ」という村上元三の一句が、深く刻まれている。　→宮本武蔵
田辺　貞夫

座敷童子　ざしきわらし
岩手県を中心とする東北地方北部で信じられている神霊、妖怪の一種。この呼称は、旧家の座敷に出没し童子の姿をしている、と考えられていることに由来するもので、ザシキボッコ、ヘヤボッコというところもある。納屋や土蔵に出没するクラワラシ、クラボッコも同系統の神霊である。この神霊の特徴として、おかっぱ頭の幼い子どもである、顔や髪が赤い、旧家の主として奥座敷に住む、ザシキワラシが住むと思われている部屋に泊まった者に枕返しなどのいたずらをする、等々を挙げることができるが、もっとも本質的な特徴は、この神霊が家の盛衰を支配する、ということにある。すなわち、この神霊が住んでいるときはその家は豊かであるが、去ってしまうと家が衰えると考えられているのである。別のいい方をすると、金持ちだった家が衰えると、その家に住んでいたザシキワラシが去ったからであろうと考え、逆に貧しかった家が金持ちになると、ザシキワラシがどこからかその家に移り住んだのだろうと考えるのである。したがって、ザシキワラシは旧家の守護神というだけでなく、民俗社会内の、それもとくに旧家層における貧富の差およびその変動の説明原理ともなっているのである。この神霊は、川や淵などからやってきたという伝承もあるので水神小童や河童の信仰との関係も考えられるが、それにとどまらず子どもの姿で示現するというこの地方のオクナイサマ信仰(太子信仰の一形態であるらしい)やカマド神の起源伝承に姿を見せるウントクとかヒョウトクなどと呼ばれる「福神童」の物語、さらには修験・山伏が使役したという「護法童子」などとも深い関係があると考えられている。　→護法
小松　和彦

察度　さっと　一三二一―九六
一三七二年、初めて明との交通を開き、朝貢関係を結んだ琉球国中山王。混沌とした歴史の胎動の中から、沖縄島が大きく三つに分立しようとする一四世紀の中葉、中部地方浦添の謝名に、若々しく登場し、『おもろさうし』では「謝名思《ちゃなも》ひ」と呼ばれる。沖縄の史書『中山世鑑』には、察度は浦添(謝名)の奥間大親と天女の間にできた男子であるという羽衣伝説が語られている。オモロの一節目「誰が生ちやる子が」はこれを背景にしたものであり、二節目の「あぐで居ちやる庫裡口」は、対明貿易や対日貿易の口を開いたことを指すのであろう。
　当時の沖縄は、鉄器が農具として使われるようになり、生産力を飛躍的に革新しつつあった。開明思想の持主である按司《あじ》たちが、社会的、政治的に成長しつつ、中原に鹿を追いだした時代であり、その代表的人物が察度であった。
外間　守善

一　謝名思《ちゃなも》ひや
　　誰《た》が　生《な》ちやる子《くわ》が
　　此《こ》が　清《きよ》らさ
　　此《こ》が　見欲《みぼ》しや　有居《あよ》るな
又　百《もゝ》ぢやらの
　　あぐで居《お》ちやる庫裡口《こちゃぐち》

謝名思《ちゃなも》いしゅ　開《あ》けたれ
又　謝名思《ちゃなも》いが
謝名上原《ちゃなうへばる》　上《のぼ》て
蹴上《けや》げたる露《つよ》は
露《つよ》からど　香《かば》しや　有《あ》る
(謝名思いは／誰が生んだ子だろうか／こんなにも美しく／こんなにも見たいと思うことよ／たくさんのアヂたちが／待望した宝庫の口を／謝名思いが開けたんだ／謝名思いが／謝名上原の丘に登って／蹴上げた露は／露さえもかぐわしい)
おもろさうし十四巻九八二

薩摩治郎八　さつまじろはち　一九〇一—七六
(明治三四—昭和五一)

絹織物で巨万の富を得た近江商人薩摩治兵衛の孫として、東京駿河台に生まれた。晩年に随筆家となる。

一九一八年(大正七)オックスフォード大学に留学、二二年フランスに移り、「バロン・サツマ」と呼ばれてパリ社交界の花形となる。二八年(昭和三)伯爵令嬢山田千代子と結婚し多彩な人生を送った。二七年より二九年にかけてパリ大学国際都市に私財二億円を投じて、日本人留学生のための日本館を建設し、フランス政府よりレジョン・ドヌール勲章を授けられる。またラベル、ミロ、藤田嗣治、藤原義江、原智恵子ら芸術家たちを援助し、日仏文化交流に尽力した。一九二〇年代以降、在パリ日本人画家のパトロンとして、福島繁太郎と競い合ったが、やがて帰国。三九年再び渡仏し大戦中もパリから離れず、アンドレ・マルローら文化人の力となり続けた。五一年に無一文で帰国、浅草に居を構えて随筆家となった。浅草座の利子という踊子と結婚、五九年利子の郷里徳島を旅行中に倒れ、その後一七年間徳島で病臥の身となる。著書に自伝『せ・し・ぼん』(一九五五)、『巴里・女・戦争』(一九五四)、『ぶどう酒物語』(一九五八)があり、治郎八をモデルにした小説に獅子文六の『但馬太郎治伝』がある。

田辺　貞夫

薩摩守忠度　さつまのかみただのり➡平忠度

座頭市　ざとういち
子母澤寛の『ふところ手帖』に収録された原稿用紙にして二十数枚の掌編、『座頭市物語』に登場する主人公。いわゆる『天保水滸伝』を背景とし、下総飯岡の石渡助五郎の盲目の子分として登場。生まれも素姓も分からず、按摩をしながら関八州を廻っていたという。盲目でありながら、居合の達人で、周囲から一目も二目もおかれており、酒徳利を宙へ投げて真っ二つにするなど朝飯前。笹川繁蔵との一戦と、それに続く繁蔵の暗殺に嫌気がさし、女とともに飯岡から姿を消し、のちの消息は分からない。座頭市のイメージは、一九六二年(昭和三七)に製作された第一作『座頭市物語』から二六本続いた映画化作品によって定着したといってよく、白塗りの二枚目として芽の出なかった勝新太郎の役づくりと、逆手居合斬りの妙技、そしてメインの脚本家として活躍した犬塚稔のストーリーテリングの素晴らしさに尽きる。第一作『座頭市物語』では、原作にない座頭市が心の友である平手造酒《ひらてみき》を斬らなくてはならず、第二作『続・座頭市物語』では、市が盲目となる前に女をめぐって争った兄との対決を避けることができず、第三作『新・座頭市物語』では、悪人となってしまった剣の師匠を斬ることに……。大映によって映画化されたこのシリーズは、東映時代劇の衰退とは正反対のヒット作となり、第六作『座頭市血笑旅《けっしょうたび》』は、六四年の東京オリンピックの真っ最中に封切られたが、映画館は満員だったという伝説を残している。
縄田　一男

佐藤忠信　さとうただのぶ　一一六一—八六
(応保一—文治二)
鎌倉時代初めの武士。陸奥国の信夫荘(現、福島市)司佐藤元治の子。継信《つぎのぶ》の弟。源義経の郎等となり、兄の継信とともに西日本各地を転戦し、一一八五年(文治二)には兵衛尉に任命された。同年源義経とともに吉野に逃れたが、山僧横川《よかわ》覚範の来襲のさいには義経の身代りとなり、ひとりのこって奮戦し、主人の危機を救った。その後は京都に潜伏していたが、八六年九月糟屋有季に襲われ自殺した。

大石 直正

【伝承】『平治物語』(九条家本)によれば佐藤兄弟の母の尼公は、二人を義経に託す際、忠信を「実法の者」と評したという。その忠信が『義経記』等の説話の上で活躍するのはむしろ義経失脚後においてである。『平家物語』は義経の都落ち後の記事を欠くか、あるいは略述する程度である。ただ、八坂系の最後出本である八坂本では、「吉野軍」の章を設け、『義経記』ほど詳しくないが忠信が洛中で討死するまでの記事を有する。忠信説話は「八島語り」で知られた継信説話に比肩しうる、また主君の身代りとなる共通の筋を有する忠義譚として成長したものらしい。のち能『吉野静』『忠信』が作られ、近世に入り『義経千本桜』の複雑な趣向を生んだ。忠信説話の成長にかかわる担い手として、三つの語り手が推定されている。すなわち『一言芳談《いちごんほうだん》』(鎌倉末～南北朝ころ)により「合戦物語」が唱導説法に利用されたことが知られるが、その面から、鎌倉の勝長寿院の僧侶と洛東の禅林寺周辺にいた法然に連なる専修念仏の徒輩が考えられ、また、特に東北地方では兄弟の母の尼公や末裔を名のる人人によって佐藤一族の哀史が語られていったらしい。

西脇 哲夫

◉——佐藤忠信 上＝碁盤忠信。京都で追手に囲まれた忠信は碁盤を振りかざして奮戦する。長谷川光信画『鳥羽絵筆びやうし』。下＝狐忠信。歌舞伎『義経千本桜』四段目「道行初音の旅」では、静御前のもつ初音の鼓の皮になった親狐を慕って子狐が忠信に化け、静の供をする。「河連館」で静に怪しまれた狐忠信は正体を現し、空中に飛び上がる。一八四八年(嘉永一)江戸市村座で宙乗りを演じた四世市川小団次の芝居絵。歌川国芳画。

奥州の佐藤四郎兵衛忠信兄にて候ひし。三郎兵衛次信は八島にて御命にかはり参らせ候ひぬ。けふは忠信御命に替り参らせ候べしひとまど成共のびさせ給へと申けれ共判官争《いか》でかさる事の有べきとて重て自害せんとし給ひけるを忠信やう〳〵に取とゞめ奉りければ力及び給はず。(中略)其後忠信高き所に走あがり是は鎌倉の源二位殿の弟九郎大夫の判官義経ぞと名乗て矢把《やたばね》といておしくつろげ差詰引つめ散々に射ける矢に寄手おほく射ころさる。(中略)忠信又高き所に走あがり是は誠に判官殿と思ひ奉るかそれははやきのふより落給ひぬ。是は判官の御内に奥州の佐藤四郎兵衛忠信と云者なり。剛の者の自害するを見て手本にせよやとて鎧の上帯きつてのけ腹十文字にかきやぶる体にもてなしそばなる谷へとびおりてぞ落行ける。

八坂本**平家物語**巻十二「吉野軍」

あう暫、今は何をかつゝむべき、佐藤忠信是にあり、見参にいらんまてしばしと、名乗もあへず其儘に、〳〵、門をひらかせ一間所に走り入、〳〵、しづ〳〵と身がまへして、打物ぬいでさしかざし切て出れば、四方をかこめる兵共、皆一同に取籠て、一時が程こそ戦うたれ。(中略)実めづらかにみえたるは、〳〵、さも花やかなる女武者

謡曲愛寿忠信

贋忠信のサア白状。仰を請けた静が詮議。いはずば斯うしていはすると鼓押取りはた〳〵〳〵。女のかよわき腕先に打立てられてハアはつと。誤り入つたる忠信に鼓打付けサア白状。サア〳〵〳〵さあと詰寄せられ。一句一答詞なくたゞ平伏して居たりしが。漸々に頭を擡《もた》げ。初音の鼓手に取上げ。さも恭しく。押戴き〳〵。静の前に直し置き。しづ〳〵立つて。広庭へ下りる姿もしを〳〵と。みすぼらしげに。手をつかへ。今日が日まで隠しおほせ人に知られぬ身の上なれども。今日国より帰つたる誠の忠信に御不審かゝり。難儀となる故拠《よんどころ》なく。身の上を申上ぐる始りは。それなる初音の鼓。桓武天皇の御宇。内裏に雨乞ありし時。此大和国に。千年劫経る牝狐牡狐。二疋の狐を狩出し。其狐の生皮を以て拵へたる其鼓。雨の神をいさめの神楽。日に向うて是を打てば。鼓は元来波の音。狐は陰の獣故。水を起して降る雨に。民百姓は悦の声を初めて上げしより。初音の鼓と号け給ふ。

其鼓は私が親。私めは其鼓の子でござりますと。語るにぞつと怖気《こはげ》立ち。騒ぐ心を押鎮め。ム、そなたの親は此鼓。鼓の子ぢやといやるからは。扨は其方は狐ぢやの。

(ここには、忠信に化けた源九郎狐が登場する。そして四段目の切(通称「四の切《しのきり》」。歌舞伎では七幕目)河連法眼館《かわつらほうげんやかた》で、本物の忠信が現れる)

義経千本桜

○うち見れば忠信尻に尾がはへる(三七24)

『義経千本桜』の狐忠信。静御前の所有する初音の鼓に張られた狐の皮の子狐が、忠信に化身し、鼓をもらった礼に守護する。「うち見れば」は鼓を打つにかける。

○忠信は負腹たつたやうに見へ(三六41)

碁盤忠信の趣向は金平浄瑠璃以来、歌舞伎で市川家の荒事として継承された。碁盤をふり回して奮戦するさまが、碁に負けてやつ当りしているようだとのおかしみ。

真田十勇士 さなだじゅうゆうし

安土桃山時代の武将真田幸村につかえて、武勇をあらわしたという一〇人の勇士の総称。猿飛佐助、霧隠才蔵、三好清海入道、三好伊三《さい》入道、穴山小介、海野《うんの》六郎、筧《かけい》十蔵、根津甚八、望月六郎、由利鎌之助の一〇人だが、三好清海入道と伊三入道は兄弟とされている。このうち、由利鎌之助、三好清海入道、伊三入道、根津甚八などの名は、『真田三代記』や『大坂夏陣図』などにも見うけるが、「真田十勇士」としての武勇伝の数々は、すべて「立川文庫」による創作である。「立川文庫」は一九一一年(明治四四)から、二五年(大正一四)ころまでに刊行された二百数十巻にのぼる小型の講談本である。旅まわりの講釈師だった二代目玉田玉秀斎とその家族、中年の失業者などの集団による創作書き講談だが、第四〇編として一四年に刊行された『猿飛佐助』の爆発的人気が、「真田十勇士」の原型を生んだ。「立川文庫」の『真田十勇士』は、『真田三代記』に中国の奇書『西遊記』を重ねるという奔放な構想のもとに生まれている。『西遊記』の三蔵法師を真田幸村に、孫悟空を猿飛佐助、猪八戒を三好清海入道、沙悟浄を霧隠才蔵に見たてることによって、それまでの講談にないスケールの大きさと、奇想天外なおもしろさで読物としての楽しさを満喫させ階層をこえた多くの読者を獲得することとなった。とくに「かたわらの岩に手をかけると、千切っては投げ千切っては投げ……」といった「講釈師見てきたような嘘をつき」の川柳そのままの表現術が人気をよび、実際の講釈師の芸にまで影響を与えたことは注目に値する。「立川文庫」の人気は、二三年の関東大震災を機に急速に凋落するが、大正デモクラシーとよばれ

た時代の大衆文化を支えた手柄は忘れられない。その中心的存在ともいうべき「真田十勇士」が支持を受けた最大の理由は、大衆のスーパーマン願望にマッチした内容を有していたことであるが、「勇将の下に弱卒なし、一門郎党にも豪傑勇士又尠なからず」という設定が、「各々其の目的は異りと雖も、志は一なり、或は勤王と云ひ、忠君と云ひ、節義と云ひ、何れも武士道の亀鑑」といった思想を背景としていたことは否定できない。

→猿飛佐助　矢野　誠一

ハッと答へて佐助は、ヅカ〳〵と進みより、手早く縛つた縄を解き、蒲団を引き捲ると、ムツクと飛んで出た清海入道は、素裸体で向鉢巻赤褌と云ふ不体裁な風体だ、余りの可笑しさに、幸村始め五人の連中迄も、思はず知らず噴出して、(幸)「アハ、、、、(五)「ハ、、、、(佐)「ウハ、、、、……」と何れも腹を抱つて大笑い、清海入道は苦し紛れに、ヤレ嬉しやと飛び出して見れば、豈に図らんや主君幸村の目通りと言ひ、然も白昼の事であるから、今更ら逃げ出す事もならず糞度胸を据へ俄かの頓智、澄し返つて平伏なし(清)「ハツ、麗はしき御尊顔を拝して、不肖身に取り如何ばかりか恐悦の次第本日は清海入道の裸体踊を御覧に入れん為め、ワザ〳〵斯の通り……」と、暢気な奴もあつたもの、突つ立ち上つて両手を振り、可笑しな身振りで、スタコラサツサと主君の目通りとも憚らず、ドシン〳〵と踊り出す、(中略)霧隠才蔵は、ヤツと一声叫ぶと共に、飛鳥の如く、パツと松の梢に飛上り、樹から樹へ、枝から枝へ、宛も猿猴の如く其の素早い事譬ふるに物なき光景、一同はアツと驚き、異口同音に喝采する、何時の間にやら才蔵は、自分の席へ戻り、チンと座つて莞爾〳〵笑つて居る

立川文庫猿飛佐助

真田幸村　さなだゆきむら　一五六七―一六一五

(永禄一〇―元和一)

江戸初期の武将。死後に名声が高まった人物である。真田昌幸の次男で、名は信繁。信頼のおける史料では、幸村と称していない。兄は智将として知られた信之。一五八五年(天正一三)父の策で上杉景勝の人質となり、のち豊臣秀吉の幕下に加わり、その仲介で大谷吉継の娘を妻とした。一六〇〇年(慶長五)の関ヶ原の戦では父とともに西軍に加わり、中山道を西上する徳川秀忠を信濃上田城で阻止した。関ヶ原の戦後、東軍に属した兄信之の助命で、父とともに高野山麓の九度山に追放された。一一年に昌幸が九度山の真田屋敷で死去し、多くの家来も国元の信州上田に引き揚げ、幸村のもとには高梨内記・青柳清庵ら少数の家来のみが残ったという。その暮らしは国元の兄信之や一族縁者からの仕送りに支えられており、厳しいものであったと想像される。一四年の大坂冬の陣では豊臣秀頼に与力して大坂城に入った。長曾我部元親・毛利勝永とともに三人衆と呼ばれたが、発言権は弱かったという。籠城戦の冬の陣では、大坂城外堀の天王寺口に出城の「真田丸」を築き、寄せ手の徳川軍を悩ませたが、一五年に徳川家康の策により堀を埋められ、この年の夏の陣では二度までも家康の本陣に迫りながら、華々しい戦死を遂げている。なお、「真田十勇士」の物語は、「立川文庫」による創作である。

大坂の陣で戦死したはずの幸村が生きているという生存説は、早くからあった。戦死したのは幸村の影武者の穴山小助で、幸村は実際は生きているとか、大坂落城の際に密かに抜け出した秀頼に従って薩摩(鹿児島県)へ落ち延びたとかいうものである。「花のようなる秀頼さまを　鬼のようなる真田がつれて　のきものいたり鹿児島へ」。これは、大坂落城直後に関西ではやったわらべ唄だが、民衆の夢、判官びいきの表れであったといえよう。

→真田十勇士　田辺　貞夫

○幸村ハ生キる気でない紋どころ(九21)
○影武者を銭の数程出して見せ(筥四9)
○六文は敵六もんは御味方(三五5)
○半分ハのこす智略の十二文(四五33)

○かうやから六道せんをとりよせる（安七信5）
○九十ぬけても馬鹿でなひ軍師也（五二20）
　第一句、真田氏の紋所、六連銭に棺に入れる六道銭（六文）を通わせ、死闘の武将をたたえる。第二句、幸村の旗本、三浦新兵衛・林源治郎・山田舎人・木村助五郎・伊藤団右衛門・鵤《いかるが》幸右衛門の六人が、六連銭の旗差物を掲げ、影武者となって戦ったという伝説。第三・四句、真田信之・幸村兄弟は、徳川家康の東軍と石田三成の西軍に別れて戦った。「御味方」の「御」は幕政下ゆえ、建前上東軍を尊重。第五句、関ヶ原の戦で西軍敗北後、幸村は高野山麓の九度山にひそんだが、冬の陣で大坂入城、「取り寄せる」は招聘をいう。第六句、九六銭《くろくぜに》、すなわち九六文を緡《さし》に通し一〇〇文として通用させる商習慣で、江戸期には広く行われた（省百《せいひゃく》とも）。九〇文抜けば六文（真田紋）残る。「馬鹿」というのも銭を量る金属製の道具で、一〇〇文ちょうどが一度に勘定できるための名称。目串《めぐし》ともいう。「馬鹿」では一〇〇文になってしまう。

佐野源左衛門常世　さのげんざえもんつねよ
架空の人名。上野国佐野（現、群馬県高崎市）の住人という。謡曲『鉢木』の主人公として名高い。鎌倉幕府の執権北条時頼が出家して最明寺入道となり、旅僧に身をやつして諸国行脚の途中、上野佐野で大雪に遭い、貧家に一夜の宿を借りた。その家のあるじ佐野源左衛門常世はたいせつな鉢の木をいろりにくべて旅僧をもてなしたので、時頼は後日その忠義を賞して彼の領地を復活し、鉢の木に縁のある三ヵ庄を与えた。この話は最明寺入道時頼の回国伝説の一つであるが、上野佐野の時衆が語りひろめたものとみられている。佐野にはいま時衆寺院として涅槃《ねはん》寺と厳浄《ごんじょう》寺の二ヵ寺が存在しており、佐野は信濃善光寺と下野小山新善光寺を結ぶ時衆の遊行コースの上にある。このコースに沿って最明寺入道時頼の回国伝説も語りひろめられたのであろう。↧

金井　清光

北条時頼

（シテ）あら笑止や、夜の更くるについて次第に寒くなりて候、焚き火をしてあて申したくは候へども、恥づかしながらさやうの物もなく候、や、案じ出だして候、これなる鉢の木を切り、火に焚いてあて申し候ふべし。（ワキ）おん志しはさることにて候へども、それは思ひも寄らず候。（シテ）それがしもと世にありし時は、鉢の木に好きあまた持ちて候へども、かやうに散々の体と罷り成り、いやいや木好きも無用と存じ、皆人に参らせて候ふさりながら、いまだ三本持ちて候、あの雪持ちたる木にて候、これは梅桜松にて、それがしが秘蔵にて候へども、今夜のおもてなしに、この木を切り火に焚いてあて申さう。（ワキ）以前も申すごとく、おん志しは有難う候へども、自然またおこと世に出で給はん時のおん慰みにて候ふ間、なかなか思ひも寄らぬことにて候。（シテ）いや、とてもこの身は埋れ木の、花咲く世に逢はんことは、今この身にては逢ひ難し、（ツレ）ただ徒らなる鉢の木を、お僧のために焚くならば、（シテ）これぞまことに難行の、法の薪と思しめせ、（ツレ）しかもこの程雪降りて、（シテ）仙人に仕へし雪山の薪、（ツレ）かくこそあらめ、（シテ）われも身を捨て人のための鉢の木、切るとてもよしや惜しからじと、雪うち払ひて、見れば面白やいかにせん。まづ冬木より咲き初むる、窓の梅の北面は、雪封じて寒きにも、異木よりまづ先立てば、梅を切りや初むべき。見じといふ、人こそ憂けれ山里の、折りかけ垣の梅をだに、情なしと惜しみしに、今さら薪に、なすべしとかねて思ひきや。

謡曲鉢木

○とめないと所ばらひに常世なる（二〇22）
　「所払い」は追放令。
○源左衛門米やもこりてかさぬゆへ（明三智4）
　貧乏世帯で米の飯も供しえず、「折ふしこれに粟の飯の候」（『鉢木』）と、アワ飯を出す。江戸の貧民と同一視。
○やれ根太はよしやれ〳〵とさいめうじ（明四智7）
　夜ふけて寒さきびしく、梅、桜、松の鉢物

を火に焚いて薪の代りとした。作句者は、その前に「根太」(床下の横木)に手をかけようとして時頼にとめられただろうと想像。
○人なればとふに出て行さのゝ馬(十二15)
○あごで蝿追ふやうな馬常世持(十四30)
　問わず語りに常世は「かやうにおちぶれては候へども、御覧候へ是に武具一領長刀一えだ、又あれに馬をも一疋つないで持ちて候」と自慢し、すわ鎌倉という大事あれば「痩せたりともあの馬に乗り」(『鉢木』)一番にはせ参ずる、と覚悟を披瀝する。第二句、「顎で蝿追う」とは精力尽き果てたさまの形容語。
○佐野の馬戸塚の坂で二度たおれ(八12)
　東国武士が鎌倉入りすることになり、きらびやかにいでたった武士にまじり、常世も道を急ぐが「心ばかりは勇めども、勇みかねたる痩馬の、あら道おそや」という有様で、「戸塚」(神奈川県横浜市戸塚区)あたりで、ぶったおれたに違いない。
○さいめう寺雪国斗りゑつて遣り(明七仁2)
　最明寺時頼に再会した常世は「其返報に、加賀に梅田、越中に桜井、上野に松井田」(『鉢木』)の三箇の庄を鉢の木にちなんで与えられる。雪の日に宿を貸したせいか、雪深い土地ばかり。「源左衛門酒だとてうし貰ふ所コ」(二七11)という句もある。

佐野紹益　さのしょうえき　一六〇七―九一

(慶長一二―元禄四)

江戸初期の豪商。京都上層町衆の代表的人物。名は重孝、通称は三郎兵衛。紹益は号である。父は佐野紹由、一説に本阿弥光益とも。南北朝時代以来、藍染の触媒に用いる灰を扱う紺灰屋を家業とし、紺灰問屋を支配したことから、家号を灰屋という。ただし、すでに父紹由のころより業はやめ、家号だけが存していたともいわれる。和歌、俳諧を烏丸光広、松永貞徳に、蹴鞠《けまり》を飛鳥井雅章に、書を本阿弥光悦に、茶の湯を千道安に学ぶなど、あらゆる芸能に精通し、光悦を中心とする文化人グループに加わり、後水尾上皇をはじめ公卿、大名、武士、美術家、茶人、僧侶など、その交際範囲はきわめて広かった。彼は、前代の京都町衆のもっていた自由闊達、豪放磊落な性格と豊かな知性・教養とを受け継いだ町衆であった。一六三一年(寛永八)、六条柳町林与次兵衛抱えの遊女二代目吉野太夫を、人臣の位を極めた近衛信尋と争い、正妻にしたという逸話は有名である。著書に諸芸、交友関係、商業倫理にわたる随筆集『にぎはひ草』がある。
→吉野　　松田 修

佐野次郎左衛門　さのじろうざえもん　?―一七三一?

(享保一六?)

下野国佐野の豪農で、江戸吉原の大兵庫屋の遊女八ッ橋の不実を恨んで斬り殺し、その他大勢を殺傷して、いわゆる吉原百人斬をひきおこしたとして評判になった。『洞房語園』『近世江都著聞集』等に記される。これを歌舞伎化したものに、一七九七年(寛政九)江戸桐座上演の『青楼詞合鏡《さとことばあわせかがみ》』(初世並木五瓶作)、一八一一年(文化八)江戸中村座上演の『花菖蒲佐野八橋』(奈河篤助作)、一五年江戸河原崎座上演の『杜若艶色紫《かきつばたいろもえどぞめ》』(四世鶴屋南北作)等があるが、今日佐野次郎左衛門物として有名なのは、八五年東京千歳座上演の『籠釣瓶花街酔醒《かごつるべさとのえいざめ》』(三世河竹新七作)である。これは講談を題材にしたものであり、八幕のうち四幕までは、次郎左衛門が痘面《あばた》となった因果と、妖刀籠釣瓶(水も溜まらぬという意)が手に入る経路等で、現在は上演されない。五幕以下では、商用で江戸へ来た佐野次郎左衛門が、ふとしたことで吉原に足を踏み入れ、そこで見た兵庫屋八ッ橋の美しい道中姿にすっかり夢中になり、以来足しげく通う。金離れのよいところから、八ッ橋身請の下相談までできるが、情人栄之丞から手を切るよう迫られた八ッ橋は、満座の中で次郎左衛門に愛想づかしをする。次郎左衛門はいったん帰郷し、家財を整理し死を覚悟して江戸へ戻り、妖刀籠釣瓶で八ッ橋、栄之丞ら大勢を斬り殺す、というもの。初世市川左団次の当り役次郎左衛門は、松皮疱瘡の二目と見られぬ鬢で思いきって醜男に作り、手厳しい愛想づかしに、「花魁《おいらん》夫《それ》はちっと袖なかろうぜ」の悲痛なせりふを吐く実直で醜い田舎者に対して、見物の一層の同情が集まったという。

高橋　則子

次郎　花魁、夫はちつと袖なからうぜ。

夜毎に変る枕の数、浮き川竹の勤めの身では昨日に優る今日の花と、心変りがしたかは知らぬが、モウ表向き今夜にも、身受けの事を取り極めようと、昨夕も宿で寝もやらず、秋の夜長を待ち兼ねて、菊見がてらに廓の露、濡れて見たさに来て見れば、案に相違の愛想づかし、ソリヤもう田舎者の私故に、恨みとは思はねど、断られても為方がないが、ナゼ初手から云うては呉れぬ、江戸へ来る度吉原で、佐野の誰とか噂をされ、二階へ来れば朋輩の花魁達や禿に迄、呼ばれる程になつてから、指をくはへて引つ込まれようか、爰の道理を考へて察してくれてもよいではないか。

籠釣瓶花街酔醒

○二郎左衛門炭の仕切を遣ひこみ（明三松1）

「仕切」は「仕切金《しきりがね》」の略、決算の際の支払金をいう。

○やりてをばらしはぐつた次郎左衛門（拾五25）

即死者三八名、重軽傷九〇余名と伝えるが、「遣り手」がその内にあったという記録はみない。「ばらしはぐった」は殺し損なったの意。遣り手は江戸町人から憎まれ者であった。

狭穂彦・狭穂姫　さほびこさほびめ

記紀の垂仁朝の物語に登場する兄妹。『古事記』では沙本毘古・沙本毘売と記す。同書の開化天皇条では、開化天皇の皇子日子坐《ひこいます》王と沙本之大闇見戸売《さほのおおくらみとめ》のあいだの子とされる。王位簒奪を企てたサホビコは、一一代とされる垂仁天皇の妃となっていた妹サホビメに、謀反に荷担して天皇を殺すようそそのかす。兄と夫の板ばさみになったサホビメは、いったんは天皇を殺そうとするが果たせず、企ては露見する。天皇はサホビコ討伐の軍をおこし、サホビメは兄の方にはしる。そのときヒメはみごもっていた（『日本書紀』では、皇子を抱いて兄の方へはしった、とされる）。妃を愛する天皇が攻めあぐむうちに皇子が生まれる。サホビメはその子にホムツワケノミコ（誉津別命）と命名してから天皇方に手渡し、みずからは兄とともに自滅する。

兄と夫のいずれかを選ばねばならなくなったとき、古代の女性は当然のこととして兄を選んだ。当時、同母兄弟姉妹は特殊な紐帯で結ばれ、姉妹は兄弟を守護する霊能をもつと信じられていたからである。この紐帯を軸に、兄弟姉妹が政治権と宗教権を分掌し一族を支配する二重支配体制ができあがった。これをヒメ・ヒコ制とよぶ。しかしこれは血縁紐帯を基軸とする氏族制社会のものであり、律令国家形成の過程で終息させられねばならなかった。諸豪族の姉妹を天皇家に召し上げ、宗教権を中央に集中させるという政策がすすめられた。サホビメもそうした姉妹の一人である。記紀によれば、欠史時代八代に続く崇神・垂仁朝は、宗教権の集中がほぼ完了し、国家的神祇制度が確立した時代として語られている。この「歴史」を通じてサホビメ物語をよむと、サホビコは、かつての兄妹の蜜月時代を復活させようと企てたが失敗し、兄妹は結局過ぎ去ったヒメ・ヒコ制の時代に殉じたのだと解釈できる。大筋は同じとはいえ、兄妹に儒教道徳風な弁明をさせて話のつじつまをあわせている『日本書紀』にくらべると、『古事記』の物語のほうがはるかに感動的で、全巻の中でも特に文学的香気を放っている。

倉塚　曄子

此の天皇、沙本毘売を后と為たまひし時、沙本毘売命の兄《いろせ》、沙本毘古王、其の伊呂妹《いろも》に問ひて曰ひけらく、「夫《を》と兄と孰《いづ》れか愛《は》しき。」といへば、「兄ぞ愛しき。」と答曰へたまひき。爾に沙本毘古王謀りて曰ひけらく、「汝寔に我を愛しと思はば、吾と汝と天の下治らさむ。」といひて、即ち八塩折《やしほをり》の紐小刀を作りて、其の妹に授けて曰ひけらく、「此の小刀を以ちて、天皇の寝たまふを刺し殺せ。」といひき。故、天皇、其の謀を知らしめさずて、其の后の御膝を枕きて、御寝し坐しき。爾に其の后、紐小刀を以ちて、其の天皇の御頸を刺さむと為て、三度挙ょりたまひしかども、哀しき情に忍びずて、頸を刺すこと能はずして、泣く涙御面に落ち溢れき。

古事記中巻

猨田彦大神 さるたひこのおおかみ

記紀神話に登場する神の名。瓊瓊杵《ににぎ》命が葦原中国《あしはらのなかつくに》の統治者として天降《あまくだ》ろうとしたとき(天孫降臨神話)、天の八衢《やちまた》で一行を待ち伏せる異形の神がいた。一説には異様に長い鼻、丈高き背、赤く輝く目をもつ(『日本書紀』)という。シャーマン的能力をもつ天鈿女《あめのうずめ》命が問いただすと、名はサルタヒコで天孫を案内するため参上したことがあきらかになった。天孫降臨の後アメノウズメに送られてサルタヒコは伊勢に帰る。以上の功によりアメノウズメの裔《すえ》は猿女君《さるめのきみ》(猿女氏)とよばれることになったと伝える。後にサルタヒコが伊勢の海でヒラブ貝に手をはさまれて溺れかかった話がつけ加えられている。

サルタヒコの名義には諸説あるが、もともと猿女君に属する神なのでそう呼ばれたまでであろう。猿女、猿楽などの「猿」は「戯《さ》る」で、猿女とは宮廷神事の滑稽なわざを演ずる俳優《わざおぎ》を意味した。やがて芸能化していく狂態まじりの滑稽なわざは、元来呪的儀礼で演じられ、自然の活力を回復させる働きをしていた。サルタヒコの巨大な鼻も、豊饒儀礼につきものの男性のシンボルの説話的変形かもしれない。上記両神のかかわる話をみると、彼らは伊勢土豪の首長で兄妹関係にあり、一族を共治していたが、アメノウズメは服属のしるしとして召しあげられ、シャーマン的な能力をもって宮廷神事に仕えたものらしいことがわかる。サルタヒコが天孫を迎えに参上したのも服属のしるしであり、滑稽なしぐさをおもわせるヒラブ貝の話は、伊勢の海人族の服属儀礼の説話化であろう。 →天鈿女命

倉塚 曄子

◉――猨田彦大神 天鈿女命(左)と猨田彦。葛飾北斎『北斎漫画』。

是の時に、衢の神問ひて曰く、汝何の故にか為然耶《かくするや》。天鈿女命、反て問ひて曰く、天孫の所幸之路《いでますみち》に居ある者は誰也。衢の神対へて曰く、天孫応降《くだります》と聞く。故に迎へ奉りて相待つ。吾名は是、猨田彦大神なり。時に天鈿女命復《かへさひ》問ひて曰く、汝や先に行く応《べ》き、将《はた》吾や先に行く応き耶。対へて曰く、吾先に啓行《みちひらかむ》。天鈿女復問ひて曰く、汝は何の処にか到る応き、将《また》天孫は何の処にか到りまさむ耶。対へて曰く、天孫は当に筑紫の日向の高千穂の槵触《くしふる》の峰に到りますべし。吾は伊勢の狭長田《さなだ》の五十鈴の川上に到る応し。因て曰く、吾を発顕《あらはしつる》は汝也。吾を送りて致ります可し。

古語拾遺

猿田彦の事。神宮にては興玉の神。山王にてはさうい。あつたにてはけん大夫。道祖神とも云り。ちまたの神ともいへり。さいの神ともいへり。船にてふな玉ともいへり。又さき

玉ともいへり。蹴鞠のつぼにおいてはまりの明神とあらはる。清通卿にまみゆ緞は千日まりをけ給ふ。まりの三神金色の文字をひたいにあらはしまりいたゞきて出現す。其文字秘曲なれば書あらはしがたし。是も猿田彦の出現也。然間年始又しうきくのつぼにあらはれのまりなどは。さるの日のさるの時始行する事つねの儀なり。清通此三神を祝給。

兼邦百首哥抄

紙ニテ人形カタ二ツ調ヘ、男女姓名干支年ヲ書キ。二ツ向キ合シテ糸ニテ能能ククリ包ミ。上ニ左ノ通リ書キ。

伊弉諾尊

猿田彦明神

伊弉冊尊

愛染ノ真言ヲ唱ヘテ祈念シ。左ノ歌ヲヨミ。

世ノ中ハ三ツヨノ神ノヲカイニテヲモフ

アイダノ中トコソ

右人形守ヲ。思フサル方ヘ一夜枕ニセシムベシ。

修験秘行法符呪集三百十三「恋合呪」

○町内の仏とらへて猿田彦（初23）

○役不足云ふなと猿田彦にする（傍三16）

○あの顔で喧嘩こわがるさるた彦（明五礼6）

古川柳の猿田彦は祭礼の行列の先頭に立ち露払いする猿田彦に限られる。天狗鼻の赤塗面をかぶり、直垂、奴袴の姿で鉾を杖につき、のそのそと歩く、いわば気のきかぬ役割。第一句、「仏」はお人好しで、気の好い人物にこの役を押しつける。

猿飛佐助 さるとびさすけ

甲賀流忍術の名人とされる伝説上の人物。玉田玉秀斎による創作講談『忍術名人猿飛佐助』の主人公であるが、一九一一年に刊行された「立川文庫」により大衆のあいだに定着した。戸沢白雲斎に忍術をならい、真田幸村につかえ、いわゆる真田十勇士の一人として活躍するが、大坂夏の陣に討死したことになっている。猿飛という名は、『西遊記』の孫悟空にあやかったといわれる。

➡真田十勇士

矢野 誠一

之れが他の人間には見へないのだが、猿飛佐助の目には能く分る　（佐）「オヤツ、汝は何者だツ」叫ぶと共に突然飛び附かんとする、途端に件の男の姿は忽ち消へて無くなつた、佐助は驚くかと思いの外　（佐）「フヽム此奴は只者ではない、忍術の心得ありと覚へたり」と、云ふより早く、ヤツと一声銀杏の樹の茂みを望み、側にあつたる手裏剣拾い、発止とばかり投げつける、スルト案に違はず、一人の男が手裏剣片手に姿を現はし、パラリ楼上に飛び戻りながら　（男）「ヤア、思ひの外に手剛き若武士、汝も忍術の心得あるよな、何処の何者だツ……」佐助は呵々と嘲笑い　（佐）「ハア、、、我が名を聞きたくば汝の姓名を先づ名乗れ　見受ける処武士にして武士にあらず、大方此の山門に楯て籠り、不義の栄華を貪る盗賊の類ならん、何うだ我が睨んだ眼力に狂ひはあるまい」星を指したる一言に、件の男は悸といたし　（男）「イヤ、恐れ入つた、何を隠そう我こそは、豊臣家に恨みを抱く石川五右衛門と云へる者である」聞いた佐助は打ち驚き　（佐）「ナニ　偖ては兼て聞き及ふ、洛中洛外に専ら噂の高き、盗賊の張本石川五右衛門とは其方よな、シテ汝の忍術は誰に習つた　（石）「我が師匠と云ふは、伊賀名張の住人百々地三太夫と云ふ先生だ、シテ御身の姓名は……　（佐）「我は、信州上田城主真田家の臣猿飛佐助幸吉と云ふものだ乃公の師匠は戸沢山城守の実父白雲斎先生である、然し世に稀なる術を会得しながら、夫れを利用し

●猿飛佐助　鳥居峠で忍術の師戸沢白雲斎に別れを告げる佐助。立川文庫『猿飛佐助』口絵。

て泥棒を働くとは心得違い、師匠百々地三太夫殿が聞かれたら、定めし残念に思はれるであろう　(石)「アハヽヽヽ、一応は尤なれど、我れ主を撰んで仕官をいたせば二千石や三千石を取るは造作もないが夫では少々気に入らんのだ　(佐)「フム、何故気に入らん……　(石)「左れば乃公と遊び友達であつた猿面藤吉は、今時を得て天下を取ろうとして居る……イヤ取つて居るも同じ事だ、夫れを思へば、二千石や三千石を貰つて、真面目に奉公が出来るものか、依つて一番秀吉を向ふに回し、秀吉は勿論其の旗下大名を荒して見る積りで、斯く盗賊を働いて居る訳だ、今迄普通の家を悩した事は嘗てない、大抵大名ばかりを相手として居る

立川文庫猿飛佐助

猿丸大夫　さるまるだゆう

奈良朝後期か平安朝初期に生存したといわれる人物で、三十六歌仙の一人。『古今集』真名序にその名が見える。『猿丸大夫集』もあるが、これは古歌を集めたもので、猿丸大夫その人の作とはいえない。歌人としてよりも、広く伝説化して知られ、下野国二荒《ふたら》山信仰にもとづいた猿丸大夫の話は有名である。林道春の『二荒山神伝』によると、昔、有宇中将という殿上人が勅勘をこうむり、奥州小野郷の朝日長者の客となり、長者の娘を妻として子をもうけ、その名を馬王と呼ぶ。馬王成長して侍女に一子を生ませた。容貌いたって見苦しく、猿に似ているがゆえに猿麻呂と名づけ、奥州小野に住むによって小野猿麻呂といった。有宇中将とその妻は死して二荒山の神となり、それぞれ男体権現、女体権現となった。この山中にある湖をめぐって赤城の神と争いになり、二荒の神は大蛇の姿で、赤城の神は蜈蚣《むかで》の形を現して戦った。二荒の神は敗色濃く、鹿島の神の言を入れて、弓の名手で力の強い猿麻呂の助けを仰ぐ。猿麻呂は大蜈蚣を追って利根川の岸に至り引き返した。血が流れて水が赤くなったので赤沼、山を赤木山、麓の温泉を赤比曾湯と呼び、敵を討った場所であるため宇都宮という名ができたという。小野猿麻呂はのちに宇都宮大明神と崇められたという。この種の伝承は、猿丸を奉じた神職集団が、みずからの出自を誇示し伝播するところに生まれたものであろう。大夫という称号は古くから神に仕える人に多く用いられており、猿丸の伝承を持ち運んだ神職集団が猿丸大夫であったといえる。なおこのほかに、猿丸屋敷といわれるものが散在しており、また猿丸大夫の末孫なりと称して諸国に塩や土器を売り歩いたものなどもあって、その伝承の広がりは多岐にわたっている。

岩崎　武夫

漸天も明しかば、猿丸大夫、ふし柴の茂みが中にやぐらをあげて、御敵いまや〳〵と待かけたり。さるほどに空かき曇り、山風しきりに草木をなびかし、海上に白浪立わたりぬ。猿丸おもひまふけたることなれば、弓の絃くゐしめし、そゞろ引て待居たり。こゝにかたきかとおぼしき者、海のおもてにうかび出たり。両眼はかゞみをならべたるがごとし。そのかずおほきあしは、百千の火をともしたるにことならず。権現は大蛇の躰にてぞおはしける。かたきみかたのどよむこゑ、山岳をひびかしけり。雲の上海のそこなる神とゞろき、いなづまひらめきて、まことに耳目をおどろかせり。かたきは百足たり、かゞやくはまなこなりと見さだめしかば、吉引しばしかためて、三人張に十五束の中ざし取て打つがい、兵とはなつ。かぶらは海上にひらめきわたり、百足の左の眼に篦ぶかに立にけり。大事の手なれば、かなはで引退けり。

日光山縁起

小雄鹿の。妻恋かねてかへろと。鳴はしほらしやかへろと。鳴もしほらしや。かへろかへろの声につれかへり来れる招魂の。たなびき渡つて胸中に入よと計り。机片敷手枕に眠の。夢は覚にけり。忙然と猿丸太夫。「ム、、扨は夢にて有けるか。人間ならぬ鹿の毛足にあやなす身の因果。秋鹿の妻恋かねて鳴声迄。我を友と呼つるか」と思ひ迷ふ死所のつれづれ。「奥山に。紅葉ふみ分鳴鹿の」と。上の句はうかみたれ共下の句にあんじ入。眠の中にいにしへの我悪行の有様まさ〳〵と見

し夢を。鹿の鳴音に覚されたれば下の句は。「声聞時ぞ秋は悲しき」。ハア、。我ながら天晴名歌連続せり。「おく山に。紅葉ふみ分鳴鹿の。声聞時ぞ。秋はかなしき」と。吟かへしよみかへし給ひける。当山薬師の吉瑞をしらしめ給ふ正夢にや。藤原の百川七十近き老の坂。上り上りて庵に立入見れば互に俤の。かはる姿の猿丸太夫「御罪も御免有。御帰洛の御迎ひに参上す」といふ所へ。白髪に装束改め吉備の大臣。「百官百司追〱につどひ入めでたし〱。御迎ひに大臣も是迄参りたり。はや御帰洛」といさみ立紅葉ふみ分なく鹿の。筆に残りし御血筋。一首の詠歌の徳によつて。御足の鹿の毛も御身の咎もきへうせて。猿丸太夫は日光山ン。別当職の是始め。世々に伝へて敷島の。歌にやはらぐ秋津国。五こく豊に民安全治る。国こそひさしけれ

浄瑠璃**猿丸太夫鹿巻毫**

○山ざるのかむり女帝の御もの好キ(安三仁4)

猿丸大夫を弓削道鏡の化身とする俗伝(『宗祇百人一首古註』)による。中国の故事で項羽をあざけって「楚人は沐猴にして冠するのみ」(『史記』項羽本紀)、以来「猿に烏帽子」といえばふつりあいの言動をいう。「女帝」は孝謙女帝。

○百のうち小町猿丸名代もの(藐32)

百人一首のうち、小町は穴なしで、猿丸は巨根で著名だとしている。

沢村栄治 さわむらえいじ 一九一七—四四

(大正六—昭和一九)

プロ野球選手。日本プロ野球草創期に名投手として活躍した。三重県に生まれ、京都商業では甲子園にも出場、速球投手として鳴らした。一九三四年(昭和九)秋、アメリカ大リーグ選抜チームが来日した際、全日本選抜チームの投手として、静岡草薙球場のマウンドを踏み一対〇で惜敗したものの、ベーブ・ルースやゲーリックを相手に好投し、一躍、その名を轟かす。のち、プロ野球創立にあたり、巨人軍に入団、エースとして大活躍、日本プロ野球史上初のノーヒット・ノーランも記録した。第二次世界大戦への召集を受け、四四年台湾沖で戦死。

沢村を伝説の投手ならしめたのは、当時、日米野球の目玉ともいうべきルースを相手に好投したことである。この試合は一〇戦目であったが、一八戦までに及んだ他の試合のほとんどは、日本の大差での敗北であっただけに、強打の全米チームを一点に抑えた沢村の好投は光った。若くして戦死したことも、悲劇のヒーローへの哀惜の念が加わって、よりいっそう、伝説性を濃くしている。福岡の実業団チームのある捕手が、沢村の浮き上がる速球を捕球できなかったといわれる。テレビで球速表示の出るような時代ではなかっただけにこのような伝説で表現された。沢村の背番号14は巨人軍の永久欠番となっており、またセ・パ両リーグの各年度の最優秀投手には「沢村賞」(一九四七年制定)が授与される。

菊池　道人

◉——**沢村栄治**　日本プロ野球五〇年記念切手に登場した沢村。一九八四年一一月。毎日新聞社。

早良親王 さわらしんのう→崇道天皇(すどうてんのう)

三勝・半七 さんかつはんしち

江戸期の情話の主人公。一六九五年(元禄八)一二月七日、大坂千日の墓所の南側、さいたら畑で、大和国五条新町の赤根屋半七と島の内の垢摺女(下級娼婦)美濃屋三勝が心中した事件にもとづく。同年冬、大坂岩井半四郎座の歌

舞伎『茜《あかね》の色揚《いろあげ》』に扱われたのをはじめ、都音頭や歌祭文にうたわれ、脚本の『半七三かつ心中』『三勝半七・浮名の雨』、人形浄瑠璃『女舞剣紅楓《おんなまいつるぎのもみじ》』など、多くの戯曲に脚色されて一般に普及した。有名なのは竹本三郎兵衛・豊竹応律・八民平七合作の浄瑠璃『艶容女舞衣《はですがたおんなまいぎぬ》』(一七七二年〈安永二〉一二月、大坂豊竹座)で、半七を大坂上塩町の酒屋茜屋の息子、三勝を女舞の芸人として、半七の妻お園の貞節を描いた「酒屋」の段で知られる。　松井 俊諭

〽あとには園が憂き思い、かゝれとてしも烏羽玉《うばたま》の、世のあじきなさ身一つに、結ぼれ解けぬ片糸の、繰り返したり独り言。

お園　今頃は半七さん。

〽どこにどうしてござろうぞ。いまさら返らぬ事ながら、わたしという者ないならば、舅御さまもお通にめんじ、子までなしたる三勝どのを、疾くにも呼び入れさしゃんしたら、半七さんの身持ちも直り、御勘当もあるまいに、思えば〳〵この園が、去年の秋の煩いに、いっそ死んで仕舞うたら、こうした難儀は出来まいもの。お気に入らぬと知りながら、未練なわたしが輪廻ゆえ、添臥《そいぶし》は叶わずとも、お傍に居たいと辛抱して、
これまで居たのがお身の仇。

〽今の思いにくらぶれば、一年前にこの園が、死ぬる心がエ、つかなんだ。

こらえてたべ半七さん。

〽わしゃこのように思うていると、恨みつらみも露ほども、夫を思う真実心、猶いやまさる憂き思い。

嫌われても夫の内。

〽この家で死ねば後の世の、もしや契りの綱にもと、最期を急ぐ心根は、余所《よそ》の見る目もいじらしし
(お園の父が半七の父を訪ね、彼らが奥へ入ったあと一人物思いにふけるお園のクドキ)

艶容女舞衣酒屋の段

○一日も添はず千日でらでしに(一三13)
「一日」に対し「千日」と応じた狂句調の句。
○何所にどふして居さんすやら五両判(嘉三陀5)
「五両判」は一八三七年(天保八)から七年間通用した天保五両判で、金貨として良質だった。後年の嘉永期(一八四八—五四)にも庶民には羨望の的としてしのばれた。「どこにどうして」はお園のクドキからの文句取り。

山荘太夫　さんしょうたゆう
説経節『山荘太夫』に登場する人物。丹後由良の悪徳長者をモデルにしたといわれている。「さんじょ」は、中近世では、算所、散所、産所、三荘、山荘などの字が当てられ、特別な性格をもつ地域であった。この語り物は、その「さんじょ」に住む遊芸の徒、説経師によって語られたもので、さんじょの太夫が語り歩いたものが、いつのまにか物語の人物名になったという説もある。山荘太夫には、土地の豪族や名主《みょうしゅ》のイメージが強く、安寿や厨子王を譜代下人(奴隷)として酷使し、体罰を加えて姉の安寿を死に至らしめるという残忍な一面がある。無慈悲で人間的な感情をまったくもたないところが太夫の特徴である。後に

◉——**山荘太夫**　息子の三郎に、安寿と厨子王に焼印をつけるよう指示する太夫。『さんせう太夫』。天理図書館蔵。

奴隷の身分を脱した厨子王によって、太夫は国分寺の広庭に肩から下を埋められ、竹鋸でその首を引き断られるという報復を受ける。太夫のような奴隷支配者に対する、下人たちの激しい怒りや憎しみが、厨子王に仮託されて、こうした処刑の場を作り出したのであろう。

▼安寿・厨子王

岩崎　武夫

厨子王殿は聞こしめし、「さても、器用に、好みたる、三郎かな。太夫が、小国を好むとも、おさえて、大国を取らすべきに、幸い、太夫には、広き、黄泉《よみ》の国を取らせよ」との、御諚なり。「承る」と申して、太夫を取って、引っ立て、国分寺の、広庭に、五尺に、穴を掘りて、肩より、下を掘り埋み、竹鋸を、こしらえて、「構えて、他人に引かするな。子どもに引かせ、憂き目を見せよ」との、御諚なり。「承る」と申して、肩より下を、掘り埋み、まず、兄の太郎に、鋸が渡る。「太郎には、思う子細があるほどに、鋸許せ」との、御諚なり。

説経節山荘太夫

さんそう大夫ども知らないで傭はれで見れば、五日《いづが》ぁ三日は蝶や花やであれども、十日ねもなれば、このあんじゆが姫《しめ》、粟搗《っ》げ米搗げと責められる。どうしてわが身体で粟も米も搗ぐ事《ごと》出来ないし、出来ないとすれば、蒲を焚いで逆さねつるして、火あぶりに責められる。仕方《しかだ》ない。さんそう大夫だて、こんな無理なものだべが、と、今度どうなるべと思てれば、てんじゆ小豆の三升も撒いで、時間《ずかん》をつけで、ふして終《しま》れど責められる。十の指がら、血《しゅう》を流れるだけ急いで見でも、時間に合はないば、逆さねつるして、又火あぶりも切ないし、蒲は嫌ひつぁこの事だや。てんじゆ小豆は嫌ひだつぁこの事だや。人間達《だち》や。つけないで呉れろづのぁこの事だや。人間達や。

お岩木様一代記

是なう此花といふ薫物は、難波の親王より伝はりし、梅津大納言春久卿、相伝の御薫物、此子細をよつく知る某が古は、梅津殿の雑掌、鈴村兵庫といつし公卿侍、なう聞いておくりやれ、若い時の後先知らず、悪性所へ片足踏込み、引くに引かれぬ情の深間、高なしの大騒ぎ、遊の小尻がぎつちと詰り、有らうことか有るまいことか、大納言殿のお袖判を盗んで、能はぬ金を遣ひ捨てた、身の咎の露顕に及び、此首の落つる所、さすが長袖の了簡、命を助け此所へ流者、流人となりしは二昔以前、今こそ顔に汁気が無けれ、其時は水々田舎に見慣れぬ御所男と、死んだお婆に思ひ込まれ、此長者屋敷へ入聟、仕合を引起したも、悪性狂の一徳と心得、首の飛ぶ場を打忘れ、悪いことを善いことゝ、縁に連添ふ女房に、仕込まれたる慳貪邪見、五十年来名うてに打てし三荘大夫が目の醒め口、今此文を思はず見て、七十一まで生延びし梅津殿の御情、命の恩を今ぞ知る。元より某岩城殿が何殿やら、其姫に好《よしみ》はないが、梅津殿と妹脊の契、御縁ある御方なれば、古主へ対して見捨てられず、心遣は影ながら、梅津殿への御奉公、大欲無道の聟共が、目を暗ました焼印、顔の分《わかち》は誰とも知れまい

（説経節で非情の支配者として描かれた山荘太夫は、この浄瑠璃に至って有情の人物となっている。逃亡を防ぐための焼金は、安寿でなく、自分の娘に当てられる）

山荘太夫五人嬢三段目

三人吉三　さんにんきちさ

一八六〇年（万延一）正月、江戸市村座初演の歌舞伎『三人吉三廓初買』に登場する三人の盗賊の名。『読売新聞』本の台帳（一八八八年二月二六日～五月一七日連載）によれば、「お坊吉三」は安森源次郎（頼朝から預かる短刀庚申丸を盗まれ、切腹）の長男吉三郎、浪人。妹のお安は家の断絶後、遊女一重《ひとえ》となる。「和尚吉三」は土左衛門伝吉の長男で巾着《きんちゃく》切り、実は吉祥院の所化、弁長。和尚吉三には、双子とは知らずに契る妹おとせ、弟の木屋の手代十三郎、実は伝松がいる。「お嬢吉三」は八百屋久兵衛の息子だが、「名さへお七と付けまして女姿で育て」られた旅役者である。十三郎が短刀庚申丸を売った金一〇〇両を落とし、刀と金が転々と人の手を渡る。三人の吉三もこれにかかわって出会い、義兄弟となる。追われた三人は、火

◉——三人吉三　『三人吉三廓初買』初演時の錦絵。三人の吉三が出会う「大川端の場」で、百両をめぐってお嬢吉三(左)とお坊吉三(右)が争うのを和尚吉三(中)がとめる。三世歌川豊国画。

の見やぐらの下で三つどもえとなって刺し違える。この歌舞伎は「八百屋お七」の世界を発展させたもの。三人の吉三は、「お七吉三」の人物像を換骨奪胎し、三人に分離、新たに合成した人物である。この人物設定は、一八二一年(文政四)の四世鶴屋南北作『敵討櫓太鼓』に見られる「お七吉三」像の変容をさらに推し進めたものともいう(今尾哲也)。庚申《かのえさる》の宵に懐妊した子は盗癖があるという俗説や、庚申の三猿に想を得た人物設定であろう。

法月 敏彦

お嬢　月も朧に白魚の、篝《かがり》もかすむ春の空。冷たい風もほろ酔ひに、心持ちよくうかうかと、浮かれ烏のただ一羽。塒《ねぐら》へ帰る川端で、棹の滴か濡れ手で泡。思ひ掛けなく手に入る百両。

（中略）

お坊　こりやア己が悪かつた。人の名を聞くその時は、マアこつちから名乗るが礼儀。ここが綽名のお坊さん。忘れもしねへ四年跡、小猿の七に仕込まれて、小ゆすりかたりぶつたくり。それも兄きや親父の声色。押しの利かねへ悪党も、一年増しに功を積み、お坊吉三と肩書きの、武家お構ひのごろつきだ。

（中略）

お嬢　問はれて名乗るもをこがましいが、親の老舗《しにせ》と勧められ、去年の春から坊主だの、ヤレ悪婆のと姿を変へ、憎まれ役もしてみたけれど、利かぬ辛子と悪党の、凄みのないのは馬鹿げたものさ。そこで今度は新しく、八百屋お七と名を取つて、振り袖姿でかせぐゆゑ、お嬢吉三と名に呼ばれ、世間の狭い食ひ詰め者さ。

（中略）

和尚　さう言はれると面目ない。名高いどころか、ほんのぴい〳〵。根が吉祥院の味噌すりで、弁長といった小坊主さ。賽銭箱からだん〳〵と、祠堂金まで盗み出し、たうとう寺をだりむくり、鼠白子もお仕置きの、浅黄と変はり二、三度は、もつさう飯も食つて来たが、非道な悪事をしねへゆゑ、お上のお慈悲で命が助かり、かうしてゐるがなにより楽しみ。盗みの科で取らるるなら、仕方もねへが己がでに、命を捨てるは悪い了見。子細は後で聞かうから、ふしやうであらうがこの白刃、己に預けて引いて下せへ。

三人吉三廓初買大川端の場

三遊亭円朝　さんゆうていえんちょう　一八三九—一九〇〇(天保一〇—明治三三)

幕末・明治の落語家。本名出淵《いづぶち》次郎吉。父は落語家橘家円太郎。七歳で小円太を名のり初高座。一時、画工を志し歌川国芳に浮世絵を学ぶものの、再び落語家に戻り、二〇歳で三遊亭円朝となる。画技を生かした道具入り正本芝居咄で人気を博したが、師匠二代目三遊亭円生より受けたいじめを契機に『累《かさね》ヶ淵後日の怪談』をつくり、のちに改め素咄『真景累ヶ淵』とした。一八八四年(明治一七)、速記本の魁『怪談牡丹灯籠』を刊行、言文一致体小説に影響を与え、翌八五年出版の『塩原多助一代記』の主人公多助(実在の人物名は太助)は修身の教科書にも掲載された。この両作はもとより円朝の作品は劇化されやすく、今日も上演されている。山岡鉄舟らに参禅、ついに悟りを開き、無舌の居士号を得た。　延広　真治

　茲に円朝の父円太郎は、円朝が師円生の為に其噺をなすを得ず再三困りたる由を聞き、斯の如き事にては円朝は嘸《さぞ》かし難儀なるべければ、是よりは我中入前をつとめ、円朝に充分の噺をなさしめんと、さすがに子を思ふ親心、夫より円朝が出席毎には円太郎も同席して中入前をつとむるにぞ、円朝も噺の都合よく、且其噺とて先の如く取次ぎし噺にあらずして皆新作なるをもて聴客《ききて》も大に満足し、円朝が鳴物噺といへば、湯屋、髪結床の噂高く、席亭も為に仕合せしけり。然るに円生は、円太郎が円朝を助けて中入前を打つ事となりしより、之をいたく憤りしものか、其気色の悪しければ、円朝は殿の不興を蒙りし如く、自然足遠くなりたる折柄、曩《さき》に円朝が未だ二つ目を打ち居りし頃の弟子なる小勇といへる者、至つて放蕩者にして、弟子とはいへ円朝と共に出席せし事少く、初めこそ円朝の家に居りたれ、後には円朝の家へ来る事も稀なりしが、此者何時しか円生の家へと入込み、円生に向つて頻に媚を呈しつゝ、諂諛《へつらい》を専らにせし程に、円生は又なき者と之を思ひ、遂に我弟子となし、頓て円太とぞ名乗らしける。此円太といへる芸名《な》は、元祖古今亭新生《しんしよう》が初名にして、三遊の門派にては愛《めで》たき芸名なれば、誇り顔にて円朝には是見よがしの振舞をなしゝ末、円朝を仰向けんとの意気組にて円生をば中入前に頼みつゝ、こも又鳴物噺を始め、道具を飾て真を打ちける。

三遊亭円朝の履歴

し

塩原多助　しおばらたすけ

三遊亭円朝作の人情噺『塩原多助一代記』(一八八五年速記講談本刊)の主人公の名。円朝が友人の絵師から聞いた実話、江戸本所の炭屋塩原太助の成功談をもとに作り、高座にかけたもの。筋の前半は多助の育ちをめぐる受難物語で、武士の子多助が農民の養子となり、養母と妻のいやがらせと姦通にあって家を捨て郷里をひとり出奔するまで、後半は彼が江戸で炭屋の奉公人から身を起こし、正直と孝行と商法によって大商人となる立志成功談からなる。中世以来の民衆的な生活救済幻想の型である「貴種流離譚《きしゆりゆうりたん》」を踏まえて、近世封建社会の底辺にあえぐ民衆像に近代社会の「開かれた社会」という幻想を連結させた構成をなす。近代化に伴う農本的な家族の崩壊と都市貧民化の現実を、岩崎、古河、浅野など明治の政商「新貴族」像とを結びつけ、近代社会の救済幻想を民衆レベルで表現したものとなった。また円朝の文体「語り口調」は、生活民多助の話し言葉がもつ素朴な時間性をまるごと切りとり、物語の筋に並べ入れるという方法で、生活民の自然な生活意識がそのまま

で近代社会の生成の原動力となるかのような表現を作り出した。近代日本の民衆が新たな教育制度に取りこまれる以前のわずかな時期に、それまで民衆のわびしい娯楽場にすぎなかった寄席に新時代の「開かれた社会」という理念表現を担わせることで、社会的な成功を得た。また一八九二年に東京歌舞伎座で原作に忠実な脚色と五世尾上菊五郎の主演で劇化されて以来、各種演芸に取りあげられる一方で、同年『尋常小学校修身』(八尾書店)に、おりから教育勅語発布の時勢に乗って、「恭倹己ヲ持シ」という徳目の例話として取りあげられるまでになった。その後、諸演芸に伝えられる家族崩壊、郷里出奔の悲哀表現と教科書に取り出された公的倫理とに両極分解しながら、多助像は続いていった。

青木 正次

●——**塩原多助**　一九〇〇年、「国民ノ模範タルベキ人物ヲ挙ゲ、興味アル具体的事例ニヨリテ、道徳的感情及道徳的意志ヲ修養センコトヲ期セリ」として、尋常小学校修身科の教科書に取り上げられた塩原多助。

第二十三課

しほばら多助《タスケ》は、すみやに、ほーこーして、ゐましたとき、きをつけて、あつめておきました、ふるぞーりを、主人のいりよーのときに、たくさん、だしてあげました。

やがて多助は其の松の根方《ねがた》へ馬を繋ぎ、叺《かます》を卸して秣《まぐさ》を宛がつてどつさり喰はせ、二虫の食はないやうに糸経《いとだて》を懸けまして、二分と一貫の銭を持つて居りますゆゑ、大概のものなら駈落をするのだから路銀に持つて行きますが、多助は正直者ゆゑ其の銭を馬の荷鞍《にぐら》へ結び付けまして、自分は懐にあるほまちの六百の銭を持つて行きにかゝりましたが、日頃自分の引馴れてゐる馬に名残を惜み、馬の前面を二度ばかり撫でて、多「これ青よ、汝とは長い馴染《なじみ》であつたなア、汝は大原村の九兵衛どんが南部の盛岡の市から買つて来たのを、己《おら》の父様《とつさま》に買はれて来たんで、其時己も八歳であつたが、塩原の家へ養子に来る所で、汝も己も一緒に来るんで、己は汝が背中へ乗つて此の沼田へ来て長い馴染、己が十二の時から引なれて、斯うやつて長い間一つ所に居れば畜生でも兄弟も同じ事、汝ア達者な馬で、今まで内爛《ねえら》一つ起して嚔《くさめ》一つした事のねえ馬だ、それに十六貫目の四斗俵を二俵附けるなら当前《あたりまえ》だが、ハア三俵となると汝え疲れべいと思つて、山坂を越える時は己が一俵担《かつ》いでやるやうにするから、身体《からだ》も今まで頑丈であつて、足い血溜り一つ出来た事はねえ、それに父様が丹誠して、年に三度づつ金焼きに遣つて置いたから、足も丈夫だ、己が草を刈つて来て喰はせる時も毒な草が入つて居ちやアいけねえからと思つて、茅草ばかり拾つて喰はせるやうにしたから、汝も大い坂を越るにも艱《つれ》え顔を一つした事はねえで、家へ対して能く勤めたから、段々年を取るから楽をさせてやるべえと思つてゐたが、己アどうあつても彼の家には居られねえ、汝知つてる通り家の母様《かゝさま》と嚊《かゝ》アが了簡違えな奴で、己を殺すべえとするだ、汝え知つてべえ、此間《こねえだ》も庚申塚で己を殺すべえと思つて、間違えて円次郎を殺した時は、汝も駆出したくらゐだから、己が居べえと思つても殺されるから何うも居られねえわい、己はこれから江戸へ往つて、奉公をして金を貯めて帰つて来るから、汝えそれまで達者で居てくんろよ、ヤア、己が出れば定めて五八も追ん出されべえが、五八が出れば誰も汝に構ふ者がねえから、汝にろくな食ひ物もあてがふめえ、汝え可哀さうでなんねえから己も出めいと思ふが、己が家に居れば殺されてしまふによつて出て往くんだから、何卒《どうぞ》汝は辛え所も辛抱して居て、己が江戸で金を貯めて帰つて来るまで丈夫でゐてくんろよ、ヤア、ヤア、青、青。と誠に我が兄弟か奉公人に物をいふ如くに言ひ聞かせながら、馬の前面を撫で摩りまして、多助は堪り兼て袖を絞つて、おい〳〵泣きますと、多助の実意が馬に感じましたか、馬も名残を惜む様子で、首を垂れてさも悲しげに泣出しまして、其の涙が雨の如くはらはら〳〵と砂原へ落ちまするのを見て、多助は猶更悲しく、多「おゝ青、汝泣いて呉れるか、有がてえ、畜生でさへも恩誼を知り名残を惜むで泣いてくれるに、それに引換へ女房おえいは禽獣にも劣つた奴、現在亭主の己を殺すべえとする人非人め、これ青、己が出れば原の父子が家へ乗込むで来るに違えねえ、さうすれば塩原の家は潰れるに違えねえから、汝辛かんべえが何卒己の帰るまで家に辛抱して居て呉んろよ、よう、よう。といひながら行きにかゝりますと、馬が多助の穿《は》いてゐる草鞋《わらぢ》の切れ目を踏み、多助の袖を嚙へて遣るまいとするから、あアまだ留めるか、己も別れたくはねえが、居たくつても居られねえから其処を離して呉んろよ、よう、よう。

塩原多助一代記

重の井 しげのい

人形浄瑠璃・歌舞伎脚本の役名。ふつう『恋女房染分手綱《こいにょうぼうそめわけたづな》』の中で丹波由留木家の乳人役として登場、かつての恋人伊達与作との間に生まれた馬子三吉と対面しながら、母子の名のりをせずに別れる「重の井子別れ」の場で知られる。由留木家の能役者定之進の娘で、娘の密通の罪を身に引き受け「道成寺」の鐘入りを殿に伝授したのち切腹した定之進の親心により、息女調《しらべ》姫の乳母になるという運びである。流行歌にうたわれた丹波の与作と関の小万の情話を脚色した近松門左衛門の浄瑠璃『丹波与作待夜小室節《まつよのこむろぶし》』（一七〇七年（宝永四）秋大坂竹本座）では滋野井と書き、与作の恋人で腰元から由留木家の姫の乳母になる。これを書き替えたのが吉田冠子・三好松洛合作の前記『恋女房染分手綱』（一七五一年（宝暦一）二月竹本座）で、「重の井子別れ」の段が人気を呼び、本筋の与作・小まんの情話よりも有名になった。

松井 俊諭

三吉　由留木殿の御内、お乳の人重の井とはお前かえ。

重の　オイのう。

三吉　そんならおれが母さんじゃ。

〽と抱きつけば、

重の　エヽ、この子とした事が、優しく言えばつけあがり、わしをとらえて母とは何事。そなたのような馬方の子は持たぬ。こゝな慮外者め。

〽もぎ放せば武者ぶりつき、引き退くればすがりつき、

三吉　なんのねえ事を言うものか。おれが父さんはこの御家中で、伊達の与作といって、おらアおめえの腹から出た与之助じゃわいのう。

〽聞いてびっくり重の井は、さては別れし我が子かと、飛び立つばかりに思えども、奥を憚りむせび泣く。三吉なんの気もつかず、

父さんが殿様のお気にたごうて、国を出さっしゃったのは小さい時で覚えていねえが、沓掛の乳母が話には、おらが本当のお母さんは由留木殿のお内で、お乳の人という役をしてござると、

〽懇ろに教えられ、

乳母はおれが七つの年に、久しゅう痰をわずろうて死んでしまい、

〽在所の衆に養いうけ、よう〳〵馬を追い習い、

今は近江の石部の馬借で、自然薯《じねんじょ》の三吉。コレ、守袋を見やしゃんせ。なんの嘘を申しましょう。お前の子に違いない。

〽守袋を取り出し、

ほかに望みはなんにもない。父さんを尋ね出し、一日なりとも親子三人一緒にいて下され。コレ、見ん事沓も打ちまする。この草鞋もおらが作ったのじゃ。

〽昼は馬追い夜は沓打ち草鞋作り、父さん母さん養いましょう。どうぞ一緒にいて下され。コレ母さん、拝みます〳〵。

〽拝みまする母様と、取りつき抱き泣き

居たり。重の井ハッと気も乱れ、見れば見るほど我が子の与之助、守袋も覚えあり、とびついて懐に、抱き入れたく気はせけど、ア、大事の御奉公、養い君のお名の瑕、偽って叱ろうか。イヤ〳〵可愛げにそうもなるまい。マア一寸抱きたい、ア、どうしょうと、百色千色の憂き涙、二つの目には保ち兼ね、むせび沈んで居たりしが、涙拭うて気を静め、(中略)

三吉　母でも子でもないならば、煩おうと死のうと要らぬお構い。この金もいらねえ。俺も伊達の与作が惣領、母様でもない他人に、なんで金を貰うものぞ。胴欲な母様、覚えて居さっしゃれ。

〽わっと泣き出すその有様、母は魂消え入るばかり、

重の　養い君のお家の御恩思わずば、一人子を手放して、なんのやろうぞ。

〽宮仕えする身の浅間しや、千三百石の世取り子に、馬追いさする母が気は、なんと身も世も、あらりょうぞいのう。

〽もだえこがれて泣き沈む、涙満ち来るせつなさは、胸も砕くるばかりなり。

恋女房染分手綱

○しげの井といふ身でつばな買ふつぼね(安永梅4)

裲襠姿の奥女中が茅花売(田舎の子ども)から花を買っている姿を、三吉に対する重の井に見立てた。

静御前　しずかごぜん

平安末期の白拍子。生没年不詳。父は不明。母は磯禅師。源義経の愛妾。一一八五年(文治一)義経が兄頼朝と不仲になり京より逃脱したとき、静もこれに同行。しかし翌年吉野山で義経と別れたのち捕らえられ、鎌倉に送られて尋問をうけた。同年七月鎌倉で義経の子を出産するが、男児であったため子は由比ヶ浜に沈められ、静は京に帰された。その後の消息は不明。頼朝・政子夫妻の求めにより鎌倉鶴岡八幡宮社前で舞を舞ったとき、義経への恋慕の想いを歌ったことは『吾妻鏡』にみえて有名。　飯田　悠紀子

【伝承】　源義経との邂逅以前の静の前半生のことはよくわからない。幸若舞曲『静』は、伏見の中将と呼ばれた藤原の公卿を父に擬すが、もとより仮構の伝であろう。『義経記』でも、義経が衰運に向かってから登場する。頼朝の命を受けた土佐坊昌俊が、義経の堀河館を襲撃したおりに活躍したと、『平家物語』『義経記』には気丈な女性像が描かれる。『吾妻鏡』『義経記』が記す静の動静は、基本的には一致

●――**静御前**　『世界の色花弁慶』(天保三年中村座)。六世岩井半四郎の静御前。五渡亭国貞画。国立劇場。

している。鎌倉幕府の正式記録とも目される『吾妻鏡』に、義経の一愛妾の消息が詳記されていることには疑義があり、すでに流布していた静の物語を『吾妻鏡』編纂時に取り込んだものと考えられている。義経の遺児が葬られた勝長寿院が、寺の縁起譚として静の物語を管理していたとの説もある。また、『義経記』では帰洛後静が出家し、天竜寺(田中本は天王寺)の麓に庵を結び、往生を遂げたという。しかし、『異本義経記』(近世前期成立)では、出家後再性と名を改め、南都に住したとか奥州へ下ったとかの説を記している。幸若舞曲『静』にも女人教化の場を彷彿とさせる場面があるが、『曾我物語』における虎御前同様、静を名のる女性唱導者がいたらしい。その足跡が寺社の縁起や姓氏・地名にまつわって残存している例が、数多く報告されている。 →源義経

西脇　哲夫

静先づ歌を吟じ出で云ふ、よし野山みねのしら雪ふみ分ていりにし人のあとぞこひしき、次に別物の曲を歌ふの後、又和歌を吟じて云ふ、しつやしつ〳〵のをたまきくり返し昔を今になすよしもかな、誠に是社壇の壮観、梁塵殆んど動く可し、上下皆興感を催す、二品仰せて云ふ、八幡宮の宝前に於て、芸を施すの時、尤も関東の万歳を祝ふ可きの処、聞食す所を憚らず、反逆の義経を慕ひ、別曲の歌を歌ふこと奇恠なりと云々、御台所報じ申されて云ふ、君流人として豆州に坐し給ふの比、吾に芳契有りと雖も、北条殿時宜を怖れ、潜かに之を引籠めらる、而れども猶君に和順して、暗夜に迷ひ、深雨を凌ぎて、君の所に到る、亦石橋の戦場に出で給ふの時、独り伊豆山に残留まりて、君の存亡を知らず、日夜魄を消す、其愁を論ずれば、今の静の心の如し、予州の多年の好を忘れて、恋ひ慕はざるは、貞女の姿に非ず、外に形はるるの風情を寄せ、中に動くの露胆を謝す、尤も幽玄と謂ひつ可し、抂げて賞翫し給ふ可しと云々、時に御憤を休むと云々　吾妻鏡文治二年四月

或日、義経奥州ニテ自害ノ由ヲ聞テ、静尼ニナリテ、名ヲハ再性ト付テ、暫ク嵯峨ノ辺ニ有シカ、後南都ニ住シト也。又、奥州ノ方ヘ下リシ共云リ。　異本義経記

静女舞衣　中田宿光了寺蔵なり。この寺原粟橋の南なる高柳村に在りて高柳寺といへる頃、静女を葬りてより什物とは為りけるか。(中略)この舞衣の事、縁起云、後鳥羽院の御宇、一歳大旱魃して耕草連枝も枯果、国民の愁安からず、貴僧を請じ雨乞執行ましませども、一滴の潤なし。公卿詮義の上、一百人の舞姫を集め、神泉苑の池にて法楽の舞を舞はせ給ふ。九十九人まで舞はれけれどもその験なし。百人目に静既に舞はむとせし時、御桟鋪御簾の内より御衣を下さる。乃ち静頂戴してこれを著し舞ひければ、車軸の如く雨降りけり。(中略)蛙蟆龍《あまりょう》の舞衣といふ。　利根川図志巻二

○いそ〳〵としづか御ぜんの跡につき(二一7)

「いそ〳〵」で母の磯の禅師を暗示。作句時(天明期)の踊子に付いてゆく母は、現在のステージママというところか。

○御妾は故事を云ひ〳〵浜でまひ(拾五28)

義経らは堀河館を出て、摂州大物の浦にいたり、弁慶のすすめで静を都へ帰すことになる。静は越王勾践の故事を述べて別れの舞を舞う(謡曲『船弁慶』)。

地蔵　じぞう

菩薩の一つ。サンスクリット名クシティガルバの訳。六道および五濁悪世を選んで救済活動にあたり、弥勒の出現まで活躍する。「わが名を唱える人を苦から救う」という誓願をたて、梵天、夜叉、狼、閻魔などさまざまの姿をとって衆生を導く。『地蔵菩薩本願経』によると、かつて二王がいて、一王は自ら悟ってから衆生を救おうと考え、一王はまず衆生を悟らせてから自らも悟ろうと考えた。前者は一切智成就如来、後者は地蔵菩薩である。「地蔵」の意味は「大地(クシティ)の子宮(ガルバ)」であり、大地はたとえ裸でもさまざまのものを生み出す力を秘めているように、「地蔵」は

いま菩薩であっても仏としての豊かな可能性を秘めていることを象徴している。したがって沙門の姿で表される。中国の偽経『預修十王生七経』では、罪人は死後に十人の王の役所を通過するとされ、日本の偽経『地蔵十王経』ではそのうちの閻羅(閻魔)王が地蔵の化身とされる。

定方 晟

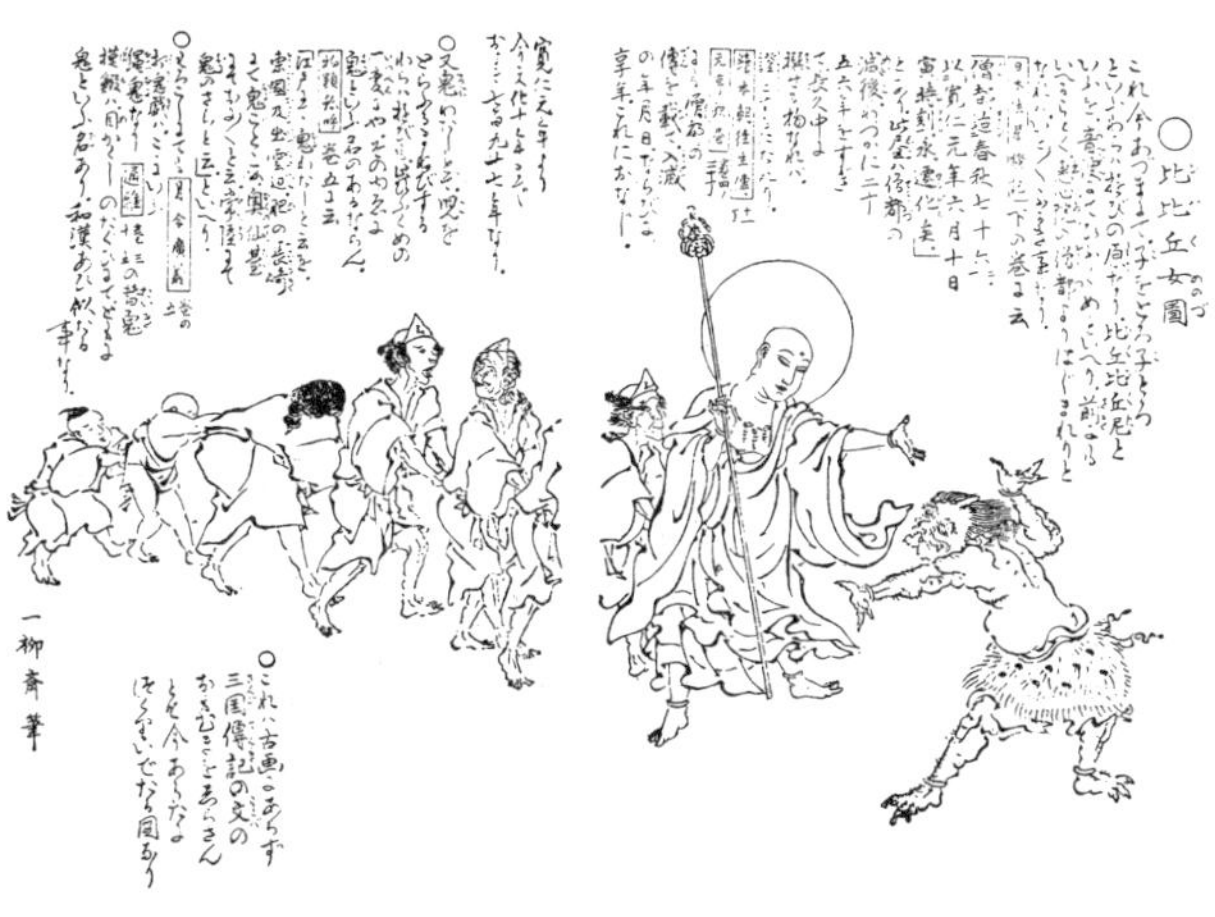

◉――地蔵　上＝鬼から死者や子どもを守る地蔵。「ひふくめ」あるいは「子とろ子とろ」という遊びのもとであるといい、恵心僧都源信が始めたものと伝える。『骨董集』。下＝地獄の釜から人を救う地蔵。『矢田地蔵縁起』。矢田寺蔵。

【日本における地蔵信仰】　正倉院写経文書によれば、日本にはすでに奈良時代に『十輪経』など地蔵経典は伝来していた。しかし当時の地蔵造像の例は、阿弥陀、観音、弥勒などに比較して非常に少なく、その傾向は平安時代に入っても九世紀後半まで続く。おそらく現世利益信仰が仏教の主流を占め、来世の六道輪廻の恐怖がそれほど深まっていなかったこの時代には、地獄の救済を特色とする地蔵の信仰は、あまり人々の関心をよばなかったためと思われる。一〇世紀末の源信の『往生要集』は、『十輪経』の一節を引き、地獄に入って衆生の苦を救う地蔵の徳をたたえており、浄土教の発達にともない地蔵の利益《りやく》は天台宗の僧侶や貴族の間でようやく注目されはじめたのである。しかし当時の天台浄土教では、地蔵は多くの場合、弥陀五尊の造像形式にみられるように、阿弥陀をとり囲む聖衆《しょうじゅ》の一員として礼拝されるにとどまり、単独で造像崇拝される専修的信仰はまだ発達していなかった。

　平安時代後期、民間にも仏教が広く浸透するにつれて、地蔵信仰は大いに発達した。一一世紀の中ごろ三井寺(園城寺)の僧実睿が民間地蔵説話を集成した『地蔵菩薩霊験記』は後に散逸したが、その説話の多くは『今昔物語集』巻十七に再録されており当時の民間地蔵信仰の特色をうかがうことができる。功徳の集積が容易な貴族たちの間では死後の地獄の恐怖がさして切実でなく、地蔵への関心が薄いのに対し、浄土往生の功徳を積むすべのない民衆の間では、「地獄は必定」という深刻な地獄観の下で、地獄に入って人々の苦しみを代わり受ける地蔵の信仰が発達し、「ただ地蔵の名号を念じて、さらに他の所作なし」といった地蔵専修さえ成立したのであった。鎌倉時代になると、法然、親鸞らの説く他力易行の浄土教が民間にひろまり、阿弥陀専修の立場から地蔵信仰否定の動きもみられた。これに対し、旧仏教側の無住の『沙石集』など阿弥陀にみられぬ地蔵の身近な利益を強調したこともあって、地蔵はむしろ現世利益的な面で民衆に信奉されるようになった。浄土に住まず、人々の間に交わり、大悲をもって罪人の苦を代わり受けるという地蔵の利益は、地蔵が信者の欲する力をもった人間となって現れたり、危難を被りそうになった信者の身代りになってくれるといった、「身代り地蔵」の信仰へ発展した。こうして鎌倉時代から室町時代には、地蔵が僧の姿になって信者の看病をしてくれる話とか、信者に代わって田植をしてくれる「泥付地蔵」の話などが生まれ、地蔵の治病神・農耕神的性格もみられるようになった。また武士の間では、地蔵が戦場に現れて危急を救う「矢取地蔵」や「縄目地蔵」の話がもてはやされた。足利尊氏が深く地蔵を尊び、みずから地蔵像を描いて人々に与えたのは有名である。こうした武士の地蔵崇拝は、甲冑をつけ、右手に剣をとり左手に幡をなびかせ、戦に臨めば向かうところ敵なしという、日本独特の「勝軍(将軍)地蔵」を生んだ。

一方、一四、一五世紀ころから、仏教各派は民衆の間に浸透定着しようとして、死者の葬送追善儀礼を十王信仰と結びつけて強調した。日本偽撰の『地蔵十王経』では、地蔵は、亡者を裁断する畏怖すべき閻羅(閻魔)王の本身であるとされ、民衆の素朴な冥界の恐怖を背景に、地獄の鬼から亡者をまもる慈悲の面を代表するものとして信奉された。六道をめぐって衆生を導くという信仰は、辻々の六地蔵を生み、あるいは地蔵が小僧の姿で現れるという日本古来の通念を基盤に、在来の道祖神などとも習合して、地蔵が地獄の鬼から子どもを救う「賽の河原」の信仰も発達した。江戸時代には、延命地蔵、腹帯地蔵、子育地蔵、片目地蔵など無数の身代り地蔵が民衆によって創出されるが、こうした身代り的現世利益とともに、地蔵は来世救済の面も兼ねそなえ、日本人にとってもっとも親しみ深い菩薩として今日にいたっている。　速水 侑

【地蔵のイコノグラフィー】　密教系の地蔵菩薩としては胎蔵界曼荼羅の中に地蔵院(第三重北方)があり、地蔵菩薩を中尊として九尊が並ぶ。この地蔵菩薩は、通形の菩薩形で右手を挙げて日輪を持ち、左手は腰前におき、上に宝幢幡《ほうどうばん》をのせた蓮華を執り、赤蓮台上に結跏趺坐する。しかしこの図像をとる地蔵菩薩は胎蔵界曼荼羅中にのみ描かれ、単独で造像・作画された例は見当たらない。一方、釈迦滅後より弥勒出世までの無仏時代の六道衆生を済度し、また地獄に苦しむ衆生を救出する末法思想や浄土信仰と結びついて広く親しまれた地蔵は、袈裟をつけた声聞形をなすもので、その図像は中国で成立したと考えられる。右手を施無畏印とし、左手に宝珠(盈華形)を執る地蔵は立像・座像とも平安時代に多い。さらに右手に錫杖を執る作例や、左足を垂下させた半跏像などは、平安時代から鎌倉時代にかけての作例が多い。絵画の場合、左手に宝珠を執り、右手の指を捻じて正面向きに立つ知恩院本などのほか、大半は宝珠と錫杖を執る像で立像・半跏像であり、座像は見当たらない。立像の地蔵では来迎雲に乗った作例が多く、しかも正面向きのほか、斜めを向いて来迎する情景を表現したものなどが見いだされる。また半跏像では岩座に座し、背景の自然景や侍者を伴う作例があり、さらに『十王図』と組み合わされたものや、『十王図』中に描き加えられた作例もある。これら『十王図』と組み合わされた地蔵像は、宋・元や高麗の地蔵図と強い結びつきが認められる。なかでも高麗画や敦煌画に見いだされる特異な図像を有する地蔵に、被帽地蔵と称される一群

の作品があり、声聞形をなす地蔵が頭巾をかぶる姿で表される。

百橋 明穂

帰命頂礼世の中の／定め難きは無常なり／親に先き立つ有様に／諸事の哀を止めたり／一つや二つや三つや四つ／十よりうちの幼子が／母の乳房を放れては／賽の河原に集まりて／昼の三時の間には／大石運びて塚をつく／夜の三時の間には／小石を拾ひて塔を積む／一重積んでは父の為／二重積んでは母の為／三重積んでは西を向き／樒程なる掌を合せ／郷里の兄弟我ためと／あら痛はしや幼子は／泣々石を運ぶなり／手足は石に擦れたゞれ／指より出づる血の滴／体を朱に染めなして／父上こひし母恋しと／たゞ父母の事ばかり／云うては其儘打伏して／さも苦しげに歎くなり／あら怖しや獄卒が／鏡照日のまなこにて／幼き者を瞰みつけ／汝らがつむ塔は／歪みがちにて見苦しし／斯ては功徳になり難し／疾々是を積直し／成仏願へと叩りつゝ／鉄の榜笞を振揚げて／塔を残らず打散らす／あら痛しや幼な子は／又打伏して泣叫び／呵責に隙ぞ無かりける／罪は我人あるなれど／ことに子供の罪科は／母の胎内十月のうち／苦痛さま〲生れ出で／三年五年七年を／纔か一期に先立つて／父母に歎きをかくる事／第一重き罪ぞかし／母の乳房に取りついて／乳の出でざる其時は／せまりて胸を打叩く／母はこれを忍べども／などて報の無かるべき／胸を叩くその音は／捺落の底に鳴響く／修羅の皷と聞ゆなり／父の涙は火の雨と／なりて其身に降懸り／母の涙は氷となりて／其身を閉づる歎きこそ／子故の闇の呵責なり／斯る罪科のある故に／賽の河原に迷来て／長き苦患を受くるとよ／河原の中に流あり／娑婆にて嘆く父母の／一念とゞきて影写れば／なう懐しの父母や／飢を救ひてたび給へと／乳房を慕ふて這寄れば／影は忽ち消え失せて／水は炎と燃えあがり／其身を焦して倒れつゝ／絶入る事は数知らず／中にも賢き子供は／色能き花を手折きて／地蔵菩薩に奉り／暫時呵責を免れんと／咲き乱れたる大木に／登るとすれど情なや／幼き者のことなれば／踏み流しては彼此の／荆棘の棘に身を刺され／凡て鮮血に染まりつゝ／漸く花を手折り来て／仏の前に奉る／中に這出る子供等は／胞衣を頭に被りつゝ／花折ることも叶はねば／河原に捨てたる枯花を／口にくはへて痛はしや／仏の前に這行きて／地蔵菩薩に奉り／錫杖法衣に取付いて／助け給へと願ふなり／生死流転を離れなば／六趣輪回の苦みは／唯是のみに限らねど／長夜の眠り深ければ／夢の驚くこともなし／唯ねがはくば地蔵尊／迷ひを導き給へかし

賽の河原地蔵和讃

七人の侍　しちにんのさむらい

一九五四年（昭和二九）に東宝で製作された黒澤明監督による時代劇映画。野武士たちに村を狙われた百姓たちに雇われた七人の浪人が、彼らを訓練しながら野武士との戦いに挑む。浪人たちが雇われ百姓を鍛え上げる前編と野武士との決戦の描かれる後編から成る二〇七分は、当時の日本映画では空前の超大作となった。七人の構成は以下の通り。百戦錬磨のリーダー・島田勘兵衛（志村喬）、百姓出身の無頼漢・菊千代（三船敏郎）、最年少の若者・岡本勝四郎（木村功）、穏やかな性格の参謀・片山五郎兵衛（稲葉義男）、勘兵衛の忠実な家臣・七郎次（加東大介）、気は優しくて力持ち・林田平八（千秋実）、寡黙な居合いの剣士・久蔵（宮口精二）。「日本映画はサラサラのお茶漬け。もっとたっぷり御馳走を食べさせて。お客にこれで堪能したと言わせる映画を撮りたい」と、かつてないスケールの娯楽を狙った黒澤は、濛々たる砂塵、叩きつける雨、燃え盛る炎といった映像の劇的効果を駆使して、無数の人馬が入り乱れる壮絶なアクションを展開した。中でも、これが本格的な時代劇初出演ながらも汗まみれ泥まみれになりながら画面狭しと走り回った三船は、本作をキッカケに戦後を代表する時代劇スターの一人になり、以降、黒澤とのコンビで重量級の作品を連発していく。

国内でも「不朽の名作」として名高いが、海外でも人気は高く、六〇年にはハリウッドで『荒野の七人』（監督ジョン・スタージェス）としてリメイク、その後は続編も製作され、独自にシリーズ展開していった。

春日 太一

七福神 しちふくじん

福徳をもたらす神として信仰される七神。えびす(夷、恵比須)、大黒天、毘沙門天《びしゃもんてん》、布袋《ほてい》、福禄寿、寿老人、弁財天の七神をいうが、近世には福禄寿と寿老人が同一神とされ、吉祥天もしくは猩々《しょうじょう》が加えられていたこともある。福徳授与の信仰は、狂言の『夷大黒』『夷毘沙門』などにもみられ、室町時代にはすでに都市や商業の発展にともなって広まっていたものと思われる。また、複数の神仏への巡拝も古くから行われていたが、「竹林の七賢人」などになぞらえて、七福神として描かれ、信仰されるようになった。福禄寿、寿老人は南極星の精であるとされ、中国の道教に由来する。また、弁財天はインドの水の女神で、音楽と弁舌の神であり、吉祥天女とも混同された。同じくインドの神に由来するのが、毘沙門天と大黒天で、ともに仏法守護の神である。大黒天は厨《くりや》の神として大きな袋を持つ姿から、大国主神とも習合し、農業神として広く民間に受容された。布袋は後梁の実在の禅僧契此《かいし》であるが、福徳円満の姿から福神に加えられたのであろう。えびす神は西宮の主神で事代主《ことしろぬし》神ともされ、あるいは蛭子《ひるこ》が海から漂着してまつられたものともされる。海辺漁民の信仰から、海運守護もしくは商業神としてまつられるようになった。この中で、えびす・大黒の二神併祀の風が広まり、さらに他の神々を加えて、七福神信仰が起こったものである。また、それにともない荒々しい姿のえびす、大黒、毘沙門なども柔和で円満な姿で描かれるようになった。江戸では、正月に七福神詣をしたり、宝船に乗った七福神の絵が初夢を吉夢にするために枕の下に敷かれたりした。また、各地に七福神を歌いこんだ民謡が残され、あるいは芸能にも残されている。福島県安達郡白沢村(現、本宮市)では、正月七日に稲荷神に導かれた七福神が家々を訪れ、養蚕の守護を祈願する行事などもある。

→えびす…大黒天…毘沙門天…弁才天

紙谷 威廣

●――七福神　上=宝船に乗る七福神。柴田是真画。下=歌舞合奏する七福神。右から寿老人、毘沙門天、えびす(夷、恵比須)、弁財天、大黒、福禄寿、布袋。鈴木春信画『七福人遊楽』。静嘉堂文庫蔵。

七福神
めでたいことで祝うなら
七福神のとりあえず
きりようのよいのが弁財天
愛きようこぼれるゑびす顔
ふくろくじゆろうもその通り
ふすまのところをびしやもんと
たてたあとには大黒が
生まれて祝う子の厄を
子の厄払いを引受けて
西の海へ落しやる
お家益々御繁昌

取り唄(三河鳳来町)

四天王 してんのう

須弥山《しゅみせん》の中腹にある四天王天(または四大王天、四王天)の四方に住んで仏法を守護する四体の護法神。四大天王、四王、護世四王ともいう。東方に持国天(提頭頼吒《だいずらた》の訳)、南方に増長天(毘楼勒叉《びるろくしゃ》)、西方に広目天(毘楼博叉《びるばくしゃ》)、北方に多聞天(毘沙門)が位置する。『増一阿含経《ぞういちあごんきょう》』や『阿育王経《あいくおうきょう》』には、四天王が釈尊のもとに現れて帰依したことや、釈尊の涅槃《ねはん》の後に仏法を守護することを釈尊から託されたことを記し、『金光明最勝王経』には、四天王が釈尊に対し本経を信奉する人々とその国家を守護することを誓ったことが説かれている。他の経典にも梵天や帝釈天とともに仏法の守護神として現れる。

日本では飛鳥時代以来、四天王に対する信仰は篤く、四天王寺や金光明四天王護国之寺(東大寺)が建立されるなど国家の平安が祈願され、多くの造像がなされ、堂内の四隅や須弥壇上の四隅に安置された。中国以東の像は、中国風の甲冑を着けて立つ武将像として造られる例が多い。姿勢と持物については諸説があり、日本に現在ある多数の作例の中からは典型的な形式を定めがたい。東大寺戒壇堂の塑像(国宝)の場合、持国天は右腰前で構えた剣の先を左膝辺で左手でおさえ、増長天は体の右側に立てた戟《げき》の長い柄を頭部より高い位置で右手で握り、左手は腰に当てる。広目天は左手に巻物を持ち右手に筆をとり、多聞天は左手を下げて剣を執り、右手は高くかかげて掌の上に宝塔をのせる。持国天以外の形像は、唐の金剛智訳『般若十六善神王形体』が説く四天王像の姿にだいたい一致する。東大寺戒壇堂像と同様に足下に邪鬼を踏む作例も多い。他の著名な作例としては、彫像に法隆寺金堂像、東大寺法華堂像、唐招提寺金堂像、興福寺像、教王護国寺講堂像などがあり、画像としてはボストン美術館に鎌倉時代の絵師重命《ちょうみょう》が描いたと推定される四面の像(額装)が知られる。

関口 正之

【さまざまな四天王】 仏教語の四天王から転じて武将、臣下、門弟、特定の芸道などで特にすぐれた四人をいうようになった。単に四天という場合もあるが、中でも頼光の四天王が有名で、渡辺綱、坂田金時、碓井《うすい》貞光、卜部《うらべ》季武(屋代本『平家物語』、『古事談』巻二など)をいい、『尊卑分脈』の源(渡辺)綱の傍書にも「頼光朝臣郎等四天其一」「頼光四天」などと見える。『十訓抄』巻三には武将の四天王として源頼信、藤原保昌、平維衡、平致頼をあげ、『平家物語』巻九などに木曾義仲の四天王として今井兼平、樋口兼光、根井光親、楯親忠が見え、『源平盛衰記』巻四十八に源義経の四天王として佐藤継信、同忠信、鎌田盛政、同光政が見える。他に新田義貞の四天王として栗生顕友、篠塚伊賀守、畑時能、由良具滋、織田信長の四天王として柴田勝家、滝川一益、丹羽長秀、明智光秀、徳川家康の四天王として酒井忠次、井伊直政、本多忠勝、榊原康政、豊臣秀頼の四天王として木村重成、真田幸村、長宗我部盛親、後藤基次などがある。芸道では和歌の四天王(頓阿、兼好、浄弁、慶運)、弓馬の四天王、茶道の四天王などがある。また近世の和歌では小沢蘆庵門の四天王、賀茂真淵門の四天王、香川景樹門の四天王などということがある。

山本 吉左右

信濃前司行長 しなののぜんじゆきなが

『徒然草』二二六段に『平家物語』の作者として

伝えられる。生没年不詳。後鳥羽院のとき、「稽古の誉」があったが、「楽府の御論義の番にめされて、七徳の舞をふたつ忘れ」「五徳の冠者」とあだ名されたのをつらく思い、学問を捨てて遁世したが、天台座主慈円に扶持され、のちに「この行長入道、平家物語を作りて、生仏《しょうぶつ》といひける盲目に教て語らせけり」とある。行長に関して、『徒然草集説』(一七〇二)では、中山行隆の子、下野守行長に比定されている。『徒然草』にいう「生仏といひける盲目」は、当道《とうどう》座(平曲を語る琵琶法師の芸能座)の伝書類にも「性仏」としてみえる。おそらく『徒然草』の行長・生仏合作説は、中世に行われた盲人による『平家物語』作者伝承の一つとして考えるべきだろう。同じく盲人伝承をのせる『臥雲日軒録』『蔗軒日録』『醍醐雑抄』『平家勘文録』などと併せ考えるべきで、『徒然草』二二六段だけから『平家物語』の成立を論じることはできない。

兵藤 裕己

清水次郎長 しみずのじろちょう 一八二〇―九三

(文政三―明治二六)

江戸後期・維新期の侠客。駿河国有渡郡清水湊の海運業三右衛門の三男として生まれ、のち母の弟である米屋山本次郎八の養子となる。山本長五郎が本名で次郎長は通称。幼年期より粗暴の性質であった。一八三五年(天保六)に養父が死去し、家業を相続した。四一年に博徒の仲間に入り侠名をあげ、多数の子分を従えた。縄張争いのため、尾張八尾ヶ嶽の久六、甲州黒駒の勝蔵、伊勢の安濃徳らとたびたび抗争した。六八年(明治二)に倒幕のため東上した東海道総督府より、道中探索方を命ぜられ、帯刀を許された。同年秋幕府の脱出兵が咸臨丸で清水湊に停泊、船内残留者が官軍の兵艦に襲われ、死体が海中に投ぜられた。次郎長はこれを収容し、巴川畔の向島の地に埋葬、山岡鉄舟の書になる「壮士墓」の碑を建てた。のち囚人を使役して、富士の裾野の開墾に従事するなど明治政府の施策に協力した。墓は清水市の梅蔭寺。

吉原 健一郎

◉清水次郎長　旭堂南陵口演、山田都一郎速記の『清水次郎長』(一九〇一)挿絵。

【人物像】 講談、浪曲の題材としての清水次郎長を定着させたのは、講釈師の三代目神田伯山であるが、この伯山の講談をアレンジした浪曲師二代目広沢虎造のラジオ放送やレコードによって昭和初期の大衆にとって英雄的存在にまで高められた。『清水次郎長伝』の原典とされている伯山の講談は、主として天田愚庵の『東海遊侠伝』によっている。天田愚庵は、清水次郎長一家に寄宿したことのある歌人であるが、『東海遊侠伝』は、次郎長の存命中に、しかもその釈放運動に益するために書かれた気味もあり、もっぱら次郎長の功績をたたえることに終始している。それだけに、講談や浪曲に描かれた清水次郎長の人間像には、正統的な史実によっているとはいいかねる部分が多分にある。清水一家を組織して、抗争を重ねながら海道一の親分になりあがっていく過程が、義理と人情をふまえた人間的な魅力の一面だけでとらえられ、権力志向者としての側面に目をつぶっているのである。

矢野 誠一

◆森の石松

清水の次郎長といふ人は駿州清水港の出生《うまれ》でございます。清水港に過ぎたるものは次郎長に稲荷さんに三津ケ浜、と三つの名物の一つに数へられました位。尤も次郎長といふのが本名ではない、本姓は山本長五郎、坂本屋次郎八といふ米問屋の悴、小さい中は誠に悪戯な子でございました。『彼所《あすこ》で悪戯をしてゐるのは何所の子だ』『あれは坂本屋次郎八の悴の長五郎だ』『あゝさうか、悪戯だな、併し悧巧者だ、次郎八の悴の長五郎だな、次郎八の長だ』といつたのが、何時か八といふ字が抜けて了つて、次郎長々と人が呼ぶ様になりました。

講談清水次郎長（神田伯山口演）

ここで次郎長をはじめ十一人、追分へ乗り込んでまいりました。青木屋の主人とも次郎長は知り合いの仲、わけを話して百五十両の金をやって、家内でどんなことをしても苦情のないということにいたして、女子供を残らず外へ出してしまった。そういうこととは知らない都鳥の吉兵衛一家十一人。

吉「やいやいどうしたんだ、一人もいなくなっちまやあがった、どんどん酒を持って来い」

ぽんぽんと手を打つと追分の三五郎大きな声で、

三「へーい、ただ今持ってまいりまーす」

吉「ほほっ、おそろしく威勢のいい声じゃあねえか、だれだだれだ」

次「清水の次郎長だ」　吉「ええっ」

次「それ戸障子唐紙をぶっ放せっ」というと、ガラガラガラガラガラっ。どぎどぎするような脇差《どす》を引き抜いて十一人が、ドカドカッと飛び込んで来て、ずらりとそれへならんだから都鳥の吉兵衛をはじめ十一人びっくりして、酒の酔いも一時にさめてしまった。次郎長はずいと前へ出て、

次「やいこいつらあ、騒ぐにゃあ及ばねえ。清水港の山本長五郎こと清水の次郎長だ、よくもてめえたちは石松を欺し掛けて殺しゃあがったな、そっちも十一人ならこっちも十一人だ、さあ尋常に勝負をしろ。いまさら頭を下げても勘弁しねえぞ、無え命とあきらめて、支度をする間待ってやるから、早く支度をしてかかって来い」

火を吐くような次郎長の声。このへんが次郎長のえらいところで、さきの支度をする間ちゃんと待ってやった。

都鳥一家も進退ここにきわまった、こういうことなら来るんじゃなかったと、後悔しても追っ付かない。そのうちに本座村の為五郎は気の勝った男、一番先に突っ立って、

為「おい都鳥、おれが先へ斬って出るから、早く支度をしねえ。やい次郎長、河豚よりこわい遠州名物太刀の魚を一本味わってくたばりゃがれ」

抜き討ちに次郎長目がけて斬ってかかった。次郎長にっこり笑って、さっと体をかわしたから空を斬って為五郎、ひょろひょろっと前へのめっていって、足を踏みはずしたから、沓脱ぎの石のところへ横っ倒しにぶっ倒れた、そいつを法印の大五郎が、ばっさり肩口へ斬り込んだ。「きゃっ……」というとそのまま死んでしまった。続いて吉兵衛が飛び出したのを、七五郎が引き受けてチャリンチャリーンと斬り合っている。うしろへ回った大政が、横に引っ払ったから、吉兵衛の脇腹へぐさりっ。「うわーっ」と仰向けに反るところを、

七「石松の敵だっ」

七五郎が肩口から斬り下げたから、ばったりと倒れてそのまま絶命。大将滅びて残兵全からず、後の九人、バッタバタ斬り倒され、ここに十一人、残らず斬られてしまいました。

講談清水次郎長

シャクシャイン　一六〇六―六九

一七世紀の蝦夷地（アイヌモシリ）日高地方の大首長。当時の日高地方は、シベチャリ川（静内川）を挟んで東部はカモクタイン、西部はオニビシというアイヌの首長に率いられて相対峙していた。シャクシャインはカモクタインの部下であったが、カモクタイン亡き後にシベチャリの指導者となり、声望は近隣を圧していた。この頃、松前藩は蝦夷地の交易体制を強化しており、干鮭五束（一〇〇尾）＝米二斗の交換比率が米七～八升に下がるという状況になっており、松前藩の砂金採取が河川を荒らすことにも不満が積もっていた。シャクシャインは全アイヌモシリの同胞（アイヌウタリ）に檄を飛ばし、総決起を促した。一六六九年（寛文九）シャクシャインの大反乱が勃発したが、アイヌが和人に完全に屈服するかどうかの戦いでもあった。シャクシャイン軍は二〇〇〇

人の多きに達し、松前藩側は地元の金掘り坑夫まで含めて一〇〇〇人。戦闘は、一時松前藩側が瀬戸際まで追い込まれたが、鉄砲という圧倒的に優位な武器の威力で、怒濤の進撃を続けたアイヌ軍を釘づけにし、ツクイ(償いの宝物)の提出などを求めた。これに対し、シャクシャインらは助命を条件に和議を申し入れた。シベチャリの砦に籠城したシャクシャイン軍の防御は堅く、江戸幕府もこの乱を重視し、津軽・南部・秋田の諸藩にも出兵を命じるなど、島原の乱後、最大の国内騒乱となった。その後に成った松前藩の申し入れによる和議の約束は偽りで、松前藩の陣営に赴いたシャクシャインらは武装解除して酒宴に臨み、酒に酔ったところを殺害され、シベチャリの砦も攻め落とされた。この戦いは和人による蝦夷地への政治的・経済的圧迫に対しての最後の民族的抵抗となったが、これ以降は蝦夷地のアイヌ民族は松前藩の徹底した支配のもとにおかれることになった。

現在、北海道新ひだか町にアイヌ民族の鎮魂碑「ユカルの塔」とともにシャクシャインの像が立つ。アイヌ民族の今に至る明暗の接点に輝いている英雄が、シャクシャインである。

安宅 夏夫

→コシャマイン

松前の様子土井能登守殿迄被二仰遣一候覚

一　今度狄蜂起仕候子細は、鬼菱と申狄、シャクシャイン為には先祖敵にて御座候故、十三ヶ年已前迄七年の間鬼菱と年々取合申候処、十三年已前、松前より侍共遣、シャクシャイン　鬼菱両方え音物なと取せ取扱候て和談致させ候に付、其後は取合相止候。然処去年春鬼ひし他所へ罷出候を、シャクシャイン出合打殺申候。就ㇾ夫一門の狄共シャクシャイン討申度存候得共、兵具不自由に付、松前へ兵具　兵糧借に参候得共、松前にて同心無ㇾ之に付罷帰候処、道に〔て〕使参候狄相煩、果候事。

（中略）

一　松前へ通路の狄三千人程有ㇾ之由。此度蜂起仕候狄も右の内にて候へとも、人数はしかと知れ不ㇾ申候。惣島中には狄二万余も可ㇾ有ㇾ之かと申候事。

一　狄共所持致候兵具は、弓　毒箭　鑓　太刀　具足は木にて拵、糸にてつなぎ着し申候由承候事。

津軽一統志巻第十之中

宿神　しゅくしん

呪術的信仰対象の一つ。「しゅくしん」は、守宮神、守久神、社宮司、守公神、守瞽神、主空神、粛慎の神、守君神など、さまざまな表記があるが、元来はシャグジ、シュグジなどと称された小祠の神の名だったと思われる。シャグジ、シュグジは辺境の地主神であるが、呪術的性格の強かった密教や神道のほか荒神、道祖神など他の民間信仰と習合を果たし、非常に複雑なまつられ方をしている。おびただしい異表記があるのはそのためである。中世の猿楽芸能者および盲僧など、芸能・音曲にたずさわる人たちの共同体が信仰対象とし、尊崇したとき、この神を宿神、守久神と表記した。その背後には夙《しゅく》の神の意も寓されていたと思われる(宿《しゅく》)。金春《こんぱる》禅竹の『明宿《めいしゅく》集』は、猿楽者集団が神聖視する翁および翁面につき、その由来を説く伝書であるが、その根底に宿神信仰がある。すなわち、猿楽の翁は宿神の具象と観じたのである。翁面は宿神の神体そのものであった。宿神の図像は、立烏帽子、水干に紫の袈裟《けさ》をまとい、履《くつ》をはき、両手に数珠と檜扇を持つ老翁の姿で表され、神仏混淆を象徴する神像であったらしい。中世の『享禄三年二月奥書能伝書』によると、宿神は台密系の大寺院に祭祀する仏法守護神たる摩多羅神《まだらじん》であると明記してある。世阿弥の『風姿花伝』に載せる猿楽起源説話にいう「後戸《うしろど》の神」が、実態は摩多羅神であり、初期の呪師《しゅし》猿楽のわざはこの神に対する「神いさめ」であったことと関係がある。猿楽民の宿神信仰は、呪術宗教性を未分化なものとしていた中世以前の芸能の根源的な性格を象徴するもので、宿神はすなわち芸能神であったといってもよい。宿神は現世利益《りやく》の霊威たけだけしい一面、強烈にたたる神と考えられ、いやがうえにも神秘化され、おそれ敬われた。なお、盲僧集団の祭祀した守瞽神、十宮神は同じ神であり、これを「宿神」と表記した文献もある。 ➡護法・摩多羅神　服部 幸雄

一、翁ヲ宿神ト申タテマツルコト、カノ住吉ノ御示現ニ符合セリ。日月星宿ノ光下テ、昼夜ヲ分カチ、物ヲ生ジ、人ニ宿ル。三光スナワチ式三番ニテマシマセバ、日月星宿ノ儀ヲ以テ宿神ト号シタテマツル。宿ノ字ノ心、星下テ人ニ対シ、ヨロヅノ業ヲナシ給フ心アリ。イヅレノ家ニモ呼バレ給フベキ星宿ノ御恵ミナレド、分キテ宿神ト号シタテマツル翁ノ威徳、仰ギテモナヲ余リアルベシ。　明宿集

酒呑童子　しゅてんどうじ

大江山伝説に登場する鬼神。「酒顚童子」とも書く。源頼光と渡辺綱、坂田金時らその四天王が、大江山に住む酒呑童子という鬼を退治する話は、近江伊吹山の伊吹童子退治の話と内容的に深く関係するが、一四世紀後半成立の『大江山絵詞』にみえることから、これ以前に原型が成立したと考えられる。その後室町時代の制作にかかる謡曲『大江山』を経、御伽草子の『酒呑童子』や近世初頭成立の古浄瑠璃『酒天童子』などによって人々になじみ深いものとなった。酒呑童子の名称は、謡曲では「明暮酒を好きたる」からの名となっているが、そのモティーフが中世口承文芸における山中異常誕生譚の一類型であることから、原義・原像は「捨て童子」ではなかったかとする説が出されるにいたった。また大江山は謡曲では元来は都のあたりにほど近い老ノ坂であったらしいが、御伽草子では丹波・丹後の千丈ヶ岳の大江山に変化している。大江山に鬼神がこもるとする観念は、老ノ坂が都(山城国)と外界をへだてる境界の性格をもったマージナル

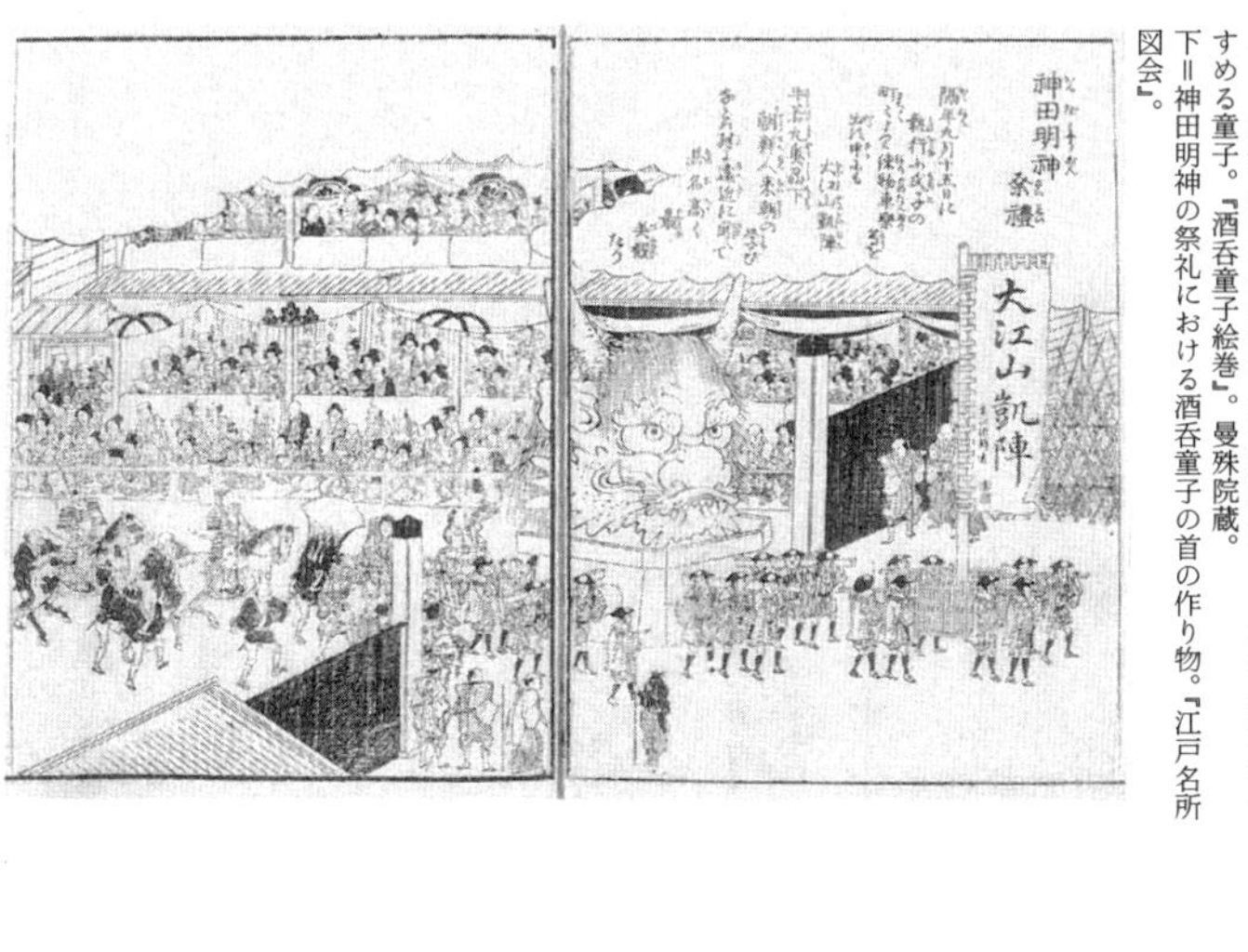

◉—酒呑童子　上＝退治に来た頼光らに、人肉や人の血をすすめる童子。『酒呑童子絵巻』。曼殊院蔵。下＝神田明神の祭礼における酒呑童子の首の作り物。『江戸名所図会』。

な場所であったこと、都の安寧と清浄を確保する儀式である四境祭の舞台であったこと、多くの盗賊・強盗が出没し、そのすみかとなったこと、などを背景として分析されるべきであろう。なお、頼光の四天王のことは、人名に多少の異同はあるが、すでに『今昔物語集』にも見えている。➡茨木童子…坂田金時…源頼光…渡辺綱

高橋 昌明

頼光仰けるやうは「鬼をたやすく平げ御身達を悉都へ帰さん其為に是まで尋参りたり。鬼の栖《すみか》をねんごろに語らせ給へ」と有りければ姫君此由聞召「是は夢かや現かや、其義ならば語り申さん」と、「此河上を上らせ給ひて御覧ぜよ。鉄の築地をつき、鉄の門をたて、口には鬼が集まりて番をしてこそ居るべけれ。いかにもして門より内へ忍び入りて御覧ぜよ。瑠璃の宮殿玉を垂れ、甍を並べたてをきたり。四節の四季をまなびつゝ、鉄の御所と名づけて、鉄にて屋形を建て、夜にもなればその内にて、われらを集め愛せさせ足手をさすらせ起き臥し申すが、籠の口には眷属どもに、ほしくま童子くま童子、とらくま童子かね童子、四天王と名づけて番をさせて置きける。かれら四人の力の程は、いか程とはたとへん方もなきと聞く。酒呑童子がその姿は、色薄赤くせい高く、髪は禿にをし乱し、昼の間は人なれ共、夜にもなれば恐ろしき、その長一丈余りにしてたとへていはん方もなし。かの鬼常に酒を呑む。酔いて臥したるものなればわが身の失するも知らぬなり」

酒呑童子

十松　時に猪のぼうや、ぬしの所の大釜は、なぜこんなに、でくぼくが有ルのだ。
猪熊　サア、聞なサイ。この大釜は、酒呑童子のけんぞくが、めしをたいた釜さ。それでこんなに、いがらがあるが、コリヤア鬼の釜さ。
権七　ア、、鬼の釜か。どふりで鬼あごのよふだ。
長吉　イヤまた、このよふに、おいらが大江山へ来てごたつくといふは、こんど又、伊賀寿太郎とやらが、千丈ゲ嶽へ立籠り、純友のとむらひ軍を、
十松　頼光さまが渡辺の綱を討手によこされたが、まだ軍ははじまらなひか。
権七　大軍が扣へて居るゆへ、この近辺はにぎやかになりました。
猪熊　それゆへ、六郎公連は将門をいさめ兼、その身は浪人して居たを、幸に侍をやめ、酒呑童子のすんだこの岩屋を切みせの長屋にして、六郎公連は店頭の鬼兵衛と名をかへ、商売をしているとは、とんだ咄しではないか。
まつ　それゆへ、わたしらはじめ京大坂から、子供衆が、この大江山へ住かへに参りましたわいナア。
てふ　この前の酒呑どふじは、人の娘や大内の官女を連て来て、
さん　酒のあいてにしたといふ噂。
とら　それに引かへ、今度の店頭の鬼兵衛おやかたは、女をつれてきても女郎にしてつかふとは、
女四人　情深ひ、よい御方でござんすわいナア。

四天王産湯玉川大江山童子長屋の場

○大江山さゞゐのやうなあごばかり（宝十三礼2）
○すつぱりとおこわにかゝる大江山（明七信3）

第一句、絵に描かれた酒呑童子らの下あごはトゲトゲ。第二句、「おこわにかゝる」はペテンにかけられる。頼光ら一行は山中で三人の翁から神変鬼毒酒を与えられ、この酒を鬼に呑ませる（お伽草子『酒呑童子』）。

俊寛　しゅんかん　一一四三?—七九?（康治二?—治承三?）

平安末期の僧。後白河院近臣、法勝寺執行。村上源氏雅俊の孫、仁和寺法印寛雅の子。一一七七年（治承一）同じく院の近臣藤原成親、西光《さいこう》らとともに京都鹿ヶ谷《ししがたに》の山荘で平氏討滅を謀議したが、多田行綱の密告で露顕し、計画は失敗に終わった（鹿ヶ谷事件）。同年六月三日藤原成経、平康頼とともに薩摩国鬼界ヶ島に配流された。翌年中宮平徳子の安産を祈る大赦に俊寛だけはゆるされず、同島で没した。

飯田 悠紀子

【伝承】『平家物語』によれば平判官康頼と丹波少将成経は島内を熊野詣の霊場に見立て、また康頼は祝詞を作り、率都婆を海に流すなどして帰洛を祈ったが、俊寛は「天性不信第一の人」にて神仏にも祈らず、翌年の中宮徳子の御産にともなう大赦では、俊寛一人が謀反の張本として島に残される。俊寛は餓鬼に見まがうほど落ちぶれるが、京で召し使っていた侍童の有王《ありおう》から、都での妻子の死などを知らされ、悲嘆のうちに死んでいく。有王は俊寛の遺骨を高野山に納めて出家し、諸国七道を修行して主の後生を弔ったという。柳田国男は伝承者としての有王の役割に注目して、有王の名が俊寛の亡魂の消息を語る高野聖たちの通り名だったとし、九州地方を中心に近畿・北陸にまで伝えられる俊寛・有王の伝説にしても、有王を称する複数の伝承者の足跡と無関係ではないとしている。富倉徳次郎は康頼を中心に語られる鬼界ヶ島説話の前半部に注目して、この説話の出所を、康頼が帰洛後住んだ東山の双林寺周辺に求めている。康頼は、説経の手控え本ともいうべき説話集『宝物集』の作者とされる人物でもある。なお、謡曲『俊寛』には、俊寛が熊野詣から帰った康頼、成経を出迎え、水酒の宴を催すところを加えているが、大筋において『平家物語』に直接取材している。近松門左衛門作『平家女護嶋《へいけにょごのしま》』では、平重盛のはからいで俊寛にも赦文が与えられるが、成経の愛人千鳥の悲嘆を見かねて、彼女を船に乗せることにし、これを拒んだ瀬尾を刺し殺して俊寛は自分から島にとどまっている。

➡有王　兵藤 裕己

●——俊寛　鬼界ヶ島の俊寛。『北斎漫画』。

いそぎ御使のまへに走りむかひ、「何事ぞ。是こそ京よりながされたる俊寛よ」と名乗り給へば、雑色が頸にかけさせたる文袋より、入道相国のゆるしぶみ取出いて奉る。ひらいてみれば、「重科は遠流にめんず。はやく帰洛の思ひをなすべし。中宮御産の御祈によッて、非常の赦をこなはる。然間鬼界の嶋の流人、少将成経、康頼法師赦免」とばかり書れて、俊寛と云文字はなし。(中略)ともづなといておし出せば、僧都綱に取つき、腰になり、脇になり、たけの立まではひかれて出、たけも及ばず成ければ、船に取つき、「さていかにをの〳〵、俊寛をば遂に捨はて給ふか。是程とこそおもはざりつれ。日比の情も今は何ならず。たゞ理をまげてのせ給へ。せめては九国の地まで」とくどかれけれ共、都の御使「いかにもかなひ候まじ」とて、取つき給へる手を引のけて、船をばつゐに漕出す。僧都せん方なさに、渚にあがりたふれふし、おさなき者のめのとや母なンどをしたふやうに、足ずりをして、「是のせてゆけ、ぐしてゆけ」と、おめきさけべ共、漕行船の習にて、跡はしら浪ばかり也。

平家物語巻三「足摺」

丹左　やれ、またれよ俊寛、勝負はきっと見届けた、とゞめをさせば僧都あやまり、咎にとがを重ぬる道理、とゞめ刺す事無用無用。

俊寛　オヽ、科重なったるこの俊寛、島にそのまゝ捨て置かれよ。

丹左　いや〳〵御辺を島に残しては、小松殿能登殿の御情もむそくにし、御意を背く使いの落度。殊に三人の数不足しては、関所の違論叶いがたし。とく〳〵一緒に乗船めされよ。

俊寛　されば〳〵、それこそは康頼、少将にこの女を乗すれば、人数にも不足なく、関所の違論はなきところ。小松殿能登殿の情にて、昔の科はゆるされ、帰洛に及ぶ俊寛が、上使を切ったる咎によって、あらためて今、鬼界ケ島の流人となれば、お慈悲の筋も立ち、お使いの落度、いさゝかなし。我が一心に思い定めし止めの刀。

〽瀬尾うけとれ〳〵。

〽三刀四刀しゝぎる引き切る、首おし切って立ちあがれば、各々わっと感涙に、少将も康頼も手を合わせたるばかりにて、ものをも言わず泣き居たり。見るにつけ聞くにつけ、千鳥一人がやるかたなさ。

千鳥　夫婦は来世もあるものを、わしが未練で思い切りのないゆえに、島の憂き目を人にかけ、のめ〳〵船に乗らりょうか、皆様、さらば。

俊寛　コリャまて、それこそ志をむそくにするの道理、我この島にとゞまれば、五穀に離れし餓鬼道に、今現在はすなわち修羅道、硫黄の燃ゆるは地獄道、三悪道をこの世で果たし、後世をたすけてなぜくれぬぞ、この俊寛が乗るは弘誓《ぐせい》の船、うき世の船には望みなし、サア早う船場まで。

〽サア乗ってくれ、はや行けと、袖を引きたて手を引きたて、よう〳〵にすゝむれば、せんかた浪の磯づたい、少将康頼両人も、名残り惜しやさらばやと、いうよりほかは涙にて、互いに未来で未来でと、呼ばわる声も浪音に、へだてられたる汐ぐもり、俊寛は都にある母、女房に徳寿が事、思い切っても凡夫心、岸の高みへかけ上がり、

〽つまだてゝ打ちまねき、浜の真砂に伏しまろび、焦がれても叫びても、あわれとぶらう人とても、啼く音は鷗、天津雁、誘うはおのが友千鳥、ひとりを捨てゝ沖津浪。

〽幾重の袖や濡らすすらん。　平家女護嶋

○しゅんくわんはどふしたことかはちぶされ(明六松3)

○海苔を焼クやうに俊寛赦免状(新一六ガ6)

○だゞツ子のやうに俊寛愚痴を云(拾五16)

第一句、「はちぶ」は仲間はずれの義。第二句、裏までもていねいに熟視するさま。第三句、「こはいかに、罪も同じ罪、配所も同じ配所、非常も同じ大赦なるに……」云々(謡曲『俊寛』)。

俊乗房　しゅんじょうぼう➡重源(ちょうげん)

松旭斎天勝　しょうきょくさいてんかつ　一八八六—一九四四(明治一九—昭和一九)

女流奇術師。本名中井かつ。東京生まれ。一一歳の時、人気奇術師、松旭斎天一の弟子となる。その美貌とスター性によって一躍一座の花形となる。師の欧米巡業にも加わり、多くの奇術・魔術を修得。帰国後、ますます人気が高まる。一九一二年(明治四五)、天一が死ぬと、のちに結婚する野呂辰之助の勧めなどもあって天勝一座を結成、以後、三四年(昭和九)の引退まで足掛け三三年にわたって日本奇術界に君臨した。師から受け継いだ水芸を得意としながら、日本古来の手妻《てづま》風な芸をスペクタクルな奇術ショーとして舞台に掛け、

●―松旭斎天勝　奇術だけでなく映画、演劇にも出演し『サロメ』に扮する天勝。毎日新聞社。

人気を博した。海外にも巡業し、いよいよその技を磨き、人気も上がった。「水中美人」や「月世界突入」などと名づけた大がかりな奇術は観客を魅了し、万雷の拍手をもって迎えられた。レビューやドラマにも手を染め、引退後だが三六年にはＰＣＬの映画『魔術の女王』に主演もした。三七年には姪に二代目天勝を襲名させた。　久米　勲

性空　しょうくう　九一〇—一〇〇七

（延喜一〇—寛弘四）

平安中期の僧。播磨国書写山《しょしゃざん》円教寺（現、兵庫県姫路市）の開山、書写上人の名で知られる。橘善根の子。一〇歳で『法華経』を受持して生涯変わらなかったという。二八歳の年に父を失い、日向国に下ったが、三六歳で比叡山に登り良源を師として剃髪受戒した。その後九州の霧島山や脊振《せふり》山など諸名山を巡って修行を重ね、九六六年（康保三）、五七歳で書写山に登って円教寺を開いた。性空の名は都に伝わり、花山上皇が書写山に幸し、画師に命じて性空の画像を描かせるなどのこともあったが、性空は山居を続けた。

　書写山は比叡山を中心とする天台の仏教文化圏の周縁地域にあり、性空の時代に沙弥、聖、持経者などの集まる所になったが、その後も民間の宗教者の拠点として発展し、開山である性空の名も広く知られるようになった。在世中かそれに近い時期に書かれた『性空上人伝』は、種々の潤色を加えて広まり、数多くの説話が伝えられている。『本朝法華験記』『今昔物語集』には、性空が針を握って生まれるなど、幼時から多くの奇瑞をあらわし、長じて仏道修行に入ると、夢の中の食事で空腹を満たし、読誦する経巻の中から米を出したり、寒夜に経を読んでいたところ綿の厚い着物が上空から降りてきたりしたというように、さまざまな不思議をあらわしたことが語られている。また『撰集抄』『十訓抄』などには、普賢菩薩を念ずる性空が、生身《しょうじん》の普賢を見たければ神崎の遊女の長者を見よという夢告を得て神崎に赴き、遊女の長者に会って面前で目を閉じると普賢が見えて法文を説いたが、目を開くと面前の遊女の長者がこのことを他言するなと戒めた、という説話がある。性空の説話は、『宝物集』『古事談』『閑居友』『古今著聞集』『徒然草』をはじめ、数多くの文献に見えるが、それらは都を離れて山居を続ける性空を、増賀と並ぶ理想的な求法者、すぐれた験者として語るものが多く、性空賛仰の広がりを示している。　➡増賀　大隅　和雄

九、有縁ノ来ルベキニハ、塵ヲ払イ座ヲ敷ク。無縁ノ至ルベキニハ、山ニ入リ窟ニ隠ル。是レ其ノ九ツ也。

一〇、檀越、物ヲ送ルニ、使者之ヲ穢セバ、数里ヲ隔ルトイエドモ知テ食セズ。是レ其ノ十也。（中略）

一九、乙丸、常ニ随ウ。数十里ニ遣スニ、日ノ内ニ帰リ来ル。一事上ノ已《ゴト》シ、其ノ心ニ違ワズ。「天諸童子、以為給使」、其レ是レ而已。其ノ十九也。

二〇、若丸、給仕シテ昼夜離レズ。是レ鬼類也。人ノ為ニ恐レ有リ。仍テ暇ヲ賜ウ。扑《テスリ》シテ悲泣ストイエドモ、遂ニ以テ許サズ。其ノ二十也。　一乗妙行悉地菩薩性空上人伝

五　当山法花堂ノ普賢、上人ニ夢告シテ、江口ノ長者新羅女ハ、生身ノ普賢ナリ。上人、実《マコト》ノ証《アカシ》ヲ知ランガ為ニ、即チ江口ニ至ル時、彼ノ長者、客人ト酒宴シ、鼓ヲ打テ歌イ出テ云ク。

　周防ムロツミノ中ナルミタラゐニ風ハフカネトモサヽラナミタツ、ト。

上人、伺イ寄リテ、心中ニ敬重シテ、目ヲ閇テ之ヲ聞ケバ、即チ、歌テ曰ク。

　法性無漏ノ大海ニ五塵六欲之風ハフカネトモ随縁真如ノ波タヽヌ日ソナキ、ト歌イ替エ畢ルニ、

上人、目ヲ開キテ之ヲ見レハ女人ナリ。目ヲ閇テ之ヲ観ズレバ普賢ナリ。奇異ノ想イヲ成シテ去ル。是レ又五也。

古事談ニ云ク。上人ノ為ニ仏身ヲ現ジテ、即生ニ頓死スト云々。　性空上人伝記遺続集

○硯から悟ツて書写を御建立（七八26）
　藤原時朝の家に大職冠から伝えられた秘蔵の硯があった。侍の忠太三郎があやまってとり落とし、一〇歳の若君が代りに父の成敗を受けた。忠太はわが罪の懺悔のため出家し、書写山の性空となった（『撰集抄』巻六）。右句は「硯」「書写」との縁語。
○二十五の内でしれよい御すがた（三一17）
　「二十五」は二十五菩薩。普賢菩薩が遊女に化身して、性空の眼前に現れた説話による。

浄蔵　じょうぞう

平安時代初期の験者《げんざ》（祈禱僧）。三善清行《きよつら》の第八子として、その博才と多芸の血をうけ、幼少より神秀の逸話がある。若くして仏法修行を好み、霊山を跋蹤し、諸社に参籠し、護法童子を自在に使役した、という。少年のときに宇多法皇に見いだされ、叡山の玄昭のもとに学び、やがて宮中における修法、とりわけ御悩・物怪《もののけ》の調伏に験《しるし》をあらわす。法皇の女御の所労にはまず護法を遣して平癒せしめ法皇より礼拝をうけ、師玄昭に憑《つ》いた真済の怨霊を降《だく》して師に礼拝され、さらに父清行の死を知り加持し蘇生せしめて礼拝された、という。王、師、父三人より礼拝をうけるという希代の名誉が、彼の験力の強さを物語る。藤原時平の病悩を加持した際には、菅原道真の霊が蛇と化して父の清行と語らったため、彼は祈りをやめ退出し、大臣は死去した、という（『北野天神縁起』）。音楽説話の上でも名高く、葉二という横笛を吹き朱雀門の鬼を感じさせるほどの名人であった。八坂寺（法観寺）に住み、寺に侵入した盗賊を縛したともいうが、なにより彼の験の威力を示すのは、八坂の塔が傾いたのを一夜のうちに祈り直したという話であろう。それは以後長く、この東山周辺に活動する民間宗教者たちの象徴的イメージとなった。また彼は決して行いすました聖人でなく、祈禱した女房と契りを結び、子をもうけている。その破戒譚はやがて宿命的な因縁譚に説話化され、八坂の塔の祈直しに結びつけられる。そこでは浄蔵が勧進聖たちの唱導の主役（ヒーロー）となっている。東山雲居寺において往生した、と伝える。

阿部　泰郎

浄蔵、善宰相のまさしき八男ぞかし。それに八坂の塔のゆがめをなほし、父の宰相の此世の縁つきてさり給ひしに、一条の橋のもとに行きあひ侍りて、しばらく觀法して蘇生した

●浄蔵　八坂塔と浄蔵（左下）。『八坂塔絵図』（部分）。法観寺蔵。

てまつられけるこそ、つたへ聞くにもありがたく侍れ。さて、その一条の橋をば戻り橋といへる。宰相のよみがへる故に名づけて侍り。

撰集抄巻七ノ五

其ノ後、浄蔵貴所ノ威験高徳、天下無双ナレバ、常ニ禁裏仙洞ニ参内シテ玉体安寧ノ加持ヲ致ス。爰ニ(中略)大裏ヨリ或ル女房ヲ下サレタレバ、撫摩懐抱ノ昵ヲ成シテ二人ノ子ヲ儲ケタリ。彼ノ女性ノ身ニ痕ノ跡アリ。是ノ謂ヲ問ニ、女ノ云ク。我聞ク、三歳ノ時、乳母ト庭上ニ出テ花ニ戯ケル処ニ、一人ノ乞食来テ剣ヲ以テ誤レルナリ、ト答。サテハ昔シ我ガ犯シタリシ所ナリト、先業宿執難レキ断理ヲ悲メリ。

雖レ然リト、小野ノ篁建立ノ八坂ノ塔ノユガミタルヲバ、浄蔵、二人ノ子ヲ膝ノ上ニ居ナガラ祈リ直セリ。豈世ノ愛着色貧ノ義ト同ジカランヤ。

三国伝記巻六

横川の如法堂にして、一夏安居せり。堂の庭に小便を成すに、俄に西方より、貴人来りぬ。大法師その人を問ふに、答へて云はく、我はこれ賀茂明神なり。慈覚大師、京畿の二百余の明神をして、番替に如法経を護らしむ。今日は我が直日なり。而るに不浄のことを誡めむと欲すれば、既に上人のなせしところなり。何がせむ、何がせむといふ。忽ちに異人を召し集めて、不浄の土を掘り捨てつ。方五尺ばかりなり、云々といふ。また新しき袈裟を着れば、口より火を出して、袈裟を焼き失ひて、衣服を焼かず。その子細を尋ぬれば、不浄の女人、裁縫せし故なり。

拾遺往生伝

○はや桶を流してかへる戻りばし(明五礼5)

○蘇生せしまで一条に名無し橋(一〇六19)

浄蔵貴所が熊野参詣に出かけての留守、父清行が没し、戻橋でその葬列に出あった。浄蔵は棺をとどめ祈念したところ、清行はたちまち蘇生。浄蔵は父を抱いて帰った。このの ち世人この橋を名づけて戻橋という(『都名所図会』)。第一句、「早桶」は粗製の棺。

○それまでは八坂こわ〴〵駈ケぬける(一四〇13)

○浄蔵の曰むく〳〵しやんとなれ(一〇四16)

浄蔵が和製ピサの斜塔を念力で直したという伝説だが、現在のものは室町期の再建。第二句、「むく〳〵しゃんとなれ」は江戸期の子どもがこま回しのとき、倒れそうになると叫ぶ掛声。

聖天 しょうてん

サンスクリット名のナンディケシバラの漢訳名を大聖歓喜天といい、その略称。歓喜天、天尊などの略称ともいう。仏教では聖天を「しょうでん」と読む。大自在天(シバ神)と烏摩妃《うまひ》の子の俄那鉢底《がなぱち》(大将の意)のことで、大自在天の軍勢の大将であった。また毘那夜迦《びなやか》(障害を除去する者)ともいわれる。もとは人々の事業を妨害する魔王であり、インド神話におけるガネーシャ神に相当する。仏教に取り入れられてからは障害を排除する神となり、各種の修法においては聖天壇を設けて勧請されることが多い。形像は象頭人身像であって、単身像と双身像の二種がある。単身像は二臂《にひ》、四臂、六臂、八臂、十二臂などの像が図像集に収められている。各手の持物については諸説がある。両界曼荼羅の外院には座像が描かれているが、単独に造像された例は多くない。双身像は一つの蓮華座の上に二像が抱き合う立像で、一方は魔王、他は十一面観音の化身の男女二天とされる。現存作例は彫像が多く、神奈川県宝戒寺の木彫像(鎌倉時代、重要文化財)が著名である。

関口 正之

【聖天信仰】 日本では聖天は夫婦和合をもたらす性神の面が強く表出している。双身の歓喜天像は、象頭人身の男女が立ったまま抱擁しているもので、互いに相手の右肩に顔面をのせている。この像から夫婦和合をはじめ子授けの霊験が説かれている。聖天に立願する者は、秘かに聖天供《しょうでんぐ》を実修する。これは密教の秘法の一つで、本尊に、酒、大根、歓喜団(米粉をのばし、中へ小豆粉や串柿などを入れ包んだ菓子)を供える。とくに大根を用いるのは、性器を表現するものと思われる。民間信仰として栄え、奈良の生駒聖天（宝山寺）や東京浅草の待乳山《まつちやま》の聖天は、現代も信仰の拠点として知られている。

宮田 登

○くわんき天どこい〳〵の御すがた（宝十三智3）
○しやう天をくづしに来ルが遣り手なり（明二義1）

第一句、二天相擁したさま。「どっこいどっこい」は相撲取組の玩具をいう。第二句、遊女と客を聖天に擬した。前句は「めいわくなこと〳〵」。

聖徳太子 しょうとくたいし ?―六二二（推古三〇）

六世紀末～七世紀前半の政治家、仏教文化推進者。用明天皇の皇子で母は穴穂部間人《あなほべのはしひと》皇后（欽明天皇皇女）。生年は『上宮聖徳法王帝説』に甲午年（五七四）とあるが確かでない。幼名を厩戸豊聡耳《うまやどのとよとみみ》皇子といい、のちに上宮聖王、聖徳王、法大王《のりのおおきみ》、法主王などとも呼ばれた。聖徳太子の称は『懐風藻』の序文（七五一）が初見。初め上宮《うえのみや》に住み、のちに斑鳩宮《いかるがのみや》（いまの法隆寺東院の地）に移ったというが、一四、一五歳のころ蘇我馬子の軍に加わって物部守屋を討ち、そのとき四天王に祈念して勝利を得たので、のちに難波に四天王寺を建立したという。『日本書紀』によれば、五九二年（崇峻五）一一月に馬子が崇峻天皇を殺すと、翌月に推古女帝（敏達天皇皇后）が即位し、翌年（推古二）四月に太子を皇太子にして万機を摂政させたというが、この時期はまだ大兄《おおえ》の制が行われており、単一の皇位継承予定者である中国的な皇太子の制がすでに存在したかどうかは疑わしく、『日本書紀』以前に太子のことを太子と記した確かな史料もほとんどない。また太子の執政をもって積極的な皇権回復策とする見方もあるが、推古天皇の即位は崇峻天皇の暗殺という異常な事態の下で行われたことであり、女帝即位の初例であったためとみるのが妥当である。この時期は蘇我氏権力がまさにその絶頂にさしかかったときであり、推古朝の政治は基本的には蘇我氏の政治であって、女帝も太子も蘇我氏に対してきわめて協調的であったといってよい。したがって、この時期に多く見られる大陸の文物・制度の影響を強く受けた斬新な政策はみな太子の独自の見識から出たものであり、とくにその中の冠位十二階の制定、十七条憲法の作成、遣隋使の派遣、『天皇記』『国記』以下の史書の編纂などは、蘇我氏権力を否定し、律令制を指向する性格のものだったとする見方が一般化しているが、これらもすべて基本的には太子の協力の下に行われた蘇我氏の政治の一環とみるべきものである。

しかし太子は若くして高句麗僧慧慈《えじ》に仏典を、博士覚哿《かくか》に儒学等の典籍を学び、その資質と文化的素養は時流を抜くものがあったらしい。みずから十七条憲法の文章を作ってその第二条に「篤く三宝を敬え」と述べ、仏典を講説して法華・維摩・勝鬘三経のいわゆる『三経義疏《ぎしょ》』を著したと伝えられ、また四天王・法隆・中宮・橘・広隆・法起・妙安の七寺を興したと伝えられるなど、当時の仏教文化の興隆に大きな役割を果たしたことを物語る所伝が少なくない。ただしそのためか、太子は聖《ひじり》であったとか、中国南岳の慧思禅師の後身であるとか述べて、超人間的存在であったごとく説くことが、主として仏家の間に早くから生じた。太子の伝記は『書紀』に劣らず古いとされる『上宮記』『上宮聖徳法王帝説』などから始まって、数多く作られた。九一七年（延喜一七）成立の『聖徳太子伝暦』に至って、太子の伝説化はほぼ完成されたといってよく、以後平安時代から鎌倉時代にかけて、太子信仰が広く普及していった。太子は敏達・推古両天皇の女の菟道貝鮹《うじのかいだこ》皇女、膳加多夫古《かしわでのかたぶこ》の女の菩岐岐美郎女《ほききみのいらつめ》、蘇我馬子の女の刀自古郎女《とじこのいらつめ》、尾治《おわり》王の女の猪名部橘《いなべのたちばな》女王などを妃とし、山背大兄《やましろのおおえ》王（刀自古郎女の所生）をはじめ数多くの子女を生んだが、六二二年二月二二日に斑鳩宮で病死し、河内の磯長墓《しながのはか》（大阪府南河内郡太子町太子の叡福寺境内）

❶

❺

❸

❷

❹

◉――**聖徳太子**

❶厩で生まれる。『聖徳太子絵伝』。上宮寺蔵。

❷南無仏太子像。二歳のとき、合掌して「南無仏」と唱える。元興寺極楽坊蔵。

❸孝養太子像。一六歳、父の病気平癒を祈る。元興寺極楽坊蔵。

❹黒駒太子像。二七歳のとき、甲斐国から献じられた黒馬に乗って富士山に登る。日本民芸館蔵。

❺太子講の掛軸。聖徳太子を職祖と仰ぐ大工の講のもので、曲尺を持つ。

に葬られた。　関　晃

【聖徳太子の伝承】　『日本書紀』がすでにその事跡を神秘化している聖徳太子は、奈良時代には法隆寺や四天王寺でまつられていた。法隆寺では天平年間（七二九―七四九）に行信によって上宮王院（東院）が創建され、太子をかたどった観音像（救世《ぜ》観音）が八角円堂（夢殿）に安置された。当時の太子伝承は『上宮聖徳法王帝説』に記され、太子が一時に八人の言をわきまえた聡敏な人であったこと、『維摩経』や『法華経』の疏を製作中、夢に金人が現れて解答を与えたことなどを記す。この説話は、『上宮皇太子菩薩伝』に夢堂の禅定、『上宮聖徳太子伝補闕記』に大殿の三昧定という形を経て、一〇世紀に成立した編年体の『聖徳太子伝暦』で夢殿にこもって金人より妙義を聴き、また夢殿入定中に唐へ渡り前生所持の法華経を持ち帰るという説話となる。このような説話の発展が示すように、太子は日本における仏教の伝来と流布を象徴する貴種であった。『伝暦』が百済の阿佐王子の敬礼文として「救世大慈、観音菩薩、妙教流通、東方日国、四十九歳、伝灯演説、大慈大悲、敬礼菩薩」を伝えるように、太子は救世観音、また如意輪観音の化身とされ、あるいは聖武天皇に再誕して大仏を造ったともいう。真言宗では、平安時代に弘法大師や聖宝に再誕したという説が生まれ、天台宗では、最澄がすでに太子を聖人としてたたえ、『伝暦』などにみえる『七代記』逸文によれば、太子の前生に天台宗の祖である南岳慧思禅師をあて、衡《こう》山で達磨大師とめぐり会いともに日本に転生して仏法を流布しようと誓ったという。すでに『書紀』にみえる、「太子が片岡に遊行した際、飢者に遇って衣食を与え、哀れんで歌を詠む。飢者は死んで葬られ、太子が命じて墓を調べるとその屍は消えていた」という説話は神仙譚的な性格をもち、以降『日本霊異記』『補闕記』などに記され、『伝暦』ではさきの説話と結びつき、慧思は太子、達磨は飢人であるとする。

一方、『法王帝説』には、太子が蘇我馬子とともに物部守屋と戦ったとき、四天王像を挙げて、守屋を滅ぼせば四天王の寺を造ろうと誓い勝利を得たという、四天王寺創建の縁起が含まれる。この太子と守屋の合戦譚は、『補闕記』『伝暦』『四天王寺御手印縁起』等、四天王寺の縁起を中心に、古代における仏教の勝利を代表するものとなり、やがて中世には寓意と霊験に満ちた合戦物語として太子伝唱導の中心となった。『善光寺縁起』にも、この説話は、物部氏が難波の堀江に攘《はら》い捨てた、天竺の月蓋長者の造ったという一光三尊阿弥陀如来像を、本田善光が信濃国まで運んでまつるという、本尊一光三尊阿弥陀如来の将来をめぐる記述のなかに含まれ、太子伝とも重なって絵解きされていた。四天王寺にはすでに奈良時代に聖霊院と絵堂が建立され、当時『障子伝』と呼ばれる絵解きのための伝記が作られたらしい。一二世紀には『台記』に絵解きの消息が知られる。一〇六九年（延久一）には法隆寺東院絵殿に障子絵伝が描かれ、一一二一年（保安二）には西院に聖霊院が造立されたのは四天王寺の影響があろう。

中世には、橘寺、広隆寺など周辺の太子にかかわる天台寺院、そして、太子創建と伝える京都の六角堂に参籠した親鸞が夢告を受け回心したと伝える（聖徳太子内因曼荼羅）ことを契機とする、親鸞の太子信仰を継承する高田専修寺派を中心とする浄土真宗寺院によって太子伝の絵解き唱導が広く行われ、大量の絵伝と物語化した太子伝記が生みだされた。その典型は、一三二〇年（元応二）ころに四天王寺で製作された『正法輪蔵』で、それは中世に醸成された太子をめぐる豊かな秘事口伝を含む。たとえば太子の乗る黒（烏）駒は、『補闕記』に烏斑の駒に乗り富士や北国に遊行したことを記すが、『伝暦』以降、これを甲斐の黒駒として、最愛の妃膳《かしわで》大娘をめとる事跡とともに二七歳の条に記される。『正法輪蔵』ではこれを輪王の七宝中の馬宝と女宝であると解釈し、黒駒に乗る太子は、諸国の霊山を巡行して熊野や伊勢などの神々の本地垂迹《ほんじすいじゃく》の相を明らかにし問答して結縁する。それは、東北に多い黒駒太子像が示すように山岳宗教と結びついて生まれた伝承だろう。黒駒とともに太子に随行する舎人《とねり》の調子麿(丸)は、太子没後も墓を守ったというが、一三世紀に法隆寺の顕真がその子孫と称して太子伝の秘事口伝『聖徳太子伝私記』を集成したように、太子伝承を担う存在として意識されていた。その秘事口伝は、『上宮菩薩秘伝』を作った叡尊門下の律僧集団にも伝えられ、また絵解きの展開と深く結びついている。

その過程で成立した代表的な説話が、膳妃に関するものである。太子行幸の際、三輪川の辺で老母を養うため芹を摘み礼をなさぬ少女を見とがめて問答し、かえってその孝心を賞して住居の陋屋を訪れ婚儀をなす。これは漢籍『蒙求』などの採桑妃説話などを換骨奪胎したものだが、同時に膳妃は勢至菩薩が月輪として降った化人であるという。それは、太子を観音、母后間人妃を阿弥陀とするのに応じ、やがて磯長《しなが》の太子廟(叡福寺)は、三骨一廟としてこの三人を葬り、弥陀三尊をかたどる浄土教の聖地となる。四天王寺も、太子が西門は極楽の東門である(御手印縁起)といい、また日想観も太子が始めたとして浄土教の中心となり、太子と浄土信仰は不可分の関係にある。

『伝暦』には、太子が周囲の人々と自身の運命や過去の因果、また遷都や寺院建立について、さまざまな予言をすることが述べられる。それは中世に『聖徳太子未来記』という形で盛んに意識された一種の歴史的認識ともかかわり、太子が、神仏ならびに聖界と人間世界との媒介者であることを物語ると思われる。また『伝暦』以降の太子伝は、仏教とともに半島から諸技芸などの移入を太子に結びつけて記すが、中世を経て現代まで、寺院の周辺で活動していた大工や猿楽(能楽)などの諸芸能は太子を開祖とする縁起をもつ。金春禅竹の『明宿集』などはその好例であるが、それは、中世に諸職人や諸道の人々が王権と結びついて活動していたこととかかわるものだろう。↓

阿部　泰郎

秦河勝…物部守屋

皇太子鵤《イカルガ》の岡本の宮に居住《いま》しし時に、縁《えに》有りて宮より出で遊観に幸行す。片岡の村の路の側に乞匃人《カタヰ》有りて、病を得て臥せり。太子見て、轝《ミコシ》より下りて、倶に語りて問訊ひ、著たる衣を脱ぎ、病人に覆ひて幸行しき。遊観既に訖《を》はりぬ。轝を返して幸行すに、脱ぎ覆ひし衣、木の枝に挂《かか》りて彼の乞匃无し。太子、衣を取りて著る。臣有り、白して曰はく「賤しき人に触れて穢れたる衣、何の乏びにか更に著る」といふ。太子詔りたまはく「佳シ、汝知ら不」とのたまふ。彼の乞匃人他処《ことどころ》にして死ぬ。太子聞きて使を遣して殯《もがり》し、岡本の村の法林寺の東北《うしとら》の角に有る守部山に墓を作りて収め、名づけて人木墓と曰ふ。後に使を遣し看しむるに、墓の口開か不して、入れし人无く、唯歌を作り書きて墓の戸に立てたり。歌に曰はく、

　鵤の富の小川の絶えばこそわが大君の御
　　名忘られめ

使還りて状を白す。太子聞き嘿然《もだあ》りて言は不。

日本霊異記上巻「聖徳皇太子異しき表を示す縁」

(九歳、土師連八嶋が蛍惑星の歌を奏す)太子云。……他国より夷、競来るべし、と仰せらる。果して次年、都に乱入す。(中略)十六歳御年、……(守屋)朝敵になりて、河内国弓削鞍作と云所にて、城擲を構。其勢、二十万余騎。太子の御勢、二百五十余騎也。太子は、三箇度寄給えども、負て逃て、椋《むく》の木、八に割れて、其木の中へ逃かくれ給。仍、神妙轝と賞め給。神妙椋の木とて、今にこれ有。彼辺に寺を建。(中略)二十七歳御時、甲斐黒駒、出来《いできたる》。調使丸舎人、異国御舎人として、九月に之に乗給。天皇に暇を申て、三日三夜に、日本国を廻見給。……調使丸を轡《くつわ》に之を付、虚空を飛て、富士山に到給。浅間大菩薩、本地観音。富士山頂にも地獄池有り。中に太子入給。善光寺如来、地より出給て、太子共に語う。日本国の神々に合い奉て、物語し給しを、雲上記と

して十二巻、天皇に奏給。又、仏閣建立すべき所々、見知し給。
三輪大明神は、氏神にてわたらせ給えば、御参詣あるに、高橋の下に、芹つむ小女あり。諸人は、太子の御行をみるに、此女は、見奉らず。太子、使を遣わし、御尋有ども、女、答えず、ただ落涙す。太子、自ら立寄給て問給に、多武峯下、かしわでと云所に、化生の人にて、かしわでの里に翁が子と成る女人也。……八月十五夜の月、二に割れて、多武峯音羽山の傍に落。翁、行て見ば、三歳女子、かしわの葉を敷きて御座《おわします》。翁にいだかれて帰給。十余日養ば、六七歳に成。三ケ年を歴ては、十四五歳に成給て、芹を摘て、父母二人を養給う。二人共に、飢に依て死去せんとす。彼女、悲歎極まりなし。太子の御尋によて、之を申す。
太子の女御は三人。一人は推古天皇御女。一人は蘇我大臣女。一人は今の芹摘の后、是也。其中に、殊に芹つみは太子の御最愛也。(中略)さて、太子、黒駒に召して、日本国を三日三夜に廻り御覧せられけるに、大峯の善鬼も召出されて、山内の有様ども、御尋ありけり。富士山計こそ、馬の足には触りけれ。其外は、虚空をそ、黒駒、雲に乗て飛行しけり。

堂本家本聖徳太子絵伝詞書

二十九年辛巳春二月に、太子、斑鳩の宮に在ま《い》して、妃に命じて沐浴せしめ、太子もまた沐浴したまいて、新しく潔き衣袴を服《き》て、妃に謂いて曰く。「吾、今夕《こよい》遷化すべし。子《なんじ》、共に去るべし。妃、また新潔の衣裳を服たまいて、太子の副《そい》の床に臥したまいぬ。

伝暦巻下

その後、御葬礼の儀式あり。先ず御入棺ありければ、両《ふたつ》の屍の軽きこと、只衣のみ。……貴賤群集して市を成し、悲泣する声、野も山も響くばかりなり。……殊に哀れを留めたるは黒駒、御棺を見奉らんと欲して……虚空に二三丈躍り上り、前足を折りて御陵を拝すること三度、熟《つらつら》御棺を見奉りて大地に下り、両眼より血の涙を流して……実に悲歎に堪えざる気色にて死す。……
御舎人調使丸、大に愁歎して……独り御廟の前に平臥して起きず。……鬘髪を剪り、飲食を断じて、丹精に祈請して……一心不乱に称名念仏すること七日七夜……往生極楽の本懐を遂ぐ。

醍醐寺本聖徳太子伝

○御厩へ取りあげ婆ゝアかけ付る(八〇10)
○厩戸の皇子へのこが大キそう(天八蓮2)
御厩の前で出生し、厩戸皇子と称した。第一句、厩の縁で「駈付る」といった。第二句、馬並みかと。
○聖徳太子酒呑みと下女思ひ(七九1)
「生得大酒」と聞こえたため。
○まづ耳のはやひがもりや気にくはず(拾五8)
八耳《やつみみ》の皇子と称されるほどの聡明さが、物部守屋を敵に回す因となった。
○達磨の尻に片岡の土が付き(新三六月8)
片岡山に飢者と歌の応答をした説話は、のちにこの乞食が達磨大師であったということに発展、末期の狂句にこの達磨説が多い。
○根を掘って聞けば芹摘稀な孝(一二〇21)
芹摘の妃。「根を掘って」は深く立ち入っての意。

称徳天皇 しょうとくてんのう→孝謙天皇

尚巴志 しょうはし 一三七二—一四三九

沖縄島の南部、佐敷《さしき》の佐敷城《ぐすく》に割拠し、のちに中山、北山、南山を討ち、初めて沖縄島を統一(一四二九)した英雄。父は初代国王尚思紹。巴志の始めた王朝を「第一尚氏」という。
巴志は「佐敷の小按司《あじ》」(按司は各地に割拠し、その地方を統治した武力的政治支配者)と呼ばれ、衆人の徳望を集めた人物であった。口碑では、彼は馬天の港に入ってくる交易船より鉄塊を求め農具を製作、これを農民に分け与え農業生産を高めたこと。また、時の南山王他魯毎《たるみい》が巴志の所持する金屏風を所望するので、南山大里《おおざと》城下のカデシ井泉《ガー》と交換した。その結果、南山の人心は他魯毎から離れ、ついに他魯毎は巴志に討たれるところとなった、と伝える。両話とも農耕生産の根本部分にかかわっており、統一国家を出現せしめた巴志をカルチャー・ヒーローとして伝承するものである。

国王としての巴志は海外交易の振興はもとより、安国山(王宮の庭園)の造営、滝潭の開掘、城門の創建など王都首里の整備にも力を注いだ。

波照間 永吉

巴志は生得、身体極めて小さく長さ五尺に満たず。故に俗に皆佐敷小按司と称す。其の幼年のとき嘗て与那原に遊び、鉄匠をして剣を造らしむ。匠人農器を造るに急にして剣を造ること甚だ遅し。巴志屢々往きて問ひ求むるに、匠人佯りて剣を造るの状を為し、巴志還り去れば則ち止む。漸々にして鍛錬し、三年にして後成る。巴志此の剣を得、一日、舟に駕して海に遊ぶ。忽然として大鱷浪を翻して躍り来り、舟幾んど覆沈す。巴志、剣を按じて立つ。鱷魚畏れ退き敢へて侵さず。時に異国商船有りて鉄塊を装載し与那原に在りて貿易す。皆其の剣を見て之れを要む。終に満船載する所の鉄を以て之れを買ふ。巴志、鉄許多を得、百姓に散給して農器を造らしむ。百姓感服す。

球陽

聖宝 しょうぼう　八三二―九〇九(天長九―延喜九)

平安前期の僧。天智天皇六世の孫。恒蔭王といったが、一六歳で東大寺に入り、空海の実弟の真雅を師として出家し、願暁、円宗に三論を、平仁に法相を、玄栄に華厳を学んだ。八六九年(貞観一一)に興福寺維摩会の竪義《りゅうぎ》に出て、三論宗の立場で論を立ててその名を知られるようになった。その間真言の修学に励んでいたが、八六〇年ころから山林修行に心を傾け、各地の霊山を巡るうち、八七四年に京都の東南の笠取山頂に道場を開き、それが醍醐寺の起源となった。真言の修行を終えた聖宝は、八八〇年(元慶四)ころから貴族社会でも重んぜられるようになり、貞観寺座主、東寺長者、東大寺東南院主などに任ぜられ、僧正となった。弟子に観賢、延敞《えんちん》らがある。諸寺の造像に力を尽くし、『古今集』に一首の歌を収載する。権威にへつらわない豪快な僧としての逸話が多く、中世以降、修験道中興の祖として鑽仰され、一七〇七年(宝永四)東山天皇の勅によって理源大師の称号が贈られた。

大隅 和雄

昔、東大寺に上座法師のいみじくたのしき有けり。露ばかりも、人に物与ふることをせず、慳貪に、罪ふかくみえければ、其とき、聖宝僧正の、わかき僧にておはしけるが、この上座の、もの惜しむ罪のあさましきにとて、わざとあらがひをせられけり。「御坊、何事したらんに、大衆に僧供ひかむ」といひければ、上座思様、物あらがひして、もしまけたらんに、僧供ひかんもよしなし、さりながら衆中にてかく云事を、なにとも答へざらむも口惜と思て、かれがえすまじきことを思めぐらしていふやう、「賀茂祭の日、真裸にて、たふさぎばかりをして、干鮭太刀にはきて、やせたる女牛に乗て、一条大路を、大宮より河原まで、「我は東大寺の聖宝なり」と、高く名のりてわたり給へ。しからばこの御寺の大衆より下部にいたるまで、大僧供ひかむ」といふ。心中に、さりともよもせじと思ければ、かたくあらがふ。聖宝、大衆みな催あつめて、大仏の御前にて、金打て、仏に申てさりぬ。

その期ちかく成て、一条富小路に桟敷うちて、聖宝がわたらん見んとて、大衆みなあつまりぬ。上座も有けり。しばらく有て、大路の見物のものども、おびたゝしくのゝしる。何事かあらむと思ひて、頭さしいだして、西のかたをみやれば、牝牛に乗たる法師の裸なるが、干鮭を太刀にはきて、牛の尻をはたはたと打て、尻に百千の童部つきて、「東大寺の聖宝こそ、上座とあらがひして渡れ」と、たかく言ひけり。其年の祭には、これをせんにてぞありける。

宇治拾遺物語巻十二ノ八「聖宝僧正一条大路わたる事」

浄瑠璃姫 じょうるりひめ

三河国矢作《やはぎ》地方などの伝説や『浄瑠璃物語』に登場する女主人公。『浄瑠璃物語』によれば、源中納言兼高と妻の遊君矢作の長者とが峰の

◉——**浄瑠璃姫**　浄瑠璃姫たちの管弦に合わせ、義経が笛を吹く。『浄瑠璃絵巻』。大鳥神社蔵。

薬師(鳳来《ほうらい》寺)に申し子をして得た子。一四歳のとき、金売吉次の供をして奥州に下る牛若(義経)と契ったとされ、駿河国吹上で病に死んだ義経を姫が蘇生させたとされる。また、三河国笹谷で義経が法華経と歌を回向《えこう》すると姫の墓の五輪塔が砕けて、奇瑞をみせたと伝える。これに類似した伝説を伝える所に、静岡市清水区蒲原地区では七難坂、吹上六本松など、愛知県岡崎市内では成就院(吹矢町)、光明院(康生通西)、誓願寺(矢作町)などがあり、同県新城市長篠の笹谷などがある。この物語は峰の薬師の霊験利生譚であったものが、義経伝説に結びつけられたものと考えられ、本地物風の懺悔譚として念仏比丘尼、歌比丘尼や遊行の巫女たちによって伝承されたと考えられている。また、主人公浄瑠璃御前の名は『師門《もろかど》物語』にもみえ、主人公師門の妻となっている。この物語も陸前国栗原郡と信濃国を往来する念仏の徒によって伝承されたと考えられている。

山本　吉左右

御曹司は籬の蔭に立ち忍び、花園山をながめ給へば、浄瑠璃御前のその夜の装束、いつにすぐれて花やかなり。浮織物、唐織物、桜、山吹、濃き躑躅、梅地、紅梅、柳色、薄紅梅、菖蒲襲に、菊襲、十二単を引き重ね、濃き紅の千入の袴踏みくくみ、丈に余れる翡翠のかんざしを、紅梅の檀紙を山形様に畳ませて、中ほどを寄せて、舞ふやうに結ばせて、浦吹く風にそよとなびかせて、立たれたりけるその風情、心言葉も及ばれず。優にやさしくおぼえたり。ものによくよく譬ふれば、楊貴妃、李夫人、衣通姫に、女三の宮の立ち姿、朧月夜の尚侍、弘徽殿の細殿もこれにはいかでまさるべき。義経都にありし時、幾らの内裏の女房たち、やんごとなき上臈たちを、五節の遊びありし時見たてまつれども、かほどの美人はいまだ見ず。

浄瑠璃十二段草紙三段

それよりやはぎのわたりして、妙大寺。むかしの浄瑠璃御前跡、松のみ残て、東海道の名残、命こそながめ侍つれ。今は岡崎といふ。

宗長日記

○笛の音は垣根ごしから問薬(拾四15)

浄瑠璃姫が琴を弾いているところへ、牛若が小柴垣の外から笛を吹き、なじみを重ねた。「問薬」は病を判断するために試飲する薬で、転じて語りかけて人の気を引いてみることをいう。

徐福　じょふく

中国、秦の始皇帝の時代、不老不死の仙薬を求めて海を渡ったとされる人物。渡海先が日本であったという伝承が中国と日本の文献に登場し、日本各地に多くの伝説地がつくられた。司馬遷の『史記』によれば、徐福が始皇帝に願い出て最初の航海に出たのは、紀元前二一九年のことという。日本では、弥生時代の頃である。徐福は仙薬を得られずに帰るが、始皇帝をあざむき、再度仙薬探しの大航海に出る。このとき始皇帝は、良家の男女三千人、五穀の種子、各種の職人などを徐福に託した。

しかし徐福は、渡海先で土地を得て王となり、二度と中国に戻らなかった、という。

この『史記』に記された徐福伝説は、唐代になって李白や白楽天が詩に歌い、広く知られた。おそらく奈良時代の日本にも伝わったと考えられる。一〇世紀になると、中国の文献に徐福の行き先が日本であったという話が登場する。義楚という僧が、日本から中国に渡った弘順という僧から聞いた話として、徐福らは蓬萊山を日本の富士山に求め、その山麓に永住し、子孫は秦氏を称したという(『義楚六帖』)。また宋代に至り、欧陽修が「日本刀歌」という話の中で、日本人の祖先は徐福で、彼は始皇帝を詐《たばか》り、童男女・百工・五種のほか、焚書をまぬかれた逸書百篇を日本にもたらした、と詠じた。中世以降、日本でも多くの物語や文献に徐福が登場するようになり、徐福が日本にやってきた話は、中国と日本共通の伝説となった。徐福伝説の地は、九州から東北まで日本各地に分布する。佐賀市の金立山の金立神社は徐福を祀り、和歌山県新宮市の阿賀神社には徐福宮があり、背後には蓬萊山という小山もある。八丈島にも徐福伝説があり、富士山麓の山梨県富士吉田市の伝説もよく知られている。

高橋　千劔破

むかし秦は先王の道を断って儒者を殺し、詩・書を焼き、礼義を棄て、詐偽《さぎ》の力を尊んで刑罰をことと し、瀬海の穀物を運んで西河(黄河の西方、陝西の東部)に送りました。当時、男子は耕作にはげんでも糟糠《ぬかかす》さえまんぞくに食えず、女子は紡績につとめても体を蔽《おお》うことさえできなかったのです。蒙恬《もうてん》をつかわして長城を築き、東西数千里にわたって兵をさらし軍をさらすこと常に数十万、死者は数えきれず、屍体《したい》は千里に連なり、流血は田野をいろどり、力つきて乱をおこそうと望む人民の数は、十家のうち五家に及びました。また徐福《じょふく》をつかわし、東海に入って神仙・不死の薬を捜させましたが、帰還していつわりごとを申し、『わたくしは海中の大神に会った』と言いました。大神が『おまえは西の皇帝(始皇)の使者か』と問うので、『そうです』と答え、『おまえはなにを求めているのか』と問うと、『延年長寿の薬を得たいのです』と答えた。神は『おまえの秦王の礼物が手厚くないから、見せてつかわすが取ることは許さぬ』と言い、ただちに彼を従えて東南のかた蓬萊《ほうらい》山に行き、霊芝《れいし》(瑞草)の生えている宮殿を見せてくれたというのです。そこには使者がおり、銅色で竜の形をし、光がさしのぼって天を照らしていました。そこで彼は再拝して、『いかなる礼物を持参して献上すればよろしいか』と問うと、海神は『良家の男子、良家の女子および百工を献ずれば、得られよう』と言ったと申しました。秦の皇帝はすこぶる喜んで良家の男女三千人を遣わし、五穀の種と百工を携行させました。徐福は平原・大沢を手に入れ、そこにとどまって王となり、帰らなかったのです。

史記淮南衡山列伝第五十八

○腰掛に寝そふな役を徐福うけ(五六25)
○来ハ来たがはなし相手の無ィ徐福(明八信1)
○阿房よと徐福沖からゆびをさし(浪華初1)
○大きな山を言ったのハ徐福也(五一4)
○鯨汁ぶたよりいゝと徐福喰ィ(四三30)
○薬とりとう〳〵始皇まちぼうけ(一一40)

第一句、「腰掛」は医者の玄関にある腰掛。古川柳の世界では薬取りは長時間待ったため、髭を抜いたり、落書きや昼寝をしたり、という約束になっている。第二句、異国ではさぞや不便。第三・四句、徐福は大山師ということになる。「阿房」は阿房宮、「大きな山」は大山師の語の裏に東海の蓬萊仙山富士の山を通わせる。第五句、徐福の墓が紀州熊野にあるという説あり、「鯨汁」はその熊野(紀州太地)の縁。第六句、始皇帝は徐福の行方を求めるため、儒者盧生を遣わしたというが。

児雷也　じらいや

自来也とも。宋の沈俶《しんしゆく》撰『諧史』中の「黠盗我来也」説話、または『類書纂要』巻二十一「窃盗」の条を淵源とし、日本では近世期に「自来也・児雷也物」として文芸界の一角を占めるにいたった。『諧史』によれば、名奉行として聞

◉——**児雷也**　恩ある旧主の子息が打首となろうとするとき、大鷲に変じた児雷也が助け出す。三世歌川豊国画『児雷也豪傑譚話』。

こえの高かった趙師睾《ちょうしたく》が、臨安府尹《ふいん》に在職中、臨安城内に賊がしきりに忍びこみ、「我来也《われきたれるなり》」の三字を書き残して去る。この賊を捕らえて牢に入れたが、吟味しても自白せず、無実を主張する。賊は獄卒に向かい、市中のある場所に金が隠してあると告げ、これを進呈すると申し出た。獄卒がひそかにこれを入手すると、しばらくのちに、夜中に外出させることを強要した。獄卒は金をもらった負い目から、やむなく牢から出してやると、約束どおり翌朝戻って入牢した。その間に臨安府の役人宅へ賊が忍び入り、壁には我来也と書き残してあった。これにより、趙は獄中の者が無実であると錯誤し放免した。この話は、獄卒の子が財産を使い果たしたのち、昔話として語ったのが伝聞された、という。この説話に想を得て、感和亭鬼武が、読本『自来也説話《ものがたり》』(一二冊、一八〇六、〇七刊)を出板、義賊自来也の伝奇・英雄譚として人気を得た。この小説をすぐさま一八〇七年(文化四)九月〜一一月、大坂角の芝居で『柵自来也談《やえむすびじらいやものがたり》』として劇化上演、四世市川団蔵が主演しその当り役の一つとなった。きせる筒、羽織紐などに自来也の名をつける商品が流行、双六も出された。またこれは読本を劇化する嚆矢《こうし》ともなった。

さらに合巻『児雷也豪傑譚《ものがたり》』(美図垣笑顔《みずがきえがお》、渓斎英泉、柳下亭種員、柳水亭種清の嗣作)が一八三九—六八年(天保一〇—明治一)に刊行。児雷也の風貌は八世団十郎を意識した優雅な美男に描かれ、先行作の蝦蟇《がま》が、大蛇《おろち》の妖術に加えて、蛞蝓《なめくじ》仙人の守護を受ける綱手を登場させ、三すくみの趣向に発展させ、ここに至って児雷也は「自来也」と壁書する性格から、実は家名再興を志す肥後の国の公達に改められた。この作は一八五二年(嘉永五)七月、江戸河原崎座で『児雷也豪傑譚話《ものがたり》』の題で、河竹黙阿弥の手で劇化上演され、八世団十郎の主演で評判をとった。ここで草双紙趣味の濃厚な妖術使い、『偐紫田舎源氏』の足利光氏を多分に意識した美男子の義賊英雄像が定着し、錦絵などが数多く発行された。またのちには講談でも行われ、映画、大衆小説にまでその影響を及ぼしている。

小池　章太郎

白太夫　しらだゆう

菅公伝説を脚色した浄瑠璃の代表作『菅原伝授手習鑑』(一七四六年(延享三)八月初演)において、菅丞相《かんしょうじょう》(菅原道真)に仕える忠義心の厚い実直一途な百姓で、松王丸、梅王丸、桜丸三兄弟の父親。河内国佐太の里に住み、四郎九郎と名のったが、七〇の賀の祝いに、丞相から白太夫の名をもらって改名した。もっとも、白太夫の名は中世から菅公伝説の中に組みこまれており、その重要な場面に登場し、脇役となって活躍し、また舞台まわしの役目も務めていた。北野天満宮をはじめ、太宰府天満宮、伊勢妙見山などにも末神の神としての白太夫社があり、白太夫明神として祭祀されている。謡曲『道明寺』は、シテを「白太夫の神」に設定している。一方、白太夫は伊勢の神司で度会《わたらい》春彦という人物であり、太宰府に赴いて菅公の死をみとったと語る伝承があった。『手習鑑』で白太夫に「伊勢の御師《おし》かなんぞのように白太夫とお付けなされた」と語らせるのは、この伝承に基づいている。中村幸彦の研究によると、白太夫と呼ぶ虚構の人物を作り出し、それを伊勢神司度会春彦なる人物に仮託して語り伝えたのは、伊勢神宮の御師や伊勢比丘尼など中世における伊勢信仰の布教師たちであったと推定される。白太夫の名に白い浄衣を着た神道関係者の面影があり、一方松木春彦という俗称のほうは天神の神木の松の木と、天神誕生の二月一八日が春であることを縁として創作したものかと考えられる(『白太夫考――天神縁起外伝』)。いずれにしても、天神の愛樹であった梅、松、桜を育てた花守の翁としての白太夫は天神縁起中の特異な人気者である。白太夫の信仰はなんらかの形において百太夫信仰と交わるものかもしれないが、現段階では不明。 ➡松王丸・梅王丸・桜丸

服部 幸雄

○白太夫もしてうまんかとあんじ(三六2)
○植木屋のやうに並べる白太夫(七一13)
　第一句、「てうまん」は脹満(腹のふくれる病気)。第二句、松王丸、梅王丸、桜丸の三児を並べたさま。

白浪五人男　しらなみごにんおとこ

一七四七年(延享四)に獄門になった、日本左衛門こと浜島庄兵衛、中村左膳、岩淵弥七、中島唯助らを題材とした、架空の盗賊団。浜島庄兵衛らは、美濃、尾張、三河、駿河、遠江、伊豆、近江、伊勢の八ヵ国をまたにかけて押込強盗をし、富裕な町人・百姓のみ襲ったといわれる。この件が六一年(宝暦一一)大坂中の芝居上演の歌舞伎『秋葉権現廻船話』(竹田治蔵作)と脚色されて、日本駄右衛門として活躍する。その後、講釈で白浪五人男として読まれたり、歌川豊国の役者見立絵となって市井に現れた。この見立絵に暗示を得て脚色された歌舞伎『青砥稿花紅彩画《あおとぞうしはなのにしきえ》』(一八六二年(文久二)、江戸市村座初演。河竹黙阿弥作)が大評判となり、日本駄右衛門、弁天小僧菊之助、忠信利平、赤星十(重)三郎、南郷力丸の五人男が定着した。弁天小僧は南郷を供に、殺した信田小太郎になりすまし許嫁の千寿姫と契りを結ぶが、正体を明かし、小太郎を殺したことを告げるので姫は身を投げる。と、駄右衛門が現れ弁天は手下になる。一方、信田の家臣赤星十三郎は、お家のために百両盗もうとし、勘当される。その百両は忠信利平がだまし取る。自殺しようとする十三郎をとめた忠信は百両を与え、十三郎も駄右衛門一味となる。

弁天小僧は武家娘、南郷がその供侍に化けて呉服屋の浜松屋に現れ、わざと万引に見せて店の者に額を割られた詫び料として百両ゆすり取る。これを用人に化けた駄右衛門が見破り百両を取り戻す。礼を出そうとする浜松屋幸兵衛に、駄右衛門は正体を現し、全財産を奪おうとする。しかし幸兵衛の述懐から、息子宗之助は駄右衛門の実子、弁天小僧は幸兵衛の実子で、信田小太郎は故主と知れ逃れゆく。稲瀬川で勢ぞろいした五人男に捕手がかかり、弁天小僧は極楽寺山門の上で立腹を切って果て、四人も捕らわれる。

高橋 則子

与九　さては女と思ったは、騙《かた》りであったか。
皆々　やあ〱〱。
弁天　知れたことよ、金がほしさに騙りに来たのだ。秋田の部屋ですっかり取られ、塩噌の銭にも困ったとこから百両《いっぽん》ばかり拵《かせ》ごうと、損料物の振袖で、役者気取りの女形、巧くはまった狂言もこう見出されちゃあ訳はねえ、ほんに、唯今のお笑い草だ。
与九　どう見てもお嬢さんと思いのほかの大騙り、さてさて太い、
五人　奴だなあ。
弁天　どうで騙りに来るからにゃあ、首は細いが胆は太え。
南郷　なんだ、太いの細いのと橋台で売る芋じゃアあるめえし。

◉——**白浪五人男**『青砥稿花紅彩画』初演時の「稲瀬川勢揃いの場」。左から南郷力丸、赤星十三、忠信利平、日本駄右衛門、弁天小僧菊之助。五人が傘で描く「大入」の文字は縁起を寿ぐ洒落。三世歌川豊国画。

弁天　違えねえ。
駄右　巧みし騙りが現われても、びくとも致さぬ大丈夫、ゆすりかたりのその中でも、さだめて名のある者であろうな。
弁天　それじゃあ、まだ私等《わっちら》をお前方は知らねえのかえ。
与九　おゝ、何処の馬の骨か、
皆々　知らねえわ。
弁天　知らざあ言って聞かせやしょう。浜の真砂と五右衛門が歌に残せし盗人の種は尽きねえ七里ケ浜、その白浪の夜働き、以前を言やあ江の島で年季勤めの児ケ淵、江戸の百味講の蒔銭を当に小皿の一文子、百が二百と賽銭のくすね銭せえだんだんに悪事はのぼる上の宮、岩本院で講中の枕捜しも度重なり、お手長講と札附にとう〳〵島を追い出され、それから若衆の美人局《つゝもたせ》、ここやかしこの寺島で小耳に聞いた祖父さんの似ぬ声色で小ゆすりかたり、名さえ由縁の弁天小僧菊之助という小若衆さ。
　　青砥稿花紅彩画 浜松屋の場
駄右　むゝ、かく露顕の上は、卑怯未練に逃げはせぬ、一人々々に名を名乗り、縄にかかって、

五人　刑罰受けん。
　けなげな一言、して真先に、
皆々　進みしは。
駄右　問われて名乗るもおこがましいが、産まれは遠州浜松在、十四の年から親に放れ、身の生業《なりわい》も白浪の沖を越えたる夜働き、盗みはすれど非道はせず、人に情を掛川から金谷をかけて宿々で、義賊と噂高札に廻る配附の盥《たらい》越し、危ねえその身の境界も最早四十に人間の定めはわずか五十年、六十余州に隠れのねえ賊徒の首領日本駄右衛門。
弁天　さてその次は江の島の岩本院の児あがり、ふだん着慣れし振袖から髷も島田に由井ケ浜、打ち込む浪にしっぽりと女に化けた美人局、油断のならぬ小娘も小袋坂に身の破れ、悪い浮名も竜の口土の牢へも二度三度、だんだん越える鳥居数、八幡様の氏子にて鎌倉無宿と肩書も島に育ってその名さえ、弁天小僧菊之助。
忠信　続いて次に控えしは月の武蔵の江戸そだち、幼児《がき》の折から手癖が悪く、抜参りからぐれ出して旅を稼ぎに西国を回って首尾も吉野山、まぶな仕事も大峰に足をとめたる奈良の京、碁打と言って寺々や豪家へ入り込み盗んだる金が御嶽の罪科は、蹴抜の塔の二重三重、重なる悪事に高飛なし、後を隠せし判官の御名前騙りの忠信利平。
十三　またその次に列《つら》なるは、以前は武家の中小姓、故主のために切取りも、鈍き刃

の腰越や砥上ケ原に身の錆を磨ぎなおしても抜き兼ねる、盗み心の深翠《ふかみどり》、柳の都谷七郷、花水橋の切取りから、今牛若と名も高く、忍ぶ姿も人の目に月影ケ谷神輿ケ嶽、今日ぞ命の明け方に消ゆる間近き星月夜、その名も赤星十三郎。

南郷　扨どんじりに控えしは、潮風荒き小ゆるぎの磯馴の松の曲りなり、人となったる浜そだち、仁義の道も白川の夜船へ乗り込む船盗人、波にきらめく稲妻の白刃に脅す人殺し、背負《しょ》って立たれぬ罪科は、その身に重き虎ケ石、悪事千里というからはどうで終《しま》いは木の空と覚悟は予《かね》て鴫立沢、しかし哀れは身に知らぬ念仏嫌えな南郷力丸。

駄右　五つ連れ立つ雁金の、五人男にかたどりて、

弁天　案に相違の顔触は、誰白浪の五人連れ、

忠信　その名もとゞろく雷鳴の、音に響きし我々は、

十三　千人あまりのその中で、極印うった頭分、

南郷　太えか布袋か盗人の、腹は大きい胆玉、

駄右　ならば手柄に、

五人　からめて見ろ。

青砥稿花紅彩画稲瀬川勢揃いの場

神功皇后　じんぐうこうごう

仲哀天皇の妃で記紀の新羅遠征説話の主人公、また応神天皇の母とされる。別名、気長足姫《おきながたらしひめ》尊(記では息長帯比売命)。

【神功皇后伝説の大要】　熊襲《くまそ》を討つため筑紫に赴いた仲哀天皇は、海のかなたの宝の国を授けようという神託を得る。この神言は武内宿禰《たけうちのすくね》が請い、神がかりした神功皇后を通じて告げられた。その宝の国とは先進文明に輝く朝鮮半島諸国のことであったが、これを信じなかった仲哀天皇は急死する。再度皇后に神が憑っき、こんどは胎中の子にそれを授けようと託宣する。憑いた神は、住吉大神《すみのえのおおみかみ》であった。神言に従って神功皇后はみごもったまま新羅を攻める。神助を得て船は一挙に新羅に至り、国王は恐懼《きょうく》して服従を誓った。帰国後九州で生まれた「御子」とともに大和に帰還し、「御子」の異母兄弟で謀叛を謀った忍熊王《おしくまのみこ》を滅ぼす。こののち皇子は武内宿禰にともなわれて角鹿《つぬが》でみそぎをし名を変える。のちの応神天皇である。成人して帰った子を、神功は「御祖《みおや》」として待ち迎え祝福する。神功皇后は、以上の話の前半では巫女的存在、後半では「御祖」という二面の造型を与えられている。

【背景と意味、古代王権と朝鮮】　前半はかつて「神功皇后三韓征伐」などと喧伝された話だが、よくよむと胎中の応神を主役とした話だといえる。瓊瓊杵《ににぎ》尊が天照大神《あまてらすおおかみ》から葦原中国《あしはらのなかつくに》の統治権を授かったのと同様に、住吉大神から応神が母の胎内にいながら先進文明国朝鮮の統治権を授かった話とよめるのである。この応神の代から文明時代は始まると『古事記』は語る。皇子が試錬を経て成人するという後半の話にはあきらかに成年式儀礼の投射がみられ、前半を上のようによめば、以上の話は文明時代を開いた初代王誕生の物語として前後半を統一的によむことができる。かかる初代王の誕生に神功皇后は欠かせない存在であった。

【儀礼的背景、巫女像の投影】　新羅出兵の物語は、どの程度にせよ大嘗祭の一環である八十島祭《やそしままつり》の投射をうけており、このことが神功皇后の造型と関係する。八十島祭とは、新天皇即位の翌年、難波津の浜で女官らが天皇の御魂代《みたましろ》なる衣服に、統治すべき島々の霊を付着させて健やかな成長を願う哺育の儀礼であり、祭神には住吉大神も含まれていた。朝鮮問題が重要になったとき、この儀礼を核として、航海守護神である住吉大神が海の果ての宝の国を授けるという神話ができたと思われる。八十島祭には生島御巫《いくしまのみかんなぎ》なる巫女、また天皇の乳母であった女官が参与した。神の子を養育するのは神に仕える巫女的な女性の役目であった。儀礼でその役割を分掌した御巫や乳母の投射をうけて、説話に

おける神功像がつくられていったのであろう。

新羅遠征物語において神功皇后は、主役と見まがうほどにその活躍が著しい。歴史以前のものであった巫女の霊能の助けを借りて文明時代が開かれたことは皮肉のようだが、こういう神話を創出せねばならぬほどに、対朝鮮外交問題は王権にとって困難な課題であったということだろう。

『日本書紀』は、神功皇后摂政紀一巻をもうけており、『風土記』などでは神功は天皇と呼ばれるなど、即位はしなかったが天皇に準ずる扱いをうけていたことがわかる。しかし国家成立史以前に属する邪馬台国の卑弥呼は別として、巫女的霊能を疎外しつつ形成されていった古代国家において、巫女的霊能を発揮して政治的実権を握った女帝的人物が存在したとは考えられない。また、七世紀後半期に在位した斉明女帝をモデルとして神功像がつくられたとする説がある。斉明が新羅出兵を企てみずから九州へ出陣したただ一人の天皇だからである。しかしこのころの女帝は実権なき単なる権威のシンボルであった公算が大であり、それをモデルとして神功像がつくられたとは考えにくい。実在の巫女王卑弥呼に始まり、七世紀から八世紀中葉にかけて女帝相次いだ時代に至る女帝史の中にいったん神功皇后を位置づけてみる必要はあろう。しかし女帝ととらえるにしろ、これはあくまでも儀礼上の人物にもとづく説話像である。神功皇后は王権の危機的状況を克服すべく創出された神話において、過去のものとなった巫女的霊能を大いに発揮した、偉大な虚像としての女帝であったといえよう。

▼安曇磯良…応神天皇…武内宿禰

倉塚 曄子

故、備《つぶ》さに教へ覚したまひし如くにして、軍を整へ船雙《な》めて度り幸でまし時、海原の魚、大き小さきを問はず、悉に御船を負ひて渡りき。爾に順風大く起りて、御船浪の従にゆきき。故、其の御船の波瀾《なみ》、新羅の国に押し騰りて、既に国半に到りき。是に其の国王《こにきし》、畏惶《かしこ》みて奏言《まを》しけらく、「今より以後は、天皇の命の随に、御馬甘《みまかひ》と為て、毎年に船雙めて、船腹乾さず、柂檝《さをかぢ》乾さず、天地の共与《むた》、退むこと無く仕へ奉らむ。」とまをしき。故是《かれ》を以ちて新羅国は御馬甘と定め、百済国は渡の屯家と定めたまひき。爾に其の御杖を、新羅の国主の門に衝き立てて、即ち墨江大神の荒御魂を、国守ります神と為て祭り鎮めて還り渡りたまひき。

故、其の政未だ竟《を》へざりし間に、其の懐妊みたまふが産れまさむとしき。即ち御腹を鎮めたまはむと為て、石を取りて御裳の腰に纏かして、筑紫国に渡りまして、其の御子は阿礼坐《あれま》しつ。故、其の御子の生れまし地を号けて宇美と謂ふ。亦其の御裳に纏きたまひし石は、筑紫国の伊斗村に在り。亦筑紫の末羅県の玉島里に到り坐して、其の河の辺に御食したまひし時、四月の上旬に当りき。爾に其の河中の礒に坐して、御裳の糸を抜き取り、飯粒を餌に為て、其の河の年魚《あゆ》を釣りたまひき。故、四月の上旬の時、女人、裳の糸を抜き、粒を餌に為て、年魚を釣ること、今に至るまで絶えず。

古事記中巻

去程ニ、皇后ハ御産ノ気出来リ、御腹頻ニ悩マシク思食ケレバ、対馬国ニテ御船ヨリ下給ヒ、鎧ヲ解置キ白石ニ御腹ヲ冷シツヽ、御裳ノ腰ニ石ヲ挿マセ給テ、「奉㆓我孕㆒御子、日本ノ主ト成リ給ベキナラバ、今一月胎内ヲ出サセ不ㇾ可ㇾ給」、誘《こしら》ヘ申サセ給シカバ、御腹ノ内ヨリ、「十月ニナレバ立チ直リタル計也。軍静マランマデハ生ルマジ。トク異国ニ向ハセ給ヘ」ト申サセ給フ。御音ヲ聞食テハ、合戦ノ事モ忘ハテ、「去ラバ早此皇子ノ生レ給ヘカシ。今一目モ早ク見奉ラン」トゾ思食ス。

八幡愚童訓

伝へ云ふ。其時海人浮鯛魚を救ひ清らかなる器もなかりしにより飯をいるる器に入て、男は恐ありと女是を頭に戴て献る。今に此浦の漁家の女ハ魚を市に鬻《ひさ》ぐに頭に戴て歩く。其魚入る器を飯籄《はんぼう》と云は其縁と。其時皇后勅して此浦の海人に永く日本の漁場を許し給ふと。夫故世々今に此処の海人にて何国にても漁をすれとも障方なく運上も出す事なしといふ。

浮鯛抄(瀬戸内海漁民の伝承)

○御気ながたらし出陣に鮎を釣り(九九89)

肥前松浦の玉島河で、鮎を釣りあげ、戦を占った。諱の気長足姫尊に、戦を前にして悠然と気の長たらしい釣りをしたことを言いかける。

○茶せん髪三韓迄もかき廻し(六五14)

「茶筌髪」は江戸期の後家の風俗。茶筌と掻き回すと縁語で結び、茶の湯の句に仕立てた趣向。

信西 しんぜい 一一〇六―五九(嘉承一―平治一)

平安末期の貴族。学者・僧侶でもあった。俗名は藤原通憲《みちのり》で、高階通憲ともいった。信西は出家後の法名で、号は円空。藤原南家貞嗣流、藤原実兼の子。正五位下、少納言。家系は曾祖父藤原実範以来、代々学者(儒者)として知られ、祖父季綱は大学頭だった。当世無双の博覧の学者となり、鳥羽上皇の命で『本朝世紀』を撰し、また『法曹類林』を著して法律の典拠を示した。そして、藤原頼長と双璧をなす学者となったが、南家出身であったため不遇だった。当時、世襲化が進んだ公家社会の仕組みでは、一時高階家の戸籍に入った通憲は大学寮の官職には就けず、出家したのもこの失望感による。しかし、出家しても俗界から離れる気はなく、一一五六年(保元一)七月に鳥羽法皇が死去すると、信西は葬儀を取り仕切った。また、かねてから目を付けていた雅仁親王(鳥羽法皇の第四皇子)が五五年(久寿二)に後白河天皇として即位すると、信頼厚い権力者の位置を得て、翌年保元の乱が起きると源義朝の献策を積極的に採用し、崇徳上皇方を破って後白河天皇方に勝利をもたらした。後白河院政が始まると平清盛と結んで敏腕を振るったが、同じ院の近臣藤原信頼と対立。清盛は信西・信頼の双方と姻戚関係を結んで中立的立場にあったが、五九年(平治一)一二月に清盛が熊野詣に出掛けたため都に軍事的空白が生じ、信頼は義朝と結んで院御所・三条殿を襲撃(平治の乱)、信西は追われて奈良へ向かう山中で殺された。

信西の最期の模様は切腹したともいわれるが、意外にも従者に穴を掘らせて自らを生き埋めにさせた。わずかな空気穴を残して地中で最期の時を迎えるまで念仏を唱え続けて餓死するつもりだったが、追手が迫ったことを空気穴を通して知らされると、腰刀で胸を突いて自ら命を絶ったという。追手は信西の遺骸を掘り出し、首を切断して京に持ち帰り、信頼と義朝による首実験を行い、本人と確認された後に見せしめのために京中を引き回し、西の獄門に梟首したという。

○小侍めがと信西にらみ付ヶ(一〇八22)

○掘返される信西と活炭団(新一八2)

第一句、一一五八年(保元三)、藤原信頼が検非違使の職にありながら、なお大将を望んだとき、信西は「信頼などが大将と成らば、世が乱れる」と拒絶。「小侍」は武家で中間・若党と同じく雑用をする少年の謂《いい》で、信頼を小僧っ子扱いした。第二句、平治の乱の際、地を掘って身を埋め、竹筒によって呼吸していたのを発見され、斬首。そのさま、あたかも灰に埋もれていた活《けい》炭団のごとし。

安宅 夏夫

信徳丸 しんとくまる

説経節『信徳丸』の主人公。河内国高安郡信吉《のぶよし》長者の子として生まれた信徳丸は、継母ののろいを受けて癩になり、天王寺(四天王寺)西門の前の引声堂の縁の下に隠れ、飢死にを決意する。しかし、許婚乙姫の献身的な愛情と、清水観音の利生によって、もとの身によみがえる。信徳丸のイメージの前身には、『今昔物語集』巻四「狗拏羅《くなら》太子、眼を抉《くじ》り、法力に依つて眼を得たる語」がある。純粋に仏教的な霊験を語る話ではあるが、継母の讒言《ざんげん》や奸計によって盲目となる太子には、後の信徳丸の面影がある。能の『弱法師《よろぼし》』にも、さる人の讒言とあって、継母の姿はないが俊徳丸の名が見え、天王寺の西門、石の鳥居を舞台とする日想観《にっそうかん》信仰が取り入れられ、盲目の俊徳丸の心眼に映る四方の景観が、そのまま悉皆成仏の浄土を思わせる美しさに輝く。盲目なるが故に可能な法悦としてそれは描かれており、開眼ではなく、盲目を選びとることによって即身成仏的な至福の世界を心眼に納めている。『今昔』の系譜や、能の『弱法師』を踏まえて、説経『信徳丸』の信徳は生まれたが、引声堂にこもる盲目の信徳丸の閉ざされた世界に『弱法師』の俊徳丸との深い因縁を見いだす。近世の浄瑠璃『摂州合邦辻』における俊徳丸は、説経の信徳丸の分身としての位置を占めている。近代になると、折口信夫は小説『身毒丸《しんとくまる》』(一九一七―二三)を残しているが、癩にむしばまれていく田楽法師身毒丸の美形に重ねて、旅に生きる芸人のはかなさや、芸に賭ける執念のようなものを描いているといえよう。 →乙姫

岩崎 武夫

◉――信徳丸　天王寺に捨てられた信徳丸と、後ろ髪を引かれながらも、主人の命により信徳丸を捨てて河内国高安に帰る郎等の仲光。信徳丸は、清水観音から袖乞いをして命をつなげとのお告げを受ける。『せつきやうしんとく丸』。天理図書館蔵。

郎等仲光御前に召され、「やあいかに仲光よ。承れば信徳は、異例の由を承る。いたわしゅうは存ずれども、いずくへなりとも捨ててまいれ」。仲光承って、「仰せにては候えども、乳房の母御の遺言に、仲光頼むと御意あるに、余の郎等に仰せつけられ、仲光においてはお許しあれ」。信吉聞こしめし、「先立ちたる乳房の母は、なんじが主にて、うき世にありし信吉、主にてはなきぞとよ。捨ていというに捨てものならば、仲光ともに、うき世の対面かのうまじ」とありければ、仲光承って、御前をまかり立ち、人間所《ひとまどころ》にたたずみて、くどきごとこそあわれなり。

説経節信徳丸

神武天皇　じんむてんのう

『古事記』『日本書紀』に伝えられ初代の天皇とされる。高天原《たかまがはら》より天津神《あまつかみ》の子として地上に降臨した瓊瓊杵《ににぎ》尊の曾孫とされる。神武という名は八世紀後半の命名による漢風諡号《しごう》で、記紀には、①若御毛沼《わかみけぬ》命、②神倭伊波礼毘古《かむやまといわれびこ》命、③始馭天下之天皇《はつくにしらししすめらみこと》ほか多くの名が記されている。①は穀霊的性格を示す幼名にあたり、②は神聖な大和の国のいわれ(由緒)を負うている男、③は初めて天下を治定した天皇の意である。記紀の神武天皇の所伝は若干の小異があるが大綱においてほぼ同様で、要するにそれは神々の世界に生まれた穀霊的存在(①)が、いかにして人の世を開き初代君主(②③)となったかを語った一種の英雄伝説とみなされる。『日本書紀』の記す紀年、辛酉年《かのととりのとし》(前六六〇)即位、七六年(前五八五)に一二七歳で没というのは史実をよそおった造作であり、六～七世紀の記紀神話形成期に今見るような形に物語化されたものであろう。

【神武伝説の大要】　初め日向の国の高千穂宮《たかちほのみや》にいた神武は、兄五瀬《いつせ》命とはかり、「どの地を都とすれば安らかに天下を治められようか、やはり東方をめざそう」と日向を出発する。途中、宇佐、筑紫、安芸、吉備を経歴しつつ瀬戸内海を東進して難波に至り、そこで長髄彦《ながすねひこ》と戦って五瀬命を失う。神武の軍は南に迂回して熊野に入ったところを化熊に蠱惑《こわく》されるが、天津神の助力によって危地を脱し、天津神の派遣した八咫烏《やたがらす》の先導で熊野・吉野の山中を踏み越えて大和の宇陀に出る。ここで兄猾《えうかし》、弟猾《おとうかし》を従わせ、以後、忍坂《おさか》の土雲八十建《つちぐもやそたける》、長髄彦、兄磯城《えしき》、弟磯城《おとしき》らの土着勢力を各

地に破り、大和平定を成就する。さらに別に天下っていた饒速日《にぎはやひ》命も帰順して、神武は畝傍《うねび》の橿原《かしはら》を都と定め天下を統治するに至った。后妃は日向の土豪の妹、阿比良比売《あひらひめ》がいたが、大后《おおぎさき》として三輪の大物主《おおものぬし》神の娘、伊須気余理比売《いすけよりひめ》を立て、その間に神渟名川耳尊《かむぬなかわみみ》(第二代綏靖天皇)ほか二子が生まれた。

【神武伝説の形成】 以上の神武伝説は往古の覇者東漸を記した歴史というより、七世紀前後に王権の儀式、大嘗祭《だいじょうさい》とかかわりつつ記紀神話の一環として語りだされたものであろう。大嘗祭に基礎をおく神話の一典型は、大嘗宮での新天子誕生の秘儀を説話化した瓊瓊杵尊の降臨譚だが、神武伝説はこの天孫降臨神話の地上的・世俗的再話といえる。神武の穀霊的素性を示す幼名は、彼が瓊瓊杵尊の分身であることをあらわし、熊野での危機とその克服は降臨譚と同じく死と復活の儀式の型をふんでいる。ただ前者の天界より地上へという宇宙的・神話的展開に対し、後者が日向から大和への遍歴・征服の筋をとるのは、大嘗祭の地上的部分、とくに国覓《くにまぎ》儀礼にもとづくからであろう。国覓は天子が都とするに足るよき地を求めることで、七世紀末以前の都城が天子一代限りとされていた時代には即位式中の一重要部分であった。実際の国覓は大和周辺のあれこれの地を卜占等により選定するが、神武伝説はそれを歴代都城の地にほかならぬ大和そのものの発見、治定として典型化している。それこそが初代君主にもっともふさわしい事業とされたのであろう。なお神武伝説には、一連の戦闘歌謡、久米歌《くめうた》が含まれている。これも大嘗祭における歌舞、久米舞《くめまい》の詞章によるものだが、独特な活気と迫力をもって物語中に精彩を放っている。

阪下 圭八

神倭伊波礼毘古命、其の伊呂兄五瀬命と二柱、高千穂宮に坐して議りて云りたまひけらく、「何地に坐さば、平らけく天の下の政を聞し看《め》さむ。猶東に行かむ。」とのりたまひて、即ち日向より発たして筑紫に幸行でましき。

古事記中巻

十有二月の癸巳の朔丙申に、皇師遂に長髄彦を撃つ。連に戦ひて取勝つこと能はず。時に忽然にして天陰《ひし》けて雨氷《ひさめ》ふる。乃ち金色の霊《あや》しき鵄《とび》有りて、飛び来りて皇弓《みゆみ》の弭《はず》に止れり。其の鵄光り曄煜《てりかがや》きて、状《かたち》流電《いなびかり》の如し。是に由りて、長髄彦が軍卒《いくさのひとども》皆迷ひ眩《まぎ》えて、復力《きは》め戦はず。

日本書紀

辛酉年の春正月の庚辰の朔に、天皇、橿原宮に即帝位す。是歳を天皇の元年とす。

日本書紀

倩《ツラツラ》其の応跡の形体を尋ぬれば、地神五代鸕鷀草不合尊第四子人皇第一神武天皇、時に太子として、甲寅の年諸の皇子を帥《ヒキ》いて東征し給ふ。戊午の年紀伊の国名草の邑、遂に狭野を越え熊野の神の邑に到り、髴《ホノカ》に視そなはし給ふに、野の間に大熊屢々現じ忽然として即ち隠れぬ。又人有りて高倉下と曰ふ。天照の告を得て夢の覚て、庫を開くるに神剣現在せり。彼此共に権現応作の形、和光利物の姿也。爰に天皇山を越えんと欲するに、峨峨として路無く険阻にして通り難し。時に八咫の霊鳥翔り降りて路を示す。偏に是れ権現の冥助重跡の加被、真所実相を以て物に同し、強に禽獣の族と化し、神剣威を振りて能く魔界の敵を禦ぐ。

熊野権現講式

新羅三郎義光 しんらさぶろうよしみつ 一〇四五―一一二七(寛徳二―大治二)

平安後期の武将。新羅三郎は通称で、正しくは源義光。前九年の役で、東北の雄安倍氏を討った源頼義の三男。八幡太郎と称された源義家は長兄。弓馬にすぐれ、また音曲もよくし、笙の名手であったという。前九年の役の二〇年後、安倍氏滅亡により陸奥六郡の長となった清原家の内紛に、源義家が介入して後三年の役が勃発。奥羽の地で兄義家が苦戦しているのを聞いた義光は、救援に赴こうとしたが、朝廷はこの戦いは私闘であるとして派兵を許さなかった。しかし、義光は官を辞して戦場に赴き、義家と協力して清原武衡・家衡を討って凱旋した。しかし、朝廷は恩賞を出さず、義家・義光は従った関東武士たちに私費で報い、結果関東に強力な基盤を築いた。一方、義家らの応援で勝ち残った清原清衡が平泉に移って藤原姓を称し、奥州藤原氏の祖となった。

義光は、豊原時忠から名器「交丸」を得て笙の秘曲を授けられたというが、遠征に出かけるとき、戦場でこれを失うことを恐れ、名器を時忠に返したという。伝説では、時忠の子時秋が秘曲が滅ぶのを恐れ、足柄山まで義光を送って、山中で名器と秘曲の伝授を受けたことになっている。なお、義光は甲斐武田氏と常陸佐竹氏の遠祖とされる。義光が奥州へ出兵するとき、甲斐の山中で峠を越えようとして道に迷ったが、忽然と現れた樵の導きと、はるかに翻る八旒の白旗を見て、「オゝ八幡大菩薩」と讃美し、無事に峠を越えることができたと、『甲斐国志』は伝えている。この話は、大菩薩峠の由来ともなっている。その義光の四世信義が、現在の山梨県韮崎市に鎮座する武田八幡神社の地に館を構え、武田氏を称したのが甲斐武田氏の創始という。その武田氏が、信玄の子の勝頼のとき、大菩薩山麓の俗にいう天目山の戦で滅んだことは、皮肉といえようか。一方、佐竹氏は義光が常陸介となり、孫の昌義が常陸国佐竹郷（現、茨城県常陸太田市）に住み、佐竹氏を称したのが始まりという。

高橋　千劔破

○怪童の遊んだ山で笙の笛（新四1）
○時秋は道をしたふて曲をうけ（新五亘下50）

「怪童」は金時。義光は笙の師豊原時元の子時秋に、足柄山で大食調《だいじきちよう》・入調《にゆうちよう》の秘曲を伝えてのち、兄義家の軍に加わった。

親鸞 しんらん　一一七三―一二六二（承安三―弘長二）

浄土真宗の開祖。父は皇太后宮大進日野有範。一一八一年（養和一）九歳の春、慈円のもとで出家し範宴《はんえん》と号す。比叡山で堂僧として二〇年の修行をつんだが悟りを得ず、一二〇一年（建仁一）二九歳のとき京都六角堂に参籠して本尊救世観音に指針を求めた。このとき聖徳太子の示現を得て、法然（源空）の門に入った。法然の主著『選択《せんちやく》本願念仏集』は専修《せんじゆ》念仏をよく理解した高弟にのみ見写が許されたが、〇五年（元久二）四月、親鸞は入門五年で書写を認められ、法然みずから題字と僧綽空《しやくくう》という当時の親鸞の名を書いて与えた。同年閏七月には法然の肖像画作製を許され、画讃の文と善信という新たな名を書いてもらった。阿弥陀仏の救いの主対象は戒行を守れない愚かな凡夫であるとした法然の門下には、庶民階層の人たちが多くあつまったが、教団の隆盛とともに旧仏教側からねたみを受け批判された。

やがて法然教団は、専修念仏以外の宗教を否定し悪行を容認する危険思想を持つとの理由で、一二〇七年（承元一）法然以下一〇余名が死罪・流罪となり、親鸞は越後へ配流された。親鸞が流罪にされたのは、法然門下で専修念仏に徹し重要な位置を占めていたためであるが、さらに彼の結婚が破戒行為とみなされたためであろう。親鸞が結婚を決意したのは、仏道を修める者が宿縁によって女性と結ばれるとき、救世観音がその女性になりかわり、生涯仕え、死に臨んでは極楽浄土へ導こうという、六角堂救世観音の夢告によったという。そしてまた法然の、現世を過ごすには念仏の妨げとなるものはすべて捨てさるべきであり、聖であって念仏ができなければ妻帯し、妻帯して念仏ができないなれば聖になって念仏せよとの意向によるものでもあった。流罪に関して、親鸞は後年『教行信証《きようぎようしんしよう》』に「真宗興隆の大祖源空法師ならびに門徒数輩、罪科を考えず猥しく死罪に坐す。或は僧儀を改め姓名を賜うて流罪に処す。予はその一なり。しかればすでに僧に非ず俗に非ず、この故に禿の字を以て姓となす」と記し、禿の姓の上に愚の字をつけて愚禿《ぐとく》親鸞と称した。戒律を守れぬ肉食妻帯の愚か者こそが阿弥陀仏の救いの対象であることを示したものである。その昔、最澄が比叡に入山したときの願文に「愚中の極愚、狂中の極狂、塵禿の有情、底下の最澄」と深くみずからを反省し大乗円頓戒を設立した。しかしその後の比叡山では宗教的自覚はえがたくなってしまった。親鸞は最澄の原点にたちかえって、専修念仏に愚禿の生かされる道を見いだしたのであった。

一二一一年(建暦一)親鸞は流罪を解かれた。一四年(建保二)四二歳のころ越後を出て常陸へ向かった。その途中、上野国佐貫で人々の幸福を願って浄土三部経の千部読《どく》誦《じゅ》を始めた。しかし中途で、念仏者にとって称名以外になすべきことはなく、念仏ひとつで救われる喜びを一人でも多くに伝えることが念仏者のつとめであり、また人々に真の幸福を分かちあえるのだと思いかえして千部読誦の行を中止し、布教活動を開始した。二〇年間常陸国稲田を中心に東国各地で精力的な布教に従ったのち、三四年(文暦一)六二歳のころ京都に帰った。当時京都では念仏者は弾圧され、親鸞にとっても危険な状況で、東国におけるような積極的布教を行うことは困難なため、主として著述を通じて伝道につとめた。

帰洛一〇年間は、かねて執筆中の『教行信証』の完成に力をそそぎ、七八歳のとき聖覚著『唯信鈔』の注釈『唯信鈔文意』を著した。主著『教行信証』六巻のなかでは信巻が中心であり、弥陀の本願を信ずる「信の一念」に救済が確立すると主張する。七〇歳代の後半から八八歳までの約一〇年間は、とくに著述や経典の書写が多く、門弟への書状もまた八〇歳以後に集中的に残る。これらを通じて親鸞の思想の深化円熟をうかがうことができる。なかでも東国における念仏集団の思想的混乱、これに触発された息男善鸞《ぜんらん》の異義事件を契機に、親鸞の思想は一段と純化された。それは、みずからのはからい心を捨て去って、弥陀仏の救済にうちまかせた自然の念仏に生きる、いわゆる自然法爾の心境に達している。一二六二年(弘長二)一一月二八日三条富小路の善法坊で九〇歳をもって没した。鳥辺野の南、延仁寺で火葬にし、東山大谷に墓を建てた。死後一〇年、息女覚信尼と東国門弟は墓所を改修し廟堂を営み親鸞の影像を安置した。これを大谷廟堂と称する。すなわち本願寺の前身である。親鸞は配流されて間もなく、越後介三善為教の娘恵信尼《えしんに》と再婚した。彼女の書状一〇通が西本願寺に現存し、親鸞の動静を知る貴重な史料となっている。

千葉　乗隆

他力の信心を極限まで推し進め純化した親鸞は、その信心の系譜につらなる人々の間で信仰の対象とされ、神格化された。親鸞帰洛後の東国では、数々の念仏者の集団が生まれ、教団への道を進むようになったが、唯円の著とされる『歎異抄《たんにしょう》』は、そうしたなかで親鸞の信仰の根本を伝えようとしたものであった。親鸞の没後、京都では親鸞の曾孫覚如が本願寺を中心に真宗教団の統一をはかり、一二九四年(永仁二)に『報恩講式』、翌年に『本願寺聖人親鸞伝絵』を著した。この最初の親鸞伝は、貴族的な出自を強調し、如来の化身とするなど、教団の統一をめざす覚如の、祖師神格化の意図が強くあらわれているが、後世教団で語られる親鸞像の基礎となった。室町時代に入って真宗の布教が進むと、親鸞伝の増補修飾は一段と進んだ。『親鸞聖人御因縁秘伝鈔』は、親鸞が師法然の命によって九条兼実の娘玉日姫と結婚したと記し、それが「本願寺系図」にとり入れられたため、真宗門徒の間では近代まで事実と信じられていた。また、玉日姫も観音の化身とされ、信仰の対象となった。親鸞が東国で布教を進める間に出会った数々の奇蹟や教化の物語は、江戸時代の『遺徳法輪集』『二十四輩記』『大谷遺蹟録』などに集成され、門徒の間で語り伝えられた。

明治時代に入って実証的な考え方が進むと、歴史学的にみて伝記史料がきわめて乏しい親鸞については、一時は抹消論も唱えられた。しかし、一九二一年に「恵信尼消息」が発見され、また親鸞自筆と伝えられるものの筆跡研究が進むにつれて、親鸞の実在を疑う論は影をひそめた。他方、自己のはからいを捨てて阿弥陀一仏に帰依することを説いた親鸞の思想に対する、近代的な解釈が始まり、清沢《きよさわ》満之《まんし》、暁烏《あけがらす》敏《はや》などの思想家、宗教家の論者が人々に大きな影響を与え、『歎異抄』が知識人の間で広く読まれるようになった。近代的な自我意識が成立するなかで、自己を徹底的に凝視する親鸞の思想に共鳴する人々があらわれ、倉田百三の戯曲『出家とその弟子』は、若い知識人に強い影響を与えた。その刺激を受けて大正時代には、親鸞を主人公とする小説や戯曲がつぎつぎに発表され、上演された。近代になっても、伝統的な宗門組織のなかで生きる人々の間では、近世以来の親鸞伝が語り続けられていたが、昭和に入っても、親鸞の思想に傾倒した知識人は三木清、亀井勝一郎をはじめ数多い。また親鸞を時代的な背景のなかで理解しようとした服部《はっとり》之総《しそう》の論は、第二次大戦後の親鸞理解に大きな影響を与えた。

大隅　和雄

聖人常陸国にして、専修念仏の義をひろめ給ふに、おほよす疑謗の輩はすくなく、信順の族はおほし、しかるに一人の僧（山臥云々）ありて、動ば仏法に怨をなしつゝ、結句害心を挿て、聖人を時々うかゞひたてまつる、聖人板敷山といふ深山を恒に往反し給けるに、彼山にして度々相待といへども、さらに其節をとげず、倩ことの参差を案ずるに、頗奇特のおもひあり、仍、聖人に謁せむとおもふ心つきて禅室に行て尋申に、聖人左右なく出会たまひにけり、すなわち尊顔にむかひたてまつるに、害心忽に消滅して、剰後悔の涙禁じがたし、やゝしばらくありて、有のまゝに日来の宿鬱を述すといへども聖人又おどろける色なし、たちどころに弓箭をきり刀杖をすて、頭巾をとり、柿衣をあらためて、仏教に帰しつゝ終に素懐をとげき不思議なりし事也、すなわち明法房是也聖人これをつけ給き

本願寺聖人伝絵

す

垂仁天皇　すいにんてんのう

第一一代に数えられる天皇。活目入彦五十狭茅《いくめいりひこいさち》命という。父の崇神《すじん》天皇（御間城入彦五十瓊殖《みまきいりひこいにえ》命）とともにイリヒコの名を持ち、実在を認められる四世紀の天皇である。記紀には皇后狭穂姫《さほびめ》を巻きこんだ兄狭穂彦《さほびこ》反乱の物語、誉津別《ほむつわけ》命の物語、加羅《から》国皇子の都怒我阿羅斯等《つぬがあらしと》渡来の物語、新羅皇子の天日槍《あめのひぼこ》の渡来とその神宝をめぐる物語、田道間守《たじまもり》の物語、殉死の禁止と埴輪の起源伝承、石上《いそのかみ》神宮の神宝管理伝承などをこの天皇の代のこととして語っている。また倭姫《やまとひめ》命の伊勢神宮創始、大倭直《やまとのあたい》の大倭大神祭祀、兵器を神幣とする祭祀記事、屯倉《みやけ》の創設、多くの池溝の掘削なども崇神朝の治政を継承展開するものとして盛りこまれたものであろうが、史実性には疑問がある。皇子のなかで、ホムツワケには継体天皇系譜との関連、造剣・造池伝承を持つ五十瓊敷入彦《いにしきいりひこ》にはイリヒコ皇統のなごりがあり、景行天皇は記紀形成時に置かれた天皇として、それぞれ皇統系譜の研究上注目される存在である。

吉井　巌

末摘花　すえつむはな

『源氏物語』の登場人物の一人。故常陸宮の娘で、稀代の醜女。光源氏はある女房からこの姫君のうわさを聞くと、正体を知らぬままに、掘出しものかと胸をおどらせる。頭中将とせり合った末に、やっとのこと契りを交わすが、闇の中の感触がなんとなく腑に落ちない。やがて雪の朝、薄明りの中で、源氏ははじめてその容貌を見て驚く。まっさおな顔の中央に盛り上がった鼻は、象のように伸びて、先端が垂れ、赤く色づいている。胴長でひどくやせて、黒髪だけは豊かである。若い女がすまして黒い皮衣を着込み、何を尋ねられても、「むむ」と口ごもって、うす笑いをするばかり。源氏はあまりの気の毒さに、かえって捨てられず、須磨から帰京後も再び生活の面倒をみる。しかし、その後も彼女の愚鈍は変わらず、道化役を果たしたうえで、出家して終わる。零落した王統(わかんどおり)の貴族の戯画であるが、一面では当時の世俗順応の風潮に対する批判ともなっている。

今井　源衛

まだほの暗けれど、雪の光に、いとどきよらに若う見えたまふを、老人ども笑みさかえて見たてまつる。(女房)「はや出でさせたまへ。あぢきなし」「心うつくしきこそ」など教へきこゆれば、さすがに、人の聞こゆることを、えいなびたまはぬ御心にて、とかうひきつくろひて、ゐざり出でたまへり。見ぬやうにて、外の方をながめたまへれど、後目《しりめ》はただならず。いかにぞ、うちとけまさりのいささかもあらば、うれしからむとおぼすも、あながちなる御心なりや。

　まづ、居丈の高く、を背長に見えたまふに、さればよと、胸つぶれぬ。うちつぎて、あなかたはと見ゆるものは鼻なりけり。ふと目ぞとまる。普賢菩薩の乗物とおぼゆ。あさましう高うのびらかに、先の方すこし垂りて色づきたること、ことのほかにうたてあり。色は雪はづかしく白うて、さ青に、額つきこよなうはれたるに、なほ下がちなる面《おも》やうは、おほかたおどろおどろしう長きなるべし。痩せたまへること、いとほしげにさらぼひて、肩のほどなどは、いたげなるまで衣の上まで見ゆ。何に残りなう見あらはしつらむと思ふものから、めづらしきさまのしたれば、さすがにうち見やられたまふ。頭つき、髪のかかりはしも、うつくしげにめでたしと思ひきこゆる人々にも、をさをさ劣るまじう、袿《うちき》の裾にたまりて、ひかれたるほど、一尺ばかり余りたらむと見ゆ。

源氏物語末摘花巻

○源氏名は末摘花がうれ残り(九八55)

　「源氏名」は遊女の商売用の名。さすがに「末摘花」と付ける酔狂な者はなく、もっぱら夕霧、若紫、薄雲あたりがよろしい。

○鼻を見ぬ内光ルきみ度々かよひ(安五松2)

　鼻の形を見てさすがの源氏も驚く。「度々」はどどと読む。

菅原道真　すがわらのみちざね　八四五―九〇三

(承和一二―延喜三)

平安時代中期の学者、政治家。菅原是善《これよし》の三男。菅原氏からは代々有名な学者が出たが、道真も一一歳で詩を作り、父を驚かせたという。文章《もんじょう》得業生を経て八七二年(貞観一四)に渤海使の接伴員となり、その詩才を賞された。八七七年(元慶一)文章博士となったが、八八六年(仁和二)、讃岐守となって赴任した。その任中、宇多天皇と藤原基経との間に阿衡《あこう》事件《じけん》が起こり、道真は基経に書状を送ってその解決に尽力した。このことによって宇多天皇は、藤原氏をおさえるうえに道真を登用しようと考え、八九一年(寛平三)、基経死去の直後に道真は蔵人頭《くろうどのとう》の重職にばってきされた。以後彼は、基経の子の時平と相ならんで参議・中納言と進み、八九七年、時平は大納言に、道真は権大納言に任ぜられた。当時大臣は欠員であり、時平・道真は並んで朝政統理の任にあたった。

　彼の治績にはとくに目だった点はないが、八九四年、遣唐使に任ぜられたとき、行路の危険、唐の戦乱の情勢にかんがみ、遣唐使派遣の中止を申請して許され、以後遣唐使が絶えたことは有名である。宇多天皇は八九三年、醍醐天皇に譲位のさいも道真一人を相談相手とした。八九九年(昌泰二)、時平は左大臣に、道真は右大臣に任ぜられ、吉備真備《きびのまきび》に次ぐ学界出身の大臣が生まれた。当時として実に破天荒な出世であり、藤原氏や学閥の反感は大きく、九〇一年(延喜二)一月道真は天皇の廃立をはかったかどで、突然大宰権帥《だざいのごんのそち》に左遷された。これは時平らの策動によるものであるが、道真が全然無実であったか否かは、わずかに疑問の点がある。彼は配所に閉居し、翌々年二月に死んだ。

死後、道真のたたりと称する異変が相次いで起こり、九二三年(延長二)罪を取り消して本官に復し、のち九九三年(正暦四)には正一位太政大臣を贈られた。その前から民間ではほこらを北野にたて、天満天神としてまつっており、以後、道真は文道の神として異例の尊崇を受けてきている。彼は勅命により八九二年『類聚国史』を撰し、また『三代実録』の編さんにもあずかった。ほかに『新撰万葉集』、また詩文集の『菅家文草』一二巻があり、左遷後の作品を集めた『菅家後集』もある。 土田 直鎮

道真の亡霊は御霊《ごりょう》(御霊信仰)となってたたりをすると信じられた。『将門記《しょうもんき》』(九四〇)によれば、平将門の乱の際に、八幡大菩薩が将門を新皇にするとの託宣をくだしたが、この八幡の神意をとりついだのが道真の霊だとされている。道真の霊は雷神となって猛威をふるい、その伝承を集成した『北野天神縁起』には、九三〇年清涼殿に落雷して廷臣を殺傷し、醍醐天皇も地獄におちたと伝えている。荒ぶる神としての道真像は、やがて利生《りしょう》の神としての天神像へと変化する。道真は観音の化身と見られ、慈悲・正直の神と信じられ、さらに「王城鎮護」の神として仰がれるようにさえなった。また道真がすぐれた学者であったことから、平安時代以来、学問・詩文の神とされ、室町時代に禅僧の間では、遣唐使廃止を建議した道真は、天満天神となって皮肉にも渡唐し、径山《きんざん》の無準《ぶじゅん》のもとに参禅したと考えられた。江戸時代には寺子屋で天神をまつり、書道の神として敬った。『菅原伝授手習鑑《すがわらでんじゅてならいかがみ》』寺子屋の段からは、そういう事情をうかがうことができる。明治以後、学校教育を中心にして、配所にあって「恩賜の御衣」を毎日捧持する道真の姿が、君恩を忘れぬ「忠臣」として称賛された。そこには国家をゆるがす荒ぶる神の面影は、ほとんど見られない。「東風《こち》吹かばにほひおこせよ梅の花あるじなしとて春な忘れそ」の歌は有名。↓ 桜井 好朗

藤原時平

…… 扨〳〵つくしにおはしましけるあひだに、……御身に罪なきよしの祭文つくりて、高山に登りて、七箇日のほど〻かや、天道にうたへ申させ給けるとき、祭文漸とび昇り、雲をわけていたりにけり。帝釈宮をも打すぎ、梵天までものぼりぬらんとぞおぼへし。釈迦菩薩の往劫に底沙仏の御もとにて、七日七夜あしの指をつまたて〻、

天地此界多聞室　逝宮天処十方無
丈夫牛王大沙門　尋㆓地山林㆒遍無㆑等

と讃嘆せしかば、九劫を超越して、弥勒にさきだちて仏になりにき。菅丞相は現身に七日七夜蒼天をあふぎて、身をくだき心をつくして、あなおそろし、あらたに天満大自在天神とぞならせ給ひたる。 北野天神縁起

讒者の業としろし召さば罪なき事も世に顕はれ。帰洛の勅諚下るべし。それ迄は菅丞相。月にも花にも目はふれず私なき臣が心帝はしろし召されずとも。天の照覧明らかなり。安楽寺へ志すは此暁ふしぎの霊夢。菅丞相が愛樹の梅。今如月の花盛り。都の住居思ひ寝の枕の硯引寄せて。筆に任せて斯くばかり。東風吹かば。匂ひおこせよ梅の花。主なしとて。春な忘れそと。心を述べて。睡みしに。妙なる天童わが枕に立たせ給ひ。汝憐愍の心深く。仁義を守る忠臣の功。心なき草木まで情を受けし主を慕ひ。花ものいはねど其験安楽寺へ詣で見よと。示現に依つて宣ふ所へ。安楽寺の住僧杖を頼りに老の足。それぞと見奉りし

◉——菅原道真

❶童子天神。道真が五歳のときに歌を詠んだという伝承による。鳥居清経画。常盤山文庫蔵。
❷渡唐天神。五山の禅僧の間にひろまった、道真が中国に渡って参禅したという伝承による。仙厓画。太宰府天満宮蔵。
❸綱敷天神。九州に下る際、臨時に船の綱を円座としたという伝承による姿で、一般には忿怒像として描かれるが、これは文筆の信仰にもとづく文人の姿である。武田逍遥軒画。常盤山文庫蔵。
❹水鏡天神。道真が大宰府に向かう途中、川に映る衰えた自分の姿を見て嘆いたという伝承による。唐招提寺蔵。
❺柘榴(ざくろ)天神。道真の怨霊を鎮める祈禱をする天台座主尊意にすすめられたザクロを、道真の霊が口にふくんで吐き出すと炎になったという伝承による。鳥居清倍画。常盤山文庫蔵。

❶

❷

❸

❹

❺

より。小腰を屈め立寄れば。丞相鞍より。下りさせ給ひ。住侶の歩行は何処へぞ。我は貴院へ行く折から。これにて対面祝着々々。ハア愚僧儀も外ならず。公の御目にかゝりたく参る仔細余の義にあらず。夜前ふしぎの霊夢の告。御慈愛の梅一樹。配所の主に見せよとある。示現にかはらぬ観音堂の左の方。一夜に生出づる不思議さよと。語るも聞くも正夢の割符を合せし如くなり。これより寺へは程近しと住侶へ伴ひ御歩路。安楽寺に入り給へば。それぞとしるき梅花の薫袖に留木の心地せり。暫くこれにて御詠と。床几直させ褥を設け。御菓子小竹筒と住持の饗応。白大夫はこつてこて梅の土際覗き廻り。こりや不思議。イヤ希代ぢや。申し丞相様。道すがらお住持の夢咄。へゝ何をやらるゝやら。そんな事がようあらうと。誠しない事疑うてをりましたが。来て見て恟り。此木の枝ぶり花の匂ひ。佐太のお下屋敷に預かつてをりました。それぢや／＼。其梅でござりまする。アゝ神仏の告は争はれぬ。おらが爰へ来た跡では。水一杯飲まし人もあるまいに。ぶき／＼とした木の色艶。芽立の気条がつういつい。花はうざる程付いたれば。梅漬の時分二三斗は慥に生らう。四五升は地を借つた年貢代。お寺へも進ぜます。跡は此方の実入り／＼。

菅原伝授手習鑑四段目、浄瑠璃に脚色された「飛梅」の伝説

○元トあれはすて子と時平かげでいゝ(明三信

2）
道真は梅の木の股から生まれたとも、梅樹の下に捨子されていたとも俗伝する。
○悪筆がよつて筑紫へやるくめん(拾五14)
道真は能筆の誉れ高く、弘法、道風と並んで三筆と称される。讒奏した時平一味は、能筆をそねんだ上のこと。
○花ものいわねど配処へあとを追ひ(三四1)
左遷の門出に愛樹の梅に別れを惜しみ「東風吹かばにほひおこせよ……」と詠み、その梅は飛んで来て配所の筑紫安楽寺に生えたという、いわゆる「飛び梅」の伝説。「桃李ものを言わず、下自ら蹊を成す」(『史記』李将軍伝賛)の諺をかすめている。
○菅原〳〵と時平うろたゆる(三五29)
雷神となった道真をおそれ、「桑原〳〵」というべきところを。

少彦名命 すくなびこなのみこと

スクナビコナノカミ、スクナミカミとも呼ばれ、『古事記』では少名毘古那神と記す。記紀の神話、『風土記』『万葉集』などにしばしば登場する神で、多くの場合大己貴《おおなむち》神(大国主神の前身ないし別名)と対をなして語られ、その体軀がきわめて短小でかつわんぱく者という特性を示している。名義はオオナムチの「大《おお》」の対称「少《すくな》」にもとづくもので、この名からさまざまな小人神譚が生まれていったのであろう。『古事記』によれば、大国主神が出雲の御大之《みほの》御前《みさき》にいたとき、波のかなたより天之羅摩船《あめのかがみのふね》(ガガイモのさやでできた船)に乗り、蛾の皮を衣服として漂着した神があった。名を問えども答えず、まただれもその素姓を知らなかったが、ヒキガエルと久延毘古《くえびこ》(山田の案山子《かかし》)によって、神産巣日《かむむすひ》神(神皇産霊尊)の子スクナビコナであることが知れた。カムムスヒは、わが子のうちで「手俣《たなまた》より漏《く》きし子ぞ」(指のあいだから落ちた子だ)といい、オオナムチと兄弟になってその国を作り固めよと命ずる。よって二神協力し葦原中国《あしはらのなかつくに》の国作りを行うが、のちにスクナビコナは常世国《とこよのくに》へ渡っていったという。『日本書紀』にも同様の話があり、なお、この神をオオナムチが掌中でもてあそんだところ飛び上がってその頰を嚙んだ、あるいは粟茎《あわがら》によじのぼりはじかれて常世国へ赴いた、のような悪童的小人譚の一部を伝えている。さらに播磨、出雲、伯耆の『風土記』には、稲種や粟をもたらす穀霊としてあらわれ、またオオナムチとともに、「大汝《おおなむち》少御神《すくなみかみ》の作らしし妹背の山は見らくしよしも」(『万葉集』巻七)のような、多くの山や丘の造物主、命名神として伝えられている。記紀以外の文献、伝承にこの二神ほど多くあらわれる神はほかにない。つまり彼らは在地世界で親しく語られた神で、その場合現世的な力や権威を代表するオオナムチに対し、他界よりきたってそれに刺激と活力をあたえる霊的存在として組み合わされたのがスクナビコナであろう。常世神、穀霊、悪童的小人神さらに酒の神(『古事記』仲哀天皇条の歌謡)等々の属性は、上記のことを裏書きしていよう。記紀神話はこうした在地の神をとりこみ「国作り」の役をふりあてたわけだが、スクナビコナの場合、ヒキガエルやら田の案山子の脇役によってなお土着の話柄がとどめられている。その体軀短小ながら異常な能力を発揮するという説話的人物としての型は、のちの伝承の世界に多くの類型を生み出していった。スクナビコナは、かぐや姫、一寸法師、瓜子姫、桃太郎等々のはるかな先蹤《せんしょう》である。なおオオナムチ、スクナビコナは医療、禁厭《まじない》の法を定めたとされる(『日本書紀』神代巻)だけに、温泉の開発神とする伝えが各地に多くみられ(伊予国、伊豆国の『風土記』逸文など)、延喜典薬式に用いられている薬草石斛《せっこく》はスクナヒコノクスネ(少名彦の薬根)と呼ばれた(『和名抄』『本草和名』)。近世以降、大阪の薬問屋街、道修町《どしょうまち》では薬種の守護神として少彦名神社をまつり、毎年一一月には全店休業しての大祭が今日でも行われている。また薬師信仰の普及のなかで、スクナビコナは薬師如来と習合されてゆくが、八五七年(天安一)二神をまつる常陸国大洗磯前《いそざき》神社、酒列《さかつら》磯前神社(ともに式内社)が、官命により「薬師菩薩名神」と加号された(『文徳実録』)のはその早いあらわれといえる。

阪下 圭八

故、大国主神、出雲の御大の御前に坐す時、波の穂より天の羅摩船《かかみぶね》に乗りて、鵝の皮を内剝に剝ぎて衣服に為て、帰り来る神有りき。爾に其の名を問はせども答へず、且所従の諸神に問はせども、皆「知らず。」と白しき。爾に多邇具久白言しつらく、「此は久延毘古ぞ必ず知りつらむ。」とまをしつれば、即ち久延毘古を召して問はす時に、「此は神産巣日神の御子、少名毘古那神ぞ。」と答へ白しき。(中略)然て後は、其の少名毘古那神は、常世国に度りましき。故、其少名毘古那神を顕はし白せし謂はゆる久延毘古は、今者に山田の曾富騰《そほど》といふぞ。此の神は、足は行かねども、尽に天の下の事を知れる神なり。

古事記上巻

コチベ薬　倭国添上郡《そふのかみこほり》山村ノ巳知部安宗ノ家ニ伝ハル所ノ方。元ハ少彦名命ノ神方。アオカツラ五分、イキクサ三分、アマナ三分、オシクサ二分、ホソクミ四分。

大同類聚方巻十五

助六　すけろく

①万屋助六　元和年中(一六一五―二四)の京の俠客と伝える(『事実文編』)がさだかでない。宝永

年間(一七〇四―一一)に横死、また島原の遊女総角《あげまき》と心中したという。一七〇六年(宝永三)一一月、京都早雲座『京助六心中紙子姿』、大坂片岡仁左衛門座『助六心中』で同時に舞台化され、一七〇九年ころに一中節『万屋助六道行』、また義太夫節『千日寺心中』が上演された。さらに義太夫節『万屋助六二代𥿻《かみこ》』(一七三五)などが成立、上方系心中狂言の主人公として定着し、「助六心中物」の系譜をつくった。

②花川戸助六　江戸浅草山の宿に米問屋(また魚問屋とも)大捌助八(また戸沢助六)という男達《おとこだて》があったと伝えられる(『雲萍《うんぴょう》雑志』『実事譚』『遊歴雑記』など)。上方の巷説が江戸にもたらされ、合して江戸の「助六劇」が成立、一七一三年(正徳三)四月山村座『花館愛護桜《はなやかたあいごのさくら》』で二世市川団十郎が助六に扮して初演された。再演の『式例和《やわらぎ》曾我』で助六実は曾我五郎と役名が定まり、以後は曾我の世界のものと定まり、しだいに和事味が加えられて、江戸庶民の代表的性格を帯び、後期には「江戸っ子の先祖」として意識化するにいたった。扮装は往時の

◉――助六　花川戸助六、実は曾我五郎(中、八代目市川団十郎)は、重宝友切丸を探すため夜ごと吉原に現れ、喧嘩をふっかける。三浦屋の店先で助六は、なじみの傾城揚巻(左、初代坂東しうか)に横恋慕する髭の意休(右、四代目市川小団次)に罵倒されるが、意休の抜いた刀が友切丸であることがわかり、意休を討って刀を取り戻す。一八五〇年(嘉永三)三月、江戸・中村座所演『助六廓の花見時』。三代目歌川国貞画。早稲田大学演劇博物館蔵。

蔵前風俗を写し、武士階級に対抗する江戸町人の理想像となっている。変型としては「女助六」(長唄所作事、一七八五)や、講釈種からの「世話の助六」(『黒手組曲輪達引』一八五八)などがある。⇀揚巻(あげまき)　小池 章太郎

助六　いかさま、この五丁町へ脛を踏ん込む野郎めらは、おれが名を聞いておけ。先づ第一おこりが落ちる。まだよい事がある。大門《おほもん》をずつと潜ると、おれが名を手の平へ三遍書いて嘗めろ、一生女郎に振られるといふ事がねえ。見かけは小さな野郎だが胆が大きい。遠くは八王子の炭焼売炭《ばいたん》の歯つかけぢゝい、近くは三谷《さんや》の古やりて梅干婆アに至るまで、茶呑み話の喧嘩沙汰、男達《おとこだて》の無尽のかけ捨て、つひに引けを取つた事のねえ男だ。江戸紫の鉢巻に、髪は生締《なまじめ》、ソレはけ先の間から覗いて見ろ、安房上総が浮絵のやうに見えるわ。相手が殖へれば竜に水、金竜山の客殿から目黒のめんざうまで御存じの、江戸八百八丁に隠れのねえ、杏葉牡丹の紋付も桜に匂ふ仲の町、花川戸の助六ともまた揚巻の助六ともいふ若い者、間近く寄つてしやツつらを拝み奉れエ、、
(かんぺら門兵衛ら敵役たちに名を問いつめられての助六のツラネ)　**助六由縁江戸桜**

素戔嗚尊　すさのおのみこと

速《はや》素戔嗚尊、建速《たけはや》須佐之男命とも呼ばれる。『古事記』では須佐之男命などと記す。『古事記』『日本書紀』に語られた神で、皇祖神天照大神《あまてらすおおかみ》の弟とされる。神々の世界すなわち高天原《たかまがはら》では悪、罪、穢《けが》れの化身としてあらわれ、地上の葦原中国《あしはらのなかつくに》では開祖の神として語られている。その名のスサは荒れすさぶ意で、タケ、ハヤともにこの神の威力を強調した語である。

【スサノオ神話の大要】　伊弉諾尊《いざなき》が黄泉国《よみのくに》の穢を禊《みそぎ》で清めた際三柱の貴子が生じた。すなわち左の眼から天照大神、右の眼から月読尊《つくよみ》、そして鼻から生じたのがスサノオである。イザナキはアマテラスには高天原、ツクヨミには夜の世界、スサノオには海原とそれぞれ分治させるが、スサノオのみは命に従わず激しく号泣するばかりで、ために青山は枯山となり、海、河はことごとく干上がってしまう。イザナキがその理由を問うと、彼は「母の国にゆきたくて泣くのだ」と答え、よってスサノオは神の国から追放されることとなった。辞去に際し彼はアマテラスのもとへ赴き誓約《うけい》を行う。その結果スサノオは邪心のないことが証されたとし、勢いに乗じて数々の神聖冒瀆の挙に及んだため、たまりかねたアマテラスが天の岩屋戸《あまのいわやど》にさしこもり、天上天下は暗闇にとざされ混沌、騒然たる状況に陥る。諸神の協力によりアマテラスは岩屋戸を出て秩序が回復されるが、スサノオには改めて多くの贖償が課されたうえ「神やらい」に処される。

追放されたスサノオが下っていったのは出雲国、肥河《ひのかわ》の上流だが、そこで彼は八岐大蛇《やまたのおろち》を退治する。大蛇は八頭八尾をもちその身は八つの峰や谷にわたる巨大な怪物で、年ごとにあらわれて人間の娘を餌食にしてきた。スサノオは八つの酒器に酒を準備させ、大蛇を酔わせたうえ、その体を切り散らしたところ、肥河は血に変じて流れたという。そして大蛇の尾の中から草薙剣《くさなぎのつるぎ》を得たスサノオは出雲の須賀《すが》に宮を造り、みずからの知略と勇武で救い出した娘、奇稲田姫《くしなだひめ》と結婚して葦原中国の基を開いたのである。つづいて登場する国作りの神、大己貴《おおなむち》神＝大国主《おおくにぬし》神はその五世の孫に系譜づけられている。

さてそのオオナムチが難を逃れて赴いた根の国《ねのくに》において、スサノオは彼にさまざまな試練を課する祖神としてあらわれる。オオナムチが試練を克服したとき、その娘、須勢理毘売《すせりびめ》命とオオクニヌシの名とを与え、地上の王たる者の資格を示す大刀と弓矢を授ける。以後この神は記紀神話の世界から姿を消している。

【スサノオノミコトの特性】　以上のように、

スサノオの活躍する舞台は、天界(高天原)、地上界(葦原中国)、冥界(根の国)にわたっており、その性格を反逆児、悪の化身から知勇兼備の英雄神、そして若者としてのオオナムチに戒を授ける祖霊神と、変身・展開を示し、日本神話のなかでもっとも問題性に富む神格といえよう。こうしたスサノオ像の一つの根は、大蛇退治譚における地上的秩序の創造神にあったはずで、その場合スサノオは水の支配を軸とする野蛮な権威(蛇神)を打破し、稲田の象徴たるクシナダヒメ(奇稲田姫)を守ることによりあらたな秩序をうちたてている。英雄が竜神(ドラゴン)を退けてその犠牲たるべき乙女と結婚する話は、ペルセウス、ジークフリート等、世界中に分布するが、古代日本にもいくつかの類話があり、スサノオ譚はそれらの神話的典型化と目される。おそらくこの英雄神の勇武の側面が記紀神話形成のなかで、高天原世界での混沌の形象に転化されていったのであろう。とくに『古事記』高天原条におけるスサノオの姿には、秩序や権威に反抗する自然児的風貌が活写されている。それは文明に汚染されぬ原初的素朴さの個性化ともいうべく、記紀の神々のなかでも独特の魅力を放つものである。そのすぐれて神話的な形象のゆえか、後世の伝承にスサノオがあらわれることはまれだが、祇園《ぎおん》信仰においては、牛頭天王《ごずてんのう》と習合しつつ災厄除去の主としてあがめられており、この神の創造神としての側面を伝えた例とみられる。 ➡天照大神…牛頭天王

阪下 圭八

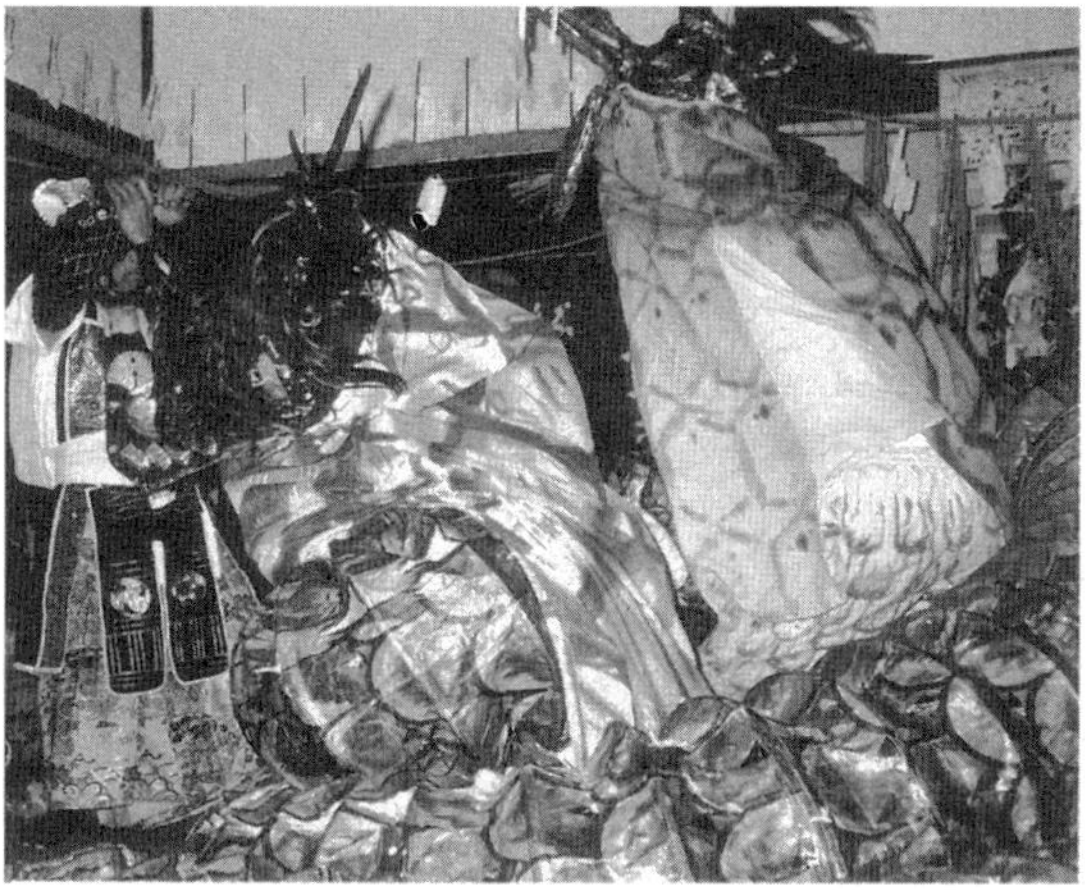

◉——素戔嗚尊　八岐大蛇を退治する様を演じる神楽。鈴木正崇撮影。

故是を以ちて其の速須佐之男命、宮造作るべき地を出雲国に求ぎたまひき。爾に須賀の地に到り坐して詔りたまひしく、「吾此地に来て、我が御心須賀須賀斯。」とのりたまひて、其地に宮を作りて坐しき。故、其地をば今に須賀と云ふ。茲の大神、初めて須賀の宮を作りたまひし時、其地より雲立ち騰りき。爾に御歌を作みたまひき。其の歌は、

八雲立つ　出雲八重垣　妻籠みに　八重垣作る　その八重垣を

古事記上巻

老翁、美女ヲ抱イテ啼居タリ。尊、問玉フ。答云、「吾ハ天神国狭槌尊ノ末也。吾名ヲバアシナヅチノ尊ト云。神変衰ヘテ下位トナレリ。抱キタルハ吾娘稲田姫也。海中ヨリ八頭ノ蛇涌出ス。是多クノ人ヲ取ル。今ハ此姫ヲトラントスル間、是ヲ嘆ク」ト云。尊言《ノタマ》ハク、「サラバ、吾ヲ婿ニ取リ玉ヘ。彼竜ヲ打ン」トアリ。翁云、「吾ハ天神ノ末也。汝ヲ婿ニ取ン事不レ可レ有。如何ナル人ゾ」ト問フ。尊答テノ玉ハク、「吾ハ、是、天照太神ノ弟也」。尊サラバ聟ニトリツ。時ニ、尊八ツノ酒舟ニ酒ヲタヽヘテ、海ニ浮テ湯津ノ爪櫛ヲ八ツ作テ姫ガ頭ニサス。是ハ海松ノ根ニテ削ルカウガヒ也。竜涌出テ、八ツノ舟ニ頭ヲ入テ酒ヲ飲。酒ニ飲酔テネイリタリ。八ノ串八ツノ竜ノ頭ト成テ敵ノ竜ヲ段々ニクフ。尊、剣アリ。ヌキテ竜ヲ段々ニ斬ル。尾ヨリ八色ノ雲立ツ。彼ヲワリテ見レバ剣アリ。尊取テ後、日神ノ中ヲ直リ玉ヒシ時、剣ヲ奉ル。今ノ天ノ村雲ノ剣、是也。

古今和歌集序聞書三流抄

(シテ)「抑是は、仏法を破却する、第六天の

魔王とは我事なり。(中略)(シテ)「此比帝釈の軍にうちかつて、手に日月を握り、身を須弥の上におきて、一足に大海を踏むといへども、けんぞく毎日、数万人を亡す其故は、南瞻部州に沙門有て、衆生を化度し、法力を増長す。かれをさまたげ、「我道に誘引せん事いたはしや」其時解脱、合掌して、〱、観音をなしければ、不思議や天津空よりも、素盞烏あらはれ出給へり、則しやう天怒りをなして、〱、鉄杖をふり上尊にかゝれば、(ツレ)「素盞烏是を見るよりも、〱、宝棒を取なほし打たんとせしに、飛びちがひ須弥に、あがらんとするを、引とゞめ大地に打ふせて、ありしゆのごとく、なさんとせしを、今より此土に来るまじと、誓ひをなせば、みことは歓喜の気色をあらはし、雲井に上らせ給ひければ、魔王は通力尽き果てて、〱、虚空に跡なく失にけり。」

謡曲第六天

○神代にもだます工面は酒が入(初7)

八岐大蛇退治に用いた八つの酒船。「にも」で、当代も同じだという。

○八雲立までは六義もおぼろ也(九一2)

須賀の宮を造営したとき、素戔嗚が「八雲立つ……」と詠んだ。これが和歌のはじまりだと俗伝する。「六義」は六つの歌の体。

崇神天皇　すじんてんのう

第一〇代に数えられる天皇。和名を御間城入彦五十瓊殖命《みまきいりひこいにえ》という。この天皇が記紀の伝承の中で特に目だつ点は、大物主神《おおものぬし》をはじめとしてもろもろの国津神《くにつかみ》を祭り、また伊勢神宮の創始に関係したとされることである。『日本書紀』によると、それまで天皇と共殿共床の関係にあった天照大神《あまてらすおおかみ》を豊鍬入姫命《とよすきいりひめ》に託して宮廷の外に移し、いわゆる神人分離の基をつくった。トヨスキイリヒメは『古事記』に「伊勢大神を拝《い》つき祭る」と記され、初代の斎宮《さいぐう》であるという。このことは、天照大神の霊威が狭い宮廷の枠を超えて国家的な普遍性をもったことを意味し、王権の原始的形態に特徴的にみられる祭政の癒着が廃されて、天皇の政治力に宗教からの相対的な独立性と展開力とをもたらしたのである。それは政治と宗教の新しい結合でもあった。また疫病が流行し人民が死滅しようとしたとき、大田田根子《おおたたねこ》に大物主神を祭らせて危機を切り抜け、さらに大国魂《おおくにたま》神をはじめとして諸諸の国津神を祭ったという。これらのことは、『出雲国造神賀詞《いずものくにのみやつこのかむよごと》』が述べるように、土豪の斎《い》つく神々が大国主神の分身として「皇孫命《すめみまのみこと》の近き守り神」へと転化したことを物語る。伊勢神宮と斎宮制の成立は、同時に多くの国津神が大国主神へと統合されて天皇の守護神へと再編成されてゆく過程でもあった。神宮の創始と国津神の統合、それによる王権の確立という時期は実年代ではかなり下るものと思われる。しかし、王権と、神宮を頂点とする神々の秩序とは国の始まりとともになくてはならないとする意識が、天皇家の始祖の観念と結合したとき、もろもろの制度や文物をつくり出した王として崇神天皇が語り伝えられたのであった。かくして崇神は、伊勢神宮の創始にかかわった王として「天神地祇《あまつかみくにつかみ》」の神社を定め、それらの神々によって守護された「御肇国天皇《はつくにしらすすめらみこと》」と称された。

武藤　武美

此の天皇の御世に、役病多に起りて、人民死にて尽きむと為き。爾に天皇愁ひ歎きたまひて、神牀に坐しし夜、大物主大神、御夢に顕れて曰りたまひしく、「是は我が御心ぞ。故、意富多多泥古を以ちて、我が御前を祭らしめたまはば、神の気起らず、国安らかに平らぎなむ。」とのりたまひき。是を以ちて駅使を四方に班ちて、意富多多泥古と謂ふ人を求めたまひし時、河内の美努村に其の人を見得て貢進りき。

古事記中巻

鈴木主水　すずきもんど　?—一八〇一(享和一)

江戸内藤新宿橋本屋の遊女白糸と情死し、家名断絶となったと伝えられる武士。詳細は不明だが、天保～嘉永期(一八三〇—五四)に流行唄となり、瞽女唄《ごぜ》のヤンレイクドキや盆踊唄にうたわれ、また実録本にも行われて著名であった。その歌詞は「花のエエ花のお江戸のその町々に、さても名高き評判がござる、ところ四谷の新宿辺に、軒を並べて女郎屋がござる、紺ののれんに桔梗の紋は、音に聞えし橋本屋とて、あまた女郎衆が皆玉揃ひ、中に全盛白糸様は年は十九で当世姿、立てば芍薬座れば牡丹、我も我もと名指しで上る、わけてお客のあるその中に、ところ青山百人町に鈴木主水といふ侍は、女房持にて子供が二人……」。この俗謡に取材して歌舞伎化したのが一八五二年(嘉永五)三月市村座の『隅田川対高賀紋《ついのかがもん》』(三世桜田治助作)。二児を置き去りに家の崩壊もかえりみず、宿場女郎と心中をとげる武士に、幕末期の暗い世相と情趣が看取される。主水の妻お安が白糸に縁切りを頼む場面に使われた清元『重褄閨の小夜衣《かさねづまねやのさよぎぬ》』は常磐津にも改調されて現存するが、芝居は現在ほとんど行われない。内藤新宿を舞台化した新鮮味が当時好評だった。白糸主水の芝居はその後大坂へも移入され、五五年(安政二)八月、中の芝居『棲重縁色揚《つまがさねえにしのいろあげ》』や『百人町浮名読売』などの上方系の作品としてしばしば上演された。

小池 章太郎

〽ア、、春は花咲く青山辺で
鈴木主水という侍は
女房持ちにて二人の子供
五つ三つのいたずら盛り
二人子供もあるそのなかで
今日も明日もと女郎買いばかり
見るに見かねて女房のおやす
ある日わが夫主人に向い。
チャカポコ〳〵
チャカポコナ
〽ア、、さってわが夫主水さまよ
わたしゃ女房で妬くのでないが
二人子供を伊達には持たぬ
十九二十の身じゃあるまいし
人に意見をする年頃で
やめてお呉れよ女郎買ばかり。
金の生る木を持ちなさるまい
どうせ切れるの六段目には
連れて逃げるか心中するか
二つ一つの思案と見える
しかし二人の子供がふびん
二人子供とわたしの身をば。
末はどうする主水さんよ
言えば主人は腹立ち顔で
何と小癪な女房の意見
おのが心でやまないものが
女房ぐらいの意見じゃやまぬ。
チャカポコ〳〵〳〵ナ

八木節

崇道天皇 すどうてんのう 七五〇?—七八五

(天平勝宝二?—延暦四)

光仁天皇の第二皇子で、桓武天皇の同母弟。早良《さわら》親王の名で知られる。七八一年(天応一)桓武が即位すると、すぐに皇太弟(皇太子と同じ身分で、次の天皇となるべき地位)となった。桓武には嫡子の安殿《あて》親王(七歳)がおり、立太子を望んでいたが、早良親王がこの位置に就いたのは、朝廷内部の勢力争いの結果であった。桓武は天皇位に就くと、宗教と政治の切り離しを図り、寺院を奈良(平城京)にとどめたまま、政治の場としての新都長岡京を築き始める。皇太弟の早良親王は、親王禅師の称号をもち、皇族でありながら受戒した僧侶でもあった。長岡遷都反対派の中心が平城京の寺院勢力であり、彼らが早良親王に期待したことは否めない。

一方、長岡京造営を推進するのは、桓武の絶大な信任を受けた藤原種継であった。七八五年四月、その種継が暗殺された。二人の弓の名手によって、射殺されたのである。長岡遷都反対派による犯行であった。犯人は逮捕され、事件の背景があぶり出される中で、早良親王が事件に関与しているとされ、早良を天皇に擁立しようとした計画が明らかになったという。すぐさま早良は幽閉され、廃太子を告げられて淡路島への流罪が決定した。しかし、早良は一貫して事件への関与を否定。いっさいの飲食を拒んで抗議を続けた。その結果、淡路への移送中に衰弱死するが、遺体はそのまま淡路へと運ばれた。この事件には謎が多く、早良親王を除くための陰謀の可能性もある。廃太子の四〇日後、桓武は念願であった安殿親王の立太子を実現させた。しかし、早良親王はすさまじい怨霊となって、桓武天皇とその一族に祟り始める。天皇の近親者が次々に亡くなったり、皇太子がたびたび病気になったり、長岡京で変異が起こったりした。七九一年、陰陽寮の占いにより、早良親王の怨霊による祟りであるという結果が出た。結局、桓武は長岡京をあきらめて平安京に移るが、その後も変異や不幸は続き、八〇〇年に至ってついに早良親王に「崇道天皇」の尊号を贈った。しかし、その後もなお早良親王、すなわち崇道天皇の怨霊は天皇家に祟り続けたという。

高橋 千劔破

崇徳院 すとくいん 一一一九—六四(元永二—長寛二) 崇徳天皇。第七五代に数えられる天皇。在位一一二三—四一年。鳥羽天皇第一皇子、母は中宮璋子(待賢門院、藤原公実女、白河院養女)、実は鳥羽の祖父白河院が璋子に生ませた子といわれる。諱《いみな》は顕仁。一一二三年(保安四)白河の意向で鳥羽の譲りをうけて即位したが、白河が没し鳥羽院政の時代に入ると両者の対立が生じた。四一年(永治一)異母弟(美福門院得子所生)の近衛天皇に譲位。五五年(久寿二)同天皇が一七歳で没すると、璋子が生んだ後白河天皇が即位。当時兄の関白藤原忠通と対立し主流から疎外された左大臣頼長は不遇な崇徳上皇と結び、鳥羽院が没すると挙兵(保元の乱)。敗れた崇徳上皇は讃岐に配流、六四年怨みを抱いて没した。陵は白峯陵(香川県坂出市)。

◉崇徳院 憤激のあまり経文を海中に投げ、魔王となって黒気に乗じて天に上る崇徳院(新院)。葛飾北斎画『椿説弓張月』。

黒板 伸夫

新院呵々《からから》と笑はせ給ひ、「汝しらず、近来の世の乱は朕《わが》なす事《わざ》なり。生てありし日より魔道にこころざしをかたふけて、平治の乱を発《おこ》さしめ、死て猶、朝家に祟をなす。見よみよ、やがて天が下に大乱を生ぜしめん」といふ。西行此の詔に涙をとどめて、「こは浅ましき御こころばへをうけ給はるものかな。君はもとよりも聡明の聞えましませば、王道のことわりはあきらめさせ給ふ。こころみに討《たづ》ね請《まう》すべし。そも保元の御謀叛は天の神の教給ふことわりにも違はじとておぼし立たせ給ふか。又みづからの人欲より計策《たばかり》給ふか。詳《つばら》に告《のら》せ給へ」と奏《まう》す。

雨月物語巻之一「白峯」

白縫《しらぬひ》いよ〱うち泣て、「君かくまで平家を滅さんとおぼし召ば、是より御船にめされて、潜《ひそか》に為朝が配所近き国へ渡らせたまへ。東国《あづま》には甲斐信濃に一条武田の党《ともがら》、上野《かみつけ》下野に新田の一族、常陸に佐竹なんど、なほ夥《あまた》の源氏もあり。君渡御《ときよ》ましませしと聞ならば馳参るもの多かりなん。とく〱」と勧め奉れば、新院御頭《おんつふり》をうちふり給ひ、「愚なるかな。わが念願成就して命旦夕に迫れるものを、何の遑《いとま》ありて東へは赴くべき。されと汝《なが》誠忠《まこころ》のうれしきに、報ひせではあるべからず。つら〱おもふに汝分鏡《ぶんきやう》の契うすくして、夫婦の縁《え》にし既に絶たり。とても添果《そひはて》ん事かなふべうもあらねど、朕《わが》が霊《たま》夫婦が護神《まもりがみ》となりて、三年が程には、かならず為朝に逢すべし。今より白峯の奥なる、児嶽《ちごがたけ》に隠れて時を俟《まて》。なほ疑はゞ面《まの》あたり、験《しるし》見せてん」と仰もあへず、彼経机《きやうづくえ》を高く捧て、衝《っ》と御軀《おんみ》を起し給ひ、且《しばら》く呪文《じゆもん》を唱つゝ、夥の御経《おんきやう》を海上《うみづら》へ、破落々《はらはら》と擲《なげう》ち給へば、風颯《さつ》とおろし来て、忽地《たちまち》逆《さか》まく浪のまに〳〵、潮水《うしほ》激して立のぼり、鯨鯢《くじら》の吹くに髣髴《さもに》たり。時に一道の黒気、玉体を掩《おほ》ひ隠す程こそあれ、電《いなびかり》晃《きらめ》きわたり、雲間《くものうち》にあやしの御姿、隠々として見えさせたまへば、今ははや天狗道にや入り給ひけん、と思ひ奉るに浅ましく、白縫はしばしそなたを俯おがみ、夢路をたどる心持しつ、わが住む浦に帰りしが、果して新院は、次の日に崩れ給ひぬ。時に長寛二年八月廿六日、聖算《おんとし》四十六歳と聞えし。この秋までもなほ国司の守護《まもり》忽《ゆるかせ》ならざれば、かる〴〵しく潜出《しのびいで》させ給ふ事はかなはせ給はねど、こは年来《としごろ》執念おはしませしゆゑに、御魂《おんたま》のみ幻に顕《あらは》れて、人にも見え給ひしとぞ。

椿説弓張月前篇巻六

○やきつぎやうたに詠まれし崇徳院（九〇36）

「焼接屋」は陶磁器の割れを修繕する職人。「瀬を早み岩にせかるゝ滝川のわれても末にあはむとぞ思ふ」（『詞花和歌集』巻七・恋）という崇徳院の歌の下の句をキョクった。

○神鳴と天狗になりし御鬱憤（七四22）

「雷」に変身した菅原道真と「天狗」になって「天下を乱り国家を悩まさん」（『百人一首一夕話』）と呪詛し、讃岐の海へ身を投げた崇徳院。

せ

世阿弥 ぜあみ　一三六三?—一四四三?

（正平一八…貞治二?—嘉吉三?）

南北朝から室町前期の能役者・能作者。父の観阿弥とともに能を大成した。本名は観世三郎元清。観阿弥は大和猿楽の観世座の太夫で、世阿弥は一二歳の時に京都今熊野において、一七歳の室町幕府三代将軍足利義満の前で演能している。観阿弥の演技が素晴らしいだけでなく、共演した世阿弥の美貌に義満はすっかり惹きつけられ、以後観世座の熱心な後援者となった。義満の世阿弥に対する寵愛は相当なもので、祇園会の折には山鉾を見物する義満のすぐ背後に世阿弥が控えており、側近たちはこれに嫉妬したという。内大臣三条公忠《きんただ》はこの日の日記（『後愚昧記』）に、「散楽（猿楽）は乞食の所行であり、そのような出の子どもを可愛がる将軍の気が知れない」と書いている。世阿弥は一三歳の時、当時の最高の文化人であった前関白二条良基に目通りをし、藤若という名を与えられた。良基は六〇歳に手が届こうとしていたが、世阿弥の才芸美貌に最高級の賛辞を呈した手紙を奈良東大寺の尊勝院主に送り、「手紙は読後火中に入れてほしい」と書いた。しかし、熱烈なラブレターともいえるこの手紙は燃やされずに残り、良基と世阿弥の出会いを後世に伝えている（ただし、この手紙には偽文書説もある）。

大衆から身を起こした観阿弥の能は、劇的展開の巧みさで知られるが、世阿弥は大衆本位のものであった猿楽（現在の能楽）に古典的・仏教的・歌舞的なものを注入し、それを「幽玄の芸術」たらしめようとした。その主張は『高砂』、『清経』、『頼政』、『井筒』、『砧』、『恋重荷』、『敦盛』などの主要作品だけでなく、『風姿花伝』（『花伝書』）、『花鏡』、『拾玉得花』など二十余編の演劇論によって、汎芸術論として高い評価を受けている。しかし足利義満の死後、将軍足利義持・義教の時代には冷遇・弾圧され、一四三二年（永享四）の長男観世元雅の死、三五年の佐渡配流と不遇な晩年を送った。この間も能理論の深化に努め、義教の死後に許されて帰洛し、女婿金春禅竹のもとで余生を送ったという。なお、世阿弥が参学した現在の奈良県田原本町の補巖《ほげん》寺で発見された納帳から、忌日は八月八日とされている。 ➡観阿弥

安宅　夏夫

清玄・桜姫　せいげんさくらひめ

京清水寺の僧清玄が美貌の桜姫に恋い焦がれ、破戒してどこまでも追いかけるがかなわず、逆に殺されてしまう。清玄は死後も亡霊となって姫につきまとうという、男の愛欲のあくなき執念をテーマとした物語の主人公たち。聖僧が女色に迷って破戒堕落し、恋慕の情炎に身を焦がす伝説は、ほかに『太平記』巻三十七の志賀寺の朝覚上人や、インドの一角仙人伝説を日本化した鳴神上人の説話などがあり、いわゆる聖僧堕落譚の系譜を形成している。清玄・桜姫の物語は近世初頭の誕生と思われるが確証はない。最も早い成立と考えられている文芸作品は、一六七四年（延宝二）の初演かと思われる土佐浄瑠璃『一心二河白道』である。この作では、清玄の魂が抜け出して桜姫の寝所に忍ぶ話、田辺左衛門に殺される話、剃髪ののち病死した桜姫が地獄で清玄に巡り会うことなどを仕組んである。その後、近松門左衛門も同題名の歌舞伎狂言を作り、津打治兵衛が『けいせい吉長染《よしながぞめ》』『婚礼音羽滝』を作るなど、しだいに流行し、江戸時代を通じて人気のある「世界」となって扱われ、いろいろな「世界」と結びついて、おびただしい数の狂言を生んだ。道徳堅固な聖僧清玄が、ふとした機会から桜姫の肉体に触れて愛欲のとりことなる。破戒堕落して寺を出て、庵室にこもって桜姫を恋慕するうち、館を出た桜姫に出会い、驚喜して桜姫に迫るが、姫の奴に殺される。その怨念がいつまでも姫を追って悩ませるという中心をなす物語は、どの狂言にもほとんど共通である。それらのなかでも、とくに有名な作は一七六二年（宝暦一二）大坂で上演された『清水清玄六道巡《きよみずせいげんろくどうめぐり》』で、初世中村歌右衛門の清玄は傑出した創造だったと

●清玄・桜姫
一筆斎文調画。アムステルダム国立美術館蔵。

伝えられている。四世鶴屋南北作『桜姫東文章』は桜姫の前生を稚児白菊丸とし、清玄を同性心中の生残りとしたこと、吉田の息女桜姫を犯したすえ夫婦になる墓場の穴掘り釣鐘権助を活躍させたこと、桜姫を小塚原の女郎に身を落とさせたことなど、南北得意の生世話の作劇のおもしろさと内容のもつ現代性とが高く評価されている。南北は清玄を女に書き替えた「女清玄」も作っている(『隅田川花御所染』)。また『遇曾我中村《さいかいそがなかむら》』(一七九三(寛政五)初演)は近年復活し、『再桜遇清水《さいかいざくらみそめのきよみず》』の名題により四国の旧金毘羅大芝居で上演された。

服部 幸雄

清玄　エ、、情ないぞや桜姫。身におぼえなき清玄を、破戒の僧となしたるも、これみなそなたの心一つ。一生口外せまじきと、これまで包みし、その前生を物語らん。承れよ、稚児白菊。
桜姫　エ、、ナニ、白菊とは。
清玄　これまでは、外事にのみ言いなせども、清玄こそはその昔、不心中の生き残り、道を守って江の島の、渦巻く淵に沈みたる、稚児白菊は、桜姫、生まれぬ先の、そなたじゃわいのう。
桜姫　エ、。
清玄　証拠はすなわちこの香箱。握りしま〻に誕生の、姫は白菊、この清玄とは前生より、重縁重なる互いの恋路。因果の道理をわきまえて、心にしたがい色好い返事。コレ、拝むわいの〱。
桜姫　エ、、情ない清玄様。たとえ前生どのような、深い恋路であろうとも、主あるわらわを恋いたもうは、そりゃ道ならぬ恋というもの。コレ、どうぞ思い切って下さりませ。
清玄　イヤ〱。どういっても思い切られぬ。そなたが随わねば是非がない。病みほうけたるこの清玄、所詮命は風前の灯火。破戒の上はなに厭わん。つれなき其方を刺し殺し、われもその儘自害なし、未来は一つ蓮の楽しみ。サ、桜姫、承引なくば、死んで下され。

桜姫東文章

○さくら姫先ヅいが栗が毛に入らず(明五宮2)
　どこもかしこも嫌われた清玄だが、第一にそのむさくるしいいが栗頭がいやだという。
○傘《からかさ》で飛を清玄じろ〱見(明四桜6)
　清水の舞台から傘をさして飛びおりれば思う恋がかなうとの俗信があり、その実行者を清水寺の僧清玄が観察しているのは、果たして効力あるかどうか、疑わしく思っているらしい。

清少納言　せいしょうなごん　九六六?—一〇二五?

(康保三?—万寿二?)
平安中期の女流文学者。父は歌人の清原元輔で、元輔五九歳の子という。実名は不明。「清少納言」は女房名で、「清」は清原姓、「少納言」は近縁の誰かの官職名と思われる。父方の曾祖父清原深養父《ふかやぶ》は低位の官で終わったが、『古今和歌集』に多数入集した歌人で、紀貫之とも親交があった。父元輔は六二歳でようやく従五位になったが、歌人としては有名で、九五一年(天暦五)第二の勅撰集である『後撰和歌集』の撰者に選ばれ、「梨壺の五人」の一人に数えられた。橘則光と結婚して則長が生まれるが、やがて離婚。次いで藤原棟世との間に小馬命婦《こまのみょうぶ》を設けている。九九三年(正暦四)冬頃から一条天皇の中宮定子《ていし》に仕えた。定子は藤原道隆(中関白と称する)の娘で、中関白家の隆盛時代、父元輔に似て才気縦横な清少納言は女房(侍女)にふさわしく、藤原道隆・伊周《これちか》・公任《きんとう》・行成らとの機知の応酬にも力を発揮した。清少納言はこうした宮仕えの意義を認め、その体験から大切なこと、面白いことなどを手控えに書き綴っていた。『枕草子』の誕生である。宮中で定子との間に唐の白楽天(白居易)の詩「遺愛寺の鐘は枕を攲《そばだ》てて聴き、香爐峰の雪は簾を撥《かか》げて看る」をめぐって、清少納言が無言のうちに絶妙なやりとりを行ったことは同書から知られる。定子の晩年には、藤原道長の女彰子《しょうし》が新たに一条天皇の中宮となり、定子は先の中宮である定子は「皇后宮」と号した。二后冊立という異常な事態で、不幸なことも多かったが、清少納言はその不幸を『枕草子』には書かず、定子の輝かしさを強調して回想することに努めた。

一〇〇〇年(長保二)に定子が急死し、清少納言の宮仕えは終わった。その後、父元輔の住居であった京都東山の月の輪に住み、晩年は心寂しく生きたらしい。しかし、勝気と知恵は衰えなかったようである。鎌倉初期の説話集『古事談』によると、あるとき殿上人が彼女の家の前を通りかかり、思わず「まったくひどい。清少納言も落ちぶれたものだ」と口にしたところ、簾から鬼のような尼の顔をした彼女が「駿馬の骨を買った人もいるよ」と言い返したという。これは中国の燕王《えんおう》が馬を好み、死んだ馬の骨を買ったという故事を踏まえ、「骨になっても名馬は買われる。私も同じだ」と切り返したのであろう。

安宅　夏夫

○御簾の幕あけれバ雪の大仕掛(八七5)
○香爐峯ゥみかども舌を巻給ふ(八三49)
○雪のなぞさつぱり解けぬ余の官女(一三八12)
○夜をこめて年の関越す鬧しさ(四〇3)

第一～三句、皇后定子が降雪の日、「香爐峰の雪はいかに」と女官らに問うたところ、清少納言はすぐに座を立ち、御簾を捲きあげた。それは白楽天の詩に「遺愛寺の鐘は枕を攲て聴き、香爐峰の雪は簾を撥げて看る」とあるを会得あっての問であることを、清少納言が推察しての機智であった、という故事による。第一句、すべて芝居がかり。第二句、「舌を巻」は簾も捲いたであろうが、というキョクリ。第三句の「解けぬ」は、ものが雪だけに。第四句、『小倉百人一首』で著名な「夜をこめて鳥の空音ははかるとも　よに逢坂の関はゆるさじ」の清少納言の歌を踏まえる。「鬧《さわが》しさ」、年越しの気ぜわしなさ。掛け取りの手を逃れるためには、夜明けを告げる鶏の空音《そらね》も用いたいほど。

雪舟　せっしゅう　一四二〇―一五〇六ころ
(応永二七―永正三ころ)

室町時代の画僧。日本中世における水墨画の大成者。備中に生まれる。一説に赤浜(総社市)の人で小田氏の出身という。少年期に上京、相国寺に入り、春林周藤に仕え等楊の諱《いみな》をもらい、画事を周文に習った。三〇歳代まで相国寺で修行、僧位は知客《しか》であったが、この間の作品は伝わらず、一部は周文筆と伝承される掛幅の中に混入している可能性もある。周文流詩画軸の伝統の中で、繊細な余情趣味の山水画風を学びとったが、一方、その観念化と矮小化に抗して、より本格的に南宋院体画の構成筆意を求め、より強固な筆致を身につけたのが前半生の立場と思われる。四〇歳以前に相国寺を出、当時対明勘合貿易を主宰するほどの勢力をもった周防の大内氏の庇護を受けたと推定される。一四六四年(寛正五)には、山口の雲谷庵に住し、すでに画僧として高名であった。雲谷の庵名、晦庵の別号ともに、当時禅林の宋学趣味に沿ったもので、朱熹の言葉からとったもの。雪舟号もこのころ自分でつけた法号で、雪の純浄と舟の自在を求めるとともに、水墨山水のイメージを重ね、画家としての本格的出発を意図した。

六七年(応仁一)遣明船に陪乗して入明、天童山景徳寺で禅班第一座に任ぜられ、北上して北京にいたる。北京滞在中、礼部院中堂に壁画(竜図)を描き、また、『四季山水図』(東京国立博物館)を描く。途上、各地に立ち寄り、大陸の自然や風俗を実地に観察、スケッチし、つとめて宋・元・明の古典を模写したことが、後の画風形成に決定的な影響を及ぼした。

六九年(文明一)帰国後、しばらく北九州に滞在、大分に天開図画楼《とがろう》なる画房を営みながら、宋・元の古典に対する研鑽をいっそう深めた。『山水小巻』(京都国立博物館)、『四季山水図』(ブリヂストン美術館)、『倣李唐牧牛図』(山口県立美術館)など宋元院体画、とくに夏珪、李唐、梁楷《りょうかい》、牧谿《もっけい》、玉澗などの模倣的様式の作例はこの研鑽期に作られたといわれるが、年代の確かな例として七四年弟子の雲峰等悦に与えた高彦敬(高克恭)様『山水図巻』(山口県立美術館)がある。やがて周防に戻り、七九年には石見で『益田兼堯《ますだかねたか》像』を描き、八一年には美濃に至り『金山寺図』や潑墨《はつぼく》風の山水図を描くなど、日本各地を旅し、自然風物に触れながら画嚢《がのう》を肥やした。一説に出羽立石寺にまでいたり、奥州からの帰途鎌倉にも立ち寄ったというが定かでない。遅くとも八六年までには山口へ戻り、大内政弘によって再興された雲谷庵に入り、ここに再び天開図画楼を営んだ。『山水長巻』(毛利報公会)は八六年、天開図画楼で描かれ、大内氏に献じたものと推定される。これは六七歳の雪舟が長い宋元画研鑽と中国・日本の山水自然への渉猟・観照を集約したもので、独自の画境を展開している。宋元画の亜流にとどまらない日本的な水墨山水を確立した点では、『秋冬山水図』(東京国立博物館)とともに記念碑的大作である。以後、世事に拘泥しない自由と、画三昧の生活を保障され、自在な画法を深めたが、九五年(明応四)弟子宗淵に与えた『破墨山水図』(東京国立博物館)、九六年の『慧可断臂図』(斎年寺)等は晩年の傑作といえる。晩年には破墨、潑墨などの草体の画風も多く記録され、現実的な山水構成とともに、真行草の筆墨法についても、宋元画をよく祖述した独特の日本的典型に達したものと見られる。

一五〇一年(文亀一)ころにもまだ旅をやめず、現地へおもむき、『天橋立図』(京都国立博物館)を描くなど驚くべき生命力を発揮したが、〇六年(永正三)ころ、山口または石見地方で没した(一五〇二年(文亀二)とする説もある)。弟子には雲峰等悦、秋月等観、如水宗淵らがあり、一四九〇年(延徳二)雪舟が秋月に描き与えた自画像の模本(藤田美術館)が残る。また、花鳥画も手がけ、二〇点内外の『花鳥図屛風』(小坂家、前田育徳会等)が残る。雪舟は狩野派の装飾画態に先がけた障屛画の開拓者としても注目されており、中世水墨画と近世の濃彩画との過渡期に当たる有力な画人として位置づけることができる。

中島 純司

◉――雪舟　上＝中国で富士山を描く。明に渡った雪舟は、当時の名人の絵を見て、いずれも師とするに足らず、ただ風景のみをわが師とすると言った。また明人の請に応じて、富士、三保、清見の三絶景の絵を描いたという(『本朝画史』ほか)。なお、帰朝して現地を見ると、画中に入れた清見寺の塔が実際には失われてしまっていたので、再建寄進したという伝えもある。
下＝幼時に涙で鼠の絵を描く。備中宝福寺に入れられた雪舟が絵ばかり描いて経を読むのを怠ったため、柱に縛りつけられた。夕方に師が縄を解こうとすると、雪舟の足下に鼠がいた。それは、自分が流した涙で、足の指で描いたものであった(『本朝画史』ほか)。『北斎漫画』。

「五岳なんどのごときは、草履取にも不足なり」と申しければ、帝大に驚き給ひ、「昔日本の画工雪舟といへる者、我が国に来り彼山を画きしより、唐土人も三保の原、気も浮島の風景も、我は其意を絵空言にて、五岳には及ぶまじと、今迄は思ひしが、汝が詞を聞きしより、初めて不二の万国の山にまさりたるを知れり。我も四百余州をたもてば、何に不足もなければども、不二山ばかり日本にまけたる事、無念類は中橋なれば是より諸国へ申し付け、多くの人歩を呼び寄せて、不二山を築せて、後世に名を残すべし。」

風流志道軒伝

○唐で誉るは雪の山雪の舟(二九30)

雪の山、つまり富士も三国一。雪舟とともにお国自慢のできるもの。

銭形平次 ぜにがたへいじ

野村胡堂が一九三一年(昭和六)から五七年まで書き継いだ『銭形平次捕物控』シリーズ(長・短編合わせて総計三八三編)の主人公。江戸神田明神下の長屋に住む「江戸一番の捕物名人」の御用聞(岡っ引き)。犯罪者の捕縛に際して、投げ銭の特技を見せるところから、銭形の異名がついた。年齢は、シリーズを通して三一歳。恋女房のお静は二三歳、子分のガラッ八こと八五郎は三〇歳の独身と、これも変わることがない。物語の時代背景が、シリーズ当初は江戸時代初期の慶安から承応にかけてのころだったのが、第三十話あたりから江戸時代の後期、文化・文政期あたりにいつのまにか変化していった。このシリーズを手がけるにあたって、容易に罪人をつくらないこと、町人に愛情を持っていること、侍や遊び人を徹底的にやっつけること、明るくて健康的であることを心がけた、と野村胡堂は述懐している。また、江戸という望景詩の中に「法の無可有郷」を求めたとも述べていた。こうした特色がヒーロー像にも反映されており、庶民性、明朗性、健康性、そして正義派的なモラリズムといった要素が、主人公のキャラクターの特色となっている。罪を憎んで人を憎まずで犯人を見逃してやる平次親分のヒューマニストぶりに人気が集まり、戦前から戦後にかけてという息の長いシリーズとなった。戦後のワンマン宰相吉田茂が愛読書の一つに挙げたことでも知られる。映画化、テレビドラマ化も数多いが、映画では長谷川一夫主演の、テレビでは大川橋蔵主演のシリーズが人気を博した。

清原 康正

「御用ッ、神妙にせい」

闇の中から不意に飛出した平次とガラッ八。

「何をッ」

手が廻ったと見るや、井崎八郎早くも一刀を引抜いて身構えました。番頭風の男と勘次の手には夜目にも閃めく匕首《あいくち》。

「親分、三人じゃ手におえねえ。銭をッ」

「おうッ」

三方から斬りかかるのを引っ外して、平次の手が懐中に入ると、久振りの投げ銭。闇を剪って一枚、二枚、三枚ヒュッ、ヒュッと飛びます。

「あッ」

一番先に匕首を叩き落とされた勘次は、ガラッ八の糞力にひしがれて、蛙のように平ばりました。

続く一枚は番頭の額を劈《つんざ》き、最後の一枚は井崎八郎の拳を打ちます。

銭形平次捕物控

蝉丸 せみまる

虚構の人名。説話では、延喜帝(醍醐天皇)の第四皇子で、盲目のため逢坂山へ遺棄された琵琶の名手と伝える。『後撰集』(巻十五)に、「逢坂の関に庵室を造りて住み侍りけるに、行きかふ人を見て」の詞書のもとに、「これやこの行くも帰るも別れては知るも知らぬも逢坂の関」の和歌が収められ、作者は蝉丸となっている。この歌は『百人一首』にも選ばれ、人口に膾炙しているが、作者蝉丸についてはまったくわかっていない。信ずべき史料には、この名の人物の実在を証するに足るものは皆無といってよい。しかるに、蝉丸の名は平安時代末期以後の説話・芸能の中で、あるいは信仰のうえで、さまざまに語り伝えられていた。

蝉丸について語る資料が、いずれもきわめて断片的であるのは特徴的なことである。『今昔物語集』(巻二十四)に、源博雅という管絃の名手が、逢坂山の関に庵を作って住んでいた盲目の蝉丸のもとへ三年の間通いつめ、ついに『流泉』『啄木』という琵琶の秘曲を習得したという。蟬丸の出自は、宇多法皇の皇子敦実《あつみ》親王の雑色《ぞうしき》であったとしている。これと同類の説話は『江談抄』(巻三)にも出ているが、これには「会坂目暗《おうさかめくら》」とのみあって、蟬丸の名は出てこない。また、博雅三位《はくがのさんみ》が童のころ、木幡にいた卑しい盲目の法師のもとへ百夜通って琴の秘曲を授けられたという類話が『世継物語』に書き留められている。これら古い説話を見ると、近江国逢坂関の近辺にたむろして、音曲を奏して旅人を慰めていた放浪芸能民に関する伝承が原型であったと思われる。それが、いつのころか「蟬丸」という個人の名に仮託して語られるようになり、さらにこの蟬丸を「芸の始祖」「音曲の守護神」と奉じた盲目の琵琶法師たちによって神格化が行われたのであろう。そのとき、蟬丸は延喜帝の第四皇子という高貴な身分に擬され、貴と賤とを併せ担う虚構の人物となって立ち現れた(『平家物語』『無名抄』など)。その事情については、なお研究が必要であるが、一般には、仁明天皇の第四皇子である人康親王が逢坂山の麓に隠棲し、琵琶の名手として知られていたのを混同したのだろうと説明されている。たしかに、不遇の貴種という点で、この史実の反映は認められるが、とくに「延喜帝の」皇子になぞらえられたことの意味は、別に求められねばならない。

◉——**蟬丸**　逢坂関の草庵で琵琶を奏する蟬丸。『北斎漫画』。

　中世の謡曲『蟬丸』は、この伝承を原拠としつつ、博雅三位を登場させることをせず、「聖天子」たる延喜帝の皇子ながら、盲目ゆえに捨てられた蟬丸と、髪が逆立つ奇形ゆえに放浪する姉宮逆髪との姉弟邂逅を描いた曲である。この謡曲が原拠となり、蟬丸は近松門左衛門作の浄瑠璃『蟬丸』(一六九三以前上演)および歌舞伎狂言『蟬丸二度の出世』(一六九八上演)をはじめ、近世の芸能に扱われるようになる。とくに歌舞伎では、『蟬丸養老滝』(一七二二)、『蟬丸女模様』(一七二五)、『蟬丸逢坂ノ緑』『相坂山鳴神不動』(ともに一七三二)、『若緑七種ノ寿』(一七四二)、『梅桜仁《にんに》蟬丸』(一七五二)など、数多くの「蟬丸物」を生み出した。これら近世の蟬丸像に共通の類型は、美男・薄幸の貴種で琵琶の名手、複数の女性から熱烈に慕われて、嫉妬をこうむるというものであった。

　さて、逢坂関には、王朝時代以前より坂神である道祖神が祭祀されていた。中世になって、これに蟬丸と逆髪という男女一対の神格を習合させたらしい。「関明神」と称するのがそれで、『寺門伝記補録』(巻五)によると、この社の祭神には、朱雀天皇の詔によって蟬丸の御霊を合祀したと記している。また、同書の補記に、蟬丸と逆髪の御霊を祀ったこと、一説に下社に蟬丸宮、上社に逆髪宮の霊を祀ったことを記す。これは、現在滋賀県大津市にある蟬丸神社につながる「蟬丸信仰」である。蟬丸が、平曲を語った放浪の盲僧たちの集団によって信仰されたのはいうまでもないが、やや時代が下っては、やはり放浪の芸能民である説経師によって祖神として信奉された。江戸時代には、説経節を語る説経師に限らず、琵琶法師、瞽女《ごぜ》、歌念仏、辻能狂言師、辻角力、人形操師、見世物、放下師《ほうかし》、祭文師、白拍子、三味線弾、傀儡《くぐつ》遊女など広く諸国をめぐる放浪の芸能民集団の多くは近松寺《こんしょうじ》を通じて巻物を下付されて蟬丸宮の支配に属していた。『雍州府志』は蟬丸を「乞児之祖」とし、また『世諺問答』は「鉢叩きの先祖」ともする。蟬丸はまさに聖と俗の両義性を体現する壮大な虚構の名であり、社会的に賤視されて

いた放浪芸能民自身を象徴する偶像であったといってよかろう。 ▼逆髪(さかがみ)　服部　幸雄

(ワキ)これは延喜第四の御子。蟬丸の宮にておはします。(三人)実《げ》にや何事も報《むくい》有りける浮世かな。前世の戒行いみじくて。今皇子とはなり給へども。襁褓のうちよりなどやらん。両眼盲ひまし〳〵て。蒼天に月日の光なく。闇夜に灯。暗うして。五更の雨も。止む事なし。(ワキ)明かし暮らさせ給ふ所に。帝如何なる叡慮やらん。(三人)密に具足し奉り。逢坂山に捨て置き申し。御髪をおろし奉れとの。綸言出でてかへらねば。御痛はしさは限なけれども。勅諚なれば力なく。足弱車忍路を雲井のよそに回らして。しのゝめの。空も名残の都路を。〳〵。今日出で初めて又いつか。帰らん事も片糸の。よるべなき身の行方。さなきだに世の中は。浮木の亀の年を経て。盲亀の闇路たどり行く。迷の雲も立ちのぼる逢坂山に。着きにけり逢坂山に着きにけり。(ツレ)いかに清貫。(ワキ)御前に候。(ツレ)さて我をば此山に捨て置くべきか。(ワキ)さん候宣旨にて候ふ程に。これまでは御供申して候へども。何くに捨て置き申すべきやらん。(中略)(ワキ)宣旨にて候ふ程に。御髪をおろし奉り候。(ツレ)これは何と云ひたる事ぞ。(ワキ)是は御出家とてめでたき御事にて渡らせ給ひ候。(ツレ)実にやかうくわんもとひを切り。半だんに枕すと。唐土の西施が申しけるも。かやうの姿にてありけるぞや。(ワキ)此御有様にては。中々盗人の恐も有るべければ、御衣を賜はつて簑と云ふ物を参らせ上げ候。(ツレ)これは雨による田簑の島とよみ置きつる。簑と云ふ物か。(ワキ)又雨露の御為なれば。同じく笠を参らする。(ツレ)これは御侍御笠と申せとよみ置きつる。笠と云ふ物よなう。　謡曲蟬丸

関明神事

会坂ニ関ノ明神ト申ハ昔ノ蟬丸也。カノワラヤノ跡ヲウシナハズシテ、ソコニ神トナリテスミ給ナルベシ。今モウチスグルタヨリニミレバ、フカ草ノ帝ノ御使ニテ和琴ナラヒニ良峯ノムネサダ、良少将トテカヨハレケムホドノ事マデオモカゲニウカビテ、イミジクコソ侍レ。　無名抄

くらき御目の。かなしさは月日の。影もみづとりの。かもの川ぎし波こへてつゐの夕べをまつ坂や。きへこそかへれあわた口。いつをたよりにたはつけん。わが黒かみのさねかづらあふ坂山にぞつき給ふ。清貫やがて立よりていだきおろし奉り。ア、今までつゝみ申せしが。かやう〳〵のちよくぢやうにて是まで御供。仕ては候へ共。いづくにすて置申べき。さらに前後をわきまへずとなみだにくれてぞいたりける。宮は此よし聞し召。こはそも夢かとばかりにて御泪はせきあへず。やゝあつてのたまふやう。あゝらおろかのわが心や。前世のかいぎやうつたなくて。盲目となりしゆへ。はやくゐんぐわをはたさせて。後世をたすけん御はからひげに有がたき父みかどの御じひかなとなく〳〵も。御手を合させ給ふにぞ。二人はいよ〳〵なみだにくれ申上べきやうもなし。やゝあつてまれ世の卿。かやうの御すがたにては。盗賊のおそれあり。御衣を賜つて。みのをまゐらせ候べし。是は雨による。田みのゝ島と詠ぜしみのか「又雨露の御ためなれば。同じく笠を参らする「是はみさぶらひ。御笠とよみし物よなふ「又この杖は御道しるべ。御手にもたせ給ふべし「げに〳〵これもつくからに。千とせの坂もこへなんと。かのへんぜうがよみしつえか。それは千とせのさかゆくつえ。爰は所もあふ坂山。関のわらやの竹ばしらかゝるうきよにあふさかの。しるもしらぬも是見よや。延喜のわう子のなれる果。こはそもいかなるためしぞと声もおしまずなき給ふ　半太夫節正本集蟬丸道行

○琵琶の曲行も帰るも立どまり(四四12)

「是や此の行くも帰るも別れては……」の蟬丸の歌の文句取り。

千利休　せんのりきゅう　一五二二―九一

(大永二―天正一九)

桃山時代の茶人、茶の湯の大成者。堺の商家に生まれ、若き日より茶の湯の才能が認められた。やがて織田信長、豊臣秀吉の茶堂とし

て取り立てられた。利休が活躍した時代に茶の湯は天下人はじめ武将、町衆の関心の的となり、利休によってその体系が整えられた。利休と秀吉をめぐる伝説は種々伝えられ、たとえば、利休宅の露地に咲く朝顔が見事だと聞いた秀吉が朝の茶会を所望すると、当日利休は朝顔を残らず抜き去り、茶室の床にたった一輪の朝顔を生けて秀吉をもてなした話などがある。またあるとき、たらいのような平たい花器に梅の枝を生けよと秀吉に命じられた話がある。秀吉の無理難題に対して、利休は梅の枝を逆手に取り花とつぼみをしごくと、花器の広い水面にそれが浮いて見事な茶花になったという。これは最近、利休の曾孫の江岑宗左の自筆覚書にも記されていることがわかり、伝説より実話に近いと思われる。

利休は茶の湯のみならず政治的にも重要な役割を果たし、その結果、秀吉から切腹を命じられるが、その死に際を伝える話が『茶湯秘抄』にある。最期に臨み、利休は検死の役人を前にして床框《とこがまち》に腰をかけ腹を深々と切ると中から腸を引き出し、炉の自在鉤にかけて壮絶な死を遂げた、という。ありえぬ話だが、切腹の無念が後世増幅されて生まれた伝説であろう。

熊倉　功夫

◉――千利休　利休は茶道の極意に西行の和歌を尊んだという。『和泉名所図会』。

○大名の手せんじ利休させはじめ（三一6）
○高あがりしたが茶人のおちどなり（安七仁5）

第二句、秀吉が紫野大徳寺に詣でたところ、山門の上に利休自らの像を安置してあるのを見たため、激怒して死を命じたと伝える。「高あがり」は上座に坐ること、思いあがることに、山門上の利休像を通わせる。

千姫　せんひめ　一五九七―一六六六（慶長二―寛文六）

江戸幕府二代将軍徳川秀忠の長女。母は崇源院。一六〇三年（慶長八）七月、七歳で豊臣秀頼に嫁した。一五年（元和一）の大坂落城のさい脱出。翌年、本多忠勝の孫忠刻《ただとき》に再嫁のさい、坂崎直盛が千姫を奪取しようとする事件があった。忠刻との間に一男一女（池田光政の室）をもうけたが、忠刻と男子が死去して絶家となり江戸に帰った。竹橋御殿に住み天樹院と名のった。「吉田御殿」の乱行の物語は俗説で事実ではない。

煎本　増夫

爰に坂崎は昔宇喜多が家に在りし頃、常に都にさむらひて知れる人多しと聞召され、此姫君の御事、摂家華族などの公達の御中に媒し参らせよと、密に仰せ承りて都に登り、然るべき人いひ語らひ、帰り参りて此由申上ければ、将軍家深く悦ばせ給ひ、頓て其家に入れ参らせらるべきにぞ定りける、姫君かくと聞召され、去る人に見えん事こそ心うけれとて、御飾おろさせ給ふべしなど聞えさせ給へば、将軍家大に驚せ給ひ此事叶ふべからざりけりと仰せ下さる、出羽守承りて、かほどに契り置かせ給ひし事を、今いかで叶はぬよしの御使をば仕り候べき、只いかにもして御言葉の替らせ給はざらん様にこそ、あらまほしく存ずれと申て罷り出づ、とかく日数ふるほどに、姫君本多中務少輔忠刻が家に入らせ給ふべしと聞ゆ、坂崎大に恨み参らせて、かくては如何で世の人に再び面を向くべき、よし〱御輿奪ひ取て都に伴ひ参らせずるものを、命を捨てば安かりぬと、己が家子郎等召集めけり、関東に在合ふ大名すは事こそ出来たれと、家家に兵を集むること大方ならず、将軍家も出羽守が怨み申す所、其謂れなきにあらずとて、御使度々下されて彼が心を慰めらる

藩翰譜第十二下

そ

相応 そうおう　八三一―九一八(天長八―延喜一八)

平安前期の天台宗の僧。近江国(滋賀県)浅井郡の生れ。俗姓は櫟井《いち》氏。一五歳のとき鎮操《ちんぞう》に従って比叡山に登り、一七歳で沙弥《しゃみ》となる。八五五年(斉衡二)円仁《えんにん》について得度受戒し、一二年の籠山《ろうざん》修行に入った。八五八年(天安二)西三条女御《にょうご》(藤原良相《よしみ》の娘)について霊気をはらい、呪験力をもって有名になった。こののち、比良山、金峰山において修行し、八六三年(貞観五)には等身大の不動明王の像をつくり、八六五年これを安置する無動寺を建立した。八六六年奏請して最澄に伝教、円仁に慈覚の大師号を賜った。これが日本における大師号の始まりである。八八二年(元慶六)無動寺を天台別院とし、八九〇年(寛平二)内供奉《ないぐぶ》に任ぜられる。晩年は不断念仏を実践した。

中井　真孝

其和尚、かやうに奇特の効験おはしければ、染殿后、物のけに悩み給けるを、或人申けるは、「慈覚大師御弟子に、無動寺の相応和尚と申こそ、いみじき行者にて侍れ」と申ければ、めしにつかはす。則御使につれて、参りて、中門にたてり。人々見れば、長高き僧の、鬼のごとくなるが、信濃布を衣にき、椙《ぎす》のひらあしだをはきて、大木槵子《だいもくげんじ》の念珠を持り。「その体、御前に召上べき者にあらず。無下の下種《げす》法師にこそ」とて、「たゞ簀子の辺に立ながら、加持申べし」と、おの〱申て、「御階《みはし》の高欄のもとにて、たちながら候へ」と仰下しければ、御階の東の高欄に立ちながら、押しかゝり祈奉る。

宮は寝殿の母屋にふし給。いとくるしげなる御声、時々、御簾のほかに聞ゆ。和尚、纔《わづか》に其声をきゝて、高声《かうじやう》に加持したてまつる。その声、明王も現じ給ぬと、御前に候人人、身の毛よだちておぼゆ。しばしあれば、宮、紅の御衣二斗に押しつゝまれて、鞠のごとく簾中よりころび出させ給うて、和尚の前の簀子になげ置き奉る。人々さわぎて「いと見ぐるし。内へいれたてまつりて、和尚も御前に候へ」といへども、和尚、「かゝるかたゐの身にて候へば、いかでか、まかりのぼるべき」とて、更にのぼらず。はじめ、めし上げられざりしを、やすからず、いきどほり思て、たゞ簀子にて、宮を四五尺あげて打奉る。人々、しわびて、御几帳どもをさしいだして、たてかくし、中門をさして、人をはらへども、きはめて顕露なり。四五度ばかり、打たてまつりて、なげ入〱、祈ければ、もとのごとく、内へなげいれつ。其後、和尚まかりいづ。「しばし候へ」と、とゞむれども、「ひさしく立ちて、腰いたく候」とて、耳にも聞きいれず

していでぬ。

宇治拾遺物語巻十五ノ八「相応和尚都卒天にのぼる事・染殿の后祈たてまつる事」

増賀 ぞうが　九一七—一〇〇三(延喜一七—長保五)

平安時代の僧。狂人をよそおって名利を逃れ、道心を貫いた高僧。橘恒平の子。幼いときから仏法に志し、慈恵大僧正(良源)の弟子となった。比叡山で学ぶうちに遁世の思いがつのり、周囲の人々の制止にもかかわらず多武峰《とうのみね》に籠居し、法華経読誦と念仏にあけくれた。しかし聖僧としての名声は高まり、冷泉天皇の護(御)持僧《ごじそう》に召し出されたが逃げ帰った。また三条太皇太后の出家の戒師に召されたとき、儀式が終わるや、下痢でたえられないといって宮中の所かまわず汚物を落とした話など、その奇行の数々は、いずれも道心を貫くためのもので、世俗化した大寺院の仏教に批判的な人々の間で、増賀が遁世者、極楽往生者の理想として語り伝えられたことが知られる。

大隅　和雄

(慈恵)僧正の慶賀を申せし日に、前駈の員に入りて、増賀、干鮭をもて剣となし、牝牛をもて乗物となせり。供奉の人、却け去らしむといえども、猶しもて相従いて自ら曰く。誰人か我を除きて禅房の御車の牛口前駈を勤仕せんや、といえり。

続本朝往生伝

聖人居去カムト為ル時ニ、聖人音ヲ高クシテ云ク、「増賀ヲシモ召テカク令挟メ給フハ何ナル事ゾ。更ニ不心得侍ズ。若シ乱リ穢キ物ノ大ナル事ヲ聞シ食タルニヤ。現ニ人ヨリモ大キニ侍レドモ、今ハ練絹ノ様ニ乱々ト罷成ニタル物ヲ。若上ハケシウハ侍ラザリシ物ヲ。糸口惜」ト云フ音、極テ高シ。簾ノ内近ク候フ女房達、奇異ニ目口ハダカリテ思ユル事无限シ。宮ノ御心ニハタラ更也、貴サモ皆失セテ希有・奇特ニ思シ食ス。簾ノ外ニ被候ルヽ僧俗ハ歯ヨリ汗出デヽ、我レニモ非ヌ心地共シテ居タルナルベシ。

聖人罷出ナムトテ大夫ノ前ニ袖打合テ居テ云ク、「年罷リ老テ、風重クテ、今ハ只利病ヲノミ仕レバ、参ルニ不能ズ候ヒツレドモ、態ト思シ食ス様有テ召シ候ヘバ、相構テ参リ候ヒツルト、難堪ク候ヘバ、忩ギ罷リ出候フ也」トテ出ツルニ、西ノ対ノ南ノ放出ノ簀子築居テ、尻ヲ掻上テ楾ノ水ヲ出スが如ク痢リ散ス。其ノ音極テ穢シ、御前マデ聞ユ。若キ殿上人・侍ナド此レヲ見咲ヒ嘲ル事ト无限シ。聖人出ヌレバ、長ナル僧俗ハ、カヽル物狂ヲ召タル事ヲリ極テ謗リ申ケレドモ、甲斐无クテ止ニケリ。

今昔物語集巻十九「三条大皇大后宮出家語」

○増賀と妾結構なとこへたれ(新二〇17)

「妾」は江戸期に女が支度金を取って妾となり、わざと寝小便をして解雇され、また他家をねらう小便組の妾をいう。

相馬黒光 そうまこっこう　一八七六—一九五五(明治九—昭和三〇)

宮城県仙台市に士族の娘として生まれた。黒光は号で、本名良。一八九二年(明治二五)に入学した宮城女学校を校長と対立して退学、横浜のフェリス女学校に転校したが、さらに明治女学校に移って島崎藤村らに学んだ。藤村の仲人で、企業家・社会改良運動家の相馬愛蔵と信州安曇野で結婚し、この地で生活を始めたが行き詰まり、一九〇一年愛蔵とともに上京。本郷でパン屋中村屋を開業した。当初は苦労したが、本郷から新開地の新宿に進出すると、インテリ・パン屋として評判になり、文化人、芸術家たちが出入りするようになった。黒光はアトリエを作り、多くの人々が集まるサロンを主宰した。

キリスト教的な新教育を受けた知性ある女性として彼女は、彫刻家荻原守衛(碌山)、画家中村彝《つね》、ロシアの盲目詩人エロシェンコ、インド独立運動の志士ボースなど、ここに集う芸術家・亡命者の保護者となった。ボースは黒光の娘と結婚することになる。自伝的随筆集『黙移』、『相馬夫妻著作集』(全五巻)などの著作がある。

田辺　貞夫

曾我兄弟　そがきょうだい
鎌倉時代の初期の武士。兄の名を曾我十郎祐成《すけなり》（幼名一万、一一七二—九三）、弟を五郎時致《ときむね》（幼名箱（筥）王、一一七四—九三）という。平将門の乱のときの常陸国司藤原惟幾の子孫を称する工藤氏の人。伊豆の国衙有力官人として伊豆半島海岸一帯に勢力をはった有力武士団工藤氏のなかで、伊東祐親（兄弟の祖父）、河津祐通（泰）（兄弟の父）父子と工藤祐経《すけつね》との間で所領相論がおこり、一一七六年（安元二）祐通が祐経の従者によって殺害された。祐通の妻は幼い兄弟を連れて、同じ工藤一族の曾我祐信に再嫁した。やがて元服した兄弟は、源頼朝の寵臣として鎌倉幕府の重臣となっていた工藤祐経を、九三年（建久四）の富士の裾野の巻狩において父の敵として殺害した。兄は戦いの場で死に、弟は祐経の遺児に引き渡されて首を斬られた。兄弟の復讐事件は世間に流布し、『曾我物語』が生まれた。　小田 雄三

【伝承】『曾我物語』には、後の能、幸若舞その他の作品としても有名ないくつかの説話群がある。それらのうち有名なものを記すと、当時、源頼朝の寵を得ていた敵の工藤祐経は、頼朝にすすめて兄弟を斬らせようとした話がある。これは兄弟の祖父祐親が若き日の頼朝を伊東の地から追い、頼朝の妻となった娘をとり返し、その間にできた千鶴御前を伊豆国松川の奥の「とどきの淵」に柴漬《ふしづけ》（私刑の一種。簀巻きともいう）にして殺したことがあったからだ。このとき、梶原景時、和田義盛、宇都宮朝綱、千葉常胤《つねたね》など関東武士が助命を請い、頼朝は聞き入れなかったが、ついに畠山重忠の諫言を入れて助命したという。弟の五郎は一一歳のとき、稚児《ちご》として箱根別当行実の坊に入れられるが、頼朝の箱根参詣のおり、供人の中にいた敵工藤祐経から見参の初めの引出物として赤木柄の刀を与えられたという。この赤木柄の刀と称するものが現在も箱根神社に蔵されている。五郎は一七歳のとき、箱根で出家させられそうになるが、兄の十郎とはかって夜陰にまぎれて箱根を下り、北条時政を烏帽子親《えぼしおや》として元服したと伝える。十郎は大磯の遊女虎《とら》と深い仲であったが、あるとき、和田義盛が一行八三騎とともに大磯の宿に立ち寄り、評判の虎に会いたいという。おりから十郎も来あわせていたので虎は出ようとしない。義盛の催促と虎の母の説得で十郎とともに義盛の座に出て酒宴となる。義盛は虎に杯を思い差しするよう命ずると、虎ははばかることなく十郎に差す。その恥辱から朝比奈義秀らの侍たちと衝突が起ころうとするが、弟の五郎は兄の急を感じて駆けつけ、ことなきを得たと伝える。また、敵討のため祐経の仮屋に討ち入った兄弟はまず過って王藤内を討ち、祐経を討った後、出合った一〇人の侍たちを斬ったという。十郎は仁田四郎忠常に討たれ、五郎は小舎童《ことねりわらわ》の五郎丸に生け捕られる。頼朝は武勇に感じて五郎を救おうとしたが、祐経の子犬房丸の請いによって五郎は斬られたと伝える。兄弟の死後、家来鬼王、団三郎《どうざぶろう》は出家し、虎も出家して信濃善光寺におもむいたという。兄弟の遺跡とされる地は、小田原市曾我谷津、箱根、富士市鷹岡町、富士宮市上井出をはじめ、北は東北から南は九州に至るまで全国各地にあって、きわめて多いが、虎御前という名から推測される女流の唱導者集団が全国に曾我兄弟の物語を運搬したと考えられている。　山本 吉左右

→鬼王・団三郎…虎御前…仁田四郎…満功

【曾我物】中世後期から近世にかけては、『曾我物語』の普及によって兄弟の事蹟は広く大衆に親しまれ、芸能・戯曲の題材としても、謡曲『元服曾我』『小袖曾我』『夜討曾我』、幸若舞『十番斬』『和田宴《さかもり》』、古浄瑠璃『根元《こんげん》曾我物語』『夜討曾我』、近松門左衛門の浄瑠璃『世継曾我』『曾我会稽山《かいけいざん》』など多く扱われた。とくに江戸では、五郎を荒人神としてあがめる御霊信仰（「ごろう」の音が御霊に通ずるともいわれる）の影響のもと、江戸歌舞伎の開山である初代以来の市川団十郎が五郎の役を家の芸

「荒事」によって典型化したためもあって、おおいに喜ばれ、一六五五年(明暦一)八月山村座の『曾我十番斬』をはじめ、一六九七年(元禄一〇)五月中村座の『兵《つわもの》根元曾我』、一七〇八年(宝永五)一月同座の『傾城《けいせい》嵐《あらし》曾我』などが大当りをとったあと、享保(一七一六—三六)ごろからは江戸三座とも、毎年正月には必ず兄弟に関連する「曾我狂言」を上演する慣習が固定した。脚本はそのつど新作されたが、荒事の五郎に対し、十郎を優美な「和事」の役として、周囲に兄弟の愛人である傾城の大磯の虎と化粧坂の少将、同情者である道化役の小林朝比奈、兄弟の母満江、忠臣鬼王・団三郎などを配し、これらの人物が活躍するというパターンが生まれたが、その一番目大詰には兄弟が朝比奈の手引きで敵工藤祐経に会見する「対面」の場が初春を寿ぐ儀式的な一幕として必ず設けられ、これが前記の役々によって役柄の典型をそろえ、歌舞伎の様式美を発揮する演目として今日も残っている。この中で、本来敵役であるべき工藤が立役(善人の役)になっているのは、座頭《ざがしら》の役として固定したからであった。また、当時は初春芝居を五月ごろまで打ち続け(五月二八日が曾我兄弟の命日で曾我祭を行った)、その間はすべて曾我に結びつけて脚本が新作される慣習があったため、当代の侠客が活躍する『助六』も曾我狂言の続編として作られたので、助六実は曾我五郎というような形態が生まれた。ほかに曾我狂言の一場面が後世に伝わったものとして、歌舞伎十八番の『矢の根』や『曾我の石段』『鬼王貧家』などがあるが、舞踊では季節に関係なく作られた『草摺引』『雨の五郎』などが伝わり、幕末から明治にかけては実録を脚色した河竹黙阿弥の『敷皮の曾我』『夜討曾我狩場曙』、福地桜痴の『十二時《じゅうにとき》会稽曾我』などが作られた。

松井 俊諭

◉—曾我兄弟 曾我兄弟の討入り。『舞の本』。内閣文庫蔵。

そもそも、伊豆国赤沢山の麓にて、工藤左衛門尉祐経にうたれし、河津三郎が子二人あり。兄をば、一万といひて、五つになり、弟は、箱王といひて、三つにぞ也にける。父におくれて後、いづれも母につき、継父曾我太郎がもとにそだちける。やうやう成人する程に、父が事をわすれずして、なげきけるこそ、無慙なれ。人のかたれば、兄もしり、弟もしり、こひしさのみにあけくれて、つもるは涙ばかりなり。(中略)折節、九月十三夜の、まことに名ある月ながら、隈なき影に、兄弟、庭にいでてあそびけるが、五つつれたる雁がねの、西にとびけるを、一万が見て、「あれ御覧ぜよ、箱王殿。雲ゐの雁の、いづくをさしてかとびゆくらん。一つらも離れぬ中のうら山しさよ」。弟きゝて、「なにかはさほどうらやむべき。われらがともなふ物どもも、あそべば、共にうちつれ、かへれば、つれてかゑるなり」。兄きゝて、「さにはあらず。いづれもおなじ鳥ならば、鴨おも鷺をもつれよかし。空とべども、おのれがともばかりなる事ぞとよ。五つあるは、一つは父、一つは母、三つは子共にてぞ有らん。わ殿は弟、われは兄、母はまことの母なれども、曾我殿、まことの父ならで、こひしとおもふその人の、ゆくゑも敵のわざぞかし。あわれや」

曾我物語巻三「九月名月にいでて一万箱王父の事なげく事」

廿八日、癸巳、小雨降る、日中以後霽、子剋、故伊東次郎祐親法師の孫子、曾我十郎祐成、同五郎時致、富士野の神野の御旅館に推参致し、工藤左衛門尉祐経を殺戮す、又備前国の住人吉備津宮の王藤内といふ者、(中略)同じく誅せらるるなり、爰に祐経、王藤内等の交会せしむる所の遊女、手越少将、黄瀬川の亀鶴等叫喚し、此上、祐成兄弟父の敵を討つの由、高声を発つ、之に依つて諸人騒動し、子細を知らずと雖も、宿侍の輩は皆悉く走り出づ、雷雨鼓を撃ち、暗夜に灯を失ひ、殆んど東西に迷ふの間、祐成等の為に、多く以て疵を被る、(中略)十郎祐成は、新田四郎忠常に合ひて討たれ畢んぬ、五郎は、御前を差して奔り参ず、将軍御剣を取りて之に向はしめ給はんと欲す、而るに左近将監能直、之を抑留し奉る、此間小舎人童五郎丸、曾我五郎を搦め得たり、仍つて大見小平次に召預けらる、其後静謐す、義盛、景時仰を奉りて、祐経の死骸を見知すと云々　**吾妻鏡**建久四年五月

○仕合な事と敷キがわ引ツたてる(明四義1)

頼朝の命で兄弟は由比が浜で首を斬られるところ、畠山重忠の願いにより、急ぎの使者が飛び二人ともに救われる。「既に敷皮敷きて、二人の者ども直しにけり」(『曾我物語』巻三)というところを助かり、敷皮も片づけられた。

○あかはらを釣て箱王しかられる(四13)

「赤腹」はウグイ(淡水魚)の別称。箱王は一一歳のとき箱根山へやられ、法師の修行を強いられる。

○此場をば赤木のつかでまづすまし(拾九7)

祐経は頼朝に従い箱根権現に詣で、箱王は機会逸すべからずとつけねらうが、祐経に招かれ「あつぱれ父に似給ふかな」と、「赤木の柄に胴金入れたる刀一腰」を与えられる。歌舞伎では「対面」の場に相当するが、芝居では狩場の通行切手が与えられる。

○矢を壱本とぐに時宗大イそうさ(明八桜5)

「たいそうさ」は、歌舞伎『矢の根』における五郎時致の扮装、両肌ぬぎで仁王襷をかけたさまをいう。

○草ずりは引かずとじたい切レかゝり(拾九8)

これも芝居の『草摺引』で、兄十郎の危難を救おうと五郎が駆けこむのを、朝比奈が制止し、草摺に手をかけて力まかせに引き止め、草摺は三枚切れたが、五郎は動かない、という勇猛さが描かれる。「じたい」はもともとの意で、いわゆる「曾我の貧」から着想を得た滑稽。

○十郎はめりやす五郎板子ぶし(明二礼3)

兄弟の性格の違いを唄の調子に見立てた句。「めりやす」は長唄の一種で色模様のしんみりした場面で演奏される歌曲。また「潮来節」は現存の歌の調子からは想像できぬが、かなり荒っぽい野性味のある歌だったらしい。

○兄弟は地ものはきついきらひなり(明四信2)

十郎は大磯の遊女虎御前、五郎は化粧坂の少将のもとへ通ったと伝えられる。「地者」は素人女の意で、作句当時の女郎崇拝(つまり地者蔑視)思想を反映している。

○兄は鳥弟は虫で死じたく(天六宮2)

夜討のいでたちは、十郎が「群千鳥の直垂」、五郎は「直垂に蝶を二つ三つ所々に書きたる」(『曾我物語』巻九)を着し、この〃蝶・千鳥〃のデザインは後世の歌舞伎にも踏襲された。

蘇我入鹿　**そがのいるか**　?—六四五(大化一)

飛鳥時代の廷臣。蘇我毛人(蝦夷《えみし》)の子。名は鞍作《くらつくり》といい、蘇我林臣鞍作、林太郎、蘇我大郎ともいわれた。青年時代の入鹿は、唐から帰国した新漢人旻《いまきのあやひとみん》の学堂に学んだが、旻から第一級の人物と評価された、と『家伝』は伝えている。六四二年一月、皇極天皇が即位したころは、入鹿の権勢はすでに父の大臣毛人を凌ぎ、国政を左右するほどであった、という。翌六四三年一〇月には、入鹿は父から紫冠を授けられ、大臣の位を認められた。この直後から入鹿らは、聖徳太子の子の大兄山背皇子の上宮王家の討滅を謀りはじめた。山背皇子らは、舒明天皇即位時の紛糾以来まだ即位の望みを捨てず、舒明天皇の死後もその即位が見送られてきたことに不満をつのらせ、大臣毛人や入鹿の政治にさまざまの抵抗を示していたからである。そのため入鹿らは、山背皇子を排し、大兄《おおえ》を蘇我系の古人皇子に代えようとした。一一月、入鹿は軽皇子(次の孝徳天皇)、巨勢徳太、大伴馬飼らとともに軍をおこし、山背皇子を斑鳩《いかるが》宮に急襲しその一族ことごとくを覆滅した。これ

を知った毛人は怒り嘆いたという。このあと、入鹿に対する反感が急速に高まり、六四五年春から難波への遷都も日程に上ってくると、蘇我本宗家討滅計画が中臣鎌子(鎌足)、葛城皇子(中大兄)らによってひそかにすすめられた。その結果、六月に、飛鳥板蓋《いたぶき》宮での三韓進調とされる儀式の場で、入鹿は暗殺され、つづいて父毛人も甘檮《あまかし》岡(甘樫丘)の邸に火を放って自殺した。　門脇禎二

【伝承】入鹿が山背大兄王以下の聖徳太子の子孫を滅ぼし、やがて中臣鎌子らによって大極殿に殺されることは『日本書紀』に記されるが、これは『聖徳太子伝暦』の後半部に継承され、以降、主として太子伝の領域で入鹿像が形成される。すでに『書紀』は入鹿を威を振るい王位を奪おうとする逆臣として描き、鎌足や中大兄皇子による謀殺を正当化しているが、その際に入鹿が人となり疑いぶかく昼夜剣をはいていたのを、俳優《わざひと》に戯れさせて解かせたというような物語的要素が含まれている。『伝暦』は中世太子伝のなかでいっそう物語化され、そのなかで入鹿の凡人にあらざる威勢の様と謀叛のはかりごとが強調された。たとえば前者では、入鹿は庭に鳥形を戴いた鉄柱を建てこれを眼力で睨み落としたという邪視の説話がみられ、後者は、法興寺槻樹の下で蹴鞠のとき、中大兄皇子の鞋が脱げたとされているが、これも皇子の足を直接地に踏ませて王位につけなくするはかりごとであるというものである。このときに足を手でうけたのが鎌足であり、入鹿を討つために鎌足が計略をめぐらすことなどが物語られて、入鹿と鎌足の説話は分かちがたく展開していく。その入鹿退治説話は藤原氏のはじまりに関する伝承として、春日社の縁起『春夜神記』を中心に中世に流布し、『旅宿問答』等に記されつつ舞曲『入鹿』として芸能化される。そこで入鹿は逆臣ながら「大通力の人にて三年《みとせ》の事を兼て知」る者とされ、鎌足の計略を悟って容易に心を許さない。鎌足は盲目を装って子を火中に落として死なせることにより、ようやく油断させて討つ。首を落とされた入鹿の死体はなお王を害そうとするというが、それは太子伝などに首が幾度も躍りあがったり御簾に食いついたりしたという伝承にもとづく。入鹿と鎌足の相克は、やがて同じく舞曲『大織冠《たいしよかん》』とともに一連の世界として近世に継承され、古浄瑠璃『大織冠魔王合戦(別名入鹿大臣)』を経て『妹背山婦女庭訓《いもせやまおんなていきん》』に至る。そこでは、入鹿が典型的な公卿悪《くげあく》として造型され、王位を奪い取るために種々の外道の法を行う超人的な悪の化身となって活躍している。つまり入鹿は終始、王権にたいする簒奪《さんだつ》者の典型として形象されている。　➡藤原鎌足

阿部泰郎

◉——蘇我入鹿　藤原鎌足に首を切り落とされる入鹿。『舞の本』。内閣文庫蔵。

入鹿大臣、国の政我任にして、天下を蔑にせしかば、中兄皇子と鎌子と計を廻らし、入鹿が頸を鎌にてかき切りけり。入鹿が屍を、父豊浦の大臣が許へ遣わす。大いに怒りて、火中に入りて死にて大悪鬼と成る、と云えり。鎌子をば、鎌足と申す。大織冠と申しけり。

神明鏡

蘇我ノ大臣ノ子息ニ、入鹿ノ大臣ト申ハ、威勢神ニ通シテ、吹風・立浪ヲ意ニ任スル仁タリキ。凡夫ニシテ凡夫ニ非ス。然レハ、天下ノ貴賤、偏ニ彼ノ徳用ニ恐レ、万人、神ノ如ク敬侍リケレハ、蘇我ノ大臣、父子共ニ其心驕、天下ノ御位ヲ意ニ懸テ、忽ニ朝敵ト成リ侍リ

キ。蘇我大臣、赤キ袴ヲ着、山鳩色ノ上絹ヲ着シテ、偏ニ天子ノ如シ。宿所ヲハ宮門宮室ト名ケ、子息入鹿ノ大臣カ宿所ヲハ春宮門ト号シ、其子孫ヲハ王子・妃宮ト名テ、天下ノ御位ヲ奪ハムト合戦ヲ企テ、太郎ノ王子々孫ヲ失奉リケル……

……彼ノ聖徳太子ノ御子孫、本地二十五ノ菩薩、天ニ飛ヒ烈テ西方極楽ヘ還リ給ケル時、音楽虚空ニ響キ、菩薩聖衆ノ妙ナル御躰ヲハ、悪逆ノ入鹿ノ大臣ノ目ニハ、黒雲ト看、耳ニハ又、妓楽歌詠之曲ヲハ、雷電ノ大響ト聞キ侍ケル也。

正法輪蔵

次第に更くる夜嵐に。つれて聞ゆる人馬の音。貝鐘太鼓乱調に打立て〳〵鬨の声。官軍随へ鎌足公。薄紫の狩衣に。肌は腹巻着込を着し玄上太郎御供にて。悠々然と入り給へば。二人の敵を討止めて立出づる淡海公。金輪五郎詞を揃へ。我が君御賢察の如く。入鹿が有様稀代の此笛併し十握の御剣の儀は。ホヲ気遣致すな最早我が手に入つたるぞよ。其子細は予てより徒党を集むるかたらひ山。絶頂によぢ登れば。黒雲俄に覆ひかゝり。一つの金竜我が袖に落つるや否や。十握の御剣と顕はれます。今よりは彼の山を竜が岳と号くべしと。仰も高き多武の峰此大臣の霊嶺なり。玄上太郎進み出で。ヤア〳〵入鹿。汝是迄朝恩厚く蒙りながら。王位を犯す天罰の。只今帰すると知らざるや。見参やつと呼ばはつたり。眠り臥したる両眼を。くわつと見ひらきうなり声。ヤア事々しや鎌足。我に刃向はんなんどとは。鶏卵を以て岩石にあたらんとするより危き巧み。目に物見せてくれんずと遥の楼より飛び下りたり。玄上太郎金輪五郎双方より引包んで切りかくる。ちつとも怯まぬ勇猛力。弓手になぎ捨て馬手にかなぐり。追立て〳〵追廻し。鎌足目がけ飛びかゝる。騒がず神鏡手にさゝげ。入鹿が頭に指向け給へば。鏡に映る降魔の相和光のきらめき眼も眩み。勢ひ絶えてたぢ〳〵〳〵。隙を窺ふ勇気の両人。腰の番をしつかと組む。シヤ面倒なと両手に提げ打付け〳〵。膝に引敷き動かせず。鎌足後につつと寄り。神通希代の焼鎌に。水もたまらず掻切つたる。首は其儘虚空に上り。火焔をくわつと吐きかけ〳〵。飛鳥の如く翔け廻る。一念の程ぞ恐ろしき。淡海きつと見口に唱ふる重獣品。忽ち治る朝敵の。しげきが本を打払ふ。鎌足の徳剣の徳。実に誉ある藤原氏。花の紐解く橘姫。誠をてらす神鏡は。神の御影の尊くも。思へば伊勢とお三輪が菩提。賤の緒環繰言を。くり返したる言の葉を末に伝へし。物語

妹背山婦女庭訓四段目跡「入鹿退治」

袖萩　そではぎ

人形浄瑠璃『奥州安達原《おうしゅうあだちがはら》』(近松半二・竹本三郎兵衛らの合作、一七六二年(宝暦一二)、大坂竹本座初演)の三段目に登場する悲劇のヒロイン。素性の知れない東国方の浪人と通じたため、父、平傔仗《けんじょう》直方から勘当され、その夫、実は安倍貞任とも、また一子千代童とも今は別れ別れ、眼も泣きつぶした袖乞姿で、娘お君に手を引かれて、降りしきる雪の中、父母の住む館の門口へたどりつく。しかし、そこで知ったのは、父と夫とが敵同士であるという絶望的な事実であった。折からその館に入り込んでいた義弟宗任に、父傔仗の首を討つよう責められ、悩んだ末、懐剣で我が胸を刺して自害する。義理ゆえに親子の名のりもできず、垣根越しに祭文にことよせて切々と思いを述べる袖萩祭文のくだりがことに名高く、「袖萩祭文」「安達三《あださん》」と通称され、浄瑠璃、歌舞伎の人気作品の一つとなっている。

北潟 喜久

〽たゞさえ曇る雪空に、心の闇の暮近く、一間に直す白梅も、無常を急ぐ冬の風、身にこたゆるは血筋の縁、不便やお袖はとぼ〳〵と、親の大事と聞くつらさ、娘お君に手をひかれ、親は子を杖子は親を、走らんとすれど雪道に、力なく〳〵たどり来て、垣の外面に、

袖萩　ア、嬉しや、誰も見咎めはせなんだか。

お君　アイ、門口に侍衆が居睡って居やしゃった間に。

袖萩　オ、賢い子じゃの。傔仗さまはこの春

から、主のお屋敷にはござらず、この宮さまの御所にと聞いて、どうやらこうやらここ迄、
〽来る事は来れども、御勘当の父上母様、殊に浅ましいこの形で、誰が取り次いでくれるものもあるまい。
お目に掛かって御難儀の、様子がどうぞ聞きたいものじゃなア。
〽探ればさわる小柴垣、
ム、、こゝはお庭先の枝折門、戸を叩くにも叩かれぬ不孝の報い、この垣一重が黒鉄の、
〽門より高う心から、泣声さえも憚りて、簀戸に喰いつき泣き居たり。傔仗はかくとも知らず、
(中略)
袖萩　ア、もうし、まあ〳〵待って下さりませ。もう逢おうとは申しませぬ。御身の難儀のその訳を、どうぞ聞かして下さりませ。もうし〳〵。
〽延び上がり見れど盲の垣覗き、はや暮過ぐる風につれ、折からしきりに降る雪に、身は濡鷺の芦垣や中を隔つる白妙も、
天道様のお憎しみ、
ア、、折悪いこの大雪、コレお君や、さぞ寒かろうな。これというのも天道様のお憎しみ受けしこの身は厭わねど、父さまのお身の大事、様子聞かねば何ぼでも去なぬ去なぬ。

奥州安達原

衣通姫 そとおりひめ

生没年未詳。弟姫ともいう。五世紀の天皇と伝えられる允恭《いんぎょう》天皇の皇后、忍坂大中姫の妹。『日本書紀』によれば、允恭七年に新室の宴で皇后がみずから舞い、当時の風習に従い妹の弟姫を献じたという。その美しさが衣を通して輝いたことから、衣通娘姫と称され、天皇が七度も召したが、姉忍坂大中姫の嫉情を知って参向しなかった。しかしついに、母のいる近江の坂田から大和の藤原に居し、天皇は藤原部を定めて資養させた。さらに姉の嫉情を避けて河内の茅渟《ちぬ》に移ったという。なお身の光が衣を通して出るような美しさを表現した女性名としての「衣通姫」は、このほかに『古事記』では、允恭天皇と忍坂大中姫の間に生まれた兄木梨軽太子と相姦した同母妹の軽大娘女を衣通郎女としている。

「衣通姫」は、一〇世紀ころには、美しく和歌の巧みな小野小町を評する例として用いられ、たとえば『古今和歌集』仮名序には「そとほりひめの流れなり」と見える。また一八世紀の『風来山人集』の「根南志具佐《ねなしぐさ》」では、小町について「衣通姫の衣裳の着こなし」と衣装の着こなしのよい女性の代表としている。

また衣通姫は紀伊の和歌浦にある玉津島神社の祭神の一つとされていったが、このような伝承は一一世紀末には見え始め、『古今著聞集』や『平家物語』『源平盛衰記』などでも、和歌浦の風景をめでて垂迹《すいじゃく》したとする。なお近世の『紀伊続風土記』では九世紀末の光孝天皇の夢枕に立ったので玉津島神社に祀ったとして伝えている。

勝浦　令子

弟姫、容姿絶妙れて比無し。其の艶しき色、衣より徹りて晃れり。是を似て、時人、号けて、衣通郎姫と曰す。

日本書紀允恭天皇七年冬十二月壬戌朔条

をののこまちは、いにしへのそとほりひめの流なり。あはれなるやうにて、つよからず。

古今和歌集仮名序

又津守国基申侍けるは、「南社は衣通姫也。玉津島明神と申也。和歌浦に玉津島の明神と申、此衣通姫也。昔彼浦の風景を饒思食し故に、跡をたれおはしますなり」とぞ。

古今著聞集巻一ノ五

○一ト所衣通姫も御こまり(明三梅1)
○夏はなほ衣通姫の御噂(明三満1)
○暮れかゝる軒端見て居る美しさ(二六5)
○蜘の巣を笏で払つて御幸なり(六五21)
○硝子の左右薬鑵とやくわん也(四〇1)

第一句、艶色衣《ころも》を徹すはよいが……。第三句、允恭天皇が藤原の宮に幸した折、衣通姫が独りごとに「我がせこが来べき宵なりさ

〽がにの蜘蛛のふるまひかねてしるしも」と詠じ、允恭天皇も返歌した。「下り蜘蛛あれば人の来る徴」(『秉穂録』)。第四句の「笏で払つ」たのは允恭帝。第五句、「硝子」は「びいどろ」と読み、ビードロガラスの略で、美人の異称。衣通姫こそビードロの名にふさわしく、また左右の「薬鑵」は「薬鑵頭」の略で、老人を指す語。和歌三神の姿は中央に衣通姫、左右に住吉の神と柿本人麻呂の両老人像を描く。

蘇民将来 そみんしょうらい

古代説話に登場する人物で、護符の一種でもある。護符は晴明判(魔よけの星象☆)や「蘇民将来子孫」などの文字を記した六角柱または八角柱の短い棒で、房状の飾りや紐をつけて帯に結び下げるようになったものもある。正月に、牛頭天王《ごずてんのう》と縁の深い京都の八坂神社はじめ、信濃国分寺八日堂、愛知の津島神社、新発田の天王社など各地の社寺で配られる。また岩手の黒石寺薬師堂では、正月七日に蘇民祭といって餅や数百本の六角形のヌルデの木が入った蘇民袋を裸の男たちが東西に分かれて奪いあう行事があり、これを得たものはその年幸運であるという。蘇民将来には、紙や板の札に「蘇民将来子孫之門」とか「蘇民将来子孫繁昌也」と書いて、家の戸口に貼って魔よけとしたり、畑に立てて虫よけとする風

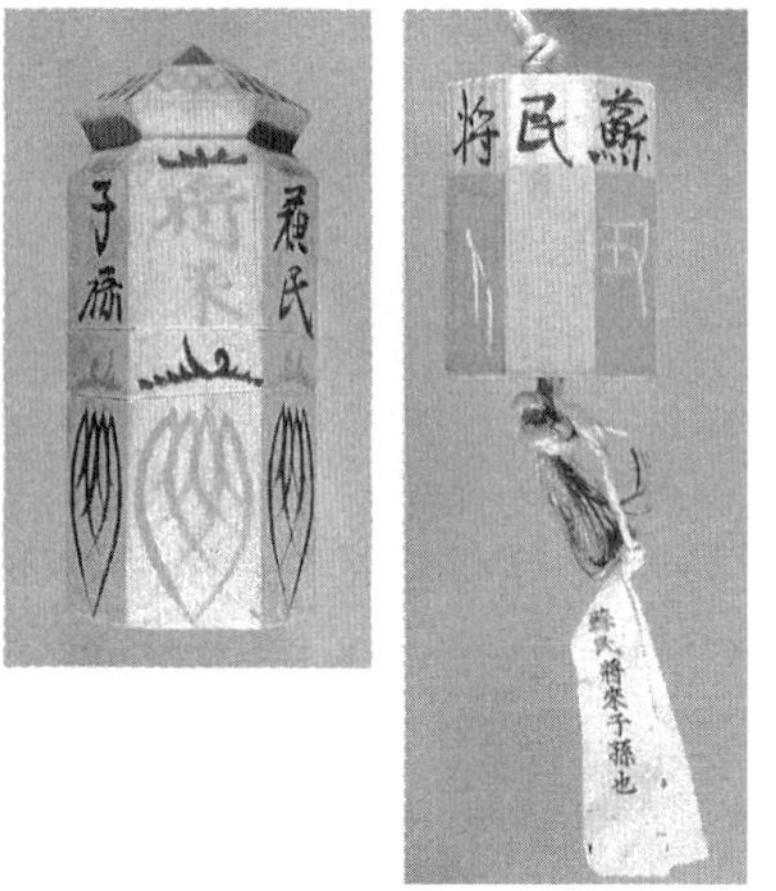

◉——**蘇民将来** 蘇民将来の護符。右は京都八坂神社、左は信濃国分寺八日堂のもの。

もある。『備後国風土記』逸文には、旅に出た武塔神(素戔嗚尊《すさのおのみこと》)が宿を請うたところ、富裕な弟の巨旦《こたん》将来はことわったが、貧しい兄の蘇民将来は宿にとめ歓待したため、茅の輪《ちのわ》の護符を腰につけるように教えられ疾病を免れたと語られている。この説話は旧暦六月の夏越《なごし》祭の茅の輪行事の由来譚ともなっているが、同様なモティーフは猟師の間で伝えられる磐司磐三郎譚などの兄弟譚にもみられる。また『簠簋《ほき》内伝』の牛頭天王縁起には、五節の祭に「蘇民将来子孫也☆」と記して、信教すれば無病息災であると記されている。蘇民将来につけられる晴明判などからみて、この蘇民将来の護符の伝播には修験者や陰陽師などの宗教者の関与が考えられる。➡牛頭天王

飯島 吉晴

備後の国の風土記に曰はく、疫隅《えのくま》の国社。昔、北の海に坐しし武塔の神、南の海の神の女子をよばひに出でまししに、日暮れぬ。彼の所に将来二人ありき。兄の蘇民将来は甚く貧窮しく、弟の将来は富饒みて、屋倉一百ありき。爰に、武塔の神、宿処を借りたまふに、惜みて借さず、兄の蘇民将来、借し奉りき。即ち、粟柄を以ちて座と為し、粟飯等を以ちて饗へ奉りき。爰に畢へて出でませる後に、年を経て、八柱のみ子を率て還り来て詔りたまひしく、「我、将来に報答為む。汝が子孫其の家にありや」と問ひたまひき。蘇民将来、答へて申ししく、「己が女子と斯の婦と侍ふ」と申しき。即ち詔りたまひしく、「茅の輪を以ちて、腰の上に着けしめよ」とのりたまひき。詔の随に着けしむるに、即夜に蘇民の女子一人を置きて、皆悉にころしほろぼしてき。即ち、詔りたまひしく、「吾は速須佐雄の神なり。後の世に疫気あらば、汝、蘇民将来の子孫と云ひて、茅の輪を以ちて腰に着けたる人は免れなむ」と詔りたまひき。**備後国風土記**逸文

一、彼縁太郎王子、日本秋津嶋ニ我手指ヲ七ニ切テ投給ヘハ、近江国志賀浦ニ留テ人之形ト成テ、其名ヲ粟舎利ト申也、其時近江国古続長者ト申、此長者慳貪第一之者ニテ

候程ニ、祇園牛頭天皇(王)天竺より飛来給テ、彼長者ニ罰ヲ当給時、彼粟舎利カ子ニ蘇民将来ト申者、彼長者之内ニ伺申候、天皇彼蘇民将来カ命斗ヲ助候、長者之親子一門二百余人、頓病ヲ病、死終テ候、其時より頓病病所ヘハ蘇民将来ト云札ヲ立置給フ、其時之病平安成事此謂也　**垂仁天皇御判形之写**

染殿の后　そめどののきさき　八二九―九〇〇

(天長六―昌泰三)

藤原明子《あきらけいこ》。平安初期の女御で良房の長女。文徳天皇に入内して、惟仁親王(清和天皇)、儀子内親王を生んだ。八五八年(天安二)清和天皇即位とともに皇太夫人、八六四年(貞観六)皇太后、さらに八八二年(元慶六)太皇太后となった。文徳、清和、陽成、光孝、宇多、醍醐の六代五〇年にわたり、「染殿の后」と呼ばれて後宮に重きをなした。良房が「年経れば齢は老いぬしかはあれど花をし見れば物思ひもなし」と詠じて、明子を桜花にたとえた話は名高い。「染殿の后」の称も良房の邸「染殿」(正親町小路の北、京極大路の西にあった)によっている。また在世中、仏道に志篤く、京、奈良の四〇ヵ寺に盛大な転読供養を営んだり、貧民を救恤したりした。『今昔物語集』などには、美麗な染殿の后に迷った聖人が天狗(鬼)となって后を悩ませる話がある。

今井　源衛

そめ殿の后は、清和の御時の国母にて、一天下をなびかし給いけるに、紺青鬼という御ものけにとり籠られて、世中の人にさがなく云われ給う事侍りけり。……文徳天皇の御時、柿の本紀僧正真済という人有り。弘法大師の御弟子なり。大王、仏のごとく帰依し給う。此故に、后もかくれ給う事なかりけり。真済、后に心ざし深く思う事あり。此事かくれなく天下にもれ聞えて、怪しみ、我も恥じて参内などもせずなりにけり。真済、此事を歎て、ついに入滅しぬ。真済、紺青の色したる鬼になりて、后を悩まし奉る。清和天皇の、御子なれば此事を歎き悲しみて、山々寺々の有験の僧を召して加持を加え給うに、露ばかりの験なかりける。時に、智証大師は后の御持僧、恵亮和尚は后の父御持僧なり。此人々おきて、験者の覚有るによりて、相応和尚をめして加持せらるる也。

宝物集九冊本、巻二

曾呂利新左衛門　そろりしんざえもん

泉州堺の人で、豊臣秀吉の御伽衆《おとぎしゅう》だったといわれるが不明。生没年不詳。本姓は杉本または坂田氏、甚右衛門、彦右衛門と名のり、刀の鞘師を業とし、鞘に刀がソロリと入ることから「曾呂利」と呼ばれたという。茶人であり、頓智頓才をもって秀吉の寵遇を得たことが『岩淵夜話』『半日閑話』『曾呂利物語』『曾呂利狂歌咄』『曾呂利怪談咄』などにより伝承されている。『堺市史』に屋敷跡があるといい、一五九一年(天正一九)に没したとか一六〇三年(慶長八)没とかいわれるが伝記不詳。『昨日は今日の物語』に曾呂利の名が記されているが新左衛門かどうかはわからない。『曾呂利狂歌咄』には、曾呂利の経歴を略述し、秀吉秘蔵の枯松を祝い直す歌、ほうびに耳をかがせてもらう話、黒胡麻のあんを乗せた餅を黒駒になぞらえた歌などが記されているが、これは浅井了意作の『狂歌咄』を京都の菊屋喜兵衛という本屋が一六七二年(寛文一二)に出版するにあたって特に付加したもののようである。この『曾呂利狂歌咄』は、落語の元祖といわれる安楽庵策伝の作であるということが『遊芸起原』『帝国文庫・落語全集』解題などに記され、さらに曾呂利新左衛門は実は安楽庵策伝のことであるという伝承もある。『曾呂利狂歌咄』の中には策伝の『醒睡笑』と重複する話が三〇もある。いずれにしても曾呂利新左衛門は史上では名高く、大阪の落語家で二代目曾呂利新左衛門(一八四三―一九二三)を名のったものがいる。

関山　和夫

曾呂利新左衛門は堺の町人にて、豊臣秀吉公のお気に入り、狂歌をよくし御伽衆と成りける、或時秀吉公諸士を集め、何にても大きなる狂歌をよめと仰せらるゝ時に、福島左衛門仕りけるは〽両国にはびこる梅の枝に啼きて天地も響く鶯の声、秀吉公御機嫌の体なりしが、曾呂利一人是れは甚だちひさき狂歌也と云ふに、清正然らば某上もなき大なるをよみ候とて〽須弥山に腰打かけて大空をぐつと呑めども咽にさはらず、と詠みけるに、是れこそ誠に大なる歌とて、秀吉公始め皆々感賞しけるに、曾呂利まだ〳〵ちひさいと云ふ、清正少しいかりて、然らば是れより大なるをよみ候へと云ふ、曾呂利心得候とて〽須弥山を咽にさはらずのむ奴を眉毛のさきで突きこかしけり、満座臍を抱へて笑ひけるが、秀吉公重ねて仰に、此度は随分世話しく鬧敷狂歌をよめとあるに、曾呂利畏り奉り〽俄雨薪はぬるゝ雨はもる我子めがせがむ瘡のかゆさよ、秀吉公殊の外興じ給ひ、何にても望みあらば申すべし、叶へとらせんとあるに、曾呂利有難く存じ奉る、然らば江州三井寺の石階の下より上迄五十一段御座候、此の下の段にて米壱粒を倍増に上まで下され候はば有難しと申し上ぐる、秀吉公笑はせ給ひ、扨々ちひさき事を申すかな、望に任すべしとあれば、曾呂利有難き段申上げ、勘定人に算盤もたせ、右一粒の米を倍増にして、段々五十一段目迄置上げ見るに、広大の石数と成りしかば、秀吉公笑はせ給ひ、此の石高を汝に渡さば、日本の諸侯の知行三年の間、断りいはでは渡しがたしとて困り給ふとなり、日本大名惣人数二百五十余人、知行高凡八百六十万石余と云ふ

皇都午睡

○曾呂利が咄しきやつ〳〵と御笑(三五1)
○秀吉をそろりとはめる紙ン袋(五一32)

第一句、「きやつ〳〵」は猿面の太閤。第二句、秀吉に望みの物をやると言われ、曾呂利は米を紙袋二つ拝領したいと申し出、数日ののち、大きな紙袋二つを数十人の人夫に担がせ、米倉二戸を覆させてその米を得たというはなしによる。

た

大黒天 だいこくてん

サンスクリットのマハーカーラの訳で莫訶哥羅、摩訶迦羅天、また大黒神、大黒天神ともいう。摩醯首羅《まけいしゅら》(大自在天)の化身で戦闘の神。『大日経疏』においては毘盧遮那《びるしゃな》仏の化身で灰を身体に塗り、荒野の中にいて荼枳尼《だきに》を降伏させる忿怒《ふんぬ》神であると説く。胎蔵界曼荼羅《たいぞうかいまんだら》の外金剛部院に描かれる像は、その特色を反映するかのように身色黒色で焔髪が上に逆立った三面六臂の忿怒像である。上方の左右二手は両肩の上で象皮の端を持って背面に広げ、次の二手は右手で剣をとり膝の上に横たえ、左手は剣の先をつかみ、下方の左右二手は体の外に少し腕をのばし左手は白羊の角を、右手は長跪合掌した人間の頭髪をおのおの握って宙につるという怪異な姿に表現される。しかし、やがてこれと形像が異なる大黒天が信仰され造像された。唐の義浄撰『南海寄帰内法伝』には、西方の諸大寺では厨房の柱のかたわらや大庫の門前に、袋を持ち小牀にうずくまって片足は地面に踏み下げる黒色二臂の像が安置されていることを記す。

日本においては最澄(伝教大師)がこれをことに尊崇し、比叡山の政所大炊屋には伝教大師作と伝える大黒天像が政所の本尊としてはもちろん、全山の守護神として安置されていたことが『叡岳要記』にみえる。政所大炊屋安置の像は毘沙門天、弁財天、大黒天の三天合体の像で、正面に大黒天が立ち、他の二天は背後から両手と顔だけをのぞかせ、三面大黒といわれたと伝える。三面と六臂が表されることは胎蔵界曼荼羅の場合と同じであるが、中央の大黒天は袍衣を着て頭巾をかぶる。最澄に尊崇されて以後、寺院の庫裏にまつられた。作例は、福岡県観世音寺の平安時代の木造立像(重要文化財)が古く、比叡山に所蔵される数体をはじめ比較的多くの彫像が知られるが、これら諸像は皆大きな袋を左肩から背負う一面二臂の立像である。　関口 正之

●——大黒天　右＝日光中禅寺のはしり大黒のお札。日光の開山勝道上人の登山を助けたと伝え、足止め、盗難よけなどに効験があるという。左＝相模大山寺の三面大黒のお札。

　中世以後、神仏習合の進展とともに、その袋をかついだ姿や大国主《おおくにぬし》の「大国」を「だいこく」とよむ音の共通から、大国主神と同一視された。室町時代には、『塵塚物語』の説くように夷《えびす》と大黒の二神併祀がみられた。これは西宮の「夷三郎」が本来大国主神と事代主《ことしろぬし》神の二神であったものが、夷三郎を一神(事代主神)としたところから、大黒天が加えられたものと考えられる。このころから大黒天を福神とすることも一般化してきたらしく、狂言『夷大黒』にも比叡山三面大黒天と西宮の夷三郎を勧請《かんじょう》してまつるようすが記されている。弘法大師から市守長者に与えたとされる『大黒天神式』には、「日々一万五千人を養育し、一切の欲望が満足させられるもの」とある。また、『宗祇諸国物語』の大和下市の鼠十郎の話には、信仰する大黒天の力で富を授かった筋が記されている。こういった過程で七福神の一神となったものと考えられる。

近世には、大黒舞、夷まわし(夷舁き)などの民間宗教者が家々を訪れて、めでたい詞をのべて米や銭をもらう門付《かどづけ》の習俗もみられた。ことに万歳や正月に訪れる各種の遊芸人の詞章のなかでも、夷と並んで七福神の筆頭にうたいこまれて、福徳の来訪をあらわすめでたい神の代表として民謡や芸能に登場する。夷大黒の二神は、台所やかまどの近辺などにまつられ、商人の家では商売繁盛の神として、また農家では作神、田の神として信仰される。大黒天の神像は、正月ころ家々を訪れる民間宗教者によって、最近まで売り歩かれるものであった。大黒天は頭には頭巾、手に小槌を持ち、米俵の上に座した像で、穀物神的な性格が示されている。田植後の苗や収穫後の稲を供えたり、収穫の祝いを大黒上げなどと呼ぶ場合もあり、田の神としての信仰もあった。また、鼠が大国主神を救ったという神話から、子《ね》の日が縁日とされ、甲子《きのえね》講と称して、大黒天をまつる風もある。　紙谷 威廣

➡えびす…七福神

一、大黒天神闘諍神為る事
大国には合戦の時、大黒天神を以て前陣に

立てて戦場に向ふ也。此の大黒とは人の血肉を飡ふ神也。仍りて奮精鬼と名づく也。故に此の神は屍堕林に住み給ふ也。

一、大黒飛礫《ヒリヤク》の法の事
東寺の真言の師説に曰く。榎木を以て蕎麦《ソバムギ》の形に造り[illegible]字を書て加持して然る後福人の家内へ投入すれば、彼の福徳我家へ来り集まる也……私に云く。蕎麦は大黒因地の好物也。されば蕎麦をば飛礫に投げぬれば、大黒天何処にてもあれ行きて化用を施し給ふ也。

渓嵐拾葉集

大黒屋光太夫　だいこくやこうだゆう　一七五一―一八二八(宝暦一―文政一一)

江戸時代の鎖国下、海外から公然と日本に帰国できた最初の漂流民。実在の人物だが、井上靖が光太夫を主人公に小説『おろしや国酔夢譚』を著したことにより、その名を広く知られるとともに、虚構化もなされた。その後、吉村昭が『大黒屋光太夫』を著し、こちらも小説であったが、新史料などにも丹念にあたり、より実像に近い光太夫を描いたとされる。

千石船「神昌丸」の船長大黒屋光太夫が、伊勢国白子《しろこ》(現、三重県鈴鹿市)の廻船問屋の依頼で米五〇〇石ほかの荷を積み、伊勢から江戸へ向けて出航したのは、一七八二年(天明二)一二月九日(一三日ともいう)のことであった。光太夫以下一六名が乗り組んでいたが、遠州灘に差しかかったとき、大時化に見舞われ、船は強い北西の風に流されて黒瀬川(黒潮の別称)に乗ってしまった。帆柱は転覆をまぬかれるため切り倒されており、舵も壊れて漂流するしかない。幸い五〇〇石の玄米があったため、光太夫らは七ヵ月以上も漂流を続け、アリューシャン列島の小島に漂着した。八三年七月一八日のことといわれ、島民は海獣を捕る生活をしていた。一行は島民と生活を共にし、四年後にロシア人の毛皮商らとともにカムチャッカに渡り、さらに二年後、イルクーツクに至った。その間に、光太夫はロシア語をほとんどマスターしていた。すでに一〇人が亡くなっていたが、光太夫は帰国嘆願を出し続ける。二年後、ラクスマンに連れられてロシアの首都ペテルスブルグに赴いた光太夫は、ロシアの上流階級の人たちとも会い、好感をもたれたという。そして、ついに女帝エカテリーナ二世が帰国嘆願を認めた。ラクスマンに伴われ、ロシア船で日本の箱館(函館)の土を踏んだのは光太夫と磯吉という水夫の二人だけで、一七九三年(寛政五)六月のことであった。その後、光太夫は江戸に送られ、悲願の郷里に帰ることなく、番町の薬園で三〇年間の軟禁生活を送り、七八歳で生涯を閉じたとされる。なお、江戸での生活は薬園に屋敷を与えられ、当時の知識人や蘭学者と自由に行き来していたことが知られている。

高橋 千劔破

漂海送還始末　上

天明二年壬寅の歳十二月、勢州亀山領白子村の百姓彦兵衛が持たる船神昌丸に、紀伊殿の運米五百石幷江戸の商買等へ積送る木綿、薬種、紙、饌具等を積載せ、船頭大黒屋光太夫以下合船十七人、同十三日の巳の刻ばかりに白子の浦を開洋し、西風に帆を揚て夜半ころに駿河の沖に至りしに、俄に北風ふき起り西北の風もみ合て忽柁を摧き、それより風浪ますます烈敷、すでに覆溺すべきありさまなれば、船中の者ども皆々髻を断、船魂に備へ、おもひ〳〵に日頃念ずる神仏に祈誓をかけ、命かぎりに働ども、風は次第に吹しきり、曙方に至りては、狂瀾澎湃その声雷の震ふが如く、勢山の崩るごとくなれば、船中倉皇として施すべき手段もなければ、まず桅をきり捨、上荷をはね、七、八日が間は東へ〳〵と吹流され、後には山も見へず渺茫たる海上を風浪にまかせてそこはかとなく漂ひしが、程なく翌卯歳二月になり彼岸にも入ければ、風も南に吹変り海上も穏になりける故、柁桿を桅に仕たて、袷単衣の類を綴り合せて帆となし、おもてに縄二条ひかせ、何国をあてとはなしに走り居たるうち、船底に井伊家より便船に積たる畳おもての二捲ありしを見出し、これを帆にかけて数日はしりけれども、一向に地方とても見へざりければ、三五郎光太夫にむかひて言けるは、かく海上に漂ひていつを果、何国をあてとも知ざれば、神籤をとり太神宮の御告にて地方の遠近をもはかり給へと、五十里、百里、百五十里と五十里宛千里までを籤に認、御祓につけ開き見るに、六百里といふ神籤なりければ、幾八いふ様、神籤のとりなほしはせざるものなれどもせめてもの心はらしに今一度試んとて、自身再び籤をとり見るに、又も六百里と神籤上りける故船中一同に色を失ひける。

北槎聞略巻之二

醍醐天皇 だいごてんのう 八八五―九三〇

(仁和一―延長八)

第六〇代に数えられる天皇。在位八九七―九三〇年。父は宇多天皇、母は女御胤子(藤原高藤女)。諱《いみな》は敦仁。八九三年(寛平五)立太子。八九七年に元服、即位。治世のはじめは父上皇の意志で藤原時平、菅原道真が並んで補佐の任にあったが、まもなく道真は時平派により、天皇の廃立を謀ったとされて失脚。時平の死後はその弟忠平が政権の中心となった。天皇は親政を行い、地方政治や制度・文化面に実績をあげ、後世高く評価された(延喜・天暦の治)。しかし一方では道真の怨霊の恐怖に悩まされた治世でもあった。時平はじめその一党や、皇太子保明親王、同慶頼王の死も怨霊のたたりとされ、ことに九三〇年の清涼殿の落雷に衝撃をうけた天皇は同年皇子寛明親王(朱雀天皇)に譲位、数日後没した。天皇は皇后穏子(藤原基経女)以下女御・更衣も多かったので、皇子女も源氏賜姓者を含めて多くを数える(醍醐源氏)。陵は京都市山科区の後山科陵。

黒板　伸夫

『扶桑略記』に引用されている「道賢上人冥土記」に、吉野の金峯山で修行中に息絶えた道賢が蘇生して、地獄で苦しんでいる醍醐天皇に会ったと語ったことが書かれている。聖帝としての延喜帝《えんぎのみかど》の説話は数多いが、中世に入ると、道真左遷の罪で地獄に堕ちた天皇の説話も広まった。道賢は、延喜の聖代の賢臣三善清行の子で後に日蔵と名乗った。

大隅　和雄

だいだらぼっち

ダダ坊、デイラボー、大太法師などとも呼ばれる伝説の巨人。関東、中部地方を中心に広く分布している。この巨人の大足跡とか、その足跡に水がたまってできた沼があると伝えている。また富士山を背負おうとしたとか、山作りの際にこぼした泥が小山になったとも語られている。一般に池、沼、山などの生成に関係してこの話が伝えられていることから、もともと天地創造神としての巨人の存在が信じられていたのであろう。それが信仰の衰退とともに単に大力の持主とか、大男、鬼などのように意識されるに至ったと考えられる。南九州に伝えられている大人《おおひと》弥五郎もこの仲間の一人である。ダイダラボッチの呼称について、タラが貴人の尊称であるとか、あるいはタタラ(蹈鞴)の転訛であるとも説かれるが、いまだに決定的な見解を得ない。

花部　英雄

此時ニ尾州ニ田ヲ作者有。水ヲ引ケル雷鳴落タリ。其形小児ノ如シ。男打殺サントシケルヲ。雷我ヲ扶ヨ汝カ所望ヲ叶ヘシ云。男之子持ス子ヲ与ヘヨト云テ扶ケリ。聰テ空ヘ上リヌ。其後妻女妊男子儲タリ。十歳時方八尺石ヲ持ケリ。此童上テ元興寺僧仕程。此寺鐘楼堂鬼有常鐘ツク者取食フ。此童大力成ハ鬼ヲシヘタケンヤト人申合有時。此童鐘楼ニ上ヌ。如例鬼来童取食ントス。童大力ナレハ無手ト与。鬼ノ髪ヲ強ツカミ与合ヒケリ。夜已明ナントスルニ鬼逃去。童鬼髪引抜留。夜明テ血シルシニ尋行見。寺傍ナル墓所墳也。其後鬼人取事無リキ。鬼ノ髪ハ宝蔵ニ納侍キ。其後此ノ童男ニ成テ此寺ニ侍キ。此男五百人計シテ引ヘキ石ヲ引除テ寺田ヲ養ケルトナン。後ニ此男法師ニ成リケリ。代人道場法師ソト申セシ。或大駄法師トモ云ヘリ。

神明鏡上

世に大多法師の画巻と云物を伝ふ、之を思ふに、そのかみの童話に斯る事のありしを絵きたるならん、己も一本を収めたり、その始に大魚の、舟遊びせし人を舟ながら呑めるが、大多法師の膳部につきて、魚腹の中に猶舟遊びして居けるをもととせし也、これは呑舟之魚といふ事の漢土に見えたるより、思ひよれる趣旨なるべし、大多法師といふことは、甲越のあたりにて大きなる足跡をみれば、大多法師の足跡と諺にいへり、按ふに、山𤢖、俗に山男といへるものの足跡なるべし、唐土にいふ巨人跡の事なり　**海録**巻之十二「大多法師画巻」

武蔵相模などの国人が常にダイラボッチとて形大なる鬼神のやうにいひあざむものあり相模野の中に大沼といふ沼ありそれはダイラボッチが富士の山を脊負はんとせし時足をふみしあと也といひまた此原に藤のたえてなきはそのをり脊負し縄のきれたれば藤をもとめけれどもなかりしゆゑの因縁也といひつたへたり笈埃随筆にも大多法師が足跡と云ふ事を記したり与清按に台記久安二年九月廿七日の条に此日詣二石山寺一云々見二閼伽井一乗恵曰道場法師以レ爪掻二出此水一又有二道場法師屐跡一并一二石と見え本朝文粋日本霊異記旧本今昔物語などにも道場法師が怪力のよしあればそのころこと〴〵しく世にいひつたへけん諺が今になほ田舎にのこれるなるべし　**松屋筆記**巻五「ダイラボッチの足跡」

泰澄　たいちょう

白山開創の祖として知られ、「越ノ大徳」「神融禅師」とも呼ばれた泰澄は、泰澄和尚伝によれば越前国麻生津の三神安角の次男として生まれた。その出生には、母が夢中に白水精を受けて懐胎したこと、誕生時は六月にもかかわらず産屋に雪が積もったという奇瑞譚が伴っている。一四歳のとき夢想により越知山に赴き修行を重ね、みずから比丘形となった。やがて綸言により鎮護国家の法師となるが、その間「臥行者」と「浄定行者」の二人を従者としたという。以後、泰澄は白山への登攀と霊神の示現を渇仰するが、再び夢告により七一七年（養老一）、白山のふもと、九頭竜川の東の伊野原で霊神感得のための激しい祈禱を行うのである。すると効あって出現した貴女に林泉（平泉寺）という地へと導かれた泰澄は、神勅を受け白山の頂へと至った。さらに碧ヶ池のそばで加持祈禱を行うと、白山神は池の面に九頭竜王形（「方便の示現」）で出現、やがて十一面観音という「本地の姿」を示したのだった。かくて泰澄伝の中核を占める泰澄による白山神感得譚は、夢告による予兆—加持祈禱による祈り出し—神仏の感応・顕現というメカニズムにおいて語られている。

その後、泰澄は白山神の冥助をバックに数数の神験を駆使し、天皇の護持僧になったという。こうして伝にみえる泰澄の像は、白山を中心にした北越の霊山と、そこに棲息しまた遊行する多くの行者とのプリミティブで強烈な関係を豊かに開示するものといえよう。

山本ひろ子

泰澄は、賀州の人なり。世に越《こし》の小大徳《こだいとく》と謂ふ。神験多端なり。万里の地といへども、一旦にして到り、翼なくして飛びつ。白山の聖跡を顕して、兼てその賦を作れり。今に世に伝へたり。吉野山に到りて、一言主の縛《ゆはひ》を解かむと欲ひて、試みに苦《ねむごろ》に加持するに、三匝《めぐり》して已に解けぬ。暗《そら》に声ありて叱《さい》ひ、繋ぎ縛《ゆ》ふること元のごとし。また諸の神社に向ひて、その本覚を問へり。稲荷の社にして数日念誦するに、夢に一の女あり、帳《とばり》の中より出でて告げて曰く、本体観世音、常在補陀落《ふだらく》、為度衆生故《じやうく》、示現大明神といへり。阿蘇の社に詣づるに、九頭《づく》の竜王ありて、池の上に現じたり。泰澄曰く、あに畜類の身をもて、この霊地を領せむや。真実を示すべしといへり。日漸くに晩《くれ》むとするとき、金色の三尺の千手観音有《まし》まして、夕陽の前、池水の上に現じたまへり。泰澄数百年を経て死なず、その終を知らず。　**本朝神仙伝**

泰澄、越知の峰に棲む。大宝二年、小沙弥、能登島より来る。澄、以て給使と為す。昼夜風雨と雖も、能く苦勤す。常に雪中に臥す。名づけて臥行者と為す。又、船師神部浄定といふ者有り。山に入りて澄に事ふ。果を採り薪を拾ふ。百役怠らず。名づけて浄定行者と為す。澄曰く、沙弥は心行者なり、浄定は身行者なりと。養老六年の秋、上、病す。因りて澄に勅して宮に赴かしむ。浄定一人之に従ふ。哺に及びて宮に入る。澄、定を顧みて曰く、吾が三鈷杵白山に在り、急ぎ取り来るべしと。定、帰りて杵を採りて黄昏に澄に授く。人皆之を怪しむ。澄三鈷杵を把りて錦扆に近づく。定、清涼殿の陛に屛息す。形甚だ醜く老猿の如し。起居躁しふして其の貌に類す。年少簪纓之れを笑ふ。定、怒りて柱に触る。宮中動くこと地震の如し。群臣之れを畏る。上の病又甚し。澄、杵を以て明を誦して玉体を擬す。上の病愈む。 本朝神社考「臥行者・定行者」

大日 だいにち

密教の中心本尊で如来の一つ。サンスクリット名マハーバイローチャナの訳で、摩訶毘盧遮那《まかびるしゃな》と音訳し、単に毘盧遮那仏ともいう。その智慧の光明があまねく一切に及び、慈悲の活動が永遠不滅とされ、密教の体系ではすべての諸仏諸菩薩はこの如来より出生したとされる。『大日経』に説く胎蔵大日如来と、『金剛頂経』に説く金剛界大日如来の二種があり、両経が展開する説に基づいた、いわゆる両界曼荼羅の中心に位置する。すなわち胎蔵曼荼羅では中台八葉院の中心に、金剛界曼荼羅では成身会《じょうじんえ》や一印会《いちいんえ》等の中心に描かれる。形姿は如来中にあっては異例の菩薩形をとるが、両者に若干の相違がある。まず金剛界大日如来は、肉身は白肉色で智拳印を結び、蓮華座上に結跏趺坐《けっかふざ》し、頭部には五仏宝冠を戴く。一方、胎蔵大日如来の肉身は黄金色で法界定印を結び、同じく蓮華座上に結跏趺坐し、頭部には五仏宝冠を戴く。両界曼荼羅を代表するものとして金胎一組の大日如来、もしくはどちらか一方の大日如来を単独で造顕することも行われた。

インドのオリッサ地方や西チベットのラダック地方には、金胎の大日如来の遺品が報告されているが、中国での現存例はきわめて少ない。日本では空海による正規の密教の導入以来、その中心本尊として造顕された。空海の構想になる高野山金剛峯寺は大塔に胎蔵大日を、多宝塔には金剛界大日を安置した。また下って一一三二年(長承二)に供養された法成寺東西両塔においては、西塔に金剛界大日、東塔に胎蔵大日を安置したと伝える(『中右記』)。比叡山延暦寺講堂には八二四年(天長二)胎蔵大日が安置された(『山門堂舎記』)。この間、京都の東寺講堂、神護寺講堂、勧修寺多宝塔をはじめ密教寺院の講堂、多宝塔、大日堂などにおいては、金剛界大日もしくは胎蔵大日が造立安置された。現存する遺品としては平安時代に金剛界大日の作例が多い。すなわち金剛峯寺西塔、大津石山寺、奈良の唐招提寺、円成寺《えんじょうじ》(運慶作)などが著名であり、胎蔵大日としては滋賀県長浜市の向源寺、京都広隆寺などの像がある。さらに京都安祥寺や吉野大日寺には金剛界の五仏、すなわち五智如来を一組のものとして安置する。両界曼荼羅中の大日如来を別にすれば、大日如来を描いた絵画作品としては、文献上たとえば『神護寺略記』天長四年(八二七)に大日一印曼荼羅一鋪を図絵した記事があるものの、現存遺品では平安時代にさかのぼる根津美術館本のほかは、鎌倉時代以降の作品である。金剛峯寺本、兵庫武藤家本、さらに大日金輪像として醍醐寺の二本、東京国立博物館本などがある。

百橋 明穂

中世に広まった神仏習合の神道説のなかで、最も幅広い展開をみせたのは、真言密教の教説をもとにした両部神道であった。鎌倉時代中期の真言僧通海は、大日本国というのは大日の本国の意であり、天照大神は本地の大日如来と一体であると記している。この、大日は日神である天照大神の本地であるという説は、天台密教系の山王神道の諸書にも見え、中世の神道家の間に広まっていたらしく、初期のキリシタン宣教師が、大日は最高の仏であると考えて、デウス(神)の訳語に大日をあてたことも、中世末の神仏に対する観念を示すものとして興味深い。

大隅 和雄

平敦盛 たいらのあつもり　一一六九―八四（嘉応一―元暦一）

平安末期の武士。桓武平氏。経盛（清盛の異母弟）の子。「無官の大夫」（大夫は五位の通称）と呼ばれた。閲歴は不明であるが、『平家物語』や幸若舞曲や能の『敦盛』などに語られる、一六年の短い生涯を閉じた最期のありさまによって、後世にその名を残す。一ノ谷の合戦は源氏の勝利に終わり、平家一門は海上へと敗走した。敦盛は舟に乗り遅れ、ただ一騎で馬を泳がせ舟を追った。そのとき源義経配下の熊谷直実《くまがいなおざね》に呼び止められ、浜辺へ引き返して直実と戦った。組討ちに敗れた敦盛の首を直実がかき切ろうとしたとき、直実の心に敦盛と同年輩の子小次郎のことが浮かび躊躇する。直実は敦盛を助けたいと思うが、すでに源氏の軍勢に取り囲まれており、泣く泣く敦盛を討ち取ったという話である。本来、この話は熊谷直実（法名蓮生）の発心譚であったものが、しだいに敦盛像も理想化されていったらしい。また、敦盛の遺児が敦盛の亡霊と出会い、父の菩提《ぼだい》を弔ったという虚構の後日譚を扱った御伽草子『小敦盛』や能『生田敦盛』がある。

西脇　哲夫

➡熊谷直実

◉―平敦盛
左＝熊谷直実に討たれる敦盛。
下＝義経の見参に入れられる敦盛の首。
いずれも『小敦盛絵巻』。慶応大学図書館蔵。

○二八と聞てあつ盛を打かねる（五七24）

一六歳（二八）の花の武者敦盛を、熊谷直実が討つことをためらった故事を、二八（一六文）、熱盛（もり蕎麦に熱湯を通し温めたもの）、打つと、蕎麦の縁語づくしで詠んだ。

平景清 たいらのかげきよ ➡景清

平清盛 たいらのきよもり　一一一八―八一（元永一―養和一）

平安末期の武将。平忠盛の嫡子。白河院の落胤《らくいん》といわれ、母は祇園女御《ぎおんのにょうご》の妹とする説が有力。白河院の寵姫であった祇園女御妹が懐妊したまま忠盛に下賜され、生まれたのが清盛という。この生母は清盛生誕の翌々年に病没したらしい。通称「平相国《へいしょうこく》」「平禅門《へいぜんもん》」、またその居所から「六波羅殿《ろくはらどの》」「六波羅入道」とも呼ばれた。

●――**平清盛** 熱病に苦しむ清盛。水で冷やしてもたちまち湯となって、ついに「あっち死に」をする。『平家物語絵巻』。林原美術館蔵。

【軍事権門化】 平忠盛が鳥羽院の近臣として築きあげた武将としての地位、西国の国守を歴任して蓄えた財力をもとに、忠盛死後、平家武士団の首長を継ぐ。一一五六年(保元一)保元の乱で源義朝とともに後白河天皇方として勝利をおさめ、少納言入道信西《しんぜい》と結んで昇進、五九年(平治一)には平治の乱で源義朝を破り、以後は唯一の武門の棟梁として、国家権力の中で「武(軍事)」を担当する権門としての地位を確立する。この間、父祖同様肥後、安芸、播磨など西国の国守に任ぜられ、大宰大弐《だざいのだいに》として鎮西《ちんぜい》支配にも乗り出している。平治の乱後は昇進を急速に早め、六〇年(永暦一)には参議正三位となり、武士として初めて公卿に列した。六七年(仁安二)には内大臣正二位から左右大臣を飛び越えて一気に太政大臣従一位の極官に昇る。時に清盛五〇歳であった。しかし三ヵ月後清盛は官を辞し、翌六八年二月病により出家、摂津福原に引退する。しかし、その後も平家一門の総帥として朝廷内にも強い発言力を保持し続けた。法名清蓮、のち静(浄)海。

【婚姻政策】 清盛の昇進にともない、嫡子重盛以下平家一門の人々の官位も昇り、また諸国の知行主《ちぎょうしゅ》、国守の地位を多く得て、平家は政治的、経済的に圧倒的優位に立つようになった。その権力集中を容易にした方策の一つに婚姻政策がある。一門の人々は政界の有力者とそれぞれ婚姻関係を結んだが、とくに清盛の娘たちは、盛子《せいし》が関白藤原基実《もとざね》の室となり、基実が一一六六年に二四歳で他界したときには、その遺領を室盛子に継がせ、清盛は盛子の後見として実質的に摂関家領を押領してしまった。盛子の妹寛子は基実の子基通《もとみち》の室となったほか、徳子(建礼門院)は高倉天皇の中宮となって安徳天皇を生んでいる。安徳天皇の即位(一一八〇)により、清盛は天皇の外祖父の地位を得ることとなる。また高倉天皇自体、清盛の妻平時子の妹滋子《じし》(建春門院)が後白河院のもとに入って一一六一年(応保一)に生んだ天皇であった。この時子・滋子姉妹は桓武平氏高棟《たかむね》王系の平時信の子で、堂上公家平家の出であり、また桓武平氏の本宗の流れをくむ家柄である。「平氏」としてはこの高棟王系のほうが嫡流で、清盛のような高望《たかもち》王系の武家平家は傍流にすぎなかった。そこで清盛はこの時信一族と婚姻関係を結び、時子を室としたほか、時子の妹たちを重盛、宗盛の室とし、平氏本宗を一族中にとりこんでいったのである。

【独裁化】 平氏の勢力伸張は、一門による官位の独占、一門への知行国の集中、荘園の集積という現象をいっそう促進させた。そのことは京都の公家勢力の政治的・経済的基盤を侵食する結果となり、朝廷内外には反平氏の気運がしだいにはぐくまれていった。とくにかつて平家の保護者的立場にあった後白河院とは、清盛の権力集中にともなって対立が深刻化し、一一七七年(治承一)には院近臣による平家討滅の陰謀が露顕するに至った(鹿ヶ谷《ししがたに》事件)。これを契機に清盛と院とは鋭い対立を見せ始め、七九年六月平盛子が死去すると、その遺領を院が没収し、七月清盛の嫡子重盛死去の際にはその知行国越前を院が奪うに至った。そこで同年一一月清盛は大軍を率いて福原から上洛し、後白河院を鳥羽殿に幽閉し、院に近い公家三九名の官を解いて親平家派の人々をこれに替えた。ここに名実ともに権力を完全掌握した平氏政権が成立し、以後平氏は禿童《かぶろ》を密偵として京中に放つ恐怖政治のもと、「一門公卿十余人、殿上人三十余人」「平家知行の国三十余ヵ国、既に半国に及べり」と言われる独裁政権が樹立された。しかしこのことは反平氏の気運をいっそう強めることとなり、院、貴族、寺社および在地武士が反平氏という立場で結束し、翌八〇年五月には以仁《もちひと》王の挙兵、八月には伊豆の源頼朝、九月には木曾の源義仲の挙兵と諸国源氏の蜂起が相ついだ。これに対し清盛は福原遷都、南都焼打ちを敢行してこれに対抗しようとしたが、結果は平氏の孤立化を深めただけであった。そして翌八一年閏二月四日、清盛は憂慮のうちに熱病で六四歳の生涯を閉じた。

【海民の首領】 平安時代、伊勢国は東国との海上交通の要地で、安濃津《あのつ》、桑名津は東国と往反する船の発着港であった。伊勢に根拠地をもった平家は、父祖以来の伝統として海上への志向性をもっていたと思われる。しかも正盛、忠盛が白河・鳥羽両院政下、海賊を追捕してこれを家人化したり、西国の国守を歴任、また院領を支配したりして、西国およびそこの海民・水軍を基盤とするようになった関係から、いっそう海上交通や日宋貿易に積極的政策をとるようになったといえる。清盛の別業が福原に営まれたのもそうした事情と無関係ではあるまい。清盛はここで大輪田泊《おおわだのとまり》を修築し、宋船の内海入航を図った。伝承によれば音戸ノ瀬戸《おんどのせと》の開削(あるいは修復)も清盛の事績であるという。また厳島《いつくしま》神社を崇敬したのも、宗教上の問題だけでなく、内海交通・軍事編成と深い関係があったと思われる。西国を基盤とする以上、平家は伊予の河野《こうの》・越智《おち》水軍や肥前松浦《まつら》党に代表される勢力を把握せねばならず、彼らが離反したとき平家の命運も決したといえる。一一八三年(寿永二)七月の西走以前、平家の中では一度ならず鎮西に移ろうとの話がもちあがっていたが、実際に都落ちしたときは、まず鎮西を目ざしたにもかかわらず同地の在地武士に拒否されて上陸できなかった。また平家一族が滅んだのも結局壇ノ浦の海上においてであった。それは清盛亡きあとも海民の首領であるべき平家の皮肉な末路であった。

飯田 悠紀子

【人物像】『平家物語』の前半は、清盛の異常な栄達とその一族の繁盛によって始まり、権力をたのんだ彼の専横と傍若無人なふるまいによって彩られている。「祇園女御」段にみられるように、白河院の落胤であるために若年より昇殿を許され、その種姓によりついに太政大臣にまで至ることを得たとは、当時のだれもが知ることであったらしい。のみならず『平家物語』は、清盛の神仏への帰依、社寺への参詣と作善を語り、その功徳によって栄華がもたらされた、と説く。「鱸《すずき》」段の熊野、「大塔建立」段の高野山や厳島など、これら中世の霊場の縁起唱導と清盛の利生譚が結びついていた。ひいては『源平盛衰記』のように吒枳尼天《だきにてん》法などの「外法」を成就したゆえであるとまでいわれる。清盛の王をもしのぐ力は、そうした霊験譚の構造に支えられている。

清盛の「悪行」は実に多様である。反対者に対する容赦ない弾圧や怒りにまかせた激情的行動が随所に描かれ、成親や俊寛、小督のようにその犠牲者たちの悲惨な運命とその思い嘆きを一身に引きうける存在である。あるいは「祇王」が語るような性的放縦さも含まれるが、これらはすべて物語のなかで人の世の無常を経て発心に至らしめる唱導教化の文脈につながっている。「鹿谷」以降の後白河院に対する公の反抗は、ついに「福原都遷」に至って平安朝廷の秩序を根こそぎに覆そうとし、その究極にくるものが「奈良炎上」における大仏殿以下の焼亡であろう。これら一連の事件のなかで、清盛は王法と仏法の秩序に対する敵対者であり破壊者として位置づけられている。そうした罪業の現報が「入道死去」における壮絶な「あっち死に」であり、平家一門の滅亡もその結果にほかならないという因果観が、そこに貫かれている。また、終始父の行動を諫止し教訓する長子重盛の姿は、対照的に清盛の悪を浮かびあがらせるしかけであろう。

しかし清盛の「悪」はけっして一面的なものでない。禿《かぶろ》という異形の童子たちを洛中に放って都の人々を威嚇することの意味などはさらに明らかにされてよい。「物怪《もっけ》の沙汰」の怨霊の怪異に対して一歩も退かずにらみ返すような強さ、運命やもろもろの対立物に拮抗し挑戦しつづける偉大さがそこにある。そして彼の死に伴う一連の説話で、清盛は「権者《ごんじゃ》」すなわち神仏の化現であるという本質を示すのである。「慈心房」では閻魔王により慈恵大師の再誕であることが示され、やがて「宗論」を発展させた平家高野巻においては、弘法大師の後身祈親上人の再誕が白河院であり、その子なる清盛は、悪業の人なれど同種姓の利益により、釈迦に対する提婆のごとく、権《かり》に仏法をさまたげながら実には神聖な教えを顕わす、という化儀を示す存在にほかならない、と説くのである。

こうして宗教的象徴にまで高められた清盛像は、やがて「築嶋」における兵庫の経ヶ島築造のことが発展した舞曲『築島』において、民間の口碑伝説と結びついた語り物のなかにも描き出される。島を完成させるためには人柱を立てねばならぬことに定まり、清盛は「善悪二つの義なくして成就する事あるべからず」と命じて往来の人を捕らえるという罪業をあえて犯すが、「この浄海も、末代民を哀れみて、兵庫に島を築き給う、地蔵薩埵の化身」なのだという。清盛は、物語の上では善悪不二・邪正一如という中世的思惟のかたちを一身のうちに具象化する存在といえよう。

阿部 泰郎

(清盛)余の貧者なりければ、倩案じて思いけるは、我諸国庄園の主也、縦い何となけれ共、生得の報とて、身一つ助る分は有るぞかし、況や清盛が身に於ておや、希代の果報哉、と怪む処に、或時、蓮台野にして、大なる狐を追出し、弓手に相付けて既に射んとしけるに、狐、忽ちに黄女に変じて、莞爾と笑い立向いて、「やゝ我命を助け給わば、汝が助望を叶えん」と云いければ、清盛矢をはずし、「如何なる人にておわすぞ」と問う。女、答て云く。「我は七十四道中の王にて有るぞ」と聞ゆ。さては貴狐天王にて御座すにやとて、馬より下りて敬屈すれば、女、又本の狐と成て、コウコウ鳴て失ぬ。清盛、案じけるは、「我財宝にうえたる事は、荒神の所為にぞ。荒神を鎮めて財宝を得んには、弁才妙音には不ㇾ如。今の貴狐天王は、妙音の其一つ也。さては我、陀天の法を成就すべき者にこそ」とて、彼の法を行いける……

……清盛、綸言の下に、朝威を重じて、怪鳥を取る事を得たり。尤も吉事に候。……勧賞あるべしとて、安芸守になさる。是、清水寺の夢想の験也。鼠は大黒天神の仕者也。此の人の栄花の先表たり。威勢は大威徳天、福分は弁才妙音陀天の御利生也。

源平盛衰記巻一

又、或る人の申しけるは、清盛公は忠盛が子には非ず。誠には白河院の皇子なり。その故は、去る永久の比おい、祇園女御と聞えし幸人御座ける。……白河院、常は御幸なり。

…さて彼女房、院の御子を孕み奉りしかば、「産らん子、女子ならば朕が子にせん。男子ならば忠盛が子にして弓矢とる身に仕立よ」と仰ける……この若君、余りに夜啼をし給いければ、院聞食されて、一首の詠を遊して下されけり。

夜啼すとただもりたてよ末の世は清く盛ふる事もこそあれ

さてこそ、清盛とは名乗られけれ。

源平盛衰記巻一

入道相国、病附き給いし日よりして、水をだに喉へ入れたまわず、身の内の熱き事、火を焼が如し。臥給える所四五間が内へ入る者は、熱さ堪がたし。唯宣う事とては、「あた、あた」とばかりなり。少しも徒事とは見えざりけり。比叡山より、千手井の水を汲下し、石の船に湛えて、それに下りて冷え給えば、水夥しう湧上て、程なく湯にぞ成にける。(中略)病に責められ、せめての事に板に水を沃て、それに臥転び給え共、助る心地もし給わず。悶絶躃地して、遂にあつち死にぞし給いける。

源平盛衰記巻一

一、或人来て言、こなたには舞台の芸を大まかになさるゝゆへ、大まかな事を団十郎芸者と申が、ちとこんたんを被レ成、細かい事も工夫してごらうぜぬかやと言れし時、答て言、我等下根多病にして、心を労する事一向ならざる故、若き頃よりこんたんをすてゝいたさず。乍レ去、壮年の砌より只一ツ工夫する事有。平の清盛になり、日を招き返す狂言をせば、此せりふ如何言べきやと、此事斗り考居れ共、五十一年が間此工夫ひらけず候。日輪暫く止り給へといはば慇懃《ゐんぎん》に成て清盛が弱なるべし。日輪しばらくとゞまれといはゞ、存在過て人柄悪かるべし。今に此工夫開ず。是より外にこんたん工夫したる事なし。六ケ敷所は、路考・杜若・新車・錦舛などに談合して教へて貰へば事は足故、当年五十一歳迄こんたんは致さぬと言聞せければ、大笑して帰りけり。

東の花勝見

○あきの守時分はふっこほどの事(二一10)

清盛がまだ安芸守のころ、伊勢から船で熊野権現へ詣でるとき、大きな鱸《すずき》が船におどりこみ、これは吉事の前兆と家の子郎党に食べさせた(『平家物語』巻一)。句は、スズキの幼魚が、セイゴ、のちにフッコとなってスズキと変化する、いわゆる"出世魚"であることにちなんで、のちに太政大臣にまで昇る前身はフッコ程度だとした。

○清もりは又夕めしを出せといふ(明八桜2)

厳島造営に際し、日数が不足したため、清盛は急ぐあまり、日が西に沈もうとしたのを扇で招き戻した(福原経ヶ島築工のときともいう)という俗説にもとづいた句。

○清盛の医者ははだかでみやくを取(宝一〇礼1)

清盛、"火の病"で没する。

平貞文 たいらのさだぶみ　八七一ころ―九二三

(貞観一三ころ―延長一)

平安朝の歌人。右近衛中将好風の長男。定文とも記す。父は桓武天皇の皇子仲野親王の孫。八七四年(貞観一六)父とともに臣籍に下り平姓を賜る。内舎人《うどねり》、右馬権少允、右兵衛少尉、参河介、侍従、右馬助、左兵衛佐を歴任し、従五位上に至る。九〇五年(延喜五)、九〇六年に両度の歌合を催し、勅撰集には二六首の和歌が選ばれた。中古歌仙三六人の中にも数えられて、おそらくその家集を本として貞文の子孫が著した『平中《へいちゅう》物語』に取り込まれた九九首の自詠(長歌一首、連歌二首を含む)その他を合わせて一一四首の和歌を残す歌人であるが、より有名なのは業平の「在中」と並んで世の好色者《すきもの》と評判される伝説中の人物「平中」である。『源氏物語』の「末摘花」の巻にも早く「平中墨塗譚」が取り上げられ、『今昔物語集』の「平中樋洗《ひすまし》譚」から『宇治拾遺物語』『十訓抄』『古本説話集』『藐姑射秘言《はこやのひめごと》』『しみのすみか物語』『大東閨語』、さらに近代の芥川竜之介の『好色』、谷崎潤一郎の『少将滋幹の母』に至るまで、平中好色滑稽譚は数多いが、貞文その人はきわめて気が弱く父母に従順、女性に永遠のあこがれを抱く純情な性格の持主であった。すべては、叔母が宇多天皇の母班子女王で、その中宮亮(のちには皇太后宮亮)を務めるわがままな立場から、放埒無慚な好色ぶりを発揮し、紀長谷雄の『昌泰元年歳次戊午十月廿日競狩記』に、つぶさに行状の記録されている父好風の評判を、一人息子の貞文がすっかりひきかぶったまでである。

萩谷 朴

今は昔、兵衛佐平貞文をば、平仲といふ。人の色ごのみにて、宮づかへ人はさらなり、人のむすめなど、忍びて見ぬはなかりけり。思かけて、文やるほどの人の、なびかぬはなかりけるに、本院侍従といふは、村上の御母后の女房なり。世の色ごのみにて有けるに、文やるに、にくからず返事はしながら、あふ事はなかりけり。しばしこそあらめ、遂にはさりともと思て、もののあはれなる夕ぐれの空、又月のあかき夜など、艶に人の目とゞめつべき程をはからひつゝ、おとづれければ、女も見しりて、なさけは交しながら、心をばゆるさず。(中略)大かた、まぢかき事は、あるまじきなめり。今はさは、この人のわろく、うとましからんことを見て、思ひうとまばや、かくのみ心づくしに思はでありなんと思て、随身をよびて、「その人のひすましの、皮籠もていかん、奪ひとりて我に見せよ」といひければ、日ごろ添ひてうかゞひて、からうじて逃げたるを追ひて、奪ひとりて、主にとらせつ。平仲よろこびて、かくれにもてゆきて見れば、香なるうすものの、三重がさねなるにつゝみたり。かうばしきことたぐひなし。ひきときてあくるに、かうばしさたとへんかたなし。見れば、沈丁子を、こく煎じていれたり。又たき物をば、おほくまろがしつゝ、あまたいれたり。さるまゝに、かうばしさ推量るべし。見るにいとあさまし。「ゆゝしげにし置きたらば、それに見あきて、心もやなぐさむとこそ思ひつれ。こはいかなることぞ。かく心ある人やはある。たゞ人ともおぼえぬありさまども」と、いとゞ死ぬばかり思へど、かひなし。「わが見んとしもやは思べきに」と、かゝる心ばせを見てのちは、いよ〳〵ほけ〳〵しく思ひけれど、遂にあはでやみにけり。

宇治拾遺物語巻三ノ一八「平貞文本院侍従事」

平忠度 たいらのただのり 一一四四―八四

(天養一―元暦一)

平安末期の武将。忠盛の子。清盛の弟。正四位下薩摩守。武勇にすぐれるとともに、藤原俊成に師事して和歌をよくした。一一八〇年(治承四)の富士川の戦、八三年(寿永二)の北陸遠征の副将軍などをつとめたが一ノ谷の戦で戦死。なお都落ちの途中で京都に引き返し詠草した一巻を俊成に託した話は有名である。自撰集『平忠度朝臣集』がある。

田中 文英

【人物像と作品化】 『平家物語』の「忠度都落」は、平家一門の運命を自覚した忠度が、都落ちにあたって、今生の思い出に俊成に和歌を託し、勅撰集への入集を乞うというものであるが、武人としての名誉よりも、和歌への執心を貫こうとしている。「忠度最期」では、一ノ谷での壮烈な討死の後、箙《えびら》に付けた和歌が発見され、最後まで風雅を失わぬ人柄が、人々の賞賛を得ている。忠度の入集への執心にもかかわらず、歌は「読み人知らず」として『千載集』に入れられ、その恨みを妄執として能の世界に移し変えたものが『忠度』である。「行き暮れて木の下蔭を宿とせば花や今宵の主ならまし」と詠んだ桜の木を墓標とする忠度の魂魄《こんぱく》が、合戦の模様や妄執のいわれを僧に語って回向《えこう》を頼むというものである。『申楽談儀』において世阿弥は、「通盛、忠度、義経三番、修羅がかりにはよき能なり。このうち忠度上花か」と自賛している。

岩崎 武夫

薩摩守忠度は、いづくよりやかへられたりけん、侍五騎、童一人、わが身共に七騎取て返し、五条三位俊成卿の宿所におはしてみ給へば、門戸をとぢて開かず。「忠度」と名のり給へば、「おちうと帰りきたり」とて、その内さはぎあへり。(中略)一門の運命はやつき候ぬ。撰集のあるべき由承候しかば、生涯の面目に、一首なり共御恩をかうぶらうど存じて候しに、やがて世のみだれいできて、其沙汰なく候条、たゞ一身の嘆と存候。世しづまり候なば、勅撰の御沙汰候はんずらん。是に候巻物のうちに、さりぬべきもの候はゞ、一首なり共御恩を蒙て、草の陰にてもうれしと存候はゞ、遠き御まもりでこそ候はんずれ」とて、日ごろ読をかれたる歌共のなかに、秀歌とおぼしきを百余首書あつめられたる巻物を、今はとてうツたゝれける時、是をとツてもたれたりしが、鎧のひきあはせより取いでて、俊成卿に奉る。

平家物語巻七「忠度都落」

○去年ゑらむと忠もりでは入ルとこ(天二信1)

「忠もり」は忠のりの誤刻。都落ちの際、忠度に歌を託された俊成は、このうち「さゞなみや志賀の都はあれにしをむかしながらの山桜かな」を『千載集』に撰したが、朝敵となったことをはばかり「読人知らず」と記した。去年選んだら朝敵でなく、忠度の名も出たのに惜しかった、との句意。

○いそがしひ軍なかばに行くれて(拾四14)

名のりの短冊「行き暮れて……」は箙(一説に、鎧の引合せ)に付けられていたが、右句の作者は、多忙の軍中にこの歌を詠んだものと推測した。前句は「すきな事かな〳〵」。

○武士は皆薩摩守のわたし舟(新四10)

タダノリ(無賃乗り)する者を、薩摩守平忠度にかけて「薩摩守」と俗称する。

平知盛 たいらのとももり 一一五二—八五

(仁平二—文治一)

平安末期の武将。清盛の子。清盛の寵愛深く、順調に累進して従二位権中納言にいたる。武勇にすぐれ、一一八〇年(治承四)源頼政を宇治で破り、翌年源行家を尾張、美濃に連破して功をあげた。しかし八三年(寿永二)源義仲と粟津で戦って敗れ西走。翌八四年の一ノ谷の戦でも勇戦したが、八五年壇ノ浦の戦では、奮戦のすえ、平家一門の最期を見とどけたうえで海に身を投じた。

田中 文英

【人物像と作品化】 『平家物語』の中では、知盛は戦場においては果敢な武将としてふるまい、生死の場に臨んでは人間の心の動きを鋭く洞察し、また背後で人間を操り、支配する運命の不可思議な力を自覚していた人物としてえがかれる。そのような知盛が、「見るべき程の事は見つ、今は自害せん」と鎧二領を身につけて乳母子《めのとご》家長とともに壇ノ浦に沈んだのは自明の行為でもあった。能の『船弁慶』では怨霊化した知盛が「潮を蹴立て、悪風を吹き掛け」て、海路九州へ逃走する義経主従を海に沈めんと迫るが、沈着な義経と弁慶の調伏の祈りに退散する。碇《いかり》知盛で名高い浄瑠璃『義経千本桜』では、壇ノ浦で入水したと見せかけた知盛は、渡海屋銀平と名を変えてひそかに義経の命をねらう。時節到来し、知盛は亡霊の装いで大物の浦から船出する義経の後を追うが敗れて、碇綱をからだに巻きつけ、碇を海に投げ入れて海底に沈む。これは、『平家物語』で鎧二領をつけて沈んだ知盛の再現である。しかしそれは怨霊としての発動を禁止された知盛が、永久に海底に封じ込まれた形であるともいえる。

岩崎 武夫

新中納言「見るべき程の事は見つ、いまは自害せん」とて、めのと子の伊賀平内左衛門家長をめして、「いかに、約束はたがうまじきか」との給へば、「子細にや及候」と、中納言に鎧二領きせ奉り、我身も鎧二領きて、手をとりくンで海へぞ入にける。是を見て侍ども廿余人をくれたてまつらじと、手に手をとりくんで、一所にしづみけり。(中略)海上には赤旗あかじるしなげすて、かなぐりすてたりければ、竜田川の紅葉ばを嵐の吹ちらしたるがごとし。汀によする白浪もうすぐれなゐにぞなりにける。

平家物語巻十一「内侍所都入」

「銀平殿〳〵」と呼立れば。「抑是は。桓武天皇九代の後胤。平の知盛幽霊なり。渡海屋銀平とは仮の名。新中納言知盛と実名を顕はす上は。恐有」と娘の手を取。上座に移し奉り。「君は正しく八十一代の帝。安徳天皇にて渡らせ給へど。源氏に世をせばめられ。所詮勝べき軍ならねば。玉体は二位の尼抱奉り。知盛諸共海底に沈しと欺き。某供奉して此年月。お乳の人を女房と云。一天の君を我子と呼。時節を待しかひ有て。九郎大夫義経を今宵の中に討取。年来の本望を達せんは。ハア、ハア、〳〵悦ばしや嬉しやな。典侍の局も悦ばれよ」と。勇める顔色威有て猛く。平家の大将知盛とは其骨柄に。顕はれし。」(中略)「我とかく深手を負たれば。ながらへ果ぬ此知盛。只今此海に沈んで末代に名を残さん。大物の沖にて判官に。怨をなせしは知盛が怨霊なりと伝へよや。サア〳〵息有其中に。片時も早く帝の供奉を頼々」とよろぼひ立ば。「ヲゝ我は是より九州の尾形方へ赴く也。帝の御身は義経がいづく迄も供奉せん」と。御手を取て出給へば亀井駿河武蔵坊。御跡に引添ふたり。知盛莞爾と打笑て。「きのふの怨はけふの味方。あら心安や嬉しやな。是ぞ此世のいとまごひ」とふり返つて竜顔を見奉るも目に涙今はの名残に天皇も。見返り給ふ別れの門出。とゞまるこなたは冥途の出船。(中略)

　三途の海の瀬ぶみせんと。碇を取て頭にかづき。「さらば〳〵」も声ばかり。渦巻波に飛入てあへなく消たる忠臣義臣。その亡骸は大物の。千尋の底に朽果て。名は引汐にゆられ流れ〳〵て跡白波とぞ成にける。

義経千本桜二段目

○とも盛りはぜんたいきれい好キな人(明六満2)

　一一八五年(文治元)三月二四日、壇ノ浦の戦に敗れたとき、知盛は「小船に乗て御所の御船に参り」「塵拾ひ手づから掃除せられけり」(『平家物語』巻十一)。

○幽霊はやはり平家も白で出る(三三20)

　平家の赤旗、源氏の白旗だが、『船弁慶』にあらわれる知盛の亡霊に赤い色はなく、白足袋まで履いている。

平将門 たいらのまさかど　?—九四〇(天慶三)

平安中期の武将。桓武平氏上総介平高望の孫。父は鎮守府将軍、良持あるいは良将と伝える。『尊卑分脈脱漏』によると、母は犬養春枝の娘。その行動は『将門記』に詳しい。若いころ上洛し藤原忠平に仕えたが、九三一年(承平元)「女論」により伯父の下総介良兼と争う。この「女論」には諸説あるが、良兼の娘は将門の妻として将門と同居しているので、この婚姻にかかわるものと推察される。将門は下総北部鬼怒川水系沼沢地帯の豊田、猿島《さしま》地方を地盤としていたが、九三五年、常陸西部の筑波山麓地帯に勢力をはる常陸大掾源護と平真樹との争いにまきこまれ、護の女婿であった平国香、良正、良兼らおじたちと戦うことになる。九三六年一〇月、源護の訴えにより京都に召喚、禁獄されるが、朱雀天皇元服の大赦による帰郷後、良兼らの軍に攻められて、のち一族間の紛争はいっそう激化した。九三九年(天慶二)春、武蔵国の権守興世王、介源経基と足立郡司判官代武蔵武芝との紛争の仲介に乗り出すが、これに失敗、経基に謀反として訴えられた。この問題が解決されないうちに、同年一一月に常陸の国衙を焼き払ったことから将門の行動は国家への反乱となり、将門は「新皇」と称して関東の分国化をめざす。しかし将門には独自の政治構想がなく、九四〇年二月に藤原秀郷と国香の子平貞盛らに討たれ、梟首《きょうしゅ》された。享年は『将門記』にはないが、後世の所伝には三九歳とするものがある。

　将門は侠気に富んだ人物で、武芸によって身を立てようとしたつわものであったが、その領主としての性格をどうとらえるか、またその武力構成を中世の武士団との関連でどう位置づけるかには、多くの説がある。将門を私営田領主として中世の領主と区別する見解が強いが、その率いる伴類を農奴または農奴主として中世的性格を強調する説もある。また将門を鬼怒川はんらん原の開墾農場主とみる見解が強いが、最近ではその根拠地石井と鎌輪がともに兵部省の官牧を背後にもっていたことを重視し、官牧の牧司としてとらえ直そうとする見解が提出されている。

　新皇将門の関東支配は数ヵ月にすぎないが、中央派遣の受領を放逐したその行為は、とくに関東の民衆に大きな影響を与え、将門を英雄として仰ごうとする気分は年とともに強まった。一〇世紀末には将門の死後霊験譚が形成されはじめ、しだいに子孫説話も整えられて、一二世紀に成立する『今昔物語集』では壬生良門、地蔵小院蔵念、如蔵尼などがその子孫とされている。中世には千葉氏とその一流の相馬氏には、将門の後継者とする説話が作られるが、これには妙見信仰が深くかかわっている。近世の文芸作品には将門伝説に取材したものが多く、ここにも江戸庶民の将門びいきの感情が認められる。将門をまつる社寺は関東一帯に分布しており、その墳墓と伝えられるものも少なくない。

【人物像の形成と展開】 福田 豊彦

将門は平貞盛、藤原秀郷の軍勢のため、石井営所の近くで討たれたが、『将門記』は、そのときにわかに神罰が下り、「馬ハ風ノゴトク飛ブ歩ミヲ忘レ、人ハ梨老ガ術ヲ失ヒ」、神鏑に射すくめられて死んだとしている。将門の死をこのように神異と結びつけてとらえようとする風潮は古く、たとえば『今昔物語集』には、山門の僧浄蔵が叡山の横川で将門調伏のため大威徳法を修したところ、灯明の上に武装した将門の姿があらわれ、人々が驚いて見上げると、流鏑の響きが東方を指して過ぎるのを聞いたとある。同様な調伏伝説や神異譚は、当時の史書や説話集に数多く伝えられているが、千葉県成田市の成田不動や栃木県足利市の鶏足寺などのように、関東地方の社寺の中には、これに類する伝えを今に残すところがかなりある。

将門を中国の勇将李陵や養由になぞらえ、その武勇をたたえるという風は、『将門記』にもすでに見られたが、伝説の世界に登場する将門は、鋼鉄身で、つねに六人の影武者を従え、捕捉しがたい超人ぶりを発揮する。「その有様殊に世の常ならず、身長《たけ》は七尺に余りて、五体は悉く鉄《くろがね》なり。左の御眼に瞳二つあり。将門に相も変らぬ人体同じく六人ありけり。されば何れを将門と見分けたる者は無かりけり」。御伽草子『俵藤太物語』は、その超人ぶりをこのように描き出しているが、その不死身の巨人にも、ただ一ヵ所、こめかみだけが生身であるという弱点があり、愛妾の桔梗《ききよう》の前の裏切りによって、その秘密が敵方の俵藤太(藤原秀郷)に漏れ、あえなく討ちとられるという結末になっている。ギリシア神話のアキレウスや北欧のジークフリートと同じかたちの伝承だが、将門が影武者六人を従えていたというのは、北斗七星の信仰(妙見信仰)とのかかわりの中で、この伝説がはぐくまれてきたことを示唆している。

『将門記』は、その文末に、造悪の報いで地獄におちた将門が冥界から消息を寄せて、生存する妻子や兄弟に地獄の責め苦を訴えたという、興味深い巷説を載せているが、『太平記』や古活字本『平治物語』には、都で梟首された将門の首が瞑目せず、歯がみして復仇を誓ったという話が伝えられている。非業の死をとげた人々の怨恨が、怨霊となって世を悩ますという考えは、いわゆる御霊神としてこれを神にまつり、鎮魂慰撫する風習を生んだが、東京神田の神田神社、西多摩郡奥多摩町鳩の巣の将門神社、茨城県坂東市の国王神社、千葉県佐倉市の将門明神、福島県相馬市の相馬神社など、関東から東北にかけての各地には、将門をまつる御霊社が広く分布している。

先にあげた『俵藤太物語』もその一例だが、近世に入ると、将門にゆかりの深い東国が政治・文化の中心となったことから、将門への関心はいっそう深まり、将門伝説に題材をとった多くの文芸作品がつくられた。浄瑠璃『関八州繋馬《つなぎうま》』(近松門左衛門作)、読本『善知鳥安方《うとうやすかた》忠義伝』(山東京伝作)は、その代表的なものである。 →滝夜叉…俵藤太 梶原 正昭

また天慶三年正月廿二日、横川において、坂東の賊の首《かしら》、平将門を調伏せむがために、二七日を限りて、大威徳法を修せり。将門弓箭を帯して、焼明の上に立つ。人人驚きて見るに、俄に流鏑《かぶら》の声示《あらは》れて、東を指して去れり。便ち知りぬ調伏の必然なることを。この事に依りて、公家仁王会を修せられ、大法師を択びて、待賢門の講師となせり。その日将門が軍京に入る、云々といふ。大法師奏して曰く、将門が首を進《たてまつ》らしむるならむといへり。果してその言のごとし。

拾遺往生伝巻中「浄蔵」

◉――**平知盛**　(上)『船弁慶』(明治一八年新富座)。九世市川団十郎の知盛之霊。豊原国周画。国立劇場。

◉――**平将門**　(左)比叡山から都を見下ろしながら、謀反の談合をする将門と藤原純友。

将門、倩思ひけるは、むかしの景帝天皇は、五代、王位をもたせ給ひて後、位に即せ給ひき、我は是、天照太神、三十八世の御末、神武天皇六代の孫也、十禅の主に備はらんに、何の憚有へき、其上、天照太神、正八幡大菩薩も、争百王の位に、もらし給ふへきとて謀叛をおこして、東八ケ国を打随へつゝ、天慶二年十一月十五日、下野国、相馬の郡に、都をたて、平親王といはゝれ、百官を初め、除目をとりおこなひ

俵藤太草子

秀郷　さては能勢の源吾近貞どの、旗指山にて失ひしを。
信良　邪法を行ふ純友が、誠は彼れも金剛丸、それにて再び精魂の、屍は仮の滝夜叉でも、その魂ひは相馬の小次郎。
秀郷　サア、俗性を。
両人　名乗つた〳〵。
滝夜　ヱヽ、口惜しや、残念や、一度冥府へ赴けども、再びこの土へ帰りくる、招魂の秘法を以つて、姿を変へし我れこそは、桓武天皇の後胤、葛原親王より五代、鎮守府将軍良門が二男、相馬の小次郎、自ら名乗つて平親王。
秀郷　その将門で。
両人　あらうがな。
滝夜　たとへ形は女にもせよ、魂ひは乗り移り、恩愛妹脊に姿を借り、思ひ立つたる我が望み。血汐の穢れに秘法も挫け、あまつ

さへ忰将軍太郎まで、虜となつて憂き目を見するか。ヱ、、思へば〳〵かほどまで、浅ましき身の。
杉太・滝太　怪しい女め。
滝夜　なり行きぢやなア。
秀郷　修羅の妄念晴れやらず、又もこの世に迷ひ来て、障化をなさんずその悪霊。
信良　及ばぬ事と諦めて、善心に立ち返らば、未来の苦患も免がれん。
滝夜　たとへこの身は罪深く、八万地獄へ落つるとも、やはかこのまゝ置くべきか。
秀郷　元より朝敵謀叛の霊魂。なに正法に敵せんや。名鏡の威徳を以つて。
信良　怨敵退散々々々。
杉太・滝太　イデ、正体を。
秀郷　悪霊消滅。
信良　怨敵退散。
秀郷　ハテ恐ろしい。
秀郷・信良　執念ぢやなア。

金幣猿嶋郡筑波山塞の場

○あのやねがししんでんだといよのじやう（一七7）
　将門が叡山に登り、たまたま藤原純友（伊予掾）と行きあい、平安京を見おろして、東西呼応の叛意を固めたと伝える。

○下総につないだ馬のやかましさ（一二11）
　奥州相馬氏の定紋が「繋《つな》ぎ馬」で、平将門の末裔《まつえい》と称えたため、将門の家紋も「繋ぎ馬」と考えられていた。将門は下総に居を占め、相馬・豊田両郡に荘園を持ち、相馬小次郎と名のっていた。

○将門は瓜を七ツに割たよふ（一一七12）
　将門には六人の影武者があり、どれが将門かを見わけがたかったという「七人将門」の伝説。「瓜二つ」といいたいが、七つに割ったごとし。

○運の尽俵に米を見付られ（二九6）
　俵（俵藤太）と米（米嚙み）の縁語。「其身金鉄のごとくして、米嚙ばかり人身なり。秀郷、是を知つて米かみを射るともいへり」（『将門純友東西軍記』）。また「将門は米嚙よりぞ斬られける俵藤太が謀にて」（『太平記』巻十六）の狂歌を、将門の獄門首の前で詠じたので、首がからからと笑い目をとじたとの伝説も著名。

高尾　たかお

江戸の傾城町吉原の三浦屋に抱えられた遊女（太夫）の名。京都島原の吉野太夫と並び称される。ただし、遊女が太夫名を継承することは珍しくなかったから、高尾太夫を名のった遊女は、七人とも一一人ともいわれ、定説をみず、また歴代の生没年や経歴など、詳しいことはほとんど不明である。むしろ近世遊里が生んだ伝説上の人物とみることもできる。吉原の名妓のことゆえ、大名に請け出されるものもあり、仙台藩主伊達綱宗におもわれた仙台高尾（万治高尾）、姫路藩主榊原忠岑が身請したといわれる榊原高尾などの名が高いが、それぞれ伊達騒動、榊原騒動と関係づけられて巷説となったもので、実説との間にはかなり

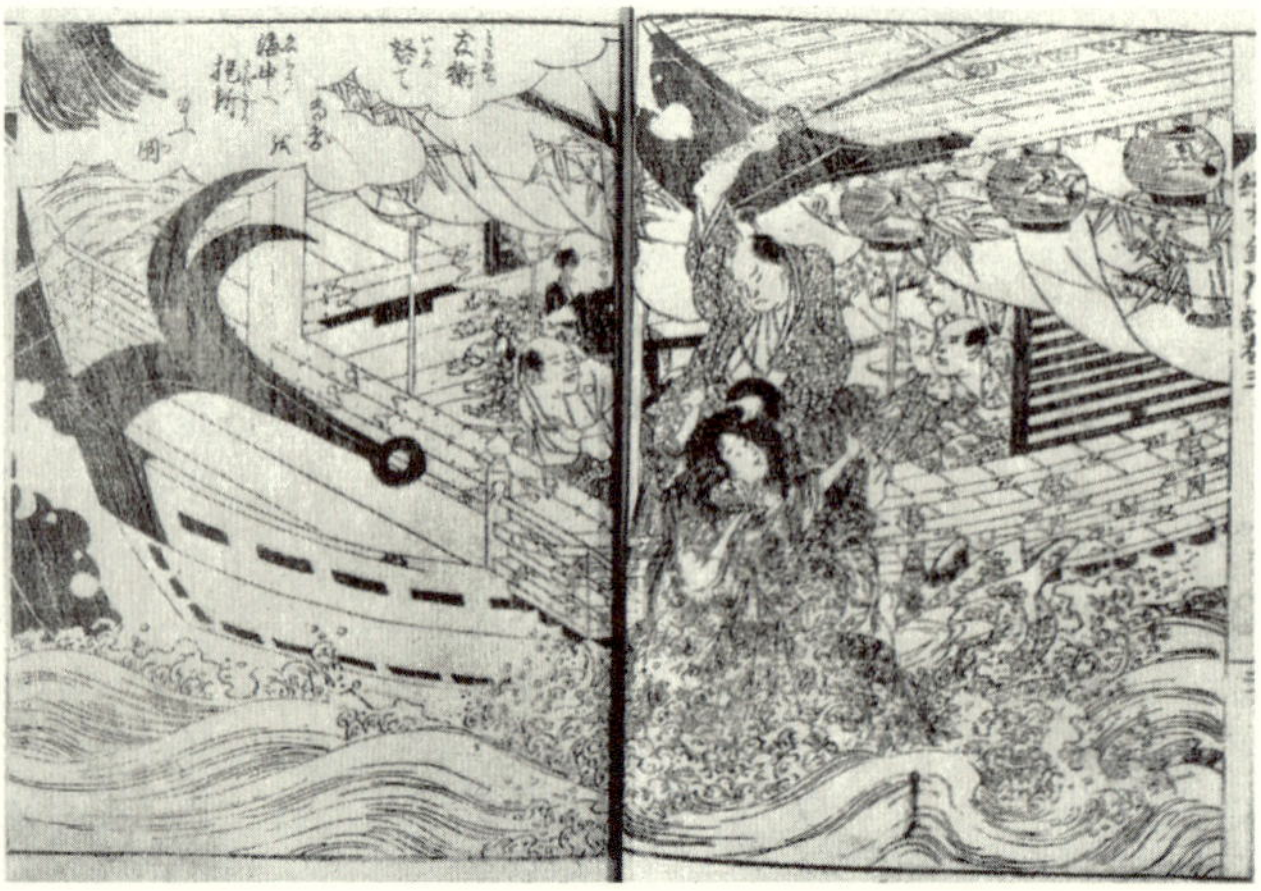

◉──**高尾**　秀衡の末孫伊達友衡は三浦屋の高円（たかまど）（高尾）を身請するが、高円には名越（なごや）山三郎という情人がいたため、友衡に心を通わせない。怒った友衡は高円を「海中へ提斬（さげぎり）」する。速水春暁斎『絵本金花談』（一八〇七）。

の距離があろう。また彦根藩士石井吉兵衛となじんだ石井高尾、紺屋職人の妻になった紺屋高尾などが知られている。さらに高尾やそれにともなう騒動に取材した歌舞伎や浄瑠璃が生まれ、高尾物と呼ばれる作品群をなし、高尾太夫伝説を作り出すに、あずかって大きかった。

守屋 毅

○又例の下駄の客かと嶋田言(一四三5)

伊達綱宗、万治年中(一六五八―六一)、吉原へ伽羅製の下駄を履いて高尾のもとへ通う。高尾には二世を契った島田重三郎がいて綱宗をふりつけたという俗伝あり。

○よくどしさ伊達の厚着を三浦させ(籠三12)

綱宗が高尾を身請した際、抱え主三浦屋へ高尾の体重だけの重さの黄金を代金として支払ったという。「よくどしさ」は欲の深さ。「伊達」で綱宗を暗示。

○鮟鱇のやうに船にて御手料理(七一1)

○三ツまたは素人の死ヌ所コでなし(宝一三義2)

身請された高尾は屋形船に乗せられて大川さして漕ぎ出されたが、島田のことを思いつめて物も言わず泣くばかり、綱宗は高尾の髪をつかんで船端でつるし斬りにしたという。第一句は「鮟鱇」のつるし斬り。その場所は隅田川の新大橋下流三俣(現、東京都中央区日本橋中洲)。第二句は、一七六三年(宝暦一三)にシジミ取りに来た女方荻野八重桐が溺死した事件があり、そのため「素人の死ぬ所」でないとした。実際には高尾は一六五九年一二月五日、一九歳で病死したと伝えられ、以上の伝説は、一七四一年(寛保一)に榊原侯が七代目高尾を身請して転封となった事件を、万治高尾に付会、混交した実録体小説が先行作としてあり、これに原拠を置き拡大化、仮構された。

高岳親王 たかおかしんのう

平城天皇の第三皇子。生没年不詳。高丘親王とも書き、法名により真如《しんによ》親王ともいう。母は伊勢継子。八〇九年(大同四)叔父の嵯峨天皇の即位により皇太子となるが、翌八一〇年(弘仁一)の薬子《くすこ》の変によって廃太子となった。八二二年に四品に叙されたが、まもなく出家し、東大寺で道詮から三論を、東寺で空海から真言密教を学んだ。また平城旧都に不退寺、超昇寺を建立した。八五五年(斉衡二)東大寺大仏修理検校《けんぎよう》となった。その後、密教の奥義をきわめるため入唐を志し、八六一年(貞観三)朝廷の許可を受け翌年唐の商船で渡唐、八六四年に長安に達して西明寺に入った。当時入唐していた円載が真如入京を皇帝懿宗《いそう》に奏聞している。青竜寺の法全に疑義を尋ね、その後、天竺(インド)に渡ることを決意し、唐朝の許可を得て八六五年に出発したが、それ以降消息を絶った。

八八一年(元慶五)に入唐中の僧中瓘の報告により、旅行の途中羅越国《らえつこく》で客死したことが日本に伝えられた。

勝浦 令子

東宮高丘親王ヲトヾメテ、大伴御子ヲ東宮トス。

高丘親王出家得度。弘法大師御弟子ニ成給フ。入唐シテカシコニテ遷化シ給。真如親王ト申ハ是也。或唐ヨリ猶天竺ヘ渡リ給、流沙ニテウセ給ト云ヘリ。

愚管抄巻二

高杉晋作 たかすぎしんさく 一八三九―六七

(天保一〇―慶応三)

幕末の志士。長州藩士。一〇歳の時に天然痘にかかって生死の間をさまよい、あばた顔となった。一八五七年(安政四)松下村塾に入門、吉田松陰の薫陶を受けた。久坂玄瑞とともに松下村塾の双璧とうたわれ、やがて過激な攘夷論者となる。六二年(文久二)およそ二カ月間上海に遊学、太平天国の乱などを見聞し、日本の危機を実感した。その年の一二月、品川御殿山に新築中のイギリス公使館を焼き打ちするなど過激な行動に走る。六三年六月、長州奇兵隊を結成。奇兵隊はやがて長州諸隊の中心的存在となり、長州討幕派の軍事的基盤となった。翌年脱藩して一時獄に投じられたが、馬関戦争に際して赦され、四国連合艦隊との講和を成立させた。六六年(慶応二)二月、長州藩の海軍総督となるが、秋には肺結核のため隠退、翌年四月二八歳で没した。

奇矯かつ奇行の人として知られ、海軍総督として幕府軍と戦っているとき、高下駄に着流し、腰に瓢箪をぶらさげ頭に破れ笠をかぶり、軍を指揮したという。しかも組立て式の三味線を携行し、夜には愛人おうののもとで自ら三味線を爪弾いていた。正妻マサがいたが、最期を看取ったのは、はるか年上の女性野村望東尼であった。

高橋 千劔破

兵馬の間、櫛風沐雨の過労、遂にこの重患を醸せり、四方の名士来て病を問ふもの、日夕絶ゆることなし、また諸兵士の神社に詣して、彼の為に命を乞ふもの数百人の多きに及ふ、野村望東は女丈夫なり、此際特に過般の救恩に報ゆべしと、親しく高杉の病褥に侍して、看護怠らす、勉強湯薬を進めたり、高杉徐に苦薬を嘗め、筆紙を求めて、

おもしろきこともなき世に面白く

と書付けたれは、望東も高杉病中の苦心を察し、看護の涙を払ひ、直ちに下句を附添へたり、

すみなすものは心なりけり

高杉晋作

高橋お伝 たかはしおでん ?―一八七九(明治一二)

明治期の代表的毒婦とされる人物。上州利根郡下牧村生れ、父は旧沼田藩家老広瀬半右衛門(口供書)とも信州無宿の博徒鬼神の清吉ともいわれる。一八七二年、従兄で夫の波之助とともに上京、浅草蔵前の旅宿で古着商後藤吉蔵を刺殺した嫌疑により七六年逮捕された。このとき二九歳であったともいう。お伝は吉蔵殺しを異母姉おかねの復讐と主張したが、東京裁判所は色じかけの殺人強盗として市ヶ谷刑場で斬首刑に処した。刑死四ヵ月後の五月新富座で『綴合於伝仮名書《とじあわせおでんのかなぶみ》』(河竹黙阿弥作)として劇化上演、お伝に五世尾上菊五郎が扮した。また仮名垣魯文作『高橋阿伝夜叉譚《たかはしおでんやしゃものがたり》』も刑死直後に出版、その後、町川黙鶯、矢田挿雲、邦枝完二らによって読物・小説化されたが、毒婦としてのお伝はしだいに拡大され、犯行被害者も、実父清吉、黒川仲蔵、鈴木浜次郎、夫の波之助、小川市太郎らに及んだ。それら仮構の殺人罪は、江戸期からの「悪婆《あくば》」としてのネガティブな伝統的美化作用によって構築され、お伝の虚像が作られていったものと考えられる。

小池 章太郎

●――高橋お伝

高皇産霊尊 たかみむすひのみこと

日本神話にみえる神の名。『古事記』では天御中主《あめのみなかぬし》神、神産巣日《かむむすひ》神とともに天地初発にあらわれた神とされ、表記は高御産巣日神。ムスは生ずる意。ヒは霊力を意味する。壱岐島の月神が「我が祖高皇産霊、天地鎔造の功あり」と神託したという(『日本書紀』顕宗天皇条)。この高皇産霊=創造神説は、この神に創造的活動がなく、一般に創造神は天地創造後、多くは出現しないことからみて信頼できない。この神は『日本書紀』天孫降臨条に「皇祖」とあり、また神祇官の八神殿や新嘗の斎庭《ゆにわ》に祭られる。豊饒神、皇祖神として重視された時期があり、それが『古事記』『日本書紀』で主宰神として、国譲りの使者や天孫降臨の際の降

臨する神の指名、神武天皇条の神剣や八咫烏《やたがらす》の派遣という重要な役割につながっていったのである。しかし『古事記』『日本書紀』では、すでに、高天原《たかまがはら》や新たな皇祖神、豊饒神の天照大神《あまてらすおおかみ》の成立によって、この神の役割が天照大神に交替してゆく姿を見せている。この神の別名としてみえる高木《たかぎ》神は、それが樹木に依り憑っく神の一種であったからであり、必ずしも神の垂直的行動とは関連しない。

吉井 巌

滝口・横笛 たきぐちよこぶえ

『平家物語』巻十「横笛」に語られる悲恋物語の主人公。屋島を脱出した平維盛が、高野山の滝口入道を訪ねて出家し、また彼を善知識として那智沖で入水するが、滝口入道が登場する初めに、その発心由来譚として語られるのが「横笛」の章段である。平重盛(維盛の父)に仕えた斎藤滝口時頼は建礼門院の雑仕《ぞうし》横笛を愛したが、横笛の身分が低いゆえに父茂頼のいさめにあい、一九歳で出家して嵯峨の往生院に入った。横笛は往生院を訪ねたが、滝口は道心が弱るのを恐れて会わず、高野山にこもった。横笛も出家して奈良の法華寺にいたが、まもなく悲嘆のうちに世を去った。『平家物語』の異本では、横笛は嵯峨からの帰途桂川で入水したともいい、また滝口が最初にこもった寺の名、高野山での所在についても諸本でさまざまに伝えられる。御伽草子『横笛草紙』では、滝口は千鳥ヶ淵に入水した横笛の骸《むくろ》を焼いてのち高野山に入っているが、おそらくこの話が高野聖の語り物として独立して成長したゆえの異説・異伝であろう。なお、この話に取材した高山樗牛の小説『滝口入道』(一八九五)は著名。戯曲に、池田大伍『滝口時頼』、舟橋聖一『滝口入道の恋』がある。

兵藤 裕己

あはれなるかな、たもとには、いしをひろい入て、にしにむかひて、手をあわせ、なむさいはうこくらく、みたによらひ、ねかはくは、いきなから、あかてわかれし人と、おなしはちすに、むかへたまへ
大し大ひの、御せいくわん、たのみても、なを、たのもしや、しうちやくのあひねんを、ひるかへし、九ほんのうて名の、たよりとなり、かいなきうらみに、おつるなみた、ほんなうのあかをすゝきて、まさしく、みたのらいかう、ゐんしやうし給ふへし
南無阿弥陀仏と、十へんはかり申、つゐに、うみのもくつと、なりにけり
おしかるへし、よわいかな、年十七と申に、いのちを露にあらそひて、はかなくきえし、よこふへの、心のうちこそあはれなれ(中略)
さても、たきくちは、かの木の上に、かけしきぬを、身にそひて、もちけるとかや、たもとにいれし、一ふての、我かもとへ、めくりきて、なかきかたみになる事と、かへすく
も、かなしけれ
ひまく には、とりいたし、みるときそ、たたいまぬしにむかへる心ちして、すみそめの袖を、ぬらしける

横笛草紙

茶枳尼天 だきにてん

大母神カーリーの使婢たる鬼霊。サンスクリットでダーキニーといい、茶枳尼、拏吉尼などと音写される。吒祇尼、吒枳尼などとも書かれる。幻力(マーヤー)を有し、夜間尸林《しりん》(墓所)に集会し、肉を食い飲酒し、奏楽乱舞し、性的放縦を伴う狂宴を現出する。人を害する鬼女として恐れられるが、手段を講じてなだめれば非常な恩恵をもたらす。タントラ仏教では彼女ら(「母」たち、現実には、特殊な魔術的能力を有するとされる低賤カーストの女性たち)のグループ(茶枳尼網)を、世界の究極的実在としての女性原理であり、悟りを生む知恵でもある「般若波羅蜜」とみなし、それと性的に瑜伽(ヨーガ、合一)することによって即身成仏の実現を期する。

津田 眞一

自在の通力を有する夜叉鬼である茶枳尼天の修法は、日本では諸願成就の外法として鎌倉時代ころから行われていたらしい。『平治物語』には「陁天の法」の名がみえ、『平家物語』

は、左大将を望む藤原成親が、賀茂上社の洞に聖《ひじり》をこもらせ一〇〇日間荼枳尼の外法を行わせようとした話を記している。一四世紀後期成立の『太平記』にも、細川清氏が「外法成就の志一上人」を招き、荼枳尼天におのれの野心成就と政敵呪詛を祈ったことがみえる。近世になると荼枳尼天の修法は、ことに修験道の秘法として知られるようになった。その一方で荼枳尼天は、在来の狐神信仰と習合し、一種の福神としても民間に広まった。一三世紀中ごろ成立の『古今著聞集』によると、藤原忠実が荼枳尼天の法を修させた際、夢に現れた美女の髪をつかみ、目が覚めてみれば狐の尾であった。この狐尾は諸願成就の霊験あらたかで福神として祭られた。京都上京区に今も残る福大明神町の名はこの社に由来するという。もともと荼枳尼天は狐と関係ないが、荼枳尼天を狐精とする『吒枳尼旃陀利王経』が偽撰され、近世の荼枳尼天曼荼羅では、狐に乗った天女の姿で描かれるようになった。こうした福神化の過程で、荼枳尼天は同じ福神の宇賀神や弁才天と同一視され、稲荷神と同体とも説かれるようになった。荼枳尼天を祭る豊川稲荷(愛知県豊川市)は有名。

速水　侑

滝の白糸　たきのしらいと

泉鏡花の小説『義血侠血』の登場人物。さまざまな人の手で劇化された新派『滝の白糸』の主人公。作中の本名は水島友。鏡花の故郷金沢を舞台に、数度しか会うことなくして献身的な愛を捧げ、学費を援助し続ける水芸の見世物の女太夫白糸と、それに応えて立身出世を果たす村越欣也が、運命の皮肉により破局に至るという作者好みの至上の恋を描く。鏡花の小説の劇化としては最初の作品で、二人の二度目の出会いである卯辰橋の場、劇中でも実際に見せる水芸の場、検事と証人という立場で再会する法廷の場などの見せ場が著名である。新派では、喜多村緑郎、花柳章太郎、初代水谷八重子がそれぞれ特徴ある女性像を演じた。架空の人物ながら神話化され、浅野川沿いの天神橋(卯辰橋)に「滝の白糸像」と「滝の白糸碑」が作られている。溝口健二の無声映画も傑作として有名。新派の財産演目として命脈を保ち上演され続けているだけでなく、蜷川幸雄の新演出や唐十郎の『唐版滝の白糸』もあり、現在でも、多彩な劇的イメージの源泉たりえている。

神山　彰

●──滝の白糸　『義血侠血』は新聞連載の翌年、川上音二郎の一座が『滝の白糸』の名で劇化して初演。一八九五年(明治二八)一二月浅草座。国立劇場。

就中大評判、大当ハ、滝の白糸が水芸なり。太夫《たいふ》滝の白糸ハ妙齢十八九の別品にて、其技芸ハ容色と相称ひて、市中の人気山の如し。然れバ他ハ皆晩景の開場なるに拘らず、是のみ独昼夜二回の興行ともに、其大入ハ永当たり。

時正に午後一時、撃柝《げきたく》一声、囃子ハ鳴を鎮むる時、口上ハ渠《かれ》が所謂不弁舌なる弁を揮ひて前口上を陳了《のべをは》れバ、忽ち起る緩絃郎笛の節を履《ふ》みて、静々歩出でたるハ、当座の太夫元滝の白糸、高島田に奴髷《もとゆひ》掛けて、脂粉濃に桃花の媚を粧ひ、朱鷺《とき》色縮緬の単衣に、銀糸の浪の刺繍《ぬひ》ある水色絽の𧘕𧘔《かみしも》を着けたり。渠ハ閑雅《しとやか》に舞台好き所に進みて、一礼を施せバ、待構へたりし見物ハ声々に喚きぬ。

「いよう、待つてました大明神様!」

義血侠血

滝夜叉　たきやしゃ

江戸時代の通俗史書『前太平記』、および「前太平記物」の近世文芸に、平将門の娘として

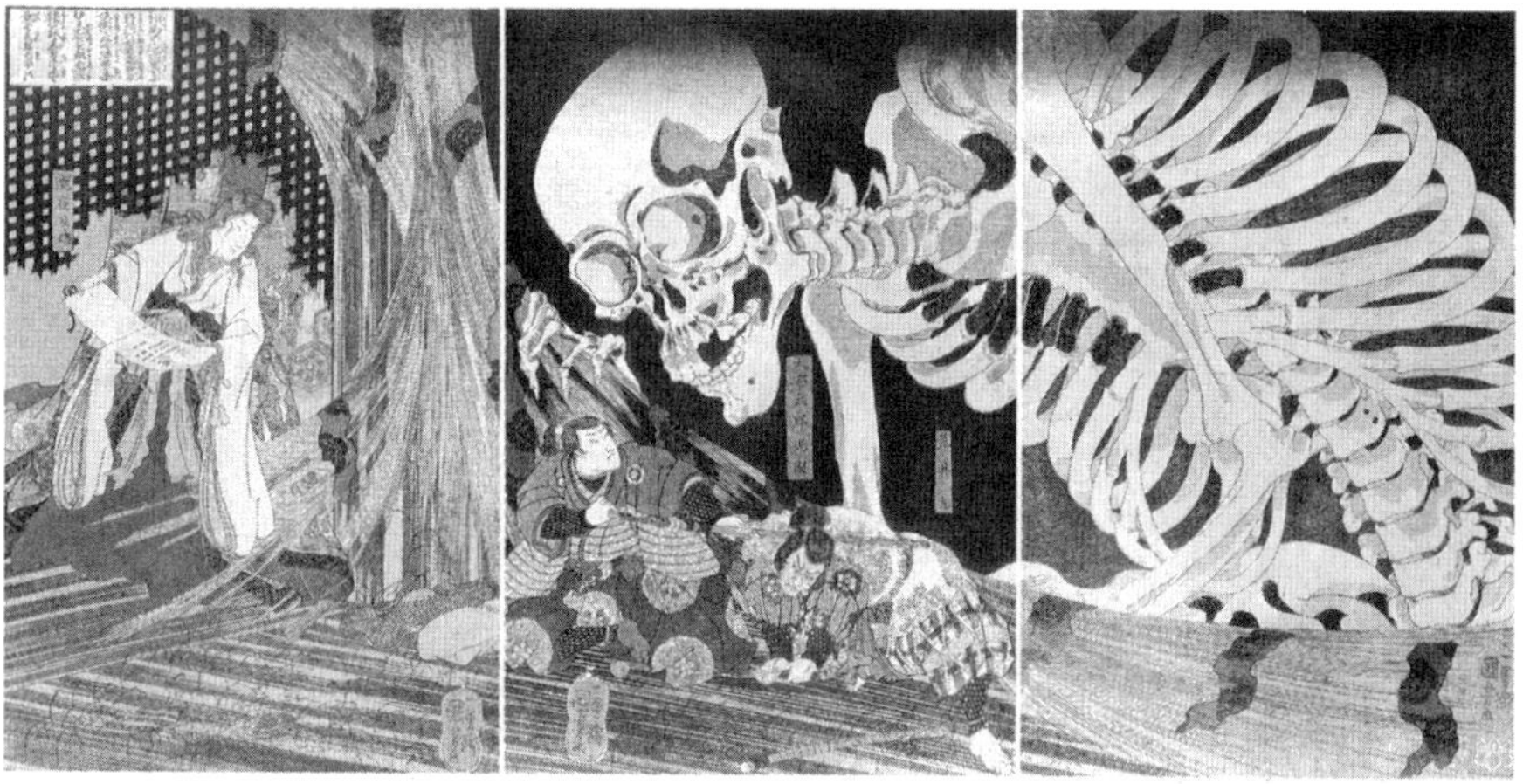

◉——**滝夜叉**　弟良門ともども筑波山の蝦蟇(がま)の精霊肉芝仙から妖術をさずかった滝夜叉は、相馬の古内裏にこもり、父将門の遺志を継いで謀反を企て徒党を集める。大どくろなどの妖術を駆使して源頼信の臣大宅太郎光圀とたたかうが、敗れ自刃する。歌川国芳画『相馬古内裏』。

登場する女性。『元亨釈書』に平将門の第三女が、将門が誅せられたのち奥州に逃れ、慧日寺(福島県いわき市の恵日寺)の傍らに庵をむすんでいたが、大病で危うい命を地蔵菩薩に救われ、以後出家して如蔵尼と号したことが出ており、滝夜叉はこの如蔵尼がモデルと思われる。近松門左衛門作の浄瑠璃『関八州繋馬』(一七二四年(享保九)、大坂竹本座初演)に将門の娘小蝶という烈女が出ているが、滝夜叉という名で出てくるのは、山東京伝作の読本『善知鳥安方忠義伝《うとうやすかたちゆうぎでん》』(一八〇六年第一輯刊)が最初で、この読本およびそれを脚色した歌舞伎、宝田寿助作『世善知鳥相馬旧殿《よにうとうそうまのふるごしよ》』(一八三六年(天保七)、江戸市村座初演)において「前太平記物」の登場人物としての性格が確立した。平将門敗亡ののち、その長子将軍太郎良門は、亡父の旧墟将門山にたてこもって源家へ復讐《ふくしゆう》を企てるが、滝夜叉はその弟を助け、生来の美貌と肉芝仙から伝授された蝦蟇《がま》の妖術を駆使して、傾城として、また烈女として大活躍する。

ほかに滝夜叉の登場する作品には、歌舞伎『英皎《はなののつき》うとふ一諷《ひとふし》』(三世桜田治助作)、『相馬礼音幾久月《そうままつりおとにきくづき》』(河竹黙阿弥作)などがあるが、今日では、『世善知鳥相馬旧殿』の六建目大詰の浄瑠璃所作事『忍夜恋曲者《しのびよるこいはくせもの》』が、常磐津の名曲としても名高く、もっぱら上演されている。

⇨平将門

北潟　喜久

田霧姫命　たきりびめのみこと

日本神話にみえる神の名。宗像《むなかた》神社の祭神の一つ。『古事記』天安河《あめのやすのかわ》の誓約《うけい》の神話において、天照大神《あまてらすおおかみ》が須佐之男命(素戔嗚命)の剣を嚙み砕いて霧のように吐き出した息吹きから生まれたという三女神の一つで、多紀理毘売命と記される。『日本書紀』本文では「田心姫《たごりひめ》」と記す。「コリ」はキリの交替形で「タ」は田と関係するか。玄界灘にある沖島に坐《いま》すところから瀛津嶋姫《おきつしまひめ》命ともいう。『日本書紀』の一書には、アマテラスが三女神に「道」の中にあって「天孫」を助けよと命じ、三神は「道主貴《ちぬしのむち》」と命名されたことが記されている。「道」とは海路を示し「道主貴」とはその航路の神をいう。本来、タキリビメは三神を祖とする宗像氏に斎《いつ》き祭られていた漁業をつかさどる水の神であった。「ムナカタ」とはミナカタ(水潟)の意で、水の神を斎くことに関連する。地方豪族と土着の人々の生活の中に生きていた水の神が、朝鮮との緊張が高まるにつれて、海道を睥睨《へいげい》する航路の神として王権の守護神へと祭り上げられたのであった。それは地方の国津神《くにつかみ》を「皇孫命《すめみま》」の守り神（『出雲国造神賀詞《いずものくにのみやつこのかむよごと》』）へと転化する一つの見本であった。沖島から発掘された多数の祭祀遺跡はこのことを裏づけている。三神が記紀の神話に組み込まれ、アマテラスとスサノオによって生じたとされるのも、宗像氏が天皇家と擬制的な系譜関係を結んだしるしであり、宗像氏は采女《うねめ》を貢上し、その一人は天武天皇との間に高市皇子《たけちのみこ》を生むことになる。

武藤 武美

竹居の吃安 たけいのどもやす 一八一〇—六二

（文化七—文久二）

甲州八代郡竹居村の、苗字帯刀を許された名主の三男に生まれたが、身を持ちくずし無宿となって、やがて竹居に戻り、俠客として一家をなす。本名安五郎。吃安は、短気で興奮すると激しく吃ったところから周囲がつけた通称。人望があり、土地の者にも慕われていたが、伊豆韮山代官江川太郎左衛門の術策にはまり、一八五〇年（嘉永三）新島送りとなる。八年後に島の名主を殺して島抜け、甲州に戻る。黒駒の勝蔵を子分に、村民の支持と代官所の弱体に助けられながら、八代郡の旧家を転々とし、留守中に荒らされた縄張りを再びのばす。六一年（文久二）一一月逮捕され、翌年一〇月甲州石和代官所牢内で死亡。俗にいう「大利根河原の決闘」の遠因とされる一八四二年（天保一三）の「十一屋の花会」に、国定忠治や清水次郎長などと参加していたといわれるが、この花会の存在自体が疑問視されている。

矢野 誠一

武内宿禰 たけうちのすくね

大和朝廷初期の伝説上の人物。『古事記』では建内宿禰と記す。タケシウチノスクネ、タケノウチノスクネとも読む。孝元天皇の孫（『古事記』）または曾孫（『日本書紀』）で、景行朝初年、紀直《きのあたい》の女を母として紀国で生まれたとされる。景行天皇の五一年正月の宴に「非常《おもいのほか》に備へて」門下に侍し忠誠を賞され、同年棟梁の臣となり、記によれば成務、仲哀、応神、仁徳（紀では景行から仁徳）朝の大臣をつとめたという。この間、仲哀死後に神功《じんぐう》皇后とともに神託を聞き、皇后の朝鮮出兵後は、応神即位のために忍熊王《おしくまのみこ》の軍を破り、太子（のちの応神）に従って気比《けひ》大神を拝し、即位へと導く。応神天皇九年、弟の甘美内《うましうち》宿禰に讒されるが、盟神探湯《くかたち》に勝って潔白を示す。仁徳朝にも瑞祥に関連した二つの伝承がある。

『公卿補任』に「在官二四四年春秋二九五年」と記されているこの人物の物語はもちろん史実とはいえない。仁徳天皇以外はすべて実在しない天皇にかけて伝承が語られていること、忍熊王討伐の話が本来和邇《わに》氏の持っていた伝承であったことなどがその証となる。『古事記』孝元天皇条にはその七人の男子が波多、巨勢《こせ》、蘇我、平群《へぐり》、葛城、紀など二七氏の祖となる系譜を伝える。過去に大臣となった伝承を持つ氏族、大和南西部を中心とした豪族を網羅したこの系譜もまた作為されたものであろう。だが作為にもその目的がなければならない。これについては蘇我氏がその権勢を示すために、蘇我馬子をモデルとして六世紀末前後に作ったとする説、藤原鎌足をモデルとして七世紀末に作られたとする説がある。後者は、系譜や物語にかかわる天皇がほとんど非実在者であること、『風土記』に神功皇后の物語が多く、武内宿禰の記事は絶無なので、両者の結合は記紀成立時であること、文武天皇の宣命に鎌足と武内宿禰とを近侍の重臣として等視する事実のあることなどを根拠とする。しかし蘇我氏の祖先伝承はこれが唯一であることを考えると、ただちに後説にも従い得ない。皇室の姻族として葛城氏を継いだ蘇我氏が、まず葛城氏との血族系譜を作ったのが根幹となっていたはずであり、大臣としての武内宿禰像が成立するのは七世紀後半以後であろう。↓神功皇后

吉井 巖

…… 九年の夏四月に、武内宿禰を筑紫に遣して、……

百姓を監察しむ。時に武内宿禰の弟甘美内宿禰、兄を廃てむとして、即ち天皇に譏し言さく、「武内宿禰、常に天下を望ふ情有り。今聞く、筑紫に在りて、密に謀りて曰ふならく、『独筑紫を裂きて、三韓を招きて己に朝はしめて、遂に天下を有たむ』といふなり」とまうす。是に、天皇、則ち使を遣して、武内宿禰を殺さしむ。時に武内宿禰、歎きて曰はく、「吾、元より弐心無くして、忠を以て君に事めつ。今何の禍そも、罪無くして死らむや」といふ。是に、壱伎直の祖真根子といふ者有り。其れ為人、能く武内宿禰の形に似れり。独武内宿禰の、罪無くして空しく死らむことを惜びて、便ち武内宿禰に語りて曰はく、「今大臣、忠を以て君に事ふ。既に黒心無きことは、天下共に知れり。願はくは、密に避りて、朝に参赴でまして、親ら罪無きことを弁めて、後に死らむこと晩からじ。且、時人の毎に云はく、『僕が形、大臣に似れり』といふ。故、今我、大臣に代りて死りて、大臣の丹心を明さむ」といひて、則ち剣に伏りて自ら死りぬ。時に武内宿禰、独大きに悲びて、窃に筑紫を避りて、浮海よりして南海より廻りて、紀水門に泊る。僅に朝に逮ること得て、乃ち罪無きことを弁む。天皇、則ち武内宿禰と甘美内宿禰とを推へ問ひたまふ。是に、二人、各堅く執へて争ふ。是非決め難し。天皇、勅して、神祇に請して探湯せしむ。是を以て、武内宿禰と甘美内宿禰と共に磯城川の湄に出でて、探湯す。武内宿禰勝ちぬ。便ち横刀を執りて、甘美内宿禰を殴ち仆して、遂に殺さむとす。天皇、勅して釈さしめたまふ。仍りて紀直等の祖に賜ふ。

日本書紀応神天皇九年四月条

夫武内大明神ト申ハ、孝元天皇四代ノ孫、垂仁天皇十年ニ、景行天皇ト同日ニ誕生シ給フガ故ニ、天皇殊寵愛シ給キ。景行天皇ノ御宇ニ棟梁ノ臣タリ。成務天皇三年正月ニ大臣タリ。生年五十歳。日本ノ大臣是ヲ初トス。仁徳天皇五十年ニ隠サセ給フト云々。景行・成務・仲哀・神功・応神・仁徳、都合六代ノ朝政ヲ承ヘリ。御歳三百六十二歳ヲ経テ、因幡国宇陪宮ノ山中ニ衣冠正クシテ入給フ。御沓計ヲ留置、一句ノ文ヲ残サレタリ。「法蔵比丘豈異人乎。弥陀如来即我身是」トアリシ日ヲ薨ジ給フト名付テ、御沓ヲ墓所ト崇タリ。

甲本**八幡愚童訓**

○湯起請の釜豆がらで豆が煮え（嘉四入2）

「豆を煮るに豆がらをたく」（兄弟がたがいに害しあうたとえ）の成句（『世説新語』文学篇）を踏まえ、弟の甘美内宿禰と探湯で争ったことをいう。

○よねの守りをよふ少ですくね出し（一七34）

「米の守り」は八八歳の米寿を祝って米の字を書いて配る丸餅。三六〇歳まで生きたと伝えられる宿禰にとって、米寿などは御幼少のみぎりのこと。

武田信玄 たけだしんげん 一五二一—七三（大永一—天正一）

戦国時代の武将。戦国大名武田信虎の長男。母は大井信達の娘。幼名は勝千代、一五三六年（天文五）元服して武田晴信となる。五九年（永禄二）信玄と号したという。信玄は早くから帝王学を仕込まれている。一五三六年に一六歳で元服するが、その年の一一月に信虎の海ノ口城（現、長野県南牧村）攻めに初陣として参加。しんがりを務めた信玄は、相手の虚を突いて勝利するが、信虎はこれを評価しなかった。気性が荒く、好悪の激しい信虎は信玄をうとみ、次男信繁に跡目を譲ろうとしたといわれる。しかし、子ども同士の仲は良かったようだ。なお、信繁は第四次の川中島の戦で、兄のために討死している。

その後、信玄は領民への圧政を見かねて、父信虎を駿河に追放する。父に代わって甲斐国を領した信玄は、信濃経略に乗り出す。一五四二年（天文一一）信濃国諏訪を、四五年同国伊那を、そして小笠原長時・村上義清を圧迫した。五三年に義清は越後にはしり、上杉謙信を頼った。同年および五五年（弘治一）、五七年、六一年、六四年の五回、信玄は川中島で謙信と戦う。

信玄は一五五四年から五八年にかけて相模

の北条氏康、駿河の今川義元と盟約を結び、しばしば関東に出兵して謙信と対立したが、義元が織田信長に討たれたのちは、今川に好意的な嫡子義信と対立、これを自殺に追い込んだ。その後、北条氏と抗争したが、七〇年(元亀一)に駿河の府中を占領、駿河一円を制圧する。上洛を果たし、足利幕府を再興して実質的な畿内支配を実現した信長に対し、北条氏と和し、足利義昭、浅井・朝倉両氏、本願寺勢力らと反信長同盟を結び、悲願の上洛を開始した。七二年一〇月に三河・遠江に攻め入った信玄は、浜松郊外の三方ヶ原で徳川家康と信長の連合軍を一蹴。しかし、この時点で信玄の病が進行しており、浜名湖北西で軍を停止、翌七三年正月過ぎには北進して帰国の途についた。しかし、病勢は進み、四月一二日に信濃伊那の駒場で死去した。五三歳であった。信玄の遺言は、「三年間喪を秘し、領内の備えを固め、必ず京へ攻め上れ」というものだったといわれる。

信玄の死因には、いくつかの異説がある。信玄が野田城(現、愛知県新城市)を囲んで攻略中、城中からの笛の音に誘われて近づいた際に狙撃されて命を落とした、というのもその一つ。しかし、実際には病死説が強い。なかでも肺疾患の可能性が高い。喀血症状もあり、戦旅で結核が進行していたのであろう。有名な「疾如風、徐如林、侵掠如火、不動如山」という孫子の言葉に基づく「風林火山」の旗印は、休むことなく戦いに明け暮れた信玄の生涯を彩っている。しかし、こうした戦いの日々が、信玄の肉体を蝕んでいったと思われる。遺骸はそのまま長櫃に納めて甲府へ運んだといわれるが、遺骨にしたというのが常識的であろう。また、遺言により、遺骸を甲冑具足のまま諏訪湖に沈めたという伝説もある。

➡上杉謙信　田辺　貞夫

○生れかわつて剃髪を五郎する(籠三20)

信玄は曾我五郎の生れ替りであるとの説話が江戸期に流布していた(『広益俗説弁』巻二三)。「剃髪」は入道して法性院。

○信玄は七書にひいで四書にもれ(五26)

○信玄ハしこたまかりて焼キころし(明二礼5)

○つへをとり上ほうりこみ〳〵(一九20)

○かりたやつらがしんげんをほめるなり(安六智6)

第一句、「七書」は『孫子』『呉子』『司馬法』『尉繚子《うつりようし》』『三略』『六韜《りくとう》』『李衛公問対』の兵書。「四書」は『大学』『中庸』『論語』『孟子』の儒書。信玄は父信虎が狂暴な性格のため、一五四一年(天文一〇)に放逐、駿河に隠退せしめ、甲斐一国の主となった。ために信玄はついに『論語』を読まなかったという(『甲陽軍鑑』)。第二句、「しこたま」、どっさり借りて。座頭を敵方の間者の疑いありとして、皆殺ししたとの俗説あり、本句では焼き殺したとするが、多くの句では生き埋め説。江戸期には座頭は高利の金貸し(座頭金)をしていた。異説ではこの所業は父信虎とする。

○野田できく笛が命のシャギリなり(八九26)

○たけ田のからくり三年ひしかくし(一八12)

一五七三年(天正一)四月、三河野田城を攻囲するが、城内の楼閣で毎夕尺八を吹く者があり、信玄は城下にそれを聴きに行き、銃丸に当ったのが原因で急逝したという。第一句の「シャギリ」は歌舞伎の儀式音楽の一つで、尺八は用いないが、各幕の終るごとに「留柝《とめぎ》」を聞くと、太鼓・大太鼓・能管によって演奏される。信玄の人生の終幕であると。第二句、死にのぞみ、三年のあいだ喪を秘すよう指示。「たけ田」は竹田近江掾のからくり人形に言いかけ、武田氏の機巧(謀略)をいう。

竹取の翁 たけとりのおきな

『竹取物語』の登場人物。物語本文には、「名をばさぬきのみやつことなむいひける」とある。「さぬき」は「さるき」「さかき」の異文もあり、「さぬき」も讃岐か散吉(大和国散吉郷)か確かでない。山中に住み、竹細工を売って生計を立てる貧しい老人で、かぐや姫を竹の中から発見、養育するが、その後、竹を切るたびに黄金が見つかり、長者となる。姫の成人後、結婚をすすめる。五人の貴公子の求婚の間、何かと気をもむ。帝が求婚するに至ると、翁は勅諚をお受けせよと姫に説得するが、姫の強い抵抗に遭って、そのまま帝に報告する。八月十五夜が近づくと、姫の悲嘆が加わり、翁は心痛するが、やがて姫は自分の素性と、十五夜には天上に帰らねばならない旨をうちあける。翁は驚き悲しみ、断じて姫は手放さぬといきまき、帝に知らせて、邸を六衛府の士に警固させる。その夜が来ると、翁は姫を抱いて塗籠《ぬりごめ》の内にとじこもり、戸を鎖《とざ》す。しかし、天人が降下すると衛士たちの手足は萎《な》えしびれてしまう。戸も開き、天人は翁に姫を手渡すように求める。翁はなおも、人違いではと、とぼけてみせる。姫は、泣きまどう翁夫妻に形見の品を残したあと、天人に導かれて昇天する。

民俗学でいう「小さ神」を守る「養い神」の物語化とみられるが、その像には、地上の人間の心情があたたかくゆたかに肉付けされていることが注目される。 ☞かぐや姫

今井 源衛

竹久夢二 たけひさゆめじ　一八八四―一九三四（明治一七―昭和九）

明治・大正期の画家、詩人、デザイナー。岡山県生まれ。本名茂次郎。送金もない苦しい生活の中、早稲田実業に籍をおく。荒畑寒村の紹介で平民社の機関誌「直言」に世相を風刺する挿絵を描く。絵葉書屋を経営する岸たまきと結婚。彼女をモデルに郷愁と憧憬に満ちた夢二式を謳われる美人画と、同じ主想（モティーフ）の詩文とで一世を風靡する。

一九一一年（明治四四）、大逆事件被告死刑判決に衝撃を受ける。詩集『どんたく』（一九一四）所収の「宵待草」は、のちに夢二の装丁でセノオ楽譜の一冊にもなって全国に普及したが、当時の世相を反映して弱者の暗い予感を表現している。一四年（大正三）日本橋に絵草紙屋港屋を開き、自らデザインした独自のアールヌーボー式の絵柄をプリントした木版画、便箋、人形、千代紙、半襟、浴衣などを店頭に並べ、これら日常生活品の商業デザイナーの先駆者としての仕事を残した。

夢二の生涯には、たまき、彦野、お葉と三人の女性の存在があり、最愛の彦野と死別後も女性遍歴を重ねるが、三一年（昭和六）画業と生活の立て直しを図ってアメリカからヨーロッパの旅に出た。ドイツでは、ナチスに迫害されるユダヤ人を見て、生涯放浪した自分に擬している。二年後、病を得て帰国、榛名《はるな》山産業美術学校建設の夢を果たせず、翌年富士見高原療養所で肺結核のため死去。

第二次大戦後、夢二の作品の真価が認められて、講談社版日本美術全集に収録されるとともに、夢二美術館（東京）、夢二郷土美術館（岡山）、竹久夢二伊香保記念館（群馬）、金沢湯涌《ゆわく》夢二館（石川）などが次々とつくられ、夢二の「人と作品」は現代によみがえって人気が高まっている。

安宅 夏夫

武甕槌神 たけみかづちのかみ

日本神話にみえる神の名。記では建御雷神なども記す。雷電の神。雷電は剣のきらめきを連想させるところから、別名を建布都《たけふつ》神とも豊布都《とよふつ》神ともいう。「フツ」は物を断ち斬る擬態語。『古事記』によれば、イザナキノミコトが火神迦具土《かぐつち》神（軻遇突智）を斬った際に剣に着いた血が岩群に「走りつきて」成ったとされる。この神は葦原中国《あしはらのなかつくに》平定の切札として出雲に天降《あまくだ》り、十掬剣《とつかのつるぎ》を波に逆さに突き立て、その剣の先にあぐらをかいて大国主《おおくにぬし》神に国譲りをさせたのである（国譲り神話）。その姿は、石や岩、山や水などの自然物に象徴される国津神《くにつかみ》を威嚇するのに十分であり、剣は悪霊ざわめく葦原中国を平定する武力と権威の象徴でありえた。したがってタケミカヅチの剣は熊野で難渋していた東征中の神武天皇に降《くだ》し与えられることにもなる。この剣を「フツノミタマ」という。のちに藤原氏の台頭によって、タケミカヅチは鹿島神宮の祭神となるが、それは朝廷の東国経営に対して、神的な権威を付与するもの

であった。

武藤 武美

建御名方神 たけみなかたのかみ

日本神話にみえる神の名。諏訪大社の祭神。ミナカタは「水潟」の意味で諏訪湖の水の神。『日本書紀』には六九一年(持統五)に使者を送って「須波《すわ》神」を祭ったと記す。『古事記』の国譲り神話によると、「千引《ちびき》の岩」を軽々と手玉に取りながら、高天原《たかまがはら》から遣わされた建御雷神(武甕槌《たけみかづち》神)と力競べを行うが、「若葦」を取るようにへし折られて投げられてしまい、信濃の「州羽《すわ》の海」まで逃げて国譲りを誓ったという。かくて葦原中国《あしはらのなかつくに》は平定されたのだが、東国の土豪らしい素朴さと荒々しさを備えたタケミナカタが登場することによって、『古事記』国譲り神話はかろうじて物語的興趣を保っている。この神話は国造《くにのみやつこ》層と朝廷とのあいだの服属抗争をタケミナカタに典型化して表現したものであるが、そこには独自の意味がある。諏訪は、そこを越えれば王化に従わぬ土豪が蟠踞《ばんきょ》する辺境の地であり、タケミナカタ神話はその辺境の国津神《くにつかみ》が王権の守護神へと組み入れられたことを物語っている。

武藤 武美

故爾に其の大国主神に問ひたまひしく、「今汝が子、事代主神、如此《かく》白しぬ。亦白すべき子有りや。」ととひたまひき。是に亦白ししく、「亦我が子、建御名方《たけみなかたの》神有り。此れを除《お》きては無し。」とまをしき。如此白す間に、其の建御名方神、千引の石を手末《たなすゑ》に擎《ささ》げて来て、「誰ぞ我が国に来て、忍び忍びに如此物言ふ。然らば力競べ為む。故《かれ》、我先に其の御手を取らむ。」と言ひき。故、其の御手を取らしむれば、即ち立氷《たちひ》に取り成し、亦剣刃に取り成しつ。故爾に懼《おそ》りて退き居りき。爾に其の建御名方神の手を取らむと乞ひ帰して取りたまへば、若葦を取るが如、搤《つか》み批《ひし》ぎて投げ離ちたまへば、即ち逃げ去にき。故、追ひ往きて、科野国の州羽の海に迫め到りて、殺さむとしたまひし時、建御名方神白ししく、「恐《かしこ》し。我《あ》をな殺したまひそ。此の地《ところ》を除きては、他処《あだしところ》に行かじ。亦我が父、大国主神の命に違はじ。八重事代主神の言に違はじ。此の葦原中国は、天つ神の御子の命の随《まにま》に献らむ。」とまをしき。

古事記上巻

田道間守 たじまもり

日本神話にみえる伝説的人物。但馬の国の国守《くにもり》の意。新羅《しらぎ》国の王子天日槍《あめのひぼこ》の子孫。垂仁天皇はタジマモリを常世国《とこよのくに》に遣わし、非時香菓《ときじくのかくのみ》(時を定めずいつも黄金に輝く木の実)を求めさせた。これを「橘」と言う。天皇はやがて他界、その翌年、タジマモリは橘の、八竿八縵《やほこやかげ》(竿は串ざしにしたもの、縵は干柿のように緒《いと》でつないだもの)を持って常世国から帰朝したが、天皇はすでになく、御陵の前で叫び哭《な》いて自殺したという。彼は三宅連《みやけのむらじ》の始祖とされる。奈良市尼辻《あまがつじ》町の垂仁陵には、その墓と伝える小さな陪冢《ばいちょう》がある。

西宮 一民

又天皇、三宅連等の祖、名は多遅摩毛理を常世の国に遣はして、登岐士玖能迦玖能木実を求めしめたまひき。故、多遅摩毛理、遂に其の国に到りて、其の木実を採りて縵八縵、矛八矛を将ち来りし間に、天皇既に崩りましき。爾に多遅摩毛理、縵四縵、矛四矛を分けて、大后に献り、縵四縵、矛四矛を天皇の御陵の戸に献り置きて、其の木実を擎げて、叫び哭きて白ししく、「常世国の登岐士玖能迦玖能木実を持ちて参上りて侍ふ。」とまをして、遂に叫び哭きて死にき。其の登岐士玖能迦玖能木実は、是れ今の橘なり。

古事記中巻

多田満仲 ただのまんぢゅう ?―九九七(長徳三)

源満仲。平安中期の武将。源経基の長子。摂津源氏の祖。藤原摂関家に接近し、摂関政治確立の端緒となった九六九年(安和二)の安和《あんな》の変をしくんだといわれる。この変で平将門追討に功のあった藤原秀郷《ひでさと》の子千晴が連座し、摂関家と結んだ満仲は武人としての地位を確立するに至った。九八六年(寛和二)の花山天皇出家事件では満仲が警固に当たったといわれ、九九四年(正暦五)の大規模な盗賊追捕《ついぶ》でも満仲とその一族が中心になっていた。摂津守となって摂津多田を本拠とし、ここに多田院を創立したことから多田満仲と呼ばれた。この本拠地に多くの郎等を養っていた様子が『今昔物語集』に記されているが、これは物語が成立した一二世紀ごろの武士団の投影と思われる。しかし満仲の代に武人としての基礎が確立したことは確実である。なお生年について『尊卑分脈』は九一二年(延喜一二)あるいは九一三年と伝えるが、満仲の父経基の生年を九一七年としている点で問題が残る。

飯田 悠紀子

【伝承】『今昔物語集』巻十九に、満仲の子僧源賢が父の殺生無慚を憂え、恵心僧都源信とはかって、多田の父邸に赴き、能説の誉れの高い院源に説経を講じさせる。感激した満仲は翌日ただちに出家する話が見える。これには、出家前夜従者四〇〇～五〇〇人がその館を幾重にも取りまいて最後の警護をする話、出家のときにタカを放ち、網を破り、武具を焼く話、源信らが演じさせた迎講《むかえこう》に随喜した満仲が多田院の創建にとりかかる話が配されている。『宝物集』では満仲出家のことを簡略に記し、多田新発意《ただのしんぼち》と称されたとする。『古事談』には出家受戒のとき、殺生戒のところで居眠りし、のちに師の源信に、家人にあなどられるのを恐れ、そのふりをしたと謝した話が見える。これらの説話は殺生をこととする極悪の者も善心を起こして出家する例として説経唱導などの素材となって普及したものであろう。鎌倉時代の説経僧の手控えと考えられている『多田満中』(京都大学蔵)は満仲が子の美女丸を叡山に登らせるが、武芸ばかりに心がけ仏法をおろそかにするので、満仲は怒って郎等仲光に殺すように命じる。仲光は子の幸寿丸を身代りに立て美女丸を助ける。美女丸は一念発起して円覚という高僧になるという話を伝える。これは、小童寺の建立や児文珠《ちごもんじゅ》の由来で結ばれており、全体として法華経礼賛を主旨としているが、幸若舞『満仲《まんちゅう》』もこれとほぼ同じ物語で、仏教色も強く、法華念仏一体の教義を説くなど浄土僧の手を経ていることを思わせる。能の『仲光』(『満仲』とも)も同材だが簡略で、幸若舞に比べると仏教色も弱い。御伽草子系の冊子にも『多田満中』があって、これは幸寿丸の身代り譚があるが、美女丸の法名を源賢としている。摂津国川辺郡の多田荘の近辺には、多田院(法華三昧院とも。明治以後は多田神社)をはじめ、小童寺、満願寺、普明寺、武庫郡の昌林寺などに、満仲、仲光、美女丸の遺跡・伝説を伝え、『多田院由来記』にも美女丸伝説を伝える。諸国にも満仲・美女丸伝説があって、とくに越前、若狭には、福井の光照寺をはじめ、その伝説を伝える地が多く、箱根には俗に満仲の墓と伝える宝篋印塔(永仁四年(一二九六)の銘があるので、実は満仲と無関係)がある。これらも回国の聖《ひじり》や説経の徒が伝えたものであろう。

山本 吉左右

説経ノ間、時ノ縁ノ来ル程ニヤ有ケム、守、説経ヲ聞テ音ヲ放テ泣ヌ。守ノミニ非ズ、舘ノ方ノ郎等共、鬼ノ様ナル心有ル兵共皆泣ヌ。(中略)宗ト有ル郎等共ヲ召シテ、仰セテ云ク、「我レハ明日ニ出家シナムトス。我レ年来兵ノ方ニ付テ、聊ニ恙无カリツ。而ルニ、兵ノ道ヲ立ム事、只今夜許也。汝等其心ヲ得テ、今夜許我レヲ吉ク可護《マボルベシ》」ト。郎等共此レヲ聞テ、各涙ヲ流シテ立去ヌ。

其ノ後、各調度ヲ負ヒ、甲冑ヲ着テ、四五百人許舘ヲ三重四重ニ囲テ、終夜銖火ヲ立テ若干ノ眷属ヲ令回テ、緩ミ无ク護ル。蝿ヲダニ不翔ズシテ、明ヌレバ、守、夜ヲ暁ス程ヲダニ心モト无ク思テ、明マニ、湯浴テ疾ク可出家キ由ヲ云ヘル、三人ノ聖人極テ貴ク云テ勧テ令出家シメツ。其間、鷹屋ニ籠タル多クノ鷹共、皆足緒ヲ切リ放タル鳥ノ如クニ飛ビ行ク。所々ニ有ル簗ニ人遣テ破ツ。鷲屋ニ有ル鷲共皆放ツ。長明ニ有ル大網共皆取ニ遣テ、前ニシテ切ツ。倉ニ有甲冑・弓箭・兵杖皆取リ出シテ、前ニ積焼ツ。年来仕ケル親キ郎等五十余人、同時ニ出家シツ。其妻子、共ニ泣キ合ヘル事无限シ。

今昔物語集巻十九「摂津守源満仲出家語」

円覚ひとり留まって、七日御経あそばす。満仲仰せられけるは、「さもあれ、貴方は、いかやうの人にて御座候ぞ。それがしも、御年のほどの子を持ちて候ひしが、学問もせず、あまり不用に候ひし間、侍に申しつけ、首を打って候へば、今さら後悔つかまつれど、その験も候はず。是に候女は、その子が母にて、別れを悲しみ、御覧ぜられ候へ、両眼を泣きつぶして候。何とやらん、御姿を見奉れば、其の子に似させ給ひて候ことよ。いかに御台、聞こしめせ、この程、御経あそばされ候御僧こそ、ありし美女に、少し似させ給ひて候へ」(中略)肝胆を砕き、祈られければ、誠に仏神も不便におぼしめさるるか、本尊の御前より金色の光発って、北の御方の頂を照らし給ふ。満仲大きに驚き、「なう、あれあれ御覧候へ。本尊の御前よりも、金色の光発たせ給ひて候」と、仰せありければ、北の御方聞こしめし、「それはいづくに候」と、御覧じければ、有難や、盲《し》ひて久しき両眼、たちまちぱっと開けけり。奇特なりとも、なかなか、申すばかりもなかりけり。満仲夫婦、御手を合はせ給ひ、「誠に生仏にて御座ありけり」と、恭敬礼拝し給へば、円覚座を去って、恐れをなし給ふ。満仲御覧あって、「なう、かたじけなや。何とて御座をば去らせ給ふぞ」。(中略)円覚聞こしめされて、「今は何をか包み候べき。我こそ美女にて候へ。中務が情によって、我が子の幸寿を斬り、我をば助けて候ぞや。彼の僧都に付き奉り、不思議にかかる身とまかりなりて候」と語り給へば、満仲夫婦、円覚の衣の袖にすがり付き、是は夢かや、夢ならば覚めての後をいかがせん、まことは現なりければ、嬉しさ類ましまさず。「さればこそ、よき郎等には別して恩を与へて、召し使ふと申し伝へて候が、中務が情をば、生々世々に忘るまじい」とのたまひて、急ぎ夫婦を召され、「やあ、是是、見よや、夫婦の者。今より後に、美女御前をば、汝ら夫婦がためには幸寿丸と思ふべし。後生の事をも頼もしく思へ」とて、満仲も北の方も、中務夫婦の者、円覚に抱きつき給ひ、嬉しき今の涙には、一しほ濡るる袂かな。

幸若舞満仲

○まん仲のむすこは美しひおんな(安七礼4)

満仲の長男は頼光、その弟に美女丸(『前太平記』では美丈丸、謡曲『仲光』では美女御前としている)があり、女のような名。

○ちやらくらを多田のまんじう食初メ(宝十三桜1)

美女丸を斬れと命じられた藤原仲光は、わが子幸寿丸を身代りとした。「ちゃらくら」はでまかせ、ちゃらっぽこ。「ちゃらを食う」はでたらめを言ってごまかされること。満仲は仲光にだまされた。「まんじう」の縁で「食う」、「ちゃらを食う」と言いかける。

妲妃のお百 だっきのおひゃく

宝暦(一七五一—六四)ころの女性。のちに希代の毒婦として虚構化される。秋田藩佐竹家の御家騒動(五代義峰～七代義明時代の継嗣問題)にからんで那河忠左衛門(采女)は一七五七年(宝暦七)逆意ありとの科《とが》で斬罪となったが、その妻お百(おりつ)は京生れで転変の人生を送った。この転変ぶりは『秋田杉直《しなお》物語』(宝暦八年序、馬場文耕著)に、京の私娼—鴻池善右衛門の妾—江戸役者の妻—新吉原揚屋尾張屋の妻—那河の妻と描出されている。さらに実録本『増補秋田蕗《ふき》』(成立年未詳)では、海坊主の怪がのりうつった毒婦としてお百を描き、中川(那河)の妻として太守毒殺の陰謀に荷担、もとの夫桑名屋

◉—妲妃のお百　東光斎楳林口演、丸山平次郎速記の講談『妲妃お百』(一九〇三)表紙。

徳兵衛を砂村十万坪で刺殺、また奥医師篠崎をも毒殺するなどと性格を拡大した。これにより、京・大坂・江戸を経巡った淫婦として、殷の紂《ちゅう》王の妃、妲妃の名前を冠して講談『妲妃のお百』となり、さらに歌舞伎化され『善悪両面児手柏《このてがしわ》』(河竹黙阿弥作)として一八六七年(慶応三)五月市村座で初演、四世市村家橘(のち五世尾上菊五郎)がお百に扮し好評を得、のちに四世沢村源之助の得意芸ともなった。歌舞伎のお百は幕末期特有の頽廃美にみちた「悪婆《あくば》」の系列に属する形象となっている。　小池　章太郎

お百　おい徳兵衛さん、静かにおしな。いくらお前が怒鳴つても、人里離れた十万坪、聞くのは私とおつ母あと、石の地蔵と三人きり。凄味なことを云ふやうだが、妲妃のお百と言はれただけ、今まで人を化かしても、尻尾を見せたこともなく、十四の年にお前の家へ、お小間使ひと言ひ立てゝ厭な妾《めかけ》も欲得づく。お前の女房の産月《うみつき》を手荒く折檻させたゆゑ、とうとうその場で死んでしまひ、それから私がしたい三昧。揚句がお前を連れ出して、京大坂と経巡《へめぐ》つて、今ぢや江戸で芸者の小さん。三国渡つたこのお百が、亭主殺しの殺生石、これから千葉のお妾で、飛ぶ鳥落すいきほひに、成つて悪事を那須野が原、草葉の蔭から徳兵衛さん、私の出世を見物おしよ。

(かねて情夫とした大坂の廻船問屋桑名屋徳兵衛が零落したため、お百は自分の出世の邪魔だと、雇婆のお熊と共謀して砂村十万坪へ誘いだし殺す)

善悪両面児手柏砂村十万坪殺しの場

伊達政宗　だてまさむね　一五六七―一六三六

(永禄一〇―寛永一三)

戦国時代から江戸初期の武将。「独眼竜」の異名で有名。一五六七年八月五日、出羽米沢城で生れた。父は陸奥の伊達家一六代目当主輝宗、母は最上氏より嫁してきた義姫。幼名は梵天丸。幼少時より「利発、才能、人に過ぐ」といわれた俊才であった。しかし、五歳の時に疱瘡を患い、右眼を失った。その経験と、次男竺丸《じくまる》(小次郎)を偏愛する母との確執が、政宗の心の傷を深くした。七七年(天正五)一一月、梵天丸は一一歳で元服を迎え、伊達家中興の主大膳大夫政宗の名を襲名した。七九年には愛姫と結婚。八四年には輝宗から家督を譲られており、父の子に対する期待の大きさを物語っている。翌年、政争の中で父が二本松城主の二本松(畠山)義継に討たれると、それを契機として二本松氏・蘆名氏らを攻め滅ぼし、越後・出羽などに勢力を拡大、奥州の覇者となっていく。九〇年の小田原参陣の際の遅参で豊臣秀吉の怒りをかった時、政宗の「かぶき者」(伊達者)としての真価が発揮される。ようやく秀吉との謁見を許された時のいでたちは、髪を解いて短く切り揃え、甲冑の上から白麻の陣羽織をはおるという死装束であった。このためか、秀吉の政宗に対しての仕置きは意外に軽いものであった。九八年(慶長三)の秀吉の死去の後、長女五郎八《いろは》と徳川家康の子松平忠輝との婚約があり、政宗は家康に近づいていく。一六〇〇年の関ヶ原の戦では東軍として上杉氏と戦い、江戸幕府成立後は仙台藩六二万石の大名となった。海外貿易に力を入れ、幕府の協力も得て、家臣の支倉常長を遣欧使節としてローマ法王のもとに派遣したり、イスパニアとの貿易を行おうともしている。

政宗は家康臨終の折、徳川秀忠の後見を頼まれている。これはかつての秀吉と家康の関係と同じである。秀吉死去の際は、豊臣秀頼わずか六歳、政宗三二歳、家康五七歳であったのに対し、家康死去の際に秀忠はすでに二七歳になっていた。そのためか、政宗は動かなかった。確かに政宗は進取の気鋭に満ちた人物であり、天下人の資質をもっていた。しかし、政宗が野望を達しえなかったのは、家康に比較して世に出るのが一歩遅れたためであろう。　田辺　貞夫

○伊達な事はつっけ柱金でだみ(傍三33)
○名高さは下駄とはつっけ柱也(籠三22)

一五九〇年(天正一八)、小田原城攻めの際に

秀吉に会い、東北の征服地を返還させられて怒り、反旗を翻そうとしたが家康になだめられ、翌年二月、入京時に金箔の磔柱を掲げて秀吉に謝罪したという。第一句、「だみ」は「彩《だ》む」の連用形、金泥で彩色。第二句、伊達家代々で名高いもう一つは三代綱宗の吉原行で、傾城高尾に通いつめ、豪奢を誇って伽羅の下駄を穿いてきた件。

○せきれいの目玉ハとうにぬいて置キ(明八礼7)

「せきれい」は政宗の花押、鶺《せき》鴒《れい》。前記入京のおり、秀吉は大崎一揆を教唆した廻状を示し、自筆か否かを問うたところ、政宗は鶺鴒の目玉に当る点の位置が異なると弁明、偽文書であるとして事なきを得たという。「目を抜く」はごまかすの意。

○大鳥の中の雀は大あたま(四二29)

「大鳥」は大鳥毛で、諸侯の行列のおり、長槍の鞘を飾るところから諸大名を指す。仙台六二万石(奥州米により実収一〇〇万石以上)は大大名。伊達の家紋は「竹丸に二羽雀」で、一般には竹に雀といい、雀だけでも伊達氏のシグナルワードとなっていた。

谷風梶之助 たにかぜかじのすけ 一七五〇—九五

(寛延三—寛政七)

第四代横綱。陸奥国七郷村霞目(現、宮城県仙台市)に生まれる。本名金子与四郎。一七六九年(明和六)初土俵。巨人のため当時流行の看板大関に付け出されたが、伊勢ノ海部屋入門前に伊達侯の家老である白石藩に召し抱えられ相撲を修業していた。現役中の九五年、流行性感冒のため帰郷療養中病没。このため江戸では感冒を「谷風」といっておそれたという。その間二七年四四場所、負けはわずか一四回、六三連勝、京坂場所を入れると九八連勝、天下無敵の名をとどろかせた。一七八九年(寛政元)小野川喜三郎とともに初の横綱免許を受けた。一八九センチ、一六九キロ、腹の周囲二一七センチもあるアンコ型。講談『寛政力士伝』の大スターで、その人徳は「谷風の七善根」の美談もあり、江戸歌舞伎の『先代萩』には筋に関係なく登場させた人気者。「わしが国さで見せたいものは、むかしゃ谷風、いま伊達模様……」と仙台の俚謡にうたわれている。↧

池田 雅雄

小野川喜三郎

関取谷風梶之助小角力を供につれ、日本橋本船町を通りける時、鰹をかはんとしけるに、価いと高かりければ供のものにいひつけて、まけよといはせて行過しを、魚うるをのこよびとゞめて、関取のまけるといふはいむべき事なりといひければ、谷風立かへり、買へ買へといひてかはせたるもをかしかりき。これは谷風のまくるにあらず。魚うるをのこの方をまけさする事なれば、さのみ忌むべきことにはあらざるを、かへ〳〵といひしは、ちとせきこみしと見えたり。是は予が若かりし時、まのあたり見たる事なりき。

仮名世説下

◉——谷風梶之助 谷風(左)と五代横綱小野川の仕切り。同時に横綱になった二人の対決は寛政の相撲黄金時代を築いた。行司は七代木村庄之助。勝川春章画。

相撲の関取たる谷風梶之助は、古今無双の力者なることは、世人普く知る所にして言ふに及ばず。和歌の心がけなど有て、手も拙なからず。是等の事は人しらざる処なり。或人の蔵せる真跡を乞得て写せるを次に出す。生年は寛延三年にして、寛政七年乙卯正月九日流行の風邪に染て病死す。行年四十六。法号釈姓谷響了風。

蒹葭堂雑録

田螺長者 たにしちょうじゃ

昔話。タニシの姿で生まれてきた子が、優れた能力を発揮して機知を働かせ、嫁をもらって栄える話。多くの場合、子のない夫婦の申し子として神仏からタニシを授かる型をとる。小さ子話の発端では、主人公の異常な誕生を説くのが普通で、この場合、人間の姿で現れる型と動物の姿で現れる型がある。前者は、一寸法師や五分次郎の昔話がよく知られており、後者は、全国的な分布を示すタニシが代表的な存在で、他にナメクジとかカエルの例がある。動物の姿の状態で人間の女性と結婚するモティーフの昔話は、日本には少なく、むしろヨーロッパの伝承に通じている。話の結末は、タニシが槌や石で打たれることによって人間の男に変身する型が一般的であるが、山形県や岩手県の一部で、卯月《うづき》八日《ようか》に薬師様に参ることによって若者になったと説く例が報告されている。これは、タニシを薬師の使いとする信仰が背景になって成立したものと考えられる。

常光 徹

種田山頭火 たねださんとうか　一八八二—一九四〇（明治一五—昭和一五）

放浪漂泊の人生を送った大正・昭和期の俳人。本名は種田正一。山口県防府の出身。旧家の長男に生まれ、恵まれた幼年期を送るが、父の放蕩、母の自殺、家の没落により屈折した少年時代を過ごす。一九〇二年（明治三五）東京専門学校（のちの早稲田大学）に進学するが、ノイローゼにより一年で中退。〇九年二八歳の時結婚するが、自堕落な生活を続けた。一三年（大正二）荻原井泉水の主宰する『層雲』の同人となり、山頭火の俳号を用い始め自由律俳句に目覚めた。一六年、妻子を伴い熊本に移って商売を始めるが思うに任せず、一九年妻子を捨てて東京に出た。関東大震災後、尾羽打ち枯らして熊本に舞い戻るが、二四年春、酔って路面電車の前に立ちはだかって電車を止めるという事件を起こした。二五年四月、山頭火は熊本をあとに、行乞流転の旅に出る。中国地方や四国、九州各地を巡りながら、酒におぼれ自己矛盾に悩み、自嘲しつつ女を買い、コロリ往生を願い、友人たちに金品を乞い、熊本に残した妻子には負担をかけ続けて、しかし俳句だけは作り続けた。四〇年一〇月、四国・松山の御幸寺境内にみずからが営んだ一草庵で、句会の夜に、眠ったまま五九歳の生涯を閉じた。

高橋 千劔破

分け入つても分けいつても青い山

うしろすがたのしぐれてゆくか

へうへうとして水を味ふ

どうしようもないわたしが歩いてゐる

さて、どちらへ行かう風がふく

草木塔

玉鬘 たまかつら

『源氏物語』の登場人物の一人。父は左大臣息頭中将。母は夕顔。夕顔の死んだとき、彼女は西の京の乳母のもとに預けられていたが、乳母が大宰少弐と結婚して西下するのに伴われて筑紫へ下り、その地で成人する。恐ろしい土豪の大夫《たいふ》の監《げん》の求婚を受けるが、少弐の息豊後介に助けられ、逃げて、京に戻る。長谷寺に参詣した際、夕顔の侍女右近《うこん》に出会い、玉鬘は光源氏の養女として引き取られる。彼女は六条院の花に仕上げられ、冷泉帝ほか人々の求婚を受ける。源氏自身も、恋しい夕顔につながる恋に悩むが、手は出さない。結局、玉鬘は皮肉にも、最も嫌っていた武骨者鬚黒大将の手に帰する。後日譚として、竹河巻に、夫の死後遺児たちの結婚問題に苦慮する家刀自《いえとうじ》玉鬘の姿が描かれる。

今井 源衛

〇蛍火で見るは車胤と兵部卿（九一26）

篤学な車胤は蛍の光で書を読んだが、わが

国では兵部卿の宮が、五月雨の夜、たくさんの蛍火で玉鬘の容姿を見て恋のとりことなる。

玉手御前　たまてごぜん

人形浄瑠璃『摂州合邦辻《せっしゅうがっぽうがつじ》』の主人公。河内の国主の後妻で、嫡子俊徳丸に恋慕し、かなわぬと毒酒をすすめて癩病にしてしまった玉手御前は、不義を怒った父に刺されて死ぬ間際に、実は妾腹の兄の陰謀から俊徳丸を守るための策であったことを語り、みずからの生血を飲ませて、俊徳丸の病をなおす。玉手の人物像には、説経『信徳丸』の乙姫や『愛護若《あいごのわか》』の雲井の前のイメージが重なっている。継母の呪いを受けて業病にかかった信徳丸を献身と庇護の愛によってよみがえらせた乙姫の巫女的な力と、愛護若に継母でありながら激しく恋慕し、死後大蛇となってその思いをとげた雲井の前の執念とが、玉手のなかに生かされて、矛盾しながらも、きわどく統一された女性像として形象されている。　岩崎　武夫

玉手　お懐かしや俊徳丸様。
あなたに逢おうばっかりに、幾瀬の苦労物あんじ、心を尽くした甲斐あって、お健なお姿見たわいな。
〽とすがり給えば、身をすりのけ、
俊徳　エ、情ない母上様、館にても申す如く、同氏さえも娶らぬは君子の禁戒《いましめ》、まして親子の中々に、恋の色のとかほど迄、慕い給うは御身ばかりか、宿業深き俊徳に、まだ〲罪を重ねよとか、見るもいぶせきこの癩病、両眼しいて浅ましい姿は、お目に留まりませぬか、これでも愛想がつきませぬか、道も恥も知り給え。
〽泪と共に諫むれば、
玉手　愚かな事をおっしゃりませ。その難病もわたしが業、むさいとも汚ないとも何の思おう思やせぬ。(中略)御酒と偽り、コレ、この鮑で、進めた酒は秘法の毒酒、癩病発する奇薬の力、中に隔てをしかけの銚子、妾が呑んだは常の酒、お前の顔を醜うして、浅香姫に愛想をつかせ、この身の恋を叶えようばっかり、前世の悪業消滅と、家出ありしはこれ幸い、お跡を慕うて知らぬ道、お行衛尋ねるそのうちも、君の記念《かたみ》とこの盃……。肌身離さず抱きしめて、
〽肌身放さず抱き〆て〽いつか鮑の片思い、つれないわいなと御膝に身を投げふしてくどき泣き(中略)
〽飛びかゝって俊徳の、御手を取って引き立つる。アラ穢らわしと振り切るを、放さじやらじと追い廻し、支える姫を突きのけ蹴のけ、怒れる眼元は薄紅梅、姿も乱るゝ嫉妬の形相、堪えかねて駈け出る合邦、娘がたぶさを引っ摑み、ぐっと差し込む氷の切先、アッと魂消る声、合邦怒りの顔色筋骨顕わし。(中略)
玉手　様子というはほかでもなく、外戚腹の次郎丸様、年嵩に生まれながら、後に生まれし俊徳様に、家督を継がすを無念に思い、壺井平馬と心を合わせ、世継の俊徳様を殺そうというかねての巧み、推量ばかりか委しい様子、立ち聞きして南無三宝、義理ある仲のお子といい、元は主人の若殿さま、殺させては道立たず、この上は俊徳様、御家督さえお継ぎなくば、次郎丸様の悪心も自然とやみ、お命に別条なしと、思案を定め、心にもない不義いたずら、
〽いうもうるさや穢らわしい。
妹背の固めと毒酒を進め、難病に苦しめしも、お命助きょうばかりの手立て、不義でないというわけは、肌身放さぬこの盃。(中略)典楽法眼に様子を打ちあけ、毒酒の調合頼む折から、本復の治法委しく聞きしに、胎内より受けたる癩病ならず、毒にて発せし病には、寅の月寅の日寅の刻に、誕生したる女の肝の臓の生血を取り、毒酒を盛ったる器にて、病人に与える時は、即座に本復疑いなしと、聞いた時のその嬉しさ、(中略)サア父さん、コレこの鳩尾を切りさいて、肝の臓の生血を取り、鮑で俊徳様へ早う早う。
摂州合邦辻安井里庵室の場

玉藻前　たまものまえ

伝説上の美女。鳥羽法皇の寵姫《ちょうき》玉藻前は、天竺《てんじく》と中国において、婬酒によって王を蕩《とろ》かし、すこぶる残虐な所業や悪の限りをつく

した果てに、日本に飛来した金毛九尾《きゅうび》の狐の化身であった。この妖狐は、陰陽師安倍泰成に正体を見破られ、那須野に逃げるが射殺され、その霊は石と化して近寄る人や鳥獣を殺す殺生石《せっしょうせき》になったという。のちに玄翁《げんのう》和尚の法力で、妖狐の精魂は散滅させられた。石を砕くときに用いる大金づちを玄翁というのは、殺生石を砕いたという、この玄翁和尚の故事によるという。この九尾の妖狐の伝説は、日本の各地に残されたさまざまな伝説の中でも、舞台を天竺・中国・日本にひろげるスケールの大きなものである。中世においては、謡曲『殺生石』にしくまれ有名となった。この時期の物語や絵巻にもかっこうの題材となったが、金毛九尾の妖狐譚は、むしろ江戸期に入ってから大きく成長をみせた。高井蘭山の『絵本三国妖婦伝』(一八〇四)や式亭三馬の『玉藻前三国伝記』(一八〇九)をはじめとする多くの小説が書かれ、人形浄瑠璃においてもとりあげられたが、こうした状況を集大成したのが近松梅枝軒、佐川藤太による人形浄瑠璃『絵本増補玉藻前曦袂《あさひのたもと》』(一八〇六)であった。また、歌舞伎劇において、玉藻前を発展させた作品として鶴屋南北の『玉藻前御園公服《くもいのはれぎぬ》』(一八二一)などがある。

◉——玉藻前　鳥山石燕画『今昔続百鬼』。

中山　幹雄

近衛院の御時なる久寿元年、仙洞に一人の化女、出で来たれり。後には、玉藻の御方と号す。天下無双の美人なり。天人の化現か、また聖衆の影向かと疑うばかりなり。去程、叡感なのめならず思しめしけり。仍りてまた、内外典・仏法世法までも暗からざる才人なり。諸事を問うに、一々に答う。誠に権者なり。去程に、玉体不予の御事まします。日に随い重ならせ給けり。典薬頭を召して御尋ね有けるに、御悩は、御邪気にて渡らせ給う、と申す。されば陰陽頭を召せとて、安部泰成を召し、占わせられけるに、急ぎ御祈禱あるべし、と申す。其故をば、公卿大臣等、御尋ね有ければ、泰成申し給うは、「玉藻の御方の所為」、と申しけり。御寵愛なり、争かさる事あるべしと、人、皆思えり。重ねて御尋ね有けるに、憚る所なく申しけるは、「是は、下野国那須野にある狐なり。かの狐と云うは、仁王経に、昔、天羅国の班足王、千人の王の頸を取りて祭りしと云いし塚の神、是なり。大唐にては褒似と成り、周の幽王の后として、終に幽王を亡し、已下に今、この国に来たり、君を悩まし候うなり」と具に申し上げければ、さて何が有るべし、と勅旨あり。泰成、太山府君を祭り奉る。(玉藻の前)御幣の役、叶うべからざる由を固く申せしかども、勅命なれば出で給いけり。泰成、祭文を読み係けければ、御幣を捨て、狐と成りて逃げ失せ、御悩、即時に平愈し、御感あり。泰成の名望、前代未聞なり。

神明鏡巻上

私云。日本の玉裳の味と云は、ナス野へ飛び行て、石の精と成る也。此の石の辺を走るケダ物、或は空を飛鳥類までも取殺と云。故に、殺生石と之を云。源応和尚、彼こに行て示し給より、殺生を止と云云。其詞曰はく。「如何是殺生石、依止執々々々、去耶否々々々」ト三度唱て、主杖にて突ければ、彼石、破れたりき。

此玉裳の味は、異国にては、周の幽王の宝字妃也。又、天竺にては、班足王の塚の神也。日本にては、八十二代の帝、後鳥羽の院の上童也。二国化生のバケ物也。身より光を放て、主上を夜々に悩し奉る間、博士に占わしめ給う時、此の玉裳の故也、と云云。其の時、黒雲に乗て飛去、ナス野へ行て狐と成て殺生を至也、と云云。

内閣文庫本聖徳太子伝

○ゆふ王のした跡トをする鳥羽のいん（安五桜3）

○三国を廻しに取た畜生め（三八23乙）

第一句、「幽王」は周の国王で、玉藻前の前身はその寵姫《ちょうき》褒似《ほうじ》であったとされている。「天竺にては班足太子の塚の神、大唐にては幽王の后褒似と現じ、我朝にては鳥羽の院の、玉藻の前とは為りたるなり」（謡曲『殺生石』）。第二句、「廻しに取る」は遊女が一夜に多くの客を取ること。なお一七〇五年（宝永二）刊『通俗武王軍談』では妲妃（殷の紂王の后）の話を、明代の小説『封神演義』からとり入れ、以来、九尾の狐―妲妃―華陽夫人―褒似―玉藻前の話の骨格が成立した。

○おしいものだが毛深いが玉に疵（三八27）

鳥羽院もまさか狐とは気づかない。「玉」で玉藻前を暗示した句構。

○三月キ余のけい古両介あきが来る（安元信1）

「両介」は三浦介義明と上総介広常。「三浦の介上総の介、両人に綸旨を為されつゝ、奈須野の化生の者を、退治せよとの勅を受けて、野干は犬に似たれば、犬にて稽古あるべしとて、百日犬をぞ射たりける、是れ犬追物の始めとかや」（謡曲『殺生石』）により、百日を「三月余」と言いかえた。

○御てうあい石になっても又わられ（二六6）

ついに悪狐を討ちとめたが、死骸はそのまま凝って石となり、近づく禽獣、鳥類をたおした。源翁（玄翁）和尚が来て祈願を行い、毒石を砕き割った。「割る」は「新鉢《あらばち》を割る」（処女を犯す）の略にかける。

玉依姫　たまよりひめ

記紀、『風土記』に登場する女性の名。たとえば、毎夜訪れる見知らぬ若者（実は大物主《おおものぬし》神）によってみごもり、三輪氏の祖を生んだとされる女性、海神《わたつみ》の娘で、海幸山幸神話の主人公火遠理《ほおり》命の子の乳母でのちには妻となり、神武天皇を生んだとされる女性、丹塗矢《にぬりや》と化した火雷《ほのいかずち》神に感精して賀茂氏の祖神を生んだとされる女性などがタマヨリヒメとよばれている。物語の中では固有名詞のように扱われているが、むしろ普通名詞と考えたほうがよい。タマヨリヒメとは神霊が依り憑っく女性の意である。したがって上記ホオリの妻となった豊玉姫《とよたまひめ》、狭井《いさ》河のほとりで神武天皇のおとないをうけた伊須気余理比売《いすけよりひめ》など、名は違うがいずれもタマヨリヒメにほかならない。これは、祭儀の際、神降臨の秘儀に立ち会う巫女が、神話的には神に感精してその子を生む母として形象化されたものである。古代の巫女はなべてタマヨリヒメであったといえる。

倉塚　曄子

賀茂建角身命、丹波の国の神野の神伊可古夜日女にみ娶ひて生みませるみ子、名を玉依日子と曰ひ、次を玉依日売と曰ふ。玉依日売、石川の瀬見の小川に川遊びせし時、丹塗矢、川上より流れ下りき。乃ち取りて、床の辺に挿し置き、遂に孕みて男子を生みき。人と成る時に至りて、外祖父、建角身命、八尋屋を造り、八戸の扉を竪て、八腹の酒を醸みて、神集へ集へて、七日七夜楽遊したまひて、然して子と語らひて言りたまひしく、「汝の父と思はむ人に此の酒を飲ましめよ」とのりたまへば、即て酒坏を挙げて、天に向きて祭らむと為ひ、屋の甍を分け穿ちて天に升りき。乃ち、外祖父のみ名に因りて、可茂別雷命と号く。謂はゆる丹塗矢は、乙訓の郡の社に坐せる火雷神なり。

山城国風土記逸文

田宮坊太郎　たみやぼうたろう

敵討物語の主人公。讃岐国（香川県）丸亀の生駒家の家来田宮源八郎の子坊太郎が、同じ藩中の堀源太左衛門に父を斬り殺されるが、幼時から復讐の念に燃え、金毘羅大権現に祈願し、江戸に出て柳生飛騨守に剣術を学んで、一八歳にして故郷丸亀の八幡社境内で仇討本懐を遂げた。実説と称して伝えるところによると、坊太郎（小太郎とも）は若くして病没したともいい、また上野山内観成院で自刃したともいう。父親が謀殺されたとき、坊太郎は臨月の母の胎内にあった。彼は変を聞いて受けた衝撃によって生み落とされたのである。このように、復讐を宿命づけられたかのごとき出生をした幼い坊太郎のけなげな生き方が江戸人の同情と共感を呼び、歌舞伎、浄瑠璃、講談などに数多く脚色された。一七五三年(宝暦三)大坂で上演された歌舞伎『金毘羅御利生　幼稚子敵討《おさなごのかたきうち》』(初世並木正三作)が古く、人形浄瑠璃では一七七〇年(明和七)の『金比羅利生記　敵討幼物語』、一七八八年(天明八)の『花上野誉の石碑《いしぶみ》』などが名高い。後者は通称を『田宮坊太郎』『志渡寺《しどうじ》』(歌舞伎に移しては『志渡寺《しどでら》』)といい、坊太郎の乳母のお辻が火断ち五穀断ちをして金毘羅大権現に祈願し、一命を捨てても坊太郎の病気を本復させて本懐を遂げさせようとする献身的な忠誠ぶりが描きこまれて、これが人気を集めた。今日も、浄瑠璃の四段目志渡寺の段が上演されている。　服部幸雄

○仇討が済とさぬきへ坊さらば(五五21)

「さぬき」は讃岐の金毘羅権現。「坊」は坊太郎。天狗の霊験によって仇を報じたという説話による句。

多羅尾伴内　たらおばんない

第二次世界大戦の敗戦直後、GHQによる時代劇禁止令のため、大映京都撮影所所長・松山英夫が片岡千恵蔵のために企画した『七つの顔』を第一作とする探偵映画の主人公。のち千恵蔵の移籍により、第五作『片目の魔王』から最終作『多羅尾伴内・七つの顔の男だぜ』までは東映京都の製作。全一一作品すべての脚本を比佐芳武が書いている。一見、尾羽打ち枯した老探偵・多羅尾伴内の正体は、かつて日本ルパンといわれた怪盗・藤村大造で、一九四七年(昭和二二)封切りの第一作『七つの顔』の前半は、モーリス・ルブランのルパン物『怪屋』の翻案である。大造は巧みな七変化で事件の真相に迫るが、犯人グループに没落貴族が多いこと、さらに大造自身が事件解決後に「この藤村大造が更生するには、まだまだ多くの正義と真実がいるのです」と言うように、主人公の設定には、娯楽性の中にも戦後日本の更生=民主化というテーマが盛り込まれていた。なお、最大の見せ場はラストの謎解きで、千恵蔵が「ある時は片目の運転手、ある時はホンコン丸の船員……、しかしてその実体は正義と真実の使徒、藤村大造だ」と正体を明かす場面にあるが、ある時、「使徒」を「人」と間違えて紹介された時、脚本家の比佐芳武は、「私はそんな傲慢な台詞は書かない」と語ったという。　縄田一男

太郎冠者　たろうかじゃ

中世の武家に仕えた従者たちの代表格として狂言(能狂言)にいちばん多く登場する役柄。ほかの従者も登場するさいには、二人目は次郎冠者、三人目は三郎冠者という。冠者とは一般には若者をさしたが、狂言では世代にかかわらない。また近世には、俗に太郎冠者といえば滑稽でまぬけなようすの者の比喩となったほどで、それが狂言の太郎冠者の一大特徴であるに違いはないが、それのみにとどまるわけではなく、実直さと横着さ、賢さと愚かしさ、涙もろさと狡猾・冷酷さ、俊敏さと楽天性、猥殺さと雅趣愛好等々、中世後期の庶民のおおらかな生活感覚や錯雑した心理のひだをよく観客に感じ取らせながら、社会の仕組みの矛盾や、上位に立つ者、いばりちらす者たちの裏面をついてみせる場合が多く、下剋上の時代の芸能者が現実からくみ上げて創造した豊かな人間像を体現している。なお、太郎冠者がシテ(主役)を演ずる狂言には『附子《ぶす》』『鞍馬参《くらままいり》』『止動方角《しどうほうがく》』など、またアド(主人公の相手役)を務める作品には『武悪《ぶあく》』『末広がり』『靭猿《うつぼ》』『萩大名』などがある。　横井清

(太郎冠者)何と見たか。(次郎冠者)まことに黒うどんみりとして、うまそうな物じゃ。(太郎冠者)さてみどもはあの附子を、食うてみょうと思うが何とあろうぞ。(次郎冠者)さてさてわごりょはむさとした。最前も言うとおり、あの方の吹く風に当ってさえ、滅却するほどの毒な物を、見るさえあるに、何と食うことがなるものか。(太郎冠者)イヤイヤ某

は、あの附子に領ぜられたかして、しきりに食いとうなった。行ぃて食うて参ろう。（次郎冠者）イヤイヤやることは成らぬ。（太郎冠者）そこを放せ。（次郎冠者）放すことは成らぬ。（太郎冠者）放せというに。（次郎冠者）成らぬというに。（太郎冠者）〽名残《なごり》の袖を振り切りて、附子のそばにぞ、寄りにける。（次郎冠者）これはいかなこと。苦々しいことじゃ。ヤ、附子のそばへ行たが、滅却致さねばようござるが。さればこそはや食うそうな。いまに滅却致すでござろう。（太郎冠者）アア死ぬるは死ぬるは。（次郎冠者）さればこそ。イヤのうのう、何とした何とした。気をはっきと持たしめ。（太郎冠者）うもうて死ぬる。（次郎冠者）なんじゃうもうて死ぬる。（太郎冠者）なかなか。（次郎冠者）してなんじゃ。（太郎冠者）砂糖じゃ。

狂言附子

俵藤太　たわらとうた

藤原秀郷。平安中期の関東の武将。生没年不詳。父は下野大掾村雄、母は下野掾鹿島氏の娘という。下野の土豪として勢力を振るい、九一六年（延喜一六）に一族一七人とともに配流、その後も濫行《らんぎょう》があって糺勘《きゅうかん》された。平将門の乱が起こると、九四〇年（天慶三）二月に下野掾、押領使として下総に出陣、将門を討った功により従四位下下野守などに任じられ、源経基、平貞盛らとともに軍事貴族として中央に進出する道をひらいた。子千晴が安和《あんな》の変に座して中央からは後退するが、子孫は小山、足利、亘理の諸氏として北関東から東北地方に広まった。

福田豊彦

【伝承】秀郷は超人将門を倒した勇士として英雄視され、さまざまな伝説がつくり出された。たとえば『吾妻鏡』には、将門が反乱を企てたとき、そのようすを探るため、秀郷が偽って門客になりたいと申し入れたところ、喜んだ将門がくしけずっていた髪を束ねず出て対面したので、軽率さを見抜いたというエピソードを伝えているが、室町時代になると、秀郷は御伽草子の主人公として『俵藤太物語』（別名『俵藤太草子』）などに登場し、めざましい活躍を見せる。秀郷は弓矢の名手としてその名を知られていたが、ある日瀬田橋の上に横たわる大蛇をおくせずにまたいで通ったことから、その大蛇に化身した竜神に武勇を見込まれ、三上山に巣くう大百足《おおむかで》を退治することを懇望される。そして百足退治の謝礼として黄金の太刀と鎧とを与えられ、これによって朝敵を追討すれば将軍になると告げられる。その予言どおり、秀郷は竜神の助けによって将門の秘密を見破ることができ、首尾よくこれを討ちとるというのが、そのあらすじだが、この物語は『俵藤太絵巻』などの絵巻にもつくられ、大いに世に流布した。

梶原正昭

●俵藤太　大蛇（竜神）の頼みで大百足（むかで）を退治した藤太が、竜宮へ招かれてお礼の品を受ける。『東海道名所図会』。

夫人王六十一代の帝、朱雀院の御宇にあたり、承平壬辰歳神無月、廿日余りの事なるに、江州勢田の橋に、大蛇はひかゝり侍りけれは往来の貴賤、肝魂をうしなひ、たやすく橋を

過る者、なかりければ、万民愁をなし、たゝ橋の、こなたかなたに、立わつらひ、はうせんとしてそ、居たりける
爰に、藤原秀郷と云者有けるか、此由を聞て、安からぬ事なりとて、身をやつし、旅人の姿に出立て、あみ笠を着しつゝ、弓箭はかりを持、たゝ一人、橋のかたへに来り、此有様を見て、少もはゝからす、大蛇の背の上を、あららかに踏て、静にそ通りける
其時、みる人毎に、肝をけし、あきれはてゝそ、居たりける、大蛇すこしもはたらかすして、其儘失にけれは、諸人安堵の思ひをなし、其後、たやすく橋をわたりける
（中略）
秀郷、是そ音に聞、竜宮城と覚えて、行程に、一つの楼門有、是を開ひて、内に入に、瑠璃の沙、玉の石たゝみ、煖にして、自らふんふんたり、朱楼、紫殿、玉のらんかん、金を鐺にし、銀を柱とし、誠其粧ひ、奇麗、目にも見す、まして耳にも、聞さりし所也
彼老翁、衣冠たゝしく引扱、左右侍衛の官、前後花の粧ひ云計もなし、秀郷を、いねうかつかう、中〳〵筆にも、つくしかたし

俵藤太草子

○あの山にすんで居ますと竜女いゝ（天元松2）
「あの山」は湖水のかなたの三上山、「住んで居」るのはムカデ。
○うらしまの女房を藤太しつて居ル（安九桜2）
謝恩のために竜女にともなわれて竜宮で供応をうける。「浦島の女房」とは乙姫。

丹下左膳 たんげさぜん

林不忘が一九二七年（昭和二）から翌年まで新聞に連載した長編小説『新版大岡政談―鈴川源十郎の巻』に登場してくる、痩せさらばえた隻眼隻手の怪剣士。奥州中村藩六万石の藩主相馬大膳亮の家臣で、乾雲《けんうん》・坤竜《こんりゅう》の名刀をめぐる争いに藩主の密命でかかわり、丹下流の流儀で愛刀濡れ燕に血を吸わせる。初登場した時は脇役で、主君に裏切られるニヒリスト剣士であったが、連載の回を重ねるにつれて人気が集まり、三三年の連載小説『丹下左膳―こけ猿の壺』では、堂々と主役の座をさらってしまった。三四年の連載小説『新講談丹下左膳―日光の巻』では、ニヒリストの印象はすっかり薄れて、明朗派ヒーローに転じた。しゃれこうべの紋を染め出した黒襟、白い着物の下から女ものの派手な長襦袢をちらつかせた左膳の姿は、連載時の挿絵の影響が強い。映画では大河内伝次郎が演じた左膳に凄味があった。原作のオリジナル・イメージよりも挿絵や映画でのイメージが広く定着したヒーローの代表でもある。

清原　康正

この時、玄関に当って人声がした。

「頼もう！」

根岸あけぼのの里、小野塚鉄斎のおもて玄関に、枯木のような、恐しく痩せて背の高い浪人姿が立っている。

赤茶けた髪を大髻に取り上げて、左眼はうつろに窪み、残りの、皮肉に笑っている細い右眼から口尻へ、右の頰に溝のような深い一線の刀痕が眼立つ。

たそがれ刻は物の怪が立つという。

その通り魔の一つではないか？――と思われる程、この侍の身辺にはもうろうと躍る不吉の影がある。

丹下左膳　乾雲坤竜の巻

団七九郎兵衛 だんしちくろべえ

人形浄瑠璃・歌舞伎脚本の役名。とくに有名なのは『夏祭浪花鑑《なつまつりなにわかがみ》』で、主人公として活躍する。『雅俗随筆』によると実在した人物らしいが、芝居では一六九八年（元禄一一）大坂片岡仁左衛門座上演の『宿無団七』に初めて取り上げられ、三年後の『宿無団七七年忌』にも扱われた。当時、団七という魚売が高津祭礼の宵宮に長町裏で舅を殺した事件をモデルにしたという。『夏祭浪花鑑』は、これらをもとに脚色された並木千柳・三好松洛・竹田小出雲合作の浄瑠璃で、一七四五年（延享二）七月大坂竹本座初演（『摂陽奇観・六』によると、この前年冬に堺の魚売が長町裏で人を殺し、翌春露顕して処刑された事件があったという）。魚屋あがりの侠客団七九郎兵衛が、先輩の老侠客釣船の三婦《さぶ》や兄弟分

の一寸《いっすん》徳兵衛とともに、恩を受けた玉島家のために苦闘する話が描かれ、ことに団七が高津の祭を背景に、強欲な舅義平次を心ならずも殺してしまう「長町裏」の場面が知られる。総体に登場人物は女房たちを含め、下層社会の出身らしく、熱血的な犠牲精神を発揮するのが特色。人形浄瑠璃全盛期の作で、人形に初めて帷子《かたびら》を着せたり、本水・本泥を使用するなどの演出上の工夫で評判になり、すぐ歌舞伎でも上演され、夏向きの芝居として有数の人気狂言になった。団七の衣装の柿色の碁盤縞模様は「団七縞」と呼ばれる。書替物として並木正三作の歌舞伎脚本『宿無団七時雨傘《しぐれのからかさ》』(一七六八年(明和五)七月、大坂竹田芝居)が有名だが、物語としては女の愛想づかしを中心にした別系統の筋である。ほかに江戸では団七を悪人にした四世鶴屋南北作の『謎帯一寸徳兵衛』や、主人公を女にした「女団七」系統の作品がある。

松井 俊諭

○蚤の事一寸の虫と云ふ九郎兵衛(俳優金比羅樽)

『夏祭浪花鑑』八段目(通称「蚤取り」)で、一寸徳兵衛が蚤の高跳びになぞらえて九郎兵衛に逃亡をすすめるくだりがあり、九郎兵衛は「一寸の虫にも五分の魂」と応酬するが、蚤は一寸の長さはあるまいとのキョクリ。

丹次郎 たんじろう

為永春水作の人情本『春色梅児誉美《しゅんしょくうめごよみ》』(一八三二—三三)、『春色辰巳園《たつみのその》』(一八三三—三五)、『春色恵の花《めぐみのはな》』(一八三六)の主人公。鎌倉恋ヶ窪(江戸新吉原の仮称)の遊女屋唐琴屋《からことや》の養子丹次郎は、両親の死後、番頭の姦計で家を追われるが、許嫁《いいなずけ》のお長《ちょう》のほか、婦多川(深川)の羽織芸者米八《よねはち》、その傍輩芸者仇吉《あだきち》と恋仲になり、それぞれに金を貢がせる。丹次郎をめぐって女性たちは恋の意気地と達引《たてひき》を展開、のちに丹次郎はお長と夫婦になり、米八、仇吉を妾とし、すべてがめでたくおさまるという、男性優位社会における一夫多妻関係が理想化されている。丹次郎は「色男金と力はなかりけり」の標本で、女性にもてる若旦那として描出された。また『春色梅児誉美』初編の口絵が、初刷本では各主要人物を俳優の似顔絵として描き(絵は柳川重信)、丹次郎を当時の二枚目役者、三世尾上菊五郎の似顔に描いて理想化に大きく力を貸した。江戸末期の岡場所に生じたいき(粋)の美意識に支えられ、かつての光君、業平と併称される色男の代名詞とまでなった。

小池 章太郎

ち

小子部蜾蠃 ちいさこべのすがる

『日本書紀』や『日本霊異記』などにみえる雄略天皇の侍臣。その名の「蜾蠃」とはジガバチの意。「蜾蠃」は「螟蛉《めいれい》」(古注では「桑虫」)の子をみずからの子として養う、と『詩経』にある。『日本書紀』雄略天皇条によれば「蚕《こ》」を集めよとの命をうけ、誤って「子」を集め、養い、「小子部連《むらじ》」の姓を賜う。また、三諸岳《みもろのおか》の神を捕らえよとの命により大蛇を捕らえ、「小子部雷《いかずち》」と改名した。『弘仁私記』序には「山雷」を捕らえた、とある。『日本霊異記』は、天の雷を捕らえ、その地を「雷岡《いかずちのおか》」と呼んだ、とする。さらに、蜾蠃の死後に彼の墓標に落ちた雷が標柱にはさまって捕らえられ、「生きても死にても雷を捕りし蜾蠃の墓」と墓標に記された、とする。『新撰姓氏録』には、小子部雷が秦《はた》氏を召集し、その秦氏が養蚕を行ったこともみえる。いずれの伝承も雷や蚕にかかわっており、古代の雷神信仰と養蚕との深い関係をうかがわせる。

出雲路 修

三月の辛巳の朔丁亥に、天皇、后妃をして親ら桑こかしめて、蚕《こ》の事を勧めむと欲す。爰に蜾蠃に命せて、国内の蚕を聚めしめたまふ。是に、蜾蠃、誤りて嬰児を聚めて、天皇に奉献る。天皇、大きに咲ぎたまひて、嬰児を蜾蠃に賜ひて曰はく、「汝、自ら養へ」とのたまふ。蜾蠃、即ち嬰児を宮墻の下に養す。仍りて姓を賜ひて、少子部連とす。

日本書紀雄略六月三月条

小子部栖軽は、泊瀬の朝倉の宮に二十三年天の下治めたまひし雄略天皇の随身、肺脯の侍者なり。天皇、磐余の宮に住みたまひし時、天皇、后と大安殿に寝テ婚合したまへる時に、栖軽知ら不して参ゐ入りき。天皇恥ぢて輟ミヌ。時に当りて空に雷鳴る。即ち天皇、栖軽に勅して詔はく「汝、鳴雷を請け奉らむや」とのたまふ。答へて曰さく「請けたてまつら将」とまをす。天皇詔曰はく「爾あらば汝請け奉れ」とのたまふ。栖軽勅を奉り宮より罷り出で、緋の蘰を額に著け、赤き幡桙を擎ゲテ、馬に乗り、阿部の山田の前の道と豊浦寺の前の路とより走り往きて、軽の諸越の衢に至り、叫囁び請けて言はく「天の鳴雷神、天皇請け呼び奉る云々」といふ。然して此より馬を還して走りて言はく「雷神と雖も、何の故にか天皇の請けを聞か不らむ」といふ。走り罷る時に、豊浦寺と飯岡との間に鳴雷落ちて在り。

日本霊異記上巻「雷を捉ふる縁」

智光　ちこう

奈良時代の元興寺の僧。生没年不詳。俗姓は鋤田連《すきたのむらじ》（のち上村主《かみのすぐり》）、母は飛鳥部造と伝える。幼少から仏教を学んで出家し、智蔵に三論を学んだ。現存する『般若心経述義』『浄名玄論略述』のほかに『無量寿経論釈』『法華玄論略述』をはじめ数多くの著作があり、当代有数の学僧であった。なお『日本霊異記』には出身の河内国安宿郡鋤田寺の僧として、「智恵第一」の智光が行基《ぎょうき》の大僧正補任をねたんだが地獄に堕ちて行基の高徳を知り、蘇生した後には行基に帰依したとする話を伝える。また『日本往生極楽記』では、智光が同門の頼光の往生を夢に見て阿弥陀浄土図（智光曼荼羅）を描かせ、極楽坊でみずからも往生したと伝える。

勝浦　令子

其後、頼光、入滅す。その時、天の楽、空に聞え、妙香、室に薫ず。一寺、共に悲しみ、四隣同じく貴とぶ。智光、前の思い早く止みて、涙の落つること雨のごとし。その後、智光、夢の内に、頼光が生れたる所へ行きて、見れば極楽浄土あり。智光、立寄りて頼光に問うて曰く。「汝、昔、何なる因を修してか、此に生れたるや」。頼光、答えて曰く。「朝夕に極楽の荘厳を心に懸けて、寝ても覚めても、弥陀の姿を宗ととめて思う。ここに此に生る業なり」と答えて、智光が手を引えて、弥陀の御前に具して参りぬ。弥陀如来、智光に告げて宣わく。「此の土の荘厳を観ずべし」。智光申さく。「かばかり広く遠き浄土の有様、凡夫の心、何ぞ堪えんや」と申ししかば、仏、右臂を捧げて、其の掌に小さき浄土を促めて示し給いき。夢、覚て思うに、その有様忘られず、涙、下ること数行、止めんとすれども絶えず。絵師を尋ね求めて、この曼荼羅を移して、一生これに向いて、終にまた極楽に生れにき。

建久巡礼記元興寺条

千葉周作　ちばしゅうさく　一七九四—一八五五

（寛政六—安政二）

幕末の剣客で、北辰一刀流の流祖。字は成政、号は屠竜。陸奥国気仙郡気仙村（現、岩手県陸前高田市）に獣医の次男として生まれた。一五歳のとき江戸近郊の松戸に移り、一六歳のとき小野派一刀流の浅利又七郎義信の門に学んだ。師の世話で旗本の喜多村石見守正秀に仕えるかたわら剣に精進し、宗家の中西忠兵衛子正《たねまさ》に入門、高柳又四郎、白井亨、寺田五郎右衛門など当代の名剣士とともに修業し、その非凡な才能に磨きをかけた。他流試合を通じて各流の長短得失を学んだ結果、伝統的な一刀流兵法にも改める点のあることを感じ、みずからの創意工夫を加えて北辰一刀流をうち立てた。その後、流儀の宣伝弘布をかねて諸国を巡歴し、他流試合を通じて自信を深め、江戸に帰って玄武館を開いた。近代的な教授法と昇段制の改革などによって門人は急増し、神田お玉ヶ池の道場には多くの優秀な人材が集まり、江戸随一の道場の名声を得た。海保帆平、井上八郎、森要蔵、塚田孔平などの名剣士や、清川八郎、坂本竜馬など幕末に活躍した人物も千葉一門である。

中林　信二

中将姫　ちゅうじょうひめ

『当麻曼荼羅』の発願者と伝えられる女人。鎌倉時代に、この女人を主人公として、当麻寺での参籠と写経、生身の弥陀を観じようとの願いに応えて、化尼(弥陀)と織女(観音)が化現して曼荼羅を織り顕して去るという縁起が形成され、中将姫はその功徳により七七五年(宝亀六)に往生したという。『当麻寺流記』には「横佩右大臣尹統息女字中将」とあり、鎌倉末には、藤原豊成の娘、中将姫という形で定着する。

中世浄土教各派は、『当麻曼荼羅』を用いて絵解きなどにより念仏を唱導したが、その際、中将姫の生涯の事跡を詳しく説いて曼荼羅の意義が民衆に理解されるよう試みた。西誉の『当麻曼荼羅疏』(一四三六)では、従来の曼荼羅縁起に加えて彼女の伝記が談ぜられる。豊成夫妻が長谷観音に申し子して得た姫は、母と死別し、継母に憎まれて武士の手で鶬《ひばり》山に捨てられ殺されようとするが、武士は哀れんで妻とともに姫を育てる。やがて狩りに赴いた豊成とめぐり会い、宮廷に入るが、后に迎えられる直前に無常を観じて当麻寺に出奔する。この伝承に、少将という弟があり、ともに葛城山の地獄谷に捨てられた、という別伝が併せられている。こうした物語は、『当麻曼荼羅縁起絵巻』(一五三二)に絵画化されて、室町時代の縁起として成立した。

これは、継子の受難と救済、という中世に普遍的であった民間の語り物や物語草子の形が、中将姫という存在を説明するために利用されたものだろう。中世の神仏の縁起として広く唱導されたいわゆる本地物にみられる一般的な現象だが、さらに、『当麻曼荼羅』が描く『観無量寿経』中の説話である韋提希《いだいけ》夫人の受難と仏による救いを、曼荼羅の発願者の中将姫に重ね合わせて翻案した結果と思われる。やがて、より物語化された『中将姫』の草子が生みだされるが、そこでは『住吉物語』や『岩屋』などに見える継子物語の典型的要素がいっそう大きく投影され、継母が姫の密通を偽装して父に見せるなどの趣向が加えられ、『疏』のような混沌とした伝承から、一貫した物語へと変化していく。

能では、世阿弥作『当麻』は、曼荼羅織成の縁起を中心として「中将姫の精魂」を登場させ、『雲雀《ひばり》山』では、中将姫の物語をふまえて姫と豊成とのめぐり会いを劇化する。そして、説経『中将姫御本地』以下、浄瑠璃や歌舞伎などの近世芸能の世界では、こうした中世的イメージをふまえてさまざまな趣向をこらした変奏を試みている。

阿部　泰郎

此旨を以て、近江(摂津)・大和・河内、三箇国をふれもよほす。わずかに一両日をふるに、九十余駄の蓮茎いできたる。糸をくりいだして……寺の乾五六町ばかり行て、はじめて井をほるに、水湛々として、浪溶々たり。水にのぞみて糸をすゝぐに、彼水、一色なりといへども、染いだす所の糸は、青黄赤白紅紫緑色等、衆彩ことに鮮なり。……いま、染野の井と号する、これなり。……又、その寺のま

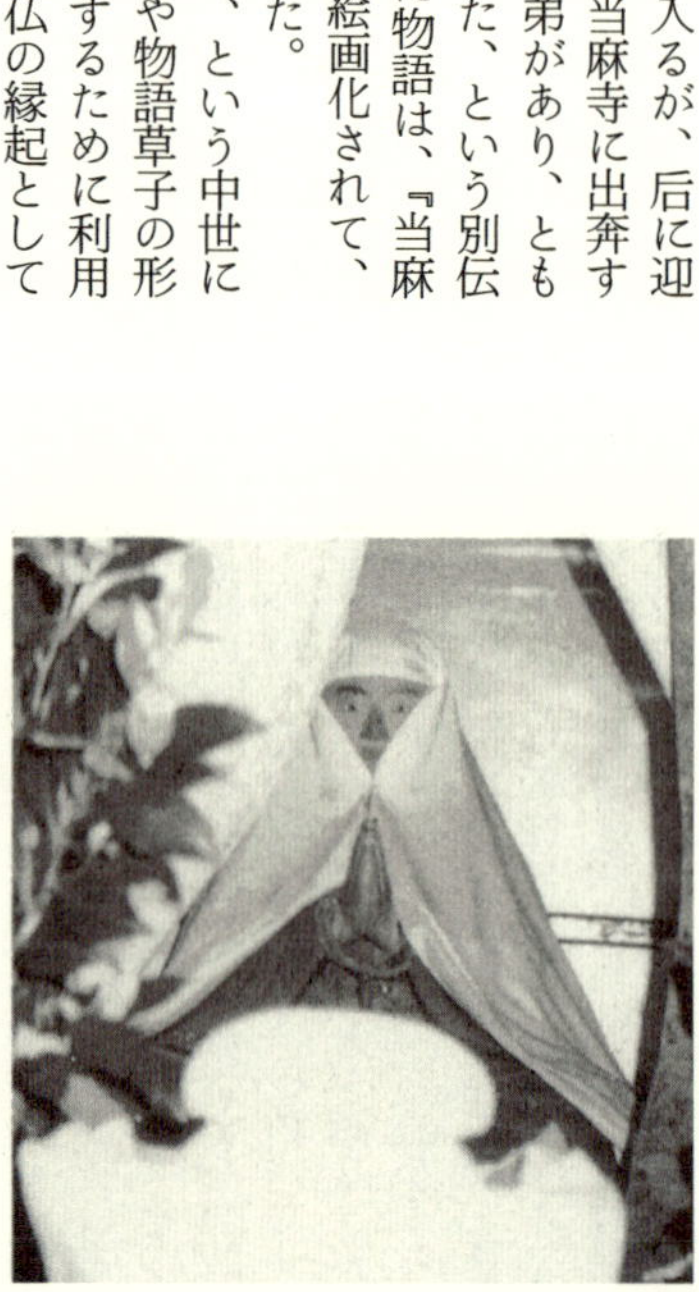

◉――**中将姫**　中将姫が現身のまま成仏したという伝承にもとづく当麻寺の練供養会式で、この中将姫像は観音、二十五菩薩などとともに、輿に乗って練り渡る。

へに桜の木あり。糸を此木にかくるゆへに、俗、これを以て染野の桜といふ。
同廿三日酉剋、面貌人にことなる化女来り、いはく。糸はすでにとゝのへまうけ給へりや、と。化尼のいはく。しかなり、と。糸とゝのへたまはゝ、深更に及て、をり奉るべし。藁三把、油二(三)舛を用意あるべし。といへるに、すなはち、蓮糸を以て化女にさづく。これをうけとりて、道場の乾(角)にいたる。もとよりありともおぼえざる、はたものあり。かのはたものゝうへに、糸をよりかけ、藁に油をひたして、たてあかしとして、亥子丑の三時のあいだに、この一丈五尺の大曼荼羅を、織あらはしぬ。ふしなき竹をもて、軸とす。……本願の禅尼と化尼との御まへに、かけをきて、化女は、ゆきがたをしらず。

享禄本当麻寺縁起絵巻絵詞中巻

○はえた年中将姫は剃りたまひ(三六25)
一六歳のとき薙髪《ちはつ》し、大和の当麻寺に入ったと伝えられる。「はえた年」は一六歳の発毛期の意。俗諺に「十三ぱっかり毛十六」という。

重源 ちょうげん 一一二一―一二〇六
(保安二―建永一)
平安時代後期の僧。紀季重(一説には季良)の子。刑部左衛門尉重定と称し、一三歳で醍醐寺に入り、真言宗修験道開祖の聖宝《しょうぼう》の流れをくむ。上醍醐の円明房に止住、俊乗房重源と称した。青年期は大峰、熊野などの霊山を巡り、喜捨を進めて如法経書写や不断念仏を行った。一一七六年(安元二)までに三度宋に渡航したと伝えるが、その事跡は定かでない。八〇年(治承四)平重衡の兵火により東大寺が炎上したが、翌八一年(養和一)八月造東大寺大勧進の宣旨を受けると直ちに勧進を開始、宋の鋳物師陳和卿らの協力で八四年(寿永三)六月には大仏の鋳造をほぼ終わり、八五年(文治一)八月大仏開眼会を行った。八六年周防国が東大寺造営料にあてられたため番匠を率いて下向、みずから良材を探して巨木を搬出した。九〇年(建久一)大仏殿棟上が終わると、堂内荘厳のため仏師院尊、康慶、運慶、快慶や宋の石工伊行末を動員して南大門の金剛力士像などを造立、一二〇三年(建仁三)一一月東大寺総供養を行った。

東大寺再建は、ここに一応の完成をみたが、重源がこのように迅速に再建を成功させた背後には、以下のような条件が具備されていた。①醍醐寺以来の遊行による各地での庶民勧進の実績が、大勧進重源の素地を形成した。②入宋三度の経験が、大仏様(天竺様)の建築様式をはじめとして、陳和卿による鋳造技術、宋風の絵画・彫刻・工芸などの迅速な導入を可能にした。③再建事業の母体として東大寺、播磨、周防など各地に別所を設け、重源特有の三角五輪塔(大日如来)を中心に、阿弥陀如来像を造り、堂宇を建てて不断念仏、迎講などを行い、人々に阿弥陀名号を付し、同朋衆としての一体化を図った。また別所には必ず湯屋を設け、付近の難所には道を開き、橋を架けるなど、労務管理、荘園経営、社会事業などの総合施策を成功させた。④各種小勧進網の要所に腹心の同朋衆を配し、重源自身が大勧進としてその頂点に位していたがゆえに、土木、建築、美術工芸、日宋貿易などのさまざまな再建集団を円滑に統御しえた。なお重源が八三歳(一二〇三年)ころに著した『南無阿弥陀仏作善集』には、この間の事跡が詳細に記されている。→袈裟御前

石田 尚豊

俊乗房、東大寺建立の願を発して、その祈請のために大神宮にまうでゝ、内宮に七箇日参籠、七日みつ夜の夢に、宝珠を給ると見侍ける程に、その朝、袖より白珠おちたりけり。目出く忝思てつゝみて持て出ぬ。さて又、外宮に七日参籠、さきのごとく七日みつ夜の夢に、又前のごとく珠をたまはられけり。末代といへども、信力のまへに神明感応を垂給事かくのごとし。其珠一は御室にありけり。一は卿二品のもとにつたはり侍ける。夢に、大師、「汝は東大寺つくるべきものなり」と示させ給ける。はたしてかくのごとし。たゞ人にはあらぬなり。

古今著聞集巻一

鎮西八郎　ちんぜいはちろう➡源為朝

つ

塚原卜伝　つかはらぼくでん　一四八九―一五七一
(延徳一―元亀二)

戦国時代の剣客。新当流の流祖。字は高幹《たかもと》。常陸国(茨城県)鹿島神宮の祝部《はふりべ》である卜部覚賢《うらべあきたか》の次男として生まれた。その生涯については不明の点も多いが、卜部家には鹿島の太刀の秘伝が伝わり、卜伝が養子となった塚原家は天真正伝神道流が伝えられていたといわれ、卜伝はこの二つの流れを学び、鹿島神宮に参籠して、「一の太刀」という極意を感得して新当流を起こした。卜伝は多数の門人を従えて諸国を武者修行し、将軍足利義輝の師として京都に一時滞在したともいわれる。二三歳から七二歳までの五〇年間に、戦場への出陣三九回、その間真剣勝負一九回を数え、一度も敗れなかったといわれる。後代の剣客に比べ豊富な実戦体験をもち、生死を超越したところに「一の太刀」という、絶対必勝の位を得たのであろう。卜伝の作といわれる『卜伝百首』に生死を超えた心境がうたわれている。「一の太刀」の秘伝は、門人の北畠具教《とものり》を通じて息子彦四郎幹秀に伝わったといわれ、他に松岡兵庫助、真壁道無、天(天道)流を開いた斎藤伝鬼坊などの門人がいる。　中林信二

加藤の臣宮本武蔵にございます　(塚)「左様だらう、神免二刀流の術を編み出し天晴《あっぱ》れ名誉のお方と聞き及んで居つた、老人息ある内に一度お目にかゝりたいと存じて居つたが、まづ本意を遂げて喜ばしい、改めて一本手合せを致すから、支度なさい」　武蔵は大いに喜び、忽ち身支度して、右剣左剣をとつて後へ退る、塚原は敷皮の上に着座して　(塚)「いざ御遠慮なく何処からでもお打ちなさい、失礼だが拙者は別に支度と申してもない、これで宜しいのだから……」　火箸を持つて、頻りに火を弄つて居ります、武蔵は左剣を正眼に右剣を真甲《まつかふ》に振り被つてやつと身構へました(塚)「成る程いゝ気合ひだ、いや〳〵其所をゆるんでは不可ない、勢ひ込んで来られい」　(宮)「やつ……」と、武蔵の脳天微塵になれとうちこんで来るを、卜伝は、軽くヒラリ躱《はか》して持つた竹火箸で流れる木剣を軽く払つた、忽ち武蔵は代る〳〵うちこんで来る、丁と左剣の鍔際《つばぎは》をうつと、武蔵はホロリ左剣をとり落した　(宮)「失策《しまつ》た」と、武蔵は隙なく発矢《はつし》とうちこんで来るを、卜伝は側にあつた鍋蓋をとつてパツと押へつけました　(宮)「ウーン」　とらうとしたがなか〳〵とれません　(塚)「あいや武蔵殿、力づくではこれはとれない、術を以ておとんなさい」　武蔵も術を以てとらうと致しまするが、術は相手の方が上だからどうしてもとれませ

ん　(宮)「ウーンー」　その時卜伝はパッと放すと、ヨロ〳〵ッと二足三足よろけましたが、やつと再び顔を一撫でツルリ、アツと武蔵の顔は汁だらけになりましたが、武蔵はます〳〵屈せず、やつえいつと気合の声勇ましくうちこみまするど、卜伝はヒラリ〳〵と体を躱し　(塚)「やつ……」と一声気合をかけると、どうしたものか、武蔵は木剣を持つたまんま、ズドンその場にぶつ倒れてしまひました、卜伝はこれを見て(塚)「ヤヨ、お修業者が気を失なつた、水を持つてお出で……」　水をかけて介抱いたしますると　(宮)「ウーンー」と、蘇生いたしました(塚)「あいや武蔵殿、貴君はそれだけの腕が出来て居られるのに、何もこの上の修業はしなくてもよささうなものぢや」と、かう称められました時、武蔵政名はホロ〳〵涙を流し　(宮)「ハツ……実は私、生みの父吉岡太郎左衛門の当の敵、佐々木岸柳といふ者を討たなければなりませぬ、然るに彼れは貴郎のお弟子で、然も燕返しといふ秘術を持つて居ります、これを破りたいために先生のお太刀筋を学びたく登山致しました」(中略)武蔵はこの山中に四年間止まつて一心不乱に卜伝に就いて学び、遂には軽剣飛切の術、合気の術も会得して、大いに喜び勇んで山を下り間もなく父の仇敵佐々木剣刀斎岸柳を討ちとり、ドッと名声を上げました　講談塚原卜伝

月影兵庫　つきかげひょうご

南條範夫の小説『月影兵庫聞書抄』(のちに『月影兵庫』と改題)の主人公。作品は『上段霞切りの巻』、『片腕の男の巻』(のちに『極意飛竜剣』と改題)、『秘剣縦横の巻』(のちに『江戸縦横』と改題)、『兵庫独り旅』、『月影兵庫旅を行く(正・続)』(のちに続のみを『月影兵庫放浪帖』と改題)の六作。兵庫は、江戸幕府老中・松平伊豆守信明の甥で、十剣無統流をはじめ武芸十八般に通じている。体に似合わず子供っぽい顔つきをしており、得意技は相手の首を打ち落とす上段霞切り。早く養子の口を見つけろと伯父にうるさく言われていたが、将軍家の側室になることを嫌って侍女の萩江とともに出奔した綾姫を追うように命じられる。道中、さまざまな政治的思惑から剣刃閃く修羅場が展開されるが、兵庫の前に剣鬼・幻一角が立ちはだかる。作品は一九五九年(昭和三四)すぐに勝新太郎主演で映画化されるが、残念ながらヒットせず、むしろ我々の記憶に残っているのは、近衛十四郎主演のテレビシリーズであろう。原作とは違い、タイトルを『素浪人　月影兵庫』として、これに曲がったことが大嫌いな旅鴉《たびがらす》、焼津の半次(品川隆二)とのコンビが活躍するという設定とし、六五年からの第一シリーズはさほどではなかったが、六七年からの第二シリーズではこれを徹底したコメディタッチとし、ラストの殺陣との落差を見せることで、土曜八時のゴールデンタイムながら、視聴率二〇パーセント超えの怪物番組となった。しかし、あまりに原作と違うため、南條範夫からクレームがつき、月影兵庫と瓜二つの浪人が活躍する『素浪人　花山大吉』にバトンタッチされた。

縄田一男

月形半平太　つきがたはんぺいた

行友李風《ゆきともりふう》作の戯曲『月形半平太』の主人公。一九一九年(大正八)五月京都明治座で沢田正二郎が月形に扮し初演。以来、辰巳柳太郎ら新国劇のレパートリーの一つとなった。長州藩士の月形が勤王の大義のため身命をなげうつ筋に、芸妓染八との恋や立回りをあしらった大衆劇で、人物の性格・心理よりも事件を描いたメロドラマ性が大衆に喜ばれ、舞妓梅松に言う月形のせりふ「春雨じゃ、濡れてゆこう」が著名となった。いわゆる剣劇の代表的ヒーローといえよう。

小池章太郎

机竜之助　つくえりゅうのすけ

中里介山が一九一三年(大正二)から四一年(昭和一六)まで書き継いだ全四一巻の大河小説『大菩薩峠』の主人公。人間界の諸相を宿業を背負って遍歴するニヒル剣士。武州沢井村の郷

●机竜之介　大阪毎日・東京日日新聞連載『大菩薩峠』白骨の巻挿絵。金森観陽画(一九二五年(大正一四)五月―八月)。

士で甲源一刀流の流れを汲む道場を開いていたが、甲斐の大菩薩峠で行きずりの老巡礼を理由もなく斬り殺した。武州御嶽《みたけ》山《さん》の御嶽神社の奉納試合では、甲源一刀流の正統を受け継ぐ宇津木文之丞を「青眼音無の構え」で無慈悲、残忍に打ち殺し、文之丞の妻お浜と江戸へ出奔する。善悪の彼岸を漂泊する竜之助の足跡は、さらに信州、東海、関西へと広がっていき、天誅組に加わって大和の十津川で大敗を喫し、火薬の爆発で失明した。その後は、幽鬼のような姿で無明境をさまよって辻斬りを重ねていき、虚無の陰影をますます深めていった。

中里介山はキリスト教的な社会主義から仏教的な倫理へとその思想を遍歴していったのだが、『大菩薩峠』には一九一〇年(明治四三)に起こった幸徳秋水らの大逆事件の影響が影を落としている。秋水ら一二名の死刑に強いショックを受け、時代閉塞の圧迫感を感じ取った介山は、第一次世界大戦後の鬱屈した時代を生きたインテリたちの苦悩を、無明境をさまようニヒリスト竜之助とその剣に象徴したのだった。机竜之助がニヒル剣士の近代的な祖型とされ、後世の大衆文学に大きな影響を与えたこともうなずける。芝居化、映画化、テレビドラマ化の数も多いが、新国劇では沢田正二郎の十八番であった。　清原　康正

ほどなく武州路の方からここへ登って来たのは、彼ら両人が認めたとおり、一個の武士でありました。
黒の着流しで、定紋は放れ駒、博多の帯を締めて、朱微塵《しゅみじん》、海老鞘《えびざや》の刀脇差をさし、羽織はつけず、脚絆《きゃはん》草鞋《わらじ》もつけず、この険しい道を素足に下駄穿《ばき》でサッサッと登りつめて、今頂上の見晴しのよいところへ来て、深い編笠をかたげて、甲州路の方を見廻しました。歳は三十の前後、細面で色は白く、身は痩せているが骨格は冴えています。

大菩薩峠　第一巻「甲源一刀流の巻」

露の五郎兵衛　つゆのごろべえ　一六四三―一七〇三

(寛永二〇―元禄一六)

江戸前期の噺家。前半生の経歴は不明であるが、もと日蓮宗の説教僧であったらしい。僧名は露休。延宝・天和(一六七三―八四)のころから京都の祇園真葛原、四条河原、北野天満宮

●露の五郎兵衛　北野天満宮で辻噺を演じる五郎兵衛(「人草や来た野は露の五郎兵衛」)。『近世奇跡考』挿絵。

などで辻咄を演じ、辻談義の名人といわれた。持ち前のすぐれた滑稽の表出力と巧妙な話芸による軽口《かるくち》咄が人気を呼び、上方落語の元祖といわれる。咄本として『露がはなし』(一六九一)、『露新軽口はなし』(一六九八)、『露の五郎兵衛はなし』(一七〇一ころ)、『露休はなし』(元禄末)、『露休置土産』(一七〇七)などが知られている。俳人の松尾芭蕉や各務《かがみ》支考がその話芸を高く評価していたことが支考の『本朝文鑑』に見える。そのほか五郎兵衛のことは山東京伝『近世奇跡考』、柳亭種彦『足薪翁《そくしん》記』、喜多村信節『嬉遊笑覧』などにも見えている。軽口咄を興行として成功させ、後世の上方落語隆盛の基を開いた功績は大きい。一九九九年(平成一一)四月、京都北野天満宮に「露の五郎兵衛碑」が建立された。　関山　和夫

○五郎兵衛に露銀崩ス京の寄セ(一五二25)

「露銀《つゆがね》」は豆板銀の異称、銀目制度の根強い京の寄席で露の五郎兵衛の咄を聴くには、露銀こそがふさわしい、との趣向の句。

鶴屋南北　つるやなんぼく　一七五五―一八三〇(宝暦五―天保一)

四代目。江戸日本橋新乗物町(現、中央区日本橋堀留町一丁目)に紺屋職人の子として生まれた。芝居界に入ったのは一七七六年(安永五)、以来見習い作者としての長い下積み生活を経、一八〇四年(文化一)の『天竺徳兵衛韓噺《てんじくとくべえいこくばなし》』の大当たりによって名声を確立。以降、文化・文政期(一八〇四―三〇)の名作者として劇界をリード、一一年勝俵蔵《かつひょうぞう》から鶴屋南北と改名。代表作『東海道四谷怪談』が著名。作風は喜劇性と怪奇性、ケレンや奇抜な趣向で転換期の民衆を形象化するところにあった。南北は耳学問のためか、用字などは無頓着で、「その旗、渡せ」と書くべきところを「その畑、渡せ」と書くなど、当時同音であれば宛字をすることも許容されてはいたが、南北の場合は極端で、周囲を呆れさせた。自作の宣伝アイディアにすぐれ、劇場正面の櫓に、女の生首が振袖をくわえた画面の凧を結びつけて不気味な噂を流したり、早替りを売り物にする狂言では、わざと切支丹邪法を使うのだという噂を流し、町奉行所の役人に調査させたりした。また自分の死に臨んでは、子弟を呼び寄せ、枕元の手箱に大切な書付があるから死後に開けて読み、よく守るようにと遺言し、縁者らが開けると中から『寂光門松後万歳《しでのかどまつごまんざい》』と題した小冊子があり、読むと自身の葬儀を、めでたい万歳でパロディ化した台本だったから一同呆れ果てたが、これを印刷し、葬式の配り物とした。　➡お岩…累・与右衛門…天竺徳兵衛　小池　章太郎

○南北へ狂言をかき息子行(八八27)

○桜田は御殿南北濡場書キ(一〇七18)

第一句、鶴屋南北に言いかけ、南北(南は品川、北は吉原)の両遊里のこと。虚言を吐くことを「狂言を書く」という。第二句も、桜田治助・鶴屋南北の作風を述べているかのように詠みながら、桜の御殿山と南の品川、北の吉原を取り合わせた洒落にすぎない。

て

出口王仁三郎　でぐちおにさぶろう　一八七一―一九四八(明治四―昭和二三)

宗教家。丹波国桑田郡穴太村(現、京都府亀岡市曾我部町穴《あな》太《お》)に貧農の長男として生まれた。旧名上田喜三郎。一二歳で村の小学校代用教員。その後、小作仕事、牧夫、車曳き、牛乳販売などの職業を転々。一八歳の時に出会った著名な古道研究家本田親徳《ちかのり》に、「一〇年後に丹波から神道研究に熱心な男が現れ、皇道を世界に普及する」と遺言せしめた。一八九八年(明治三一)、神道系の新宗教である大本《おおもと》教の開祖出口なおと面会した王仁三郎は、翌年大本教へ入会。一九〇〇年、「世継ぎ」ときめられ、教祖の五女と結婚。教祖の教えと彼自身の宗教体験をもとに、大本教教義の体系化に取り組む。そのため教祖の側近と対立、教団を離脱した。以後は京都の皇典講究分所などで学んでいたが、〇八年に大本教へ復帰。そのころ大本教は衰退していたが、教祖と二人で教団復興に尽力。神殿を建設(綾部市)したり、教団組織の金明霊学会を大日本修会と改称、機関誌を発行したりした。一八年(大正七)に教祖の出口なおが八三歳で亡くなると、名実ともに教主となる。日刊新聞を発行し教団は急速な発展をとげるが、旧体制の崩壊と地上天国到来を予言警告する彼は世界各地の宗教と交流。エスペラント運動への参加、モンゴルへの潜行など世界的な潮流への対応を試みるが、再三検挙され、果ては無期懲役となる。四五年(昭和二〇)の敗戦で復活し、愛善苑の名で再出発した。

光武　敏郎

鉄人28号　てつじんにじゅうはちごう

横山光輝のSF漫画に登場する巨大ロボット。一九五六年(昭和三一)から六六年まで月刊誌『少年』に連載された『鉄人28号』のなかで物語を牽引する重要な役割を担った。作品は、元々は『鋼鉄人間28号』というロボットの恐怖を描いた書き下ろし単行本で発売される予定だったが、雑誌連載用に切り替えての発表となった。最初は、戦後の日本に謎のロボットが現れ、悪事を働くのに対して少年探偵・金田正太郎と警察が事件解決に乗り出す、という科学探偵的な趣きの漫画であった。それが次第に、第二次世界大戦末期に敷島博士によって製造されたロボットが悪用されていること、さらには究極のロボット「鉄人28号」が完成していることなどが明らかになってくる。そしてこの「鉄人」とは、〈操縦器〉を操る者の心によって、無双の破壊神にも、あるいは平和の守護神ともなることを読者は知らされるのである。実際、「鉄人」は幾度となく犯罪者、犯罪組織に操られて破壊の限りを尽くす。だが、正太郎とコンビを組むことで、徐々に「正義の味方」としてのポジションを確立していく。作品が発表された年は、『経済白書』が「もはや戦後ではない」と明記したように、高度経済成長への気運が高まりゆく時期であった。家庭用電化製品が流通し、生活様式が変化するなか、「鉄人」は時代の趨勢とともに登場したのである。そしてその人気を決定的にしたのが、六三年から放送されたモノクロアニメ(フジテレビ)だった。このアニメは、途中からスポンサーの要請で、〈操縦器〉は悪者の手には渡らないという約束のもとに製作されたという。アニメ版の大ヒットもあって、「鉄人」は玩具などのタイアップ商品が数多く作られた。こうした「鉄人」の人気は、同じ掲載誌に連載されていた手塚治虫の『鉄腕アトム』と、一、二を争うほどであったという。また世間から支持された要因の一つには、のちに正太郎の強い味方となる元ギャングの村雨健次や、悪の科学者・不乱拳博士、世界的な密輸組織のPX団等々、多彩な脇役・悪役たちが物語を盛り上げていた点も挙げられるだろう。大成功を収めた記念碑的な巨大ロボット漫画は、当然、後続の作品にも多くの影響を与えた。

ロボット漫画をいくつも手がけている永井豪は、「少年時代に、アトムや鉄人と出会わなければ『マジンガーZ』を描くことはなかったに違いない」と述べている。二〇〇九年(平成二一)には、「鉄人28号」は神戸市長田区の若松公園にモニュメントとして復活している。これは、神戸市須磨区出身の作者への敬意とともに、阪神・淡路大震災からの復興のシンボルという意味付けもあるのだろう。

木村 行伸

鉄腕アトム てつわんアトム

手塚治虫《おさむ》原作の同名の漫画、アニメの主人公であるロボット。天馬博士は交通事故で亡くなった息子によく似たロボットを製作した。このロボットは原子力をエネルギー源としていたが、当初は「トビオ」と名づけられた。人間と同じ感情、能力をもっていたが、大人にはならないことに気づいた天馬博士は、トビオをサーカスに売ってしまう。原子力にちなんだ「アトム」という名をつけたのは、このサーカスの団長であった。しかし、このアトムの能力と情操に目をつけたお茶の水博士は、アトムを引き取ることにした。お茶の水博士はアトムの父であるエタノール、母親のリン、妹のウランなど家族のロボットも与え、アトムを人間の子供と同じような生活をさせて、学校にも通わせる。一秒間での計算、六〇ヵ国の言語を話す、普通の一千倍の聴力、サーチライトの目、足のジェットエンジン、お尻からのマシンガン、そして主題歌にも歌われた一〇万馬力の原子力モーターと七つの能力をもち、それでいて純真で正義感の強いアトムは人類を救うために悪役ロボットらと戦う。

一九五一年(昭和二六)四月から翌三月まで、『少年』に連載された「アトム大使」では脇役であったが、のちにアトムが主人公となった漫画として五二年四月から六八年の長期にわたって同じ雑誌に連載され、六三年から六六年まで日本初の国産アニメとしてフジテレビ系で放映されて、大人気を博した。その後、八〇年から翌年にかけてカラー版の第二作が日本テレビ系列で放映され、二〇〇三年(平成一五)には第三作「アストロボーイ・鉄腕アトム」もフジテレビ系で放映されるなど、世代を超えて注目を浴びているが、作者・手塚治虫自身は科学的合理主義への疑問をテーマにしてこの作品を描いたという。しかし、大ヒットしたアニメは、結果的に科学礼賛ともとられてしまっていた。

菊池 道人

照手姫 てるてひめ→小栗判官

天一坊 てんいちぼう ?―一七二九(享保一四)

「大岡政談」で知られる、将軍落胤《らくいん》事件の主人公。享保年間、八代将軍吉宗の御落胤と称して浪人を集め、金品をだまし取った山伏が処刑された事件があった。これが、後に実録本や講釈を中心として、「大岡政談」に付会されて伝承された。幼時より悪賢い天一坊が、御落胤の話を聞いて証拠の短刀を奪ったうえ人を殺し、盗賊の首領などを手下にして大坂で御落胤の名のりをあげる。その後東海道を堂々と下って江戸に至り、大岡越前守に処断を下されるという大がかりな話に潤色されている。とくに初代神田伯山は、この講釈で大評判をとり、天一坊蔵を建てたほどだといわれる。こうした評判に刺激され、歌舞伎でも、一八四九年(嘉永二)江戸市村座上演の『詞花紅

◉──天一坊 「頼朝公の自筆の御書に、三条小鍛冶が打ったる短刀」を見せられたばかりに、お三婆を殺して同年同月同日生れの将軍落胤になりすまそうとする法策(天日坊)。河竹黙阿弥作、歌川豊国画『五十三次天日坊』。

成盛《ことばのはなもみじのさかり》』(三世桜田治助作)で、源平時代の中に取り入れられた。五四年(安政一)江戸河原崎座上演『吾嬬下五十三駅《あづまくだりごじゅうさんつぎ》』(河竹默阿弥作)では時代を鎌倉時代に移したものが作られた。観音院法策後に天日坊、実は木曾義仲の落胤義高が、お三婆から頼朝のたねを宿して死んだ娘の話を聞いて悪心を起こし、証拠の品を奪ってお三婆を殺し、頼朝御落胤と名のって鎌倉に乗りこむが、大江広元に見あらわされて切腹する筋に、化猫の怪、木曾の残党で盗賊となっている地雷太郎などをからませたもの。さらに七五年新富座上演『扇音仝《おうぎびようし》大岡政談』(別名題『天一坊大岡政談』など。河竹默阿弥作)では、伯山の講釈を忠実に脚色した。紀州平野村のお三婆は、死んだ孫が将軍家御落胤であるという証拠の墨付を持っていた。それを知った感応院の法沢はお三婆を殺して墨付を奪い、天一坊と名のって、赤川大膳、常楽院天忠、山内伊賀亮らを同志として、大坂より行列を組んで江戸表へ向かう。いよいよ将軍家と対面の段どりまでこぎつけるが、大岡越前守に怪しまれる。対面を心待ちにしていた将軍の不興を買い、越前守は閉門となるが、死人を装い抜け出して水戸公を頼って再吟味を許される。大岡は紀州を綿密に取り調べさせ、証人などを発見する。そして御対面と称し天一坊らを呼んで捕らえるが、伊賀亮は早くも真意を悟り、邸内で切腹していた。なお一九三〇年歌舞伎座上演の『大岡越前守と天一坊』(額田六福作)のように、真の落胤である天一坊を、大岡の策で天下のため偽者にするという新解釈のものもある。

高橋 則子

扨其夜も明辰の上刻と成れば天一坊には八山を立出で行列以前よりも華美に粧ひて藤井左京、赤川大膳供頭となりて来る程に、途中の横町〳〵は木戸を〆切り町内〳〵の自身番屋には、鳶の者共火事装束にて詰め家主抔も替り〴〵相詰めたり、数寄屋橋御見附へ這入れば、常よりも人数夥しく、天一坊の供残らず繰込むを待ちて、御門を礑と〆切りたり、越前守御役宅へ到れば、大門を開き、敷台迄駕籠を横着になし、平石次右衛門、池田大助下座敷に平伏す、時に越前守には継上下にて敷台迄出迎へて上段の間へ案内し、「是にて暫く御休息遊すべし、其内には伊豆守参上仕つるべし」迚、退かる、簾の前には常楽院、赤川大膳、藤井左京、諏訪右門各々威儀を正して居並びたり、越前守は見知人の甚左衛門善助を御近習に仕立て宝沢に相違なくば予が袂を引くべし、其を相図に召捕るべしと申渡し、彼紀州より持来りし笈摺には、紀州名草郡平野村感応院の弟子宝沢十四歳と記し、所々血汐に染みし品々を壁に懸置き最早手筈は宜しと、越前守簾の間へ来りて控居る、然る所へ伊豆守殿の使者来り申述べけるは、「今日伊豆守当御役宅へ参り、御元服奉るべきの所今日佐竹左京大夫殿江戸着にて、伊豆守上使に参り、今日は御儀式の御間に合兼候由、何共恐れ入奉り候へ共、明日巳の刻に越前役宅へ入せられ候様願上奉る」と有りければ、越前守には大膳に向ひ、「只今御聞の通り、伊豆守方より斯様に申参り候へば、迚も今日の儀には参り申さず、恐れながら明日又々入らせられ候様願ひ奉る」と申に大膳も此趣きを天一坊へ申伝へるに、「伊豆守役儀と有らば是非に及ばず又明日参るべし」との事にて、頓て「帰館〳〵」と触出しければ、天一坊は上段の間より静々と下り立ちけるに、引続いて常楽院、大膳、左京、右門の輩玄関指して歩行みけり、

天一坊初め一味の輩町奉行御役宅の玄関指して出でけるに、予て越前守が見知人として近習に仕立て召連れし彼甚左衛門善助は、此時ぞと天一坊を能々見るに、紛ひもなき宝沢なれば、越前守に目配せなし、密かに袂を引きたりける、此時に天一坊は既に玄関迄来りしが、向の壁に懸けし笈摺を見て、遉大胆不敵の天一坊なれど、慄然と身の毛よだち、思はず二足三足跡へ退くを見て取り越前守大音に、「宝沢待て」と声を懸ければ、此方は弥々愕然し、急に顔色蒼醒め、後の方を振返るに、夫召捕れと云ふ間も有らず、数十人の捕手襖の影より走り出で難なく高手小手に縄をば懸けたりける

天一坊実記

天海　てんかい　一五三六―一六四三（天文五―寛永二〇）

江戸前期の天台宗僧侶。号は南光坊。諡号は慈眼大師。陸奥会津郡高田（現、福島県会津美里町）の人で、蘆名氏の一族という。比叡山、奈良などで天台宗その他の教学を修めた。のちに「黒衣の宰相」といわれた天海の出身には異説が多い。なかでも明智光秀の後身とするのは有名。一五九〇年（天正一八）武蔵国川越喜多院で宗海に師事し、天海と改名したというが、実際に歴史の中に天海の名が登場するのは六〇代になってのことである。九九年（慶長四）喜多院、一六一三年日光山を再興、一六年（元和二）大僧正となり、近世天台宗中興の祖といわれる。一六〇八年家康に招かれて駿府に赴き、金地院崇伝・林羅山と謀った方広寺鐘銘事件（大坂の陣のきっかけ）は有名。家康の死去の際は、その遺言を駆使して、天台の山王一実神道によって家康を神の東照大権現として祀った。

　徳川秀忠の命により、一六二五年（寛永二）江戸上野に東叡山寛永寺を開創。時に八二歳で、その後も我が国初の『大蔵経』（天海版）を刊行したり、三代将軍家光の頃まで幕府の信頼が厚かったという。四三年一〇月二日死去。一〇八歳だったといわれる。この異様な生命力が、やがて明智光秀神話とないまぜになり、天海とは実は家康が光秀を匿うために与えた仮の名で、本当に織田信長の死を望んでいたのは家康であり、家康が光秀＝天海を重用したという説が生まれたのであろう。

田辺　貞夫

○野を二ツ天と空とでひらく也（三八21）

○天海に四海のことを御相談（八六20）

　第一句、「野を二つ」は上野と高野、「天と空」は天海と空海。第二句、「四海」は四海の内、即ち天下。天海は家康の招きにより取り立てられ、政僧的側面が強く、いわゆる鐘銘事件では天下の争乱に介入。「御相談」の御文字は家康を明示する。「天海」「四海」と重ねたのが句のヤマ。

○両大師晦日がわりの坊主持（六二34）

　「坊主持」とは複数人数で道を行くとき、僧侶に出あったら荷物を替り持ちする遊び。「両大師」は慈恵大師（元三大師良源僧正）と慈眼大師（天海僧正）の画像で、上野東叡山三六坊の一つに安置され、毎月晦日に各坊を順ぐりに遷座する定めで、一〇月だけは天海の忌日（一六四三年一〇月二日没）の二日に本坊に遷座され、お練り（練供養）の法会が行われた。

天狗　てんぐ

天狗は日本人の霊魂観から発する霊的存在で、さまざまに形象化されて庶民信仰の対象となり、絵画、彫刻、芸能に表現され、口誦伝承や民間文芸の主題となった。原始的神霊観に支えられているので、顕著な善悪二面性をもつが、天狗を信仰対象や芸術、芸能、文芸にとりいれたのは、山岳宗教の修験道であった。したがって一般的認識では天狗即山伏というような印象をもたれている。この宗教の世界では天狗の原質は山神山霊と怨霊である。したがって善天狗は修験道の寺院や霊場や修行者を守る護法善神で、「南無満山護法善神」といって礼拝される。護法童子（護法）、金剛童子としてまつられるのはその山の山神（山の神）たる天狗である。このような山神天狗はその山の開山たる高僧や、行力ある山伏に服属して、守護霊であるとともに使役霊となって、諸国を弁ずる。したがって疾走飛行自在であり、飛鉢法によって山上に食物や水をもたらすことができると信じられた。平安時代には天狗は天童や金剛童子と呼ばれていて、童子形で表現されたのはそのためである。それは豊後国東《くにさき》半島の屋山《ややま》長安寺の太郎天像（平安時代）や『信貴山縁起絵巻』に見られ、『古事談』は平安時代の山伏浄蔵の話として、唐装束の天童の飛鉢を語っている。しかし山神山霊には荒魂的荒暴があり、暴風雨を起こし、怪音を発し人をさらうと信じられたから、これが天狗に投影されて悪天狗の恐怖が生まれた。

　天狗の名称は、文献的には『日本書紀』舒明天皇九年の条に見え、雷音を発して飛んだ流星を中国の知識で「天狗《あまつきつね》」と呼んだことに発し、日本の霊的存在としての天狗とはまったく異なる。これは天童子が飛行するところから混用したかも知れないし、天童子が神仏に奠供《てんぐ》するところからきたかも知れない。しかし民間用語としては「天白《てんぱく》」とか「天ぐう」「天ぐん」などと呼ぶ。また修験道の山では善悪両面をもつ天狗を奥院にまつり、大魔王尊と呼ぶところがある。とくに有名なのは京都北山の鞍馬山で、天狗の絶大な除魔招福の霊力を、恐怖とともに信仰祈願する者が絶えない。この天狗の別称は大僧正で、大魔王尊は僧正谷にまつられている。牛若丸に武技を授けた天狗としても人口に膾炙《かいしゃ》しているが、大僧正の名称は上級山伏を大僧《だいそう》と呼ぶところからきているであろう。

　このように天狗即山伏という概念が成立した原因には、二つの筋道が考えられる。その一は修験道の修行は苦行精進の結果として山神と同体化（即身成神）し、その絶大な霊力を身につけて超人間的験力《げんりき》を得ることである。ここに山神天狗と山伏の同体化がある。その二は修験道の山岳寺院では正月の修正会《しゅしょうえ》や三月の法華会、六月または七月の蓮花会などの法会に延年舞が行われ、これを山伏や稚児が演ずる。このとき神楽、田楽、舞楽、伎楽、散楽などが演じられたなかで、もっとも頻繁に用いられた仮面が、悪魔を払うと信じられた鬼面と天狗面であった。その服装は山伏装束で、天狗面をつければ、山伏即天狗となる。山神の化身的霊物としては鬼も天狗も同じであるが、その仮面もその起源はともに伎楽面にある。なかでも天狗面は伎楽の先払いとして魔を払う治道《ちどう》面と、毒蛇を食べるという迦楼羅《かるら》面で、治道は鼻高面、迦楼羅は鳥面なので、鼻高天狗と烏天狗という二種の天狗の形象化が起こったのである。

　次に怨霊が天狗となるという信仰があって、これを「魔道に堕ちる」という。怨恨を抱いて死んだ者やみずからの力を自慢しながら不満を抱いて死んだ者は魔道に堕ちて人にたたり、世に災禍を起こすといって恐られた。そのもっとも顕著な例は『太平記』巻二十七の「雲景未来記」で、南北朝の大動乱は崇徳院、後鳥羽院、後醍醐院や、玄昉、真済、慈恵、尊雲

◉——天狗
上＝天狗にさらわれた子どもの行方は天狗でなければわからないと、みずからのはらわたを天に差し出して天狗になる。絵金『雙生隅田川、人買惣太自害』。高知県朝倉神社蔵。
下＝茨城県大杉神社のお札の烏天狗と鼻高く羽うちわを持つ天狗。常陸坊海尊の姿とも伝える。

など不遇の高僧が大魔王となって起こしたものとする。これらの大天狗の集会するところは京都の愛宕山とされているが、その天狗が比叡山、園城寺、東寺、醍醐寺、高野山、東大寺、興福寺などを驕慢の徒と批判風刺したのが『天狗草紙』である。これに対して愛宕の天狗と中国から渡った是害房《ぜがいぼう》天狗が、比叡山の高僧に散々こらしめられるというのが『是害房絵詞』で、ともに天狗のイメージの種々相を活写した中世の絵巻物である。また山村における天狗の祭りとこれに伴う天狗の舞を芸能化した代表的民俗芸能は、奥三河の花祭である。この祭りは山頂の高嶺《たかね》祭で山神天狗をまつり、その天狗天白を祭場(舞所《まいと》)の屋根棟に迎えて、その下で徹宵の舞が行われる。中世の延年の一部が山人の村に残ったのである。能楽では『鞍馬天狗』『葛城天狗』『松山天狗』『是界《ぜがい》』『第六天』『大会』『車僧』などの曲があり、そのなかに著名な山の天狗が出てくる。すなわち彦山の豊前坊、白峯の相模坊、大山の伯耆坊、鞍馬の大僧正、愛宕山の太郎坊などで、今も庶民信仰の対象となっていて、本社、本寺に並んで信者が多いところもある。また昔話、伝説のなかにも天狗を物語るものが多いのは、それだけ庶民に親しまれる存在だったからである。

五来 重

【民俗伝承のなかの天狗】　天狗は赤顔長鼻で白髪を垂らし、山伏の服装をして高下駄をはき、手には羽うちわをもつと一般にイメージされている。しかし、こうした天狗像は比較的成立が新しいとされ、むしろ各地でグヒン、山の神、大人《おおひと》、山人などと呼ばれているように、天狗は元来村里とは別世界の山中に住む異人として考えられていたようである。天狗は強い力と激しい感情をもち、出産の荒血《あらち》など不浄を非常に嫌うほか、空中を自在に飛翔するといわれている。これらの特徴も、山中を自在に駆け、背が高く眼光が鋭いという山人など山住みの生活者のイメージを反映したものと考えられる。

また天狗は、天狗倒し(山中で大木を切り倒す音がするが行ってみると何事もない)、天狗笑い(山中でおおぜいの人の声や高笑いする声が聞こえる)、天狗つぶて(大小の石がどこからともなくバラバラと飛んでくる)、天狗ゆすり(夜、山小屋などがゆさゆさと揺れる)、天狗火、天狗の太鼓などさまざまな怪異を働くが、こうした怪音、怪火の現象は山の神などの神意のあらわれと信じられ、山小屋の向きを変えたり、山の神をまつって仕事を休んだりした。天狗は山中だけでなく里近くでも天狗隠しといって、子どもなどを神隠しにあわせる怪異をなした。天狗隠しは季節交替期である旧暦四月ころに多く、あとには履物がきちんとそろえてあるので、それとわかるという。天狗隠しの場合、村中で鉦太鼓を打って捜したが、木や屋根の上、何度も捜した同じ場所などで見つかることが多い。また天狗松といって、天狗が腰かけて休んだとか住んでいたと伝えられる松があり、それを切ろうとした者には怪異が起こり、けっして切らせないという。石川県河北郡では行方不明になった者の名を天狗松の木の下で呼んで、天狗に返還を求めたという。天狗には、一定の通り道や聖域があり、そこはこの世と異界の境でもあって、侵犯者には怪異をもって知らせたのである。昔話のなかの天狗は子どもに計られて宝物を奪われてしまうなど、笑話化されて語られるものが多い。

飯島 吉晴

天狗に捕れし松若の行衛は天狗ならでは知り難し、今我が腹腸を摑んで天に捧げ訴へ、十一年積りし我慢心、魔道に入て天狗となり、山々嶽々深山深谷あらゆる天狗の栖家を探し、松若君を尋ね求め吉田の家の二度の栄を見すべきぞや、腹腸を刮ての後寸断〳〵に切れ武国、ヤイ女房、夫の主の敵人買の惣太を一太刀切ねば淡路の七郎の妻でない、此詞を忘るゝな、跡の死骸を土に埋むな灰にすな、往還に晒し主殺しの罪科人と、屍に耻を見ば梅若殿への寸志、唯今七郎が天狗になるを熟見よと、両手を傷にぐつと入れ五臓六腑を摑み出し、天に投うつ血の腹腸虚空に上つて、魔炎の猛火はや三熱の魔道の験、吶と吹くる天狗風魔風土風梢を鳴し雲に轟き入ければ、果敢なく消し淡路が死骸眠るが如く絶果たり、(中略)赤い天狗に白天狗、祐禅染の天狗達をどつと誉て招いた、先筑紫には彦の山深き頼に四王寺、讃岐には松山降積雪の白峯、扨伯耆には大山猶京近き山々、愛宕の山の太郎坊、比良の峯の次郎坊、名高き比叡の大嶽は、逢と云ふ字の耳に立つ心よ川の流れなれ、葛城や高間の山、山上大峯釈迦が嶽

雙生隅田川

天竺徳兵衛 てんじくとくべえ 一六一二ころ—一七一〇ころ(寛永九ころ—宝永七ころ)

鎖国前に天竺(インド)に数度渡った船頭。長崎から天竺までの道程、およびその国の風俗等を書いた『天竺徳兵衛物語』を残す。初めに歌舞伎化されたのは一七五七年(宝暦七)大坂大松座上演の『天竺徳兵衛聞書往来』(並木正三作)で、天竺徳兵衛実は高麗の正林卿《しょうりんけい》の子息、七草四郎としたもの。室町幕府の転覆を図って敗れた三好長慶に後事を託され、蝦蟇《がま》の妖術を得た船頭徳兵衛は、女房おふねとともに室町館に潜入するが、蛇責めにあって自刃した舅の血を飲んだため術が破れ、義輝に謀られ自滅する。これは一七六三年(宝暦一三)大坂竹本座上演の浄瑠璃『天竺徳兵衛郷鏡《とくびょうえさとのすがたみ》』(近松半二・竹本三郎兵衛合作)では次のように書き変えられる。関白久次を討とうとして失敗した朝鮮の木曾官《もくそかん》は、大友家の家老吉岡宗観となって潜み、将軍家の宝波切丸を奪い、実子天竺徳兵衛こと大日丸に宝刀と妖術を授けて切腹する。徳兵衛は蝦蟇の妖術を使って大望成就を図るが、巳の年月日そろった滝川左近の自刃の血がかかり、術が破れて滅亡する。一八〇四年(文化一)江戸河原崎座上演の歌舞伎『天竺徳兵衛韓噺《いこくばなし》』(四世鶴屋南北作)は、『天竺徳兵衛郷鏡』に大筋を仰ぎつつも、初世尾上松助の早替りを見せ場としたからくりを駆使した作品。越後座頭の姿の徳兵衛が、木琴をたたいて異国の話をし、水中早替りで上使となって出るという型が、尾上家の家の芸として後の歌舞伎に踏襲されていく。このように徳兵衛は、歌舞伎、浄瑠璃によって、木琴をたたく座頭姿の船頭で実は日本転覆をたくらむ朝鮮の臣の子息、天草の余類の蝦蟇の妖術つかいという伝承がなされていく。

高橋 則子

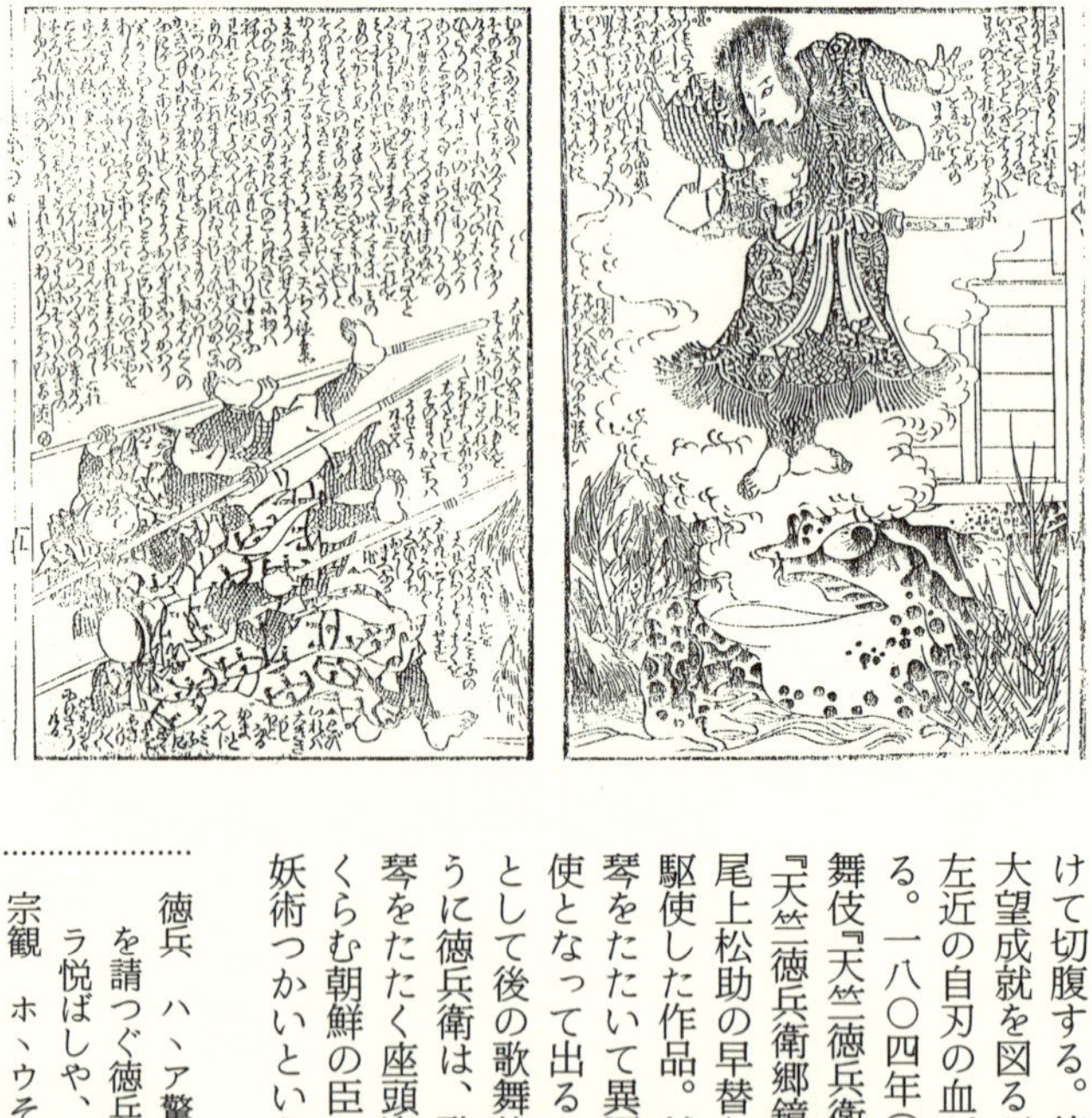

◉——**天竺徳兵衛** 天竺徳兵衛こと大日丸は、父吉岡宗観の室町幕府転覆の遺志を継ごうと、自刃した父の首をくわえ、巨大な蝦蟇(がま)と化して逃げ去る。合巻『天竺徳兵衛韓噺』(一八三三)挿絵。

徳兵 ハ、ア驚入たる物語り、今よりむほんを請つぐ徳兵衛、大望成就は心のまゝ、アラ悦ばしや、嬉しやなア、
宗観 ホ、ウその一言を聞く上は、今ぞさづくる蛙の仙術、
徳兵 スリヤいよ〳〵妖術おゆづり下されんとや、
宗観 いふにや及ぶ、南無サツタルマグンダリヤ、しゆごせうでん、
徳兵 南無サツタルマグンダリヤ、しゆごせうでん、

宗観　はらいそ〳〵、
徳兵　はらいそ〳〵。
ハヽア嬉しや、今日只今親人にさづかつたる蛙の妖術ためし見ん
南無サツタルマグンダリヤ、しゆごせうでん、はらいそ〳〵、
ハヽア寄なるかな、面白し〳〵、この妖術うけつぐ上は、頓て日本をくつがへし、修羅の妄執晴らさせまする。気遣ひあるな、親人さま

天竺徳兵衛万里入船

○徳兵衛は舟を上ルととりまかれ（宝九松）

天竺から帰ったと聞き、珍しい話を聞こうと群集。前句は「まれな事かなまれな事かな」。

天保六花撰　てんぽうろっかせん

明治初年成立の二世松林伯円作の講談を題材とした、河内山宗春《こうちやまそうしゅん》（歌舞伎では宗俊）、片岡直次郎、三千歳《みちとせ》、金子市之丞、森田清蔵、暗闇の丑松の六人をいう。宗春は幕府奥坊主頭の家に生まれ、水戸家から金をゆすり取った事件を端緒に捕らえられ、一八二三年（文政六）獄死した。実録本『河内山実伝』や講談では、上野の使僧の名を詐称し、井伊侯（講談では雲州侯）邸でかたりを働いた話となっているが、これは浄瑠璃『男作五雁金《おとこだていつつかりがね》』（一七四二年（寛保二）初演、竹田出雲作）の翻案と思われる。歌舞伎化は一八七四年（明治七）河原崎座上演の『雲上野三衣策前《くものうえのさんえのさくまえ》』（河竹黙阿弥作）で、講談から脚色したもの。片岡直次郎は情婦松ヶ枝の弟から丑松が奪った金とも知らず、五〇両の金を巻き上げ、このため弟の苦難となり、金の調達を河内山に相談する。河内山は質屋上州屋の娘が、松江侯に妾奉公を強要されて監禁されているのを知り、娘を助け出す条件で金を借り、直次郎に渡し、上野の宮の使僧に化けて娘を取り戻す。後に河内山、直次郎は丑松らとともに捕らえられる。この作を増補改作した同作者の作品が、八一年新富座上演の『天衣紛上野初花《くもにまごううえののはつはな》』である。幸田幸兵衛という浪人の筆職人を書き足し、直次郎（直侍）と大口屋の遊女三千歳の恋に金子市之丞をからませ、情緒を増した。とくに、入谷の寮の三千歳に直次郎が忍んでくる場の浄瑠璃『忍逢春雪解《しのびあうはるのゆきどけ》』は名高く、『雪暮夜入谷畦道《ゆきのゆうべいりやのあぜみち》』として独立して上演される。

➡河内山宗春　　高橋　則子

〽冴えかえる春の寒さに降る雨も、暮れていつしか雪となり、上野の鐘の音もこおる細き流れの幾曲り、末は田川へ入谷村。
〽廓へ近き畦道も右か左か白妙に、往来のなきを幸いに、人目を忍びたゝずみて、
直次　思いがけなく丈賀に出合い、頼んでやったさっきの手紙、もう三千歳へ届いた時分、門のしまりがあけてあるか、そっと門から当たって見よう。
〽雪をよすがに直次郎、たしかに爰《こ》と見覚えの門の枢《とぼそ》へ立ち寄れば、風に鳴子の音高く、驚くおりから新造が灯火携え立ち出でて、（中略）
千春　どんなにおいらんがお前さんを、お案じ申したか知れませぬ。
直次　聞けば煩っているそうだね。
千春　それも、お前さんゆえでござります。
〽晴れて逢われぬ恋中に、人の心を奥の間より知らせ嬉しく三千歳が、飛び立つばかり、立ち出でて、訳も涙に縋りつく、
（中略）
三千　長く便りのないことなら、いっそのことにお前の手に掛け、殺して行って下さんせ。
直次　なに、殺して行けとは。
三千　わずか別れていてさえも、
〽一日逢わねば千日の思いにわたしゃ煩うて、鍼や薬のしるしさえ泣きの涙に紙濡らし、枕に結ぶ夢覚めていとゞ思いのます鏡、見る度毎に顔痩せて、どうで存えいられねば殺して行って下さんせと、男に縋り嘆くにぞ

天衣紛上野初花四幕目「大口屋別荘の場」

と

道鏡 どうきょう　?—七七二(宝亀三)

奈良後期の政治家、僧侶。俗姓弓削連。河内国若江郡(現、八尾市)の人。出自に天智天皇皇子志貴(施基)皇子の王子説と物部守屋子孫説の二説がある。前者は『七大寺年表』『本朝皇胤紹運録』等時代の下る書に見える。後者は『続日本紀』天平宝字八年(七六四)九月甲寅条の詔に「この禅師の昼夜朝庭を護り仕え奉るを見るに先祖の大臣として仕へ奉りし位名を継がむと……」とある。前者の説は、河内若江郡と志紀郡と両方に弓削氏の氏神式内社弓削神社があり、弓削一族が志紀郡に居住していたことから付会されたものか。後者は先祖の大臣は物部守屋と推定されるが、弓削連氏は物部大連氏に隷属して弓を削り製造する部の族長で、守屋の子孫か否かは不明だが、守屋が物部弓削大連と称したことはなんらかの関係を推定させる。

道鏡は僧正義淵の弟子といわれ、若年に葛木山に入って如意輪法を修して苦行無極と称せられた。七四七年(天平一九)一月の『正倉院文書』に東大寺良弁大徳御所使沙弥としてみえるのが初見。良弁の弟子であったらしい。その後禅行が聞こえて宮中の内道場に入り禅師となり、密教経典と梵文に通じた。七六一年より翌年にかけ孝謙上皇が近江保良宮《ほらのみや》に滞在中、七六二年四月に病気となった際、道鏡は宿曜秘法を修して看病し、病を癒して寵幸を得た。それを淳仁天皇が非難したので上皇は怒って平城京に還り、法華寺で出家、六月詔して「天皇は小事のみ行え、国家の大事と賞罰の二権は朕が行う」と宣した。天皇を操って政権を握っていた藤原仲麻呂は権勢を失い、七六四年九月一一日謀反を企て、権力を奪還しようとしたが敗れて殺された(恵美押勝の乱)。上皇は淳仁天皇を廃して重祚した。称徳天皇である。道鏡は九月二〇日大臣禅師に任ぜられて政権を握り、翌年(天平神護一)閏一〇月天皇の弓削寺行幸の際、太政大臣禅師に任ぜられた。僧侶が最高権力の地位についたのも異例であるが、さらに七六六年、法王という未曾有の官に任ぜられ、翌年法王宮職が設置された。月料は天皇の供御に准ぜられ、人臣最高の地位に昇った。

道鏡は仏教重視、公卿抑圧の政策をとり、放鷹司を廃して放生司を置き、猟を禁じ、肉魚を御贄に奉ることを禁じ、貴族の墾田をいっさい禁じたが寺院のそれは認め、百姓の一、二町は許した。東大寺に対抗して西大寺、西隆寺を建立し莫大の財を費やした。道鏡におもねるものが各地から奇跡、祥瑞を報告し、献上した。自分からも策謀し、彼の徳政を天がよみすると宣伝した。その最大の事件が宇佐八幡宮神託事件で、七六九年(神護景雲三)「道鏡を天位に即かしめば天下太平ならん」と宇佐八幡の神託の奏上があった。これは道鏡の弟の大宰帥弓削浄人と大宰主神中臣習宜阿曾麻呂と八幡神職団の共謀であったが、和気清麻呂が勅使として派遣され、その謀を見破り、道鏡をしりぞけよとの神託を復命、道鏡の企ては破れた。天皇は七七〇年(宝亀一)由義宮《ゆげのみや》に滞在中病となり、同八月に没した。道鏡は下野薬師寺別当に左遷され、七七二年その地で死んだ。

横田 健一

又同じ大后の坐しまし時に、天の下の国を挙りて歌詠ひて言はく、

法師等を裙著とな侮りそ。之が中に要帯薦槌懸レルゾ。弥発つ時々、畏き卿や。

又詠ひて言はく、

我が黒みそひ股に宿給へ、人と成るまで。

是くの如く歌咏ひつ。帝姫阿倍の天皇の御世の、天平神護元年歳の乙巳に次れる年の始に、弓削の氏の僧道鏡法師、皇后と同じ枕に交通し、天の下の政を相摂りて、天の下を治む。彼の咏歌は、是れ道鏡法師が皇后と同じ枕に交通し、天の下の政を摂りし表答なり。

日本霊異記下巻「災と善との表相先づ現はれて、後に其の災と善との答を被る縁」

○道鏡は坐ルとひざが三ツ出来(宝十三桜2)
○道鏡は人間にてはよもあらじ(明三松6)
　道鏡巨根説は古くから行われた。正史にも「法王道鏡、西の前殿に昼す」(『続日本紀』巻二十九)とあり、孝謙女帝と夫婦同然であったと推測され、後には「……即ち孝謙帝の夫なり、馬陰に量《はか》るに過ぎたり、咲《わら》うべし」とまで誇張されるにいたった。第一句、ヒザ三ツとは「馬敬礼」以上の代物、したがって第二句の感想となる。
○仕殺したも知らず下野へ流罪(蕣19)
　女帝が没してからは、日ごろ憎まれていたために、即座に失脚、下野の薬師寺へ追放となった。

東郷平八郎 とうごうへいはちろう　一八四七―一九三四(弘化四―昭和九)
鹿児島城下に生まれた海軍軍人、元帥。薩摩藩士東郷吉左衛門の四男で、一八六三年(文久三)一七歳の折に父吉左衛門、兄の四郎兵衛、壮九郎とともに薩英戦争に参戦した。六六年(慶応二)薩摩藩海軍に入り、六八年(明治一)藩の軍艦春日に乗り組み三等士官として戊辰戦争に参戦、翌年の宮古湾や箱館の海戦を体験した。見習士官を経て七一年から八年間、英国に留学。帰国後は天城、大和の艦長を務めた。九四年、日清戦争に浪速艦長として豊島海戦で清国兵が乗った英国商船高陞号を撃沈して名を上げた。一九〇三年には新編制の連合艦隊司令長官に任命され、翌年勃発した日露戦争に参戦、〇五年五月の日本海海戦でロシアのバルチック艦隊を全滅させ、名将としての名を不動のものとした。戦後、軍令部長、軍事参議官を経て、一三年(大正二)に元帥を拝命、一四年には東宮御学問総裁をも務めている。晩年の東郷は日露戦争の国民的英雄として海軍の元老的存在となり、ロンドン軍縮条約に強く反対し、対米英外交でも強硬派を支持するなど批判もある。三四年死去の際は国葬が執り行われた。
　死後、軍神として崇拝され、四〇年(昭和一五)には東京に東郷神社が創建された。九二年(平成四)には小学六年の社会科教科書にも復活している。

田辺 貞夫

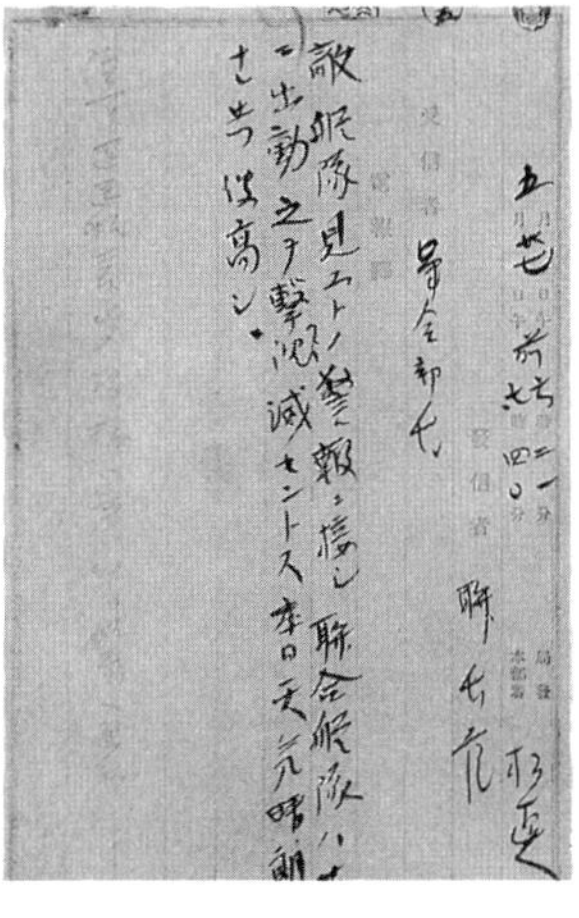

◉――**東郷平八郎**　日露戦争開戦時、東郷長官が大本営へ送った第一報「本日天気晴朗なれど波高し」。一九〇五年五月二七日。毎日新聞社。

東洲斎写楽 とうしゅうさいしゃらく
江戸時代の浮世絵師。生没年不詳。一七九四年(寛政六)五月から翌九五年一月までの正味一〇カ月間(途中閏月がはさまる)を活躍時期として、役者絵、相撲絵の版画一四〇余図という多くを発表。当時おおいに人気を得たらしいが、その後は浮世絵界との交渉をまったく絶ってしまった謎の絵師。『増補浮世絵類考』(斎藤月岑編)によれば「俗称斎藤十郎兵衛　居江戸八丁堀　阿波侯の能役者也」とされているところから、一時阿波蜂須賀公お抱えの能役者説が行われたが、その後これを否定する見解が支配的となり、葛飾北斎など当時の知名人に仮託する諸説(現代までに三十人を超える人物が写楽に擬され、伝説の人としての写楽像をふくらませてきた)が提出されてきた。ところが近年「写楽斎」と号する浮世絵師が八丁堀の地蔵橋辺に居住していたことが知られるようになり(『諸家人名江戸方角分』)、再び旧説への関心が高まってきた。一九九七年(平成九)に、斎藤十郎兵衛の過去帳が埼玉県越谷市の法光寺で発見され、一八二〇年(文政三)三月七日に行年五七歳で没したことが分かった。この説が正しいとすれば生年は一七六三年(宝暦一三)となり、写楽が活躍した当時は数えで三二、三歳ということになる。

●——東洲斎写楽『三世佐野川市松の祇園町の白人おなよと市川富右衛門の蟹坂藤馬』。白人は大坂の遊女の呼び名。東京国立博物館。

大名家お抱えの能役者が格下の歌舞伎役者の姿絵を描き、しかも町人の娯楽のための浮世絵版画として刊行したことが表沙汰となれば、かんばしくないスキャンダルであり、突然の引退も納得されるところがある。

　ともあれ写楽の役者絵、相撲絵は、すべて蔦屋重三郎（蔦重）を版元として刊行されており、喜多川歌磨や十返舎一九を育てたと同じように、蔦重の炯眼なればこそ発掘し得た異色の新人であった。その作風は、写実的な役者絵表現の基本を勝川派に学び、これに流光斎など上方絵の作風も参考として、役者の似顔と演技の特徴とを大胆に、印象深くとらえるものであった。理想的な様式美を追う従来の役者絵とは異なり、役者の素顔の上に作中人物としての性格描写を重ねる残酷なまでのリアルな表現は、当時の歌舞伎ファンに衝撃を与え一時的に歓迎されたが、やがて急速に人気は離反した。その間の事情を大田南畝原撰の『浮世絵類考』は「歌舞妓役者の似顔を写せしが、あまりに真をかゝんとて、あらぬさまに書なせしかば、長く世に行はれず、一両年にて止ム」と伝えている。

小林 忠

号東洲斎、俗称斎藤十郎兵衛、八丁堀に住す。阿州侯の能役者也。歌舞伎役者の似顔を写せしが、あまり真を画んとてあらぬさまを書なせしかば長く世に行れず、一両年にして止む。五代目白猿、幸四郎、（割註）後京十郎と改む。」半四郎、菊之丞、仲蔵、富十郎、広治、助五郎、鬼治の類を半身に画き回り、雲母を摺たるもの多し。俗に雲母絵と云。

新増補浮世絵類考

道場法師　どうじょうほうし

『日本霊異記』にみえる雷より授かった子で、元興寺の僧。尾張国阿育知《あゆち》郡片蕝《かたわ》里の農夫が田に水を引くときに童形の雷が落ちて来た。金杖で打とうとしたところ、雷は命を乞い、子を授けることを約束し、竹の葉を浮かべた楠の水槽によって昇天した。農夫には頭に蛇を巻いた男子が生まれた。その子は、一〇余歳で朝廷の力王と力を競べ、勝つ。石を投げるときに三寸の深さに足跡がついたという。元興寺の童子となり、鬼を退け、鐘堂の怪を絶つ。のち、優婆塞《うばそく》となり、寺の田に水を引くのを妨げた諸王を懲らしめた。出家得度して道場法師と称し、大力で知られた。孫は尾張宿禰久玖利《くくり》の妻となったが、やはり大力の逸話を残している。これらの伝承は、雷と農耕との密接な関係を示している。『打聞集《うちぎきしゅう》』に、生まれた子が両親を富裕にしたと記すのは、道場法師を豊穣をもたらす雷の子としてとらえたものであり、雷が桑をたよりとして昇天したとも記すのは、雷と養蚕との関係をうかがわせるものである。『台記』に、石山寺に道場法師がつめでかいて水を出した井や彼の足跡が残されていることを記すのは、巨人説話的である。おそらくだいだらぼっちの伝承の反映があろう。雷と農夫の説話は中国にあり、雷が足跡を残した伝承や雷の精をうけて生まれた人が剛勇を好んだ伝承も中国にみえる。古代の雷神信仰を知るうえで重要な人物である。

出雲路 修

然して後に少子元興寺の童子と作る。時に其の寺の鐘堂の童子、夜別に死ぬ。彼の童子見て、衆僧に白して言はく「我此の鬼を捉へて殺し、謹しみて此の死災を止めむ」といふ。衆僧聴許しつ。童子、鐘堂の四つの角に四つの灯を置き、儲けし四人に言ひ教へて、「我鬼を捉ふる時に、倶に灯を覆へる蓋を開け」といふ。然して鐘堂の戸の本に居り。大きなる鬼半夜所に来れり。童子を佇キテ見て退く。鬼も亦後夜の時に来り入る。即ち鬼の頭髪を捉へて別に引く。鬼は外に引き、童子は内に引く。彼の儲けし四人、慌れ迷ひて灯の蓋を開くこと得不。童子、四角別に鬼を引きて依り、灯の蓋を開く。晨朝の時に至りて、鬼已に頭髪を引き剝レテ逃げたり。明日彼の鬼の血を尋ねて求め往けば、其の寺の悪しき奴を埋め立てし衢に至る。即ち知りぬ、彼の悪しき奴の霊鬼なることを。彼の鬼の頭髪は今に元興寺に収めて財とす。然して後に其の童子、優婆塞と作り、猶元興寺に住む。（中略）

寺の衆僧聴して得度し出家せ令め、名を道場法師と号く。後の世の人の伝へて謂はく、元興寺の道場法師、強き力多有りといふは、是れなり。

日本霊異記上巻「雷の憙を得て生ま令めし子の強き力在る縁」

唐人お吉　とうじんおきち　一八四一―一九〇

（天保一二―明治二三）

伊豆下田の芸者、アメリカ領事の妾。伝記は後世の伝聞収集により組み立てられたもので、虚実は判じがたいが、お吉は船大工市兵衛の次女に生まれ、一四歳で芸者となり、新内節を得意としたという。船大工鶴松と二世を契ったが幕府役人により仲をさかれ、アメリカ領事T・ハリスの妾となった。明治初年、鶴松と旧情をあたため同居したが、世人の嘲笑により乱酔に憂さをはらし、のち別居、貸座敷などを営んだが、病苦と貧窮の晩年を送り、稲生沢川に投身自殺をとげた。没後お吉への同情の風潮がたかまり、村松春水らによる史実研究や伝聞収集が行われた。十一谷義三郎《じゅういちやぎさぶろう》著の小説『唐人お吉』（一九二八）、『時の敗者唐人お吉』（一九二九）が発表され、開国期の一女性の悲劇を掘り下げた点が注目される。さらに真山青果に『唐人お吉』（一九三〇）、『唐人お吉と攘夷群』（一九三二）、山本有三に『女人哀詞』（一九三〇）の戯曲があり、それぞれ舞台化され好評であった。

小池　章太郎

頭中将　とうのちゅうじょう

『源氏物語』の登場人物の一人。近衛中将で蔵人頭《くろうどのとう》を兼ねる官職名である。左大臣の長男、母は大宮（先帝の皇女）。光源氏の正妻葵上《あおいのうえ》の兄。源氏より幾つか年長だが、もっとも親しい友人である。早く夕顔を愛して、玉鬘《たまかずら》が生まれる。夕顔の死後、末摘花や源典侍を源氏と張り合って茶番劇を演ずるが、紅葉賀の折、二人で『青海波』を舞って、人々を感嘆させ、光源氏の須磨退去の際も、遠く危険を冒して、見舞に出かける。冷泉即位後、権中納言、内大臣、太政大臣と昇進、その間長女の弘徽殿《こきでん》女御を入内させ、源氏と藤壺が後援する斎宮女御（秋好《あきこのむ》）と立后争いとなり、敗ける。このころから、しだいに源氏と対立的となり、源氏に対して、負け犬らしいいやみや陰口をたたいたりする。また娘の雲井雁を入内させる予定だったのが、源氏の息夕霧と幼な恋の仲となって、うまくいかず、祖母大宮に向かって、監督不行届きを責める。では、雲井雁の代りにと、わが落胤《らくいん》の近江君を探し出してきたものの、手に負えぬと見切りをつけて、いっそ世間の笑い者に仕上げようとする。今上即位とともに引退。長男柏木が死ぬと、悲しみにやつれ果てる。初めは友誼に厚い好青年が、中年以降、見えっぱりで、陰険な男と化したように見えるが、それがむしろ宮廷社会の実相だったと見られよう。

今井　源衛

〇味ジ迄は書カぬ雨夜の品定め（四四4）
　頭中将らが五月雨の御宿直所のつれづれに女性の品定めをするが、さすが王朝文学だけあって「味」のよしあしまでは論評したとは書かなかった。

遠山金四郎　とおやまきんしろう　一七九三―一八五五

（寛政五―安政二）

江戸時代末期の江戸北町奉行。左衛門尉景晋

《かげくに》の子で、名は景元《かげもと》。一八四一年（天保一二）、中村、市村の両座類焼を機に、老中水野忠邦は江戸芝居を全面的に廃止しようとしたが、遠山金四郎はそれに反対して辺地への強制移転を主張し、歌舞伎取りつぶしは免れた（天保の改革）。また株仲間解散にも反対し、老中水野や南町奉行鳥居耀蔵と相入れなかった。

　こうしたことが、下情に通じ、肩から両腕にかけて桜花の刺青をした名奉行で、市井にまぎれこんでは難問を解いていくという伝承を生み、講談などに使われた。現代でも「遠山の金さん」として映画、テレビなどで親しまれ、白洲で刺青を見せながら啖呵《たんか》を切るという型が踏襲されている。一八九三年上演の、歌舞伎『遠山桜天保日記』（竹柴其水作）は、当時世上を騒がしたピストル強盗を金四郎が裁くというものである。遊里へ足を運ぶ僧天学が、ピストル強盗生田角太夫のために同罪となって投獄されるが、二人で脱獄する。三年後、盗みで捕まった角太夫は、今では同心藤村となっている天学と再会するが、そのとき藤村の過去を明かし、騒然となったところを角太夫は逃亡する。藤村は奉行遠山金四郎に裁かれることとなる。金四郎は道楽で親兄弟にも愛想をつかされていたほどであるが、藤村が同心となったのはかつて誤って投獄されたという、ずさんな裁きへの恨みであることを見抜き、牢破りの罪をなくし、真の犯人角太夫を捕らえる。ほかに歌舞伎作品としては、「根岸政談」をからませた『接木根岸礎』（一八七七）、『根岸花遠山桜』（一八九〇）、『敵討護持院ヶ原』（一八九九）などがある。

高橋　則子

融　とおる→源融

常盤御前　ときわごぜん

平安末期の女性。生没年不詳。九条院（近衛院の后藤原呈子）の雑仕女であったが、源義朝の妾となって今若（のちの阿野全成）、乙若（のちの愛智円成、義円）、牛若（のちの義経）を生んだ。平治の乱による平氏の追及にあい、母と三人の子の助命のために六波羅に自首。その後平清盛の寵愛をうけ、廊の御方（建礼門院の雑仕女）を生んだ。さらにのち正四位下大蔵卿藤原長成に嫁して侍従能成を生んだ。

小田　雄三

　幸若舞曲では、常盤御前は才色兼備の貴女として造形され、波乱に富んだ生涯を送ったことになっている。都落ちから清盛の愛妾となったことを扱った『伏見常盤』『靡《なび》き常盤』、女人結界の鞍馬寺に登り、別当東光の阿闍梨《あじやり》と法問を繰り広げたのち、牛若を託したという『常盤問答』、鞍馬寺を出て奥州へ下った牛若の後を追い、山中宿で盗賊に遭って殺害されたという『山中《やまなか》常盤』がある。時に、常盤御前四三歳であったという。常盤御前という呼称をはじめとして、幸若舞曲に見られる常盤像が後世に踏襲されていくのである。ただ、『伏見常盤』では常盤御前の両親を「父は梅津の源左衛門、母は桂の宰相」とするのに対し、『山中常盤』では「大和源氏の大将に、宇田のとうしがむすめ」であるとするような食違いが間間あることや、古浄瑠璃『常盤物語』の存在などを勘案すると、作品化されたものの背後には、多様な常盤の物語が存在していたものと考えられる。『義経記』では、義経が母とは互いに快からぬ関係にあったと述懐しているが、物語の中での常盤御前像にはつねに源義経の影が付きまとっていたのである。

西脇　哲夫

　永暦元年正月十七日の暁、常盤三人の子どもひき具して、大和国宇陀郡岸岡といふところにけいやくの親しきものあり。これを頼みたづねてゆきけれども、世間の乱るゝおりふしなれば、頼まれず。その国のたいとうじといふところに隠れゐたりける。常盤が母関屋と申すもの、楊梅町にありけるを、六条より取いだし、糺問せらるゝよし聞えければ、常盤是をかなしみ、母のいのちを助けんとすれば、三人の子どもを斬らるべし。子どもを助けんとすれば、老たる親を失ふべし。親には子をば如何思ひかへ候ふべき。親の孝養する者をば、堅牢地神も納受あるとなれば、子どもの為にもありなんと思ひつゞけ、三人の子共ひき具して泣く〳〵京へぞいでにける。六条へこの事聞えければ、悪七兵衛景清、堅物太郎に仰せつけ、子ども具し、六条へぞ具足す。清盛常盤を見給ひて、日ごろは火にも水にもと思はれけるが、怒れるこゝろも和ぎけり。常盤と申すは日本一の美人なり。九条院はことを好ませ給ひければ、洛中より容顔美麗なる女を千人召されて、その中より百人、又百人の中より十人、又十人の中より一人撰びいだされたる美女なり。清盛われにだにも従がはば、末の世には子孫の如何なる敵ともならばなれ。三人の子どもをも助けばやと思はれける。　**義経記**巻一「常盤都落の事」

囲ひ女とや悪口に。是をもいへば夕附日朱雀の御所は女護の嶋。むかしは源氏の春の園義朝の花もみぢ。今日は平家の秋の庭。清盛の月雪と。見手はかはれどかはらぬは。ときは御前の起きふしの独りで足らぬ御身持ち。お腰元の笛竹おぐし上げのひな鶴が。男見立ての仰せを請け裏の小門の物見の亭。往来の人の風俗を見下す簾まき上げて。今日もかはらぬ役目とて口へも入らぬ善悪に。男待つ風しどけなし。なう笛竹殿。いつぞは〳〵と思ひしが幸ひ外に人もない。ときは様はお気合ひがわるいとて。床もはなれず薬もんぢゃくいつうき〳〵ともなされぬに。来る日も来る日も二人か三人か往来の男呼び入れて。お精のつよい上々《うへ》には何が成る物ぞ。あれではお身煩ひもなほらぬ筈。清盛さまへ聞えてはお身の大事。わしらやこなたもよいことはあるまい。こはうてならぬとふるひ声。　**平家女護嶋**

〇牛若の目がさめますとときわいゝ(明八智4)

〇清盛は尻みやの有後家を持(拾六7)

　三人の子どもの命を助ける代償として、清盛は常盤をものにした。第一句、牛若はそのとき二歳の幼児であったという。第二句、「尻宮」はあとから面倒の生ずる故障のこと。のちに平家一門を滅ぼす命とりとなった。

徳川家康　とくがわいえやす　一五四二―一六一六

(天文一一―元和二)

江戸幕府初代将軍。一五四二年一二月二六日、三河国岡崎城内で生まれる。幼名は竹千代。父は岡崎城主松平広忠、母は刈谷城主水野忠政の娘(於大の方《おだいのかた》、法号伝通院《でんつういん》)。広忠は駿河の大名今川義元の勢力下で尾張古渡《ふるわたり》城主織田信秀と対立していたが、その渦中で於大の方の兄水野信元が今川氏に背いて織田氏と結んだので、於大の方は三歳の竹千代を残して離別され、まもなく尾張阿古居城主久松俊勝に再嫁し、竹千代一九歳のときまで会うことがなかった。

　六歳のとき、人質として駿府の義元のもとへ行く途中を織田方に捕らえられて尾張に送られた。一五四九年(天文一八)広忠の死後、今川・織田間の捕虜交換協定によってあらためて駿府に赴いた。五五年(弘治一)義元の館で元服し義元の一字を与えられて元信と名のり、今川氏の一族関口刑部少輔の娘(築山殿《つきやまどの》)と結婚した。五八年(永禄一)ごろ元康と改名。六〇年大兵を率いて上洛を図った義元の先鋒として三河に入り、織田勢力の包囲に孤立していた大高城の兵糧入れに成功して初陣をかざった。

　翌々日五月二〇日桶狭間の戦での義元の敗

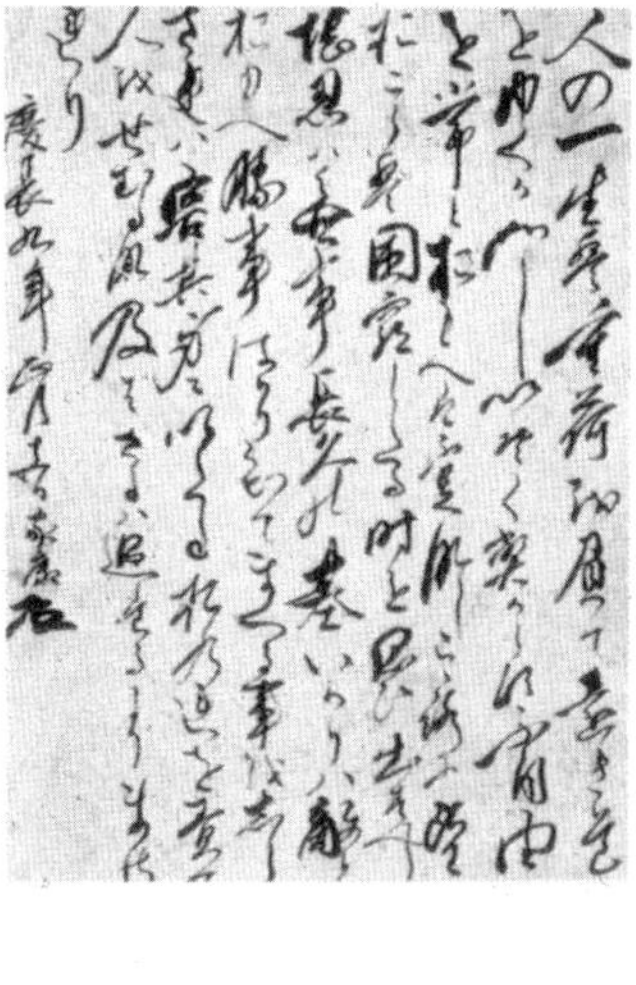

◉――**徳川家康**　『東照宮遺訓』として知られるもの。「人の一生は重荷を負て遠き道をゆくが如し、いそ(急)くへからす、不自由を常とをも(思)へは不足なし、こゝろ(心)に望を(起)こらは、困窮したる時を思ひ出すへし、堪忍ハ御無事長久の基、いか(怒)りハ敵とをも(思)へ、勝事はか(計)り知て、ま(負)くる事をし(知)らされハ、害其身ニいた(至)る、をのれ(己)を責て、人をせ(責)むるな、及はさるハ過たるよりまされり、慶長九年正月十五日家康(花押)」。日光東照宮蔵。

死を機に岡崎に入城して今川氏から自立し、六一年織田信長と和睦(一五六三年一月尾張清須で信長と会見)、六三年七月名を家康と改めた。直後に譜代の家臣団をも巻きこんだ三河一向一揆が起きたが、翌年の春ごろにはこれを鎮定、結果として三河一国は家康によって統一されることになった。六六年徳川と改姓。六八年今川氏の領国を大井川で折半しようという武田信玄との約束にもとづき義元の子氏真を掛川城に攻め、翌年、氏真の退城によって遠江一国を所領に加えた。

七〇年(元亀一)上洛し、信長の越前攻めに参加。帰国して築城中の引馬(引間)に移ってこれを浜松と改称し、岡崎城は嫡子信康に譲った。同年六月姉川の戦で信長とともに浅井・朝倉連合軍を撃破。同年一〇月信玄と絶って上杉謙信と同盟した。これに対して信玄は北条氏政と結んで再三にわたり家康の所領を攻撃し、七二年一二月三方原の戦で家康は信玄に大敗した。七三年(天正一)信玄の跡を継いだ武田勝頼もしきりに三河・遠江を侵したが、七五年長篠の戦では家康・信長連合軍が勝頼の軍に大勝した。七九年、武田氏に内通しているとの疑いで信長に強制されて家康は築山殿を殺し、嫡子信康を自殺させた。八二年、信長が武田氏を滅ぼして甲斐・信濃を、家康は駿河を手に入れたのち、信長の招きでわずかの供連れで上洛し、和泉の堺に行ったときに本能寺の変が起きた。道中の危険をおかして急いで帰国した家康は、態勢を整え明智光秀攻撃のため西上しようとしたところに羽柴(豊臣)秀吉から山崎の戦の報が届いた。

この報を受けて家康は一度は帰城したが、甲斐・信濃の帰属をめぐって北条氏直と対立し、八月甲斐国巨摩郡若神子《わかみこ》で対陣、やがて甲・信二国の領有を認めさせる和睦に成功、駿・遠・三・甲・信の五ヵ国を領有する大大名となった。八四年、信長の子信雄《のぶかつ》を助けて小牧・長久手の戦で秀吉に大勝したが、信雄が秀吉に屈服したので家康も秀吉と和睦、第二子の於義丸《おぎまる》(のちの結城秀康)が秀吉の養子となる条件で上洛した。秀吉は妹朝日姫を家康に嫁がせ、さらに母を浜松に行かせた。二人の実質上の人質を受け取った家康は上洛して秀吉に面謁し、権大納言に任じられた。以後秀吉の死まで家康は秀吉指揮下の有力大名という地位にあった。同年末、駿府城に移る。九〇年、秀吉の小田原攻めに従軍、後北条氏滅亡後その旧領に移封されて江戸城に入った(相模、伊豆、武蔵、下総、上野などで約二五〇万石)。九二年(文禄一)の文禄の役では秀吉に従って肥前名護屋に赴いたが、九七年(慶長二)の慶長の役でもみずから朝鮮に渡ることはまぬかれた。一五九六年内大臣。このころから九八年八月の秀吉の死の直前の間に設置されたと考えられる五大老の筆頭となり、秀吉の死後はその喪を秘したまま、朝鮮からの諸大名の撤兵を指揮した。翌年閏三月五大老の一人前田利家の死後、秀吉の築いた伏見城本丸に入り、「天下殿になられ候」(『多聞院日記』)と評されるにいたった。この地位は一六〇〇年の関ヶ原の戦の後はますます強化されたが、なお「世間後見」という実力上のものにすぎず、名実ともに日本の統一的支配者となるには〇三年の天皇による将軍宣下が必要であった。

一六〇五年には将軍職を秀忠に譲り、将軍が徳川氏に世襲されるべきものであることを天下に示すとともに、官位の束縛を受けない大御所として公家・寺社勢力を含めた全国支配の実権を握りつづけた。一二年ごろから全国の公家、寺社、大名に朱印状を発給すべく準備を始めたが、実現しないうちに一四年大坂の陣の開始によって中断。翌年(元和一)夏の陣で豊臣氏を滅ぼし、続いて武家諸法度、禁中並公家諸法度を発布して徳川の天下を安泰とした。一六年四月一七日駿府城で没。久能山に葬り、翌年日光山に改葬、後水尾天皇から東照大権現の神号を受け、正一位を追贈された。

【家康のイメージ】 家康の逸話は、馬術、剣術、水泳、鉄砲など武芸の達人であったこと、学問を好み和漢の古典を収集したこと、医方に通じていたことなどをめぐって数多く残されている。それらの大部分は史実にもとづくものであるが、一六四〇年（寛永一七）ごろから「東照神君」「権現様」といわれるようになった――それまでは死の直前に任じられた太政大臣の別称によって「相国《しょうこく》様」と呼ばれていた――家康のイメージは、彼が今川氏の人質から信長、秀吉のあとを受けて最終的に天下を安定させたことにより、良くも悪くも「忍耐」を中核としているといえよう。偽作（本来の作者は徳川光圀に比定されている）であることが最近明らかになった、「人の一生は重荷を負いて遠き道を行くがごとし。急ぐべからず」という言葉で始まる『東照宮遺訓』が現在でも広く知られていること自体が、このことを物語っている。反面、家康が妻の築山殿、嫡子の信康、孫娘の婿豊臣秀頼を殺したことから、彼の「忍耐」は「冷酷・狡猾」の印象を生むことになった。このイメージが早くから庶民の間にあったことは、歌舞伎『八陣守護城《はちじんしゅごのほんじょう》』（一八〇七初演）が、秀頼に比定される人物を攻め滅ぼす人物をさして「たぬきおやじ」と言っていることからも知られる。一八三七年（天保八）には絵師歌川芳虎が、紋所から信長と明智光秀と判明する鎧武者が搗き、秀吉がのした餅を、家康が食べている絵を版行して処罰されている。こうしたイメージも「立川文庫」を経て現在まで持ち越されているが、さらに明治維新後は皇室を抑圧した江戸幕府の創設者というイメージが家康には加わった。しかし第二次大戦後は、とくに高度成長期に経営学がもてはやされるなかで、すぐれた組織者としての家康像に関心がもたれるようになった。

（高木 昭作）

然間、元和二年丙辰之正月、田中へ御鷹野に御成被レ成ける処に、俄に御煩いつかせられて、次第〳〵に重り給ひて、卯月十七日に御遠行被レ成ける。御遺言の儀、誰知りたる人ハなけれ共、申習ハしたるハ、「我がむなしく成ならバ、日本国の所大名を三年ハ国へ帰さずして、江戸に詰めさせ給へ」と被レ仰ける時、大将軍之御状にハ、「御遺言之儀、一つとして違背申まじき。然とハ申せ共、此儀におひてハ、御許され可レ被レ成候う。左様にも御座候らへバ、若《も》し御遠行被レ成候らハヾ、是より日本之所大名をバ国へ帰申て、敵をもなさバ国にて敵をさせ、押かけて一合戦して、踏潰し可レ申候。何様、天下ハ一陣せずしてハ治り申間敷」と被レ仰候らへバ、其時、御手を合られて、将軍様をおがませられて、「其儀を聞き申度ために申つる。さてハ天下ハ静りたり」と御喜び被レ成て、其儘御遠行被レ成候うと申たり。下々にて、「さても〳〵、将軍様之被レ仰様ハ承ごとかな」と、舌を巻ひて褒め奉たり。

三河物語下

夜話のとき或人の云けるは、人の仮托に出る者ならんが、其人の情実に能く協へりとなん。郭公を贈り参せし人あり。されども鳴かざりければ、

なかぬなら殺してしまへ時鳥　織田右府
鳴かずともなかして見せふ杜鵑　豊太閤
なかぬなら鳴まで待よ郭公　大権現様

このあとに二首を添ふ。これ憚る所あるが上へ、固より仮托のことなれば、作家を記せず。

なかぬなら鳥屋へやれよほとゝぎす
なかぬなら貰て置けよほとゝぎす

甲子夜話巻五十三

関ヶ原の軍敗れしかば、金森法印、とく勝関の儀式行はれ候はばや、と申しけるを、東照宮、諸将の武功により斯く敵をば打破りたれども、諸将の妻子太坂に人質となりて敵の中に有り。此を事故なく帰し与へざらん間は我心を安んぜず。勝関を争で行ふべき、と仰せられしを、聞く人愈《いよ》感服しけるとぞ。

常山紀談巻之十三「東照宮勝関の儀を延べ給ひし事」

徳川光圀 とくがわみつくに

➡水戸黄門

土手のお六 どてのおろく

四世鶴屋南北が創造した悪婆《あくば》（妖婦）役の一人。悪婆は一七九二年（寛政四）に四世岩井半四郎の

演じた三日月おせんをもって嚆矢《こうし》とし、伝法肌《でんぼうはだ》でいなせで凄みのある、新しい美女として登場した。土手のお六は、南北が五世半四郎に書き下ろした『お染久松色読販《うきなのよみうり》』(通称『お染の七役』。一八一三年(文化一〇)三月、森田座初演)に初めて登場して、その日稼ぎの煙草屋渡世、鬼門《きもん》の喜兵衛の女房で、旧主の恩にむくいるため、油屋へゆすりをかける役どころ。土手と異名するのは、そのゆすり場での啖呵《たんか》(ツラネ)にあるように、吉原土手で引手茶屋を営んだ前歴による。半四郎は右作中で、お染・久松以下の七役を早替りで演じ、なかでもこのお六の評判がよかったため、その後も南北は『杜若艶色紫《かきつばたいろもえぞめ》』で女主人公に昇格させた。この作のお六は両国の蛇つかいとして設定、悪坊主願哲と組んで、ゆすりから殺人を犯すにいたる役とした。このお六は男たちをあごでこき使う姐御《あねご》に描かれるが、これは五世半四郎の私生活をそのまま楽屋落ちとしたものらしい。また、お六などの悪婆役に共通していえるのは、鉄火肌な莫連《ばくれん》女ながら愛嬌をそなえ、男につくす純情な側面をあわせもつ年増女であり、かつていちどは泥水稼業を体験している点である。文化・文政期の岡場所盛行を背景として、積極的に生きる女性であり、性格的な明るさが救いとなっている。

小池 章太郎

お六 もし〳〵なんだえ、強請《ゆすり》がましいえ。よしてもおくれ。なんぼしがねえ暮しでも、ゆすり衒《かたり》をするやうな、そんなわつちらじやあねえんだよ。これでも元は吉原の、土手に住まつたその時にやあ、小見世の客を引手茶屋、土手のお六といわれちやあ、ひやかし手合に達引《たてひ》いたが、今じやあそれも不仕合せ、小梅代地に九尺見世、亭主は江戸へ手間仕事、女房は内で洗濯や嚊ア莨《たばこ》と評判の、いわばまじめな商人《あきんど》だ。そんな厭味のあるんじやあねえよ。

お染久松色読販第二幕「瓦町油屋の場」

鳥羽僧正 とばそうじょう 一〇五三―一一四〇

(天喜一―保延六)

覚猷。密教図像の収集、書写に貢献し、後に天台座主にもなった平安時代の高僧。大納言源隆国の子。覚円に師事、四天王寺別当となり同寺復興に功をたてたあと、三井寺(園城寺)に法輪院を建立して籠居すること二十数年、密教事相の研究に努め、収集の図像は「法輪院本」として重きをなした。晩年は鳥羽上皇の信任篤く、鳥羽離宮に住し、鳥羽僧正と称された。画技をよくし、『古今著聞集』には風刺画に巧みであったと伝えられ、後世の滑稽な戯画を指す鳥羽絵の名称の起源ともなっている。古くから『鳥獣戯画』(高山寺)の筆者に擬せられてもいるが確証はない。むしろ転写本ではあるが、鳥羽僧正様『不動明王図像』(醍醐寺)などに彼の画業がうかがえる。また晩年の一一三六年鳥羽上皇が創建した勝光明院の扉絵制作を依頼され、このときは「老屈」と称して辞退している(『長秋記』)が、当時一流の絵仏師に伍して召された事実は本格的な画技の持主であったことを示すものであろう。

田口 栄一

鳥羽僧正は、ちかき世にはならびなき絵書なり。法勝寺金堂の扉の絵書たる人なり。いつほどの事にか、供米の不法の事ありける時、絵にかゝれける。辻風の吹たるに米の俵をおほく吹上たるが、塵灰のごとくに空にあがるを、大童子・法師原はしりちりてとりとゞめんとしたるを、さま〴〵おもしろう筆をふるひてかゝれたりけるを、たれかしたりけん、その絵を院御覧じて、御入興ありけり。其心を僧正に御尋ありければ、「あまりに供米不法に候て、実の物は入候はで、糟糠のみ入てかろく候故に、辻風に吹上られしを、さりとてはとて、小法師原がとりとゞめんとし候が、おかしう候を、書て候」と申されければ、比興の事なりとて、それより供米の沙汰きびしくなりて、不法の事なかりけり。

古今著聞集巻十一「鳥羽僧正絵を以て供米の不法に付き諷する事」

○人ンげんをこはして書クがとばゑ也(明元満1)

右句、「鳥羽絵」は直接鳥羽僧正とはかかわりはない。近世期に鳥羽絵と称する戯画が行われ、僧正を祖とするとされた。現代の漫画の祖に相当する。今日でも漫画は、描かれたモデル当人が見たら激怒するほど「こわして」描かれる。

巴御前　ともえごぜん

平安末期～鎌倉初期の女性。生没年不詳。源義仲の乳父中原兼遠の娘で、木曾四天王といわれた樋口兼光・今井兼平兄弟の妹。武勇をもって知られ、義仲に従って合戦に参加したが、一一八四年(元暦一)正月、義仲が敗死すると信濃に帰った。『源平盛衰記』によれば、源頼朝に召喚されて鎌倉に参上し、斬首されるところを和田義盛の請により免れ、その妻となり、朝比奈三郎義秀を生んだ。和田合戦で義盛・義秀が討たれると、越中国石黒に行き、出家して九一歳まで生きたという。　小田雄三

●――巴御前　「女将の三傑」として神功皇后(右上)、板額(右下)と並び称された巴御前(左)。美図垣笑顔作、歌川国芳画『軍要武者硯』。

木曾殿は信濃より、ともゑ・山吹とて、二人の便女を具せられたり。山吹はいたはりあツて、都にとゞまりぬ。中にもともゑはいろしろく髪ながく、容顔まことにすぐれたり。ありがたきつよ弓、せい兵、馬のうへ、かちだち、うち物もツては鬼にも神にもあはふどいふ一人当千の兵也。究竟のあら馬のり、悪所おとし、いくさといへば、さねよき鎧きせ、おほ太刀・つよ弓もたせて、まづ一方の大将にはむけられけり。度々の高名、肩をならぶるものなし。されば今度も、おほくのものどもおちゆきうたれける中に、七騎が内までともゑはうたれざりけり。　平家物語巻九「木曾最期」

○木曾をだき〆ひおどしをねだる也(二二40)
○木曾殿と後ロ合せに巴すね(一〇一45)
義仲の妾巴は「色白く髪長く、容顔まことにすぐれたり」(『平家物語』巻九)と評せられた美女、しかも強弓をひく一方の大将であったが、川柳子にかかってはただの女となる。したがって「買ってくれなきゃイヤ」などとねだっただろうと想像する。第二句、芭蕉の名句「木曾殿と背中あわせの寒さかな」の文句取り。

○小便の時は巴は陣を引(拾五17)
古今の勇婦といえども生理現象にはやむをえず、者ども退け、などと命じ、やおら陣屋で用をたしたのではないか。

○わるひ事よしなと巴首をぬき(安元梅2)
女武者だけに痴漢じみた組討をいどむやつもあったろうが、首をひっこぬかれてはたまらない。

○生マつばきはき〳〵巴切て出る(四21)
木曾殿最後の出陣のとき、巴は懐妊中。つわりの「生唾」。和田義盛の手で生け捕られ、

のちに生まれたのが朝比奈義秀であったと伝える。
○其後は巴毎晩組しかれ(七八5)
頼朝は巴を死罪とし、後難を除こうとしたが、義盛が懇請して妻に迎えた。右句、組討の相手は、自分を生け捕った夫。

伴善男 とものよしお 八一一―八六八
(弘仁二―貞観一〇)

平安前期の貴族。古代からの名族大伴氏の後裔。大伴家持《やかもち》は、善男の曾祖父の従兄にあたる。善男のとき、淳和天皇の諱に「大伴」とあるのをはばかり、伴姓に変えた。善男は大納言にまで昇ったので、伴大納言《ばんだいなごん》と称された。しかし、応天門の変の犯人とされ、伊豆国へ流され、配所で一庶民として没した。応天門の変とは、八六六年に御所の朝堂院の正門である応天門が放火によって焼失した事件。善男を犯人とする事件の顛末を描いた『伴大納言絵詞』(出光美術館蔵)は、我が国絵画史上第一級の絵巻で、国宝に指定されている。

応天門が炎上したのは、閏三月一〇日の夜であった。もともと火の気のない所で、失火は考えられない。初めに放火の嫌疑をかけられたのは、左大臣源信《みなもとのまもる》であった。時の大納言伴善男が源信の責任だと非難したからという。しかし、思わぬところから善男の方に火の粉が振りかかる。大宅鷹取という下級役人が、犯人は善男であると訴えたのである。背景には、鷹取の娘が善男の従者である生江恒山と伴清綱によって暴行され、殺されるという事件があった。恒山らは捕えられ、拷問されてついに、善男とその子中庸《なかつね》が、源信を失脚させるために放火したことを自白した。善男と中庸は捕えられ、厳しい取調べの結果、犯行を自供したとされる。二人のほか五人が主犯とされ、大逆罪に問われたが、なぜか死罪にはならず、遠流の刑に処せられ、善男は伊豆国、中庸は隠岐国へと流された。善男が所有する宅地はもちろん財産のすべてが没収され、二年後に配所で没した。しかし、この事件には謎が多く、真犯人が別にいた可能性は否定できない。時の太政大臣藤原良房が裏で糸を引いていたことは、ほとんど間違いないとされている。

高橋 千劔破

吃安 どもやす→竹居の吃安

豊臣秀吉 とよとみひでよし 一五三六―九八
(天文五―慶長三)

安土桃山時代の武将。天文六年出生説もある。織田信秀に仕えた足軽木下弥右衛門を父として尾張中村に生まれた。はじめ木下藤吉郎を名のる。

【天下統一まで】 秀吉は遠江の松下之綱《ゆきつな》に仕えたのち織田信長の家臣となり、戦功と才覚によって頭角をあらわした。一五七三年浅井氏の滅亡後に近江を与えられ、長浜に居城して領域的支配をつとめた。このころ筑前守に任ぜられ羽柴姓を称し、奉行人としての地歩を固めた。七七年の中国征伐には明智光秀とともに先鋒をつとめ、播磨三木城の別所長治を討ち、八一年には吉川《きっかわ》経家が守備する因幡鳥取城を陥落させ、翌年備中高松城を包囲し毛利氏との決戦を目前にしていた。このおりに信長暗殺の報に接し、直ちに毛利氏と講和を結んで兵をかえし、山崎の戦で明智光秀を破った。その直後に清須会議で信忠(信長の長男)の遺児三法師(秀信)を織田家の跡目に据え、みずから後見人となった。この強引な措置に反対する宿老の柴田勝家と八三年近江賤ヶ岳に戦い、越前北ノ庄で滅ぼした。また織田信孝(信長の三男)を尾張内海に自殺させ、主導権を握った。同年かつての石山本願寺跡に大坂城を築き、畿内先進地帯を権力的に掌握し、全国制覇にのり出した。翌年織田信雄《のぶかつ》(信長の次男)・徳川家康の連合軍と小牧・長久手に戦い、外交的手段で家康を臣従させた。八五年関白に任官し、古代的な権威をかりて身分制社会の頂点に立ち、翌年太政大臣となり豊臣姓をうけた。みずから京都に造営した聚楽第《じゅらくだい》に八八年後陽成天皇を迎えるなど朝廷に接近し、延暦寺や春日社の復興に力をかして仏法の庇護者を自認する態度をとった。他方では紀伊の根来《ねごろ》、雑賀《さいか》一揆を鎮圧し僧侶の武器を没収し、公家・寺社の荘園を改めて所領の確認を行った。四国の長宗我部氏を下したのち、八七年九州の島津氏を平定し、新たな国分《くにわけ》を行った。九〇年小田原の後北条氏を滅亡させ、さらに奥羽の諸大名も服属させ、ここに全国統一を達成した。

【統一権力としての性格】 秀吉の全国統一は武力による征服であることはもちろんだが、綸旨《りんじ》による停戦命令など天皇の権威を十分に利用する点に特徴がみられる。また主要都市や鉱山を直轄下におき貨幣を鋳造し、諸国の座や関を整理するなど商工業の把握につとめた。方広寺大仏殿の造営のため職人を動員し、百姓から武具を取り上げる刀狩令の口実とするなど、新たな身分編成につとめている。九州征伐の直後にキリシタン宣教師の追放を指令し(伴天連《バテレン》追放令)、布教の手段となっていた南蛮貿易を自己の統制下におき、武具など先進技術や生糸輸入の独占をはかった。山崎の戦の直後から始まった太閤検地は、征服地を拡大するにつれて全国に及び、石高制に基づいた年貢収取体制の確立により兵農分離を促進させた。九一年の身分統制令によって武家奉公人がかってに百姓町人に戻ることは禁止され、身分の固定化をもたらした。

【晩年の秀吉】 検地の竿と鉄砲隊の威力によって進められてきた秀吉の全国支配は、天下統一によって新たに獲得すべき領地がなくなり、家臣へ恩賞として与えることが不可能となった。一五九二年(文禄一)かねてから服属を求めていた明国を討つため朝鮮出兵(文禄・慶長の役)を令し、全国の大名を肥前名護屋《なごや》に集結させた。すでに関白職は甥の秀次に譲り、みずからは太閤として外征に専念し朝鮮へも渡るつもりでいた。緒戦の勝利に気をよくした秀吉は、後陽成天皇を北京に移し、その関白職に秀次をつけ、日本の帝位は若宮(皇子良仁親王)か八条宮(皇弟智仁《としひと》親王)に継がせ、その関白には羽柴秀保か宇喜多秀家をあてるといった、日本・中国・朝鮮にまたがる三国国割《くにわり》の計画を呈示した。これは大局的判断を欠いた空想にすぎないものであるが、秀吉の描いた構想を如実に物語っており、やがてインドまでを含めたものに発展していく。しかしこの計画は朝鮮民衆の義兵組織によって砕かれ、明の援軍の到着によって補給路が絶たれた。明との和議交渉に際し、秀吉は朝鮮の南半分の割譲や勘合貿易復活、明の皇女を天皇の后とすることなどを要求した。この交渉は決裂し、九七年(慶長二)再び朝鮮へ兵を送った。この間、秀吉に実子秀頼が誕生したことなどから秀次との関係が不和となり、九五年秀次は高野山で切腹させられた。戦局の膠着化にともない大名間の対立は深刻化し、農民は兵粮米調達のため過重な負担を強いられるなど、国内は重苦しい雰囲気につつまれた。九八年醍醐で華やかな花見が催されたが、秀吉は心身の衰えが激しくなり、八月に幼少の秀頼の前途を案じながら、五大老、五奉行に遺言を残して世を去った。

【太閤伝説の成立】 秀吉の出生はなぞにつつまれており、自己宣伝的要素と重なって史実を無視した物語が作られた。すなわち、秀吉の母(大政所、天瑞院)は萩中納言という貴族の娘で、尾張に配流されていたが、許されて上洛して宮中に仕え、再び尾張に帰ってすぐに秀吉を生んだと、天皇の落胤であることを暗示するものである。これは大村由己《ゆうこ》の『関白任官記』にも記され、ひろく流布した。同じような趣旨は外交文書にも盛られ、一五九〇年(天正一八)の朝鮮、九三年(文禄二)の高山国(台湾)へ送った国書では、自分が生まれるとき母は太陽が懐中に入る夢を見、その夜は日光が室中に輝いたと述べている。自己を神秘化し天皇との関係を強調する、まったく虚妄の物語が作られることは、一面では豊臣政権の性格を暗示するものといえよう。

秀吉の出自が無名の名主百姓層であることは、専制権力者という面を見失わせ、江戸時代においても庶民の間に「豊太閤《ほうたいこう》出世物語」として素朴な共感を抱かせるもととなったが、明治以後はそれが増幅して作り変えられ、英雄崇拝の観念と結びついていった。とくに戦前では「大東亜共栄圏の先駆者」として賞賛するような風潮もあったことを考える必要があろう。

三鬼 清一郎

爰に後陽成院之御宇に当て、太政大臣豊臣秀吉公と云人有。自二微小《びせう》一より起り、古今に秀て、寔に離倫絶類之大器たり。其始を考るに、父は尾張国愛智郡中村之住人、筑阿弥とぞ申しける。或時母懐中に日輪入給ふと夢み、已にして懐妊し、誕生しけるにより、童名《わらべな》を日吉丸と云しなり。出二於襁褓之中一《きやうはうのうちをいでて》より、類ひ稀なる稚立《をさなだち》にして、尋常《よのつね》之嬰児にはかはり、利根聡明なりしかば

太閤記巻一「秀吉公素生」

文禄三年甲午二月廿五日、吉野の花、御覧あるべきとて、大坂を立出させ給ふ。秀吉公例之作り鬚に眉作らせ鉄黒《かねぐろ》なり。供奉之人々、我もくと、美麗を尽し、わかやかなる出立なれば、見物群集せり。

太閤記巻十六「吉野花御見物之事」

刀を赦して近うくと詞の下。家来に持たせし指添刀《さしぞへがたな》。渡せば取つてさすがの東吉。両手をつかへ謹んで。御覧の如く四尺に足らぬ此下東吉。甲州山本勘助に比べては。抜群劣りし小男。お馬の口か秣《まぐさ》の役か。恐れながら御譜代とも。思召し下されなば有難く候と身を謙《へりくだ》り蹲《うづく》まる。ム、古へ斉《せい》の晏子《あんし》といふ者。身の丈は三尺なれども。諸侯の上に立つて国政を執行《とりおこな》ふ。武士は魂。人相の差別善悪によるべきか。さは言へ人には一つの癖のあるものとは慈鎮《じちん》が歌。この松永も碁を好むが一つの癖。相手は是なる鬼当太軍平ヤ幸ひ目見えの東吉。試みに何と一番打たうかい。是へくと盤引寄せ招く頤《をとがひ》お髭の塵。取敢ずお相手と盤に向ふも先手後手。軍平是で見物と腰打ちかけて差窺ふ。(中略)大膳盤を打眺め。大方この碁もおれが勝。勝負を付けて見ようかい。然らば左様と東吉が。向ふ敵は小田信長。この大膳が後陣の備へ。つゞく碁勢は。あるともく有馬山。いなの笹原足つくな。突いたら大事か取つてくりよ。取るとは吉左右《きつさう》天下取る。国を取ろくところゝ汁。山の芋から鰻とは早い出世のやつこらさ。三五十八南無三宝大膳様がお負けぢやと。はま拾ふ間も短気の松永。盤を摑んで打付くるを。すかさぬ東吉扇のあしらひにつこと笑ひ。総て碁は勝たんと打たんより。負けまじと打つが碁経の掟。東吉が癖として囲碁に限らず口論。或は戦場に向うても後れを取ること大嫌ひ。盤上は時の興。勝つべき碁をわざと負けるは追従軽薄。負腹の投打ちならば今一勝負遊ばされんや。サ、、、何番でもお相手と。井目《せいもく》すゑたる東吉が。手段もさぞと。知られたり。大膳も納得し面白い碁の譬《たとへ》。見かけに寄らぬ丈夫の魂頼もしゝく。

祇園祭礼信仰記

秀吉は、おひおひに、立身して、関白、太政

大臣となれり。これよりさき、国内、戦乱うちつづきて、皇室、大いに、衰へたり。秀吉これをなげきて、皇室のために、つくししこと少からざりき。秀吉は、京都に聚楽の第をつくりて、これに、をりしが、あるとき、後陽成天皇の臨幸を仰ぎたてまつりたり。かかる臨幸の儀式は、ひさしく、たえたりしことなれば、人人、遠近より来りて、拝観し、なかには、「はからずも、かかる太平のありさまをみることよ。」とて、大いに、喜びたるものありき。秀吉は、諸臣一同に、皇室をたっとばしめんと思ひ、御前において、これをちかはしめたりき。　国定教科書高等小学修身

○松の下タ逃た時分は手長猿（五一5）

松下加兵衛のもとにあったとき、日吉丸の秀吉は、黄金五六両を預かり、具足を買いにやらされたが、そのまま逐電し、信長に仕えた（『太閤記』）。

○信長へお国ものだと申上ゲ（五5）

信長の草履とりとなり、木下藤吉を名のる。信長の小人に一若という者があり、その斡旋によるという（『太閤素生記』）。信長と同国尾張の中村生れだ、と紹介したであろうとの想像句。

○城ふしん手はづをくばる猿眼コ（四八11）

清洲城の壁が一〇〇間ばかり崩れ、二〇日余かかっても修繕できず、秀吉が普請奉行に任ぜられ、一〇〇間を一〇組に分けて割普請したところ翌日には完成した（『太閤記』）。

○ひやう定の内ひでよしは三しまつき（天四鶴1）

天正一八年、秀吉は北条氏直を小田原に攻めて下した。小田原城内では、戦うか降伏かの評議に時を費やし、いまも長い会議を「小田原評定」といっている。

○聞キおぢをしてよりつかぬつかをつき（天元満1）

朝鮮侵略の野望のため、天正二〇年、一三万の兵を送り、首の代りに耳をそいで持ち帰らせ、京都方広寺大仏前に埋め「耳塚」を築いた。「聞き怯じ」で耳を暗示。

○関白も元わんぱくの御末也（一二一乙19）

天正一三年七月、関白に任ぜられたが、もとをただせば、卑賤な生れの腕白小僧、猿面冠者にすぎぬ。

虎御前　とらごぜん

鎌倉初期に相模国大磯宿の遊女であったと伝えられる女性。『曾我物語』に曾我兄弟の兄十郎祐成の愛人として登場する。『吾妻鏡』建久四年（一一九三）六月一日条および一八日条にその名があらわれるが、実在性は疑わしい。むしろ『曾我物語』の唱導者たちによって創作された偶像的人物とみられている。『曾我物語』によれば、曾我兄弟の仇討のときは一九歳、のち六四歳で死去したという。　小田　雄三

『曾我物語』では、虎御前は曾我兄弟の死後、箱根で出家し廻国に出て、熊野その他各地の霊場を巡って兄弟の菩提《ぼだい》を弔い曾我の里に帰って一周忌を営み、のちに二人の骨を首にかけ信濃の善光寺に納めたとされる。伝説としては、兄弟を弔って諸国を廻国して没した虎御前をまつったとする虎石も多く、福島県から鹿児島県にまで分布している。また虎石、虎ヶ塚、虎石塚と称されるものの中には大磯の虎や曾我兄弟と無関係なものがあり、『本朝神仙伝』や『元亨釈書』には聖山の禁を犯して吉野山に登ろうとした都藍尼《とらんに》の伝説を伝え、高野山、立山、白山にも同様な都藍尼の登山の伝説があることからすると、虎石、虎ヶ塚などの遺跡は、本来、トラ、トラン、トウロなどと称された廻国の巫女の足跡ではなかったかと考えられている。虎御前の名は、このような廻国の巫女の系統を引く盲御前の名で、中世には箱根山を根拠地として、その信仰や物語を唱導する熊野比丘尼系の盲御前の名称となり、農村生活に深い関係のある悪霊鎮圧の物語を語りつつ廻国を続けたものと考えられる。こうした民間の信仰を背景として、『曾我物語』でも、登場人物の一人の固有名詞として用いられ、その生態が物語の中にも投影されているものと思われる。　山本　吉左右

→曾我兄弟

……十八日、癸丑、故曾我十郎の妾、大磯の虎、……

除髪せずと雖も、黒衣の袈裟を著す、亡夫の三七日の忌辰を迎へ、筥根山の別当行実坊に於て、仏事を修す、和字の諷誦文を捧げ、葦毛の馬一疋を引き、唱導の施物等と為す、件の馬は、祐成の最後に、虎に与ふる所なり、即ち今日出家を遂げ、信濃国善光寺に赴く、時に年十九歳なり、見聞の緇素悲涙を拭はざる莫しと云々

吾妻鏡建久四年六月

さる程に、大磯の虎は、十郎祐成打死にのよしを聞て、いかなる淵河にもいらばやと思ひけれども、なき人の菩提のつとにもなるまじければ、ひとへにうき世をそむきはてて、かの人の後世とぶらはんと思ひたち、袈裟、衣などとゝのへて、箱根山に上り、百ケ日の仏事のつゐでに、なく／＼翡翠のかんざしをそりおとし、五戒をたもちけり。さしも、うつくしかりつる花の袂をひきかへて、墨の衣にやつしはてける、心ざしの程こそ、類すくなき情なれ。

曾我物語巻十二「虎、箱根にて暇乞して、ゆきわかれし事」

虎は、たゞ一人、十郎のむなしくなりし富士の裾、井出の屋形の跡を心ざして、箱根を後になして行程に、(中略)井出の里にちかづきぬ。虎は、里の翁にあひて、とひけるは、「すぎにし夏の比、鎌倉殿の御狩の時、親の敵打て、おなじくうたれし曾我の人々の跡やしらせたまひて候。おしへさせ給へ」といひければ、(中略)

翁、ある方を爪ざして、「あれこそ、出の屋形の跡にて候へ。あの辺こそ、工藤左衛門殿うたれさせ給ひ候所にて候へ。また、かしこは、十郎殿のうたれさせ給ひ候所、こゝは、五郎殿の御生害の所、扨《さて》また、あれに見え候松の下こそ、二人の死骸をかくしまいらせたる所候よ」と、ねんごろにおしへければ、虎、涙をおさへ、かつうは嬉敷、かつうはかなしくて、たゞなくよりほかの事ぞなき。かの一むら松の下にたちより見れば、げにも、うづもれておぼえ候土の、すこしたかく見えければ、すぎにし五月の末の事なれば、花薄、蓬、葎おひしげり、其跡だにも見えざりけれども、なき人の縁と聞からに、なつかしくおぼえて、塚のほとりにふしまろび、われもおなじ苔の下にうづもれなば、今さらかゝる思ひはせざらまし、黄泉、いかなるすみかなれば、行て二度かへらざると、ふししづみける有様、たとゑん方こそなかりけれ。翁も、心在物なれば、ともに涙をぞながしける。もろともにかくてはかなはじとや思ひけん、「御なげき候とも、其かひ有まじく候。夜になれば、此所には、狼と申物、道ゆく人をなやまし候。御とどまり候て、かなふまじく候。これより御かへり候て、今宵は、賤が伏屋なりとも、御とどまり候て、一夜をあかさせたまひ候へ。旅は、何かくるしく候べき」と申ければ、「嬉しくもの給ふ物かな。この辺、ねんごろにおしへたまふに、宿までおもひより給ふ事のうれしさよ。さやうにおそろしき物の候て、身をすてても、何にかはすべき」とて塚のほとりにて念仏申、「過去幽霊、成仏得脱」と回向すれば、十郎の魂霊も、いか計うれしとおぼす覧と、思ひやられて、あはれ也。

曾我物語巻十二「井出の屋形の跡見し事」

○石でさへ人見知りする虎が石(宝一〇宮1)

神奈川県大磯町に現存する「虎ヶ石」は、古来から美男子には持ちあげられるが、醜男にはあげられない色好みの石だと伝えられる(『東海道名所記』)。石の形態がトラコ(ナマコの一種)に似ているところからの命名で、トラコ石が転訛、虎ヶ石と虎御前に付会した伝説となった。

鳥追お松　とりおいおまつ

明治初期毒婦小説の代表的ヒロイン。お松が実在の人物かどうかは未詳だが、一八七七―七八年久保田彦作の『鳥追阿松海上新話』が『仮名読新聞』に連載された当時は、「小屋粂《くめ》三《さ》」といわれて評判高く、実在性が信じられていた。慶応末年に二二、三歳の鳥追女が、江戸の武家邸長屋窓などを新内節で流し、若者の血をおどらせた。鳥追女は名をお松といい、慕い寄る男を翻弄し、金を絞って捨てる妖婦。徴兵隊の浜田正司、呉服屋の手代忠蔵、

遊び人大阪吉らがそのいけにえとなる。七八年四月に三世河竹新七によって舞台化された。メリメの『カルメン』に筋立てが似ているので、その影響作かとも思われる。

小池 章太郎

呑竜 どんりゅう 一五五六―一六二三

(弘治二―元和九)

江戸初期の浄土宗の僧。源蓮社然誉大阿と号する。岩槻城主太田賢正の家臣井上信貞の次男として武蔵国埼玉郡新方領一の割村(埼玉県春日部市)に生まれた。幼名を竜寿丸といい、一五六九年(永禄一二)隣村の浄土宗林西寺八世岌弁《きゅうべん》について出家し、名を曇竜と称した。二年後増上寺学寮に入り存応《ぞんのう》に師事した。一五八四年(天正一二)林西寺、一六〇〇年(慶長五)武州滝山(東京都八王子市)の大善寺住職を経て、一三年徳川家康が、新田義重追善のために上野国太田の地(群馬県太田市)に創建した大光院に、師存応の推挙によって開山として入寺し、悪竜をのむ夢をみて名を呑竜と改めた。貧困のため行われていた堕胎や間引きの惨状に対して、寺の禄米を施して小さな生命を救った。禄米流用の非難が起こるや困窮者の子弟を形だけ剃髪させて、弟子の名目のもとに慈善行を続け、子育て呑竜と呼ばれた。一六一六年(元和二)にはツル殺しの孝子源次兵衛をかばって信州小諸の仏光寺に六年間閑居したが、許されて帰寺するなど、民衆と苦難をともにして教化に尽くした。

藤井 正雄

な

中江藤樹 なかえとうじゅ 一六〇八―四八

(慶長一三―慶安一)

江戸初期の儒学者。日本における陽明学派の始祖とされる。名は原、字は惟《これ》命《なが》、通称は与右衛門。藤樹は号、別号は嘿《もく》軒《けん》、顧軒。祖父吉長は伯耆国米子藩主加藤貞泰の家臣。父吉次は近江国高島郡小川村で農業に従い、北川氏を妻とし一男一女を生む。藤樹はその長男。九歳で祖父に引き取られ、翌年加藤家の転封にともない、伊予国大洲に移住した。一七歳で『四書大全』を読み、朱子学に傾倒していく。一九歳のとき郡奉行として在職。二七歳のとき老母を養うことを理由に、藩の許しを待たずに致仕し、近江に帰る。酒を売り米を貸して生計を立てたという。『礼記《らいき》』の教えどおりに三〇歳で結婚したことからもわかるように、儒教の礼法の順守を志していたが、一六四〇年(寛永一七)三三歳のとき、大きな転機を迎える。それは、①『孝経』に深い意味を見いだしたこと、②太乙神《たいいつしん》を祭りはじめたこと、③『翁問答』を著したこと、④『王竜渓語録』を入手し陽明学を知ったこと、などだったという。三四歳のとき伊勢の皇大神宮に参拝し、また儒教の礼法を固守する弊害を認めるようになる。四四年(正保一)三七歳で『陽明全書』を読み、陽明学にしだいに没入していった。また備前国岡山藩主池田光政の尊信を受け、彼の遺児三人はつぎつぎに召し抱えられた。藤樹は儒学、医学を講じて多くの門人を養成したが、熊沢伯継(蕃山)と淵岡山は、その陽明学風を継承した双璧といわれる。徳行をもって聞こえ、数々の逸話が伝えられるが、死後とくに名声が高まり、近江聖人と呼ばれるようになった。著書に『翁問答』をはじめ、『論語郷党啓蒙翼伝』(一六三九)、『孝経啓蒙』(一六四二)、また『大学考』『大学解』『中庸解』『中庸続解』や『鑑草』(一六四七)など儒学関係のもののほか、『捷径医筌』(一六三八)、『神方奇術』(一六四四)など漢方医書があり、『藤樹先生全集』増補再刊版五冊(一九四〇)に著作が網羅されている。

三宅 正彦

【人物像】 藤樹は江戸時代中期には、名利を避け、清貧の中で求道生活を続けた高徳の人として広くその名を知られた。藤樹の徳化は近隣の農民にも及び、その感化力に驚いた熊沢蕃山が入門を請うた話、老いた母の喜びをわが喜びとした逸話は、近代になってからも孝の道徳をあらわす典型として、国定教科書に収められ、また内村鑑三は、日本史上最も理想的な教育者として、『代表的日本人』の中で藤樹の求道生活を紹介した。

大隅 和雄

長髄彦 ながすねひこ

記紀の神武天皇の条に天皇の大和平定に反抗したと伝えられる土豪。登美毘古《とみびこ》あるいは登美の長髄彦ともいう。長髄彦は妹を天津神《あまつかみ》の子饒速日《にぎはやひ》命の妻としており、みずからもニギハヤヒを主君としていたため、神武の東征を侵略と考えて、神武の兄五瀬《いつせ》命を戦死させるなど強く抵抗していたが、結局はニギハヤヒがナガスネヒコを殺して神武の軍門に降ったという。ナガスネヒコの名は「七束脛《ななつかはぎ》」「八束脛《やつかはぎ》」と同じく王化にしたがわぬ土酋をいやしめた名称であろう。

阪下 圭八

中村仲蔵(初代) なかむらなかぞう 一七三六―九〇(元文一―寛政二)

江戸中期の実悪役者。俳名を秀鶴《しゅうかく》という。舞踊の志賀山家養子から中村伝九郎に入門。四代目市川団十郎の主催する「修行講」に参加して芸を磨き、座頭も度々勤めるほどの大立者となった。舞踊の名手としても知られる。当時作者界の大立者であった金井三笑、また四代目松本幸四郎との確執でも有名だが、なかで最も人口に膾炙しているのは『仮名手本忠臣蔵』の定九郎役の新演出である。それまで山賊姿であった定九郎を、黒羽二重に大小姿の浪人姿で演じた工夫は以後も受け継がれた。そのヒントには数種の異説があり、長島寿阿弥『寿阿弥筆記』では前述の修行講での五代目団十郎の発言からといい、『東の花勝見』では王子稲荷へ新工夫の祈願をした際の帰り道で出会った浪人の姿であるといい、三代目中村仲蔵の手記『手前味噌』では柳島妙見の参詣帰りという。また『江戸塵拾』では戸野村大吉という御家人が自分の用人を殺して金を取ろうとした姿を写したと記し、伝説化が進む様子がうかがえる。この逸話は一席物の落語「中村仲蔵」として伝えられるほか、講談「旗

●中村仲蔵 初代仲蔵の定九郎。「足どりをかるくして、目をしばつかせ、わらひあり。扨うでをこき、身をゆすり、足をふみつけ、あしをさげて手をふる身あり。前に出せる身もせりふによりてまじることあり」。『役者身振氷面鏡』。

本五人男」や三遊亭円朝の人情噺「月謡荻江一節」の一節に取り込まれている。

○秀鶴が骨を残せし破ャレ蛇の目(保一〇いと)

○秀鶴と其角雨では名を残し(新二〇3)

第一句、仲蔵(秀鶴)型の定九郎が現行演出となる。第二句、柳島妙見に参詣の帰途、夕立に出あって、浪人の姿にヒントを得たとされる定九郎の新型(→斧定九郎)と、其角の雨乞いの句(→其角)。

今岡　謙太郎

中村主水　なかむらもんど

テレビ時代劇『必殺』シリーズで藤田まことが演じたキャラクター。中年の下級同心で、職場ではうだつが上がらず「昼行灯」と蔑まれ、家では「種無しの婿養子」と姑と妻にイビられ続ける。小銭に汚く、賄賂をせびり、ヘソクリを貯めることだけが楽しみな日々を送る「凡人」だ。ところが、裏に回ると金をもらって悪を懲らしめる凄腕の殺し屋に変貌する。この二面性が視聴者から支持され、四〇年近く愛され続けることになった。

『必殺』シリーズは一九七二年(昭和四七)、池波正太郎の創作した藤枝梅安を主人公にした『必殺仕掛人』から始まる。しかし、当時は原作自体がほとんどない状況だったこともあり、作品はテレビオリジナルがほとんどになっていた。これに池波側が反発し、終了してしまう。そこで朝日放送の山内久司プロデューサーら製作陣は、新たにオリジナルキャラクターを創作して、翌年に続編『必殺仕置人』をスタート。主水は「仕置人」グループの一人として登場する。テレビのコメディ番組『てなもんや三度傘』などで喜劇のイメージの強かった藤田に、殺し屋役は難しいのではという意見も強かったが、その裏にある暗さを見て取った山内と、「こういう人間が人を殺すから面白い」という深作欣二の推薦により配役が決まる。これが見事に成功し、『仕置人』は大ヒット。以降『必殺』はシリーズ化し、主水はその看板キャラクターとなった。テレビシリーズは八七年の『必殺剣劇人』で終了するが、その後も二時間スペシャルや劇場映画などで親しまれる。その主役は全て主水だった。主水は九六年(平成八)の劇場版第六作『必殺！主水死す』で一度は死亡するが、二〇〇七年のテレビスペシャル『必殺仕事人２００７』で華麗に復活。一〇年に藤田が死去するまで演じ続けることになった。藤田の死後に製作された『必殺仕事人２０１０』の回想シーンが最後の登場となった。

春日　太一

長屋王　ながやおう　六八四—七二九

(天武一三—天平一)

奈良前期の皇族で、朝廷の実力者。聖武天皇即位とともに正二位左大臣となり、大きな政治力をもった。しかし、藤原氏の陰謀による長屋王の変によって自害させられた。一九八六年(昭和六一)から八九年(平成一)に、奈良市の平城京跡地で広大な長屋王の邸宅跡が発掘調査され、多くの遺物や多数の木簡が出土した。その多くが第一級の史料となっている。

長屋王は、高市皇子の第一子として生まれた。すなわち天武天皇の孫にあたる。母の御名部皇女は、天智天皇の皇女とされる。夫人の吉備内親王は、女帝の元明天皇と草壁皇子の間に生まれた。また臣下で最大の実力者である藤原不比等の娘を側室にもち、ほかにも側室がおり、何人もの子を儲けていた。長屋王自身も、また吉備内親王との間の子も、場合によっては皇位を継承できる血筋であった。しかし七二九年二月一〇日、突如として長屋王の変と呼ばれる政変が起こった。時の左大臣で朝廷最高の地位にあった長屋王の邸宅を、藤原宇合《うまかい》を長官とする六衛府の兵が取り囲み、一二日には長屋王を自殺させてしまった。吉備内親王と内親王が産んだ四人の男子も、自殺させられた。発端は、二人の下級官人が、長屋王は国家を傾けようと謀っていると訴えたことによる。しかし、政府の最高の地位にある皇族が、下級官人の密告によって、わずか一、二日のうちに処断されるなどということは、どう考えてもおかしい。藤原氏によって仕組まれた政治的陰謀事件であったと考えられる。実は、不比等の娘で聖武天皇の妃となった安宿媛《あすかべひめ》(のちの光明皇后)が産んだ基王《もといおう》が五ヵ月前に夭逝していた。生れてわずか二ヵ月で皇太子となった基王が、一歳の誕生日を待たずに亡くなったことで、藤原氏は急遽長屋王をはじめとする皇位継承権をもつ者を殺してしまったのである。やがて光明を皇后とし、光明の産んだ内親王を強引に皇太子に立て、さらに女帝(孝謙天皇)とするという藤原氏の専制が始まるのである。

→孝謙天皇

高橋 千劔破

諾楽宮に宇大八嶋国御めたまひし勝宝応真聖武太上天皇、大なる誓願を発し、天平元年己巳の春二月の八日に、左京の元興寺にて、大なる法会を備け、三宝に供養したまふ。太政大臣正二位長屋親王に勅して、衆の僧に供ふる司に任てたまふ。時に一の沙弥有り。濫しく供養を髗る処に就きて、鉢を捧げ飯を受く。親王見たまひて、牙冊を以ちて沙弥の頭を罰ちたまふ。頭破れ血流る。沙弥頭を摩で、血を捫ひて悕み哭きて忽に観えず。去る所を知らず。時に法会の衆道俗偸に嗲きて言はく「凶し。善くあらず」といふ。二日を逕て、嫉妬む人有りて天皇に讒ぢて奏さく「長屋社稷を傾け国位を奪はむことを謀る」とまうす。爰に天心に瞋怒りて、軍兵を遣し陳ねたまふ。親王自づから念ひたまはく、「罪無くして囚執はる。此れ決定めて死なむ。他に刑殺さるるよりは、自づから死なむに如かず」とおもひたまひて、すなわち其の子孫に毒薬を服ましめて、絞り死し畢りたまひて後に、親王薬を服みて自づから害したまふ。天皇勅して彼の屍骸を城の外に捨てしめたまひて、焼き末き河に散し海に擲てたまふ。ただし親王の骨のみ土左国に流したまふ。時に其の国の百姓多く死ぬと云ふ。百姓患へて官に解して言さく「親王の気に依り、国の内の百姓みな死亡ぬべし」とまうす。天皇聞きたまひて、皇都に近けむが為に、紀伊国海部郡椒村の奥嶋に置かしめたまふ。

日本霊異記中巻「己が高徳を恃み賤しき形の沙弥を刑ちて現に悪しき死を得る縁」

○御心の狭さうな名ハ長屋王(嘉六・佃13)
○胸の曲ミに身を倒す長屋王(嘉四桜4)

両句とも居住空間としての江戸の「長屋」の連想。第二句、「曲ミ」は歪み。自尽の最期の想像句。

中山みき なかやまみき 一七九八―一八八七

(寛政一〇―明治二〇)

天理教教祖。大和国山辺郡三昧田《さんまいでん》村(現、奈良県天理市)の庄屋の長女として生まれた。一八一〇年(文化七)一三歳で従兄の中山善兵衛に嫁ぐ。幼少のころから浄土信仰があつく、一九歳の時に五重相伝を受けた。これは宗義の奥にあるものを学ぶための最初の資格免許のようなもので、それまでに誦経、念仏の行を重ね、宗義をしっかりと学習していなければならないから、みきがいかに聡明だったかを示していよう。一男五女の母親となり、長男の足痛の快癒を祈って加持をくり返していたとき、みき自身が神がかり状態となり、宗教を新しく興すきっかけとなった。ある時弟子が彼女に「信者が、天理王命《てんりおうのみこと》の姿はあるのかと質問したが、どのように答えたらよいのか」と、たずねたことがあった。すると彼女は、「あるといえばある。ないといえばない。願う心のまことから見える利益《りやく》が神の姿」と教えたという。真心をもって親神《おやがみ》(天理王命)にもたれれば、親神に通じ、それが利益として現れるというわけだ。また、「荒神が祟ったり、禍《まが》つ神が災難をおこすというのは本当だろうか」と弟子たちが雑談しているのを耳にしたみきは、「どのような神もみなある。人の心の理《り》からどんな神もできる」と説いたという。天理教の原典であるみきのことば集「おふでさき」によれば、この世にはもともと病気はもちろん、祟りや化けものの類は存在しないとされている。非難、嘲笑、迫害、弾圧にも屈せず、みきは、信仰が法律にも政治支配にもまさることを説きつづけ、九〇歳で破乱の生涯を閉じた。

光武　敏郎

名古屋山三郎　なごやさんざぶろう　?―一六〇三（慶長八）

安土桃山時代の出雲のお国とともに歌舞伎の始祖に擬せられ、世に「さんざ」（「山三」「山左」）「山左衛門」（「三左衛門」）と呼ばれた。父因幡守高久（敦順とも）は織田信長に仕え、母は信長の縁につながる織田刑部大輔の娘、妹は豊臣秀長の嫡子小一郎に嫁し、死別後、森忠政に嫁した。『氏郷記《うじさとき》』によれば、山三郎は一五歳で蒲生氏郷の陸奥名生城攻略に従って一番槍の武勲を立て、小歌に歌われるほど有名になった。大徳寺高桐《こうとう》院の開祖玉甫《ぎょくほ》和尚の『玉甫録（半泥藁）』などの諸記録によれば、山三郎は武勇にすぐれていたばかりでなく、かくれなき美男子で、遊芸にも通じた伊達男（かぶき者）であった。山三郎は若くして剃髪して宗円と称し、京都に隠栖《いんせい》したがまもなく還俗し、九右衛門と改名して森忠政に仕え、美作に移封となった主君に従ってまもなく、同藩の井戸宇右衛門と院荘において刃傷におよび、相討ちとなって果てた。このときの山三郎は三〇歳前後の若さで、『森家先代実録』によれば三二歳（『氏郷記』によれば二八歳）であった。歌舞伎の流行とともに、山三郎をお国歌舞伎の演出者とし（『懐橘談《かいきつだん》』）、あるいは夫婦の共演者とする（『雍州府志』『貞丈雑記』など）などの俗説が巷間に流布していった。山三郎が浄瑠璃にとりあげられたのは江戸の土佐少掾正本『名古屋山三郎』（延宝ごろ上演）が最初で、山三郎が傾城葛城をめぐって不破伴左衛門と争うという内容で、後の不破名古屋物の先蹤となった。この影響下に、貞享ころ（一六八四―八八）江戸市村座において歌舞伎『遊女論』が上演され、初世市川団十郎の不破、村山四郎次の山三郎、伊藤小太夫の葛城で大当り。九七年（元禄一〇）正月江戸中村座上演の『参会名護屋《さんかいなごや》』に山三郎・不破の「鞘当《さやあて》」の趣向があらわれ、この後さまざまな鞘当物がつくられる。→出雲のお国

鳥居　フミ子

念仏の声にひかれつゝ〳〵、罪障の里をいでうよ、のう〳〵お国に物申さん、われをば見知り給はずや、そのいにしえのゆかしさに、これまで参りて候ぞや、思ひよらずや貴賤の中に、わきてたれとか知るべき、いかなる人にてましますぞや、御名を名乗りおはします。いかなる者と問ひ給ふ、われも昔の御身の友、馴れしかぶきを今とても、忘るゝ事のあらざれば、これも狂言綺語をもつて、讃仏転法輪のまことの道に入るなれば、かやうに現れいでしなり。さては此世になき人の、うつゝにまみえ給ふかや、さしてそれともいは代の、松の言の葉かず〳〵に、袖を連ねてきた野なる、右近の事と夕顔の、花の名残の玉鬘、かけても思ひ出ざるや、言葉の末にて心得たり。さては昔のかぶき人、名古屋どのにてましますか、いや名古屋とは恥しや、なごやかならぬ世の交

◉**名古屋山三郎**　塗笠を手に赤の腰蓑を着けた扮装の出雲のお国が念仏踊りを踊ると、その声に招かれて「かぶき者」名古屋山三の亡霊が客席から現れる。『阿国歌舞伎草紙』。大和文華館蔵。

り、人の心はむら竹の、ふしぎの喧嘩をしいだして、互に今は此世にもなごやが池の水の泡と、はてにし事の無念さよ、よし何事も打棄てゝ、ありし昔の一節を、歌ひていざやかぶかん〳〵。(中略)

いかにお国に申し候、これはは古臭き唄にて候程に、めづらしきかぶきをちと見申さう、今の程は浄瑠璃もどきといふ唄を歌ひ申し候、さらば歌ひ聞せ申さんと、つゞみの拍子打揃へ、調子をこそうかゞひける。

わが恋は月に叢雲花に風とよ、細道の駒かけて思ふぞ苦しき。(中略)

かぶきの躍も時すぎて〳〵、見物の貴賤も帰りければ、名古屋は名残の惜しきまゝに、待てしばし〳〵、歌へや舞へや拍子に合せて打つつゞみの、とゞろとゞろと鳴る神も、思ふ中はよもさけじと言ひしも、いたづらに別れなれば、お国は名残を惜みつゝ又一ふしこそ躍りける。

お帰りあるか名古三さま、御送り申さうよ木幡まで、こばた山路に行き暮れてふたり伏見の草枕、八千夜そふとも名古三さまに、名残をしきは限りなし。

かぶきのさうし

○雨もりに無益山三が三本傘(安政三海30)

古来、名古屋山三郎の紋は「三本傘」(中央の一本開いた傘に、すぼめた二本の傘を交差させたもの)と伝えられた。一八〇六年(文化三)刊の山東京伝著『昔話《むかしがたり》稲妻表紙』には、浪宅で雨漏りのため傘をさして座しているシーンが描かれ、一八二三年(文政六)初演『浮世柄比翼稲妻』(鶴屋南北作)でもこの山三浪宅の場が踏襲された。「無益《むやく》」はむだ。

那須与一 なすのよいち

鎌倉前期の武士。生没年未詳。『那須系図』によると、藤原北家の末裔須藤氏の一族。下野国那須の住人、那須太郎資隆の子。名は宗隆。『平家物語』諸本等では、この父子の名に異同が多い。元暦二年(一一八五)二月一八日屋島合戦のおり、平家方から優美な女房を乗せ棹に扇を立てた小舟が現れて陸の源氏方へ手招きした。源義経の扇を射落とせとの命を奉じた那須与一は、目を閉じて八幡大菩薩や下野国に鎮座する日光権現などの神々に祈念し、射損じたときは自害する覚悟を決める。与一が目を開くと、激しく吹いていた北風も少し弱まり、鏑矢《かぶらや》を射ると扇の要《かなめ》の際から一寸ほどのところに命中した。敵味方を問わず、これを見ていた人々は、与一の妙技を賞賛した。『平家物語』のこの挿話によって、那須与一はその名を後世に残したのである。この話は幸若舞曲や浄瑠璃に脚色され、また能の廃曲『延年那須与一』は寺院芸能である延年の風流《ふりゅう》でも演じられていたことを推測させる。伏見宮貞成親王の『看聞日記』や『桂川地蔵記』(一五五八写)には、この場面の作り物の例が見られ、広く親しまれた題材であったことがわかる。

●——那須与一　屋島合戦のおり、平家方から差し出された標的の扇を射る那須与一。長谷川光信画『鳥羽絵筆びやうし』。

西脇　哲夫

矢ごろすこし遠かりければ、海へ一段ばかりうちいれたれども、猶扇のあはひ七段ばかりはあるらんとこそ見えたりけれ。比は二月十八日の酉の剋ばかりの事なるに、おりふし北風はげしくて、磯うつ浪もたかかりけり。船はゆりあげゆりすゑたゞよへば、扇もくしにさだまらずひらめいたり。おきには平家船を一面にならべて見物す。陸には源氏くつばみをならべて是を見る。いづれも〳〵晴ならずといふ事ぞなき。与一目をふさいで、「南無八幡大菩薩、我国の神明、日光権現宇都宮、那須のゆぜん大明神、願くはあの扇のまンなかゐさせてたばせ給へ。是をゐそんずる物ならば、弓きりおり自害して、人に二たび面をむかふべからず。いま一度本国へむかへんとおぼしめさば、この矢はづさせ給ふな」と、心のうちに祈念して、目を見ひらいたれば、風もすこし吹よはり、扇もゐよげにぞなツたりける。与一鏑をとツてつがひ、よツぴいてひやうどはなつ。小兵といふぢやう十二束三ぶせ、弓はつよし、浦ひゞく程ながなりして、あやまたず扇のかなめぎは一寸ばかりをいて、ひイふつとぞゐきツたる。鏑は海へ入ければ、扇は空へぞあがりける。しばしは虚空にひらめきけるが、春風に一もみ二もみもまれて、海へさツとぞちツたりける。夕日のかゝやいたるに、みな紅の扇の日いだしたるが、しら波のうへにたゞよひ、うきぬしづみぬゆられければ、奥には平家ふなばたをたゝいて感じたり、陸には源氏ゑびらをたゝいてどよめきけり。

平家物語巻十一「那須与一」

○平家ではぼちゃ〳〵らしひ船を出し(拾五15)

軸に立って、扇を射よと招いた「年のよはひ十八九ばかりなる女房」(『平家物語』巻十一)を、江戸の隅田川の「船饅頭」(船上売春婦)ぼちゃ〳〵のお千代に見立てた。

浪子・武男　なみこたけお

徳冨蘆花の小説『不如帰《ほととぎす》』の登場人物。劇化された新派の主人公。片岡浪子は、軍人片岡中将の娘、川島武男は男爵の長男で海軍少尉。戦争と肺病という二つの死のイメージを背景に、上流階級の若い男女の悲恋という設定の原作は当時空前のベストセラーとなった。新派の舞台や映画では、とりわけ、逗子の海岸の二人の別れの場が著名であり、海岸から船で旅立つ武男を、浪子が、岩の上から白いハンカチーフをゆっくりと振って見送る場面は、『婦系図』の湯島の境内、『金色夜叉』の熱海の海岸とともに、新派屈指の名場面として知られる。また、この場面で浪子が肩に羽織るショールも当時流行した。蘆花が四年間在住した逗子海岸の海中に「不如帰」の碑が建ち、別れの場に設定された滝の不動堂は「浪子不動」と俗称され、浪子は神格化されている。浪子の「もう婦人《おんな》なんかに、生れはしませんよ」「人間はなぜ死ぬのでしょう、千年も万年も生きたいわ」というせりふも長く人口に膾炙した。モデル小説としても知られ、武男は警視総監三島通庸の長男弥太郎、浪子は陸軍元帥大山巌の長女信子、継母の繁子は大山捨松とされる。

神山 彰

鳴神上人　なるかみしょうにん

女性の色香に迷い破戒堕落する聖僧で、歌舞伎十八番『鳴神』の主人公である。鳴神上人は帝の仕打ちに腹を立て、滝壺に世界中の竜神を封じこめるため、一滴も雨が降らず、百姓が飢饉に苦しむ。朝廷第一の美女雲の絶間姫が選ばれ、容色をもって上人をだまして堕落させ、すきを見て竜神を逃がし、雨を降らす。上人は偽られたと知って、怒り狂って女を追う。

鳴神上人の名は、元禄(一六八八―一七〇四)初年のころ江戸で初代市川団十郎が初めてこの趣向の劇を演じたときに登場した。高僧が女色に迷い堕落する物語として、久米の仙人や志賀寺上人の話があった。そこへ仏典に原拠のある一角仙人説話が渡来し、『今昔物語集』『太平記』に載せるものを本説《ほんせつ》として謡曲『一角仙人』が作られる。鳴神上人はこの曲に基づいて生まれた。上人はその名が表すとおり、生きながら雷《いかずち》となって天地の果てまで女を追っていく、すさまじい「荒れ」の所業によって、荒人神《あらひとがみ》に擬されている。上人を比丘尼《びくに》に置き換えて仕組んだ女鳴神もある。

◉——**鳴神上人** 雲の絶間姫に欺かれ、稲妻走るなか、すさまじい憤怒の形相を見せる鳴神上人。三世歌川豊国画。早稲田大学演劇博物館蔵。

堕落のすえ、女性を追いかける僧の執念の物語として、清玄・桜姫伝説の清玄と通じ合う点がある。

服部 幸雄

…鳴神 生まれてはじめて、女の懐中へ手を入れて見れば、アノきょうかくの間に、何やら和らかなくゝり枕のようなものが二ツ下がって、先に小さな把手のようなものがあったが、ありゃなんじゃ。

絶間 お師匠様としたことが、ありゃ乳でござんすわいな。

鳴神 ハア乳か、嬰児の時に有難く母の乳味で育ったテ。今一寺の住職となったも、全く母人の乳の恩、その乳を忘るゝようになった、ナント出家というものは、木の端のようなものじゃの。

絶間 お殊勝なことでござんする。

鳴神 ドレ〳〵、じ脈をとってみよう。ハテ、むく〳〵としたものじゃ。コレが乳で、その下がきゅう尾、かの病の凝っているところじゃ。オヽ、さっきよりよっぽどくつろいだわいのう。コレこのきゅうびの下のコレこゝを、ずい分というぞや。それから下がしんけつ、ほぞとも臍ともいうところじゃ。このほぞの左右が天すう、ナントよい気持か、ほぞからちょっと間を置いて気海、気海から丹田、その下がいんぱく、そのいんぱくの下が、極楽浄土じゃ。

絶間 あれ、お師匠さま。
お師匠様、もうおゆるし下さりませ。

鳴神 拝む〳〵。どうもならぬ。煩悩即菩提、上品のうてなには望みはない。下品下生の下へ救いとらせ給え。

絶間 お師匠様、鳴神様、コリャおまえは。

鳴神 気が違うたかということか。

絶間 イヤ本性じゃござりますまい、イヤコレもうし。

鳴神 破戒したということか。

絶間 破戒の段ではないわいのう、御出家の身として。

鳴神 だらくした、だごくした、生きながら、阿鼻地獄へ落ちた。落ちても、こけても、のめっても、だんないだんない。

絶間 イヤ、上人様。

鳴神 仏も元は凡夫にて、悉達太子のそのむかし、耶輸多羅女という妻あって、羅睺羅という子を儲く。羅什三蔵も妻子あり。近くは滋賀寺の上人さえ、六条の御息所に心をかけ、初春のはつねのきょうの玉はゝき、手に取るからにゆらぐ玉の緒、という歌を詠んだためしもあり。オウと言や、オウと言え。心に随わぬにおいては、われ立所に一念の悪鬼となりて、その美しいのどぶえへほっかりとくらいついて、ともに奈落へ連れ行くが、女、返答は、ナ、何と。 **鳴神**

に

二階堂卓也　にかいどうたくや
川内康範の小説『銀座旋風児』の主人公。年の頃は三五、六、いやもっと若いかもしれず、人呼んで、旋風児、もしくは銀座退屈男。その血統は、高貴の流れをくむとも、某革命家の遺児とも、東海に名立たる遊侠の徒の末裔ともいわれている。戦時中、自由か無頼か……そのいずれかの行動を軍部にうとまれ、欧州に放浪すること十幾年、戦後七年目に帰国するや、装飾デザイナーとして一流の名声を博するが、どこで美の道を究めたかは黙して語ることがない。しかしながら、二階堂卓也のイメージは、小説よりも小林旭主演の映画によってつくられ、一九五九年(昭和三四)の第一作『銀座旋風児』から六三年の最終作『銀座無頼帖・嵐が呼んでる旋風児』まで六本が製作された。原作にも登場する新聞記者の荒木には青山恭二が、情報屋の政やその弟の秀には宍戸錠、小沢昭一らが、助手の明子には浅丘ルリ子、京子には松原智恵子が扮した。小説・映画とも、一応もっともらしい肩書をもちながらも正体不明の怪男児＝旋風児《マイトガイ》(ダイナマイトガイの略)が、何らかのかたちで犯罪事件に関わり、悪の一味を壊滅させるまでを描いている。しかし、映画版は主人公の年齢をぐっと若返らせ、派手なアクションを見せ場とした。

縄田　一男

日蔵　にちぞう　九〇五?―九八五?(延喜五?―寛和一?)
平安中期の僧。三善氏吉の子、清行の弟。初め道賢と名のり、後に日蔵と改めた。冥途に行った後蘇生した人として知られるが、生没年をはじめ確実なことはわかっていない。『扶桑略記』に引用されている「道賢上人冥途記」によれば、日蔵は一二歳で出家して金峰山の椿山寺や東寺で修行した。九四一年(天慶四)金峰山で無言断食の修行中、八月一日に息絶えたが、執金剛神の化身と名のる僧が現れ、冥府六道に導かれた。日蔵はそこで太政天神となった菅原道真と、地獄で苦しむ醍醐天皇の姿を見、地上の天皇への伝言を受け、帰路を教えられて同月一三日に蘇生したという。日蔵に関する説話は、『本朝神仙伝』『北野天神縁起』『宝物集』『十訓抄』などにあり、易筮、声明《しょうみょう》、管絃に優れ、強い験力を持つ行者として伝えられているが、それらは菅原道真の怨霊を恐れた時代に広まり、後に地獄蘇生譚の典型として伝えられた。

大隅　和雄

……醍醐ノ御門カクレサシ給テ後、日蔵上人承平十四年四月十六日ヨリ、笙ノ窟ニ籠ル。同八月一日午時ニ頓死シテ、同十三日ニ蘇テ、冥途ノ事ナムド語リケルハ、御門、四ノ鉄ノ山ノ高サ四五丈計リナル、其内ナル茅屋ニコソ御坐ケル。「我ハ寛平法皇ノ子也。在位ノ間、五ノ重罪アリキ。管承相ノ事、コトニ其咎重クシテ、苦報ヲ受ル事年久シ。主上並ニ国母ニ申テ、此苦ヲ救ベキヨシ、御アツラヱアリ。帝ト三臣ト共ニ、赤灰ノ上ニウズクマリ給ヘリ。帝計ハ御衣ヲメス。残ハ皆ハダカナリ。各愁涙ヲ流シテムセビケリ。上人此事ヲ承テ、畏給ヒケレバ、「冥途ニハ貴賤ヲ不論、罪無ヲ主トス。我ヲ敬事ナカレ」ト仰ラル。上人涙ヲ流テ山ノ外ニ出ケレバ、四ノ山アヒニケリ。

沙石集巻八「死の道知らざる人の事」

○素性法師は日蔵と知ッたふり(一四六23)
　ソセイ(蘇生)した法師と勘違いしたというだけの狂句。
○日蔵に面目もない延喜帝(一〇30)
○日蔵へこの通りだとみことのり
○参内はすれど日蔵夢心地

日蓮　にちれん　一二二二―八二(貞応一―弘安五)
日蓮宗の開祖。鎌倉新興仏教第一段階の栄西と法然、第二段階の道元と親鸞に続き、第三段階に一遍と同時期に活躍した僧。安房国(千葉県)長狭郡に生まれた。幼名を薬王丸と伝える。天台寺院清澄寺で道善房を師として出家し、一二五三年（建長五）同寺で法華信仰の弘通《ぐつう》を開始、法華仏教至上の立場から浄土教を批判したため、浄土教徒に圧迫され同寺を退出、弘通の場を鎌倉に求めた。そのころ地震、疫病、飢饉等災害が続出し、日蓮はこの原因を法然浄土教の流布と人々の法華信仰の棄捨によるものとし、浄土教徒への資援禁止と法華信仰への回帰を対策として、これを『立正安国論』にまとめ、六〇年（文応一）前執権で北条氏得宗《とくそう》の北条時頼に提示した。同書には、このまま放置すれば経典が指摘する自界叛逆《ほんぎゃく》難（内乱）と他国侵逼《しんぴつ》難（侵略）が起こるだろうと記され、のちに後者が蒙古襲来の予言として受けとめられた。同書の趣旨は採択されず、同年かえって浄土教徒に襲撃され、六一年（弘長一）には鎌倉幕府により伊豆伊東に流謫された。六三年に赦免、翌年一時期安房に帰ったが、このとき再び当地の浄土教徒に襲撃され鎌倉に戻った。流刑や襲撃により日蓮は自己を「法華経の行者」とする意識を強めていった。

一二六八年（文永五）元の国書が届けられ、蒙古襲来の不安が高まるなかで、これを予言したとして日蓮の言動を見直す空気もでてきたが、日蓮は死罪・流罪に処せられることを覚悟して、いままで以上にラディカルに法華信仰を弘通しようと決意し、実行していった。このころから、日蓮の『法華経』至上の立場は『法華経』択一の立場に進んだ。信奉者も増え、高まる襲来の不安のなかで、彼らは現世安穏《げんぜあんのん》・後生善処《ごしょうぜんしょ》を祈るとともに、法華信仰の弘通にはげんだ。それは他者からみれば、折伏《しゃくぶく》と呼ばれる強烈な弘通の方法による「是一非諸」（『法華経』のみを肯定選択し、諸経や諸行を否定非難する）の言動であり、具体的には、念仏無間《むげん》（念仏は無間地獄に堕ちる業因）・禅天魔（禅は天魔の所為）などの諸宗批判である（四箇格言《しかかくげん》）。七一年浄土教の良忠、念空と律宗の忍性《にんしょう》らは日蓮とその門弟を訴え、幕府による弾圧が行われた。日蓮は斬首の危難にさらされたあと佐渡へ流謫され、弟子のなかにも流刑・禁錮された者があり、在家の信奉者のなかには所領をとりあげられたり、主人から従者の縁を切られた者もあり、転向者が続出、壊滅状態におちいった。幕府はこのころ蒙古襲来に備えて、御家人の九州における所領内の反秩序的な悪党鎮圧を命じているから、この弾圧は日蓮とその門弟を幕府の膝下鎌倉における悪党としてとらえ、その鎮圧をはかったものと考えられる。佐渡の日蓮は流人生活のなかで、その教義を樹立していった。『開目抄』『観心《かんじん》本尊抄』など日蓮の代表作はこの状況のなかで書かれ、迫害弾圧を受けることによりかえって自己の罪障が消滅するという折伏→受難→滅罪の弁証を示し、釈尊や『法華経』の功徳を凝集する『法華経』の題目を唱えること（唱題）によって、その功徳がおのずから即座に譲与されるとして唱題の意味づけを行った。さらに、本門の本尊、題目、戒壇《かいだん》の三つを教義の中心に据えていった。

一二七四年赦されて鎌倉で得宗被官の代表者平頼綱と会見し、蒙古襲来の時期と対策について話し合った。日蓮は佐渡で胚胎していた「真言亡国」の考えから、蒙古調伏に密教を重用することのないよう警告した。この警告と『立正安国論』提示、および一二七一年逮捕当時の頼綱への警告の三つを「三度の諫暁」と呼んでいるが、これもまた採択されず、挫折感を抱いた日蓮は流浪の旅に出て、甲斐国身延に一時期のつもりで滞在したが、同年蒙古が襲来したこと、しだいに門弟の往還が盛んになったこと、弟子育成のことなどもあり、結局八二年（弘安五）示寂の年まで身延に在住した。この間、日蓮は『撰時抄』『報恩抄』を書くとともに遠近の信奉者に書状による信仰の教導を行った。ひらがな交りの書状は、受け取る者の識字能力に対応して書かれているばかりでなく、ときに弟子による解説敷衍を伴った。さらに、一二七九年駿河国富士郡熱原《あつはら》の農民の信奉者がその信仰と在地有力者との

◉――**日蓮** 鎌倉幕府の手勢によって逮捕される日蓮。一二七一年（文永八）九月一二日蒙古襲来の不安と干ばつなどの社会不安が高まるなか、日蓮とおもだった弟子たちが逮捕された。日蓮は馬に乗せられて片瀬の竜ノ口に連行された。ここで首を斬られようとしたとき、江の島の方から電光が差し、兵士たちは目がくらんで倒れ伏すなどの奇跡があって、処刑をまぬかれたと伝える（竜口法難）。その後、日蓮は佐渡に流され、日蓮教団は大きな打撃を受けた。『日蓮聖人註画讃』。本圀寺蔵。

利害関係の対立とから弾圧されると（熱原法難）、弟子を派遣し、書状を送って彼らをはげますばかりでなく、連帯を強調して精力的にこれに対処している。多いときには六〇人、少ないときでも四〇人といわれる弟子がいたが、その育成にも当たった。彼らは、いわゆる日蓮宗三代目に当たる人々で、やがて、関東や京畿に師の教えを広めていく。受難の連続や身延の寒気はやがて日蓮の肉体をむしばみ、八二年療養を目的として身延を下山、常陸の温泉に向かうが、病状が進んでこれを果たせず、途中武蔵国池上の信奉者池上宗仲の館にとどまり、一〇月一三日、満六〇年の生涯の終焉を迎えた。日蓮の生きた時期は、外的には蒙古問題があり、国内的には得宗による専制政治が進んで得宗被官の勢力が強大化し御家人との対立が激化していた時期で、日蓮の思想と行動はこの二つの動向に深くかかわっていた。

高木 豊

〇ゆいがはま太刀取りむかしこりた所《こと》（安七信4）

幼い曾我兄弟も同じパターンで釈放。日蓮の法難では、太刀持の刀が三つに折れたなどの奇瑞譚が伝承される。

〇日蓮はかきとぶどうにあき給ひ（三24）

甲州身延山に移った。柿とブドウは甲州名物。

仁木弾正 にっきだんじょう→原田甲斐

日親 にっしん 一四〇七―八八（応永一四―長享二） 室町・戦国時代の日蓮宗の僧。幕府の弾圧にも屈せず法華経の信仰を主張したので、頭から焼け鍋をかむらされたということから、「なべかむり日親」として有名。はじめ、中山法華経寺（千葉県市川市）の僧であったが、末寺の肥前国小城の光勝寺（佐賀県小城市）に派遣され、住持となる。ところが、他宗の仏、菩薩の木像をまつるなど、一門の法華経の信仰が混乱し、日蓮の教えに反することが多いと批判し、これを行動に移した。このため、中山の門流から破門された日親は、各地で迫害を受けたので、一四三七年（永享九）九州を去って上洛した。そこで『立正治国論』を著して、将軍足利義教に法華経の信仰を進言しようと、準備を整えていた。ところが四〇年二月に、事前に捕らえられて牢に入れられ、厳しい刑罰をこうむった。この時の受難が伝説化され、七難の物語が整えられる。牢の庭に引き出され、獄卒によって苛酷な刑罰が加えられ、なかでも「鍋かむり」の刑が凄惨をきわめた。舌も切られたので、はっきりと発音ができなくなり、独特の読経をするようになった。このあと、再び幕府に捕らえられたが、獄中で本阿弥光悦を教化して信者とし、京都に本法寺を建てて本山とした。その事績については、自ら著した『本法寺縁起』、江戸時代の『日親上人徳行記』がある。 中尾 堯

○なまにへの法花は知らぬ鍋冠り(一二三53)
○日親はつくま祭りの元祖なり(宝一三智4)
　第一句、生半可の法華信徒は及びもつかぬと、鍋かぶり日親の鍋の縁で「生煮え」と言ったまで。第二句、近江国坂田郡筑摩神社の奇祭で、女性が関係した男の数だけ大小の鍋を冠って渡り通る。もとより日親とは無関係。

仁田四郎 にったしろう ?—一二〇三(建仁三)

仁田忠常。鎌倉初期の武士。新田とも書く。伊豆国の住人。源頼朝の伊豆挙兵以来、これに従って頼朝の信任を得る。一二〇三年の北条時政と将軍源頼家の外戚比企能員《よしかず》の対立に際して、忠常は時政にくみしたが、時政による比企氏謀殺を憤った頼家は、和田義盛と忠常に時政追討を命じた。義盛はこれに応じず、時政に内通したが、忠常はあいまいな態度を示したため、疑われて時政に滅ぼされた。 細川 涼一

【伝承】 『曾我物語』巻八「富士野の狩場への事」によって、頼朝の面前で猪に逆さまに乗ってしとめたという忠常の勇猛ぶりは知られているが、この猪は実は山神であり、そのたたりで忠常はいくほどもなく謀反の疑いをかけられ、討たれたとある。『曾我物語』成立の動機に、曾我の十郎、五郎の荒ぶる霊(たたり)を鎮める鎮魂の意図があることは明らかであるが、史実とは異なる忠常の死についてのこのような伝承も、『曾我物語』全体を通してうかがえる御霊《ごりよう》信仰との関係で改変されたものであろう。なお巻九「十郎が打死の事」には、工藤祐経を討ち取った十郎を、忠常が一騎打ちで討ち取るところが描かれている。これは『吾妻鏡』建久四年(一一九三)五月二八日条にものる史実ではあるが、先の猪(山神)を葬ったのと併せて、十郎を討ち取ったのが忠常であることを考えると、忠常の不慮の死は、十郎のたたりの結果生じたものとして伝承世界の中で書き変えられたといえよう。室町末期の成立といわれる『富士の人穴』の草子には、将軍頼家の命を受けた新田(仁田)四郎忠綱(忠常)が、富士の御神体である浅間権現の案内で、穴中地獄にかたどられた富士の人穴を見て回るという構成になっている。「穴中地獄の様子を語るな」と権現からいわれながら、禁忌を破って頼家に語ったために忠綱は命を失う。忠綱という人物は、伝承世界の中では顕冥二界にまたがる媒介的な存在であり、したがって巫覡《ふげき》の徒に担われて流布したものであろう。 岩崎 武夫

→曾我兄弟

大ほさつ、かさねて、おほせけるやうは、かへす〱、みつからかありさま、かたるへからすと、のたまひて、うせ給ふ、さるほとに、につたは、ほんこくへ、七日と申せはかへり給ふ
さるほとに、につた、きみの御まへにまいり、此よし、かくと申あけけれは、かうのとの、きこしめし、御よろこひは、かきりなし(中略)
につた、かしこまつて、かふへをちにつけて、申やう、ゆわやのありさま、かたり申候はん事、やすき御事にて候へとも、かたり申ては、きみの御大事、たちまちあるへし、それか、いのちも、あるましきなり、さて、いかゝせんと申あけけれは
かさねて、御ちやうあるやうは、たとへ大事ありとも、とく〱、かへり申せとの、御ちやうなり
かしこまつて、しやくたてなをして、申やう、ゆわやのてひ、又は、六たう四しやうのありさま、ちこく、こくらくしやうとのてひ、こまやかに、かたりける
きく人、みゝをすまして、さても、おもしろき事かなとてさめき給ふ
此物かたりを、物によく〱たとへは、しやくそんの、ふるなそんの、御せつほうも、かくやと思ひあわせたり、しやうじのねむりを、さましけり
さるあひた、につた、かたりもはてす、四十一と申には、あしたのつゆと、きへにけり

さて又、てんにこゑあつて、よははりけるやうは、みつからかありさま、かたらせたる、よりいへも、たすかるへからす、たゝつないのちも、たちまち、とるなりとて、うせにけり、くに〳〵の大みやう、これをきゝ、おそろしき事かきりなし

富士の人穴

○其翌日《あした》仁田が小屋は葱だらけ(六三17)

猪鍋にして食ったであろうとの想像。

○たいまつでだん〳〵こゞみ〳〵行(明六仁1)

「余りに闇く候程に、松明立て候へ」(謡曲『人穴』)と命じて、人穴へ入って行ったところ、小蛇がうようよと満ちていたという。

新田義貞 にったよしさだ 一三〇一―三八

(正安三―延元三…暦応一)

南北朝期の武将。朝氏の子。新田氏の嫡流。義貞の社会的地位は、新田氏の鎌倉幕府下での立場を反映して、同族の足利尊氏に比べて低かった。元弘の乱に際しては当初幕府軍に属して、一三三三年(元弘三)正月楠木正成の千早城を攻めたが、護良親王の令旨をうけたため途中で兵を収め本拠に帰った。討幕勢力が興起して六波羅探題が陥落する同年五月ころより、義貞の動きがはっきりしてくる。まず上野守護代長崎四郎左衛門尉を討ち、同国世良田に軍陣をしいた。義貞はさらに大軍を率いて鎌倉に迫り、武蔵分倍河原に北条泰家を破ったのち、五月二二日に鎌倉を陥れ、北条高時以下を自刃させた。ここに鎌倉幕府は滅亡したが、まもなく新田・足利の主導権争いが始まり、敗れた義貞は鎌倉を放棄して京都に入った。六月に成立した建武政府下では、義貞は上野介・越後守・播磨守、越後守護・播磨守護に任ぜられたり、一門武士を多く配した武者所を統括するなど、新政府に参加した武士の中でもことに重要な役割を果たした。しかし尊氏との対立は三五年(建武二)の中先代の乱鎮定を機に早くも表面化し、ついには尊氏・直義の官爵を削る事態を招いた。ここに建武新政は実質的に崩れ、新田・足利の武門どうしの争いは南北朝対立の導火線の一つとなった。同年末、義貞は尊氏追討に出陣したが、箱根竹ノ下に敗れ、足利軍の入京をゆるした。やがて尊氏追討のため奥州から西上した北畠顕家軍と合力して、三六年(延元一…建武三)二月足利軍を九州へ去らせたが、後醍醐天皇方武将たちの戦術上の足なみがそろわなかったため、六月に入洛した足利軍を迎えうつ合戦で、天皇方は多大の犠牲を払った。尊氏が八月持明院統の光明天皇を擁立したため南北朝が並立した。義貞は北国に南軍の拠点を築くべく恒良・尊良両親王を奉じて越前に下り、金崎《かねがさき》城、杣山《そまやま》城を根城に力戦を重ねたが、三八年藤島の戦で戦死した。

森 茂曉

去程ニ、極楽寺ノ切通ヘ被レ向タル大館次郎宗氏、本間ニ被レ討テ、兵共片瀬・腰越マデ、引退ヌト聞ヘケレバ、新田義貞逞兵二万余騎ヲ率シテ、二十一日ノ夜半許ニ、片瀬・腰越ヲ打廻リ、極楽寺坂ヘ打莅《ミソ》給フ。明行月ニ敵ノ陣ヲ見給ヘバ、北ハ切通マデ山高ク路嶮キニ、木戸ヲ誘ヘ垣楯ヲ掻テ、数万ノ兵陣ヲ双ベテ並居タリ。南ハ稲村崎ニテ、沙頭路狭キ

◉――**新田義貞** 稲村ヶ崎の義貞。鎌倉攻めのとき、竜神に祈って太刀を海に投げると、潮がひいて攻撃路ができる。国定教科書『歴史』(一八八八)。

ニ、浪打涯《ギハ》マデ逆木ヲ繁ク引懸テ、澳《オキ》四五町ガ程ニ大船共ヲ並ベテ、矢倉ヲカキテ横矢ニ射サセント構タリ。誠モ此陣ノ寄手、叶ハデ引ヌランモ理也ト見給ケレバ、義貞馬ヨリ下給テ、甲ヲ脱デ海上ヲ遥々ト伏拝ミ、竜神ニ向テ祈誓シ給ケル。「伝奉ル、日本開闢ノ主、伊勢天照太神ハ、本地ヲ大日ノ尊像ニ隠シ、垂跡ヲ滄海ノ竜神ニ呈シ給ヘリト、吾君其苗《ベウ》裔《エイ》トシテ、逆臣ノ為ニ西海ノ浪ニ漂給フ。義貞今臣タル道ヲ尽ン為ニ、斧鉞ヲ把テ敵陣ニ臨ム。其志偏ニ王化ヲ資ケ奉テ、蒼生ヲ令レ安トナリ。仰願ハ内海外海ノ竜神八部、臣ガ忠義ヲ鑒テ、潮ヲ万里ノ外ニ退ケ、道ヲ三軍ノ陣ニ令レ開給へ。」ト、至信ニ祈念シ、自ラ佩給ヘル金作ノ太刀ヲ抜テ、海中へ投給ケリ。真ニ竜神納受ヤシ給ケン、其夜ノ月ノ入方ニ、前々更ニ干ル事モ無リケル稲村崎、俄ニ二十余町干上テ、平沙渺々タリ。横矢射ント構ヌル数千ノ兵船モ、落行塩ニ被レ誘テ、遥ノ澳ニ漂ヘリ。不思議ト云モ無レ類。

太平記巻十「稲村崎干潟ト成事」

○よし貞の士卒あらめでつんのめり(三二38)

○稲村が崎に一振り太刀左衛門(一〇六22)

義貞が竜神に祈誓し、黄金作りの太刀を海中に投じたところ、稲村ヶ崎二十余丁が干上がり、鎌倉に攻め入ることができた。第一句、そのとき、兵士らはアラメ(荒布)で滑るやら、「義貞の勢はあさりをふみつぶし」(宝一〇礼1)たであろう。第二句、「太刀左衛門」は、溺死した男を土左衛門、女なら女《おな》左衛門、子どもは子左衛門と戯称することが、近世期江戸であったためのキョクリ。

瓊瓊杵尊 ににぎのみこと

日本神話にみえる神の名。『古事記』では邇邇芸命と記す。種々の異なった名称をもつが基本はホノニニギノミコト。「ホ」は稲穂、ニニギはニギヤカ、ニギワウの「ニギ」を重ねた語で、稲穂が豊かに実ることを予祝してつけた名称。『古事記』によると、大国主の国譲りを受けた天照大神《あまてらすおおかみ》は天忍穂耳《あめのおしほみみ》命を高天原《たかまがはら》から降臨させようとするが、オシホミミがその用意をしているうちに子が生まれる。いわゆる「天孫」の誕生で、これがニニギノミコトである。そこでアマテラスはこのニニギを天降《あまくだ》らせることになる(天孫降臨神話)。『日本書紀』の一書では、ニニギはオシホミミが天降る途中の天空で生まれ、オシホミミに代わって降ったとある。ニニギが降臨することになったのは、王たる者は新たに生まれる者でなくてはならないという観念の表れであった。このことと関連するのが『日本書紀』本文にある、高皇産霊《たかみむすひ》尊がニニギを真床追衾《まどこおうふすま》なるもので覆って天降らせたという記述である。真床追衾は大嘗祭《だいじょうさい》の儀式で天皇がふす衾と関係する。宮廷では一一月の卯の日に大嘗殿で新しい天子となるための秘儀がとり行われるが、その際に新王は「天の羽衣」なるものを着て湯浴みした後に、悠紀《ゆき》・主基《すき》正殿で新穀を食して神座に設けた衾(寝具)にふすという(『西宮記』『江家次第』)。これは天の羽衣を着て天上の身分となった王が羊膜に包まれた嬰児として再誕し地上に来臨することの模擬行為と考えられる。ニニギが生まれたての子として、また衾にくるまって降臨したのはこうした儀礼の神話的表現であった。ニニギは新しい王たるものの神話的原型であり、この新王の誕生とともに、それまで未開の地であった葦原中国《あしはらのなかつくに》は天孫の統治する地にふさわしい五穀豊穣の「水穂国《みずほのくに》」へと呪的に転化される。ホノニニギノミコトは、穀霊を体現して水穂国を支配する王としての名称であり、その降臨した地は日向《ひむか》の「高千穂」であったとされる。

武藤 武美

二宮尊徳 にのみやそんとく 一七八七―一八五六

(天明七―安政三)

江戸後期の農政家。幼名金次郎。小田原在栢山《かやま》村生れ。少年時に父母を失い、伯父の家を手伝い、苦しい農耕をしながら『論語』『大学』『中庸』などを独自に学ぶ。青年期に家を再興。その後、小田原藩士服部家の再建や藩領下野桜町などの荒廃の復旧に成功した。この経験をもとに独特の農法、農村改良策（報徳仕法）により、小田原、烏山、下館、相馬藩などのおよそ六〇〇村を復興。晩年は日光神領の立直しの命をうけ、得意の計量的、合理的な策を立てたが業半ばに死去した。農村の生産力に応じて分度を定め、勤倹を説き、その結果としての富を推譲（譲り合う）という社会的行為に導く報徳思想を広めた。主著に『三才報徳金毛録』など。すぐれた門人が多く、幕末から明治前期にかけて各地に報徳社運動を進め、農村の振興に益した。彼の人と思想は、福住正兄『二宮翁夜話』、富田高慶『報徳記』などによって知ることができる。　塚谷晃弘

【人物像】尊徳の思想と行動は、生前や没直後には報徳社運動の周辺に影響をもつだけであったが、明治一〇年代になると、政府によって注目、称揚されるようになる。門人の手になる『報徳記』と『二宮翁夜話』は相次いで天覧に供せられ、さらにそれらを大日本農会などが印刷、頒布し、一八八九年尊徳は従四位を追贈された。これは、尊徳が政治体制を変化させずに農民の勤勉と倹約によって、荒廃した農村を立て直した人物として理解されたことによると考えられている。また内村鑑三は『代表的日本人』（一八九四）の中で、「その精神の〝自然〟の法則と結ばれたる」「農民聖人」として尊徳を評価している。一方、門人や後継者たちによって報徳社は発展し、九二年には神奈川県小田原と栃木県今市に尊徳を祭神とする報徳二宮神社が創建され、のちにいずれも県社となった。

　教育の場においては、明治三〇年代から修身の手本として顕彰されるようになる。尊徳は一九〇〇年の検定教科書『修身教典』にまず登場し、〇四年から使用された最初の国定教科書『尋常小学修身書』では孝行、勤勉、学問、自営の四徳目に現れる。また唱歌では、一九〇二年の幼年唱歌に見え、一一年の尋常小学唱歌には「柴刈り縄ない草鞋《わらじ》をつくり、親の手を助《すけ》弟《おとと》を世話し、兄弟仲良く孝行つくす、手本は二宮金次郎」と歌われた。かくて尊徳は明治天皇に次いで国定教科書に最も多く登場する人物となったが、いずれもその少年時代の姿を語るものであった。なお、薪を背負って書を読む少年金次郎の像を小学校に建てることが広く行われるようになるのは、昭和に入ってからのことで、当初は銅像であったものが、戦時中の金属供出によって石像にかえられたものが多い。戦後最初に発行された一円札の図柄も尊徳の肖像であった。　大山雄三

◉——二宮尊徳　少年二宮金次郎のこのような像は、全国各地の小学校で見られた。福井市立文殊小学校。大木茂撮影。

人形佐七　にんぎょうさしち

横溝正史が一九三八年（昭和一三）から六〇年まで書き継いだ捕物帳『人形佐七捕物帳』の主人公で、ほかのシリーズからの改作も含め、全一七八編で活躍。一七九四年（寛政六）甲寅生れで、初登場作「羽子板三人娘」（のちに「羽子板娘」に改題）では数え年で二二歳。亡父・伝次の後を継いで岡っ引きになり、上役は与力の神崎甚五郎。江戸神田お玉が池に自宅がある。「色の白い、役者のようにいい男」で、「人形」という渾名も人形のような美男であることに由来している。娘たちから騒がれるかわりに「御用のほうはお留守になる」のが欠点だったが、羽子板に描かれた小町娘が連続して殺される「羽子板娘」を解決して名を上げ、捕物にかけても「三国一」と称されるようになる。作中の人間関係は、野村胡堂『銭形平次捕物控』と同じく、親分―子分に恋女房、ライバルの図式を踏襲しており、巾着の辰五郎とうらな

りの豆六が子分、吉原の花魁だった姉さん女房で、しっかり者だが嫉妬深いお条が佐七ファミリーで、鳥越の茂平次が敵役の岡っ引きとなっている。連載開始当初は、猟奇的な殺人事件を佐七が論理的に解明する本格的な謎解きが多く、これは戦時中に探偵小説が禁止されたことへの抵抗とする説もある。ただシリーズが進むにつれて、佐七の浮気に怒ったお条が巻き起こす騒動に、二人の子分が巻き込まれるホームドラマも増えている。映画では嵐寛寿郎・若山富三郎・中村竜三郎が、テレビの連続ドラマでは若柳敏三郎・松方弘樹・林与一、単発ものでは片岡孝夫・堤大二郎が演じている。

末國 善己

仁徳天皇 にんとくてんのう

応神天皇につぐ一六代の天皇とされる。応神の子、履中、反正、允恭天皇の父。諱《いみな》はオホサザキ(大雀、大鷦鷯)、宮は難波高津宮、陵は和泉百舌鳥耳原《もずのみみはら》中陵。天皇は幼にして聡明、壮におよび仁慈、ために「仁徳」と諡《おくりな》されたが、悪逆無道とされた二五代武烈天皇でこの応神・仁徳の王系が途絶えるのと対比される。これは中国の易姓革命の思想によって、この王系の始祖を応神・仁徳とするための措置であろうと考えられ、応神・仁徳は同一人格とみる学説もある。治世中の事跡にも、菟道稚郎子《うじのわきいらつこ》と皇位を譲り合って、倭《やまと》の天皇の屯田《みた》を横領しようとした額田大中彦《ぬかたおおなかつひこ》皇子を罪せず、百姓の窮乏を知り、みずから倹約して苦を共にし、課役を免じて百姓を富ましめ、宮室を造らず、百姓らは進んでこれを造営したというような話が多い。

平野 邦雄

【伝承像】 記紀の仁徳天皇の物語、特に『古事記』のそれは妻問い物語を軸に構成されている。天皇は多くの娘に求愛する主人公として登場し、そこへ皇后磐之媛《いわのひめ》の嫉妬がからんで独特な話柄をなす。たとえば皇后の嫉妬はつねに激しい言動で示され、それを恐れ国へ逃げ帰る寵姫を天皇が吉備の国まで追ってゆくというのが黒日売《くろひめ》の話である。こうした仁徳物語は、おそらくその祖型を神話の大国主神譚に負うものといえる。神話では越《こし》の国まで出かけて美女と逢う大国主(八千矛《やちほこ》神)に配して嫡妻須勢理毘売《すせりびめ》の「うわなりねたみ」(嫉妬)があり、それに閉口する主人公の姿は両者に共通し、しかも他に例をみない。また仁徳の仁君説話も大国主の兎を助けた話にみられる王者の慈愛と対応する。仁徳が実在性のたしかな天皇とはいえ、その物語は神話的原型を世俗化した一種の再話と性格づけられる。

阪下 圭八

……是に天皇、高山に登りて、四方の国を見たまひて詔りたまひしく、「国の中に烟発たず。国皆貧窮し。故、今より三年に至るまで、悉に人民の課、役を除せ。」とのりたまひき。是を以ちて大殿破れ壊れて、悉に雨漏れども、都て脩め理ること勿く、椷を以ちて其の漏る雨を受けて、漏らざる処に遷り避けましき。後に国の中を見たまへば、国に烟満てり。故、人民富めりと為ほして、今はと課、役を科せたまひき。是を以ちて百姓栄えて、役使に苦しまざりき。故、其の御世を称へて、聖帝の世と謂ふなり。……

古事記下巻

○天皇の御製に民の鍋覗き(宝七・一〇・二五)

民の炊煙を見てその貧苦を察し、三年の免税を行い、再度視察し、「高き家に登りて見れば煙立つ民の竈は賑ひにけり」(『新古今集』巻七・賀)と詠じたとの伝説。「鍋のぞき」は煮えたかと鍋蓋をとる下卑た行為をいい、がつがつしたさま。

ぬ

額田王　ぬかたのおおきみ

『万葉集』の代表的女性歌人。生没年未詳。彼女に関する歴史の記録は、『万葉集』に残された長短一二首の歌と、『日本書紀』天武天皇二年(六七三年)正月条に記された「天皇(天武=大海人《おおあま》皇子)初め鏡王の女額田姫王を娶して十市《とおち》皇女を生《な》しませり」という記事がすべてである。天智(中大兄皇子)・天武両帝に愛された美しい才女であり、また大化改新から壬申の乱という古代の争乱期を、悲劇的な立場に立たされて生きたヒロインとしてのイメージは、すべて『万葉集』の歌からの推測である。父親の鏡王についても諸説あるが、未詳である。ただ若い頃から宮廷に仕えた官女の一人で、おそらく聡明で美しい少女であったと想像される。額田王が仕えたのは、皇極女帝であった。そして、六四五年(皇極天皇四年=大化一)額田王は大海人皇子と結ばれ、翌年二人の間に十市皇女が生まれる。このとき額田王は一四、五歳であったと思われる。額田王はやがて大海人の兄の中大兄皇子の愛人となるが、これがいつのことかは判然としない。『万葉集』に中大兄の「三山歌」と呼ばれる歌がある。天香具山《あまのかぐやま》、畝傍《うねび》山、耳成《みみなし》山を自分と額田王と弟の大海人になぞらえ、三角関係の状態を詠んだ歌とされる。その後、額田王の娘十市が中大兄の子の大友皇子(のちに弘文天皇の称号を追号)の妃となり、大海人の妃には中大兄の娘の鸕野讃良《うののささら》(のちの持統天皇)がなる。何ともややこしい関係である。六六八年(天智天皇七年)、天智が娘たちや廷臣・官女を連れて蒲生野に遊猟《みかり》したとき、有名な額田王の「あかねさす紫野行き標野《しめの》行き野守は見ずや君が袖振る」の歌が詠まれた。かつての夫大海人が自分に手を振っているのを見つけ、お兄さんの天智に見つかってしまいますよ、と歌に託して文を届ける。すると大海人から、今は人の妻になったあなたがいっそう恋しい、という歌が返ってくる。『万葉集』巻一の有名な贈答歌である。

やがて天智天皇が没し、壬申の乱が起こる。大海人は自分の甥であり、娘十市の夫である大友皇子を殺し、天武天皇となった。額田王は、かつての夫である天武のもとに戻ったというが、はっきりしない。すでに四〇歳を過ぎていたはずである。天武朝の間、額田王の消息は途絶えるが、天武が没して持統天皇の世になると、再びその姿を垣間見ることができる。『万葉集』巻二に登場する弓削皇子との贈答歌がそれである。弓削は天武の第六皇子で、持統の息子である。壬申の乱で大津宮(近江宮)が滅んでおよそ二〇年、「三山歌」が詠まれてから三〇年近い月日が流れていた。額田王は六〇歳近くになっていたと思われる。弓削皇子は孫に近い年齢であった。しかし、この歌を最後に、額田王の消息は完全に途絶えてしまう。

高橋　千劔破

ね

鼠小僧次郎吉 ねずみこぞうじろきち 一七九七?—一八三二(寛政九?—天保三)

江戸の著名な盗賊。『視聴草』によれば、一八二三年(文政六)以来一〇年間に九九ヵ所の武家屋敷へ一二二度も忍びこみ、金三〇〇〇両余を盗む。盗金は酒食や遊興、ばくちなどに費やした。三二年八月獄門。三六歳とも三七歳ともいわれた。のち小説、講談、戯曲に義賊として仕立てられ、ますます著名となった。

南 和男

【伝承と作品化】 実録本『鼠小僧実記』は実在の稲葉小僧(一七八五年捕縛)と鼠小僧とをつきまぜて物語に仕上げている。この書によれば、神田豊島町の紀伊国屋藤左衛門の子に生まれ、貧に困って捨子となり、博徒鼠の吉兵衛に拾われ、幸蔵と名づけられて育つ。二〇歳のころ上方へ行き次郎吉と変名、博徒淀辰と畳屋三右衛門を頼り、義賊を志し、江戸へ帰って盗みを働き、やがて淀辰が捕らわれて詮議がきびしくなり、高崎へのがれるが大宮で召し捕られ、引回しのうえ小塚原で獄門に処せられるのが筋である。江戸末期の諸大名奥向きの放漫と庶民の困窮を描出し、義賊がぬけめなく立ち回る点に享受者の共感があった。二世松林《しょうりん》伯円は「泥棒伯円」と呼ばれるほど白浪物《しらなみもの》の講釈を得意とし、その演目の一つが『緑林《みどりがはやし》五漢録——鼠小僧』で、これをもとに河竹黙阿弥が脚色した歌舞伎が『鼠小紋東君新形《ねずみこもんはるのしんがた》』である。その初演の年、同名題の合巻を紅英堂から出版(柳水亭種清編、二世歌川国貞画)、市井の小盗賊を英雄視したところに幕末の時代相が反映されている。

小池 章太郎

(奉行)「貴様は大胆な奴ぢやなア、大名方へ盗みに行ツて、首尾よう免れた抔《など》とは、実に珍しい曲者である」(次郎)「恐れながら申上げます、大名方と申しまするものは、表玄関から這入ります時は、その用心は極厳しい事でございますが、裏の庭口から忍び入ツて、御主人の御居室へ這入ります時は、その締方が手薄いものでございます、大名方が一番私は金が取りようございました」(奉行)「さても さても悪い所へ目を注けたものである」と筒井伊賀守殿も非常に驚かれました、尚再三再四と御取調べに成りまして、大名方の御名前をお控へになると、その数は水戸殿始め一橋殿、田安殿、清水殿、尾張殿、紀伊殿、水野出羽守、(中略)細川長門守、小堀織部の八十九軒にございます、(中略)恁《か》くて後奉行筒井伊賀守殿、次郎吉を御呼出しに相成りまして、その口書申渡しには

異名鼠小僧事
無宿入墨
次郎吉
未《ひつじ》三十三歳

私儀十年以前巳《み》年以来、処々武家屋敷二十八ケ所、度数三十二度、塀を乗り越え又は通用門より紛れ入り、長局《ながつぼね》奥向《おくむき》へ忍び入り、錠前を斡《こち》開け、或は土蔵の戸を鋸《のこぎり》にて挽切り、金七百五十一両一分、銭七貫五百文程盗み取り使い捨て候後、武家屋敷へ這入り候得共、盗み得ず候処召捕られ、数ケ所にて盗み致し候儀は押包み、博奕《ばくえき》数度いたし候旨申立て、右科《とが》に依り入墨の上、追放相成り候処、入墨を消し紛らせ、尚悪事相止まず、尚又武家屋敷七十一ケ所、度数九十度、右同様の手続にて、長局奥向へ忍び入り、金二千三百三十四両二分、銭三百七十二文、銀四匁三分盗み取り、右に付き御仕置に相成り候以後の盗みケ所都合《つがふ》九十九ケ所、度数百二十二度のうち、屋敷名前失念、又は覚えず、金銀盗み取らざるもこれあり、凡そ金高三千百二十一両二分、銭九貫二百六十文、銀四匁三分のうち、古金五両、銭七百文は取り捨て、其余は残らず酒食遊興、又は博奕を渡世同様に致し、在方《ざいかた》処々へも持参、残らず使ひ捨て候始末、重々不届至極の段恐れ入り奉り候以上

(奉行)「いま申し聞かした通り相違あるまい

ナ」(次郎)「恐れ入りましてございます」爪印を致させ、其儘伝馬町へ下げ置かれました、恁《かく》て六十日経過いたしまして、伝馬町御牢内に於て、石出帯刀《たてわき》お立合ひの上、江戸市中引廻と定りました、其時の次郎吉の服装《いでたち》は、紺の縮布《ちぢみ》の上衣《うはぎ》、下には白無垢を着まして、帯は黄糸八端、白足袋を穿き藤倉草履、下には天鵝絨《びろうど》の腹掛を致して居りました、紫房の念珠《じゅず》を持ち、顔には薄化粧を致して口臙脂《くちべに》をさし、裸馬に打乗り、今や市中を引廻さんと、同心、与力前後に附いて出でんと致す、其時ソラ鼠小僧の引廻、ヤレ次郎吉の御仕置よ、とワイ〳〵騒ぎ立てまする、此時馬上に在ッて次郎吉は「天の下ふるきためしは白浪の、身こそ鼠とあらはれにけれ」と口吟《くちずさ》みましたが、泥棒にはチョイト異ッた男でございます、さて引廻の後伝馬町御牢内に伴れ帰り、首を刎ねましたのは天保二年八月十二日の事でございまして、千住小塚ッ原へ三日の間露されました、その遺骸を葬りましたのは、子《ね》の権現堂村の茂兵衛でございまする、且つ一基の石碑をば建てました、戒名は教学速善信士(後に居士と改む)とございます、彼の次郎吉の妾お花は、母親お虎が間もなくこの世を去りまして、独身となりましたに付き、諸方より縁談等も申込まれましたが、例令《たとひ》賊ながらも、一旦契りし夫なれば、二度の夫は持たぬと云ふ決心にて、次郎吉の跡を懇ろに吊《とむら》ひ、例の裁縫《たちぬひ》の業を以て、生涯を送りましたと云ふ事でありますが、母に似ぬ心得の好い女でございました、然るにこの次郎吉の石碑を欠いて持ッて行けば、勝負事に運が強いとか、無尽の取れる咀《まじな》ひになるとか何とか色々な事を申して、誰が為す業か度々石碑を打欠《ぶっか》いては新しく調《こさ》へ、三年と同じ石碑が立ッて居ないと云ふ位ゐで、只今ではその石碑の数が積りまして、積んで周囲《まはり》の塀と致してございますが、世に之れを回向院《ゑかうゐん》の鼠塚と申す、白浪のお話にございます。

講談鼠小僧四代目石川一口演

◉――鼠小僧次郎吉　戸田の河原で仙吉と与三を殺そうとする鼠小僧。四代目石川一口演、丸山平次郎速記の講談『鼠小僧次郎吉』口絵。

眠狂四郎　ねむりきょうしろう

柴田錬三郎の剣豪小説『眠狂四郎無頼控』から始まるシリーズの主人公で、戦後を代表するニヒリスト・ヒーロー。眠狂四郎は偽名で、一八二九年(文政一二)を舞台にした「雛の首」に初登場した時に三〇歳前。すらりとした長身で、彫りの深い白皙《はくせき》の美貌に、虚無的な翳をたたえている。ころび伴天連のオランダ人が、恨みを抱く大目付・松平主水正の娘を犯したことから生まれたため、物心ついてから母と二人で江戸広尾町祥雲寺の離れで育つ。二〇歳の時に、出生の秘密を調べるため長崎へ行くが、その帰路に船が難破し孤島に流れ着く。そこで老剣客から剣を学び、さらに独自の工夫を加え、下段に構えた剣を左から円を描くように回すことで、相手を一瞬のうちに眠りに陥れる必殺技「円月殺法」を編み出す。水際立った剣の腕に加え、不可能犯罪を解明する明晰な頭脳も持ち併せている。気の向くまま、幕閣の政争、市井のトラブル、辺境で起こる怪異など様々な事件を調べるが、その過程で平然と人を斬り、女を犯すことも珍しくない。柴田は随筆「眠狂四郎の誕生」の中で、これまでの剣豪小説の主人公が、「求道精神主義者」もしくは「氏素性は正しいし、女に対してはピューリタンで、万事理想的にできている」ことに疑問をもち、「その逆をとる」ことで狂四郎を生み出したと書いている。狂四郎については、占領軍と日本人女性の間に生まれた子供たちや復員兵の問題が反映されているとも、戦時中に乗船が撃沈され漂流した柴田自身の体験が踏まえられているともいわれている。映画では鶴田浩二・松方弘樹、テレビドラマでは平幹二朗・田村正和、片岡孝夫（一五代片岡仁左衛門）らが演じているが、大映制作の一二本の映画に出演した市川雷蔵が最も評価が高い。

末國　善己

の

野狐三次　のぎつねさんじ　一八〇五（文化二）―？

文政（一八一八―三〇）の頃活躍した「に組」の纏《まとい》持ち。一八〇五年（文化二）二月二九日、浅草寺観音堂前に、吉広の短刀をそえ、野狐模様の産着にくるまれて捨てられていたのを、横山町の大工磯五郎、お常の夫婦に拾われ、三次と名づけて育てられる。成人して、実の親との再会の願いをこめて背中一面に野狐の彫り物をする。

一八二九年（文政一二）一二月の神田明神失火の際に起こった、深川六間堀の七の組との争いに、単身乗りこんで纏の頭を取りかえしてきたことで男をあげる。その後、吉原田んぼで養父の仇討を公義へ無断でしたことがとがめられ、いったんは伊豆大島へ遠島になるが、実の父であった筒井伊賀守のはからいで、島で病死の扱いを受け、秀之助と改名のうえ江戸に戻る。晩年は二代目上州屋秀五郎となり、「に組」の頭取を継ぎ俠名を高めた。その一代記が講談・浪花節化されている。

矢野　誠一

乃木希典　のぎまれすけ　一八四九―一九一二（嘉永二―大正一）

明治期の軍人、陸軍大将。長州藩士の出身。一八六六年（慶応二）一八歳の時、第二次征長の役で幕府軍と戦い、足に貫通銃創を受けた。戊辰戦争にも長州藩兵として従軍。七一年（明治四）陸軍少佐に任官、以後一貫して軍人畑を歩き続けた。七七年の西南戦争の緒戦では西郷軍の夜襲にあって敗れ、軍旗を奪われたが、その後の活躍で戦中に中佐に進級。八七年一月から翌年六月までドイツに留学。九四年の日清戦争では第一旅団を率いて旅順口攻略に活躍した。一九〇四年日露戦争では陸軍大将として旅順攻撃を指揮。二〇三高地を陥したものの無謀な力攻めで六万人近い戦死者を出した。一二年、明治天皇が没すると、大葬の日に夫人の静子とともに殉死した。若いころは放蕩な生活を送ったが、ドイツ留学以後、朝から夜まで軍服を脱がず、陸軍の将たる名誉と威厳を顕示することに努めるようになった。日露戦争の旅順攻撃では、二人の息子を戦死させた。戦後、多くの犠牲者を出したことを恥じ、自決しようとしたが、明治天皇が「われの世を去りてのちにせよ」と止めたという。

高橋　千劔破

乃木大将自殺
御大喪儀の夜夫人と共に殉死す
世界的武将の悲痛なる劇的最後
学習院長なる軍事参謀官陸軍大将伯爵乃木希

典氏(六三)は御大喪儀の当夜なる昨十三日午後八時卅分頃自邸に於て夫人静子(五六)と共に自殺を遂げたり。

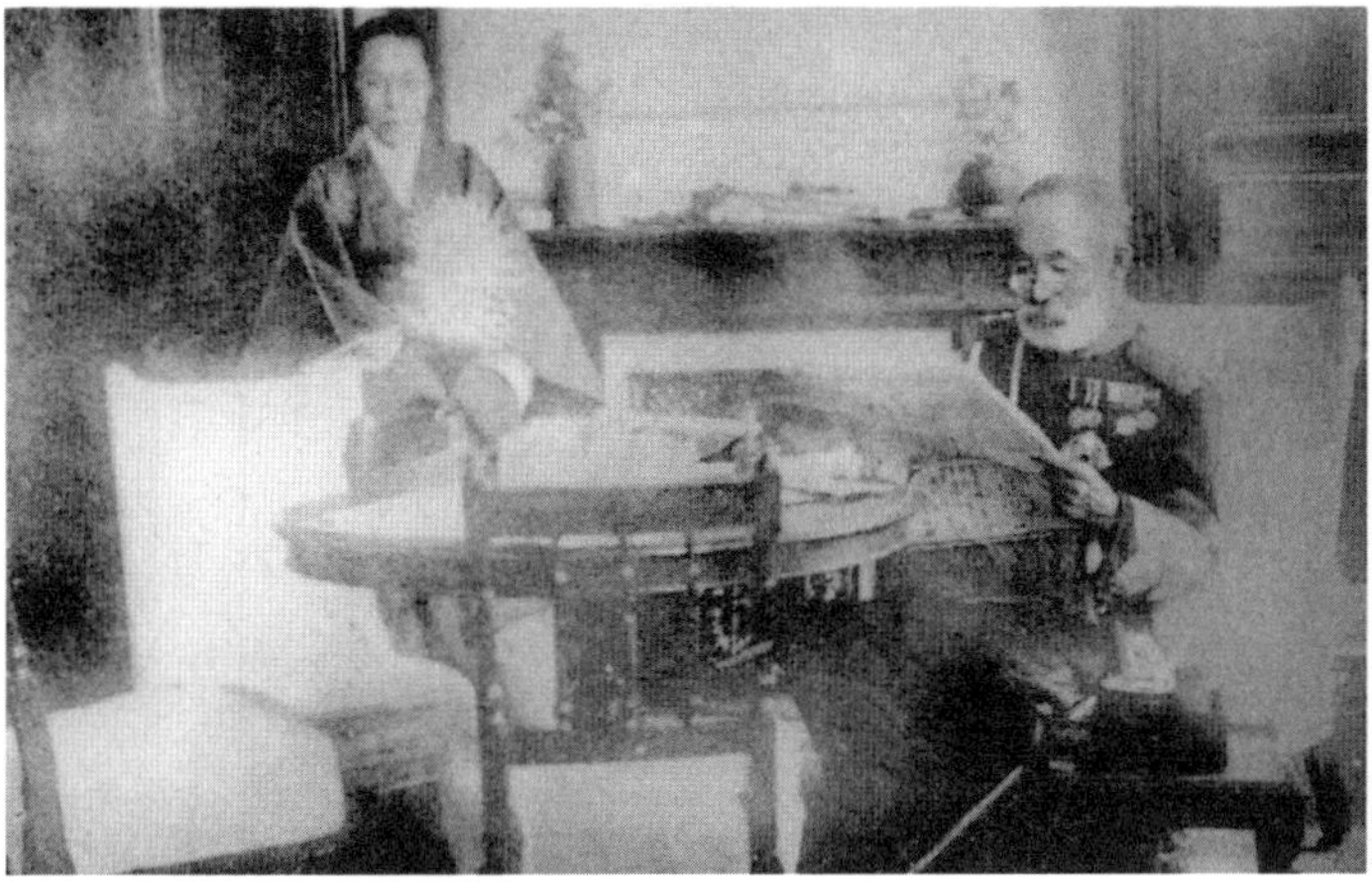

◉――**乃木希典**　明治天皇大喪の日、自刃する前の夫妻。毎日新聞社。

(中略)斯くて大将は軍服を五つ紋附の羽織と仙台平の袴に着更へ相携へて二階西洋室(二階は地下室)に入り扉を閉ざして石黒忠悳男に宛てた遺言状を認め、午後八時霊轜御発軔と同時刻に自ら軍刀を以て耳下右頸部より咽喉を切り気管を切断して即死を遂げ、夫人は懐剣を以て心臓を突きて自殺を遂げ茲に先帝に対して殉死し奉りたり。白襟紋附の礼装なりしといふ。

読売新聞　大正一年九月一四日

野口英世　のぐちひでよ　一八七六―一九二八

(明治九―昭和三)

明治～昭和期の細菌学者。幼名清作。福島県の貧農の家に生まれ、幼時に火傷で左手を変形するが苦難にめげず、上京して医術開業試験に合格。北里柴三郎の伝染病研究所に入った。一九〇〇年(明治三三)末渡米、ペンシルベニア大学をへてロックフェラー医学研究所に入った。一一年、梅毒病原体スピロヘータの純粋培養に成功、世界的に名を知られた。ついで一三年(大正二)、梅毒スピロヘータが脳と脊髄の梅毒組織内に存在することを確かめた。これにより野口の名は一挙に高まり、同年秋ヨーロッパに渡った時は貴賓のような待遇を受けた。一四年ロックフェラー研究所正所員となり、翌年、日本の学界最高の栄誉である帝国学士院恩賜賞を受けた。栄誉の絶頂にあった彼は、この年の秋一五年ぶりに帰国、大歓迎を受けた。老いた母親に孝養を尽くして美談は多いが父とはともに語らなかった。

一八年、野口は黄熱病調査団に加わり南アメリカ、エクアドルに赴き、微生物レプトスピラを黄熱病の病原体として発表した。しかし、これは誤りで、別の医師団が、レプトスピラよりも微小な生物(ウィルス)が病原体であることを証明した。野口は自説を確かめようとただちにアフリカに出かけたが、アクラ(現、ガーナの首都)で黄熱病に感染して死亡した。国際的に活躍した野口の不屈の生涯は、戦前戦後を通して、日本人科学者の典型となっている。

福島県猪苗代町に野口英世記念館(生家)がある。

安宅　夏夫

一　磐梯山の動かない
姿にも似たその心。
苦しいことがおこっても。
つらぬきとげた強い人。

二　やさしく母をいたはつて。
昔の師をばうやまつて。
医学の道をふみきはめ、
世界にその名あげた人。

三　波ぢも遠いアフリカに
日本のほまれかがやかし、

人の命をすくはうと、
じぶんは命すてた人。
国定教科書初等科音楽（昭和一六）

野見宿禰 のみのすくね

力士の始祖とされる人物。『日本書紀』垂仁天皇七年七月七日条に野見宿禰と当麻蹶速《たいまのけはや》の相撲譚がある。大和の当麻に蹶速という強力の人がおり、ならびなき天下の力士を誇っていた。天皇はこれを聞き、蹶速に匹敵する人を求めたところ、出雲より野見宿禰が召し出されて両者の力くらべが行われた。結果は野見宿禰が蹶速の肋骨、腰を踏みくじいて勝ち、以後野見宿禰は宮廷に仕えることとなる。以上は古代宮廷の年中行事で七月七日に行われた相撲節会《すまいのせちえ》の起源説話である。なお『日本書紀』は垂仁三二年の皇后逝去にさいし、野見宿禰が従来の殉死の風を改め埴輪《はにわ》を立てることを献策し天皇より嘉賞されたという話を伝えている。野見宿禰は出雲より土部《はじべ》一〇〇人をよび、みずから宰領して埴輪を作ったが、これにより彼は土部臣《はじのおみ》の姓を名乗るようになったという。

阪下 圭八

七年の秋七月の己巳の朔乙亥に、左右奏して言さく、「当麻邑に勇み悍き士有り。当摩蹶速と曰ふ。其の為人、力強くして能く角を毀き鉤を申ぶ。恒に衆中に語りて曰はく、『四方に求めむに、豈我が力に比ぶ者有らむや。何して強力者に遇ひて、死生を期はずして、頓に争力せむ』といふ」とまうす。天皇聞しめして、群卿に詔して曰はく、「朕聞けり、当摩蹶速は、天下の力士なりと。若し此に比ぶ人有らむや」とのたまふ。一の臣進みて言さく、「臣聞る、出雲国に勇士有り。野見宿禰と曰ふ。試に是の人を召して蹶速に当せむと欲ふ」とまうす。即日に、倭直の祖長尾市を遣して、野見宿禰を喚す。是に、野見宿禰、出雲より至れり。即ち当麻蹶速と野見宿禰と捔力らしむ。二人相対ひて立つ。各足を挙げて相蹶む。則ち当摩蹶速が脇骨を蹶み折く。亦其の腰を蹈み折きて殺しつ。故、当摩蹶速の地を奪りて、悉に野見宿禰に賜ふ。是以其の邑に腰折田有る縁なり。野見宿禰は乃ち留り仕へまつる。

日本書紀垂仁天皇七年七月条

◉野見宿禰 当麻蹶速を投げとばす。『北斎漫画』。

は

売茶翁 ばいさおう 一六七五―一七六三

(延宝三―宝暦一三)

江戸期の黄檗宗の僧、月海元昭《げっかいげんしょう》。晩年、売茶翁と自称し、高遊外とも号した俳人で、放浪の生涯を送った長命の煎茶人でもあり煎茶道の祖といわれる。肥前国蓮池(現在の佐賀市蓮池町)に生まれ、一一歳のとき郷里の竜津寺《りゅうしんじ》(黄檗宗)を開いた化霖《けりん》の弟子になる。以来禅僧としての修行に入り、生涯、黄檗禅を基盤に持つことになる。二二歳のときに求道の旅に出、江戸から東北、京都、摂津、堺などを巡り、三三歳のとき再び竜津寺に帰り化霖に師事。その後五七歳ころに再び京都に出るまでの二〇年余りが空白となるが、この時期に老荘、神仙の儒教思想を身につけたといわれ、のちの煎茶道の思想的背景になるが、この長い空白期に旅に出ないはずはなく、前と違った孤独な旅があったろうと想像される。六〇歳を過ぎたころ煎茶を売る売茶生活に入り、京都の東山に茶店の通仙亭を開く。翁は、九〇歳の長命で孤独のうちに死ぬが、自由奔放、時と所を選ばぬ独自の自由な精神の煎茶の世界で生きた天涯の自由人といってよい。

丸山 尚一

◉―売茶翁 「雪月花」の月を茶の湯とした、四世中村歌右衛門演ずる売茶翁。歌川国芳画『諸芸競三幅対』。国立劇場。

袴垂保輔 はかまだれやすすけ

平安時代にいたという盗人。ただし『今昔物語集』や『宇治拾遺物語』には、「袴垂」と「保輔」の名が盗人として別々にみえており、同一人が別の名で呼ばれていたのか、あるいは二人の別人の名が合体して伝説的な盗人の名となったのかは不詳。「袴垂」は『今昔物語集』『宇治拾遺物語』に、「いみじき盗人の大将軍」と呼ばれ、彼が夜道を笛を吹いて歩く男の着物を奪おうとして逆に威圧された、その男は和泉式部の夫として知られる藤原(平井)保昌であった、という話がみえる。一方、『宇治拾遺物語』の別の話によると、「保輔」という「盗人の長《おさ》」がおり、これはその保昌の弟であるという。藤原保輔は、『日本紀略』永延二年(九八八)条に「強盗首」と記されている人物で、追討の宣旨をこうむること一五度、獄中で自害した(『尊卑分脈』)。のちに、近世の歌舞伎におい

◉―袴垂保輔 平井保昌を追跡する袴垂保輔。美図垣笑顔作、歌川国芳画『軍要武者硯』。

ても袴垂と保昌のことは、「市原野のだんまり」として著名であった。一八二二年(文政五)市村座の顔見世狂言でも、「鬼同丸実は袴垂保輔」が登場し、すでに「袴垂保輔」という呼びかたが定着していた。

山内 吉蔵

夜中ばかりに、人みなしづまりはててのち、月のおぼろなるに、衣あまた着たりけるぬしの、指貫《さしぬき》のそばはさみて、絹の狩衣めきたる着て、たゞひとり、笛ふきて、行もやらずねりゆけば、あはれ、これこそ、われに衣えさせむとて出たる人なめりと思て、走かゝりて、衣をはがむと思ふに、あやしく物のおそろしくおぼえければ、そひて、二三町ばかりいけども、我に人こそつきたれと思たるけしきもなし。いよ〳〵笛を吹ていけば、試むと思て、足をたかくして走りよりたるに、笛をふきながら見かへりたるけしき、とりかゝるべくもおぼえざりければ、走のきぬ。(中略)さりとてあらんやはと思ひて、刀をぬきて走りかゝりたるときに、そのたび、笛を吹やみて、たち帰て、「こはなにものぞ」と問ふに、心もうせて、吾にもあらでつい居られぬ。又、「いかなる者ぞ」と問へば、今は逃ぐともよも逃さじとおぼえければ、「ひはぎにさぶらふ」といへば、「何ものぞ」と問へば、「あざな袴垂となんいはれさぶらふ」とこたふれば、「さいふものありと聞くぞ。あやうげに、希有のやつかな」といひて、「ともにまうで来」とばかりいひかけて、又おなじやうに、笛吹てゆく。

この人のけしき、今は逃ぐとも、よも逃がさじとおぼえければ、鬼に神とられたるやうにて、ともに行ほどに、家に行つきぬ。いづこぞと思へば、摂津前司保昌といふ人なりけり。家のうちによびいれて、綿あつき衣一を給はりて、「衣の用あらんときは、参りて申せ。心もしらざらん人にとりかゝりて、汝あやまちすな」とありしこそ、あさましく、むくつけく、おそろしかりしか。

宇治拾遺物語二十八「袴垂保昌に合ふ事」

博雅三位 はくがのさんみ→源博雅

橋姫 はしひめ

橋のたもとに橋姫とか橋姫明神とかいって、橋の神霊がまつられることが多い。山城の宇治の橋姫や摂津の長柄《ながら》の橋姫は有名だが、京都の五条橋(今の松原橋)や近江の瀬田橋のたもとにも橋姫がまつられていた。橋姫は、宇治の橋姫のように、嫉妬深い鬼神とされる場合が多い。瀬田橋の付近でも鬼女が人々を悩ましたとする説話が『今昔物語集』などにもあって、これも橋姫であろうと考えられている。諸国の伝説でも橋姫のねたみを恐れて嫁入りの行列が通るのを忌む橋があり、橋の近くで赤子を抱いた女性にあって、頼まれてその赤子を抱くと急に重くなったというものがある。柳田国男によると、橋に神をまつるのは、境としての橋に外部から侵入する邪悪な神霊などを防ぐためで、もとは道祖神と同様に、男女二神をまつったものとされる。それが男女であったために安産や小児の健康を祈る神ともされ、母子神信仰のような形態の伝説が生まれ、一方で神の威力を意味したネタミが、嫉妬の意味に限定され、嫉妬深い鬼女の伝説ともなったとされる。さらに長柄の橋姫のように、橋を造る時の人柱《ひとばしら》を橋姫としてまつるとする伝説もある。これらの伝説は水辺の祭りをつかさどった巫女たちによって管理され伝播されたのではないかと考えられている。

【宇治の橋姫】『古今和歌集』に「さむしろに衣かたしき今宵もや我をまつらむ宇治の橋姫」「千早ふる宇治の橋姫なれをしぞあはれとは思ふ年のへぬれば」の二首が収められていて、歌学書や『古今集』の古注にさまざまな伝説が記されている。住吉明神が宇治の橋姫と津の国の浜で契って、宇治に行く約束をするが、その約束を果たさなかったので、橋姫が「さむしろに」の歌を詠んだとか、宇治の離宮明神が橋姫と毎夜契ったが、明け方になると川波が荒れたとか伝える。『奥儀抄』巻六などには橋姫のこととして次のような物語を記している。

むかし、二人の妻を持った男がいて、ひとりがつわりに七いろ（尋か）の和布《わかめ》をほしがったので、男が海辺に探しに行くと、そのまま男は竜王にとられてしまう。その妻は男を尋ね歩くが、ある夜、浜辺の庵で偶然男とあうが、明けるとあとかたもなく消えうせていた。家に帰った妻は、もうひとりの妻にこのことを語ると、その女も浜辺の庵に行き、男にあうが、嫉妬して男に打ちかかると、男も家もあとかたもなく消えうせたという。この物語は脚色されて『橋姫物語』と題する絵巻としても伝わっている。『古今為家抄』などには、嵯峨天皇のとき、ひとりの女が嫉妬から夫に捨てられ、宇治川の水に髪をひたして、鬼になるよう祈り、ついに鬼女となったと伝える。これと同様の説話は屋代本『平家物語』剣巻に見られ、貴船明神に祈り、その告げに従って宇治川に浸って生きながら鬼女となる。これが羅生門の鬼で、後に渡辺綱に腕を切られたことになっている。貴船明神への参詣にあたって、橋姫が頭に鉄輪をのせる話があって、謡曲『鉄輪』とのつながりが暗示されている。『曾我物語』巻八にも姫切という名剣にまつわってこの異伝を収めている。また橋姫は嫉妬深いので、嫁入りのとき、宇治橋を渡ってはならないなどとも伝えられる（『出来斎京土産』など）。

◉——**橋姫** 宇治の橋姫。鳥山石燕『今昔画図続百鬼』。

【長柄の橋姫】 摂津西成郡の長柄橋の神霊で、人柱伝説として伝えられる。『神道集』巻七に「橋姫明神事」として収められているのが古い。長柄川に橋をかけようとするが何度も失敗し、人柱を立てることになった。そのとき、ひとりの男が幼児を負った妻と連れ立って来て、橋の材木の上で休む。男は、人柱に立てるのなら、袴の破れを白布で縫いはぎした者を選ぶとよいというと、橋奉行は、それならおまえ以外にないといって、その男を人柱に立てる。妻は悲しんで「物いへば長柄の橋の橋柱泣ずば鴙のとられざらまし」という歌を詠んで幼児を負いながら河に身を投げ、橋姫となったという。この話は近世になると広く流布して、小異を含みながら諸書に見られるようになる。提案した当の本人が人柱に立てられた話は、『神道集』の歌と類似の歌や「鴙も鳴かずば打たれまい」（口はわざわいのもとの意）ということわざと結びついて諸国の人柱伝説ともなっている。人柱となるのは日本の北と南では女あるいは母子だが、中央部では男で、六部、巡礼、盲僧、塩売、椀売などとなり、これらの遍歴の人々によって伝播されたのではないかと考えられている。

山本 吉左右

嵯峨天皇御時或公卿ノ娘余ニ物ヲ妬ミテ貴船大明神ニ詣テ七日籠テ祈ケルハ願クハ乍生鬼ニ成シ給ヘ妬マシト思ハン女ヲ取害サントソ申ケル示現ニ云ク鬼ニ成リ度ハ姿ヲ作リ替テ宇治ノ河瀬ニ行テ三七日浸ルヘシサラハ鬼ト成ヘシト示現アリ女房悦テ都ヘ帰ツヽ人モ無所ニ立入テ長ナル髪ヲ五ニ分テ松ヤネヲヌリ巻上テ五ノ角ヲ作ケリ面ニハ朱ヲサシ身ニハ丹ヲヌリ頭ニハ金輪ヲ頂テ続松三把ニ火ヲ付テ中ヲ口ニクハヘテ夜深人閑テ後大和大路ヘ走出テ南ヲ指テ行ケレハ頭ヨリ五ノホムラ燃アカル自ラ是ニ行合タル者ハ肝心ヲ失ヒ倒臥死入ラスト云事ナシカクシテ宇治ノ河瀬ニ行テ三七日浸タリケレハ貴船大明神ノ御計ニテ彼女乍生鬼ト成ヌ又宇治ノ橋姫トモ是ヲ云トソ承ル

屋代本平家物語剣巻

さむしろに衣かたしきこよひもやわれを

まつらむ宇治のはし姫

此歌橋姫の物語と云ふものにあり。昔めふたりもたりけるをとこ、もとのめのさはりして七いろのめをねがひける。求めにうみべにゆきて竜王にとられてうせにけるを、もとのめ尋ねありきけるほどに、はまべなる庵にやどりたりけるよ、おのづから此をとこにあひにけり。此歌をうたひて海辺よりきたれりけるなり。さてことのありやういひて、あくればうせぬ。このめなく〳〵かへりにけり。今のめのこの事をきゝて、はじめのごとくゆきて此男をまつに、又この歌をうたひてきければ、われをば思ひすてゝもとのめをこふるにこそとねたく思ひて、をとこにとりかゝりたりければ、をとこもいへも雪などのきゆるごとくにうせにけり。

奥義抄巻六

抑橋姫ト申神ハ、日本国内大河小河橋守ル神也、而レハ摂州長柄ノ橋姫、淀ノ橋姫、宇治ノ橋姫ナント、申シテ、其数多ト申モ、今長柄ノ橋姫事ヲ奉レ明、自余ノ橋姫ニ准申、抑人王卅八代ノ帝ヲハ斉明天王ト申ス、皇極天王ノ重祚シ給シ時ノ御名ナリ、此時摂州ニ長柄橋ヲ被懸、人柱ヲ被レ立、其河ノ橋姫トハ成レリ、依レ之河ニテ死ル人ハ、皆橋姫ノ眷属トハ成也、其故ハ橋ヲ懸ル事、度々重ナレトモ不レ久間、人柱ヲ可レ立由内談有、折節浅黄ノ袴ノ膝ノ切タルヲ、白キ付ヲ以テ縫付タル着、男一人出来レリ、其妻カト思シクテ、二三計ノ少キ者ヲ負テ通リケルカ、立寄息ケリ、斯リケル所ニ、野辺近所ナレハ鶏ノ鳴声シケレハ、人々聞テ差遶タリ、射テ取ケル、此男是見テ不便ナリ、自カ鳴声无ハ不レ取シト乍レ言、我身ニ不思議ノ事ノ有ルヲ不レ知リケリ、橋ノ材木ノ上ニ息ケルカ、懸ル橋ノ懸ワツラウニハ、人柱ヲ立ル也、但其有様浅黄ノ袴膝ノ切タルヲ、白衣端ニテ縫付着者得レ取テ、人柱ニ立程ナラハ、無二相違一橋成就セント、徒ラ口ヲ云ケル、我身ノ袴ノ切ルヲ、女房白衣端ニテ付ルヲ着タルヲ、夢覚不レ弁語リケリ、橋奉行聞レ之、佐テハ自レ汝外ニ別ノ人ヲ不レ可レ求、則取テ橋柱ニ被レ立ケリ、其妻女モ同被レ立、女房悲テ一首ノ歌読書付テ、橋ノ柱ニ結付、泣々少者ヲ乍レ負身ヲハ河へ沈ケル、其歌云、

物イヘハ長柄ノ橋ノハシ柱　泣スハ鳰ノトラレサラマシ

読ケリ、此女ハ則此橋ノ橋姫ト成ニケリ、人人哀ミ橋ノ爪ニ社ヲ立、橋姫明神トソ祝申ケル云云、此由来ニモ歌ニモ異説可有云云。

神道集巻七ノ三十九「橋姫明神事」

芭蕉 ばしょう　一六四四―九四(正保一―元禄七)

江戸前期の俳人。俳聖と称される。一六四四年に伊賀国上野赤坂町で生まれ、父の松尾与左衛門は同国柘植《つげ》の出身、母は百地氏の出身という。六人兄弟の次男。幼名は金作、元服して甚七郎宗房と名乗る。父は無足人と呼ばれる伊賀の郷士的身分であった。一〇歳の頃、藤堂新七郎家(伊賀の上忍の一族)の嗣子である主計良忠に近習として仕えた。主計良忠は貞門派の俳諧をたしなみ、俳号を蟬吟《せいぎん》といった。この頃、伊賀上野では俳諧をたしなむものが多かった。芭蕉の運命を変えたのは、蟬吟の急死であった。芭蕉は当時二五歳で、主人の位牌を高野山報恩院に納めた後、致仕を願ったが許されず、京都へ移住した。七二年(寛文一二)処女句集の『貝おほひ』を編み、七四年(延宝二)北村季吟から連俳の伝授を受け、俳諧師として自立する。七五年春、季吟同門の名主小沢卜尺を頼って江戸へ下り、翌年には魚問屋杉山藤左衛門方に移って俳諧に精進、七五年頃から桃青《とうせい》と号した。八〇年の冬、藤左衛門の世話で深川六軒堀に草庵(芭蕉庵)を結び、次第に蕉風俳諧の道を深めていく。八四年(貞享一)に『野ざらし紀行』の旅に出て以降、八九年(元禄二)の『おくのほそ道』の旅まで五回もの紀行(『鹿島紀行』『笈の小文』『更科紀行』を含む)が続く。そして、九四年一〇月再び西上の途につくが、大坂南御堂筋の花屋仁左衛門方で逝去。五一歳で、「旅に病んで　夢は枯野をかけめぐる」の句が残された。

芭蕉の生涯には、いくつかの謎がある。なかでも人生の後半における五回の大旅行にお

ける健脚ぶりとその費用の捻出は、その最たるものである。とくに最後の『おくのほそ道』の旅は、四六歳の年齢にとっては厳しいものであったはずで、「月日は百代の過客にして、行きかふ年も又旅人也」との書き出しで始まる。弟子の河合曾良を伴って江戸を発ったのが三月二七日、四月一日には日光へ着き、那須湯本を経て同月二〇日には白河の関を越えている。さらに郡山、二本松、福島を経て、五月二日には飯坂温泉着。こうして三月末から九月上旬の約半年間で、東北・北陸から近江・伊勢をまわって伊賀上野に戻っている。多い時には一日十数里を踏破しており、おそろしい健脚ぶりであった。もう一つの謎は、旅の費用の捻出である。地方に住む蕉門の弟子や知人の援助、パトロン宅への宿泊などがあっても、それで足りるものであろうか。そこから、大パトロンの存在や忍者説が生まれた。忍者を多く輩出した伊賀に生まれた人物として、想像の夢を満たしてくれる存在だったといえよう。

田辺　貞夫

○替りもの蔦の中ヵから芭蕉出る(二九17)
　「替りもの」は変った人物。かつて藤堂家(蔦紋)に仕えたことを踏まえる。
○風雅な米櫃草庵に種瓢(一五一5)
　深川芭蕉庵の柱に米五升入りの瓢を掛けおき、門人らがそれに喜捨したという。この瓢は二代目団十郎に譲られ、市川家の代々に伝わり(『寸錦雑綴』)、瓢のマークは牡丹・蝙蝠・鯉などとともに市川家の替紋となった。

○よし町の鐘も上野か浅草か(四三4)
○古ル池がポチヤンといふとやたて出し(天五宝2)
○翁ハとひ込ミ道風ハとび上り(一〇三39)
○夏痩や藪医者共か療治跡(梅柳一四28)
○煮うり屋の柱ハ馬にかじられて(宝八9)
○鴫は立からすはとまる秋のくれ(七八27)
○雪見には打て付ヶたるげい者なり(安九・六3)

　右に掲げたように芭蕉の作を卑俗化したパロディ句が多い。第一句、「花の雲鐘は上野か浅草か」―「よし町」は江戸府内各地にあった蔭間《かげま》茶屋のうちの一つ、日本橋芳町。ここで聴く鐘は多分、石町三丁目の鐘。第二・三句、「古池や蛙飛び込む水の音」。第三句の「道風」は小野道風の故事で(「小野道風」の項を参照)、同じ蛙だが、という穴句。第四句、「夏草や兵どもが夢の跡」。痩せたのは夏風邪でもこじらせたのか。第五句、「道ばたのむくげは馬にくわれけり」。煮売屋は飯や惣菜を売り、食べさせる店。第六句、「かれ枝に烏のとまりけり秋の暮」。鴫《しぎ》は西行の「鴫たつ沢の秋の暮」。第七句、「いざさらば雪見にころぶところまで」。芸者はいわゆる転び芸者、「女芸者」は宝暦(一七五一―六四)以降盛行した。

長谷川平蔵　はせがわへいぞう　一七四五―九五

(延享二―寛政七)

江戸後期の幕臣。火付盗賊改役長谷川宣雄の子で、諱は宣《のぶ》以《ため》。幼名は銕三郎。妾腹であったため実家に入れず、そのため青年時代は遊蕩三昧。人からはいろいろ言われたが、きっぷが良く、男気があった。二八歳で父の跡を継ぎ、一七六八年(明和五)に一〇代将軍徳川家治に謁見、七四年(安永三)に二の丸御書院番士、八四年(天明四)には御徒頭となり四〇〇石、足高は六〇〇石。八六年に御先手弓頭に昇進し、翌年には四二歳で火付盗賊改役を加役され、目白台の屋敷から清水門外の役宅に転居。火付盗賊改役は、必要であれば日本全国に追手を差し向けることができる一種の特別警察であった。また老中松平定信の命により、人足(無宿者)寄場建設の具体策を建議、九〇年(寛政二)に人足寄場取扱を命ぜられた。江戸隅田川河口の石川島と佃島の葦沼を埋め立て、人足小屋の建設に着手。無宿者を収容し、作業を開始させた。九二年に人足寄場取扱の任を解かれるが、火付盗賊改役の職は最後まで続けている。

　近年、池波正太郎の『鬼平犯科帳』で広く知られるようになった。これによると、平蔵には妻久栄との間に二男二女がおり、養女もいる。小太りで温和な顔をしており、笑うと右の頬にえくぼができる。いつも笑顔を絶やさぬ穏かな人柄だが、凶悪犯に対する追跡・取調べは苛烈を極めた。悪に向かっては容赦しない火付盗賊改役長官「鬼の平蔵（鬼平）」として、盗賊たちに恐れられた。平蔵には、並の侍、旗本にはない強みがあった。若き日の放蕩無頼の行動が、人の心を見抜く眼を養っていたのである。平蔵いうところの「勘働き」である。親友にかつて高杉道場でともに一刀流を学んだ岸井左馬之助がおり、手足となって働く部下に筆頭与力佐嶋忠助、同心の酒井祐助・沢田小平次・小柳安五郎・木村忠吾ら、加えて平蔵の若き日の無頼仲間の相模の彦十、盗賊から足を洗った大滝の五郎蔵、小房の粂八、伊佐次、幼なじみのおまさらが情報収集や探索に密偵として活躍した。このように鬼平シリーズには、鬼平個人の魅力とともに、群衆劇としての楽しさが詰まっている。　田辺 貞夫

畠山重忠　はたけやましげただ　一一六四―一二〇五（長寛二―元久二）

鎌倉初期の武士。武蔵国の大族秩父氏の一族で、畠山荘を領して畠山氏の祖となった重能の子。源頼朝の挙兵にあたり、はじめ平家方について三浦氏を攻めたが、のち帰順して平家追撃軍に加わり各地に転戦した。典型的な坂東武者としての評価が高く逸話も多いが、一一八七年（文治三）梶原景時の讒言《ざんげん》によって謀反の罪を着せられそうになった際、「謀反を企てているとの風聞が立つのは武士の眉目」と語って嫌疑を一蹴したという話は有名である。しかし一二〇五年平賀朝雅を将軍にたてようと企図する北条時政とその後妻牧の方の陰謀にまきこまれ、まず子の重保が鎌倉由比ヶ浜に誘殺され、ついで本領をたって鎌倉に向かった重忠にも大軍がさし向けられた。重忠は、本領に帰っての決戦を勧める郎党の言を制し寡勢でこの大軍を迎え撃ち、一族郎党とともに討死したという。　外岡 慎一郎

【作品化】　重忠は浄瑠璃、歌舞伎で、いわゆる捌役《さばきやく》の役どころとして形象化された。したがって歌舞伎では生締《なまじめ》（鬘《かつら》の髷の名称）が多く用いられる。浄瑠璃『壇浦兜軍記《だんのうらかぶとぐんき》』（一七三二初演）では平景清の恋人阿古屋《あこや》を堀川御所の白洲で裁く名判官秩父庄司重忠として登場、智勇兼備でしかも情ある武将として描かれる。近松作の『出世景清』にも「重忠は四相《しそう》を悟る」の詞章がある。前記『兜軍記』の登場人物である岩永左衛門が赤っ面の敵役であるところから、重忠は岩永と対照的にものわかりのよい人物とされている。歌舞伎では「曾我」の世界に登場する。　小池 章太郎

……畠山は、赤縅の鎧に護田鳥毛の矢負ひ、三日月と云ふ栗毛の太く逞しきに乗りたりけり、此馬鞭打つに、三日の月程なる月影の有りければ名を得たり、壇の上にて馬より下り、差、しのぞいて申しけるは、爰は大事の悪所、馬転して悪しかるべし、親にかゝる時、子にかかる折と云ふ事あり、今日は馬を労はらんとて、手綱腹帯より合せて、七寸に余りて大きに太き馬を十文字に引きからげて、鎧の上に掻負ひて、椎の木のすだち一本ねぢ切り、杖につき、岩の迫をしづ〳〵とこそ下りけれ、東八箇国に大力とは云ひけれ共、只今かゝる振舞、人倫には非ず、誠に鬼神の所為とぞ、上下舌を振ひける……

源平盛衰記下巻三十七「義経鵯越を落す並畠山馬を荷ふ附馬の因縁の事」

「かく申す景清も、それに少し違ふまじ。乞丐人のまなびをして、ねらはばや」と思ひて、四条の町へ立ち出でて、真の漆を買ひ取りて、継目五体にしっかとさす。夏の漆の物憂さは、五体を沁むるぞ堪へがたき。むざんや景清は、我が身をきっと見て、「かくなり果つるも誰ゆゑぞ。主君の為」と思へば、恨みとはさらに思はれず。いかに二相神通の重忠とは申すとも、彼の景清がふるまひを見知らるべうはなかりけり。（中略）

さる間、重忠、本田の次郎を召され、「いかに、かたがた、承れ。かかる法会の庭には、寸善尺魔と申して、大事の事の候ぞ。あのや

うなる乞丐人は、四季の調子を背くなり。(中略)今は秋にて候程に、平調にてあらうずるが、あら不思議や、只今『施行たべ』と乞うつる声を聞くも、平調なり。左手の眼は、腎の臓より通じて、其の色黒く見ゆる。右手の眼は、肝の臓より通じて、其の色青く見ゆる。相剋相生の形、まさしく御身は、乞丐人にてはなくして、平家の侍大将に悪七兵衛景清と見たは、秩父が僻事か。斯く問うたるが無念ならば、かう申す重忠が、君に御暇を申し、武蔵へ下りてあらん時、大御所へ忍び入り、面廊、透垣にても、ねらひたくはねらひ候へ。此の重忠があらんず程は、ふっつと叶ふまじい」と、真白に言はれ申し、「あう、恥づかし」と存ずれば、打ちうつむいてぞ居たりける。

幸若舞**景清**

○しげ忠はあざむかれないおとこなり(天六・十二・五)

『壇浦兜軍記』阿古屋琴責の段の重忠。「あざむかれない」で、平景清の痣《あざ》を暗示したのが句のヤマ。

秦河勝　はたのかわかつ

七世紀前半ころの廷臣。生没年未詳。川勝とも書く。秦氏の中心人物で山背《やましろ》の葛野《かどの》(現、京都市西部)に住した。『日本書紀』推古一一年(六〇三)一一月条に河勝が聖徳太子から仏像を賜って、葛野に蜂岡寺《はちおかでら》(広隆寺)を建立したことと、同一八年一〇月条に新羅、任那の使者が拝朝したとき、新羅使者の導者を務めたこと、また同皇極三年(六四四)七月条に東国の不尽河(富士川)のあたりの大生部多《おおうべおおし》という者が、蚕に似た虫を、常世《とこよ》の神と称して村里の人々にまつらせ、富と長寿が得られるといって民衆を惑わしていたのを、河勝が打ちこらしたので、時の人が「太秦《うずまさ》は神とも神と聞えくる常世の神を打ちきたますも」と歌ったという伝えがみえる。『上宮聖徳太子伝補闕記』や『聖徳太子伝暦』にはそのほかに河勝が物部守屋討伐軍に加わって太子のために活躍したことや、はじめ大仁、のち小徳の冠位を与えられたことなどがみえるが確かではない。

関　晃

●秦河勝　物部守屋を討つ聖徳太子に従う秦河勝(手前)と蘇我馬子、小野妹子。『聖徳太子の守屋討ち』。国立国会図書館蔵。

【伝承】　秦河勝は、後世にはもっぱら聖徳太子に仕えた臣下かつ武将として知られる。『聖徳太子伝暦』では、太子の楓宮への行幸に先導をつとめ、太子に命ぜられて蜂岡寺を営むとあり、秦氏の氏寺の縁起が河勝を介して太子と結びつけられている。さらに『伝暦』では、太子と物部守屋との戦いにおいて、河勝が守屋の頸を斬る、とあり、『三宝絵』や『今昔物語集』はこの彼を「軍政人《いくさのまつりごとびと》」というが、やがて中世の太子伝には、太子を守護する軍神的な存在として描かれ、大和国の武士団長谷川党の祖ともされる。

一方、中世太子伝では、百済の味摩之《みまし》によって日本国に伝えられた伎楽を、太子が河勝の一族に習い伝えさせるという。これは天王寺の楽人となった秦氏の伝承らしいが、やがて大和猿楽においてみずからの芸能の祖神として河勝を仰ぐことにつながる。世阿弥『風姿花伝』神儀云や禅竹『明宿集』は、長谷に発したらしい円満井座(金春座)の伝承を記すが、そこでの河勝は壺に入って川上より流れ来たる化人で、太子に従い六十六番の申楽を伝え、さらにうつぼ舟に乗って去り播磨国坂越《しゃくし》浦に荒ぶる神としてあらわれ「宿神《しゅくしん》」として祭られる存在となる。

➡聖徳太子

阿部　泰郎

……時に秦の川勝、百毛槐林と銘打たる太子の御太刀を賜りて、守屋の頸を敲けり。彼の御太刀は、今に至るまで四天王寺の宝蔵に納められたり。

醍醐寺本聖徳太子伝

(百済より伶人来朝し、太子は)かの伶人を大和国桜井村に居さしめ、十五人の童子を選びて、この舞楽を学ばしめけり。秦川勝が子息五人、孫三人と、秦の川満が子息二人、孫三人、已上十五人也。……四天王寺に就きて、三十二人の伶人を調え置き、毎年に大法会を行い、この舞楽の儀式を調え給いき。

醍醐寺本聖徳太子伝

(申楽の始まり)日本国に於いては、欽明天皇の御宇に、大和国泊瀬の河に洪水の折節、河上より一の壺流れ下る。三輪の杉の鳥居のほとりにて、雲客、此壺を取る。中にみどり子あり。かたち柔和にして玉のごとし。是、降人なるが故に内裏に奏聞す。其夜、御門の御夢にみどり子の云。「我はこれ大国秦始皇の再誕なり。日域に機縁ありて今現在す」と云。御門、奇特に思しめし、殿上に召さる。成人に従いて才智人に越えば、年十五にて大臣の位に上り、秦の姓を下さるゝ。……秦河勝、是也。上宮太子、天下少し障りありし時、神代・仏在所の吉例に任て、六十六番の物まねを彼河勝に仰せて、同じく六十六番の面を御作にて則河勝に与え給う。橘の内裏紫宸殿にてこれを勤ず。天下治まり、国静かなり。……彼河勝、欽明・敏達・用明・崇峻・推古・上宮太子に仕え奉り、此芸をば子孫に伝え、化人跡を留めぬによりて、摂津国難波の浦より、うつほ舟に乗りて、風にまかせて西海に出づ。播磨の国坂越の浦に着く。浦人舟を上げて見れば、かたち人間に変れり。諸人に憑き祟りて奇瑞をなす。則、神と崇めて、国豊か也。

風姿花伝第四「神儀云」

○郎等に太子はわたり者を持チ(四一31)

「わたり者」は、江戸期に主人を替えて仕える渡り奉公人の通称。渡来民の意にかよわせる。

鉢かづき　はちかづき

御伽草子の継子《ままこ》譚、観音利生譚「はちかづき」の主人公。これと同様の話に奈良絵本「姥皮《うばかわ》」があるが、これは、尾張国の甚目《じもく》寺の観音のお告げで、姥皮を着けた姫が、人人に恐れられながらも、火焚きとして、近江国の佐々木家に雇われる。そこで若君に見染められて夫婦になり、末永く幸福に暮らしたという話である。「鉢かづき」と違うのは、姫が自由に、姥皮を着けたり、脱いだりできることであって、脱げば美しい姫君になるところが特色である。「鉢かづき」は「姥皮」と比べると、物語の展開に起伏があり、主人公の鉢かづきのたどった境涯もはるかに変化に富んでいる。鉢かづきの母は、死の直前に、長谷観音との約束もあって、姫の頭に鉢をかぶせてしまう。その鉢は取ろうとしても取ることができない不思議な鉢である。鉢かづきの異様な風体は、人々から恐れと笑いの洗礼を受ける。邪慳《じゃけん》な継母と、父の冷たい仕打ちに、邸を追われた鉢かづきは、川に身を投げて死のうとしたが、鉢が浮き輪の役を果たして、水面に浮かんでしまう。こういうさりげない趣向も、思わぬ方向へ転がり落ちてゆく鉢かづきの運命を暗示している。山蔭中納言のところで、鉢かづきは湯殿役として雇われる。生活は厳しく辛いが、しかし哀れさの中にも情趣が漂っているのが救いである。中納言の四男、宰相殿と鉢かづきの間に、やがて愛情が芽生えるが、鉢かづきの醜さを理由に周囲の者の迫害は強まる。二人の愛情は、それに対抗するかのように燃え上がり、とくに宰相が、母親の強硬な反対にもかかわらず、鉢かづきの部屋に居続けてしまうのは、親の命令が絶対的な権威をもっていたこの時代の常識からすると注目に値する。また三人の息子の嫁と、嫁比べを強いられた鉢かづきが、進退窮まって、宰相と手を取って邸を去ろうとしたとき、頭の鉢が割れて、数々の宝とともにその美しい容姿を現すところは、シンデレラ型の手法で、なじみのある場面構成といえよう。兄嫁と比べて、詩歌、管弦、筆跡、何ひとつ劣らない鉢かづきは、中納言夫婦から、天人の影向《ようごう》かと賞賛される。晴れて宰相と夫婦になった鉢かづきは、長谷観音に参詣する。その御堂で、いまは継母と別れ、修行者に身を変えた父と再会し、身柄を引き取って、宰相ともども末繁盛の生涯を送ったというところでこの話は終わる。

鉢かづきの鉢と、虐待される女主人公には成女戒の物忌と苦行、湯殿の仕事は水の女の信仰から発するという説がある。

岩崎　武夫

八犬士　はっけんし

江戸時代の長編伝奇小説『南総里見八犬伝』(曲亭馬琴著)の八人の主人公たちをいう。『書言字考節用集』(江戸時代の辞書)に名の見える「八犬士」をもとに、馬琴によって創造された架空の人物である。犬江親兵衛仁《まさし》、犬塚信乃戍孝《もりたか》、犬川荘助義任《よしとう》、犬山道節忠与《ただとも》、犬飼現八信道、犬田小文吾悌順《やすより》、犬坂毛野胤智《たねとも》、犬村大角礼儀《まさのり》らがそれで、「犬」の字を姓とし、仁、義、礼、智、信、忠、孝、悌の仁義八行(武士道の八徳目)の一字を刻んだ聖玉を持ち、身体のどこかに牡丹型のあざがある、というのが犬士たちの基本設定である。その背後には、彼らの出生の契機を、中国の犬祖神話や仏教の文殊八大童子曼陀羅図にヒントを得て、安房里見家の孝女伏姫と聖犬八房《やつふさ》の霊的な結合と、壮烈なその死によるものとした、馬琴の神話的な構想力がはたらいていた。はじめはそれぞれ悲運な孤児として関八州に散らばっていた若い犬士たちが、悪との戦いの中で二人、三人とめぐり会い、ついに彼らの宿因を知って八犬士が会同するに至るまでの物語は、波乱万丈、目くるめく縦糸横糸に織りなされて痛快な大伝奇ロマンとなっ

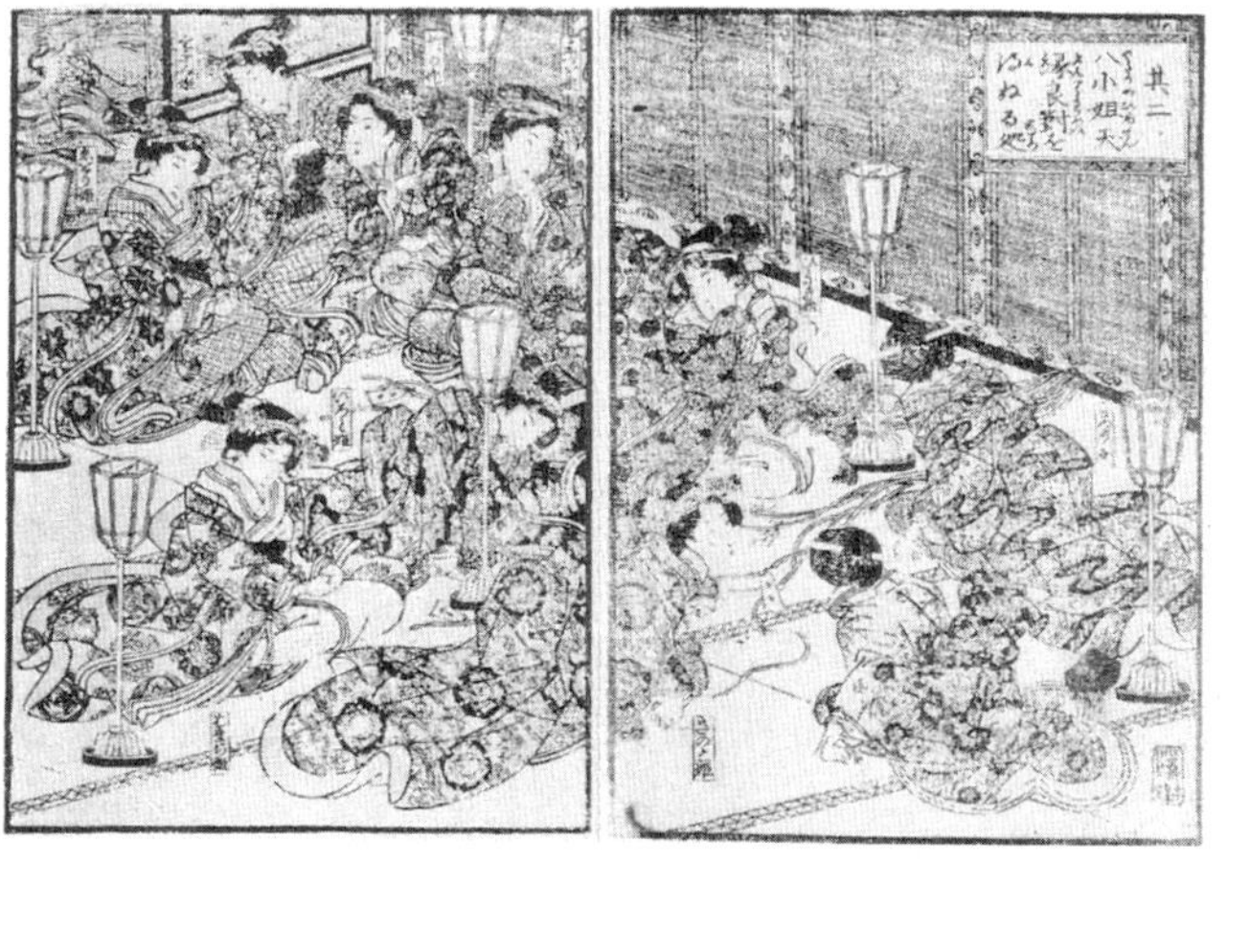

●──八犬士　里見義成は八犬士に自分の娘八人を娶せようとし、一人一人に赤い紐を持たせ(下)、御簾をへだてて威儀を正す八犬士それぞれに引かせる(上)。『南総里見八犬伝』渓斎英泉の挿絵。

ている。『八犬伝』の物語と主人公「八犬士」は、発表当初から江戸中の大評判となり、犬士肖像の一枚絵は飛ぶように売れ、凧《たこ》絵《え》や児童の着物の模様、風呂屋ののれんにまで、八犬士の絵がはんらんしたという。『八犬伝』ダイジェスト版の合巻『犬の草子』『仮名読八犬伝』がさらにその人気をあおり、一方、浄瑠璃『梅魁蕾八総《はなのあにつぼみのやつふさ》』(一八三四)、歌舞伎『八犬伝評判楼閣《はっけんでんうわさのたかどの》』(一八三六、江戸森田座)で劇化された後は、時の人気俳優が演ずる八犬士物は芝居の重要な演目のひとつとなった。こうして架空人物ながら、八犬士は庶民の英雄となり、その流れは今日の映画、テレビ、伝奇小説にまで及んでいる。

↓伏姫

高田 衛

敵かと見れば、正に是、七犬の毎にて、信乃は既に徳用を生拘りて、躬方の夥兵に索を執らして、真先に是を牽したり。又道節・毛野、大角・荘介、現八・小文吾は、素頼・経棱・堅削を、一馬に滕乗せて、この它生拘の僧俗を、こも亦七個の夥兵に牽して、聚ひ来にける光景は、天部の善神戦克て、阿脩羅を降し勢ひも、恁やとぞ思ふ照文は、見つゝ手を抗げうち招きて、「喃犬塚主、犬士達恙もなきや。我們は、嚮に這地方にて、大敵防ぐに勢ひ窮りて、主僕共侶に擒捕られ、庵主も免れがたかりしに、料ずもこゝに来にける、犬江生に拯れて、勍敵退散したり。」といふ、歓びあまりて憚りもなき、喚声の高かるは、自然の勢ひならんと思ふ、親兵衛ははやく身を起して、代四郎と紀二六が、後に跟くを見かへりながら、走りて五十歩許出迎て、「小父公は孰に候ぞ、犬塚・犬飼、自余の賢兄、晩生則犬江親兵衛仁にこそ候なれ。」と告名るを等ず、小文吾・信乃、現八を第一番にて、荘介・道節・毛野・大角も、はやく親兵衛に近づきて、「こは大八か、聞しより、思ひしよりも大人備て、適男になりけるよ。洒家は小父なり、小文吾なり。咱們は信乃なり、現八なり。」と七個名告る、不勝の喜び、背を拊つ顔うち目戍る、親しき疎き隔なく、皆骨肉の思ひあり、具に名状すべからず。代四郎は含笑ながら、照文の若党紀二六們と、倶に跪きて傍に在り。嗚呼時なるかな、至れるかな、八犬爰に具足して、八行の玉、聯串の功、大の宿望虔しからぬを、看官もうち微笑るべく、作者は二十余年の腹稿、その機を発く小団円、いはでもしるき一朝の、筆ならざるを思ふべし。

南総里見八犬伝巻之十九第百二十七回

服部半蔵　はっとりはんぞう　一五四二—九六

(天文一一—慶長一)

戦国時代から江戸初期の徳川氏の武将。名は正成《まさなり》。徳川家康と同年で、伊賀国の上忍の家柄の出身という。徳川十六将の一人に数えられる。父の半蔵保長は早くに郷里を出て、三河国岡崎の松平家に仕えた。半蔵の兄弟の多くは戦いで死に、六男半蔵も各地の戦いに出陣している。半蔵の初陣は、一五五七年(弘治三)の三河宇土城攻めで、伊賀者六十余名を率いて城内に忍び込み、火を放って勝利のきっかけをつくり、松平元信(のちの徳川家康)から恩賞の槍を与えられたという。その後も近江の姉川や遠江の三方ヶ原などの合戦で戦功を立て、隠密頭となった。なお、伊賀国が織田信長に攻められ、大きな打撃を受けたのちは、生き残った忍者の多くが半蔵の配下に入っている。

八二年(天正一〇)に本能寺の変が起きた時、家康は信長から上方見物に招かれており、少ない供とともに泉州堺に滞在していた。この一行に半蔵がおり、案内に立って、伊賀・甲賀の郷士多数が家康を護衛し、脱出に成功したといわれるが、これは後世の脚色らしい。その後、半蔵配下の伊賀者は家康の命で八五年の信州上田城攻め、九〇年の小田原攻め、九二年(文禄一)の朝鮮出兵、一六〇〇年(慶長五)の関ヶ原の戦、一四年の大坂冬の陣、一五年の大坂夏の陣などに出陣しており、こうした働きによって、のちに半蔵が伊賀忍者の頭目として大活躍したという話を生むことになる。しかし、半蔵は徳川氏の知行八千石の武将であり、伊賀者は情報収集や探索を行う家臣の一部に過ぎなかった。半蔵の墓は新宿区若葉二丁目の西念寺にあり、同寺には半蔵が介錯した家康の長男信康の供養塔もある。

江戸幕府の体制が確立されると、伊賀者は完全に組織の中に包み込まれていき、半蔵正成の子である半蔵正就は配下の統率ができず、失脚している。なお、現在皇居の西側吹上御苑の通用門となっている半蔵門には、かつて門内に半蔵の屋敷があったことにその名の由来があるとの説もある。

田辺　貞夫

○勇士の名くゞると糀町へ出る(一九22)
○武勇するどく御門まで名を残し(四三13)

両句ともに半蔵門。半蔵門は服部半蔵の組屋敷が「糀(麹)町」にあり(『紫のひともと』)、半蔵口と称えたところから。服部半蔵は鬼半蔵と呼ばれ、別人に槍半蔵と呼ばれた渡辺半蔵があるが、第二句の「するどく」で槍を利かせ、両人を混同したもの。

八百比丘尼　はっぴゃくびくに

「やおびくに」ともいう。八〇〇歳に達したという伝説上の老比丘尼で、全国を旅したといわれている。福井県小浜市の空印《くいん》寺の洞穴に住み、その容貌は美しく、一五、六歳のように見えたという。若さを保っているのは、禁断の霊肉である人魚の肉あるいは九穴の貝(アワビ)を食べたためと伝えられ、たいてい異人饗応譚が伴っている。新潟の佐渡島に伝わる話では、八百比丘尼はここで生まれ、人魚の肉を食べて一〇〇〇年の寿命を得たが、二〇〇歳を国主に譲り、自分は八〇〇歳になったときに若狭に渡って死んだと伝えている。八百比丘尼の像は、花の帽子をかぶり、手に玉と白椿の花をもっている座像である。ツバキは東北地方の海岸部に森となって繁茂し、そこは聖域とみなされている。ツバキは春の木であり、この木が春の到来を告げるものという信仰があったと想像されている。八百比丘尼が、神樹であるツバキをもって、諸国を巡歴したという伝説は、旅の巫女による奇跡を物語っているのだろう。隠岐島には、八百比丘尼が植えたという八百比丘尼の杉がある。『諸国里人談』によると武蔵国足立郡水波田村(現、さいたま市大宮区)の慈眼寺仁王門のかたわらに、巨大なエノキがあり、これも若狭の八百比丘尼が植えたという伝説が伴っていた。

人魚の肉を食べたのは、庚申《こうしん》の夜だったという言い伝えもあり、この伝説が、庚申講の夜籠りのときに語られたことを示唆している。一四四九年(文安六)の五月に実在の八百比丘尼(白比丘尼)が若狭国から上洛し京に出現したという記事が、『康富記』や『臥雲日件録』に見られる。『本朝神社考』でも、この比丘尼の父親が山中で異人にあい、招かれて人魚の肉をすすめられたが、食べずに帰ったのを娘が食べて長寿になったと記している。その姿は御簾の奥で見られなかったが、見物人が多数集まったという。女性の旅の宗教者の回国の状況をうかがわせるが、一方に山姥のイメージもあり、たえず再生する女の霊力を感じさせる伝説といえる。なお、若狭の八百比丘尼は、源平の盛衰をまのあたりに見、とくに修験者の姿に身をやつした義経・弁慶の一行が北国街道を下るのに出会った、と語ったとされている。義経の家臣の清悦もニンカンという魚を食べて四〇〇年も長生きし、義経のことを後に詳しく語ったと『清悦物語』にある。

宮田　登

➡常陸坊海尊

廿六日乙巳　晴、或云、此廿日比、自若狭国、白比丘尼トテ、二百余歳ノ比丘尼令上洛、諸人成奇異之思、仍守護召上歟、於二条東洞院北頬大地蔵堂、結鼠戸、人別取料足被一見云云、古老云、往年所聞之白比丘尼也云々、白髪之間白比丘尼ト号歟云々、官務行向見之云云、而不可然之由有巷説之間、今日下向若狭国云々

康富記文安六年五月

万葉集に、坂上大嬢贈家持云々、人者雖云、若狭道乃後瀬乃山乃、後毛将会君。枕草紙に、山は三笠山、後瀬山、小倉山、是特其名を得て云々。此山の麓に八百比丘尼の洞有。空印寺といふ寺に又社有り。八百比丘尼の尊像は、常に戸帳をひらく。花の帽子を着し、手に玉

と蓮花やうの物を持たる座像なり。又社家に重宝有り。比丘尼所持の鏡、正宗作の鉾太刀、駒角、天狗爪あり。比丘尼の父は秦道満といひし人のよし、縁起に見へたり。初は千代姫と云し。今は八百姫明神と崇む也。越後柏崎町の十字街に大石仏有り。半は土に埋る。大同二年八百比丘尼建之と彫刻して今に文字鮮明なり。隠岐のすさびに云、岩井津といふ所に、七抱の大杉あり。古へ若狭国より人魚を食したるといふ尼来りて、植て八百歳を経て、又来りて見んといふて去と云々。故に八百比丘尼の杉といふ。この事古老の語りしは、此国今浜の洲崎村に、いづくともなく漁者にひとしき人来り住り。人をして招きあるじ儲す。食を調る所を見ければ、人の頭したる魚をさく。怪みて一座の友に咀き合ふさまして帰る。一人その魚の物したるを袖にして帰り、棚の端に置て忘れけり。其妻常のつとならんと取て食しけり。二三日経て、夫問に、しかじかの事いふに、驚き怪みけり。妻いふ、初め食する時味ひ甘露のごとくなりしが、食終りて身体とろけ死して夢のごとし。久しくして覚て気骨健かに、目は遠きに委しく、耳に密に聞、胸中明鏡のごとしと云。顔色殊に麗し。其後世散じて、夫を始め類族皆悉く生死を免かれずして、七世の孫も又老たり。かの妻ひとり海仙となり。心の欲する処に随ひ、山水に遊行し、若狭の小浜に至りしとぞ。

笈埃随筆

花井お梅　はないおうめ　一八六四—一九一六

(元治一—大正五)

明治期の芸者、待合経営者。新橋、柳橋での芸者勤めをへて、柳橋で待合「酔月」を経営。その間、歌舞伎俳優の四世沢村源之助との交際で知られた。一八八七年(明治二〇)浜町河岸で、芸者衆の三味線などを運ぶ仕事の箱屋の八杉峯吉を殺害し、無期懲役の刑を受けるが、一九〇三年に出所。浅草で自営の店を開業したほか、当時存在した犯罪者が出獄後、その事件を劇化して出演する「懺悔芝居」の一種として、『酔月奇談・花井お梅』を〇六年より横浜はじめ各地で公演し、舞台にも登場した。その後は寄席にも出演したという。事件は当時大きな話題を呼び、流行の「毒婦物」として、事件直後に仮名垣魯文が小説化し、翌年には河竹黙阿弥が『月梅薫朧夜』と題して劇化し、五世尾上菊五郎が主演した。また、同年には五世富士松加賀太夫が新内に作曲して、流行曲となった。以後、伊原青々園の小説『仮名屋小梅』を一九年(大正八)に真山青果が脚色、新派で河合武雄が主演し好評を得、三五年(昭和一〇)には川口松太郎が『明治一代女』として劇化し、これも大評判を取った。

神山　彰

花咲爺　はなさかじい

昔話の主人公。川から拾ってきた犬をめぐり、次々と幸運を得る善良な爺と、それをうらやむ隣の爺の失敗を語る物語は五大お伽噺の一つ。題名は、枯木に花を咲かせる主人公の行為から付けられた。江戸時代の赤本に「枯木に花咲かせ爺」とあるのが、本来の呼称であろう。同じ時代『燕石雑志』には「花咲翁」、『雛廼宇計木《ひなのうけぎ》』には「花咲老夫」と、漢籍風に記されている。「花咲爺」と後々呼ばれるようになったのは、これらの影響によるもので

◉——花咲爺　赤本『枯木花さかせ親仁』にみる花咲爺。「正じき(直)ぢぢ(爺)、かのはい(灰)をも(持)ち、かれ(枯)木にあがり、花さ(咲)かせんといふ。かかるところへ、御大めう(名)とを(通)らせ給ひ御しよもふ(所望)ありければ、ぢゝ(爺)いろ〳〵の花さ(咲)かする」。岩崎文庫蔵。

あろう。主人公の爺は、無欲な正直者である。これは日本の昔話の主人公に共通する善良な人柄であり、いわゆる〝神の好む者〟として、神から幸運を与えられる資格である。主人公は、犬を拾うことに始まり、土中から宝を掘り、宝の出る臼を造る。臼を燃やした灰までが、枯木に花を咲かせる不思議を表す。すべて神が与える幸運であり、どのような場合にもそれが失われることはない。しかし、主人公を真似する隣の爺は、たいそう不運で、宝に代わって石や汚物を手にし、臼を燃やした灰をまいても枯木に花は咲かない。殿様の目に灰が入って懲戒を受けると語られる。神が主人公の邪魔をする者に与える、冷淡かつ残酷な仕打ちである。これは、日本の昔話形式の最も基本的なもので、「本格昔話」「完形昔話」と呼ばれる。中国、朝鮮には「狗耕田」「兄弟分家」など、花咲爺の伝承を考える上で注目すべき民間故事がある。

野村 敬子

花田秀次郎 はなだひでじろう

東映任侠映画全盛期の『昭和残侠伝』の主人公。ただし、この映画には池部良が扮した風間重吉という副主人公が存在した。物語の基本的なラインは、昔ながらの仁侠道を守ろうとする渡世人や地域の共同体のリーダーが、手段を選ばぬ新興やくざのやり口に遂に堪忍袋の緒を切って殴り込むというもの。主人公を演じる高倉健の歌う「唐獅子牡丹」のテーマに乗って進む「花」(花田)と「風」(風間)の二人の男同士の道行きは、東映任侠映画の象徴としてファンを魅了した。この時、前者は怒りに血をたぎらせ、後者は死に場所を求めて修羅場へと向かう。作品は、俊藤浩滋《こうじ》らのプロデュースの下、一九六五年(昭和四〇)から七二年にかけて九本つくられた。ただし、花田秀次郎と風間重吉という名が定着したのは、四作目の『血染の唐獅子』以降で、この作品と五作目の『唐獅子仁義』、七作目の『死んで貰います』というマキノ雅弘が監督を務めた三本がシリーズの頂点といえよう。また、作品は昭和初期が舞台となっているが、一作目のみが終戦直後である。高倉健の我慢に我慢を重ねたストイックな演技と、池部良のニヒルな表情が好対照であった。

縄田 一男

原田甲斐 はらだかい 一六一九―七一

(元和五―寛文一一)

仙台藩奉行(家老)。伊達騒動(寛文事件)で有名。名は宗輔。知行地四三八三石で宿老の家柄に生まれ、一六四八年(慶安一)評定役、六三年(寛文三)奉行に進む。幼君亀千代の後見として専権を振るう一門伊達兵部少輔宗勝と結び、伊達安芸宗重らの門閥・家臣団、他の奉行と対立。政争は幕府への出訴となり、敗訴が決定的となった三月二七日大老酒井忠清邸で安芸を斬り、みずからも斬られた。

難波 信雄

【作品化】 伊達騒動は実録本や講釈に文芸化

◉――**原田甲斐** 浄瑠璃、歌舞伎では仁木弾正に仮託される。乳人政岡の手に入った一味の連判状を仁木が鼠の妖術で奪い返し、忠臣荒獅子男之助の鉄扇を逃れて床下に消え去る。歌川国貞画『伊達競阿国戯場』(一八一八年、江戸中村座上演)。

され、なかでも実録本『伊達厳秘録』(宝暦(一七五一―六四)ごろ成立か)が著名。原田甲斐は伊達兵部と共謀し、主君を淫蕩に陥れ隠居させ、若君を毒殺して家を押領しようと謀る悪人として描出された。浄瑠璃・歌舞伎劇では「東山」(室町時代)に置き換え「伊達騒動物」の系統を形成、甲斐は貝田勘解由、また仁木弾正左衛門直則などの名に仮託され、奸臣役の典型(実悪《じつあく》)として演じられた。『伽羅先代萩《めいぼくせんだいはぎ》』の「床下《ゆかした》・評定所対決・刃傷」における演技は五世松本幸四郎が好演し、後世に大きく影響を与えた。明治以降、実録の劇化が行われたが、多くは悪人甲斐の類型を出なかった。以後、真山青果の『原田甲斐』(一九三一初演。再演以来改稿して『原田甲斐の最期』)、宇野信夫の『原田甲斐』(一九五〇初演)、また小説では山本周五郎の『樅《もみ》ノ木は残った』(一九五六)が、寛文事件と人間甲斐を描く意図で、それぞれ成功をみた。

小池 章太郎

板額 はんがく

平安末～鎌倉初期の女性。生没年不詳。越後の豪族城氏の一族。一二〇一年(建仁一)城長茂《ながもち》が京都で倒幕の兵を挙げ、敗死すると越後奥山荘鳥坂城ではその甥資盛が籠城して幕府軍と戦った。板額はこのとき城中にあって奮戦、幕府軍を悩ませた。女性の身での武勇は源義仲の妾巴御前とならぶものとされ、落城後鎌倉に送られたが、甲斐の御家人阿佐利氏に請われ同氏に嫁したと伝えられる。

阿部 洋輔

〽呼ばわる声に我討ち取らんと待ちかけたり。さすがの与市も狼藉と、上の聞こえを憚りて寄りつかず、とやせんかくやと身をもがき、館を睨み拳を握り、せん方もなき有様を、見るに堪えかね妻の板額、こゝぞ夫へ奉公と、涙払うてすっくと立ち、

板額　オヽ、去られた女房は三界に家なし。家がなければ主もなし、誰に憚り遠慮せん。

〽たとえこの門盤石にて堅めるとも、夫思いのわが念力、やわか通さで置くべきかと、飛び掛って門柱、尺に余るを引きかゝえ、えいや〳〵と押す程に、スハ狼藉者破らすなと、数多の家来が柱に取りつき、扉にひっつき体を楯と押し合うたり。女もこゝを破らずば、夫も我も顔よごし、一世一度の曠業と、惣身の力を両腕に、柳の腰も古木となし、ゆすり立てたる棡門、四十五間の高塀も、ともにゆられてゆっさ〳〵、瓦はばら〳〵家根はふわ〳〵、不破の関屋の板びさし、風にもまるゝごとくなり。四郎もあぐみ、

四郎　ア、これ〳〵、与市殿々々。お内儀の悪あがき、足の下までゆさってきて、目が舞うそうな。ア、これのう、制して下され〳〵。見ぬふりとは胴欲じゃわいのう胴欲じゃわいのう。

〽頼めど詮なく是非もなく、うんと一押し金剛力、礎土を掘り返し、門も塀も一時にめり〳〵がったりびっしゃりと、押しに打たれて死ぬる人、コハ叶わじと逃ぐる人、四郎も共に舌振るい、あと恐ろ

●―**板額**　和田合戦で奮戦する板額。『武者絵本』。

しと逃げ入れば、板額はいそ〳〵とこれぞ夫の機嫌直し、何でも手柄と衣紋つくろい。
板額　イザ心ようお通りあれ、道開き致しましてござりまする。

和田合戦女舞鶴二段目「板額門破の場」

○入札の無ひを浅利は申うけ(拾五19)
生け捕られたのち、鎌倉へ送られ、浅利与市が頼家に願い出て、自分の妻としたというが、武勇にのみ名が聞こえて、美女であったということは伝えられぬ。したがってとうてい引く手あまたというわけにもいかず、「入札」がないので浅利が引き取ったのだろう。
○板額のむきみへ浅利串をさし(新初3)
貝のむき身とアサリの縁語。バレ句仕立て。

半七　はんしち

岡本綺堂が一九一七年(大正六)から三七年(昭和一二)まで書き継いだ『半七捕物帳』シリーズ全六十九話の主人公。幕末期の江戸・神田三河町に住む岡っ引き。一八二三年(文政六)に日本橋の木綿店の通い番頭の倅として生まれ、一三歳で父と死別、堅気を嫌って家を飛び出し、神田の岡っ引き吉五郎の子分となった。一八四一年(天保一二)初手柄の後、吉五郎の娘お仙と結婚し、以後二六年間、お上から十手を預かる。一八六七年(慶応三)に養子に唐物屋を開かせ、赤坂で楽隠居。一九〇四年(明治三七)数え八二歳で没した。若い新聞記者の「わたし」が、もと岡っ引きの半七老人を訪ねて、その昔話を聞くというスタイルで展開される連作で、「捕物帳」という独特のジャンルを編み出した。欧米の探偵小説に造詣が深かった岡本綺堂は、江戸っ子の半七親分が江戸の町に起こった事件の謎に迫るという謎解きの妙味を時代小説に持ち込むとともに、江戸の町の四季折々の風物詩と庶民の生活の場における情感を描き出すことに力を注いだ。捕物帳が「季の文学」といわれるゆえんである。東京・浅草の金竜山浅草寺の境内に、捕物作家倶楽部が四九年(昭和二四)に建立した半七塚がある。塚の裏面には、『銭形平次捕物控』の作者野村胡堂の撰文になる「半七は生きてゐる／江戸の風物詩の中に／われら後輩の心のうちに」の三行が刻み込まれている。
映画化、テレビ化も数多いが、歌舞伎では六代目尾上菊五郎が得意として演じた。

清原　康正

笑いながら店先へ腰を掛けたのは四十二三の痩せぎすの男で、縞の着物に縞の羽織を着て、だれの眼にも生地の堅気とみえる町人風であった。色のあさ黒い、鼻の高い、芸人か何ぞのように表情に富んだ眼をもっているのが、彼の細長い顔の著しい特徴であった。かれは神田の半七という岡っ引で、その妹は神田の明神下で常磐津の師匠をしている。Kのおじさんは時々その師匠のところへ遊びにゆくので、兄の半七とも自然懇意になった。
半七は岡っ引の仲間でも幅利きであった。併しこんな稼業のものにはめずらしい正直な淡泊した江戸児風の男で、御用をかさに着て弱い者を窘めるなどという悪い噂は、曾て聞えたことがなかった。彼は誰に対しても親切な男であった。

半七捕物帳　お文の魂

磐司磐三郎　ばんじばんざぶろう

狩猟伝承にみられる狩人の名。この名をもつ二人、または磐司が姓という一人の狩人がまたぎの祖先であるという。磐次磐三郎とも書き万治(次)万三郎ともいう。仙台市西方奥羽山脈を越える二口峠に磐司巌《ばんじいわ》と呼ぶ巨岩が対立した場所があり、ここが磐司磐三郎の住処であったと伝え、また山形県立石《りっしゃく》寺の山中を狩場としたともいう。この伝承は、もと次郎・三郎と呼ばれる二人の狩人があり、一方は山の神を援助してその礼に獲物を授けられ、他方はそれを断って山の幸を失ったという運勢の優劣を説明する神話の一類型であった。同じ型の伝承は九州で大摩小摩《おおまこま》、日光付近の山地では大汝小汝《おおなんじこなんじ》の対立譚として語られる。四国や北上山地北部では西山小猟師と東山大猟師という語りかたもあって、古くは全国の山中に流布したらしく、伊豆半島の天城連峰には万二郎岳、万三郎岳の二つが並んでいる例もある。万次万三郎という一人の狩人のこととする語りかたでは、日光権現を助けて赤城明神を射た猟師とされ、その神戦のようすを記した巻物は『山立根本巻』という狩人の祖先の功名を物語るマタギの秘巻となって東北地方の山間各地に分布している。山寺立石寺では磐三郎は慈覚大師に山を譲って秋田の阿仁《あに》に移り、マタギの開祖となったとも伝える。この点は一人の名称とする方が新しい類型で、マタギの口伝えで、『日光山縁起』などと結びつけたものらしい。　千葉 徳爾

流石武き明神も両眼被射て其儘里之村雲と成て上野山に引給　日光権現大に喜びたまひ従其内裏え上りたまひ　万三郎が弓之上手一々次第奏聞在ければ　公卿大臣舌を巻て感じ給其時従内裏御朱印被下置る　日本国中山々嶽嶽無残知行に被下　無不行処山立御色也　依去山立之先祖は位人に為勝万三郎先祖は御門にて御座故に日光山之麓に正一位伊佐志大明神と奉祝　天下代々之御建立也　　山立根本巻

幡随院長兵衛　ばんずいいんちょうべえ　?—一六五七(明暦三)

江戸前期、江戸で名のあった町奴《まちやっこ》。「町六法ノ頭取イタシ候者」(『承寛襍録』)と表現しているものもある。武家の出身で江戸花川戸に住み、口入れを稼業としていたが任俠の風に富み、町奴の頭目となった。幡随院住職と親しかったので、幡随院を名のったといわれている。一六五七年七月、旗本水野十郎左衛門に殺害された。伝えられる話は、歌舞伎、講談などで作られたものが多い。　林 亮勝

【作品化】 歌舞伎では『碶《さざれいし》末広源氏』(一七四四年一月、中村座)に長兵衛が登場したのが早い。実録本『幡随院長兵衛一代記』(成立年不詳)や多くの歌舞伎では、小紫、平井権八《ごんぱち》の情話(権八小紫物)に付加して潤色されたが、権八の実説は長兵衛没後の事件で、鈴ヶ森で二人が出会う有名なシーンはまったくの架空である。浄瑠璃の『驪山比翼塚《めぐろひよくづか》』(一七七九年七月、江戸肥前座)のほかに歌舞伎作品として、初世並木五瓶、初世桜田治助、四世鶴屋南北らの諸作がある。また小紫、権八の筋から独立した『極付幡随長兵衛《きわめつきばんずいちょうべえ》』(俗称『湯殿の長兵衛』)が著名。長兵衛は、旗本奴と対立抗争し悲壮な最期を遂げたことにより、町人層の「俠」の精神を具現した人物として、江戸庶民に英雄視され、助六と並んで敬愛された。近代に入ってからも、岡本綺堂、藤森成吉が戯曲化、上演した。　➡水野十郎左衛門　小池 章太郎

…権八　シテ、あなたの御家名は。…

長兵　ハイ、問れて何のなにがしと、名乗やうな町人でもござりません。したが産れは東路で、身は住馴た墨田川、流れ渡りの気さんじは、江戸で噂の花川戸、幡随長兵衛と申ます。

権八　なに、その元が中国筋に聞へたる、江戸に名高き幡随の。

長兵　イヱサ、その名高き長兵衛は和泉町におります。わしや三代目のおもかげばかり。祖父《じじい》や親父の長兵衛なら、面白いせりふも言いませふが、親に似ぬ子の無口きまじめ、洒落といつちやア是程もねへ只のきをひ。どふした今度の役廻りか、何《いず》れもさまの御ひゐきで、ほんの当座の間に合の、銀と見せたる七度やき、つけ句で覚へた藪鶯、阿波座烏《あわざがらす》の鳴く声は、西か東か知らねども、水道《すいど》の水の有難さ。野郎はちつと小身だが、産土《うぶすな》から胆が大きひ。弱い者をば引立て、強ひやつなら向ふ面《づら》、本の事だが、韋駄天《いだてん》が皮羽織で、鬼鹿毛《おにかげ》に乗つて来ても、びくともするのじやアござりません。及ずながら意気地ある国に生れた身の冥加、枯たる枝にも花川戸、金龍山とは軒ならび、吉原すゞめ都鳥、隅田の流れを向ふに請け、東男のはしくれと、噂にのつた私は、ごろつき上りの、けちな野郎でござります。

(鈴ヶ森で白井権八が雲助にとりまかれ切り捨てたのを、駕籠《かご》に乗って通りかかった長兵衛が呼びと

めて、身の上を聞き、庇護を約束するくだり）
浮世柄比翼稲妻　鈴ヶ森の場

番場の忠太郎　ばんばのちゅうたろう

長谷川伸の戯曲『瞼の母』（一九三〇年（昭和五））で創造された旅の博徒。生き別れた母を求めて、さすらいの旅に出ていた番場の忠太郎が、母には会えたものの、彼の異父妹が婚礼を控えており、やくざ者に名のりをあげられては困るので、母から息子であることを拒否されてしまう。その際に、忠太郎は、「瞼を合わせれば、いつも母の姿が浮かんだものを、苦労してせっかく会って、かえって瞼を閉じても姿が現れなくなってしまった」という言葉を残して、また旅に出る。このせりふは、母恋いの絶唱として有名となり、母恋いをテーマとする作品中の代表作にした。主人公の番場の忠太郎という名は、浄瑠璃の『ひらかな盛衰記』に登場する番場の忠太と名のる赤っ面の敵役から作者が名前を借りたもので、忠太郎は江州番場に実在した博徒ではない。だが、忠太郎の人物像には五歳で生別した母親に対する長谷川伸の思慕体験が投影されている。伸の母親は長谷川家を離別されるとき、数え年で六歳の伸を残して、三谷家に嫁いだ。生別したあと、お互いに四七年の間慕い合って、奇しくも再会し、当時の新聞の話題となった。江州番場の蓮華寺には、長谷川伸の言葉を彫った忠太郎地蔵が建立されている。「南無帰妙頂礼、親をたずねる子には親を、子をたずねる親には子を、めぐり会わせたまえ」。

芝居、映画、ラジオ、テレビを通して、人人に感動を与えた。

磯貝　勝太郎

ひ

稗田阿礼　ひえだのあれ

『古事記』編纂に関与した人物。生没年不詳。同書序文によれば、天武天皇が天皇家の縁起譚としての『古事記』の編纂を企図し、資料としての「帝紀・旧辞」を舎人稗田阿礼に「誦習」せしめたが、このときは完成しなかった。三十数年後に元明天皇の詔を受け太安麻呂《おおのやすまろ》が完成させたという。

序文に舎人とあるため、阿礼は男性であったとされる一方、江戸時代からすでに女性説がとなえられてきた。この論争はいまだに続いているが、アレという語が神の誕生を意味する古語で、それに立ち会う巫女の名にふさわしいこと、『古事記』にはあきらかに巫女の霊能への共感が示されていることなどの理由から巫女とみるべきだろう。さらに平安朝のものとはいえ、阿礼が天鈿女《あめのうずめ》命の後裔《こうえい》であるとする資料（『弘仁私記』序）も見逃せない。アメノウズメは、天の岩屋戸神話、天孫降臨神話などでシャーマン的な能力を発揮した女神で、猿女《さるめ》氏の祖である。猿女とは古くは原始的呪的伝統をひく「をこ」（滑稽）なる歌舞をもって宮廷神事に仕えた巫女で、アメノウズメの話はその職掌起源譚であった。稗田姓は大和国添上郡の地名にもとづくもので、猿女氏と稗田氏は同族であったと考えられる。また平安朝に猿女と同じく縫殿寮に属していた稗田氏出身の女官職は、オバからメイへと継承されていた。これは生涯独身で過ごす巫女職の継承法であった。これらを考え合わせると、稗田阿礼は猿女に属する巫女であり、その由縁をもって『古事記』編纂にかかわったと考えるのが妥当である。『古事記』編纂に巫女が関与したのは、これが本質的には文字以前に属する神話であったからである。語り伝えられることを本義とする神話を、語りごととして表現し定着させることが、「誦習」という仕事であったと思われる。『古事記』上巻の一部に、発音に関する注が付してあることが、その一証となる。

倉塚　曄子

光源氏　ひかるげんじ

『源氏物語』の主人公。この名は高麗の相人のほめことばに基づく。桐壺帝と按察使《あぜち》大納言の娘の更衣との間に生まれ、臣籍に下され源氏となった。絶世の美貌と文事芸能百般にわたる才能の持主で、幼時に母を失い、元服して正妻葵上《あおいのうえ》のほか、多くの女性と関係を持つ。特に父帝の妻となった藤壺中宮との不倫の恋により、冷泉《れいぜい》帝が生まれ、その暗い秘密を源氏は生涯背負っていく。藤壺の姪の紫を邸に引き取り、彼女は葵上の死後、彼の理想の妻となる。右大臣の娘の朧月夜との情事が露見し、身辺が危うくなると、源氏は須磨に逃げ出し、暴風雨に遭遇後、さらに明石に移る。その地で明石御方を得て、まもなく帰京を許され、以後は栄光の一途を歩む。大邸宅六条院を築き、愛人をすべて集めて風流を尽くし、明石御方の姫君は後に中宮に、息夕霧は右大臣に、冷泉も帝位につく。しかし四〇歳を過ぎて、姪の女三宮と結婚すると、彼女は青年柏木と密通して、罪の子(薫)を生む。それは過去に犯した罪の報いと源氏には思われた。宮の降嫁に傷ついた紫上は、やがてこの世を去り、その鎮魂の一年が過ぎて、年の暮れに、源氏は静かに出家の用意を整える。

源氏の造形は、古来の色好みの英雄像、中でも在原業平の延長にあり、それに当時実在した複数の人物の面影が加わっている。叡智、美貌、愛情、才能などのほか、非条理な愛欲衝動などを加えて、複雑な人間性の深淵をのぞかせている。

今井　源衛

光る源氏、名のみことごとしう、言ひ消《け》たれたまふ咎多かなるに、いとど、かかるすき事どもを末の世にも聞きつたへて、かろびたる名をや流さむと、忍びたまひける隠ろへごとをさへ、語り伝へけむ人のもの言ひさがなさよ。さるは、いといたく世を憚り、まめだちたまひけるほど、なよびかにをかしきことはなくて、交野《かたの》の少将には、笑はれたまひけむかし。

まだ中将などにものしたまひし時は、内裏にのみさぶらひようしたまひて、大殿には絶え絶えまかでたまふ。忍ぶの乱れやと疑ひきこゆることもありしかど、さしもあだめき目馴れたるうちつけのすきずきしさなどは好ましからぬ御本性《ほんじやう》にて、まれにはあながちにひき違へ、心づくしなることを御心に思しとどむる癖なむあやにくにて、さるまじき御ふるまひもうち交りける。

源氏物語帚木巻

○又文かそこらへおけとひかる君(一七31)
○喰ちらかしの開山んは光君(八四11)

第一句、「文」は手紙と違い、男女間の書簡をいう。

彦市　ひこいち

笑話の主人公。彦市の活躍する一群の話を彦市話と呼ぶ。主に熊本県球磨《くま》郡や八代地方一帯に伝承されている。頓智をもって殿様をだましてほうびを得る「生き絵」「河童とり」、キツネをだます「化けくらべ」「石肥《いしごえ》三年」、天狗をだます「隠れ蓑笠」などの話がよく知られている。知名度が高いわりには、報告されている話数および話型はそれほど多くはない。大分県の代表的な笑話である吉四六《きっちょむ》話が、各種の笑話を網羅し、主人公の吉四六が知恵者と愚者の両面を持っているのに対して、彦市には知恵者としての側面が強く語られていることが特徴である。彦市の名前からは、各地に伝わる彦七、彦八を名のるおどけ者や話じょうずの者との関係が予想される。江戸時代には、大坂や京都で米沢彦八という咄家が辻咄の元祖として知られていた。一方で、彦を名のる者が村々でおどけ者として活躍していたと考えられる。とりわけ、肥後に彦市の名が多いのは、彦市が〝肥後一〟に通ずるためともいわれる。　常光 徹

毘沙門天　びしゃもんてん

サンスクリット名バイシュラバナを写したもので多聞天とも訳す。古代インド神話中のクベラ(倶尾羅)が仏教にとり入れられた。拘毘羅《くびら》毘沙門と称されることもある。四天王の一尊として北方をつかさどり、また財宝富貴をも守るといわれる。密教においては十二天の一尊であり、やはり北方に位置される。形像は、甲冑を着る武神像で、左手の掌上に宝塔をのせ、右手に宝棒を持ち二邪鬼の上に乗る姿が一般的である。四天王の一尊として造られた像は立像であり、単独に造像された場合に両脇侍として吉祥天と善膩師《ぜんにし》童子が加えられることが多い。脇侍像がある例は高知雪蹊寺の像が著名である。なお、異形の像としては西域の兜跋《とばつ》国に化現した像を写したと伝える兜跋毘沙門天があり、空海請来の伝承がある教王護国寺(東寺)像(唐時代、国宝)が日本におけるこの系統の手本となった。また日本では持国天とともに二天王の一つとして造像されることも多い。　関口 正之

【毘沙門信仰】　毘沙門天は、仏教で護法神として説かれ、八大薬叉大将、二十八使者を眷属として従える。護国護法の神として崇敬され、中国唐代の西蕃の入寇《にゅうこう》に際して、不空三蔵がこの神に祈願したところ、霊験があらわれ敵を退けることができたという。日本でも、平安時代、王城守護のために平安京羅城門上に、同京の北方鎮護のために鞍馬寺に、それぞれ毘沙門天が安置された。また大和朝護孫子寺(通称信貴山)の本尊毘沙門天は、平安末期の『信貴山縁起絵巻』の霊験譚によってことに著名である。楠木正成もこの本尊の申し子といわれる。福富財富の神としても尊崇を集め、『宇治拾遺物語』には越前国の伊良縁《いらえ》の世恒の霊験譚を載せる。のち七福神の一つとしてあつく信仰された。 →七福神　和多 秀乘

常陸坊海尊　ひたちぼうかいそん

海尊を快賢、荒尊とするものもある。源義経の家臣。『源平盛衰記』巻四十二、延慶本『平家物語』第六末にその名が見え、前者ではもと叡山の僧であったとする。『義経記』では、もと園城寺の僧であったとし、義経の都落ちに同道して弁慶とともに大物《だいもつ》の浦で活躍し、衣川での義経の最期には、朝から物詣でに出て帰らず居合わせなかったとされる。同書では誰よりも先に逃げようとする海尊が、ほかに二、三ヵ所書かれていて、その背後に逃げ上手、生き上手としての海尊像がすでに成立していたものと思われる。近世に東北地方に流布していた『清悦物語』では、海尊は不老長寿であったと伝えるところからすると、東北地方では、『義経記』と同材の物語が漂泊する語り手によって語られていて、早くから海尊自身の懺悔譚の傾向の強い語りがあったものと考えられている。『本朝神社考』『狗張子』『義経勲功記』などの近世の書物には、残夢あるいは残月と称する老翁が、不老長寿で源平合戦のことをよく知っていて、人々に話すので、尋ねてみると実は海尊であったとするものがあり、東北地方の地誌類にも同類の記事をときに見かける。これらの書物では、不老長寿の原因は枸杞《くこ》、赤魚の肉、富士山の岩

から湧出する飴のようなものを食したため、などとされ、ときには人羹《にんかん》魚の肉ともされる。若狭の八百比丘尼《はっぴゃくびくに》…《やおびくに》が人魚の肉を食して不老長寿を得たとする伝説と一脈通じるところがある。伝説としては、茨城県稲敷市阿波《あば》の大杉神社や宮城県仙台市岩切の青麻《あおそ》神社に伝わるものが有名だが、青森、岩手、宮城、山形などの各県を中心に、東日本一帯に広く分布している。

山本　吉左右

さる程に、寄手長崎太夫すけを初として、二万余騎一手になりて押寄せたり。「今日の討手は如何なる者ぞ」「秀衡が家の子、長崎太郎太夫」と申す。せめて泰衡、西木戸などにてもあらばこそ最期の軍をも為め、東の方の奴原が郎等に向ひて、弓を引き矢を放さん事あるべからずとて、「自害せん」との給ひけり。ここに北の方の乳母親に十郎権頭、喜三太二人は家の上に上りて、遣戸格子を小楯にして散散に射る。大手には武蔵坊、片岡、鈴木兄弟、鷲尾、増尾、伊勢三郎、備前の平四郎、以上人々八騎なり。常陸坊を初として残り十一人の者ども、今朝より近きあたりの山寺を拝みに出でけるが、その儘帰らずして失せにけり。言ふばかりなき事どもなり。

義経記巻八「衣河合戦の事」

昔常陸房海尊とかや、源九郎義経奥州衣川高館の役に、族従類みな亡びけるに、海尊一人は軍勢の中を遁れて富士山に登りて身を隠し、食《じき》に飢ゑて為方のなかりしに、浅間大菩薩に帰依して、守を祈りしに、岩の洞より飴の如くなるもの涌き出でたるを、嘗めて試むるに味ひ甘露の如し。是れを取りて食するに飢ゑをいやし、自ら身も健かに心よくなり、朝には日の精を吸うて霞に籠り、遂に仙人となり、折ふしは麓に下り、里人に逢うてはその力を援け、人の助かる事今に及びて、世に隠れてありと云ふ。

狗張子巻之一

大杉大明神　阿波村にあり。(中略)于茲元暦文治のあひだ、大杉大明神平氏の横行を疾み、仮に常陸坊海存と現じ、判官源の義経公を助け、平家追討の功成りて後此地に帰り、我像を自ら彫刻し、大杉殿に納め、永く此地に止つて天下泰平五穀豊登、諸の難厄を救護《くご》し、病患を祓ひ、悪を抑へ善を挙げ、禍福響の音に応ふるが如くならしめんと言畢つて、文治五年九月廿七日彩雲に乗じて惣ち消失せ給ふ。

利根川図志巻五

元和年中に、大雪ふつて、箱根山の玉笹をうづみて、往来の絶て、十日計も馬も通なし。爰に鳥さへ通はぬ峰に、庵をむすび、短斎坊といふ、木食ありしが、仏棚も、世を夢のごとく暮して、百余歳になりぬ。常に十六むさしを、慰にさゝれけるに、有時奥山に、年かさねたる法師のきたつて、むさしの相手になつてあそびける。其ありさまを見るに、木葉をつらぬき肩に掛、腰には藤づるをまとひ、黒き皃より、眼ひかり、人間とはおもはれず。松の葉をむしり、食物として、物いふ事まれにして、是程よき友はなし。

ある夕暮に、焼火にことをかきしに、彼老人こしより、革巾着を取出し、「是は鞍馬の名石にて、火の出る事はやしと、判官殿に、もろふた」とまざ〳〵しう語る。短斎おどろき、「そなたはいかなる人ぞ。其時はひさしき事」といへば、「我こそ常陸坊海尊。むかしにかはる有様」といふ。是を思ひあはすに、此人の最後のしれぬ事を申伝へしが、さては不思議と、「すぎにし弁慶は、色黒くせいたかく、絵にさへおそろしく、見ゆる」と尋ければ、「それは大きに違ふた。またなき美僧」とかたる。「よしつねこそ丸皃にして、鼻ひく〳〵、向歯ぬけて、やぶにらみにて、ちゞみがしらに、横ふとつて、男ぶりは、ひとつもとりへなし。只志が大将で、其外は、片岡が万にしはひ事。忠信は大酒くらい。伊勢の三郎は、買掛りを済さぬやつ、(中略)此外ひとりも、ろくな者は、なかつた」とかたる。「さてまた、静は今に申程の美人か」ととへば、「いや〳〵、十人並にすこしすぐれた、女房を、其時は、判官世盛にて、借銭はなし、唐織・鹿の子の、法度もなく、明暮京の水で、みがきぬれば、うつくしい。今でも大名衆の、妾ども、御関所のあらために見るに、其時よりは、風俗がよい」

西鶴諸国ばなし巻之一「雲中の腕押」

○ひたち坊風来もの〻元祖なり（明四宮4）
出自もはっきりせず、死んだのやら死なぬのやら、また長命して諸国に出現したとも伝えられ、風来坊の本家のような人物。

飛騨工　ひだのたくみ

奈良時代から平安時代前期にかけて、飛騨国の農民が労役として、里《り》ごとに一〇人ずつ一年交替で都に上り働いた。彼らは木工寮その他の建築関係の官庁に配属され、飛騨工と呼ばれたが、農民の労働である点からみて、高度の専門技術を持つ工匠でなく、材木の荒削りのような単純な工作を担当したと考えられる。彼らが当時の建築工事組織で指導的地位を占めたことを示す記録も存在しない。しかし、この労役制度が実施されなくなった平安後期になると、『今昔物語集』や『新猿楽記』のなかに飛騨工を名工として扱った説話が現れる。『今昔物語集』では、平安遷都のときに内裏の建築などで活躍した有名な飛騨工という工匠が、有名な絵師百済《くだらの》河成《かわなり》とわざくらべを行う話が述べられており、『新猿楽記』では、登場人物の一人の檜前杉光を内裏の建築を指導する名工で飛騨の国の出身と述べている。

大河　直躬

而ルニ、其比、飛弾ノ工ト云フ工有ケリ、都遷ノ時ノ工也、世ニ並无キ者也。武楽院ハ其工ノ起タレバ微妙ナルベシ。
而ル間、此工、彼ノ川成トナム各ノ態ヲ挑ニケル。飛弾ノ工、川成ニ云ク、「我ガ家ニ一間四面ノ堂ヲナム起タル。御シテ見給ヘ。亦『壁ニ絵ナド書テ得サセ給ヘ』トナム思フ」。「互ニ挑乍ラ、中吉クテナム戯レケレバ、此ク云事也」トテ、川成、飛弾ノ工ガ家ニ行ヌ。行テ見レバ、実ニ可咲気ナル小サキ堂有リ、四面ニ戸皆開タリ。飛弾ノ工、「彼ノ堂ニ入テ、其内見給ヘ」ト云ヘバ、川成延ニ上テ南ノ戸ヨリ入ラムト為ルニ、其戸ハタト閇ヅ。驚テ廻テ西ノ戸ヨリ入ル、亦其ノ戸ハタト閇ヌ、亦南ノ戸ハ開ヌ。然レバ北ノ戸ヨリ入ルニハ其戸ハ閇テ、西ノ戸ハ開ヌ。亦東ノ戸ヨリ入ルニ、其戸ハ閇テ、北ノ戸ハ開ヌ。如此廻々ル数度入ラムト為ルニ、閇開ツ入ル事ヲ不得、侘テ延ヨリ下ヌ。其時ニ飛弾ノ工咲フ事无限リ。

今昔物語集巻二十四

（大名）この御堂は、飛騨の工匠が建てた御堂じゃというが、どれから見ても、なりのよい御堂ではないか。（太郎冠者）まことにどれから見ましても、なりのよい御堂でござる。

狂言鬼瓦

松光まず始のたびに負けぬれば、少し赤面したりけるが、へらぬ体にていひけるは、「機関は小児の玩具なれば、たくみなるも世に用なし。これを見給へ」とて、きぬに包みたる物をとり出でて打開けば、舞楽の蘭陵王の面なり。見るよりおそろしく身の毛よだちて、郡司等ふたゝび面をむけず。墨縄うち見て、「まことによく作られたり。おのれも戯れにさきに作り置きたる物候」とて、これもきぬに

◉——**飛騨工**　斐陀の国の名工、猪名部墨縄（いなべすみなわ）は、郡司の求めに応じないため、さまざまないやがらせをされる。郡司は檜前松光という工に墨縄との勝負をさせ、負けたほうが弟子となる約束をさせる。二人は動く蟹の細工物などで競い合い、墨縄の名工ぶりに松光も郡司も舌を巻く。六樹園飯盛作、葛飾北斎画の読本『飛騨匠物語』（一八〇八）挿絵。

包みたる物をとり出でて、紐解きて打開けたれば、ただいま切りたらんとおぼゆる、年五十ばかりと見ゆる女の頭なり。何とやらん血くさき心地さへすれば、郡司等は見たにやらず、あなた向きてをり。松光手にとりあげ見て、「これは作れる物とは覚え候はず、まさしく女の頭に候はん、いづれより取出で給ひし。あないまく〳〵し」といひてさし置きければ、墨縄がいはく、「もとより真の頭にては候はず。おのれが作れる所なり。内は空にて鈴を入置きたれば、ふりて見給へ」といふに、取上げてうちふり見れば、鈴の音ころ〳〵と鳴りければ、はじめて作れる物とは知りぬ。松光さばかり張だましひなる男なれども、此細工におどろきて、とても我此者の上に立ちがたしと思ひけり。

飛騨匠物語巻之一

左甚五郎 ひだりじんごろう

江戸時代の彫物の名人と伝えられる人物。日光東照宮の眠り猫、東京上野東照宮の竜など、甚五郎作と伝えられる彫物は全国に多数ある。竜の彫物が毎夜池におりて水を飲んだなど、甚五郎あるいはその作品にまつわる伝説は多く、講談、歌舞伎、落語などにとりあげられている。しかし作品の量の多さや江戸初期から末期にわたる伝承の内容から考えて、実在したと仮定すると何人もの甚五郎がいたことになる。

黒川道祐の『遠碧軒記』には、「左の甚五郎と云《うい》もの」が「左の手にて細工を上手に」し、京都の北野神社の透彫や豊国神社の竜の彫物がその作品だと書かれており、この時代にすでに甚五郎の存在を語る伝承があったことが判明する。また、四国高松の生駒家の分限帳(一六三三年(寛永一〇)ころおよび三九年の二種)に、大工頭の甚五郎の名前が記録されており、その存在は認められよう。しかし左姓とは認められず、禁裏大工棟梁を勤めたとする点も裏付けられない。また甚五郎の墓も古くまでさかのぼるものではない。このように「左甚五郎」は、伝説上の人物と考えるほうがよいようだ。江戸中期以降、神社などに彫物を多用することが流行したが、江戸の庶民はその中の優れた作品を左腕一本の優れた技量で封建社会を自由に生きた甚五郎に結び付けることによって、ひとりの英雄を生みだし、いつしか全国に甚五郎伝説が広まっていったと考えられる。

西 和夫

甚五郎「おゝ この人形は誰が出した ハハア判った さては嬶めが 俺を喜ばそうと思てぢゃな これいぢってくれるな 手垢がつくわえ」
〽登りつめては命さえ
〽あらぬ限りと身をつくし 魂籠めて銘作の不思議や人形 生けるが如く
甚五「やァやァ この人形は歩くわ 歩くわ」
〽心ならずも立ち寄つて
甚五「やっぱり木に違いない さっても不思議な こりゃどうぢゃ」
〽呆れてしばし詞なし
甚五「ハハァ どうぞ太夫に生写しにしようと一心籠めて彫り上げたれば 魂入って動くのか」
〽訝かしさよと 立ちつ坐りつ面影の
〽変らで年は百年に なるとも朽ちぬ造り花
甚五「ハハァ 読めた 俺が魂を籠めて造ったゆえ 形は女でも心はやっぱり甚五郎 こりゃ ひょんなことをしたなァ おゝよいことがあるわ この鏡は太夫が持ち料 鏡は女子の魂 これを懐へ入れたなら 太夫の心になるであろう そうぢゃ そうぢゃ」
〽と 差し入るれば 姿心も うつろいて 松の位のしなしぶり
甚五「しめた」
〽歩み廓の八文字 月のさす夜は窓の戸明けて 客を待つ間の畳み算
甚五「おゝ しめた しめた そりゃこそほんまの太夫になった これ太夫 そなたをわしが見染めたは 忘れもやらぬ」

常磐津京人形

○甚五郎酒が好きかと御用聞キ(四四19)
○細工場も左りでいぢる甚五郎(一六七18)
第一句、左利き(酒好き)。第二句、「細工場」

……は女陰（大工の隠語）。

一言主神《ひとことぬしのかみ》

奈良の葛城《かつらぎ》山に棲むとされた託宣の神。『古事記』によると雄略天皇が葛城山に登ったおり、向いの尾根を天皇の装束や行列と全く同じようすで登ってくる者がいた。天皇が名を尋ねるとそっくり同じ言葉を返し、矢をつがえると同様に矢をつがえた。そこで天皇が互いに名のりあおうと述べると、「吾は善事も悪事も一言で言い離つ葛城の一言主の大神ぞ」と答えた。かくて天皇は恐縮し、武器と供人の衣服を献上すると、大神は山を下って天皇を見送ったという。本来、一言主は葛城山の神として狩猟をつかさどり農事に水を供給したりして、山民たちの伝統的な祭祀の対象とされていた。この山民の頭目がおそらく賀茂の役君《えのきみ》氏であったようだ。しかし王権の確立に伴い、山民たちが「役《えだち》の民」として宮殿建設などの苦役に従事して、一言主の同族神である事代主《ことしろぬし》神や高鴨《たかがも》の味耜高彦根《あじすきたかひこね》神が大国主神の分身として天皇の「近き守り神」（『出雲国造神賀詞』）とされるにつれ、一言主も、宮廷を守護する託宣の神へと祭り上げられたのである。記紀にみえる一言主の示現も、雄略天皇を守護するためであった。のちに役行者《えんのぎょうじゃ》が鬼神たちを密教的な呪法によって駆使したとき、「役の優婆塞《うばそく》、天皇を傾けんと謀る」と託宣し、逆に役行者によって呪縛されたという伝承（『日本霊異記』）は、律令制が確立したとき、原始的な託宣の神がいかに零落するかを説話的に示している。

武藤 武美

（役優婆塞）諸ノ鬼神ヲ喝シテ催シテ曰ク「大和ノ国ノ金ノ峯ト葛木ノ峯トニ一ノ椅ヲ渡シ通ハセ」トイフ。コヽニ神等、皆愁フ。藤原ノ宮ニ宇御メタビシ天皇ノ世ニ、葛城ノ峯ノ一語主ノ大神、託ヒ讒ヂテ曰ク「役ノ優婆塞、天皇ヲ傾ケムト謀ル」トイフ。（中略）カノ一語主ノ大神ハ、役ノ行者ニ咒縛セラレテ、今ノ世ニ至リテ解脱セズ。

日本霊異記上

諸ノ神トモ、愁テナケヽトモ、ユルサス、セタメヲホスルニ、思ワヒテ、ヒルハ形ミニクシトテ、ヨルニカクレテ、ツクリワタサムト云テ、ヨル〳〵イソキツクルアヒタ、行者、葛木ノ一言主乃神ヲメシテ、トラヘテ、ナニノハツカシキコトカアラム、形ヲカクスヘカラス、スヘテハナツクリソト、ハラタチテ、咒ヲモチテ神ヲシハリテ、谷ノソコニウチヲキツ。

観智院本三宝絵詞中

一言主　不動尊　女躰、御装束如㆓吉祥天女㆒、キヌカフリシテ、ウチワニテ御顔ヲサシカクシテマシマス

古社記断簡「春日御正躰事」

一つ目小僧《ひとつめこぞう》

妖怪伝承の一つ。山野で通りすがりの人を脅かすといって恐れられる。単眼か片目かの区別ははっきりしない。姿も七～八歳の童児であったり、大入道と伝えるところや、片足片目の山の神という伝承もある。関東地方には、二月と一二月のこと八日《ようか》にこの妖怪が家々にやってくるといって、庭先に目籠を掲げて退散させる風習があり、目籠は目が多いので、妖怪が恐れるのだと信じられていた。一つ目小僧がかつて神であったと推論したのは柳田国男で、祭祀の際に一般の人と区別するために片目をつぶして神の一族とした時代があっ

◉――一つ目小僧　一つ目の妖怪山童（やまわらわ）。鳥山石燕『画図百鬼夜行』。

たと説明している。それが信仰の衰微とともに、その神が誤って植物などで目を突いたりして片目になったのだと伝えられてきた。山の神や鎮守様が片目であるとか、寺社の池にすむ魚が片目であるという伝承は、そのなごりであるという。片葉の葦の伝承も同系統の伝説とみなされるというのである。これとは別に、一つ目小僧を鍛冶職と関連するとみる考え方もある。『日本書紀』に出てくる天目一箇《あまのまひとつ》命が鍛冶神であるという伝承とも結びつく。鉄の溶解を肉眼で見るために目をつぶした鍛冶職人が、神としてまつられたとする。鍛冶神を一つ目として伝承する例は各地にある。いずれにしても、片目である神の零落した姿が一つ目小僧であった。一方、鎌倉権五郎や平将門が片目であるという伝承は御霊《ごりょう》信仰との関連が深い。

花部英雄

日野富子 ひのとみこ 一四四〇—九六

(永享一二—明応五)

室町中期の女性。一四四〇年に内大臣日野重政(政光)の娘として生まれる。日野家は代々持明院統(北朝)に仕えた家柄で、室町幕府の足利将軍家との縁故が深く、三代将軍義満が日野家から夫人を娶って以来、将軍の夫人がたびたび日野家から出ている。五五年(康正一)一六歳の時に、兄日野勝光の世話で二〇歳であった八代将軍足利義政の正室となった。そして、女子二人を産むが、男子ができなかったため、義政は異母弟を還俗させて義視《よしみ》と名乗らせ後継者とし、前管領の細川勝元を後見人にあてた。ところが、六五年(寛正六)富子が義尚《よしひさ》を出産。我が子のため富子は、勝元と並ぶ有力大名の山名宗全を頼り、義尚の将軍就任を策した。こうして義視派の勝元と義尚派の宗全が対立する構図となり、この継嗣問題が応仁の大乱の原因となった。六七年(応仁一)ついに合戦が始まり、細川方の東軍は二四ヵ国一六万、山名方の西軍は二〇ヵ国九万の軍勢で、京都を中心とした戦乱は七七年(文明九)まで続き、京都は焼け野原となった。この大乱をよそに無気力な義政は、七三年に将軍職を義尚に譲り隠居。義尚がまだ九歳であったため、その補佐役として富子が幕府の実権を握った。そして、淀川や京都七口に新関を増設して関代を徴収、また合戦中の大名に高利貸しを行い、米相場へも介入するなど、経営的手腕を発揮していく。義政が政治よりも趣味的な生活に埋没したのとは対照的であった。八九年(延徳一)に義政・義尚が相次いで亡くなると、富子は尼となった。しかし、その後も義視や義尚の後に将軍となった義材《よしき》(義視の子)と政治の実権をめぐって争ったが、九六年五月に死去。五七歳であった。

我が子を将軍職につけるために大乱を起こしたこと、幕府の財政を維持するために税を新設したこと、大名貸しを行ったことなどが富子の悪名のゆえんとされるが、当時としては経済に明るい行動的な女性であったが故の反発だったのかもしれない。また、富子と義政は水と油の夫婦だったようで、夫婦仲は次第に冷え、後半生は互いに避け続けていた。夫が頼りにならないだけに、我が子の将来に夢を託したのであろう。

田辺貞夫

緋牡丹お竜 ひぼたんおりゅう

東映任侠映画路線において、唯一の女侠客を描いて成功した『緋牡丹博徒』シリーズの主人公。本名は矢野竜子。演じたのは藤純子《ふじじゅんこ》(現、富司純子《ふじすみこ》)。父の敵を捜し求める第一作『緋牡丹博徒』を初めとして、一九六八年(昭和四三)から四八年にかけて全八作品がつくられた。お色気路線に走らず、女を封じていたからこそ醸し出されるエロティズム。やくざ者という究極の男社会で、同等に勝負する凛々《りり》しさ。むしろ男優を主役に据えた作品より、任侠道の辛さを伝えており、文字通りその中でお竜は大輪の花であった。シリーズ第四作『二代目襲名』は、火野葦平の小説『女侠一代』を原作としており、かつて映画『女侠一代』で主演を務めた清川虹子が、お竜の後見人の女親分・おたかを演じているのもうなずける。加藤泰が監督を務めた第三作『花札勝負』と第六作『お竜参上』が頂点を極め、前者では傘が、後者では雪の今戸橋に転がるみかんが、決して口にはしない男女の思いの象徴として登場。もはや美学としか言いようがない。

縄田 一男

卑弥呼 ひみこ

二世紀末から三世紀前半にかけて、倭国すなわち当時の日本を統治したとされる邪馬台国の女王。しかし、彼女は日本にまだ文字がなかった時代の人物であり、日本の史料にはいっさい登場しない。忽然とその姿を登場させるのは、三世紀に中国で成立した『魏志』東夷伝倭人条（通称『魏志倭人伝』）の中である。

二世紀後半、倭国は男王が統治していたが、戦乱が止むことはなかった。そこで倭国の首長たちが相談し、一人の女王を共立した。卑弥呼である。すると戦乱は収まり、平和が訪れた。卑弥呼は鬼道をよくし、年老いても未婚のままで、弟が国政を助けた。王となってからは人々の前に姿を見せることはなく、顔を見た者はまれであった。千人の婢が侍し、一人の男性だけが女王の宮殿に出入りできた。

二三九年（景初三）六月、卑弥呼は魏の皇帝に対して使節を派遣し、奴婢を含む数多の品を献上した。これにより、魏の皇帝は卑弥呼を「親魏倭王」とし、金印紫綬と銅鏡一〇〇枚などの品を与えることを決めた。二四〇年（正始元）、魏の使節が邪馬台国を訪れ、それらの品を贈った。一世紀の半ば、倭の奴《な》国が後漢に朝貢し、光武帝から「漢倭奴国王」印を授かって以来のことであった。その奴国は、今や邪馬台国の統治下にあった。

『魏志』東夷伝倭人条によれば、卑弥呼は「鬼道を事とし、能く衆を惑わす」とあるので、呪術力をもった巫女的な存在であったらしい。しかし、単なる巫女とは違い、七万余戸を数えたという邪馬台国に君臨し、三〇に及ぶ倭の国々を従えて大陸とも往来した。まさに女王であった。しかし二四七年、狗奴《な》国の男王と不和となって戦争となり、そのさなかに没したという。『魏志』東夷伝倭人条を信じるなら、八〇歳を優に超えていたと思われる。人々はその死を悼み、大きな墳墓を造り、奴婢一〇〇人が殉葬されたという。しかし、その卑弥呼の墓も、また邪馬台国がどこにあったかも、現在なお不明である。

高橋 千劔破

その国では、もともと男子が王位についていたが、そうした状態が七、八十年もつづいたあと、〔漢の霊帝の光和年間に〕倭の国々に戦乱がおこって、多年にわたり互いの戦闘が続いた。そこで国々は共同して一人の女子を王に立てた。その者は卑弥呼《ひみこ》と呼ばれ、鬼神崇拝の祭祀者として、人々の心をつかんだ。彼女はかなりの年齢になっても、夫はなく、その弟が国の統治を輔佐した。王位に即いて以来、彼女に目通りした者はほとんどない。千人の侍女を自分のまわりに侍《はべ》らせ、男子がただ一人だけいて、飲食物を運んだり、命令や言上の言葉を取り継いでいた。起居するのは宮室や楼観《たかどの》の中で、まわりには城壁や柵が厳しくめぐらされ、兵器を持った者が四六時中、警護に当った。

三国志烏丸鮮卑東夷伝第三十

百太夫 ひゃくだゆう

平安末期以降、漂泊の遊女および傀儡《くぐつ》（人形まわし）らの集団が、共同体の守護神として尊崇した神の名。百神、白太夫《はくだゆう》というのも同じ神と思われる。百太夫は地位の低い小祠の神で、道祖神の一名ともいわれる。遊女が尊崇したのは、その求愛神、和合神としての属性によるとみられ、『梁塵秘抄』所収の歌謡にその反映がある。百太夫社は末社の形で諸社に付属しているが、なかでも兵庫県西宮の夷《えびす》大明神（現、西宮神社）のそれが有名。西宮の散所《さんじょ》を根拠として全国を回っていた傀儡師、夷まわし（夷舁き）、人形遣いの集団により、部族の祖神としてあつく信仰されてきた。ほかに、淡路三条の大御堂、大分県の宇佐八幡宮、京都祇園の八坂神社など、かつて著名な人形遣いの集落のあった土地には必ずこの神を祀る小祠があり、両者の深い関係を示している。西宮夷社の神体は冠衣を着した木製の神像で、毎年正月に顔に白粉を塗る。これは道祖神系の神仏に共通の再生儀礼である。これに関連して、疱瘡《ほうそう》神としての属性を生み出した。淡路三条の百太夫社は、淡路人形の集団が定着してのち、近世初期に祭祀したものと思われ、百太夫を夷神（夷）そのものに習合させている。

服部 幸雄

遊女《あそび》の好むもの。雑芸《ざふげい》鼓小端《こはし》舟、簦《おほがさ》翳し艫取女《ともとりめ》、男の愛祈る百大夫。

梁塵秘抄巻二

白虎隊 びゃっこたい

戊辰戦争時の会津藩少年隊士。一八六八年（明治一）会津藩の軍制改革に伴う年齢層別組織では、玄武（五〇歳以上）、青竜（三六～四九歳）、朱雀（一八～三五歳）、白虎（一六～一七歳）という各隊に編制された。同年八月、政府軍が領内に入ると、白虎隊も越後口などで戦い、同月二二日、戸ノ口原戦で敗れ、飯盛山に逃れた隊士二〇名は、会津鶴ヶ城が黒煙に包まれているのを落城と誤認し、自害した。唯一生き残った飯沼貞吉の証言により、この悲劇の模様は後世に語り継がれるが、新政府は当初会津藩を逆賊とし、小学国史でも、少年白虎隊は「官軍にむかった」会津藩士という記述がされた。しかし、昭和に入ると、徳富蘇峰らの主張もあって、順次改訂されていった。また、陸軍少佐平石弁蔵著『会津戊辰戦争』が板垣退助伯爵や東郷平八郎元海軍相らの援助によって出版されるなど、政府側も、大陸侵攻を推進するなか、忠義に殉じた少年たちを顕彰するようになっていった。敵として戦った明治政府の帝国主義的国策のテキストとして利用された少年隊士たちの短すぎる人生は、表現すべき言葉も見つからない。

　会津若松市内の飯盛山中腹に隊士たちの墓がある。

菊池 道人

八月若松ノ囲ミ日急ナリ、賊ノ出テ諸道ヲ防ク者相次テ城ニ入ル、越後口ノ官軍入ルニ及ヒ、城兵益〻固守シ官軍頗ル苦シム、九月官軍斉シク進デ城ニ迫リ、力ヲ極メテ之ヲ攻メ、日夜砲ヲ発シテ絶ヘス、又大久保山ニ登リ、俯シテ城中ヲ射ル、城兵稍々困ス、是ヨリ先キ官軍米沢ニ諭シテ降ラシメ、是ニ至テ又米沢ヲシテ城中ニ説キ降ヲ勧メシム、城中日夜ノ攻撃ニ苦シミ、硝薬糧食又殆ント尽ク、是ニ於テ始テ降ヲ議ス、九月十九日使ヲ遣ハシ帰順ヲ乞フ、総督之ヲ許ス、廿三日容保父子出テ仏寺ニ遜レ、城池兵杖ヲ納ル、城兵五千人皆降リ、出テ外ニ在ル者亦尋テ降ル、若松囲ヲ受シヨリ、凡ソ三旬ニシテ降ル、初メ容

●——**白虎隊** ともに籠城戦に参加した佐野石峰がのちに描いた『白虎隊自刃の図』。白虎隊記念館。

保諸隊ヲ編シテ四トナス曰朱雀青竜玄武白虎ト朱雀最モ精シ、青竜之ニ次ク、曰玄武、皆老兵ナリ、曰白虎、皆少年ナリ、白虎隊多ク城外ニ死ス、城陥ルノ日其徒廿人皆屠腹シテ駢死ス、人皆之ヲ哀シム、又女子隊ヲナス者アリ、数〻出テ戦フ、官軍之ヲ殺スニ忍ヒス、捕ヘテ城ニ返ス、女隊又出テ弾丸ヲ犯シテ死ス、終ニ免カル、者ナシ、城中漸ク困スルニ及ヒ、或ハ紙鳶ヲ揚ケ以テ間暇ヲ示ス、城陥イルニ及テ、老壮男女憤死スル者甚タ多シ

国定教科書　小学国史紀事本末(明治一六)

ひょっとこ

ひょっとこは火を吹くときの顔を表現したもので、火男のなまった言葉とされている。陸前地方では大きな面を竈神としてかまどの側の柱に掲げてまつる風習があるが、その起源譚にはヒョウトクとかヒョットコという火焚き男が竈神となったと語られるものがある。ひょっとこはお亀とともに道化役として神楽《かぐら》の種まきや魚釣りの舞に登場し、口をとがらしたようすから潮吹きともいわれている。同様な面は狂言にも用いられ、〈うそふき〉とよばれる。ひょっとこは火の神、風の神として鍛冶神にもなる。青森県の岩木山神社のみやげ物にひょっとこと鬼の二つの面を掛けた絵馬があり、ひょっとこは鍛冶神の本尊で火を吹く形を表したものと伝えられている。鍛冶神は『古事記』の天目一箇《あまのまひとつ》命をはじめとして片目であるとよくいわれ、また鍛冶師の伝承には片目片足伝承が多い。鍛冶の作業で最も重要なのは、吹子で風を送ることと火の色を見分けることだが、ひょっとこの顔や片足をあげて舞う姿はまさに鍛冶作業に由来するものと見ることができる。また長く火を見る作業に従事していると片目が失明することが実際にあったようである。鍛冶は石から金属をつくるという神聖な作業として宇宙創造に比せられ、カオスからコスモスを生み出す媒介の役割を鍛冶神は演ずるのである。ひょっとこはこの鍛冶神の系譜をひく道化でこの世を活性化する存在とみることもできる。↓お亀

飯島 吉晴

平賀源内 ひらがげんない　一七二八―七九

(享保一三―安永八)

江戸中期の博物学者、戯作者、浄瑠璃作者。名は国倫《くにとも》、号は鳩渓、風来山人、福内鬼外《ふくうちきがい》、天竺《てんじく》浪人など。高松藩の足軽の子。薬園掛に取り立てられ、一七五二年(宝暦二)長崎に留学。五六年に江戸に出て田村藍水について本草学を学び、五七年の日本最初の物産会をはじめとして師とともに会を五度開き、これを基に『物類品隲《ぶつるいひんしつ》』(一七六三)を著した。参府の蘭人と交わり、西洋博物学の研究を志してドネウスの『紅毛本草』などの蘭書を集めたが、蘭語学習の道を開く労をいとい、七〇年(明和七)長崎に赴いてオランダ通詞に翻訳を依頼した。しかし、思うにまかせず、学問的にも生活的にも行きづまった。そのため企業家に方向転換して輸出用の陶器製作を計画し、あるいはメンヨウを飼育して毛織物を試作し、さらに秩父、多田、秋田の鉱山の採掘に手を出したが、いずれも失敗に終わった。生活に窮した彼は、みずから「貧家銭内」と称して磁針器、平線儀、火浣布《かかんぷ》、寒暖計、菅原櫛、金唐革《きんからかわ》、エレキテルなどの細工物を作って急場をしのいだ。

佐藤 昌介

文学者としては小説『根南志具佐《ねなしぐさ》』『風流志道軒伝』、狂文集『風来六部集』、浄瑠璃『神霊矢口渡《しんれいやぐちのわたし》』などの著作をし、その多方面の活躍で有名になった。早くから西洋文化に注目し、杉田玄白、司馬江漢、中原中良、小田野直武その他の人に刺激を与えた。一生独身で通したが、癇癖のため誤って人を殺し、獄中で死んだ。

非常な奇才であるため、いろいろな伝説を生み、『平賀鳩渓実記』では、源内が幼少より天狗小僧とあだ名されたこと、遊女白糸を請け出して三井八郎右衛門に恩を売ったこと、飛行船の発明をしたこと、長崎で抜け荷をし

たことが述べられているが、なお当時のうわさでは、彼は獄死せず、老中田沼意次《おきつぐ》に助けられて遠州相良《さがら》にかくまわれたともいう。大田蜀山人も『一話一言』その他で、源内の奇才についていっている。

野田 寿雄

阿蘭陀本草を学びヱレキテルセイリテイトといへる奇器(人身の火をとりて病をいやす器なり)をつくる事を学び得て帰り、専ら蛮学をなす。或は伽羅の櫛(銀むね象牙の歯、月に郭公などの細工あり)をつくり、或は金から革等を作りてつねの産とす。安永八年己亥十一月廿日の夜病狂喪心して人を殺し(米屋の子なりといふ)獄に下る。同十二月十八日病て獄中に死す。屍を従弟某に賜ふ、橋場総泉寺門内左に葬る、其友杉田玄伯酒井讃岐守殿医者私財を以て墓碑をたてゝ表とす。

一話一言巻二

○見たおしの見世に源内二日居ず(明三仁7)

天竺浪人、風来散人などとみずから称するように、源内は諸侯や諸商人の宅に永く留まることをしなかった。「見倒し」は商品を見るだけで買わぬ行為をいい、源内の才腕を買い切るだけの眼識がないところへは、源内も永くはいられなかったのであろう。前句「高ひことかな〳〵」は源内自身の売り値か、矜持か。

平手造酒 ひらてみき ?—一八四四(弘化一)

江戸後期の博徒の用心棒。出身などはいっさい不明である。江戸の神田お玉ヶ池の千葉道場の俊英であったが破門され、田舎回りの剣術指南で歩く浪々の身となった。下総の笹川で博徒の親分繁蔵と知り合い、その客分となり、大利根河原の決闘で斬り結ぶうち全身に傷を負い、後に死んだ。この平手造酒のイメージは、講談、浪曲の『天保水滸伝』で作られたものである。実名は平田深喜という。一説によると、笹川繁蔵は平田を飯岡助五郎方のスパイと疑い、出入りの直前に刀を取りあげてしまったので、平田はやむをえず、やくざ物の脇差で戦ったが、すぐに鍔元《つばもと》より折れ、一一ヵ所の切傷を受け落命したという。三七、八歳ごろであった。

森 安彦

ふ

武悪 ぶあく

狂言(能狂言)のなかでも特に構成の巧みさ、内容の重厚さ、上演時間の長さで屈指の作品と定評のある『武悪』の主人公。京都にいた大名(名主《みょうしゅ》)の従者で武技の手練《てだれ》だが、「すすどいやつ」であり、日ごろの「不奉公」ゆえに主の憤りを買い、同じく従者である太郎冠者が討伐を命ぜられる。やむなく太郎冠者は主の太刀を預かって武悪の居宅に赴き、主が川魚を御所望だと偽り討とうとする。武悪が生けすへ案内し、すきだらけの姿で魚を追うのを太郎冠者は背後よりねらうのだが、情にほだされて斬れず、武悪は逃がしてもらう。討ち取ったと復命された主は気をよくし、太郎冠者を供に東山の鳥辺野の辺りを散策。いっぽう武悪は清水観音にお礼参りにいく途中、あいにく二人と鉢合せ。太郎冠者のとっさの機転で武悪は幽霊になりすまし、亡き大殿様(主の亡父)の指示だと詐称して主の太刀などを取ったうえ、あの世へお供いたしましょうと主を脅かして追い込み、仲間の太郎冠者とともに、下剋上の風潮を根底から生み出していた中世後期の庶民の才覚、活力を全身で表現する。「ぶあく」という不思議な名は、勇猛の意とも、鍛工にゆかりの語かともいうが未詳。古くには不悪、ふあくとも書かれた。彼の「不奉公」の内容については、台本の一種に「われとしがひをする」とあることから、勤務を怠る間に自分勝手に新開《しがい》の耕地を蓄積していたものとみる説が有力である。なお、狂言の鬼畜面の一つに武悪面があるが、この狂言では用いられず、両者の関連については不明。

横井　清

風魔小太郎　ふうまこたろう

戦国末期に活躍したとされる相州乱波《らっぱ》の首領。『北条五代記』によれば、乱波とは「他家へ忍び入り、山賊、夜討、強盗して物盗ること上手なり。才智ありて、計略めぐらすこと、凡慮におよばず」といい、小太郎はこうした関東乱波のうち、小田原北条氏(後北条氏)に属した風魔一族の頭領であったという。元来は「風間」一族であったともいう。北条早雲に始まり、約一〇〇年間関東に君臨した小田原北条氏を陰で支えたのが乱波集団の風魔一族で、合戦に際してはあらかじめ敵の領国に忍び入り、城地を混乱させたり、得意の夜討で敵陣を攪乱したりしたという。

『北条五代記』は、風魔小太郎について次のように記す。身長七尺二寸(約二・二メートル)の大男で、筋骨隆々、眼はさかさまに裂け、口も両方に大きく裂けて四つの牙が出ていた。頭は福禄寿のように高く、鼻も高く、声を出せば五〇町(約五・五キロ)先まで聞こえ、低く乾いた幽かな声も出した。まさに「見まがふ事ハなきぞ……」と評された怪物であるが、これが小太郎の風貌を記した唯一のものである。こうした記述が、逆に小太郎の実像を誰も知らなかったということを物語っている。『北条五代記』には、次のような話も載る。風魔一党の中に甲州透破《すっぱ》、すなわち武田氏の忍びの者たちが潜入した。それを察した小太郎は、夜の河原で車座になって談合中、突然松明《たいまつ》を振って叫んだ。すると風魔一党はいっせいに立ち上がった。ところが甲州透破たちは意味が分からず、うろうろしているうちに正体を見破られ、捕えられて斬られた。「居すぐり」「立すぐり」という、紛れ込んだ敵を見破るための手段であった。その風魔一党も小田原北条氏が滅ぶと、闇の中に消えた。一説には、江戸に出て盗賊団になったという。なお「小太郎」の名は、代々風魔一党の頭目の通し名であったともいう。

高橋　千劔破

深井志道軒　ふかいしどうけん　一六八〇?—一七六五(延宝八?—明和二)

江戸中期の講釈師。通称新蔵、号を栄山、無一などと称した。江戸の人。一二歳で真言宗の僧となり、徳川五代将軍綱吉の生母桂昌院に尊崇された隆光の侍僧として重用されたが、一七〇九年(宝永六)隆光の失脚からか還俗、以後一〇余年間を放蕩無頼の生活に送ったとい

◉——**深井志道軒**　歯のない口をくいしばり、しわだらけの顔をうちふって講釈をしたという。『北斎漫画』。

う。四〇歳ころから浅草寺境内に葭簾張りをしつらえて辻講釈を始め、男根を模した棒で調子をとりながら、辛辣な毒舌と男女の秘事の描写を多用した話柄で、世情を鋭く批判、風刺して好評を博した。その演目は軍談から『古事記』『源氏物語』などの古典、当代人事のゴシップなどと幅広く、宝暦期(一七五一―六四)には江戸歌舞伎の大立者市川海老蔵(二世団十郎)と人気を二分するほどで、浮世絵に描かれたり、風来山人(平賀源内)の滑稽本『風流志道軒伝』のモデルになったりしている。　宇田　敏彦

風来『志道軒伝』を作りし時、志道軒を湯島の茶屋にむかへて、風来麻上下にて一書を読みあげしとぞ。是入門せし心なるべし。其中におかしかりしは、序の文に、「こゝに志道軒といへる大たわけ有り」と云へる所ありて、さすがに其人に対していかゞとや思ひけん、「之は追つて直します」といひしもおかしかりき。稲毛東作(松民)の物語なり。　金曾木

○大名の前では急度志道軒(泰月宝十二地)
○志道けん御意にまかせて持参する(宝十一信3)

第一句、大名に招かれた折にはまじめに演ずる。「急度《きっと》」は厳然としたさま。前句は「落付にけり」。第二句、陽物形の拍子木を詠む。句意に従えば、貴人の家に招かれたこともあったのか。

福助　ふくすけ

縁起人形の一種。童顔の大頭で裃をつけて座った人形。一八〇二年(享和二)長寿で死んだ摂州西成郡の百姓佐五右衛門の子佐太郎が、身長二尺(約六〇センチ)にみたない大頭の小人であったが、これが幸いして幸運に恵まれた生涯を送ったところから、その姿を写して福徳招来の縁起物とし、享保年間(一八〇一―〇四)江戸で「叶福助」の人形が流行したという。一説に京の大文字屋という大きな呉服屋に頭の大きな小男の主人がいて、一代で大福長者となったが、町の貧民に施しをして助けたので、貧民たちが彼の像を作って報恩したのが福助人形の始めともいう。一七七三年(安永二)の『吹寄叢本』にお福という女が福助に嫁ぐという話があり、後に福助とお福の人形を一対として縁起棚に飾る風も生まれ、文化年間(一八〇四―一八)には麻裃姿の福助とお多福の面に紅前垂れ姿のお福が一組になって祝詞を述べてまわる門付があったという。なお福助は徳助、お福はお多福とも呼ばれた。　岩井　宏実

藤枝梅安　ふじえだばいあん

池波正太郎の連作時代小説『仕掛人・藤枝梅安』の主人公。一九七二年(昭和四七)発表の短編「女ころし」から池波の死で未完に終った長編『梅安冬時雨』まで、長短あわせて二〇作が発表された。六尺(一八〇センチ)ほどの大男で坊主頭、大きく張り出した額の下には団栗のような小さい目がある。普段は貧しい人からは治療代を取らない腕のいい鍼《はり》医者だが、裏の顔は金で殺しを請け負う「仕掛人」。盆の窪に鍼を刺して敵の命を断つ。仕掛けを依頼するには五〇両から七〇両が必要で、梅安は音羽の半右衛門から仲介を受け、彦次郎・小杉十五郎らと仕事をすることが多い。女に恨みがある梅安は、ほかの仕掛人が嫌う女殺しも平然と受けている。生きていたら世の人々が難儀する悪人だけを始末するとの信念を持っているが、自分を善人とは考えていない。こうした梅安の矛盾は、裏稼業では非情なのに、プライベートでは女好きで美食家のエピキュリアンであることなどでも表現されており、勧善懲悪には収まり切らない深みが、梅安人気の一助になっている。開始当初は、梅安がどのように悪人を始末するかを描いていたが、次第に大坂暗黒街の元締・白子屋一派との暗闘に主軸が移っていく。七二年には、緒形拳主演の『必殺仕掛人』としてテレビドラマ化されるが、まだ連載が始ったばかりだったこともあり、原作とは異なるエピソードも多く、翌年制作された『必殺仕置人』以降の「必殺」シリーズは、弱者から金を貰って悪人を殺すと

いう設定だけを踏まえたオリジナル・ストーリーになっている。

末國　善己

藤壺中宮　ふじつぼのちゅうぐう

『源氏物語』の登場人物の一人。先帝の第四女。桐壺更衣に似ているため、更衣の死後に求められて入内、「輝く日の宮」と世人にたたえられる。光源氏より四歳年長で、幼い光源氏は彼女を慕い、長じてそれは恋に変わり、ついに二人は不倫の関係に陥り、罪の子冷泉《れいぜい》院が生まれる。桐壺院崩後も源氏の思慕はやまず、それを断ち、冷泉の将来の不安を無くすために、藤壺は出家する。須磨から源氏が帰って後、藤壺は年封を給され女院号を賜り、薄雲女院と呼ばれる。秋好中宮の冷泉入内、立后に尽力したのち発病、三七歳で死去する。高貴で慈愛深い女性であるが、源氏との密通、冷泉の即位は古来「源氏物語一部之大事」、つまりこの物語全体の中でももっとも重大な事件と目され、そのような構想をあえて立てた作者の意図が問題とされている。

今井　源衛

藤村操　ふじむらみさお　一八八六―一九〇三

(明治一九―三六)

明治時代の哲学青年、と一般にはいわれる。一九〇二年(明治三五)に一高に入学した操は、人生の意味に煩悶し翌年五月二二日、「……ホレーショの哲学竟《つい》に何等のオーソリチーを価するものぞ、万有の真相は唯一言にして悉《つく》す、曰く不可解。我この恨を懐て煩悶終に死を決するに至る……」などの言葉を「巌頭之感」と題して日光の華厳の滝上の楢の木肌を削って書き記し、滝壺に投身自殺を遂げたことに由来する。維新後、近代社会の形成に躍起となったこの時代、学生や都市生活者はその変化の中で苦悩し、人生に懐疑的になっていたから、操の自殺は日本全国に大きな衝撃を与えたとともに、苦悩する人々に大いなる共感を呼んだ。それが「不可解」を流行語とし、華厳の滝からの投身自殺者を続出させたことからもうかがえる。しかし、数年前、操の手記が発見され、彼の死は哲学などではなく、単なる失恋によるものだったらしい、といわれるようになった。しかし一七歳の誕生日を目前にした若者が美文の遺書を、それも木肌に書いて滝に身を投ずる、そのことだけで、それは哲学だったのである。

久米　勲

巌頭之感

悠々たる哉天壌、遼々たる哉古今、五尺の小軀を以て此大をはからむとす、ホレーショの哲学竟に何等のオーソリチーを価するものぞ、万有の真相は唯一言にして悉す、曰く「不可解」、我この恨を懐て煩悶終に死を決す、既に巌頭に立つに及んで胸中何等の不安あるなし、始めて知る、大なる悲観は大なる楽観に一致するを。

報知新聞　明治三六年五月二七日

藤原顕光　ふじわらのあきみつ　九四四―一〇二七

(天慶七―万寿四)

平安中期の公卿。堀川大臣、広幡大臣と号した。従一位左大臣に昇り、長寿を保ったが、終始従兄弟の関白道長に望みを妨げられ、悪霊と化したとされる。関白兼通の長男、母は元平親王の女。父兼通は道長の父兼家と犬猿の仲であった。顕光は長女元子を一条天皇の女御としたが、同天皇の中宮であった道長の長女彰子の勢力に圧せられ、さらに次女延子を小一条院(三条天皇皇子、敦明親王)の妃としたが、ここでも同じく妃となった道長の五女寛子に寵を奪われた。顕光は度重なる怨みと失意の中で、嘆き悲しむ延子を見るうちに、一夜にして白髪となり、道長の呪詛《じゅそ》に心を砕くようになったという。悪霊の大臣と称された顕光の説話は、『十訓抄』『古事談』『続古事談』などに見え、停滞しはじめた公家社会の陰湿な政治的葛藤の様相をよく伝えている。強烈な怨霊として、後世に語り伝えられた。

大隅　和雄

晴明、しばしうらなひて、申けるは、「これは君を呪詛し奉りて候物を、みちにうづみて候。御越あらましかば、あしく候べき。犬は通力のものにて、つげ申て候なり」と申せば、「さて、それはいづくにかうづみたる。あらはせ」とのたまへば、「やすく候」と申て、しばしうらなひて、「こゝにて候」と申所を、掘らせてみ給に、土五反ばかり掘たりければ、案のごとく物ありけり。土器を二うちあはせて、黄なる紙捻にて十文字にからげたり。ひらいて見れば、中には物もなし。朱砂にて、一文字を土器のそこに書きたる斗なり。「晴明が外には、しりたる者候はず。もし道摩法師や仕たるらん。糺して見候はん」とて、ふところより紙をとり出し、鳥のすがたに引むすびて、呪を誦じかけて、空へなげあげたれば、たちまちに、しらさぎになりて、南をさして飛行けり。「此鳥のおちつかん所をみて参れ」とて、下部を走らするに、六条坊門万里小路辺に、古たる家の諸折戸の中へおち入にけり。すなはち、家主、老法師にてありける、からめ取て参りたり。呪詛の故を問るゝに、「堀川左大臣顕光公のかたりをえて仕たり」とぞ申ける。「このうへは、流罪すべけれども、道摩がとがにはあらず」とて、「向後、かゝるわざすべからず」とて、本国播磨へ、追ひくだされにけり。

此顕光公は、死後に怨霊となりて、御堂殿辺へはたゝりをなされけり。悪霊左府となづく云々。　宇治拾遺物語「御堂関白御犬晴明等奇特の事」

藤原明子　ふじわらのあきらけいこ↔染殿の后（そめどののきさき）

藤原鎌足　ふじわらのかまたり　六一四―六六九（推古二二―天智八）

大化改新の功臣で藤原氏の始祖。もと中臣連鎌足《なかとみのむらじかまたり》。父は弥気《みけ》（御食子《みけこ》、御食足《みけたりとも》）といい、推古・舒明朝に仕えた神官で、地位は大臣《おおおみ》、大連《おおむらじ》に次ぐ大夫《まえつぎみ》。母もやはり大夫の大伴連囓《おおとものむらじくい》（咋子《くいこ》とも）の娘で智仙娘《ちせんじょう》……智古《ちいさこ》といい、大連の大伴金村《かなむら》の孫。生まれたのは推古天皇の朝廷のあった小墾田《おはりだ》宮に近い藤原。『大鏡』に常陸の生れとするのは後世の伝説。はじめ鎌子、後に鎌足と改めたというのも後世の解釈で、本名は鎌であり、子や足は敬称にあたる語尾。幼名は仲郎とも伝えられるから、早世した兄がいたのであろう。

早くから儒教の古典や兵法に親しみ、青年時代には『日本書紀』によれば南淵請安《みなぶちのしょうあん》、『大織冠伝《たいしょくかんでん》』によれば僧旻《みん》ら、唐からの帰国者について学び、官途にはつかなかった。飛鳥寺の蹴鞠の会で脱げた皮鞋《かわぐつ》を捧げ、中大兄《なかのおおえ》（後の天智天皇）と親しくなった逸話は有名。その中大兄を中心にして蘇我大臣家の打倒を計画し、六四五年（大化一）、これに成功して孝徳天皇のもとに皇太子中大兄を首班とする新政権を樹立、国政の改革に着手した（乙巳《いっし》の変）。この政変に際して、蘇我一族を分裂させるために蘇我同族の石川麻呂《いしかわのまろ》の娘を中大兄に嫁がせたり、蘇我入鹿《いるか》を油断させて暗殺したり、叔父の孝徳を天皇に推戴しながら実権は甥の中大兄に掌握させておくなどは、みな鎌足の立案によるといわれ、そのち鎌足の子孫が平安時代にかけて政権を掌握してゆく過程でも、皇室との婚姻政策をはじめとするこのような策略は繰り返し用いられている。新政権内部でも鎌足は内臣として中大兄の側近となり、冠位は改新後に大錦（後の正四位相当）、孝徳朝末年に大紫（正三位相当）を授けられ、そのたびに巨額の封戸《ふこ》や功田《こうでん》を賜って、後の藤原氏の世襲財産の基礎をつくった。次の斉明・天智朝でも引き続き政権内部にあって補佐し、中大兄と弟の大海人《おおあま》（後の天武天皇）とが不和になると、その仲裁に努めたという。また『大織冠伝』によれば「律令の刊定」を命じられて六六八年（天智七）ころに「旧章を損益し、略《ほぼ》条例を為」したといい、後世これを近江令《おうみりょう》と呼んでいるが、実際には完成しなかったようである。翌六六九年一〇月、近江の大津京の邸で病が重くなり、その一五日には大織冠（後の正一位相当）・内大臣、そして藤原という氏を賜ったが、翌一六日に没した。平生から仏教に心を寄せていたので、嫡妻の鏡女王《かがみのおおきみ》は大津京の南西の山科《やましな》にあった別邸を寺とし、翌六七〇年閏九月の本葬もこの山階寺《やましなでら》（興福寺の前身）で行われた。

また、二人の息子のうちで長男の貞慧《じょうえ》（定恵とも。六四三―六六五）は僧とし、一一歳で唐に留学させたが、帰国後まもなく病死。次男が不比等《ふひと》である。鎌足の生前か没後か不明だが、娘のうちでは氷上《ひかみ》、五百重《いおえ》の二人が天武天皇に嫁し、それぞれ但馬《たじま》皇女、新田部皇子を生んでいる。なお『万葉集』は二首、『歌経標式《かきょうひょうしき》』は一首の、鎌足作という歌を収めている。

青木 和夫

●――藤原鎌足
左＝常陸国で生まれた幼い鎌足のもとに、キツネが鎌をくわえて置いて去る。のちに蘇我入鹿を討つときは、鎌足はこの鎌を用いた。『舞の本』。内閣文庫蔵。
下＝入鹿を討つ鎌足。『聖徳太子の守屋討ち』。国立国会図書館蔵。

【伝承】 藤原鎌足は、その官職名をとって大織冠《たいしょくかん》…《たいしょかん》の名で親しまれているが、多武峰《とうのみね》の聖霊院（現在の談山《たんざん》神社）にまつられている。『談峯記』によると、定恵和尚が阿威山から談峯（多武峰）へ改葬して、墓上に十三重塔を建て、その東に御殿を造り、父鎌足の霊像を安んじたのが聖霊院の始まりとされる。後に聖霊院が改造され、妙楽寺と称されたが、この寺は藤原氏の祖神として、鎌足の聖霊をまつる聖地となり、中世まで事があるとその墓が鳴動し、尊像が破裂すると信じられた。また興福寺中金堂の本尊は、鎌足が蘇我入鹿誅伐のために発願したと伝える（『興福寺濫觴記』）。興福寺、春日社では、本来、鎌足夫人の鏡女王が夫の病気平癒のために発願した維摩会《ゆいまえ》が、鎌足をまつる法会となり、この維摩会に用いられる大織冠画像供養の講式『三国伝灯記』（覚憲著、一一七四成）では、鎌足が維摩居士の化現、垂迹であると説かれている。このようにして、鎌足の伝説が徐々に形成されてくるが、『聖徳太子伝暦』でもその末尾に鎌足らの入鹿誅伐が記されているところから、中世の聖徳太子伝の展開にしたがって、鎌足伝説もまた展開してゆく。『正法輪蔵』（文保年間（一三一七―一九）までに成立）では、まず、春日社縁起とともに鎌足が常陸国で誕生したとする。これは古く『大鏡』などにも見られる説であるが、鎌足と鹿島明神とのつながりを示そうとしたものらしい。その誕生の際に白狐（荼枳尼《だき》に天)が鎌を与えたので鎌足と称し、王の摂政となったという説話が加えられる。これは、中世神道説のなかの東寺即位法に含まれる説話『天照大神口決』(一三二八)で、やがて呪詞などをあわせて中世春日社の縁起『春夜神記』(一四三七以前成立)のなかにも記された。そこでは鎌足がいやしい土民(都よりの流人)の子で内裏の塵取男として京上りしたとも伝える。また『正法輪蔵』では、入鹿が中大兄皇子を位につけぬように、法興寺の蹴鞠の庭で、皇子の沓が脱げて地に足をつけようとはかったとき、鎌足が右手で足を受け、それより出世したという。そして、皇子と鎌足らが入鹿を討つためひそかに談じ合ったのが多武峰であったという。さらに、『伝暦』などに記される、鎌足の提案として行われた蘇我山田石川麻呂の娘と皇子との婚姻は、『正法輪蔵』では入鹿の娘と皇子とのことになり、また、疑い深い入鹿の心を解くため、鎌足は三年の間盲目を装ったという。これらは、室町時代の『旅宿問答』では鎌足自身が入鹿へ婿入りしたことになり、さらに偽盲目となってみずからの子を火中に落として入鹿を信用させる形に展開する。また『神道相伝聞書』では、まず盲目を天下に披露して、鎌足が入鹿を婿にとり、孫を火に落とすという形になり、やがて幸若舞『入鹿』の物語を生みだした。また鎌足の名が狐より与えられた鎌に由来するという理解は、その鎌で入鹿の首を打ち落としたという、中世太子伝以来の説と首尾呼応する。なお興福寺中金堂の本尊にこめられた面向不背の珠をめぐって、志度寺の縁起ととりあわせて脚色されたのが幸若舞の『大織冠《たいしょかん》』である。 ➡蘇我入鹿

阿部 泰郎

字を鎌子という事は。鎌子の親の中臣、入鹿の讒言に依りて、常陸国、鹿嶋の宮中に流さる。二年を送り、誕生の砌に、狐、鎌をくわえて来りていわく。この鎌を以って四海を治むべし。この瑞相に任せて、鎌子と号す。中臣、不思議の思いを成して、この鎌を身より離さず。その秋の暮、中臣は卒したまう。然るに、上代は、国々より内裏へ傍仕を勤む。鎌子、十六歳の時、傍仕の任に当たりて参内す。その時、母のいわく。汝が亡父の中臣は、元は禁中に於いて宮仕え申したり。入鹿が讒言に依りてこの国に流さる。入鹿は汝が為には親の敵なるべし。その意を得べし、と教ゆ。また、この鎌は、幼少の時、かくのごとき霊鎌なり、と懇ろに語りてこれを与え、上洛せしむ。

然るに、入鹿、天下を恣にする故に、中大兄皇子、入鹿を誅さんと擬す。何の叡覧ありけるやらん。鎌子に密議を勅されたまいて、鎌子、元より心懸ける故に、速に返答つかまつり、時節を伺う。

入鹿も権化の者なれば、心霊なき者と奉聞して、位に直りしその色を見て、引き寄せて聟と成し、一子を生ず。鎌子、謀に盲目と化す。入鹿、ある時に、聟の盲目の実否を試みんが為に、炎の上より、当方の子を懐きたまえ、とて与える。(鎌足)態と取りはずして炎の上に落す。その時、入鹿、急ぎ孫を取り上げて思う様。人倫は申すに及ばず、鳥類・畜類に至るまで、子を思わぬ物はこれ無し。さては実に盲目に成りけるよ、哀れなり、とて心をゆるす。然れば、入鹿、酒宴に戯るる時を得て、件の霊鎌にて、入鹿を誅す。この賞に酬いて、藤原の姓をたまわれり。鎌足の大臣、大織冠と号す。意のごとく思いを達す。故に足の字を与う。

旅宿問答

○年号の初め鎌にて鹿を切り(四四27甲)

「年号の初め」は大化元年、「鎌」は鎌足、「鹿」は入鹿で、謎句仕立て。

○大しよくわん中納言よりなまぐさい(宝十一桜1)

「大織冠」は鎌足、「中納言」は在原行平で塩汲み女と契った。鎌足は海女と契りをかわし、海女の犠牲によって竜宮より宝珠を取り返す(幸若舞『大織冠』)。

藤原純友 ふじわらのすみとも　?—九四一(天慶四)

平安前期、平将門と呼応して乱を起こしたとされる海賊の首領。承平年間(九三一—九三八)に三等官の国司である伊予掾《いよのじょう》として伊予国

に赴任した官僚であったが、伊予海域の海賊衆を手なづけ、その首領になったという。出自や経歴は判然としないが、通説によれば藤原北家の長良の孫にあたる藤原良範の子といぅ。ただし伊予国の前国司高橋友久の子であったが、藤原良範の養子となったとも伝える。いずれにしても、純友が伊予掾として赴任中に海賊衆を束ねたことに間違いはない。

純友は任期が満了しても都に帰ろうとせず、豊後水道に臨む宇和海の日振島《ひぶりじま》に拠り、朝廷の命令に従わなかった。それどころか、島の近くを通りかかる官船や商船を襲って積荷を略奪した。純友配下の船は千余艘に及んだという。九三六年五月、朝廷は紀淑人《きのよしと》を伊予守に任じ、海賊の鎮圧と伊予の平定にあたらせた。淑人は純友との衝突を避け、翌年純友を伴って上京したという。俗説によれば、このとき純友は平将門と会って肝胆相照らして比叡山に登り、東西呼応し乱を起こして朝廷を滅ぼす計画を立てたという。真偽はさておき、のちに将門と純友は東西で乱(承平・天慶の乱)を起こし、朝廷と都の人々を震撼させることになる。九三九年(天慶二)、将門が上野・下野の国府を襲って乱を起こすと、都でも毎晩のように火事が発生した。純友が都を攪乱しようとして放火させたという。九四〇年、朝廷は純友に位階を与えるなどして懐柔しようとするが、純友は応ぜず、讃岐国を攻めて掠奪するなどした。これに対して朝廷は、小野好古《よしふる》を追捕使として派遣、翌年二月に激しく純友軍を攻めた。しかし、純友軍は海上に逃れて行方をくらまし、五月になって突如として九州の大宰府を襲った。ここでも追捕使の軍と激戦となり、結局純友は伊予に逃げ帰ったが、六月二〇日に捕えられ、獄死したという。あるいは一子とともに斬首されたとか、奮戦したのちに自ら命を絶ったなどともいわれる。➡平将門　　高橋 千劔破

○あのやねがしゝんでんだといよのじやう(一七7)

○かわらけをなげ大望をくわだてる(天元梅3)

○人くらい馬にすみ友口があひ(拾五29)

○純友がきてさそひ出す花の山(五九16)

第一句―第三句、将門・純友が叡山で出会い、謀反の志を述べあって堅く盟約したという伝説による。第一句、「伊予掾純友」が「紫宸殿」の場所を指したと。第二句、「土器《かわらけ》投げ」などの遊びをしながら謀議をこらしたであろう、と。第三句、「人喰い馬にも合口」(乱暴者にもそれにふさわしい友達がある)という俚諺を踏まえる。馬は将門の繋ぎ馬紋。第四句、桜の名所は江戸府内に各所あるが、この句の「花の山」は成立年次(一八一二年(文化九))からみて御殿山、つまり花見にかこつけ品川の遊里へと謀反をすすめる悪友。

藤原時平　ふじわらのときひら　八七一―九〇九

(貞観一三―延喜九)

平安前期の廷臣。太政大臣基経長男。母人康親王女。本院大臣ともいう。八八六年(仁和二)光孝天皇の加冠により宮中で元服、正五位下。翌年従四位下、左近衛中将、蔵人頭。八九〇年(寛平二)従三位、八九一年父が没するが参議、八九二年権中納言、八九七年六月大納言、左大将、氏長者となる。同時に宇多天皇に抜擢された菅原道真も権大納言、右大将となり、同年七月天皇は醍醐天皇に譲位、二人に新帝幼少の間政務を委任した。八九九年(昌泰二)左大臣、道真は右大臣となるが、宇多院の信任は道真の方が厚かった。九〇一年(延喜元)道真は天皇の廃立を企てた罪で配流されるが、時平を中心とする藤原氏や源氏の策謀と考えられる。そのため時平は後世悪名が高いが、政治家としては優れ、醍醐天皇をたすけて荘園整理令などの延喜の諸改革を推進し、『延喜格式』『日本三代実録』の撰修にも関与した。ただし男顕忠らは納言に昇ったが、政権の主流は弟忠平の流が継いだ。　　黒板 伸夫

【伝承と作品化】　浄瑠璃、歌舞伎の『天神記』の世界に、時平《しへい》は「公家悪《くげあく》」の役柄として登場する。もっとも著名な戯曲に『菅原伝授手習鑑』があげられるが、御霊として神格化

◉——**藤原時平**　菅原道真の怨霊に悩まされる時平を浄蔵法師が祈禱すると、その耳から道真の霊が蛇となって出現する。『北野天神縁起絵巻』。北野天満宮蔵。

された菅原道真に対置して、時平も霊的な性格が付与される演出(車引の段)となっている。時平には笑い癖があったと伝えられ(『大鏡』)、これをもとに『天満宮菜種御供《なたねのごくう》』が並木五瓶の手で書かれ、演者初世嵐雛助の好演により、『時平の七笑』として名高い。この作中の時平も陰険な策謀家として描かれている。

小池 章太郎

ものゝおかしさをぞ、え念ぜさせ給はざりける。わらひたゝせ給ぬれば、頗事もみだれけるとか。北野とよをまつりごたせ給あひだ、非道なる事をおほせられければ、さすがにやむごとなくて、「せちにしたまふ事をいかゞは」とおぼして、「このおとゞのしたまふことなれば、不便なりとみれど、いかゞすべからん」となげき給けるを、なにがしの史が、「ことにもはべらず。をのれ、かまへてかの御ことをとゞめはべらん」と申ければ、「いとあるまじきこと。いかにして」などのたまはせけるを、「たゞ御覧ぜよ」とて、座につきてこときびしくさだめのゝしり給に、この史、文刺に文はさみて、いらなくふるまひて、このおとゞにたてまつるとて、いとたかやかにならして侍けるに、おとゞふみもえとらず、てわななきて、やがてわらひて、「今日は無術。右のおとゞにまかせ申」とだにいひやり給はざりければ、それにこそ菅原のおとゞ御こゝろのまゝにまつりごち給けれ。

大鏡

時平　……我が本懐を達し、ハテ心よやなア。とは知らずして諸卿めら、我れに道真を見落とせよと、口々に罵れど、ナニおのれらにこの一大事を明かさうか。馬鹿めらが。

道真はなほ大馬鹿。時平が涙を誠と思ひ、帝《みかど》の守護をくれ〴〵と涙を流し頼みしは、ア、浅はか〳〵。道真だにぼいまくれば、大内は心の儘。我れに敵する青公卿ばら、一々に蹴殺し、大望成就の血祭り。元老智多の道真、かねて心が置かれしに、計れば安く我が計り事の網に落ちたか。ハテ　心よやなア。ム、、、。ハ、、、。ト大笑ひ。階《きざはし》の高欄にもたれ、ても、道真は、いかい阿房ぢやなア。

天満宮菜種御供内裏記録所の場

〇三代じつろく悪筆でよく出来(安五義1)

菅原道真が能筆として著名なため、時平は悪筆家と決めつけられた。

藤原利仁　ふじわらのとしひと

平安中期の伝説的な武将。生没年不詳。藤原魚名《うおな》の後裔、常陸介時長の子。母は越前の人秦豊国の女。越前敦賀《つるが》の豪族有仁の女婿となった。上野介、上総介、武蔵守などを歴任。この間九一五年(延喜一五)には、下野国高座《たかくら》山のほとりに結集した群盗を鎮圧し、鎮守府将軍に任ぜられたと伝えられる。『今昔物語集』をはじめとする説話類には、新羅征討将軍に任ぜられて途中で頓死した話、あるいは芥川竜之介の『芋粥』の原型となった話などがみえている。

高橋 昌明

藤原秀郷　ふじわらのひでさと

➡俵藤太

藤原道長　ふじわらのみちなが　九六六―一〇二七
(康保三―万寿四)

平安中期の公卿。摂政兼家の五男。母は摂津守藤原中正の女時姫。九八六年(寛和二)一条天皇が践祚し、父兼家が摂政となるや、翌年従四位上から三階を越えて従三位に昇り、以後累進して、九九一年(正暦二)権大納言に任ぜられた。九九五年(長徳一)疫病が流行し、兄の関白道隆・道兼が相ついで没したため、その後継をめぐって、道隆の男伊周《これちか》と激しく争ったが、道長の姉で天皇の生母である東三条院詮子の強力な後援によりこの争いに勝ち、内覧《ないらん》の宣旨をたまわり、右大臣に昇り、翌年左大臣に進んだ。以後、一条・三条両朝にわたり、関白に準ずる内覧の臣として天皇を補佐し、一上《いちのかみ》(首席公卿)として廷臣を率いて公事・政務を奉行し、その権勢は摂政・関白と異ならずと評された。「御堂関白」の称の生まれたゆえんである。一方、九九九年(長保一)女彰子(上東門院)を一条天皇の後宮にいれ、すでに兄道隆の女定子が后位を占めていたにもかかわらず、翌年彰子を皇后に立て、二人の妻后が併立する新例を開いた。ついで一〇一六年(長和五)三条天皇に強請して彰子が生んだ後一条天皇に位を譲らせ、外祖父として摂政の座に就いたが、翌年には早くも摂政を長男頼通に譲った。しかし権勢は少しも衰えず、世人は「大殿」と呼んで恐れはばかった。道長は三条天皇の後宮にも女の妍子《けんし》をいれ、さらに後一条天皇の後宮に女威子《いし》をいれたが、一八年(寛仁二)一〇月一六日には威子を皇后に立て、妍子は皇太后に転上したので、太皇太后彰子とともに、三人の女子が三后に並び立つという未曾有の盛観を呈した。かの有名な「この世をばわが世とぞ思ふ望月のかけたることもなしと思へば」の歌は、この日の威子の立后を祝う公卿の宴席で、道長がみずから十六夜の月にかけて詠んだ歌である。しかしそのころから道長は病気がちになり、翌年三月出家して行観(のち行覚)と称し、ついで法成寺の造営に力を傾け、二〇年には無量寿院が完成し、九体の阿弥陀仏が安置された。さらに二二年(治安二)には金堂も建ち、法成寺の名も定められ、引き続いて薬師堂や釈迦堂なども造立された。これがすなわち御堂で、道長の別称にもなった。この間、やや健康をとりもどしたが、二七年(万寿四)に入ると急速に心身の衰えを見せ、一二月四日、無量寿院の九体阿弥陀仏から引いた糸を手にして生涯を終えた。

その日記は自筆本の一四巻をはじめとして、『御堂関白記』などの名称で伝えられている。また道長は左大臣源雅信の女倫子との間に上記の三后および頼通、教通らを生み、左大臣源高明の女明子との間に頼宗、能信らを生んだ。その子孫は御堂の子孫と称して一流を形成したが、やがてその御堂流の嫡流に摂関職が定着し、家柄としての摂関家が成立し、さらに五摂家に発展したのである。　橋本 義彦

太閤云、祖乃得子禄は有やと、又給伶人禄、太閤招呼下官云、欲読和歌、必可和者、答云、何不奉和乎、又云、誇たる歌になむ有る、但非宿構者、此世乎は我世と所思望月乃虧たる事も無と思へは、余申云、御歌優美也、無方酬答、満座只可誦此御歌

小右記寛仁二年十月十六日条

藤原師輔　ふじわらのもろすけ　九〇八―九六〇
(延喜八―天徳四)

平安前期の廷臣。関白忠平の次男。母は源能有女。九二三年(延長一)元服後、累進して九四七年(天暦一)右大臣となった。兄実頼は関白となり、女を入内させたものの子にめぐまれなかったのに比し、師輔は女の安子が村上天皇皇后となり冷泉・円融天皇を生んだので、外祖父としての地位を確立した。子の伊尹・兼通・兼家は摂関となり、兼家以後その門流の九条流が摂関の地位を独占した。父忠平の故実を伝え、兄実頼の小野宮流とはその面でも競争関係にあった。『九条年中行事』『九条殿

遺誡』や日記『九暦』を残している。九六〇年病により出家し同年没した。

黒板 伸夫

この九条殿は百鬼夜行にあはせたまへるは。いづれの月といふことは、えうけたまはらず、いみじう夜ふけて、内よりいでたまふに、大宮よりみなみざまへおはしますに、あはゝのつじのほどにて、御くるまのすだれうちたれさせたまひて、「御くるまうしもかきおろせかきおろせ」と、いそぎおほせられければ、あやしとおもへど、かきおろしつ。御随身・御前どもゝ、いかなることのおはしますぞと、御車のもとにちかくまいりたれば、御したすだれうるはしくひきたれて、御笏とりてうつぶさせたまへるけしき、いみじう人にかしこまり申させ給へるさまにておはします。「御車はしぢにかくな。たゞ随身どもは、ながえのひだり・みぎのくびきのもとにいとちかくさぶらひて、さきをたかくをへ。ざうしきどもゝ、こゑたえさすな、御前どもちかくあれ」とおほせられて、尊勝陀羅尼をいみじうよみたてまつらせ給。うしをば、御くるまのかくれのかたにひきたてさせたまへり。さて時中ばかりありてぞ、御すだれあげさせ給て、「いまは、うしかけてやれ」とおほせられけれど、つゆ御ともの人は心えざりけり。のち〳〵に、しかじかのことありしなど、さるべき人〳〵にこそはしのびてかたり申させたまひけめど、さるめづらしきことはをのづからちり侍りけるにこそは。

大鏡

藤原頼長 ふじわらのよりなが 一一二〇—五六

(保安一—保元一)

平安後期の公卿。世に悪左府、宇治左大臣と称された。関白忠実の次男。母は忠実の家司藤原盛実の女で、いわば妾腹の子である。一一三〇年(大治五)異母兄の摂政忠通の子として朝廷に出仕して以来、官位の昇進をかさね、三六年(保延二)一七歳で内大臣に昇って世人を驚かせた。またそのころから異常な熱意を学問にそそぎ、ことに儒教の経書の講究に励んで、「日本第一の大学生《がくしょう》、和漢の才に富む」と評されるまでになった。一面、朝儀・公事にも精励し、ことに四七年(久安三)左大臣源有仁の没後をうけて一上《いちのかみ》(太政官の首席)となるや、果断な実行力をもって、朝政の刷新と朝儀の復興に努めた。父忠実は忠通の男子がまだ幼弱なのをみて、頼長に期待をかけ、五〇年摂政を左大臣の頼長に譲るよう忠通に勧告したが、拒絶されたため、忠通を義絶し、頼長を氏長者《うじのちょうじゃ》にした。頼長はさらに内覧の宣旨をこうむり、同じく内覧・左大臣であった道長を範として摂関家の権威の回復を目ざした。しかし五五年(久寿二)近衛天皇の死去を機として、鳥羽法皇の信任を失い、さらに後白河天皇の践祚《せんそ》により皇子の践祚の望みを断たれた崇徳上皇と手を結び、五六年法皇の没後間もなく兵を挙げたが、敗れて南都に逃れ、戦場でうけた重傷のため命を落とした。その日記『台記』は、生彩に富んだ公家日記として名高い。

橋本 義彦

左府少さがりまいらせ給ひけるが、いかなる者の放けるや、白羽の矢一ながれ来て、左府の御頸の骨にたちにけり。成澄矢をぬき奉る。血の流出る事、竹の筒より水をいだすがごとし。白青の狩衣紅にそめなせり。心神もくれまよひ、手綱を捨て鐙をもふませ給はず、鞍の前輪にかゞらせ給ひ、暫かゝへ奉れ共、馬はやり、主はよはらせ給て、なだれおちさせ給ひけり。成澄もこぼれ落て、いだきかゝへ奉る。式部大夫成憲、馬より飛で下、御頸を膝にかきのせまいらせ、御かほに袖をおほひ奉りて泣居たり。目ははたらかせ給へども、物も仰られず、只今まではさしもゆゝしくみえさせ給へる御けしき、いひ甲斐なきやういみえさせ給ふ。(中略)「玄顕こそまいりて候へ。得業こそまいりて候へ。御覧じしらせ給へるや。」と申せば、少うちうなづかせ給やうなれども、一言の御返事もなく、やがて消いらせ給ふ。悪左府御歳卅七と申し保元々年七月十四日の午の剋にはかなくうせ給。(中略)(大相国)「左府一人が事とはおもはねども、遠流の帰事なき宰にはをこなはるゝとも、死罪にはよもをこなはれじ。西は鬼海・高麗、雲のなみ烟のなみをしのぎても、左府有と聞えなば、舟に棹をもさしてまし。東は阿古流や津軽・俘囚が千嶋なり共、左府住としりなば、駒に鞭をも打ぬべし。只生を隔るならひこそかなしけれや。」とて、御涙にむせばせ給ひけり。

保元物語

伏姫　ふせひめ

一八一四—四一年(文化一一—天保一二)刊の読本『南総里見八犬伝』(曲亭馬琴作)に登場する、安房の国主、里見義実《よしざね》の息女。自殺の際に飛び散った八つの玉が、それぞれ八犬士の持物となり、死後もなお愛犬八房とともに現れ、八犬士を救う。

安房の領土をめぐる安西景連との戦いで、飢饉のために落城せんとするとき、里見義実は戯れに愛犬八房に向かい、敵将を食い殺せば伏姫を妻にさせるという。八房は景連の首をくわえて戻り、里見軍は勝利をおさめる。その後義実は約束を反古《ごほ》にしようといろいろなだめすかすが、八房はあくまでも姫を求める。姫は父をさとし、八房とともに山中に入る。伏姫とは人として犬に従うの意を表す名であり、八房には、義実がいったん助命を口にしつつ斬り捨てた美女玉梓《たまずさ》の怨霊がついていたのだった。山中の洞穴に住み、日々『法華経』を読む伏姫に、八房も耳を傾け、心を澄ませているようであった。しかし、その霊的な結合により、伏姫は身重になる。姫を捜しにきた金碗大輔孝徳《かなまりだいすけたかのり》は、八房を鉄砲で撃つが、一弾が姫に命中する。その場へ義実も来あわせ、いったんは数珠の威徳で蘇生した姫は、八房の胤を受けたものではないことを証明するために、みずから腹を割く。すると白気が立ち上り、姫の身につけた、「仁・義・礼・智・忠・信・孝・悌」の八字を彫った水晶の数珠を包むと、八個の玉は光を発して八方に飛び散っていく。そして数年後、聖玉を持ち、身体に牡丹形のあざのある八犬士が出現する。おのおの智勇に秀でた彼らは、悪との戦いの中でめぐり会い、ついにはみずからの出自を知って八犬士が会同し、里見家を助けるようになる。

↓八犬士

高橋　則子

是より先八房は、伏姫を背に乗て、この山に入りしとき、広き流水を帯にしたる、山峡に洞ありけり。石門おのづから鑿もて彫れるごとく、松柏西北に聳て牆をなせり。この洞南面にして、その裡も亦闇からず。犬はこゝに住りて、前足折て伏にければ、姫うへはその意を暁りて、徐にをり立て見給ふに、昔も住たる人やありけん、裡には断離たる円坐と、焼捨たる灰、はつかに残れり。「世を捨つ、世に捨られて、この山に、山ごもりしつるもの、わが身ひとつにあらざりき。」とひとりご

◉—伏姫　景連の首をくわえて帰り約束どおり姫を求める八房に、義実は怒って殺そうとするが、伏姫は父をさとし八房に伴われて家を出る。『南総里見八犬伝』挿絵。

ちて進み入り、そが儘に坐を占給へば、犬は姫の傍にをり。滝田の館を出るとき。法華経八軸と、料紙硯は身を放さず、此処までも持来給へば、この夜は月下に読経して、おぼつかなくも明し給ふ。彼感得せし水晶の珠数は、掛て今なほ襟にあり。憑む所は神仏の擁護のみ。人の言語を大かたならず、聞わきつらんと思へども、もしこの畜生われを嫌して、深山の奥へ伴ひ来つるか。さらずとも、情欲の、不覚に発ることあらば、遂にはじめの誓ひを忘れん。婬心を挟みて、わが身に近づくことあらば、主を欺くの罪渠にあり。只一刀に刺殺さん、と思ひ決てはうち騒ぐ胸を鎮て潜やかに、護身刀の袋の緒を、解捨て右手へ引著て、又読経してをはします。その気色をや知たりけん、八房は近くも得よらず、只惚々と姫の顔を、臥て見つ、又起て見つ、舌を吐、涎を流し、或は毛を舐り、鼻を舐り、只喘ぐこと頻りなり。かくまもりつめて明しつ。その旦八房は、とく起て谷に下り、木果蕨根を采て、銜もて来て、姫君にぞまゐらする。恬地すること、一日も懈らず、けふと暮し、翌と明して、百日あまり経る程に、八房はいつとなく、読経の声に耳を傾け、心を澄せるものゝごとく、復姫うへを眷らず。伏姫思ひ給ふやう、彼関寺の牛仏は、載て栄花物語、峯の月の巻に在り。いはんや又犬の梵音を歓べる事、古き草紙に夥見ゆめり。仏の慈悲は、穢土穢物を嫌ひ給はず。されば天飛ぶ鳥、地を走る獣、草葉に聚く虫、江河の鱗介まで、悉皆成仏せざることなし。今この犬が欲を忘れて、読経の声を聴くを楽み、如々入帰の友となる事、皆おん経の威力によれり。併稺き時に、吾儕のすぐせを示させ給ひし、役行者の冥助にこそ、と最忝く思ひとりて、いよいよ読経を怠り給はず。

南総里見八犬伝巻之一

双葉山定次　ふたばやまさだじ　一九一二—六八

(明治四五—昭和四三)

不生出の名力士。第三五代横綱。本名穐吉《あきよし》定次。大分県生まれ。一九二七年(昭和二)、一五歳で立浪部屋に入門、三二年入幕、三五年に小結に昇進するが一場所で陥落。三六年春場所七日目に瓊《また》ノ浦に勝ってから三九年春場所三日目まで勝ち続け、有名な六十九連勝の記録を打ち立てた。双葉山に土をつけたのは西前頭三枚目の安芸ノ海だった。この日安芸ノ海は「オカアサン　カチマシタ」と電報を打った。以後、この六十九連勝は破られていない。東前頭三枚目だった双葉山は三六年五月(夏場所)には小結を飛び越して関脇(一場所)、続いて大関(二場所)、そして三八年春場所から横綱。四五年一一月に引退、年寄時津風となる。美しい容貌と、一七八センチ、一二四キロという均整のとれた体格で、常に受けて立つ相撲だった。それは双葉山を軍国主義の日本のシンボルとして持ち上げるに充分だった。しかし、戦前の価値観が一八〇度変わった戦後の混乱期、璽光尊《じこうそん》を教祖とする新興宗教璽宇教に走り、四七年警察の手入れを受けた。が、四八年には日本相撲協会理事に就任、五七年理事長となる。六八年に病没するまで、

◉——**双葉山定次**　一九三九年春場所四日目、双葉山(手前)が前頭安芸ノ海の外掛けに倒れ、連勝を阻まれた瞬間。毎日新聞社。

相撲協会の改革に力を尽くした。

久米　勲

不動明王《ふどうみょうおう》

サンスクリット名アチャラナータの漢訳で、発音に従い阿遮羅嚢他と記す場合もあるが、不動金剛明王、不動尊、無動尊、不動使者、無動使者とも訳す。もとはインド教のシバ神の異名で、仏教はこれを大日如来の使者としてとり入れた。如来の命を受けて忿怒の相を表し、密教の修行者を守護し助けて諸種の障害を除き、魔衆を滅ぼして修行を成就させる尊像とした。形像は、右手に剣、左手に羂索《けんさく》を持ち、青黒色の全身に火焰を負う姿が一般的である。頭髪は左肩に束ねて垂れ、早い時期の作例では両眼を見開き、二本の歯を表して唇をかむが、後には片眼を半開にして上下二歯を交互に表す例が多い。両界曼荼羅には胎蔵界の持明院(五大院)の中に描かれるほか、五大明王の一尊としても造像される。さらに単独で盛んに信仰され、変化に富んだ姿勢に表現された座像や立像の優れた作品が数多く伝えられている。その中でも黄色の肉身によって「黄不動」と呼ばれる滋賀園城《おんじょう》寺の立像、赤色の肉身をもち「赤不動」と呼ばれる和歌山高野山明王院の半跏《はんか》像、青色の肉身に表され「青不動」と親しまれる京都青蓮《しょうれん》院の座像の三幅が特に著名である。「赤不動」と「青不動」には二童子が描かれるが、不動明王の眷属としては八大童子が造像されることが多い。その尊名には諸説あるが、図像集の『覚禅抄』には、慧光《えこう》童子、慧喜《えき》童子、阿耨達《あのくた》童子、持徳《しとく》童子、烏倶婆伽《うぐばか》童子、清浄比丘《しょうじょうびく》、矜羯羅《こんがら》童子、制吒迦《せいたか》童子の八尊が説かれる。このうち矜羯羅童子と制吒迦童子のみを脇侍とした、『青不動図』などと同じ三尊形式の不動明王二童子像も多数造られている。なお八大童子の作例としては高野山金剛峯寺、東京観音寺の彫像が知られる。

関口　正之

【不動信仰】　不動明王はインド、中国には遺品が少ないが、日本では平安時代初期以来の密教の盛行とともに、種々の異形をも生じながら尊像が数多く作られ、種々の煩悩を焼き尽くし、悪魔を降伏し、行者を擁護して菩提を得させる明王として信仰された。代表的な尊像として上記の三不動(黄不動、赤不動、青不動)のほかに、弘法大師(空海)の持仏と伝えられる教王護国寺(東寺)西院御影堂安置の秘仏、弘法大師が唐からの帰路海上に顕現し、天慶の乱、蒙古襲来の際にも活躍したという高野山南院の波切不動などがある。また、『栄花物語』は一〇二七年(万寿四)九月に崩じた皇太后藤原妍子の五七日忌(三十五日の法事)に不動尊供養を行ったこと、『宇治拾遺物語』は比叡山無動寺の相応和尚が不動尊の加護を得て都卒天(兜率天)にのぼったこと、『源平盛衰記』は僧文覚が同尊のはからいによって、紀伊国那智の滝での三七日(二一日)間の水行を成就したこと、などを述べる。関東では、武蔵国滝泉《りゅうせん》寺の目黒不動、下総国成田山新勝寺の本尊が著名で、目黒不動は慈覚大師円仁の作と伝え、新勝寺の本尊は弘法大師の開眼で平将門の乱の際に霊験があったと伝え、あつく信仰されている。

和多　秀乗

不破伴左衛門《ふわばんざえもん》

歌舞伎『鞘当《さやあて》』の主人公として登場する人物。その最初は江戸の土佐浄瑠璃『名古屋山三郎』(延宝ごろ上演)で、不破伴左衛門は名古屋山三郎の友人として登場し、遊女葛城《かつらぎ》を争って山三郎の父を殺害し、親の敵として山三郎に討たれる。これと同じような内容の歌舞伎『遊女論』が江戸の市村座で上演され(延宝八年初演といわれるが座組からは貞享年間か)、初世市川団十郎の不破、村山四郎次の山三郎、伊藤小平太の傾城葛城で評判となり、不破名古屋の歌舞伎が流行するようになった。一六九七年(元禄一〇)一月、江戸中村座上演の『参会名古屋《さんかいなごや》』に山三郎・不破の「鞘当」の趣向が現れ、二人の武士が廓で一人の遊女を争って刀の鞘をあてる場面が定着することになった。この狂言で不破をつとめた初世市川団十郎は、雲に稲妻の模様の衣装をつけ、以後の不破役はこれを踏襲することになった。市川家の家紋、三升の紋はこの稲妻の形から思いついたものといわれ、「不破」は代々の市川団十郎の荒事芸として発展し、歌舞伎十八番にも選ばれている。現行の「鞘当」の型は一八二三年(文政六)三月江戸市村座上演の鶴屋南北作『浮世柄比翼稲妻《うきよづかひよくのいなずま》』において固定し、花の吉原仲之町で寛闊出立《かんかついでたち》で現れた不破と名古屋の刀の鞘が触れ合い、ことば争いのはて、あわや喧嘩というところを留女《とめおんな》(または留男)が割ってはいり、無事にその場は納まるというもので、色彩と音調との様式美をたんのうさせる。

豊臣秀次の小姓として寵愛され、秀次切腹のおりに殉死した不破万作(伴作)という人物がいて、これが不破伴左衛門のヒントとなったとされる。不破万作は尾張の出身で、『太閤記』巻十七や、これを踏襲した古浄瑠璃『太閤記』によれば、一五九五年(文禄四)七月、秀次に先立って主君の介錯で切腹した。当年一八歳(古浄瑠璃では一七歳)。上田秋成の『雨月物語』中の「仏法僧」にも秀次の小姓として登場している。 →名古屋山三郎　鳥居 フミ子

伴左　遠からん者は音羽屋に聞け。近くば寄って目にも三升の寛濶出立は、今流行の白柄組、通ひくるはの大門を、は入れば忽ち極楽浄土。
山三　歌舞の菩薩の君たちが、妙なる御声に音楽は、誠に天女天下り、花ふりかゝる仲の町、色に色あるその中に、ごろつき組かいかづちの。
伴左　是を知らずや稲妻の、始まり見たか不破の関、せきにせかれて目せき笠、ふられて帰る雨に鳥。
山三　濡れる心の傘に、ねぐら貸そふよ濡れつばめ、濡れにぞ濡れし彼の君と。
伴左　くらべ牡丹の風俗に。
山三　下谷上野の山かづら。
伴左　西に富士が根。
山三　北には筑波。
伴左　思いくらべん。
両人　伊達小袖。
浮世柄比翼稲妻 六建目大詰

○不破はふり名古屋はふせぐもん所(安元梅3)
「降り」は黒雲に稲妻の模様、「防ぐ」は三本傘紋をさす。なお、山東京伝の読本『昔語《むかしがたり》稲妻表紙』(一八〇六(文化三)刊)以来、歌舞伎では名古屋山三郎の衣装の模様が「雨に濡れ燕」に定着した。

文正　ぶんしょう

『文正草子』の主人公。この話は、常陸国の鹿島信仰と関係のある、民間の塩売たちの間に広まっていた塩の功徳と一族の由来を説いたものをもとにまとめたもの。

文正は下賤な生れではあるが、実直で勤勉である。彼の作る塩は、味よく、病にかからず、若返るという三つの功徳をそなえており、それが評判を呼んで大福長者になった。穢れを祓って清浄な状態を回復するといわれる塩の呪術性、つまりきよめの効験が、ここでは三つの功徳となって福を招き寄せ、文正を長者にのしあげたといえる。二人の姫君が、それぞれ都の中将の奥方、帝の女御となり、文正自身も大納言になったというめでたい結び も、塩の効験と連動している。下賤な塩売文正の娘が、宮廷社会に入ることによってきよまり、聖性としての境位を獲得しているとみなすことができる。文正は、室町時代の「主なきらひそ、恩をきらへ」(主人の身分の高下をえらぶな、手当の多少をえりごのみせよ)といわれる下剋上的な風潮が生んだ一種の成上がり者であるが、その不遜なもの言いや、常識はずれの行為は、愚か者に通じる滑稽味がある。中将を婿にとって、「聟殿は殿下ぞ、殿下は聟殿よ」と狂喜するところは、成上がり者の面目が躍如としている。文正のような想像上の人物を、当時の民衆は、愛すべき、果報めでたき人間の典型として、温かく受け入れていたに違いない。　岩崎 武夫

姫君は女御になり給ふ。さるほどに例ならず

悩み給へば、みかどをはじめ騒ぎ給へば、ひきかへ御よろこび限りなし。十月と申(す)に、御産平安し給ひて、皇子をぞ生み給ふ。御乳母には、関白殿の姫君、中宮に参り給ひぬ。又祖父御の宰相は、やがて大納言になされけり。いやしき、塩売の文正なれども、かやうにめでたき果報共、中〱申(す)に及ばれず。母も二位殿とぞ申(し)ける。いかなる過去の行ひにやらん、みなみな繁昌して、栄花にほこり、年さへ若く見え給ひ、下人若党多く召し使ひ、女房たち上下にいたるまで人に用ひられ栄耀にほこり給ふ。

さるほどに大納言は、高き所に塔をたて、大河に舟をうかめ、小河に橋をかけ、善根数をつくし給ふ。いづれも〱御命、百歳に余るまで保ち給ふぞめでたき。まづ〱めでたきことのはじめには、此さうしを御覧じあるべく候。

文正さうし

◉――文正　鹿島で塩を焼く文正。『文正草子』。慶応大学図書館蔵。

文屋康秀　ふんやのやすひで

平安初期の歌人。六歌仙の一人。生没年不詳。『古今集』巻十六に深草帝(仁明天皇)の没した八五〇年(嘉祥三)のおそらく翌年に詠んだと思われる歌がある。官は八六〇年(貞観二)に刑部中判事。三河掾、山城大掾をへて八七九年(元慶三)縫殿助。『古今集』には、文屋康秀が三河掾になって県《あが》見《たみ》に誘った際に詠んだという、小野小町の「わびぬれば身を浮き草の根を絶えて誘ふ水あらばいなむとぞ思ふ」(巻十八)の歌がのせられている。このことは『十訓抄』『古今著聞集』などにも記された。また『古今集』巻一に、二条后(清和天皇の后、陽成天皇の母)に召されて詠んだ歌に「春の日(東宮、後の陽成天皇)の光にあたる我なれど頭《かしら》の雪となるぞわびしき」があるので、貞観(八五九―八七七)の末ころには相当の高齢であったとみられる。『古今集』仮名序には「文屋康秀は言葉たくみにてそのさま身におはず。いはば商人のよき衣《きぬ》着たらむがごとし」と評され、『古今集』には三首採られている。なお文屋朝康は康秀の子である。

奥村恒哉

○康秀は二百十日に一首よみ(五四13)

「吹からに秋の草木のしほるればむべ山風を嵐といふらん」(『古今集』巻五・秋)からの連想。

へ

平中 へいぢゅう➡平貞文

弁慶 べんけい

源義経の郎従。武蔵坊と称する。没年は衣川の合戦で義経に殉じたとする伝承にもとづいて一一八九年(文治五)とされる。『吾妻鏡』や『平家物語』にその名が見えるので、実在の人物と考えられているが、詳しくは不明。その説話や伝承は、『義経記』をはじめ室町時代の物語草子、謡曲、幸若舞などに見え、各地の口碑伝説としても伝えられている。江戸時代になると、歌舞伎、浄瑠璃などの登場人物となってさまざまに脚色され、明治以後も唱歌に歌われるなど、弁慶ほど人々から親しまれた英雄豪傑も少ない。弁慶がやや具体的に描かれはじめるのは『源平盛衰記』だが、『義経記』になると、その出生から死に至るまでの物語が詳しく記されるようになる。

【『義経記』の弁慶】 『義経記』によると、弁慶は、紀伊の熊野の別当「弁せう」が二位大納言の姫君を強奪して生ませた子とされる。母の胎内に一八ヵ月いて、生まれたときには二～三歳の子どものようで、髪は肩をおおうほど伸び、奥歯も前歯も大きく生えていた。父は鬼神だと考えて殺そうとするが、母の哀願で助けられ、父の妹が鬼若と名づけて京都で養育する。六歳のとき、疱瘡《ほうそう》にかかり色が黒くなり、髪も生まれたときの垂髪のままで伸びず、元服もさせられずに比叡山西塔の桜本の僧正「くわん慶」にあずけられるが、たびたび乱行を働き放逐される。山を下りるにあたって、みずから剃髪して、父の「弁」と師の「慶」とをとって弁慶と名乗る(自剃《じぞり》弁慶伝説)。その後、諸国修行に出て四国の霊山をめぐり、播磨の書写山に身を寄せるが、ここでも事を起こして放逐される。京都に出て千本の太刀を奪う悲願を立て、あと一本というとき、五条天神で義経にあい、翌夜、清水観音(清水寺)境内で義経の太刀を奪おうとするが、逆に義経に屈して君臣の契約を結ぶ(場所が五条橋となって、橋弁慶伝説)。それ以後、弁慶は義経の忠実な部下として活躍する。なかでも、義経西国落ちのとき、海上に現れた平家の怨霊を祈り鎮め(船弁慶伝説)、北国落ちには渡しや関所(安宅《あたか》の関がとりたてられて、安宅伝説)で義経を無事に落とすため知謀をめぐらし、衣川の合戦では敵の矢を満身に受けながら、立ったまま死ぬ(立往生伝説)などの説話が注目される。

【熊野、五条天神、鞍馬寺】 『義経記』以外でも『武蔵坊弁慶絵巻』『弁慶物語』、御伽草子の『自剃弁慶』『橋弁慶』があって、これらでも弁慶の父を熊野別当、その生地を熊野としている。『武蔵坊弁慶由来』(静嘉堂文庫)所引の『弁慶願書』(以下『願書』という)では、生地を出雲とし、父を山伏姿の天狗、母を紀伊の田那部の誕象の娘としている。誕象は源平合戦のころ田辺《たなべ》にいた熊野別当湛増のことと考えられるから、出雲系の弁慶誕生譚でも弁慶の出自を熊野と結びつけていることになる。熊野には御伽草子『熊野本地』のような山中誕生譚が別にあって、熊野の山伏や巫女《みこ》たちが熊野信仰宣伝のために利用していたと考えられている。弁慶の誕生譚も同根の山中誕生譚で、『義経記』でも愛発《あらち》山のことや亀割《かめわり》山での義経の若君の誕生のことなど、くりかえし山中誕生譚が現れるのも、熊野との関係を暗示しているもののようである。ほかにも熊野との関係を暗示するものがたくさんあって、これらから推して弁慶の物語は、熊野の山伏や巫女の間で成立し、彼らによって全国にひろめられた物語ではないかと考えられている。

なかでも、『義経記』は、弁慶の母が五条天神に参籠し、辰巳(南東)の風にあたって病気となり、熊野権現に願をかけて平癒したとしていて、義経と弁慶が初めてあうのが五条天神であり、鬼一法眼《きいちほうげん》伝説にかかわりながら五条天神が出てくるなど、五条天神との関係

❶

❸

❷

❹

❺

◉——弁慶
❶自剃弁慶。『弁慶誕生記』。松阪市射和町蔵。
❷大物浦からの海上で、平知盛の亡霊に出会う。弁慶は巨大で色黒く描かれている。『義経東下り絵巻』。中尊寺蔵。
❸安宅の関。義経を打ちすえる山伏姿の弁慶。神奈川県立歴史博物館蔵。
❹立往生。後方は義経。中尊寺弁慶堂。渡部雄吉撮影。
❺弁慶なまづ道具。安政大地震の際に刊行された鯰絵。七つ道具が土木建築道具になっており、この場合のナマズは地震を起こす者と街を再建する者の両方の性格をもっていることを示している。ライデン王立民族学博物館蔵。

が密接である。これらから、熊野に奉仕する巫覡《ふげき》の徒は五条天神と交流を持っていて、熊野で成立した弁慶の物語が五条天神を介して流入したのが『義経記』の弁慶譚ではないかと考えられている。

また、熊野新宮地方の伝説には弁慶の母を鍛冶屋の娘とするものがあり、『願書』では弁慶の母がつわりに鉄を食したので、弁慶は色が黒く、全身が鉄でできているが、一ヵ所だけが人肉であるなどとされているなど、弁慶の物語の成立には、山伏とも関係の深い鍛冶の集団もかかわったのではないかと推測されている。『弁慶物語』などでも、弁慶は太刀、飾りの黄金細工、鎧《よろい》などを五条吉内左衛門、七条堀河の四郎左衛門、三条の小鍛冶に作らせていて、炭焼・鍛冶の集団の中で伝承されたとする金売吉次伝説との交流を思わせる。

鍛冶の集団は毘沙門天《びしゃもんてん》を信仰していたから、『義経記』の中で鞍馬《くらま》寺が大きな比重を占めるのも、鍛冶の集団の中で伝承され成長した物語が『義経記』の中に流れ込んだためとも考えられる。また、山伏と鍛冶との交流も考えられるが、問題はそれらの個々の伝承者を離れて、弁慶が典型的な民間の英雄として、その像がどのような種類の想像力によって生成されたかを解明することであろう。

【鬼子、捨子、童子】 弁慶の誕生譚に関するほとんどの伝承は、鬼子《おにご》として生まれ、山中に捨てられたとするモティーフを備えている。鬼子は、『台記』や『日葡辞書』にも見られるように、長い髪の毛、つまり童髪《わらわがみ》をし、歯が大きく、または二重に生えている者のことをいうが、他の説話や伝説でも、鬼子は殺されるか捨てられるかするのが普通である。『義経記』でも父の「弁せう」が生まれたばかりの弁慶を「さては鬼神ござんなれ」と言っているように、鬼子は神の子であり、まがまがしい鬼神と考えられ、その邪悪を避けるために、流したり殺したり捨てたりなどするわけである。『願書』では島に流されることになっている。生まれた子が鬼神と考えられたところから、母の胎内に長期間いたという異常誕生や山中誕生のモティーフを伴い、捨てられた子が山中で狐狼野干《やかん》などの動物に養育されたというモティーフを伴うことにもなる。このことが現実的あるいは歴史的文脈の中で、鬼の子孫と考えられていた童子のイメージを与えられたり、山伏のイメージを与えられたりする。その出自が神であるところから、天狗とか天児屋《あめのこやね》命の末裔とか熊野別当の子というように、ある種の貴種とされる。弁慶は比叡山や書写山でもいさかいを好む者とされ、橋弁慶伝説のように悪を好む者とされるのも、鬼神の邪悪の説話的な表現であろう。以上の諸点は捨子《すてご》童子がその語源といわれる酒呑《しゅてん》童子や伊吹童子、茨木童子、坂田金時と同じ種類の想像力で作り上げられているといえる。

【巨人伝説、七つ道具】 『願書』では、流された島(松江市の中海の弁慶島といわれる)から海を埋めて道を作り陸に帰って来たと伝えられるが、また比叡山をはじめ諸国には釣鐘を弁慶が運んだとする伝説や、弁慶の足跡石の伝説がある。また奈良県には、天神山、畝傍《うねび》山は弁慶が棒でかついでいた「もっこ」の土が落ちてできたとする伝説がある。この伝説は地方によっては百合若《ゆりわか》大臣、酒呑童子、だいだらぼっちが作ったとされているので、弁慶伝説の中には巨人伝説の要素も隠されているといえる。すなわち、荒ぶる神の子が山や国土を作る話が、弁慶に仮託されて伝説化されたものと理解できる。

俗説では弁慶は七つ道具を持つとされ、弁慶像でも七つ道具を持つものがある。『義経記』では、弁慶の持ち物として大刀、刀、鉞《まさかり》、薙鎌《ないがま》、熊手、櫟《いち》の木を鉄伏せにした棒(撮棒《さいぼう》)、幸若舞『高館《たかだち》』では、箙刀《えびらがたな》、首掻き刀、小反刃《こぞりは》などがあげられている。『太平記』には七つ道具の語があり、『狂言記』には朝比奈の七つ道具が出てくるが、弁慶の七つ道具という語が文献に出てくるのは江戸時代になってからのようで、その種類も一定しない。『鬼一法眼三略巻』では弁慶の七つ道具は熊手、薙鎌、鉄の棒、木槌、鋸、鉞、刺股《さすまた》となっており、川柳では大工道具だったとされ、歌舞伎で盗人の道具とする作品もあり、国生みをする巨人という点から考えると、七つ道具は本来農耕を基本とする村落生活に必要な道具を集めたものではないかと思われる。それが鍛冶集団との関係でその集団の製作物と解されたり、山伏との関係で特に鉞が、また鬼一法眼のような陰陽師的な者との関係で撮棒が強調されるようになったものと考えられる。

【神と傅】　弁慶像を作り上げている想像力は善悪両面を持つ両義的な荒ぶる神のイメージに媒介されているが、その悪の面は弁慶の誕生から修行時代、太刀奪いの伝説などに現れており、義経に臣従してからは善の面が強調され、新しい御子神としての義経に対して弁慶は傅《ふ》の役割を果たしていると理解できる。橋弁慶伝説はふつう弁慶が千本の太刀を奪う願を立てることになっているが、『武蔵坊弁慶絵巻』などは義経の千人斬りとなり、為手《して》と受け手とが逆転しており、鬼一法眼の一党や熊坂長範、由利太郎らの盗賊を退治し、陵《みささぎ》の館を焼き払うなどの中にも、義経が荒ぶる若神のイメージで作られていることがわかる。

【黒の弁慶】　『源平盛衰記』には弁慶を鳶《とび》のようなやせ法師と形容していて、ここでもその伝承に山伏が介在しているらしいことがわかるが、弁慶が黒装束をつけているだけでなく膚色も黒かったらしいことがうかがえる。他の伝承では、弁慶が黒くなった理由を疱瘡にかかったためとも、母がつわりに鉄を食したためとも合理化されている。日本における色彩のシンボリズムはまだ十分にわかっていないが、さまざまな弁慶のイメージは黒のシンボリズムの中に包摂されるようで、常軌を逸した者、まがまがしい者、力のある者といったトリックスター的なところがあり、すべてのものを始源に戻すような力を持っているらしい。江戸時代になるとこのような民間信仰の神の観念と結びつくような民俗的想像力が後退して、封建的倫理を背景とした忠臣としての弁慶のイメージが強調され、弁慶が単に勇猛、武勇、知謀、忠義などを表す言葉ともなった。「弁慶の泣き所」の弁慶は勇猛な者の意で用いられて、ふつうは向う脛《むこうずね》をさし、「弁慶縞」の弁慶は荒々しさを意味している。進退きわまることを「弁慶の立往生」というが、これはいわゆる立往生伝説によったもので、勇猛の意味で用いられている。➡源義経

山本　吉左右

別当この子の遅く生まるゝ事不思議に思はれければ、産所に人を遣はして、「如何様なる者ぞ」と問はれければ、生まれ落ちたる気色は世の常の二三歳ばかりにて、髪は肩の隠るゝ程に生いて、奥歯も向歯も殊に大きに生いてぞ生まれけれ。(中略)

鬼若五つにては、世の人十二三程に見えける。六歳の時疱瘡といふものをして、いとゞ色も黒く、髪は生まれたるまゝなれば、肩より下へ生ひ下り、髪の風情も男になして叶ふまじ、法師になさんとて

義経記巻三「弁慶生まるゝ事」

「持ち給へる太刀の真実欲しく候に、それ賜び候へ」と申しければ「是は重代の太刀にて叶ふまじ」「さ候はば、いざさせ給へ。武芸にかけて、勝負次第に給はり候はん」と申しければ、「それならば参りあふべし」との給へば、弁慶やがて太刀を抜く。御曹司も抜きあはせ、散散に打ち合ふ。(中略)他人言ひけるは、「そもそも児が勝るか、法師が勝るか」「いや児こそ勝るよ。法師は物にてもなきぞ。早弱りて見ゆるぞ」と申しければ、弁慶これを聞きて、「さては早我は下になるごさんなれ」とて、心細く思ひける。御曹司も思ひきり給ふ。弁慶も思ひきつてぞ討ち合ひける。弁慶少し討ちはづすところを御曹司走りかゝつて切り給へば、弁慶が弓手の脇の下に切先を打ち込まれて、ひるむところを太刀の脊にて、散々に討

ちひしぎ、東枕に打伏して上に打乗り居て、「さて従ふや否や」と仰せられければ、「これも前世の事にてこそ候らん。さらば従ひ参らせん」と申しければ、著たる腹巻を御曹司重ねて著給ひ、二振の太刀を取り、弁慶を先に立てて、その夜の中に山科へ具しておはしまし、傷を癒して、其後連れて京へおはして、弁慶と二人して平家を狙ひ給ひける。

義経記巻三「弁慶義経に君臣の契約申す事」

弁慶今は一人なり。長刀の柄一尺踏折りてがはと捨て、「あはれ中々よき物や、ゑせ片人の足手にまぎれて、わろかりつるに」とて、きつと踏張り立つて、敵入れば寄せ合せて、はたとは斬り、ふつとは斬り、馬の太腹前膝はらり〳〵と切りつけ、馬より落つるところは長刀の先にて首を刎ね落し、脊にて叩きおろしなどして狂ふ程に、一人に斬り立てられて、面を向くる者ぞなき。鎧に矢の立つ事数を知らず。折り掛け〳〵したりければ、簑を逆様に著たる様にぞありける。黒羽、白羽、染羽、色々の矢ども風に吹かれて見えければ、武蔵野の尾花の秋風に吹きなびかるゝに異ならず。八方を走り廻りて狂ひけるを、寄手の者ども申しけるは、「敵も味方も討死すれども、弁慶ばかり如何に狂へ共、死なぬは不思議なり。音に聞えしにも勝りたり。我等が手にこそかけずとも、鎮守大明神立寄りて蹴殺し給へ」と呪ひけるこそ痴がましけれ。武蔵は敵を打払ひて、長刀を逆様に杖に突きて、二王立に立ちにけり。ひとへに力士《りきしゆ》のごとくなり。一口笑ひて立ちたれば、「あれ見給へあの法師、我らを討たんとて此方を守らへ、痴笑ひしてあるは只事ならず。近く寄りて討たるな」とて近づく者もなし。然る者申しけるは、「剛の者は立ちながら死する事あると云ふぞ。殿原あたりて見給へ」と申しければ、「われあたらん」と言ふ者もなし。或武者馬にて辺を馳せければ、疾《と》くより死したる者なれば、馬にあたりて倒れけり。長刀をにぎりすくみてあれば、倒れ様に先へ打越す様に見えければ、「すはすは又狂ふは」とて馳せ退き〳〵控へたり。され共倒れたるまゝにて動かず。その時我も〳〵と寄りけるこそ痴がましく見えたりけれ。立ちながらすくみたる事は、君の御自害の程、人を寄せじとて守護の為かと覚えて、人々いよ〳〵感じけり。

義経記巻八「衣河合戦の事」

弁慶　もういくら程、今の山伏は行つたらうな。
出羽　大方三里も行つたであらう。
弁慶　そんなら、もう好い加減だわい。
出羽　好い加減とは、なんの事だ。
弁慶　好い加減とは、後から行く事だ。
出羽　そんならわりやア。
弁慶　武蔵坊弁慶だワ。
皆々　イヤア。
弁慶　我が君を落し参らせ、後から追ツかくる忠義の一つ。
出羽　そこ押ツ開いて通すまいか。弁慶と聞いちやア通されぬ。ソレ、やるな。
皆々　やらぬワ。
弁慶　いで物見せん。
皆々　どつこい。
　トこれより太鼓の合ひ方になり、弁慶、気味のよきタテあつて、トヾ残らず首を抜き、天水桶の中へ打込む。これを出羽、慄《ふる》へながら手伝つて運ぶ。それより出羽が首を引き抜き、キツと思ひ入れする所へ、以前の山伏残らず出て来る。此うち、義経ばかり出ず。皆々取つて帰し、弁慶を見て
山皆　出来た〳〵。
弁慶　やかましい。
　ト弁慶、金剛杖を二本取つて、首を芋のやうに、天水桶に立てゝ洗ふと、片シャギリにて、幕引く。

御摂勧進帳（通称「芋あらい勧進帳」）

(富樫)「近頃殊勝の御覚悟、先に承り候へば、南都東大寺の勧進と仰せありしが、勧進帳御所持なきことはあらじ、勧進帳を遊ばされ候へ。これにて聴聞仕らん」(弁慶)「なんと、勧進帳を読めと仰せ候な」(富樫)「如何にも」(弁慶)「ム、心得て候」〽元より勧進帳のあらばこそ、笈の内より往来の巻物一巻取出だし、

勧進帳と名附けつゝ、高らかにこそ読み上げけれ。(弁慶)「それ、つらつらおもん見れば大恩教主の秋の月は、涅槃の雲に隠れ、生死長夜の永き夢、驚かすべき人もなし。爰《ここ》に中頃、帝おはします御名を聖武皇帝と申し奉り、最愛の夫人に別れ追慕やみ難く涕泣、眼にあらく、涙玉を貫く、思ひを先路に飜へし上求菩提の為、盧遮那仏を建立仕給ふ。然るに去んじ治承の頃焼亡し畢んぬ。かほどの霊場絶えなんことを歎き、俊乗坊重源勅命を蒙つて、無常の観門に涙を落し、上下の真俗を勧めて、彼の霊場を再建せんと諸国に勧進す。一紙半銭奉財の輩は、現世にては無比の楽に誇り、当来にては数千蓮華の上に坐せん。帰命稽首、敬つて白す」〽天も響けと読み上げたり(富樫)「勧進帳聴聞の上は、疑ひはあるべからず。さりながら、事のついでに問ひ申さん。世に仏徒の姿、さまざまあり、中に山伏は、いかめしき姿にて、仏門修行は訝かしゝ、これにも謂れあるや如何に」(弁慶)「おゝ、その来由いと易し。それ修験の法といつぱ、胎蔵、金剛の両部を旨とし、嶮山悪所を踏み開き、世に害をなす、悪獣毒蛇を退治して、現世愛民の慈愍を垂れ、或ひは難行苦行の功を積み、悪霊亡魂を成仏得脱させ、日月清明、天下泰平の祈禱を修す。かるが故に、内には慈悲の徳を納め、表に降魔の相を顕はし、悪鬼外道を威服せり。これ神仏の両部にして、百八の珠数に仏道の利益を顕はす」(中略)(富樫)

「かゝる尊き客僧を、暫しも疑ひ申せしは眼あつて無きが如き我が不念、今よりそれがし勧進の施主につかん。番卒ども、布施物持て」(番卒三人)「はあ」〽士卒が運ぶ広台に、白綾袴一重ね、加賀絹あまた取揃へ、御前へこそは直しけれ。(富樫)「近頃些少には候へども、南都東大寺の勧進、即ち布施物、御受納下さらば、それがし功徳、偏へに願ひ奉る」(弁慶)「あら、有難の大檀那。現当二世安楽ぞ。なんの疑ひかあるべからず重ねて申すことの候。猶我々は近国を勧進し、卯月半ばに上るべし。それまでは、嵩高の品々、お預け申す。さらばいづれも御通り候へ」(四人)「心得て候」(弁慶)「いで〳〵、急ぎ申すべし」(四人)「心得申して候」〽こは嬉しやと山伏も、しづ〳〵立つて歩まれけり。(富樫)「如何にそれなる強力、止まれとこそ」〽すはや我が君怪しむるは、一期の浮沈爰なりと、各々後へ立帰る。(弁慶)「慌てゝ事を仕損ずな。こな強力め、何とて通り居らぬぞ」(富樫)「それは此方より留め申した」(弁慶)「それは何ゆゑお留め候ぞ」(富樫)「その強力が、ちと人に似たりと申す者の候ほどに、さてこそ只今留めたり」(弁慶)「何、人が人に似たりとは珍らしからぬ仰せにこそ、さて、誰に似て候ぞ」(富樫)「判官どのに、似たりと申す者の候ほどに、落居の間留め申す」(弁慶)「なに、判官どのに似たる強力めは、一期の思ひ出な、腹立ちや、日高くば、能登の国まで、越さうずらうと思ひをる

に、僅かの笈一つ背負うて後に下がればこそ、人も怪しむれ、総じてこの程より、やゝもすれば、判官どのよと怪しめらるゝは、おのれが業の拙きゆゑなり、思へば憎し、憎し〳〵、いで物見せん。〽金剛杖をおつ取つて、さん〴〵に打擲す。通れ」〽通れとこそは罵りぬ。(富樫)「如何やうに陳ずるとも、通すこと」(番卒三人)「まかりならぬ」(弁慶)「やあ、笈に目をかけ給ふは、盗人ざふな。これ」〽方々は何ゆゑに、かほど賤しき強力に、太刀かたなを抜き給ふは、目だれ顔の振舞、臆病の至りかと、皆山伏は打刀を抜きかけて、勇みかゝれる有様は、如何なる天魔鬼神も、恐れつべうぞ見えにける。(弁慶)「まだこの上にも御疑ひの候はゞ、あの強力め、荷物の布施物諸共、お預け申す。如何やうにも糺明あれ。但し、これにて打ち殺し見せ申さんや」(富樫)「こは先達の荒けなし」(弁慶)「然らば、只今疑ひありしは如何に」(富樫)「士卒の者が我れへの訴へ」(弁慶)「御疑念晴らし、打ち殺し見せ申さん」(富樫)「早まり給ふな、番卒どものよしなき僻目より、判官どのにもなき人を、疑へばこそ、斯く折檻も仕給ふなれ。今は疑ひ晴れ申した。とく〳〵誘ひ通られよ」(弁慶)「大檀那の仰せなくんば、打ち殺いて捨てんずもの、命冥加に叶ひし奴、以後をきつと、慎み居らう」(富樫)「我れはこれより、猶も厳しく警固の役、方々来れ」(番卒三人)「はあゝ」〽士卒を引き連れ関守は、門の内へぞ入りに

ける。(義経)「如何に弁慶、さても今日の気転、更に凡慮の及ぶ所にあらず、兎角の是非を争はずして、たゞ下人の如くさん〴〵に、我れを打つて助けしは、正に、天の加護、弓矢正八幡の神慮と思へば、忝く思ふぞよ」(常陸)「この常陸坊を初めとして、随ふ者ども関守に呼びとめられしその時は、ここぞ君の御大事と思ひしに」(駿河)「誠に正八幡の我君を、守らせ給ふ御しるし、陸奥下向は速かなるべし」(片岡)「これ全く武蔵坊が智謀にあらずんば、免がれ難し」(亀井)「なかなか以て我々が及ぶべき所にあらず」(常陸)「ほほ、驚き」(皆々)「入つて候」(弁慶)「それ、世は末世に及ぶといへども、日月いまだ地に落ち給はぬ御高運、はゝ有難し、有難し。計略とは申しながら、正しき主君を打擲、天罰そら恐ろしく、千鈞を上ぐるそれがし、腕も痺るゝ如く覚え候。あら、勿体なや〳〵」へつひに泣かぬ弁慶も、一期の涙ぞ殊勝なる。

勧進帳

弁慶石町　在二三条通京極西一古此所ニ有二律寺一。(中略)号二京極寺一。弁慶石在二此寺一。和漢合運曰。享徳三年奥州弁慶石。入二洛京極律寺一。云云伝云此石弁慶愛セシ石也。慶ガ死後奥州高舘ノ辺ニアリ。発レ声鳴動シ。三条京極ニユカントイフ。然シテ其在所熱病ヲナスコト太シ。土人為二恐怖一此所ニ送リ来ルト。

山州名跡志巻之十七

○いかる時くりむめになるむさし坊(宝十三智4)

○むさし坊あつたら事に上ミ言葉(四39)

第一句、「栗梅」は紫みがかった栗色。第二句、坂東言葉がふさわしいのに上方弁とは。

○弁慶と小町は馬鹿だなアかゝア(『洞観集』一)

○義経はお好き弁慶きらいなり(五〇20)

弁慶は俗に「一生一交」であったと伝えられ、艶福家であった義経と好対照。第一句はおそらく万人の抱く感慨。

○此枝がほしくばゆびを壱本ヅヽ(一四33)

須磨寺の梅樹に「此花、江南ノ所無也、一枝折盗ノ輩ニオイテハ天永紅葉ノタメシニ任セ、一枝ヲ伐ラバ一指ヲ剪ルベシ」の弁慶自筆の制札を立て、梅樹を庇護したと伝える。

○つりがねにものをいわせるむさし坊(安八仁6)

三井の園城寺と叡山の延暦寺とが戒壇のことで戦になり、延暦寺側が勝ったため、三井寺の釣鐘を奪い去った。ところがこの鐘はつくたびに「三井寺へ帰ろう」と鳴るので、叡山にいた弁慶が鐘を担ぎ山頂よりなげたという伝説。

○むさし坊水車程しよつて出る(三12)

弁慶が七つ道具を背負った形容。「武さし坊とかく支度に手間がとれ」(宝九宮2)の句もある。

○弁慶は行儀たゞしくじやくめつし(明元義5)

衣川での立往生。「寂滅」は死ぬこと。

弁才天　べんざいてん

サンスクリット名サラスバティーが仏教にとり入れられたもの。妙音天、美音天、大弁才天、大弁才天女などともいい、一般には弁天と略称されたり、「べざいてん」とも呼ばれる女神。サラスバティーの語は古代インド各地の聖河の名称であり、それら大河の偉大さを神格化した豊饒の神であったが、やがて言語、音楽、学芸の神となった。形像は、『金光明最勝王経』には八臂像が説かれ、日本最古の弁才天像である東大寺法華堂像(奈良時代、塑造)、大阪孝恩寺像(平安時代、木造)はその系統の像である。多方面の技能をもち、豊かな国土を実現する弁才天に対する信仰は、日本にはすでに奈良時代に国家仏教のなかにとり入れられた。胎蔵界曼荼羅の中の像は、二臂で琵琶を奏する座像である。二臂像は鎌倉時代以降の作例が伝えられ、鎌倉鶴岡八幡宮像(鎌倉時代、木造)が著名である。この像は琵琶を弾く女神の座像で、伎楽の神としての要素が加わっている。伎楽と福徳の利益を兼ね備えた神としての信仰は、この後広まりをみせ、中世末期には七福神の一つとして、頭に宝冠をいただき、手に宝珠や宝具を持つ八臂の女神の座像なども造られている。江戸時代には「弁財天」とも記されて、蓄財の神として町人をはじめ庶民の間に広く信仰されるようになった。もとの姿は蛇神であるということから、水に縁のある所にまつり、好物の卵を供えたり、蛇の彫刻を飾ったりする風習が生まれた。蓄財を祈る「銭洗弁天」など、信仰習俗も豊富で、己巳の日が縁日とされた。弁才天信仰はもともと仏教とともに伝来したのであるが、日本の市杵島姫《いちきしまひめ》命と習合して神社の祭神となり、水神としての神格を備えることから、池や海の水辺にまつられることが多い。特に江の島、琵琶湖の竹生《ちくぶ》島、安芸厳島《いつくしま》にまつる弁才天が、日本三弁天として有名で、これに大阪箕面《みのお》山(滝安《ろうあん》寺)を加えて四弁天ともいう。寺院には境内に鎮守神としてまつり、庶民の現世利益の祈願にこたえているところも多い。

→七福神

関口 正之＋中尾 堯

元田沼家の藩中にて、其後流浪せし何某有。此人若きころ、江の島弁財天を格別に信仰なし、或年、かの島へ参籠してつら〳〵思ふ様、年頃、斯の如く信心なし奉れども、いか成尊容の天女にや、正真の御姿を拝したてまつらず。何卒、先一度尊容を拝し奉り度と、大願を発し、頻りに其事を念じ奉るに、天女も祈願の切なるを納受なし給ひたるにや。或夜、内殿の扉を少し開き、差覗きて拝まれさせ給ふ。其御容貌の美敷御事は申迄もなく、宝冠の輝き、御衣の美麗、見るもまばゆき御有様にて、しかも女躰の御事なれば、威あれども猛くましまさず。さはらば靡かせもし給はんと見あげ奉りしに、更に天女とは思はれ給はず。昔の西施・貴妃などもかゝる有さまにて有しにやと、忽ち懸相を発して、夫よりは昼夜恋慕ひ奉りて、忘れ兼、あはれ拝まれさせましまさゞりしかば、かくの如き妄念をも発す間敷に、悲しき事とは成たり。元、わが誓願の空しからざるを不便に思召、納受なし給ひて、斯拝まれさせ給ひたる上は、天女の神通を以て、我等が妄想の切なるをも不便に思召、何卒、一度枕をかはし、深き煩悩を救ひ給へと、其後は昼夜他事なく、唯此事をのみ祈願なし奉りしに、天女も誓願の切なるを黙止兼給ひたるにや、或夜、寝屋へ忍び来り給ひて託し給ふは、天女と現ぜし上は、凡夫の如き色情の戯れは思ひもよらざる事なれども、汝が念願の切なるを黙止兼て、今宵、願の如く、一度、枕をかはし遣すべしとて、心よげに宝帯を解、錦衣の裳を掲げ、莞爾として夜着の内へ入給ふ有様、人間に少しも替らせ給はざれども、其玉顔の美しき事、譬るに物なく、御肌へのえならぬ匂ひは、伽羅・麝香にもまさり、蓬萊の仙女、上界の天女にも、斯迄の美人は二人とは有間敷と、気も魂も奪はれ、覚なく添臥奉りしに、閨中の御有様は、何も人間に替る事なく、如何にも情相細やかにて、首尾残る所なく、世に珍敷大望を遂たり。然るに凡夫の浅ましさには、逢奉りし後は、昔は物をおもはざりけりと敦忠卿の哥のごとく、弥やるかたなく、触奉りたる御肌の匂ひ、幾日も我身に残りて苦敷、いかなる罪を蒙るとも、今一度の逢瀬を免させ給へと、一筋に慕ひ奉り、昼夜の差別なく念じつゞけたり。然るに又、念願の甚敷にや、現来り給ひて、再び枕をかはして打解給ふ。其有さま、初にも増りて嬉しく、かはゆく覚え奉りて、いつ迄も尽せず替らず、契を籠て給へかしと、一づに口説き続けたるに、天女もうるさくやおはしけん、我等は人間のごとく交りをなすべき身にあらねども、汝が二つなき命にもかへ、只管、我を祈る心の切なるにめでゝ、一度ならず二度迄も契りを籠たるは、汝の妄念を晴させせんためなるに、いつ迄も飽事のなく、次第に思ひを重ね望を増は、さりとは、汝はわきまへのなき強慾邪淫の罪深き、足事をしらざるもの也。左程のものとも思はずして、交りをなし、身を穢したるは、全く我等が誤りなり。よつて、過し節と今宵との汝が精液は、悉く返し戻すなりとて、夜具の上へ打付給ふて、今より後は、再び我を念ずまじ、若、此上、念願を懸るものならば、初め汝が祈誓の如く、二つなき命を亡し、永く無間地獄に墜し遣はすべきぞとの給ひて、天女は消失給ひたり。是皆、まさしき事にて、夢にてはなく、殊に打付給ふ夜具の上に、固りたる精液の沢山に有たるは、怪敷とも、恐敷とも、実に縮入たる事にて有しとて、後々は懺悔して毎々咄したるを聞おきたりとて、其昔し或人の、予が友、内藤広庭に折々咄したるを、又、予に咄したり。

想山著聞奇集「弁才天契りを叶へ給ふ事」

遍昭 へんじょう 八一六―八九〇(弘仁七―寛平二)

平安前期の歌人。「遍照」とも記される。大納言良岑安世(桓武天皇皇子)の子。在俗時には良岑宗貞《よしみねのむねさだ》といい、子に素性法師がいる。仁明天皇の蔵人で、八四九年(嘉祥二)蔵人頭《くろうどのとう》に補される。翌年天皇の死去とともに出家、花山の元慶《がんぎょう》寺の座主となり、八六九年(貞観一一)紫野の雲林院の別当を兼ねた。八八五年(仁和一)僧正に任ぜられる。六歌仙の一人で、『古今集』序に「僧正遍昭は歌のさまは得たれども、まこと少し。たとへば絵にかける女を見て徒らに心を動かすが如し」と評されている。趣向が先立って内容がともなわない、の意である。『古今集』には俗名で三首、僧正遍昭の名で一四首が入集している。家集に『遍昭集』があるが、三代集から遍昭の作をひいて編集したもので、独自性は少ない。「天つ風雲の通ひ路吹きとぢよ乙女の姿しばしとどめむ」(『古今集』巻十七)は『小倉百人一首』にも入っている。

奥村 恒哉

【伝承】 桓武天皇の孫という高貴の生れ、それにもかかわらず出家して天台僧となり、僧正の地位に昇ったこと、歌僧の先駆者の一人であることなど、遍昭は説話の主人公として恰好の性格をあわせそなえた人物であった。在俗時代の色好みの逸話や、出家に際してその決意を最愛の妻にも告げなかったといった話は、『大和物語』をはじめ、『今昔物語集』『宝物集』『十訓抄』などに見え、霊験あらたかな僧であったという話も『今昔物語集』や『続本朝往生伝』に記されている。後世、六歌仙の一人として「はちす葉のにごりにしまぬ心もて何かは露を玉とあざむく」の歌とともに浮世絵などにも描かれ、所作事『化粧《よそおい》六歌仙』などに登場して広く知られた。

大隅 和雄

今昔、深草ノ天皇ノ御代ニ、蔵人ノ頭右近ノ少将良峯ノ宗貞ト云フ人有ケリ、大納言安世ト云ケル人ノ子也。形チ美麗ニシテ心正直也ケリ、身ノ才人ニ勝タリケレバ、天皇殊ニ睦マシク哀レニ思食シタリケリ。然レバ、傍ノ人此レヲ憎ムデ、不宜ズ思ケリ。(中略)天皇、身ニ病ヲ受テ、月来悩ミ煩セ給ルニ、頭少将、肝砕ケ心迷テ歎キ悲ムト云ヘドモ、天皇遂ニ失セサセ給ヒニケレバ、暗ノ夜ニ向ヘル心地シテ、身更ニ置キ所无ク思エテ有ケルニ、心ノ内ニ「此ノ世不幾ズ。法師ニ成テ、仏道ヲ修行セムト」思フ心深ク付ニケリ。

而ルニ、此ノ少将ハ、宮原ノ娘也ケル人ヲ妻トシテ、極ク哀レニ難去ク思ヒ通シテ過ケル程ニ、男子一人・女子一人ヲナム産セタリケル。妻独身ニシテ我レヨリ外ニ可憑キ无《ナ》人《ヒト》シト思ケレバ、少将極テ心苦シク哀レニ思ト云ヘドモ、出家ノ心不《ズ》退《ヤマ》シテ、天皇ノ御葬送ノ夜、事畢テ後、人ニ此クト告グル事无クシテ失ニケレバ、妻子眷属泣キ迷テ、聞キ及ブ所ノ山々寺々ヲ尋ネ求ムト云ヘドモ、露、其ノ所ヲ不知ザリケリ。

今昔物語集巻十九「頭少将良峯宗貞出家語」

○僧正のなんの乙女に用ありて(宝十満2)

「……乙女の姿しばしとゞめむ」による。前句は「じだらくな事〱」。

○はぎよりも通を失ふ女郎花(八六5)

「名にめでゝ折れるばかりぞ女郎花われ落ちにきと人に語るな」(『遍昭集』)による。「はぎ」は女郎花に対する「萩」と、久米の仙人が女の「脛」を見て天から墜落した件にかける。遍昭のほうは落馬した。

ほ

法界坊　ほうかいぼう

好色で、大酒飲み、ゆすりかたり盗みも平気、嘘《うそ》もつくという、いわゆる五戒にことごとく反逆してしたたかに生きる堕落坊主。歌舞伎の舞台が生み出したユニークな人物である。この坊主には四つの特色がある。一つには女色に迷ってあげくに殺されること。二つには執念が凝って亡霊となって現れるが、そのとき、自分の魂と別人の亡魂とが合体した形であること。亡霊が恋慕と嫉妬の両面の怨念を表す。三つには変化《へんげ》として出現する姿が、さらに別人と同じ惣売《しのうり》の女性の姿をかりるという、複雑な「双面《ふたおもて》」の趣向を伴うこと。四つには法界坊は「隅田川」の世界の人物であり、吉田家の重宝鯉魚の一軸紛失をめぐる御家騒動にからんで活躍する小悪党であること、である。非情な悪人ながら、惚れた女の前ではからきし意気地がなく、へまばかりやらかしてしまう。茶目っ気があってユーモアを発散させる行動的な法界坊は、凡人がもっているさまざまな側面、その本能や弱点を隠さず出してしまうため、なんとも憎めない人間的魅力を備えたキャラクターになりえている。法界坊が人気者であるのはそのゆえである。いがぐり頭に墨染めの破れ衣をまとい、釣鐘勧進の幟《のぼり》を持って女を追いまわす破戒坊主の姿は、歌舞伎が生んだ数少ない喜劇的人物の典型といえる。

◉——**法界坊**　歌川豊国『四世市川団蔵の聖天町之法界坊と三世佐野川市松の永楽屋のでっち幸吉実ハ吉田の松若丸』。東京国立博物館蔵。

この人物の名は早く一七二〇年(享保五)上演の人形浄瑠璃『雙生隅田川《ふたごすみだがわ》』(近松門左衛門作)に登場、さらに六〇年(宝暦一〇)京都の歌舞伎で上演された『花筐班女扇《はながたみはんじょおうぎ》』に受け継がれた。しかし人気者になった法界坊のイメージが誕生したのは、七五年(安永四)二月に江戸の中村座で上演された歌舞伎『垣衣恋写絵《しのぶぐさこいのうつしえ》』からのことである。このときの演者は初世中村仲蔵で、役名は大日坊になっていた。

その後、八四年(天明四)五月大坂角の芝居上演の『隅田川続俤《すみだがわごにちのおもかげ》』(奈河七五三助作)で、四世市川団蔵が法界坊の役名に戻して演じて以後、法界坊のイメージが定着した。仲蔵、団蔵といった写実的演技の名手として知られ、かつ所作事にも優れていた名優たちに演じられて、この独特な人格が創造されたのである。なお、法界坊は、近江国坂田郡鳥居本(現、滋賀県彦根市)の上品寺《じょうぼんじ》の僧了海がモデルで、釣鐘鋳造の勧進のため諸国を巡り、江戸へ出て評判になったのを芝居にしたのだという説があるが、信用できない。

服部 幸雄

法界　オッと待ったり、お組の君様。
お組　私ゃとゝさんの傍へ、行くわいなア。
法界　行くわいなとはありがたい。それがこっちの願うところ。モシお組様、お前にちょっと話がある。マ、下においで。ハテ、えんこしなはれ。とゞしなはれ。胴体四つに折んなはれ。コレ、お組さん、どうじゃいなあ〳〵。
ア、いつぞやの事であった。お前の門口へ行ったれば、折しもお前が格子から覗いて、アレ御出家様じゃ、報謝しや、と言うた時の、その美しさ可愛らしさ、迦陵頻伽か天人かと、思えばこの身がぞっとして、恋にひかるゝ風につれ、うつゝ他愛にのぼせあがり、耳はじゃら〳〵錫杖の、音に聞こえた名僧が、堕落の起りはお組さん。それからしては、阿弥陀も釈迦も観音も、みんなお前の顔に見え、寝ても覚めても、覚めても寝ても、忘れがたないその姿。コレ出家一人助ければ、猫千匹の供養とやら。何も約束とおぼしめし、望みを叶えて暮れの鐘、かね〴〵思いの丈を書いておいた。この文を見て、どうぞ色よい返事を、文でくだくだ書かずとも、ツイ口先でちょこ〳〵と、コレお組さん、どうじゃいなア〳〵。

隅田川続俤序幕「向島大七座敷の場」

北条早雲 ほうじょうそううん　一四三二?—一五一九
(永享四?—永正一六)

戦国初期の戦国大名。小田原北条氏(後北条氏)の祖。没したとき八八歳であったとされることから、逆算して一四三二年の生まれとされるが、実年齢は不詳。北条早雲というのも俗称で、正しくは伊勢新九郎盛時《もりとき》。晩年に早雲を庵号とし、入道してからは「早雲庵宗瑞」と自称した。伊勢の姓を北条に改めたのは、子の氏綱の代からである。

これまで早雲の出自は不明とされ、巷間では伊勢出身の浪人から成り上がった武将で、戦国大名の典型といわれてきた。しかし最近の研究により、早雲は室町幕府の実力者であった京都の伊勢氏の一族で、備中国高越《たかこし》城(現、岡山県井原市)の城主伊勢盛定の子盛時が、その前身であるという説が有力である。早雲も若くして足利氏に仕えたという。やがて応仁・文明の乱(一四六七—七七)となり、京都は戦乱の巷となった。早雲は足利義視《よしみ》に従って伊勢に下向し、のち駿河に出て駿河守護今川義忠に仕えたという。義忠の室の北川殿が早雲の妹(あるいは姉)であった縁によるという。一四七六年(文明八)今川義忠が戦死し、相続をめぐって内紛が起きたとき、早雲が収めたという。その後、京に戻ったが、のちに今川家を家老の小鹿範満が私物化したため、再び駿河に下り、範満を滅ぼして今川氏親に今川家を継がせたという。その功により駿河の興国寺城(現、静岡県沼津市)の城主となった早雲が伊豆に乱入したのは、九一年(延徳三)あるいは九三年(明応二)のことである。早雲は堀越《ほりごえ》公方の足利茶々丸を殺し、伊豆一国を切り取ってしまった。そして北条(現、静岡県伊豆の国市)の地に韮山城を築き、戦国大名として自立した。九五年には、相模小田原城の大森藤頼を急襲して城を奪取し、ここに関東進出の第一歩を印した。その後、早雲は相模の平定や武蔵国や房総への進出を目指し、飽くなき戦いを進めていく。その経緯は『北条五代記』に詳しいが、同書は軍記であり、虚構が多い。

高橋　千劔破

○ごふぎに仕出した伊せや八新九郎(六二36)

伊勢新九郎は京都の伊勢氏の出身とされるが、本句は江戸に進出した数多の伊勢商人めかす。伊勢新九郎は関東の覇者として「豪気に」「仕出」した(発展させた)。

北条高時 ほうじょうたかとき　一三〇三—一三三三
(嘉元一—元弘三)

鎌倉時代、北条氏最後の得宗。貞時の子。室は安達時顕女。幼名成寿丸。一三一一年(応長一)一月小侍奉行、六月左馬権頭。同一〇月父の死により内管領長崎円喜と安達時顕に補佐され九歳で得宗の座につくが、頻々と執権が交代し政治不安は増大した。一六年(正和五)一四歳で執権となるが、実権は得宗の専制権力を背景とする内管領長崎高資(円喜の子)が掌握、失政が続いた。二四年(正中一)幕府は後醍醐天皇の討幕計画を未然に抑えたが(正中の変)、激化する海賊・悪党の跳梁、蝦夷の蜂起、さらに泥沼化する内紛は幕府を弱めた。二六年(嘉暦一)高時は病により出家(法名崇鑑)。三一年(元弘一)高資の専横を憎んでこれを誅殺しようとしたが失敗。内憂外患の中で高時は田楽や闘犬におぼれた。同年元弘の乱が勃発、討幕運動は全国に拡大し、三三年五月新田義貞軍は鎌倉を攻撃、高時は一族・家臣とともに東勝寺で自刃した。

青山　幹哉

相模入道懸ル妖怪ニモ不レ驚、増々奇物ヲ

愛スル事止時ナシ。或時庭前ニ犬共集テ、嚙合ヒケルヲ見テ、此禅門面白キ事ニ思テ、是ヲ愛スル事骨髄ニ入レリ。則諸国へ相触テ、或ハ正税・官物ニ募リテ犬ヲ尋、或ハ権門高家ニ仰テ是ヲ求ケル間、国々ノ守護国司、所々ノ一族大名、十疋二十疋飼立テ、鎌倉へ引進ス。是ヲ飼ニ魚鳥ヲ以テシ、是ヲ維グニ金銀ヲ鏤ム。其弊甚多シ。輿ニノセテ路次ヲ過ル日ハ、道ヲ急グ行人モ馬ヨリ下テ是ニ跪キ、農ヲ勧ル里民モ、夫ニ被レ取テ是ヲ舁、如レ此賞翫不レ軽ケレバ、肉ニ飽キ錦ヲ着タル奇犬、鎌倉中ニ充満シテ四五千疋ニ及ベリ。月ニ十二度犬合セノ日トテ被レ定シカバ、一族大名御内外様ノ人々、或ハ堂上ニ坐ヲ列ネ、或庭前ニ膝ヲ屈シテ見物ス。于レ時両陣ノ犬共ヲ、一二百疋充放シ合セタリケレバ、入リ違ヒ追合テ、上ニ成下ニ成、噉合声天ヲ響シ地ヲ動ス。心ナキ人ハ是ヲ見テ、アラ面白ヤ、只戦ニ雌雄ヲ決スルニ不レ異ト思ヒ、智アル人ハ是ヲ聞テ、アナ忌々シヤ、偏ニ郊原ニ尸ヲ争フニ似タリト悲メリ。見聞ノ准フル処、耳目雖レ異、其前相皆闘諍死亡ノ中ニ在テ、浅猿シカリシ挙動ナリ。

太平記巻五

○九代目はそこいら中ウが犬だらけ(筥二追4)
○九代めの末にまちんの直《ね》が下り(拾五17)
　第一句、「九代目は」としたところ、五代目(綱吉)も、というニュアンスが裏面ににおう。第二句、「まちん」はフジウツギ科の常緑高木で、インドなどに産し、種子にアルカロイドを含有、人畜有害のストリキニーネ。江戸の常識としてマチンはもっぱら犬殺し用の毒薬。
○九代めはでんがくをすきみそをつけ(三六23)
　高時が田楽の座を好んで呼び、みずからも舞ったが、ある夜いずくよりとも知らぬ田楽どもが「天王寺の妖霊星を見ばや」と囃し歌った。のちにそれは天狗の集まりであったという(『太平記』巻五)。右句、味噌田楽の縁語に「味噌をつける」(失敗する)。
○みらい記で見れば高ときさかななり(一九18)
　楠木正成が天王寺で、聖徳太子の著作といわれる『未来記』を披見したところ、「日西天に入ること三百七十余ヶ日、西鳥来りて東魚を食ひ、其後海内一に帰する……」云々の予言が記されてあり、関東の滅亡を確信した(『太平記』巻六)。新田氏を西鳥、相模入道を東魚とする句、少なくない。

北条時頼 ほうじょうときより 一二二七―六三

(安貞一―弘長三)

鎌倉中期の執権。父は北条時氏、母は安達《あだち》景盛女(松下禅尼)。幼名戒寿。一二三〇年(寛喜二)時氏が死去して祖父泰時に養育され、三七年(嘉禎三)元服、四三年(寛元一)左近将監従五位下。四六年閏四月の兄経時の死没にさきだち三月二三日執権となった。その直後、一族の名越光時を誅し、将軍藤原頼経を追放(宮騒動)、四七年(宝治一)には安達景盛と謀って三浦泰村一族を滅ぼした(宝治合戦)。四九年(建長一)引付衆《ひきつけしゅう》を設けて訴訟制度を改革し、五二年には将軍藤原頼嗣を追放して後嵯峨天皇の皇子宗尊《むねたか》親王を将軍に迎え、西園寺実氏を太政大臣につけるなど、執権政治と北条氏の権威の増大を図った。その政治は術策にとみ独裁的であったが、大番役《おおばんやく》の六ヵ月から三ヵ月への短縮、地頭の一方的在地支配の抑制など土民保護の姿勢から、のち諸国の民政を視察したという回国伝説が生じた。深く禅に帰依し、宋から来朝した蘭渓道隆を鎌倉に迎え、建長寺を建てて開山としたほか、兀庵普寧《こつあんふねい》にも参禅した。そのほか弁円、忍性、叡尊などとも接触があった。五六年(康元一)病気となり、一一月二二日執権職を退き、翌日最明寺《さいみようじ》で出家した。戒師は道隆、法号は覚了房道崇。しかし出家後もなお政治を左右し、六三年九月二二日最明寺北亭で没した。墓所は鎌倉の明月院。

工藤 敬一

【伝説】　政治家として高い評価が与えられたため、出家後諸国を行脚して民情を視察したとの伝説が生まれた。当時全国を遊行していた時衆《じしゆう》がその伝説を語りひろめたようである。いま滋賀県守山市勝部にある時宗の最明寺は鎌倉山と号し、北条時頼開基という寺伝がある。千葉県御宿《おんじゆく》町にも最明寺があり、時頼が足をとどめたので御宿の名があるという。『越中志徴』巻二の砺波郡西明寺村、『淡路名所図会』巻一の西明寺村、『下野国誌』芳賀郡益子郷西明寺、『新編相模国風土記稿』足柄上郡金子村最明寺、『蓮門精舎旧詞』巻二十五の信濃更級郡真島村最明寺、『越前国名蹟考』巻四の今立郡水海の最明寺堂など、いずれも時衆や遊行者の語りひろめた伝説の痕跡である。『増鏡』『太平記』に最明寺入道時頼の回国伝説がみえるが、謡曲『鉢木』は特に名高い。旅僧に姿をやつした時頼が上野の国佐野で大雪に道を失い、佐野源左衛門常世の零落した家に泊めてもらう。常世は秘蔵の鉢の木をたいてもてなした。後年鎌倉に軍勢を集めた時頼は、はせ参じた常世の所領を復活し、雪の夜の鉢の木の礼に三ヵ所の土地を与えるというのである。 ➡佐野源左衛門常世　金井 清光

更行まゝに夜寒さまさりひへ渡る、何をか焼火に焼てあて参らせん、や思ひ付たり我夫世に有し時、鉢の木にすき、数多の木をあつめ持れ侍ひしを、箇様のさまにおとろへ、いはれぬひんの花ずきと、皆人々に参らせて今は漸三本残て、あの雪を持たる梅桜松、わきて夫の秘蔵なれ共、今宵のもてなしに是を焼火と立んとすれば、ア、しばらく〳〵、是は思ひも寄ぬ事、お志は有難けれ共重て世に出給ひてのお慰、無用になして給はれとよ、いやいや、とても此身は埋れ木の、いつのさかりにいつの花、いつの時をか待べきぞ、唯徒成る鉢の木を、御身の為に焼ならば、是ぞ採菓汲水の、法の薪と、思しめせ、(中略)なをざりさらぬ御しんせつ、寒さを忘れ、はだへは弥生きさらぎの、暖気にあたる梅桜、花見る心地候ぞや、扨しもいか成人の御行末、男主の仮名あざなは何とか申候ぞ、自然の時のお為にも、何か苦しう候べき、聞まほしと仰ける、ア、人がましやな、古へを、名乗もさすがおもてぶせ、さりながら此上は、何をかさのみつゝむべき、是こそ佐野の源左衛門経世がなれる果、哀れと御覧候へや、扨も過にし建長四年、鎌倉は北条相摸守時頼公の御さばき、夫の経世は将軍の御供して、在京の其跡の事、経世が父我為には舅、佐野の兵衛政経ゆへもなく人しれず、やみ討に討れ給ひにし、聞とひとしく我夫は、取て返し下向の時一ぞくの讒によつて、鎌倉へも入られず、道より直に御勘気とて、所領荘園召上られ、経世親子が累代の知行、一所も残らず伯父源藤太経景に押領せられ、生がひもなき此有様、(中略)経世常々申せしは、只今にてもあれ、鎌倉に御大事有と聞ば、此具足取て投掛、さびたり共長刀かひこみ、やせたり共あの馬にかけ鞍置てふはと乗、女房に口とらせ一番に馳参じ、御着到につらなつて、扨合戦あれば、敵何万騎有り迚も、一番にわつて入、手に立つ軍兵寄合打合、ぶんどり高名誉を顕はし、一方を責やぶり、君のお馬のまつさきかけ、思ふ敵の大将とむんずと組でさしちがへしなんず身の、ヱ、口をしや此儘ならばいたづらに、きかんにせまりしなん命、なんばう無念の事さふぞと、兄弟かつぱと伏しづみ、泣くどくこそ道理なれ、旅僧も至極のことはりに、衣の袖をぞしぼらるる、よしや浮世のうきしづみ、かくてははてじたゞ頼め、我世の中にあらん限りはのちかひを願ひ給へやと、詞を残し残る夜も明方ちかく隙しろく、雪もおやめばさらば迚、いとま申と出給ふ、かゝる所へ佐野の源左衛門経世、古郷へ帰る錦の袖汗にひたしてかけ戻り、ヤア〳〵女房、鎌倉にて敵源藤太に出合、首取て帰りしぞ、玉づさ諸共悦べと、いきほひ切て呼はれば、兄弟夢かと嬉しさの、そゞろうき立お手柄〳〵、僧をとゞめて供養せし、仏の方便神の力、共に悦び給はれと、旅僧とかたれば、重畳〳〵、何をかつつまん我こそ時頼入道最明寺道崇也、汝が慈悲ふかきをかんじ、天よりさづくる幸ひ有、こよひ寒気をしのぎし梅桜松三本の、なさけにあふたる三ケの荘、加賀に梅田越中に桜井、上野に松枝合せて三ケ三荘を、子々孫々にいたるまで、相違なき条安堵の御判、三人はつとうれし顔、中になを経世は〳〵、悦びのまゆをひらきつゝ、さのゝ舟ばし取はなし、本領に安堵して、お供のしやうぞくはなやかに、さくらさかえる北条氏、末代までもかうばしき、梅の花びら五代めの、君が帰館を松の色、千秋楽とぞ祝ひける

（ここでは「女鉢の木」と称して、経世（常世）の妻が

旅僧をもてなし、夫秘蔵の鉢の木をくべる)
北条時頼記

○味噌をなめ〳〵時頼も数献也(三九30)
　大仏陸奥守の昔話に、最明寺入道(時頼)にある夜呼ばれて行くと、酒器を手にした時頼が、「この酒を一人で飲もうと思ったが、何やら物足りぬ、肴を探せ」との仰せなので、台所へ行き、小土器に味噌の付いたのを見つけ持参したところ、快く数献に及んだという逸話(『徒然草』二一五段)。「時頼も」は江戸庶民と変わらぬことをいう「も」。

北条政子　ほうじょうまさこ　一一五七—一二二五
(保元二—嘉禄一)

鎌倉前期の女性政治家。北条時政の娘。鎌倉幕府を創設した源頼朝の夫人。頼朝との間に大姫、頼家(二代将軍)、乙姫、実朝(三代将軍)を産んだ。頼朝の死後、父時政や弟の北条義時、あるいは大江広元らと協力して幕政を主導し、「尼将軍」と呼ばれた。北条時政は伊豆に流刑になっていた頼朝の監視役であったが、政子は時政の反対を振り切って頼朝と結婚。一一八〇年(治承四)八月に頼朝が挙兵した際は伊豆山に隠れていたが、同年一〇月に御台所として鎌倉に移った。頼朝の死後は頼家が若かったため、最高実力者として幕府を取り仕切った。頼家の死によって実朝が将軍職を継ぐが、一二一九年(承久一)実朝は頼家の遺児公暁に暗殺され、源氏の将軍が断絶。二一年に後鳥羽上皇はこれを幕府打倒の絶好の機会として執権北条義時追討の院宣を発し、承久の乱が起こった。この最大の難局に際し、政子が鎌倉に集まった御家人に頼朝以来の御恩の意義を説いた「最後の詞」が御家人たちへの檄となり、承久の乱は幕府の圧勝となった。京方の首謀者である後鳥羽上皇は隠岐島、順徳上皇は佐渡島、仲恭天皇は廃され、後堀河天皇が即位した。その結果、後鳥羽上皇の膨大な荘園や公家・武士の所領三千箇所が没収され、幕府方の御家人に分け与えられたという。承久の乱の結果、朝廷は幕府に完全に従属し、政子の力が北条氏を頂点とする執権政治を確立させた。

一方、頼朝の弟源義経は平氏打倒に尽力したが、平氏滅亡後に頼朝と不和となり、義経追討の院宣を出されたため、陸奥に落ち延びて行った。その過程で、義経の妾の静御前が捕えられ、鎌倉の鶴岡八幡宮で舞を舞い、義経を恋しく思う気持ちを謡った。これに対し頼朝は激怒したが、政子は静を貞女として褒め、頼朝の怒りを静めたという。政子は頼朝と国難を越えて結ばれてから、当時当たり前であった一夫多妻制を認めず、頼朝の浮気相手の家を壊させるほどの嫉妬の持ち主であった。このことと静を庇護したことは矛盾するようだが、義経を慕う静の姿に、政子は自分が頼朝に向ける同じ思いを見て、心打たれたのであろう。
安宅　夏夫

○いゝ夢を政子御前は買あてる(四〇27)
○右兵衛さんよしなとお政初手ハ言ヒ(九九114)
　第一句、政子の妹が夢を見て姉に話し、政子は吉夢であることを看破して、鏡を代償に与えて夢を買ったことにより、征夷大将軍の妻となった、という説話による。第二句、江戸庶民の世界に卑俗化した趣向。伊豆蛭ヶ島《ひるがしま》に配流となった右兵衛権佐(頼朝)も古川柳では北条家の居候あつかいで、時政の息女政子に求愛したとき「初手《しょて》」(はじめのうち)は……。
○ほそひ手で尼将軍ハ世をにぎり(拾五16)
○帳箱に尼将軍ハひぢをつき(宝一二智3)
　第一句、女の細腕などと侮るなかれ。第二句、「帳箱」は商家で帳簿を入れておく箱。この尼将軍は、夫の亡きあと商売の采配をふるい頑張っている後家。
○あつけない右大臣だと政子泣(明八鶴1)
　「右大臣」すなわち三代将軍実朝(次男)。頼朝没後、頼家が将軍職につくが、これを廃し、実朝を立てたものの、一二一九年(承久一)正月、鶴岡八幡宮社頭において、頼家の次男公暁の手で暗殺された。

法道仙人　ほうどうせんにん

播磨国の法華山一乗寺(兵庫県加西市)を中心と

●——**法道仙人** 木造法道仙人立像(一二八六)。仏師賢清作。兵庫県法華山一乗寺蔵。

して十一面観音信仰を伝えたという仙人。天竺の霊鷲山《りょうじゅせん》の五百持明仙の一人で、孝徳天皇(在位六四五―六五四)のころ日本に渡来したという伝説上の人物。「飛鉢の法」をよくし、空鉢仙人ともいわれる。御嶽山清水寺(兵庫県加東市)の平安末期の文書が文献史料として最古のものである。鎌倉末期から南北朝期になると播磨の有名山岳寺院二〇ヵ寺を開いたという伝承が成立した。室町時代になると法道仙人は播磨の陰陽師の始祖で唐土の人、蘆屋道満がその後継者といわれるようになる。法道流陰陽師道満と伯道吉備真備流陰陽師安倍晴明の対立を描いたのが説経節「信太妻」と考えられる。江戸時代には、播磨はもちろん、但馬、丹波、摂津にいたる諸寺の縁起類に名前がみられる。法道仙人は医薬とも関係し、なかでも、和泉国の鉢ヶ峰山法道寺の法道仙人は、口のきけぬ皇子誉津別《ほむつわけ》命に言葉を言わせた験力ある仙人として、鎌倉末期の縁起に記載されている。誉津別命の話は、「方道仙人」が登場する能登国の石動山《いするぎさん》天平寺の中世末期の縁起にもある。石動山天平寺は北越地方の方道伝説の中心である。 田中 久夫

法道仙人は天竺の人なり。初め霊鷲山中に仙苑有り。五百の持明仙金剛摩尼法を修す。皆能く得道す。須臾に十方刹に遊びて便ち本処に還る。神力是の如くにして寿無量歳、人天を導利す。道は其の一なり。一時紫雲に乗じ、仙苑を出で、支那を経て百済を過ぎ、吾が日域に入りて播州印南郡法華山に下る。其の山八朶、故に号と為す。時に渓谷五色光を出す。道見て霊区なりとして居れり。常に法華を誦し密灌を修す。持する所の道具千手大悲の銅像、仏舎利、宝鉢のみ。余に長物なし。一日多聞天王雲に駕して来り、道に語りて曰く、大仙久しく此に棲む、我当に正法を擁護し、邦国を鎮撫すべし。又牛頭天神西峰に現形して曰く、我願はくは除災の役に任ぜむ。道、千手宝鉢の法を得たり。天竜鬼神来往して奉事す。常に鉢を飛ばして供を受く。州人空鉢仙人と称す。 本朝神社考

法然 ほうねん 一一三三―一二一二(長承二―建暦二) 平安末・鎌倉初期の僧。浄土宗の開祖。諱《いみな》は源空、法然は房号。美作《みまさか》国久米南条稲岡荘(現、岡山県久米郡久米南町)に、久米の押領使漆《うる》間《ま》時国の子として生まれた。母は秦氏。九歳のとき、稲岡荘の預所明石定明の夜襲を受けて父を失い、菩提寺(岡山県勝田郡奈義町)にいた叔父観覚にひきとられた。一一四五年(久安一)(一説に一一四七年)比叡山に登り、はじめ西塔北谷の持宝房源光につき、二年後東塔西谷の功徳院皇円に師事、四七年戒壇院で受戒し、出家の本意をとげた。隠遁の志深く、五〇年西塔黒谷の慈眼房叡空の室に移り、戒律や念仏などについて教えを受け、法然房源空と称した。黒谷には四三歳まで居たが、法然が生涯持戒の清僧ですごし、伝戒の師として貴ばれたのも、この黒谷時代があったからである。源信の『往生要集』の研鑽につとめ、この書に引かれている唐の善導の著作にひかれ、その教学に傾倒していった。やがて善導の『観経疏《かんぎょうしょ》』の散善義の「一心に専ら弥陀の名号を念じて、行住坐臥に、時節の久近《くごん》を問はず、念々に捨てざる、これを正定《しょうじょう》の業《ごう》と名づく、かの仏の願《がん》に順ずるが故に」という一文に出会い、「たちどころに余行をすて、ここに念仏に帰」した(『選択《せんちゃく》本願念仏集』)。ときに七五年(安元一)、法然四三歳であった。こうして善導をみずからの思想と行動の軌範とする「偏依《へんね》善導」(ひとえに善導に依る)の姿勢を固めた法然は、善導流の念仏を修する遊蓮房円照(藤原通憲の一子)を西山の広谷にたずねるべく比叡山を下り、ほどなく広谷から東山大谷に移って住房を構えた。

当初、積極的な布教をしなかったが、一一八六年(文治二)(一説に一一八九年)天台宗の顕真が大原の勝林院に法然を招いて催したいわゆる「大原談義」ののち、その存在が知られるようになった。八九年以降九条兼実の知遇を得て、九二年(建久三)御家人の甘糟太郎忠綱を、また翌年には熊谷次郎直実を教化した。初期浄土宗諸派の始祖となった証空、弁長、幸西、長西、隆寛らが一一九〇年から一〇余年の間にあいついで入門、親鸞も一二〇一年(建仁元)に弟子となった。法然は、弥陀の本願に絶対の帰信をよせ、称名《しょうみょう》の一行に徹するみずからの宗教的立場を浄土宗と名づけたが、この名称が使われたのは、一一七五年より一〇年以内の時期と考えられる。この段階での浄土宗は宗義としての浄土宗であって、教団としてのそれではなく、またその教学体系の中心をなすのは善導流の本願論であって、法然独自の選択本願念仏論はまだ出ていない。この選択本願念仏の理論がはっきり示されたのは九〇年の東大寺における浄土三部経の講釈、著作としては兼実の要望で撰述された『選択本願念仏集』においてであった。法然はこのなかで「選択」を標榜し、下賤無知のものに対する独立した救済体系を示した。三昧発得《ほっとく》者としての善導に依憑していた法然は、みずからも三昧の成就を期したが、九八年ついに発得の境地に達し、一二〇六年(建永元)までの間にいくたびかその体験をもった。これにより称名が仏意にかなった行であることを体認した法然は、「偏依善導」の態度をゆるぎないものとし、以後、元久・建永(一二〇四—〇七)のころにかけて、最晩年に書かれた『一枚起請文』に直結する思想に到達したのである。専修《せんじゅ》念仏が高まった一二〇四年、延暦寺衆徒が念仏停止を座主真性に訴えた。法然は軋轢を避けるため、直ちに七ヶ条制誡をつくって門弟に自重を促した。〇五年には興福寺衆徒が後鳥羽院に念仏禁断を訴え、〇六年暮に住蓮・安楽事件が生じた。これは後鳥羽院の熊野御幸の留守に、院の女房が法然の弟子の住蓮・安楽に近づき院の逆鱗にふれたもので、二人は死罪になったが、処罰は法然にまで及んだ。

一二〇七年(承元元)四国配流の宣旨が下り、法然は摂津経ヶ島(兵庫県神戸市)、播磨高砂(兵庫県高砂市)、同室《むろ》の泊(兵庫県たつの市)、塩飽《しあく》島の笠島(香川県丸亀市本島町笠島)を経て四国讃岐へ渡ったが、止住地ははっきりしていない。同年暮、後鳥羽院の発願になる最勝四天王院御堂供養の大赦により、赦免の宣旨があったが、入洛は許されず、摂津勝尾寺(大阪府箕面市)の二階堂に四年間逗留した。一一年(建暦元)冬、ようやく帰洛がかない、大谷の山上の小庵(現在の知恩院勢至堂の地)に入ったが、翌一二年正月から病床に臥した。同月二三日、源智の懇請で念仏の肝要を一紙にしたため(『一枚起請文』)、二五日正午ごろわずかな門弟に見守ら

●——**法然**　遠州桜ヶ池で竜に化して弥勒の出世を待つ師を訪ねて、浄土の法門を語る法然。実際には、法然は四国への配流のほかには京洛を離れたことはなかったが、この桜ヶ池での師弟対面のことは古い伝説にもみえ、ほかにも法然の来遊を伝える地が少なくない。『東海道名所図会』。

れて、八〇歳の生涯をとじた。遺骸は臨終の庵室の東崖上に葬られた。墓堂が建てられ、忌日には知恩講がおこなわれ、多くの帰依者が集まった。『一枚起請文』を授けられた源智は師恩に報いんがために、三尺の阿弥陀仏像の造立を発願し、多数の念仏者の協力を得て一二年暮に完成した（滋賀県甲賀市信楽町勅旨の玉桂寺に現存）。一二二七年（安貞二）延暦寺の衆徒が墓堂を祇園社の犬神人《いぬじにん》に破壊させたが、門弟らは直前に廟墳をあらため、遺骸をひそかに西郊へ移した。遺骸は嵯峨にかくされ、翌年西山の粟生野《あおの》で荼毘に付され、その後嵯峨二尊院の廟塔に安置された。

伊藤 唯真

源空上人は一向専修の人也。直人にはおはせざりけり。弥陀如来の化身とも申、勢至井《ぼさつ》の垂跡とも申とぞ。その証あきらか也。諸宗奥旨さぐり極めずといふ事なし。暗夜に経論をみ給て、灯明なけれども、光明家内を照事昼のごとし。

古今著聞集巻二「源空上人念仏往生の事並びに公胤僧正上人を請じて導師と為す事」

北斎　ほくさい→葛飾北斎

星飛雄馬　ほしひゅうま

梶原一騎原作、川崎のぼる作画によって一九六六年（昭和四一）から七一年まで『少年マガジン』に連載された野球漫画『巨人の星』の主人公。飛雄馬の父・星一徹は、かつて巨人軍に所属し「史上最大の三塁手」になれると期待されていたが、太平洋戦争で肩を壊してしまう。天才的な野球センスで「魔送球」という変化球を生み出し、巨人に復帰する一徹だったが、川上哲治からビーンボールとの批判を受け、現役から退くことを決意。この父の無念を背負って、「巨人（軍）の星」を目指し、想像を絶する特訓を繰り広げていくのが星飛雄馬である。原作者の梶原は、以前から編集部より、義理と人情を描くことを得意とした熱血少年小説の作家、佐藤紅緑のような存在になってもらいたいと要望されていた。このため、本編の製作にも相当の準備と覚悟をもって望んだという。下母澤寛の『父子鷹』のような父と子の物語、吉川英治の『宮本武蔵』のような青春教養小説に比肩するストーリー性等々が、連載前から想起された。主人公の名前も「人間」をテーマとする意図から、ヒューマン＝飛雄馬と梶原自身が思いついたという。また原作者・漫画家ともに野球に詳しくなかったことが、逆に想像力を喚起させ、奇想天外な飛雄馬の秘密兵器〈消える魔球〉などの「大リーグボール（一号～三号）」を誕生させたとも考えられる。特製ギブスでの特訓など、あまりに現実離れした表現に、一部から批判の声も上がったが、こうした漫画的演出が後年、多くのスポーツ漫画の可能性を広げたことも事実であろう。作品が発表された当時は、戦後民主主義が新しい家庭の姿「現代っ子」、「マイホーム・パパ」などを生み出した時期であった。梶原は、こうした表面的な家族関係への反発を表す意味で、一徹に食卓をひっくり返させたとのちに述べている。その一方で、作品には余人には立ち入れぬほどの親子の情愛や、献身的に尽くす姉の明子、あるいはライバル花形満や左門豊作らとの友情など、何処か武士道的な精神や心の有り様が描かれている。ここには、戦後の日本人が失いつつあった古き善き民族性への回帰の念が込められていたのかもしれない。物語の終盤、対中日戦で飛雄馬は、左腕と引き換えに莫逆の友、伴宙太を大リーグボール三号で打ち取り、巨人軍をセ・リーグ優勝へと導いている。ここにも日本的な滅びの美学を見ることができるのではなかろうか。梶原一騎の妻、高森篤子は飛雄馬の生き様を通して、「私は『飛雄馬』に、本来の生身の姿の主人を見てしまうのです」と記してもいる。なお、続編『新巨人の星』は、七六年から七九年まで『週刊読売』に連載された。長島茂雄監督のもと不振に喘ぐ巨人軍を救うため、飛雄馬は右腕の投手として復活している。

木村 行伸

細川ガラシャ　ほそかわガラシャ　一五六三―一六〇〇(永禄六―慶長五)

戦国時代から安土桃山時代にかけての女性。明智光秀の次女(三女説もある)。織田信長の媒酌で、細川藤孝の嫡男で美男の誉れ高い忠興《ただおき》と結婚した。本名はたま。ガラシャは「神の恵み」という意味のキリシタン名。明治期になって、キリスト教徒らが彼女を讃えて「細川ガラシャ」と呼ぶようになった。

一五八二年(天正一〇)の本能寺の変の際、忠興は光秀の誘いに乗らず、羽柴秀吉(豊臣秀吉)に応じて一時たまを離別して丹波国味土野《みどの》(現、京都府京丹後市)に幽閉した。この間、彼女を支えたのは細川家の親戚筋にあたる清原家の清原マリア(公家の清原枝賢の娘)らの侍女であった。八四年に秀吉の取り成しで忠興はたまを細川家の大坂屋敷に戻した。八七年二月、忠興は秀吉に従って九州に出陣するが、その不在時にカトリックの教えを聞きに行き、イエズス会士グレゴリオ・デ・セスペデスの計らいで密かに受洗。関ヶ原の戦が勃発する直前の一六〇〇年(慶長五)七月、忠興が徳川家康について会津の上杉景勝討伐に向かった隙を突き、石田三成が彼女を人質に取ろうとした。ガラシャはそれに応じず、家に火を放ち、家老小笠原少斎に槍で胸を貫かせて死んだ。三八歳の若さで、辞世は「散りぬべき時知りてこそ世の中の花も花なれ人も人なれ」。ガラシャの死の数時間後、神父グネッキ・ソルディオ・オルガンティーノが焼け跡からガラシャの遺骨を拾い、泉州堺のキリシタン墓地に葬ったという。

ガラシャの遺言を託された侍女霜は後年その最後の模様を「霜女覚書」に記し、その生涯が広く知られることとなり、彼女の死は殉教と設定された。また、ガラシャをモデルとした戯曲『気丈な貴婦人』(グラーシャ)が、一六九八年七月の神聖ローマ帝国のエレオノーレ・マグダレーナ皇后の聖名祝日にイエズス会の劇場でオペラとして発表された。その内容は、夫である蒙昧かつ野蛮な君主の悪逆非道に耐えながらも信仰を貫き、最後は命を落として暴君を改心させたというもの。この戯曲は、オーストリア・ハプスブルグ家の姫マリア・テレジア、マリー・アントアネット、エリザベート皇后らに特に好まれたという。　安宅 夏夫

本状において私は、昨年、異常な熱意と、新たな改宗方法で受洗しました丹後国主の奥方ガラシアのことについて申し上げます。デウスは、その選び給うた人々を苦難の火をもって試練し給うのを常としますが、その後彼女に生じていることを簡略に記しましょう。

彼女の夫細川越中殿(忠興)は、大坂に到着した時には、暴君の悪意に影響されて、まるで打って変った人のようでありました。すなわち関白を範として、従前よりもいっそう残酷で悪辣な異教徒になっていました。彼の息子の一人を育てていました乳母はキリシタンでしたが、彼は同女のごく些細な過ちに対して、その鼻と耳を殺《そ》いだ上に追い出すようにと命じました。ガラシアはこの上もなくそのことを悲しみ、その侍女はキリシタンでしたから、夫に判らぬよう密かに彼女がその追放先で扶養されるように手配を命じました。ガラシアとその侍女たちは立派に信仰に留まっており、夫が到着した後、夫婦とも十日あまりはなんとか無事に過すことができました。しかるに越中殿がガラシアに少なからず変化があることに気づき始めますと、悪魔は彼の中に入り、彼を牛耳り、彼女の謙遜と徳行を悪用するに至りました。そして悪魔は途方もない多くの、大いなる誘惑をもって彼女を試みましたから、彼女はそうした誘惑の真只中にあって悲嘆に暮れていました。そこでコスメ修道士は俗人に変装して密かに都《ミヤコ》に赴き、彼女に逢うことはできませんでしたが、伝言と手紙によって、現下の苦難を忍耐強く克ち抜くように励まし勇気づけました。ですがこの極悪の異教徒(夫、越中殿)は、さらに切迫した別の誘惑を彼女に対して準備するに至りました。それは人間の本性から外れたことでした。そこで彼女は、大罪を犯すことなく夫か

ら別れることができるでしょうかと、人を介して私に訊ねさせました。彼女によれば夫は常時、自分の許に五人の側室を侍らせたいと言うのです。彼女がキリシタンであることは、まだ発覚しておりません。なぜなら、その家臣はすべて彼女が手懐《てなず》けた人々で、よい待遇を受け、褒章されているために彼女には大いなる愛情を抱いているので、改宗のことを秘密にしているからなのです。だが、もし彼女が夫と別れることになれば、いずれは知られることになりましょう。しかも彼女は正真正銘の国主の奥方でありますから、あるいは家臣たちからも見放されてしまうかも知れません。

日本史第二〇章

堀田隼人　ほったはやと

大仏次郎が一九二七年(昭和二)五月から翌年一一月まで新聞連載した長編小説『赤穂浪士』の主要人物。元禄期のニヒルな浪人剣士。年齢は二〇を出たくらいで、鼻筋がとおって彫りの深いはっきりとした顔立ちだが、顔全体の表情は険しく、冷たく、冴えている。父は護持院建立の折に普請奉行を務めた幕吏であったが、清廉で一徹な武士気質のために不祥事で三宅島へ流罪となり、そこで病没した。隼人には理不尽な死としか思えなかった。母はわが子の将来に夢を託し、出世してほしいと願っている。だが、自分の周囲を取り巻く、厚く高い壁にプレッシャーを感じていた隼人には、こうした母の期待は重荷でしかなかった。壁の前に立つ息苦しさから逃れるには、何もかも叩き潰すしかないと、隼人は無目的にニヒルな剣を振りかざす。護持院に放火して役人に追われたところを怪盗・蜘蛛の陣十郎に助けられ、人生の裏街道へと入っていく。上杉家の家老千坂兵部の隠密組織の一員となって赤穂浪士たちの動静を探り、挑発工作に従事するが、赤穂浪士たちの討ち入り後は、世の中は何も変わらなかったと、ますます虚無感を深めていき、密偵であったお仙と心中して果てる。隼人が感じていた閉塞感は昭和初年のファシズムへとなだれこんでいく時代のそれを表象するものであり、隼人の虚無は知識人の心をとらえたのだった。一九六四年(昭和三九)のNHK大河ドラマでは林与一が隼人役を演じて人気を得た。

清原　康正

母が可哀相だとは思う。しかし自分の方が余計可哀相な気がした。母はまだわが子の出世に期待を持っているが、自分にはそんな希望は皆目感じられない。ただ、灰色の厚い壁が目の前に立ちふさがっているのが感じられる。たたこうが、押そうが、びくともしない岩畳な壁である。毀したい。何もかもたたき潰すよりほかにこの息苦しい気持ちから逃れる方法はないような気がする。ちょうど着物の裾に火がついたようにじっとしていられないように思う。

隼人は、熱した額を急に掻巻の襟に埋めた。何か知らず夜具を蹴飛ばして起き上りたい気持を押し殺すために息をつめたのだった。

赤穂浪士

坊っちゃん　ぼっちゃん

夏目漱石の小説『坊っちゃん』(一九〇六)の主人公。親譲りの無鉄砲で、損ばかりしている生一本な正義心にあふれた江戸っ子の青年。作中、一人称「おれ」で語られる。物理学校を卒業し、四国の中学に月給四〇円で数学教師として赴任するが、由緒正しき江戸っ子を自任する「おれ」にとっては県庁の建物、料亭の料理、土地の風俗習慣までが田舎じみて見える。学校では校長、教頭をはじめ同僚や生徒たちの世俗臭や卑劣に反発。不正は許せず、赤シャツ(教頭)に美人の許嫁《いいなずけ》「マドンナ」を奪われるうらなり(英語教師古賀)に同情するが、赤シャツは「おれ」の「坊っちゃん」性を巧みに利用して山嵐(数学主任堀田)と争わせ、うらなりを転勤に、山嵐を退職に追い込む。真相を知り、「おれ」は山嵐と連帯して、料亭から朝帰りする赤シャツと野だいこ(画学教師)を待ち伏せして懲らしめ、辞表を出して帰京、月給二五円の街鉄の技手になる。

「おれ」は、いささか独善的な江戸っ子意識丸出しであり、周囲の人物も善玉悪玉に分けられて通俗的組立てであるが、田舎の中学に赴任した若い教師の正義感を、明るいユーモラスな気分で描出した本作品は今日まで広範な読者を持っている。登場する諸人物のキャラクターの生命力も失われていない。生一本な「おれ」の生き方は純真すぎて、現実の壁をはねかえすには非力だが、読者の道義感を奮い起こさせることで老若問わず国民的精神の権化たりえている。

安宅 夏夫

世の中には野だみた様に生意気な、出ないで済む所へ必ず顔を出す奴も居る。山嵐の様におれが居なくっちゃ日本が困るだろうと云う様な面を肩の上へ載せてる奴もいる。そうかと思うと、赤シャツの様にコスメチックと色男の問屋を以て自ら任じているのもある。教育が生きてフロックコートを着ればおれになるんだと云わぬばかりの狸もいる。皆々それ相応に威張ってるんだが、このうらなり先生の様に在れどもなきが如く、人質に取られた人形の様に大人しくしているのは見た事がない。顔はふくれているが、こんな結構な男を捨てて赤シャツに靡くなんて、マドンナも余っ程気の知れないおきゃんだ。赤シャツが何ダース寄ったって、これ程立派な旦那様が出来るもんか。

坊っちゃん

誉津別命 ほむつわけのみこと

記紀にみえる垂仁天皇の皇子。母の狭穂《ほさ》姫は兄狭穂彦の反乱に加わって死に、皇子はその燃える城の中で生まれた。天皇は、この皇子を二俣小舟《ふたまたおぶね》に乗せ池に浮かべて生育したが、皇子は長じても唖であった。ところが飛ぶ白鳥を見て初めて口を動かし、白鳥を手にして言葉の自在を得た。『古事記』では白鳥を手にしても物を言わず出雲大神を拝してようやく言葉の自在を得たという。ここで皇子は肥長《ひなが》姫と婚するが、姫が実は蛇体であることを知って逃走する。聖誕、神秘な養育、籠りの期の唖、白鳥を得ての再生、また肥河の蛇体の神女との結婚というように、皇子の再生までの展開は神秘な始祖伝承のおもかげを残している。なぜ子もなく即位もしない皇子の、かかる伝承が伝えられたのか。これに答えるのが『釈日本紀』引用の「上宮記一云」の系譜である。ホムツワケはここで六世紀の新皇統の始祖と記述されている。二六代の継体天皇が一五代応神天皇の血統に結ばれる前に、ホムツワケは継体皇統の始祖として存在し、その始祖伝承の残像がこの物語だったのである。➡狭穂彦・狭穂姫

吉井 巌

爾に其の御子、一宿肥長比売と婚ひしましき。故、窃かに其の美人を伺たまへば、蛇なりき。即ち見畏みて遁逃げたまひき。爾に其の肥長比売患ひて、海原を光して船より追ひ来りき。故、益見畏みて、山の多和より御船を引き越して逃げ上り行でましき。是に覆奏言しく、「大神を拝みたまひしに因りて、大御子物詔りたまひき。故、参上り来つ。」とまをしき。故、天皇歓喜ばして、即ち菟上王を返して、神の宮を造らしめたまひき。是に天皇、其の御子に因りて、鳥取部、鳥甘部、品遅部、大湯坐、若湯坐を定めたまひき。

古事記中巻

堀部安兵衛 ほりべやすべえ

赤穂四十七士の一人。本姓は中山氏。堀部弥兵衛金丸の養子で、馬廻として二〇〇石を得ていた。浪人ののちは江戸に出て、長江長左衛門と変名し、吉良の動静をさぐり、上方の大石良雄に対して東下り、討入りを要請しつづけた急進派の一人であった。義士銘々伝中屈指の人気者で、講談、浪曲などで口演されてきた。大酒飲みの安兵衛が江戸で剣術師の叔父菅野六郎左衛門の家に寄食していたときのこと。鉄切りの一本形物《かたもの》試し(釜切り)に失敗して遺恨を抱いた村上庄左衛門・同三郎左衛門兄弟から果し状を突きつけられた叔父が、高田の馬場に呼び出されて卑怯な方法で惨殺される。これを知った安兵衛は、朱鞘の関の孫六を小脇に一目散に馬場に駈けつけ、縦横

無尽の活躍のすえ、敵村上兄弟をはじめとして、名うての剣術師や槍術師らを次々と切り捨て、みごと叔父の敵討を果たす。これが有名な「高田の馬場の仇討」の一席である。これにつづく「安兵衛の婿入り」の物語もよく知られている。

服部　幸雄

○安兵衛はかたきめうりのある男（明三松5）

「敵冥利」に尽きた人物であった。

ま

牧野富太郎　まきのとみたろう　一八六二―一九五七（文久二―昭和三二）

植物分類学者。現在の高知県高岡郡佐川町の酒造旧家のひとり息子。「草をしとねに木の根のまくら　花と恋して五十年」、七〇歳の時の自作の都々逸が、富太郎の独学人生のすべてを語り尽くしている。七歳までに両親と祖父を失うが、気丈で開明的な祖母が、富太郎のよき理解者であり大スポンサーとなった。富太郎の植物への関心は一〇歳ころからだが、彼が欲しいというと、高価な『重訂本草綱目啓蒙』全二〇巻でも、すぐに大阪の書店から取り寄せてくれるといった祖母だった。富太郎はまた、植物を介した人との出会いにも恵まれた。古郷の町医者、高知師範学校教師、一八八一年（明治一四）に二〇歳で上京してからは、文部省博物局の学者、東京帝大の教授や助教授たち。その間トラブルもあったが、学界の善意に支えられた。多くの子を抱え借金に苦しんでいると、京都大学の学生や実業家が現れ、救いの手を差しのべてくれた。日本の植物に日本人として初めてヤマトグサと学名をつけるなど、命名したものは新種が一〇〇〇余。新変種が一五〇〇余に達する。他に植物名の起源や方言も研究した。著書は『牧野富太郎選集』全五巻など多数。二六歳のとき祖母が他界。以降は、働き者の妻、寿衛子《すえこ》がわきを固めた。一九二七年（昭和二）に仙台で発見、命名した「スエコザサ」は、妻への顕彰碑だったといえる。現在東京練馬区東大泉にある牧野記念庭園は、妻が稼ぎ出した七〇〇坪の一部である。九六歳で亡くなった富太郎は、死後文化勲章を受章した。牧野富太郎の名は、その名を冠した『牧野日本植物図鑑』によって戦前から親しまれている。

光武　敏郎

政岡　まさおか

仙台藩伊達家の御家騒動を題材にした歌舞伎、人形浄瑠璃などの「伊達騒動物」に登場する忠義の乳母。『伊達鏡実録』などの実録本では「浅岡」とする。この御家騒動は、伊達綱宗の隠居後、わずか二歳で家督を相続した幼君亀千代をめぐって起こる。一子市正宗興に家督を継がせようとする後見の伊達兵部少輔宗勝と原田甲斐宗輔が、亀千代の毒殺を計画するが発覚して成敗されるというもので、歌舞伎、講談、人形浄瑠璃の題材として盛んに取り入れられた。政岡は亀千代の生母三沢初子をモデルにしたとの説もある。みずから飯を炊いて幼君を養い、自分の息子が、幼君に贈られた毒入り菓子を毒味したため、目の前で悪人一味の局八汐《やしお》に殺される悲劇にもじっと耐える気丈な烈女という人物設定は、このような作品化の展開のなかで発生し、定着した。一七五一年（宝暦二）一一月江戸中村座の歌舞伎『本領鉢木染』の「浅岡」が早いころのものだが、七七年（安永六）四月大坂中の芝居『伽羅《めいぼく》先代萩』の「政岡」が決定版。現行のものは、これに歌舞伎『伊達競阿国戯場《だてくらべおくにかぶき》』の影響がみられる人形浄瑠璃『伽羅先代萩』（乳母は「政岡」）から数場面を取り入れた構成となっている。

◉——**政岡**　鶴喜代に見舞に毒入りの菓子を持ってきた八汐は、毒味をして倒れた政岡の子千松を刺す。政岡が少しも取り乱さないため、若君と自分の子を取り替えたと思いこみ、政岡に陰謀を打ち明けようとする。右が政岡。絵金画『伽羅先代萩』御殿の場。

法月　敏彦

政岡　コレ千松、そなたはよう、なんとも言わず辛抱する。オオ賢い〳〵。強者じゃのう。

〽誉めれば千松。

千松　コレ母様。侍の子というものは、ひもじい目をするが忠義じゃ。また食べる時は毒でもなんでも、なんとも思わずお主のためには、食べるものじゃと言わしゃったゆえ、わしはなんとも言わずに待っている。そのかわりに忠義をして仕舞うたら、早う、飯を食べさせてや。それまでは翌日までも、何日までも、こうきっと、すわって、お膝に手をついて待っております。お腹がすいてもひもじゅうない。

〽何ともないと渋面つくり、泪は出れど、稚気に、誉められたさが一杯に。

こちゃ泣きはせぬわいのう。（中略）

〽後にはひとり政岡が奥口伺い伺いて、我が子の死骸打見やり堪え堪えし悲しさを一度にわっと溜め泪、せき入りせき上げ歎きしが。

政岡　コレ千松、よう死んでくれた。出かした〳〵。そなたの命捨てたゆえ、邪智深き栄御前、取り替え子と思い違い、おのれが企みを打ち明けて連判までも渡せしは、親子の者が忠心を神や仏が憐れみ給うか……鶴喜代君の御武運を守らせ給うか有難や。これというのもこの母が、常々教え置いたこと、よう聞きわけて手詰めになった毒薬を、よう試みてたもったのう。そなたの命は出羽奥州、五十四郡の一家中、所存の臍を固めさす、誠に国の……

〽礎ぞやというものの、可愛やな君の御為かねてより覚悟は極めておりながらも。せめて人らしい者の手に掛りて死ぬることか、人もあろうに弾正が妹づれの剣にかゝり……

〽嬲り殺しを現在に、傍に見て居る母が気はどのようにあろう。

思い返せばこのほどから、唄うた唄に千松が……

〽七つ八つから金山に、一年待てどもまだ見えぬ。

二年待てどもまだ見えぬと、唄の中なる千松は待つ甲斐あって父母に顔をば見せることもあろ。同じ名のつく千松の……

〽そなたは百年待ったとて千年万年待ったとて、なんの便りがあろぞいのう。

三千世界に子を持った親の心は皆一つ、子の可愛さに、毒なもの食うなと言うて叱るのに、毒と見たなら試みて死んでくれいと言うような、

〽胴欲非道な母親がまたと一人あるものか、

〽武士の胤に生まれたは、果報か、因果か。

〽いじらしや。死ぬるを忠義ということは何時の世からの慣らわしぞと、凝り固まりし鉄石心と、さすが女の愚にかえり、人目なければ伏し転び、死骸にひしと抱きつき、前後不覚に歎きしは理せめて道理なり。

伊達競阿国戯場

○忠〳〵と浅岡しとふ雀の子（五八25）

「雀」は伊達氏の定紋「竹丸に二羽雀」をさし、雀の子、つまり亀千代がチュウチュウと政岡を慕うというだけの狂句。右の句は実録小説による作句。

正宗 まさむね

鎌倉末期の相模国鎌倉の刀工。生没年不詳。新藤五国光の弟子で、のち同門の行光の養子となったと伝える。一般に相州物は地沸《じにえ》が強く、地景《ちけい》の入った鍛《きたえ》に、沸の強い、金筋・砂流しのかかった刃文に特徴があるが、この相州伝といわれる作風を完成したのが正宗である。作刀は太刀と短刀があるが、太刀はほとんどが磨り上げられて無銘であり、有銘作は名物の「京極正宗」「不動正宗」「大黒正宗」のほか「本荘正宗」の四点の短刀があるにすぎない。作風は硬軟の地鉄を組み合わせた板目鍛に地景がしきりに入り、刃文はのたれ刃を主調として互の目《ぐのめ》を交え、沸が烈しくつき、金筋・砂流しのかかった強靭さと美しさを兼備する。正宗は全刀匠中第一の名工とうたわれているが、すでに秀吉の時代から第一にあげられており、江戸時代に編録された『享保名物帳』には吉光、郷義弘とともに三作の筆頭として、最も多くの作品が掲載されている。

原田 一敏

【伝承】 伝世の正宗の名刀は、その所持者名を付し、「三好正宗」（三好長慶）、「中務正宗」（本多忠勝）、「会津正宗」（蒲生氏郷）などと呼ばれて宝刀として珍重され、正宗の名はいよいよ伝説化した。その鋭利、形態によって「庖丁《ほうちょう》正宗」「籠手切《こてきり》正宗」「不動正宗」などの称も生まれた。また、一七四一年（寛保一）初演の人形浄瑠璃『新薄雪物語』は、仮名草子『薄雪物語』の筋に刀工正宗・来《らい》国行の挿話を加え、正宗を子を思う慈愛深い親として形象化した。また作中、正宗が親心から不出来な息子団九郎の手を切り落として意見する場面（下の巻鍛冶屋）があり、のちに団九郎は「てんぼ正宗」と呼ばれる。文化期（一八〇四―一八）以降「てんぼ正宗」が川柳の題材となるのは、この浄瑠璃の流行によると考えられる。この話は講談にも『正宗孝子伝』などの演題で行われる。なお鎌倉市佐助ヶ谷入口付近に正宗屋敷跡とされる地があり、刀を鍛えた「正宗の井」もある。また同市本覚寺には正宗の墓と伝える石塔が存する。

小池 章太郎

○湯かげんを盗んだ鍛冶は片手わざ（三一35）

○片腕で正宗みかんなどをなげ（九六22）

両句ともに「てんぼ正宗」。第二句、「みかん」は、江戸期に一一月八日は鍛冶屋は休業し、稲荷祭を行った。これを鞴《ふいご》祭またはホタケと称し、屋根の上からミカンを投げ、子どもらに拾わせる慣習あり。

益田時貞 ますだときさだ →天草四郎

摩多羅神 まだらじん

中世に天台宗寺院の常行三昧堂（常行堂）にまつられた護法神。『渓嵐拾葉集』は、慈覚大師（円仁）の帰朝の船中で影向《ようごう》して念仏守護を誓ったという伝承（大師の引声《いんぜい》念仏請来説話と、新羅明神や赤山明神の影向譚のような外国渡来の神の縁起に基づく）を載せる。これは、常行堂が止観の道場から念仏声明に携わる堂僧たちの聖所となっていく過程で、阿弥陀仏の垂迹神として彼らの組織の中心となる神格が創造されたことを示す。神像は烏帽子・狩衣装束で鼓をもち唱歌する壮年の姿で、笹を採物にして舞う二童子を従える図像が普通である。比叡山をはじめ、法勝寺、多武峰《とうのみね》妙楽寺、日光輪王寺、出雲鰐淵寺など各地方の中心的天台寺院の常行堂の後戸《うしろど》にまつられた。その祭祀は、たとえば輪王寺の『常行堂故実双紙』によると、修正会と結合した常行三昧のなかで、この神を勧請して延年が行われ、七星をかたどる翁面を出し、古猿楽の姿を伝える種々の芸能が演ぜられた。平泉毛越寺常行堂には今もこうした延年が伝えられ、摩多羅神とおぼしい翁が登場して祝詞を唱える。多武峰常行堂にも同様の祭儀があったが、その神体は猿楽の翁面である。太秦《うずまさ》広隆寺の牛祭には、摩多羅神が牛に乗って出現し、こっけいな祭文を読みあげる。これは同寺の伽藍神でもある秦氏の祖神大辟《おおさけ》明神と重なりあっており、金春禅竹の『明宿集』によれば、この神は猿楽者の芸能神(宿神《しゅくしん》)であった。摩多羅神はおそらく院政期の天台寺院を本所とする後戸猿楽(呪師猿楽の後身)のまつるところとなり、猿楽の翁《おきな》の成立に深くかかわる存在であった。一方で、中古天台教学が口伝法門を形成していく過程において、檀那流の伝授に際し玄旨帰妙壇《げんしきみょうだん》という秘儀が行われるようになり、この神が本尊とされ、儀礼のなかでは歌舞をともなう性的な意味を示す所作によりまつられた。 ➡宿神

阿部泰郎

◉**摩多羅神**　京都太秦広隆寺の牛祭の摩多羅神。

天照太神国土ヲ司リ給ヒシ時、素戔烏尊、悪神魔太羅神及一千ノ悪神ヲ語ラヒテ、大和国宇多野ニ城廓ヲ構ヘテ八歯ノ剣ヲ一千掘立テ、軍ヲ発シ玉フ。太神、大慈大悲ヲ以テ思シメス様、軍ヲセバ定テ神多ク亡ヌベキ故ニ、由無シトテ、月神・手力雄命・気永足珎司命・安閑玉由理姫命、此人々ヲ始トシテ八百万ノ神達ヲ率キテ、大和国葛城山天間原天ノ岩戸ニ閉籠リ玉フ。此間、国土調暗也。

古今和歌集序聞書三流抄

東寺夜叉神の事、大師御入定後、西御堂に於て檜尾僧都に授け給ふ条々これ有り。摩多羅神其の一也。大師の云く、此の寺に奇神有り、夜叉神と名く、摩多羅神則ち是也。持者に吉凶を告ぐる神也。其形三面六臂云云。彼三面は三天也。中の面は金色、左の面は白色、右の面は赤色也。中は聖天、左は吒吉尼、右は弁才也。

北院御室拾要集

松井須磨子 まついすまこ　一八八六―一九一八(明治一九―大正七)

明治末〜大正前期の女優。長野県生まれ。一六歳で上京、戸板裁縫女学校に通う。結婚したが翌年離婚し、女優を志願、再婚した前沢誠助が「東京俳優養成所」の歴史の講師だった関係で、一九〇九年(明治四二)坪内逍遥の「文芸協会」の「演劇研究所」一期生に応募。逍遥は「唯たくましい体軀をとるのみ」という理由で採用。試演会には生家の本名「小林正子」名で出演。翌年、前沢と離婚。一一年、帝劇での文芸協会第一回公演に『ハムレット』のオフィーリアを演じ、初めて芸名を名のる。以後近代劇のヒロイン役を演じ、明治末の婦人運動の勃興期とも重なり、新時代の職業「女優」の代表格として認められる。そのころ島村抱月と恋愛問題を起こし、文芸協会を退会。抱月の「芸術座」の主演女優として名声、醜聞とともに高まるなか、一四年(大正三)『復活』のカチューシャを演じ、中山晋平作曲の挿入歌「カチューシャの唄」は流行歌として二万枚のレコードを売り、世代を超えて歌われた。一方、妻子ある抱月との関係や劇団内部の亀裂も生じるなか、一八年に抱月が流行のスペイン風邪で没すると、翌年『カルメン』を上演してい

た一月に、牛込の芸術倶楽部で自殺。女優という以上に当時の「新しい女」の奔放な生き方の典型として、多くのフィクションでも取り上げられている。

神山 彰

松王丸・梅王丸・桜丸　まつおうまる・うめおうまる・さくらまる

菅公伝説を脚色した浄瑠璃の代表作『菅原伝授手習鑑』(一七四六年(延享三)八月初演)で活躍する三つ子の兄弟。これは当時市中にあった三つ子誕生というニュースを取り入れて脚色したものといわれる。三兄弟はともに舎人《とねり》だが、長兄の松王丸だけは藤原時平に仕え、梅王丸・桜丸の二人は菅丞相《かんしょうじょう》に仕えている。桜丸は斎世《ときよ》親王と菅丞相の娘苅屋姫との恋の取持ちをするが、これを悪人に発見されたことが原因で主君を陥れる結果を招いた罪を悔いて自害する(加茂堤・道行詞《ことば》の甘替《あまいかい》)。松王は源蔵がかくまっている若君菅秀才《かんしゅうさい》の首を討てとの時平の命を受け、検使の役目として寺子屋にやってくる。表向き時平公の家来になっているが、菅丞相の旧恩を忘れぬ松王は一子小太郎を身代りに立てて源蔵に殺させ、献身的な犠牲によって若君の生命を助ける(寺子屋)。また、三兄弟が顔をそろえるのは荒事様式で演じられる「車引《くるまびき》」の場で、彼らは同じ童子格子の衣装を着る。作者たちが三兄弟を働かせる趣向を案じ出したのは、先述のとおり市中に起こったニュースにヒントを得たとしても、それぞれに松王丸・梅王丸・桜丸という名をつけたのは、古くから語り伝えられる菅公伝説をふまえてのことであった。伝説によれば、北野天神の託宣に応じて、一夜のうちに千本の松が北野社に生えたという。いわゆる北野の一夜松の伝説である。また別に天神の従者に老松《おいまつ》という者がいたともいい、その老松が菅公を追って九州の配所に赴いたとする追松伝説もあった。一方、飛梅伝説は「東風吹かば匂ひおこせよ梅の花」の和歌をもとにして生まれ、梅樹が配所へ飛んで行ったことを物語る。また桜は北野社頭の名物であるが、飛梅伝説にからめて古くから桜枯死伝説が語られていた。「桜花ぬしを忘れぬものならば、吹きこん風にことづてはせよ」という歌とともに、桜が春風にも花を開かず枯れてしまったというのである(『神道集』)。このように、菅公伝説には、もともと梅松桜の愛樹伝説があり、これから派生して、飛梅伝説・桜枯死伝説・追松伝説が存在していた。浄瑠璃の作者たちは、これらの伝説の性格をそのままとって擬人化し、梅王丸・桜丸・松王丸の三兄弟を誕生させたのである。したがって、梅王丸は父白太夫の許しを得て、丞相の身近に仕えんと配所に飛び、桜丸は自害して果て、松王丸は「梅は飛び桜は枯るる世の中に何とて松のつれなかるらん」の歌の心そのままに、兄弟たちに一足遅れて追い松として菅丞相に忠義を尽くすことになっている。

服部幸雄

武部源蔵白台に。首桶乗てしづ〳〵出。目通に指置。「ぜひに及ばず。菅秀才の御首打奉る。サ云ば太切ない御首。性根をすへてサア松王丸。しっかりと見分せよ」と。忍びの鍔元くつろげて虚と云ば切付ん。実と云ば助けんと堅唾を。呑で扣へ居る。(松)「ハ、、、、何の是敷に性根所かハ、、、。今常張の鏡にかけ。鉄札か金札か地獄極楽の境。家来衆。源蔵夫婦を取巻召れ。」(捕手)「畏った」と捕人の人数十手振て立かゝる。女房戸浪も身を堅め夫は元より一生懸命。「サア実検せよ見分」と云ふ一言も命がけ。後は捕手向ふは曲者。玄番は始終眼を配。爰ぞ絶体絶命と思ふ内早首桶引寄。蓋引明た首は小太郎。贋と云たら一討と早抜かける戸浪は祈願。「天道様仏神様憐み給へ」と女の念力。眼力光らす松王がためつ。すがめつ窺ひ見て。「ムウコリヤ菅秀才の首討たは。紛ひなし相違なし」と。云に恟源蔵夫婦(中略)イヤ是御内証。コリヤ女房も何でほへる。覚悟した御身がはり。内で存分ほへたでないか。ム、御夫婦の手前も有はい。イヤ何源蔵殿。申付てはおこしたれ共。定て最期の節。未練な死を致したでござらふ。」「イヤ若君菅秀才の御身代と云聞したれば。潔よふ首指のべ。」「アノ逃隠れも致

◉——**松王丸・梅王丸・桜丸**　『菅原伝授手習鑑』三段目「車引」の場。藤原時平が舎人松王丸を先立てて来る。菅丞相の舎人梅王丸と桜丸は行列を阻もうとするが時平の威に打たれて果たせない。初世歌川豊国画。

さずにナ。」「にっこりと笑ふて。」「ム、ハ、ム、、、ハ、、、ハ、、、、、。ア出かしおりました。利口なやつ。立派なやつ。健気な八つや九つで。親にかはつて恩送り。お役に立は孝行者。手柄者と思ふから。思ひ出すは桜丸。御恩も送らず先達し。嘸や草葉の陰よりも。うらやましかろけなりかろ。躮が事を思ふに付。思ひ出さるゝ〳〵」と。流石同腹同性を忘れかねたる悲歎の涙。「なふ其伯父御に小太郎が。逢ますはいの」と取付てわつと斗に泣沈む。

菅原伝授手習鑑寺子屋

○王の字を桜丸にはなぜ附ぬ（一三九30）
○桜丸女房に八重はきつい事（五〇12）
○竹王といゝそふなものさくら丸（一二九15）

第一句については浄瑠璃作者に尋ねてもらうほかない。第二句、「きつい事」は「きつい洒落」の意で、洒落にもならぬ、ひどい冗談といったニュアンス。松は千年の齢のちなみで、松王には千代、梅王には春という女房がいるが、八重は梅毒の隠語なので、ひどい冗談だと言った。第三句、松竹梅とはいうが。

○松王の見得で草紙の御改メ（一一28）

寺子屋で松王丸の首実検が行われるが、その見得(さま)で出版物統制のため、役人が検分した。

松尾芭蕉　まつおばしょう

➡芭蕉

松風・村雨　まつかぜむらさめ

勅勘をうけて須磨へ流された在原行平が、その地で愛したという姉妹の海女。古く松風と村雨の伝説があったともいうが、つまびらかでなく、これを扱った文芸の嚆矢《しこう》である観阿弥作の謡曲『松風』は、『古今集』に出ている行平が須磨で詠んだという歌や、『撰集抄』の行平と所の海女が歌問答をした説話などをもとに創作されたものらしい。須磨に流された中納言行平は、土地の海女の松風、村雨となれ親しむが、やがて赦免されて行平は都へ帰ってしまい、姉妹は狂わんばかりに嘆き悲しむというのがこの話の骨子。近世の浄瑠璃や歌舞伎ではいろいろふくらませ、姉妹の多様な活躍を見せるものも多い。謡曲『松風』以後、御伽草子『松風村雨』(別名『行平物語』)、古浄瑠璃『現在松風』などにとり入れられたが、浄瑠璃ではとくに近松門左衛門作の『松風村雨束帯鑑』(一七〇六年(宝永三)ごろ大坂竹本座初演)および文耕堂、三好松洛ら合作の『行平磯馴松《そなれのまつ》』(一七三八年(元文三)、大坂竹本座初演)が、のちの松風物に大きな影響を与えた。浅田一鳥ら合作の『倭仮名在原系図』(一七五二年(宝暦二)、大坂豊竹座初演)のほか、清元節の『今様須磨の写絵』(一八一五年(文化一二)、江戸市村座初演)、長唄の『浜松風恋歌』(一八〇八年、市村座初演)、『七枚続

◉――**松風・村雨**　須磨を訪れた僧に姉妹は行平の愛を受けた松風・村雨であることを告げ、物狂おしいまでの行平への恋慕の情に、形見の装束を身に着けて舞い、ゆかりの松の木にすがりつく。謡曲『松風』を描いた奈良絵本『松風村雨』。ニューヨーク公立図書館蔵。

花の姿絵』（一八一一年、市村座初演）などの舞踊が今日もよく上演される。➡在原行平　北潟 喜久

…（シテ・ツレ）この上はなにをかさのみ包むべき、…

これは過ぎつる夕暮れに、ぁの松陰の苔の下、亡き跡弔はれ参らせつる、松風村雨二人の女の、幽霊これまで来りたり、さても行平三年の程、おんつれづれの御舟遊び、月に心は須磨の浦、夜潮を運ぶ海人少女に、おととい選はれ参らせつつ、折にふれたる名なれやとて、松風村雨と召されしより、月にも慣るる須磨の海人の、（シテ）塩焼き衣色変へて、（シテ・ツレ）縑の衣の空焚きなり。（シテ）かくて三年も過ぎ行けば、行平都に上り給ひ、（ツレ）いく程なくて世を早う、（シテ・ツレ）去り給ひぬと聞きしより、（シテ）あら恋しやさるにても、またいつの世の訪れを

松風も村雨も、袖のみ濡れて由なやな、身にも及ばぬ恋をさへ、須磨のあまりに罪深し、跡弔ひて賜び給へ。

謡曲松風

○腰みのゝ上からつめる中納言（宝十三松4）
○行平の一人でぬれる雨ト風（宝八宮）
○よく腰がぬけぬと汐汲どもいゝ（寛元満2）

第一句、「腰蓑」は海女の制服。「つめる」は尻をつねるの略、江戸期の求愛を示すしぐさ。第二句、両手に花。「雨と風」で松風・村雨を暗示。第三句、近辺の汐汲女のやっかみ半分の噂ばなし。

松下禅尼　まつしたぜんに

鎌倉時代の女性。生没年不詳。秋田城介安達景盛の娘、義景の妹。北条時氏の妻で、経時、時頼、為時、時定の母。時氏が六波羅探題であったときは京都にあったが、一二三〇年（寛喜二）時氏の没後は出家して安達氏の鎌倉甘縄《あまなわ》第に住み、松下禅尼と呼ばれ一族子女の敬慕を受けた。六〇年（文応二）五月一〇日には覚智（景盛）の三年追福の施主をつとめた。執権時頼を甘縄第に迎えるに際し、みずから障子を補修し質素倹約をすすめたという話（『徒然草』）は有名である。　工藤 敬一

義景、「皆を張りかへ候はんは、はるかにたやすく候ふべし、まだらに候ふも見ぐるしくや」と重ねて申されければ、「尼も、後はさはさはと張りかへんと思へども、今日ばかりは、わざとかくてあるべきなり。物は破れたる所ばかりを修理して用ゐる事ぞと、若き人に見ならはせて心つけんためなり」と申されける。いとありがたかりけり。

世を治むる道、倹約を本とす。女性なれども聖人の心に通へり。天下を保つ程の人を、子にて持たれける、誠に、たゞ人にあらざりけるとぞ。

徒然草第八四段

○切り張りに禅尼天下の矩をとき（四五32）
○和らかに解た禅尼の刷毛ついで（一二六72）

第一句、「矩《のり》」に「糊」をかける。第二句、「刷毛ついで」は、事のついでに他のことをやる意の慣用語で、「柔らか」「解く」「刷毛」と糊の縁語づくし。

松浦佐用姫 まつらさよひめ

男が異国に出征するのを悲しみ、山に登って男に向かい領巾《ひれ》を振った伝説上の女性。サヨヒメに関する伝説は各地に多く伝えられるが、本来は水神に仕え、その生贄《いけにえ》となる女性であったらしい。古くは『万葉集』巻五にみえ、大伴佐提比古《さでひこ》が異国に出征するとき、松浦佐用比売が別れを悲しんで山に登り領巾を振ったと伝える。この山は肥前国松浦郡の褶振《ひれふり》の峯と伝え、佐提比古は『日本書紀』宣化紀に登場する大伴狭手彦《さでひこ》と理解されている。

佐用姫の褶振の伝説は『奥義抄』、『平家物語』巻三、『古今著聞集』巻五など中世の書物に散見し、これを素材としたのが能の『松浦鏡』(別名『佐用姫』)である。『曾我物語』巻四などでは姫が悲しみのあまり石になったとする化石譚をともなっており、『峯相記《みねあいき》』では姫が悲しみから走り出て播磨国に行き、死んで佐与媛《さよひめ》明神となったので、その地を佐与郡と名づけたと伝える。『肥前国風土記』では褶振の話を弟日姫子《おとひひめこ》のこととして伝えるが、これはその歌謡の「弟姫《おとひめ》」に引かれたもので、本来はサヨヒメであったと考えられている。さらに後日譚が付せられ、サデヒコと別れた後、似た男が毎夜姫を訪ねるので怪しんで続麻《うみお》(麻糸)を男につけて後を追うと、それは山上の沼の蛇であった。人々が山に登ってみると姫の姿はなく、ただ沼の底に人の死骸だけがあったと、三輪山型の蛇聟入譚として伝える。能の『生贄』は、生贄になる女性を「風情はさながら松浦佐用姫かくやらん」と形容しており、『播磨国風土記』では、玉津日女《たまつひめ》命が鹿を生捕り腹を割き、その血に稲を蒔《ま》くと一夜に苗が生じ田に植えたと伝えて、この神を讃用都比売《さよつひめ》、その地を五月夜《さよ》郡と名づけたという。これは先の『峯相記』の話とも連絡があるが、各地の早乙女石(塚、松)の伝説や蛇聟入譚などと考え合わせると、サヨヒメは田の水神の生贄となる女性で、サヨは道祖神《さえのかみ》のサエと同根(柳田国男説)とみられる。マツラも松王《まつおう》、松童《まつわらわ》と同じくマツリ、マツラフなどと同根(同説)とみられ、姫は神に仕える巫女と考えられる。佐用姫伝説が肥前国松浦郡に関係して伝えられるのも、マツラの音の響きが両者を結びつけたもので、領巾は神の依代《よりしろ》でなかったかと思われる。

古い民間信仰の観念に関係するマツラサヨヒメが、特定の土地と結びつき、固有名詞となって各地の口碑伝説となり、他方で複雑な物語としても語られたが、そのなかに御伽草子『さよひめのさうし』がある。この物語は説経節『松浦長者』としても語られ、『竹生島の本地』『松浦物語』『壺坂物語』などの冊子となっていて、小異はあるが、サヨヒメが大蛇などの水神の生贄とされる点で共通している。

山本 吉左右

古歌万葉集

うなばらのおきゆくふねをかへれとやひれふらしけむまつらさよひめ

松浦さよひめは大伴佐提比古がめ也。をとこおほやけの御使にもろこしにゆくに、すでに舟にのりてゆくときわかれをゝしみて、たかき山のみねにのぼりてはるかにはなれゆくを見るに、かなしびにたへずして領巾をぬぎて、これをまねく。見る者なみだをながす。これよりこの山を領巾摩の嶺と云ふ。この山は肥前国にあり。

奥義抄

さる間、太夫は、み御供の用意つかまつり、八郷八村を触ればやと思ひ、葦毛の駒に打ち乗りて、八郷八村を、触るるやうこそ面白けれ。「今度ごんがの太夫こそ、生け贄《にへ》の当番に当りて候が、都へ上り、姫を一人買ひ取りて下るなり。すなはちみ御供に供へ申すなり。皆々御出でましまし、見物なされ候へ」と、一一に触れければ、所の人々承り、かの池のほとりに、桟敷を作り、小屋を掛け、上下万民ざざめきける。(中略)はや時も移れば、いたはしや姫君を、さも花やかに出で立たせ、網代の輿に乗せ申し、十八町あなたなる、池のほとりへ急ぎける。貴賤群集満ち満ちて、見物にこそ出でにけり。御輿を、とある所にかきすゑける。いたはしや姫君、御輿より出でたまひ、それより舟に乗せ申し、築き島指してこぎ出だす。(中略)
　哀れなるかな姫君は、三階たなにただひとり、あきれ果てておはします、心の内こそ哀れなり。無残や、姫の最期は今ぞと、上下騒ぎ申せども、なにの子細もなかりけり。人々この由を見るよりも、「あら情けなき次第かな。神主の言はれざる唱へごとをしたまふ故、御きげんを損じたまふか。あら恐ろしの次第」とて、上下皆々屋形に帰り、門・木戸を閉ぢ、妻や子供に至るまで、嘆き悲しむこと限りなし。
説経節まつら長者

○貞女でも石に成るとは悪る堅い(宝十三満2)
○真実は女房石より金になり(一三三8)
　両句ともに「望夫石」伝説。第一句、「悪堅い」は「堅い」を強調した語で、ただの堅さでない。石の縁での形容。第二句、江戸っ子にとって、愛が真実だったなら石なんぞになるより、身売りでもして金になったらよいとの、男の身勝手な感想。

真間手児名　ままのてこな

下総国葛飾郡真間(現、千葉県市川市真間)に住んでいたという美少女。『万葉集』巻三、九に山部赤人、高橋虫麻呂作歌、巻十四東歌《あずまうた》に二首がある。粗末な麻衣に青い襟《えり》をつけ、髪もけずらず沓《くつ》も履かずという貧しい少女だったらしいが、多くの男たちに求婚され、なんとわが身を分別したものか、花の盛りを入江に入水して果てたという。美少女・男たちの求婚・投身・娘子墓という四点で菟原処女《うないおとめ》伝説と共通点がある。今日、真間町に安産の神として手児奈堂に祭られ、いつも水をくんだという真間の井、男たちがやまず通ったという真間の継橋もある。この話、後世には継子《ままこ》いじめ譚と化したらしく、太宰春台『継橋記』には、結婚に反対する継母のせっかんを受けて投身した橋を継橋《ままはし》、井を継井《ままのい》と名づけて継母の悪を懲らしめる記念とした、とある。「葛飾の真間の手児名がありしかば真間の磯辺《おすひ》に波もとどろに」(『万葉集』東歌)。
井村 哲夫

勝鹿の真間娘子を詠む歌一首
鶏が鳴く　吾妻の国に　古に　ありける事と　今までに　絶えず言ひ来る　勝鹿の　真間の　手児奈が　麻衣に　青衿着け　直さ麻を　裳には織り着て　髪だにも　掻きは梳らず　履をだに　穿かず行けども　錦綾の　中につつめる　斎児も　妹に如かめや　望月の　満れる面わに　花の如　笑みて立てれば　夏虫の　火に入るが如　水門入に　船漕が如く　行きかぐれ　人のいふ時　いくばくも　生けらじものを　何すとか　身をたな知りて　波の音の　騒く湊の　奥津城に　妹が臥せる　遠き代に　ありける事を　昨日しも　見けむが如も　思ほゆるかも
　反　歌
勝鹿の真間の井を見れば立ち平し水汲ましけむ手児奈し思ほゆ
万葉集巻九

間宮林蔵　まみやりんぞう　一七七五―一八四四

(安永四―弘化一)

江戸後期の探検家。幕府の隠密も務める。常陸国筑波郡上平柳村(現、茨城県つくばみらい市)の百姓庄兵衛の子として生まれる。名は倫宗《ともむね》、林蔵は通称である。幼い頃から数学的才能に優れ、一七九〇年(寛政二)に江戸へ出て、約一〇年間にわたって地理学を学んだ。九九年に幕府の普請役下役として初めて蝦夷地に渡った。一八〇〇年には蝦夷地御用雇となり、箱館に赴任。そこで蝦夷地を測量中の伊能忠敬と出会い、測量術を学んだ。翌年、蝦夷地御用掛の松平忠明に従い、蝦夷地の測量に従事する。〇八年(文化五)には樺太(サハリン)探検を命じられ、松田伝十郎とともに探検・調査を行い、樺太が離島であることを確認した。翌年には単身で海峡(間宮海峡)を渡り、現地の人の船で黒竜江を溯っている。その際の記録が『東韃地方紀行』である。二二年(文政五)江戸に戻って勘定奉行普請役を務め、二四年には房総御備場掛手附を命じられている。二八年にシーボルト事件が起き、幕府天文方の高橋景保らが逮捕、シーボルトは国外追放となったが、林蔵はその密告者といわれ、進歩的学者らの人望を失った。事件後、林蔵は普請役の裏の仕事である幕府隠密の旅に熱を入れる。二九年には長崎に下り、天保年間（一八三〇—四四）には島津氏の密貿易を調べに薩摩に潜入したり、石見国浜田の廻船問屋会津屋八右衛門による密貿易（竹島事件）の探索などを行っている。しかし、晩年は不遇で、四四年二月二二日に江戸深川蛤町で病死。

平山行蔵・近藤重蔵とともに「文政の三蔵」と呼ばれ、奇人ぶりで名高い。これは探検家としての生活・習慣が、余人の眼にそう写ったのではなかろうか。なお、シーボルトの著作『日本』により、「間宮海峡」の名は世界に知られている。

田辺 貞夫

> 文化五辰年の秋、再び間宮林蔵一人をして、北蝦夷の奥地に至る事を命ぜられければ、其年の七月十三日、本蝦夷地ソウヤ（宗谷。北海道最北端）を出帆して、其日シラヌシに至る。此処土着の住夷多からざれば、従行の夷をやとふ事あたわず。夷船の奥地に趣く者あるをまち、とかくして日数三日逗留し、同十七日、夷船に乗くみ此処を発し、日数五日を経て、同廿三日、トンナイ〔地名〕（本斗。北緯四六度四〇分）に至る。此処亦シラヌシのごとく番屋ありて、番人是に居し地夷を指揮す。土着の住夷も亦多き処なれば、則番人をして船子と為すべき者を択《らえ》みやとふといへども、此年の夏初見分の時従ひ行し蝦夷等帰り来りて後、奥地異俗の夷情悍猾《かんかつ》の甚しき、又は土風の異候、行路の艱苦なる事を語り伝へければ、従ひ行くべしと云者一人もなく、彼是《かれこれ》して日数八日の間此処に遅滞し、種々の謀をなしてよふやく船子六人をやとひ、八月三日、此処を発し、日数十三日を経て、同十五日、リヨナイ〔地名〕（千緒。北緯四九度一四分）に泊しぬるに、翌十六日、山旦夷（黒竜江下流域に居住するオルチャ）数十人船六艘に乗組み此処に来り、
>
> 東韃地方紀行巻之上

摩利支天 まりしてん

サンスクリット名marīci。威光、陽焰と訳され、摩里支、末利支、末利支提婆、摩利支天菩薩とも称する。みずからの姿を隠し、障害を除いて利益を施す天部で、梵天の子として古代インドの民間で信仰され、後に仏教に取り入れられた。密教では護身・隠身などのための修法である摩利支天法の本尊となり、二臂《ひ》像、三目六臂像、三面八臂像などがあるが遺例は少ない。『図像抄』などに見られる、三面八臂で猪の背の三日月の上に立つ形像がよく知られている。

日本における摩利支天信仰のはじまりは明確ではないが、軍神として中世に受容されたものと思われる。特に忿怒《ふんぬ》形《ぎょう》の摩利支天が武士の守護神として信仰され、これを本尊として摩利支天法が修せられたと伝える。日蓮は『法華経』の信仰者を守る神として信仰し、室町時代の日親もこれを信仰した。江戸時代には、大黒天、弁才天とともに三天と称され、蓄財と福徳の神として、特に商工業者の間に信仰された。江戸では上野徳大寺と雑司ヶ谷玄浄院が摩利支天をまつることで有名になり、町人たちがおおぜい参詣してにぎわった。忿怒の姿をとる摩利支天は、猪の背に乗っていることから、亥の日を縁日としている。徳大寺には、聖徳太子作といわれる開運大摩利支天を安置している。

関口 正之＋中尾 堯

丸橋忠弥 まるばしちゅうや ?—一六五一（慶安四）

江戸前期の浪人。慶安事件の参加者の一人。俗書では出羽の人とするが、下級幕臣の子であったと思われる。一時加賀前田氏の家臣に奉公していた。宝蔵院流の槍の達人で、江戸御茶ノ水に道場を開いていた。一六五一年由比正雪の幕府に対する謀反計画に加わり、江戸城攻撃を受け持つが、訴人があって、同年七月二三日捕らえられ、八月一〇日品川の刑場で磔《たっ》刑《けい》に処せられた。

実録本『油井根元記』（一六八二年序）、『慶安太平記』（幕末成立）などのほか、講談でも早くか

藤井 譲治

ら事件を潤色、丸橋忠弥は主要人物の一人として描出された。事件の性質上、劇化などにあたっては幕府をはばかり、丸橋の名は「角屋秋夜」(浄瑠璃『尼御台由井浜出《ゆいがはまいで》』一七二九年二月)、「丸谷弥忠太」(歌舞伎『けいせい富士見ル血文』一七五二年二月)など、虚構の人物に仮託され、なかでも浄瑠璃『太平記菊水之巻』(一七五九年九月)、『碁太平記白石噺《しろいしばなし》』(一七八〇年一月)の「鞠ヶ瀬秋夜」の名が『太平記』中の人名として仮用され人口に膾炙《かいしゃ》した。明治期には解禁されたが、『樟紀流花見幕張《くすのきりゅうはなみのまくばり》』(一八七〇年三月守田座、河竹黙阿弥作)でも初演時には「鞠ヶ瀬秋夜」として登場、この作は初世市川左団次の当り狂言となり、ことに堀端の酔態と捕物の大立回りの場が評判となった。ほかにも真山青果作『学者千石槍千石』(一九四〇、未完)があり、偏狭な性格の人物として描かれる。

小池 章太郎

○わらの出そうなそうだんをちうやする(天五桜2)

ボロの出そうな。由比正雪の道場藁店。「ちうや」は昼夜と聞こえるように韜晦《とうかい》した表現の句。

○太平の御代にあぶないはしをかけ(安八礼1)

○ぐれつく橋をたのんだがおちどなり(一七15)

両句とも危ない丸木橋。実録本『慶安太平記』によれば、借金の督促をうけた忠弥が、日延べを頼むため大事を漏らし、計画失敗の一因は忠弥の性格にあるがごとく描かれている。

円山応挙 まるやまおうきょ 一七三三―九五

(享保一八―寛政七)

江戸中期の画家。円山派の創始者。通称は岩次郎、左源太、主水、字は仲均、仲選。号は初期に一嘯、夏雲、仙嶺を用いたが、一七六六年(明和三)名を氏《てい》から応挙《まさたか》に改めて以後、没年までこれを落款に用いた。丹波国穴太《あのう》村(現、京都府亀岡市)の農家に生まれる。一五歳のころ京都へ出て、鶴沢派の画家石田幽汀(一七二一―八六)に画技を学ぶ。生活のため眼鏡絵の制作に従事し、中国版眼鏡絵を模写、応用して京名所を描いた。これにより奥行き表現への関心を開かれたが、京名所眼鏡絵には機械的な透視遠近法を避けようとする意識もみられ、そのみごとな成果が一七六五年の『淀川両岸図巻』である。一方、同じ年に描かれた『雪松図』(東京国立博物館)では、個物に肉薄する写生的態度が看取され、ここに用いられた付立《つけたて》て、片ぼかしなどの技法は、のちに整備されて円山派のお家芸となった。明和年間(一七六四―七二)円満院の祐常門主の庇護を得て、個物に対する写生を熱心に行い、多くの写生帳(東京国立博物館ほか)を残し、人体に対する即物的関心は、『難福図巻』(円満院)などに示されている。彼の写生に対する絶対的信頼は弟子奥文鳴の伝えるところであり、また最近紹介された祐常門主の手控帳『万誌』にもうかがわれる。写生の重要性を認識するようになった直接的契機として、当時の画壇を席巻していた沈銓《しんせん》(南蘋)様式、その写生図を模写するほど傾倒した渡辺始興、名号をならった銭選(舜挙)などが推定される。応挙は六八年の『平安人物志』や『孔雀楼筆記』に登場しており、すでに新画風が社会的評価を得ていたことがわかる。

七一年の『牡丹孔雀図』(円満院)に写生風装飾様式を完成したころから、東洋画の伝統と融和を図り、障屛画の世界に自己の装飾画様式を求めるようになった。七六年(安永五)の『雨竹風竹図屛風』(円光寺)や『藤花図屛風』(根津美術館)、八七年(天明七)の大乗寺および金刀比羅宮表書院、翌年の金剛寺の襖絵群は、それぞれ大画面におけるすぐれた成果である。このころ豪商三井家や宮中関係の庇護を受けるようになったことも見逃せない。光格天皇即位大礼に臨み八一年『牡丹孔雀図屛風』を揮毫、やがて妙法院宮真仁法親王とも親しくなった。八二年の『平安人物志』画家部では筆頭に挙げられている。九〇年(寛政二)御所の造営に伴い一門を指揮して障壁画を制作。九三年ころから老病にかかって視力も衰えたと伝えるが、再び金刀比羅宮表書院や大乗寺に健筆をふるった。とくに絶筆の『保津川図屛風』は応挙芸術の集大成で、モニュメンタルな様式にまで高められている。この間、多くの弟子を教育して円山派を組織した。応挙様式が真の写実主義ではなく、単なる折衷様式だとする非難もあるが、当時の画壇状況にあって、その写生主義がきわめて革新的であったことは疑いない。

河野　元昭

或人応挙に臥猪の画を乞ふ。挙未だ嘗て野猪の臥したるを見ず。心に是を思ふ。矢背に老婆有り。薪を負ふて常に挙が家に来る。応挙婆に問ふて曰く、爾野猪の臥したるを見たるか。婆云く山中邂逅是を視る。挙云はく汝重ねて是を見ば早く吾に知らせよ、篤く賞すべし。婆諾して一月計り有りて、京に走り来りて、老婆が家のうしろなる竹篁の中に、野猪臥し居る由を告ぐ。挙が云く爾先帰れ、必しも驚かすべからずと云ひて、俄頃に酒食を携へ、一両輩の門人を将て、矢背に至れば野猪は竹中に臥したり。挙則ち筆を採りて是を写し、婆に謝して其の夜家に帰り、後是を清画して工描既に調ふ。時に挙が家に鞍馬より来る一老翁有り。挙臥猪の事を思ふが故に、野猪の臥したる所を見たるかと問ふ。翁云く、山中常に是を視る。挙画する所の臥猪を示して此の画如何。翁熟視する事良久しくして云ふ。此の画善といへども臥猪にあらず、是病猪也。挙驚きて其故を問ふ。翁云く、凡野猪の叢中に眠るや、毛髪憤起、四足屈蟠、自ら勢ひあり。僕山中にして病猪を見たる事有り。実に此の画の如し。挙始めて暁りて翁に臥猪の形容を問ふ。翁是を説く事甚だ詳也。爰に於て挙さきの画を捨て、更に臥猪を画す。工夫専ら翁が口伝によれり。四五日有りて矢背の老婆来りぬ。挙さきに見たりし野猪の事をとへば、婆云く、あやしむべし彼の野猪、其の翌朝竹中に死したり。挙是を聞きて愈翁が卓見を感じ、再び其の音づれを待つに、一旬ばかりを経て翁来りぬ。挙彼に図する所の画幅を開きて是を見せしむ。翁驚歎して云く、是れ真の臥猪也と。挙よろこび、あつく翁に謝す。其の画尤も奇絶にして、今猶京師某の家に秘蔵すと。挙が画に心をもちひし事斯くの如し。

皇都午睡

○応挙の幽霊ぞつとするあたへ也(八九39)

「あたへ」はあたい、値段。幽霊絵のすごさ以前にぞっとふるえがくるほど高価。応挙の幽霊絵は評価されていた。

満功　まんこう

曾我兄弟の母の名。または東京都調布市の深大《じんだい》寺など、各地の霊山の開基の僧の名。マンコウは満行(江、紅)、万劫(公)などとも書く。一七二四年(享保九)市村座初演『嫁入伊豆日記』以後の歌舞伎や、また各地に伝わる伝説でも曾我兄弟の母をマンコウとするものが多い。しかし、『曾我物語』には母の名は記されていない。『東奥軍記』『和賀一揆《わがいっき》次第』(ともに江戸初期の成立か)などに伊東入道祐親の娘の名を「まんこう御前」とする。まんこう御前は伊豆配流中の源頼朝と契って若君を生む。平家をはばかった入道は若君を殺すよう家臣に命ずるが、家臣のはからいでひそかに助けおかれて、後に和賀の領主の先祖となったとされる。この逸話は『曾我物語』にもあるが、娘の名は記さず、若君も殺されたことになっている。これらの逸話からいえることは、マンコウという名前が、愛児を失って悲しむ母の話、あるいはその異話に用いられていることである。佐々木喜善《きぜん》の『聴耳草紙』に採録されている長須田《ながすだ》マンコの話では、生まれたばかりの赤子を鷲《わし》にさらわれ、一三年後に地獄山で愛児と再会する母の名前がマンコである。マンコは後に愛児が修行する寺の近くの地獄山に庵を建てて住み、巫女となって毎日念仏を唱えたとされる。地獄山には今日でもマンコ屋敷跡があって、あたりには賽《さい》の河原のように小石を積んだ小さな塔がたくさんある。そこは愛児を失った母たちの詣でる所とされ、松の木に耳をあてると地獄で子どもの泣く声が聞こえるといわれる。この話は昔話化されているものの、マンコが子どもの霊の口寄せをする巫女の名前であったことを伝えるものと推測される。子どもの霊の口寄せを業とする巫女が、遊行巫女や廻国の比丘尼となって、愛児を失った悲しみを自分の体験として語っていたものと考えられ、いつしかマンコウという巫女の名が物語の登場人物の名ともなったと思われる。さらに愛児を失った悲しみばかりではなく、悲惨な女性の物語を自分の体験として語るようになったのであろう。『曾我物語』には、伊東入道の娘に、頼朝と契った女性とは別に、もう一人の万劫が登場する。万劫は工藤祐経の妻となるが、父入道のために無理に離縁させられ、後に改めて土肥遠平に嫁がせられる。『曾我物語』には悲惨な女の物語が幾重にも織りなされているが、それらはマンコウなどと自称する遊行巫女や廻国の比丘尼が曾我兄弟の母とか伊東入道の娘と称し、自分の体験として兄弟や頼朝の若君の物語を語り伝え、一部が『曾我物語』に取り入れられてアレンジされ、他の一部はさらに口頭で語り継がれて『東奥軍記』などに流れ込み、歌舞伎でも曾我兄弟の母の名前としてマンコウが採用されたものと考えられている。

諸国の霊山の開基の僧の名前に多いマンコウにも、巫女との関係が見え隠れしている。深大寺の開山にまつわる伝説では、満功上人の祖母の名として虎という女性があらわれる。曾我十郎の愛人の大磯の虎（虎御前）や吉野山や立山の都藍尼《とらんに》の伝説を考え合わせると、この虎も巫女的な女性ではなかったかと思われる。すなわち、満功上人と虎との間には高僧・神童とその母、神とその育ての母の巫女といった関係があったものと思われる。　↓曾我兄弟

山本　吉左右

（揚巻）「アノ、お袋さまが、お前のけんくわの噂をお聞なされて、おいとしや夜の目もお休みなされぬといナア。どふしてその様な心になつて下さんしたナア」（満江）「こりや〳〵揚巻どの、何もいふて下さるナ、私も何もいひませぬ。大切の願ひのある身で、この様ナ身持。この編笠をなんとはすつぱじや、それが武士の悴の詞か。おほかたそなた計りの心からでは有まい。勧め人《て》があらう。朱に交はれば赤くなると、白酒の糟兵衛どのとやら、よふ大事の悴をこの様な悪者にしてくだされた。礼を言ませふ。どこへござる、ここへござれ。ヤ、そなたは祐成じやないか」（新兵）「イヤ、祐成やら、雷やら知れませぬ」（満江）「エ、、そなたはナア〳〵」（新兵）「エ、、穴へでも這入たふござりまする」（満江）「兄弟共に打揃ふてこの有さまはナア。モシ河津様、お免《ゆる》しなされてくだされませ。お前の無念の御最期、おのれやれ、兄弟の子供、成人の後、敵を討そふと女子の身の恥かしい、貞女をやぶつて祐信殿へ縁組。その甲斐ものふ兄弟がこの行跡、所詮この通りでは敵はうたれますまい。といふて、今更祐信殿になんと言訳いはふ。この様に兄弟を育てあげたは満江が因果、この世の祐信どの、未来の河津どのへの云訳は、これより河津殿の墓のまへゝいて、自害して死ぬる、そうじや。エ、、放せ〳〵死ぬる死ぬる」（新兵）「マア〳〵お待なされませ。私じやと申して、何しに今の様ナ心でござりませう。コレ、時致、今の訳をおはなし申しやいの」（助六）「母人さま、この時致が喧嘩、さだめて不所存者ともおぼしめしませうが、全くもつて左様ではござりませぬ。当春箱根に於て、友切丸の紛失。それゆゑ養父祐信殿の御難儀、あなたの御難儀を見捨ては敵もうたれず、何卒して友切丸を詮議のためと、この廓へ入込、喧嘩をしかけ、刀をぬかねばならぬ様に、無理難題のあくたいつくも、これ皆友切丸せんぎのため。まつたく栄耀に致すけんくわではござりませぬ。お疑ひをお晴しなされて下さりませ」　助六由縁江戸桜

○おのしらが祝ゐの年とまんこいゝ（明六亀2）

曾我兄弟の父河津祐泰が大見小藤太、八幡三郎に射殺されたとき、一万（十郎）が五歳（袴着—幼児に初めて袴を着せる儀式の年）、箱王（五郎）が三歳（髪置き—短くしていた髪を初めてのばす儀式の年）であったとの母の述懐。

○とゝ様といやとまんこう気をつくし（明四智

6） 兄弟を連れて曾我祐信と再婚した母。「気を尽くす」は気苦労する意。

み

水野十郎左衛門 みずのじゅうろうざえもん　?―一六六四（寛文四）

江戸前期の旗本。町奴幡随院長兵衛と対抗した旗本奴の頭目として喧伝されている。幼名百助、はじめ貞義と名のったが、のち成之《なりゆき》と改めた。十郎左衛門は通称。父成貞は水野氏宗家の備後福山藩主勝成の三男で、分家して三〇〇〇石が与えられた。母は阿波徳島藩主蜂須賀至鎮《よししげ》の女。十郎左衛門はその嫡子で、父の没後、一六五〇年（慶安三）家を相続し、小普請となったが、病気と称して勤めを怠り、無頼の生活を送った。旗本奴の集りである大小神祇組の頭目だったといわれる。五七年（明暦三）七月、幡随院長兵衛を殺害したが、そのときはとがめはなかった。その後、幕府はかぶき者の取締りを強化していき、六四年（寛文四）三月、彼も不行跡を理由に母の実家徳島藩に預けの下命を評定所で受けた。しかしそのときの態度が不作法であったとして、翌日改めて切腹に処された。彼の子も殺害されている。　林 亮勝

実録本『幡随院長兵衛一代記』（成立年未詳）によれば、水野は吉原での遊興の席上、幡随院長兵衛によって恥辱をうけ、これがきっかけで遺恨を含み、さらに木挽町の芝居で恥をかかされ、ついに自邸に招き寄せ、湯殿で殺害したことになっている。この経緯では水野はむしろ同情されてよいはずだが、江戸町民は旗本奴の暴虐を憎んで長兵衛に同情を寄せた。初世桜田治助作の『幡随長兵衛精進俎板《しょうじんまないた》』（一八〇三年八月、中村座初演）では、水野は「白柄組の寺西閑心」の名に仮託、純然たる敵役として描かれた。河竹黙阿弥作『極付《きわめつき》幡随長兵衛』でも、初演時（一八八一年一〇月、春木座）にははばかるところがあってか、「水尾十郎左衛門」の名で登場、殿様役者として名高い市川権十郎が演じたが、やはり敵役の性格は失われていない。岡本綺堂作『水野十郎左衛門』（一九二七年六月、歌舞伎座初演）では水野は長兵衛の墓参りをして己の所業を恥じ、また同時に闊達な人物として描かれ、二世市川左団次が演じて近代的性格が付与された。　小池 章太郎

→幡随院長兵衛

水野十郎左衛門、其後同僚の歴々四五輩と共に、木挽町の劇場河原崎権之助座の演劇を見物に行き、四天王の家来と下部黒平も召連れまして、西の桟敷を取て余念なく見物を致して居りました、然るに此日は幡随院長兵衛も、同じく見物に参つて居りまして、偶《ふ》と水野を見ましたから、正可《まさか》に挨拶をせずにも居

られまいと、進物を持参して水野の桟敷へ参り、叮寧に挨拶を致します、十郎左衛門は心の裡に刃《やいば》を押隠し、宜き程に挨拶を致して、有合せだがと申して盃を遣ります、長兵衛暫く其所《そこ》で見物をして居りましたが、頓《やが》て水野に向ひまして(長)「殿様へ誠に恐れ入て御願が御座います、御覧の通り東の桟敷に手前の乾児《こぶん》共が、大勢参つて居りまするが何うか、彼等へ何でも宜しう御座いますから、手前へ賜ると思召しまして、下されものゝありますやう願ひたう御座います」と聞て十郎左衛門は先頃、長兵衛に冷麦で恥をかゝされた怨があるから、今日こそは其返報《しかへし》をしてやらうと考へて(十)「委細承知致した、然らば今日某しは一同の者へ、蕎麦を振舞てやるから其趣を、一同の者へ申して置て呉れよと、横柄に申ますから、長兵衛は有り難き仕合と、礼を申して其座を立ち、乾児の居る所へ参つて、箇様箇様と告げながら、今日もまた水野に恥をかかせてやらうと、何か乾児の者に囁きますと、乾児は何れも合点して、狐鼠狸《こそり》〳〵と人に知れんよう、木戸を出て何れへか参ります、此方は水野十郎左衛門、先達て吉原で、長兵衛が冷麦を六十八両出して、六十八軒の蕎麦屋で調へたと聞くから、今日は乃公が百両だけ奮発して、百軒の蕎麦屋で蕎麦を取寄せ、前茶屋へ蕎麦の蒸籠を積んでみせると、即ち家来の者に云含めて、注文に遣らんとしたが、百両の金が自身の懐ろにないから、十郎左衛門委細の事情を打明て、同僚の者から借んと致しましたが、四五人の懐ろを掻き集めても、三四十両よりありませんので、如何したものだらうと考へて居て、大変に隙を費しました、漸く有金を手附に置て注文する事に決り、夫から家来の者を走らせましたが、二時間経つても三時間経つても、四時間経つても、使に出した家来は一人も帰つて参りません、十郎左衛門は大きに心配致して、見物も正に致さず木戸の方ばかり詠めて居ます、其うち舞台には火が点《とぼ》る、今日の演劇も最《も》う一幕か二幕で、果てると云ふ間隙になつて、黒平と云ふ僕が先づ青息を吐きながら、やう〳〵の事で帰つて来て、遅くなつた事を詫びながら、私は此近辺の蕎麦屋を残らず廻り、芝から麻布の方角まで参りましたが、不思議な事には何所の蕎麦屋も、悉く休んで商売を致しませんと、申して居る所へ使に出した者が、追々と段々帰つて参りますが、其言ふ所は悉く同一《いつしよ》であつて、南は品川北は板橋西は四谷東は千住までも参りまして、詰り四里四方と云ふ江戸の御府内を、悉く歩いて蕎麦屋へ注文を致さんとしたが、皆な休業で一軒も商売をする家がないと、中には余り歩いて足を痛め、跛足《びつこ》曳き〳〵帰つて来た者もあり、或は腹を減せて口の利けぬ者もありました、十郎左衛門は之を聞て扨ては又た、彼の長兵衛が為したる業よな、吾れ先達ても恥をかゝされ今又斯る不面目をさせられ、残念とも口惜しとも云はん様はないが、是非に及ばんから此趣を長兵衛に断はらんと、十郎左衛門自身に長兵衛の居る桟敷に赴き(十)「さぞ長兵衛遅くなつて断りを申すも気の毒なるが、使の者が帰つて斯れ〳〵の次第、是には何か仔細もあらうと存ずるが、兎にも角にも先刻の約束に違へて相済まん、今日の代りに他日必らず厚く振舞に依て、何うか一同の者へも宜しく申して呉れと、申ますから長兵衛は、肚《はら》の裡で笑つて居りながらも(長)「是は〳〵殿様のご叮寧なる御言葉、左様の事で御座いますれば故々《わざわざ》御尊来を下さいませんでも、御家来衆に仰せ下さいましても宜しう御座いますのに、誠に恐れ入ました次第で御座います、江戸中の蕎麦屋が皆な揃つて休むとは、何れ何か仔細のある事で御座いませうと、挨拶を致して十郎左衛門を帰しましたが、先刻長兵衛が乾児の者に私語いたのは、蕎麦屋へ金を蒔て水野の注文を断らせたのであると、跡で其事が分つて十郎左衛門、切歯をなして口惜《くや》しがり、遂に益々長兵衛に意恨を含み、愈々《いよいよ》近々の中に此返報《しかへし》をすると、其日は見物を終つて事故なくお邸へ帰られました、夫にしても長兵衛と云ふ者は実に強いもので、江戸市中の蕎麦屋が一軒でも、不承知を云ふ者がなかつたのは、実に感心をする事では御座いませんか、尤も長兵衛は之が為めに、百四五十両も費つたと申ますから、考へて見れば当時の人間侠客などゝ云ふ者は、詰らん酒

落をした者で御座います

講談幡随院長兵衛放牛舎一角口演

美空ひばり みそらひばり 一九三八―八九

(昭和一三―平成一)

戦後を代表する歌手。本名は加藤和枝。横浜市生まれ。一九四六年(昭和二一)、九歳で横浜の市民芸能コンクールで「東京ブギウギ」を歌って喝采を浴びると、その後はドサ回りの歌手として、幼い頃から戦後間もない日本中を旅した。四七年、人気絶頂のボードビリアン・川田晴久に気に入られると、段々と都市部の大劇場で歌うようになり、映画にも「歌う少女」として出演して人気を博する。四九年の主演作映画『悲しき口笛』の同名主題歌の大ヒットにより国民的な人気歌手となった。その後は歌手を中心に映画・舞台で活躍。映画では東映の沢島忠監督と組んだ『ひばりのかんざし小判』『ひばりの森の石松』といった時代劇が、スピーディで現代的なミュージカル演出をもって「東映ヌーベルバーグ」と当時の評論家や若い観客から賞賛された。

山口組三代目組長・田岡一雄はその庇護者として知られ、絶えずその背後にいた。雑誌の対談を通じてひばりが日活の人気スター・小林旭に惚れこんだ際は、田岡自らが小林の自宅に乗り込んで結婚を迫っている。また、この結婚のために、ここまで二人三脚で生きてきたひばり母子が不仲になると、今度は小林に離婚を一方的に突きつけている。

晩年の八九年(平成一)には、東京ドームのこけら落としのコンサートを開催。病魔と闘いながら、それを感じさせないステージパフォーマンスで数万の観客を魅了した。焼け跡から東京ドーム(こけら落とし)まで、戦後史そのものを体現した存在といえるだろう。

春日 太一

水戸黄門 みとこうもん 一六二八―一七〇〇

(寛永五―元禄一三)

徳川光圀。江戸中期の大名。水戸藩初代藩主徳川頼房の三男として水戸に生まれる。母は頼房の側室谷久子。家臣の屋敷で養われた。幼名は長丸、のち千代松、九歳で元服のとき三代将軍徳川家光の一字を与えられて光国と名のる。のち五〇歳代に国を圀に改めた。字ははじめ徳亮、また観之、のち子竜。号は常山、別号は日新斎、梅里、率然《そつぜん》、隠居して西山、採薇《さいび》などを用いた。諡《おくりな》は義公。六歳のとき世子に決定、江戸の水戸藩邸に移り、一六六一年(寛文一)父の死後、三四歳で第二代藩主となる。一八歳のころ『史記』の伯夷伝を読んで発奮するまでは、三家の世子としてふさわしくない言動が多いとして、周りの人々を困らせたことは、守役の小野言員の残した『小野諫草』に詳しい。一八歳以後は歴史編纂を志し、多くの古書を集め始めた。また長兄頼重(高松藩主となる)をさしおいて世子となったことを恥じ、兄の子を養子とすることを心に

◉――**水戸黄門** 明治二二年一一月歌舞伎座開場の際上演された『俗説美談黄門記』の辻番付。国立劇場。

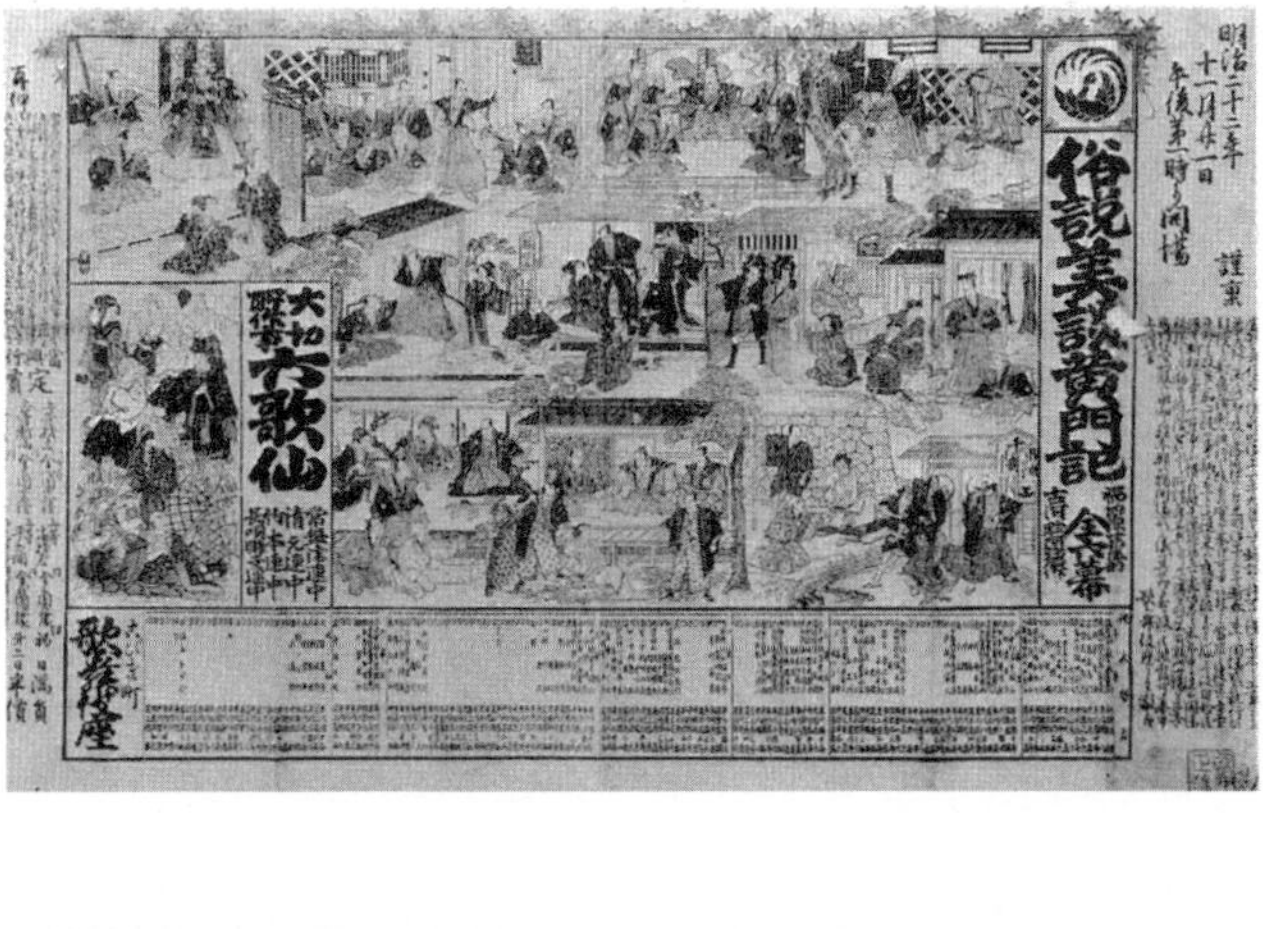

決した。第三代綱条《つなえだ》は兄の子である。なお光圀の子頼常は懇請によって頼重の跡を継いだ。九〇年(元禄三)引退、水戸の北西山荘(常陸太田市)に隠棲し七三歳で没した。とくに学問上の業績と宗教行政および文化財保存に尽くした点などは、後世注目されるところとなった。学問上では南朝正統の立場を強調した『大日本史』の編纂がある。この修史事業のために開いた彰考館には全国各地から学派にこだわらず学者を招き、多いときは館員が六〇名を超すこともあった。この学者の間に一つの学風が生まれ、これが天保期(一八三〇―四四)に大成されて、水戸学となった。宗教行政としては社寺の大整理があるが、一方、神仏分離を推進して名社名刹には特別の保護を加えた。このときの一村一社制は後世長く守られた。文化財については、那須国造碑(栃木県、国宝)の保存や侍塚(栃木県、史跡)の発掘保存、遠く多賀城碑(宮城県)の修復などにも力を入れ、仏像などの保護にも努めた点は、むしろ今日になってその成果が評価されるようになったといえる。後世水戸黄門といえば光圀を指すのは、中納言の唐名黄門の代表的存在とされたからである。

瀬谷 義彦

【伝承と作品化】 光圀が「名君」として広く定着したのは江戸末から明治期で、講談・実録本の流布、演劇化などにより虚構が拡大された。光圀の逸話を多く含む伝記『桃源遺事』(一七〇一)や『久夢日記』などが実録本『水戸黄門仁徳録』(成立年未詳)に与えた影響は大きい。幕末の講釈師桃林亭東玉は、水戸烈公(斉昭)に招かれたと伝えられ、これによって化政期(一八〇四―三〇)以降、講釈が光圀の顕彰、すなわち虚構化を深化させたと推定される。また当時の庶民間の旅行ブームや十返舎一九の『東海道中膝栗毛』にならって、光圀の諸国漫遊譚が誕生した。光圀による三回もの蝦夷地渡航や、『大日本史』編纂のため、安積澹泊《あさかたんぱく》(通称覚兵衛。講釈で渥美格之丞。格さん)、佐々十竹《さつさじつちく》(通称介三郎。講釈で佐々木助三郎。助さん)が全国に史書を探求旅行した史実が核となって、この虚構はふくれあがった。マレビトが窮状の人々の前に現れ、事件を解決して去る民間伝承のパターンを芯とし、全国六〇余州を遍歴する長編物語が形成された。明治初年には『名君膝栗毛』『名君道中記』などの演題で釈場にかけられ、また立川文庫が『諸国漫遊水戸黄門』として収録。歌舞伎では実録本『護国女太平記』(柳沢騒動)から光圀が家臣藤井紋太夫を手討ちにしたくだりを劇化した『黄門記童幼《おさ》な講釈』(河竹黙阿弥作、一八七七初演)が著名。岡本綺堂にも『黄門記』(一九二七初演)があり、その他映画、ラジオでも黄門の漫遊記が制作された。テレビでは東野英治郎主演の『水戸黄門』(一九六九年八月初放映)が高視聴率の人気番組となった。

小池 章太郎

西山公御隠居後、水戸の内、又は御領内御旅行の節、御むかふより参り候者をとめ、或はよけさせ申事、御嫌ひ成され候。世にある者は、高き賤きによらず、用をかゝへあるく者なり。我は世に用なき身にて、往還の人をとめさせよけさせ候事は、道にあらずとの御意なり。尤御旅行の節、寄馬ならびに掃除仕候事、御停止なされ候。

桃源遺事

助「ヤアこれは無礼千万、如何に親切とは申しながら、辞退いたすを刀にかけても貫かんければならぬとは、聞き捨てに相ならん、斯くなる上は此方も刀にかけて受取る事は相ならん、格「此方は刀にかけても水戸の家来にして見せる、助「刀にかけても辞退するぞ」と、双方一刀の柄に手をかけてヂリ〳〵詰めると此の有様でございますから、ワイ〳〵騒いで居りまする所へ、家主が歩つて来て、事柄を聞き取り、両人を自分の宅へ連れ帰つて十分に馳走いたしまして様子を聞きまするといよいよ感心して、家「さういふ事なら及ばずながら私が宜いやうに取計らひませう、マア暫らくお待ち下されまするやう」と、云つて置いて家主は駕籠を傭ひ、それに乗つてドン〳〵小石川の水戸の館へ駈けつけ、附家老の山辺主水正に目通りして二人の争そひを述べますと、主水正も大いに感心して、主「フム、渥美格左衛門は見上げたものだ、相手も二百石は取らない、刀にかけても応じないと云ふのも感ずるに余りあり、宜しい、此方が参つて篤と固めて遣らう」と、附家老山辺主水正が家主と同道して乗り込み、渥美格左衛門を引き取り、尚佐々木助左衛門に向つて段々と話して見ましたが、何うしても渥美から二百石貰ふといふ事に同意いたしません、固より水戸家の船手が内田家へ掛合ひに行つたといふのは表向きではない、主家の威光を笠に着て船手共が勝手に参つたのでございますから、山辺主水正も初めて此の事を聞き、気の毒に思つて立ち帰り、此の事を太守光圀公に上申いたしました、すると光圀公は大いに両人の武士道に感心致されまして、光「左様な義気に厚き武士を何日までも浪人させて置くは惜しき事である、召抱へなば天晴れ物の役に立つであらう」と、思召して、山辺主水正に何か仰せ付けになりました、山辺主水正は佐々木父子三人を自分の屋敷へ一旦引き取り、光圀公へお目通りさせ、承知をさせた上、改めて八百石でお召抱へとなり、渥美格左衛門も仁あり義ある人物であるといふので、これには四百石の上へ加増を申し付け、一千石を与へる事となりました、これより佐々木助左衛門は渥美格左衛門を兄の如くに敬ひ、格左衛門も又助左衛門を弟の如く万事の世話を致しまして、両家はいと睦じく暮し、互ひに忠勤大事と抽んでて居ります、光圀公も大いに喜び給ひ、佐々木助左衛門の子の助三郎、渥美格左衛門の子の格之丞を小姓役に引き上げ、目をかけて召使つて居られました、此の二人が又兄弟の如く交はり、助三郎は文学の側ら神影流の極儀を極め術を学び、渥美格之丞は渋川流の柔術を学び、何れ劣らず修業する、二人は成長するに従ひ、無双の達人となり、両人の父が老年となりまするど、光圀公の取成しによつて父の名跡をつぎ、此度は助三郎が年上でありますから兄、格之丞が弟と云ふ有様で交りを結び、改めて光圀公より二人に知行を与へ、助三郎は一千石、格之丞は八百石を頂く事となりました、父同志とは反対の知行を貰つて、両人は一藩の模範と呼ばれ人も羨むばかりでございました

講談**助さん格さん漫遊記**神田伯山口演

光圀　あゝ斯く下々の難儀をも、厭はせたまふ名君も、
綱吉　その任ならぬ大老へ、天下の政事を任せしゆゑ、
光圀　たゞ犬のみを愛せられ、暗君なりと世の嘲り。
綱吉　それも水府の異見に附き、ほとんと悔悟いたしたり。
光圀　これと申すも日の光り、東を照す御神の、
綱吉　加護とはいへど臣は水、
光圀　君は船なる徳川の、
綱吉　清き流れの源や、
光圀　御家は万歳万々歳、
綱吉　ム、、松の栄えを祈るであらう。

黄門記童幼講釈

○舜水で耳を洗ツた御名君(八七26)

一六九二年(元禄五)湊川に楠木正成の碑「嗚呼忠臣楠氏之墓」を建てた。その背面の賛は明の遺臣朱舜水の撰。舜水の名を川の流れに擬し、中国の故事、帝尭が許由に位を譲ろうとしたが、許由は耳のけがれとして潁川《えいせん》で耳を洗った逸話にかけて、兄頼重との継嗣問題で兄の子を養子に迎えた件を匂わせた句。

南方熊楠　みなかたくまぐす　一八六七―一九四一

(慶応三―昭和一六)

明治～昭和期の博物学者、植物・粘菌学者であり、民俗学者。和歌山市生まれ。型破りの野人で大学予備門(東大の前身)を中退し、アメリカ、イギリスに赴き、ほとんど独学で動植物学を研究、ロンドンの大英博物館の図書目録編集の職につきながら考古学、人類学、宗教学を自学。博覧強記、生きた大百科事典のごとき異色の日本人として知られる。英独仏をはじめサンスクリットに至るまでの各国語に通じ、権威ある雑誌「ネイチャー」などの常連寄稿者となる。このころ亡命中の孫文と邂

逅し友情を結んだ。一九〇〇年(明治三三)帰国、和歌山県田辺町(現、田辺市)に住み、粘菌類などの採集・研究を進める一方、勃興した民俗学にも興味を抱き、柳田国男と深く交流して刺激を与え、自分も多くの論考を発表、『十二支考』などが著名。南方が心血を注いで研究した粘菌類は森林の中に生息する小生物であるが、〇六年に発令された神社合祀《ごうし》令によって小集落の鎮守の森が破壊されることを憂えた南方は、激しい反対運動を起こし暴行の罪で一八日間も収監された。彼の「神社合祀反対意見書」は民俗学と生物学を結び、人間と自然との共生を理論的、具体的にした先駆的文献で、日本人として最初に自然保護運動、生態環境問題(エコロジー)に立ち上がった巨人の姿を今に伝えるものだ。

安宅　夏夫

なにか家にゴタ〳〵があつて、奥さんが帰つてしまつて、弱り切つて四十日ばかり酒ばかり飲んでをられた。しまひにやうやく話が丸くまとまつて、再び安堵したときにさあ日記をつけようと一度に四十何日の日記を書いてゐる。女中が家へいつてどういふ伝言をもつて来たといふことまで書き残してゐる。多くの手紙にはゆふべは愉快なやつがやつて来たから夜明け方まで酒を一斗二升飲んだ後でこの手紙を書くとか、十二時まで顕微鏡を見てをつたが、それからこの手紙を書いて今晩未明に投函にいつたといふやうなことが書いてある。それから俺は一つのものに集中する力は誰よりももつてゐる。一日イタリアの本を読むと夜の夢はイタリアの夢をみる。フランス語で読むと他の夢が浮ばないと書いてゐる。この集中力はうらやましいと思ふのであります。

南方熊楠先生(柳田国男)

源為朝　みなもとのためとも　一一三九—七七?

(保延五—治承一?)

平安末期の武将。源為義の八男、義朝の弟。母は江口の遊女。一三歳のとき父の不興を買って九州に追われ「鎮西八郎」と号した。その勇力猛威をもって九州中を掠領し、訴えられたが朝廷の召喚にも応じなかったため、一一五四年(久寿一)父為義が解官《げかん》された。やむなく上洛したところ五六年(保元一)七月保元の乱が起こり、為朝は父為義に従って崇徳上皇方として参戦した。軍評定《いくさひょうじょう》で夜襲を献策したが藤原頼長に退けられ、逆に義朝の献策をいれた後白河天皇方に夜討をかけられた。上皇方は敗れ、父為義は梟首《きょうしゅ》された。為朝は近江に逃れ、九州下向を図ったが九月に捕らえられ、肩を抜かれたうえ伊豆大島に流された。配流《はいる》後、大島をはじめ近隣の島々を掠領。そのため工藤介茂光の追討を受け、自殺した。首は京に送られて獄門にかけられた。

飯田　悠紀子

【伝承】『保元物語』では、為朝は身長が七尺以上もあって、左手が右手より四寸も長く、強弓をよく引いたとされている。とくに古活字本『保元物語』では次のような伝承が記されている。為朝が伊豆大島に流されてから一〇年後にシラサギとアオサギの飛び去るのを見て、ほかにも島があると思い、出船して一昼夜で島に着く。島人からその島が鬼が島であり、昔は隠れ簑、隠れ笠、浮き沓《つく》、沈み沓などの宝があり、日ごとに人を食らい、生贄《いけにえ》をとったと聞く。為朝はこの島を八丈島の脇島(付属島)と決め、葦島《あしじま》と改名する。また大島では、島の代官三郎太夫忠重(忠光とも)の婿となり為頼など二男一女をもうけた、などとも伝える。

為朝伝説は各地にあるが、なかでも伊豆の八丈島や沖縄では数多く伝えられている。沖縄の伝説では、為朝が伊豆から風に流されて沖縄の運天《うんてん》港に漂着し、島尻の大里大按司の妹との間に一子尊敦をもうけ、この尊敦が沖縄王の祖舜天王となったと伝えるが、このような伝説の片鱗は月舟寿桂(一四六〇—一五三三)の文集『幻雲文集』、袋中の『琉球神道記』(一六四八)に見え、琉球の最初の正史『中山世鑑』(一六五〇)には詳しくこの伝説を記している。伊豆の八丈島の宗海寺は為朝の子の為宗の創建と伝え、八丈小島には為朝明神がまつられている。また八丈島の巫女《みこ》の古謡にも八郎伝説を伝えるものがある。八丈島周辺の為朝の遺跡は、この土着の八郎伝説に『保元物語』に伝える鎮西八郎為朝を付会して成立したものと考えられている。八丈島や沖縄への為朝の島渡りの伝説は、義経や朝比奈の島渡り伝説、さらには豊臣秀頼の薩摩落ち、西郷南洲のシベリア入りなどと同型の伝説である。為朝伝説はまた奄美大島、喜界島にも伝えられ、内陸部では信濃の下伊那郡鎮西野村（現、長野県下條村）などでも伝えられ、また為朝の郎等の三町礫《さんちょうつぶて》紀平次にまつわる伝説も伝えられている。馬琴の『椿説弓張月《ちんせつゆみはりづき》』は、これらの為朝伝説を素材にして創作された読本《よみほん》で幅広い読者を得た。　　山本 吉左右

◉――**源為朝**　伊豆配流のとき、八丈島で島民たちに弓の弦を引かせ、剛勇を誇る。「久かたの天とぶ雁に身をなして南のくにゝあとをとゞめむ」。滝沢馬琴作、葛飾北斎画『椿説弓張月』。

爰に安芸守、大炊《おほい》御門の西の門へ押寄て、「此門を固たるは源氏か平家か。かう申は安芸守平清盛、宣旨を承て向て候。」とたからかに名乗ければ、とりあへず、「鎮西の八郎為朝が固たるぞかし。」清盛小声になりて、「すさましき者の固たる門へ寄あたりぬるものかな。」とて、以外いぶせげにてすゝみもやらず。

保元物語中「白河殿へ義朝夜討ちに寄せらるる事」

為朝弥怒をなし、あの勢にかけ合、斬てはおとし、切ては捨、をめきさけんで馳《はせ》めぐれば、二三町より内外には、敵一騎もなかりけり。為朝戦勝てひかへたれ共、近く者もなきうへ、馬つかれければ、しづしづと引返して、本の門に打立て、さしつめ〳〵射けるに、矢一にて二人死る事はあれ共、一人しなぬはなかりけり。矢種尽ぬれば、えびらを肩《をひ》かへ〳〵射けるに、あだ矢一も射ざりけり。

保元物語中「白河殿攻め落す事」

為朝ハ保元ノ乱ニ左右ノカヰナヲ抜テ伊豆ノ大嶋ニ被流タリシガ、自然ニカヰナ癒付テ、弓ヲ引ニ昔ノ弓ノ力程ハ無レ共、極テ能成タリケルガ、カヰナガイトド長ク成テ、本ノ二伏セ延タリケルニ依テ、弓ノ力ハ劣リタレ共、矢柄ガ延タリケレバ、物ヲ通事ハ昔ニハ増リニケリト申ケル。

半井本**保元物語**「為朝鬼ガ嶋ニ渡ル事并ニ最後ノ事」

八郎殿大島ニ住玉ヒ、利島、神津島等ヲ廻リ、夫ヨリ三宅島ニ渡玉ヒ爰ニシテ四方ヲ詠メ玉フニ海面巽ニ当テ幽ニ遠ク島見ヘケレハ悦セ玉ヒ木ヲ穿テ舟トナシ自ラ掉サシテ一日一夜ニシテ彼離島ニ至リ玉フ、是則チ今ノ八丈島ナリ八郎殿勇佗ニ異ナレハ世人猿臂将軍ト称シ奉シト

豆州八丈島八郎大明神略起本

此島往古は鬼島といひしを、其名いみじきに寄て、いつの頃よりか青島と書、あほか島と唱ふ、彼の鬼島の名に対してや、せう鬼を祭り氏神とす、為朝も渡り給ひしと見へて、古跡有り、八郎のむかし絵抔に鬼形の者蹲踞したる躰有り、このしま人ならんか

伊豆海島風土記

舜天尊敦ト申奉ルハ、大日本人皇五十六代、清和天皇ノ孫、六孫王ヨリ七世ノ後胤、六条判官為義ノ八男、鎮西八郎為朝公ノ男子也。其由来ヲ委ク尋ヌレバ、（中略）永万ノ比、嶋嶼

ヲ征伐シ給ノ次ニ、舟、潮流ニ従テ、始テ流虬ニ至リ給。依テ、流虬ノ字ヲ更テ、流求ト名付給、流求ノ者ドモ、音ニモ不レ聞、日本人、鎧ヲ著、弓箭ヲ帯シタル勢ニ、辟易シテ、従レ之事、草ノ、風ニ靡クニ、不レ異。爰ニ於テ、為朝公、大里按司ノ妹ニ通ジテ、男子誕生有リ。尊敦トゾ名付ケル。

中山世鑑南宋淳熙十四年丁未舜天御即位

しかるに為朝は肘《かひな》の筋を断れて手綱をとるに及給はねば、牢輿《ろうごし》を造りてこれに乗せ、四方に轅《ながえ》をわたして、轎夫《こしかき》廿余人に舁《か》ゝせ、その手の郎等五十余騎、前後左右に立こみつゝ、茂光は後陣にうたせて、馬上勇々しくぞ見えたりける。されば名たゝる為朝を見んとて、老幼彼此《をちこち》に群集ひて、巷は押もわけられず。しかれども為朝は、輿のうちに端坐して、物見より顔をだに出し給はねば、楚《かし》と見とめたるものもなかりけり。遥けき東路を、けふとくらし翌《あす》とあかして扛《か》ゝれゆき給ふ路すがら、茂光が郎等に対ひて、「こや汝等もよく聞け。人のながさるゝはさこそ歎くめれど、為朝はこよなき歓び也かし。帝王にもてあつかはれ、輿に乗せ兵士《つはもの》を添、茂光に供をさせて、配所へ赴かし給ふ事、寔《まこと》に身の面目ならずや。しかるを汝等われを罪人なりと侮らば、よき事はあらじ。掛畏《かけまくもかしこき》帝の御威徳《いきほひ》なればこそ、為朝ほどのものが、普通の凡夫には生拘られけめ。よしや肘の筋は断離るゝとも、われに于《おい》て損なし。弓こそ少し弱くなりたれ、矢束はなほ長く彎《ひく》べうおもへば、物の徹《おと》らんははじめにも勝れり。況かばかりの輿は物かは。これ見よ」とて少し手足を伸し給へば、さしもいかめしう打付たる牢輿の、今も破砕るやうに揺ぎわたりつ。又「や」と声をかけて押すえ給へば、廿余人の轎夫ども、肩めりこみて動き得ず。衆皆もてあまして、只その怒り給はん事を怕《おそ》れ、主君のごとく厳《たふと》み、賓《まれびと》のごとく待《もてなし》つゝゆくに、日を経て駿河と伊豆の封疆《さかひ》なる、千貫の郷に歇《とまり》ぬ。

椿説弓張月前篇巻之五

○六条の子は八丈で名が高し（一三九39）

「六条」（六条判官源為義）と「八丈」の語呂あわせ。

○流人と知れる八丈のあばた面ラ（新四17）

為朝は八丈島の脇島、鬼が島で、鬼の子孫と自称する者に出会い、その大童を一人連れて帰ったと伝えたところから、鬼退治—疫病神退治と連想され、江戸後期においては、疱瘡除けの呪い「疱瘡絵」に桃太郎、あるいは鍾馗《しようき》とともに描かれた。右の句は、そこから八丈島には疱瘡がなくなったと訛伝されたため、あばた面の者がいたらそれは他所から来島した者、流人に相違ないとの句意。

源融　みなもとのとおる　八二二—八九五

（弘仁一三—寛平七）

平安初期の廷臣。河原左大臣と称される。嵯峨一世源氏。母大原全子。仁明天皇の養子となり八三八年（承和五）内裏で元服。累進して左大臣に至ったが、藤原良房、基経らの執政下で力を伸ばしえず、巨富により河原院《かわらのいん》や嵯峨の山荘棲霞観《せいかかん》などを営み、豪奢な生活を送った。歌人としても知られる。『大鏡』には彼の皇位への野心を伝える。河原院は宇多上皇の領となった。

黒板　伸夫

【説話と伝承】　融の邸宅河原院は、その景観が賞され、当時の詩歌にしばしば詠じられている。なかでも、陸奥の塩釜を模したことは有名で諸書にみえる。例えば、『古今集』の紀貫之の歌の詞書にみえ、この歌に注して『顕註密勘』は、毎月三〇石の潮をその池に運び入れ、塩屋で焼く煙が立ちこめたと伝える。能の『融』はこの塩釜を素材とした曲である。河原院は融の霊や鬼が出没したことでも有名で、『江談抄』巻四に、宇多院が京極御息所褒子と河原院に赴き房事に及ぶと、融の霊が出現して御息所の下賜を請う。院が叱責すると院の腰を抱き、御息所は失神する。還御して浄蔵法師の加持により御息所は蘇生したと伝える。　類話は『今昔物語集』巻二十七—二、『古本説話集』上—二七、『宇治拾遺物語』一五一にみえるが、御息所のことはない。河原院に宿泊して鬼に取り殺された女の話が『今昔物語集』の同巻一七話にみえるのを考え合わせると、平安時代の後期には河原院が融の霊を主とする霊鬼のすみかと考えられていたらしい。『十訓抄』巻五に融の霊の抜苦《ばっく》のため宇多院が七ヵ寺に命じて諷誦せしめたことを伝え、『続古事談』巻四にも同話を載せ、融の子仁康聖人によって河原院が寺とされ、のち祇陀林寺に移したと伝える。現在、本覚寺(下京区)や錦天満宮(中京区)には塩竈社があり融をまつる。嵯峨の清涼寺は融の山荘棲霞観跡と伝え、俗に融の墓と称される石塔(淳和天皇の子恒寂法師の供養塔とも)がある。

山本 吉左右

また東六条の北・坊門の南・方里小路の東・鴨河の西に四丁四方の地を占めて河原院といふ殿を造り、池にはいろ〳〵の魚貝などを放ち、毎日難波の浦より潮を二十石づゝ汲ませ塩釜を立て塩を焼かせ、奥州の塩釜浦を移されし故河原左大臣と称せり。この河原院は融公薨ぜられし後、宇多法皇の御領となりたり。しかるに法皇或時京極御息所と同車にて河原院に渡らせ給ひ、風景を御覧ありけるに夜になりて月の明らかなりければ、御車の畳を取下ろさせて仮りに御座とし給ひ御息所と臥させ給ひしに、この院の塗籠の戸を開きて出で来る者の音しければ、法皇何者なるぞと咎めさせ給へば、融にて候御息所賜はらんといふ。法皇宣はく汝存生の時臣下たり、何ぞ不礼の言葉を出だせるや早く帰り去れと宣ふに、かの霊物たちまち法皇の御腰を抱きければ、大いに恐れ給ひて半死半生の体にておはします。今日前駆《ぜんぐ》の輩は皆中門のほかに候したる故御声遠きに到らず、牛童のすこぶる近く候ひて牛に物食はせ居たれば、件の童を召して人人をして御車差しよせしめ給ひて乗らせ給ふに、御息所の顔色青ざめ給ひて起き立ち給ふ事あたはざりしを、とかくに助け抱き乗せしめ還御の後、浄蔵大法師を召して加持せしめ給ひければ蘇生し給へりとぞ。

百人一首一夕話 河原左大臣の話

○かんりやくはとうるのおとゞきらひ也(一四8)

○金ぎんはかわらのごとくいゝくらし(一八2)

第一句、「勘略」は質素のこと、また近世では幕府の施行した倹約政策をいう。宇治や嵯峨の別邸の豪奢。第二句、「瓦」に「河原左大臣」をかける。

源博雅 みなもとのひろまさ 九一八―九八〇

(延喜一八―天元三)

平安中期の雅楽家。醍醐天皇皇子克明親王の長男、母は藤原時平女。九三四年(承平四)従四位下で出身の後、従三位、皇太后宮権大夫に至る。博雅三位《はくがのさんみ》といわれ、音楽の才きわめてすぐれていた。演奏では琵琶、笛、琴、大篳篥《だいひちりき》をはじめ古今の名手と尊ばれ、作曲では退出の楽に用いられる『長慶子《ちょうげし》』が有名である。楽書《がくしょ》や説話集に、朱雀門の鬼から名笛「葉二」を得たり、逢坂山の蟬丸に三年間通って秘曲『流泉』『啄木』をならったなど多くの逸話を伝えている。子の信貞、信明、信義、至光もみな音楽に秀で、その道を伝えた。

黒板 伸夫

而ル間、此博雅、此道ヲ強ニ好テ求ケルニ、彼ノ会坂ノ関ノ盲琵琶ノ上手ナル由ヲ聞テ、彼ノ琵琶ヲ極テ聞マ欲ク思ケレドモ、盲ノ家異様ナレバ不行シテ、人ヲ以テ内々ニ蟬丸ニ云セケル様、「何ド不思懸所ニハ住ゾ。京ニ来テモ住カシ」ト。盲、此ヲ聞テ、其荅ヘヲバ不為シテ云ク、

世中ハトテモカクテモスゴシテム、ミヤモワラヤモハテシナケレバ

ト。使返テ此由ヲ語ケレバ、博雅、此ヲ聞テ、極ク心懐ク思ヘテ、心ニ思フ様、「我レ、強ニ此ノ道ヲ好ムニ依テ、必ず此盲ニ会ハムト思フ心深ク、其ニ盲命有ラム事モ難シ、亦我モ命ヲ不知ラ。琵琶ニ流泉・啄木ト云曲有リ。此ハ世ニ絶ヌベキ事也。只此盲ノミコソ此ヲ知タルナレ。構テ此ガ弾ヲ聞カム」ト思テ、夜、彼ノ会坂ノ関ニ行ニケリ。然レドモ、蟬丸、其ノ曲ヲ弾ク事无カリケレバ、其後、三年ノ間、夜々会坂ノ盲ガ庵ノ辺ニ行テ、其曲ヲ「今ヤ弾ク、今ヤ弾」ト竊ニ立聞ケレドモ、更ニ不弾リケルニ、三年ト云八月ノ十五日ノ夜、月少上陰テ、風少シ打吹タリケルニ、博雅、

「哀レ、今夜ハ興有ガ、会坂盲、今夜コソ流泉・啄木ハ弾ラメ」ト思テ、会坂ニ行テ立聞ケルニ、盲、琵琶ヲ掻鳴シテ、物哀ニ思ヘル気色也。

博雅、此ヲ極テ喜ク思テ聞ク程ニ、盲、独リ心ヲ遣テ詠ジテ云ク、

アフサカノセキノアラシノハゲシキニシキテゾヰタル、ヨヲスゴストテ

琵琶ヲ鳴スニ、博雅、コレヲ聞テ、涙ヲ流シテ哀レト思フ事无限シ。

今昔物語集巻二十四「源博雅朝臣行会坂盲許語」

源満仲 みなもとのみつなか ➡多田満仲（ただのまんちゅう）

源義家 みなもとのよしいえ　一〇三九―一一〇六（長暦三―嘉承一）

平安後期の武将。源頼義の長男。母は上野介平直方の娘。石清水《いわしみず》八幡宮で元服し「八幡太郎」と号した。前九年の役に父に従って参戦、勲功により一〇六三年（康平六）従五位下出羽守となり、やがて下野守に転任した。七〇年（延久二）には陸奥で藤原基通を追捕《ついぶ》、その後京に戻り、主家藤原摂関家の警衛や京中の治安維持の任に当たった。このころ「武勇の輩《ともがら》」といえばほとんど源氏、とくに義家一党を指すほどに源氏の武力は成長していた。在京中義家は大江匡房《まさふさ》に兵法を学んだという。八三年（永保三）陸奥守兼鎮守府将軍として赴任、任国に起こった清原氏の内紛を私兵をもって鎮定した（後三年の役）。この際義家の弟義光が兄の苦戦を聞いて馳参したことは有名。乱後、朝廷はこの争乱を私闘と断じて恩賞を行わず、乱平定の翌八八年（寛治二）には義家の陸奥守を解任した。しかしこの戦乱を通して義家と東国武士間の主従結合が強化され、義家は「天下第一武勇之士」と評されるに至った。義家の名声を頼って諸国の在地有力者がその田畠を義家に寄進したため、朝廷は九一年（寛治五）にこれを禁止したほか、その翌年には義家構立の荘園の停止《ちょうじ》を命じている。九八年（承徳二）になってようやく陸奥守時代の功過が定められ、正四位下に叙されて院（白河）の昇殿を許された。しかしこの前後に弟源義綱との内紛や、子源義親《よしちか》の配流《はいる》事件などがあり、苦しい立場の中で没した。この後、義親追討を通して平正盛が台頭することとなる。

【伝承】「武略神通の人」といわれた義家については伝承もきわめて多く、とくに全国各地の八幡神社には義家伝説が多数伝えられている。すでにその生誕に関して、父頼義が八幡宮に参詣したとき夢告により宝剣を得たが、その同じ月に妻が懐胎し、生まれたのが義家であったといわれている。そのほか、『古今著聞集』『古事談』や『陸奥話記』『奥州後三年記』『源平盛衰記』などの説話や軍記物に所伝が頻出する。有名なものとしては、前九年の役の衣川《ころもがわ》の戦で敗走する安倍貞任《さだとう》に「衣のたては綻《ほころ》びにけり」とうたいかけたところ、貞任が「年を経し糸のみだれのくるしさに」と答えたので、その教養に感じて矢をおさめたという話（『陸奥話記』）、京へ帰って貞任討伐の自慢話をしたところ大江匡房に「惜しむらくは兵法を知らず」と言われ、かえって喜んで匡房に弟子入りして兵法を学んだこと、そして「兵野に伏すとき、雁列を破る」との兵書の教えから、後三年の役では斜雁の列の乱れをみて伏兵を知ることができたとの話（『奥州後三年記』）などがあげられる。

義家伝説を大別すると、①戦闘での武勇伝と、従者や武勇之仁に対する武将としての思いやりを描いたもの、②そこから派生して義家の名や声を聞いただけで猛悪な強盗も逃げ出すというような、「同じき源氏と申せども、八幡太郎は恐ろしや」（『梁塵秘抄』）に発展する類のもの、③さらに義家によって物の怪《もののけ》や悪霊さえも退散するという神格化された武勇神とでもいうべき義家像を描いたもの、の三種がある。 ➡安倍貞任　飯田 悠紀子

御堂関白殿御物忌に、解脱寺僧正観修・陰陽師晴明・医師忠明・武士義家朝臣参籠して侍けるに、五月一日、南都より早瓜をたてまつり

たりけるに、「御物忌の中に取入られん事いかがあるべき」とて、晴明にうらなはせられければ、晴明うらなひて、一の瓜に毒気候由を申て、一をとり出したり。「加持せられば、毒気あらはれ侍べし」と申ければ、僧正に仰て加持せらるゝに、しばし念誦の間に、そのうりはたらきうごきけり。其時忠明に、毒気治すべき由仰られければ、瓜をとりまわし〳〵みて、二ところに針をたててけり。其後うりはたらかず成にけり。義家に仰て、瓜をわらせられければ、腰刀をぬきてわりたれば、中に小蛇わだかまりてありけり。針は蛇の左右の眼に立たりけり。義家、なにとなく中をわると見えつれども、蛇の頸を切たりけり。名をえたる人々の振舞かくのごとし。ゆゝしかりける事なり。

古今著聞集巻七「陰陽師晴明早瓜に毒気あるを占ふ事」

○前髪の跡ひやゝかな岩清水(九七40)
石清水八幡宮で元服(前髪を剃る)、八幡太郎と称した。

○いくさをやめて鳥のかうしやくをする(安八礼8)
後三年の役で、行雁列を乱すを見て伏兵あることを知ったという故事。

源義経 みなもとのよしつね 一一五九—八九

(平治一—文治五)

平安末期～鎌倉初期の武将。源義朝の末子、頼朝の異母弟。母は九条院の雑仕女《ぞうしめ》常盤《ときわ》。幼名牛若、九郎と称す。平治の乱(一一五九)で父義朝が敗死したのち母および二人の兄今若(のちの阿野全成《ぜんじよう》)、乙若(のちの円成《えんじよう》)とともに平氏に捕らえられたが、当歳の幼児であったため助けられて鞍馬寺に入れられた。この時期の義経の行動についてはまったく不明で、ほとんどが伝説・創作の域を出ない。

源九郎義経の行動が史実として確認されるのは、一一八〇年(治承四)兄頼朝の挙兵を聞いて奥州平泉より駿河国黄瀬川に参陣してから以後のことである。頼朝の麾下に加わった義経は『吾妻鏡』にも「九郎主」と表現されるように、源家一門の御曹司として処遇され、頼朝の代官として、異母兄の範頼とともに平氏追討の大将軍として活躍した。八四年(元暦一)一月まず京都にいた木曾義仲を討ってこれを近江に倒し、都の覇権をにぎった。ついで二月には平氏軍を一ノ谷に破ってその入京の勢いをとめた。この合戦における鵯越《ひよどりごえ》の奇襲は有名である。さらに翌八五年(文治一)二月には讃岐国屋島の平氏軍を襲って大勝し、海上にのがれた平氏軍を追って関門海峡の壇ノ浦に戦い、これを全滅させた。三月二四日のことである。その機知に富んだ戦術で平氏を討滅した義経は一躍英雄として都の内外の人々にもてはやされた。そして当然その功を賞せられるべきであったが、平氏追討戦の間に梶原景時以下の関東御家人と対立したばかりでなく、後白河上皇の頼朝・義経離間策にのせられて頼朝の認可をまたずに検非違使・左衛門少尉になったため、鎌倉御家人体制の組織を破る独断行為として頼朝の不興を買い、疎外されるに至った。義経は腰越状《こしごえじよう》を送って弁解したが、ついに鎌倉に帰ることを許されず、追放の身となった。追いつめられた義経は、叔父行家と結んで反逆を企て、八五年一〇月一八日、後白河上皇に強要して頼朝追討の院宣を得た。しかし義経らが結集しえた軍勢は少なく、この計画は失敗した。西海にのがれようとして摂津の大物浦に船出したが難破し、そののちは畿内一帯に潜伏して行方をくらまし、やがて奥州にのがれて藤原秀衡《ひでひら》の庇護を求めた。しかし秀衡の死後、その子泰衡は頼朝の圧迫に抗しえず、八九年閏四月三〇日、義経を衣川の館に襲撃し、これを自害させた。数奇な運命にもてあそばれた悲劇的な義経の生涯は、多くの人々の同情を集め、後世には彼を英雄視する伝説・文学を生む結果となり、世に「判官びいき」の風潮を作った。

安田 元久

【伝承】 義経に関する伝説・口碑はきわめて多い。義経伝説のこのような普及は、おそらく御子神《みこがみ》の信仰を背景とした、薄幸の英雄を愛惜するいわゆる判官びいきによるものと思われる。義経の逸話や説話は『平家物語』『吾妻鏡』に見えるが、それは義経が武人としてはなばなしく活躍した世盛りの時代を中心としている。『平治物語』には簡略だが義経の生い立ちについて記し、『源平盛衰記』では断片的だが生い立ちや武蔵坊弁慶、伊勢三郎との関係にまで及んでいる。『義経記』では、その世盛りはむしろ省いて、その生い立ちと没落とを中心として、当時、民間に行われていたらしい伝承を、一代記風に集大成している。能、幸若舞、御伽草子の義経物は、『義経記』に記された義経伝説とかかわるものが多いが、細部で異伝を伝えている。兵法書にも義経伝説に触れるものがあり、なかには義経流の兵法書なども伝わっている。江戸時代には蝦夷の地に渡り大王となったとする説が行われ、明治期には大陸に渡ってジンギスカン(チンギス・ハーン)になったとする説も行われたが、これらは御伽草子『御曹子島渡り』『天狗の内裏』『皆鶴』などの渡島伝説や地獄巡り伝説が歴史的に解釈された結果だと思われる。

今、『平家物語』『義経記』を中心にして、多くの伝説の概略を記す。

【生い立ち】 義経は義朝の九男(『尊卑分脈』『平治物語』など)とも、六男(『吾妻鏡』など)ともされるが、『義経記』では八男とされ、九郎を称した理由を鎮西八郎為朝の跡を継ぐためとされる。江戸時代の浄瑠璃や草紙類では、常盤腹の三子、今若、乙若、牛若を頼朝、範頼、義経として、義経を三男とするものがある。一一五九年一二月、父の源義朝が平治の乱に敗死すると、常盤御前は牛若ら三人の遺児をつれて大和国宇陀郡にのがれる。この常盤の流離の物語は特に幸若舞『伏見常盤』の素材ともなっている。牛若は幼くして鞍馬寺の東光坊の阿闍梨《あじやり》(覚日阿闍梨、東光坊阿闍梨円(蓮)忍、覚円坊阿闍梨円乗とも)のもとにあずけられ、遮那王《しやなおう》と呼ばれた。そこで自分の素姓を知った牛若は、平家打倒を心に秘め、昼は学問を修め、夜は鞍馬の奥僧正ヶ谷(涯とも)で武芸に励んだ。このとき、山の大天狗が哀れんで師弟の約を結び、兵法を授け、小天狗らと立ち会わせて腕を磨かせたとする伝説もある(『平治物語』『太平記』、能『鞍馬天狗』、幸若舞『未来記』など)。たまたま山に登った黄金商人《こがねあきんど》の金売吉次を説いて鞍馬を脱出し、藤原秀衡を頼って奥州に向かう。途中、近江国の鏡宿で強盗に襲われるが、その頭目、由利太郎、藤沢入道らの首を取り賊を撃退する。異伝では鏡宿が美濃の国の青墓宿、赤坂宿、垂井宿などともなり、賊の頭目も熊坂長範らとなることがある(能『烏帽子折』『熊坂』『現在熊坂』、幸若舞『烏帽子折』など)。尾張の熱田《あつた》では前大宮司を烏帽子親として元服し、九郎義経と名のる。この東下りの途中にも、無礼を働いた関原与市を牛若が切る伝説があり、場所は京の粟田口、美濃の不破、山中などともされる(『異本義経記』、能『関原与市』、幸若舞『鞍馬出』など)。三河国矢矧《やはぎ》宿では牛若丸は宿の長老の娘浄瑠璃姫と恋に陥る伝説(『浄瑠璃物語』など)などもある。駿河国では兄の阿濃禅師(今若)と会い、下野国では鞍馬で知り合った陵兵衛《みささぎのひょうえ》を訪ねて、その冷遇を怒って館を焼き払い、上野国板鼻では伊勢三郎と会って家来とする。ついに奥州に入って吉次の手引きで秀衡に対面する。翌年、義経は単身で東山道を経て京に帰り、一条堀川(今出川とも)に住む陰陽師で兵法家の鬼一法眼《きいちほうげん》の娘幸寿前の手引きで、その秘伝の六韜《りくとう》兵法一巻の書を学びとる。鬼一法眼伝説は他に御伽草子『判官都話』(一名、『鬼一法眼』)、『皆鶴』、能の『湛海』にも伝え、法眼の娘の名を皆鶴姫とするなど、異伝を含んでいる。これに似た伝説に御曹子島渡り伝説があり、奥州滞在中に義経は千島とも蝦夷《えぞ》ヶ島とも称される島に渡り、鬼の大王の秘蔵する「大日の法」と名づけた兵法を大王の娘の手引きで盗み出すというものである(御伽草子『御曹子島渡り』)。この伝説の島が地獄となると牛若丸地獄巡り伝説となるが、これは牛若丸が鞍馬の毘沙門《びしやもん》に祈って、大天狗の内裏に至り、懇願して地

❶

❷

❹

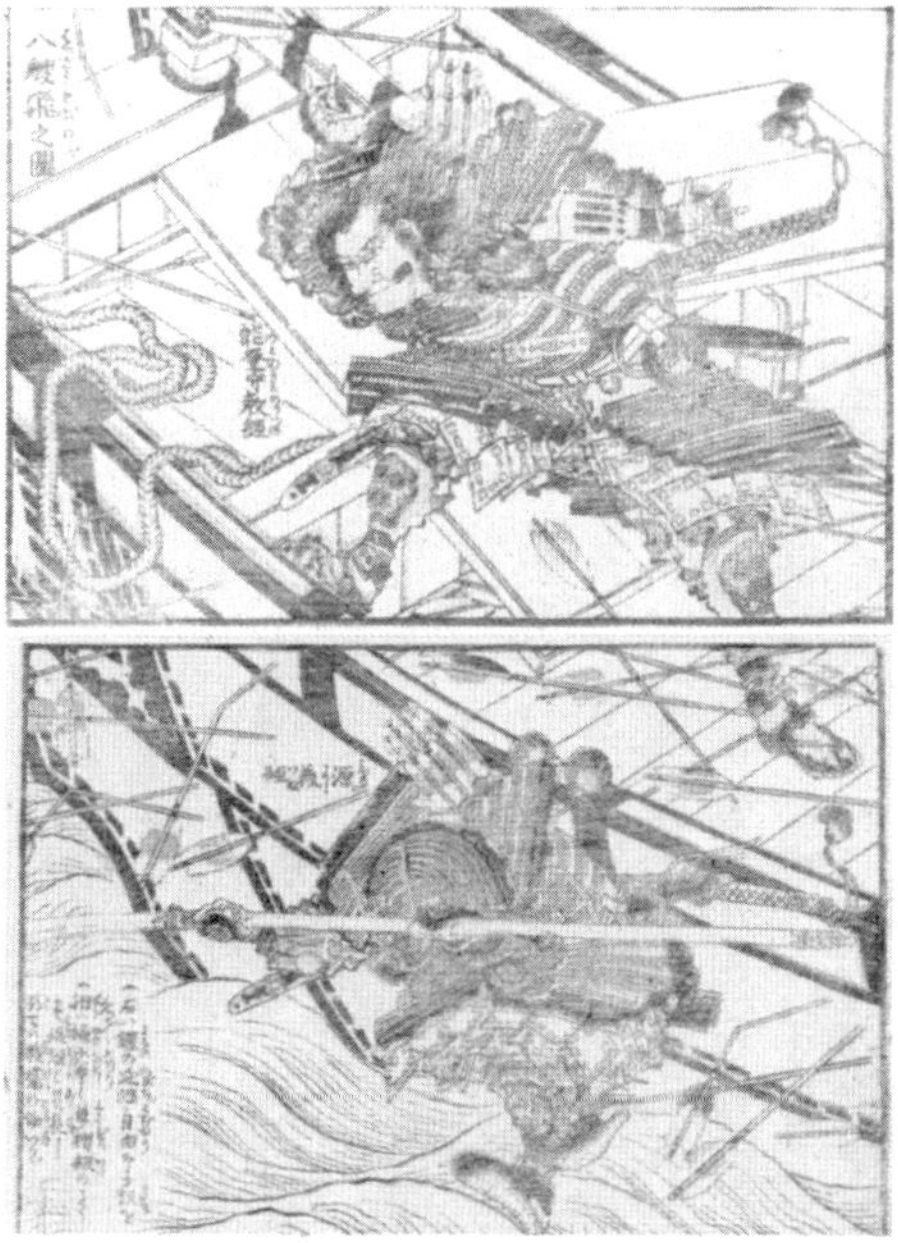

❸

◉——**源義経**

❶鞍馬山の義経。鞍馬の天狗僧正坊のもとで、烏天狗とたたかう。歌川国芳画『鞍馬山之図』。

❷五条橋の上で討ち合う義経と弁慶。『武蔵坊絵縁起』チェスター・ビーティ図書館蔵。

❸八艘飛び。『北斎漫画』。

❹女護島に渡った義経と弁慶。『義経島めぐり』。大東急記念文庫蔵。

獄を巡り、今は大日如来となっている亡父義朝に会うというものである。この時期で特筆すべき伝説は義経と武蔵坊弁慶との出会いを伝えるもので、『義経記』では五条天神と清水寺でのこととなっているが、五条橋での二人の対戦を描くいわゆる橋弁慶伝説は特に有名である(御伽草子『橋弁慶』『弁慶物語』、能『橋弁慶』など)。この伝説では、ふつう太刀一〇〇〇本を奪う悲願を立てるのが弁慶で、義経と対戦して敗れ家来となることになっているが、一〇〇〇本の太刀を奪うのが義経となっているものもある(『武蔵坊弁慶絵巻』など)。

【世盛り】 世盛りの時代の義経の活躍は『平家物語』などに見えるが、なかでも摂津国一ノ谷鵯越で、人馬も通わぬ険阻な坂を精兵三〇〇〇を率いて敵陣の背後をついた坂下し伝説、屋島の合戦に海に落とした自分の弓を、叔父為朝の剛弓に恥じて、危険を冒して拾い上げる弓流し伝説、壇ノ浦の海戦に、敵将能登守教経に追われて、次々と八艘の船に跳び移り、これをのがれた八艘飛び伝説、屋島の平家軍を襲うため、船の舳先《へさき》にも艫《とも》にも櫓を立て、進退自由にしようと主張する梶原景時と対立して今にも景時を切ろうとしたとする逆櫓論伝説、生捕りにした平宗盛父子を護送して相模国腰越に到着した義経が、頼朝から鎌倉に入るのを拒まれ、いわゆる「腰越状」を書いて弁明したとする腰越状伝説などが有名である。

【没落期】 京都に帰った義経は堀河の館にしばらくとどまるが、義経の討手を頼朝から命じられ、熊野参詣と称して上洛した土佐坊昌俊(正尊なども)に襲われる(能『正尊』、幸若舞『堀河夜討』などにも)。北条時政が大軍を率いて討手に向かったとの噂を聞いた義経は、西国に下ろうとして摂津の大物浦から出船すると、にわかに暴風雨が起こって、平家の怨霊があらわれる。弁慶は術や法力でこれを鎮める(船弁慶伝説。能『船弁慶』、幸若舞『四国落』『笈《おい》さがし』などにも)が、結局は難船し、吉野山中に逃れる。吉野法師は義経一行を追うので、最愛の静御前と別れ、佐藤忠信は吉野にとどまって奮戦する。このとき、義経が形見として静に秘蔵の初音の鼓を与えた。その鼓には大和国の狐の皮が張ってあったが、その狐の子が忠信に化けて静の供をする話が『義経千本桜』などに見え、狐忠信伝説として有名である。忠信は吉野法師の追撃を振り切って都に潜入するが、愛人の裏切りで密告され、六波羅勢に囲まれて壮烈な死を遂げる。一方、義経は南都の勧修坊に身を寄せ、吉野法師はこれを襲うが、義経に散々に切られる。捕らえられて鎌倉に連行された静は、義経の子を産むが、その子は由比ヶ浜で殺される。幸若舞『静』などでは、このとき、梶原景時の提案で静の胎内を探って母子ともに殺そうとするいわゆる胎内さぐり伝説を伝えている。追いつめられた義経は、北の方(久我大臣の姫君)や弁慶以下一六人の家来とともに、山伏姿に身をやつし、奥州に脱出するために北陸筋にかかる。大津から、大津次郎の献身で、無事に海津の浦に着き、愛発《あらち》山、三の口、平泉寺、如意の渡し、直江津と一行の上に危難がつづくが、そのつど弁慶の機知と胆力によってかろうじて乗り越える。能『安宅』、幸若舞『富樫』などに義経のこの北国落ちの途中、加賀国安宅《あたか》関で、富樫左衛門にとがめられ、弁慶がありもしない勧進帳を読んで富樫の疑念を晴らし無事脱する伝説が見える。義経一行が直江津でも怪しまれ、所持した笈を探される伝説は『義経記』に見えるが、幸若舞の『笈さがし』にも見える。奥州落ちの途中、陸奥国信夫の佐藤庄司の館では佐藤継信、忠信の母の尼公が山伏接待を行い、義経はこの接待を受けるが、身の上をかくして弁慶に継信、忠信兄弟の最期を語らせる。尼公は兄弟のはなばなしい戦死のさまに感泣する(能『摂待』、幸若舞『八島』にも)。秀衡のもとに着いた義経一行はその庇護を受けるが、やがて秀衡が死に、頼朝に屈した子の泰衡は衣川の館に義経を攻める。衣川の館にはるばる駆けつけた鈴木三郎重家、その弟の亀井六郎重清、片岡八郎、鷲尾三郎、増尾十郎、伊勢三郎、弁慶らは奮戦するが、弁慶は立往生をとげ、義経も自害する。この合戦の日の朝には常陸坊海尊が逃走する。この衣川合戦は幸若舞『高館《たかだち》』などにも記されている。伝説によっては、衣川合戦に義経は戦死せず、合戦に敗れ味方がことごとく討死した後、鞍馬の大天狗に助けられ、空を飛ぶ乗物で播磨国野口の里に飛来し、入道して教信上人と号し教信寺を建立したという(能『野口判官』など)ものもあり、蝦夷島に渡ってその地を征服し、オキクルミ大王と仰がれ、後には神としてまつられた(『続本朝通鑑』など)とするものがあり、東北から北海道にかけて義経神社などが多く、青森県東津軽郡三厩《みんまや》村(現、外ヶ浜町)には、ここから義経が蝦夷島に渡ったとする伝説がある。また、義経やその家来にまつわる伝説は諸国に数多くある。

→金売吉次…鬼一法眼…熊坂長範…佐藤忠信…静御前…浄瑠璃姫…常盤御前…常陸坊海尊…弁慶

山本 吉左右

しやうもんに逢ひ給ひて後は、学問の事は跡形なく忘れはてて、明暮謀反の事をのみぞ思召しける。謀反起す程ならば、早業をせでは叶ふまじ。まづ早業を習はんとて、この坊は諸人の寄合どころなり。如何に叶ひがたきとて、鞍馬の奥に僧正が谷といふところあり。(中略)

牛若かゝる所のあるよしを聞き給ひ、昼は学問をし給ふ体にもてなし、夜は日ごろ一所にてともかくもなり参らせんと申しつる大衆にも知らせずして、別当の御護りに参らせたるしきたいといふ腹巻に黄金作りの太刀帯きて、たゞ一人貴船の明神に参り給ひ、念誦申させ給ひけるは、「南無大慈大悲の明神、八幡大菩薩」と掌を合せて、「源氏を守らせ給へ。宿願まことに成就あらば、玉の御宝殿を造り、千町の所領を寄進し奉らん」と祈誓して、正面より未申にむかひて立ち給ふ。四方の草木を見渡して、大木二本ありけるを、一本をば平家の一類と名づけ、一本をば清盛と名づけ、太刀を抜きて、散々に切り、ふところより毬杖の玉の様なる物をとり出し、木の枝にかけて、一つをば重盛が首と名づけ、一つをば清盛が首とて懸けられける。かくて暁にもなれば、我方に帰り、衣引かづきて臥し給ふ。

義経記巻一「牛若貴船詣の事」

「是より平家の城墎一谷へおとさんと思ふはいかに」。「ゆめ〳〵かなひ候まじ。卅丈の谷、十五丈の岩さきなンど申ところは、人のかよふべき様候はず。まして御馬なンどは思ひもより候はず」。「さてさ様の所は鹿はかよふか」。「鹿はかよひ候。世間だにもあたゝかになり候へば、草のふかいにふさうどて、播磨の鹿は丹波へこえ、世間だにさむうなり候へば、雪のあさきにはまうどて、丹波の鹿は播磨のゐなみ野へかよひ候」と申。御曹司「さては馬場ごさむなれ。鹿のかよはう所を馬のかよはぬ様やある。やがてなんぢ案内者仕つれ」とぞの給ける。此身は年老てかなうまじゐよしを申す。

平家物語巻九「鵯越」

判官ふか入してたゝかふ程に、舟のうちより熊手をもツて、判官の甲のしころにからりからりと二三度までうちかけけるを、みかたの兵ども、太刀長刀でうちのけ〳〵しける程に、いかゞしたりけん、判官弓をかけおとされぬ。うつぶしで、鞭をもツてかきよせて、とらうとらうどし給へば、兵ども「たゞすてさせ給へ」と申けれども、つゐにとツて、わらうてぞかへられける。おとなどもつまはじきをして、「口惜き御事候かな、たとひ千疋万疋にかへさせ給べき御たらしなりとも、争か御命にかへさせ給べき」と申せば、判官「弓のおしさにとらばこそ。義経が弓といはば、二人しても はり、若《もし》は三人してもはり、おぢの為朝が弓の様ならば、わざともおとしてとらすべし。尫弱たる弓をかたきのとりもツて、「是こそ源氏の大将九郎義経が弓よ」とて、嘲哢せんずるが口惜ければ、命にかへてとるぞかし」との給へば、みな人是を感じける。

平家物語巻十一「弓流し」

凡そ能登守教経の矢さきにまはる物こそなかりけれ。(中略)判官を見しり給はねば、物の具のよき武者をば判官かとめをかけて、はせまはる。判官もさきに心えて、おもてにたつ様にはしけれども、とかくちがひて能登殿にはくまれず。されどもいかゞしたりけん、判官の船にのりあたツて、あはやとめをかけてとんでかゝるに、判官かなはじとやおもはれけん、長刀脇にかいばさみ、みかたの船の二丈ばかりのいたりけるに、ゆらりととびのり給ひぬ。

平家物語巻十一「八艘飛び」

梶原申けるは、「今度の合戦には、舟に逆櫓をたて候ばや」。判官「さかろとはなんぞ」。梶原「馬はかけんとおもへば弓手へも馬手へもまはしやすし。舟はきツとをしもどすが大事に候。ともへに櫓をたてちがへ、わいかぢをいれて、どなたへもやすうをすやうにし候ばや」と申ければ、判官の給けるは、「いくさといふ物はひとひきもひかじとおもふだにも、あはひあしければひくはつねの習なり。もとよりにげまうけしてはなんのよからうぞ。まづ門でのあしさよ。さかろをたてうとも、かへさまろをたてうとも、殿原の船には百ちやう千ぢやうもたて給へ。義経はもとのろで候はん」との給へば、梶原申けるは、「よき大将軍と申は、かくべき所をばかけ、ひくべき処をばひいて、身をまツたうして敵をほろぼすをもツてよき大将軍とはする候。かたおもむきなるをば、猪のしゝ武者とてよきにはせず」と申せば、判官「猪のしゝ鹿のしゝはしらず、いくさはたゞひらぜめにせめてかツたるぞ心地はよき」との給へば、侍ども梶原におそれてたかくはわらはねども、目ひきはなひききらめきあへり。判官と梶原と、すでにどしいくさあるべしとざゞめきあへり。

平家物語巻十一「逆櫓論」

(ワキ)抑々教信上人とは、いかなる人にて候御物語候へ。(シテ)語て聞せ申べし。抑も六条の判官為義の実子、義朝の末の御子、大夫判官義経は、奥州衣川たかたちの城にこもらせ給ひし事、さだめてかたりぞつたふらん。(ワキ)中々それは高たちの城にて、御腹めされし名大将。(ワキ)いや御腹めさるべかりしを、こくうより黒雲たち来り、彼高館に引おほひ、義経をこくうにいざなひ、せつなが程にはりまがた、(シテ)野口に遁れ来て、〱、もとゆひはらひすみぞめの衣川の波ときえし、らうじうの跡とひ教信と号すいにしへを、語れば今更に忍びて落るなみだ哉。(シテ)かくて上人滅後にいたり、はだのまもりをひらきて見れば、けいづたゞしき義経と、人々やがて注集す。

謡曲野口判官

へさてもやしまのひよどりごへに、こゝにのこりしいちのたに、むさしぼにべんけいをさきとして、なかによしつねきよろ〱と、けんれいもんいんをちよいとこへしなだれかかれば、うしろからまおとこみつけたとのりつねが、こへにびつくりぎやうてんし、かけいだしなんのくもなくちよい〱と、みがるのはやわざはつそふとんで、よふ〱こゝろがおちついた

大津絵節

檀の浦の軍やぶれて、女院もうみにおちいらせ給ひ、そこのみくずとなり給ひなんとしけるを、源のむつるからうじて引あげ奉りて、うしほにいたくしほたれさせ給ふける御そを奉りかへて、はうぐはむの船におくり奉るに、女ゐんはうつし心もおはしまさず、こはいかさまにするにかと、むくつけうおそろしく、めいどのごくそつにいざなはれて、ゑんまの庁にいたらむも、かくやとばかりおもひみだれさせ給へば、たゞ御袖を御かほにおしあてゝむせび給ふより外なし。はうぐはんうけとり奉りて、かしこまりつゝねんごろにいたはりかしづき参らすれど、さらになぐさみ給ふべくもあらず、此ほどの御物おもひにいたくやつれさせ給ひながら、うつくしうなつかしげなる御有さまにて、なきしをれさせ給ふ御かたちは、梨花一枝雨を帯たりといひけん、もろこしのなにがしはいざしらず、たゞ天人のこのよにあまくだりたらんこゝ地して、またよそふべきかたぞなきや、はうぐはんはもとよりいろめかしきよのすき人におはしければ、たゞひとめ見奉るよりほれ〲としてぞゐられける。

波津葉奈

○義経は船の内にてびろ〱し(明三満2)

○義経も母をされたで娘をし(末一12)

江戸期の文芸では悲劇の英雄として庶民の人気を得たが、いっぽう、壇ノ浦の合戦では人並みの好色漢としても扱われる。『波津葉奈』のほか『平太后快話』『大東閨語』等にその反映がある。右二句の古川柳もその一端で、第一句、「びろびろし」は「びろつく」、でれでれする意。第二句は、母常盤御前が清盛の寵《ちょう》をうけたため、建礼門院(清盛の次女徳子)へ復讐《ふくしゅう》として、の意。

源義朝　みなもとのよしとも　一一二三—六〇?(保安四—永暦一?)

平安末期の武将。源為義の長男。母は淡路守藤原忠清の娘。父祖相伝の本拠相模国鎌倉で成長したらしい。天養年間(一一四四—四五)目代《もくだい》と結んで同国大庭御厨《おおばのみくりや》の押妨を企て、さらに同じころ下総相馬《そうま》御厨をも掠領した。義朝には上総御曹司の異名があるところから、房総地域にも勢力を扶植していたと推測される。上京して下野守となり、一一五六年(保元元)保元の乱で平清盛と同様後白河天皇方として戦い、乱後父為義、兄弟以下崇徳上皇方の源氏一族を斬った。恩賞により左馬頭《さまのかみ》となったが、信西《しんぜい》と組んだ清盛と不和になり、五九年(平治元)一二月清盛が熊野参詣に赴いた留守をついて藤原信頼とともに挙兵し、平治の乱を引き起こした。しかし急ぎ帰京した清盛の軍勢に敗れ、東国に逃れる途中、尾張国知多郡野間(現、愛知県知多郡美浜町野間)で家人長田忠致《おさだただむね》のために鎌田正清ともども殺された。平治一年一二月二九日とも永暦一年一月四日ともいわれる。

【伝承】『平治物語』の伝えるところによれば、長田荘司忠致は義朝郎等鎌田正清の舅《しゅうと》にあたるところから、鎌田の言に従って忠致を頼って立ち寄ったという。しかし湯殿でだまし討ちにあい、その際義朝が「木太刀一つあらば」と言ったと伝えられるところから、野間の大御堂《おおみどう》寺(野間の大坊)の義朝の墓には木太刀をささげる風習が残っている。また義朝、鎌田正清については幸若『鎌田』や浄瑠璃『鎌田兵衛名所盃』の題材ともなっている。

飯田　悠紀子

さてはとて、三日の日湯をわかさせ、長田御前にまいり、「都の合戦と申、道すがら御くるしさ、左こそ御座候らめ。」とて、「御行水候へ。」と申ければ、「神妙に申たり。」とて、やがて湯屋へいり給ふ。鎌田をば長田が前に呼寄て、酒をすゝめ、平賀殿をば亭にてもてなし、玄光を外侍にて酒をすゝむ。橘七五郎・弥七兵衛・浜田三郎うかゞひたてまつりけれども、金王丸太刀帯て御あかに参りたれば、すべきひまこそなかりけれ。やゝありて、「御かたびらまいらせよ。人は候はぬか。」といへば、用意したる事なれば返事もせず。金王、「なに人はなきぞ。」とて、湯殿のほかへ出ければ、三人のものはしりちがひてつといり、義

◉——源義朝　風呂場で長田致忠に襲われる義朝。『尾張名所図会』。

朝の裸にておはしけるを、橘七五郎むずといだく。弥七兵衛・浜田三郎、左右によりて、わきのしたを二刀づゝつく。義朝、「正清は候はぬか。金王丸はなきか。義朝たゞ今うたるゝぞ。」是を最後の御ことばにて、平治二年正月三日御とし卅八にてうせ給ふ。

平治物語「義朝内海下向の事付けたり忠致心替りの事」

○よしともはぬき身をさげてうち死し(明元松3)

「ぬき身」は抜刀。また浴室での最期であるため、やむなく裸体。

○義朝はゆくはんを先へしてしまひ(拾五21)

自分であらかじめ「湯灌」を行っていたというキョクリ。

源義仲 みなもとのよしなか→木曾義仲

源義平 みなもとのよしひら 一一四一—六〇

(永治一—永暦一)

平安末期の武将。源義朝の長子、頼朝の兄。鎌倉悪源太、悪源太と呼ばれた。一一五五年(久寿二)叔父義賢《よしかた》(源義仲の父)を武蔵に殺害。平治の乱(一一五九)に際して上洛、父に従って勇戦したが六波羅の戦で敗退し、東国に逃れた。翌年一月父の死を聞き上洛して平清盛を討とうとしたが、平氏家人難波経房に捕らえられ、一月一九日(二一日また二二日、二五日ともいう)六条河原で経房によって斬られた。

【伝承】『平治物語』『尊卑分脈』によれば、義平は斬首にあたり「雷神となって経房以下の怨敵を伐たん」と述べたといわれ、斬られるやその死骸が自分の首を左脇に抱えこんで伏し、首を取ろうとしても身から離すことができなかったという。一一六七年(仁安二、一説に一一六八年)七月七日平清盛に従って摂津布引滝に下向したとき、経房は雷にうたれて死んだと伝えられる。松居松葉(松翁)の戯曲『悪源太』の題材ともなっている。

飯田 悠紀子

永暦元年正月廿一日依大弐清盛之命経房於六条川原斬義平首了義平臨最後吐数ケ荒言及希有悪口其詞内云我必死後現邪気雷神可降伐経房以下怨敵云々此言之後被斬了見聞万人雖有懼怖之気又不及信用歟　或説云義平被斬首之時身骸自取己首抱左脇臥了欲取此首敢不離其身以鑿穿之放取了云々

爰経房仁安三年六月比有悪夢之告就之依卜筮教命暫謹慎籠居之処同年七月七日大弐清盛為歴覧摂州布引滝下向之間経房不顧其慎相随之而於路次俄雷鳴響天動地忽落霹于経房馬上即騰散了見其所骸屍唯如燼炭無其形亡失了経房今日必可祓亡之由兼以自称相示等倫云々是又希恠事乎

尊卑分脈

○つよい事待賢門のいも軍(明三桜4)

平治の乱のおり、父義朝の命で、義平はわずか一七騎を率いて重盛軍に向かい、待賢門から六波羅へと追いやった。「芋いくさ」というのは親芋と子芋がつながっているところから、親子協力の戦いをいう。

○悪源太蚊屋のつられぬ所で鳴り(明三松4)

斬られるとき、斬り手の経房に「かならず雷神となって怨みをはらす」とののしったが、約束どおり、布引滝で経房は落雷により死去。現場はまさに「蚊屋の吊られぬとこ」で、防ぐすべもない。

源義光 みなもとのよしみつ→新羅(しんら)三郎義光

源頼家 みなもとのよりいえ 一一八二—一二〇四

(寿永一—元久一)

鎌倉幕府第二代将軍。源頼朝の長子。母は北条政子。一一九九年(正治一)父の死後一七歳で家督を継ぎ、一二〇二年(建仁二)征夷大将軍。北条氏のはからいで有力御家人一三人による合議制がしかれたため独裁することができず、また〇三年には六六ヵ国地頭職および惣守護職を子の一幡《いちまん》と弟の千幡(後の実朝)へ分譲決定を余儀なくされた。同年九月舅比企能員《ひきよしかず》と謀って北条氏討伐を企てたが失敗し、比企氏は滅び頼家は伊豆修禅寺に幽閉、翌年七月一八日同寺で刺殺された。頼家は幼少より才気煥発で独断専行が多く、そのため北条氏や他の御家人の信任を得られなかったという。頼家の周りには比企一族のほか梶原景時をはじめ頼家お気に入りの近習がおり、使者、手兵、遊び仲間としての役目を果たしていた。景時が追放、討滅されたのも、彼が頼家に最も近い側近で、後見でもあったためといわれる。景時没後も頼家は近習だけを重んじ、彼らを実名で呼び捨てて親密さを示し、一時は近習を通さなければ諸人の申し出は受け付けないと宣言したほどである。このような頼家に対し、北条氏は弟実朝の擁立を図り、それを果たした。幽閉中、頼家は近習の参入を懇願したがついに許されなかった。一説では近習の一人中野能成が北条氏のスパイであったともいう。頼家を題材とした戯曲に岡本綺堂作『修禅寺物語』がある。　飯田　悠紀子

○頼家の幟《はた》は笹と三ツうろこ（明二礼三）

江戸期、端午の節供に立てる幟には、父方と母方の紋を両方染めぬく慣習があった。頼家の幟は、源氏の笹竜胆《ささりんどう》紋とともに、母政子の北条氏の三鱗紋がつけられたことだろうという想像。のち北条氏討伐に失敗、殺される運命であるとは、前句に「おしひ事かなおしひ事かな」。

源頼朝　みなもとのよりとも　一一四七―九九（久安三―正治一）

平安末期～鎌倉初期の武将。武家政治の創始者。鎌倉幕府初代将軍。源義朝の三男で、母は熱田大宮司藤原季範《すえのり》の女。一一五八年（保元三）皇后宮権少進に任官、翌年には上西門院蔵人・内蔵人に補せられた。五九年（平治一）の末、藤原信頼、源義朝らのクーデタが一時成功した際に従五位下右兵衛佐に叙任。しかし信頼、義朝らは平清盛に敗れ（平治の乱）、東国に敗走する父義朝に従ったが、途中、美濃で捕らえられて京都に送られた。斬罪に処せられるところを、清盛の義母池禅尼の口添えによって六〇年（永暦一）解官のうえ伊豆に配流され、伊東祐親、北条時政らの監護下に置かれた。配流生活は二〇年余に及び、その間、読経三昧の生活を送ったと伝えられるが、実際には側近の家人安達盛長や佐々木定綱らに奉仕され、また天野遠景、土肥実平ら伊豆、相模の在地武士たちとも連絡をもち、さらに頼朝の乳母の妹の子である三善康信から京都の情報を手に入れるなど、政治情勢の変化に注意していたらしい。またこの間に北条時政の女政子と結婚している。

八〇年（治承四）五月、以仁《もちひと》王、源頼政の挙兵があり、以仁王の令旨をうけた頼朝は八月に伊豆国の目代山木兼隆を急襲してこれを倒し、反平氏の旗幟を鮮明にした。伊豆から相模に向かおうとしたが石橋山合戦で大庭景親らの平氏軍に敗れ、いったん海を渡って安房に逃れた。彼に従った三浦一族の勢力下にあった安房の在地武士をはじめ、上総、下総の有力武士たる上総介広常、千葉介常胤らを糾合することに成功し、しだいに勢力を増して武蔵に入り、江戸重長、河越重頼、畠山重忠らの参加を得て、一〇月には相模の鎌倉に入り、そこを本拠とした。次いで平維盛以下の頼朝追討軍と富士川に対陣、戦わずしてこれを敗走させ、一転して鎌倉に帰ると、直ちに源氏一族で自立の動きを見せていた常陸の佐竹氏を討滅し、この時期までにほぼ南関東一帯を制圧し、その傘下に集まった武士たちを家人として統制するために侍所を設けて和田義盛を侍所別当に任じた。

八一年（養和一）閏二月に平清盛が病死したのち、頼朝は後白河法皇に密奏して、法皇への忠誠を誓うとともに源平の和平共存のことを申し入れたが、平氏側に拒否された。この年から翌年にわたり大凶作のため、軍勢を大きく動かすことが不可能であったが、その間頼朝は家人の統制に意を用い、東国一帯の武力的支配をすすめ、その簒奪的政権の基礎をかためることに努めた。とくに御家人統制をみだす存在については厳しい態度をとり、八三年（寿永二）の暮れには独立性の強い態度を持していた上総介広常を誅滅している。一方、こ

の年の七月には源義仲が入京して平氏を西走させたが、義仲がやがて後白河法皇と対立すると、頼朝はこの機をつかんで再び奏上して、法皇以下公家政権の人々の歓心を買うことに成功し、ついに勅勘をとかれて本位に復するとともに、彼が事実上の支配を実現していた東国諸国に対して、公的にその沙汰権を認める宣旨をえた。この「寿永二年の宣旨」は、頼朝による独自の東国政権が樹立されたことを意味する。

　次いで勅命をうけて範頼、義経の二弟を西上させ、八四年(元暦一)正月、義仲を近江に討滅し、引き続いて一ノ谷に平氏軍を破った。そして翌八五年(文治一)二月から三月にかけて、平氏を屋島から壇ノ浦へと急追し、ついに族滅させた。この間、法皇に時局収拾策を申し入れ、諸国の武士を家人化して、全国的軍事警察権を掌握すべきことを要請する一方、鎌倉には公文所、問注所を設けて家政機関を整えた。そして平家討滅ののち従二位に昇叙。次いで義経謀反事件がおこると、その機をつかんで、同年一一月北条時政以下の軍勢を上京させ、法皇に強要して守護・地頭設置の勅許を得た。また親義経派の公卿の解官を要求するとともに頼朝支持派の九条兼実を内覧に推挙し、議奏公卿を指名することに成功した。この時期に頼朝の政権は東国政権から全国政権へと前進するきっかけを得たが、やがて八九年(文治五)には義経をかくまった陸奥の藤原泰衡を攻め滅ぼし、全国的軍事支配の体制を完成させた。挙兵以来一〇年にして内乱は終息されたのである。九〇年(建久一)一一月、頼朝ははじめて上洛して法皇に対面し、権大納言・右近衛大将に任ぜられたが、その翌月これを辞任して鎌倉に帰った。そして九二年七月、法皇が没して四ヵ月のちに征夷大将軍に補任された。ここに、武家政権の首長が征夷大将軍に任ぜられる慣例がひらかれた。九五年東大寺再建供養のため再度上洛したが、その翌年には京都で九条兼実が失脚し政情は頼朝に不利に傾いた。そこで女の大姫を後鳥羽天皇に入内させ公武融和をはかろうとしたが大姫の死で実現せず、その後まもなく、九八年の暮れ、相模川の橋供養に臨席した帰途に落馬し、それが直接の原因となって翌年正月に死去した。

安田 元久

【伝承】　頼朝は本格的な武家政権である鎌倉幕府を開いた大人物なので、中世・近世の武家社会では偶像視され、模範とされたことはいうまでもないが、史上に名高いうえに、源義経や静御前、木曾義仲、義仲の子の清水義高らとの絡みもあって、しばしば物語、演芸、浮世草子などに登場してきた。古いところでは、室町時代末期の一五三三年(天文二)一月に、京都で北畠《きたばたけ》の声聞師《しょうもじ》が頼朝の一一九〇年一一月の「都入《みやこいり》」のもようを題材とした舞(『頼朝都入』『みやこいり』『京入』などの題名がある)を演じていたことが知られている(『言継卿記《ときつぐきょうき》』)。そのほかでは、慶長(一五九六—一六一五)ごろの成立かとみられている御伽草子《おとぎぞうし》『頼朝之最期』(『頼朝最期の記』『頼朝最期物語』ともいう)があり、相模川の橋供養の帰途に落馬したのが頼朝の死因だとする通説とはちがって、畠山六郎なる武士が正体を知らずに賊とまちがえて刺殺したことにしている。

　ところで、さきの北畠の声聞師が源頼朝を主人公とする曲をレパートリーに加えていたのは重視される。なぜならば、北畠の声聞師というのは北畠散所《さんじょ》を根拠地として活動した当代の賤民的雑芸者の集団であるが、それとの歴史的連関はさておくとして、江戸時代の身分制で賤民身分の中核にすえられた「えた」が、「えた」としての権益を主張するための根本的な「証文」として受け伝え、保持していた文書(名称は種々あるが、こんにちでは『河原巻物《かわらまきもの》』と総称されている)に、源頼朝から引き立てられ御用をつとめたのが始まりであると由来を説きおこすのが通例だからである。たとえば、江戸浅草の「穢多頭《えたがしら》」弾左衛門《だんざえもん》家伝来の『頼朝卿御朱印の写《うつし》』では、一一八〇年九月に「鎌倉長吏《ちょうり》弾左衛門藤原頼兼《ふじわらのよりかね》」

が頼朝の朱印状により、長吏、座頭《ざとう》、舞々《まいまい》、猿楽《さるがく》、陰陽師《おんみょうじ》など各種の職業の支配権を得たという。

この種の文書が偽文書であることは、すでに明らかにされているが、なぜ「源頼朝」が「えた」の由緒意識の中心にあったのかは、解明されつくしたとはいいがたい。もちろん、頼朝が武家社会では一貫して模範とされてきていたこと、ならびに江戸幕府と「えた」との密接な関係が強く配慮されたからに違いないが、それだけではなく、おそらくは、さらに奥深い意味が潜んでいて、草創期の武士階級が「浮屠《ふと》の輩」「屠膾《とかい》の輩」などと、「殺生を業《なりわい》とする者」として公家階級から蔑視されていた歴史的事情も大いに働き、武士階級の最高無比のシンボルである頼朝が、生業の根源に深く関連しつつ「えた」の由緒意識の構成に役立てられたのではあるまいか。　横井 清

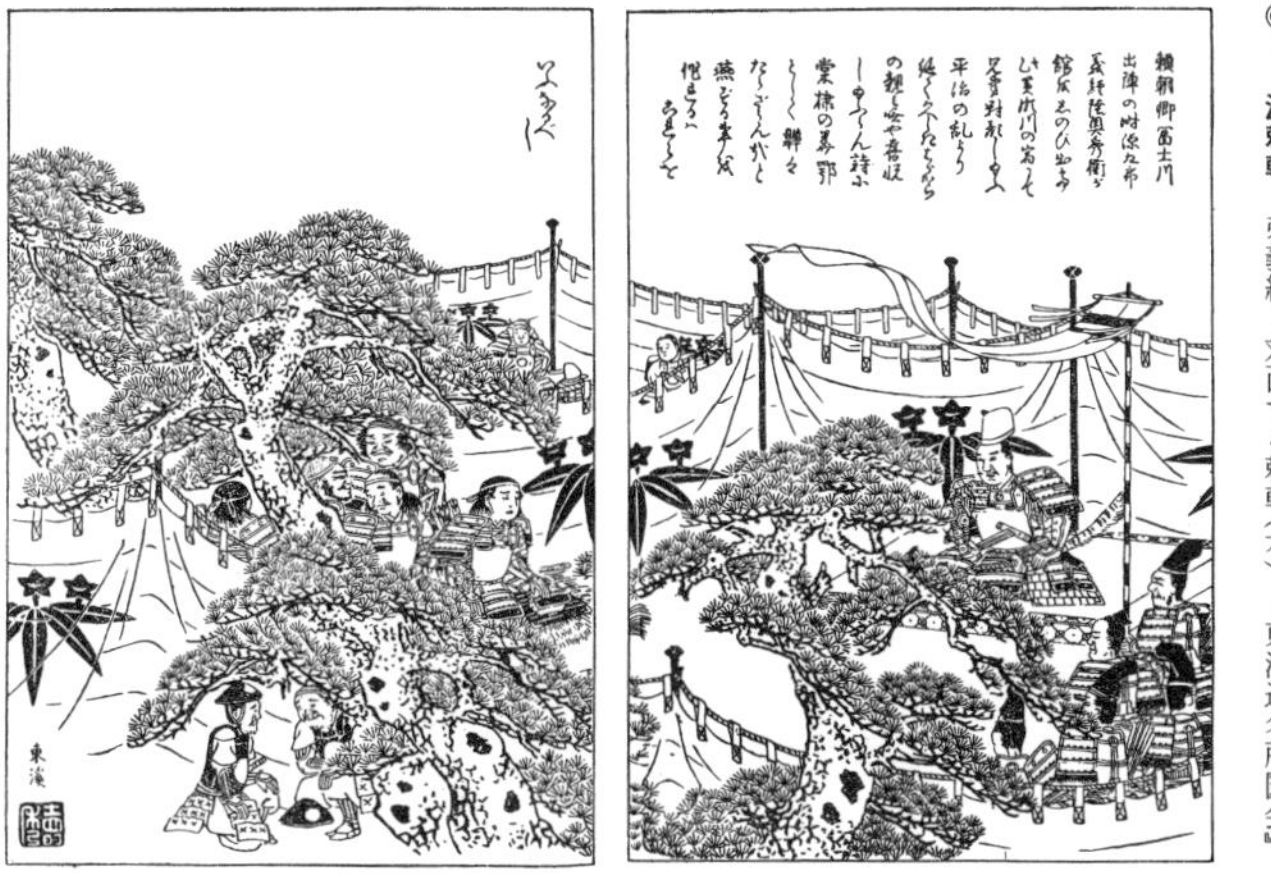

◉**源頼朝**　弟義経と対面する頼朝(右)。『東海道名所図会』。

文覚御覧じて、「不思議や、御身はたれ人ぞ」。「さん候。いつぞや、平治の春のころの流され者にて候」。「さる事有り。義朝に三男、頼朝にてましますか」。「さん候」。「御身の父義朝のなれる姿見たく候か」と問ひ給へば、「見たく候とも、見たからずとも、なかなか申すばかりなし」。「いでいで、さらば、見せ申さん」と笈取って引き寄せ、からげ縄ふるふると引っ解いて、上段より錦七重に包みたる髑髏を取り出だし、「是こそ、御身の父義朝のなれたる姿。見給へ」とて、賜びにけれ。程古りたる事なれば、さらにさぞとも思し召さず、さあらぬ体にもてなし、傍なる机に置き給ふ。文覚御覧じて、「道理なり頼朝。程古りたる事なれば、疑ひ定めて有るべし。さて義朝、長田に討たれ給ひ、御頸上り獄門にかかり、昼は日に照らされ、夜は雨露にうたれ、後には地に落ち、人馬の蹄にかかりつべかりしを、文覚あまりいたはしさに、夜にまぎれ盗み取り、百日壇にて行ひ、今まで持ちて候」と、机なる頭に向って、「義朝、義朝」と仰せければ、しゃれたる頭の御眼より、御涙そそぎ、それかあらぬか御声かすかに聞えければ、其の時頼朝、御袂《たもと》に受けまゐらせ、高々とさし上げ、生きたる人に向って物をのたまふごとくに、「いかに候、父御前。(中略)この島に流され、二十余年の春秋を送り迎へて過ぎ行けど、少しも父の御事をば忘れ申す隙もなく、恋しく思ひ申せしに、命の内に御姿を見参らせぬる嬉しさよ。『あれは佐か、文殊か』と、今一度仰せ候へ」とて、御顔におし当てて、流涕焦がれ給ひければ、文覚も覚文も、さて御供の盛長も、みな涙をぞ流しける。

文覚御覧じて、「それは五逆罪の人なれば、涙をかけぬ御事なり。それ、こなたへ」と仰せあって、またもとのごとくに取り納め、「いかに頼朝、聞し召せ。文覚が有らん程は、御心やすく思し召せ。平家調伏すべし」とて、十二か条の巻物を、書きこそしるし給ひけれ。(中略)頼朝なのめに思し召し、三度いただき、守りに掛け、「万事は頼み奉る。さらばお暇申す」とて、また御舟に召され、奈古屋の御所へぞ帰られける。是ぞ此の源氏繁盛のはじめとぞ聞えけれ。　幸若舞**文覚**

○惣領を産で常盤はがつかりし(五四27)

○おつむりをやつと入ると鳩がとび（三二2）
『平家物語』に「顔大にして背低し」と記述されたところから、頼朝の頭は大きいとの巷説が生まれた。右第一句は川柳作者が頼朝の生母を常盤と錯誤した句作で、大頭ゆえの難産。第二句は、石橋山合戦に敗れ、土肥の鵐の岩屋といわれる谷間で、大きな臥《ふし》木《き》にかくれひそんでいたが、追手が臥木を怪しんで弓で射たところ、数羽の鳩が飛び立ち、頼朝は追及をまぬかれたという説話による。

○東鑑に影もない千羽鶴（九〇27）
○放生会《ほうじょうえ》奉行職には千葉之介（四二3）
○小松川短冊の儘何ン羽も来（一一九35）
頼朝が鶴ヶ岡八幡の社頭で、放生会として鶴千羽の脚に黄金の短冊を付けて放ったとの言伝えがあり、むろん『吾妻鏡』などの史書には記述がない。第一句はそのキョクリ。第二句、「千葉之介」は千羽にかけたしゃれ。第三句の「小松川」は江戸期の将軍が鷹狩の鶴を飼った場所。「鶴は千年の齢」だから、頼朝の放った鶴も来るだろうとのうがち。南方熊楠によれば、金札付きの鶴が生存するとの口碑は「文政初なお存し」（全集第六巻「金札付きの鶴」）たとあるが、右の句は一八三二年（天保三）の刊で、幕末まで半信半疑で伝えられていた。

源頼政　みなもとのよりまさ　一一〇五―八〇
（長治二―治承四）
平安末期の武将。清和源氏の本宗摂津源氏の流れをくむ源仲政の子。母は勘解由《かげゆ》次官藤原友実の娘。弓の名手であり、歌人でもあった。一一五五年（久寿二）兵庫頭。五六年（保元一）保元の乱で渡辺党以下二〇〇騎を率いて後白河天皇方につき勝利を得る。五九年（平治一）平治の乱では初め源義朝方に加わったが変心して平家方につき、以後は源氏として唯一人六波羅政権下で生きのびることとなる。六六年（仁安一）内昇殿を許され、七八年（治承二）一二月平清盛の奏請により七四歳で念願の三位となった。ほどなく出家して法名を真蓮（一説に頼円）といい、源三位入道と呼ばれた。八〇年五月後白河院の皇子以仁王《もちひとおう》を奉じて挙兵、平氏方は頼政の行動を掌握しきれず、以仁王の討手の一人に頼政を予定したほどであった。同月二六日近江の園城《おんじょう》寺から南都へ向かう途中、宇治で敗死した。頼政の和歌は『源三位頼政家集』のほか勅撰集や諸家集に多数見いだせる。

【伝承】　頼政は史実があまり確認されないのと対照的に、『保元物語』『平治物語』『平家物語』『源平盛衰記』など軍記物には再三登場する。　三位昇進について『平家物語』は「のほるへきたより無れは木の本にしゐをひろひて世を渡る哉《かな》」の一首が清盛の目にとまり、頼政を哀れと思って三位に推したとする。また武人として朝廷警固に当たっているとき、仁平年間（一一五一―五四）、応保年間（一一六一―六三）の両度にわたり鵺《ぬえ》を退治して天皇の病を治したという。さらに挙兵の動機については、頼政子息仲綱の名馬を平宗盛が所望したことに端を発すると説明している。これらが題材となって後世、謡曲『頼政』『鵺』、古浄瑠璃『よりまさ』、浄瑠璃『頼政追善芝《ついぜんのしば》』などが作られた。

飯田　悠紀子

近衛院御在位の時、仁平のころほひ、主上よなく／＼おびへたまぎらせ給ふ事ありけり。有験の高僧貴僧に仰て、大法秘法を修せられけれども、其しるしなし。御悩は丑の剋ばかりでありけるに、東三条の森の方より、黒雲一村立来て御殿の上におほへば、かならずおびへさせ給ひけり。これによッて公卿僉義あり。（中略）すなはち先例にまかせて、武士に仰せて警固あるべしとて、源平両家の兵物共のなかを撰せられけるに、頼政をゑらびいだされたりけるとぞきこえし。（中略）頼政はたのみきッたる郎等遠江国住人井早太に、ほろのかざぎりはいだる矢おはせて、たゞ一人ぞぐしたりける。我身はふたへの狩衣に、山鳥の尾をもッてはいだるとがり矢二すぢ、しげどうの弓にとりそへて、南殿の大床に祗候す。頼政矢をふたつたばさみける事は、雅頼卿其時はいまだ左少弁にておはしけるが、「変化の物つかまつらんずる仁は頼政ぞ候」とゑらび申されたるあひだ、一の矢に変化の物をゐそんずる物ならば、二の矢には雅頼の弁のしや頸の骨をゐんとなり。

日ごろ人の申にたがはず、御悩の剋限に及で、東三条の森の方より、黒雲一村立来て、御殿の上にたなびいたり。頼政きッとみあげたれば、雲のなかにあやしき物の姿あり。これをゐそんずる物ならば、世にあるべしとはおもはざりけり。さりながらも矢とッてつがひ、南無八幡大菩薩と、心のうちに祈念して、よッぴいてひやうどゐる。手ごたへしてはたとあたる。「ゑたりをう」と矢さけびをこそしたりけれ。井の早太つッとより、おつるところをとッておさへて、つゞけさまに九かたなぞさいたりける。其時上下手々に火をともいて、これを御らんじみ給ふに、かしらは猿、むくろは狸、尾はくちなは、手足は虎の姿なり。なく声鵼にぞにたりける。おそろしなンどもをろか也。主上御感のあまりに、師子王といふ御剣をくだされけり。　平家物語巻四「鵼」

○ひろい物とは頼政が官位也(玉4)

「しゐをひろひて世を渡る哉」の歌で源三位となったとは拾い物にちがいない。

○泣く声がにたとはぬえで無イとみへ(一〇33)

○あくる日はもふぬえの絵図く(拾五29)

両句とも鵺退治。「さて火を灯しよく見れば、頭は猿尾は蛇、足手は虎の如くにて、鳴く声鵺に似たりけり」(謡曲『鵺』)で、第一句はその文句取りによるキョクリ。第二句、翌日には早速瓦版売が「鵺の絵図く」と売り歩いたであろうとの想像。

○ぬえ切りでおけばよいのに哀也(明元義2)

○古来稀なる頼政のむほん也(一五42)

頼政は挙兵したが失敗。第一句は結果論。第二句、このときの頼政の年齢は古稀を超えた七〇余歳。

○源三位きうくつそうな腹をきり(七4)

○かるわざの切にあふぎの上へのり(一五36)

宇治川の戦に敗れ、頼政は平等院の庭で「これなる芝の上に、扇をうち敷き鎧脱ぎ捨て座を組みて」(謡曲『頼政』)自害した。今も「扇の芝」の古跡が残っている。第一句、「きうくつそう」は扇の上という面積。第二句、「軽業」は宇治川の橋合戦で、一来法師という僧兵が橋桁がせまく前へ出られぬため、前にいた僧兵の兜に手をかけ、「肩をつんとをどりこえてぞたたかひける」(『平家物語』巻四)と身軽な早業を演じたことをさす。「切」は興行物の最後をさすことば。

源頼光　みなもとのよりみつ　九四八?―一〇二一

(天暦二?―治安一)

平安中期の武将、貴族。清和源氏満仲の長子。摂津源氏の祖。摂津、伊予、美濃等の諸国の受領を歴任。内蔵頭、左馬権頭、東宮権亮等をつとめた。藤原摂関家に接近し、その家司《けいし》的存在となって勢力を伸張した。例えば九八八年(永延二)摂政兼家の二条京極第新築に際し馬三〇頭を献じたことや、一〇一八年(寛仁二)道長の土御門第新造のときにその調度品のいっさいを負担したこと、道長の異母兄道綱を娘婿に迎え彼を自邸に同居させたことなどはその現れである。こうした摂関家との関係は、安和の変以降の父祖の伝統を受け継ぎ清和源氏発展の基礎を築くものであった。また頼光は早くからその武勇で知られており、彼や彼の郎党と伝えられる渡辺綱、坂田公時以下のいわゆる頼光の四天王の名は『今昔物語集』をはじめ多くの説話集や軍記の中に見いだすことができる。　大塚 章

【説話と伝説】　頼光と渡辺綱など四天王の武勇談は能の『大江山』、御伽草子の『酒呑《しゅてん》童子』にみえ、大江山の鬼退治として親しまれるようになった。屋代本『平家物語』剣巻に、瘧《ぎゃく》病(わらわやみ)にかかった頼光は、加持しても効果なく、床に伏せっていると、ある夜たけ七尺ばかりの法師が縄をかけようとするので、枕元の名剣膝丸《ひざまる》をとって切りつけると手ごたえがあり、灯台の下に血がこぼれていた。その血をたどると北野社の塚穴に達し、掘ると中に大きな山蜘蛛《くも》がいるので、からめとって鉄の串にさし川原にさらした。これより膝丸を蜘蛛切と改名したと伝える。この話を脚色したのが能の『土蜘蛛』で、悩ますの

が葛城《かつらぎ》山の土蜘蛛、退治するのが独武者《ひとりむしゃ》となっている。御伽草子絵巻『土蜘蛛草子』も同材で、葛城山の土蜘蛛となっているが、退治するのが四天王となる。能も絵巻も葛城山の土蜘蛛とするのは、神武紀に高尾張邑《たかおわりのむら》に土蜘蛛と称する土着民がいて、神武が征伐し、村名を葛城と変えたとする伝承と関係があろう。 ➘坂田金時…酒呑童子…渡辺綱　山本 吉左右

頼光朝臣、寒夜に物へありきて帰けるに、頼信の家近くよりたれば、公時を使にて、「只今こそ罷過侍れ。此寒こそはしたなけれ。美酒侍りや」といひやりたりければ、頼信折ふし酒飲てゐたりける時なりければ、興に入て、「只今見様に申給べし。此仰殊悦思給候。御渡あるべし」といひければ、頼光則入にけり。盃酌之間、頼光厩の方を見やりたりければ、童を一人いましめて置たりけり。あやしと見て、頼信に、「あれにいましめておきたる物はたそ」と問ければ、「鬼同丸なり」とこたふ。頼光驚て、「いかに鬼同丸などを、あれていにはいましめ置給たるぞ。おかしある物ならば、かくほどあだにはあるまじき物を」といはれければ、頼信、「実にさる事に候」とて、郎等をよびて、猶したゝかにいましめさせければ、金鏁を取出て、よくにげぬ様にしたゝめてけり。鬼同丸、頼光のの給事を聞より、「口惜物かな。何ともあれ、今夜のうちに此恨をばむくはむずる物を」と思ゐたりけり。盃酌数献に成て、頼光も酔て臥ぬ、頼信も入にけり。夜の中しづまる程に、鬼同丸究竟の物にて、いましめたる縄・金鏁ふみきりてのがれ出ぬ。(中略)鬼同丸此事を聞て、こゝにては今は叶まじ、酔臥たらばとこそ思つれ、なまさかしき事しいでゝはあしかりなむと思て、明日の鞍馬の道にてこそと思ひかへして、天井をのがれ出て、くらまのかたへ向て、一原野の辺にて、便宜の処をもとむるに、立隠べき所なし。野飼の牛のあまたありける中に、ことに大なるを殺して、路頭に引ふせて、牛の腹をかきやぶりて、其中に入て、目ばかり見出して侍けり。頼光、あんの如くに来たりけり。浄衣に太刀をぞはきたりける。綱・公時・定道・季武等、皆共にありけり。頼光馬をひかへて、「野のけしき興あり。牛その数あり。各牛おものあらばや」といはれければ、四天王の輩、我も〳〵と懸て射けり。実に興ありてぞ見えける。其中に綱いかゞ思けむ、とがり箭ゃをぬきて、死たる牛に向て弓を引けり。人あやしと見所に、牛の腹のほどをさして矢をはなちたるに、死たる牛ゆす〳〵とはたらきて、腹の内より大の童、打刀をぬきて走出て、頼光にかゝりけり。みれば鬼同丸なりけり。矢を射たてられながら、猶事ともせず敵に向けり。頼光もすこしもさはがで、太刀をぬきて、鬼同丸が頸を打落てけり。

古今著聞集巻九「源頼光鬼同丸を誅する事」

頼光　天部の神には本地ありと、承はり及びしが、五大明王にも本地ありや。
智籌　五大明王にも本地あり、降三世は東方の阿閦仏、軍吒利夜叉は南方の宝生仏、大威徳は西方の弥陀仏、金剛夜叉は北方の釈迦仏、大聖不動明王は中央大日如来の教化大慈大悲の誓願なり、斯かる尊き明王を本尊となし奉り、護摩を上げて祈念なさば、悪鬼羅刹魑魅魍魎天魔破旬の鬼神なりとも、修力を以て立所に退散なさん事疑ひなし。いで〳〵五大明王を祈りて、障礙を払ひ申さん。
〽最多角の珠数携へて、頼光朝臣の御前近く、進み寄りし其影の、最も怪しく見えければ、
刀持　なう〳〵我が君、御油断あるな。
頼光　なに、油断すなとは。
刀持　火影にうつる僧の姿、いと〳〵怪しく存じ候。
〽怪しむ詞に驚きて、袖を返せば傍なる、灯火はたと消えにける。
頼光　風も吹かぬに灯火の、消えしは化生の業なるか。
智籌　やあ愚なる仰せよな、我がなす業と知らざるか。
頼光　左いふ汝は何者よな。
智籌　我が背子が来べき宵なり、さゝがにの、
頼光　蜘の振舞かねてより、
〽知らぬといふに猶近附く、姿は蜘の如くにて、〽掛くるや千筋の糸筋に、五体

を包み身を苦しむ。＼頼光化生と見るよりも、枕辺にある膝丸を、抜き開いて丁と切れば、＼身を躍らして背くる所を、続けざまに薙ぎ伏せつゝ、得たりや応と罵しる声に、＼又立掛れど膝丸の、剣の威徳に叶はじと、形は消えて失せにけり失せにけり。

河竹黙阿弥作**土蜘**

◉――**源頼光**　酒呑童子の首をかかげて凱旋する頼光たち。『源家四津車』。個人蔵。

○くものやれ鬼のとへんな相手なり(安四満1)
頼光の相手は土蜘蛛に酒呑童子など。

○頼光を矢にてつつつきおこすなり(安四叶2)
『前太平記』によれば、頼光は夢中に楚の国の養由基《ようゆうき》の娘枡花女《しょうかじょ》が天下り、雷上動と名づける弓と水破兵破《すいはひょうは》と名づける二筋の矢などを与えられ、目覚めて弓矢を得たと伝える。

○酒呑ミはまんぢうの子にしめられる(二五31)
酒呑童子の本拠へ山伏姿で乗りこんだ頼光と四天王の一行は、大酒宴を催し盛り殺した。「酒呑み」で酒呑童子、「まんぢう」(饅頭、満仲)の子」は頼光。「しめる」はとっちめる意。

宮城野・信夫　みやぎのしのぶ

人形浄瑠璃・歌舞伎脚本の役名。姉が吉原の傾城宮城野、妹が田舎娘の信夫で、親の敵討をした異色の姉妹として知られる。モデルとなったのは一七一七年(享保二)伊達の領内奥州白石足立村の百姓四郎右衛門が田辺志摩という武士に殺され、その娘すみ・たかの姉妹が剣術師範滝本伝八郎に下女奉公に住み込んで剣術を習い、六年後の二三年四月、仙台白鳥明神の社頭で首尾よく父の敵志摩を討った事件だという。これを由井正雪らの『慶安太平記』に結びつけて脚色したのが、紀上太郎《きのじょうたろう》・烏亭焉馬《うていえんば》・容楊黛《ようようたい》合作の人形浄瑠璃『碁太平記白石噺《ごたいへいきしろいしばなし》』(一七八〇年(安永九)一月、江戸外記座)で、宮城野、信夫の姉妹が宇治常悦(由井正雪を暗示)らの助太刀で父の敵志賀台七を討つ筋に仕組んだ。父を殺された信夫が江戸へ出て姉を訪ね、吉原で宮城野に対面する「揚屋」の段は、姉妹の対照的な描写がすぐれ、歌舞伎でもよく上演される。なお同題材の脚本に『姉妹達大礎《あねいもうとだてのおおきど》』(辰岡万作・近松徳叟合作)があり、江戸期の大坂ではしばしば上演された。

松井 俊諭

○田の草で妹大事トでからかし(三四7)
実録本『由井根元記』(享保ころ成立)に、妹たかの投げた田の草が志賀団七に当たる。

○与茂作が娘ざんすに妹チヤア(一六七23)
「与茂作」は二人の父親の名。「ざんす」は廓言葉、「ちゃあ」は「赤はらはたれ申さぬちゃあ」(揚屋の段)と信夫が奥州弁をふり回す哀れなおかしみ。

宮本武蔵　みやもとむさし　一五八四―一六四五
(天正一二―正保二)

江戸時代初期の剣豪。二天一流(円明流、武蔵流ともいう)剣法の祖。『五輪書』の著者。二天と号した。日本の剣道史上最も著名な剣豪の一人で、小説、舞台、映画などにもなっているが、伝記についても必ずしも明らかではない。出生地についても、播磨(兵庫県)の宮本村説と美作(岡山県)吉野郡宮本村説がある。『五輪書』では播州の出生とする。父(養父とも)は新免無二斎。『五輪書』によれば、武蔵は幼少のころから兵法を心がけ、一三歳ではじめて試合をして勝ち、二八～二九歳まで六〇余度の試合に一度も負けなかったといわれる。最後の試合は一六一二年(慶長一七)武蔵二九歳のとき、佐々木小次郎との巌流島の決闘であったらしい。三〇歳以後は、ひたすら剣理の追究、鍛錬を重ね、五〇歳ころになって兵法の道を体得したという。四〇年(寛永一七)五七歳のとき、熊本城主細川忠利に招かれて客分となり、忠利の求めに応じ、二天一流兵法を『兵法三十五箇条』にまとめて呈している。四三年一〇月から死の直前にかけて、岩戸山にこもって『五輪書』を書き上げたといわれる。四五年(正保二)五月一九日、同地で没した。 中林 信二

　武蔵は剣のほか書、画、彫刻などにも非凡な才があり、すぐれた作品を残している。とくに水墨画では、師承関係は明らかでないが、気魄のこもった鋭い表現を特色とし、武人画家の最後に位置する画家として着目される。東寺観智院に武蔵の作と推定される水墨の襖絵が伝存しており、武人の余技を超えた本格的な作品である。代表作に『枯木鳴鵙《げきめい》図』(久保惣記念美術館)などがある。 鈴木 廣之

　一七三七年(元文二)夏、大坂で大当りをとった歌舞伎『敵討巌流嶋』(藤本斗文作)は、翌年秋江戸市村座で上演されてより、宝暦初年度上演のものまで「信田の世界」に組みこまれている。佐々木巌流を敵討する助太刀として、月本武者之助(＝宮本武蔵)が登場するのである。佐々木巌流はまちがえて信田左衛門を討ち、提灯に書置して立ち退く。月本武者之助は仕官の成否を決める御前試合で、巌流に頼まれて勝ちを譲る。巌流を敵とねらう姉妹らをかくまう月本家へ、巌流は上使として来、わが腕前を自慢する。城下で晴れの敵討が行われ、姉妹は武者之助の助太刀で本懐を果たす。浄瑠璃として『花筏巌流嶋《はないかだがんりゆうじま》』(一七四六年(延享三)上演)、『花襷会稽褐布染《はなだすきかいけいかちんぞめ》』(一七七四年(安永三)上演、菅専助ら合作)があり、とくに後者は上方で長く行われた。佐崎巌流に暗殺された吉岡民右衛門の妻子が、月本武者之助の助けを得て、苦心の末に敵討の本望を遂げるという内容になっている。 高橋 則子

　小説、講談、舞台、映画、テレビなどの主人公としての宮本武蔵は、そのほとんどが剣豪としての現役の時代を対象に描かれている。つまり佐々木小次郎との宿命の対決までの道程が主題で、兵法の道を体得、細川忠邦に招かれてのち『五輪書』を書きあげる晩年の姿には、あまり関心が寄せられていない。青年時代の宮本武蔵伝説の形成に大きな力を貸した吉川英治による長編小説『宮本武蔵』は、一九三五年から三八年にかけて、東京、大阪の両『朝日新聞』に連載され、ただちに全六冊のかたちで上梓されたが、富国強兵政策に傾斜していく社会風潮のなかで、満都をわかせた。太平洋戦争の敗戦によって、軍国主義に対する批判が集中した空気のなかでも、依然多くの読者を獲得したのは、その娯楽性豊かな話の運びに加えて、沢庵、柳生石舟斎、本阿弥光悦らとの出会いによって、人間的に自己を成長させていく生き方が評価されたためである。

　活動写真の時代から、宮本武蔵を主人公にした映画は少なくないが、吉川英治の原作を得てよりは、戦前の嵐寛寿郎、片岡千恵蔵、戦後の三船敏郎、萬屋錦之介、高橋英樹などのスターによって強烈な男性像をうたいあげることに主眼が置かれている。新国劇など商業演劇の手になる舞台化もさかんで、辰巳柳太郎、萬屋錦之介などが武蔵に扮している。 矢野 誠一

　聽て武蔵は充分に支度をして例の二本の木剣を持てでる「これは山内どのとやら、何分未練の某し、どうかお手柔らかにお願ひいたし

ますると山内はこれまた肩衣をはねて下緒を十字に綾どり、頭には後鉢巻をしめ、袴の股立ち高くとつて、太やかなる木剣を右手にゝぎり、武蔵の挨拶をきいてニタリと笑つた「これは／＼異なる御挨拶、何分にも勝敗は時の運、

◉――**宮本武蔵**　佐々木小次郎との巌流島の決闘。吉川英治作『宮本武蔵』「円明の巻」の挿絵。石井鶴三画。

いづれ敵味方とわかれた上は斟酌御無用、どうか充分にお打ちこみをねがひたい」その傲慢なる言葉のうち、なにを青二才と見下したようすが見透かされる、しかし武蔵はすこしも意に止めた様はない、しづかに木剣手にとつて立ちかまへた、(中略)だが相手の山内、武蔵の心の内は知らぬ、たゞ頭から青二才と呑んでかゝつて一と打ちとおもふが、武蔵は弱い様でしかも兎の毛の隙もないから、流石に多少できるだけに迂濶に打ちこむともせず、ジリ／＼詰めよるのみであつたが、そのうちだん／＼息がはづんでくるので終に焦つてポンと打ちこんだ、これをみた一同の諸士、おもはずアツと片唾を飲んだとき、はやくも右剣をもつて横にはらつた武蔵、訳なくカチンと受け止めて、相かはらず元の通りに構へた「失敗たツ」とふたゝび剣を取り直した山内、サツと横に払ふたがこれもカチン、つゞいて上から下すのもカチン、とこんな調子で十数合交へてをるうち、次第に弱つた山内は眼眩んでいまは足許も四途路の体、全身汗じみになつて綿のよう、打つ剣さへ乱れ初めた。

此時まで武蔵の手並に危惧の念を抱いてをつた太守、ようやく其心中を覚られたとゝもに其技の凡ならぬのを感じられ「両人とも待て、いづれも天ツ晴れなる手の内である」と試合を止められ、あらためて盃を賜はつた。

立川文庫**宮本武蔵**

○込ミ合ふと湯汲宮本流を出し(嘉二小樽四9)

「湯汲」は銭湯の流しに控えて上がり湯を出す役の男。混んでくると両手に柄杓を持って汲んでやるさま、二刀流のごとし。

○竹光を宮本流に粘屋もち(一三九35)

「粘屋」は「糊屋」。「粘。糊ニテツクルナリ、ネバリツクナリ」(『訳文筌蹄』)。姫糊を作るため、両手に持った竹べらで米を摺りつぶすさま。

む

むっつり右門　むっつりうもん

佐々木味津三が一九二八年(昭和三)から三三年まで書き継いだ全三八話の『右門捕物帖』シリーズの主人公。江戸時代初期の親代々の八丁堀同心。二六歳の独身者で、本名は近藤右門。極端に無口なところから、この異名で呼ばれる。子分の岡っ引きの伝六は無類のおしゃべりで、好対照をなす。無口なために愚鈍と誤解されていたが、幕府転覆の陰謀につながる岡っ引き殺人事件を見事に解決して、江戸一番の捕物名人として江戸の町に名を馳せた。沈思黙考型で、考える時は顎を撫で、不精ひげを丹念に抜く癖がある。年齢に似合わず胆がすわっており、苦み走った男ぶり。剣は錣《しころ》正流居合斬りの達人、柔術は草香流、馬術は八条流、ほかにも弓術、体術など武芸万般にわたって熟達している。ライバルの同心「あばたの敬四郎」こと村上敬四郎が責めの一手で拷問を得意とするのに対して、物的証拠を第一として傍証を固めていく近代的な探偵術の実践者である。右門の無口、顎を撫でる癖は、作者自身の性格、癖でもあったという。極彩色の派手な舞台に怪奇とスリリングな事件が特色の捕物帳だけに、映画化、テレビドラマ化も数多いが、嵐寛寿郎主演のシリーズが戦前、戦後を通して人気を博した。

清原　康正

> 江戸も初めの八丁堀同心と言えば無論士分以上の立派な職責で、腕なら技ならなまじっかな旗本なぞにも決してひけをとらない切れ者がざらにあったものでした。言うまでもなくむっつり右門もその切れ者の中の一人でありました。だのになぜ彼が近藤右門と言う立派な姓名があり乍ら、あまり人聞きのよろしくないむっつり右門なぞと言うそんな渾名《あだな》がつけられたかと言うに、実に彼が世にも稀《めずら》しい黙り屋であったからでした。全く珍しい程の黙り屋で、去年の八月に同心となってこの方いまだに只の一口も口を利かないと言うのですから、寧ろ唖の右門とでも言った方が至当な位でした。
>
> 右門捕物帖　第一番手柄・南蛮幽霊

無法松　むほうまつ

九州小倉の岩下俊作が創作した架空の人物。明治時代の小倉に、無法松というあだ名でよばれる人力車夫がいた。大のけんか好きだが、実は気のいい男であった。ある時、気弱な男の子を助けてやったのをきっかけに、その子の一家に出入りするようになった無法松は、将校だった夫を亡くした未亡人と親しくなった。少年の後見役となって、けんかの仕方を教えたりしているうちに、少年に対する愛情が、本当は、彼の母親である未亡人に寄せる愛情の変形であることに気づいたので、ある日彼女にそのことを告白する。そして「自分の心はきたないのです」と言って、彼女のもとから去っていく。

男のなかの男のごとき、めっぽうけんか好きの豪気な主人公が、年上だが、とうてい結婚できない高貴な未亡人に思慕の心を寄せる顚末を描いたこの作品は、九州の同人雑誌『九州文学』に「富島松五郎伝」というタイトルで掲載されたのち、同じ書名で一九三九年(昭和一四)に刊行された。あこがれの女性に対する男のストイックでやさしい美しさをとらえたこの長編は、のちに『無法松の一生』の題名で映画化され、大ヒットしたため角川文庫そのほかで、『無法松の一生』と改題された。四三年、稲垣浩監督が映画化したのち、五八年再び映画化され、ベネチア映画祭でグランプリを得て話題となった。

磯貝　勝太郎

村井長庵　むらいちょうあん

講釈、歌舞伎の登場人物で、天保時代(一八三〇―四四)の江戸麹町の町医者とされる。三河の貧農に生まれ、出世を願って江戸に出る。義弟重兵衛が娘を吉原に売った金を、赤羽橋で殺害のうえ奪い、自分の患者である浪人道十郎に罪をなすりつける。そのうえ、義弟の娘と恋仲になった神田の質屋伊勢屋の養子をだまして金を巻きあげたうえ、仲間を使って伊勢屋をゆする。金を得て人生を楽しむために、極悪非道の限りをつくす。もともと講釈の『大岡政談』の材料だったが、河竹黙阿弥が『勧善懲悪覗機関《のぞきからくり》』(別名『村井長庵巧破傘《たくみのやれがさ》』)の芝居にしたて、一八六二年(文久二)八月、森田座で初演された。極悪人の長庵と、忠義者の久八とを同じ役者の二役で見せるのが趣向だが、実際の大岡裁判とはまったく関係がない。

矢野 誠一

紫式部 むらさきしきぶ

平安中期の女流文学者。生没年未詳。父は藤原為時、母は藤原為信の女。父母ともに藤原冬嗣の子孫で名門の家系であったが、藤原氏の繁栄は藤原道長の門流に集中し、為時の一門は受領の身分に落着していった。しかし、一門からは文筆の面で有名人が輩出しており、父為時は儒者・漢詩人として一条天皇時代に知られ、曾祖父兼輔は紀貫之らを庇護・後援している。母方も祖父為信、その兄為雅は歌人。紫式部はこうした環境で育ち、幼少で母を失ったため父の影響を受けることが多かった。兄の惟規《のぶのり》は役人としては有能ではなかったが、勅撰集に入集するほどの歌人で、兄が父の指導で『白氏文集』や『史記』といった漢籍を学んでいると、側にいる式部の方がはるかに理解が早く、父は「お前が男の子であったなら」と常に嘆いていたという。当時、学問は男子の出世に不可欠であったが、女子には無用と考えられていた。二六歳(九七三年(天延一)誕生説に従った場合)の式部は、九九八年(長徳四)に四〇代半ばの藤原宣孝と結婚した。彼には妾や子どもがいたが、宣孝の学識は高く、人物も立派であったため好縁で、翌年には賢子《けんし》(のちの大弐三位《だいにのさんみ》。女流歌人)が生まれた。

しかし、結婚三年目で宣孝は病死し、実家に戻って幼い娘を養育しながらやがて書き出したのが『源氏物語』である。一〇〇五年(寛弘二)式部は藤原道長に学才を見込まれて宮中に入り、道長の娘彰子《しょうし》(一条天皇の中宮)に進講するかたわら『源氏物語』を書き進めて行った。宮仕えの二、三年後には『源氏物語』の一部が宮中に知られており、『紫式部日記』には藤原公任《きんとう》に自分が「若紫」と呼ばれたことが記されている。「紫式部」の呼び名は、「若紫巻」と紫上の描写があまりに素晴しいので付けられたという。一条天皇がこの物語の著者は「日本紀」(日本書紀)に通じていると認めたため、「日本紀の局」とも呼ばれた。歌集『紫式部集』があり、冒頭の「めぐりあひて見しやそれともわかぬまに雲がくれにしよはの月かな」の句は、『小倉百人一首』に採られている。藤原道長は『源氏物語』の執筆を応援しており、次のような逸話が残る。ある夜、道長は紫式部の局を訪ね、翌朝次の句を残した。「夜もすがら水鶏《くひな》よりけになくなく槙の戸口にたたきわびつる」(昨夜は、水鶏にもまして泣く泣く槙の戸口を夜通し叩きあぐねたことだ)と言い寄った道長に対し、式部は「ただならじとばかりたたく水鶏ゆゑあけてはいかにくやしからまし」(ただごとではあるまいと思われるほどに戸を叩く水鶏なのに、戸を開けてはどんなに悔しい思いをしたことでしょう)という歌を返した。『尊卑文脈』には、式部は道長の妾と記されているが、事実は道長が悪い冗談を言いつつも、式部の才能を暖かく守り育てていったのではあるまいか。なお、『紫式部日記』には清少納言の批判も書かれている。

安宅 夏夫

清少納言こそ、したり顔にいみじう侍りける人。さばかりさかしだち、真名書き散らして侍るほども、よく見れば、まだいと足らぬこと多かり。

かく、人に異ならむと思ひ好める人は、必ず見劣りし、行末うたてのみ侍るは。艶になりぬる人は、いとすごうすずろなる折も、もののあはれにすすみ、をかしきことも見過ぐさぬほどに、おのづから、さるまじくあだなるさまにもなるに侍るべし。そのあだになりぬる人の果て、いかでかはよく侍らむ。

かく、かたがたにつけて、一ふしの思ひ出でらるべきことなくて過ぐし侍りぬる人の、ことに行く末の頼みもなきこそ、慰め思ふかただに侍らねど、心すごうもてなす身ぞとだに思ひ侍らじ。その心なほ失せぬにや、もの思ひまさる秋の夜も、端に出でゐて眺めば、いとど『月やいにしへほめてけむ』と見えたる有様を催すやうに侍るべし、世の人の忌むと言ひ侍る咎をも、必ずわたり侍りなむ」と憚られて、少し奥に引き入りてぞ、さすがに心の内にはつきせず思ひ続けられ侍る。

紫式部日記

○めぐり合て潮と鯛と貝じやくし(拾五8)

『新古今和歌集』巻一六に、幼友だちに再会し、別れを惜しみ「めぐり逢ひて見しやそれとも分かぬまに雲隠れにし夜半の月影」(『小倉百人一首』では「夜半の月かな」と改悪)。句の「潮《うしお》」はすまし汁。鍋の中で合流した三種、みな元は海中のもの、というナンセンス。

○よふおほそ召すと式部が端女言ィ(三六16)

女房詞でイワシをおむら・紫というのは、紫式部がイワシを食べていたところ、夫の藤原宣孝が「卑しき魚など参るな」とたしなめたところ、式部、即座に「日の本にはやらせたまふイワシ水まいらぬ人はあらじとぞ思ふ」と詠んだので宣孝は恥入ったという故事(『牛馬問』巻二)によるとの説があり、「端女《はしため》」が「よくオホソ(イワシの女房詞)を召しあがっております」と口さがない。

○石山につくねんとした美しさ(宝一三信1)
○大こくのやうにむらさき式部見へ(明五仁4)
○びり出入まづ経文のうらへ書キ(九一2)
○性わる一代記を石山で書(傍二8)

第一句、「つくねん」は一人じっとしているさま。第二句、「大黒」は僧侶の妻の俗称。上東門院彰子の要請で、大斎院選子《せんし》内親王にお目にかける新作の物語を執筆するため、式部は石山寺に籠って、観音に祈願していると、折から名月が琵琶湖に映じ、須磨明石の構想が思い浮かんだと伝えられる(『河海抄』)。第三句の「びり出入《でいり》」は情事に関するもめごとをいう。光源氏の情事譚であると俗化する。「経文の裏」と穿ったが、実際に仏前の経文の料紙を借りて書き綴ったとされる。第四句、「性悪《しょうわる》一代記」はまさしく不倫の情事におよぶ。

○ひへおろし源氏四五でうふきちらし(安四智4)

源氏六〇帖といわれているが、天台六〇巻になぞらえての称で、実は五四帖。「比叡おろし」の風で吹き飛んだのだろう、とのキョクリ。

○石山で廿里外の月を書き(梅一八4)

末期の狂句で、謎句仕立になっている。「廿里外」で「明石」を指し、白居易の詩「三五夜中新月色　二千里外故人心」を下敷にした。

紫上　むらさきのうえ

『源氏物語』の登場人物の一人。父は式部卿宮で、母は按察使《あぜち》大納言の娘。光源氏より七歳年少。母は紫を生んで直後に死去、祖母に養われて北山の僧庵に住むうち、源氏に見いだされて、やがてその邸に引き取られる。一四歳で源氏と結婚、葵上(源氏の本妻)の死後に、正妻の地位を占める。源氏の須磨退居の期間も留守邸をよく守る。明石御方のことを、源氏の文で知らされ嫉妬するが、源氏の帰京後は、幼い明石姫君を手もとに引き取って、いつくしむ。六条院が成ると、その東南の町に入り、春の木草を植えて楽しむ。源氏の晩年に、女三宮の降嫁のおりには、つとめて冷静・聡明なふるまいを見せるが、心の傷は深く、源氏への愛と信頼が薄れるとともに、女人の孤愁を深く嘆き、やがて発病。中秋の一日、四三歳で死去する。全編中第一の理想の女性である。

今井　源衛

○五の巻は新造買とひかる君(九九10 4)

「五の巻」は「若紫」。紫の上が少女であるところから吉原の「新造買」と卑俗化した。

村正　むらまさ

室町時代、伊勢国桑名の刀工。生没年不詳。

同名が少なくとも三代は続いたとみられ、作刀にみる年紀では文亀元年(一五〇一)が最も古い。俗説に正宗の弟子と伝えるが、これは誤りである。村正の作刀は切れ味のよいことで名高く、作風は「のた(湾)れ」に互の目《ぐのめ》、箱がかった乱《みだれ》を交えた刃文を得意とし、とくに表裏の刃が揃うところに見どころがある。村正に関する伝説として妖刀説や徳川家にたたるという説があるが、これは徳川家康の祖父清康が阿部弥七郎正豊に殺されたときの刀が村正であり、父広忠が岩松八弥に斬りつけられたのも、また嫡子信康が自害の際、介錯《かいしやく》された刀も村正で、家康みずからも村正の短刀で怪我をしたということなどが重なりあって生じたものである。そのため、村正は徳川家にとって不吉であるとされ、譜代の大名や家臣は差料とすることを慎んだという。

原田　一敏

○村正はやみうちにする道具なり(明四桜3)

維新に際しては勤王の志士たちは好んで村正の刀を携えたという。句は、暗殺などに用いるにはふさわしいとの意。

も

毛利元就　もうりもとなり　一四九七—一五七一

(明応六—元亀二)

戦国時代の武将。少輔次郎、右馬頭、陸奥守を称する。弘元の次男。兄興元、甥幸松丸の相次ぐ早世により、一五二三年(大永三)安芸高田郡吉田の国人領主として家督を継ぎ、郡山城主となる。二五年以降出雲の尼子氏と絶って周防大内氏に属し、四〇年(天文九)には尼子晴久の大軍に郡山城を包囲されたが、籠城戦の末に翌年これを撃退した。引き続き従軍した大内義隆の出雲遠征では敗退したが、大内氏の援助のもとに芸備両国の経略を進めた。安芸守護職を伝える武田氏を銀山《かなやま》城に滅ぼしたほか、安芸の有力国人で石見口を押さえる大朝の吉川《きっかわ》家を次男元春に、同じく瀬戸内に臨む竹原、沼田の両小早川家を三男隆景に相次いで相続させ、芸備国人層の主導的地位を占めた。また五〇年には老臣井上元兼一族の誅伐を断行して、家中に対する絶対権を確立し権力基盤を整えた。翌年に起きた陶晴賢《すえはるかた》が大内義隆を倒した反乱には、一時静観の態度をとったが、五五年(弘治二)厳島の戦で陶軍に大勝し晴賢を自刃させた。その後防長に侵攻し、五七年晴賢の擁立した大内義長を滅ぼして防長二国を征服した。引き続き石見経略を進め、大森銀山をめぐって尼子氏と対立し、他方豊前でも大友義鎮と戦った。その後出雲に侵攻して富田月山城を包囲し、六六年(永禄九)これを陥れ尼子義久を降伏させた。この間、一五六三年には嫡子隆元を失ったが、孫の輝元に家督を継がせて後見するとともに、吉川元春、小早川隆景の両川にも宗家を支えさせた。国人領主から一代にして中国地方一帯を支配する戦国大名に成長した元就は、計略に優れた知将であり、その細心さは五七年隆元ら三子に結束を説いた教訓状にうかがうことができる。晩年の六九年には、大友氏の支援をうけた大内輝弘が周防に、山中鹿之介幸盛に擁立された尼子勝久が出雲に相次いで侵入したが、輝元らの平定戦を見守りながら郡山城に病没した。

加藤　益幹

宮島合戦の前、陶伊予の河野に船を借る。同じ時元就も又船を借りに使を遣られけり。陶は何となく借りたり。元就は、只一日貸したまはれ、宮島に渡りて即戻すべし、と言送られければ、久留島通康聞きて、一言なれど思ひ入たる処あり。毛利必勝つべき事疑ふべからず、とて三百艘を貸したりけるが、果して陶敗れて滅亡しき。

常山紀談巻之一「元就伊予の河野に船を借られし事」

隆景は武勇のみに非ず智謀に優れたり。父元就、病重くなりて其子を集め、兄弟の数程箭を取寄せ、多くの箭を一つにして折りたらんには細き物も折難し。一筋づつ分ちて折りたらんには容易く折るゝよ。兄弟心を同じくして相親むべし、と遺言せられしに、隆景その時、争は欲より起り候。欲をやめて義を守らば兄弟の不和候まじ、と言はれしかば、元就悦びて、隆景の詞に従ふべし、と言はれしとぞ。

常山紀談巻之十六「小早川隆景遺訓の事」

木食上人　もくじきしょうにん

肉類、五穀を食べず、木の実や草などを食料として修行することを木食といい、その修行を続ける高僧を木食上人といった。高野山の復興に尽くした安土桃山時代の応其《おうご》（木食応其）は、広く木食上人の名で知られるが、江戸時代前期には摂津の勝尾寺で苦行を続け霊験あらたかな僧として知られた以空《いくう》、中期には京都五条坂の安祥院中興の祖となった養阿、江戸湯島の木食寺の開基として知られる義高、後期には特異な様式の仏像を彫刻して庶民教化に尽くした五行（木食五行明満）があらわれるなど、木食上人として崇敬された高僧は少なくない。木食は苦修練行の一つで、それを行うことによって身を浄め、心を堅固にすることができるとされたが、経典や儀軌の中に木食の典拠は見いだせない。

中国では道教の修行者の中に、避穀長生の術として山中に隠棲して木の実を食し、穀類を口に入れない行者があった。世間から離れて山林で修行する仏教の僧の中には、道教の避穀の修行をとり入れる者があらわれ、『宋高僧伝』巻八の智封伝には、木食のことが記されている。日本でも、山岳修行がさかんになるにつれ、山中で穀断ちや塩断ちの行を続ける聖《ひじり》が多くなったらしく、『今昔物語集』をはじめとする説話集には、木の実や草を食して修行を重ねた聖が人々の尊崇を受けた話や、偽の聖が穀断ちの行者といつわって、庶民を惑わした話が見える。やがて、修験道《しゅげんどう》がさかんになると、各地の修験の霊場には人々の崇敬を集める木食上人があらわれ、そのまわりに半僧半俗の木食行者たちが集まるようになった。また、木食の行も、例えば湯殿山ではそばと飴《あめ》は食することを認めるというように、土地によってこまかな戒が定められるようになった。東北地方を中心に見られる即身仏の信仰の中で、仏になる行者は長期間の木食行によって心身を浄めるとされたが、木食上人への崇敬は、修験系の信仰を通じて日本の各地に広まった。

大隅　和雄

○木食の馳走はしごを持歩行《ある》き（三六10）
○木食は屁とも思ぬ米相場（一三五6）

第一句、木の実を採るための梯子。第二句、米の値上げなんぞ痛くもかゆくもない。

以仁王　もちひとおう　一一五一―八〇

（仁平一―治承四）

源氏蜂起のきっかけを作った後白河天皇の第三皇子。京都三条の高倉に邸宅があったため、高倉宮ともいわれる。八条院の猶子となり、後白河と平滋子（建春門院）の間に生まれた高倉天皇に次ぐ皇位継承者であったが、平清盛の圧力によって親王宣下を得られず、皇位を望みながら不遇な生活を送った。一一八〇年、以仁王は源頼政の勧めによって平氏打倒に立ち上がった。各地に雌伏する源氏に、蜂起を促す令旨を送ったのである。背後には、後白河法皇の影がちらついていた。しかし、挙兵計画は失敗し、以仁王は京都を脱出して奈良へ逃れる途中、宇治川で平氏に追撃され、頼政とともに討たれた。しかしながら、以仁王の令旨は各地の源氏に大きな影響を与え、やがて源頼朝や木曾義仲らが挙兵し、ついに平氏が滅んだことは周知の通りである。そして、その過程で以仁王は甦ることになる。以仁王が生きているという風説が各地に伝えられ、越後から東北地方にかけて多くの以仁王（高倉宮）伝説が生まれることになる。その一つである尾瀬と奥会津の伝説を見てみよう。

高倉宮は宇治川で敗死せず、近江大津の三井寺から琵琶湖を船で逃れ、越後国小国郷に住む頼政の弟頼行(小国右馬頭)を頼った。一行は上野国沼田から尾瀬に入り、尾瀬沼の湖畔に滞在した。そこで、同行していた尾瀬中納言藤原頼実が没し、高倉宮は自ら筆を取って「尾瀬院殿大相居士」と記し、近くに葬った。尾瀬沼に近い大江湿原が埋葬地(尾瀬塚)の跡地という。その後、一行は奥会津の檜枝岐《ひのえまた》に向かうが、途中で参河少将光明が燧ヶ岳《ひうちがだけ》の麓の沢の側で亡くなった。そこで高倉宮は再び筆を取って「参高霊位大相居士」と位牌を認め、沢のほとりに遺体を葬った。以来、里人はこの沢を参川《みかわ》沢と呼んだ。こののち一行が奥会津、また越後の小国ほかに残した伝説は数多い。南会津の大内宿にも高倉宮を祀る古社がある。

高橋　千劔破

○高くらへそくらをかいに毎夜来る(安七智3)
○ぬえをいた手ぎわに宮ハふわとのり(安二天1)
○高くら通ひを禿がいつつける(安六義6)

高倉宮以仁王、一一八〇年(治承四)、三〇歳のとき、卯月九日夜(『源平盛衰記』)、源頼政の勧めにより、平氏打倒の令旨を発することとなった。第一句の「そくらをかう」はけしかける意の江戸の俗語。第二句、「鵺を射た」は「源頼政」の項を参照。「ふわと」進言にうっかり乗ってしまった。第三句の「禿《かぶろ》」は清盛の密偵、すぐさま六波羅の知るところとなり、平家の軍勢が押しよせた。頼政は以仁王を奉じて南都へ向かったが、宮は睡眠不足のため、居眠りをして六度落馬した(『平家物語』巻四)。
○高くらは落馬しさうな御名也(安元満1)
○六度目は茶の木の上へおっこちる(明五梅2)
○詈はなきやと高倉の御倫言(一一八3)

第一句、「高鞍」に掛ける。第二句、落馬の場所は宇治(茶が名産だから)。第三句の「詈」は「よつで」と訓み、四手駕籠、江戸の現代へ引きおろした。「御綸言」が正しい。

物くさ太郎　ものくさたろう

御伽草子『物くさ太郎』の主人公。『物くさ太郎』は渋川版の一つで、別名『おたかの本地』。「隣の寝太郎」など、寝太郎型の昔話と同系統の説話であるが、後半部の舞台を農村から都へ移すことによって、意外性に満ちた波乱万丈の物語となっている。信濃国筑摩郡あたらしの郷に、物くさ太郎ひじかすという無精者が寝て暮らしていた。人が恵んでくれた餅を取りそこなって人の通りかかるのを三日も待ち、やっと通りかかった地頭に拾ってくれと頼むほどの物ぐさぶりである。これに驚嘆した地頭は、村人に彼を養うように命令するが、京から村に夫役がかかったときに、村人はこの夫役を太郎に押しつける。京に上った太郎はまめまめしく働き、夫役を終え妻探しのために清水寺の前に立ち、そして見初めた貴族の女と恋歌のかけあいをした末に勝って結婚する。貴族の世界に入った太郎は、やがて文徳天皇の皇子が善光寺から授かった申し子ということが判明し、信濃の中将に任じられて帰国する。一二〇歳まで生き、死後はおたかの明神、妻は朝日の権現としてまつられる。

●—物くさ太郎　恵んでもらった餅がころがってしまったが、自分で拾うのがおっくうで、寄ってくる犬や鳥を竹竿で追いながら、人の通りかかるのを待つ。御伽草子『ものくさ太郎』。大阪府立大学図書館蔵。

本地譚の形式をとってはいるものの、物語の随所に笑いを誘うための意図的な仕掛けがほどこされているので、最初から笑話もしくは本地譚のパロディとして製作されたとも考えられる。また怠け者で貧しい男が巧智を用いて長者の婿になるという寝太郎型の昔話では、物語の舞台が農村地方に限定されているため、知恵の優位性を強調する。それに対してこの物語では、農村と都では社会システムとそれを支える価値・倫理観が異なっていることを太郎の行動、すなわち農村における「ものぐさ」から都における「まめ」への極端な行動の変化を通じて浮き上がらせており、この点にこの物語のユニークさがある。

小松 和彦

近世期には、ある人物がお家断絶を救う等の目的のために、「物くさ太郎」に身をやつしている、という設定がある。一七四九年(寛延二)上演の浄瑠璃『十帖源氏物ぐさ太郎』(浅田一鳥、安田蛙桂ら合作)では、江州高島の城主佐々木義賢は家老不破伴左衛門に暗殺されるが、名古屋山三郎が悪人を滅ぼすというお家騒動に、義賢に恩顧を受けた千利休が物ぐさ太郎と変装変名し、実の娘を姫の身がわりにするなどしてたくらみを壊すというもの。一八〇二年(享和二)上演の歌舞伎『けいせい廓源氏』(近松徳三作)も類似の筋で、物ぐさ太郎、実は朝鮮の備倭将軍伯竜の子息となっている。

高橋 則子

物部守屋 もののべのもりや ?—五八七(用明二)

飛鳥時代の大連《おおむらじ》。尾輿《おこし》の子、雄君の父。母が弓削氏のため物部弓削守屋ともいう。敏達・用明朝を通じ大連であった守屋は、大臣《おおおみ》蘇我馬子とことごとく対立した。仏教受容については父尾輿の場合と同様、中臣勝海《なかとみのかつみ》とともに、疫病流行は蘇我稲目の仏教尊信によるものとして、その大野丘北の寺の塔、仏殿、仏像を焼き、残りの仏像も難波の堀江に捨てたという話を伝える。また、敏達天皇の死後の殯宮《もがりのみや》では、馬子の姿を矢で射られた雀のようだとあざけり、馬子からはふるえる手脚に鈴をかけよとあざけられた、との話も伝えられている。守屋は、用明天皇(母は蘇我堅塩媛《きたしひめ》)の異母弟の穴穂部《あなほべ》皇子(母は蘇我小姉君《おあねのきみ》)と親しく、皇子が皇位をねらうのを阻もうとした三輪逆《みわのさかう》を殺した。しかし五八七年、守屋は群臣から孤立したのを察し、河内の阿都《あと》の別荘に退いて戦いの準備をすすめた。中臣勝海も呼応して兵を集め、太子彦人皇子と竹田皇子の像を作って呪詛した。そして用明天皇が死ぬと、同年五月、守屋は穴穂部皇子を天皇に擁立しようとした。これに対し、蘇我馬子は穴穂部皇子を殺し、七月に泊瀬部《はつせべ》皇子(崇峻天皇)、竹田皇子、厩戸《うまやど》皇子(聖徳太子)らと紀、巨勢《こせ》、膳《かしわで》、葛城、大伴、阿倍、平群《へぐり》、坂本、春日ら諸氏の勢力を糾合。この軍勢の前に守屋は渋河の家で敗死した。以後、物部氏は衰勢に向かったが、守屋の奴と宅の半分は新たに造営されはじめた四天王寺(荒陵《あらはか》寺)の寺奴と田荘とされた。

門脇 禎二

【伝承】 物部守屋はその後の仏教流通の世情のなかで、もっぱら「仏法のあた」とみなされた。『日本霊異記』『今昔物語集』『古今著聞集』などには、仏法興隆者たる聖徳太子の対立者としての守屋が説話化されている。親鸞『三帖和讃《さんじょうわさん》』もそれらと同じ立場をとりつつ、なお「ほとけ」という和語が守屋の命名によるとの巷説をとり入れている。すなわち、「ほとけ」は「ほとおりけ」(熱病、疫病の意)の約で、守屋は仏教受容が疫病流行をもたらしたとしてこの名を広めたというものである。さらに『太平記』では「朝敵」の烙印がおされ、守屋＝逆賊の像がしだいに定着していった。しかし、明治初期には「廃仏毀釈《はいぶつきしやく》」運動の影響によるものか、守屋を『皇朝名臣伝』(一八八〇)でとりあげるということもみられた。

また、近世の読本『繁野話《しげしげやわ》』(一七六六)には、守屋が逃げのびて一〇〇歳の寿を保ったという話が記され、『信濃奇勝録』(一八三四)に

◉——物部守屋
右＝阿弥陀仏(善光寺如来)を難波の堀江に沈めさせる。『善光寺如来縁起』(一六九二)。
左＝寺つつき。『物部大連守屋ハ仏法をこのまず、厩戸皇子のためにほろぼさる。その霊一つの鳥となりて堂塔伽藍を毀たんとす。これを名づけててらつつきといふとかや』。鳥山石燕『今昔続百鬼』。

は、守屋の子孫が信濃に忍び、四八代に達したとの落人伝説を載せている。なお、大阪市四天王寺には守屋および中臣勝海らをまつる守屋堂が現存している。

→聖徳太子　阪下 圭八

時に迹見の赤檮、守屋に向て申す様、「抑、和君が憑む所の氏神府都の大明神の一の矢、事事敷聞えつれども、我君の右の御鐙に当て別の子細ましまさず。その答の御矢、与え給う所なり。是又、私の矢に非ず。我君上宮太子の御本尊、四天王の発す所の降伏自在の御箭なり。和君が鎧の胸板を矢坪と定むなり。慥に之を請取るべし」とて、能引、且し持て天地四方の印を誦文して、打《ちょう》と放つ。この矢、例の三目の角鏑なり。雷電の如く天に鳴り上り地に鳴り下り、稲村が城を七度鳴り廻りて、城の内の軍兵、心神を迷惑し、仰天させて、然る後、守屋の大臣の鎧の胸板にハタと中《あたり》て、後の上巻の下へ十文字に徹けり。実に悪逆武勇の大将軍と雖も、毒の矢胸を貫きければ、眼くらみ鼻血たり、矢疵より流る血は天に漲って滝の水の如し。片時も堪らざるの間、櫓の上より真逆に動と落けり。猛き武夫も終に滅する習なれば、守屋、生年四十六と申す勝照三年七月七日に、終に此世はかなくなり侍りける。

文保本聖徳太子伝醍醐寺本

伝来の密語に曰く。
太子の宣わく。我と守屋とは、生々世々の怨敵、世々生々の恩者なり。影の形に随うが如くして、已に五百生を過たりと云云。太子と守屋とは、共に大権の菩薩なり。仏法を弘めんが為に、かくの如く示現したまう。但し、互いに誓いて云わく。守屋は鵟《てらつつき》と云う鳥に成りて仏法を障ると云い、太子は鷹と云う鳥に成りて鵟の難を払うと云うと云云。

聖徳太子伝私記

○神道者守屋十分理だと云う(拾四6)
○今ならばおのれ守屋と諸職人(八九31)

第一句、「神道者」は神道の信者。次句の「諸職人」は建築関係の諸職をさし、大工等は聖徳太子を建築の祖として崇めた。

桃太郎　ももたろう

川上から流れてきた桃の中から誕生した童子。犬・猿・キジを供にして鬼退治をする昔話の主人公。もしくはその誕生、成長、武勇を語る昔話の名称。五大お伽噺の一つとして流布し、伝承圏は全国に及ぶ。桃太郎は桃の中から異常に小さな姿で生まれる。やがて異常に速い成長をみせて鬼と対決する。桃、ウリ、竹など、中のうつろな植物から誕生する小さ子の物語は、瓜子姫、かぐや姫などと共に「水神少童」の日本古来の信仰に由来するものである。しかも、流れよる桃から出誕する主人公は、うつぼ舟による漂着伝承と英雄始祖説話に深い関係をもつ。桃太郎には婚姻譚が欠落

◉——桃太郎　桃太郎と犬、猿、キジ。「おれはおにがしまへたからとりにいく。ともをいたせ。だんごはのぞみ(望)にまかせてとらしょ」。『桃太郎昔話』。東京都立中央図書館加賀文庫蔵。

していたが、古くは妻まぎの部分も語られていた。これは、童幼相手に話され、語られている間に、婚姻に至る部分が衰弱してしまったものである。鬼退治などの冒険譚を、成年戒に結びつけた解釈をして、通過儀礼の反映とする見方も行われる。

野村 敬子

森の石松 もりのいしまつ

清水次郎長の子分。三州八名郡の生れで、各地の賭場を歩くうち、上州で常五郎というやくざを斬って清水に流れ、次郎長の杯をもらう。一八六二年(文久二)、次郎長の代参として、讃岐の金毘羅参りに出かけた帰り、せがまれて金を貸してやった遠州浜名郡の都鳥吉兵衛の手にかかり、小松村の閻魔堂で斬殺された。一説には一八六〇年(万延一)という。

　石松の出自に関しては、天田愚庵の『東海遊侠伝』に取材した三代目神田伯山の講釈と、それを踏襲した広沢虎造の浪花節によるところが多い。生れを遠州森とする説もそれだが、実在を証明する資料はない。左眼を失っていたというのは、おなじ清水一家の豚松と混同しているともいわれる。無鉄砲で、退くことを知らず、喧嘩が強かったことがあだとなり命を落とすのだが、「馬鹿は死ななきゃなおらない」という浪花節の文句が、その単純な性格を象徴しているといえよう。清水次郎長にとって、組織を拡大していく過程の兵卒として頼りになったが、権力の座についたときは邪魔になるような存在であったことは否めない。　→清水次郎長

矢野 誠一

江　あの人はつまりね、早い話がねえ、こうむいてね、こう向いて此つ方……おんなじだよ、意地の悪いもんで、矢張り左なんですよ……森の石松つてんだい、これが一番強いやい……

石　呑みねえ〳〵、おう鮨を喰いねえ鮨を、もつと此つ方え寄んねえ、江戸つ子だつてなあ……

江　神田の生れだい……

石　そうだつてな、そんなに何かい、石松は強いかい？……

江　強いかいなんてものはあんなもんぢやないよ、神武この方、ばくち打ちの数ある中に、強いと云つたら石松さんが日本一でしような……

石　お前小遣いやらうか。えゝあるの？　そうかい、なかつたら何時でも、小遣いやるから。ふんそんなになにかい？　石松は強い……

江　強いつたつてあんなに強いのはないよ。

石　そう。

江　えゝだけど彼奴は人間が馬鹿だからね……

石　アレ嫌な野郎だね畜生、上げたり下げたりしやがつて、誰が馬鹿だい？……

江　えゝ。

石　誰が馬鹿だよ？……

江　石松が……

石　清水一家の森の石松は馬鹿か……

江　馬鹿たつてお前さん東海道で一番馬鹿だ、お前さんね東海道をゆつくり歩いて御覧なさい、彼奴の噂で大変だ、此の頃ね、小さい娘が子守唄に唄つてますよ……

石　何を?……

江　石松の事を……

石　子守唄?……

江　へえ……

石　へえー、俺は聞いた事がねえが、お前その子守唄知つてるか……?

江　わしや知つてますよ……

石　ふん、やつてみな……

江　えゝ。

石　子守唄やつてみろ……

江　えーやつて見ましよう。

〽お茶の香りの東海道、清水一家の名物男遠州森の石松は、しらふの時は良いけれど、お酒呑んだら乱暴者よ、喧嘩早いが玉に疵、馬鹿は死なきやなおらない、

江　石松つてえ奴はほんとに馬鹿だからね、あいつは……

石　畜生、がつかりさせやがらア、この野郎、あー小遣いやんなくて良かつたよ。おなじみの、森の石松三十石船。

広沢虎造**石松三十石道中**

護良親王　もりよししんのう　一三〇八—三五

(延慶一—建武二)

後醍醐天皇の皇子。「もりなが」とも読む。母は北畠師親の女親子。北畠親房とはいとこ関係。当初、延暦寺大塔に入室、このため大塔宮《おおとうのみや》と称す。法名尊雲。一三二五年(正中二)梶井門跡、二七年(嘉暦二)天台座主《ざす》となる。異例の若さで天台宗門の最高峰に立ったのは、父帝の討幕計画の一環として山門の勢力を掌握するためであった。二九年(元徳一)座主に再任されたが、父帝の討幕運動の本格化とともにこれに応じ、三一年(元弘一)還俗して護良と名のり、父帝の隠岐配流中討幕運動の中心として活躍した。このため討幕の功の大半はこの親王の計略によるとまでいわれた。同年六月ころより熊野山、高野山など畿内近辺の寺社を中心に軍勢催促にのり出し、翌三三年に入ると遠く九州や東北の武士にも挙兵を促すなど、全国的な討幕勢力の組織化に大きな役割を果たした。同年五月の六波羅探題攻撃では、足利尊氏の軍と連合してこれを滅ぼしたが、尊氏の動向を警戒した親王はなおも軍を解かず、信貴山に拠って対峙した。親王が正式に征夷大将軍となる一ヵ月以前の五月ころより、その令旨にこの称号を用いている事実よりみれば、親王の政治構想は武家政治の後継者を自任する尊氏とも、また徹底的な天皇親政を行おうとする父帝とも相いれるはずはなかった。このことが親王に悲劇をもたらした。父帝は親王の令旨を無効とし、九月には親王の将軍職を解いた。親王の令旨が一〇月まででとぎれる事実からも、そのきびしい立場をうかがうことができる。三四年(建武一)一〇月には帝の親衛隊長格の結城親光、名和長年に捕えられ、武者所に拘置された。『太

◉――**護良親王**　鎌倉の土牢に幽閉される護良親王。『東海道名所図会』。

平記』は尊氏が親王を除こうとして天皇に讒言《ざんげん》した、と記している。親王は翌月鎌倉へ流され、足利直義のもとに幽閉されたが、三五年北条時行が乱を起こしたとき、一旦鎌倉を撤退しようとする直義によって殺害された。

森 茂曉

【伝承】 一般には大塔宮《だいとうのみや》の名で知られるこの皇子は、『太平記』に登場する悲劇的な南朝の英雄たちの中でも、父天皇との葛藤と敗北というさらに悲劇的な運命をたどった人物として伝えられた。早くから将来を期待されたこの皇子は、天台座主になりながら仏事をよそに武芸に熱中して人々を驚かせ、内乱が始まるや軍勢を率いて縦横に活動した。敵の追及を欺くために、般若寺の大般若経の経箱に隠れた話や、村上義光《よしてる》・義隆父子を従えて吉野、熊野を潜行中、つぎつぎに危難を逃れるが、ついに敵の手中に落ちたとき、義光の壮烈な身替りの自刃によって脱出した話などは、『太平記』の名場面として語られた。奸計に陥って鎌倉に流され、長期の土牢幽閉で足もなえた親王が、志を果たせず怨念を抱いて殺される最期の場面は、とくに人々の心を動かし、浮世絵の画題にもなった。一八六九年、明治政府は鎌倉の土牢跡に親王の霊をまつり、義光の霊も併祀したが、この社はその後官幣中社鎌倉宮となった。

大隅 和雄

左馬頭既ニ山ノ内ヲ打過給ケル時、淵辺伊賀守ヲ近付テ宣ケルハ、「御方依ニ無勢一、一旦鎌倉ヲ雖ニ引退一、美濃・尾張・三河・遠江ノ勢ヲ催シテ、頓テ又鎌倉ヘ寄ンズレバ、相摸次郎時行ヲ滅サン事ハ、不レ可レ回レ踵。猶モ只当家ノ為ニ、始終可レ被レ成レ讎ハ、兵部卿親王也。此御事死刑ニ行ヒ奉レト云勅許ハナケレ共、此次ニ只失奉ラバヤト思フ也。御辺ハ急薬師堂ノ谷ヘ馳帰テ、宮ヲ刺殺シ進ラセヨ。」ト被ニ下知一ケレバ、淵辺畏テ、「承候。」トテ、山ノ内ヨリ主従七騎引返シテ宮ノ坐ケル籠ノ御所ヘ参タレバ、宮ハイツトナク闇ノ夜ノ如ナル土籠ノ中ニ、朝ニ成ヌルヲモ知セ給ハズ、猶灯ヲ挑テ御経アソバシテ御坐有ケルガ、淵辺ガ御迎ニ参テ候由ヲ申テ、御輿ヲ庭ニ舁居ヘタリケルヲ御覧ジテ、「汝ハ我ヲ失ントノ使ニテゾ有ラン。心得タリ。」ト被レ仰テ、淵辺ガ太刀ヲ奪ハント、走リ懸ラセ給ケルヲ、淵辺持タル太刀ヲ取直シ、御膝ノ辺ヲシタヽカニ奉レ打。宮ハ半年許籠ノ中ニ居屈ラセ給タリケレバ、御足モ快立ザリケルニヤ、御心ハ八十梟ニ思召ケレ共、覆ニ被ニ打倒一、起挙ラントシ給ヒケル処ヲ、淵辺御胸ノ上ニ乗懸リ、腰ノ刀ヲ抜テ御頸ヲ掻ントシケレバ、宮御頸ヲ縮テ、刀ノサキヲシカト呀《クハ》ヘサセ給フ。淵辺シタヽカナル者ナリケレバ、刀ヲ奪ハレ進ラセジト、引合ヒケル間、刀ノ鋒《キッサキ》一寸余リ折テ失ニケリ。淵辺其刀ヲ投捨、脇差ノ刀ヲ抜テ、先御心モトノ辺ヲ二刀刺ス。被レ刺テ宮少シ弱ラセ給フ体ニ見ヘケル処ヲ、御髪ヲ攫デ引挙ゲ、則御頸ヲ掻落ス。籠ノ前ニ走出テ、明キ所ニテ御頸ヲ奉レ見、噬切ラセ給ヒタリツル刀ノ鋒、未ダ御口ノ中ニ留テ、御眼猶生タル人ノ如シ。淵辺是ヲ見テ、「サル事アリ。加様ノ頸ヲバ、主ニハ見セヌ事ゾ。」トテ、側ナル藪ノ中ヘ投捨テゾ帰リケル。

太平記巻十三「兵部卿宮薨御事付干将莫耶事」

○かまくらはしつけのふかひ牢へ入（明三宮2）

「湿気の深い牢」すなわち土牢。

○大塔は土放蕩は座敷牢（九九82）

土牢と座敷牢、その処遇のちがい、オオトウとホウトウで一字違いなのに、という地口。

文覚 もんがく

平安末期～鎌倉初期の真言宗の僧。生没年不詳。俗名を遠藤盛遠といい、鳥羽天皇の皇女上西門院に仕えた渡辺党の武士であった。出家して、諸国の霊山を巡って修行し、その効験をもって知られた。京都に帰って高雄神護寺の復興を企図して勧進活動を行ったが、法住寺殿で後白河法皇に神護寺への荘園寄進を強要したことから伊豆国奈古屋に配流された。この配流先で源頼朝と知己を得、彼に挙兵をすすめたといわれている。鎌倉幕府成立後は頼朝の信任厚く、京都と鎌倉を往復して京都、諸国の情勢を頼朝に伝えるなどの活躍をする一方、その協力を得て神護寺の復興をなしとげた。一一九三年(建久四)には東寺修造料国として播磨国を得てその国務を沙汰し、東寺の修造活動も行った。九九年(正治一)庇護者の頼朝が死去するとともにその地位を失い、新たに朝廷内に台頭した源通親によって、親頼朝派の公家の九条兼実らとともに謀議を計ったかどで捕らえられ佐渡国へ配流された。一二〇三年(建仁三)、許されて京都に帰ったといわれている。

細川 涼一

【伝承】 文覚についての伝承は、『平家物語』諸本を中心に展開される。『源平盛衰記』に、長谷観音に申し子して生まれたが早く孤児となり、幼児期より「面張牛皮《めんちょうふてき》」な乱暴者であったという。元服後、北面武者となったが、『平家』の読本系諸本では、渡辺橋の供養のとき、渡辺渡(刑部左衛門)の妻の袈裟御前を見て恋慕し、強引に奪おうと夫を討つつもりが、袈裟の計らいでかえって彼女を殺してしまう。この女の犠牲ゆえに一八歳で出家した(夫もまた出家して渡阿弥陀仏と称し、異本では重源《ちょうげん》であるという)という発心譚をもつ。『平家』諸本は、文覚が熊野那智の荒行で滝に打たれて死んだが不動明王の童子に助けられ、諸国の霊山を修行して「やいばの験者」と呼ばれたといい、やがて、神護寺復興のため、法住寺殿に乱入して後白河法皇の遊宴を邪魔して勧進帳を読み上げ、投獄されたが放言悪口が止まないため、伊豆に流されたという。このいきさつや配流の途中断食して祈願したことなど『文覚四十五箇条起請文』に基づくが、『平家』では護送の役人をだまして笑い者にしたり、船中で嵐に遭うが竜王を叱りつけて無事に到着したことなどが加えられる。伊豆では奈古屋の観音堂に籠り、「長門本」や「延慶本」では湯施行をしたといい、『盛衰記』では相(占い)人の評判を立て、頼朝に対面し、彼が天下の大将軍となる相を見て、(父義朝の髑髏《どくろ》を見せて挙兵を勧めたという。『吾妻鏡』には、後年、頼朝が勝長寿院を供養の際、文覚が京より義朝の頭を将来したというが、これが背景にあるか。やがて籠居または入定を装って福原京に上り、平氏追討の院宣を賜って頼朝にもたらしたという。これは『愚管抄』も否定しながら記す。平氏滅亡後は維盛の子六代の助命に奔走するが、これには長谷観音の霊験譚がかかわる。頼朝が没すると直ちに失脚し、佐渡、ついで隠岐に流されるが、「延慶本」はこれを、文覚が「及杖《ぎっちょう》冠者」とののしった後鳥羽院との確執によると伝え、死後、明恵の前に亡霊が出現して承久の乱を起こそうと告げたという。

物語のなかで文覚は、「天性不当」で「物狂」な人とされ、勧進聖としての姿を強調することに重なる。また頼朝の護持僧として、予言者であり、さらには幸若舞曲のように平家を呪詛する呪術者という面を示す。『愚管抄』に彼のことを「天狗マツル人」という評判があったといい、『吾妻鏡』は江の島の洞窟に籠ってまじないを行ったと伝えるなど、王を背後から支える宗教者として造形されている。

なお、文覚の生没については、高山寺蔵の伝隆信筆の文覚画像に「建仁三年七月二十一日六十五歳没」と見えており、近年、この没年は信頼に足るものと考えられるようになった。これによると、生年は一一三九年(保延五)、

●――文覚　那智の滝で荒行する文覚。一八八三年(明治一六)五月、東京・市村座所演『橋供養梵字文覚』。前に九代目市川団十郎の文覚上人、後方に二役の不動明王。豊原国周画。早稲田大学演劇博物館蔵。

没年は一二〇三年となる。↕袈裟御前　阿部泰郎

文学ハ行ハアレド学ハナキ上人ナリ。アサマシク人ヲノリ悪口ノ者ニテ、人ニイハレケリ。天狗ヲマツルナドノミ人ニ云ケリ。サレド誠ノ心ニカヽリケレバニヤ、ハリマヲモ七年マデシリツヽ、カクコウリウシケルニコソ。

愚管抄巻六

昔の武蔵権守平将門以下の朝敵の首両獄門に被レ納、文覚白地に宿し入られたらむ者、輙争か左馬頭義朝か首掠取へき、仍りて兵衛佐に謀反を申勧むとて野沢に捨たる首を取てかく申たりけるによりて、謀反を興す、石橋の軍には兵衛佐負たりけれとも次第に勢付て所所の軍に打勝て後、父義朝の首実には未た獄中に有る由、兵衛佐聞給て、文覚を使にて都へ上せて、奏聞をへられけるに、義朝か首をは左獄門の前なるあふちの木にかけたりけるを京に紺掻にてありける字五郎と申ける者、博士判官兼成に付て義朝の首給て可二孝養一由申たりけれは、兼成内裏に申て免れたりけるを、紺掻うれしと思て件の首を取て獄門の戌亥の角に墓を築て埋たりけるを、堀をこして見けれは、額に義朝と云銅の銘をそ打たりける、鎌田兵衛正清か首もありけり、義朝に一階を可被贈由兵衛佐公家へ被奏けれは、即贈内大臣に捕して義朝か首を蒔絵の箱に入て、錦の袋に裹て文覚上人の頸に懸たり、正清か首をは檜の箱に入て布袋に裹て、文覚か弟子か頸にかけてそ下りける

延慶本平家物語第四ノ十七「文覚を使にて義朝の首取寄事」

難波瀬尾肝をけし。今度の兵火に焼け落ちし此の中に。狸野干も住むべき様なし。黄金の交りし金仏。金の精とおぼえたり。ついでに御首《くび》も打ちひしぎ。鋳つぶして公用に達せんそれ〳〵と。ぁらし子中間立ちかゝり。大槌大杵かな手こなんどごう〳〵くわん〳〵百千の鉦《どら》鈞鐘。河瀬にひゞき漣立ち木草もゆるぐばかりなるに。裳なし衣に種子袈沙かけ。六尺ゆたかの大坊主御首の中より踊り出で。槌も杵もふみちらし蹴ちらし。ヤアやかましいうんざい共。音にも聞くらん高雄の文覚といふ源氏の腰押し。此の白首はもと我が物。取りかへさうばかり仏の頭ふみあらした。罰は平家利生は源氏。清盛にまっかうぬかせと立ち出づる。それ盗人坊主難波瀬尾を知らぬか。一足ものかさじと大勢どっと取りまいたり。やれこと〳〵し。那智の滝に千日うたれ。竜神と相撲取り。愛宕高雄の大天狗と腕押ししたる坊主。手なみを見よと獄門柱えいと引きぬきふり廻し。河原の院の古道より長講堂の裏筋を追っかけ。追ひ込みなぐりたつれば眉間真向。腰骨膝骨打ちみしゃがれ。あたりに近付く雑兵なし。

平家女護嶋

○やろうの女で法師が二人出来(天六和2)

袈裟御前が男姿の髪になって寝首を盛遠に討たせた。渡も盛遠も坊主頭になった。「やろう」は野郎頭。

○こんがらが出ぬと文覚土左衛門(七八21)

那智の文覚。「こんがら」は昆迦羅、制多迦の二童子の出現で救われる。

○もんがくはおんぼうやから取て来る(天七・一〇・一五)

義朝の髑髏を示し、頼朝に挙兵を勧めたというが、さてどこのだれの骨か知れたことではない。

や

八重垣姫 やえがきひめ

一七六六年(明和三)初演の浄瑠璃『本朝廿四孝』(近松半二・三好松洛ら合作)に登場する情熱的な姫君。長尾(上杉)謙信の息女で、許嫁武田勝頼の命を助けたい一心から氷の張る諏訪湖を渡る。歌舞伎でも上演され、雪姫(『祇園祭礼信仰記』)、時姫(『鎌倉三代記』)とともに三姫と呼ばれる。『本朝廿四孝』は、近松門左衛門作の浄瑠璃『信州川中島合戦』を母体として脚色された、武田・上杉の合戦を題材としている。諏訪明神より武田に賜った法性《ほっしよう》の兜を、長尾謙信が返さないため両家は不和となる。その和睦のため、武田勝頼と八重垣姫との縁組を決めた折しも、室町将軍足利義晴が暗殺される。出仕を怠っていた長尾と武田は疑いをはらすため、おのおの子息の首を差し出す。花作りに身をやつした勝頼は長尾家へ入り込み、許嫁を死んだものと思っている八重垣姫に会う。兜を盗み出そうとし討手を差し向けられた勝頼を救うため、姫は兜に祈願をこめる。すると諏訪明神の使いの白狐が姫にのりうつり、姫は氷張る諏訪湖を渡って勝頼のもとへ行く。将軍暗殺は斎藤道三の手によることが判明し、道三は自殺。長尾、武田両家の不和を利用しようと謀っていた北条、村上も滅ぼされ、勝頼と八重垣姫は結ばれる。中国の廿四孝の故事や、軍師山本勘介らの活躍を取り入れた複雑な筋であるが、興行的に成功を収め、再演を繰り返している。

高橋 則子

思ひにや、焦れて燃る、野辺の狐火小夜更けて、狐火や、狐火野辺の、野辺の狐火小夜更けて、幾重洩くる爪音は、君を儲《まうけ》の奥御殿、こなたは正体涙ながら、アレあの奥の間で検校が、諷《うた》ふ唱歌も今身の上、おいとしいは勝頼様、かゝる巧の有るぞ共、知らずはからぬお身の上、別れとなるも難面《つれない》父上、諫ても歎いても、聞入もなき胴慾心、娘不便と思すなら、お命助けて添せてたべと、身を打ふして歎きしが、いや〳〵泣ては居られぬ所、追手の者より先へ廻り、勝頼様に此事を、お知らせ申すが近道の、諏訪の湖舟人に、渡り頼まん急がんと、小褄取る手も甲斐々々しく、かけ出でしが、イヤ〳〵〳〵、今湖に氷張詰、舟の往来も叶はぬ由、歩路《かちぢ》を行きては女の足、何と追手に追付れう、知らすにも知らされず、みす〳〵夫を見殺しに、するは如何なる身の因果、ア、翅がほしい、羽がほしい、飛んで行きたい、知らせたい、逢たい見たいと夫恋《つま》の、千々に乱るゝ憂思ひ、千年百年泣明し、涙に命絶れば迚、夫の為にはよも成るまじ、此上頼むは神仏と、床に祭し法性の、兜の前に手をつかへ、此御兜は諏訪明神より、武田家へ授給はる御宝なれば、取も直さず諏訪の御神、勝頼様の今の御難義、助け給へ救ひ給へと、兜を取て押戴、押戴きし俤の、若しやは人の咎んと、窺ひおりる飛石伝ひ、庭の溜の泉水に、映る月影怪しき姿、はつと驚き飛退しが、今のは慥《たしか》に狐の姿、此泉水に映りしは、ハテめんようなと、どきつく胸撫おろし〳〵、こは〴〵ながらそろ〳〵と、差覗く池水に、映るは己が影計り、たつた今此水に映つた影は狐の姿、今又見れば我俤、幻といふ物か、但迷ひの空目とやらか、ハテあやしやとつおいつ、兜をそつと手に捧げ、覗けば又も白狐の形

本朝廿四孝

八百屋お七 やおやおしち ?―一六八三(天和三)

浄瑠璃、歌舞伎のヒロインとして有名な江戸時代の女性。江戸本郷追分の八百屋太郎兵衛の娘という。一六八二年(天和二)一二月二八日、駒込大円寺から出火、東は下谷、浅草、本所を焼き、南は本郷、神田、日本橋に及び、大名屋敷七五、旗本屋敷一六六、寺社九五を焼失、焼死者三五〇〇名という大火があった。その際、家を焼かれ、駒込正仙寺(一説に円乗寺)に避難したお七は寺小姓の生田庄之助(一説に左兵衛)と恋仲となった。家に戻ったのちも庄之助恋しさのあまり、火事があれば会えると思い込み、翌年三月二日夜放火したがすぐ消し止められ、捕らえられて引廻しのうえ、三

月二九日鈴ヶ森の刑場で火刑に処せられたというのが実説である。吉祥寺門前に住むならず者の吉三郎が、火事場泥棒をするためお七に放火を勧めたという。西鶴の『好色五人女』(一六八六)や浄瑠璃、歌舞伎で取り上げられるにつれ、お七が焼け出された一六八二年の大火をお七が放火した火事のように脚色し、「お七火事」と呼ぶようになった。　池上 彰彦

火刑の三年後、西鶴の『好色五人女』の刊行で名高くなり、元禄期(一六八八—一七〇四)には歌祭文にうたわれて、小姓吉三とともに浮名を流した。歌舞伎では『お七歌祭文』(一七〇六年春、大坂嵐三右衛門座、吾妻三八作)が最も古く、嵐喜代三郎のお七で大当りとなり、翌年の顔見世に江戸中村座に下り、好評を博した。今日に伝えられるお七の紋所「丸に封じ文」は喜代三郎の紋が転化したもの。浄瑠璃『八百屋お七恋緋桜《こいのひざくら》』(一七一七)、『伊達娘恋緋鹿子《だてむすめこいのひがのこ》』(一七七三)などがあり、歌舞伎では多く曾我の世界に結びつけて脚色され、八百屋お七物の一系統を形成した。『其往昔《そのむかし》恋江戸染』(一八〇九年三月、森田座、福森久助作)で、五世岩井半四郎がお七を演じ、浅葱麻の葉鹿の子の着付を用い、お七の形象が定着した。そのほか河竹黙阿弥にも諸作があり、恋に死ぬ女性として共感を得た。近代に入ってからも岡本綺堂、真山青果らが劇化している。　小池 章太郎

其の頃寺の小姓にて、吉三郎と申せしは、世に類ひなき美男にて、花をあざむく姿なり、

◉——**八百屋お七**　火の見櫓に上るお七。月岡芳年画『松竹梅湯島掛額』。神奈川県立歴史博物館蔵。

お七は恋の念深く、吉三を見染めて思ふやう、夫婦の契を結ばんと、人目を忍んで居間に入り、心を通はす暇も無く、花に戯れ蝶々の、交ひ離れぬ睦言の、堅き約束二世の縁、話も盛きぬその内に、もはや普請も成就し、我家へ帰るその時に、お七は名残をし鳥の、言はず語らず目に涙、親子諸共かへりける、吉三はお七を見送りて、ともに涙の増かゞみ、またも我家へ帰りても、焦れて暮す羽抜け鳥、心のうちの恋桜、吉三が姿幻の、どうしたならば逢れよう、娘の心一筋に、身は空蟬の後や前、思案尽くせし折柄に、又も我屋を焼くならば、焦るゝ人に逢れうと、ある夜密に目をしのび、炬燵の火をば取り出だし、逢はんとおもふ一念で、登り詰めたる段梯子、涙乍らに火を付けて、忽ちどうと燃えあがり、誰知るまいと思へども、はやこの事が現れて、捕はれ人となりければ、縄目に及ぶ哀れさよ　**八百屋お七和讃**

お江戸を離れて向う見れば。四方に矢来をしつらえて。中に立てたる角柱。可愛やお七を縛りつけ。千葉万葉の柴や萱を。山の如くにつみ上げて。下からどつと火をつける。あいたいわいの吉三さん。見るもあわれな其中に。くるしいわいの吉三さん。見るもあわれな其中に。びんの髪を取り出して。吉三は泣く〳〵顔上げて。これこれこれのお七さん。私の故にその様に大勢の人に笑われて。たとい生きて居たとて身の苦痛。

それを見ながら胴慾な。どうして生きて居られましょう。お前に代りて火あぶりじゃ。(なんと私が思わんは)どうぞ代りて下さんせと。言えばお七は顔上げて。はかないわいの吉三さん。死んだあとでは一ぺんの。だいもくなりと唱え給えとなきければ。

越前万歳お七吉三引廻しの段

○久兵衛が紋は何だかしれぬ也(明三宮4)

お七の父の名は一説に久兵衛とも伝えられる。お七の紋ははっきりしている(前出本文)が、八百久の紋は、まさか「丸に封じ文」ではなかろうというおかしみ。

○十六とすてつへんから申上ゲ(宝一二信2)

○はへたのでお七はどうもゆるされず(明三義5)

処分の際に老中土井大炊頭の命により、なるべく減刑せよとの方針が出されたが、感応寺の掛額に「延宝四年春二月本郷お七十一歳筆」と自筆で記されてあったのが証拠となり、一八歳であることが知れ、江戸の法規では一六歳が成年とされたため、火刑が決定されたという。浄瑠璃、歌舞伎ではお七を一六歳と設定。第一句、「すてっぺんから」は最初からの意で、正直に具申したので奉行所もやむなく、との句意。第二句の「はへたので」は俚諺にいう「十三ぱっかり毛十六」を踏まえる。

柳生十兵衛　やぎゅうじゅうべえ　一六〇七—五〇

(慶長一二—慶安三)

江戸初期の剣豪。隻眼だが、天下無敵であったという。柳生新陰流を創始した柳生石舟斎宗厳《むねよし》の子である但馬守宗矩《むねのり》の長男で、名は三厳《みつよし》。十兵衛は通称。父の宗矩は家康・秀忠・家光の徳川三代の将軍に仕えた剣術指南役で、加増を重ねて大名に列した。十兵衛は、正しい家系の嫡男として生まれたにもかかわらず、その生涯には不明な点が多い。トレードマークといえる隻眼も根拠に乏しく、少年の頃に父と稽古中に太刀先が右眼に入ったというのは俗伝。将軍の命を受けて諸国を漫遊したというのも史実とはいいがたい。

柳生家記である『玉栄拾遺』によれば、「弱冠ニシテ天資甚梟雄、早ク新陰流ノ術ニ達シ……」とある。「梟雄」と書かれたところに、剣一筋の冷酷な性格を見る思いがする。おそらく容赦なく相手を叩きのめすタイプであったであろう。俗伝では、慢心・狂気の十兵衛を、父宗矩が柳生の陣屋に閉じ込め、宗矩の依頼を受けた沢庵和尚が柳生に出向いて、十兵衛を諌め諭したことになっている。一六一九年(元和五)、一三歳の十兵衛は家光の小姓として江戸城に出仕することになった。しかし、二六年(寛永三)突然解任され、謹慎の身となった。『寛政重修諸家譜』は、「故ありて御勘気を蒙り」とだけ記している。十兵衛が赦されて、再び江戸城に出仕するのは三八年のことである。その間の一二年、十兵衛の消息は皆目分からない。『玉栄拾遺』は、「一旦、故アリ而、相模国小田原ニ謫居シ玉ヒ、尚諸州ヲ経歴アリト云」とだけ記す。そこで、のちにこの不明の一二年間について、さまざまな俗説が付会されることになった。その代表的なものが隠密説で、将軍家光の密命を受け、武者修行に事よせて諸国の大名の動静を探っていたという。四六年(正保三)父宗矩が没して柳生家を相続したが、四年後に鷹狩中に四四歳で急逝、弟の宗冬が家督を継いだ。十兵衛の死もまた謎に包まれている。

高橋　千劔破

○凡力でないハ武術の二かい笠(いと上)

○二かい笠いちもん一家長ィ舌(宝一三礼4)

大和国柳生一万石の柳生家の紋所は「地楡丸《われもこうまる》に対雀《むかいすずめ》・二階笠・雪笹」(武鑑)となっているが、もっともポピュラーな家紋は二階笠。十兵衛が父宗矩から打ち込まれたとき、二枚の笠で受けたという伝承がある。第一句、「凡力」は「ぼんりょく」と訓む。第二句、十兵衛が伊賀正木坂で道場を開いたとき、門弟一万三千人に達したというが、それは誇大であろう。「長い舌」とは「舌長《したなが》」(自慢し広言するの意)、前句は「にくい事かな〱」。将軍家指南番の威を借りて口幅ったいとの批評であろう。

柳生但馬守宗矩 やぎゅうたじまのかみむねのり

一五七一—一六四六(元亀二—正保三)

江戸初期の兵法家。新陰流剣術の達人で徳川将軍兵法師範。通称又右衛門。父は柳生石舟斎宗厳《むねよし》(一五二七—一六〇六)。大和国(奈良県)柳生庄に生まれる。父石舟斎は上泉伊勢守から新陰流の印可を伝授され、柳生に引きこもり柳生新陰流兵法のくふうと完成に精進した。徳川家康の招きを受けたが老齢のゆえをもって辞した石舟斎は、五男宗矩を幕下に勧めた。宗矩は江戸で徳川家の兵法師範となり、二代将軍秀忠、三代家光に印可を与えた。とくに家光には剣技上ばかりでなく、政治上でも意見を具申し信頼を受ける立場となった。一方、禅僧沢庵とも親交があり、柳生新陰流兵法の理論体系の完成に大いに教えを受けた。家光、沢庵、宗矩三者の身分を超えた人間関係は、江戸幕藩体制の完成に大きな力となったといえよう。一六三六年(寛永一三)宗矩は一万石(のち一万二五〇〇石)の大名に列せられた。兵法書として『兵法家伝書』三巻があり、近世剣術界に大きな影響を与えた。

中林 信二

宗矩畏り、只今承り候へば、九州に切支丹宗門の逆徒発起し、内膳正重昌追討の御使を承り馳向ふ由、仰せと称し、押止むべきと存じ追駈け候へども、追附かず候。此由申さん為なり、と申す。何故に押止めんとは思ふぞ、と御尋あり。さん候。君は只管の土民儕立籠り候と思召して、追討の御使軽くこそ候へ。宗門に附きて起る軍は大事のものにて候。重昌一定討死仕り申すべし。如何にも計つて止めばやと存じ候ひし、と申す。(中略)重昌位高く禄も有りて、年頃重き職を司つて、常に人の敬ひ候はんには然るべく候。今の重昌が身にて城を攻候ひなんに、西国の諸侯如何は下知に従ふべき。思ふにも似ず攻厭みて候ひなんには、又御一門の人々か、さあらずば宿老の内重ねて追討の御使下され候べし。然らば重昌何の面目有りて生きて再び関東に帰るべき。可惜人を土人等に打たせ候ひなん事、誠に口惜くこそ候へ。是は御家の恥辱とも申すべきをや。御許を蒙りて候はば、追附け参りて兎角押へ止めて具して帰るべき物を、と憚る所なく申しければ、御後悔の色顕れさせ給ひしが、夫も叶ひ難くや思召しけん、夜も更けたり、とて入らせ給ひしかば、宗矩も退出し、密に人に斯くと語りけるとかや。誠に宗矩が計りし事掌を指すが如くなりしかば、尤も深計遠慮有りとぞ申すべき。

常山紀談巻之十九

○柳生の猿に浪人も赤ひ顔(嘉三差34)

「柳生但馬守殿、猿を弐疋飼給ひ、常々打太刀にして剣術し給ひしに、此猿ども至極業に通じて……爰に或浪人、鑓を自慢にて、……私儀、少々鑓を心懸候、憚り乍ら御覧下されといふ。但州聞給ひ、安き事ながら先此猿と立合見られよと有時、件の浪人大に腹あしき顔色にて、是はあまりなる事と申に、尤なれども先立合見られよと有故、是非なく竹刀を持かゝりければ、猿も竹具足に面をかけ、小きしなへを持て互に立合、彼もの、只一突に突倒さんと懸りしに、猿つか〳〵とくゞつて何の造作もなく、件の男を打たり」(新井白蛾『牛馬問』巻四)。右句は猿に打たれて赤面(猿の赤面にかける)した浪人をいう。

薬師 やくし

人々の病をいやし、苦悩から救うとされる仏(如来)。サンスクリットのバイシャジヤ・グルの訳。薬師瑠璃光《るりこう》如来とも呼ばれる。薬師は菩薩時代に一二の大願を立て(その中に自分の名を聞く者を不具や病気から救うという項目がある)、仏となって東方の浄瑠璃世界の主となり、日光菩薩、月光菩薩(日光・月光)を従えている。瀕死の病人を救うために薬師如来に祈る供養法(続命法)が行われ、また『薬師経』を唱える者を十二神将が守護するとも説かれる。別に七仏《しちぶつ》薬師《やくし》の伝承があり、これによると東方に次々に如来がおり、最も遠い第七の如来が薬師であるとされる。七仏がそれぞれ独立した仏であるか、七仏は薬師仏の別名であるかが古来論ぜられている。

【日本における薬師信仰】 定方 晟

薬師は日本でも古くから治病に験ある仏として重んじられた。最も初期の薬師信仰の例として有名なのは、推古天皇と聖徳太子が、用明天皇の遺命によって六〇七年(推古一五)に造像したと伝える法隆寺金堂の薬師像である。しかしこの像については、造像年代を引き下げる説もあり、飛鳥時代の薬師信仰の存在は明らかでない。薬師信仰が盛んになるのは七世紀末以後であり、六八〇年(天武九)天武天皇は皇后の病によって薬師寺建立を発願し、七二〇年(養老四)藤原不比等が病むと諸寺で『薬師経』をよみ、七四五年(天平一七)聖武天皇が病んだときも薬師悔過《けか》を行うなど、天皇家や上流貴族の病気の際は薬師に祈願するのが通例であった。平安時代に入り密教修法が盛んになると、『七仏本願功徳経』による七仏薬師法が発達した。七仏薬師法は、薬師七体を並べて祈るもので、九世紀の円仁がはじめたというが、一〇世紀の中ごろ天台宗の良源が摂関家の安産祈願に修して以来、有名になった。東密では七仏薬師法を行わないが、台密では除病安産など息災増益の秘法として特に重んじた。民間でも薬師は早くから治病の仏とされたが、『日本霊異記』や『今昔物語集』などの説話の数からみれば、観音や地蔵の信仰ほどには盛んでなかった。ことに室町時代ころを境として、治病信仰の中心的地位も、より幅広い利益を兼ね備えて民衆に親しみ深い地蔵に譲る形となっていった。

速水 侑

薬師は、衆生を病の苦しみから救う仏であるが、日本の神々のなかで病を治療して人々を救うと信ぜられたのは、大己貴神と少名毘古那神であった。この二神は、医師の神として祭られたことから、薬師菩薩(本来の薬師は如来であって菩薩ではない)と号するようになった。『延喜式』の「神名帳」には、常陸国の大洗磯前薬師菩薩神社、酒列磯前薬師菩薩神社の名が記されている。

大隅 和雄

【図像】 薬師如来の図像については、本来明確な根拠に乏しい。『薬師経』は形姿について説かず、一応、如来としての一般的な姿、すなわち通仏相と理解される。また密教の両界曼荼羅には描かれない。日本では飛鳥、白鳳、奈良、平安の各時代を通じて、きわめて多くの造像が行われ、当初は通仏相として右手施無畏・左手与願の印相をもつ、釈迦如来と同体の像に表現された。法隆寺金堂像、薬師寺金堂像、唐招提寺金堂立像、東寺金堂像などがあげられる。一方、薬師如来の図像的特色として一般に知られる薬壺を持つことを明確に規定した儀軌は、不空訳『薬師如来念誦儀軌』などのほかに見当たらず、むしろ薬師如来の名称から連想される、医薬の効験を示す仏としての解釈から、後世になって生まれた図像的特徴と考えられる。中国においては薬壺を持つ像はなく、むしろ鉢と錫杖を持つ例が多い。日本では平安時代以降に薬壺を執る像が多く、さらに通仏相の施無畏・与願の印相をとる像に、後世薬壺を付け加えたとみられる場合もある。

平安時代初期には、造形的に優れた薬師如来像が相次いで造立された。座像としては新薬師寺像、醍醐寺像、奈良国立博物館像(もと京都若王子社の本地仏)など、立像では元興寺像、神護寺像、室生寺像などが著名で、いずれも平安時代初期の量感を強調した木彫の優作である。さらに文献からは、比叡山延暦寺根本中堂の本尊が薬師如来であったのをはじめ、多くの薬師如来像の作例がこの時期に集中的に造立されたことを知る。現在各地の国分寺に伝わる本尊の多くが薬師如来であり、平安時代初期には宗派を問わずきわめて盛んに造顕が行われた。薬師如来の脇侍としては日光菩薩、月光菩薩があり、中尊薬師如来とともに三尊形をなす例も多い。また十二神将を伴う例もある。十二神将を伴う早い例としては、新薬師寺像や京都大原野の勝持寺像がある。

絵画では平安時代にさかのぼる作例は見当たらず、高野山桜池院の『薬師十二神将図』が

鎌倉時代の作例として知られるものの、他に薬師如来を描いた仏画は多くない。 百橋 明穂

弥次・喜多 やじきた

十返舎一九作の滑稽本『道中膝栗毛』(一八〇二―二二刊)の主人公二人連れで、道中さまざまな滑稽を演ずる三枚目。弥次郎兵衛は色黒で髭《ひげ》だらけの肥満した四十男、喜多八(北八)は巨眼で獅子鼻の背の低い二三、四歳の男(八編上)と描写される。旅は道連れの俚諺どおり、古来二人旅は、仮名草子『竹斎』(一六二一―二三成立)での藪医者竹斎と下僕にらみの介のコンビ、また『東海道名所記』(一六六一刊)における楽阿弥陀仏と大坂男のコンビ等、文芸中に趣向化されてきたが、弥次・喜多コンビもその伝統にもとづき、旅の恥はかきすて式の失敗譚を重ねる、幕末期の道化者として造型に成功した。両人の道中は東海道の上りに始まり、好評につれて金毘羅・宮島参詣、木曾路、善光寺、上州草津へと足をのばし、小心で野暮な好色漢の旅人として書き継がれた。栃面《とちめん》屋弥次郎兵衛の名は、栃麺棒をふり(あわてふためき)弥次郎口をたたく(ほらをふく)男、喜多八は来たりや喜之介(早のみこみでホイきたと飛びだす男)の語によって命名、性格づけられ、「旅は憂いもの」ではなくなった幕末期の遊山旅の盛行を背景に成立、広く歓迎された。舞台化では、一八五四年(安政一)七月中村座での『旅雀我好話《あいやどばなし》』で三世中村仲蔵らが好演、仲蔵の当り役の一つとなり、また義太夫節、新内節にも脚色された。近代では市川猿翁らが、昭和初年に夏芝居として上演(木村錦花脚色)、好評を得、さらに大衆演劇や映画の世界にも数多く登場した。 小池 章太郎

◉――**弥次・喜多** 小田原宿でも大騒動をひき起こす。一八五四年(安政一)七月、江戸・中村座所演『旅雀我好話』。左より藍玉屋与太兵衛(二代目関歌助)、弥次郎兵衛(初代中村市蔵)、喜多八(初代中村鶴蔵)、下女おとく(二代目大谷徳次)。歌川国芳画。早稲田大学演劇博物館蔵。

生国は駿州府中、栃面屋弥治兵衛といふものの、親の代より相応の商人にして、百二百の小判には、何時でも困らぬほどの身代なりしが、安倍川町の色酒にはまり、其上、旅役者華水多羅四郎《はなみづたらしらう》が抱《かかへ》の鼻之助(引用者注―喜多八の前身)といへるに打込、この道に孝行ものとて、黄金の釜を掘いだせし心地して悦び、戯気《たはけ》のありたけを尽し、はては身代にまで途方もなき穴を掘明て留度《とめど》なく、尻の仕舞は若衆とふたり、尻に帆かけて、府中の町を欠落する……。

東海道中膝栗毛

奴の小万 やっこのこまん 一七二二―一八〇六

(享保七―文化三)

本名お雪。大坂島の内鰻谷の薬種屋木津屋五兵衛の養女。女伊達《だて》として俠名をはせたが、のち剃髪して三好正慶尼と号した。武芸をたしなむ美女で、また文雅の才もあり、公卿《くぎやう》に仕えたこともあると伝えられる。上京中の浜島庄兵衛と言いかわし、庄兵衛が盗賊日本左衛門となって刑死したのち帰坂、奴の小万とあだ名されて奇行が多かった。しばしば自分が身を任せる男は由比正雪の再来よりほか

にはない、自分は正雪の女房だと放言し、一切の縁談を断り、衣服に菊水の紋をつけ着用、また庄兵衛こそ正雪の生れ変りで、楠木家の末葉であると信じ、橘紋を定紋としたという。庄兵衛が獄門にかけられた翌年(小万二七歳)、一七四八年(延享五)正月、豊竹座で『容競出入湊《すがたくらべでいりのみなと》』が初演され、作中に奴の小万が黒船忠右衛門とともに登場、同年九月に中の芝居で『女尺八出入湊黒船忠右衛門当世姿』として劇化され、いよいよ名高くなった。一代を女侠として通し、晩年には三好長慶の末孫と称し剃髪、三好正慶尼と名のった。曲亭馬琴は一八〇二年(享和二)上坂のおり、正慶尼に面会している(『羇旅漫録』)。のち江戸でも〇五年(文化二)閏八月、市村座で『兹来着綿《ここへきせわた》菊嫁入』を上演、小万は三世瀬川菊之丞が演じた。小万の没後、柳亭種彦作の読本『奴の小万』が〇七年(文化四)に、また四世鶴屋南北作の合巻(正本製《しょうほんじたて》)『裙模様《つまもよう》沖津白浪』が二八年(文政一一)に刊行され、後者の作中、奴の小万は女賊として活躍。これが今日しばしば上演される『鬼神のお松』の原型である。なお『蒹葭堂雑録』に、正慶尼が木村蒹葭堂を悼む文章が自筆の写しとして収録されている。没年は同書の記事によった。また馬琴の説では、元禄期(一六八八―一七〇四)に奴の小万を称する別の女侠があったとするが未詳。

小池 章太郎

難波人の話にゆき十七八歳の時より。みづから誓ふて嫁せず。夫をむかへず。そのころの世話に、ゆきまことに男をきらふにはあらず。是は故ありておのれがおもふ男にそはれぬ故に、男きらひなりといひしとぞ。ゆき侠気ありて、又書をよみ手迹をよくす。つねに大阪中を往来するに顔に墨をぬりそのうへに白粉を施し、異形のかたちに扮《イデタチ》てありきしと也是その男子にまみへざるこゝろざしをしめすなり。ゆゑにそのあざ一日は頰にあり。又一日は額にあり。こゝをもて世の人やつこ〳〵と呼べり。程経て京都堂上家の被官浪人し大阪に来りてありしを扶助し。これを男めかけにして難波新地の辺に住しめをき。折〳〵かよひてたのしめり。後かの男義にたがふことありければ、ゆき怒りて忽追出し是より又ふたゝび男になれず。そのころ悪党無頼の某といふもの法をおかすことあり。このもの大阪にかくれ居といへども、そのありかをしらず。こゝに柳里恭柳沢権大夫ひそかにゆきをかたらふて、かの悪党をさがさしむ。ゆき程なくかの悪党をとらへて官府に出せり。かゝることより芝居狂言に。奴の小まんとて作りしなり。

羇旅漫録

夜刀神 やとのかみ

『常陸国風土記』行方《なめかた》郡の段に記された蛇神。「ヤト」「ヤツ」は谷あいの低湿地のこと。伝承によると継体天皇の時代に箭括麻多智《やはずのまたち》という豪族が「西の谷の葦原」の開墾を始めたが、夜刀神の群に妨害された。激怒した麻多智は鎧《よろい》を着て杖《ほこ》を取り神々を打ち払い、杭を立てて境界を設定し、みずから祝《はふり》(祀祭者)となって夜刀神をまつった。またその後同じ谷に池堤を築こうとした壬生連麻呂《みぶのむらじまろ》は夜刀神を恐れる人々に、この神を打ち殺せと言って叱咤したという。自然を克服し開拓事業を推進した古代豪族にとって、森や川などのいたるところに潜む神々との闘いは切実なものであった。彼らは自然やその神々を畏怖するがゆえに、同時にこれを崇めもした。麻多智は征服しようとした夜刀神のたたりを恐れ、開墾した土地の境に標《しめ》の杭を立てて夜刀神の支配する神聖な区域とし、祭壇を設け和解して共存しようとしたのである。神々の征服者は同時に崇拝者でもあった。

武藤 武美

郡より西の谷の葦原を截ひ、墾闢きて新に田に治りき。此の時、夜刀の神、相群れ引率て、悉尽に到来たり、左右に防障へて、耕佃らしむることなし。俗いはく、蛇を謂ひて夜刀の神と為す。其の形は、蛇の身にして頭に角あり。率引て難を免るる時、見る人あらば、家門を破滅し、子孫継がず。凡て、此の郡の側の郊原に甚多に住めり。(中略)乃ち、山口に至り、標の梲を堺の堀に置て、夜刀の神に告げていひしく、「此より上は神の地と為すことを聴さむ。此より下は人の田と作すべし。今より後、吾、神の祝と為りて、永代に敬ひ祭らむ。冀はくは、な祟りそ、な恨みそ」といひて、社を設けて、初めて祭りき。　常陸国風土記

藪原検校　やぶはらけんぎょう

講談・歌舞伎作品中の盲人悪徒の名。おそらく何らかのモデルが実在したものと思われるが不明。初世秦々《しんしん》斎桃葉が、二世古今亭志ん生の人情噺から講談化し、『やまと新聞』付録として一八九三年三～六月に四回にわけて『藪原検校』の題の下に出版。これに基づき一九〇〇年一月、東京歌舞伎座で『成田道初音藪原《なりたみちはつねのやぶはら》』として三世河竹新七が脚色初演、主役の藪原検校と大工政五郎に五世尾上菊五郎が扮し好評だったが、作品としては筋が分裂し生煮えとの不評をこうむった。内容は初世藪原検校の弟子で按摩の杉の市が、箱根山中で香具師を鍼《はり》で殺し金を強奪、また師匠をも殺してその跡をつぎ、藪原検校を名のって金貸しを行い、師匠の奥方と姦通するなどの悪事を働く。湧谷の倉吉にゆすられ、手下に命じて倉吉を殺しにやるが、やがて訴人によって縛につく。脇筋として大工政五郎が二役で活躍する。また宇野信夫作『沖津浪闇不知火《おきつなみやみのしらぬひ》―不知火検校』(一九六〇年二月歌舞伎座初演)は本作を換骨奪胎して成功、主演の一七世中村勘三郎も憎々しいなかに愛嬌のある演技で好演。終幕で、捕縛された検校が群衆に石を投げつけられ血まみれになりつつ、「……お前達はちっぽけな胆っ玉に生まれついたばっかりに己のような真似ができず、せいぜい祭りを楽しむのが関の山……」と嘲笑する個所に「悪の楽しさ」をネガティブに表出する作者の意図がこめられている。また井上ひさしにも戯曲『藪原検校』があり、舞台化も成功した。

小池　章太郎

山姥　やまうば

山の奥にすむという老女の妖怪。やまんばとも読む。若い女と考える所もある。山姥のほか山女《やまおんな》、山姫《やまひめ》、山女郎《やまじょろう》、山母《やまはは》、鬼婆《おにばば》などともいう。地方によって多少の違いはあるものの、背が高く、長い髪をもち、肌の色は透き通るほどに白く、眼光鋭く、口は耳まで裂けている、というのがほぼ共通した特徴である。また、人間の子どもを食べることを好み、山中で出会った者は、病気などの災厄を受けるとされる。日本の妖怪の多くがそうであるように、山姥に対する人々のイメージは両義的、二面的であって、人を食う恐ろしい存在だと考える一方、福をもたらしてくれることもあると考えている。例えば、四国の山間部では、山姥に気に入られて長者になったという家が存在している。昔話にもこうした二面性が現れていて、「食わず女房」「牛方山姥」などでは恐ろしい側面が描かれ、「三人兄弟」「姥皮《うばかわ》」「糠福米福《ぬかふくこめふく》」などでは、呪宝などを与えて援助してくれる善なる側面が示されている。また、「山姥の糸車」の昔話に見えるように、妖怪化した動物が山姥に化けていることもある。地域的な伝承であるが、暮れの市に山姥が現れる、山の中で機織しているとか、山中で子を育てている山姥の呪宝は取っても尽きぬ麻糸の玉(これを「山姥のおつくね」という)といったものもある。こうしたイメージがどうして形成されたかについては、いろいろと説かれているが、山間で生活する人たちへの里人の畏怖心や山の神に仕える巫女《みこ》や遊行する巫女についての印象、来訪神《らいほうしん》信仰の変形、山の神(女性とするところが多い)との影響関係などをあわせて考えねばならない。

小松　和彦

世阿弥伝書の『申楽《さるがく》談儀』(一四三〇)などに曲名のみえる能『山姥』に登場する山姥は、必ずしも恐ろしい存在ではない。鬼女といいながら邪正一如の仏説を説き、余所《よそ》ながら「人を助くる業」をなしているという。そして、「妄執の雲の塵積もって山姥」となり、輪廻《りんね》の苦界に沈んだ身の救済を願いつつ、山姥の「山めぐり」をみせるのである。近松門左衛門の『嫗山姥《こもちやまんば》』(一七一二初演)四段目に「山めぐ

り」が取り入れられ、「山姥物」と呼ばれる歌舞伎所作事の源流となった。『嫗山姥』では、源頼光が山姥の庵に泊まるが、山姥とは実は遊女八重桐のなれの果てで、その子が坂田金時であったという筋立てに脚色された。また、御伽草子『花世の姫』では山姥の姿を「顔は折敷《おしき》の如く、目は凹《ぼく》く、玉は抜け出でて、口は広く、牙は鼻の傍まで生ひ交ひ、鼻は鳥の嘴の様にて、先ばかり、額に皺を畳み上げ、頭は鉢を戴きたる」ようで、「頭の毛は赤き赤熊《しやぐま》の如くにて、その間に角の如くなる瘤ども十四五程あり」と形容している。また一六〇九年(慶長一四)京都で山姥の見世物が評判になったという記録もある。『当代記』に、「山うは也とて、東山東福寺辺にて、鼠戸を結、人にみせける、縦は頭之毛は白く、眼之廻赤し、何物を食すれとも一口に喰、貴賤見之、能々聞、しろ子の物狂也」とある。偽物ではあったが、貴賤を問わず山姥の見せ物に集まったというところに、その実在を信じていたであろう当時の人々の姿を見ることができる。

西脇 哲夫

此皆因淫雨之訛言也、又聞、山婆生四子、一曰春好、二曰夏雨、三曰秋好、四曰冬雨、此依今夏多雨也

臥雲日件録寛正元年六月

岩屋の中よりおほれたる声にて、「此処に立ちたる者は何者ぞ。此方へ来れかし」とぞ呼ばはりける。姫君の御心譬へん方もなし。とても免るべき事ならねば、内へ入らんと思ひて差入り見給へば、顔は折敷の如く、目は凹く、玉は抜け出でて、口は広く、牙は鼻の傍まで生ひ交ひ、鼻は鳥の嘴の様にて、先ばかり、額に皺を畳み上げ、頭は鉢を戴きたるが如し。目も当てられず恐しさに、倒れ伏し給へば、この姥つく〴〵と見て申しけるは、「是は人間にてぞあるらん。此処へ寄りて火にあたれ。昔物語して聞かすべきぞ。濡れたらば、身をも干せかし」と言ひければ、情の言葉に少し心を取直し、火の側へ恐しながら立寄り、濡れたる裾を干し給ふ。その後彼の姥物語をこそ始めけれ。「あら痛はしや、御身は果報の人なるが、思ひ寄らずこの様に、迷ひ入り給ふ痛はしさよ」とて、涙をはら〳〵とぞ零しける。鬼の目からも涙とは、斯様の事をや申し伝へけん。(中略)

姥申しけるは、「この程は頭が痒く候なり。虫を殺し候へ」と申しければ、何事やらんと肝を消し給へば、鉄の火箸を使ひしが、如何にも赤く焼きて、「これにて虫を抑へ候へ」と申すなり。見給へば、頭の毛は赤き赤熊の如くにて、その間に角の如くなる瘤ども十四五程あり。それを巻きて少さき蛇の様なる虫どもに、押当て〳〵し給へば、ころり〳〵と落ちにけり。姥喜びて拾ひ食ひて、「あらうまや」とぞ申しける。恐しながらこの岩屋に、一夜を明し給ひけり。

花世の姫

●――山姥
山姥と金太郎。長沢蘆雪画の絵馬。厳島神社蔵。

山樵　ホウ　力の程は見えた〳〵　今よりしては頼光公の家臣となし　父が家名をそのままに　坂田の金時と名乗らせん　喜べ喜べ
山姥　ハ、ア有難や忝けなや　コリャ怪童ゃが　嬉しいかや
今日から坂田の金時という武士になるのじゃが　嬉しいかや
怪童丸　そんなら俺は武士になるのか　嬉しい〳〵
山姥　さりながら　今別るればこの母は　もう逢う事はならぬぞや　コレ怪童　ここへおじゃ
怪童丸　アーイ
〽夫の形見と見るにつけ　そなたの大事さ大切さ　今日別るれば今宵より　母独り寝の閨の内　さぞ面影のなつかしかろ　頼光公へ御奉公　つとむる暇の明け暮れに
山姥　武術を励み立身せよ
〽必ず〳〵人様に　山姥が子と笑われな
山姥　今別るるともこの母が
〽そなたの影身に付添うて　なお行末を守るべし　とは言うもののこれがまあ　〽名残り惜しやいとおしやと　抱き上げ抱きつき　思わずわつと一声が　木魂にひびきて哀れなり
常磐津薪荷雪間の市川

○山うばでさへ女ならたゞおかず(安七亀3)
「髪はおどろの雪を戴き、眼の光りは星の如し」(謡曲『山姥』)と鬼女同様のしろものでも、女とさえ見るなら、蓼《たで》食う虫もあり。その証拠には金時が生まれた。父は赤竜であるとも、また坂田蔵人であるともいわれるが。

日本武尊　やまとたけるのみこと

『古事記』『日本書紀』『風土記』などに伝えられる英雄伝説の主人公。記では倭建命と記す。景行天皇の第三皇子で、母は播磨稲日大郎姫《はりまのいなびのおおいらつめ》とされ、幼名に小碓《おうす》命、倭男具那《やまとおぐな》王がある。年少にして勇武人にすぐれ、諸方の平定に派遣されて日本武尊の名を得るが、長途の征旅、漂泊の末に力尽きて倒れる悲劇的人物として描き出されている。

【ヤマトタケル物語の大要】『古事記』と『日本書紀』とでは叙述に相違があり、文学として後者は前者にはるかに及ばない。以下『古事記』にもとづいて物語を要約する。小碓命(ヤマトタケル)の兄の大碓《おおうす》命は父天皇の召し上げた乙女を盗み、ために朝夕の食事に参会しなかった。そのことを教えさとせと父から命じられたオウスは、兄が朝の厠《かわや》に入るところを捕らえ手足をひき裂いて菰《こも》に包んで投げ捨ててしまう。その勇猛に恐れをいだいた天皇は、オウスを西方の賊平定に派遣する。これがこの皇子の征旅と漂泊の生涯の発端である。まだ少年のオウスは女装して熊曾建くまそたける(熊襲魁帥)兄弟の宴席に入り、宴たけなわのときに兄弟を剣をもってあいついで刺し通した。虫の息のクマソが皇子をたたえてヤマトタケルの名を奉ったがオウスはそれを聞きおえるや否や、相手を熟瓜《ほぞち》のように振りさいて殺したという。

ヤマトタケルとなった皇子はさらに各地の山の神、河の神、海峡の神を征し、出雲の出雲建を詐術で討ち、西方平定をしとげて天皇に復命した。しかし天皇は重ねて追い立てるように、東方十二道の荒ぶる神、王化に従わぬ者を征討せよと命じる。ヤマトタケルは出発にさいし伊勢の大神に参り、斎宮であるおばの倭比売《やまとひめ》命(倭姫命)から草那芸剣《くさなぎのたち》と袋を授かるが、そのとき「天皇はこの私に死ねというのだろうか、西方のいくさから帰りまだ時をへぬうちに軍勢も賜らずなお東国に遣わそうとする」と述べ、憂い泣いたという。東国においてもまつろわぬ神・人をことごとく平らげる。その間、相模国では国造《くにのみやつこ》に欺かれて野火に囲まれるが草那芸剣と袋の中の火打石によって難を逃れた。また走水《はしりみず》の海(浦賀水道)では、渡りの神の妨害にあい、后の弟橘比売《おとたちばなひめ》(弟橘媛)が皇子に代わって入水し神の心をなごめて船を進めることをえた。足柄の坂でヤマトタケルは三たび嘆いて「あづまはや」(わが妻よぁぁ)といい、それが「あづま」の地名の起りとなったとされる。そこよ

り甲斐、信濃を経て尾張に至り、往路に婚約した美夜受比売《みやずひめ》（宮簀媛）と結婚する。だがミヤズヒメのもとに草那芸剣を置いて伊吹山の神を討ち取りに出かけた皇子は、神の降らす氷雨に惑わされ、以後、当芸野《たぎの》、杖衝坂《つえつきざか》と進むにつれて疲れを増し、三重についたときは足が三重に曲がるほどの状態になる。やがて能煩野《のぼの》より大和の国をしのんで、「倭は　国のまほろば　たたなづく　青垣　山ごもれる　倭し美《うるわ》し」などの三首の思国歌《くにしのびうた》をよむが、ここから病状があらたまり間もなくして世を去る。死後の皇子は「八尋白智鳥《やひろしろちどり》」（大きな白鳥）と化して天がけり、葬を営む后や御子たちがその後を泣いて追ったという。白鳥は河内国の志幾《しき》にまで飛び、そこにヤマトタケルの墓、白鳥陵を築いたところ、さらに白鳥は天のかなたへ飛び去ったと伝える。

◉——日本武尊　走水の海で皇子（左）に代わって入水する弟橘媛。『江戸名所図会』。

【ヤマトタケル物語の意義】　記紀の天皇記はまず神武天皇による大和の平定にはじまり、崇神天皇における祭祀の確立、垂仁代の部《べ》の設置などを経て、景行記に至り王権支配の全国的拡大を扱っていると見られる。ヤマトタケルの西征・東征譚はそうした枠組みに含まれており、諸方に設けられていた建部《たけるべ》なる軍事的部民の存在よりすれば、国内の政治的統一の過程における戦闘の諸経験がここに物語的に集約され、大和の勇者の意にほかならぬヤマトタケル像に典型化されたとすることもできる。ただ『日本書紀』のヤマトタケルはそうだとしても、『古事記』のそれはもっと独自な物語の主人公として造形されている。『古事記』はこの皇子を勇猛なるがゆえに天皇から疎外されたという父と子の対立緊張関係のもとにおいて描き、そこからヤマトタケルを一個の悲劇的英雄として形象する。皇子のヤマトヒメに述べた述懐は自己の運命に対する痛切な自覚を示しており、以後の皇子の足どりは征討というより、死によってしか終えることのできない流離・漂泊の旅となってゆく。その終焉近くよまれた思国歌の情調、また天空に飛び去る白鳥の姿はいずれもこの皇子の物語にふさわしい結末となっている。ヤマトタケルの漂泊と死には国家のもとにおける英雄的個人の運命を強く暗示するものがあり、そうした体制と人間の相克・矛盾をとらえている点に『古事記』ヤマトタケル譚の傑作たる理由があろう。→弟橘媛

阪下 圭八

其地より幸でまして、三重村に到りましし時、亦詔りたまひしく、「吾が足は三重の勾の如くして甚疲れたり。」とのりたまひき。故、其地を号けて三重と謂ふ。其れより幸行でまして、能煩野に到りましし時、国を思ひて歌曰ひたまひしく、

倭は　国のまほろば　たたなづく　青垣
山隠れる　倭しうるはし

とうたひたまひき。又歌曰ひたまひしく、

命の　全けむ人は　畳薦　平群の山の
熊白檮が葉を　髻華に挿せ　その子

とうたひたまひき。此の歌は国思ひ歌なり。

又歌曰ひたまひしく、

愛しけやし　吾家の方よ　雲居起ち来も

とうたひたまひき。此は片歌なり。此の時御病甚急かになりぬ。爾に御歌曰みしたまひしく、

嬢子の　床の辺に　我が置きし　つるぎの大刀　その大刀はや

と歌ひ竟ふる即ち崩りましき。

古事記中巻

人王十二代のみかど、景行天皇の御子、日本武尊と申奉るは、すなはち素盞嗚尊の御再誕とぞ聞えし。此御時にあたつて、ゑぞが千島の夷ども、みかどに従ひ奉らず、あづまの国々をかすめ、人民を悩まし侍りし程に、みかど逆鱗ましく〳〵て、かれを平らげんために、日本武尊をはじめて将軍になし給ひて、関の東につかはし給ふ。この時伊勢太神宮より天叢雲の剣を給はり給ひて、尊あづまへ下り給へば、夷どもたばかりて枯野の草に火をつけて、尊を焼き殺し奉らんとしけるに、尊剣を抜きて草を薙ぎはらひ給ひしかば、炎退きつつ、かへつて多くの夷ども亡びにけり。是によつてこの剣を草薙剣と名づけ給ひけり。

伊吹　童子

○女形その始まりは日本武(天五智4)

熊襲の宴席に女装してまぎれ入ったことをいう。

倭姫命　やまとひめのみこと

『日本書紀』垂仁朝に語られる伊勢神宮起源譚の主人公。垂仁天皇の娘、日本武尊《やまとたける》のオバにあたる。崇神朝に宮廷内からいったん倭の笠縫邑《かさぬいのむら》に遷されていた天照大神《あまてらすおおかみ》は、垂仁朝によりよき宮処を求めて東国諸国を遍歴した末、大和の東方伊勢度会《わたらい》の地に鎮座することになった。このとき大神の御杖代《みつゑしろ》となったのがヤマトヒメであった。ヒメは景行朝まで伊勢神宮にあり、ヤマトタケルの西征東征にあたり、あれこれと助力する。

上述の神宮起源の話は斎宮の起源譚でもある。神宮成立とともに天皇家の祖神アマテラスに仕えるために選ばれた未婚の皇女ヤマトヒメは、神話的な初代斎宮にほかならない。斎宮は、名目的には国家的最高巫女であったが、実質は国家成立以前に兄弟のかたわらで呪的霊能をもって一族を宗教的に支配していた姉妹を遠ざけ、男首長が支配権を一元化する方策の、天皇家における具体化が斎宮制であったといえよう。斎宮は天皇の姉妹ではなく娘だが、これは系譜関係が横から縦へおきかえられたものである。古代に霊的に結ばれていた兄弟姉妹の関係に代わりうるのは父方オバとオイであった。ヤマトヒメがヤマトタケルをいったんは救いえたのは、斎宮ヤマトヒメを通じて発揮されるアマテラスの神威と、オイを守護しうるオバの霊能とが重なっていたのだとも考えられる。

倉塚　曄子

爾に天皇、亦頻きて倭建命に詔りたまひしく、「東の方十二道の荒夫琉神、及摩都楼波奴人等を言向け和平せ。」とのりたまひて、吉備臣等の祖、名は御鉏友耳建日子を副へて遣はし時、比比羅木の八尋矛を給ひき。故、命を受けて罷り行でましし時、伊勢の大神御宮に参入りて、神の朝廷を拝みて即ち其の姨倭比売命に白したまひけらくは、「天皇既に吾死ねと思ほす所以か、何しかも西の方の悪しき人等を撃ちに遣はして、返り参上り来し間、未だ幾時も経らねば、軍衆を賜はずて、今更に東の方十二道の悪しき人等を平けに遣はすらむ。此れに因りて思惟へば、猶吾既に死ねと思ほし看すなり。」とまをしたまひて、患ひ泣きて罷ります時に、倭比売命、草那芸剣を賜ひ、亦御嚢を賜ひて、「若し急の事有らば、茲の嚢の口を解きたまへ。」と詔りたまひき。

古事記中巻

五十八年辛巳、倭ノ弥和ノ御室嶺上宮に遷りたまひ、二年斎き奉る。是の時、豊鋤入姫命《とよすきいりひめ》、「吾日足りぬ」と白りたまひき。尓の時、姪倭比売命に事依サシ奉り、御杖代《オムツヘシロ》と定めて、此従り倭姫命、天照太神を戴き奉りて行幸ス

倭姫命世記

客云。倭媛皇女ト申シ奉ハ何神ニ坐ニヤ。亭云フ。人皇十一代国垂仁天皇御宇ニ。御硯箱ニ虫ノ如なるありけり。変シテ倭姫ト成賜テ白ハク。吾皇太神ニ勅宣ヲ受奉。宮地求へしとて。大裏ヲ出坐テ宇治至。爰ニ猿田彦翁ト云神ニ相賜。宮地求ト曰フ。

参詣物語

山本勘介 やまもとかんすけ　一四九三?—一五六一?（明応二?—永禄四?）

戦国時代の軍師。「勘助」とも書く。『甲陽軍鑑』によれば、武田信玄に仕え軍師として活躍したが、川中島の戦で作戦失敗の責任をとり、六九歳で戦死したという。講談や大衆文芸、映画等によって有名であるが、実在したかどうかは不明。しかし、弘治三年（一五五七）六月二三日付の市河藤若あて武田信玄書状に「山本菅助」の名が見えることから、しだいに実在の人物と考えられるようになっている。

笹本　正治

山本勘介は『甲陽軍鑑』『北越太平記』などの俗書や講談に、短軀、跛足、眇眼の智将として描かれる。戯曲化は『信州川中島合戦』（一七二一年八月竹本座、近松門左衛門作）をはじめ『本朝廿四孝』（一七六六年五月竹本座、近松半二ら作）などの浄瑠璃が著名。『本朝廿四孝』では、慈悲蔵（後に上杉の軍師直江山城守）の兄横蔵を勘助の前身と設定している。歌舞伎にも諸種あるが、『川中島東都錦絵《あずまのにしきえ》』（一八七六年三月新富座、河竹黙阿弥作）の勘助討死の場が、五世尾上菊五郎の好演で評価を得た。

小池　章太郎

○勘介が嫁山鳥の尾からよみ（五六31）

山本家で百人一首が行われたならば、「足びきの山鳥の尾のしだり尾の……」は少しさわりがあるゆえ、「山鳥の尾から」嫁が読むとだろう、との江戸市民生活に引きつけた。

○信玄の武勇に道鬼相もとめ（宝一一義2）

勘介、道鬼斎と号したと伝える。「同気相求める」の成句に掛けた秀句で、郷里三州牛窪に隠棲中、信玄が軍師に迎えた件をさす。

ゆ

由比正雪 ゆいしょうせつ　一六〇五—五一（慶長一〇—慶安四）

江戸前期の浪人軍学者。慶安事件の首謀者。由井とも書く。駿河由比の紺屋の子とも、駿府宮ヶ崎の生れともいわれる。江戸へ出て、神田の連雀町の裏店《うらだな》で旗本や大名の家臣に軍学を教え、数多くの弟子を集めた。しかし、大名からの招きには応じず、板倉重昌以外の大名を弟子としなかった。一六五一年（慶安四）幕閣への批判と旗本の救済とを掲げて、幕府に対する謀反計画を立て、多くの浪人を集める。七月計画を実行に移すため同志九人と駿府へ下り、久能山の徳川家康の遺金を奪おうとするが、実行前に事が発覚し、駿府の旅宿梅屋にいるところを、駿府町奉行の手のものに取り囲まれ、二六日朝、みずから命を断った。自刃後、首は塩漬とされ、七月三〇日駿府で獄門にかけられた。正雪や慶安事件は、のち『慶安太平記』などの素材となり、浄瑠璃や歌舞伎などに劇化された。

藤井　讓治

【伝承と作品化】　実録本『慶安太平記』は虚構性が強く、史実からは離れて潤色されている。この作では、正雪の生い立ちから武者修行、

◉——由比正雪
歌舞伎『傾城帯取池』（一七二二）の狂言本挿絵。左ページ下段の総髪姿が正雪にあたる人物とされる。東京大学文学部国文学研究室蔵。

森宗意軒に妖術を習い、江戸に出て楠不伝の家を奪い、丸橋忠弥ら四八〇〇人の浪人を集めて謀反を起こす様が描かれ、これに宮城野、信夫《しのぶ》の仇討をとりまぜ、大衆性に富む読物として流布し、講釈でも行われてきた。当代の事件を出版または劇化することが法規に触れるため、舞台化は困難を伴ったが、一七二九年（享保一四）二月竹本座で竹田出雲ら作の『尼御台由井浜出《あまみだいゆいのはまいで》』の浄瑠璃が上演され、正雪は奇井中節の名で登場、ついで歌舞伎では五七年（宝暦七）一月大坂姉川座『けいせい由来《こんげ》記』に志井常悦として登場、また五九年九月竹本座の浄瑠璃『太平記菊水之巻』（近松半二ら作）は南北朝に世界をとり、宇治常悦の名で、足利転覆を企てたが最後は南北朝和合を条件として自害する結末となっている。ほかにその改作物『嗚呼忠臣楠氏旗《ああちゅうしんなんしのはた》』（一七七一年一二月、豊竹座）、宮城野、信夫の仇討を主筋とした『碁太平記白石噺《ごたいへいきしらいしばなし》』（一七八〇年一月、江戸外記座）などの慶安事件物があるが、いずれも仮名で登場、一八七〇年（明治三）三月守田座での『樟紀流花見幕張《くすのきりゅうはなみのまくばり》』（河竹黙阿弥作）によって、初めて法的に解禁され、通称『慶安太平記』の名で、以来しばしば上演される。しかしこの作でも初演時には実名をはばかり宇治常悦とし、正雪よりも丸橋忠弥に重点が置かれて性格も丸橋がよく描かれてい

る。歴史劇としては山崎紫紅作『由井正雪』（一九二〇年六月、新富座）がある。 ▶丸橋忠弥

小池 章太郎

○菊水もよく〳〵見れば手まへ染（三14）

実録本『慶安太平記』では、若き日の正雪は偽造した楠木系図を壺井八幡宮に埋めおき、後日にそなえたとする。『徳川実紀』にも「楠正成が末葉といつはり」とあるから、楠木氏末孫を自称したのは事実らしい。一説では正雪は紺屋の伜だから、句の菊水は楠木家の旗印。「手前染」（自分で染めた）の旗を掲げたことになろう。「よく〳〵見れば」は素姓をただしてみればの意。

○わら店は今も雲気を見るところ（七〇27）

正雪の道場は牛込藁店《わらだな》にあった。正雪はかつて天草で切支丹の幻術を学び天文運気を見るすべを知っていた（『慶安太平記』）。句の「今も」というのは天明期まで幕府天文台が藁店にあったところから。

夕顔 ゆうがお

『源氏物語』の登場人物の一人。父は三位中将。父の死後、零落し、はじめ頭中将の愛を受けて女児（後の玉鬘《たまかつら》）を生むが、頭中将の北の方に脅迫されて逃げ出し、五条に仮住いの間に、垣根に咲く夕顔の花の縁で、通りすがりの光源氏に見いだされ、関係をもつ。このやさしくすなおな女性に、源氏はすっかり夢中となるが、八月一六日の夜、二人で出かけた廃院の闇の中で、夕顔はもののけにとり殺される。その後、源氏は夕顔の侍女から、その素姓や、また彼女が一面では相手の男に自分の心の奥をうかがわせまいとする強さも併せもつ人であることを知らされる。その思い出は、永く源氏の心に残った。

今井 源衛

白き袷、薄色のなよよかなるを重ねて、はなやかならぬ姿、いとらうたげに、あえかなる心地して、そこと取り立ててすぐれたることもなけれど、細やかにたをたをとして、ものうち言ひたるけはひ、あな心苦しと、ただいとらうたく見ゆ。心ばみたる方をすこし添へたらばと見たまひながら、なほうちとけて見まほしく思さるれば、「いざ、ただこのわたり近き所に、心やすくて明かさむ。かくてのみはいと苦しかりけり」と、のたまへば、「いかでか。にはかならん」と、いとおいらかに言ひてゐたり。この世のみならぬ契りなどまで頼めたまふに、うちとくる心ばへなど、あやしう様変りて、世馴れたる人ともおぼえねば

源氏物語夕顔巻

○夕顔を御ほふしやといふ様な公家（二八10）

家の前の垣に白い夕顔の咲いているのを貰いうけたのが縁で通うことになる。

夕霧・伊左衛門 ゆうぎりいざえもん

歌舞伎、人形浄瑠璃の「夕霧伊左衛門物」「阿波鳴門物」の主人公。実在の遊女夕霧は、はじめ京・島原太夫町宮島甚三郎抱えの太夫。一六七二年（寛文一二）大坂新町廓の扇屋四郎兵衛抱えとなった名妓。七八年（延宝六）正月六日、二七歳で病没。下寺町浄国寺に葬られた。没後、歌舞伎、人形浄瑠璃で追善劇が盛んに上演され、西鶴の『好色一代男』など浮世草子にも取り上げられた。追善劇によって、こまやかな情愛にあふれた人物像が形成された。藤屋伊左衛門は夕霧追善劇に登場する。放蕩の末の借金により勘当され、深編笠に紙衣《かみこ》という零落した「やつし姿」で、子までなした吉田屋の遊女夕霧のもとに通いつめ、やがて勘当が許され夕霧を身請するという設定である。夕霧・伊左衛門の登場する作品としては、一六九五年（元禄八）三月京・早雲座初演の歌舞伎『傾城阿波の鳴門』（後に人形浄瑠璃となる）、一八〇八年（文化五）一〇月江戸中村座初演の歌舞伎『廓文章』が有名。

法月 敏彦

○伊左衛門工面の悪ひ施主のやふ（六九31）

「工面の悪い」は財政状態の良くない意で、葬儀の施主が編笠姿であることからの連想。

○夕ぎりはげくわにかゝらぬ計りなり（安二仁3）

「それ故に此病、痩せ衰へが目に見えぬか、煎薬と練薬と鍼と按摩でやうやうと、命繋いでたまさかに」（近松門左衛門『夕霧阿波鳴渡』）の詞章

…のキョクリ。…

夕立勘五郎　ゆうだちかんごろう

天明期に、松平出羽守のところに出入りした人入れ稼業の元締め。伊賀屋勘五郎。目黒碑文谷に生まれ、番町芥《ごみ》坂の一刀流指南高木一睡軒に剣を学び、免許皆伝となる。飯田町中坂下で稼業を営んでいたころ、街中を暴れまわり、しばしば死傷者を出していた松平出羽守の愛馬夕立の鼻面を一撃して殺したことがきっかけで、出羽守に出入りを許され、自身「夕立」の異名をとったとされている。のち、一刀流の師の娘お袖を助け、一睡軒暗殺の犯人大河原源三郎を捕らえ、南町奉行の手に渡し、獄門にかけ仇を討つ話が、講談、浪花節となって伝えられているが、実際は疑わしい。なお同題の落語もあるが、これは夕立勘五郎を演ずる地方まわりの浪花節語りの話で、直接の関係はない。　矢野　誠一

祐天吉松　ゆうてんきちまつ

講談の登場人物。江戸時代の侠客。初めは旗本くずれの立花金五郎と組み、両国界隈を根城にするすり。回向院で出開帳のあった雑踏で、本郷三丁目加賀屋七兵衛の一人娘お袖のかんざしをすりそこね、さとされて金を恵まれる。これを機会に金五郎と手を切り、経師屋の職人として身をたてるが、親方の代理で仕事先の加賀屋に出入りしたことからお袖と再会、のち見込まれて婿になる。それを知った金五郎は加賀屋をゆすり、火をつけたうえ、七兵衛を殺す。吉松は、仇を討つため妻子と離別、背中一面に彫った祐天上人累解脱の彫物から祐天吉松とよばれる侠客となり、本所中の郷三河屋万蔵の跡目を継ぎ、人入れ稼業の総元締めとして名をなした。　矢野　誠一

祐天上人　ゆうてんしょうにん　一六三七―一七一八

（寛永一四―享保三）

江戸時代の浄土宗の高僧。名利を求めず隠棲していたが、五代将軍徳川綱吉の懇請により諸寺に住し、後に増上寺三六世を継ぎ、大僧正となる。桂昌院をはじめ将軍家の信望も厚く、しばしば城中に召された記事が『徳川実紀』にみえる。目黒祐天寺は弟子祐海が開き、祐天を開山としたもの。祐天の一代記には、①祐天寺蔵版『祐天大僧正伝』のように史実をなぞった漢文体のもの、②法席で説教として語られて流布した実録、③実録に基づいて脚色を加えた講釈、④読本などの系統がある。広く大衆に親しまれていたのは実録の祐天像で、前世の因縁で愚かだった祐天が成田山不動明王の力で叡知を得、さまざまな奇瑞を示し、祐天寺を隠居寺とした、というあら筋になっている。この中でとくに有名なのが累《かさね》得脱の一件で、累狂言の一つ、四代目鶴屋南北の『法懸松《けさかけまつ》成田利剣』では成田不動に叡知を授けられる祐念として登場。このほか『祐天大僧正利益記《りやくき》』のような霊験譚の集成もある。　➡累・与右衛門　郡司　由紀子

◉――祐天上人　累の幽霊と祐天上人。『北斎漫画』。

…不思議や今まで晴れたる空俄に曇り、震動雷電巌を砕き石を飛し、御堂忽ち震動する事大方ならず、然れど祐天少しも恐れず、一心不乱に不動を念じ、仮令岩石に砕れ死するとも、一心の魂魄は此土に止り、不動尊を拝せん、五体微塵とならばなれと、怒れる眼凄じく、口には不動の御名を唱へ、動ずる気色更になし、奇異なる哉今迄別当僧と見えしは、忽然と変じて不動尊と現じ給ひ、御身より火煙を…

噴出し、左右の御手に長短の利剣を提げ、祐天を八打と白眼「善哉〳〵我は是当山の不動尊なり汝が丹精無二の念力を感じ、今現れて示すなり、汝前世の罪深き事二世三世死替り生替りても尽る事なし、依て今生に其智文盲なり、然るに汝今智慧を授らんとす、然らば此長短の利剣二振の内、一振を呑んで臓腑の悪血を吐出し、鮮血を生じ改めねば智慧授かり難し、汝此利剣の長きを呑むか、短きを呑むか」と宣へば、祐天屹度答て曰く「労れたる体の臓腑を破らん事最易し、我長きを呑まん」と其時明王呪を唱へ給ひて、右の長剣を取直すより早く、祐天の口へ岸波と差込み給へば、ワツと云て下俯になり、其儘息は絶えにけり

祐天上人

○祐天は菊が寝所へ入らつしやり（明六桜3）

「菊」は与右衛門の六番目の妻とのあいだにできた子で、累の死霊がとりつく。「導師（祐天上人）枕に近寄たまへば、何とかしたりけん、菊が苦痛忽やみ、大息つゐてぞ居たりける」（『死霊解脱物語聞書』）が、まもなく祐天上人の回向によって成仏得脱する。

○祐天和尚たのみたき暮の娵《よめ》（八五26）

「暮の嫁」は節季の支払に困って迎えた持参金つきの嫁。いわゆる「持参嫁」は醜婦と相場が決まっていたが、よほど大枚の持参金であったのか、この嫁は累がはだしで逃げ出すほどのしろもの。

雄略天皇　ゆうりゃくてんのう

五世紀後半の天皇。允恭天皇の子、母は忍坂大中姫。諱《いみな》はワカタケル（幼武、若建）、宮は大和泊瀬朝倉宮。陵は河内丹比高鷲原《たじひのたかわしのはら》陵と伝える。記紀によると、治世中、天皇権力に干渉していた葛城臣、吉備臣など「臣姓豪族」を没落させ、はじめて大臣《おおおみ》・大連《おおむらじ》制を定め、大伴連、物部連らを登用し、いわゆる「連姓豪族」によって朝廷の組織を確立する端緒をひらいた。また、葛城山で一言主《ひとことぬし》神と会い、狩りを競い、神が天皇を現人神として侍送したので、百姓らは天皇の徳をたたえたといい、河内の志幾大県主《しきのおおあがたぬし》が堅魚木《かつおぎ》を家に上げて天皇の殿舎に擬したので怒り、この家を焼いたとあるなど、天皇の権威の成立を示す説話がある。他方、木工の不敬を怒り、これを物部に付して刑し、舎人が職分を全うしえないのでこれを斬ろうとし、仕丁らが天皇を批判すると黥《めさき》して鳥養部《とりかいべ》におとすなど、「大悪天皇」と称されるほど専制的武断的な行為を印象づけてもいる。

記紀のほか、埼玉県の稲荷山古墳出土の鉄剣銘に、「獲加多支鹵《わかたける》大王」とあり、熊本県の江田船山古墳出土の太刀銘に、「獲□□□鹵大王」とあるのも、ともに雄略天皇をさすであろう。また『宋書』夷蛮伝にみえる倭の五王のうち、最後の倭王武は雄略と考えられる。武は四七八年、宋に上表し、「東は毛人」「西は衆夷」「渡りて海北」を平定したとのべ、実際に朝鮮半島南部を含む「六国諸軍事」の将軍号を称し、安東将軍より安東大将軍に進められ、その後四七九年鎮東大将軍、五〇二年征東将軍に進められている。倭の五王のうち、武に画期のあることは疑いなく、大王を称するにふさわしいといえよう。

同時に外交をみると、四七五年、高句麗により百済の王都漢山城は陥され、久麻那利《くまなり》（熊津）に遷都する。天皇は百済を後援したが、このときより百済を経由して南朝梁の文化を輸入するようになる。戦乱の地、百済と高句麗の間に多く才芸あるものが居住し、去就を知らないゆえに東漢氏《やまとのあやうじ》がこれを日本に迎えたというのも、そのあらわれといえる。これを百済才伎といい、新（今来）漢人《いまきのあやひと》というが、日本古代の部《べ》の制度は彼らによって組織されたと考えられ、雄略朝が国家組織上の画期とみられるのもそのためである。

平野　邦雄

【その伝承像】　記紀、特に『古事記』の雄略天皇物語は、かずかずの求婚譚の連鎖という体をなす。そこでの雄略は意欲的に乙女を妻問う天子として語られており、その風貌の一端が「媛女《おとめ》のい隠《かく》る岡を　金鉏《かなすき》も五百箇《いおち》

もがも　鉏きはぬるもの」との歌謡にうかがえよう。天子の多妻は古代の通例でその活力の誇示という意味をもつ。したがって求婚譚という話柄は他の天皇物語に多少ともみられるが、そうした古代王者一般の性格を特に色濃くひとりの伝承像に投影させたのが雄略の物語であろう。『万葉集』巻頭の「籠《こ》もよみ籠持ち　掘串《ふくし》もよみ掘串持ち……」という雄略作と伝えられた歌、あるいは同巻十三の「隠口《こもりく》の泊瀬《はっせ》の国に　さ結婚《よばい》にわが来れば……」という問答体の長歌も、そうした伝承の一部とみられる。おそらく伝承は実行としての宮廷聖婚儀礼に媒介されていたはずで、雄略物語の場合そこに「鳥滸《おこ》」(滑稽、尾籠)の要素がまじるのも聖婚にもとづくためであろう。

阪下　圭八

天皇遊び行でまして、美和河に至りましし時、河の辺に衣洗へる童女有りき。其の容姿甚麗しかりき。天皇其の童女に問ひたまひしく、「汝は誰が子ぞ。」ととひたまへば、答へて白ししく、「己が名は引田部の赤猪子と謂ふぞ。」とまをしき。爾に詔らしめたまひしく、「汝は夫に嫁はざれ。今喚してむ。」とのらしめたまひて、宮に還り坐しき。故、其の赤猪子、天皇の命を仰ぎ待ちて、既に八十歳を経き。是に赤猪子以為ひけらく、命を望ぎし間に、已に多き年を経て、姿体痩せ萎みて、更に恃む所無し。然れども待ちし情を顕さずては、悒きに忍びず、とおもひて、百取の机代物を持たしめて、参出て貢献りき。然るに天皇、既に先に命りたまひし事を忘らして、其の赤猪子に問ひて曰りたまひしく、「汝は誰しの老女ぞ。何由以参来つる。」とのりたまひき。爾に赤猪子、答へて白ししく、「其の年の其の月、天皇の命を被りて、大命を仰ぎ待ちて、今日に至るまで八十歳を経き。今は容姿既に耆いて、更に恃む所無し。然れども己が志を顕し白さむとして参出しにこそ。」とまをしき。是に天皇、大く驚きて、「吾は既に先の事を忘れつ。然るに汝は志を守り命を待ちて、徒に盛りの年を過ぐしし、是れ甚愛悲し。」とのりたまひて、心の裏に婚ひせむと欲ほししに、其の極めて老いしを憚りて、婚ひを得成したまはずて、御歌を賜ひき。

古事記下巻

雪女　ゆきおんな

日本各地の雪国に伝承された雪の精。また妖怪の一種でもある。地方によって雪女郎・雪姫・雪婆《ゆきんば》などといい、各地にさまざまな話が伝わる。中でも越中や信濃に伝えられた話は、ラフカディオ・ハーン(小泉八雲)の『怪談』に収録された「雪おんな」と同型で、よく知られている。

雪山に猟に入った父と息子が、山小屋で吹雪を避けていたとき、雪女が現われて父の猟師を殺す。雪女は息子の猟師に「このことを決して誰にも話してはならない。話したらお前を殺す」といい、雪の山中に消えた。息子の猟師は雪女との約束を守り、父が死んだ雪山での出来事を誰にも話さなかった。やがて十数年の時が流れた。猟師はその間に結婚し、子供にも恵まれて、ささやかだが幸せに暮らしていた。しかし、ある吹雪の夜、猟師はふと思い出して、むかし雪女を見た話を女房にする。すると、その女房がたちまち雪女に変身して猟師を殺そうとした。だが子供がいたので、猟師の命を取ることを思いとどまり、雪女は吹雪の中に消えていった。何とも怖い話である。

青森の話は、雪の夜道で美しい女が、通りすがりの人に赤ん坊を預けて姿を消す。岩手では、雪女と交わった男は一生精を失ってしまうといい、秋田では、吹雪のために死んだ者の魂が雪婆の姿になって出てくるので、顔を見たり、声をかけたりすると殺されると伝える。『遠野物語』は、小正月の夜、または冬の満月の夜は、雪女が大勢の童を引き連れて遊ぶという話を載せる。また雪童女の話もある。雪の夜に女が老夫婦の家を訪ねて女の子を預けていく。子のいなかった老夫婦は、その子を可愛がって育てるが、女の子は決して風呂に入らなかった。あるとき、無理やり風呂に入れると、いつまで待っても出てこなかった。老夫婦が見に行くと、湯ぶねに女の子の櫛だけが浮かんでいた。雪女伝説には子供が付き物なのも特徴といえる。

高橋　千劔破

　爺さんの方はほとんどすぐに寝入ってしまいましたが、年の若い巳之吉は横になったまま眠らずに、いつまでもじっと、恐ろしい風や降り止まぬ雪が戸に吹きつける音に耳を澄ませていました。川は轟々と鳴り響き、小屋は海上に漂う小船さながらに揺れてはきしみました。なんとも凄まじい嵐で、夜の更けるにつれて、あたりはいよいよ冷えこんできました。巳之吉は蓑をかぶったまま震えていました。が、そんな寒さにもかかわらず、いつしか、やはり寝入ってしまいました。

　少年は顔に吹きつける雪で目を覚ましました。いつの間にか、戸がこじ開けられていて、見ると、雪明かりのもと、部屋の中に女の姿があるではありませんか。全身白装束の女です。女は茂作に覆いかぶさるようにして、息を吹きかけています。それは白く光る煙のように見えました。と、その途端、こちらに向き直り、今度は巳之吉の上にかがみこんできました。少年は思わず叫ぼうとしましたが、一向に声になりません。白い女はいっそう低く身をかがめ、しまいに女の顔が巳之吉の顔に触れんばかりになりました。すばらしく美しい女です。が、少年はその目を見て、恐ろしくなりました。女はしばらくじっと見つめていました――やがて、ほほ笑むと、そっとささやきました。「おまえもあの爺さんと同じ目にあわせるつもりだったのに、なんだかかわいそうになってしまった。――なにしろあんまり若いのだもの。――ねえ、巳之吉、あんたはかわいい子だね。だから、今回は見逃してあげよう。でもね、今夜見たことは決して誰にもいってはいけないよ――母親にもね。そんなことしてごらん、あたしにはちゃんとわかるんだからね。そのときには、おまえの命はないからね。――いいかい、それを忘れるんじゃないよ」

　そう言い残すと、女はくるりと背を向けて、戸口を抜けていきました。そこで、やっと巳之吉は体が自由になったので、跳ね起きて、外を見ました。が、女の姿はどこにもありません。雪が猛り狂ったように小屋に吹き込んでくるばかりです。少年は戸を閉めると、棒切れを何本もあてがい、開かぬようにしました。ひょっとして風のせいで戸が吹き開けられたのではないだろうか。それともただ夢を見ていただけで、戸口に雪明かりがちらちらするのを、白い女の姿と見まちがえたのかもしれない。自分にもはっきりしませんでした。巳之吉は茂作に声をかけました。が、爺さんの返事はありません。ぎょっとして、暗闇の中を手探りで相手の顔に触れると、まるで氷です。茂作は硬くなって死んでいたのです。

怪談

○化ものでいっち目だつハ雪女(四六23)
○温石に氷を入る雪女(九四34)
　第一句、女性で凄艶とあるからには。第二句の「温石《おんじゃく》」は懐炉。
○こわひ事灯をけすと出る雪女(天七豊2)
○雪女あらしの中へすいとでる(三二4)
　この両句の雪女は吉原の遊女。八朔《はっさく》という年中行事で、まだ初秋の暑いさなかに白無垢の綿入れを着て接客した。その衣裳の費用は遊女の工面であり、その紋日に登楼した客の負担となる。第一句の「灯」は水無月(陰暦六月)晦日から七月末まで、万字屋抱えの名妓玉菊追善の「玉菊燈籠」の灯。第二句、八朔は二百十日の頃に当り、この雪女のほうが遊客にとってはずっと怖い。

遊行上人　ゆぎょうしょうにん

清浄光寺《しょうじょうこうじ》(遊行寺ともいう)を拠点とし、回国する時宗の指導者の称。特に時宗の開祖一遍、その弟子で時宗遊行派の祖他阿真教をさすことも多い。遊行は、本来修行僧が衆生教化と自己修養のために諸国を巡歴することで、仏教の修行の主要なものの一つであった。飛錫、巡錫などの語でもあらわし、禅宗では行脚の語を多く用いる。平安時代には山野を抖擻《とそう》する聖《ひじり》があらわれ、修験道では遊行が重んぜられた。諸国を遊行する聖たちは、さまざまな信仰をもっていたが、念仏を広めようとする遊行僧の流れの中から、鎌倉時代の中期に一遍があらわれ、一所に止住することなく諸国を巡歴して念仏を勧め、賦算《ふさん》を行うという活動に、宗教的な意義づけをし、時宗が開かれることになった。一遍の死後、念仏の道場が各地に建てられると、そこに止住する僧もあらわれて、時宗の教団が形成されるようになったが、いくつにも分派した時宗の中心となった遊行派は、相模藤沢の清浄光寺を拠点として発展した。時宗の指導者は遊行上人と呼ばれ、生ける仏として崇敬され、多くの信徒を率いて回国巡行を続けたが、晩年に遊行を続けることが困難になると、清浄光寺に引退した。寺に住むようになった上人は、藤沢上人と呼ばれたが、鎌倉時代末以降、藤沢上人が没すると、回国中の遊行上人はその地位を後継者に譲って清浄光寺に入り、藤沢上人をつぐのが時宗の慣例となった。遊行は、諸国の大小の道場を一つ一つ巡歴するもので、室町時代中期には全国の道場は二〇〇に及んだ。多くの信徒を率いての遊行は種々の困難を伴い、回国記の類に記録されているが、中世末期以降、遊行を順調に行うために教団が権力に接近するようになると、賦算の権限を独占する遊行上人は、庶民に対して高い権威をもち、遊行も幕府や大名からさまざまな特権を認められ、庶民の負担をよそに形式化して宗教性を失った。→一遍

大隅 和雄

十一日。癸未。天晴。斎藤別当真盛霊於加州篠原出現。逢遊行上人。受十念云々。去三月十一日事歟。卒都婆銘令一見了。実事ナラハ希代事也。

満済准后日記応永二一年六月

○我寺に成ルと遊行は追出され(明元仁3)

藤沢遊行寺では住職になると寺にとどまることができぬ慣習があり、諸国巡回に出ることを「追出され」とキョクった。

○ねんぶつの旅あきないに遊行出る(天元義3)

時宗は念仏宗。諸国文化の遍歴を「旅商い」と卑俗化。

夢見小僧 ゆめみこぞう

運命と致富を語る昔話の主人公。小僧が良い夢を見る。親や主人からその内容を聞かれるが、どうしても語らない。そのために迫害されるが、後に夢に見たとおりの幸福な結婚をする。類型の話はヨーロッパ、トルコ、朝鮮等に分布する。良い夢をみだりに口外するなという戒めは古くからある。『宇治拾遺物語』には、吉備真備に夢を盗まれて出世を逃がした男の話がある。俗信にもユズリハや宝舟の絵を枕の下に入れると良い初夢を見る、また逆に悪夢を見たときには、「夕べの夢は貘《ばく》にあげます」といって天井に向かって息を三度吐くとよいという。人々はかつて夢に未来の予知を託し、これの扱いには慎重を期してきた。また、同時にこの話は、小僧に課せられた婚姻試験とみることもできる。すなわち、迫害されて後、漂泊に耐えうる体力、厄難を恐れぬ勇気、胆力、さらに鬼の呪宝を詐取する知力による配偶者の獲得ということである。

粂 智子

まき人は上の方のうちに入て、部屋のあるに入りて、あなよりのぞきて見れば、此君、いり給て「夢をしかぐ〳〵見つるなり。いかなるぞ」とて、かたりきかす。女、聞きて、「よにいみじき夢なり。必、大臣までなりあがり給べき也。返々、めでたく御覧じて候。あなかしこ〳〵、人にかたり給な」と申ければ、この君、うれしげにて、衣をぬぎて、女にとらせて、かへりぬ。

その折、まき人、部屋より出て、女にいふやう、「夢はとるといふ事のあるなり。この君の御夢、われらにとらせ給へ。(中略)

されば夢とることは、げにかしこきことなり。かの夢とられたりし備中守(の)子は、司もなきものにて止みにけり。夢をとられざらましかば、大臣までも成なまし。されば、夢を人に聞かすまじきなりと、いひつたへける。

宇治拾遺物語巻十三ノ五「夢買人事」

百合若大臣 ゆりわかだいじん

幸若《こうわか》舞曲や、その影響を受けた説経、浄瑠

璃、歌舞伎など、百合若物と総称される作品の主人公として知られる架空の英雄。蒙古征討からの凱旋の途上、逆臣のため孤島に置き去りにされ、苦難の末に帰朝して復讐を遂げるというのが基本的な筋である。一連の百合若物では、技巧的で複雑な趣向が付加されながら改作が重ねられ、読み物として草子化されてもいる。幸若舞曲『百合若大臣』では、嵯峨帝のとき、左大臣公満が長谷寺、岡寺に祈誓して授かった観音の申し子であり、その英雄的ふるまいも神仏の加護に負うところが大きい。神仏の加護による異国退治の話柄からは八幡信仰が想起されるが、幸若舞曲でも百合若の御台所が宇佐八幡へ願を立て、所願成就したと語られている。また、百合若が観音の申し子であることは、神功皇后の本地が観音とされていたこと(『八幡大菩薩御縁起』など)をふまえているものと考えられ、百合若説話と八幡信仰とのかかわりの深さを推測させる。名前の由来についても、宇佐八幡の神職大神《おおが》氏が大和の三輪氏の分流であることから、三輪信仰の象徴である山百合の花が八幡信仰と結び付いていて百合若の名となったとも考えられている。

一方、百合若大臣は口承文芸の世界での主人公でもあり、その分布は九州地方を中心として全国に及んでいる。鹿児島県沖永良部島の昔話では、眠れば一七日間眠り続け、起きれば一七日間起き続けたといい、江戸への船旅の折、無人島へ漂着し眠っているうちに置き去りにされ、長い間島で暮らした後、沖を通った船に助けられ故郷へ帰り、草刈りとして超人的な働きをし、だれの手にも負えなかった愛馬に乗り、裏切り者を一矢で射殺し、その後は幸福に暮らしたという。長崎県壱岐市などでは、百合若は鬼退治に行って難にあったことになっている。伝説では、だいだらぼっちのような巨人伝説や百合若の愛鷹(緑丸)にまつわる伝説がある。幸若舞曲の原拠となった百合若説話が存在した可能性は高いが、現存する昔話・伝説がどの程度その内容を伝えているのかは不明である。

西脇 哲夫

あら、いたはしや。大臣殿は、ただうつせる影のごとくにて、岩間の宿をたち出で、汀へよろぼひ出で給へば、この程見馴れぬ鷹一もと、羽を休めてゐたりける。大臣不思議におぼしめし、しばしたたずみ給へば、昔手馴れし緑丸なり。あまりのことのうれしさに、急ぎ立ち寄り給ひて、「あら、珍しの緑丸や。やあ、大臣がこの島にありとは、何とて知りて来たりたるぞ。げに、鳥類は必ず五通あるとは、是かとよ。さても、是なる飯は、御台所の御業かや。この飯を賜ばんより、など言伝ての文はなきぞ。豊後にいまだましますか。都に帰りお上りか。淵は瀬となるならひかや。いかに、いかに」と問ひ給へば、心苦しき風情にて、涙ばかりぞ浮かべける。大臣殿は御覧じて、「今、これほどの身となりて、この飯服してあればとて、いく程、命のながらへん。鳥類なれども、あの鷹の見るところこそ恥づかしけれ。食はでもあらで」とおぼしめすが、「さもあれ、緑丸が万里の波を分け越えたる志のせつなきに、いでいでさらば服せん」とて、御手を掛けさせ給ひければ、うれしげにて、この鷹が羽をたたき爪をかき、お膝のまはりにひれ伏して、もの言はぬばかりの風情なり。大臣殿は御覧じて、「あら、たよりもなや、緑丸。汝が見るごとく、木の葉だになき島なれば、思ひの色も書きやらず。いかがはせん」と仰せければ、其の時、此の鷹、雲井遥に飛び上がる。大臣殿は御覧じて、「あら、名残惜しや、緑丸。しばしもかくて候へかし。はや帰るか」と仰せければ、さはなくして、緑丸、いづくより取りて来たりけん楢の柏葉含みて、大臣殿に奉る。蘇武が胡国の玉章を、雁の翅に言伝てしも、今こそ思ひ知られたれ。我も思ひは劣らじとて、御指を食ひ切り、木の葉に物をぞ遊ばしたる。短の落葉なりければ、ただ歌一首書きつけておし畳み、まろめて鈴つけに結ひつけて、「はや帰れよ」とありしかば、うれしげにて此の鷹が、三日三夜と申すには、豊後の御所に参りけり。

幸若舞百合若大臣

○百合若の弓はつぶしにふんで置(拾六1)
　所持した鉄の大弓、「長さは八尺五寸、まはりは六寸二分なり」(幸若舞『百合若大臣』)。これでは誰も引くこともならず、地金の値段にしか評価されない。
○寝ごかしはゆり若どのが元祖也(拾五10)
　「寝転し」は寝たままに放置すること。ことに遊里で、相手が寝ている間にこっそり消えることをいい、右句は、その本家を百合若とした。
○百合若の末孫と寝るけちな晩(傍四30)
　「百合若の末孫」は吉原の新造(見習い女郎)。新造は「アシカ」とあだ名されるほどよく眠るものとされた。なじみの太夫に他客が付いてしまったとき、名代として新造が同衾するが、手出しすることはきつい法度とする慣習があり、これが客側としては「けちな(付いていない)」一夜となる。

よ

夜嵐お絹 よあらしおきぬ
講談で知られる毒婦。名を原田きぬといい、一八七二年(明治五)二月二〇日、小塚原の刑場で八代目首斬朝右衛門によって処刑される前に、「夜嵐のさめて跡なし花の夢」と辞世をよんだことから、「夜嵐」の異名をとった。一八四四年(弘化一)、番町のある旗本の御用人原田某が、妻の死後女中に生ませたのがきぬだと伝えられているが、異説も多い。猿若町の芝居茶屋から芸者に出て、小林金平なる金貸しの妾《めかけ》となるが、役者の嵐璃珏《りかく》(後、市川権十郎)と密通のうえ、主人金平を毒殺したため晒首《さらしくび》となった実録が、多くの講釈師によって読まれた。この講談は『妲己《だっき》のお百』『鬼神のお松』『高橋お伝』などとともに、いわゆる「毒婦物《どくふもの》」の代表作である。 矢野誠一

陽成天皇 ようぜいてんのう 八六八―九四九
(貞観一〇―天暦三)
第五七代に数えられる平安前期の天皇。在位八七六―八八四年。清和天皇の第一皇子。母は藤原長良の娘で、基経の妹にあたる高子。諱《いみな》は貞明。八六九年(貞観一一)に皇太子に立てられ、八七六年清和天皇退位のあと九歳で践祚。基経は引き続き摂政として政治の実権を握り、八八〇年(元慶四)には関白に任ぜられた。天皇は八八二年に元服の儀を終えたころから基経と対立するようになり、宮中での殺人事件などが原因となって八八四年に退位、二条院に移った。基経が陽成天皇の廃位を行ったことは、後世「藤氏の三功」の一つに数えられた。上皇として例のない長寿を保った陽成院には、陸奥に下向させた滝口道範が習得してきた妖術を習った話や、三種の神器を持ち出した話など、数々の説話が伝えられている。『後撰集』に収められた天皇の「つくばねの峰よりおつるみなの河恋ぞつもりて淵となりける」の歌は、百人一首で知られている。陵墓は京都市左京区の神楽岡東陵。 大隅和雄

用明天皇 ようめいてんのう ?―五八七
第三一代に数えられる天皇。在位五八五―五八七年。欽明天皇の第四皇子、母は蘇我稲目の娘堅塩媛。大兄皇子といい、同母兄敏達天皇の死によって、五八五年九月、磐余池辺双槻宮に即位。異母妹穴穂部間人皇女を皇后に立て、大臣蘇我馬子、大連物部守屋の補佐を受けたが、両氏の抗争の中で五八七年四月に没した。橘豊日天皇と諡《おくりな》し、大阪府南河内郡の河内磯長原陵に葬る。法隆寺金銅薬師如

来像光背銘に、病の天皇が薬師像と寺を造ろうとして成らず、推古天皇と聖徳太子が受けついだことが記されている。皇子に厩戸皇子(聖徳太子)があり、皇女酢香手姫は伊勢斎王となった。

聖徳太子信仰がひろまるにつれて、仏法の興隆につくした天皇と伝えられるようになり、東北から九州まで各地に太子の父用明天皇の潜幸伝説がある。幸若舞曲『烏帽子折』にとりあげられた貴種流離譚は、近松門左衛門の浄瑠璃『用明天王職人鑑』で脚色を加えられ、広く人々に知られた。　大隅　和雄

理かな此の親王御成長の後、事もおろかや日本仏法の開基。聖徳太子の御父帝用明天王と申せしは此の親王の御事なり。時に物ノ部の大臣進み出で。いづれも御連枝の御中といひ。殊にかゝる聖賢の道此の勝劣は勅判にも及び難し。所詮両方の経巻を火に焼いて試みば。邪正の験有るべしと用意あれば仏道に。心を寄する人々はもったいなしと歎くもあり。王子方にはすは大事と眼を塞ぎ観念し。三目八ツ臂摩醯修羅天紕紐天。加比羅天漚婁僧佉天一つの験を見せ給へと。歯を喰ひしばって立ったりけり主殿司松振り立て両方一度にくゆらする。あらうたてや仏経の表紙紐に火うつりて。華厳阿含方等般若大乗涅槃沙羅林の。夕べの煙消え残る玉軸ばかりに成ってげり。外道の書には火もうつらず雪を焚くかと怪しまる。山彦王子大音あげ。叡覧あるか我が君仏道邪法に極ったり。邪法を信ずる花人は大日本の怨敵たり。罪科軽かるべからずと高声にのゝしるはにが〳〵。しくぞ見えにける。花人親王にっこと笑ひ。ア、さなの給ひそ兄君。正法に奇特なし譬へて申さば。草木の誠の花は嵐に散り霜に枯るゝ。風にも霜にもいたまぬは偽りの造り花。まっ其の如く石金にても焼くをもって火の徳たり。いはんや火を取って紙にうつさば焼くる道理焼く道理。物を焼かずは火の益なし紙も焼けぬは天魔の術。信ずるに足らず願ふに足らず。真実微妙の仏の不思議験を見せしめ給へやと。合掌あれば有難や残りたる玉軸より。七千余巻の文字の数々一点失せず現れし。光の中より妙覚の如来の容皃あり〳〵と。拝まれ給ふと見えけるが肉髻より稲光。うつると等しく外道の書は皆灰燼と煙り行き。紫雲に乗じ御仏は雲居に。あがらせ給ひける。王子は黙して赤面す月卿雲客手を合せ。あっと感じて礼せらる主上甚だ叡感あり。妙なる業を見るからは異国の法とて捨つべからず。当国向原に伽藍を構へ仏法流布を待つべしと。

用明天王職人鑑

吉野　よしの

江戸時代、京都の六条、島原の遊里を代表した太夫の名。江戸吉原の高尾太夫と並び称される。もっとも『吉野伝』によると吉野を名乗る太夫は、江戸時代初期に限っても、一〇人以上いたという。なかでも有名なのは、六条柳町の林与兵衛家の二代目吉野太夫徳子(一六〇六―四三)である。彼女は、京都の方広寺大仏の近くで生まれたという。生家は俵藤太の末裔と伝えるが、もとより信を置けない。一説に、父は西国の武士で浪人して上京、扇子紙を折って生計をたてていたが早世したため、彼女は娼家に養われることになったともいわれる。いずれにせよ、八歳で林家に預けられ、一四歳で出世して太夫となり吉野を称した。一六三一年(寛永八)上京《かみぎょう》の豪商佐野(灰屋)紹益に請け出されて廓を去るまで、一三年にわたって太夫の位にあった。その間、「六条の七人衆」の筆頭にあげられ、「天の下にならびなきあそび」と評された。生来利発で、茶や香をはじめ古典的な諸芸に通じ、当時の六条遊里に濃厚であった貴族的雰囲気を体現した一流の教養人として、貴顕とも親しく交わり、名声を高めた。ことに近衛信尋との交流は巷間に伝えられるところで、その身請けをめぐって紹益と信尋が張り合ったという逸話もある。なお、吉野をめとった紹益は親の勘気をうけ下京に閑居したが、のち本阿弥光悦の仲介で本家に戻り、吉野は紹益の正妻として没し、佐野家の菩提寺立本《りゅうほん》寺(今出川寺町)に葬られた。また鷹峰常照寺の山門は吉野の寄進したものとされ(吉野門と通称する)、同寺にも供

養塔があるほか、境内に吉野をしのんで吉野桜が植えられている。

○花咲いた後ハ灰屋に散る吉野（安政元・里童居士追福会3）

吉野桜が全盛ののち、灰屋に身請けされて散りうせたと、句の裏に花咲爺の昔話を置いた句構。

守屋　毅

吉屋思鶴　よしやおめつる

琉歌人で遊女。琉球方言ではユシヤウミチル、ユシヤチルーと呼ばれる。もともとは平敷屋《へしきや》朝敏（一七〇〇―三四）作の、和文の物語『苔の下』に由来する。何某《なにがし》の按司《じぁ》と仲島遊廓の遊女よしや君とは、心を通わした間柄であったが、よしや君の継母（抱え親）の計略で、佐敷《さしき》の黒雲殿と結婚させられる。失望したよしや君は食断ちをして自殺するが、按司は、よしや君がまだ按司への思いを残して成仏できないでいるのを悟り、同じく食断ちをして後を追う。『苔の下』の末尾には、いつのころからか、よしや君は一六六〇年（順治七）に生まれ、一六七八年（康熙七）に死んだという注記が加えられている。古い琉歌集にはよしやの名はないが、『古今琉歌集』（一八九五）には「仲島よしや」の名で一二首とられている。八歳のとき遊廓に売られて読谷《よみたん》村の比謝橋を渡るとき、その橋を恨んで歌った歌とか、遊廓で故郷を思って歌った歌、あるいは死後薄情な仕打ちをした人を恨んだ歌まである。よしやの歌は、古い琉歌集の作者不明歌や民間に流布した琉歌を引き寄せたものである。「吉屋思鶴」の名にしても、現在一般に呼びならわしているユシヤチルーも、近代以降の新しいものである。「思鶴」は「鶴」の敬語、『苔の下』でよしやを看病する遊女の名である。『苔の下』を核に民衆の同情を得て成長した側面がある。近代以降は、『嵐世の露』や『吉屋物語』など沖縄芝居に仕組まれて、いよいよ鮮明になった。

池宮　正治

今はむかし、何某の按司とかや聞え給ふ、いまそかりけり。仲島の辺りに忍ておはし通ふ所ありけり。よしや君といふうかれめがりになんありける。そのうかれめ、岡谷に輝くばかりにて、心ばへも優になつかしく、書き読み弾きしらぶる節々も優れにたれば、世の中ゆすりてめではやし、契りを結ぶ、多かりけり。中にもこの按司、殊に深ふものして、女もこよなうなん思ひたてまつりける。如何なるついでにか御覧じそめ、如何なる折りにかおはしそめけん、其程の事は聞きも置かねば書かず。さて八月十五夜もろともに那覇の入江の月見し給ふ。御舟の装ひもことごとしからず、忍びてなりけり。

苔の下

ある人の云はく、よしや君と聞えしうかれめは、順治七年庚寅に生て、康熙七年戊申にみまかりぬ。在世わずか十九歳の間なるを、その名高く遠き日の本まで聞えしものなれば、朝敏が言ひけんやうに、書い読み弾き調ぶる節々も優れにたれば、いと苔の下にひき起し、書いつるもむべなりけりとぞ。歌に言はく、

苔の下にあるともよしや君がため今はむかしの水茎のあと

苔の下末尾注記

与太郎　よたろう

落語の登場人物。江戸語としての「与太郎」は、幸田露伴によれば遊民の語で虚言家だが、落語の与太郎は虚言家ではなく、いささか知能の低い人間として描かれる。長屋住まいで、年齢不詳の独身男として登場するケースがいちばん多いが、例外もある。長屋の人々のからかいの対象となってはいるが、おおむね愛されている存在で、ときに思いがけない批判精神を発揮して周囲をおどろかす。愛きょうあふれた失敗話のにない手として、滑稽感の重視された落語のなかで大きな位置をしめている。落語的人物としての与太郎という擬人名の出所は、一六六七年（寛文七）の遊女評判記『吉原雀』あたりとされている。与太郎の愚行が中心となった落語の代表的なものとして、『金明竹』『道具屋』などがあげられ、社会の一員として包容していこうとする姿勢の強く出

たものに『孝行糖』などがあるが、『酒のかす』『穴子でからぬけ』のような小咄にその人間像が色濃く出ている。　矢野　誠一

世継の翁　よつぎのおきな

平安時代後期に成立した歴史物語『大鏡』に登場する架空の人物で、歴史の語り手。万寿二年（一〇二五）五月、雲林院《うりんいん》の菩提講に集まった人々は、講師の登壇を待つ間の雑談に興じていたが、その中にかつて宇多天皇の母后班子女王に仕え、当年一九〇歳になる大宅世継《おおやけのよつぎ》という翁があり、藤原忠平の小舎人童であったというこれまた百数十歳の夏山繁樹とその妻を相手に、昔の思い出を語り始めた。『大鏡』はこの三人に若侍を加えた対話の形で歴史叙述を進めている。世継の翁に歴史を語らせる構想は、『源氏物語』雨夜の品定めの段に倣ったと考えられ、空海の『三教指帰《さんごうしいき》』、『史記』封禅書の李少君、法華八講の形式などに示唆を受けたと見る人もある。大宅世継という意味は、世々の事を継々に語る翁という意味とされるが、そのほかに大御代の万歳を祝言する翁という意味があると考えられ、さらに古代の語り部などに通ずる寿詞《よごと》の語り手の性格を伝えるものとも見られている。　大隅　和雄

……（世次）「さらにもあらず。一百九十歳にぞ、……ことしはなり侍りぬる。されば、しげきは百八十におよびてこそさぶらふらめど、やさしく申なり。をのれは、水尾のみかどのおりおはしますとしの正月のもちの日うまれて侍れば、十三代にあひたてまつりて侍なり。けしうはさぶらはぬとしなりな。まことゝ人おぼさじ。されど、父がなま学生につかはれたいまつりて、下臈なれども、「みやこほとり」といふ事なれば、みづからをみたまひて、うぶぎぬにかきをきて侍ける、いまだはべり。丙申の年に侍」といふも、げにときこゆ。（中略）「まめやかに世次が申さんと思ことは、ことごとかは。たゞいまの入道殿下の御ありさまの、よにすぐれておはしますことを、道俗男女のおまへにて申さんとおもふが、いとことおほくなりて、あまたの帝王・后、又大臣・公卿の御うへをつゞくべきなり。そのなかにさいはひ人におはしますこの御ありさま申さむとおもふほどに、世の中のことのかくれなくあらはるべき也。つてにうけたまはれば、法華経一部をときたてまつらんとてこそ、まづ余教をばときたまひけれ。それをなづけて五時教とはいふにこそはあなれ。しかのごとくに、入道殿の御さかへを申さんとおもふほどに、余教のとかるゝといひつべし」　大鏡第一巻

淀君　よどぎみ　一五六七—一六一五

（永禄一〇—元和一）

豊臣秀吉の側室、豊臣秀頼の母。父は近江浅井郡小谷《おだに》城（現、滋賀県長浜市）の城主浅井長政、母は織田信長の妹お市の方（小谷方）。幼名はお茶々。一五七三年（天正一）信長に包囲された小谷城から母に伴われて妹二人とともに脱出し、信長の尾張清須城に入る。八二年柴田勝家に再嫁した母に従い、越前北ノ庄（福井）城に入る。八三年秀吉に攻められて北ノ庄は落城、勝家に殉じた母と別れ、妹二人とともに秀吉に庇護される。やがて秀吉の寵を受け八九年山城淀城に移り、「淀の女房」と呼ばれ、この年、秀吉の子鶴松を生む（一五九一病死）。九三年（文禄二）大坂城二の丸で拾《ひろい》（秀頼）を生む。翌年伏見城西の丸に移る。秀吉の死の翌年の九九年（慶長四）秀頼とともに大坂城西の丸に入り、以後は「お袋さま」と呼ばれる。一六一五年（元和一）五月八日大坂落城により秀頼とともに自刃。秀頼生母として大坂城中で権勢を振るったことは事実であるが、淀君の乱行というのは江戸時代の創作（生前に「淀君」と呼ばれたことはない）である。　高木　昭作

○下ると当る大坂の立おやま（一一三19）

○下らずはたく大坂の立おやま（一六六1）

右両句、一見、上方からの下《くだ》り役者を詠んだ戯場句のごとく見せかけている詠史句。淀君を大坂方の立女方《たておやま》に擬し、片桐且元が淀君を徳川方へ人質として送ろうとしたが、大野治長らに阻止され、不成功となった（当た

らず、はたいた)件を、ごく遠まわしに詠んだもの。

○後家が出すぎてもめかへる大坂や(一八9)

商家の「大坂屋」の内紛と韜晦《とうかい》する。これも「惣《す》べて御当家之御事板行書本、自今無用」(一七二二年(享保七)触書)という、幕府成立事情に触れることを極度にきらった法令が裏面にある。

淀屋辰五郎　よどやたつごろう

江戸前期の大坂の豪商と伝えられる人物。生没年不詳。蓄積した巨富と豪奢な生活と、分を過ぎたおごりを理由とする一七〇五年(宝永二)の闕所《けっしょ》処分で有名である。淀屋辰五郎の追放事件は、時を移さず浮世草子『棠大門屋敷《からなしだいもんやしき》』(錦文流作、一七〇五)に採りあげられたのをはじめ、同じく浮世草子『風流曲三味線』(江島其磧作、一七〇六)、浄瑠璃『淀鯉出世滝徳《よどごいしゅっせのたきのぼり》』(近松門左衛門作、一七〇八上演か)、浮世草子『日本新永代蔵』(北条団水作、一七一三)などに題材を提供することとなった。これらにおいては、人名が江戸屋初五郎、佐渡屋竹五郎などと変更されているが、誰しも淀屋辰五郎を連想できるようになっている。またこれらの作品では、当主の廓通いと遊女の身請け、悪手代と忠義の手代の確執などに力点が置かれ、淀屋辰五郎の事件を、大名の御家騒動から取潰しにいたる経過と重ねあわせてみているのは明らかで、いわば町人世界の御家騒動の趣向となっているのが特色であろう。その結果、辰五郎の人物像に放蕩児のイメージが生じ、さらに遊女吾妻の名は、山崎与次兵衛物の世界と辰五郎の世界を結合させる契機ともなっており、その後の浄瑠璃『双蝶々曲輪日記《ふたつちょうちょうくるわにっき》』(一七四九上演)などへの展開をうながした。

守屋 毅

うやまつて申し奉るのゝされば。浪花のよしあしを。語るもつらし淀屋橋。われとくづるゝ仇浪の。寄る辺定めぬうきふしに。迷ふ心の恋の闇。てらすや夜見世大尽とよもに其名も辰五郎。思ひそめたる恋衣。されば曲輪の茨木屋吾妻と。云へる太夫職。姿よしのゝ花よりも。紅葉よりも。恋しき人は見たいものと。いかな夜も日も揚屋入。袖つま揃へてはんなりと。雪のうちより早や咲きそむる。花の振り袖。おれやとめ袖よ。見せば角袖。いよ伊達袖は。いつも曲輪の。ちよん〳〵ちよん〳〵女郎衆。ちよん〳〵〳〵〳〵女郎衆。ふれさ〳〵。袖振れさ。ふれさ〳〵袖振れさ。ちよつと三筋の三味線にひかれ。のぼるや恋の山。麓に見えし揚銭は何のへちまの皮袋。淀屋の蔵にうめけども。内の手代が引き締めて意見するがの富士の雪。積る思ひや若旦那。とかく耳には入相の鐘もろともにうちを出で。浮世小路の早籠で急ぎ。くるわに息杖の。音に聞えし吉田屋に。君を揚屋の色遊び。阿漕が浦にひく網か度重さなれば内の首尾。聞くに悲しくお為ぢやに。しばし通はせ給ふなと云へば辰五郎気もひがみ。客にいやなら吾妻をば今宵の内にやつきり〳〵。な請出し。汝が夢をさまさんと。ふいと座敷をたつ五郎の。袖に吾妻は縋りつき。これまぁ短気な何事ぞいの聞けばうち方不首尾なげなに。身請どころへ行く事かいの。

淀屋浮名の祭文

○鶏が啼き日の暮れたのは淀屋也(一四〇30)

淀屋に関する稗史類や巷間に伝えられる「闕所目録」類には、淀屋の家には重宝の黄金製の鶏が所蔵されていたという。『年代著聞集』に「黄金鶏、唐土玄宗皇帝之器物、家内に変ある時は音を出す」との記述あり、したがって、この句は、ふつう鶏が鳴いて夜が明けるのに反し、淀屋では闕所の変事を告げる鶏鳴で日が暮れた(没落した)の意。

世之介　よのすけ

西鶴の浮世草子『好色一代男』の世界を統轄している主人公。もっとも、主人公とはいっても、世之介の場合は、全巻(八巻五四章)を通じて一貫した性格を有する人物でもなければ、時間の経過とともに性格が変化発展していく、いわゆる近代長編小説風の主人公とも違う。世之介は全巻を通しての主人公であるにもかかわらず、いくつもの顔をもって自在に出没する好色人(すき者)の集合名でもある。「一代男」は『源氏物語』五四帖にならって、第一章七歳から、第五四章六〇歳まで、一章一歳の年立てによって構成された、世之介一代の女色男色あわせての好色遍歴を描いたものである。全体を四期に分けることができる。第一期は、世之介の七歳から一〇歳までの四年間で、傍ら近く侍する腰元や、同じ家に起臥する従姉や、隣家の仲居に対するきわめて早熟な恋のしかけを描いており、そこには古典的世界(『源氏物語』『伊勢物語』、謡曲)のもじりやパロディを織り込んだこっけいな好色感が横溢している。第二期は、世之介の一一歳から一九歳までの九年間で、奔放な放蕩《ほうとう》生活にふける時期で、一九歳のとき、ついに親の勘当を受け、一転して貧困な生活に落ちる。次の第三期は、放浪の時代であって、世之介の二〇歳から三四歳までの一五年間である。彼の好色生活の遍歴は、大坂をはじめとして、備後の鞆《とも》、下関、鞍馬山、出雲崎、酒田、塩釜、信濃の追分、泉州、それに京都や江戸を加えて、三五歳の六月の末まで、それらの地の、主として下級の女の生活を見歩く。やぼで田舎くさい恋も多かったが、追分の女のように真実の恋に身を捨てようとすることもあった。地方でのこうした好色遍歴は、後の粋人世之介の誕生のためには必要な準備期間、試練のときともいえる。第四期は、三五歳から六〇歳までの二六年間である。実父の死によって、母からの勘当赦免の知らせと迎えに接し、一躍して二万五〇〇〇貫の遺産の相続人となり、これより数多くの名妓との交渉を描いた大尽遊びが始まる。吉野太夫をはじめとして、三笠、夕霧、藤浪、御舟、初音、吉田、野秋と、さながら「名妓列伝」の世界が繰り広げられており、粋の実践者は世之介であっても、それを受けとめて、遊びの世界を構築しているのは、これらの遊女たちである。世之介は、三都の遊里をはじめ、遠くは長崎丸山に及ぶ廓遊びをしつくして、最後は好色丸《よしいろまる》を仕立てて心の友七人とともに女護島に船出して行方知れずになる。西鶴が、町人であって町人の制約を超越した「すき者」世之介に託したものは、好色生活のあくなき追求と実践であり、多彩な好色絵巻とも呼べる開放的(哄笑的)な性の供宴であったといえよう。

岩崎 武夫

●──世之介 好色丸で女護島に船出する世之介。『好色一代男』挿絵。

明暮たはけを尽し、それから今まで二十七年になりぬ。まことに広き世界の遊女町残らず詠めぐりて、身はいつとなく恋にやつれ、ふつと浮世に今といふ今こゝろのこらず親はなし、子はなし、定る妻女もなし。倩念見るに、いつまで色道の中有に迷ひ火宅の内のやけとまる事をしらず。すでにはや、くる年は本卦にかへる。ほどふりて足弱車の音も耳にうとく、桑の木の杖なくてはたよりなく、次第に笑しうなる物かな、おれ計にもあらず見及びし女のかしらに霜を戴き、額にはせはしき浪のうちよせ、心腹の立ぬ日もなし。(中略)それより世之介はひとつこゝろの友を七人誘引あはせ、難波江の小嶋にて新しき舟つくらせて、好色丸と名を記し、緋縮緬の吹貫是はむかしの太夫吉野が名残の脚布也。縵幕は過にし女郎より念記の着物をぬい継せて懸ならべ、床敷のうちには太夫品定のこしばり、大綱に女の髪すぢをよりまぜ、さて台所には生舟に鯛をはなち、牛房・薯蕷・卵をいけさせ、櫓床の下には地黄丸五十壺、女喜丹弐十箱、りんの玉三百五十、阿蘭陀糸七千すぢ、生海鼠輪六百懸、水牛の姿二千五百、錫の姿三千五百、革の姿八百、枕絵弐百札、伊勢物がたり弐百部、犢鼻褌百筋、のべ鼻紙九百丸、まだ忘れたと丁子の油を弐百樽、山椒薬を四百袋、ゑのこづちの根を千本、水銀・綿実・唐がらしの粉、牛膠百斤、其外色々品々の責道具をとゝのえ、さて又男のたしなみ衣装、産衣も数をこしらえ、これぞ二度都へ帰るべくもしれがたし。いざ途首の酒よと申せば、六人の者おどろき「爰へもどらぬとは、何国へ御供申上る事ぞ」といふ。「されば、浮世の遊君・白拍子・戯女見のこせし事もなし。我をはじめて此男共こゝろに懸る山もなければ、是より女護の嶋にわたりて、抓どりの女を見せん」といへば、いづれも歓び、「譬ば腎虚してそこの土となるべき事。たまく一代男に生れての、それこそ願ひの道なれ」と恋風にまかせ、伊豆の国より日和見すまし、天和二年神無月の末に行方しれず成にけり。

好色一代男巻八ノ五「床の責道具」

ら

頼光 らいこう→源頼光(みなもとのよりみつ)

頼豪 らいごう　一〇〇二―八四(長保四―応徳一)

平安時代後期の天台宗園城寺の僧。藤原宇合《うまかい》の子孫、伊賀守有家の子。幼時に園城寺に入り、顕密の学に精進して碩学の誉れ高く、また効験あらたかな僧として知られた。白河天皇は皇子がなかったので、実相房阿闍梨頼豪に祈禱を命じ、一〇七四年(承保一)、中宮賢子(源顕房の娘で、藤原師実の養女)にめでたく敦文親王が誕生した。天皇が頼豪に、望みの賞を与えようと伝えたところ、頼豪は、園城寺に三摩耶戒壇を建立してほしいと申し出た。戒壇設立は延暦、園城両寺の紛争の中心の問題であったから、僧正補任などを予想していた天皇は虚をつかれ、延暦寺の反対を恐れて頼豪の願いを聞き入れなかった。恨みを抱いた頼豪は、その後世間との交渉を絶ったが、敦文親王が四歳で死んだため、頼豪の悪霊に殺されたと噂された。頼豪の悪霊の話はその後しだいに発展して、頼豪が、皇子は自分が祈り出したのであるから、願いがかなえられないのならば取り返すといったとか、恨みのあまり絶食して死んだ頼豪は、死後数万のネズミになって延暦寺の経典を食い破ったといった話が伝えられ、『愚管抄』『源平盛衰記』をはじめ諸書に記されている。また、近世に入って滝沢馬琴の『頼豪阿闍梨怪鼠伝』では、ネズミに妖術を授ける僧として登場する。

大隅 和雄

◉——**頼豪**　頼豪阿闍梨の怨念が鼠と化して経文を食い破る。鳥山石燕『画図百鬼夜行』。

白河院ノ御宇ニ、江帥匡房ノ兄ニ、三井寺ノ頼豪僧都トテ、貴キ人有ケルヲ被レ召、皇子御誕生ノ御祈ヲゾ被二仰付一ケル。頼豪勅ヲ奉テ肝胆ヲ砕テ祈請シケルニ、陰徳忽ニ顕レテ承保元年十二月十六日ニ皇子御誕生有テケリ。帝叡感ノ余ニ、「御祈ノ勧賞宜依レ請。」ト被二宣下一。頼豪年来ノ所望也ケレバ、他ノ官禄一向是ヲ閣テ、園城寺ノ三摩耶戒壇造立ノ勅許ヲゾ申賜ケル。山門又是ヲ聴テ款状ヲ捧テ禁庭ニ訴ヘ、先例ヲ引テ停廃セラレント奏シケレドモ、「綸言再ビ不㆑複」トテ勅許無リシカバ、三塔嗷儀ヲ以テ谷々ノ講演ヲ打止メ、社々ノ門戸ヲ閉テ御願ヲ止ケル間、朝儀難㆓黙止㆒シテ無㆑力三摩耶戒壇造立ノ勅裁ヲゾ被㆓召返㆒ケル。頼豪是ヲ忿テ、百日ノ間髪ヲモ不㆑剃爪ヲモ不㆑切、炉壇ノ烟ニフスボリ、嗔恚ノ炎ニ骨ヲ焦テ、我願ハ即身ニ大魔縁ト成テ、玉体ヲ悩シ奉リ、山門ノ仏法ヲ滅ボサント云フ悪念ヲ発シテ、遂ニ三七日ガ中ニ壇上ニシテ死ニケリ。其怨霊果シテ邪毒ヲ成ケレバ、頼豪ガ祈出シ奉リシ皇子、未母后ノ御膝ノ上ヲ離サセ給ハデ、忽ニ御隠有ケリ。(中略)其後頼豪ガ亡霊忽ニ鉄ノ牙、石ノ身ナル八万四千ノ鼠ト成テ、比叡山ニ登リ、仏像・経巻ヲ嚙破ケル間、是ヲ防ニ無㆑術シテ、頼豪ヲ一社ノ神ニ祟メテ其怨念ヲ鎮ム。鼠ノ禿倉是也。

太平記巻十五「園城寺戒壇事」

雷電為右衛門　らいでんためえもん　一七六七―一八二五(明和四―文政八)

江戸中期の強豪大関。信濃国小諸在大石村(現、長野県東御市滋野字大石)に生まれる。本名関太郎吉。村の庄屋に見いだされ、浦風部屋の隠し道場で稽古を積み、二三歳のとき江戸に出て入門。一七九〇年(寛政二)いきなり西関脇に付け出されたが、入門前の八八年雲州(松江)の松平侯に召し抱えられた。九五年谷風亡きあと大関に昇進。六尺六寸(一九七センチ)、四五貫(一六九キログラム)の巨体から繰り出す怪力のため、張り手、鉄砲(突っ張り)、かんぬきの三手を禁じられたという伝説を、現役時代に生んだ。その無敵ぶりは一八一一年(文化八)に引退するまで二一年間三二場所、その間わずか一〇敗(二五四勝)、勝率九六・二パーセントで、古今最高を記録している。引退後、松江藩の「お相撲頭」に任ぜられた。当時の横綱は上覧相撲を機に免許される土俵入り資格であって、番付の最高位は大関であった。雷電は横綱免許の機会はなく、明治以後の講談『寛政力士伝』では、土俵上で相手を投げ殺したため、横綱になれなかったという俗説が語られている。強いばかりでなく一三年間の巡業日記を残し、東御市の実家に現存している。

池田　雅雄

◉雷電為右衛門　勝川春亭画。

○西の関日本国へなりひゞき(三八15)
一七九五年(寛政七)三月以来一六年間、西の大関の地位を保った。「鳴り響き」で雷電にきかせる。

り

力道山 りきどうざん　一九二三―六三

（大正一二―昭和三八）大相撲の力士、プロレスラー。本名は金信洛《キム・シンラク》。日本名は百田（金村）光浩。朝鮮半島・咸鏡南道（現、朝鮮民主主義人民共和国）生まれ。朝鮮相撲（シルム）の大会で日本人の興行師と警察官に素質を見出され、一九四〇年（昭和一五）に渡日。大相撲の二所ノ関部屋に入門し、力道山の四股名で関脇にまで昇進するが、五〇年の九月場所を全休し廃業。日本ではまだ海の物とも山の物ともつかなかったプロレス転向を表明し、五一年にボビー・ブランズとのエキシビジョンマッチでデビューを果たす。その後、米国遠征を経て日本プロレスリング協会を設立。五四年、柔道家の木村政彦とタッグチームを組んでのシャープ兄弟との対戦がテレビ中継されるや、アメリカ人の巨漢に「空手チョップ」を振るう姿が敗戦コンプレックスを抱いていた日本人を熱狂させ、一躍国民的なヒーローとなった。同年、木村政彦を降して日本ヘビー級王者に就く。五八年にはルー・テーズとの戦いを制して、インターナショナル選手権を奪取。五九年からの「ワールドリーグ戦」はテレビとの連動によって、下降していたプロレス人気を盛り返した。一方で映画出演などの芸能活動や、リキ・スポーツパレスの建設など実業家としての活動も精力的に行なったが、六三年一二月に赤坂のナイトクラブ「ニューラテンクォーター」で暴力団員と口論の末、腹部を刺された傷が元で死去。

●力道山　一九五七年一〇月のルー・テーズ（手前）とのタイトルマッチ。毎日新聞社。

力道山の生涯には数々の伝説がつきまとう。というより、人生そのものが一つの虚構である。"日本の英雄"となるため、朝鮮半島出身の朝鮮人という出自を隠し続けたことに始まり、力士廃業やプロレス転向などにまつわるさまざまな異説の流布、木村政彦との決戦における裏切りの噂等々。プロレスにおいても自身のイメージ、および招聘した外国人選手の見せ方を入念にプロデュースした。その結実ともいうべきものが、フレッド・ブラッシーとの流血戦において、複数のテレビ視聴者がショック死した事件だろう。また、保守政治家や右翼、あるいは裏社会とのつながりも深く、北朝鮮との間にも強いパイプがあったと伝えられる。そのため、死に関しても謀殺説や医療ミス説などが囁かれた。戦後史の表裏両面における象徴的な存在といえるだろう。

笹川　吉晴

良寛 りょうかん　一七五八―一八三一

（宝暦八―天保二）江戸時代後期の禅僧。歌人、書家としても知られる。本名は山本栄蔵のち文孝。字は曲《まがり》。

出家して大愚《たいぐ》、良寛と号した。現新潟県の出雲崎に、代々名主と神官を兼ねる旧家の長男として生まれた。父は俳号を以南という俳人でもあった。一八歳で剃髪。二二歳の年に国仙和尚に得度を受け、以後一一年間、備中玉島(現、岡山県倉敷市)の円通寺で修行した。国仙入寂後、諸国行脚の旅に出た。三〇代の終わりころ故郷の出雲崎に帰り、近辺の草庵を転々とし、やがて国上山中腹の真言宗国上寺《こくじょうじ》の五合庵を主とした住処とするようになる。農民と親しく接し、子供たちと遊んだりするエピソードを残すのは帰郷後のこの時以後である。その後、江戸に出たり東北地方を行脚したりもした。六九歳の年、三島郡島崎の木村元右衛門方に移住、翌年二九歳の貞信尼と出会った。貞信尼は長岡藩士の娘で若くして結婚したが死別、二三歳の年に尼になっていた。彼女は短歌をよくし、弟子としてまた女性としてひたすらな愛を良寛に捧げた。二人の清い交流は、貞信尼が編んだ良寛の歌集『蓮《はちす》の露』中の贈答歌によって知ることができる。一八三一年一月六日、良寛は貞信尼らに看取られて七四歳の生涯を閉じた。

◉良寛　子供にせがまれて書いた「天上大風」。個人蔵。

　良寛には逸話・エピソードが多い。竹の子を伸ばしてやるために五合庵の床や屋根を壊した、蚊がかわいそうなのでなるたけ蚊帳を吊らないようにした、など、こだわらない自由な心をしのばせる話が多いが、ことに子供との交流、書に関するエピソードが多いようである。「天上大風」という書にまつわる次の話は、良寛と親しかった儒者鈴木文台の言葉を刻んだ一八五三年(嘉永六)の石碑(越後線粟生津《あおうづ》駅近くの長善館にある)に記されており、よく知られている。托鉢中の良寛は新潟県燕市で子供に字を書いてほしいと頼まれた。何にするのか聞いたところ凧にするので「天上大風」と書いてくれという。良寛は喜んですぐに書いて与えたという。新潟大学に凧を持つ子供と良寛の像がある。

　また、良寛が子供に手鞠をせがまれている像が、岡山県倉敷市の新倉敷駅、円通寺公園、新潟県の出雲崎の良寛記念館、国上寺の展望台など各所にある。歌集『蓮の露』に「師常に手まりをもて遊び給ふ」とあり、また「霞立つ長き春日を子どもらと手まりつきつつこの日暮しつ」などの歌もあることから、良寛は実際に手鞠が好きで、子供たちとよく遊んだよ

◉良寛　「良寛さんと子供の像」。茂木弘次制作。新潟県出雲崎町良寛と夕日の丘公園。

うである。

長歌

冬ごもり　春さりくれば　飯乞ふと　草のいほりを　立ち出でて　里にい行けば　たまほこの　道のちまたに　子どもらが　今を春べと　手まりつく　ひふみよいむな　汝がつけば　吾はうたひ　あがつけば　なはうたひつきてうたひて　霞立つ　長き春日を　暮らしつるかも

反歌

霞立つ長き春日を子供らと手まりつきつつ今日もくらしつ

良寛歌集

佐佐木　幸綱

良源　りょうげん　九一二―九八五(延喜一二―寛和一)

平安中期の天台宗の僧。俗姓木津氏。近江国(滋賀県)浅井郡に生まれる。一二歳のとき比叡山に登り、一七歳で出家受戒した。九三五年(承平五。一説に九三七年)興福寺唯摩会で義昭と対論して名声をあげ、藤原忠平の知遇をえた。忠平の子師輔も良源と師檀関係を結び、のち良源は摂関家守護の観音の化身であるとの伝承が生まれ、摂関家に尊崇された。九四九年(天暦三)横川《よかわ》の首楞厳院《しゅりょうごんいん》に籠居したが、翌年師輔の推挙で東宮護持僧となった。師輔は横川に法華三昧堂を建立して良源に付し、荘園を寄進し、その子兼家も恵心院や薬師堂を建立するなど、積極的な援助をした。九六三年(応和三)宮中清涼殿で行われた宗論(応和宗論)で南都の学匠法蔵らを論破し、九六四年(康保一)には内供奉十禅師となり、九六六年第一八代天台座主となった。良源は座主として、火災で焼失した東塔の諸堂の再建にあたり、さらに西塔や横川の諸堂や僧房、経蔵、政所屋など、山内の施設を整備した。延暦寺の三塔十六谷は良源のとき完成をみたのである。住山の僧も三〇〇〇人といわれ、かつてない盛況を示した。九七〇年(天禄一)良源は『二十六箇条起請』を定めて山内の僧団規律とした。僧の奢侈、武装、私刑を禁じ、籠山結界をきびしく守らせ、春秋二季に房主帳を提出させることで生活を律し、また年分度、受戒、灌頂、布薩、安居や山内の法会を厳重にし、日常の修行にいたるまで細かく定めている。さらに毎年六月に行う法華大会に広学竪義《こうがくりゆうぎ》という論義を設けて教学の振興につとめた。良源の門下からは源信、覚運、覚超、尋禅《じんぜん》など学匠が多数でている。

良源の活動によって延暦寺は他の教団を圧し、末寺や荘園も増加し、世俗的にも強大な存在となった。しかし檀越《だんおつ》であった摂関家の援助に負うところが大きく、良源没後に諸堂や荘園の大部分は師輔の子であった弟子の尋禅に譲られて、教団の門閥化を招く結果となった。九七二年良源は病をえて遺告を書き、没後の堂舎、所領、法文、法具の処分と葬送の方法、石塔造立のことなどを定めた。その後九八一年(天元四)には円融天皇の病気を祈って験あり、行基以後はじめての大僧正に任ぜられている。九八五年(寛和一)正月三日横川定心房で没した。遺骸は遺言にしたがって横川の北方華芳峰に葬られ、石塔がたてられた。九八七年(永延一)慈慧大師と諡号《しごう》されたが、正月三日に没したので元三《がんさん》大師ともいう。また良源の墓所はさまざまの霊験があり、一山の護法とされ、御廟《みみよう》大師と称された。良

●良源　豆大師(右)と角大師(左)のお札。いずれも良源の変身した姿を写したものという。走井大師堂。

源の住房定心房(四季講堂)には画像がまつられ、御影堂として信仰を集めた。良源の信仰は全山におよび、中世には「めぐり大師」とよばれて画像を交替に諸院で護持したり、堂内に木像や画像をまつった。民間でも信仰され、豆大師または角《つの》大師とよぶ護符を、家の門口にはって疫病や災難よけにする風習があり、現在も諸地方で見られる。　西口　順子

○角大師いざ参らふの御すがた(拾三20)
元三大師良源の画像を角大師と称する。この絵は、良源が夜叉の形相となった姿を写生したものと伝えられ、つのの生えた黒鬼が、「いざ参ろう」と立てひざしているごとき絵で、江戸期には魔よけとして門口にはられた。

良忍　りょうにん　一〇七三―一一三二
(延久五―長承一)
平安後期の比叡山の僧で融通念仏宗の開祖。尾張の人。叡山東塔常行堂の堂僧(不断念仏衆)として天台声明《しょうみょう》を学ぶ一方、無動寺明王堂に一〇〇〇日間はだし参りを行う苦行を行った。のち大原に隠棲し、音楽声明の才を生かして念仏の合唱の作曲をし、これを集団で合唱する融通念仏を行った。またこの融通念仏による結縁勧進を勧める勧進活動も行った。後年、聖王大師の号が贈られた。　細川　涼一

大原良忍上人、生年廿三より偏に世間の名利を捨て、深く極楽をねがふ人也。日夜不断に専称念して、いまだ睡眠せず。(中略)此後普く勧進の間、本帳に入所の人三千二百八十二人也。早旦に壮年の僧の青衣きたる出来て、念仏帳に入べき由を自称して、名帳をみて忽にかくれぬ。これ夢にもあらず、うつゝにもあらず。上人恠て則名帳をみるに、まさしく其筆跡あり。其字曰、「奉㆑請念仏百反、我是仏法擁護者、鞍馬寺毘沙門天王也。為㆑守㆓護念仏結縁衆㆒、所㆓来入㆒也」。
古今著聞集「大原良忍上人融通念仏を弘むる事」

ろ

良弁　ろうべん　六八九―七七三(持統三―宝亀四)
奈良時代の華厳・法相《ほっそう》の僧。東大寺の開山。百済系渡来人の後裔。近江あるいは相模出身と伝える。義淵に師事して法相宗を学び、七二八年(神亀五)に聖武天皇の皇太子基親王の冥福を祈る金鐘山房の智行僧の一人に選ばれ、七四〇年(天平一二)大安寺審詳(祥)《しんじょう》を講師として『華厳経』の研究を始め、金鐘寺が大和国国分寺、さらに盧舎那大仏造像の地となる機縁をつくった。七四五年『金光明最勝王経』の講説を行って仏教界を先導し、盧舎那大仏造像に当たっては、造東大寺司次官佐伯今毛人《さえきのいまえみし》、行基などとともに聖武天皇を助け、七五二年(天平勝宝四)四月の大仏開眼ののち、五月一日に初代の東大寺別当に任ぜられた。七五四年二月唐僧鑑真一行が東大寺に詣でたときこれを迎え、聖武上皇の死去に当たっては生前看病の功により、また仏教界の領袖として大僧都となった。七六〇年(天平宝字四)七月、慈訓、法進らとともに僧階の改正を上奏して教学の振興を図り、七六三年九月僧正の極官に補せられた。晩年は石山寺の造営にも関係し、七七三年(宝亀四)閏一一月一六日入滅

した。『続日本紀』には同年一一月二四日に僧正良弁卒すとし、使者を派遣して弔問したと記している。今日伝わる良弁僧正像は、一〇一九年(寛仁三)一一月一六日に有慶が良弁忌を創行するのに際して作られたといわれ、持物の木造如意は奈良時代の製作にかかり、生前所持のものと伝えている。

堀池　春峰

【伝承】　良弁は相州大山《おおやま》を開いたといわれ、その説話は大山縁起として江戸期の大山信仰とともに流布し、また『東海道名所図会』などによって広く世に知られるようになったとみられる。良弁は幼時に金色の鷲にさらわれ、両親は山々を探索したが行方不明となった。のち東大寺の義淵僧正に撫育され、良弁僧正となっていたことが判明、母子はめでたく再会したと伝えられる。この伝説をそのまま劇化した浄瑠璃が『二月堂良弁杉の由来』(一八八七年(明治二〇)二月、彦六座)で、明治期の新作浄瑠璃の佳作として評価を得、のち歌舞伎へも移入された。

小池　章太郎

◉―良弁　上＝鷲にさらわれる幼時の良弁。絵金『良弁杉の由来』。高知県須留田八幡宮蔵。
下＝相模大山の良弁滝。歌川国芳画。

東大寺ノ縁起ヲホヾ承レバ、良弁僧正幼少ノ時、鷲ニ養ハレテ、木ノ上ニスミケルニ、此所ニ大伽藍建立セムト云誓願ヲヲコシテ、国王ノ力ヲハナレテハ成シガタカルベシト思テ、「聖朝安穏、天長地久」ト、祈申ケル声ノ、聖武天皇ノ御耳ニ聞ヘケレバ、御使ヲツカワシテ、音の聞ユル所ヲ尋ネシメ給フ。当時ノ東大寺ノ昔シ深山ナリケルニ、大木ノ上ニ小童アリテ、此事祈申ケリ。伝ニハ東山ノ仙人ト云ヘリ。御使事ノヨシヲ尋ルニ、願ノ意ヲ語ル。御使帰リマイリテ此由ヲ奏ス。依レ之帝御感アリテ、行基菩薩ヲ勧進ノ聖人トシテ、諸国ノ人ヲ勧メ、帝王大檀那トシテ、御建立アリ。

沙石集「権化ノ和歌ヲ翫給事」

○良弁の一つ身鷲の爪の跡(一〇五5)
○爪の跡良弁湯屋で度々《どど》きかれ(新二1)
　第一句、「一つ身」は赤児の衣服。第二句、奈良時代に銭湯がないのは、作者承知のうえで、入浴時にはその由来を周囲の人々に問いただされたことであろうと趣向した。

六条御息所 ろくじょうみやすんどころ

『源氏物語』の登場人物の一人。さる大臣の娘。

◉——**六条御息所**　近松門左衛門の浄瑠璃『あふひのうへ』挿絵。葵上との車争いから六条御息所は葵上を深く恨み、みずから葵上を刺そうとするが失敗。貴船神社に丑の時参りをして葵上を苦しめる。

一六歳で前皇太子に参嫁。秋好《あきこのむ》中宮を生む。二〇歳で皇太子と死別。光源氏よりも八歳年長。若い源氏の求愛を受け入れるが、結婚後、御息所の整いすぎた息苦しさに、源氏の訪れは間遠となり、彼女の悩みは深い。なにがしの院に夕顔をとり殺した物の怪《もののけ》には、廃院にすむ魔性のものと御息所の生霊の面影が重なる。たまたま出かけた賀茂祭見物に、葵上の従者が御息所の牛車を壊す乱暴を働き、恨みは深まる。伊勢斎宮《さいぐう》となった娘について、源氏と別れて遠地へ去るか否かと悩むうちに、我が魂が身を離れ去って、葵上を打擲《ちょうちゃく》すると夢に見る。覚めてみれば、祈禱の護摩の香が袖に染みついて消えぬ。そのおぞましさに、意を決して御息所は伊勢に下る。冷泉即位により帰京、六条邸に住むうち、発病して出家する。見舞いに訪れた源氏に娘の秋好中宮のことを頼んで死ぬ。その後も、彼女の死霊は、紫上にとりついて、重病に陥らせたり、女三宮にとりついて出家させたりする。

嫉妬の化身というべき、凄絶・妖艶な女人像であるが、自尊心を傷つけられた高貴な女性の悲劇という面も大きい。この深刻な女人像は後に室町時代の謡曲『葵上』にもそのままとり入れられ、今日も多くの人々に感動を与えつづけている。なお年齢記述のうえで、前皇太子への参嫁は源氏八歳のときの出来事となり、そのころ朱雀院が皇太子として健在なはずで、大きな矛盾があり、構想上は当初の予定にはなかった人物と推定されている。

今井 源衛

(シテ)これは六条の御息所の怨霊なり、われ世にありしいにしへは、雲上の花の宴、春の朝の御遊に慣れ、仙洞のもみぢの秋の夜は、月に戯れ色香に染み、花やかなりし身なれども、衰へぬれば朝顔の、日影待つ間の有様なり、ただいつとなきわが心、ものうき野べの早蕨の、萌え出で初めし思ひの露、かかる恨みを晴らさんとて、これまで現はれ出でたるらず。(地)なり

(地)思ひ知らずや世の中の、情は人のためならず。

(地)われ人のため辛ければ、必ず身にも報ふなり。なにを嘆くぞ葛の葉の、恨みはさらに尽きすまじ、恨みはさらに尽きすまじ。

(シテ)あら恨めしやいまは打たではかなひ候ふまじ　(ツレ)あらあさましや六条の御息所ほどのおん身にて、後妻打ちのおんふるまひいかでさること候ふべきただ思しめし止まり候へ　(シテ)いやいかに言ふともいまは打たではかなふまじとて、枕に立ち寄りちょうど打てば、(ツレ)この上はとて立ち寄りて、わらはもあとにて苦を見する、(シテ)今の恨みはありし報ひ、瞋恚の炎は身を焦がす、(ツレ)

思ひ知らずや　(シテ)思ひ知れ
(地)恨めしの心や、あら恨めしの心や。人の恨みの深くして、憂き音に泣かせ給ふとも、生きてこの世にましまさば、水暗き、沢べの蛍の影よりも、光る君とぞ契らん。　謡曲葵上

御息所御肝潰れぞつと毛だたせ給ひしが、恐ろしや我姿も斯くこそはあらましと、やや御心を鎮め給ひ、なふそれなるは何人ぞとあれば彼もはつと驚き、して又さ云ふはいかなる人ぞ怪しやと答へけり。御息所聞召げに理なり。我とても、御身に変らぬ形なれば神への願ひも変はるまじ。さだめて御身も嫉妬よの。いかにも〳〵嫉妬なるが、御身も同じ妬みかや。扨も世に我男ばかりこそ、いたづら者と思ひしに御身の殿御も性悪かや。然らばいざ立ながら悋気講を始め

(六条御息所が同じく丑時参りに来た女と出会い、相語らって悋気講を始める)　あふひのうへ

○もふ〳〵くやしいとみやすどころい〻(天元信2)

葵の巻、車争い。「もふ〳〵」で牛車を暗示。

○陸尺の中をおしのけ照日来る(筥初20)

生霊となった御息所、照日の巫女にかかってそれと名のる。「陸尺」は乗物をかつぐ人夫。

六歌仙　ろっかせん

『古今和歌集』仮名序で、紀貫之によって論評された六人の歌人の称。僧正遍昭(照)、在原業平、文屋康秀、喜撰法師、小野小町、大友(伴)黒主の六人を指す。六人は「いにしへの事をも歌をも知れる人、よむ人多からず。……近き世にその名きこえたる人」としてあげられた。『古今和歌集』の撰者たちがとくにこの六人を選び出して論評の対象にしたのは、これらの人人が彼らより一世代以前の代表的歌人であり、一時衰退していた和歌の道を隆盛に導いた功績があると考えたからであろう。六人それぞれの個性は明らかであるが、共通する特色は真率《しんそつ》でわかりやすく、技巧が少ない点で、彼らによって和歌史上の一時期が形成された九世紀後半を指して「六歌仙時代」という。なぜ六人を選出したのかは明らかでない。『古今和歌集』の序に見える「六義」の縁で、「六」という数に格別の意義を担わせたのかもしれない。しかし、『古今和歌集』の時代には「六歌仙」という呼称はまだ成立していなかった。平安時代の末期には『中古六歌仙』という撰集が作られているのを見ると、そのころまでには、すぐれた歌人を六人選んで「六歌仙」と称えることが一般化していたと想像できる。藤原公任は『三十六人撰』を選んだが、この人数も六の倍数を意識しての選定だった可能性が高い。この中には遍昭、業平、小町の三人が含まれている。時代が降り、『新古今和歌集』時代の代表的歌人六人の家集を集めたものを『六家集』と名づける。これは藤原俊成、藤原良経、慈円、西行、藤原定家、藤原家隆の六人の家集であり、この六人を「新六歌仙」とも呼んでいた。六歌仙のうち、喜撰、小町、黒主の三人は伝記がほとんど不明で、喜撰は伝説中の人物のようにさえ見える。『古今和歌集』にもただ一首だけより採られていない。そのため、しいて六の数に合わせるために選ばれているような印象もある。

六歌仙の歌人たちは、『古今和歌集』の序に記されたということ、「百人一首」に歌が選ばれ藤原定家によって称揚されたことなどにより、後世の文芸にさまざまなかたちでの影響が現れている。とくに伝記のはっきりしない人たちについては、さまざまに文芸化、伝説化が施された。中世には小町や黒主を伝説的に扱ったいくつかの謡曲が作られた。また近世の浄瑠璃、歌舞伎はこれを格好の題材として数多くの作品を生み、「六歌仙の世界」という一作品類型を成立させている。歌舞伎では、多く「惟喬惟仁御位諍《みくらいあらそい》の世界」と結ぶかたちで、主として江戸の顔見世狂言にしばしば仕組まれ、大衆に親しまれていた。『重重人重小町桜《じゅうにひとえこまちざくら》』はその代表作で、関守関兵衛実は大友黒主と、小町桜の精が登場する「関の扉《せきのと》」の浄瑠璃所作事が現代に伝わり、

常磐津の代表曲となっている。このほかに、現代まで伝承されたのは、所作事の『六歌仙容彩《ろっかせんすがたのいろどり》』だけである。この所作事は初代嵐雛助が一七八九年(寛政一)に大坂で演じた『化粧六歌仙《よそおいろっかせん》』をもとに、一八三一年(天保二)に二代目中村芝翫が江戸・中村座で初演した作品で、遍昭、業平、文屋、喜撰、黒主の五歌人が、代わる代わる美女の小町に言い寄るが、いずれも相手にされず斥けられるという構成になっている。男役の五人を主役の役者が一人で替わって踊るというのがこの作品の技巧で、変化舞踊の一種である。いずれの曲も、王朝風俗の雅と江戸情緒の俗とを重ね合わせた近世的享受の様相が顕著に見える傑作の所作事になっている。喜撰の曲だけは、小町に代わって祇園の茶酌女お梶という、いかにも当世風の粋な女性が登場し、洒脱な坊さんの喜撰にからんで遊ぶという徹底した当代化が行われている。この曲のお梶は小町の当世化(やつし)である。

➡在原業平…大友黒主…小野小町…喜撰法師…文屋康秀…遍昭

奥村 恒哉＋服部 幸雄

○六歌仙娘一人にむこ五人(五五27)

○六歌仙路考天幸などが役ク(明三桜3)

第一句、俚諺「娘一人に婿八人」(望まれる物一つに対し望む者が多いたとえ)を踏まえ、女性が小町ひとりであることをいう。第二句の「路考」は二代目瀬川菊之丞の俳名、「天幸」は二代目中島三甫右衛門の俳名。女方の路考を小町に、敵役の天幸を黒主に見立てた。実際に舞台化されたのは右の句のはるか後年、寛政元年一一月、大坂中の芝居『化粧《よそほひ》六歌仙』で、初代叶雛助の五役、初代沢村国太郎の小町であった。

わ

和気清麻呂 わけのきよまろ 七三三―七九九

(天平五―延暦一八)

奈良中期より平安初期にかけての官人。本姓は磐梨別公《いわなすわけのきみ》、また藤野別真人《ふじのわけのまひと》を称し、和気宿禰《すくね》さらに和気朝臣に改姓された。備前国藤野郡に生まれ、その後、孝謙(称徳)天皇に近侍していた姉和気広虫の引きによって、おそらく兵衛(とねり)として出仕したものと思われる。『続日本紀』にはじめて名が記録されるのは、七六五年(天平神護一)従六位上、右兵衛少尉のときで、広虫とともに称徳天皇に重用された。やがて皇位を望んだ僧道鏡の事件にさいし、姉に代わって宇佐八幡に使し、神託をうけてこれを阻止した(宇佐八幡宮神託事件)。そのため一時別部穢麻呂と名をかえられ、大隅国に流されたが、光仁天皇の即位とともに七七〇年(宝亀一)京に召されてもとの従五位下に復し、桓武天皇の側近として活躍した。長岡京造営には陰の役割をはたし、従四位下より正四位下に昇叙し、ついで平安京造営には造宮大夫として事業をにない、従三位に叙せられ、公卿に列した。この間、摂津大夫として水利事業を進め、民部大輔として「民部省例」を撰するなど、民政にあかるく、さらに美作・備前両国国造《くにのみやつこ》に任ぜられ、故郷の百姓の利益にも力をつくした。七九九年姉広虫についで没したときは民部卿・造営大夫・従三位で、正三位を贈られた。人となり高直、匪躬の節ありと評された。

平野 邦雄

宇佐御歌

ありきつゝきつゝしれどもいさぎよき君
が心をわれ忘めや

是孝謙天皇弓削法皇ニ譲レ位、和気清麿為レ使令レ申ニ于宇佐宮一給之時、帰来て奏ニ不レ許之由一。仍法皇怒て清麿の足ヲ切てうつぼ船に乗て流レ之。于レ時宇佐宮流寄。彼御神清麿が清廉を憐て誦ニ此歌一。清麿膝ヲ撫給時、足満足と云々。今和気氏祖也。

袋草紙上巻

中納言清丸の高雄山の神願寺は、妖僧道鏡きほひて、宇佐の神勅を矯めさするに、清万侶あからさまに奏せしかば、怒りて一たびは因幡の員外の介《すけ》におとせしかど、猶飽きたらずして庶人にくだし、大隅の国に適せしむ。忠誠の志よきに、称徳崩御の後に召しかへされしかど、やゝ老にいたりて、中納言に挙げられたり。「本国の備前にくだりて、水害を除き、民を安きに置かれし功労もありしかど」ゝて、「いとほし」と申さぬ人もなかりし。「神徳の報恩の寺也」とて、後に神護寺と改めし事、命禄の薄きをいかにせん。

春雨物語「天津処女」

○和気の清麿はへのことたてをつき(末四6)

清麻呂は宇佐八幡の神勅として「道鏡無道すみやかにこれを誅せよ」と奏し、道鏡を激怒させた。「へのこ」は道鏡が巨根であったとの俗伝による。

○わけのいゝ男だにすじほねをぬき(安六礼7)

「訳の良い」(道理にかなった)で和気に通わせる。穢麻呂と改名させ、左右の足の筋を断ち大隅の片田舎へ流罪(『前々太平記』)。

渡辺綱 わたなべのつな 九五三―一〇二五

(天暦七―万寿二)

平安中期の武士。嵯峨源氏の流れをくむ箕田源氏宛の子。源満仲の婿敦の養子となり、養母の居所摂津の国渡辺にちなみ渡辺姓を称す。渡辺党の祖。源頼光の有力な郎党で、坂田金時、平貞道、平季武とともに頼光の四天王とよばれる。

大塚 章

【説話と伝説】『古今著聞集』巻九に源頼光をねらう鬼同丸という究竟の大童《おおわらわ》を討つ話があり、屋代本『平家物語』剣巻には次のような話がある。綱が一条堀河の戻橋で美女にあい同道すると、五条の渡しで鬼に変じた。綱は頼光から預かった源氏重代の名剣鬚《ひげ》切《きり》で鬼の腕を切ると、鬼は愛宕山をさして飛び去った。その後、安倍晴明の勘文に従って物忌《ものいみ》に服するが、難波の渡辺から上京した養母の懇望にまけて鬼の腕を見せると、養母はたちまち鬼と変じて破風《はふ》から飛び去った。それより渡辺党では破風を作らず、家屋は東屋《あずまや》造とするとされ、鬚切を鬼丸と改名したと伝える。同書にこの鬼は物ねたみから貴船明神に祈って鬼女となった宇治の橋姫であったと伝えるところからすると、この鬼は本来は水神で、河童が馬を水に引き込もうとして腕を切られ、それを取り返しに来る話と同源の話であったと思われる。鬼女が出現するのも一条戻橋、五条渡しなど、川の渡渉地点であったことが注目され、元来、渡辺党は難波の渡辺の地を中心に蟠踞し、渡場、橋詰などで渡渉の力役に従事し、水霊鎮斎、水難防止などの呪術に携わっていたのではないかと推定する説もある。綱というのも、人名でもあるが同時に綱渡し、籠《かご》渡しに用いられる渡渉具の綱とも響き合っており、この説話は、本来、渡辺党の家屋が東屋造になっていることの由来譚ではなかったかともいう。

このような本来の意味が忘れられると説話は自由に飛翔しはじめる。同話は『太平記』巻二十三にもみえ、綱が鬼の腕を切る場所が大和国宇陀郡の大森となっている。能の『大江山』、御伽草子『酒呑《しゅてん》童子』には綱が頼光に従って大江山の酒呑童子を退治する話があり、能の『羅生門』には綱が羅生門で鬼の腕を切る話がある。御伽草子『羅生門』では綱が鬼と最初に出会うのが羅生門、腕を切るのが一条戻橋となっており、物忌中に鬼に腕を奪い返されるのが頼光で、訪ねて来る女性が河内国高安郡の頼光の母と変化している。その場所が羅生門に変化するのは、『今昔物語集』などにしばしばみえるように、羅生門には鬼が住むと考えられていて、渡渉地点からそれに移されたためであり、宇陀郡や高安郡なども『義経記』や『伊勢物語』、説経節『信徳丸』の高安の長者などを考え合わせると、特殊な民間の語り部集団のいた地と考えられ、これらの人々が綱の物語に関与したのではないかと思われる。　➡茨木童子：源頼光

山本　吉左右

◉——渡辺綱　一条戻橋で鬼の腕を切る綱。勝川春章画。

其比頼光ノ内ニ綱公時貞光末武トテ四天王ノ郎等ヲソ仕ヒケル中ニモ四天王ノ其一綱ハ武蔵国美田ノ源次トソ申ケル、一条大宮ナル所ニ頼光問尋ル事有テ、綱ヲ使者ニ遣ケルカ、夜陰ニ及テ世間悤々ナリモシモノ事モヤ有トテ、鬚切ヲ佩セ馬ニ乗テ遣ケリ、彼コ此ニ行テ人ヲ尋ツ、問答シテ帰ル、一条堀川ノモトリ橋ヲ渡ケル時、東ノ橋爪ニ齢廿チ余リト見タル女房ノ膚ハ雪ノ如クニテ実ニミメヨカリケリ、紅梅ノ上着ニカケ帯シテ守カケテ衣ノ袖コメニ御経持タルカ、人モ不具シテ只一人南ヲ向テ行ケルカ、綱カ西ヲ打通ヲ見テ、良アレハ何クヘヲハスルソ、我ハ夫モナキ物ナリ五条渡ナル所ヘ用アテマカルカ夜深テ怖キニ送リ給ヒナムヤト、ナツカシケニ云ケレハ綱急キ馬ヨリ飛下テ、サラハ御馬ニ被召候ヘシト云ケレハ、嬉シクコソト云、綱近クヨテ女房舁懐テ馬ニ打乗テ、我モヤカテ後ヨリ馬ニ乗テ堀川東ノツラヲ南ヘ向テ行ケルニ、正親町ノ小路ヘ今一二段計打出ル所ニテ、此女房後ヘ見向ヒテ申ケルハ、実ニハ五条渡ニハサシタル用事モナシ我カ住所ハ都ノ外ニ有ナリ其マテ送給ヒナンヤト云ケレハ、サ承候、何クニテ候トモ女房ノ御渡有シ所ヘ送リ奉ルヘシト云ヲ聞テ、女房聽テ厳クシカリツル姿ヲ替テ怖ケナル鬼ニ成テイサ我行所ハアタコ山ソト云マヽニ、綱カ髻ヲ𪮷提テ乾ヲ指テアタコ山ヘ飛行ク、綱ハ兼テ心得タリケレハ、少モ不騒此料ニコソ持タル剣ナレハ、帯タル鬚切ヲサト抜テ空様ニ鬼ノ手ヲ切ル、キリハツレハ綱ハ北野ノ社ノ廻廊ノ上ニ動トソ落タリケル、鬼ハ手乍被切、アタコノ山ヘ向テ飛行クコソ怖シケレ、綱廻廊ヨリ踊下テ、髻ニ取付タル鬼ノ手ヲ取テ見ハ女房ト見ツル時雪ノ膚ヘト覚ヘケルカ鬼ノ手ト見ル時ハ色黒クシテ土ノ如シ白キ毛ヒマナクヲイタリ、崎ハチウ〻トカ、マリテ銀ノ針ヲカ、メタルカ如シ、此ヲ持テ参リタリケレハ、頼光大キニ驚テ不思議ノ事ナリトテ、播磨守晴明ヲ呼テイカニ有ヘキソト問ケレハ、如何様ニ綱ニハ七日ノ暇ヲ給テ慎ヘシト申ス、サテ鬼ノ手ヲ晴明ニ封シサセ、綱ニハ暇ヲ給テ堅ク慎ミ、祈ニハ仁王経講読セラル、既ニ第六日ニ成ル夜、宿所ノ戸ヲ扣スル者アリ、誰ト問ヒケレハ綱カ為メニハ養母ノ渡部ニ有カ登タリトソ答ケル、養母ト申ハ綱カタメニハ伯母ナリ、人シテ云ハヽ悪キ様ニ思事モ有ランスラントテ、門ノ際ニテ綱カ云ケルハ適登給ヘハ急可奉入ケレトモ、七日ノ物忌ニテ有間叶マシ何成リトモ宿ヲ取テ可奉入、明日過テ此ヘ可奉入ト申ケレハ、母是ヲ聞テ門ノ辺ニ立副テサメ〻トソ泣ケル、穴心憂ヤ和殿ヲ生ミ落セシヨリ請取テ、養ヒ立シ志ハ如何計トカ思ラン、乳母ハアレトイヘシカトモ、乳房ヲ含メル計ナリ、(中略)渡部ヨリ遥々登リタル無甲斐モ門ヘタニモ不入シテ、宿借テ留レトイハル事コソ口惜ケレ、此レ程ニ子ニモ親トモ思ハレサリケル我ナレハ、我モ子トモ思ヘカラ

ス、今日ヨリ後ハ神仏ニ申テ不孝スヘシナトカキクトキ申ケレハ、綱実ニ道理ト思ヒケレハ、我身ハ何ニ成トモ、此ヲ聞ナカラ有ヘキカハト思ヒテ、申ケルハ不斜大事ニテ堅キ物忌ニテ侍レトモ、誠ニ宣フ事道理ナレハ入リ給ヘトテ門ヲ開テ入テケリ(中略)サテモ鬼ノ手ト云ナルハ何ナル物ニテ有ヤ覧、世ノ物語ニテコソアレ見ハヤト云ケレハ、綱答云クヤスキ事ニテ侍ヘレトモ、堅ク封シテ置タレハ七日過スシテハ見セ奉ルヘシト申ケルヲ、ヨシ々々サラハ見ストモアリナム見セストモ事カクヘキニ非ス、我ハ暁夜ヲ籠テ下ランスレハ年老タル身ナリ、又登ラム事モカタシ、サラハト云ナカラ気色恨メシケニ見ヘケレハ、綱又思ケルハ此ヲ不見セハ亦モヤ不孝セラレスラン、如何ニ成トモ見セ申サム、ケニモ暁下給ハ、如何見セ奉ラテハ可有トテ、封シタル鬼ノ手ヲ取出シテ養母ニ見セケレハ、打返々々能々見テ此ハ我カ手ナレハ取テ行ソト云マ、ニ怖シケナル鬼ニ成テ空ヘ光リテ破風ヨリ伝テ出ニケリ、其ヨリ必ス渡部党ハ屋ニ破風ヲ立ス、四阿ニ造ラスルトカヤ

屋代本平家物語剣巻

わたなべの。つなさんは。物の具立派に身をかため。金札ちよつとかたげて。東寺の羅生門へいそがるゝ。おりから黒雲。てんどろてんどろで舞ひさがる。ぬつと出た鬼の手。綱子のかぶとをひつつかみ。ところをすらりとぬきはなし。ちよいと切やアいたゝ。あいたたのおばごは。その手を見せてんか。見せてもらふ。どつこひそつこい。その手は桑名の三ツ一で。サアきなさい。

殿々奴節根元集渡辺の綱

○生国たしか成ルものはつなばかり(安七宮3)

『多田五代記』『前太平記』などでは綱の生国を武蔵国箕田(東京都港区三田)とし、江戸っ子はこの説を支持した。

○四天王渡辺計紋が知れ(宝十三智5)

渡辺綱は「三ツ星に一」の紋所が入口に膾炙《かいしゃ》したが、むろん伝説にすぎず、右句は遡上しての感想。

藁しべ長者 わらしべちょうじゃ

昔話の主人公。一本のわらしべを手にして旅をするうちに、次々と品物を交換し、ついに長者になると語る本格昔話。幸福な結婚を語る話型と長者譚の二種類に大別される。結婚を語る場合は、霊験譚を内容にとり入れた妻まぎの説話として流布する。これは『今昔物語集』『宇治拾遺物語』『雑談《ぞうだん》集』にも収められて、仏教色の濃い話になっている。同様のものは、御伽草子の「大悦物語」にあって文芸的手法のもとに定着している。この昔話は、一本のわらしべを順次大根、みそ、刀、馬などに換えていくところに興味の中心を置いている。源流をインド古代説話に求める説もある。しかし、わらのもつ信仰や神秘性に基づいて成立した昔話で、それはきわめて日本的である。わらはもともと歳神の招代《おぎしろ》として用いられ、現に、年中行事などには呪物として機能している。ヨーロッパでは〝有利な交易〟が語られるが関連性は認め難い。朝鮮には日本と同話型が存在する。

野村 敬子

起きあがりたるに、あるにもあらず手に握られたる物を見れば、藁すべといふもの、ただ一すぢ握られたり。仏の給物にてあるにやあらんと、いとはかなく思へども、仏のはからはせ給やうあらんと思て、これを手まさぐりにしつゝ行ほどに、蝱一ぶめきて、かほのめぐりにあるを、うるさければ、木の枝を折りて払すつれども、猶たゞおなじやうにうるさくぶめきければ、とらへて、腰をこの藁すぢにてひきくゝりて、枝のさきにつけて持たりければ、腰をくゝられて、ほかへはえ行かで、ぶめき飛まはりけるを、長谷に参りける女車の、前の簾をうちかづきてゐたる児の、いとうつくしげなるが、「あの男の持たる物はなにぞ。かれ乞ひて我にたべ」と、馬にのりて、ともにある侍にいひければ、その侍「そのもちたるもの、若公の召すに、参らせよ」といひければ、「仏の賜びたる物に候へど、かく仰と候へば、参らせ候はん」とて、とらせたりければ、「この男、いとあはれなる男也。若公

の召物《めすもの》を、やすく参らせたること」といひて、大柑子を、「是、のどかはくらん、たべ」とて、三、いとかうばしきみちのくに紙につゝみて、とらせたりければ、侍、とりつたへて、とらす。(中略)その家あるじも、音せずなりにければ、その家も我ものにして、子孫などいできて、ことの外に栄えたりけるとか。

宇治拾遺物語九六「長谷寺参籠男利生にあづかる事」

〔編集委員〕
大隅和雄
尾崎秀樹
西郷信綱
阪下圭八
高橋千劔破
縄田一男
服部幸雄
廣末　保
山本吉左右

〔執筆者〕
青木和夫
青木正次
青山幹哉
秋山　虔
安宅夏夫
熱田　公
阿部泰郎
阿部洋輔
網野善彦
荒川正明
飯島吉晴
飯田悠紀子
池上彰彦
池田雅雄
池宮正治
石川八朗
石川真弘
石田尚豊
出雲路　修
磯貝勝太郎
伊藤唯真
井上　薫
井上　忠
今井源衛
今井雅晴
今岡謙太郎
井村哲夫
煎本増夫
岩井宏実
岩崎武夫
岩沢愿彦
上野　理
宇田敏彦
及川　茂
大石慎三郎
大石直正
大河直躬
大島広志
大隅和雄
大塚　章
大山雄三
奥村恒哉
小田雄三
小野正雄
笠松宏至
梶原正昭
春日太一
勝浦令子
加藤益幹
加藤真理子
門脇禎二
金井清光
紙谷威廣
神山　彰
菊池道人
岸　俊男
北潟喜久
北原章男
北見俊夫
木村行伸
清原康正
工藤敬一
熊倉功夫
久米　勲
粂　智子
倉塚曄子
黒板伸夫
郡司由紀子
小池章太郎
河野元昭
小谷俊彦
児玉幸多
小林　忠
小松和彦
五来　重
阪下圭八
桜井好朗
笹川吉晴
佐佐木幸綱
笹本正治
定方　晟
佐藤昭夫
佐藤　圭
佐藤昌介
佐藤宗諄
下村信博
末國善己
菅原昭英
杉橋隆夫
鈴木昭英
鈴木廣之
関　晃
関口正之
関山和夫
瀬谷義彦
高木昭作
高木　豊
高木傭太郎
高田　衛
高橋千劔破
高橋富雄
高橋則子
高橋昌明
田口栄一
竹内　誠
竹内道敬
田中久夫
田中文英
田辺貞夫
田原嗣郎
田村悦子
玉城政美
千葉乗隆
千葉徳爾
塚谷晃弘
津田眞一
土田直鎮
常光　徹
戸塚ひろみ
外岡慎一郎
百橋明穂
鳥居和之
鳥居フミ子
中井真孝
中尾　堯
中島純司
中林信二
中村　質
中山幹雄
縄田一男
難波信雄
西　和夫
西口順子
西宮一民
西脇哲夫
野田寿雄
延広真治
野村敬子
法月敏彦
萩谷　朴
橋本政宣
橋本義彦
服部幸雄
波照間永吉
花部英雄
早川庄八
林　久美子
林　亮勝
速水　侑
原田一敏
兵頭裕己
平野邦雄
福田豊彦
藤井譲治
藤井正雄
藤井　学
外間守善
細川涼一
堀池春峰
松井俊諭
松田　修
丸山尚一

三鬼清一郎
光武敏郎
南　和男
三宅正彦
宮田　登
宮本袈裟雄
武藤武美
村上光彦
目崎徳衛
森　茂曉
森下みさ子
森　安彦
守屋　毅
森山恒雄
安田元久
安村敏信
矢野誠一
山口隼正
山路興造
山本吉左右
山本ひろ子
横井　清
横田健一
横山昭男
吉井　巖
吉原健一郎
和多秀乘

〔編集協力者〕

小池章太郎（古川柳・雑俳引用）
外間守善（沖縄）
阿部泰郎
坂本　勝
高橋則子
西脇哲夫
法月敏彦
山下琢巳
山本ひろ子

〔図版協力者〕

赤木文庫
朝倉神社
アムステルダム国立美術館
石井鶴三
一乗寺
厳島神社
一茶記念館
岩波書店
内田六郎
宇良神社
家原寺
及川　茂
大木　茂
大阪城天守閣
大阪府立大学図書館
大田記念美術館
大鳥神社
神奈川県立歴史博物館
元興寺
北野天満宮
行基寺
熊本市立熊本博物館
慶応義塾大学図書館
光明寺
国立劇場演芸場演芸図書館
国立劇場芸能調査室
国立劇場資料室
国立国会図書館
誉田八幡宮
小学館
上宮寺
清浄華院
鈴木重三
鈴木正崇
須藤　功
須留田八幡宮
静嘉堂文庫
瀬田貞二
醍醐寺
大東急記念文庫
高橋誠一郎
太宰府天満宮
チェスター・ビーティ図書館
中尊寺
天理図書館
東京国立博物館
東京大学国文学研究室
東京都立中央図書館
東寺
道成寺
唐招提寺
東大寺
東洋大学図書館
東洋文庫
常盤山文庫
内閣文庫
中田　昭
中野三敏
中村庸一郎
奈良国立博物館
新潟県出雲崎町役場
西口順子
日光東照宮
日本浮世絵博物館
日本民芸館
ニューヨーク公立図書館
橋本鉄男
林原美術館
白虎隊記念館
風浪宮
法観寺
北斎館
ボストン美術館
本圀寺
毎日新聞社
正木美術館
松阪市射和町
松森　務
曼殊院
明通寺
矢田寺
大和文華館
湯浅四郎
横山　重
ライデン王立民族学博物館
早稲田大学演劇博物館
渡部雄吉

引用の出典一覧

この事典の原典引用部分については、左記の書目から引用させていただきました。記して深く感謝いたします。

愛護若　東洋文庫『説経節』（平凡社）荒木繁・山本吉左右編注
愛寿忠信　古典文庫『未刊謡曲集』（古典文庫）
葵上　日本古典文学大系『謡曲集』（岩波書店）横道萬里雄・表章校注
あふひのうへ　近松全集（朝日新聞社）
青砥稿花紅彩画　名作歌舞伎全集（東京創元社）
明烏夢泡雪　日本名著全集（名著全集刊行会）
赤穂浪士　時代小説文庫（富士見書房）
朝比奈　日本古典文学大系『狂言集』（岩波書店）小山弘志校注
朝比奈物語　『在外奈良絵本』（角川書店）奈良絵本国際研究会議編
蘆屋道満大内鑑　日本名著全集（名著全集刊行会）
吾妻鏡　岩波文庫（岩波書店）龍肅訳註
東の花勝見　服部幸雄『歌舞伎の原像』（飛鳥書房）
荒木又衛門　定本講談名作全集（講談社）
石童丸　薩摩琵琶歌大全（盛文館）
石松三十石道中　おなじみ十八番浪曲全書（寿海出版）
伊豆海道風土記　（緑地社）
一乗妙行悉地菩薩性空上人伝　姫路市史史料編（姫路市）
一谷嫩軍記　日本古典文学大系『文楽浄瑠璃集』（岩波書店）祐田善雄校注
一話一言　日本随筆大成（吉川弘文館）
一心太郎（講談）　（文事堂）
一寸法師　日本古典文学大系『御伽草子』（岩波書店）市古貞次校注
一遍聖絵　日本絵巻大成『一遍上人絵伝』（中央公論社）
因幡小ぞうちょんがれぶし　日本庶民文化史料集成『寄席・見世物』（三一書房）関山和夫・中村幸彦・延広真治責任編集
狗張子　近代日本文学大系『怪異小説集』（国民図書）
伊吹童子　岩波文庫『続お伽草子』（岩波書店）島津久基編・市古貞次校訂
異本義経記　伝承文学研究（伝承文学研究会）
妹背山婦女庭訓　名作歌舞伎全集（東京創元社）
岩見重太郎　立川文庫（立川文明堂）
浮鯛抄　河岡武春「浮鯛抄」（家船民俗資料調査報告・広島県）
浮世柄比翼稲妻　名作歌舞伎全集（東京創元社）
雨月物語　日本古典文学全集『英草紙・西山物語・雨月物語・春雨物語』（小学館）中村幸彦・高田衛・中村博保校注・訳
宇治拾遺物語　日本古典文学大系（岩波書店）渡辺綱也・西尾光一校注
孳源氏陸奥日記　黙阿弥全集（春陽堂）
善知鳥　日本古典文学大系『謡曲集』（岩波書店）横道萬里雄・表章校注
梅若丸和讃　日本歌謡集成（春秋社）高野辰之編
右門捕物帖　（春陽堂書店）
浦島太郎　日本古典文学大系『御伽草子』（岩波書店）市古貞次校注
瓜姫物語　日本古典文学全集『御伽草子集』（小学館）大島雄彦校注・訳
越前萬歳　日本庶民生活史料集成『民間芸能』（三一書房）五来重編
越中チョンガレ節　日本庶民生活史料集成『民間芸能』（三一書房）五来重編
江戸生艶気樺焼　日本古典文学大系『黄表紙洒落本集』（岩波書店）水野稔校注
衣奈八幡縁起　『神道物語集』（古典文庫）横山重編
箙　『謡曲二百五十番集』（赤尾照文堂）野々村戒三編・大谷篤蔵補訂
烏帽子折　東洋文庫『幸若舞』（平凡社）荒木繁・池田廣司・山本吉左右編注
絵本太功記　日本名著全集（名著全集刊行会）
蝦夷喧辞辯　秋田叢書別集『菅江真澄集』（秋田叢書刊行会）
円空上人詠袈裟山百首歌　底本　円空上人歌集（一宮史談会）
延慶本平家物語　（古典研究会）
役行者本記　修験道章疏（名著出版）
お岩木様一代記　日本庶民生活史料集成『民間芸能』（三一書房）五来重編
奥義抄　日本歌学大系（風間書房）佐佐木信綱編
奥州安達原　名作歌舞伎全集（東京創元社）
近江輿地志略（上坂本）　大日本地誌大系（雄山閣）
大鏡　日本古典文学大系（岩波書店）松村博司校注
大津絵節　日本庶民生活史料集成『民間芸能』（三一書房）五来重編
大森彦七　名作歌舞伎全集（東京創元社）
小栗判官　東洋文庫『説経節』（平凡社）荒木繁・山本吉左右編注
お染久松色読販　名作歌舞伎全集（東京創元社）

男達初買曾我　日本名著全集（名著全集刊行会）
鬼瓦　日本古典文学大系『狂言集』（岩波書店）小山弘志校注
小野道風青柳硯　歌舞伎名作全集（東京創元社）
おもろさうし　日本思想大系（岩波書店）外間守善・西郷信綱
温泉山住僧薬能記　図書寮叢刊『諸寺縁起集』（明治書院）
怪談　ちくま学芸文庫『完訳　怪談』（筑摩書房）船木裕訳
怪談牡丹灯籠　三遊亭円朝全集（角川書店）
海録　（国書刊行会）
臥雲日件録　改定史籍集覧（近藤出版部）
景清　東洋文庫『幸若舞』（平凡社）荒木繁・池田廣司・山本吉左右編注
籠釣瓶花街酔醒　日本戯曲全集歌舞伎篇（春陽堂）
風の又三郎　宮沢賢治全集（筑摩書房）
甲子夜話　東洋文庫（平凡社）中村幸彦・中野三敏校訂
春日御正躰事　春日大社文書（吉川弘文館）
桂川連理柵　名作歌舞伎全集（東京創元社）
仮名世説　日本随筆大成（吉川弘文館）
金曾木　日本随筆大成（吉川弘文館）
仮名手本忠臣蔵　日本古典文学大系『浄瑠璃集』（岩波書店）乙葉弘校注
兼邦百首哥抄　続群書類従（続群書類従完成会）
かぶきのさうし　江戸時代文芸資料（国書刊行会）
鎌倉大草紙　群書類従（続群書類従完成会）
仮宅恋名寄　日本庶民生活史料集成『民間芸能』（三一書房）五来重編
苅萱　東洋文庫『説経節』（平凡社）荒木繁・山本吉左右編注
観延政命談　徳川文芸類聚（国書刊行会）
汗血千里駒　明治文学全集『明治政治小説集』坂崎紫瀾篇（筑摩書房）
勧進帳　日本古典文学大系『歌舞伎十八番集』（岩波書店）郡司正勝校注
鬼一法眼三略巻　名作歌舞伎全集（東京創元社）
祇園祭礼信仰記　名作歌舞伎全集（東京創元社）
義経記　日本古典文学大系（岩波書店）岡見正雄校注
義血侠血　鏡花全集（岩波書店）
貴賤上下考　未刊随筆百種（中央公論社）
北野天神縁起　日本思想大系『寺社縁起』（岩波書店）桜井徳太郎・萩原龍夫・宮田登
笈埃随筆　日本随筆大成（吉川弘文館）
球陽　（角川書店）球陽研究会編
京人形（常磐津）　日本舞踊全集（日本舞踊社）
玉伝深秘巻　女子大文学（大阪女子大学）片桐洋一校訂
清重　『幸若舞曲集』（臨川書店）笹野堅編
清水寺縁起　群書類従（続群書類従完成会）
羇旅漫録　日本随筆大成（吉川弘文館）
近世奇跡考　日本随筆大成（吉川弘文館）
金幣猿島郡　鶴屋南北全集（三一書房）
金平したりや節　日本音曲全集（日本音曲全集刊行会）
金門五三桐　日本戯曲全集歌舞伎篇（春陽堂）
愚管抄　日本古典文学大系（岩波書店）岡見正雄・赤松俊秀校注
孔雀楼筆記　日本古典文学大系『近世随想集』（岩波書店）中村幸彦・野村貴次・麻生磯次校注
葛の葉和讃　日本歌謡集成（春秋社）高野辰之編
国定忠治　行友李風作・新国劇上演台本（松竹大谷図書館蔵）
熊野権現講式　史料纂集『熊野那智大社文書』（続群書類従完成会）
熊野山略記　続群書類従（続群書類従完成会）
久米寺流記　図書寮叢刊『諸寺縁起集』（明治書院）
天衣紛上野初花　黙阿弥全集（春陽堂）
黒百合姫（羽黒祭文）　日本庶民生活史料集成『民間芸能』（三一書房）五来重編
桑名屋徳蔵入舟噺　徳川文芸類聚（国書刊行会）
けいせい浅間嶽　『元禄歌舞伎傑作集』（臨川書店）高野辰之・黒木勘蔵校訂
傾城色三味線　日本名著全集（名著全集刊行会）
傾城酒呑童子　近松全集（岩波書店）
けいせい反魂香　日本古典文学大系『近松浄瑠璃集』（岩波書店）守随憲治・大久保忠国校注
渓嵐拾葉集　大正新脩大蔵経（大正新脩大蔵経刊行会）
法懸松成田利剣　鶴屋南北全集（三一書房）
蒹葭堂雑録　日本随筆大成（吉川弘文館）
建久巡礼記　『校刊美術史料』（中央公論美術出版）藤田経世編
元亨釈書　国史大系（吉川弘文館）
源氏物語　新潮日本古典集成（新潮社）石田穣二・清水好子校注
源平盛衰記　有朋堂文庫（有朋堂書店）
源平布引滝　日本古典文学大系『浄瑠璃集』（岩波書店）鶴見誠校注
恋女房染分手綱　名作歌舞伎全集（東京創元社）
恋便仮名書曾我　日本戯曲全集歌舞伎篇（春陽堂）
恋飛脚大和往来　名作歌舞伎全集（東京創元社）
甲賀三郎　近松全集（朝日新聞社）
好色一代男　日本古典文学大系『西鶴集』（岩波書店）麻生磯次・板坂元・堤精二校注
皇都午睡　新群書類従（国書刊行会）

黄門記童幼講釈　黙阿弥全集(春陽堂)
高野物語　弘法大師伝全集(ピタカ)
古今和歌集　日本古典文学大系(岩波書店)佐伯梅友校注
古今和歌集灌頂口伝　女子大文学(大阪女子大学)片桐洋一校注
古今和歌集序聞書三流抄　片桐洋一『中世古今集注釈書解題』(赤尾照文堂)
古今和歌集頓阿序註　片桐洋一『中世古今集注釈書解題』(赤尾照文堂)
古語拾遺　新撰日本古典文庫『古語拾遺・高橋氏文』(現代思潮社)安田尚道・秋本吉徳校注
古今著聞集　日本古典文学大系(岩波書店)永積安明・島田勇雄校注
護佐丸敵討(組踊)　伊波普猷全集(平凡社)
古事記　日本古典文学大系『古事記・祝詞』(岩波書店)倉野憲司・武田祐吉校注
小袖曾我薊色縫　名作歌舞伎全集(東京創元社)
御鎮座本紀　大神宮叢書『度会神道大成』(神宮司庁)
寿曾我対面　歌舞伎オン・ステージ『助六由縁江戸桜・寿曾我対面』(白水社)
御摂勧進帳　日本戯曲全集歌舞伎篇(春陽堂)
混効験集　(角川書店)外間守善
金色夜叉　明治文学全集『尾崎紅葉集』(筑摩書房)
今昔物語集　日本古典文学大系(岩波書店)山田孝雄・山田忠雄・山田英雄・山田俊雄校注
西鶴諸国ばなし　対訳西鶴全集(明治書院)麻生磯次・冨士昭雄訳注
西行物語(文明本)　西行全集(日本古典文学会)久保田淳編
賽の河原地蔵和讃　日本歌謡集成(春秋社)高野辰之編
桜姫東文章　名作歌舞伎全集(東京創元社)
実盛　日本古典文学大系『謡曲集』(岩波書店)横道萬里雄・表章校注
猿飛佐助　立川文庫(立川文明堂)
猿蓑　岩波文庫『芭蕉七部集』(岩波書店)中村俊定校注
三暁庵雑志　薩藩叢書(薩藩叢書刊行会)
参詣物語　大神宮叢書『度会神道大成』(神宮司庁)
三国志　ちくま学芸文庫(筑摩書房)今鷹真・小南一郎訳
三国伝記　中世の文学(三弥井書店)池上洵一校注
山州名跡志　増補京都叢書(増補京都叢書刊行会)
山荘太夫　東洋文庫『説経節』(平凡社)荒木繁・山本吉左右編注
山荘太夫五人嬢　続帝国文庫(博文館)
三人吉三廓初買　名作歌舞伎全集(東京創元社)
三宝絵　『諸本対照三宝絵集成』(笠間書院)小泉弘・高橋伸幸編著
山門名所旧跡記　天台宗全書(大蔵出版)
三遊亭円朝の履歴　日本近代思想大系『芸能』(岩波書店)倉田喜弘編
塩尻　日本随筆大成(吉川弘文館)
塩原多助一代記　名作歌舞伎全集(東京創元社)
史記　ちくま学芸文庫(筑摩書房)小竹文夫・小竹武夫訳
十訓抄　国史大系(吉川弘文館)
四天王産湯玉川　鶴屋南北全集(三一書房)
嶋原一揆松倉記　続々群書類従(続群書類従完成会)
清水次郎長　定本講談名作全集(講談社)
沙石集　日本古典文学大系(岩波書店)渡辺綱也校注
拾遺往生伝　日本思想大系『往生伝・法華験記』(岩波書店)井上光貞・大曾根章介
修験秘行法符呪集　修験道章疏(名著出版)
出世景清　日本古典文学大系『近松浄瑠璃集』(岩波書店)守随憲治・大久保忠国校注
酒呑童子　日本古典文学大系『御伽草子』(岩波書店)市古貞次校注
性空上人伝記遺続集　姫路市史史料編(姫路市)
常山紀談　有朋堂文庫(有朋堂書店)、索引叢書(和泉書院)
聖徳太子絵伝(堂本家本)　(天理図書館吉田文庫蔵)
聖徳太子伝(内閣文庫本)　(国立公文書館蔵)
聖徳太子(醍醐寺本)　聖徳太子全集(臨川書店)
聖徳太子伝私記　『校刊美術史料』(中央公論美術出版)藤田経世編
聖徳太子伝暦　続群書類従(続群書類従完成会)
正法輪蔵　真宗史料集成(同朋社)
小右記　増補史料大成(臨川書店)
浄瑠璃十二段草紙　新潮日本古典集成『御伽草子集』(新潮社)松本隆信校注
浄瑠璃大系図　浄瑠璃研究文献集成(北光書房)
続日本紀　東洋文庫(平凡社)直木孝次郎ほか訳注
新薄雪物語　名作歌舞伎全集(東京創元社)
臣下大臣筆書記　民俗資料叢書『木地師の習俗』(平凡社)文化財保護委員会編
新増補浮世絵類考　日本随筆大成(吉川弘文館)
神道集　『神道集東洋文庫本』(角川書店)近藤喜博編
信徳丸　東洋文庫『説経節』(平凡社)荒木繁・山本吉左右編注
神皇実録　続々群書類従(続群書類従完成会)
新聞集成昭和編年史　(大正昭和新聞研究会)

新聞集成明治編年史　（財政経済学会）
神明鏡　続群書類従（続群書類従完成会）
新羅之記録　『新北海道史』（北海道）
垂仁天皇御判形之写　盛田嘉徳『河原巻物』（法政大学出版局）
粋の懐　日本歌謡集成（春秋社）高野辰之編
末広十二段　紀海音全集（清文堂出版）
菅原伝授手習鑑　日本古典文学大系『文楽浄瑠璃集』（岩波書店）祐田善雄校注
助さん格さん漫遊記（講談）　（富士屋書店）
助六由縁江戸桜　日本古典文学大系『歌舞伎十八番集』（岩波書店）郡司正勝校注
豆州八丈島八郎大明神略縁起本　『八丈実記』（緑地社）
隅田川続俤　名作歌舞伎全集（東京創元社）
諏訪草紙　室町時代物語大成（角川書店）横山重・松本隆信編
醒睡笑　日本随筆大成（吉川弘文館）
摂州合邦辻　名作歌舞伎全集（東京創元社）
説草（金沢文庫本）　筑土鈴寛『復古と叙事詩』（青磁社）
銭形平次捕物控　（角川書店）
蟬丸　『謡曲二百五十番集』（赤尾照文堂）野々村戒三編・大谷篤蔵補訂
善悪両面児手柏　黙阿弥全集（春陽堂）
撰集抄　続群書類従（続群書類従完成会）
前太平記　続帝国文庫（博文館）
想山著聞奇集　日本庶民生活史料集成『奇談・紀聞』（三一書房）森銑三・鈴木棠三編
宗長日記　岩波文庫（岩波書店）島津忠夫校注
草木塔　ちくま文庫『山頭火句集』（筑摩書房）
曾我物語　日本古典文学大系（岩波書店）市古貞次・大島建彦校注

続本朝往生伝　日本思想大系『往生伝・法華験記』（岩波書店）井上光貞・大曾根章介
尊卑分脈　国史大系（吉川弘文館）
太閤記　岩波文庫（岩波書店）桑田忠親校訂
大同類聚方　『全訳精解大同類聚方』（平凡社）槇佐知子
太平記　日本古典文学大系（岩波書店）後藤丹治・釜田喜三郎・岡見正雄校注
太平記菊水之巻　日本戯曲全集歌舞伎篇（春陽堂）
大菩薩峠　カラー版国民の文学『中里介山』（河出書房新社）
当麻寺縁起絵巻　（当麻寺蔵）
第六天　『謡曲二百五十番集』（赤尾照文堂）野々村戒三編・大谷篤蔵補訂
高杉晋作　（民友社）村田峰次郎
薪荷雪間の市川（常磐津）　日本舞踊全集（日本舞踊社）
辰巳之園　日本古典文学大系『黄表紙洒落本集』（岩波書店）水野稔校注
伊達競阿国戯場　名作歌舞伎全集（東京創元社）
玉井の物語　室町時代物語大成（角川書店）横山重・松本隆信編
田村（佐陀神能和田本）　日本庶民文化史料集成（三一書房）上田正昭・本田安次・三隅治雄責任編集
俵藤太草子　室町時代物語大成（角川書店）横山重・松本隆信編
譚海　（国書刊行会）
丹下左膳　カラー版国民の文学『林不忘』（河出書房新社）
中山世鑑　琉球史料叢書（東京美術）
兆民先生　明治文学全集『明治社会主義文学集』幸徳秋水篇（筑摩書房）

椿説弓張月　日本古典文学大系（岩波書店）後藤丹治校注
塚原卜伝（講談）　（博文館）
津軽一統志　『新北海道史』（北海道）
土蜘　日本戯曲全集歌舞伎篇（春陽堂）
経盛　古典文庫『未刊謡曲集』（古典文庫）
壺坂霊験記　名作歌舞伎全集（東京創元社）
積恋雪関扉　日本戯曲全集歌舞伎篇（春陽堂）
徒然草　日本古典文学大系『方丈記・徒然草』（岩波書店）西尾実校注
天一坊実記　近世実録全書（早稲田大学出版部）
天狗の内裏　岩波文庫『お伽草子』（岩波書店）島津久基編校
天竺徳兵衛万里入船　鶴屋南北全集（三一書房）
殿々奴節根元集　日本歌謡集成（春秋社）高野辰之編
天満宮菜種御供　歌舞伎脚本傑作集（春陽堂）
東海道中膝栗毛　日本古典文学全集（小学館）中村幸彦校注
東海道四谷怪談　新潮日本古典集成（新潮社）郡司正勝校注
桃源遺事　続々群書類従（続群書類従完成会）
道成寺（手毬唄）　岩波文庫『わらべうた』（岩波書店）町田嘉章・浅野建二編
道成寺清姫和讃　日本歌謡集成（春秋社）高野辰之編
東韃地方紀行　東洋文庫（平凡社）村上貞助編、洞富雄・谷澤尚一編注
当流小栗判官　近松全集（朝日新聞社）
時桔梗出世請状　鶴屋南北全集（三一書房）
俊頼髄脳　日本歌学大系（風間書房）佐佐木信綱編
利根川図志　岩波文庫（岩波書店）柳田国男校訂
取り唄　日本庶民生活史料集成『民間芸能』（三一書房）

五来重編
中村仲蔵(落語) 林家正蔵集(青蛙房)
半井本保元物語 未刊国文資料(未刊国文資料刊行会)
鳴神 日本古典文学大系『歌舞伎十八番集』(岩波書店)郡司正勝校注
南総里見八犬伝 岩波文庫(岩波書店)小池藤五郎校訂
修紫田舎源氏 有朋堂文庫(有朋堂書店)
日光山縁起 日本思想大系『寺社縁起』(岩波書店)桜井徳太郎・萩原龍夫・宮田登
入唐求法巡礼行記 東洋文庫(平凡社)足立喜六・塩入良道訳注・補注
日本往生極楽記 日本思想大系『往生伝・法華験記』(岩波書店)井上光貞・大曾根章介
日本史 中公文庫『完訳フロイス日本史』(中央公論新社)松田毅一・川崎桃太訳
日本書紀 日本古典文学大系(岩波書店)坂本太郎・家永三郎・井上光貞・大野晋校注
日本流行歌史 (社会思想社)
日本霊異記 日本古典文学大系(岩波書店)遠藤嘉基・春日和男校注、新日本古典文学大系(岩波書店)出雲路修校注
鼠小僧(講談) (国立劇場演芸資料室)
根南志具佐 日本古典文学大系『風来山人集』(岩波書店)中村幸彦校注
野口判官 古典文庫『未刊謡曲集』(古典文庫)
旗本退屈男 (新潮社)
鉢木 日本古典文学大系『謡曲集』(岩波書店)横道萬里雄・表章校注
八幡愚童訓 日本思想大系『寺社縁起』(岩波書店)桜井徳太郎・萩原龍夫・宮田登
八幡大菩薩御縁起 室町時代物語大成(角川書店)横山重・松本隆信編
艶容女舞衣 歌舞伎名作選(創元社)
花世の姫 岩波文庫『お伽草子』(岩波書店)島津久基編校
播磨国風土記 日本古典文学大系『風土記』(岩波書店)秋本吉郎校注
春雨物語 日本古典文学全集『英草紙・西山物語・雨月物語・春雨物語』(小学館)中村幸彦・高田衛・中村博保校注・訳
藩翰譜 新井白石全集(国書刊行会)
半七捕物帳 (角川書店)
播州皿屋舗 日本音曲全集(日本音曲全集刊行会)
幡随院長兵衛(講談) (博文館)
半太夫節正本集 日本歌謡集成(春秋社)高野辰之編
東山桜荘子 歌舞伎台帳集(早稲田大学出版部)
比丘尼縁起 庵逧巌「三能野の比丘尼縁起」
彦山権現誓助剣 名作歌舞伎全集(東京創元社)
日高川入相花王 未翻刻戯曲集(国立劇場)
常陸国風土記 日本古典文学大系『風土記』(岩波書店)秋本吉郎校注
飛騨匠物語 日本名著全集(名著全集刊行会)
ひとりね 日本古典文学大系『近世随想集』(岩波書店)中村幸彦・野村貴次・麻生磯次校注
百人一首一夕話 岩波文庫(岩波書店)古川久校訂
ひらがな盛衰記 名作歌舞伎全集(東京創元社)
備後国風土記逸文 日本古典文学大系『風土記』(岩波書店)秋本吉郎校注
風姿花伝 日本古典文学大系『歌論集・能楽論集』(岩波書店)久松潜一・西尾実校注
風流志道軒伝 日本古典文学大系『風来山人集』(岩波書店)中村幸彦校注
舞曲扇林 『続燕石十種』(国書刊行会)
袋草紙 日本歌学大系(風間書房)佐佐木信綱編
富士の人穴 室町時代物語大成(角川書店)横山重・松本隆信編
附子 日本古典文学大系『狂言集』(岩波書店)小山弘志校注
雙生隅田川 近松全集(朝日新聞社)
文正さうし 日本古典文学大系『御伽草子』(岩波書店)市古貞次校注
平家女護嶋 日本古典文学大系『近松浄瑠璃集』(岩波書店)守随憲治・大久保忠国校注
平家物語 日本古典文学大系(岩波書店)高木市之助・小沢正夫・渥美かをる・金田一春彦校注
平治物語 日本古典文学大系『保元物語・平治物語』(岩波書店)永積安明・島田勇雄校注
保元物語 日本古典文学大系『保元物語・平治物語』(岩波書店)永積安明・島田勇雄校注
北条九代記 有朋堂文庫(有朋堂書店)
北条時頼記 続帝国文庫(博文館)
宝物集 古典文庫(古典文庫)
保暦間記 群書類従(続群書類従完成会)
北院御室拾葉集 続群書類従(続群書類従完成会)
北槎聞略 岩波文庫(岩波書店)亀井高孝校訂
法華直談鈔 (臨川書店)
北国落 金平浄瑠璃正本集(角川書店)室木弥太郎編
坊ちゃん 漱石全集(岩波書店)
本願寺聖人伝絵 完本親鸞聖人全集(法蔵館)
本朝神社考 日本庶民生活史料集成『神社縁起』(三一書房)谷川健一・池田末則・宮田登編
本朝神仙伝 日本思想大系『往生伝・法華験記』(岩波

書店)井上光貞・大曾根章介
本朝廿四孝　国民文庫『半二戯曲集』(国民文庫刊行会)
本朝二十不孝　対訳西鶴全集(明治書院)麻生磯次・富士昭雄訳注
本朝美人鑑　古典文庫(古典文庫)
間茲姿八景　日本名著全集(名著全集刊行会)
松風　日本古典文学大系『謡曲集』(岩波書店)横道萬里雄・表章校注
松屋筆記　(国書刊行会)
まつら長者　新潮日本古典集成『説経集』(新潮社)室木弥太郎校注
満済准后日記　続群書類従(続群書類従完成会)
満仲　東洋文庫『幸若舞』(平凡社)荒木繁・池田廣司・山本吉左右編注
万葉集　日本古典文学大系(岩波書店)高木市之助・五味智英・大野晋校注
三河物語　日本思想大系『三河物語・葉隠』(岩波書店)斎木一馬・岡山泰四・相良亨
南方熊楠人と思想　(平凡社)飯倉照平編著
宮本武蔵　立川文庫(立川文明堂)
嬢景清八嶋日記　名作歌舞伎全集(東京創元社)
無名抄　日本歌学大系(風間書房)佐佐木信綱編
紫式部日記　角川ソフィア文庫(角川書店)山本淳子訳注
名歌徳三舛玉垣　日本古典文学大系『歌舞伎脚本集』(岩波書店)浦山政雄・松崎仁校注
明宿集　日本思想大系『世阿弥・禅竹』(岩波書店)表章・加藤周一
文覚　東洋文庫『幸若舞』(平凡社)荒木繁・池田廣司・山本吉左右編注
八百屋お七和讃　日本歌謡集成(春秋社)高野辰之編
八坂本平家物語　国民文庫(国民文庫刊行会)
屋代本平家物語　(角川書店)春田宣編
康富記　増補史料大成(臨川書店)
保名　歌舞伎オン・ステージ『舞踊集』(白水社)
山城国風土記逸文　日本古典文学大系『風土記』(岩波書店)秋本吉郎校注
山立根本巻　千葉徳爾『狩猟伝承』(法政大学出版局)
倭姫命世記　日本思想大系『中世神道論』(岩波書店)大隅和雄
祐天上人　近世実録全書(早稲田大学出版部)
雪女五枚羽子板　近松全集(朝日新聞社)
湯島の境内　明治文学全集『泉鏡花集』(筑摩書房)
夢十夜　現代日本文学大系『夏目漱石集』(筑摩書房)
百合若大臣　東洋文庫『幸若舞』(平凡社)荒木繁・池田廣司・山本吉左右編注
謡曲拾葉集　(観世流改訂本刊行会)
用明天王職人鑑　日本古典文学大系『近松浄瑠璃集』(岩波書店)守随憲治・大久保忠国校注
横笛草紙　室町時代物語大成(角川書店)横山重・松本隆信編
義経千本桜　日本古典文学大系『文楽浄瑠璃集』(岩波書店)祐田善雄校注
淀屋浮名の祭文　日本歌謡集成(春秋社)高野辰之編
与話情浮名横櫛　名作歌舞伎全集(東京創元社)
蘭奢待新田系図　続帝国文庫(博文館)
良寛歌集　日本古典全書(朝日新聞社)吉野秀雄校注
梁塵秘抄　日本古典文学大系『和漢朗詠集・梁塵秘抄』(岩波書店)川口久雄・志田延義校注
六歌仙容彩　日本戯曲全集歌舞伎編(春陽堂)
和歌色葉　日本歌学大系(風間書房)佐佐木信綱編
和田合戦女舞鶴　名作歌舞伎全集(東京創元社)

新版 日本架空伝承人名事典

一九八六年九月二六日　初版第一刷発行
二〇〇〇年八月二五日　増補版第一刷発行
二〇一二年三月二三日　新版第一刷発行

編集委員……大隅和雄＋尾崎秀樹＋西郷信綱＋阪下圭八＋高橋千劔破＋縄田一男＋服部幸雄＋廣末保＋山本吉左右

発行者……石川順一

発行所……株式会社平凡社
郵便番号一〇一-〇〇五一
東京都千代田区神田神保町三-二九
電話＝〇三-三二三〇-六五七九［編集］
〇三-三二三〇-六五七二［営業］
振替＝〇〇一八〇-〇-二九六三九

編集……株式会社平凡社事典制作センター

印刷……株式会社東京印書館

製本……大口製本印刷株式会社

本文用紙……三菱製紙株式会社
クロス……アサヒクロス株式会社

ISBN978-4-582-12644-0
NDC分類番号910.2　A5判(21.6cm)　総ページ640
平凡社ホームページ　http://www.heibonsha.co.jp/
落丁・乱丁本は小社読者サービス係でお取り替えいたします（送料小社負担）。

索引

凡例
①索引の見出し語のうち，独立項目は太字で表し，本文および図･表から選んだ索引項目は細字とした。
②ページ数，段の表示が二つ以上ある場合はページ数，段の若い順に並べた。独立項目が含まれる場合は，そのページ数，段を最初に置いた。

あ

い

う

え

お

き

く

け

こ

さ

し

す

せ

そ

た

ち

つ

て

と

な

に

ぬ

ね

の

は

ひ

み

む

め

も

や